Michael Psellus, Konstantinos N. Sathas

The History of Psellus

Michael Psellus, Konstantinos N. Sathas

The History of Psellus

ISBN/EAN: 9783337338282

Printed in Europe, USA, Canada, Australia, Japan

Cover: Foto ©ninafisch / pixelio.de

More available books at **www.hansebooks.com**

THE
HISTORY
OF
PSELLUS

EDITED WITH
CRITICAL NOTES AND INDICES

BY

CONSTANTINE SATHAS

METHUEN & CO.
36 ESSEX STREET, W.C.
LONDON
1899

ΑΛΦΡΕΔΩι ΡΑΜΒΩι

ΝΕΩι ΙΔΡΥΤΗι

ΤΩΝ ΒΥΖΑΝΤΙΝΩΝ ΕΡΕΥΝΩΝ

PREFACE

IT is now twenty-five years since I rescued from oblivion Michael Psellus, the most Attic of the Byzantine historians. As a large number of the historical works of this prolific writer are still unpublished, I can add nothing to what I said then on the immensely important rôle played in the oriental world by this extraordinary man, who, declaring himself the disciple of the Platonic school, though Platonism was officially persecuted and anathematized, traces with a master's hand the decadence of the empire and predicts that its fall is nigh[1]. It is, in truth, a curious thing—unique even in the Byzantine empire—to see a high dignitary, president of the senate, dominant minister of four successive emperors, writing, by order of the emperor and senate, and venturing to read before an audience which prided itself on the name of "Roman," historical memoirs in which he castigated monastic life as an institution of *fainéants* and foes of humanity; repeatedly asserting that the money of the treasury is not intended to found convents or be squandered at the caprice of the emperors, but is a sacred deposit to reward the soldiers who shed their blood for the empire; proclaiming in so many words the superiority of the Athenian republic to that of Rome—an institution of slaves, not of freemen; and hurling in the face of the senators

[1] See my Bibliotheca Graeca medii aevi, vols. iv., v.; A. Rambaud, Revue historique, iii (1877), pp. 241—284; and the Index Nominum in this volume. [But others take a very different view of Psellus. Professor Gelzer calls him "der widerliche Schwatzphilosoph und Redekünstler" (Abriss of Byzantine History, in Krumbacher's Gesch. der byz. Litt.[2] p. 1008). There is a good and fair characteristic in C. Neumann's Weltstellung des byzantinischen Reiches pp. 81 *sqq.*—J. B. B.]

words like these, "We are not governed by Pericles or Themistocles, but by the vilest of the Spartacus tribe whom we have bought for gold from the barbarians." It is notable that these expressions were not removed by the censure which mutilated the author's writings; he is praised in the following century by Anna Comnena; and her father Alexius I, though he anathematized John Italus the pupil of Psellus, passed over the name of Psellus himself in silence.

Unfortunately his history was mutilated and falsified in his lifetime, as he tells us himself; and it is aggravating that the work has come down to us in a single MS. copied by an illiterate calligrapher of the xiith century. Another MS. however existed towards the end of the xviith century, and was examined by Dositheus, the learned patriarch of Jerusalem. Its disappearance is also to be regretted, as the bit cited by Dositheus shows that it differed from ours[1]. Two other MSS. of the same history existed at Rhaedestus in the xvth century, as we see by the catalogue which A. Busbecq brought to Vienna[2]. The mysterious disappearance of the Rhaedestian library has robbed us not only of the historical MSS. of Psellus but also of his commentaries on twenty-four comedies of Menander with the text. We must pray that the patriotic possessor of this precious treasure, who guarded it so well from the pecuniary offers of the enthusiastic manuscript-collectors of the Renaissance, hid it in some corner of Greece, to be a surprise in store for us in the future.

[1] Here is the passage quoted by Dositheus: "Λέγει δὲ ὁ Ψελλὸς εἰς τὸ τέταρτον τῶν ἱστοριῶν αὐτοῦ, ὅτι ἐπειδὴ αἱ πόρναι παραινέσεις οὐκ ἀποδέχονται, οὔτε μὴν βίᾳ σωφρονοῦσιν, ὁ Μονομάχος ᾠκοδόμησε μοναστήριον πλουσιώτατον, καὶ ἐκήρυξεν εἴ τις πόρνη καταλείψοι τὸ μύσος καὶ ἔλθοι εἰς τὸ μοναστήριον ἔχειν τὴν κυβέρνησιν αὐτῆς ἐκεῖ ἱκανήν. Ὅθεν πολλαὶ ἔδραμον μεταβαλοῦσαι τὸ σχῆμα καὶ τὸν τρόπον." Δοσιθέου ἱστορία πατριαρχῶν Ἱεροσολύμων, p. 747. Cf. the present edition pp. 59, 27—60, 7, where Michael IV is mentioned instead of Constantine Monomachus.

[2] R. Foerster, de antiquitatibus et libris MSS. Constantinopolitanis, Rostock, 1877. Cf. Sathas, *sur les commentaires byzantins relatifs aux comédies de Ménandre*, 1875.

Meanwhile for the History of Psellus we have only the MS. 1712 of the Bibliothèque Nationale. It is a very corpus of Byzantine history, beginning at the Creation and ending with Michael VII. Of these chroniclers, Simeon Logothetes is the first, Leo the Deacon the second, his continuer Michael Psellus the third.

This MS., bought in Italy by the numismatist and bibliophil Bordelais Raphael Trichet, was communicated to F. Combefis who utilised it for his description of Constantinople[1]. It figures as No. xvi among the forty Greek MSS. of the Trichet collection, and is designated in the printed catalogue by the inaccurate notice: Chronica collecta ex diversis auctoribus per Simeonem Logothetam[2]. After the death of its owner (1661), his widow sold the whole collection to Colbert, the financial minister of Louis XIV; and he placed it with all the rest in the Bibliothèque du Roy, where it is numbered 1712[3].

The MS. has been recollated by me for this edition. I have indicated in the margins of each page the corresponding pages both of the codex itself, and of the *editio princeps*, which I published in vol. iv of the Bibliotheca Graeca medii aevi (1874). Copied as it was by a careless scribe, the MS. swarms with mistakes, which I have essayed to correct. In this task I have been aided by my learned collaborator, Mr Bury, to whom I would here express my sincere thanks for his help. Some corrections will appear somewhat bold; yet I venture to submit the following additional conjectures to the judgment of my learned readers[4].

p. 3, l. 24 παραπήλανε. 17, 2 πλήθη. 17, 32 λοιδορίας. 31, 1 αἱροῦσι. 31, 9 ἑταίρους. 53, 6 προμηθείας. 53, 16 ταττόμενος. 72, 2 διαβεβλη-

---

[1] Origin. Constantinop. 1664, p. 265.
[2] Catalogus librorum bibliothecae Raphaelis Tricheti Du Fresne, Parisiis, 1662.
[3] See Hase in his ed. of Leo Diaconus, praef. p. xxii.
[4] [In some passages I would correct more freely than M. Sathas. Thus p. 33, 4 I would not hesitate to restore ἀντανοικοδομεῖν for ἀναντοικοδομεῖν, p. 48, 2 (and 88, 10) I have no doubt that Psellus wrote κατῃσχυμμένος (-ένω), and there are other such cases, a few of which I have ventured to indicate in the

μένω. 80, 7 προσωποποιείται. 82, 15 πολέμιον. 83, 30 παρεμβολή. 85, 8 μηδ' ἐν. 86, 31 ἐμμεμενήκει. 92, 20 προσαναπαύουσι. 93, 11 προεκάθητο. 94, 2 προὐκάθηντο. 102, 19 κινήσασθαι. 103, 32 προσεσχηκότες. 105, 5 ἀσυνήθη. 112, 5 φεύγων. 122, 33 χειρῶν. 125, 32 ἄρξοντος. 126, 14 ὑπετρέμετο. 152, 5 σιδηρίῳ. 160, 14 ἀποτυχών. 161, 11 παντελῶς. 161, 22 διηλλάττετο. 165, 6 ἐκείνων. 169, 35 ἤχει. 174, 1 ἐπέστελλε. 182, 1 μόνως. 185, 28 βασιλεύουσι. 208, 28 φανερῷ. 218, 18 περικείρεται. 228, 14—15 ἐνθυμηθῆναι. 231, 27 βεβουλημένων. 233, 21 εὑρών. 235, 20 ἀφιείς. 255, 7 πολεμίᾳ. 260, 35 συλλογισμός. 262, 14 εἴτε τε.

C. S.

PARIS, *November* 1, 1898.

critical notes. Again, in some cases I would depart from the MS., where a better reading is indicated by Nicephorus Bryennius or Anna Comnena, who made use of the History of Psellus. Thus I would read, with J. Seger (Byzantinische Historiker I Nikephoros Bryennios, 1888, p. 120), p. 258, 29 ἐντέλλονταί τινι (for τε) διὰ γραμμάτων ἐπὶ κ.τ.λ. (cp. Bryenn. p. 55, 1, ed. Bonn); p. 259, 7 ἔτη <τρία> (not <δύο>, see Bryenn. 55, 12); and perhaps p. 252, 16 κοινοπραγίαν (Bryenn. 43, 17). It is worth observing that Anna Comnena iii 8 p. 215 confirms ἀπανέστησαν of the MS., which M. Sathas has rightly preserved in the present ed., whereas in the *editio princeps* p. 247, 6 he read ἐπανέστησαν. J. B. B.]

ERRATA.

p. 60, l. 34, *for* ἀμφιβητήσειεν *read* ἀμφισβητήσειεν.
p. 65, l. 15, *for* τράχηλόν τε *read* τράχηλόνδε.
p. 65, l. 26, *for* σφαγίδι *read* σφαγῖδι.
p. 70, l. 35, *add* 27. λαβεῖν β.

ΜΙΧΑΗΛ ΨΕΛΛΟΥ
ΧΡΟΝΟΓΡΑΦΙΑ
(976—1077).

| Χρονογραφία πονηθεῖσα τῷ πανσόφῳ μοναχῷ
Μιχαὴλ τῷ ὑπερτίμῳ, ἱστοροῦσα τὰς πράξεις τῶν
βασιλέων, τοῦ τε Βασιλείου καὶ Κωνσταντίνου τῶν
πορφυρογεννήτων, τοῦ τε μετ' αὐτοὺς Ῥωμανοῦ τοῦ
Ἀργυροπώλου, τοῦ μετ' ἐκεῖνον Μιχαὴλ τοῦ Παφλα- 5
γόνος, τοῦ ἀπὸ καισάρων ἄρξαντος μετ' αὐτὸν ἀνεψιοῦ
τούτου Μιχαήλ, τῶν ἑξῆς δύο αὐταδέλφων καὶ πορφυρο-
γεννήτων τῆς τε κυρᾶς Ζωῆς καὶ τῆς κυρᾶς Θεοδώρας,
τοῦ σὺν αὐταῖς Κωνσταντίνου τοῦ Μονομάχου, τῆς
μονοκρατορίσσης θατέρας τῶν δύο ἀδελφῶν κυρᾶς 10
Θεοδώρας, ** τοῦ μετ' ἐκεῖνον Ἰσαακίου τοῦ Κομνηνοῦ,
καὶ ἕως τῆς ἀναρρήσεως Κωνσταντίνου τοῦ Δούκα.

ΤΟΜΟΣ ΠΡΩΤΟΣ.

I. Ὁ μὲν οὖν βασιλεὺς Ἰωάννης ὁ Τζιμισκῆς, πολλῶν
καὶ ἀγαθῶν αἴτιος τῇ Ῥωμαίων ἡγεμονίᾳ γενόμενος καὶ 15
αὐξήσας ταύτην εἰς | δύναμιν, οὕτω καταλύει τὸν βίον·
περιίσταται δὲ καθαρῶς ἡ βασιλεία εἴς τε Βασίλειον καὶ
Κωνσταντῖνον τοὺς τοῦ Ῥωμανοῦ παῖδας.

9. τοὺς σὺν.   10. scrib. μονοκρατορησάσης.
11. add. τοῦ μετ' ἐκείνην Μιχαὴλ τοῦ Γέροντος.   17. βασίλισσα.

II. Ἥστην δὲ ἄμφω ἤδη μὲν παρεληλακότε τὴν ἥβην, διαφόρω δὲ τὸ ἦθος· ὁ μὲν γὰρ Βασίλειος, ὁ καὶ τὴν ἡλικίαν πρεσβύτερος, ἐγρηγορὼς ἀεὶ καὶ σύννους ἐδείκνυτο, ὁ δέ γε Κωνσταντῖνος ἀνειμένος τοῖς πᾶσιν ὦπτο, ῥᾳθύμως τε τῆς ζωῆς ἔχων καὶ περὶ τὸν ἁβρὸν βίον ἐσπουδακώς. Αὐτοκράτορε μὲν οὖν ἄμφω οὐκ ἐδοκιμασάτην εἶναι, ἀλλ' ὅτι πρεσβύτερος αὐτῶν ὁ Βασίλειος, τὸ πᾶν τῆς ἐξουσίας περιζωσάμενος, μόνου τοῦ τῆς βασιλείας ὀνόματος τὸν ἀδελφὸν ἐκληρώσατο κοινωνόν· ἐπεὶ οὐδ' ἂν ἄλλως ἡ τῆς βασιλείας αὐτοῖς ἀρχὴ διεκυβερνήθη, εἰ μὴ τῷ πρώτῳ καὶ ἀκριβεστάτῳ ἡ αὐτοκράτωρ ἀπεκληρώθη διοίκησις. Καὶ θαυμάσειε ἄν τις ἐνταῦθα τὸν Κωνσταντῖνον, ὅτι ἐξὸν κατ' ἰσομοιρίαν τῶν πατρῴων κλήρων, τὴν ἡγεμονίαν φημί, τῷ ἀδελφῷ διανείμασθαι, ὁ δὲ τοῦ πλείονος αὐτῷ παρακεχωρήκει, καὶ ταῦτα νεώτατος ὤν, ὅτε μάλιστα ὁ τῆς φιλαρχίας ἀνάπτεται ζῆλος, καὶ οὐδὲ τὸν ἀδελφὸν ὁρῶν ὑπὲρ τὴν τελείαν ἡλικίαν γενόμενον, ἀλλ' ἀρτίχνουν ἤδη καὶ πρῶτον, ὅ φασιν, ὑπηνήτην. Τοιούτων μὲν οὖν ἐγκωμίων ἐκ προοιμίων ἀξιούσθω ὁ Κωνσταντῖνος.

III. Ὁ δέ γε Βασίλειος ἤδη τὴν τῶν Ῥωμαίων ἡγεμονίαν περιζωσάμενος, ἐβούλετο μὲν μηδένα κοινωνὸν ἔχειν τῶν φροντισμάτων, μηδὲ περὶ τῶν κοινῶν διοικήσεων σύμβουλον. Οὐκ εἶχε δὲ θαρρεῖν ἑαυτῷ, | οὐδέπω πεῖραν εἰληφότι οὔτε τῶν στρατιωτικῶν καταλόγων οὔτε τῆς πολιτικῆς εὐνομίας· διὰ ταῦτα πρὸς τὸν παρακοιμώμενον ἀπεῖδε Βασίλειον. Ὁ δὲ ἀνὴρ οὗτος ἀξίωμα μέγιστον τῇ βασιλείᾳ Ῥωμαίων ἐτύγχανε γεγονώς, κατά τε φρονήματος ὄγκον, καὶ σώματος μέγεθος, καὶ μορφὴν τυράννῳ προσήκουσαν· | φὺς δὲ ἐκ τοῦ αὐτοῦ πατρὸς τῷ τοῦ Βασιλείου καὶ Κωνσταντίνου πατρί, τὰ ἐς μητέρα διήλλαττε· διὰ ταῦτα καὶ ἐκ πρώτης εὐθὺς ἡλικίας ἀποτέτμητο, ἵνα μὴ μᾶλλον ὁ ἐκ τῆς ἡμιγάμου τῶν γνησιωτάτων τὸ πρωτεῖον εἰς τὴν ἀρχὴν ἀπενέγκηται. Ἔστεργεν οὖν οὗτος τὰ ἐκ τῆς τύχης, καὶ τοῦ βασιλείου καὶ οἰκείου γένους ἐξήρτηται· προσέκειτο δὲ μάλιστα τῷ ἀνεψιῷ Βασιλείῳ καὶ ἠγκαλίζετο οἰκειότατα, καὶ ὡς εὔνους ἐτιθηνεῖτο τροφεύς. Διὰ ταῦτα καὶ ὁ Βασίλειος τὸν ὄγκον αὐτῷ τῆς ἀρχῆς ἀναθέμενος,

1. ἥσθην. 5. αὖρον. 10. scrib. ἐντριβεστάτῳ. 12. ἰσομυρίαν.
12-13. scrib. τὸν πατρῷον κλῆρον. 17. τοιούτῳ. 33. scrib. ἐξῄρητο.

ΒΑΣΙΛΕΙΟΣ Β΄ (976—1025).

αὐτὸς πρὸς τὴν ἐκείνου ἐπαιδοτριβεῖτο σπουδήν· καὶ ἦν ὁ μὲν παρακοιμώμενος οἷον ἀθλητὴς καὶ ἀγωνιστής, ὁ δὲ βασιλεὺς Βασίλειος θεωρός, οὐχ ὅπως ἐκεῖνον στεφανώσειεν, ἀλλ᾽ ὡς αὐτὸς δραμεῖται καὶ ἀγωνίσηται, κατ᾽ ἴχνος ἐκείνῳ τὴν ἀγωνίαν τιθέμενος. Πάντα οὖν ἐντεῦθεν ὑπήκοα τῷ Βασιλείῳ ἐτύγχανεν ὄντα, καὶ πρὸς αὐτὸν καὶ τὸ πολιτικὸν ἑώρα, καὶ τὸ στρατιωτικὸν ἀπονενεύκει· καὶ πρῶτος αὐτός, εἰ καὶ μόνος, τῆς τε συνεισφορᾶς τῶν δημοσίων ἐφρόντιζε, καὶ τῆς τοῦ κοινοῦ διορθώσεως· ἐδίδου δὲ ἐπὶ πᾶσι τὴν γλῶτταν καὶ τὴν χεῖρα ὁ βασιλεύς, τὰ μὲν συνηγορῶν ἐκείνῳ, τὰ δὲ καὶ ἐν γράμμασι βεβαιῶν.

IV. Τοῖς μὲν οὖν πολλοῖς ὅσοι τῶν καθ᾽ ἡμᾶς τεθέανται τὸν βασιλέα Βασίλειον, στρυφνὸς οὗτος δοκεῖ καὶ τὸ ἦθος ἀπεξεσμένος, δύσοργός τε καὶ οὐ ταχὺ μεταβάλλων, μέτριός τε τὴν δίαιταν καὶ τὸ ἁβρὸν ἐκ παντὸς ἐκτρεπόμενος· ὡς δὲ ἐγὼ τῶν ἀρχαιολογούντων περὶ αὐτὸν ξυγγραφέων ἤκουσα, οὐ πάνυ τι τοιοῦτος τὸ καταρχὰς ἦν, ἀλλ᾽ ἐξ ἀνειμένου βίου καὶ τρυφηλοῦ εἰς τὸ σύντονον μετεβάλλετο, τῶν πραγμάτων οἷον ἐπιστυψάντων αὐτῷ τὸ ἦθος, καὶ τὸ μὲν διερρυηκὸς τονωσάντων, συντεινάντων δὲ τὸ χαῦνον καὶ τὴν ὅλην αὐτῷ μεταβαλλόντων ζωήν. Ἐπεί τά γε πρῶτα καὶ ἀπαρακαλύπτως ἐκώμαζε καὶ θαμὰ ἦρα καὶ συσσιτίων ἐφρόντιζε, | βασιλικάς τε ῥᾳθυμίας καὶ ἀναπαύλας ἑαυτῷ ἀπεμέτρει, καὶ τῆς τε νεότητος, τῆς τε βασιλείας ὅσον εἰκὸς παραπέλαυεν· ἀφ᾽ οὗ δὲ ὁ Σκληρὸς ἐκείνῳ, καὶ ὁ μετ᾽ ἐκεῖνον Φωκᾶς, καὶ αὖθις ὁ πρῶτος τρίτος ἐγεγόνει, καὶ οἱ λοιποὶ βασιλειᾶν ἤρξαντο |, καὶ ἐξ ἑκατέρων αὐτῷ τῶν μερῶν ἀντανέστησαν, ὅλοις ἱστίοις ἀπενεχθεὶς τῆς τρυφῆς, ὅλῳ πνεύματι ἀντείχετο τῆς σπουδῆς· ἐπιγενόμενος γὰρ τοῖς ἐγγύθεν αὐτῷ τὴν ἡγεμονίαν παρειληφόσιν, οὐ πᾶν εὐθὺς ἄρδην τὸ ἐκείνων γένος ἀπολλύειν ἐπικεχείρηκε.

4. scrib. ἀγωνίσεται.   7–8. ἦκε.   16. ξυγγραφέων.
19–20. διερρυηκὼς τῶν νωσάντων.   24. παραπέλαυνεν.
26. βασιλείαν.   29. scrib. νηπιόθεν.

Περὶ τῆς ἀποστασίας τοῦ Σκληροῦ.

V. Διὰ ταῦτα οἱ ἐκείνων ἀνεψιαδεῖς πολέμους κατ' αὐτοῦ σφοδροὺς ἀνερρίπισαν· καὶ πρῶτός γε ὁ Σκληρὸς, ἀνὴρ καὶ βουλεύσασθαι ἱκανὸς καὶ καταπράξασθαι περιδέξιος, πλοῦτόν τε περιβεβλημένος μέγαν, ἀρκοῦντα τυράννῳ, καὶ δυναστείας ἔχων ἰσχὺν, πολέμους τε μεγάλους κατωρθωκὼς, καὶ τὸ στρατιωτικὸν ἅπαν συννεῦον ἔχων πρὸς τὸ ἐκείνου βούλημα. Οὗτος τοιγαροῦν πολλοὺς συνερρωμένους ἔχων τῇ τυραννίδι, πρῶτος τὸν κατὰ τοῦ Βασιλείου τεθάρρηκε πόλεμον, καὶ πᾶσαν ἐπ' αὐτῷ ἱππικήν τε καὶ πεζικὴν παρήλαυνε δύναμιν, καὶ ὡς ἐπὶ προκειμένῳ πράγματι τῇ βασιλείᾳ προῄει τεθαρρηκώς. Τὰ πρῶτα μὲν οὖν ἀπεγνώκεισαν οἱ περὶ τὸν βασιλέα τὰς σωζούσας ἐλπίδας, τὴν ὁπλιτικὴν πᾶσαν ἰσχὺν τῷ Σκληρῷ ἐγνωκότες συρρεύσασαν· ἔπειτα δὲ συλλεξάμενοι ἑαυτοὺς καὶ περὶ τῶν ὅλων γνωσιμαχήσαντες, ὥσπερ ἐν ἀπόροις πόρον εὑρηκέναι ᾠήθησαν, καὶ Βάρδαν τινὰ, εὐγενέστατον ἄνδρα καὶ γενναιότατον, τοῦ βασιλέως Νικηφόρου ἀδελφιδοῦν, ἀξιόμαχον περὶ τὸν τυραννήσαντα Σκληρὸν κρίναντες, τὰς καταλελειμμένας δυνάμεις φέροντες τούτῳ παρέδοσαν, καὶ τοῦ στρατοπέδου παντὸς ἡγεμόνα πεποιηκότες, ἀντιστησόμενον τῷ Σκληρῷ ἐκπεπόμφασιν.

VI. Ἐπεὶ δὲ καὶ περὶ τούτῳ | οὐδὲν ἔλαττον τοῦ Σκληροῦ p. 7 ἐδεδοίκεσαν, ἅτε βασιλείου τυγχάνοντι γένους, καὶ οὐδὲν σμικροπρεπῶς ἐννοησομένῳ περὶ αὐτοῦ, περιδύουσι μὲν τὸ πολιτικὸν τῆς περιβολῆς σχῆμα καὶ ὅσον οἶδεν ἡ τυραννὶς, τῷ δὲ τῆς ἐκκλησίας κλήρῳ ἐγκαταλέγουσιν, εἶτα δὴ καὶ φρικώδεσιν ὅρκοις καταλαμβάνουσι, τοῦ μὴ ἀποστασίας ἁλῶναί ποτε ἢ παραβάσεως τῶν ὠμοσμένων· οὕτω γοῦν αὐτὸν ἐξεγγυησάμενοι μετὰ πασῶν ἐκπεπόμφασι τῶν δυνάμεων.

VII. Ἦν δ' ὁ ἀνὴρ οὗτος, ὡς ὁ λόγος ἔχει, τὴν μὲν γνώμην ἐς τὸν θεῖον ἀναφέρων καὶ βασιλέα, συννενηφὼς ἀεὶ καὶ ἐγρηγορὼς, καὶ πάντα προϊδεῖν καὶ συνιδεῖν ἱκανὸς, πολεμικῶν τε τεχνασμάτων οὐδενὸς ἀδαὴς, ἀλλὰ πάσαις μὲν

1. Διά. 5. μέγα. 6. μεγάλας. 7. σύνευων. 19. καταλελυμένας. 23. ἄντε. 26. κληρῶ. 28. ὁμωσμένων.

τειχομαχίαις, πάσαις δὲ λοχίσεσι καὶ ταῖς ἐκ παρατάξεως ἀγωνίαις ἐθάς, τὰς δὲ διὰ χειρὸς πράξεις δραστικώτερος ἐκείνου καὶ γενναιότερος· | ὁ γάρ τοι πληγὴν παρ' ἐκείνου 323* δεξάμενος εὐθέως ἀφῄρητο τὴν ψυχήν· κἂν πόρρω μὲν ἐπεβόησεν, ὅλην συνετάραττε φάλαγγα. Οὗτος τοιγαροῦν 5 τὰς ὑπ' αὐτὸν διελὼν δυνάμεις καὶ εἰς λόχους ἐγκατατάξας, οὐχ ἅπαξ ἀλλὰ καὶ πολλάκις τὴν ἀντικειμένην εἰς φυγὴν ἔτρεψε φάλαγγα, καὶ τοῦτο πλήθει τῶν ἀντιτεταγμένων· τοσοῦτον <δὲ> τῶν ἐναντίων ἐλάσσων ἐτύγχανεν ὢν, ὅσῳ τῇ τέχνῃ καὶ τοῖς στρατηγήμασι κρείττων ἐδόκει καὶ γενναιό- 10 τερος.

VIII. Ἐθάρρησαν γοῦν ποτε πρὸς ἀλλήλους καὶ οἱ τῶν ἀντικειμένων ἡγεμόνες ταγμάτων καὶ μονομαχῆσαι ἐκ συνθήματος εἵλοντο· καὶ μέντοιγε συνελάσαντες εἴς τι μεταίχμιον, εἶδόν τε ἀλλήλους καὶ ἐν συμβολαῖς εὐθὺς ἐγεγόνεισαν. Καὶ 15 πρῶτός γε ὁ τυραννεύων Σκληρὸς, οὐκ ἐπισχὼν ἑαυτὸν τῆς ὁρμῆς, ἀλλ' εὐθὺς νόμους ἀγωνίας παραβεβηκὼς, ὁμοῦ τε ἀγχοῦ τῷ Φωκᾷ ἐγεγόνει καὶ παίει τοῦτον ὡς εἶχε κατὰ κεφαλῆς, δυναμώσας τὴν χεῖρα τῇ φορᾷ τῆς ὁρμῆς· καὶ ὁ πεπληγὼς πρὸς τὸ ἀδόκητον τῆς πληγῆς βραχύ τι τοῦ 20 χαλινοῦ γεγονὼς ἀκρατὴς, αὖθις συνηθροίκει τοὺς | λογισμοὺς, καὶ κατὰ ταὐτοῦ μέλους τὸν πλήξαντα παίσας, τῆς πολεμικῆς ὁρμῆς ἔπαυσε καὶ φυγεῖν παρεσκεύασεν.

IX. Αὕτη τελεωτέρα κρίσις καὶ δημοτελεστέρα ἀμφοῖν ἔδοξε· καὶ ὁ Σκληρὸς τοῖς ὅλοις ἐξαπορηθεὶς, καὶ μήτε πρὸς 25 τὸν Φωκᾶν ἀντιστῆναι ἔτι δυνάμενος, προσδραμεῖν τε τῷ βασιλεῖ αἰσχυνόμενος, βουλὴν βουλεύεται, οὔτε συνετωτάτην, οὔτε ἀσφαλεστάτην· ἀπάρας γὰρ ἐκ τῶν Ῥωμαϊκῶν ὁρίων εἰς τὴν τῶν Ἀσσυρίων μετὰ πασῶν αὐτοῦ τῶν δυνάμεων συνήλασε γῆν, καὶ δῆλον αὐτὸν καταστήσας Χοσρόῃ τῷ 30 βασιλεῖ, εἰς ὑποψίαν ἐκίνησεν· οὗτος γὰρ τό τε πλῆθος φοβηθεὶς τῶν ἀνδρῶν, ἴσως δὲ καὶ ὑποπτεύσας τὴν ἀθρόαν ἔφοδον, δεσμώτας πεποιηκὼς ἐν ἀσφαλεῖ κατεῖχε φρουρᾷ.

15. συμβουλαῖς.   19. χεῖραν.   29. Ἀσυρίων.   30. Χοσρόῃ.

Περὶ τῆς ἀποστασίας Βάρδα τοῦ Φωκᾶ.

Χ. Ὁ δέ γε Φωκᾶς Βάρδας τῷ βασιλεῖ Ῥωμαίων ἐπαναζεύγνυσι, καὶ τῆς τε τροπαιοφόρου ἐτετυχήκει πομπῆς, τοῖς τε περὶ τὸν βασιλέα συναρίθμιος ἐτύγχανεν ὤν. Οὕτω μὲν οὖν ἡ πρώτη τυραννὶς καταλέλυται, καὶ ὁ βασιλεὺς Βασίλειος ἀπηλλάχθαι πραγμάτων ἔδοξε· ἡ δὲ δόξασα αὕτη κατάλυσις ἀρχὴ πολλῶν ὠδίνων οὖσα ἐτύγχανεν. Ὁ γάρ τοι Φωκᾶς πρῶτα μὲν μειζόνων ἀξιωθεὶς, ἔπειτα ἐλαττόνων, καὶ αὖθις ὑπορρεούσας αὐτῷ τὰς ἐλπίδας ὁρῶν, ἅμα δὲ καὶ μὴ προδεδωκέναι τὴν πίστιν οἰόμενος, ἐπὶ ῥητοῖς προσβᾶσαν καὶ φυλαχθεῖσαν, σὺν τῷ κρατίστῳ μέρει τοῦ στρατοπέδου βαρυτέραν τε καὶ χαλεπωτέραν κατὰ τοῦ Βασιλείου τυραννίδα ἀνίστησι· καὶ τὰ πρῶτα γένη τῶν τότε δυναμένων ἀναρτησάμενος, καὶ εἰς ἀντίπαλον μοῖραν ἀποκριθεὶς, στράτευμά τε Ἰβηρικὸν ἀπολεξάμενος ἑαυτῷ (ἄνδρες δὲ οὗτοι τό τε μέγεθος εἰς δέκατον | πόδα ἀνεστηκότες καὶ τὴν ὀφρὺν σοβαρὰν ἕλκοντες), οὐκ ἔτι ἐν ὑπονοίαις, ἀλλὰ μετὰ τῆς βασιλικῆς τιάρας καὶ τοῦ ἐπισήμου | χρώματος τὴν τυραννικὴν στολὴν ἀμφιέννυται.

ΧΙ. Εἶτα γίνεταί τι τοιοῦτον· πόλεμός τις ἀλλόφυλος καταλαμβάνει τὸν Βαβυλώνιον, ᾧ προσπεφευγότες οἱ περὶ τὸν Σκληρὸν, ὥσπερ δήπου ὁ λόγος ἐγνώρισε, ἀντιστρόφους εὕροντο τὰς ἐλπίδας, καὶ ὁ πόλεμος βαρὺς καὶ δεινὸς καὶ πολλῶν δεόμενος τῶν ἀντιστησομένων χειρῶν καὶ δυνάμεων· καὶ ἐπειδὴ οὐκ εἶχεν οὗτος τῷ οἰκείῳ μόνῳ στρατοπέδῳ θαρρεῖν, ἐπὶ τοὺς φυγάδας τίθεται τὰς ἐλπίδας, καὶ λύει μὲν εὐθὺς τῶν δεσμῶν, ἐξάγει δὲ τῆς φρουρᾶς, ὁπλίζει τε καρτερῶς, καὶ κατ᾽ εὐθὺ τῆς ἐναντίας ἵστησι φάλαγγος. Οἳ δὲ, ἅτε γενναῖοι ἄνδρες καὶ μάχιμοι, καὶ τάξεις εἰδότες ὁπλιτικὰς, ἑκατέρωθεν διαστάντες, εἶτα δὴ ἀθρόον ἐξιππασάμενοι καὶ τὸ ἐνυάλιον ἀλαλάξαντες, τοὺς μὲν αὐτοῦ κτείνουσι, τοὺς δὲ τρέψαντες εἰς φυγὴν, εἶτ᾽ ἄχρι τοῦ χάρακος ἐξελάσαντες, ἄρδην ἅπαντας ἀνῃρήκασιν· ἀναζευγνῦντες δὲ, ὥσπερ ἐκ ταὐτοῦ συνθήματος τῆς ψυχῆς, πρὸς φυγὴν ἐτρέψαντο ἑαυτούς· ἐδεδοίκεσαν γὰρ αὖθις τὸν βάρβαρον, ὡς οὐ δεξιῶς

12. χαλαιπωτέραν.   21. ὁ.   28. κατευθύ.   30. ἀθρῶον.

ΒΑΣΙΛΕΙΟΣ Β' (976—1025).

τούτοις προσενεχθησόμενον, ἀλλὰ πάλιν ἐν πέδαις καθείρξοντα. Κοινῇ γοῦν ἀνὰ κράτος φεύγοντες, ἐπειδὴ πλεῖστον τῆς Ἀσσυρίων ἀπεληλύθεισαν γῆς, καὶ ἡ φυγὴ καταφανὴς τῷ βαρβάρῳ ἐγένετο, τοῖς ἐπιτυχοῦσι τότε τοῦ συνηθροισμένου στρατεύματος τὴν ἐπιδίωξιν αὐτῶν ἐγκελεύεται· <οἳ> καὶ πολλῷ τῷ πλήθει κατὰ νώτου τούτοις συνεισπεσόντες, ἔγνωσαν ὅσῳ τῷ μέτρῳ τῆς τῶν Ῥωμαίων ὑστεροῦσι χειρός· οἱ γὰρ φυγάδες ἀθρόον τοὺς χαλινοὺς στρέψαντες, καὶ ἐλάττους πρὸς πολλαπλασίους ἀγωνιζόμενοι, βραχυτέρους ἑαυτῶν τοὺς καταλελειμμένους πρὸς τὴν φυγὴν πεποιήκασιν.

XII. Ὁ μὲν οὖν Σκληρὸς τυραννεύσειν τε αὖθις ᾤετο καὶ τὰς ὅλας καθέξειν δυνάμεις, ἀνακεχωρηκότος τε τοῦ Φωκᾶ ἤδη καὶ πάσης τῆς βασιλείου διασκεδασθείσης δυνάμεως· ἐπεὶ δὲ | πρὸς τοῖς Ῥωμαϊκοῖς ὁρίοις γενόμενος, τὸν Φωκᾶν ἐμεμαθήκει βασιλειῶντα, ἐπειδὴ οὐχ οἷός τε ἦν καὶ τῷ βασιλεῖ μάχεσθαι, τὸν μὲν καὶ αὖθις ὑβρίσας, τῷ δὲ μετὰ τοῦ ἐλάττονος προσεληλυθὼς σχήματος, ἐκεῖνον μὲν τῶν πρωτείων ἠξίωσε, αὐτὸς δὲ μετ' ἐκεῖνον ὡμολόγησε τάττεσθαι· εἶτα δὴ διχῇ διελόμενοι τὰς δυνάμεις, μακρῷ τὴν τυραννίδα εὐσθενεστέραν εἰργάσαντο. Οἱ μὲν οὖν τάξεσι καὶ παρεμβολαῖς ἐπεποίθεσαν, καὶ μέχρι τῆς Προποντίδος καὶ τῶν παραλίων ἐν ταύτῃ χωρίων κατεληλύθεσαν, ἐπ' ἀσφαλοῦς τοὺς χάρακας θέμενοι, καὶ μονονοὺ ὑπεράλλεσθαι καὶ αὐτὴν ἐπιχειροῦντες τὴν | θάλασσαν.

XIII. Ὁ δὲ βασιλεὺς Βασίλειος τῆς τῶν Ῥωμαίων ἀγνωμοσύνης κατεγνωκώς, ἐπειδήπερ οὐ πρὸ πολλοῦ ἀπὸ τῶν ἐν τῷ Ταύρῳ Σκυθῶν λογὰς πρὸς αὐτὸν ἐφοίτησεν ἀξιόμαχος, τούτους δὴ συγκροτήσας, καὶ ξενικὴν ἑτέραν ξυλλοχισάμενος δύναμιν, κατὰ τῆς ἀντικειμένης ἐκπέμπει φάλαγγος· οἳ δὴ καὶ ἐκ τοῦ παρ' ἐλπίδας ἐπιφανέντες αὐτοῖς, οὐ πρὸς μάχην διεγηγερμένοις, ἀλλὰ πρὸς μέθην κατακεκλιμένοις, οὐκ ὀλίγους τε αὐτῶν ἀνῃρήκασι καὶ τοὺς καταλελειμμένους ἄλλους ἀλλαχόσε διέσπειραν· συνίσταται δὲ καὶ πρὸς αὐτὸν τὸν Φωκᾶν στάσις αὐτοῖς καρτερά.

1. ἐμπέδαις καθείρξαντο. 3. ἀποληλύθησαν. 5. αὐτῷ.
6. πολύ τι πλῆθος.   ib. συνεισπεσόντος. 8. ἐλάττοιν.
10. καταλελυμένους.   15. βασιλιῶντα.   20. παριμβόλεις.

XIV. Συμπαρῆν δὲ τῷ τῶν Ῥωμαίων στρατῷ καὶ ὁ βασιλεὺς Βασίλειος ἄρτι γενειάζων καὶ τὴν πρὸς τοὺς πολέμους ἐμπειρίαν λαμβάνων· ἀλλ' οὐδὲ ὁ ἀδελφὸς αὐτοῦ Κωνσταντῖνος ἀπῆν τῆς παρεμβολῆς· ἀλλὰ καὶ οὗτος
5 θώρακά τε περιβαλλόμενος καὶ δόρυ μακρὸν ἐπισείων, μέρος τῆς φάλαγγος ἦν.

XV. Αἱ μὲν οὖν τάξεις εἱστήκεσαν ἑκατέρωθεν, ἀπὸ μὲν τῶν παραλίων μερῶν ἡ βασιλική, ἀπὸ δὲ τῶν ὑψηλοτέρων ἡ τυραννική, καὶ πολὺ μεταξὺ τὸ μεταίχμιον. Ὁ τοίνυν Φωκᾶς,
10 ὡς καὶ τοὺς βασιλεῖς διατεταγμένους ἐμεμαθήκει εἰς τὴν παράταξιν, οὐκ ἔτι [ἐν] ἀναβολαῖς τοῦ μάχεσθαι ἦν, ἀλλὰ τὴν ἡμέραν ἐκείνην κρίσιν τοῦ πολέμου δημοτελῆ ἔθετο, καὶ τῷ τῆς τύχης ἑαυτῷ ἐπέτρεψε πνεύματι· οὐ | μὴν κατὰ p. 11 σκοπὸν τοῖς περὶ αὐτὸν ἐποιεῖτο μάντεσιν· οἳ μὲν γὰρ
15 ἀπεῖργον τοῦ μάχεσθαι, τῶν θυμάτων αὐτοῖς τοῦτο διασαφούντων, ὁ δὲ ἀντεπεχείρει ὅλην ἀφιεὶς τὴν ἡνίαν τῷ ἵππῳ. Λέγεται μέντοι καὶ σημεῖα φανῆναί οἱ ἀπαίσια· ὡς γὰρ ἱππάσατο, εὐθὺς αὐτῷ διωλισθήκει ὁ ἵππος, καὶ ἐπεὶ μετέβη εἰς ἕτερον, καὶ οὗτος βραχύ τι προεληλυθὼς ταὐτὸ
20 ἐπεπόνθει· ὅ τε χρὼς αὐτῷ ἐτέτραπτο, καὶ ἀχλὺς μὲν τὴν γνώμην, δῖναι δὲ τὴν κεφαλὴν διετάραξαν. Ὡς δὲ πρὸς οὐδὲν ἐνδόσιμος ἦν, ἅπαξ ἑαυτὸν καταστήσας εἰς τὸν ἀγῶνα, ἐπειδὴ ἐνεβεβήκει τῷ μετώπῳ τῆς φάλαγγος, καὶ ἤδη που πλησίον τῆς βασιλείου ἐγεγόνει δυνάμεως, πεζήν τινα περὶ αὐτὸν
25 συλλεξάμενος δύναμιν, Ἰβήρων τοὺς μαχιμωτάτους φημί, ἀρτιφυεῖς πάντας τὸ γένειον καὶ αὐτὸ δὴ τὸ νεοτήσιον ἀποφύοντας ἄνθος, ὑψηλοὺς καὶ ἰσομέτρους ὥσπερ ὑπὸ κανόνα τὸ μέγεθος, ξίφει καθωπλισμένους τὴν δεξιὰν καὶ τὴν ὁρμὴν ἀνυποστάτους τυγχάνοντας, τούτους δὴ μεθ' ἑαυτοῦ ὑφ' ἑνὶ
30 κινήσας συνθήματι, τῆς φάλαγγος προπηδᾷ, καὶ τὸν χαλινὸν ἐνδοὺς σὺν ἀλαλαγμῷ εὐθὺ τοῦ βασιλέως χωρεῖ, τῷ δεξιῷ βραχίονι μετέωρον τὴν τοῦ ξίφους ἐπέχων λαβήν, ὡς αὐτίκα τούτῳ τὸν βασιλέα διαχειρισόμενος.

XVI. Ὁ μὲν οὖν οὕτως καὶ μετὰ τοσούτου θάρσους ἐπὶ
325 τὸν Βασίλειον ᾔει· ὁ δὲ | προβέβλητο μὲν τῆς οἰκείας δυνά-
36 μεως, καὶ ξιφοφόρος εἱστήκει, θατέρᾳ δὲ τῶν χειρῶν τὴν

19. ταὐτῶ.   21. δεῖναι.   26. γένιον.   33. τοῦτο.   35. εἴη.

ΒΑΣΙΛΕΙΟΣ Β' (976—1025).

εἰκόνα τῆς τοῦ Λόγου μητρὸς διηγκάλιστο, καρτερώτατον πρόβλημα τῆς ἀκαθέκτου ἐκείνου ὁρμῆς ταύτην ποιούμενος. Ὁ μὲν οὖν, οἷα δή τι νέφος ἀνέμοις σφοδροῖς ἐλαυνόμενον, τὸ πεδίον διακυμαίνων διῄει· ἐσηκόντιζον δὲ ἐς αὐτὸν οἱ ἐφ' ἑκατέροις ἑστηκότες τοῖς κέρασι, βραχὺ δέ τι καὶ ὁ βασιλεὺς Κωνσταντῖνος δόρυ μακρὸν ἐπισείων προῄει τῆς φάλαγγος. Ὡς δ' οὐ πολύ τι ἀποσπασθεὶς τῶν οἰκείων δυνάμεων, ἀθρόον τῆς ἕδρας ἐξολισθήσας κατὰ γῆς ἔρριπτο, ἐπὶ τούτῳ ἄλλος ἄλλῳ λόγος συμφέρεται· οἱ μὲν γὰρ αὐτὸν ὑπὸ τῶν ἀκοντιζόντων βεβλῆσθαί φασι καὶ | κατὰ τῶν καιρίων τὴν πληγὴν ὑποστάντα πεσεῖν, οἱ δὲ σκότους φησὶν ἀθρόως ὑποπλησθέντα τὴν κεφαλὴν ἔκ τινος περὶ τὴν γαστέρα ταραχῆς καὶ κινήσεως, τό τε φρονοῦν ἀπολωλέναι καὶ τοῦ ἵππου καταπεσεῖν. Ὁ μέντοιγε βασιλεὺς Κωνσταντῖνος ἑαυτῷ τὴν τοῦ τυράννου ἐμεγαλαύχει ἀναίρεσιν· ὡς δὲ πολὺς κεκράτηκε λόγος, ἐπιβουλῇ τὸ πᾶν ἐγεγόνει, καὶ φάρμακον αὐτῷ κερασθὲν καὶ ποθέν, περὶ τὴν κίνησιν ἀθρόον ἀναρραγέν, τόν τε φρονοῦντα τοῦ ἐγκεφάλου τόπον κατέλαβε, καὶ τὴν δίνησιν ἐπεποιήκει καὶ τὴν κατάπτωσιν. Ἦν δὲ τὸ μὲν σύνθημα Βασιλείου, ἡ δὲ ἐπίβουλος χεὶρ τοῦ τῷ τυράννῳ οἰνοχοοῦντος· ἐγὼ δὲ ταῦτα μὲν ἐν ἀδήλοις τίθημι, τῇ δὲ μητρὶ τοῦ Λόγου τὸ πᾶν ἀνατίθημι.

XVII. Πίπτει γοῦν ὁ τέως ἄτρωτος καὶ ἀνάλωτος, θέαμα ἐλεεινὸν καὶ δακρύων ἄξιον. Εὐθὺς δ' οὖν ὡς εἶδον αἱ φάλαγγες ἑκατέρωθεν, ἡ μὲν εὐθὺς διαιρεθεῖσα καὶ τὸ τῆς ὁμαιχμίας συνεχὲς διακόψασα, ὀπίσω τε ἐγεγόνει, καὶ φυγάδες ἅπαντες ὤφθησαν· οἱ δὲ περὶ τὸν βασιλέα, εὐθὺς πεσόντι τῷ τυράννῳ ἐπεισπηδήσαντες, τῶν Ἰβήρων διασκεδασθέντων, πολλαῖς κοπίσι διαμελίζουσι, καὶ τὴν κεφαλὴν ἐκτεμόντες τῷ Βασιλείῳ προσάγουσιν.

XVIII. Ἐντεῦθεν ἕτερος ἀνθ' ἑτέρου ὁ βασιλεὺς γίνεται, καὶ οὐ μᾶλλον αὐτὸν τὸ γεγονὸς εὔφρανεν, ἢ ἡ τῶν πραγμάτων δεινότης ἠνίασεν· ὕποπτος οὖν εἰς πάντας ὦπτο καὶ σοβαρὸς τὴν ὀφρύν, τάς τε φρένας ὑποκαθήμενος καὶ τοῖς ἁμαρτάνουσι δύσοργος καὶ βαρύμηνις.

7. ἀπεσπασε.

Περὶ τῆc τοῦ παρακοιμωμένου Βαcιλείου μετακινήcεωc τῶν κοινῶν καὶ ἐξορίαc.

XIX. Οὐκ ἔτι οὖν οὐδὲ παραχωρεῖν τῆς τοῦ κοινοῦ διοικήσεως τῷ παρακοιμωμένῳ Βασιλείῳ ἐβούλετο, ἀλλ' ἤχθητό τε αὐτῷ καὶ παντοδαπὸς ἦν μισῶν καὶ ἀποστρεφόμενος, καὶ οὔτε τὸ γένος, οὔτε τὸ πολλὰ ἐκεῖνον ὑπὲρ τούτου ποιῆσαί τε καὶ παθεῖν, οὔτε ἡ λαμπρότης τοῦ ἀξιώματος, οὔτε ἄλλο τι τῶν ἁπάντων εἷλκεν αὐτὸν εἰς | εὐμένειαν, ἀλλὰ p.13 δεινὸν ἐποιεῖτο, εἰ βασιλεὺς ὢν καὶ εἰς τὴν φρονοῦσαν | ἡλικίαν ἐληλακώς, παραδιοικεῖν ἀξιοῦται τὰ τῆς βασιλείας πράγματα, ὥσπερ εἴ τις ἕτερος οὐ βασιλείας ἐπειλημμένος, ἀλλὰ παραδυναστεύων ἑτέρῳ καὶ τὰ δευτερεῖα τῆς ἀρχῆς κομιζόμενος. Πολλοῖς δὲ περὶ τούτου κυμαινόμενος λογισμοῖς καὶ πολλὰς λαμβάνων μεταβολὰς καὶ τροπάς, ἅπαξ ποτὲ τοῦ κρατήσαντος λογισμοῦ, καὶ μεθίστησιν ἀθρόως τῆς διοικήσεως τὸν παρακοιμώμενον, καὶ ταῦτα, οὐ λειότητά τινα τῇ μεταστάσει προμηθευσάμενος, ἀλλὰ τὸν ἄγριον τρόπον καὶ ὃν ἄν τις οὐχ ὑπειλήφει· εἰς γὰρ ναῦν ἐμβιβάσας, ὑπερόριον ἐποιήσατο.

XX. Ἐντεῦθεν οὐ τέλος τῷ Βασιλείῳ ἡ μετάστασις γίνεται τῶν κακῶν, ἀλλ' ἀρχὴ καὶ ὑπόθεσις· εὐθὺς γὰρ ἀναλύσας ταῖς ἐννοίαις ὁ βασιλεὺς ἐς τὴν πρώτην αὐτῷ τῆς αὐτοκρατορίας ἀρχήν, ἀφ' ἧς διοικεῖν ὁ παρακοιμώμενος ἤρξατο, κατέδραμε τὴν ἐκεῖθεν ἐκείνου προμήθειαν, καὶ τῶν δρωμένων ὁπόσα μὲν αὐτῷ τε καὶ τῷ δημοσίῳ συντελοῦντα ἐτύγχανεν οὐκ ἠξίου παραποιεῖν, τὸ δ' ὅσον εἰς εὐεργετημάτων καὶ ἀξιωμάτων ὄγκον ἔβλεπεν, ἀναλύειν ἐπειρᾶτο, ἐκεῖνο μὲν συνειδέναι, ταῦτα δὲ ἀγνοεῖν διϊσχυριζόμενος, καὶ πάντα τρόπον ὁπόσα εἰς κάκωσιν ἐκείνῳ καὶ συμφορὰν ἐμηχανᾶτο ποιεῖν. Ἀμέλει καὶ ἦν ἐκεῖνος ἐδείματο λαμπροτάτην μονὴν Βασιλείῳ τῷ πάνυ ἀναθέμενος, ἐπώνυμον τῆς ἑαυτοῦ κλήσεως, μεγαλοπρεπῶς μὲν κατεσκευασμένην καὶ πολλῇ δαπάνῃ χειρὸς τὸ ποικίλον μετὰ τοῦ καλοῦ ἔχουσαν, ἀφθόνοις δὲ χορηγίαις τὸ πλέον τοῦ αὐτάρκους ἀποκληρωσαμένην, ἐβούλετο μὲν ἐκ θεμελίων καθαιρήσειν, τὸ δὲ τῆς πράξεως ἀναιδὲς

18. ναῦ.   27. ἐκείνω.   29. ἐκεῖνο.   32. κατασκευασμένην.

ΒΑΣΙΛΕΙΟΣ Β΄ (976—1025).

εὐλαβούμενος, τὸ μὲν ἐκεῖθεν ὑφῄρει, τὸ δὲ κατέσειε, τὰ
ἔπιπλα, τὰς ἐφηρμοσμένας λίθους, τὸ δ᾽ ἄλλο τι ποιῶν
τοιουτότροπον, οὐκ ἀνῄει ἄχρις οὗ φροντιστήριον ἰδεῖν
χαριεντισάμενος εἰπεῖν, τὸ μοναστήριον δέδρακε, διὰ φροντίδος
τιθεμένων τῶν ἐν αὐτῷ, ὅπως ἂν ἑαυτοῖς τὰ ἀναγκαῖα πορί- 5
σαιντο.

XXI. Τοιούτοις οὖν | ὁ παρακοιμώμενος καθ᾽ ἑκάστην
τοξεύμασι βαλλόμενος ὡς εἰπεῖν, ἀθυμίας τε ἐνεπίμπλατο,
καὶ οὐκ εἶχεν ὅπως ἂν ἑαυτῷ τὰς ἀλγηδόνας ἰάσαιτο· παρη-
γόρει γὰρ αὐτὸν τῶν ὅλων οὐδέν· ὅθεν ἅπαξ ποτὲ ἀθρόον 10
κατασεισθεὶς ὁ ὑπερμεγέθης ἐκεῖνος καὶ νέφους τὴν κεφαλὴν
πληρωθεὶς, ἀκρατὴς ἑαυτοῦ ἐγεγόνει, καὶ τὰ μέλη παραλυθεὶς
καὶ νεκρὸς ἔμψυχος γεγονὼς, μετὰ βραχὺ καὶ αὐτὴν ἀπέρρηξε
τὴν ψυχήν, καὶ γέγονεν ὡς ἀληθῶς στήλη τῷ βίῳ καὶ
διήγημα μέγα, μᾶλλον δὲ παράδειγμα τῆς τῶν ἐν γενέσει 15
εὐμεταβόλου | συγχύσεως. Ὁ μὲν οὖν τὴν ἀποκεκληρωμένην 326
ἐπικλώσας ζωὴν ἀπελήλυθε.

XXII. Ὁ δὲ βασιλεὺς Βασίλειος τὴν τῆς βασιλείας
ἐπιγνοὺς ποικιλίαν, καὶ ὡς οὐκ εὐχερὲς πρᾶγμα καὶ ῥᾴδιον
τηλίκην ἀρχὴν διοικεῖν, γλυκυθυμίας μὲν πάσης ἀπείχετο, 20
ἔτι γε μὴν καὶ τῶν περὶ τὸ σῶμα κόσμων καταπεφρόνηκε, καὶ
οὔτε στρεπτοῖς ἐκόσμει τὴν δέρην, οὔτε τιάραις τὴν κεφαλήν,
ἀλλ᾽ οὔτε περιπορφύροις χλαμύσι κατελαμπρύνετο· ἀπεδύ-
σατο δὲ καὶ τοὺς περιττοὺς δακτυλίους, ναὶ μὴν καὶ τὰς
ποικίλας τῶν ἐσθημάτων βαφάς· σύννους δὲ ἀεὶ καὶ πεφρον- 25
τικῶς ἦν, ὅπως ἂν τὰ τῆς ἀρχῆς εἰς ἁρμονίαν βασιλικὴν
συμβιβάσειε. Ὑπεροπτικῶς δὲ εἶχεν οὐ τῶν ἄλλων μόνον,
ἀλλ᾽ ἤδη καὶ τοῦ ἀδελφοῦ, ᾧ δὴ καὶ βραχεῖάν τινα δορυφορίαν
περιποιησάμενος, τῆς ὑψηλοτέρας καὶ λαμπροτέρας ὥσπερ
ἐφθόνει παρασκευῆς· ἑαυτὸν γὰρ πρῶτον ἀποστενώσας ὡς 30
εἰπεῖν καὶ τῆς ὑπερόγκου ἀποστερήσας κατασκευῆς, εὐκόλως
καὶ τὸν ἀδελφὸν ἐχειροῦτο διὰ τῆς βραχὺ παραλλαττούσης
εἰς τὸ χεῖρον ἀρχῆς. Καὶ τοῦτον μὲν χαίρειν ἀφεὶς ἀγρῶν τε
χάρισι καὶ λουτρῶν ἀπολαύσεσι καὶ κυνηγεσίοις, ὧν ἐκεῖνος
ἐφρόντιζεν, ἑαυτὸν ἐπὶ τὰ δυστυχοῦντα τῶν ὁρίων ἀφῆκεν, 35

8. ἐνεμπίπλατο. 17. ἐπικλώσα. 19. ῥᾴδειον. 21. τὸν. κόσμον.
25. ἐστημάτων. 28. δ. 31. πεῖν.

ἀνακαθᾶραι τοὺς πέριξ βαρβάρους αἱρούμενος, ὁπόσοι τάς τε ἑῴους ἡμῖν λήξεις καὶ τὰς ἑσπερίους περιστοιχίζονται.

Περὶ τῆς τοῦ Σκληροῦ μετὰ τὴν τοῦ Φωκᾶ cφαγὴν δευτέρας ἀποστασίας.

XXIII. Ἀλλὰ ταῦτα μὲν ἐς ὕστερον ἔμελλε κατεργάσασθαι· τὸ γοῦν παρὸν ὁ Σκληρὸς αὐτὸν ἀνεῖργε τῆς κατὰ τῶν βαρβάρων στρατείας, ἐφ᾿ ἑαυτὸν ἐκεῖνον ἀσχολῶν. Ἀναιρεθέντος γὰρ τοῦ Φωκᾶ, τὸ μὲν ἄλλο μέρος τῆς παρατάξεως, ὅσον ἐκείνῳ καὶ πρὸ τῆς συμμίξεως ὑπέστρωτο τοῦ Σκληροῦ, τὰς ἐπ᾿ ἐκείνῳ ἐλπίδας ἀπολωλεκότες διέστησάν τε ἀπ᾿ ἀλλήλων καὶ τὸν συνασπισμὸν πάντα διαλελύκασιν· ὁ δέ γε Σκληρὸς καὶ ὅσοι σὺν ἐκείνῳ φυγάδες τε ἐγένοντο καὶ αὖθις ἀνέζευξαν, ἐφ᾿ ἑαυτῶν διαταξάμενοι καὶ ὥσπερ ἀπερρωγὸς μέρος εἰς ἰσοστάσιον τῷ Φωκᾷ τάξιν ἀποκληρωθέντες, ἀντ᾿ ἐκείνου τῷ βασιλεῖ αὖθις Βασιλείῳ γεγόνασιν.

XXIV. Οὗτος τοιγαροῦν ὁ ἀνήρ, εἰ καὶ τῆς τοῦ Φωκᾶ χειρὸς καὶ δυνάμεως ἐλάττων ἐδόκει, ἀλλὰ τά γε εἰς στρατηγικωτάτην βουλὴν καὶ παράταξιν δεινότερος ἐκείνου καὶ ποικιλώτερος ἐγνωρίζετο· διὸ ταύτην τὴν ἀποστασίαν δὶς αὖθις ὠδίνας τῷ αὐτοκράτορι, ἐς χεῖρας μὲν ἐλθεῖν ἐκείνῳ καὶ συμμῖξαι οὐκ ἐδοκίμασε, τὸν δὲ στρατὸν κρατύνων καὶ προσθήκαις ἐπαύξων, βαρύτερος ἐντεῦθεν ἐδόκει τῷ βασιλεῖ· οὐ μέχρι δὲ τούτου κατεστρατήγει τὸν αὐτοκράτορα, ἀλλὰ καὶ τὰς ναῦς ἀπέχων, ὁπόσαι | ἐς τὸ πομπεῖον ἐτύγχανον ἱκαναί, ἔτι γε μὴν καὶ τὰς τῶν ὁδῶν ἀποτειχίζων ἐλευθερίας, τὰ μὲν ὅσα ἐκεῖθεν εἰς τὰ βασίλεια ἤγετο δαψιλῶς ἀπεθησαύριζε τῷ στρατῷ, τὴν δὲ ἀπὸ τῶν βασιλείων ἐκεῖσε διὰ τῶν δημοσίων ἵππων προσταττομένην ἢ ἄλλως διακυβερνωμένην κατάπραξιν, πᾶσιν ἀνεῖργεν ἐπιτηρῶν ὄμμασι.

XXV. Οὐ τοίνυν θέρους ἀρξαμένη ἡ τυραννὶς εἰς τὸν καιρὸν τῆς ὀπώρας κατέληξεν, οὐδὲ κύκλος εἷς ἐνιαύσιος τὴν ἐπιβουλὴν περιέγραψεν, ἀλλ᾿ ἐπὶ πολλοῖς ἔτεσι τουτὶ διεκυμαίνετο τὸ κακόν· οἱ γὰρ ἅπαξ ὑποστρώσαντες ἑαυτοὺς

---

3. in marg. "Φουκᾶ." 19. διδ. 27. βασιλείω. 28. ἄλλης.

ΒΑΣΙΛΕΙΟΣ Β' (976—1025).

p. 16 τῷ Σκληρῷ καὶ συμπληρώσαντες ἐκείνῳ τὴν | φάλαγγα, οὐκ ἔτι διπλοῖς ἐμερίσθησαν λογισμοῖς, οὐδὲ πρὸς τὸν βασιλέα τούτων οὐδεὶς λαθὼν ἀπηυτομόλησεν· οὕτως αὐτοὺς εἰς ἀμετάθετον γνώμην συνήρμοσεν ὁ Σκληρός, εὐνοίαις τε ὑπαγόμενος καὶ εὐεργεσίαις δουλούμενος, καὶ συμβιβάζων 5 ἀλλήλοις, ἀπὸ τῆς αὐτῆς τε τούτοις σιτούμενος καὶ κοινοῦ μετέχων κρατῆρος, ἐξ ὀνόματός τε καλῶν ἕκαστον καὶ δι' εὐφήμου γλώττης ποιούμενος.

XXVI. Ὁ μὲν οὖν βασιλεὺς πάσης ἐπ' αὐτὸν ἥπτετο σκέψεώς τε καὶ πράξεως, ὁ δὲ ῥᾷστα πάντα διέλυε, στρατη- 10 γικῶς ταῖς ἐκείνου βουλαῖς τε καὶ γνώμαις ἀντιπράττων καὶ ἀντιμηχανώμενος· καὶ ἐπειδὴ πάσαις ἀνάλωτον τοῦτον εἶδε λαβαῖς ὁ Βασίλειος, πρεσβείαν πρὸς αὐτὸν ἀπεστάλκει σπείσασθαί τε πείθουσαν καὶ ἀπαλλαγῆναι πραγμάτων, τὰ πρῶτα μετά γε τοῦτον τῆς ἀρχῆς ἔχοντα. Ὁ δὲ τὰ μὲν 15 πρῶτα οὐκ εὐμενῶς τοῖς πράγμασιν ἄγαν ὡμίλησεν, ἔπειτα πολλοὺς ἑλίξας καθ' ἑαυτὸν λογισμοὺς καὶ τοῖς προλαβοῦσι τὰ ἐνεστῶτα συγκρίνας, καὶ τὰ μέλλοντα πρὸς ταῦτα εἰκάσας, πρὸς ἑαυτόν τε ἀπιδὼν, τῷ γήρᾳ καταπονούμενον, πείθεται τοῖς πεπρεσβευμένοις, καὶ τὸ στρατόπεδον ἅπαν συλλήπτορας 20 εἰς τὴν παραδοχὴν τῆς πρεσβείας συνειληφὼς σπένδεται Βασιλείῳ ἐπὶ τούτοις, ὥστε τὸ μὲν στέφος τῆς κεφαλῆς ἀποθέσθαι καὶ ἐπισήμου μεθέσθαι χρώματος, εὐθὺς δὲ μετ' ἐκείνον ἑστάναι, καὶ τούς τε λοχαγωγοὺς καὶ τοὺς ἄλλους ὅσοι τῆς τυραννίδος αὐτῷ ἐκοινώνησαν τὰς αὐτὰς ἔχειν ἀρχὰς 25 καὶ τῶν αὐτῶν μέχρι παντὸς ἀπολαύειν ἀξιωμάτων, ὧν αὐτὸς τούτους ἠξίωσε, καὶ μήτε κτήσεων ἐστερῆσθαι ὧν τε εἶχον καὶ ὧν παρ' αὐτοῦ προσειλήφασι, μήτε τινῶν ἄλλων τῶν προσκεκληρωμένων αὐτοῖς ἀπεστερῆσθαι.

XXVII. Ἐπὶ τούτοις ἄμφω συνεληλυθέτην, καὶ ὁ βα- 30 σιλεὺς ἐξεληλύθει τῆς Πόλεως ἔν τινι τῶν λαμπροτάτων χωρίων ὑποδεξόμενός τε τὸν ἄνδρα καὶ τὰς σπονδὰς ποιησό-
p. 17 μενος· ὁ μὲν οὖν ὑπὸ βασιλικῇ κα|θῆστο σκηνῇ, | τὸν δὲ Σκληρὸν πόρρωθεν εἰσῆγον οἱ δορυφοροῦντες ἅμα καὶ εἰς ὁμιλίαν τοῦ βασιλέως προσάγοντες, οὐχ ἱππότην, ἀλλὰ 35 βάδην μετακομίζοντες· ὁ δὲ, ἅτε δὴ εὐμεγέθης, ἤδη δὲ καὶ

3. τοῦτον.   16. εὐμενώτοις.   24. ἐκείνου.

γεγηρακώς, προσήει χειραγωγούμενος εκατέρωθεν. Ὁ δὲ βασιλεὺς πόρρωθεν τὸν ἄνδρα ἰδών, τοῖς ἀγχοῦ ἐφεστῶσι τοῦτο δὴ τὸ δημῶδες καὶ κοινὸν ἀνεφθέγξατο· " Ἰδοὺ ὃν ἐδεδοίκειν, οὗτος χειραγωγούμενος ἱκέτης μου πρόσεισιν." ὁ μὲν οὖν Σκληρός, εἴτε σπουδάσας, εἴτε ἄλλως καταφρονήσας, τὰ μὲν ἄλλα παράσημα τοῦ κράτους ἀπέθετο, οὐ μέντοιγε καὶ τοὺς πόδας τοῦ φοινικοβαφοῦς πεδίλου ἐγύμνωσεν, ἀλλ' ὥσπερ μέρος τῆς τυραννίδος ἑαυτῷ ἐπαφεὶς προσῄει τῷ βασιλεῖ· ὁ δέ γε Βασίλειος, καὶ πόρρωθεν ἰδών, ἐδυσχέρανε καὶ τοὺς ὀφθαλμοὺς ἔβυσε, μὴ ἂν ἄλλως τοῦτον ἐθέλων ἰδεῖν, εἰ μὴ πάντη ἰδιωτεύσοι τῷ σχήματι· αὐτοῦ γοῦν που πρὸς τῇ τοῦ βασιλέως σκηνῇ ἀπελίττεται καὶ τὸ ἐρυθρὸν πέδιλον ὁ Σκληρός, καὶ οὕτως ὑπέδυ τὴν στέγην.

XXVIII. Καὶ ὁ βασιλεὺς εὐθὺς ἐξανέστη ἰδών· καὶ ἐφιλησάτην ἄμφω ἀλλήλω, εἶτα δὴ καὶ διαλόγων πρὸς ἀλλήλους ἡψάσθην, ὁ μὲν τῆς τυραννίδος ἀπολογούμενος, καὶ αἰτίας τιθεὶς δι' ἃς ἐβουλεύσατό τε τὴν ἀποστασίαν καὶ ἔδρασε· ὁ δὲ ὁμαλῶς τὴν ἀπολογίαν δεχόμενος, καὶ ἐς δαιμονίαν τύχην ἀναφέρων τὸ πεπραγμένον. Ὡς δὲ καὶ κοινοῦ μετεῖχον κρατῆρος, ὁ βασιλεὺς τὴν δεδομένην κύλικα τῷ Σκληρῷ τοῖς οἰκείοις προσαγαγὼν χείλεσι καὶ πιὼν ὅσον δὴ μέτριον, αὖθις ἀντιδίδωσι τῷ ἀνδρί, ὑποψίας ἀπάγων καὶ τὸ τῶν σπονδῶν παραδεικνὺς ὅσιον. Εἶτα δὴ καὶ οἷον στρατηγικὸν ἄνδρα ἠρωτήκει περὶ τοῦ κράτους καὶ ὅπως ἂν αὐτῷ ἀστασίαστος ἡ ἀρχὴ τηρηθείη· ὁ δὲ ἄρα οὐ στρατηγικὴν βουλήν, ἀλλὰ πανοῦργον εἰσηγεῖται γνώμην, καθαιρεῖν μὲν τὰς ὑπερόγκους ἀρχάς, καὶ μηδένα τῶν ἐν στρατείαις ἐᾶν πολλῶν εὐπορεῖν, κατατρύχειν τε ἀδίκοις εἰσπράξεσιν, ἵνα τοῖς ἑαυτῶν ἀσχολοῖντο οἴκοις, γυναῖκά τε εἰς τὰ βασίλεια | μὴ εἰσαγαγεῖν, καὶ μηδενὶ πρόχειρον εἶναι, μήτε τῶν ἐν ψυχῇ βουλευμάτων πολλοὺς ἔχειν εἰδήμονας.

XXIX. Ἐπὶ τούτοις διαλελυμένης αὐτοῖς τῆς κοινολογίας, ὁ μὲν Σκληρὸς ἐπὶ τοὺς ἀποτεταγμένους αὐτῷ ἀγροὺς ἀπιὼν καὶ ὀλίγον διαβιοὺς μετήλλαξε τὴν ζωήν· ὁ δὲ βασιλεὺς Βασίλειος τά τε ἄλλα κατὰ πολλὴν ὑπεροψίαν τῶν ὑπηκόων ἔδρα, καὶ οὐκ εὐνοίαις μᾶλλον ἢ φόβοις τὴν ἀρχὴν

10. ἐθέλω.   19. τύχειν.   27. ἐάν.   29. κοῖι.

ΒΑΣΙΛΕΙΟΣ Β' (976—1025).

ἑαυτῷ σοβαρωτέραν ὡς ἀληθῶς διετίθετο· τοῖς δὲ ἔτεσι προστιθεὶς καὶ πεῖραν ἁπάντων συνειληφώς, ἀπροσδεὴς ὥσπερ τῶν σοφωτέρων ἐτύγχανεν ὤν. Αὐτὸς γοῦν ἦρχε | καὶ 327* τῶν βουλευμάτων, αὐτὸς δὲ ἐτίθη καὶ τὰ στρατόπεδα· τὸ δὲ πολιτικὸν οὐ πρὸς τοὺς γεγραμμένους νόμους, ἀλλὰ πρὸς 5 τοὺς ἀγράφους τῆς αὐτοῦ εὐφυεστάτης ἐκυβέρνα ψυχῆς· ὅθεν οὐδὲ προσεῖχε λογίοις ἀνδράσιν, ἀλλὰ τούτου δὴ τοῦ μέρους, φημὶ δὲ τῶν λογίων, καὶ παντάπασι καταπεφρονήκει. Ὅθεν καὶ θαυμάζειν μοι ἔπεισιν, ὅτι οὕτως τοῦ βασιλέως κατολιγωροῦντος τῆς περὶ τοὺς λόγους σπουδῆς, οὐκ ὀλίγη 10 φορὰ φιλοσόφων καὶ ῥητόρων κατ' ἐκείνους τοὺς χρόνους ἐγένετο· μίαν δὲ λύσιν εὑρίσκω τῆς ἀπορίας μου καὶ τοῦ θαύματος ἀκριβεστάτην ὡς εἰπεῖν καὶ ἀληθεστάτην, ὅτι μὴ πρὸς ἄλλο τέλος τοὺς λόγους οἱ τότε ἄνδρες μετεχειρίζοντο, ἀλλ' ἐσπούδαζον περὶ αὐτοὺς ὡς αὐτοτελεῖς· ἀλλ' οἱ πολλοὶ 15 παρὰ τὴν παίδευσιν οὐχ οὕτω βαδίζουσιν, ἀλλὰ τὸ χρηματίζεσθαι εἰς πρώτην αἰτίαν τῶν λόγων ἀναφέρουσι, μᾶλλον δὲ διὰ τοῦτο τὰ περὶ τοὺς λόγους σπουδάζουσι, κἂν μὴ εὐθὺς τὸ τέλος προσῄει, ἀφίστανται τῆς ἀρχῆς. Οὗτοι μὲν οὖν ἐρρώσθων.

XXX. Ὁ δὲ λόγος αὖθις εἰς τὸν βασιλέα ἀναφερέσθω· 20 οὗτος γάρ, ἐπειδὴ καὶ τὸ βάρβαρον ἀνεκάθηρε, καὶ τὸ ὑπήκοον, ἵν' οὕτως εἴπω, παντοδαπῶς ἐχειρώσατο, οὐκ ἔτι μὲν ἐπὶ τῆς προτέρας ἠξίωσε προαιρέσεως, ἀλλὰ τὰ προὔχοντα τῶν γενῶν καθελὼν καὶ εἰς ἴσον τοῖς ἄλλοις καταστήσας, κατὰ πολλὴν εὐπέττειαν τὸ κράτος δια|κυβεύων ἐτύγχανε, καί τινα λογάδα 25 περὶ αὐτὸν πεποιηκὼς ἀνδρῶν, οὔτε τὴν γνώμην λαμπρῶν, οὔτε μὴν ἐπισήμων τὸ γένος, οὔτε τὰ ἐς λόγους ἐς τὸ ἄγαν πεπαιδευμένων, τούτοις καὶ τὰς βασιλείους ἐπιστολὰς ἐνεχείρισε, καὶ τῶν ἀπορρήτων κοινωνῶν διετέλει. Ἐπεὶ δὲ ποικίλη τότε οὐκ ἦν ἡ τῶν βασιλέων πρὸς τὰς ὑπομνήσεις ἢ δεήσεις 30 ἀπόκρισις, ἀλλ' ἀφελὴς καὶ λιτή, (τοῦ γὰρ κομψῶς καὶ συντεταγμένως γράφειν ἢ λέγειν ἀπείχετο παντελῶς), ταῦτα γοῦν ἐπιόντα τῇ γλώττῃ ῥήματα ταῦτα συνείρων τοῖς γράφουσιν ὑπηγόρευε, καὶ δεινὸν οὐδὲν ὁ λόγος εἶχεν, οὐδὲ περίεργον. 35

1. ἔταισι.   4. scrib. διετίθη.   10. τῆς τῆς.   25. εὐπέττειαν.
32-33. scrib. τά τε γ.   34. οὐδέ.

XXXI. Ἀπὸ τοίνυν ὑπερηφάνου καὶ βασκάνου τύχης τὴν βασιλείαν καταβιβάσας, οὐ μόνον λείαν ἑαυτῷ τὴν ὁδὸν εὐτρέπισε τῆς ἀρχῆς, ἀλλὰ καὶ τὰς ἐξαγωγὰς τῶν διδομένων ἀποφράξας χρημάτων, πολυτάλαν ἑαυτῷ τὸν ὄλβον τῆς 5 βασιλείας πεποίηκε, τὰ μὲν μὴ διδούς, τὰ δὲ καὶ προστιθεὶς ἔξωθεν· ἐς γὰρ μυριάδας εἴκοσι ταλάντων ἔμπλεω τὰ τῶν ἀνακτόρων ταμεῖα πεποίηκε. Τὸν δὲ λοιπὸν χρηματισμὸν τίς ἂν εὐπορήσοι τῷ λόγῳ συναγαγεῖν; ὅσα γὰρ ἐν Ἴβηρσί τε καὶ Ἄραψι, καὶ ὅσα ἀποτεθησαύριστο εἰς Κελτούς, ὁπόσα 10 τε ἡ Σκυθῶν εἶχε γῆ, καὶ ἵνα συντόμως εἴπω, τὸ πέριξ βαρβαρικόν, πάντα ἔς τ' αὐτὸ συνενηνοχὼς τοῖς βασιλικοῖς ταμείοις ἀπέθετο· ἀλλὰ | καὶ τῶν καταστασιάντων αὐτῶν, εἶτα δὴ καθαιρεθέντων, τὴν ἐν χρήμασιν εὐδαιμονίαν ἐκεῖσε φέρων ἀπεθησαύρισε. Καὶ ἐπεὶ δὴ οὐκ ἤρκεσαν αὐτῷ αἱ τῶν 15 κατεσκευασμένων οἴκων ὑποδοχαί, ὑπογείους ὀρύξας ἕλικας κατὰ τὰς τῶν Αἰγυπτίων σύριγγας, ἐν αὐτοῖς οὐκ ὀλίγα τῶν συνειλεγμένων ἐταμιεύσατο. Ἀπέλαυε δὲ οὐδενός, ἀλλ' οἱ πλείους τῶν λίθων τῶν τε λευκοτάτων οὓς μαργαρίτας φαμέν, καὶ τῶν διαφόροις ἀποστιλβόντων τοῖς χρώμασιν, οὐκ ἐν 20 ταινίαις κεκόλληντο ἢ στρεπτοῖς, ἀλλ' αὐτοῦ που κατὰ γῆς ἐρριμμένοι ἐτύγχανον. Ὁ δὲ πορφυρᾶν ἐσθῆτα ἠμφιεσμένος, οὐδὲ τὴν κατακόρως ὀξεῖαν, ἀλλὰ τὴν μέλαιναν, μαρ|γάροισί τισι τὸ ἐπίσημον ἔχουσαν, τάς τε προόδους ἐποιεῖτο καὶ τοῖς τέλεσιν ἐχρημάτιζε· τὸν δὲ πλεῖστον τῆς ἀρχῆς αὐτοῦ χρόνον 25 στρατεύων, καὶ τάς τε τῶν βαρβάρων ἀνείργων ἐπιδρομάς, τά τε ἡμέτερα φρουρῶν ὅρια, οὐ μόνον οὐδὲν ἐξεφόρει τῶν ἀποτεθειμένων, ἀλλὰ καὶ πολλαπλάσια τὰ συνειλεγμένα ἐδείκνυε.

XXXII. Ἐποιεῖτο δὲ τὰς πρὸς τοὺς βαρβάρους στρατείας 30 οὐχ ὥσπερ εἰώθασιν οἱ πλείους τῶν βασιλέων ποιεῖν, μεσοῦντος ἐξιόντες ἔαρος καὶ τελευτῶντος θέρους ἐπαναζευγνύντες, ἀλλ' ὅρος αὐτῷ τῆς ἀναζεύξεως ἦν τὸ τοῦ σκοποῦ τέλος, ἐφ' ᾧ καὶ τὴν κίνησιν ἐποιήσατο. Ἀπεκαρτέρει δὲ καὶ πρὸς ψῦχος ἀκμάζων καὶ πρὸς ἀκμὴν θέρους, καὶ διψῶν 35 οὐκ εὐθὺς ταῖς πηγαῖς προσῄει, ἀλλ' ἦν ὡς ἀληθῶς πρὸς

2. λίαν. 10. εἰς Σκυθῶν. 11. αὐτῶ. 20. τενείαις.
21. ἐμφιεσμένος. 23. ἔχουσα. 31. ἄερος. 34. scrib. ἀκμάζον.

πᾶσαν ἀνάγκην φύσεως στερρός τε καὶ ἀδαμάντινος. Τὰ δὲ τῶν στρατοπέδων εἰς τὸ ἀκριβὲς εἰδὼς, οὐ πλήθει φημὶ τάξεως, οὐδὲ λόχους συνηρμοσμένους, οὐδὲ δεσμοὺς τάξεως καὶ λύσεις εὐκαίρους, ἀλλὰ καὶ τὰ ἐς τὸν πρωτοστάτην καὶ τὰ ἐς τὸν ἡμιλοχίτην καὶ ὁπόσα καὶ ἐς τὸν κατόπιν ἀνενεγκεῖν, 5 εὐπετῶς τούτοις ἐν τοῖς πολέμοις ἐχρῆτο· ὅθεν οὐδ' ἐπ' ἄλλοις τὴν τάξιν τούτων ἐτίθετο, ἀλλ' ἑκάστου καὶ τὴν φύσιν καὶ τὴν τεχνικὴν ἀγωνίαν εἰδὼς, καὶ πρὸς ὃ ἢ τῷ ἤθει ἢ τῇ παιδείᾳ συνήρμοστο, πρὸς τοῦτο συνεῖχε καὶ συνεβίβαζε.

XXXIII. Ἤιδει δὲ καὶ ὁπόσα τῶν σχημάτων τοῖς λόχοις 10 λυσιτελεῖ, τὰ μὲν ἀπὸ τῶν βιβλίων ἀναλεξάμενος, τὰ δὲ καὶ αὐτὸς συντελέσας ἐκ φυσικῆς ἐπιστήμης τοῖς γινομένοις· πολεμεῖν δὲ καὶ κατὰ φάλαγγα ἵστασθαι ἐπήγγειλε μὲν καὶ ἐποιεῖτο τὸ σχῆμα, οὐ πάνυ δὲ τὴν πρᾶξιν ἐβούλετο, τὴν ὀξεῖαν τροπὴν εὐλαβούμενος· ὅθεν τὰ πολλὰ λόχους ἐκάθιζε, 15 καὶ μηχανὰς ἐποιεῖτο, καὶ ἠκροβολίζετο πόρρωθεν, τοῖς ψιλοῖς ἐπιτάττων τὴν τέχνην. Ἐς δὲ πόλεμον καθιστάμενος, καὶ τὰς τάξεις δεσμήσας τοῖς τακτικοῖς σφίγμασι, καὶ οἷον καταπυργώσας τὸ στράτευμα, καὶ συναρμόσας ταῖς ἴλαις μὲν | τὸ στρατόπεδον, ταύτας δὲ τοῖς λόχοις, καὶ τούτους τοῖς καθένα 20 τῶν | ὁπλιτῶν, οὐδενὶ προπηδᾶν ἐνετέλλετο, οὐδὲ τὸν συνασπισμὸν λύειν παρὰ πᾶσαν ἀνάγκην· εἰ δέ τις τῶν ἀκμαιοτάτων ἢ ὀξυτάτων ἄλλως ἑαυτὸν ἀποβιασάμενος πορρωτάτω τῆς φάλαγγος ἀφιππάσαιτο, καὶ συμμίξας τοῖς πολεμίοις τροπὴν ἐποιήσατο, ἐπαναζεύξας οὐ στεφάνων οὐδ' ἀριστείων 25 ἐτύγχανεν, ἀλλ' εὐθὺς τοῦτον τοῦ τε στρατεύματος διῄρει καὶ μετὰ τῶν παρανομούντων τάξας ἐτιμωρεῖτο. Μεγάλην ῥοπὴν πρὸς τὸ νικᾶν ἡγεῖτο τὴν μὴ ἀπερρωγυῖαν σύνταξιν, καὶ τούτῳ μόνῳ ἀτρέπτους τὰς τῶν Ῥωμαίων ἐνόμιζε φάλαγγας. Βαρυνομένων δὲ τῶν στρατιωτῶν τὴν ἐφοδείαν 30 τῆς μάχης καὶ ἐς προὔπτον ὑβριζόντων αὐτὸν, ὁμαλῶς οὗτος τὰς ἐπ' αὐτὸν ὀλιγωρίας ἐδέχετο, καὶ μειδιῶν ἐφ' ἱλαρῷ ἤθει εὐλογίστους ἀπεδίδου τὰς ἀποκρίσεις, "ὡς οὐκ ἂν ἄλλως παυσώμεθα πολεμοῦντες."

XXXIV. Ἀπεμέριζε δὲ τὸ ἑαυτοῦ ἦθος καὶ κατάλληλον 35

9. παιδίᾳ συνήρμοσθαι π. τ. συνεῖγε.   10. λόγχοις.   12. τινομένοις.
15. λόγχους.   22. ἢ δὲ.

ἐδίδου καιροῖς τε μαχίμοις καὶ εἰρηνικαῖς καταστάσεσι,
μᾶλλον δ' εἰ δεῖ τ' ἀληθὲς ἐρεῖν, πανουργότερος μὲν ἐν
πολέμοις ἦν, ἐν δὲ εἰρήνῃ βασιλικώτερος· καὶ τὰς ὀργὰς
ταμιεύων καὶ ὥσπερ ὑπὸ σποδιᾷ κρύπτων τῇ ἑαυτοῦ ψυχῇ,
5 εἴ τινες ἐν τοῖς πολέμοις παρηνομήκασιν, ἀνῆπτε ταύτας καὶ
ἀπεκάλυπτεν ἐπαναζεύξας εἰς τὰ βασίλεια, καὶ δεινῶς τηνι-
καῦτα ἐμνησικάκει τοῖς κακουργήσασι. Τὸ δὲ στερρὸν τῆς
γνώμης ἐπὶ πολλοῖς μὲν ἐδείκνυεν, ἔστι δὲ ὅτε <καὶ> μετήλ-
λαττε· καὶ πολλοῖς καὶ τὰς ἀρχὰς τῶν ἁμαρτανομένων
10 ἐπεξετάζων, τοῖς πλείοσιν ἠφίει καὶ τὰ τέλη τῶν πράξεων,
ἢ συμπαθείᾳ διδοὺς, ἢ ἄλλως ἐκείνοις προσκείμενος. Βραδέως
δὲ πρός τινα πρᾶξιν κεκινημένος, τὸ δόξαν οὐδαμοῦ ἐβούλετο
ἀλλοιοῦν· ὅθεν οὔθ' οἷς εὐμενὴς ἦν, τούτοις, εἰ μή πού τις
ἀνάγκη ἐπῆν, τὸ ἦθος μετήλλαττεν· ἀλλ' ἦν ἡ τῶν δοξάντων
15 αὐτῷ διαίτησις κατὰ τὸ μέλλον καὶ θεῖον κριτήριον.

Περὶ τοῦ ἰδίου. p. 22

XXXV. Τὸ μὲν οὖν ἦθος αὐτῷ τοιοῦτον, τὸ δὲ εἶδος
εὐγένειαν κατηγόρει φύσεως· τό τε γὰρ ὄμμα χαροπὸν καὶ
λαμπρὸν, καὶ ἡ ὀφρὺς οὐκ ἐπικειμένη καὶ σκυθρωπάζουσα,
20 οὔτε θηλυπρεπῶς κατ' εὐθεῖαν ἐκτεταμένη γραμμὴν, ἀλλ'
ὑπερκειμένη καὶ τὸ ἀγέρωχον τοῦ ἀνδρὸς ὑπεμφαίνουσα· αἱ
δὲ τῶν ὄψεων ἀκτῖνες οὔτε βεβυθισμέναι πρὸς τὸ πανουργό-
τερον καὶ δεινότερον, οὔτε μὴν ἐκκεχυμέναι πρὸς τὸ χαυνό-
τερον, ἀλλ' αἴγλης ἀρρενωποῦ ἀποστίλβουσαι· τὸ δὲ
25 πρόσωπον ξύμπαν ὥσπερ ἀπὸ κέντρου ἐς ἀκριβῆ κύκλον
ἀποτετόρνευτο, καὶ δι' εὐπαγοῦς αὐχένος καὶ ἐπιμήκους τὸ
μέτριον τοῖς ὤμοις συνήρμοστο. | Τὸ στέρνον, οὔτε προβε-
βλημένον καὶ οἷον ἐκκείμενον, οὔτ' αὖθις ἐγκείμενον καὶ οἷον
ἀποστενούμενον, ἀλλ' ἐμμέτρως ἔχον τῶν διαστάσεων· καὶ
30 τὰ λοιπὰ δὲ μέρη πρὸς τοῦτο συνωμολόγησαν.

XXXVI. Τὴν δὲ ἡλικίαν ἐλάττονα μὲν εἶχε τοῦ μετρίου,
συνηρμοσμένην δὲ τοῖς ἰδίοις μέρεσι καὶ μηδαμοῦ ἐπινεύουσαν·
ἀφίππῳ μὲν οὖν εἴ τις ἐντετυχήκει αὐτῷ, καὶ πρὸς ἐνίους ἂν

7. κακουργήμασι.   15. διαιρέσεις.

ΒΑΣΙΛΕΙΟΣ Β' (976—1025).

εἶχε παραβαλεῖν, ἱππαζομένῳ δὲ τὸ κατὰ πάντων ἐδίδου ἀσύγκριτον· ἐντετύπωτο γὰρ τῇ ἕδρᾳ κατὰ τοὺς τῶν ἀγαλμάτων τύπους ὅσα ἐς τοιοῦτον σχῆμα οἱ ἀκριβεῖς πλάσται συνήρμοσαν, καὶ τόν τε χαλινὸν τῷ ἵππῳ διδοὺς καὶ ἐπιρράσσων, ὄρθιος καὶ ἀκλινὴς ἦν κατά τε πρανῶν ὁμοίως καὶ 5 κατ' ὀρθίων φερόμενος, αὖθίς τε ἀνείργων καὶ ἀνασειράζων τὸν ἵππον ὑψοῦ ἥλλετο οἷον ἐπτερωμένος, καὶ μετὰ τοῦ αὐτοῦ σχήματος πρός τε τὸ ἄναντες καὶ πρὸς τὸ κάταντες ἦν. Γηράσαντι δέ οἱ τὸ μὲν ὑπὸ τὸν ἀνθερεῶνα ἐψίλωτο γένειον, τὸ δ' ὅσον ἀπὸ τῆς γένυος κατακέχυτο, δασεῖί τε ἡ θρὶξ 10 ἐγεγόνει καὶ πολλὴ πέριξ περιεπεφύκει, ὅθεν καὶ ἑκατέρωθεν περιελιχθεῖσα ἐς κύκλον ἀπηκριβώθη καὶ ἐδόκει πάντοθεν γενειάσκειν. | Εἰώθει γοῦν πολλάκις ταύτην περιελίττειν, καὶ μάλιστα ὁπότε τῷ θυμῷ διαπυρούμενος ἦν, καὶ ἄλλως δὲ χρηματίζων καὶ ἐς ἐννοίας ἀνακινῶν ἑαυτὸν ἐχρῆτο τῷ σχή- 15 ματι· τοῦτό τε οὖν ἐποίει θαμά, καὶ τῷ τῆς χειρὸς ἐκκειμένῳ ἀγκῶνι τοῖς κενῶσι τοὺς δακτύλους ἐπέβαλλεν. Ὡμίλει δὲ οὐκ ἐπιτροχάδην, οὐδὲ ἀποτορνεύων τοὺς λόγους, οὐδὲ ἐς περιόδους ἀπομηκύνων, ἀλλὰ περικόπτων καὶ κατὰ βραχὺ ἀναπαύων, καὶ ἀγροικικῶς μᾶλλον ἢ ἐλευθερίως· ὁ δὲ γέλως 20 αὐτῷ καὶ χασμὸν εἶχε καὶ τῷ παντὶ συνεβράσσετο σώματι.

XXXVII. Οὗτος ὁ βασιλεὺς μακροβιώτατος δοκεῖ ὑπὲρ πάντας τοὺς ἄλλους αὐτοκράτορας γεγενῆσθαι· ἀπὸ μὲν γὰρ γεννήσεως ἄχρις εἰκοστοῦ χρόνου τῆς ἡλικίας αὐτοῦ τῷ τε πατρὶ καὶ τῷ Φωκᾷ Νικηφόρῳ καὶ τῷ μετ' ἐκεῖνον Ἰωάννῃ 25 τῷ Τζιμισκῇ συνεβασίλευσεν ὑποκείμενος, εἶτα δὴ δύο πρὸς τοῖς πεντήκοντα ἔτεσι τὴν αὐτοκράτορα ἔσχεν ἀρχήν. Ἑβδομηκοστὸν οὖν καὶ δεύτερον ἔτος τῆς ἡλικίας ἄγων μεταλλάττει τὸν βίον.

1. παραλαβεῖν.   9. δέοι.   10. κατακέχυτε.
12. περιελεχθεῖσα.   28. βασιλείας.

ΤΟΜΟΣ ΔΕΥΤΕΡΟΣ.

I. Τελευτήσαντος Βασιλείου εἰς τὴν αὐτοκράτορα περιωπὴν ὁ ἀδελφὸς αὐτοῦ Κωνσταντῖνος ἐπάνεισι, πάντων αὐτῷ παρακεχωρηκότων τῆς ἐξουσίας· ἐπεὶ καὶ ὁ βασιλεὺς Βασίλειος τελευτῶν μετακαλεῖται τοῦτον εἰς τὰ βασίλεια, καὶ τῆς ἡγεμονίας | ἐγχειρίζει τοὺς οἴακας. Οὗτος ἑβδομηκοστὸν ἔτος ἔχων τῆς ἡλικίας τὴν τῶν ὅλων ἀναλαμβάνει διοίκησιν· ἤθους δὲ μαλακωτάτου τυχὼν καὶ ψυχῆς πρὸς πᾶσαν ῥεούσης ἀπόλαυσιν, εἶτα καὶ τοὺς βασιλικοὺς θησαυροὺς ἔμπλεως χρημάτων ἐφευρηκώς, καταχρῆσαι τῇ γνώμῃ <ἔγνω>, καὶ ταῖς ἡδοναῖς ἐκδίδωσιν ἑαυτόν.

II. Τοῦτον τὸν ἄνδρα ὑπογράφων ὁ | λόγος τοιοῦτον ἐκδίδωσι· ῥᾴθυμος ἦν τὴν γνώμην, καὶ οὐ πάνυ περὶ τὴν ἡγεμονίαν σπουδάζων, ἄλκιμος δὲ ὢν περὶ τὸ σῶμα, δειλὸς ἦν τὴν ψυχήν· γηραιὸς δὲ ἤδη γενόμενος καὶ μηκέτι πολεμεῖν δυνάμενος, πρὸς πᾶσαν δύσφημον ἐξετραχύνετο ἀκοήν· καὶ τὸ μὲν πέριξ βαρβαρικὸν ὑποκινούμενον καθ' ἡμῶν, ἀξιώμασιν ἀνεῖργε καὶ δωρεαῖς, τοὺς δὲ τῶν ὑπηκόων στασιάζοντας δεινῶς ἐτιμωρεῖτο· κἂν ὑπείληφέ τινα τολμητίαν ἢ στασιώδη, πρὸ τῆς πείρας τὴν τιμωρίαν ἐπῆγεν, οὐκ εὐνοίαις τοὺς ὑπὸ χεῖρα δουλούμενος, ἀλλὰ παντοδαπαῖς βασάνων κακώσεσιν· ὀξύρροπος εἰ καί τις ἄλλος ἦν, θυμοῦ τε ἥττων, καὶ πρὸς πᾶσαν ἀκοὴν εὐπαράδεκτος, μάλιστα δὲ πάντων οὓς βασιλειῶντας ὑπώπτευε, καὶ διὰ τοῦτο ἐτιμωρεῖτο δεινῶς, οὐ τονῦν ἀνείργων, οὐδὲ περιγράφων αὐτούς, οὐδ' ἀπροΐτους ποιούμενος, ἀλλ' εὐθὺς σιδήρῳ τοὺς ὀφθαλμοὺς ὀρυττόμενος· ταύτην δὲ τὴν κόλασιν πᾶσιν ἀπεμέτρει, κἂν ὁ μὲν μείζονα, ὁ δὲ ἐλάττονα ἁμαρτάνειν ἔδοξε, καὶ ὁ μὲν ἔργου ἥπτετο, ὁ δὲ μέχρι φήμης προέβαινεν· οὐ γὰρ ἐφρόντιζεν ὅπως ἂν ἀναλόγους τὰς τιμωρίας ἀποδώσει τοῖς ἁμαρτήμασιν, ἀλλ' ὅπως ἂν ἑαυτὸν ἐλευθερώσειε τῶν ὑποψιῶν· ἐδόκει δὲ αὐτῷ καὶ ἡ τοιαύτη βάσανος κουφοτάτη τῶν ἄλλων· διότι δὲ τοὺς τιμωρουμένους ἀπράκτους ἐποίει, ταύτῃ μᾶλλον ἐχρῆτο·

4. β. βασιλεῖ. 24. οὗτονῦν.

ΚΩΝΣΤΑΝΤΙΝΟΣ Η' (1025—1028).

προέβη δὲ οὕτω ποιῶν ἀπὸ τῶν πρώτων καὶ ἄχρι τῶν τελευταίων· ἐξέτεινε δὲ τὸ κακὸν καὶ ἐνίοις τῶν ἐν κλήρῳ κατειλεγμένων, οὐδὲ ἀρχιερωσύνης ἐφείσατο· ἅπαξ γὰρ κατάφορος τῷ θυμῷ γεγονώς, δυσανάκλητος ἦν καὶ δυσήκοος πρὸς πᾶσαν παραίνεσιν· οὕτω δὲ δύσοργος ὢν, οὐδὲ τοῦ συμπαθοῦς ἤθους ἀπῴκιστο, ἀλλὰ καὶ πρὸς τὰς συμφορὰς ἐδυσωπεῖτο καὶ τοῖς ἐλεεινολογουμένοις ἐξευμενίζετο· τὴν δὲ ὀργὴν οὐκ ἔμμονον εἶχεν, ὥσπερ ὁ ἀδελφὸς Βασίλειος, ἀλλὰ ταχὺ μετεβάλλετο· καὶ ἐφ' οἷς ἐποίει δεινῶς κατεβάλλετο· ἀμέλει κἄν τις αὐτῷ φλεγμαίνοντα κατέσβεσε τὸν θυμὸν, ἀπείχετό τε τοῦ τιμωρεῖν καὶ χάριτας ὡμολόγει | τῷ κεκωλυκότι· εἰ δὲ μηδὲν ἐγεγόνει τὸ ἀντικείμενον, ἀπέσκηπτε μὲν αὐτῷ ὁ θυμὸς | ἐπί τι κακὸν, ὁ δ' εὐθὺς ἀκούσας ἠνιᾶτο καὶ τὸν τετιμωρημένον συμπαθῶς ἠγκαλίζετο καὶ δάκρυα τῶν ὀμμάτων ἠφίει καὶ ἀπελογεῖτο ἐλεεινοῖς ῥήμασιν.

III. Εὐεργετεῖν δὲ πάντων μᾶλλον βασιλέων ἠπίστατο, πλὴν οὐκ ἀπεμίγνυε τῇ χάριτι ταύτῃ τὴν τῆς δικαιοσύνης ἰσότητα, ἀλλὰ τοῖς μὲν περὶ ἑαυτὸν πάσας θύρας εὐεργετημάτων ἀνέῳγε καὶ ὡς ψάμμον αὐτοῖς τὸν χρυσὸν ἐθησαύριζε, τοῖς δὲ πόρρω ἐλάττονα τὴν ἀρετὴν ταύτην ἐδείκνυεν. Ὠικειοῦντο δὲ αὐτῷ τῶν ἄλλων μάλιστα οὓς ἐκ πρώτης ἡλικίας τῶν παιδογόνων ἀφελὼν μορίων κατευναστήρας καὶ θαλαμηπόλους ἐκέκτητο· ἦσαν δὲ οὗτοι οὔτε τῆς εὐγενοῦς, οὔτε τῆς ἐλευθέρας τύχης, ἀλλὰ τῆς ἐθνικῆς καὶ βαρβάρου· παιδείας τε τῆς παρ' ἐκείνου τετυχηκότες καὶ ἐς τὸ ἐκείνου ἦθος μεταβαλόντες, ὑπὲρ τοὺς ἄλλους αἰδοῦς τε πλείονος καὶ τιμῆς ἠξιοῦντο· καὶ οὗτοι δὲ τῇ γνώμῃ τὸ τῆς τύχης αἶσχος ἐκάλυψαν· ἐλευθέριοί τε γὰρ ἦσαν καὶ ἀφειδεῖς χρημάτων, καὶ εὐεργετῆσαι πρόθυμοι, καὶ τὴν ἄλλην καλοκἀγαθίαν ἐπιδεικνύμενοι.

IV. Οὗτος ὁ βασιλεὺς νέαν ἔτι ἄγων τὴν ἡλικίαν, ὁπότε ὁ ἀδελφὸς αὐτῷ Βασίλειος ἐγκρατὴς ἐγεγόνει τῆς αὐτοκράτορος ἀρχῆς, ἄγεται γυναῖκα ἑαυτῷ τῶν εὐγενῶν τε καὶ σεμνοτάτων, Ἑλένην ὄνομα, θυγατέρα Ἀλυπίου ἐκείνου τοῦ πάνυ, τῷ τότε χρόνῳ πρωτεύοντος. Ἦν δὲ ἡ γυνὴ καὶ τὴν ὥραν καλὴ, καὶ τὴν ψυχὴν ἀγαθὴ, καὶ τίκτει τῷ βασιλεῖ

2. ἐνίους.   9. μετεβάλλετο.   10. φλεγμέναντα.

θυγατέρας τρεῖς, ἐφ' αἷς μεταλλάττει τὸν βίον· ἡ μὲν οὖν ἀπῆλθε τὸν δεδομένον χρόνον πληρώσασα, αἱ δὲ ἐπὶ τοῖς βασιλείοις αὐτοῖς βασιλικῆς ἠξιοῦντο καὶ ἀνατροφῆς καὶ παιδεύσεως. Ταύτας ἠγάπα μὲν καὶ ὁ βασιλεὺς Βασίλειος καὶ δεινῶς ἔστεργεν, οὐδὲν δέ τι γενναιότερον περὶ τούτων ἐφρόντισεν, ἀλλὰ τῷ ἀδελφῷ τὸ κράτος φυλάττων ἐπ' ἐκείνῳ τὴν περὶ τούτων φροντίδα ἔθετο.

V. Τούτων δὴ τῶν θυγατέρων ἡ μὲν πρεσβυτέρα οὐ πάνυ τι πρὸς τὸ γένος ἀνέφερεν· ὁμαλωτέρα γὰρ τὸ ἦθος ἦν καὶ τὴν γνώμην ἀπα|λωτέρα, κάλλους τε μέσως ἔχουσα· διέφθαρτο γὰρ ἐξ ἔτι παιδὸς οὔσης, λοιμικοῦ ταύτην κατασχόντος νοσήματος· ἡ δὲ μετ' ἐκείνην καὶ μέση, ἣν καὶ αὐτὸς ἤδη γεγηρακυῖαν ἐθεασάμην, καὶ τὸ ἦθος βασιλικωτάτη, καὶ τὸ εἶδος λαμπροτάτη, καὶ τὴν γνώμην μεγαλοπρεπεστάτη τε καὶ αἰδέσιμος, περὶ ἧς ἐν τοῖς ἰδίοις λόγοις ἐρῶ ἀκριβέστερον, νῦν γὰρ ἐπιτρέχω τὸν περὶ αὐτῶν λόγον· ἡ δὲ μετ' ἐκείνην καὶ τρίτη, εὐμήκης μὲν τὴν ἡλικίαν, καὶ τὴν γλῶτταν σύντομός τε καὶ ἐπιτρόχαλος, τὴν δὲ ὥραν ἐλάττων τῆς | ἀδελφῆς. Ὁ μὲν οὖν βασιλεὺς καὶ θεῖος Βασίλειος οὐδὲν περὶ τούτων φρονήσας βασιλικώτερον ἀπελήλυθεν· ὁ δὲ πατήρ, ἀλλ' οὐδὲ οὗτος ὅτε τὴν αὐτοκράτορα ἡγεμονίαν ἀνείληφε, συνετώτερον περὶ αὐτῶν ἐβουλεύσατο, εἰ μὴ περὶ τῆς μέσης καὶ βασιλικωτέρας πρὸς τῷ τέλει τοῦ ζῆν γεγονώς, περὶ οὗ προϊὼν ὁ λόγος ἐρεῖ. Ἀλλ' αὕτη μὲν καὶ ἡ τρίτη τῶν ἀδελφῶν ἔστεργον τὰ δόξαντα τῷ θείῳ καὶ τῷ πατρί, καὶ οὐδέν τι πλέον περιειργάζοντο· ἡ δὲ πρεσβυτέρα, Εὐδοκία ταύτῃ τὸ ὄνομα, εἴτε ἀπογνοῦσα τὸ κράτος, εἴτε τὰ κρείττω ποθήσασα, ἀξιοῖ τὸν πατέρα καθοσιῶσαι αὐτὴν τῷ θεῷ· ὁ δὲ αὐτίκα πείθεται, καὶ ὥσπερ ἀπαρχὴν καὶ ἀνάθημα τῶν αὑτοῦ σπλάγχνων τὴν παῖδα τῷ κρείττονι δίδωσι· περὶ δὲ τῶν ἑτέρων ἀπορρήτως εἶχε τὰς γνώμας, ἀλλὰ μήπω περὶ τούτων.

VI. Ὁ δὲ λόγος χαρακτηριζέτω τὸν αὐτοκράτορα, μηδέν τι τοῦ πεφυκότος ἢ προστιθεὶς ἢ καθυφείς. Ἐπεὶ γὰρ εἰς ἑαυτὸν τὸ πᾶν τῆς διοικήσεως ἀνηρτήσατο, οὐχ οἷός τε δὲ ἦν φροντίσιν ἑαυτὸν καταδαπανᾶν, ἀνδρῶν τοῖς λογιωτέροις ἐγχειρίσας τὰ πράγματα, αὐτὸς τὸ μὲν ὅσον ἐς τὸ χρηματίσαι

13. βασιλικωτάτην. 20. scrib. φροντίσας?

ΚΩΝΣΤΑΝΤΙΝΟΣ Η′ (1025—1028).

πρέσβεσιν ἢ ἄλλο τῶν ῥάστων διοικήσασθαι, προυκάθητο μάλα βασιλικῶς, καὶ τὴν γλῶσσαν ἐπὶ τὸ λέγειν ἀφιεὶς πᾶσαν κατέπληττεν ἀκοήν, ἐπιχειρῶν τε καὶ ἐπενθυμούμενος. Γράμματα μὲν γὰρ οὐ πολλὰ μεμαθήκει, ἀλλὰ βραχύ τι καὶ ὅσον ἐς παῖδας ἀνήκει τῆς ἑλληνικῆς μετέσχε παι|δείας· φύσεως δὲ περιδεξίου τετυχηκὼς καὶ χειρός, καὶ γλῶτταν εὐτυχήσας ἁβρὰν περὶ τοὺς λόγους καὶ καλλιρρήμονα, οὓς ἀπὸ ψυχῆς ἐγέννα λογισμοὺς λαμπρᾷ τῇ γλώττῃ ἐμαίευεν· ἀμέλει καὶ ἐνίας τῶν βασιλείων ἐπιστολῶν αὐτὸς ὑπηγόρευεν (ἐφιλοτιμεῖτο γὰρ περὶ τοῦτο), καὶ πᾶσα χεὶρ ὀξεῖα ἡττᾶτο τοῦ τάχους τῶν ὑπηγορευμένων, καίτοι γε τοσούτους καὶ τηλικούτους ὑπογραμματέας ὀξυγράφους εὐτύχησεν, ὁποίους ὀλιγάκις ὁ βίος εἶδεν· ὅθεν πρὸς τὸ τάχος τῶν λεγομένων ἀποναρκοῦντες, σημείοις τισὶ τὸ πλῆθος τῶν τε ἐννοιῶν καὶ τῶν λέξεων ἀπεσήμαινον.

VII. Εὐμεγέθης δὲ ὢν τὸ σῶμα, ὡς εἰς ἔννατον πόδα ἀνεστηκέναι, ἔτι καὶ ῥωμαλεώτερον εἶχε τῆς φύσεως· ἔρρωτό τε αὐτῷ ἡ γαστήρ, καὶ πρὸς τὰς ὑποδοχὰς τῶν τροφῶν ἡ φύσις ἡτοίμαστο· καρυκεῦσαι δὲ δεινότατος ἐγεγόνει, χροιαῖς τε καὶ ὀσμαῖς τὰ παρατεθειμένα καταχρωννὺς καὶ πᾶσαν φύσιν πρὸς ὄρεξιν ἐκκαλούμενος. Ἥττητο δὲ καὶ γαστρὸς καὶ ἀφροδισίων, | ὅθεν αὐτῷ καὶ περὶ τὰ ἄρθρα ἄλγημα ἐγεγόνει, μᾶλλον δὲ τὼ πόδε καὶ κάτω ἐς τοσοῦτον, ὥστε μὴ βαδίζειν δύνασθαι· ὅθεν οὐδέ τις αὐτὸν εἶδε μετὰ τὴν αὐτοκράτορα ἡγεμονίαν θαρσούντως τοῖς ποσὶ πρὸς τὴν κίνησιν χρώμενον· ἐφ' ἵππου δὲ ὀχηθεὶς ἀσφαλῶς ἥδραστο.

VIII. Μάλιστα δὲ ἐμεμήνει περί τε τὰ θέατρα καὶ ἱπποδρομίας καὶ ἐσπούδαζε περὶ ταῦτα, ἀντιδιδοὺς ἵππους καὶ ἀντιζευγνὺς, καὶ περὶ τὰς ἱππαφέσεις φροντίζων· ὅθεν ἀμεληθείσης πάλαι τῆς γυμνοποδίας οὗτος αὖθις ἐφρόντισε καὶ ἐπανήγαγεν εἰς τὸ θέατρον, οὐχ ὡς βασιλεὺς θεωρῶν, ἀλλ' ὡς τῷ ἀντικειμένῳ μέρει ἀντίτεχνος· ἐβούλετο δὲ μὴ ὡς βασιλέως ἡττᾶσθαι τοὺς ἀντιπίπτοντας, ἀλλὰ δεινῶς ἀπομάχεσθαι, ἵνα νικῴη τούτους λαμπρότερον. Ἐστωμύλλετο δὲ καὶ περὶ τὰς ἔριδας, καὶ πρὸς τὰ τῶν πολιτῶν ἔθη

6. χαρᾶς.   8. ἐμαίεβεν.   15. ἀπεσίμαινον.   25. θαρσοῦντος.
30. ἐφρόντιζε.   32. ἀντιτέχνως.

ἀνεκέκρατο. Θεάτρων οὖν ἥττητο, καὶ οὐδὲν ἧττον καὶ κυνηγεσίων, ἔνθα δὴ καὶ | καύματος κρείττων ἦν, καὶ ψύχους p. 28 ἐκράτει, καὶ πρὸς δίψος ἀντέτεινε· μάλιστα δὲ πρὸς θήρας ἀπομάχεσθαι δεινότατος ἦν· διὰ ταῦτα οὖν τοξεύειν τε 5 ἐμεμαθήκει, καὶ ἀφιέναι δόρυ, καὶ ξίφος ἐπιδεξίως σπάσασθαι, καὶ ἐπιτετευγμένως ἀποτοξεῦσαι.

IX. Τῶν δὲ τῆς βασιλείας πραγμάτων τοσοῦτον ἠμέλει, ὅσον περὶ πεττοὺς καὶ κύβους ἐσπούδαζεν· οὕτω γὰρ ἥττητο ταύτης τῆς παιδιᾶς καὶ ἐπὶ τοσοῦτον περὶ ταύτην ἐμεμήνει, 10 ὥστε καὶ πρέσβεων ἐφεστηκότων ἀμελεῖν, εἰ ταύτῃ ξυνείχετο, καὶ τῶν ἄλλως ἀναγκαιοτέρων καταφρονεῖν, ἡμέρας τε ξυνῆπτε νυξί, καὶ πολυβορώτατος ὢν τροφῆς ἀπείχετο παντάπασιν, ὁπότε κυβεύειν ἐβούλετο. Οὕτω γοῦν αὐτὸν τὸ κράτος διαπεττεύοντα ὁ θάνατος κατειλήφει, καὶ τὸν ἀναγκαῖον 15 τῆς φύσεως μαρασμὸν τὸ γῆρας αὐτῷ ἐπήνεγκεν· ὅθεν ἐπειδὴ τελευτᾷν ἐγνώκει, εἴτε τοῖς συμβούλοις πεισθεὶς εἴτε ἀφ' ἑαυτοῦ τὸ δέον ἐγνωκὼς διαπράξασθαι, περὶ τοῦ διαδεξομένου τὸ κράτος διηρευνᾶτο, ᾧ καὶ τὴν μέσην τῶν θυγατέρων κατεγγυήσασθαι ἔμελλε· μήπω δὲ πρὸ τούτου πρός τινα τῶν 20 τῆς συγκλήτου βεβαιότερον ἐπερείσας τὸν νοῦν, δυσδιάκριτον τότε τὴν κατὰ λογισμὸν εἶχεν ἐπιλογήν.

X. Ἦν δέ τις ἀνὴρ κατ' ἐκεῖνο καιροῦ τὰ πρῶτα μὲν τῆς συγκλήτου καὶ ἐς τὸ τοῦ ἐπάρχου ἀξίωμα ἀναχθεὶς (βασίλειος δὲ αὕτη ἀρχή, εἰ μὴ ὅσον ἀπόρφυρος), γυναῖκα δὲ 25 γήμας ἐξ ἔτι παιδός, καὶ διὰ ταῦτα οὐ πάνυ πρόσφορος τῷ κράτει δοκῶν· τὸ μὲν γὰρ ὅσον ἐς γένος καὶ τὸ ἀξίωμα τῶν ἄλλων ὑπῆρχε καταλληλότερος, τὸ δ' ἐπὶ τῇ γυναικὶ ἀφιλόσοφόν τε ὁ ἀνὴρ εἶχε, καὶ πρὸς βασιλέως κῆδος ἔχων τι ἀπὸ τούτου τοῖς πολλοῖς πρόσαντες· | εἶχε μὲν οὕτω τὰ περὶ τὸν 30 ἄνδρα τοῦτον. Ὁ δὲ βασιλεὺς Κωνσταντῖνος, ἐπειδὴ μὴ ἐδίδου ὁ καιρὸς αὐτῷ βούλευμα πλεῖον, ἀλλὰ τὸ ἀγχοῦ τοῦ θανάτου εἶναι ἀφῄρει αὐτὸν τὴν ἀκριβεστέραν ἐπίσκεψιν, | τῶν ἄλλων ἁπάντων κατεγνωκὼς ὡς οὐκ ἀξίων κήδους p. 29 βασιλικοῦ, ἐπὶ τοῦτον τὸν ἄνδρα ὅλοις ἱστίοις τοῦ λογισμοῦ

---

1. ἥττων. 2. κάματος. 3. θήρας. 8. πετοὺς. 9. π. ταύτης. 10. πρεσβεύων. 14. διαπετεύοντα. ibid. τῶν ἀναγκαίων τῆς φ. μαρασμῶν. 16. τί συμβούλοις. 27. ἀφφίλοσον. 31. πλείονα.

ΡΩΜΑΝΟΣ Γ' (1028—1034).

φέρεται· τὴν δὲ γυναῖκα ἀντικειμένην εἰδὼς τῷ βουλεύματι, σκήπτεται μὲν κατὰ τοῦ ἀνδρὸς ὀργὴν βαρυτάτην καὶ ἀπαραίτητον, καὶ πέμπει τοὺς ἐκεῖνον μὲν δεινῶς τιμωρήσοντας, ἐκείνην δὲ τῆς κοσμικῆς ζωῆς ἀποσπάσοντας· ἡ δὲ οὐκ εἰδυῖα τὸ ἀπόρρητον τοῦ βουλεύματος, οὐδὲ τὸ προσωπεῖον γνωρίσασα τῆς ὀργῆς, εὐθὺς ἑαυτὴν πρὸς τὴν ἐπιχείρησιν ἐπιδίδωσι. Καὶ ἡ μὲν τάς τε τρίχας ἀποτμηθεῖσα καὶ ἐσθῆτα μεταμφιεσαμένη τὴν μέλαιναν, ἐπί τι καταγώγιον μετατίθεται, ὁ δὲ Ῥωμανὸς (τοῦτο γὰρ ὄνομα τῷ ἀνδρὶ) ἐπὶ τὰ βασίλεια πρὸς τὸ τοῦ βασιλέως κῆδος ἀναλαμβάνεται· καὶ ἡ καλλίστη τῶν τοῦ Κωνσταντίνου θυγατέρων ὁμοῦ τε ὀπτάνεται τούτῳ καὶ εἰς βασιλικὴν συμβίωσιν ἄγεται. Ὁ δέ γε πατήρ, τοσοῦτον ἐπιζήσας ὅσον αἰσθέσθαι τῆς συνοικήσεως, μεταλλάττει τὸν βίον, τῷ κηδεστῇ Ῥωμανῷ τὸ κράτος καταλιπών.

ΤΟΜΟΣ ΤΡΙΤΟΣ.

I. Γίνεται λοιπὸν αὐτοκράτωρ ὁ ἐκείνου γαμβρὸς Ῥωμανὸς τὴν τοῦ Ἀργυροπώλου κλῆσιν ἐκ τοῦ γένους λαχών. Οὗτος τοίνυν ὁ Ῥωμανός, ὥσπερ ἀρχὴν περιόδου τὴν ἡγεμονίαν οἰηθείς, ἐπειδὴ ἐς τὸν πενθερὸν Κωνσταντῖνον τὸ βασίλειον γένος ἀπετελεύτησεν ἐκ Βασιλείου τοῦ Μακεδόνος ἠργμένον, εἰς μέλλουσαν ἀπέβλεπε γενεάν· ὁ δὲ ἔμελλεν ἄρα οὐ μόνον ἑαυτῷ περιγράψειν τὸ κράτος, ἀλλὰ καὶ βραχύν τινα ἐπιβιώσας χρόνον, καὶ τοῦτον νοσερὸν, ἀθρόον τὴν ψυχὴν ἀπορρεύξασθαι, περὶ οὗ δὴ προϊὼν ὁ λόγος δηλώσει σαφέστερον. Ἡ δὲ ἐντεῦθεν τῆς ἱστορίας γραφὴ ἀκριβεστέρα τῆς προλαβούσης γεννήσεως· ὁ μὲν γὰρ βασιλεὺς Βασίλειος ἐπὶ νηπίῳ μοι τετελεύτηκεν, ὁ δέ γε Κωνσταντῖνος ἄρτι τὰ πρῶτα τελουμένῳ μαθήματα· οὔτε γοῦν παρεγενόμην αὐτοῖς, οὔτε ἠκροασάμην λαλούντων, εἰ δὲ καὶ ἑωράκειν οὐκ οἶδα, οὔπω μοι τῆς ἡλικίας ἐς κατοχὴν μνήμης διωργανωμένης· τὸν δέ γε Ῥωμανὸν καὶ τεθέαμαι,

13. ἐσθέσθαι.   21. Μακέδονος.   24. ἀθρῶον.

καὶ ἅπαξ ποτὲ προσωμίλησα· ὅθεν περὶ ἐκείνων μὲν ἐξ ἑτέρων τὰς ἀφορμὰς εἰληφὼς εἴρηκα, τοῦτον δὲ αὐτὸς ὑπογράφω, οὐ παρ' ἑτέρῳ μεμαθηκώς.

II. Ἦν μὲν οὖν ὁ ἀνὴρ καὶ λόγοις ἐντεθραμμένος ἑλληνικοῖς καὶ παιδείας μετεσχηκὼς ὅση τοῖς Ἰταλῶν λόγοις ἐξήρτητο, ἁβρός τε τὴν γλῶτταν καὶ τὸ φθέγμα ὑπόσεμνος, ἥρως τε τὴν ἡλικίαν καὶ τὸ πρόσωπον | ἀτεχνῶς ἔχων βασίλειον. Πολλαπλάσια δὲ ᾤετο εἰδέναι ὦνπερ ἐγίνωσκε· βουλόμενος δὲ ἐς τοὺς ἀρχαίους Ἀντωνίνους ἐκείνους, τόν τε φιλοσοφώτατον Μάρκον *καὶ τὸν Σεβαστὸν, ἀπεικάσαι τὴν ἑαυτοῦ βασιλείαν, δυοῖν τούτων ἀντείχετο, τῆς τε περὶ τοὺς λόγους σπουδῆς καὶ τῆς περὶ τὰ ὅπλα φροντίδος· ἦν δὲ θατέρου μὲν μέρους τέλεον ἀδαής, τῶν δὲ λόγων τοσοῦτον μετεῖχεν, ὅσον πόρρω τοῦ βάθους καὶ ἐπιπόλαιον· ἀλλὰ τὸ οἴεσθαι καὶ τὸ πλεῖον τοῦ τῆς ψυχῆς μέτρου συντείνειν ἑαυτὸν, ἐν τοῖς μεγίστοις τοῦτον ἠπάτησεν. Ἀμέλει καὶ εἴ που σπινθῆρές τινες σοφίας ὑπὸ σποδιᾷ παρεκρύπτοντο, ἀνεχώννυε, καὶ πᾶν γένος κατέλεγε, φιλοσόφους φημὶ καὶ ῥήτορας καὶ τοὺς ὅσοι περὶ τὰ μαθήματα ἐσπουδάκασιν ἢ μᾶλλον σπουδάσαι ᾠήθησαν.

III. Βραχεῖς γὰρ ὁ τηνικαῦτα χρόνος λογίους παρέτρεφε, καὶ τούτους μέχρι τῶν Ἀριστοτελικῶν ἑστηκότας προθύρων, καὶ τὰ Πλατωνικὰ μόνον ἀποστοματίζοντας σύμβολα, μηδὲν δὲ τῶν κεκρυμμένων εἰδότας, μηδ' ὅσα οἱ ἄνδρες περὶ τὴν διαλεκτικὴν ἢ τὴν ἀποδεικτικὴν ἐσπουδάκασιν· ὅθεν τῆς ἀκριβοῦς οὐκ οὔσης κρίσεως, ἡ περὶ ἐκείνους ψῆφος ἐψεύδετο· αἱ μὲν οὖν τῶν ζητημάτων προβολαὶ ἀπὸ τῶν | ἡμετέρων λογίων προετείνοντο, τῶν δὲ ἀπορουμένων τὰ πλείω ἄλυτα καθεστήκει· ἐζητεῖτο γάρ πως ὁμοῦ καὶ ἀμιξία καὶ σύλληψις, παρθένος τε καὶ τόκος, καὶ τὰ ὑπὲρ φύσιν διηρευνῶντο· καὶ ἦν ὁρᾶν τὸ βασίλειον σχῆμα μὲν φιλόσοφον περικείμενον, ἦν δὲ προσωπεῖον τὸ πᾶν καὶ προσποίησις, ἀλλ' οὐκ ἀληθείας βάσανος καὶ ἐξέτασις.

IV. Βραχὺ δὲ τῶν λόγων ἀφέμενος, αὖθις καὶ ταῖς ἀσπίσι προσῄει, καὶ ἐς κνημίδας καὶ θώρακας ἐπένευεν αὐτὸν ὁ διάλογος, καὶ ἡ ἐπιχείρησις ἅπαν ἑλεῖν τὸ βάρβαρον ὅσον

5. τῆς Ἰ.   15. τὸν οι.   19. ἐσπουδακῶσιν.

ΡΩΜΑΝΟΣ Γ' (1028—1034).

τε ἑῷον καὶ ὅσον ἑσπέριον· ἐβούλετο δὲ τοῦτο οὐ λόγοις δουλοῦν, ἀλλ' ὅπλοις τυραννεῖν. Ἡ τοίνυν τοῦ βασιλέως περὶ ἄμφω ῥοπή, εἰ μὴ οἴησις καὶ προσποίησις ἦν, ἀλλ' ἀληθεστάτη κατάληψις, μέγα τι ἐλυσιτέλησε τῷ παντί· ὅθεν οὐδὲν πλέον τῶν ἐγχειρήσεων ἔδρασε, μᾶλλον μὲν οὖν ταῖς ἐλπίσιν ὑψώσας τὰ πράγματα, ταῖς πράξεσιν, ἵν' οὕτως εἴπω, ἀθρόον κατέβαλεν. Ἀλλ' ὁ λόγος, πρὶν ἢ τὰ περὶ ἐκεῖνον στῆσαι προπύλαια, τὸ τοῦ παντὸς τέλος ὑπὸ προθυμίας ἀπεσχεδίασεν· ἐπαναγέσθω οὖν ἐπὶ ταύτην ἤδη τοῦ περὶ ἐκεῖνον κράτους τὴν γένεσιν.

V. Ἐπειδὴ γὰρ ἠξιώθη τοῦ διαδήματος, παρὰ τοὺς ἄλλους κριθείς, αὐτός τε πολυετὴς ἔσεσθαι ἠπατᾶτο τῇ βασιλείᾳ, τοῖς περὶ τοῦτον πειθόμενος μάντεσι, καὶ γένος καταλείψειν εἰς πολλὰς ἀρκέσον διαδοχάς, καὶ οὐδὲ τοσοῦτον διαβλέπειν ἐδόκει ὡς ἡ τοῦ Κωνσταντίνου θυγάτηρ, ᾗ συνῴκησεν εἰς τὸ κράτος ἀναρρηθείς, τὸν τοῦ κύειν ὑπερ|αναβεβήκει χρόνον καὶ τὴν νηδὺν ἤδη ξηρὰν εἶχε πρὸς τέκνων γονήν (πεντηκοστὸν γὰρ ἔτος εἶχε τῆς ἡλικίας ὁπηνίκα κατηγγυήθη τῷ Ῥωμανῷ). Ἀλλ' ὅπερ ἐβούλετο καὶ πρὸς τὴν φυσικὴν ἀδυναμίαν ἐρρωμενέστερον εἶχε τοῖς λογισμοῖς· ὅθεν οὐδὲ τῷ αἰτίῳ μόνῳ τοῦ κύειν προσεῖχε τὸν νοῦν, ἀλλὰ τοῖς αὐχοῦσι σβεννύειν τὴν φύσιν καὶ αὖθις ἐπεγείρειν οὐδὲν ἧττον προσέκειτο, ἀλείμμασί τε καὶ τρίμμασιν ἑαυτὸν ἐδίδου καὶ τῇ γυναικὶ προσέταττεν· ἡ δ' ἔτι | καὶ πλέον ἐποίει, τελουμένη τὰ πλείω, καὶ ψηφίδας τινὰς προσαρμοζομένη τῷ σώματι, προσαρτῶσά τε ἑαυτὴν προσαρτήμασι καὶ ἄμμασι περιδέουσα καὶ τὴν ἄλλην φλυαρίαν περὶ τὸ σῶμα ἐπιδεικνυμένη. Ὡς δ' οὐδαμοῦ τὸ ἐλπιζόμενον κατεφαίνετο, τούτου τε ἀπεγνώκει ὁ βασιλεύς, καὶ τῇ βασιλίδι ἔλαττον προσεῖχε τὸν νοῦν· ἦν γὰρ ὡς ἀληθῶς καὶ τὴν γνώμην ὑπονωθέστερος καὶ διερρυηκὼς τὴν ἕξιν τοῦ σώματος (πλέον γὰρ ἢ δέκα ἔτεσι τὴν τῆς βασιλίδος ἡλικίαν ὑπεραναβεβήκει).

VI. Φιλοτιμότατος δὲ περὶ τὰς ἀρχὰς τοῦ κράτους γενόμενος, καὶ λαμπρότερος τῶν πλείστων αὐτοκρατόρων ἕν

1. τοῦτον οὐ λ. δηλοῦν.   10. ἐκεῖν.   13. τοῦτο.   16. τὴν τ.
28. ἐπιδεικνυμένην.

τε ταῖς βασιλικαῖς δαπάναις δειχθείς, ἔν τε εὐεργεσίαις καὶ ἀναθήμασιν, ὥσπερ τινὸς γεγονότος καινοῦ καὶ ἀθρόας μεταβολῆς, ταχὺ τοῦτον τὸ πνεῦμα τῶν τοιούτων ἐπέλιπεν ἐπιδόσεων, καὶ ἀθρόον πνεύσας ταχὺ διέπνευσε, καὶ ἀνόμοιος
5 ἑαυτῷ καὶ τοῖς πράγμασιν ἀκατάλληλος ἔδοξεν· οὐ γὰρ ἐμέτρησε κατὰ λόγους τὴν ὕφεσιν, ἀλλ' ἀθρόον ἐξ ὑψηλοτάτης καταβεβήκει περιωπῆς. Τὴν δὲ βασιλίδα δύο ταῦτα μᾶλλον τῶν ἄλλων ὑπέκνισε, τό τε μὴ ἐρᾶν αὐτῆς τὸν κρατοῦντα καὶ τὸ μὴ ἔχειν ἀφθόνως χρῆσθαι τοῖς χρήμασιν·
10 ἐπέκλεισε γὰρ αὐτῇ τὰ ταμεῖα καὶ τοὺς θησαυροὺς ἐπεσφράγισε, καὶ πρὸς διαμεμετρημένην ἔζη χρημάτων ἐπίδοσιν· ἐμεμήνει γοῦν αὐτῷ τε καὶ τοῖς ὅσοις συμβούλοις ἐχρῆτο περὶ τὸ πρᾶγμα· οἱ δὲ τοῦτο ἠπίσταντο καὶ πλέον αὐτὴν ἐφυλάττοντο, καὶ μᾶλλον ἡ τοῦ αὐτοκράτορος ἀδελφὴ Πουλ-
15 χερία, γυνὴ δεινὸν φρόνημα αἴρουσα καὶ τι λυσιτελοῦσα τῷ ἀδελφῷ. Ἀλλ' οὗτος ὥσπερ πρός τινα κρείττονα φύσιν γραφὰς περὶ τῆς βασιλείας πεποιηκώς, καὶ παρ' ἐκείνης τὸ ἐχέγγυον τῆς ἀμετακινήτου δόξης ἀπειληφώς, ἀφροντίστως εἶχε τῶν ὑπονοουμένων.
20 VII. Ἐπὶ δὲ τὴν ἀπὸ τῶν τροπαίων εὔκλειαν τρέψας τὸν νοῦν, κατά τε τῶν πρὸς τὴν ἑῴαν βαρβάρων καὶ τῶν πρὸς τὴν ἑσπέραν ἡτοίμαζεν ἑαυτόν· ἀλλὰ καὶ τοὺς μὲν πρὸς
333 τὴν ἑσπέραν οὐδὲν | ἐδόκει αὐτῷ μέγα, εἰ καὶ ῥᾳδίως | καταγωνίσαιτο· εἰ δ' ἐπὶ τοὺς πρὸς ἀνίσχοντα τρέψοιτο ἥλιον, p. 33
25 σεμνῶς τε ἕξειν ἐντεῦθεν ἐδόκει καὶ ὑπερόγκως τοῖς τῆς βασιλείας χρήσασθαι πράγμασι. Διὰ ταῦτα καὶ μὴ οὖσαν πλασάμενος πολέμου πρόφασιν κατὰ τῶν πρὸς τῇ Κοίλῃ Συρίᾳ κατοικησάντων Σαρακηνῶν, ὧν οἷά τις μητρόπολις Χάλεπ (οὕτω ἐγχωρίῳ γλώττῃ καλούμενον), πᾶσαν ἐπ' ἐκεί-
30 νους συνήθροιζε καὶ συνέταττε στρατιάν, ἀριθμῷ τε πλείους τὰς τάξεις ποιῶν καὶ ἑτέρας ἐπινοούμενος, ξενικάς τε συγκροτῶν δυνάμεις καὶ νέαν ἐγκαταλέγων πληθύν, ὡς αὐτοβοεὶ αἱρήσων τὸ βάρβαρον· ᾤετο γάρ, ὡς εἰ πλείω τοῦ ὡρισμένου τοῦ στρατοπέδου τὸν ἀριθμὸν ποιήσειε, μᾶλλον δὲ εἰ πολλα-
35 πλασιάσειε τὸ Ῥωμαϊκὸν σύνταγμα, μηδενὶ ἂν φορητὸς

---

12. μεμήνει.   15. δὲ φρ.   16. οὔτε.
20. ἐπεί.   33. αἱρήσων τὸ βάρβαρον.

γενέσθαι, τοσούτῳ ἐπιὼν πλήθει ἰδίῳ τε καὶ συμμαχικῷ. Ἀλλὰ καὶ τῶν τὰ πρῶτα τοῦ στρατοῦ λαχόντων ἀποτρεπομένων αὐτῷ τὴν ἐπὶ τοὺς βαρβάρους ἐπέλευσιν καὶ πολλὰ περὶ τούτων καταδειμαινόντων, ὁ δὲ καὶ τοὺς στεφάνους οἷς τὴν κεφαλὴν ταινιώσαιτο ἐπὶ τῇ τῶν τροπαίων ἀναρρήσει 5 πολυτελῶς κατεσκεύαζεν.

VIII. Ἐπεὶ οὖν αὐτῷ αὐτάρκη τὰ πρὸς τὴν ἔξοδον ἔδοξεν, ἄρας ἀπὸ τῆς Βυζαντίδος ἐπὶ τὴν Σύρων ἤλαυνε γῆν· ὡς δὲ τὴν Ἀντιόχου κατέλαβε, λαμπρὰ μὲν αὐτῷ τὰ εἰς τὴν πόλιν ἐγεγόνεισαν εἰσιτήρια, βασίλειον μὲν ἐπιδεικνύμενα 10 τὴν πομπήν, μᾶλλον δὲ θεατρικὴν τὴν παρασκευήν, οὐκ ἀξιόμαχα δέ, οὐδὲ πολεμίων γνώμην ἐκπλῆξαι δυνάμενα. Οἱ δέ γε βάρβαροι, λογικώτερον παρ' ἑαυτοῖς περὶ τοῦ πράγματος διελόμενοι, πρῶτα μὲν πρέσβεις πεπόμφασι πρὸς τὸν αὐτοκράτορα, ὡς οὔτε πολεμεῖν βούλοιντο, οὔτ' ἐκείνῳ 15 ἀφορμὴν πολέμου δεδώκασιν, ἐμμένουσί τε ταῖς περὶ τὴν εἰρήνην συνθήκαις καὶ τὰ φθάσαντα οὐ παραβαίνουσιν ὅρκια, οὐδὲ τὰς σπονδὰς ἀθετοῦσι· τοιαύτης δ' ἀπῃωρημένης αὐτοῖς χειρὸς, εἰ ἀπαραιτήτως ἔχοι, νῦν πρώτως παρασκευάζονται, τῇ τοῦ πολέμου | τύχῃ ἑαυτοὺς ἐπιτρέψαντες. Ἡ μὲν 20 οὖν πρεσβεία ἐπὶ τούτοις ἦν· ὁ δὲ βασιλεύς, ὥσπερ ἐπὶ τούτῳ μόνῳ παρασκευασάμενος, ἐφ' ᾧ τάξεταί τε καὶ ἀντιπαρατάξεται, καὶ λοχήσει καὶ προνομεύσει, διώρυχάς τε ποιήσει καὶ ποταμοὺς μετοχετεύσει καὶ φρούρια ἐξελεῖται, καὶ ὁπόσα ἀκοῇ ἴσμεν παρὰ τοῖς Τραϊανοῖς ἐκείνοις καὶ 25 Ἀδριανοῖς καὶ ἔτι ἄνω παρὰ τοῖς Σεβαστοῖς γενόμενα Καίσαρσι, καὶ πρὸ ἐκείνων παρὰ Ἀλεξάνδρῳ τῷ τοῦ Φιλίππου, τήν τε πρεσβείαν ὡς εἰρηνικὴν ἀπεπέμψατο, καὶ ἔτι μᾶλλον τὰ πρὸς τὸν πόλεμον ἐξηρτύετο, οὐ τοὺς ἀρίστους πρὸς τὸν σκοπὸν ἐκλεγόμενος, ἀλλὰ καὶ τῷ πολλῷ διαιτῶν πλήθει, 30 καὶ ἐπὶ τούτοις τεθαρρηκώς.

IX. Ὡς δὲ καὶ τὴν Ἀντιόχου ἀφεὶς | προσωτέρω παρῄει, 333* μοῖρά τις τοῦ βαρβαρικοῦ στρατοπέδου, αὐτόσκευοι πάντες καὶ γυμνοὶ ἐφ' ἵππων καὶ τολμηταί, ἑκατέρωθεν λοχήσαντες τοῦ στρατοῦ, ἀθρόον αὐτοῖς ἀπὸ τῶν μετεώρων ἐπιφανέντες, 35 καὶ τὸ ἐνυάλιον ἀλαλάξαντες, τῷ τε καινῷ τῆς θέας καταδει-

5. ταινιῶσαι τό.   27. πρός.   30. ἐκλεγόμενα.

μάναντες, καὶ τοῖς τῶν ἵππων δρόμοις καὶ καταδρόμοις κατάκροτον αὐτοῖς πεποιηκότες τὴν ἀκοὴν, πλήθους τε φαντασίαν πεπτηκότας, τῷ μὴ συνασπίζειν, ἀλλὰ διῃρημένους καὶ ἄτακτα θεῖν, οὕτω τὰς Ῥωμαίων δυνάμεις κατέπτηξαν 5 καὶ τοσαύτην πτοίαν τῷ πολλῷ ἐκείνῳ στρατῷ εἰσεποίησαν καὶ οὕτως αὐτοῖς κατέσεισαν τὰ φρονήματα, ὥστε ἐν ᾧ σχήματι κατείληπτο ἕκαστος, οὕτω τὴν φυγὴν διατίθεσθαι καὶ μηδενὸς ἑτέρου φροντίδα τίθεσθαι. Ὅσοι μὲν γὰρ ἱππεύοντες τηνικαῦτα ἔτυχον, τοὺς ἵππους μετατρεψάμενοι 10 ἀνὰ κράτος ἔθεον, οἱ δ᾽ ἄλλοι μηδ᾽ ἀναβῆναι τοὺς ἵππους ἀναμείναντες, τούτους μὲν τῷ προστυχόντι δεσπότῃ ἠφίεσαν, ἕκαστος δ᾽ ἐκείνων ὡς εἶχε δρόμου ἢ πλάνης τὴν σωτηρίαν ἑαυτῷ ἐπορίζετο, καὶ ἦν κρεῖττον προσδοκίας τὸ τηνικαῦτα δεικνύμενον· οἱ γὰρ τὴν πᾶσαν παραστησάμενοι γῆν καὶ 15 ταῖς πρὸς τὸν πόλεμον παρασκευαῖς τε καὶ τάξεσιν ἀνάλωτοι παντὶ πλήθει καταστάντες βαρβαρικῷ, οὐδὲ τὴν θέαν τότε τῶν πολεμίων | ὑπέστησαν, ἀλλ᾽ ὥσπερ ὑπὸ βροντῆς τῆς p. 35 ἐκείνων φωνῆς καὶ τὴν ἀκοὴν καταπλαγέντες καὶ τὴν ψυχὴν, καθ᾽ ἅπερ ἐφ᾽ ὅλοις ἡττημένοι ἐτρέψαντο πρὸς φυγήν. 20 Πρῶτοι δὲ οἱ περὶ τὸν βασιλέα φρουροὶ τὸν κυδοιμὸν ἐπεπόνθεισαν, καὶ καταλελοιπότες τὸν αὐτοκράτορα ἀμεταστρεπτὶ τῆς φυγῆς εἴχοντο· καὶ εἰ μή τις αὐτὸν ἐπὶ τὸν ἵππον ἀναθέμενος ἐδεδώκει τὸν χαλινὸν καὶ φεύγειν παρεκελεύσατο, μικροῦ δεῖν ἑαλώκει καὶ πολεμίαις ἐνεπεπτώκει χερσὶν ὁ 25 πᾶσαν ἐλπίσας κατασεῖσαι τὴν ἤπειρον· ἢ μᾶλλον, εἰ μὴ θεὸς τηνικαῦτα τὴν τῶν βαρβάρων ἐπέσχεν ὁρμὴν καὶ μετριάζειν ἐπὶ τῷ εὐτυχήματι πέπεικεν, οὐδὲν ἦν τὸ κωλύον πᾶσαν τότε πεσεῖν Ῥωμαϊκὴν δύναμιν, καὶ πρῶτόν γε τὸν αὐτοκράτορα.
30 X. Οἱ μὲν οὖν ἀτάκτως ἔθεον, οἱ δὲ πολέμιοι θεαταὶ μόνον τῆς παραλόγου νίκης ἐγίγνοντο, ἐξεστηκότες ὡσανεὶ ἐπὶ τοῖς σὺν οὐδενὶ λόγῳ τραπεῖσι καὶ φεύγουσιν. Εἶτα δή τινας ὀλίγους ἐν τῷ πολέμῳ ζωγρήσαντες, καὶ τούτους ὅσους ᾔδεισαν τῆς περιφανεστέρας τύχης καθεστηκότας, τοῖς ἄλλοις 35 χαίρειν εἰπόντες, ἐπὶ τὴν λείαν ἐτράπησαν. Καὶ πρῶτά γε

1. καταδειμανέντες.   2. πεποιηκότων.   3. πεποιηκότες.
6. κατέπεισαν.   20. φθορὰ τῶν κ.   25. κατασείσας.

τὴν βασιλικὴν αἴρουσι σκηνήν, πολλῷ τῶν νῦν ἀνακτόρων ἀντίμετρον· ὅρμοι τε γὰρ καὶ στρεπτοὶ καὶ ταινίαι, λίθοι τε μαργαρίτιδες καὶ τῶν ἔτι κρειττόνων, καὶ πᾶν εἴ τι λαμπρότερον, ταύτην ἐπλήρουν, ὧν οὔτε τὸ πλῆθος ῥᾳδίως | ἄν τις ἀπηριθμήσατο, οὔτε τὸ κάλλος καὶ τὸ μέγεθος ἀπεθαύμασε· τοσαύτη καὶ τοιαύτη τῇ τοῦ βασιλέως σκηνῇ ἀπέκειτο πολυτέλεια· πρῶτα μὲν οὖν ταύτην αἴρουσιν οἱ βάρβαροι, ἔπειτα δὲ καὶ τὰ ἄλλα τῶν λαφύρων συσκευασάμενοι καὶ ἐφ' ἑαυτοὺς ἀναθέμενοι, ἐπὶ τοὺς ἑτέρους ἑαυτῶν ἐπανέζευξαν· καὶ οἱ μὲν οὕτως. Ὁ δὲ βασιλεὺς προῆλθε τοῦ βαρβαρικοῦ λόχου τῷ τοῦ ἵππου συμπλανώμενος δρόμῳ καὶ πνεύματι, καὶ πρός τινι ἐγεγόνει λόφῳ, καὶ ἄποπτος ὦπτο τοῖς θέουσί τε καὶ παραθέουσι (κατηγόρει γὰρ τοῦτον τὸ περὶ τῷ | πεδίλῳ χρῶμα), καὶ πρὸς ἑαυτὸν πολλοὺς τῶν φευγόντων ἐπέσχε, καὶ ὑπ' ἐκείνοις κυκλωθεὶς ἵστατο. Εἶτα δὴ τῆς περὶ αὐτὸν φήμης ἤδη διασπαρείσης, ἄλλοι τε προσῄεσαν, καὶ δῆτα καὶ ἡ εἰκὼν αὐτῷ τῆς Θεομήτορος ἐμφανίζεται, ἣν οἱ τῶν Ῥωμαίων βασιλεῖς ὥσπερ τινὰ στρατηγὸν καὶ τοῦ παντὸς στρατοπέδου φύλακα ἐν τοῖς πολέμοις συνήθως ἐπάγονται· μόνη γὰρ αὕτη οὐχ ἁλωτὸς ταῖς βαρβαρικαῖς ἐγεγόνει χερσίν.

XI. Ὡς δ' οὖν εἶδεν ὁ αὐτοκράτωρ τὸ γλυκὺ τουτὶ θέαμα (καὶ γὰρ ἦν ἄλλως καὶ περὶ τὸ σέβας ταύτης θερμότατος), ἀνεθάρσησέ τε εὐθὺς καὶ ἐναγκαλισάμενος, οὐκ ἔστιν εἰπεῖν ὡς περιεπτύσσετο, ὡς τοῖς δάκρυσιν ἔβρεχεν, ὡς γνησιώτατα καθωμίλει, ὡς τῶν εὐεργεσιῶν ἀνεμίμνησκε καὶ τῶν πολλῶν ἐκείνων συμμαχιῶν, αἷς τὸ Ῥωμαίων πολλάκις κράτος διακινδυνεῦσαν ἐρρύσατό τε καὶ ἀνεσώσατο. Θάρσους γοῦν ἐντεῦθεν ὑποπλησθείς, ὁ τέως φυγὰς ἐπετίμα τοῖς φεύγουσι, καὶ νεανικώτερον ἐκβοῶν ἐπεῖχέ τε τῆς πλάνης, ἑαυτόν τε ἐγνώριζε τῇ τε φωνῇ, τῷ <τε> σχήματι, καὶ πολύ τι πλῆθος ἀθρόον συνηθροικώς, πρῶτα μὲν βάδην μετ' ἐκείνων πρός τινα καταλύει σκηνὴν σχεδιασθεῖσαν αὐτῷ· αὐτοῦ τε ἐναυλισάμενος, εἶτα δή τοι καὶ βραχύ τι ἀναπαυσάμενος, ἅμα πρωῒ τοὺς λοχαγοὺς μετακαλεσάμενος βουλὴν προτίθεται, τί πρακτέον εἴη αὐτοῖς· πάντων δὲ ἐπὶ τὸ Βυζάντιον ἀναζεῦξαι συμβουλευσάντων κἀκεῖσε περὶ τῶν συμβεβηκότων θέσθαι

6. ἡ τοῦ.   9. ἑαυτῷ.

διάσκεψιν, τῇ τε ἐκείνων συνθέμενος ψήφῳ καὶ τὰ συνοίσοντα ἑαυτῷ βουλευσάμενος, ἐπὶ τὴν Κωνσταντινούπολιν ἀνέδραμεν.

XII. Ἐντεῦθεν πλεῖστα εὐθύς τε ἐπεποιήκει μεταμελόμενος, καὶ ἐφ' οἷς ἐπεπόνθει τὴν ψυχὴν ἀλγυνόμενος καθάπαξ ἠλλοίωτο καὶ πρὸς ἀσυνηθέστερον βίον μετέστραπτο. Ἐλπίσας τε ἀπὸ τῆς περὶ τὸν δημόσιον ἐπιμελείας τὰ ἀπολωλότα αὐτῷ ἐν ἴσῳ ἀνακτήσασθαι μέτρῳ, πράκτωρ μᾶλλον ἢ βασιλεὺς ἐγεγόνει, τὰ πρὸ Εὐκλείδου ὅ φασιν ἀνακινῶν καὶ διερευνώμενος, καὶ ἀφανισθέντων τῇ μνήμῃ πατέρων | τοὺς παῖδας λογιστεύων πικρῶς, οὐ δικάζων τοῖς ἀντιδιατιθεμένοις, ἀλλὰ θατέρῳ μέρει συνηγορῶν, καὶ οὐχ ἑτέρῳ μᾶλ|λον ἢ αὐτῷ τὰς ἀποφάσεις ποιούμενος. Διῄρητο γοῦν τὸ δημοτικὸν σύμπαν· καὶ οἱ μὲν ἐπιεικέστεροι εὐήθειάν τε ἑαυτοῖς καὶ ἀπραγμοσύνην περὶ τὰ κοινὰ προσεπλάττοντο καὶ ἐν καρὸς μοίρᾳ παρὰ τῷ κρατοῦντι ἐλογίζοντο, οἱ δέ γε πάντα ῥᾳδίως τολμῶντες καὶ τὰς ἑτέρων ζημίας οἷον παρακερδαίνοντες, ὕλην πλείονα τὴν ἑαυτῶν κακίαν τῇ τοῦ κρατοῦντος ὑπετίθουν πυρκαϊᾷ· καὶ πάντα ἦν ταραχῆς μεστὰ καὶ συγχύσεως, καὶ τό γε δεινότερον, ὅτι τῶν πλείστων ἀπαμφιεννυμένων καὶ γυμνουμένων, οὐδέν τι τῆς ἐντεῦθεν συνεκφορᾶς ἀπήλαυε τὰ βασίλεια, ἀλλ' ἐφ' ἕτερα οἱ τῶν χρημάτων μετωχετεύοντο ποταμοί. Ὅτι δὲ τοῦτό ἐστιν ὁ λόγος δηλώσει σαφέστερον.

XIII. Διεσπουδάζετο τούτῳ δὴ τῷ βασιλεῖ τὸ δοκεῖν εὐσεβεῖν· καὶ ἦν μὲν ἀληθῶς περὶ τὰ θεῖα σπουδάζων, ἀλλ' ἥ γε προσποίησις αὐτῷ πλείων τῆς ἀληθείας οὖσα ἐτύγχανε, καὶ τὸ δοκεῖν τοῦ εἶναι κρεῖττον ἐφαίνετο· διὰ ταῦτα πρῶτα μὲν περιττότερος περὶ τὰ θειότερα τῶν ζητημάτων ἐγένετο, αἰτίας καὶ λόγους ἀνερευνώμενος οὓς οὐκ ἄν τις ἐξ ἐπιστήμης εὕροι, εἰ μὴ στραφείη πρὸς νοῦν κἀκεῖθεν ἀμέσως τὴν κεκρυμμένην δήλωσιν δέξαιτο· ἀλλ' οὗτος οὐδὲ πάνυ τὰ κάτω φιλοσοφήσας, ἀλλ' οὐδὲ φιλοσόφοις περὶ τούτων διαλεγόμενος, εἰ μὴ ὅσον αὐτοῖς ἐκ τῶν τοῦ Ἀριστοτέλους προθύρων κατεβιάσθη τὸ ὄνομα, περὶ τῶν βαθυτέρων καὶ νῷ μόνῳ ληπτῶν, ὥς τις τῶν καθ' ἡμᾶς εἶπε σοφῶν, διεσκέπτετο.

XIV. Πρῶτος μὲν οὖν αὐτῷ τῆς εὐσεβείας τρόπος

1. συντιθέμενος. 12. ἧς αὐτ. 20. ἐπαμφ. 21. ἀπήλαβε. 36. add. οὗτος?

ΡΩΜΑΝΟΣ Γ' (1028—1034). 33

ἐπενοήθη· ἔπειτα δὲ καὶ τῷ Σολομῶντι ἐκείνῳ τῷ πάνυ τῆς
τοῦ πολυθρυλλήτου ναοῦ βασκαίνων οἰκοδομῆς, ζηλοτυπῶν
δὲ καὶ τὸν αὐτοκράτορα Ἰουστινιανὸν ἐπὶ τῷ μεγάλῳ τεμένει
καὶ ἐπωνύμῳ τῆς θείας καὶ ἀρρήτου σοφίας, ἀναντοικοδομεῖν
ὥσπερ καὶ ἀνθιδρύειν ναὸν τῇ Θεομήτορι ἐπεχείρησεν· ἐφ' ᾧ 5
δὴ τὰ πολλὰ ἐκείνῳ διημαρτήθη, καὶ ὁ τῆς εὐσεβείας αὐτῷ
σκοπὸς ἀφορμὴ τοῦ κακῶς ποιεῖν καὶ τῶν | πολλῶν ἐκείνων
ἀδικημάτων ἐγένετο· προσετίθη γὰρ ἀεὶ ταῖς ἐπὶ τοῦτο
δαπάναις, καὶ τῶν ἡμερῶν ἑκάστῃ πλέον τι τῶν ἔργων*
συνηρανίζετο· καὶ ὁ μὲν μέτρον ὁρίζων τῷ πράγματι μετὰ 10
τῶν ἐχθίστων ἐτάττετο, ὁ δὲ ὑπερβολὰς ἀνευρίσκων καὶ
ποικιλίας σχημάτων ἐν τοῖς φιλτάτοις εὐθὺς ἐτίθετο. Καὶ
πᾶν μὲν οὖν ἐντεῦθεν ὄρος διώρυκτο, καὶ ἡ μεταλλικὴ τέχνη
καὶ πρός γε | αὐτῆς φιλοσοφίας ἐτάττετο, καὶ τῶν λίθων οἱ
μὲν ἀπεσχίζοντο, οἱ δὲ ἀπεξέοντο, οἱ δὲ πρὸς γλυφὰς 15
ἐτορεύοντο, καὶ οἱ τούτων ἐργάται μετὰ τῶν περὶ Φειδίαν καὶ
Πολύγνωτον καὶ Ζεῦξιν συνηριθμοῦντο, καὶ οὐδὲν ἦν τῶν
πάντων ὅπερ αὔταρκες ταῖς οἰκοδομαῖς ἐλογίζετο· πᾶς μὲν
βασίλειος πρὸς τὸ ἔργον θησαυρὸς ἀνεῴγνυτο, πᾶν δὲ
χρυσοῦν ἐκεῖ εἰσεχεῖτο ῥεῦμα· καὶ πᾶσαι μὲν ἐξηντλοῦντο 20
πηγαί, ὁ δὲ οἰκοδομούμενος οὐκ ἐξεπληροῦτο νεώς· ἄλλο γὰρ
ἐπ' ἄλλῳ ἐτίθετο, καὶ ἕτερον ἐφ' ἑτέρῳ συγκατεστρέφετο, καὶ
τὸ αὐτὸ ἔργον πολλάκις ἀποθνῆσκον αὖθις ἀνίστατο, ἢ
βραχεῖ τινι ὑπερβάλλον μέτρῳ, ἢ περιεργοτέρῳ σχήματι
ποικιλλόμενον. Ὥσπερ δὲ τῶν εἰσβαλλόντων εἰς τὴν 25
θάλασσαν ποταμῶν, πρὸ τῆς εἰς ταύτην συνεισβολῆς πλεῖ-
στόν τι τῶν ἠπείρων ἄνω μετοχετεύεται, οὕτω δὴ καὶ τῶν
ἐκεῖσε συναγομένων χρημάτων προηρπάζετο τὰ πλεῖστα καὶ
διεφθείρετο.

XV. Καὶ περὶ τὸ θεῖον δῆθεν εὐσεβῶν ὁ βασιλεὺς ἀφ' 30
ἑστίας κακουργῶν διεδείκνυτο, ταῖς τῶν ἀλλοτρίων εἰσ-
πράξεσιν εἰς τὴν οἰκοδομὴν τοῦ νεὼ καταχρώμενος. Καλὸν
μὲν γὰρ ἀγαπᾶν εὐπρέπειαν οἴκου Κυρίου, κατὰ τὸν ψαλ-
μῳδόν, καὶ σκήνωμα δόξης αὐτοῦ, καὶ πολλάκις αἱρεῖσθαι ἐν
τούτῳ παραρριπτεῖσθαι ἢ τὴν ἀφ' ἑτέρων ἔχειν εὐδαιμονίαν· 35
καλὸν μὲν γὰρ καὶ τοῦτο, καὶ τίς ἀντερεῖ τῶν τῷ Κυρίῳ

4. scr. ἀντανοικοδομεῖν.   6. αὐτῶν.   21. νέως.

34 ΜΙΧΑΗΛ ΨΕΛΛΟΣ.

ἐζηλωκότων καὶ τῷ ἐκείνου καταπιμπραμένων πυρί; ἀλλ'
ἔνθα μηδὲν εἴη τὸ λυμαινόμενον τὸν εὐσεβῆ τοῦτον σκοπὸν,
μηδὲ πολλαὶ ἀδικίαι συντρέχοιεν, μηδὲ συγχέοιτο τὰ κοινὰ
καὶ τὸ τῆς πολιτείας σῶμα καταρρηγνύοιτο· ὁ γὰρ πόρνης
5 ἄγαλμα | ἀπωθούμενος καὶ τὴν τοῦ ἀνόμου θυσίαν ὡς κυνὸς p. 39
βδελυσσόμενος οὐκ ἂν προσίοιτο πάντως οὐδὲ πολυτελεῖς
καὶ ποικίλας οἰκοδομὰς, πολλῶν τούτων ἕνεκα συμπιπτόντων
κακῶν· ἰσότητες δὲ τοίχων καὶ κιόνων περιβολαὶ καὶ
ὑφασμάτων αἰῶραι καὶ θυμάτων πολυτέλεια καὶ τἄλλα τῶν
10 οὕτω λαμπρῶν, τί ἂν συντελοίη πρὸς τὸν θεῖον τῆς εὐσεβείας
σκοπόν; ὁπότε πρὸς τοῦτο ἀρκοίη νοῦς μὲν περιβεβλημένος
θεότητα, ψυχὴ δὲ τῇ νοερᾷ βεβαμμένη πορφύρᾳ, καὶ ἡ τῶν
πράξεων ἰσότης, καὶ ἡ εὐσχημοσύνη τῆς γνώμης, ἢ μᾶλλον
τὸ τῆς διαθέσεως ἀσχημάτιστον, δι' ὧν ἕτερός τις ἡμῖν ἔνδον
15 οἰκοδομεῖται νεὼς εὐπρόσδεκτος Κυρίῳ καὶ εὐαπόδεκτος;
Ἀλλ' ἐκεῖνος φιλοσοφεῖν μὲν ᾔδει ἐν τοῖς ζητήμασι καὶ
[περὶ] συλλογισμοὺς σωρείτας καὶ οὐτιδὰς, ἐπὶ δὲ τῶν ἔργων
335* τὸ φιλόσοφον ἐπιδείκνυσθαι οὐ πάνυ ἠπίστατο. | Ἀλλὰ
δέον, εἴ τι καὶ περὶ τοὺς ἐκτὸς κόσμους παρανομεῖν χρὴ, τῶν
20 τε βασιλείων ἐπιμελεῖσθαι καὶ κατακοσμεῖν τὴν ἀκρόπολιν
καὶ τὰ διερρωγότα συνάπτειν, πλήρεις τε τοὺς βασιλείους
ποιεῖν θησαυροὺς καὶ στρατιωτικὰ ταῦτα ἡγεῖσθαι τὰ χρή-
ματα, ὁ δὲ τούτου μὲν ἠμέλει, ὅπως δὲ ὁ ναὸς αὐτῷ καλλίων
παρὰ τοὺς ἄλλους δεικνύοιτο, τἄλλα κατελυμαίνετο. Εἰ δεῖ
25 οὖν καὶ τοῦτ' εἰπεῖν· ἐμεμήνει περὶ τὸ ἔργον, καὶ πολλάκις
τοῦτο καὶ πολλοῖς ἐβούλετο ὁρᾶν ὀφθαλμοῖς· ὅθεν καὶ
σχήματα τούτῳ βασιλείων αὐλῶν περιθέμενος, θρόνους τε
καθιδρύσας καὶ σκήπτροις κατακοσμήσας καὶ φοινικίδας
παραπετάσας, ἐκεῖσε τὸ πολὺ τοῦ ἔτους ἐποίει, τῷ κάλλει
30 τῶν οἰκοδομημάτων καλλυνόμενός τε καὶ φαιδρυνόμενος.
Βουλόμενος δὲ καὶ τὴν Θεομήτορα καλλίονι τῶν ἄλλων
κατακοσμῆσαι ὀνόματι ἔλαθεν ἀνθρωπικώτερον ταύτην ἐπο-
νομάσας, εἰ καὶ Περίβλεπτός ἐστι τοὔνομα ὡς ἀληθῶς ἡ
περίβλεπτος.
35 XVI. Ἐπὶ τούτοις καὶ προσθήκη τις ἑτέρα προσεγεγόνει,
καὶ ὁ ναὸς καταγωγὴ γίνεται μοναστῶν· πάλιν οὖν ἑτέρων

23. καλλείων.   24. δεικνύοιντο.   27. θρόνοις.

ἀδικημάτων ἀρχαὶ καὶ μείζους τῶν προτέρων ὑπερβολαί·
καὶ οὐδὲ τοσοῦτον ἐξ ἀριθμητι|κῆς ἢ γεωμετρίας ὤνητο, ἵνα
τι ἀφέλοι τοῦ μεγέθους ἢ τοῦ ἀριθμοῦ, ὥσπερ οἱ γεωμετροῦντες
τὸ ποικίλον ἀφείλοντο, ἀλλ᾽ ὥσπερ ἐν ταῖς οἰκοδομαῖς ἄπειρον
ἐβούλετο τὸ μέγεθος ἔχειν, οὕτω δὴ καὶ ἐν τοῖς μοναστaῖς
τὸν ἀριθμὸν παρεξέτεινεν· ἐντεῦθεν οὖν τὰ ἀνάλογα· ὥσπερ
ἐκεῖ τῷ μεγέθει τὰ πλήθη, οὕτως ἐνταῦθα τοῖς πλήθεσιν αἱ
συνεισφοραί. Ἑτέρα γοῦν τις οἰκουμένη διηρευνᾶτο, καὶ ἡ
ἐκτὸς Ἡρακλείων ἀνεζητεῖτο θάλασσα, ἵν᾽ ἐκείνη μὲν ὡραῖα
τρωκτά, αὕτη δὲ τοὺς πελωρίους καὶ κητώδεις κομίζοι ἰχθῦς·
καὶ ἐπεὶ ἔδοξεν αὐτῷ ψεύδεσθαι ὁ Ἀναξαγόρας ἀπείρους
ὁριζόμενος κόσμους, τὸ πλεῖστον τῆς καθ᾽ ἡμᾶς ἠπείρου
ὑποτεμόμενος καθοσιοῖ τῷ νεῷ· καὶ οὕτω μεγέθη μὲν μεγέθεσι
καὶ πλήθη ἐπισυνάπτων πλήθεσι, καὶ τὰς πρώτας ὑπερβολὰς
ταῖς δευτέραις νικῶν, καὶ μηδὲν τούτοις ὁρίζων καὶ περι-
γράφων, οὐκ ἄν ποτε ἔληξεν, ἄλλο ἐπ᾽ ἄλλῳ συντιθεὶς καὶ
φιλοτιμούμενος, εἰ μὴ τὸ μέτρον αὐτῷ τῆς ζωῆς περιώριστο.

XVII. Ὃ δὴ καὶ λόγος ἐστὶν ὑποτμηθῆναι αὐτῷ ἐξ
αἰτίας τινός, ἣν ἐρεῖν βουλόμενος τοσοῦτον προλέγω. Ἀνε-
πιτηδείως εἶχεν οὗτος ὁ βασιλεὺς τά τε ἄλλα καὶ πρὸς
συμβίωσιν γυναικός· εἴτε γὰρ σωφρονεῖν βουλόμενος τὸ κατ᾽
ἀρχάς, εἴτε πρὸς ἑτέρους, ὡς ὁ τῶν πολλῶν λόγος, στραφεὶς
ἔρωτας, καταπεφρονήκει μὲν τῆς βασιλίδος Ζωῆς, ἀπείχετό
τε τῆς πρὸς αὐτὴν μίξεως καὶ πάντη ἀποστρόφως πρὸς τὴν |
κοινωνίαν εἶχε· τὴν δὲ ἀνηρέθιζε μὲν πρὸς μῖσος καὶ τὸ
βασίλειον γένος τοσοῦτον ἐπ᾽ ἐκείνῃ καταφρονούμενον, μά-
λιστα δὲ ἡ περὶ τὴν μίξιν ἐπιθυμία, ἣν εἰ καὶ μὴ διὰ τὴν
ἡλικίαν εἶχεν, ἀλλὰ διά γε τὴν ἐν βασιλείοις τρυφήν.

Περὶ τῆϲ τοῦ Μιχαηλ πρὸϲ τὸν βαϲιλέα εἰϲαγωγῆϲ παρὰ
τοῦ ἀδελφοῦ αὐτοῦ.

XVIII. Οὗτος μὲν οὖν ὁ τοῦ λόγου πρόλογος, ἡ δὲ
ὑπόθεσις τοιαύτη τις ἐπισυμβεβήκει. Ὑπηρέτουν τῷ βασιλεῖ

13. ὑποτεμόμενον.   16. ἔληξεν.   22. λόγων γραφεὶς.
25. ἀνερέθιζε.   31. λόγος.

τούτῳ πρὸ τῆς ἀρχῆς ἄλλοι | τέ τινες καί τις ἀνὴρ ἐκτομίας, p. 41
τὴν μὲν τύχην φαῦλος καὶ καταπεπτωκὼς, ὅσα δὲ ἐς γνώμην
ρέκτης δεινότατος· τούτῳ δὴ καὶ Βασίλειος ὁ αὐτοκράτωρ
οἰκειότατά τε ἐχρῆτο, καὶ ἐκοινώνει τῶν ἀπορρήτων, εἰς
5 ὑπερηφάνους μὲν οὐκ ἀναβιβάσας ἀρχὰς, γνησιώτατα δὲ
πρὸς αὐτὸν διακείμενος. Τῷ δὲ ἀδελφός τις ἦν, τὸν μὲν πρὸ
τῆς βασιλείας χρόνον ἔτι μειράκιον, τὸ δὲ μετὰ ταῦτα
γενειάσας ἤδη καὶ τῆς τελεωτέρας ἡλικίας ἁψάμενος· κατε-
σκεύαστο δὲ τό τε ἄλλο σῶμα παγκάλως καὶ τὸ πρόσωπον ἐς
10 ἀκριβῆ ὡραιότητα· εὐανθής τε γὰρ ἦν καὶ τὸ ὄμμα λαμπρὸς
καὶ ὡς ἀληθῶς μιλτοπάρῃος. Τοῦτον ὁ ἀδελφὸς τῷ βασιλεῖ
τῇ βασιλίδι συγκαθημένῳ, οὕτω δόξαν ἐκείνῳ, εἰσήνεγκεν
ὀφθησόμενον· καὶ ἐπειδὴ ἄμφω εἰσεληλυθέτην, ὁ μὲν βασιλεὺς
ἅπαξ ἰδὼν καὶ βραχέα ἄττα ἐρωτήσας, ἐξιέναι μὲν παρε-
15 κελεύσατο, ἐντὸς δὲ εἶναι τῶν βασιλείων αὐλῶν· ἡ δὲ
βασιλὶς, ὥσπερ τινὶ συμμέτρῳ φωτὶ τῷ ἐκείνου κάλλει τοὺς
ὀφθαλμοὺς ἀναφθεῖσα, ἑαλώκει εὐθὺς καὶ ἐξ ἀρρήτου μίξεως
τὸν ἐκείνου ἐνεκυμόνησεν ἔρωτα· καὶ ἦν τοῦτο τέως ἀπόρρητον
τοῖς πολλοῖς.
20 XIX. Ὡς δὲ οὔτε φιλοσοφεῖν οὔτε οἰκονομεῖν τὸν πόθον
ἠδύνατο, ἡ πολλάκις ἀποστρεφομένη τὸν ἐκτομίαν τότε θαμὰ
προσῄει, καὶ ἄλλοθεν ἀρχομένη ὥσπερ ἐν παρεκβάσει τῆς
ὑποθέσεως εἰς τὸν περὶ τοῦ ἀδελφοῦ λόγον κατέληγε, θαρρεῖν
τε ἐκεῖνον παρεκελεύετο καὶ προσιέναι οἱ ὁπότε καὶ βούλοιτο.
25 Ὁ δὲ οὐδὲν τέως τῶν κεκρυμμένων εἰδὼς, γνώμης εὐμένειαν
τὸ πρᾶγμα ἐτίθετο· καὶ προσῄει μὲν ὡς κεκέλευτο, ὑφειμένῳ
δὲ καὶ πεφοβημένῳ τῷ σχήματι· ἀλλ' ἥ γε αἰδὼς μᾶλλον
τοῦτον κατήστραπτε καὶ φοινικίαν ὅλον ἐδείκνυ καὶ λαμπρῷ
κατηγλάϊζε χρώματι. Ἡ δὲ ἀφῄρει τε τοῦτον τοῦ φοβεῖσθαι,
30 ἁπαλώτερόν τε προσγελῶσα καὶ χαλῶσα τὸ βλοσυρὸν τῆς
ὀφρύος καὶ οἷον αἰνιττομένη τὸν ἔρωτα, καὶ πρὸς τὸ θαρρεῖν
μετεσκεύαζε· καὶ ἐπειδὴ λαμπρὰς ἐδίδου τῷ ἐρωμένῳ τὰς
τοῦ | ἔρωτος ἀφορμὰς, ἀντερᾶν δὲ καὶ οὗτος ἐπετηδεύετο, τὰ p. 42
μὲν πρῶτα οὐ πάνυ τεθαρρημένως, μετὰ δὲ ταῦτα ἀναιδέστερόν

3. ραίκτης.   τοῦτο.   βασιλεύς.   5. γνησιώτατε.
10. λαμπρῶς.   11. μιλτοπάριος.   29. κατηγλάϊζες.
33. οὔτε.   34. ἀνεδέστερον.

ΡΩΜΑΝΟΣ Γ' (1028—1034). 37

τε προσιὼν καὶ τὰ τῶν ἐρώντων διαπραττόμενος· περιχυθεὶς γὰρ ἄφνω ἐφίλησε, καὶ δέρης ἥψατο καὶ χειρός, ὑπὸ τοῦ ἀδελφοῦ πρὸς τὴν τέχνην παιδο|τριβούμενος. Ἡ δὲ ἔτι 336* μᾶλλον προσεπεφύκει καὶ πρὸς τὴν ἰσχὺν τῶν φιλημάτων ἀντήρειδεν· ἡ μὲν καὶ ὡς ἀληθῶς ἐρῶσα, ὁ δὲ οὐ πάνυ μέν 5 τοι ταύτης παρηκμακυίας ἐπιθυμῶν, τὸν δὲ τῆς βασιλείας ὄγκον εἰς νοῦν βαλλόμενος, καὶ διὰ ταύτην πᾶν ὁτιοῦν ποιεῖν τολμῶν τε καὶ ἀνεχόμενος. Οἱ δὲ περὶ τὰ βασίλεια τὰ μὲν πρῶτα τέως ὑπώπτευον καὶ μέχρι τῶν ὑπονοιῶν ἦσαν· ὕστερον δὲ ἀναιδῶς αὐτοῖς ἐκρηγνυμένου τοῦ ἔρωτος, 10 πάντες ἐγνώκεισαν καὶ τῶν γινομένων οὐδέ τις ἦν ἀνεπαίσθητος· ἤδη γὰρ καὶ εἰς συνουσίαν αὐτοῖς κατέληξε τὰ φιλήματα, καὶ πολλοῖς ἑαλώκεισαν ἐπὶ μιᾶς εὐνῆς συγκαθεύδοντες· καὶ ὁ μὲν ᾐσχύνετό τε καὶ ἠρυθρία καὶ περιδεὴς ἐπὶ τῷ πράγματι ἦν, ἡ δὲ οὔθ' ὑπεστέλλετο, καὶ προσφῦσα ἐπὶ 15 τοῖς πάντων κατεφίλησεν ὀφθαλμοῖς, καὶ ὄνασθαι τούτου πολλάκις ηὔξατο.

XX. Τὸ μὲν οὖν περικαλλύνειν τοῦτον ὥσπερ ἄγαλμα καὶ καταχρυσοῦν, δακτυλίοις τε περιαστράπτειν καὶ χρυσοϋφέσιν ἐσθήμασιν, οὐκ ἐν θαυμασίοις ἄγω· βασιλὶς γὰρ 20 ἐρῶσα τί οὐκ ἂν τῷ ἐρωμένῳ πορίσαιτο; ἡ δὲ λανθάνουσα τοὺς πολλοὺς ἔστιν ὅτε καὶ ἐπὶ τὸν βασιλικὸν θρόνον ἐκάθιζεν ἐναλλάξ, σκῆπτρον ἐνεχείριζε, καί ποτε καὶ ταινίας ἠξίωσε, καὶ ἐπὶ τούτοις αὖθις ἐπιχυθεῖσα ἄγαλμά τε ἐκάλει καὶ ὀφθαλμῶν χάριν καὶ κάλλους ἄνθος καὶ ψυχῆς ἰδίαν 25 ἀναψυχήν. Τοῦτο οὖν πολλάκις ποιοῦσα ἕνα τινὰ τῶν πανοπτήρων οὐκ ἔλαθεν· ἐκτομίας οὗτος ἦν καὶ τὰς πρώτας τῶν βασιλείων ἐμπεπιστευμένος αὐλῶν, αἰδέσιμός τε ἔκ τε τοῦ σχήματος, ἔκ τε τοῦ ἀξιώματος, καὶ θεράπων αὐτῆς p. 43 πατρῷος· οὗτος | τοίνυν ἰδὼν τὸ καινὸν τοῦ θεάματος μικροῦ 30 δεῖν ἐξεπεπνεύκει, οὕτως αὐτὸν καὶ τὸ σχῆμα κατέπληξεν· ἡ δὲ ἀνεκαλέσατό τε ψυχορραγήσαντα καὶ κατέστησε συγκλονούμενον, καὶ τούτου ἐξαρτᾶσθαι ἐκέλευεν, ὡς νῦν τε ὄντος καὶ ἐσομένου καθαρῶς αὐτοκράτορος.

XXI. Καὶ τὸ μηδένα τῶν πάντων λαθὸν εἰς γνῶσιν οὐκ 35

4. προσεπεφήκει.   5–6. μέν τι.   9. ὑποπτεύον.   23. τεν/αις.
28. βασιλειῶν.   30. θαύματος.

ἐληλύθει τῷ βασιλεῖ· τοσοῦτον αὐτῷ νέφος ὀφθαλμίας
ἐπέκειτο· ἐπεὶ δὲ ἡ τῆς ἀστραπῆς ἔκπληξις καὶ τὸ μέγεθος
τῆς βροντῆς καὶ τὰς ἐκείνου περιηύγασε κόρας καὶ τὴν ἀκοὴν
κατεβρόντησε, καὶ τὰ μὲν εἶδεν αὐτοῖς ὄμμασι, τὰ δὲ ἠκηκόει,
5 ὁ δὲ καὶ αὖθις ὥσπερ ἑκὼν ἐπέμυέ τε τοὺς ὀφθαλμοὺς καὶ
τοὺς ὤτων πόρους ἀπέφραττεν· ἀμέλει καὶ συγκαθεύδων
πολλάκις τῇ βασιλίδι ἄχρι τῆς ἐν εὐνῇ κατακλίσεως, ὑπὸ
337 φοινικίδι περικαλυπτούσῃ μόνον τε τοῦτον ἐκάλει | καὶ τῶν
ποδῶν ἐπαφᾶσθαι καὶ ἀνατρίβειν τούτῳ προσέταττε, καὶ
10 θαλαμηπόλον ἐποίει, καὶ ἐξεπίτηδες, ἵνα τοῦτο ποιεῖ, τὴν
γυναῖκα τούτῳ κατεμνηστεύετο. Ἐπεὶ δὲ ἡ ἀδελφὴ Πουλ-
χερία καὶ τῶν περὶ τὸν κοιτωνίσκον τινὲς τὸν κατ' αὐτοῦ
συσκευαζόμενον θάνατον ἀπεκάλυψαν καὶ ἐτράνωσαν καὶ
φυλάξασθαι προετρέψαντο, ὁ δέ, ἐξὸν τὸν κεκρυμμένον
15 ἀφανίζειν μοιχὸν καὶ τὸ πᾶν καταλύειν τοῦ δράματος, ἑτέραν
μὲν πρόφασιν προβαλλόμενος, ἐκπληρῶν τε δὴ τὸ ἐνθύμημα,
τοῦτο μὲν οὐκ ἐποίησεν, οὐδέ τινα προσήνεγκε τῷ πράγματι
μηχανήν, ἀλλὰ τὸν ἐραστὴν ἢ ἐρώμενον προσκαλέσας ποτὲ
περὶ τοῦ ἔρωτος ἐπυνθάνετο· καὶ ἐπειδὴ μηδὲν εἰδέναι ἐκεῖνος
20 προσεποιήσατο, πίστεις τε εἰσπράττεται καὶ ὅρκους καθ'
ἱερῶν· καὶ ἐπειδὴ τὴν πᾶσαν ἐκεῖνος ἐπιορκίαν ἐτέλεσε, τὰς
μὲν τῶν ἄλλων φωνὰς συκοφαντίας ἡγεῖτο, αὐτῷ δὲ μόνῳ
προσεῖχε τὸν νοῦν καὶ πιστότατον ἐκάλει θεράποντα.

XXII. Τούτῳ δὲ καὶ ἄλλο τι συναντελάβετο, ὥστε
25 πόρρω γενέσθαι τῆς κατ' αὐτοῦ ὑπονοίας τὸν αὐτοκράτορα·
νόσημα γάρ τι δεινὸν ἀφ' ἥβης τούτῳ περιπεπτώκει εὐθύς,
τὸ δὲ πάθος περιτροπή τις τοῦ ἐγκεφάλου | ἐν περιόδοις p. 44
ἐτύγχανεν ὄν, καὶ μηδὲ μιᾶς αὐτῷ προσγινομένης τῆς
σημειώσεως, αὐτίκα τε ἐτετάρακτο καὶ τοὺς ὀφθαλμοὺς
30 ἔστρεφε καὶ κατὰ γῆς κατερρήγνυτο, προσούδιζέ τε τὴν
κεφαλὴν καὶ ἐπὶ πλεῖστον χρόνον κατακεκλόνητο, εἶτ' εἰς
αὖθις ἑαυτοῦ τε ἐγίγνετο καὶ κατὰ βραχὺ πρὸς τὸ σύνηθες
βλέμμα ἀποκαθίστατο· ἑωρακὼς γοῦν τοῦτον ὁ αὐτοκράτωρ
τούτῳ τῷ πάθει ἑαλωκότα, ᾤκτειρέ τε τοῦ πτώματος καὶ
35 μανίαν μὲν κατεγνώκει, ἔρωτας δὲ ἀπεγνώκει καὶ χάριτας.

7. κατακλείσεως. 13. ἀπεκάλυψεν. 16. προβαλλόμενον ἐκπληροῦντα δέ.
20. πίστις. 21–22. καθιερῶν. 27. περιτροπήν τις.
32. καὶ τά.

Τοῖς δὲ πολλοῖς πρόσχημα τὸ πάθος ἐδόκει καὶ προκάλυμμα τῆς ἐπιβουλῆς· καὶ ἦν ἂν αὐτὴ ἀληθεύουσα ἡ ὑπόνοια, εἰ μὴ καὶ βασιλεὺς γεγονὼς ταύτην ὑφίστατο τὴν περιτροπήν· ἀλλὰ τοῦτο μὲν εἰς τὸν περὶ αὐτοῦ λόγον ἀναβεβλήσθω, ἐκείνῳ δὲ πρὸς τρόπου καὶ τὸ κακὸν ἐγεγόνει καὶ τὸ ἀσχημάτιστον 5 πάθος προκάλυμμα πρὸς τὴν ὑπόθεσιν ἦν.

XXIII. Τὸ μὲν οὖν τὸν αὐτοκράτορα πεῖσαι τοὺς ἀντερῶντας μὴ ἐρᾶν οὐ μέγα ἔργον ἦν, ῥᾷστα γὰρ καὶ ἐπέπειστο· ὡς δὲ ἐγώ τινος ἤκουσα τῶν τότε περὶ τὰς βασιλείους ἀναστρεφομένων αὐλὰς, ἀνδρὸς ἅπασαν τῆς 10 βασιλίδος τὴν ἐρωτικὴν εἰδότος ὑπόθεσιν κἀμοὶ τὰς ἀφορμὰς τῆς ἱστορίας διδόντος, ὡς ὁ βασιλεὺς ἐβούλετο μὲν ὡσανεὶ πεπεῖσθαι μὴ ἔχειν τὴν βασιλίδα ἐρωτικῶς πρὸς τὸν Μιχαὴλ, ᾔδει δὲ μάλα ἐρῶσαν ὥσπερ δὴ καὶ σφριγῶσαν περὶ τὸ πάθος, | καὶ, ἵνα μὴ πρὸς πολλοὺς διαχέοιτο, οὐ μάλα τὴν 337* πρὸς ἕνα τῆς γυναικὸς ἐδυσχέραινεν ὁμιλίαν, ἀλλὰ σχηματι- 16 ζόμενος παρορᾶν ἀπεπλήρου τὸ πάθος τῇ βασιλίδι· ὃ τοίνυν ἄλλως μοι εἴρητο· ὁ μὲν βασιλεὺς εὔκολος πρὸς τὴν ἐρωτικὴν ὑπόληψιν ἢ κατάληψιν ἦν, ἐμεμήνει δὲ ἥ τε ἀδελφὴ Πουλ- χερία καὶ ὅσοι τηνικαῦτα κοινωνοὶ τῶν ἀπορρήτων ἐκείνῃ 20 ὄντες ἐτύγχανον. Πρὸς τούτους οὖν ἡ μάχη καθίστατο, καὶ ἡ μὲν παράταξις οὐκ ἀφανὴς, ἐν ὑπονοίαις δὲ συμβεβήκει τὰ τρόπαια· ἥ τε γὰρ ἀδελφὴ οὐ μετὰ πολὺν χρόνον ἐτεθνήκει, | καὶ τῶν περὶ ἐκείνην ὁ μὲν τοῦτο ἐπεπόνθει ἀθρόον, ὁ δὲ τῶν ἀνακτόρων ὑπεξεληλύθει, οὕτω βουληθέντος τοῦ αὐτοκρά- 25 τορος· τῶν δ' ἄλλων οἱ μὲν συνῄνουν τῷ πράγματι, οἱ δὲ τὴν γλῶτταν ἐπεπέδηντο· καὶ ἦν ὁ ἔρως οὐκ ἀφανῶς τελούμενος, ἀλλ' ὥσπερ ἐπὶ νόμοις γινόμενος.

Περὶ τῆς νόσου τοῦ βασιλέως.

XXIV. Εἶτά τι γίνεται· καταλαμβάνει καὶ τὸν αὐτο- 30 κράτορα νόσημα τῶν ἀήθων καὶ χαλεπῶν· ὅλον γὰρ ἀθρόον τὸ σῶμα καὶ κακόηθες αὐτῷ ἐγεγόνει καὶ ὕπουλον· τροφῆς τε γοῦν ἐντεῦθεν οὐ μᾶλλον ἐρρωμένως ἥπτετο, ὅ τε ὕπνος

5. αὐχημάτιστον.   9. ἐπέπιστο.   15. πολλὰς.
20. ἐκείνων.   21. τούτοις.   24. ἐκεῖνον.

ἄκροις αὐτοῦ τοῖς ὄμμασιν ἐφιζάνων ταχέως ἀφίπτατο, καὶ πάντα συνεπεπτώκει αὐτῷ τὰ δυσχερῆ, ἤθους τραχύτης, γνώμη δυσάρεστος, θυμὸς καὶ ὀργὴ καὶ κραυγὴ, μὴ γνωριζόμενα πρότερον· εὐπρόσιτος γοῦν τὸν ἐκ πρώτης ἡλικίας
5 βίον τυγχάνων, τότε δυσπρόσιτός τε ὁμοῦ καὶ δυσπρόσοδος ἐγεγόνει· ὅ τε γὰρ γέλως αὐτὸν ἀπέλιπε καὶ ἡ τῆς ψυχῆς χάρις καὶ τὸ γλυκὺ τοῦ ἤθους, καὶ οὔτε τινὶ τῶν πάντων ἐπίστευεν, οὔτε αὐτὸς ἐδόκει τοῖς ἄλλοις, ἀλλ' ἑκάτεροι ὑπώπτευόν τε καὶ ὑπωπτεύοντο· τὸ δέ γε ἀφιλότιμον τότε
10 μᾶλλον αὐτῷ ἐπετάθη· ἀνελευθέρως γοῦν ἐποιεῖτο τὰς τῶν χρημάτων διανεμήσεις, καὶ πρὸς πᾶσαν μὲν ἱκεσίαν ἐχαλέπαινε, πρὸς πᾶσαν δὲ φωνὴν ἐλεεινὴν ἐτραχύνετο· πονήρως δὲ ἄγαν τοῦ σώματος ἔχων, ὅμως οὔτε τῶν συνήθων ἡμέλει, οὔτε τὰς βασιλείους πομπὰς ἐν μηδενὶ λόγῳ ἐτίθετο, ἀλλὰ
15 καὶ στολαῖς κατελαμπρύνετο χρυσοπάστοις καὶ τὸν ἄλλον κόσμον ἡμφίετο, ὥσπερ ἀχθοφορῶν ἐν ἀσθενεῖ σώματι, δυσχερῶς τε ἐπανέστρεφε καὶ πλέον εἶχε κακῶς.

XXV. Ἐγὼ γοῦν πολλάκις ἐθεασάμην οὕτως ἐν ταῖς πομπαῖς ἔχοντα, οὐκ ἀκριβῶς ἐκκαιδεκέτης τὴν ἡλικίαν ὤν,
20 βραχύ τι τῶν νεκρῶν διαφέροντα· ὅλον γὰρ αὐτῷ ἐξῳδήκει τὸ πρόσωπον, | καὶ τὸ χρῶμα οὐδέν τι κάλλιον εἶχε τῶν p. 46 τριταίων περὶ τὰς ταφάς· ἀπέπνει τε πυκνῶς, καὶ βραχύ τι
338 προβαίνων αὖθις ἵστατο· τῶν δὲ περὶ τὴν κεφαλὴν | αὐτῷ τριχῶν αἱ μὲν πλείους ὥσπερ ἀπὸ νεκροῦ σώματος ἐπεπτώ-
25 κεισαν, βραχεῖαι δέ τινες καὶ ψιλαὶ ἠτάκτουν περὶ τὸ μέτωπον, τῷ ἐκείνου οἶμαι συγκινούμεναι πνεύματι. Τοῖς μὲν οὖν ἄλλοις ἀπέγνωστο, ὁ δὲ οὐ πάνυ τι δυσέλπιστος ἦν, ἀλλ' ἰατρικαῖς τέχναις ἑαυτὸν ἐδεδώκει, κἀκεῖ τὴν σωτηρίαν ἑαυτῷ ἐμνηστεύετο.

30 Περὶ τοῦ θανάτου τοῦ βασιλέως.

XXVI. Εἰ μὲν οὖν ἐδεδράκεισάν τι περὶ αὐτὸν τῶν ἀτοπωτάτων αὐτή τε ἡ ἐρωτικὴ συζυγία καὶ οἱ τοῦ πράγματος κοινωνοί, ἐγὼ μὲν οὐκ ἂν εἴποιμι· οὐ γὰρ ῥᾳδίως οἶδα

---

1. ἐφίπτατο.   11. ἐχαλέπενεν.   22. τριτέων.   24. τῶν τριχῶν.
ἀπεπώκεισαν.   27. οὐδὲ ὁ. π. τ. δυσέλπιστον.   31. περὶ αὐτῶν.

ΡΩΜΑΝΟΣ Γ' (1028—1034). 41

καταγινώσκειν ὧν οὔπω κατάληψιν εἴληφα· τοῖς δὲ ἄλλοις κοινὸν τοῦτο τέθειται ὁμολόγημα, ὡς τὸν ἄνδρα πρότερον φαρμάκοις καταγοητεύσαντες, μετὰ ταῦτα καὶ ἐλλέβορον ἐκεράσαντο· καὶ οὐ περὶ τούτου νῦν διαμφισβητοῦμαι, ἀλλ' ὅτι ἡ τοῦ θανάτου αἰτία ἐκεῖνοι γεγόνασιν. Εἶχε ταῦτα, καὶ τὰ προτέλεια τῆς κοινῆς ἡμῶν ἀναστάσεως ἐτελεῖτο τῷ βασιλεῖ, ὁμοῦ τε ὡς ἐς αὔριον εἰς τὴν πάνδημον πανήγυριν προσελευσόμενος ηὐτρεπίζετο· ἄπεισι γοῦν πρὸ ἡμέρας βαλανείοις χρησόμενος αὐτόθι που περὶ τὰ βασίλεια, οὔτε χειραγωγούμενος ἔτι, οὔθ' ὑπόγυος πρὸς τὸν θάνατον ὤν· διαπρεπῶς γοῦν ἀνῄει ἀλειψόμενος καὶ λουσόμενος καὶ καθαρσίοις περὶ τὸ σῶμα χρησόμενος. Εἴσεισι γοῦν τὸ λουτρόν, καὶ κεφαλὴν πρῶτα διαρρυφθείς, εἶτα δὴ καὶ τὸ σῶμα καταντληθείς, ἐπειδὴ ἐρρωμένως εἶχε τοῦ πνεύματος, τῇ κολυμβήθρᾳ ἑαυτὸν ἐπιδίδωσιν, ἥτις μέσον ὀρώρυκται· καὶ | τὰ μὲν πρῶτα ἡδέως τῷ ὕδατι ἐπενήχετο καὶ ἐλαφρῶς ἐπέπλει, ἀναφυσῶν ὡς ἥδιστα καὶ ἀναψυχόμενος, ἔπειτά τινες καὶ τῶν περὶ ἐκεῖνον εἰσῄεσαν ὑπερείσοντες ἐκεῖνον καὶ ἀναπαύσοντες· οὕτω γὰρ ἔδοξεν· ἀλλ' εἴ τι μὲν εἰσελθόντες περὶ τὸν αὐτοκράτορα παρηνόμησαν, οὐκ ἔχω εἰπεῖν ἀκριβῶς. Φασὶ γοῦν οἱ καὶ τἄλλα πρὸς τοῦτο συνείροντες, ὅτι ἐπειδὴ τὴν κεφαλὴν εἰς τὸ ὕδωρ καθῆκεν ὁ αὐτοκράτωρ, τοῦτο γὰρ εἴθιστο ποιεῖν, συμπιέσαντες αὐτοῦ τὸν αὐχένα ἐπέσχον ἐπὶ χρόνον πολύν, εἶτ' ἀφέντες ἐξεληλύθεσαν· τὸν δὲ τὸ πνεῦμα κουφίσαν ἄπνουν σχεδὸν ἐπεδείκνυ τοῖς ὕδασιν, ὥσπερ φελλὸν ἀλόγως ἐπισαλεύοντα· ὡς δὲ βραχύ τι ἀναπνεύσας ἔγνω ὅπῃ κακοῦ ἐτύγχανεν ὤν, τὴν χεῖρα προτείνας ἐδεῖτο τοῦ συλληψομένου καὶ ἀναστήσοντος. Εἷς γέ τοι ἐλεήσας τοῦτον *καὶ τοῦ σχήματος, τὰς χεῖρας ὑποτείνας καὶ ἐναγκαλισάμενος ἀνηρείσατο, καὶ διαβαστάσας ὡς εἶχεν ἐπὶ τῆς στρωμνῆς ἀθλίως κατέθετο. Καὶ βοῆς ἐπὶ τοῦτο γενομένης, ἄλλοι τέ τινες παρῆσαν καὶ ἡ βασιλὶς αὐτὴ ἀδορυφόρητος, ὡς ἐπὶ πένθει δεινῷ· καὶ ἰδοῦσα αὖθις ἀπῆλθε, τὸ πιστὸν τῆς τελευτῆς εἰληφυῖα διὰ τῆς ὄψεως. Ὁ δὲ βαρύ τι στενάξας καὶ βύθιον, τῇδε κακεῖσε περιεβλέπετο, φωνῆσαι

3. ἐλέβορον. 10. ὑπόγυ. 18. καὶ τὸν π. 24. εἰ ταφέντες.
27. ἐτύχανεν. 30. ἀνημείσατο. 32. ἀδωρηφόρητος.

338* μὲν | μὴ δυνάμενος, σχήμασι δὲ καὶ νεύμασι δηλῶν τὸ βούλημα τῆς ψυχῆς· ὡς δὲ συνελαμβάνετο ἔτι οὐδείς, μύσας τοὺς ὀφθαλμοὺς πυκνότερος αὖθις ἐπήσθμαινεν· εἶτα δὴ ἀθρόον ἀναρραγέντος <τοῦ πνεύματος>, ὑπεκχεῖται διὰ τοῦ στόματος
5 μελάντερόν τι τὴν χρόαν καὶ πεπηγός, ἐφ' ᾧ δὴ δὶς καὶ τρὶς ἀσθμάνας τὴν ζωὴν ἀπολείπει.

ΤΟΜΟΣ ΤΕΤΑΡΤΟΣ.

I. Οὕτω μὲν δὴ Ῥωμανὸς ἐτεθνήκει ἐς πεντάδα χρόνων καὶ ἥμισυ τὴν βασιλείαν κατεσχηκώς· ἡ δὲ βασιλὶς Ζωή,
10 ἐπειδὴ τοῦτον ἐμεμαθήκει ἐκπεπνευκότα (οὐδὲ γὰρ παρῆν ἀποπνέοντι), εὐθὺς ὥσπερ δὴ κληρονόμος ἄνωθεν, τῆς ἀρχῆς τῶν ὅλων προΐσταται, μᾶλλον δὲ τοῦ προεστάναι βραχὺ φροντίσασα, ὅπως ἂν παραδῷ τὴν προστασίαν τῷ Μιχαὴλ, περὶ οὗ φθάσας ὁ λόγος διείληφε, διὰ πάσης φροντίδος
15 γίνεται. Οἱ μὲν γὰρ τῶν ἀνακτόρων τοὺς ἐν τοῖς ἀξιώμασι κλήρους διαλαχόντες, ὧν οἱ πλείους αὐτῇ πατρῷοι θεράποντες ὄντες ἐτύγχανον, οἱ δὲ καὶ τοῦ ἀνδρὸς ὁμιληταὶ καὶ εἰς γένος ἐκείνῳ συναφθέντες <ἀπὸ> τοῦ πατρός, ἀπεῖργον τοῦ προχείρως περὶ τῶν μεγάλων τι διαπράξασθαι, συνεβούλευόν
20 τε ἐνθυμηθῆναι τὰ κάλλιστα περὶ αὐτῆς καὶ βουλεύσασθαι, καὶ ἕνα τῶν πάντων εἰς τὴν βασιλείαν ἀγαγεῖν τὸν ἐκ πάντων ἐξαίρετον, καὶ συνομολογήσοντα οὐχ ὡς συμβίῳ ἀλλ' ὡς δεσπότιδι ταύτῃ προσενεχθήσεσθαι.

II. Οἱ μὲν οὖν παντοδαπῶς αὐτῇ προσεφέροντο, πεῖσαι
25 τάχα οἰόμενοι καὶ πρὸς τὸ δοκοῦν σφίσι ταύτην μεταλαβεῖν· ἡ δὲ ὅλαις ψήφοις καὶ πάσαις ἐννοίαις ἐπὶ τὸν Μιχαὴλ ἐνενεύκει, οὐ λογισμῷ ἀλλὰ πάθει τὸν ἄνδρα κρίνουσα. Ὡς δὲ καὶ ἡμέραν ἔδει ὁρίσαι καθ' ἣν ἐκεῖνος στεφανηφορήσειν ἔμελλε καὶ τῶν ἄλλων παρασήμων ἀξιωθήσεσθαι, ὁ πρε-
30 σβύτερος τοῦ Μιχαὴλ ἀδελφός, Ἰωάννης ὁ ἐκτομίας, ἀνὴρ

5. χρῶαν.   18. ἐκεῖνο.   22. συνομολογήσονται.   26. πάσαι.

ΜΙΧΑΗΛ Δ' (1034—1041). 43

δεινότατος περὶ τὰς ἐνθυμήσεις καὶ περὶ τὰς πράξεις δραστήριος, δι' ἀπορρήτων αὐτῇ ἐντυχὼν, καὶ ὡς ἀποθανούμεθα φήσας, εἰ ῥοπὴν τὸ κράτος εἰς ὑπέρθεσιν λήψεται, ὅλην εἰς τὴν οἰκείαν μετατίθησι γνώμην· καὶ εὐθὺς μετακαλεσαμένη τὸν Μιχαὴλ καὶ τὴν χρυσοῦφῆ στολὴν ὑπενδύσασα, ἔπειτα 5
δὲ καὶ | τὴν βασιλικὴν στεφάνην τῇ κεφαλῇ προσαρμόσασα, ἐπί τε πολυτελοῦς θρόνου καθίσασα καὶ αὐτὴ παρακαθισαμένη πλησίον ἐν ὁμοίῳ τῷ σχήματι, πᾶσιν ἐπιτάττει ὅσοι τὸ βασίλειον τηνικαῦτα ᾤκουν ἄμφω κοινῇ προσκυνεῖν τε καὶ εὐφημεῖν. Οἱ μὲν οὖν οὕτως ἐποίουν· διαδόσιμον δὲ τὸ 10 πρᾶγμα καὶ τοῖς ἐκτὸς καὶ τῶν ἀνακτόρων καθίστατο, καὶ πᾶσα ἡ Πόλις παραλαβεῖν τοῦ συνθήματος τὴν εὐφημίαν ἐβούλετο, τοῦτο μὲν καὶ ψευδομένων τῶν | πλειόνων τὴν εὐφη- 339 μίαν καὶ κολακευόντων τὸν βασιλεύσαντα, τοῦτο δὲ καὶ ὥσπερ τι ἄχθος ἀποθεμένων τὸν τελευτήσαντα, καὶ κούφως ἅμα καὶ 15 ἐλαφρῶς σὺν εὐθυμίᾳ καὶ ἡδονῇ ἐκδεξαμένων τὸν Μιχαήλ.

III. Ἐπεὶ οὖν τοῖς περὶ τὸν βασιλέα ἡ ἑσπέριος ἐκείνη ἐσχηματίσθη ἀνάρρησις, διττὸν εὐθὺς πρόσταγμα ἀφικνεῖται τῷ ἐπάρχῳ τῆς Πόλεως, ἀφίξεσθαι ἅμα πρωῒ εἰς τὰ βασίλεια καὶ τοὺς τῆς συγκλήτου βουλῆς, ὁμοῦ τε τῷ νέῳ προσκυνή- 20 σοντας βασιλεῖ καὶ τῷ ἀπεληλυθότι τὴν νενομισμένην ποιήσοντας ἐκφοράν· καὶ ἀπήντησαν οὗτοι κατὰ τὸ σύνθημα· καὶ καθ' ἕνα εἰσιόντες προκαθημένοις τοῖς βασιλεῦσιν ἐπὶ τῆς γῆς ἐτίθουν τὰς κεφαλὰς, τῇ μὲν βασιλίσσῃ τοῦτο καὶ μόνον ἀφοσιοῦντες, τοῦ δέ γε αὐτοκράτορος καὶ τὴν δεξιὰν 25 προσπτυσσόμενοι χεῖρα. Ἐπὶ τούτοις ὁ μὲν Μιχαὴλ βασιλεὺς αὐτοκράτωρ ἀναρρηθεὶς, περὶ τῶν συνοισόντων τῇ ἀρχῇ φροντίσειν ἔμελλε· τῷ δὲ μετηλλαχότι τὴν ζωὴν Ῥωμανῷ, ἐπὶ πολυτελοῦς κλίνης κατατεθέντι ἡ ἐκφορὰ παρεσκεύαστο, καὶ ἀπῄεσαν ἅπαντες τὰ εἰκότα τὸν ἀποδε- 30 δημηκότα βασιλέα τιμήσοντες· μέρος δὲ τῶν τῆς κλίνης προηγουμένων καὶ ὁ τοῦ νέου βασιλέως ἀδελφὸς Ἰωάννης ὁ ἐκτομίας γίνεται, περὶ οὗ ἐν τοῖς καθήκουσι τόποις τῆς παρούσης ἀναγραφῆς ὁ λόγος ἐρεῖ.

IV. Καὶ εἶδον κἀγὼ τὴν ἐξόδιον ταύτην πομπὴν τοῦ 35 βασιλέως, οὔπω μὲν γενειάσκων, ἄρτι δὲ παραγγείλας ἐς τοὺς ποιητικοὺς λόγους, καὶ ἀθρήσας τὸν κείμενον οὔπω ἀκριβῶς

22. οὕτω. 31. τὸν τ. 37. ἀθροίσας.

ἐγνώκειν οὔτε ἀπὸ τοῦ χρώματος, οὔτε | ἀπὸ τοῦ σχήματος, p. 50
εἰ μὴ ὅσον ἐκ τῶν παρασήμων συνεβαλλόμην ὡς ὁ τεθνηκὼς
ἐστι βασιλεύς· διέφθαρτο μὲν γὰρ αὐτῷ τὸ πρόσωπον, οὐχ
ὡς ἐκτετηκὸς, ἀλλ' ὡς ἐξῳδηκὸς, καὶ τὸ χρῶμα πάντη
5 ἠλλοίωτο οὐχ ὡς νεκρῶδες, ἀλλ' ἐῴκει τοῖς ἐκ φαρμακοποσίας
ἀνοιδήσασι καὶ ὠχριακόσιν, ὥστε μηδὲ δοκεῖν αἵματος αὐτοῖς
ὑπεῖναι γένεσιν· τῶν δὲ τριχῶν αἵ τε τῆς κεφαλῆς καὶ ὅσαι
περὶ τὸν πώγωνα ἐψίλωντο τοσοῦτον, ἕως ἐοικέναι τὰ διε-
φθαρμένα μέλη τοῖς ἐξαφθεῖσι ληΐοις, ὧν πόρρωθεν ἡ ψίλωσις
10 καταφαίνεται, καὶ εἴ τις αὐτὸν ἐδάκρυσεν ἐντεῦθεν αὐτῷ
κατέρρει τὸ δάκρυον· τὸ γὰρ ἅπαν πλῆθος, οἱ μὲν ὡς πολλῶν
ἐξ αὐτοῦ μετεσχηκότες κακῶν, οἱ δὲ ὡς οὐδενὸς παραπολαύ-
σαντες ἀγαθοῦ, οὐδὲ σὺν εὐφήμῳ γλώττῃ ἢ ἑώρων ἐκεῖνον ἢ
ὁρῶντες παρέπεμπον.
15 V. Ὁ μὲν οὖν οὕτω βιώσας τοιαύτης καὶ τῆς ἐκφορᾶς
ἔτυχε, τοσοῦτον ἀπολαύσας τῶν ἐπὶ τῇ μονῇ πόνων τε καὶ
δαπανημάτων, ὁπόσον βραχεῖ τινι τοῦ νεῷ μέρει τὸν ἐκείνου
κατατεθῆναι νεκρόν.

VI. Ὁ δὲ Μιχαὴλ τέως μὲν πρὸς τὴν βασιλίδα διάθεσίν
339* τινα καὶ | εὐνοίας ὑποκρίνεται ὀφθαλμὸν, εἶτα βραχέος τινὸς
21 διερρηκότος χρόνου μεταλλάττεται ὅλως, καὶ τῆς πρὸς
αὐτὴν εὐνοίας καὶ χάριτος πονηρὰς ἀντιδίδωσιν ἀμοιβάς.
Τοῦτο δὲ οὔτε ἐπαινεῖν, οὔτε ψέγειν δεδύνημαι· τὸ μὲν γὰρ
μισεῖν τὴν εὐεργέτιδα καὶ ἀγνωμόνως πρὸς ταύτην φέρεσθαι
25 οὐκ ἐν καλοῖς τίθεμαι, τὸ δὲ δεδιέναι περὶ ταύτῃ μὴ τοῖς ἴσοις
καὶ τοῦτον περιβάλλει κακοῖς οὐκ ἔχω μὴ ἐπαινεῖν.

VII. Ποιεῖ δέ μοι μάλιστα τὴν ἀμφιβολίαν τῶν λογι-
σμῶν ὁ τοῦ Μιχαὴλ τρόπος· εἰ γάρ τις αὐτὸν ἐξέλοι τούτου
μόνου τοῦ πρὸς τὸν Ῥωμανὸν ἀδικήματος καὶ τοῦ περὶ τὴν
30 μοιχείαν ἐγκλήματος, καὶ ὧν ἴσως διὰ τὴν τῆς ὑποψίας
ἑαλώκει φυγὴν, ἐν τοῖς ἐξειλεγμένοις βασιλεῦσιν οὗτος τε-
τάξεται. Παιδείας μὲν γὰρ ἑλληνικῆς ἄμοιρος παντάπασιν
ἦν, ἐρρύθμιστο δὲ τὸ ἦθος μᾶλλον ἢ οἱ κατ' | ἐκείνην φιλο- p. 51
σοφήσαντες, καὶ κρείττων ἦν, καὶ σφριγῶν τοῦ σώματος καὶ

1. ἐγνώκει.   4. ἐκτικὸς, ἀλλ' ὡς ἐξοδικός.   6. ὠχροὶ ἀκόσιν.
7. αἵ ται.   12. αὐτῶν.   17. ὁπόσων.   20. βραχέως.
27. ποίει.   28. ἐξέλει.   30. μοιχίαν.
34. κρεῖττον.

ἀνθούσης νεότητος, καὶ οὐ τὰ πάθη τὸν ἐκείνου κατῆγε λογισμὸν ἢ ἐκεῖνος τούτων ἐδέσποζεν· εἶχε δὲ οὐ τὸ ὄμμα μόνον γοργὸν, ἀλλὰ καὶ τὴν ψυχὴν, καὶ ἑτοίμην πρὸς εὐφυεῖς ἀντιθέσεις· εὐτρέπιστο δὲ τούτῳ καὶ ἡ γλῶττα οὐχ ὁμαλῶς ξυγκειμένη, ἀλλ' ἐπιτροχάδην ἀγορεύουσα καὶ λαμπρόν τι 5 ἠχοῦσα.

VIII. Ὅσα μὲν οὖν ἐς νόμων ἢ κανόνων ἀναφορὰς ἢ διαιτῶν ἢ ἀποδεικνὺς, ἀπόρως εἶχε καὶ οὐ πάνυ τι αὐτῷ ἡ εὐγλωττία ἐλυσιτέλει· εἰ δὲ τῆς ἀπὸ τῶν λογισμῶν διοικήσεως ἐδεῖτο τὸ διαιτώμενον, εὐθὺς πολλαχῶς ἐπεχείρει καὶ ἐνθυμή- 10 μασιν ἐνθυμήματα περιέπλεκε καὶ ἐκράτει τῆς ἀσκήσεως ἡ ἐκείνου μεγαλοφυΐα· ἀλλ' οὔπω περὶ τούτων. Ὁ δὲ λόγος εἰς ἀρχὴν αὖθις ἀποκαθιστάσθω καὶ δεικνύτω ὡς ὁ βασιλεὺς εὐθὺς τῆς ἀκριβοῦς τῶν πραγμάτων ἐφρόντισε διοικήσεως.

IX. Φαίνεται μὲν γὰρ ἐξ οὐ καλῆς ὑποθέσεως, ὡς ὁ λόγος 15 φθάσας ἐγνώρισεν, εἰς τὴν βασίλειον ἀρχὴν ἀναχθείς· ἐπεὶ δὲ τοῦ κράτους ἐγκρατὴς ἐγεγόνει, βραχὺν μέν τινα χρόνον τὴν βασιλείαν, ἵν' οὕτως εἴπω, διέπαιξε, τὰ μὲν τῷ καιρῷ διδοὺς καὶ τῇ ἀδοκήτῳ ἐκβάσει τοῦ πράγματος, τὰ δὲ τῇ γυναικὶ χαριζόμενος καὶ οἷον θυμηδίας αὐτῇ καὶ ἀναπαύλας 20 προσμηχανώμενος. Ἐπεὶ δὲ πρὸς τὸ μέγεθος τοῦ κράτους διέβλεψε καὶ τὸ πολυειδὲς τῆς προνοίας διέγνω, καὶ ὁπόσον μέρος τῶν περιστάσεων αἱ περὶ τὰ πράγματα φροντίδες τῷ ὡς ἀληθῶς συλλέγουσι βασιλεῖ, ὅλως ἀθρόος μετήλλακτο, καὶ ὥσπερ ἀνὴρ ἐκ μειρακίου γενόμενος ἀνδρικώτερον ἅμα 25 καὶ γενναιότερον τῆς βασιλείας ἀντείχετο.

X. Καὶ τοῦτο πρῶτον θαυμάζειν ἔχω τοῦ αὐτοκράτορος, ὅτι ἐξ ἐλάττονος τύχης τῆς μεγίστης ταύτης εὐδαιμονίας τυχὼν, οὔτ' ἐξεπλάγη τὸ φρόνημα, οὔτε ἥττων εὑρέθη τοῦ κράτους, ἀλλ' οὔτε τῶν καθεστώτων | ἠλλοίωσε· ἀλλ' ὥσπερ | πρὸς τοῦτο διαμεμελετημένος πόρρωθεν καὶ οἷον ἠρέμα προσεγγίσας τῷ πράγματι, τοιοῦτος εὐθὺς ἐγνώριστο καθ' ἣν ἐβεβασιλεύκει ἡμέραν, ὁποῖος εἰ χθὲς καὶ πρώην διεῖπε τὴν βασιλείαν· οὔτε γὰρ τῶν συνήθως πραττομένων ἐκαινοτόμησεν, οὔτε νόμον ἀνεῖλεν, οὐδ' ἀντίθετον τούτῳ εἰσήνεγκεν, 35 ἀλλ' οὔτε τινὰ τῶν τῆς γερουσίας μετήμειψεν, οἷα δὴ φιλεῖ ἐν

2. τοῦτον. 4. τοῦτο. 8. ἀποδεικνοῖς. 24. ἀθρόως.

ταῖς καιναῖς βασιλείαις νεωτερίζεσθαι· εἰ γὰρ καί τινες αὐτῷ συνήθεις πρὸ τοῦ κράτους ἐτύγχανον ὄντες, ἢ χάριτάς τισι καθωμολόγησεν, οὐδένα μὲν τούτων διεψεύσατο βασιλεύσας, πλὴν οὐκ εὐθὺς εἰς περιφανεῖς τούτους ἀρχὰς ἀνεβίβασεν, 5 ἀλλ' οἷον προγυμνάζων πόρρωθεν ταῖς ἥττοσι καὶ ταπεινοτέραις, οὕτω κατὰ βραχὺ προῆγε ταῖς μείζοσι. Καὶ ἀποπεφάνθω μοι περὶ τοῦδε τοῦ ἀνδρός, ὡς εἰ μὴ τῶν ἀδελφῶν ἡ μερὶς μοίρᾳ προσεφύη κακῇ, κἀντεῦθεν οὔτε καταλύειν εἶχε τὸ γένος παντάπασιν, οὔτ' ἐπιστρέφειν πρὸς τὸ συμφέρειν 10 διὰ τὴν ἀνωμαλίαν τῶν τρόπων, οὐκ ἄν τις ἐκείνῳ τῶν περιωνύμων βασιλέων ἀντήρισεν.

XI. Ἀλλ' ὥσπερ οὐδένα τῶν ἐπ' ἐμοῦ βεβασιλευκότων ἐθεασάμην (λέγω δὲ πολλοὺς ἐπιμετρῶν τῷ ἐμῷ βίῳ, ὅτι περ οἱ πλείους αὐτῶν ἐνιαύσιοι), ὥσπερ οὖν οὐδεὶς τούτων 15 ἐλευθέρως τὴν βασιλείαν διήνεγκεν, ἀλλ' οἱ μὲν παρὰ τὴν γνώμην κακοί, οἱ δὲ παρὰ τὴν πρός τινας ἑταιρίαν, οἱ δὲ δι' ἄλλο τι τῶν εἰωθότων, οὕτω δὴ κἀκεῖνος παρ' ἑαυτὸν μὲν ἀγαθός, πρὸς δὲ τοὺς ἀδελφοὺς καὶ λίαν πικρός· ἔοικε γὰρ ἡ γεννησαμένη τούτους φύσις, ἐπειδή περ τῷ Μιχαὴλ 20 πεφιλοτίμηται τὰ χρηστότερα, τὸ λοιπὸν γένος ἐξ ἀντιθέτου προενεγκεῖν. Ἐβούλετο γὰρ ἕκαστος ἐκείνων εἶναι ἀντὶ παντός, καὶ μηδένα τῶν ἄλλων ἀνθρώπων μήτε ἐπὶ θαλάττης, μήτε μὴν διάγειν εἰς ἤπειρον, ἀλλὰ μόνους ἐν τῷ παντὶ βιοτεύειν, ὥσπερ ἄνωθεν κατὰ κλῆρον διειληφότας καὶ 25 τὴν γῆν καὶ τὴν θάλασσαν· καὶ πολλάκις μὲν ἐπισχεῖν τούτους ὁ ἀδελφὸς ἐπεχείρησεν, οὐχ οἷον | νομοθετῶν, ἀλλὰ καὶ πικρῶς ἐπιτιμῶν καὶ δριμύτερον καθαπτόμενος καὶ φόβον ἐπισείων σφοδρότερον, ἤνυε δὲ πλέον οὐδέν, τοῦ πρεσβυτέρου τῶν ἀδελφῶν Ἰωάννου ποικιλώτερον μεταχειριζομένου τὰ 30 πράγματα, καὶ τοῦ μὲν τὸν θυμὸν καταπαύοντος, τοῖς δὲ μνηστευομένου ἐλευθερίαν τῶν πράξεων· ἔπραττε δὲ ταῦτα οὐ πάνυ μὲν ταῖς ἐκείνων γνώμαις ἑπόμενος, τοῦ δὲ γένους ὅμως κηδόμενος.

XII. Περὶ δὲ τούτου καὶ πλέον τι ὁ λόγος διελθεῖν 35 βούλεται, ἐρεῖ δὲ οὔτε τι καινόν, οὔτε διεψευσμένον· καὶ γάρ

2. ἐτ. τες.   4. περιφάνους.   5. ἥττωσι.   6. μείζωσι.   7. ἡ μ.
11. ἀντήρεισεν.   23. μόνος.   24. διειληφότες.   35. οὐ γάρ.

ΜΙΧΑΗΛ Δ' (1034—1041). 47

τοι γενειῶν αὐτὸν καὶ τεθέαμαι τὸν ἄνδρα καὶ λέγοντος ἤκουσα καὶ πράττοντι συνεγενόμην καὶ ἐχαρακτήρισα ἀκριβῶς, καὶ τὰ μὲν αὐτῷ τῶν ἐπαινουμένων ἐπίσταμαι, τὰ δὲ οὐ πάνυ οἶδα σπουδαῖα. Τέως δὲ ἐκ τῶν τοιούτων ἠθῶν συνεκέραστο· ἕτοιμον εἶχε τὸ φρόνημα, καὶ ἀγχίνους εἰ καί 5 τις | ἄλλος ἐτύγχανεν ὤν, κατηγόρει δὲ ταῦτα τούτῳ καὶ 340* αὐτὸς δὴ γοργὸν βλέπων ὀφθαλμός· ἐπιμελῶς δὲ τῶν πραγμάτων ἁπτόμενος καὶ περὶ τὸ μέλος τοῦτο φιλοπονώτατα διακείμενος, ἐμπειρότατος ἐγεγόνει πάντων, καὶ μάλιστα περὶ τὰς δημοσίους συνεισφορὰς ὀξύτατος ὦπτο καὶ ἀγχινού- 10 στατος· βουλόμενος δὲ μήτε τινὶ τῶν πάντων γενέσθαι βαρυσυμφορώτατος, μήτε μὴν καταπεφρονῆσθαι παρ' οὑτινοσοῦν, κακὸν μὲν οὐδενὶ διέπραξε, δριμεῖαν δὲ τοῖς πολλοῖς τὴν ὄψιν πλαττόμενος, κἀντεῦθεν αὐτοὺς ἐκφοβῶν, μέχρι τῆς θέας ἐλύπει· οἱ γὰρ πλεῖστοι τὸ εἶδος αὐτοῦ πεφρικότες τῶν 15 πονηρῶν ἀπείχοντο πράξεων. Καὶ ἦν ἐντεῦθεν προπύργιον ὡς ἀληθῶς τοῦ βασιλέως καὶ ἀδελφός· οὔτε γὰρ ἡμέρας, οὔτε νυκτὸς τῶν φροντίδων ἀνεῖτο, ἀλλὰ καὶ χαρίτων ἔστιν οὗ πληρούμενος, καὶ συμποσίοις παραγινόμενος, τελεταῖς τε καὶ πανηγύρεσι, τῆς καθηκούσης οὐκ ἠμέλει σπουδῆς· ἐλάνθανέ 20 τε τοῦτον τῶν πάντων οὐδέν, ἀλλ' οὐδὲ ὁ λαθεῖν βουλόμενος ἦν, παντὸς ἐπτηχότος καὶ τὴν ἐκείνου πεφοβημένου ἐπιστασίαν· ἀωρὶ γὰρ τῶν νυκτῶν ἀθρόον ἐξυπταζόμενος πᾶν
p. 54 ὁτιοῦν μέρος διηρευνᾶτο τῆς | πόλεως, ἀστραπῆς δίκην πᾶν ὁμοῦ διϊὼν τὸ οἰκούμενον. Τὸ γοῦν ἄριστον αὐτοῦ τῆς 25 ἐπιστασίας ὑποπτεύοντες ἅπαντες κατείχοντό τε καὶ συνεστέλλοντο, καὶ καθ' ἑαυτὸν ἕκαστος διεβίου, τῶν πρὸς ἀλλήλους συλλόγων ἀνῃρημένων.

XIII. Ἃ μὲν οὖν ἄν τις αὐτοῦ ἐπαινεῖν ἔχει τοιαῦτα, τὰ δ' ἀντιθέτως ἔχοντα· ποικίλος ἦν τὴν ψυχὴν καὶ πρὸς 30 πᾶσαν ἰδέαν τῶν ὁμιλούντων μεθαρμοζόμενος, καὶ ἐν τῷ αὐτῷ καιρῷ πολυειδὴς τὴν γνώμην φαινόμενος, καὶ ἑκάστου τῶν προσιόντων αὐτῷ πόρρωθεν καθαπτόμενος, ἐπεὶ δὲ πλησιάσειεν, ὡς νῦν πρώτως ἰδὼν εὐνοϊκώτερον προσιέμενος· κἄν τις αὐτῷ τι προσαγγείλαι νεώτερον καὶ οἷον σώζειν τὴν 35 βασιλείαν δυνάμενον, ἵνα μηδὲν ἀνταμείψαιτο, πάλαι τοῦτο

1. γεννῶν.   15. θείας.

ἐγνωκέναι προσεποιεῖτο, καὶ τῆς βραδυτῆτος τὸν εἰρηκότα ἐμέμφετο· καὶ ὁ μὲν ἀπῆει κατῃσχυμένος, ὁ δὲ πρὸς τὴν ὑπόθεσιν διανίστατο καὶ τὸ ἐπιφυόμενον ἴσως κακὸν κολάζων ἐξέκοπτεν. Ἐβούλετο μὲν οὖν μεγαλοπρεπέστερον διαζῆν καὶ βασιλικώτερον τῶν πραγμάτων ἀντέχεσθαι, ἀντεῖχε δὲ ὅμως πρὸς τοῦτο τὸ ἔμφυτον ἦθος, καὶ ἡ φύσις, ἵν' οὕτως εἴπω, τὴν πρώτην οὐκ ἀπερρίπτει λιχνείαν· διὰ ταῦτα ἅπαξ εἰς πόσιν κατενεχθεὶς (ἥττητο γὰρ τοῦτο τὸ μέρος), εὐθὺς εἰς πᾶσαν ἀσχημοσύνην ἐξεκυλίετο· ἐπελανθάνετο μὲν οὐδ' οὕτω τῶν περὶ τὴν βασιλείαν φροντίδων, κεχάλαστο δ' ὅμως τὸ βλοσυρὸν τῷ θηρὶ καὶ τὸ ἐπισκύνιον οὐδαμοῦ.

XIV. Ἐγὼ γοῦν πολλάκις αὐτῷ παρεντυχὼν συμποσιάζοντι ἐθαύμαζον ὅπως | τοιοῦτος ἀνήρ, μέθης ἥττων καὶ γέλωτος, τὸν Ῥωμαϊκὸν ἐπιπεφόρτισται ἄξονα· διήθρει μεθύων ὁπόσα σχηματίζοιτο ἕκαστος τῶν συμπινόντων, καὶ ὥσπερ ἐπ' αὐτοφώρῳ τούτους εἰλημμένους ἔχων εἰς εὐθύνας ὕστερον καθίστη καὶ τῶν πραχθέντων παρὰ τὸν πότον ἢ λεχθέντων ἀνέκρινεν· ὅθεν μᾶλλον αὐτὸν μεθύοντα ἢ νήφοντα ἐδεδοίκεσαν. Καὶ ἦν παμμιγές τι χρῆμα ὁ ἄνθρωπος· μοναδικὸν πάλαι σχῆμα ἐπενδυθείς, τῆς μὲν περὶ τοῦτο εὐσχημοσύνης οὐδ' ἐν ὀνείρασιν ἐπεμέλετο, ὑπέκρινε δὲ ὅμως | εἴ τι καθῆκον τῷ σχήματι νενομοθέτητο ἄνωθεν, καὶ τῶν ἀκολάστως βιούντων κατωλιγώρει παντάπασιν· εἰ δέ τις εὐσχήμονα ζωὴν ἕλοιτο, ἢ ἐλευθεριώτερον ἐν ἀρεταῖς ἔζη, ἢ τῷ ἔξωθεν λόγῳ τὴν ψυχὴν κεκόσμητο, πᾶσιν ὁμοίως ἀντέκειτο καὶ ἑκάστῳ τι ποιῶν ἠχρείου τὸ σπουδαζόμενον. Πρὸς μὲν τοὺς ἄλλους οὕτως εἶχεν ἀτόπως, πρὸς δέ γε τὸν βασιλέα καὶ ἀδελφὸν μίαν καὶ τὴν αὐτὴν διάθεσιν ἔσωζεν, οὐκ ἐξαλλάττων, οὐδὲ μεταβαλλόμενος, ἀλλὰ διασώζων αὐτῷ τοῦ ἤθους τὴν ὁμοιότητα.

XV. Πέντε δὲ ὄντων ἀδελφῶν τῶν ξυμπάντων, ὁ μὲν αὐτοκράτωρ Μιχαὴλ ὥσπερ ἀντίθετος πρὸς τὰς ἐκείνων γνώμας ἐτύγχανεν ὤν, ὁ δέ γε Ἰωάννης ἐκτομίας, περὶ οὗ τὸν λόγον πεποίημαι, τὰ δευτερεῖα μὲν εἶχε τῆς πρὸς τὸν αὐτοκράτορα ἀρετῆς, πρὸς δὲ τοὺς λοιποὺς ἀξύμβλητος καὶ αὐτὸς ἦν. Ὥστε, ἵνα τὸν λόγον ἐπανορθώσωμαι, τὸ ἀντίθετον

11. ἐπισκήνιον.   14. ἐπιφόρτισται.   17. τόπον.   23. κατωλιγόρει.

ΜΙΧΑΗΛ Δ' (1034—1041).

τῆς τοῦ αὐτοκράτορος ἕξεως <καὶ> πρὸς τοὺς τρεῖς τῶν ἀδελφῶν ἐτύγχανεν ὤν· συγκρινόμενος δὲ πρὸς ἐκεῖνον ὁ Ἰωάννης, τὸ μὲν ἔλαττον εἶχε παρὰ πολύ, ὁμοιότητας δ' οὖν ὅμως πρὸς ἐκεῖνον ἀπέφαινε· καὶ οὐδ' αὐτῷ μὲν ἤρεσκεν ἡ πονηρία τῶν ἀδελφῶν, φιλαδελφότατος δὲ εἴ τις ἄλλος τῶν πάντων γενόμενος, εἰς εὐθύνας μὲν ἐκείνους καθιστᾶν ὧν ἐπεπράγεισαν οὐκ ἐβούλετο, περικαλύπτων δὲ τὰς ἀδίκους αὐτῶν πράξεις, ἐλευθερίαν ἔτι μᾶλλον ταῖς γνώμαις αὐτῶν ἐμνηστεύετο, ὡς οὐκ ἂν γνωσθησομένων τῷ αὐτοκράτορι.

XVI. Τὰ μὲν οὖν περὶ τῶν ἀδελφῶν ἐν τοσούτῳ κείσθω, ὁ δὲ λόγος εἰς τὸν βασιλέα ἐπαναγέσθω. Οὗτος γοῦν, ἄχρι τινὸς διάθεσίν τινα χρηστοτάτην τῇ βασιλίδι διαφυλάξας, ταχὺ μεταβάλλεται· ὑποπτεύει γὰρ ταύτην, οἴκοθεν ἔχων τῆς ὑποψίας τὰς ἀφορμάς, καὶ μετατίθησιν· αὐτῇ τῆς ἐλευθερίας τὸ σχῆμα· τῶν τε γὰρ συνήθων προόδων ἀπεῖρξε, καὶ τὴν γυναικωνῖτιν αὐτῇ περιέφραξεν, οὐδενὶ διδοὺς εἰς αὐτὴν πάροδον, εἰ μὴ ὁ τὴν φρουρὰν πεπιστευμένος ἐπιτρέψει, δοκιμάσας πρότερον τίς τε εἴη καὶ ὅθεν, καὶ ὅπως πρὸς τὴν | βασιλίδα παρεγένετο. Ὁ μὲν οὖν αὐτοκράτωρ τοιαύτην αὐτῇ περιίστησι τὴν φρουράν· ἡ δὲ ἐδριμύττετο μὲν ἐπὶ τούτοις (καὶ πῶς γὰρ | οὐκ εἰκός ;), ἀντιδόσεις πολὺ τὸ δυσμενὲς ἐχούσας τῶν χρηστοτέρων ἀντιλαμβάνουσα, ἐπεῖχε δ' οὖν ὅμως, καὶ παρακινεῖν οὐκ ἠξίου τὰ δόξαντα, ἄλλως τε οὐδὲ βουλομένῃ τι ποιεῖν <ἢ> ἀντιπράττειν δύναμίς τις προσῆν, πάσης μὲν ἐστερημένη δορυφορίας βασιλικῆς, πᾶσαν δὲ ἀφῃρημένη ἰσχύν· ὃ δ' οὖν εἰς γυναικὸς ἀνήκει φύσιν ὀλίγωρον, τὸ μὴ γλῶτταν ἐπέχειν καὶ ἀλύειν ταῖς γνώμαις τοῦτο ἐκείνη διέδρα· καὶ οὔτε τὸν αὐτοκράτορα τῆς πρώτης ἀνεμίμνησκε φιλίας καὶ πίστεως, οὔτε τοὺς ἀδελφοὺς ἐδυσχέραινεν ἐπικειμένους αὐτῇ καὶ προσονειδίζοντας, οὔτε τὸν φυλάττειν ἐκείνην προστεταγμένον πικρῶς ποτε εἶδεν ἢ ἀπεπέμψατο, ἀλλὰ πρὸς ἅπαντας πρᾴως εἶχε, καὶ ὥσπερ οἱ δεινότατοι τῶν ῥητόρων καὶ τοῖς προσώποις καὶ τοῖς καιροῖς μεθηρμόζετο.

XVII. Κἀκείνη μὲν οὕτως· οἱ δὲ οὐδέν τι μᾶλλον πρὸς τὴν γνώμην τῆς γυναικὸς μετηλλάττοντο, ἀλλ' ἐδεδοίκεσαν

16. ἀπῆρξε. 22. scr. χαριστηρίων? 25. ἐστερημένης. 32. πρᾶος.

αὐτὴν σφόδρα ὥσπερ τινὰ λέαιναν ἐν καιρῷ μεθεικυῖαν τὸ βλοσυρὸν, καὶ παντὶ μὲν ἕρκει, παντὶ δὲ τείχει κατησφαλίζοντο· οἱ μὲν οὖν ἄλλοι πᾶσιν αὐτὴν ἐτήρουν τοῖς ὄμμασιν, ὁ δέ γε αὐτοκράτωρ κατὰ βραχὺ καὶ τοῦ ὁρᾶν αὐτὴν ὑπεξί-
5 στατο. Τούτου δὲ πολλὰς ἐπίσταμαι τὰς αἰτίας· οὔτε γὰρ εἶχεν ἔτι ταύτῃ χρᾶσθαι, ἤδη τοῦ ὑπούλου νοσήματος ἐκραγέντος αὐτῷ (τὴν γὰρ ἕξιν διέφθαρτο, καὶ πονήρως εἶχε τοῦ σώματος), ἔπειτα καὶ αἰδοῖ τὴν ὄψιν κεκάλυπτο, καὶ οὐκ ἦν ὅπως ἀντοφθαλμίσει αὐτῇ, εἰδὼς ὅπως τὴν πρὸς αὐτὴν
10 φιλίαν ἠρνήσατο, καὶ ἀπωμόσατο μὲν τὴν πίστιν, τὰς δὲ συνθήκας ἠθέτησε· καὶ τρίτον, θείοις ἀνδράσι προσομιλήσας περὶ ὧν τοῦ κράτους ἐποιήσατο ἕνεκα, καὶ σωτηριώδεις δεξάμενος ἐντολὰς, πάσης μὲν ἀκολασίας, ἤδη δὲ καὶ τῆς ἐννόμου αὐτῆς ἀπέσχετο μίξεως· πρὸς τούτοις δὲ καὶ ἄλλο
15 τι δεδιὼς οὐ προσέκειτο τῇ | βασιλίδι· οὐ γὰρ ἐκ μακρῶν p. 57 τῶν διαλειμμάτων, ὥσπερ δὴ πρότερον, ἡ τοῦ ἐγκεφάλου αὐτῷ περιτροπὴ προσεγίνετο, ἀλλ' εἴτε τις ἔξωθεν αὐτὴν ἠλλοίου δύναμις εἴτε πάθος ἔνδοθεν περιέτρεπε, πυκνότερον μετεβάλλετο· καὶ τοὺς μὲν ἄλλους ἐπὶ τῇ περιτροπῇ ταύτῃ
20 ἧττον ᾐσχύνετο, τὴν δὲ βασιλίδα καὶ μάλα ἠρυθρία· καὶ ἐπειδὴ ἀορίστως αὐτὸν τὸ πάθος ἐτάραττε, πόρρω που ἑαυτὸν ἐποιεῖτο ἐκείνης, ἵνα μὴ ὁρώμενος καταισχύνοιτο.

XVIII. Διὰ ταῦτα οὔτε προόδοις ἐχρᾶτο πολλαῖς οὔτε θαρρούντως ὡμίλει τισίν· ἀλλ' ἐπειδὰν ἢ χρηματίζειν ἐβού-
25 λετο, ἢ ἄλλο τι τῶν συνήθων τῷ κράτει ποιεῖν, φοινικίδας ἑκατέρωθεν παραπεταννύντες οἷς ἐπιτηρεῖν αὐτὸν καὶ φυλάττειν ἐπιτέτραπτο, ὁπηνίκα τοῦτον θεάσαιντο ἢ βραχύ τι παρατραπέντα τὸν ὀφθαλμὸν ἢ τὴν κεφαλὴν κατασείσαντα ἢ ὅσοις ἑτέροις σημείοις τὴν πρόοδον τοῦ πάθους ἐχαρα-
342 κτήρισαν, | αὐτίκα προϊέναι τοὺς εἰσιόντας ἐγκελευσάμενοι,
31 συνέστελλον τὰ παραπετάσματα, καὶ οὕτω περιεῖπον αὐτὸν θαλαμεύσαντα· ὁ δὲ ἔπασχέ τε ἑτοίμως καὶ ἑτοιμότερον αὖθις ἀποκαθίστατο, καὶ οὐδὲν ὅτι μετὰ ταῦτα τοῦ πάθους ἐπεῖχεν αὐτὸν, ἀλλ' ἐλευθέρα τούτῳ ἀπεδίδοτο ἡ διάνοια.
35 Πεζῇ δέ ποτε προϊόντι ἢ ἱππαζομένῳ φυλακή τις προσῆν κυκλόθεν, καὶ περιτραπέντα ἀσφαλῶς κυκλωσάμενοι ἐθερά-

1. μεθηκ.   2. τείχη.   25. φοίνικας.

ΜΙΧΑΗΛ Δ' (1034—1041). 51

πευον· ὦπτο δὲ καὶ πολλάκις τοῦ ἵππου ῥιφείς· ῥύακα γάρ
τινος ὕδατος διαβαίνων τῷ ἵππῳ, ἐπειδὴ τηνικαῦτα τοῦτον τὸ
πάθος κατέλαβεν, οἱ δὲ φρουροὶ τέως ἀπῆσαν βραχύ τι
θαρρήσαντες, ὁ δὲ ἀθρόως τῆς ἕδρας ἐκκυλισθεὶς αὐτοῦ που
κατὰ γῆς ὦπτο τοῖς πολλοῖς σπαρασσόμενος· ἐπεχείρει δὲ 5
οὐδεὶς ἀνελεῖν, ἀλλὰ κατῳκτίζοντο μᾶλλον καὶ τῆς συμφορᾶς
ἠλέουν τὸν αὐτοκράτορα.

XIX. Τὰ μὲν οὖν τούτοις ἑπόμενα ὁ λόγος αὖθις εἰς τοὺς
οἰκείους τόπους καταριθμήσει· ἴδωμεν δὲ ὥσπερ νοσοῦντα
τὸν βασιλέα, οὕτω δὴ καὶ ὑγιῶς ἔχοντα· ἕν γέ τοι τοῦ 10
πάθους τοῖς διαλείμμασιν, | ὁπηνίκα αὐτῷ λογισμὸς ἔρρωτο,
παντοδαπὸς ἦν περὶ τὴν τῆς ἀρχῆς πρόνοιαν, οὐ μόνον τὰς
ἐντὸς τῶν ἡμετέρων ὁρίων πόλεις εὐνομουμένας ποιῶν, ἀλλὰ
καὶ τοῖς πέριξ ἔθνεσι τὰς ἐφ᾽ ἡμᾶς ἀναστέλλων ἐφόδους,
τοῦτο μὲν πρεσβείαις, τοῦτο δὲ δώροις, τοῦτο δὲ μαχίμων 15
ἐπετείοις ἀποστολαῖς· καὶ οὔθ᾽ ὁ τῆς Αἰγύπτου τὴν ἐξουσίαν
λαχὼν τῶν δεδογμένων ἀντιπαρεκίνει, οὔτε ὁ τὰς Περσικὰς
ἔχων δυνάμεις, οὔτε μὴν ὁ Βαβυλώνιος, οὔτ᾽ ἄλλ᾽ ἄλλως τι
τῶν βαθυτέρων ἐθνῶν τὴν ἑαυτῶν ἐπεγύμνουν δυσμένειαν·
ἀλλ᾽ οἱ μὲν καὶ πάντη πρὸς ἡμᾶς διελύοντο, οἱ δὲ τοῦ 20
βασιλέως τὴν ἐπιμέλειαν δεδιότες φόβῳ τοῦ μὴ παθεῖν εἰς
ἑαυτοὺς συνεστέλλοντο. Τὴν μὲν γὰρ τῶν δημοσίων συνεισ-
φορῶν παρατήρησιν καὶ ἀκρίβειαν τῷ ἀδελφῷ παραθέμενος
Ἰωάννῃ, καὶ οἷον τὸ πλέον τῆς πολιτικῆς διοικήσεως αὐτῷ
ἐγχειρίσας, τἆλλα διεῖπεν αὐτός, τοῦτο μὲν καὶ τοῦ πολιτικοῦ 25
κατὰ μέρος ἐπιμελόμενος, τοῦτο δὲ καὶ τὰ νεῦρα Ῥωμαίων
τὸν στρατὸν συγκροτῶν καὶ ἐπισχύων εἰς δύναμιν. Καὶ τὸ
μὲν πάθος αὐτῷ ἀρξάμενον προΐει ἀκμάζον καὶ κορυφούμενον,
ὁ δέ, ὡς οὐδενὸς αὐτῷ ἐπικειμένου κακοῦ, τῶν πάντων
ἀντείχετο. 30

XX. Ἐπεὶ δὲ <ὁ> ἀδελφὸς Ἰωάννης ὑπορρέοντα τοῦτον
ἑώρα κατὰ βραχύ, δείσας περὶ αὐτῷ καὶ ὅλῳ τῷ γένει, μὴ ἐξ
ἀνθρώπων γεγονότος τοῦ αὐτοκράτορος λήσηται τοῦτον ἡ
βασιλεία διαρρυεῖσα, κἀντεῦθεν πολλοῖς ἐμπεσεῖται πειρα-
τηρίοις, βουλὴν βουλεύεται συνετωτάτην μὲν ὡς ἐδόκει, 35
ἐπισφαλεστάτην δὲ ὡς ἡ τῶν πραγμάτων ἔκβασις ἔδοξεν·

16. ἐπετίοις.   18. ἀλλ ἄλλος τις.   20. ἄλλοι.   25. δὲ εἶπεν.

4—2

ἐκεῖθεν γὰρ αὔτανδρον αὐτοῖς τὸ σκάφος κατέδυ, καὶ ἐξώλεις ἵν' οὕτως εἴπω καὶ προώλεις ἀπώλοντο· ἀλλὰ ταῦτα μὲν ὕστερον. Ὁ δ' οὖν Ἰωάννης, ὡς ἀπεγνωκὼς πάντη, κρυφίως τῶν ἀδελφῶν λόγοις αὐτὸν μέτεισι πρὸς τὸ δοκοῦν πιθανω-| τέροις μᾶλλον ἢ ἀληθεστέροις, καὶ μόνον ποτὲ τῶν ἄλλων ἀπολαβὼν καὶ κύκλῳ τὸν λόγον περιβαλὼν, τοιούτων πρὸς αὐτὸν | τῶν προοιμίων κατάρχεται, εἰς ἀνάγκην αὐτὸν p. 59 προάγων τοῦ ἐρωτᾶν· "ὅτι μὲν οὖν, φησὶν, οὐχ ὡς ἀδελφὸν ἁπλῶς θεραπεύων διατετέλεκά σοι, ἀλλ' ὡς δεσπότην καὶ βασιλέα, οἶδε μὲν οὐρανὸς, οἶδε δὲ καὶ ξύμπασα γῆ, καὶ αὐτὸς δὲ οὐκ ἂν ἄλλως ἔχῃς εἰπεῖν· ὅτι δὲ καὶ τοῦ λοιποῦ γένους ἡμῶν βραχύ τι, ἵνα μετρίως εἴπω, προσέχω τοῖς ἐνθυμήμασι καὶ ταῖς περὶ τοῦ κοινοῦ σκέψεσι καὶ λυσιτελείαις, αὐτὸς ἂν πρὸ πάντων εἰδείης· διὰ ταῦτα γοῦν οὐ τὸ ἐνεστώς σοι θεραπεύω τοῦ θρόνου, ἀλλὰ καὶ τὸ μέλλον ἀνεπιβούλευτον ταμιεύομαι, κἂν τὰς τῶν πολλῶν ἐπισχεῖν οὐ δεδύνημαι γλώσσας, καὶ τοὺς τῶν πάντων ὀφθαλμοὺς ἐπὶ σὲ μόνον ἀπευθύνειν προῄρημαι· εἰ μὲν οὖν εὐνοίας τε τῆς πρὸς σὲ καὶ τῆς πρὸς τὰ πράγματα μεταχειρίσεως δεξιὰς ἐγγύας προ- είληφας παρ' ἐμοῦ, μηδὲ ταυτηνί μου τὴν σκέψιν ἀπώσῃ· εἰ δ' οὔ, ἀλλ' ἐγὼ μὲν σιωπήσομαι, ὅπη δὲ τὰ περὶ ἡμᾶς καταντήσῃ οὐκ ἐρῶ τι νῦν, μὴ καὶ λυπήσας ἀπέλθω."

XXI. Ἐπὶ τούτοις ὁ αὐτοκράτωρ τὰς γνώμας διασεισθεὶς, ἤρετο "τί ποτε ταῦτα βούλοιτο, τίς δὲ καὶ τῆς διαλέξεως ὁ σκοπός; τὸ δέ σου εὔνουν τὸ πρὸς ἐμὲ ὡς ὡμολογημένον τέως ἀφείσθω." Ὁ δὲ τοῦ λόγου δραξάμενος, "μὴ οἴου, φησὶν, ὦ βασιλεῦ, ὅτι τὰς τῶν πολλῶν ἔλαθες ἀκοὰς, ἢ τούς γε ὀφθαλμοὺς αὐτοὺς, ὅτι καὶ προδήλῳ καὶ κρυφίῳ κατέχῃ νοσήματι· καὶ ὅτι μὲν ἐντεῦθεν οὐδὲν πείσῃ δεινὸν, οἶδα σαφῶς, ἀλλ' αἱ τῶν ἀνθρώπων γλῶτται οὐκ ἔστιν ὁπότε σοι οὐ λογοποιοῦσι τὸν θάνατον· δέδοικα οὖν, μὴ ὡς περὶ αὐτίκα τεθνηξομένου διανοησάμενοι ἐπὶ σὲ νεωτερίσωσι, καὶ ἕνα τῶν πάντων προστησάμενοι τοῦτον δὴ εἰς τὴν σὴν ἀναγάγωσι βασιλείαν· καὶ τὰ μὲν περὶ ἐμὲ καὶ τὸ σύμπαν τοῦ γένους ἡμῶν ἐπ' ἐλάττονος φροντίδος εἰσί μοι, περὶ δέ σοι δέδια, μὴ

1. ἐξ ὅλης.   2. προ ὅλης.   9. διατέλεκά.   20. ἀπώσω.
21. οὖν.   25. τοῦ δ.   34. σύμπαντα.   35. εἶμοι.

χρηστὸς οὕτω καὶ ἐπιεικὴς αὐτοκράτωρ ἀβουλίας εὐθύνας παράσχῃ· καὶ τὸ μὲν δεινὸν διαδράσει, τὸν δὲ τοῦ μὴ προϊδεῖν τὸ μέλλον οὐκ ἐκφεύξεται ἔλεγχον." Πρὸς ταῦτα τοίνυν ὁ βασιλεὺς | ἑτοιμότερον ἀποκρίνεται· "καὶ τίς γὰρ, φησὶν, ἡ τούτου πρόνοια; πῶς δὲ καὶ τὰς τῶν πολλῶν γλώττας ἐπίσχωμεν; εἰπεῖν δὲ καὶ τὰς περὶ τὸ τυραννεῖν προθυμίας."

Περὶ τῆc τοῦ Μιχαὴλ παρὰ τῆc αὐγούcτηc υἱοθεcίαc, καὶ περὶ τῆc τοῦ καίcαροc ἀξιώcεωc.

XXII. "'Ρᾴστη, φησὶν ὁ Ἰωάννης, καὶ ἑτοιμοτάτη· εἰ μὲν γὰρ μὴ ὁ ἀδελφὸς ἡμῶν ἐτεθνήκει, ἐκείνῳ ἂν τὴν δευτέραν ἀρχὴν ἐμνηστεύσω τοῦ καίσαρος· ἐπεὶ δὲ τοῦτον ὑπεξῆλθεν ὁ θάνατος, ὁ τῆς ἀδελφῆς ἡμῶν παῖς Μιχαὴλ, ὃς δή σοι τῶν σωματοφυλάκων τὰ πρῶτα πεπίστευται, | ἀξιούσθω τοῦ σχήματος, λατρεύων ἔτι μᾶλλον ἢ πρότερον, καὶ μέχρις ὀνόματος τὴν τύχην ἐπιμετρούμενος, τὰ δ' ἄλλα σοι ἐν ἀργυρωνήτου προσιὼν μέρει καὶ τὴν ἐσχάτην τάξιν πραττόμενος." Πείθει τοιγαροῦν οὕτω πιθανῶς ἐπιχειρήσας τὸν ἀδελφὸν, καὶ ἐπειδὴ εἰς ταὐτὸν συνῆσαν τῷ βουλήματι, δευτέραν περὶ τοῦ τρόπου βουλὴν διασκέπτονται· εἰσηγεῖται δὲ καὶ ταύτην ὁ Ἰωάννης, καὶ "οἶσθα, φησὶν, ὦ βασιλεῦ, ὅτι κατὰ κλῆρον ἡ βασιλεία τῇ βασιλίδι προῆκται, καὶ τὸ σύμπαν εὐνοϊκώτερον πρὸς αὐτὴν ἔσχηκεν, ἅτε γυναῖκα καὶ κληρονόμον τοῦ κράτους, καὶ τῇ ἀφειδείᾳ τῶν δώρων τὰς τῶν πάντων ὑποποιησαμένην ψυχάς· μητέρα γοῦν αὐτὴν τῷ ἀνεψιῷ ἀναπλάσωμεν, ἐκ χρηστοτέρου τρόπου τὴν πρὸς αὐτὸν σχέσιν λαβοῦσαν, κἀκείνην προάξωμεν ὁμοῦ τε υἱοθετοῦσαν τὸν Μιχαὴλ καὶ εἰς τὸ καίσαρος ἀνάγουσαν ἀξίωμά τε καὶ ὄνομα· ἀπειθήσει δὲ ἡμῖν οὐδαμῶς, εὔκολός τε οὖσα ταῖς γνώμαις καὶ μὴ δ' ὁτιοῦν ἀντειπεῖν ἔχουσα."

XXIII. Ἐπαινεῖ ταῦτα ὁ αὐτοκράτωρ· καὶ τοὺς περὶ τοῦ σκέμματος λόγους τῇ βασιλίδι προσενεγκόντες ῥᾷστά τε πείθουσι καὶ πρὸς τὸ τοῦ σκοποῦ τέλος εὐθὺς τὸν νοῦν ἀπερείδουσι. Δημοτελῆ γοῦν ἑορτὴν προκηρύξαντες καὶ τοὺς

7. περὶ τῆς a.   16. scrib. ταττόμενος.

ἐν τέλει ξύμπαντας εἰς τὸν ἐν Βλαχέρναις συνηθροικότες ναὸν, ἐπειδὴ πλήρης ὁ θεῖος σηκὸς, ἅμα τῷ πεπλασμένῳ υἱῷ τὴν | μητέρα καὶ βασιλίδα ἐξαγαγόντες πληροῦσι τὸ σπου- p. 61 δάζον· ἡ μὲν γὰρ ἀπὸ τῶν τοῦ θείου προθύρων βήματος εἰς
5 υἱοῦ τάξιν ἀναλαμβάνει, ὁ δὲ αὐτοκράτωρ ὡς υἱὸν βασιλίδος τιμῶν τε καὶ σεβαζόμενος εἰς τὴν τοῦ καίσαρος ἀξίαν ἀναβιβάζει· καὶ ἐπευφήμησαν οἱ συνειλεγμένοι. Εἶτα δὴ καὶ τελεῖται ἐπὶ τῷ καίσαρι ὁπόσα δὴ ἐπὶ τούτῳ τῷ σχήματι λέγεσθαί τε καὶ πράττεσθαι εἴωθεν. Καὶ ὁ σύλλογος δια-
10 λύεται. Καὶ ὁ Ἰωάννης ὡς τὸ πᾶν ἠνυκὼς καὶ τὸ κράτος εἰς τὸ γένος περιαγαγὼν, οὐκ εἶχεν ὅπως τῷ πλήθει χρήσαιτο τῆς χαρᾶς.

XXIV. Ἦν δὲ ἄρα τὸ γεγονὸς ἀρχὴ μεγάλων ἐσομένων κακῶν, καὶ ὁ δόξας θεμέλιος περιτροπὴ ξύμπαντος αὐτοῖς
15 ἐγεγόνει τοῦ γένους, δηλώσει δὲ ὁ λόγος μετὰ ταῦτα. Οἱ μὲν οὖν περὶ τὸν αὐτοκράτορα οὕτω τὸ πρᾶγμα κατασκευάσαντες, καὶ τοῦτον δὴ τὸν νέον καίσαρα ἀγχίθυρον τῇ βασιλείᾳ στήσαντες, ὡς εὐθὺς τὸ κράτος διαδεξόμενον τοῦ κρατοῦντος τῷ κρατήσαντι πάθει καταναλωθέντος, ὡς τὸ
20 ξύμπαν ἑαυτοῖς προδιοικησάμενοι, οὐκέτι περὶ τῆς διαμονῆς τοῦ κράτους ἐφρόντιζον· ὁ δέ γε αὐτοκράτωρ, οὐκ οἶδ᾽ εἴτε μετάμελος εὐθὺς ἐγεγόνει περὶ τῶν πεπραγμένων, εἴτε ἄλλως πως περὶ τὸν ἀνεψιὸν διετίθετο, οὔτε ὡς καίσαρι προσεῖχεν, οὔτε παρὰ τοὺς πολλοὺς εἶχεν, ἀλλ᾽ οὐδὲ | τὴν νενομισμένην
25 ἀπεδίδου τιμὴν, ἀλλὰ μέχρι τῶν παρασήμων ἐτήρει τοῦ ἀξιώματος.

XXV. Ἐγὼ γοῦν αὐτὸν ἐθεασάμην ἐν τοῖς βασιλικοῖς ἀξιώμασι πόρρωθεν μὲν ἑστηκότα, ὅπως ἂν περὶ ἐκείνου χρηστόν τι τῷ βασιλεῖ προσενέγκαιεν· ἀλλ᾽ οὐδὲ τραπέζης
30 οὗτος ἐκοινώνει τῷ αὐτοκράτορι, εἰ μὴ ὅσον ἐν ταῖς κοιναῖς διεστιάσεσι τὸν τοῦ καίσαρος τόπον ἀναπληρῶν· εἰ δέ πού τις καὶ σκηνὴ τούτῳ παραπεπήγει δορυφόρους τε ἔχουσα καὶ εἴδωλόν τι τοῦ καίσαρος ἀποσώζουσα, λανθάνουσά τε ἦν καὶ παρὰ τὴν <τῶν> τοῦ αὐτοκράτορος ἀδελφῶν τὴν
35 προσποίησιν ἔχουσα. Ἐκεῖνοι γὰρ, ἐπειδὴ περὶ τῇ τοῦ

7. ἐπεφήμησαν.   28. ἑστηκότων.   30. καιναῖς.
31. διαστάσεσι.   32. παραπεπήγη.   34. ἀδελφήν.

p. 62 ἀδελφοῦ ζωῇ ἔδεισαν | καὶ περὶ τὸν ἀδελφιδοῦν τὰς ἐλπίδας ἀνήρτησαν, καὶ περιέποντες ἢ ὑποτρέχοντες θεραπείαν τε ἐκείνῳ βασιλικὴν κατεσκεύαζον καὶ τἄλλα ἐποίουν ὁπόσα δὴ τὴν τοῦ μέλλοντος ἑαυτοῖς εἶχεν οἰκονομίαν καὶ προδιοίκησιν· ὅθεν καὶ τὰς διατριβὰς τούτῳ οὐκ ἐν τῇ Κωνσταντίνου 5 ἀπένειμαν, ἀλλ' αὐτοῦ που πρὸ τῆς Πόλεως διατάξαντες, τῷ μὲν δοκεῖν ὡς ἐπὶ σχήματι τῆς μεγίστης τιμῆς τοῦτο συνεννοήκασι, τῇ δὲ ἀληθείᾳ ὑπερορία τις ἦν τὸ πρᾶγμα ἐπίδοξος· οὐ γὰρ ὁπότε βούλοιτο, ἀλλὰ κατὰ κελεύσματά τε εἰσῄει καὶ αὖθις ἐξῄει, οὐδ' ὅσον ἐν ὀνείρασι τοῦ θείου 10 καταπολαύων.

XXVI. Ὁ δὲ ἀνὴρ οὗτος, ἵνα τοι καὶ τούτου λόγον ποιήσωμαι, τὸ μὲν πατρῷον γένος ἀδοξότατος πάντη καὶ ἀφανέστατος καθειστήκει· ἦν γάρ οἱ ὁ πατὴρ ἐκ πανερήμου τινὸς ἀγροῦ ἤ τινος ἄλλης ἐσχατιᾶς ὡρμημένος, γῆν μὲν οὔτε 15 σπείρων οὔτε φυτεύων, ἐπεὶ μηδὲ τῆς βραχυτάτης εὐπόρει, ἀλλ' οὐδὲ βουκολίῳ ἑπόμενος ἢ ποιμνίοις ἐπιστατῶν ἢ ἀγελαιοκομῶν, οὐδ' ἄλλον τινὰ βίον ἔχων ἢ ἐπιδεικνύς· ἐπὶ δὲ τὴν θάλατταν τρέψας τὸν νοῦν οὐχ ὥστε ἐμπορεύεσθαι ἢ ναυτίλεσθαι, ἢ ἐπὶ μισθῷ ἄγειν τοὺς ἀναγομένους ἢ κατα- 20 πλέοντας, ἀλλ' ἐπειδὴ τῆς γῆς ἀπεγνώκει καὶ πρὸς τὴν θάλασσαν ἐνενεύκει, χρῆμά τι μέγα τῇ ναυτιλίᾳ ὁ ἄνθρωπος ἦν, οὐ δρυοτομῶν οὐδ' ἀποξέων ἐκεῖθεν τὰ ναυπηγήσιμα ξύλα οὐδ' ἁρμόττων ταῦτα καὶ συμπηγνύμενος, ἀλλ' ἐπειδὴ συμπήξαιεν ἕτεροι, αὐτὸς εὖ μάλα τὰ συμπεπηγμένα τῇ 25 πίσσῃ διέχριε, καὶ οὐκ ἂν ἄλλως ἄρτι συμπηγνυμένη ναῦς κατήχθη πρὸς θάλασσαν, εἰ μὴ ἐκεῖνος διὰ τῆς τέχνης ἐχειροτόνησεν αὐτῇ τὸ ἐνδόσιμον.

XXVII. Εἶδον τοῦτον κἀγὼ ἤδη μεταπεπλασμένον καὶ τῆς τύχης γενόμενον παίγνιον, καὶ ἦν αὐτῷ οὐδέν τι τῶν ἐπὶ 30 τῆς σκηνῆς προσαρμόζον ἢ συγκολλῶν, οὐχ ὁ ἵππος, οὐχ ἡ ἐσθὴς, οὐκ ἄλλο τι τῶν τῆς μεταποιήσεως· ἀλλ' ὥσπερ ἂν εἴ τις πυγμαῖος ὢν Ἡρακλῆς εἶναι βούλοιτο, κἂν πρὸς p. 63 ἐκεῖνον | ἑαυτὸν ἐθελήσειε μετασχηματίσασθαι, ἐλέγχεται μᾶλλον τῷ σχήματι, περιτρεπόμενος μὲν τῇ λεοντῇ, τῷ δὲ 35

6. ἀπένειμεν.   10. εἰσίει.   ἐξίει οὐδ' ὅσην.   22. ναυπλία.
31. γῆς σ. προσαρμόζων.

ροπάλω καταπονούμενος, ούτω δη κάκείνω πάντα εις τουναντίον περιίστατο.

XXVIII. Το μεν εις πατέρα γένος αυτώ τοιούτον· ει δέ τις αυτόν και μητρόθεν γενεαλογείν βούλοιτο, είτα υπερβαίη τον θείον, ου πάνυ τι του πατρικού διαστήσειε γένους· αλλά τοιούτοι μεν αφ' ων γεγένοιτο. Αυτός δε όσα μεν ες φρόνημα φέρει, κατάστασίν τε την αρίστην και τάξιν, η την γε εν σχήματι, πόρρω ποι της προς τους γεννήτορας απην ομοιότητος· δεινός δε είπερ τις ανθρώπων πυρ μεν υπό σποδιά κρύψαι, γνώμην φημί πονηράν υπ' ευνοίας προσχήματι, άτοπά τε ενθυμηθηναί τε και βουλεύσασθαι, αγνωμονέστατός τε προς ευεργέτας και μηδενί χάριν ειδώς, μήτε φιλίας μήτε της περί εκείνον επιμελείας και θεραπείας· αλλ' εδύνατο δη ταύτα πάντα συγκαλύψαι η εκείνου προσποίησις. Επειδή γαρ εις την του καίσαρος τύχην ανεληλύθει, ου βραχύν ενέμεινε χρόνον, και το σχήμα της βασιλείας εαυτώ και τούτο λεληθώς ειδωλοποιών, και οίον προχαράττων όπερ ύστερον εγνώκει ποιήσασθαι, παντός μεν του γένους κατέτρεχεν, ανελείν δε ξύμπαντας τους αυτώ χαρισαμένους και συναραμένους του αξιώματος εβούλετο· ελύττα κατά της βασιλίδος, των θείων τους μεν ανήρει, τους δε υπερώριζε, και ταύτα πλάττων εν τη ψυχή έτι μάλλον το σχήμα της προς εκείνους ευνοίας επλάττετο. Προς γαρ τον εκτομίαν Ιωάννην, ω δη και μάλλον υπεκάθητο και απορρήτως επεβουλεύετο, δεινοτέραν μάλλον την προσποίησιν κατεσκεύαζεν, εκ του ελάττονος προσφερόμενος και δεσπότην ανακαλών, και επ' εκείνω τας ελπίδας της ζωής και της σωτηρίας τιθέμενος.

XXIX. Αλλά τους μεν άλλους η του καίσαρος τέχνη ελάνθανε, και το εν ψυχή κεκρυμμένον απόρρητον ην· ο δε γε Ιωάννης δεινότερος ην την αναθεώρησιν η ο καίσαρ την προσποίησιν, και το παν | υποπτεύσας μεταθέσθαι μεν ευθύς το περί εκείνον σκέμμα ουκ εδοκίμαζεν, εις καιρούς δε το έργον εταμιεύετο· ελελήθει δε τούτο ουδέ τον καίσαρα. Όθεν αντεκάθηντο μεν αλλήλοις, εν απορρήτοις έκαστος την επιβουλήν έχοντες, αντεσχηματίζοντο δε τας ευνοίας· και

4. γενεαλογείν. 17. και τα τό.
29. εμψυχή. 34. εντεκάθηντο.

ΜΙΧΑΗΛ Δ' (1034—1041). 57

ἑκάτερος μὲν λανθάνειν τὸν ἕτερον ᾤοντο, οὐδ' ἕτερος δὲ τῶν ἑτέρου σκεμμάτων ἀμαθέστατος ἦν· πλὴν ἑαλώκει μὴ πάνυ τῇ δεινότητι εἰς τέλος ὁ Ἰωάννης χρησάμενος· τὸν γὰρ καιρὸν ὑπερτιθέμενος τῆς περὶ τὸν καίσαρα μεταβολῆς τε καὶ μεταθέσεως, εἰς αὐτὸν δὴ τὸ κεφάλαιον τῶν οἰκείων ἀπέτισε 5 συμφορῶν, ὡς ὕστερον ὁ λόγος δηλώσει.

XXX. Ἐγὼ δὲ εἰωθὼς | εἰς τὴν τοῦ θείου πρόνοιαν τὰς 344* περὶ τῶν μειζόνων διοικήσεις ἀναγαγεῖν, ἢ μᾶλλον καὶ τἆλλα ἐκείνης ἐξαρτῶν ὁπόσα, μὴ παρατραπείσης ἡμῖν τῆς κατὰ φύσιν ἕξεως, γίνεται, καὶ κρείττονος καὶ τοῦτο ἡγοῦμαι 10 προνοίας καὶ διοικήσεως, τὸ μὴ εἰς ἄλλον τινὰ τῶν τοῦ γένους τὴν τῆς βασιλείας διαδοχὴν πεσεῖν, ἀλλ' εἰς αὐτὸν τὸν καίσαρα δι' οὗ ᾔδει τὸ θεῖον τὸ ξύμπαν αὐτοῖς γένος ἀφανισθήσεσθαι· καὶ ταῦτα μὲν μετὰ ταῦτα.

XXXI. Ὁ δέ γε αὐτοκράτωρ καὶ προδήλως ἤδη τὸν τοῦ 15 σώματος ὄγκον ἐξώγκωτο καὶ ὑδεριῶν παντάπασι κατάδηλος ἦν· ὅθεν ἄλλα τε ἀποτρόπαια τοῦ νοσήματος ἐποιήσατο, ἱλασμοῖς χρησάμενος καὶ καθάρσεσι, καὶ δὴ καὶ ναὸν τοῖς Ἀναργύροις αὐτοῦ που πρὸ τῶν τειχῶν τοῦ ἄστεως πρὸς ταῖς ἀνατολαῖς τοῦ ἡλίου λαμπρὸν ἐδομήσατο, οὐ πᾶσαν κρηπίδα 20 καταβαλλόμενος, ἀλλὰ μείζονα θεμελίοις περιβαλλόμενος. Ἦν γάρ τις ἐκεῖσε σηκὸς λαμπρότητα μὲν οὐδεμίαν ἔχων, οὐδ' ἐπίσημος τῇ κατασκευῇ· τοῦτον ἐκεῖνος εἰς κάλλιον μεταθέμενος σχῆμα, καὶ περιβολὰς ἔξωθεν ποιησάμενος, τείχεσί τε περιβαλὼν καὶ οἰκοδομημάτων ἀπολαμπρύνας 25 κατασκευαῖς, ἀσκητήριον θεῖον ἀπέδειξε, πᾶσαν σχεδὸν τὴν τῶν προλαβόντων βασι|λέων περὶ τὰς τῶν ἱερῶν ναῶν δομήσεις ἀποκρύψας χεῖρα καὶ δύναμιν· ἀναλογίαν τε γὰρ τοῖς βάθεσι πρὸς τὰ ὕψη συνήρμοσε καὶ κάλλος ἀμήχανον τῇ ἁρμονίᾳ τῶν οἰκοδομημάτων προσέπλασε, λίθων τε τοὺς 30 ἐπισημοτάτους τοίχοις τε προσήρμοσε καὶ ἐδάφεσι, χρυσῇ τε ψηφῖδι τὸν ὅλον νεὼν κατηγλάϊσε καὶ γραφικῇ τέχνῃ, εἰκόσιν ἐμψύχοις εἴποι τις ἂν ὅπῃ παρείκοι τὸ ἱερὸν κατεκόσμησεν· ἔτι τε λουτρῶν χάριτας καὶ ἀφθονίαν ὑδάτων καὶ λειμώνων εὐπρέπειαν, καὶ ὁπόσα ἄλλα τέρπειν οἶδε τὸν 35

5. αὐτῇ δὲ.   ἀπαίτησε.   8. ἀναγάγειν.
15. πρόδηλος.   16. ὑδερίων.

ὀφθαλμὸν καὶ πᾶσαν αἴσθησιν πρὸς τὸ οἰκεῖον κινεῖν αἰσθητὸν τούτῳ δὴ τῷ ναῷ συνῆψε καὶ συνεκέρασεν ἵν' οὕτως εἴπω.

XXXII. Ἐποίει δὲ ταῦτα, τοῦτο μὲν καὶ τιμὴν ἀπονέμων τῷ θείῳ, τοῦτο δὲ καὶ ἐξιλεούμενος τοὺς ἐκείνου θεράποντας, ἵν' εἴ πως ἐξῳδηκὸς αὐτοῦ τὸ σπλάγχνον ἰάσωνται· ἀλλ' ἦγε πλέον οὐδέν, τοῦ μέτρου τῆς ζωῆς αὐτῷ πληρωθέντος καὶ διαλυομένης αὐτῷ τῆς συνθέσεως· ὅθεν ἐπειδὴ ταύτης τῆς ἐλπίδος ἀπεγνώκει παντάπασι, τὸ μέλλον ἑαυτῷ προδιώκει κριτήριον, καὶ καθαρῶς ἐντεῦθεν τῶν προσπλασθέντων τῇ ψυχῇ μολυσμάτων ἀπαλλαγήσεσθαι ἐβουλεύετο.

XXXIII. Φασὶ γοῦν τινες τῶν μὴ πάνυ πρὸς τὸ ἐκείνου γένος εὐμενῶς ἐχόντων, ἀλλ' ἐκ διαθέσεως ποιουμένων τὰς κρίσεις, ὅτι, πρὶν ἢ τοῦ σκήπτρου τοῦτον ἐπιλαβέσθαι, ἀπόρρητοί τινες τελεταὶ πρὸς τοῦτο ἐνῆγον, καὶ ὄψεις τῶν περὶ τὸν ἀέρα πνευμάτων λανθάνουσαι τὸ κράτος αὐτῷ ἐπηγγέλλοντο, | καὶ μισθὸν αὐτῶν ἀπῃτήκασι τοῦ θείου τὴν ἄρνησιν· τοῦτο γοῦν αὐτὸν στροφοῦσθαί φασι καὶ διακυμαίνειν καὶ πρὸς τοὺς τοιούτους κινεῖν ἐξιλασμούς· εἰ μὲν οὖν ἀληθὴς ὁ λόγος, εἴδειεν ἂν οἱ ἐκείνῳ συντετελεκότες καὶ τὰς ὄψεις παρασκευάσαντες, εἰ δὲ ψευδής, ὁ ἐμὸς αὖθις νικῴη σκοπός. Ἐγὼ γὰρ εἰδώς, ὅτι τὸ λογοποιεῖν τοῖς ἀνθρώποις σύνηθες, οὐ ταχὺ ταῖς διαβολαῖς συμφέρομαι τῶν πολλῶν, ἀλλὰ βασάνοις διδοὺς τὰ λεγόμενα, ἐκεῖθεν ἐμαυτῷ πιστοῦμαι τὰ πράγματα.

XXXIV. Οἶδα δὲ καὶ τὸν ἄνδρα εὐσέβειαν πᾶσαν μετὰ τὴν βασιλείαν ἐπιδειξάμενον, καὶ οὐ θείοις ναοῖς μόνον προσκείμενον, ἀλλὰ καὶ φιλοσόφοις ἀνδράσι προσανακείμενον καὶ ὑπερφυῶς θεραπεύοντα· φιλοσόφους δέ φημι οὐ τοὺς τὰς οὐσίας τῶν ὄντων διερευνησαμένους, οὐδὲ τὰς ἀρχὰς μὲν τοῦ κόσμου ζητήσαντας, τῶν δὲ ἀρχῶν τῆς οἰκείας σωτηρίας καταμελήσαντας, ἀλλὰ τοὺς κόσμου καταφρονήσαντας καὶ μετὰ τῶν ὑπερκοσμίων ζήσαντας. Τίς γοῦν ἐκεῖνον τῶν οὕτω βεβιωκότων διέλαθε; ποίαν δὲ οὐ διερευνήσατο γῆν τε καὶ θάλασσαν, πετρῶν τε ῥωγάδας καὶ γῆς ἀποκρύφους ὀπάς,

4. ἀπονέμω.   17. αὐτὸν.   18. στροφούς τε.
21. παρασκιάσαντες.   33. ἐκείνων.

ΜΙΧΑΗΛ Δ' (1034—1041). 59

ἵνα τινὰ τῶν ἐν τούτοις συγκεκαλυμμένων ἐκφήνειεν; εὑρηκὼς δὲ καὶ πρὸς τὰ βασίλεια μετενεγκών, ποίαν τούτοις οὐ προσῆγε τιμήν, ἀπορρύπτων μὲν αὐτῶν τὼ πόδε κεκονιαμένω, ἔπειτα δὲ καὶ περιχυθεὶς καὶ ἡδέως κατασπαζόμενος, ῥάκεσί τε τοῖς ἐκείνων ἐν ἀπορρήτῳ συγκαλυπτόμενος, κἀκείνους μὲν 5 ἐπὶ τῆς βασιλικῆς ἀνακλίνων στιβάδος, ἑαυτὸν δὲ ἐπί τινος χαμαιζήλου καταρρίπτων στρωμνῆς, ἁδρῷ τινι λίθῳ τὴν κεφαλὴν ἀνεχούσης; ὅς γε καὶ ἄλλο τι τῶν θαυμαζομένων ἐποίει· λέγω δὲ οὐκ ἐγκωμιάσαι βουλόμενος, ἀλλ' ἱστορῆσαι τὰ πεπραγμένα. 10

XXXV. Ἐπειδὴ γὰρ οἱ πολλοὶ διαφεύγειν εἰώθασι τὰς συνδιατριβὰς τῶν διαλελωβημένων τὰ σώματα, οὗτος μεγαλειότερόν τι ἐποίει πρὸς ἐκείνους φοιτῶν, καὶ τοῖς τῶν σωμάτων ἕλκεσι τὸ ἑαυτῷ ἐπιτιθεὶς πρόσωπον, εἶτα δὴ καὶ ἀγκαλιζόμενος καὶ περιπτυσσόμενος, λουτροῖς τε θεραπεύων 15 καὶ ὡς δεσπόταις ἐν ἀργυρωνήτου τάξει παρεστηκώς. Ἐμπεφράχθω γοῦν τοῖς παμπονήροις τὰ στόματα καὶ ἐξηρήσθω τῶν διαβολῶν ἐκεῖνος ὁ αὐτοκράτωρ. Καὶ ταῦτα μὲν παρεκβατικώτερον εἴρηται.

XXXVI. Ὁ δ' οὖν αὐτοκράτωρ ἑαυτῷ τὸ θεῖον ἐξιλεού- 20 μενος πᾶσαν ἐκίνει πρὸς τοῦτο καὶ πρᾶξιν θεοφιλῆ καὶ ψυχῶν ἱερῶν συντέλειαν· | ἀμέλει οὐκ ἐλάχιστον μέρος τῶν βασιλικῶν θησαυρῶν εἰς πᾶσαν ἐδωρήσατο ἤπειρον, τὰ μὲν <ἐς> μοναστῶν, τὰ δὲ καὶ μοναζουσῶν καταγώγια· εἶτα δὲ καὶ πρυτανεῖον νέον ἐπῳκοδόμησε Πτωχοτροφεῖον τοῦτο ἐπονομάσας, καὶ 25 χρυσοῦ ῥεῦμα ἐντεῦθεν πολὺ τοῖς ἀσκεῖν προαιρουμένοις ἀφῆκεν. Εἶτα ἄλλο ἐπ' ἄλλῳ | ἐπινοῶν καί τι τοιοῦτον πρὸς 345* σωτηρίαν τῶν ἀπολλυμένων ψυχῶν ἐπενόησεν· ἐπειδὴ γὰρ πολύ τι κατὰ τὴν Πόλιν πλῆθος τῶν ἑταιριζουσῶν ἐπικέχυται γυναικῶν, ἀποτρέπειν μὲν λόγῳ οὐκ ἐδοκίμασε (λασιόκωφον 30 γὰρ δὴ τοῦτο γένος πρὸς σωτηριώδη παραίνεσιν), ἀλλ' οὐδ' ἔργῳ ἐπεχείρησεν ἐπισχεῖν, ἵνα μὴ δόξῃ βίαιόν τι ποιεῖν· ἀσκητήριον δὲ ἐν αὐτῇ <τῇ> βασιλίδι δομήσας τῶν πόλεων, μεγέθει τε μέγιστον καὶ κάλλει λαμπρότατον, οἷα δή τις μεγαλοφωνότατος κῆρυξ ταῖς πωλούσαις τὴν ὥραν τῷ δόγματι 35

1. τι.   3. ἀπορύπτων.   4. περιφύς.   7. χαμεζήλου.
23. ἡδρύσατο.

ἀνεβόησεν, εἴ τις ἐκείνων ἀποθέσθαι τὴν πρᾶξιν αἱροῖτο ἐπ'
ἀφθόνοις τε ζῆν, ἐκεῖσέ τε καταφεύγειν καὶ τὸ θεῖον σχῆμα
μεταμφιέννυσθαι, καὶ μὴ ἐπὶ τῷ δεδιέναι τοῦ βίου ἐλλείμματι,
ἄσπαρτα γὰρ αὐταῖς καὶ ἀνήροτα τὰ πάντα βλαστήσει.
5 Καὶ πολὺς ἐντεῦθεν ἐσμὸς τῶν ἐπὶ τοῦ τέγους ἐκεῖθεν συνέρ-
ρευσεν, ὁμοῦ τε τὸ σχῆμα καὶ τὸν τρόπον μεταβαλοῦσαι καὶ
στρατευθεῖσαι θεῷ νεολαία εἰς κατάλογον ἀρετῶν.
XXXVII. Καὶ οὐδὲ μέχρι τούτων ἔστη, ἑαυτῷ τὴν
σωτηρίαν ὁ αὐτοκράτωρ συνεργαζόμενος, ἀλλὰ καὶ τοῖς
10 ἀνακειμένοις θεῷ καὶ ἐν ἀσκήσει καταγηράσασιν, ὡς θεοῦ
ἀμέσως ὁμιληταῖς καὶ πάντα δυναμένοις, ἑαυτὸν ἐγχειρίζει·
καὶ τοῖς μὲν πλάττειν ἐδίδου τὴν ἐκείνου ψυχήν, ἢ μετα-
πλάττειν, τοὺς δὲ καὶ λόγους ἐχεγγύους εἰσπράττεται τῆς
πρὸς τὸ θεῖον ὑπὲρ τούτου ἐντεύξεως καὶ τῶν ἐκείνῳ
15 ἡμαρτημένων ἀφέσεως· ὃ δὴ καὶ τῶν κακοηθεστέρων τὴν
γλῶτταν ἐπ' ἐκεῖνον ἠκόνησε, μάλιστα δὲ τοῦτο πεποίηκεν
ἡ τῶν ἐνίων μοναστῶν περὶ τοῦτο εὐλάβεια· οὐ γὰρ πάντες
τὸν λόγον ἐδέξαντο, ἀλλ' οἱ πλείους τούτων ἀπεδυσπέτησαν,
δεδοικότες μή τι τῶν ἀπηγορευμένων ὁ βασιλεὺς ἐργασά|μενος, p. 68
20 ἔπειτα τοῦτο ἐρυθριῶν ἐξειπεῖν, παρ' αὐτῶν θεῖον λόγον
καταβιάζηται. Ἀλλὰ τοῦτο μὲν οὖν μέχρι τοῦ ὑπονοεῖν
ἔκειτο, τὸ δὲ φαινόμενον προθυμία τις ἦν καὶ ἔφεσις τοῦ
ἐντεῦθεν ἄφεσιν τῶν ἡμαρτημένων λαβεῖν.
XXXVIII. Πολλοὶ μὲν οὖν εὖ οἶδ' ὅτι τὸν ἐκείνου βίον
25 εἰς χρονικὰς ἱστορίας ἀνενεγκόντες ἄλλο τι παρὰ τὴν ἡμετέραν
ἴσως γραφὴν ἀφηγήσονται· ἡ γὰρ τοῦ ἐναντίου ὑπόνοια τῆς
ἀληθείας μᾶλλον ἐν τοῖς κατ' ἐκεῖνον χρόνοις ἐκράτει· ἀλλ'
ἐγὼ ἐν αὐτοῖς παρεντυχὼν τοῖς πράγμασι, τὰ δὲ καὶ παρὰ
τῶν πεπλησιακότων ἐκείνῳ μεμαθηκὼς ὁπόσα ἀπορρητοτέραν
30 ἔχει τὴν ἱστορίαν, δίκαιός εἰμι δικαστής, εἰ μή μοί τις τῶν
λόγων μέμφοιτο ὧν τε τεθέαμαι καὶ ὧν ἀκηκόειν· πλὴν ἀλλὰ
τὰ μὲν πλείω ὧν εἰρήκειν θύραν ἴσως ἀνοίξει γλωσσαλγίας
τοῖς κακοήθεσι, περὶ δὲ ὧν μέλλω ἐρεῖν οὐκ οἶδα εἴ τις τῆς
ἀληθείας ἀμφιβητήσειεν. Ἀλλ' ὅσα μὲν ἐκεῖνος πρός τε τὰς
346 ἐμφυλίους | στάσεις καὶ τοὺς ἐθνίους πολέμους ᾠκονόμησε

2. ἀμφθόνοις.   4. αὐτοῖς καὶ ἀνήρωτα.   20. παρὰ τὸν.
28. ἑαυτοῖς.

ΜΙΧΑΗΛ Δ' (1034—1041). 61

καὶ διήτησε μακρὸν ἂν εἴη καταλέγειν, ἓν δὲ τῶν πάντων
ἐκλεξάμενος, φημὶ δὴ τὸν κατὰ τῶν βαρβάρων ἀγῶνα,
κεφαλαιώδει τοῦτο ἐπιδραμοῦμαι ἐπιτομῇ.

XXXIX. Τὸ γὰρ δὴ γένος <τῶν Βουλγάρων> πολλοῖς
πρότερον κινδύνοις καὶ μάχαις μέρος τῆς Ῥωμαίων ἐπι- 5
κρατείας γενόμενον, Βασιλείου ἐκείνου τοῦ ἐν αὐτοκράτορσι
λάμψαντος λείαν <Μυσῶν> ὃ δὴ λέγεται τὰ ἐκείνων ποιησα-
μένου, καὶ τὸ μὲν κράτος ἀφελομένου, ὥσπερ δὲ παντάπασιν
ἠσθενηκὸς τῇ τῶν Ῥωμαίων ἰσχύϊ προσερείσαντος, βραχύν
τινα χρόνον τὴν τοιαύτην ὑπομεμενηκὸς ἧτταν, ἐπὶ τὴν 10
προτέραν ἀλαζονείαν παλινδρομεῖν ἐπεχείρησαν· καὶ τέως
μὲν οὐκ ἐν τῷ φανερῷ ἐξέφαινε τὴν ἀποστασίαν· ἐπεὶ δέ τις
τῶν ἐξ ἑτοίμου παρακινούντων τὸ ἐκείνων θράσος προσγέγονεν,
ἀθρόον εἰς ἀντίπαλον ἑαυτοῖς μοῖραν κατεστήσατο.

XL. Τὸ δὲ κινῆσαν τούτους πρὸς τὴν τοιαύτην ἀπόνοιαν, 15
τέρας τι, | ὡς ἐκείνοις ἐδόκει, τοῦ γένους αὐτῶν ἀποφύεται·
ἀνὴρ τὸ μὲν γένος οὐδ' ὅσον ἀξιοῦσθαι μνήμης, ποικίλος δὲ
τὴν γνώμην καὶ καταπανουργεύσασθαι τοὺς ὁμοφύλους
δεινότατος, Δολιάνος τὸ ὄνομα, οὐκ οἶδα εἴτε πατρόθεν τῆς
τοιαύτης προσηγορίας κληρονομήσας εἴθ' ἑαυτῷ τὴν κλῆσιν 20
ἐπευφημίσας· οὗτος, ἐπειδὴ τὸ σύμπαν ἔθνος ἀποστῆναι
Ῥωμαίων βεβουλευμένον διέγνωκεν, ἐρημίᾳ δὲ τοῦ ἄρξαντος
καὶ πρὸς τοῦτο χειραγωγήσαντος μέχρι τῶν βεβουλευμένων
ἱστάμενον, πρῶτα μὲν ἀξιολογώτατον ἑαυτὸν ἀποδείκνυσι καὶ
πρὸς μὲν βουλὴν συνετώτατον, πρὸς δὲ πολεμικὴν πρᾶξιν 25
ἐπιτηδειότατον. Ἐπεὶ δὲ ἐντεῦθεν τὰς ἐκείνων εἰλήφει
γνώμας, καὶ μόνον αὐτῷ γένους ἔδει λαμπροῦ πρὸς τὴν τῆς
ἡγεμονίας αἵρεσιν (ἐν ἔθει γὰρ Βουλγάροις τοὺς ἐκ βασιλείου
γένους εἰς ἐπιστασίαν τοῦ γένους παραλαμβάνειν), ἐπεὶ τοῦτο
ᾔδει πάτριόν τε καὶ νόμιμον, εἰς τὸν Σαμουὴλ ἐκεῖνον καὶ τὸν 30
τούτου ἀδελφὸν Ἀαρών, τοὺς πρὸ μικροῦ τοῦ παντὸς γένους
ἄρξαντάς τε καὶ βασιλεύσαντας, ἑαυτὸν ἀναφέρει μόνον, οὐχὶ
γνησίους γονὰς τῆς βασιλείου ὀσφύος προσμαρτυρήσας ἑαυτῷ,
ἀλλ' οἷον παραβλάστημα τῆς ἐκεῖθεν ῥίζης ἢ πλάσας ἢ
ἀποδείξας, πείθει τε εὐφυῶς, καὶ ἐπὶ τῆς ἀσπίδος ἄραντες 35
τὴν ἀρχὴν αὐτῷ ἐγχειρίζουσι· κἀντεῦθεν τὰς μελετωμένας

1. ἐκ. 9. προσερείσας. 15. ὑπόνοιαν. 28. ἐνέθει. 29. scr. ἔθνους π.

γνώμας δημοσιεύσαντες περιγράφουσιν εαυτούς, και τον επαυχένιον ζυγόν της Ρωμαίων αρχής απορρίψαντες ελευθερίαν εαυτοίς αυθαίρετον επιγράφουσιν, εντεύθεν επιδρομάς τε και ληστείας κατά των Ρωμαϊκών χωρίων ποιούμενοι.

XLI. Ει μεν ούν ευθύς εις την βασίλειον αρχήν | αναβάντι τω αυτοκράτορι η τοιαύτη τοις βαρβάροις ετολμήθη απόνοια, έγνωσαν αν ουκ εις μακράν οίω προσκεκρούκασι βασιλεί· ήνθει γαρ τηνικαύτα το σώμα εκείνω και ρωμαλέως είχε προς τους κινδύνους, και ουδέν ην εκείνω πράγμα ευθύς τε τα όπλα λαβείν και συν τοις λογάσι των στρατηγών επί την εκείνων εληλυθέναι και διδάξαι | μη ταχέως Ρωμαίων αφίστασθαι· επεί δε φθίνοντι ήδη και απεγνωσμένως του σώματος έχοντι η της αποστασίας αύτη ωδίς αυτοίς εξερράγη, οπηνίκα και η βραχεία τούτω εδυσχεραίνετο κίνησις, και ουκ ην ευπετώς την περιβολήν ενεγκείν, έδοξάν τοι ώσπερ επί σκηνής βραχύν τινα χρόνον σχηματίσασθαι τα της τυραννίδος και απολαύσαι της ομοιώσεως, έως αν εκείνον η της ψυχής ζέσις, ο περί τα καλά ζήλος απροσδοκήτως επέρρωσαν, και μετάρσιον άραντες επ' εκείνους απήνεγκαν.

XLII. Ως γαρ ηκηκόει το πράγμα, εβουλήθη μεν ευθύς, πριν η τον λόγον της αγγελίας πέρας λαβείν, πόλεμόν τε κατ' εκείνων εξενεγκέσθαι και αυτόν της όλης προΐστασθαι παρατάξεως· αντείχε δε το σώμα, και η νόσος εις τουναντίον απήγε την γνώμην, οί τε της πρώτης βουλής και παντάπασιν απηναντιούντο τοις εκείνου βουλεύμασιν, αι δε των συγγενών παρακλήσεις ουδ' όσον εξιέναι ηξίουν του άστεως. Ο δε αθύμως τε είχε και μόνον προς τον κατά των Βουλγάρων εσφάδαζε πόλεμον· δεινόν γαρ εποιείτο, και ώσπερ εκείνος ειώθει λέγειν, ει μηδέν τι προσθείη τη βασιλεία Ρωμαίων, μέρος τι ταύτης αφαιρεθείη, ευθύνεσθαί τε και παρ' ανθρώποις υπώπτευε και παρά τω θεώ, ει επιρραθυμήσας τω γεγονότι εθελοντής ώσπερ παραχωρήσοι Βουλγάροις της αποστασίας Ρωμαίων.

4. ληστίας. 6. ταίς. 7. προκεκρούκασι.
13. αύ ωδ. εξερραγείς. 15. τι.

Περὶ τῆc κατὰ τῶν Βογλγάρων ἐκcτρατείαc τοῦ Βαcιλέωc.

XLIII. Τοῦτο τὸν αὐτοκράτορα ἐπὶ μάλιστα τῶν ἀλγεινῶν ἠνία τοῦ σώματος, καὶ ἦν ἐξ ἀντιθέτου τούτων ἡ κάκωσις· τὸ μὲν γὰρ νόσημα ὄγκου τὸ σῶμα, τὸ δ' ἐπὶ τοῖς συμβεβηκόσιν ἀλγεῖν ἀντέσπα τε καὶ ἐξεκένου, καὶ δυσὶν 5 ἐκεῖνος ἐναντίοις ἐπεμερίζετο πάθεσιν. Νικᾷ γοῦν πρὸ τῶν βαρβάρων τοὺς οἰκειοτάτους, καὶ τρόπαιον καὶ | κατὰ συγγενείας καὶ κατὰ φιλίας καὶ καθ' ἑαυτοῦ ἵστησιν· ἐνισχύει γὰρ <τὸ> τοῦ σώματος ἀσθενὲς τῇ τῆς ψυχῆς προθυμίᾳ, καὶ θεῷ ἀφεὶς ἑαυτὸν τὰ πρὸς τὸν πόλεμον 10 ἐξαρτύεται· βουλῆς τε κατάρχει, καὶ σκοπὸν | τίθεται, καὶ πρὸς τοῦτον πάντα ποιεῖ, οὐκ εὐθὺς ἀσύντακτος δραμὼν, ἀλλ', ἵνα μὴ καθ' ἑξῆς λέγω, ἀποχρῶσαν πρότερον τὴν τοῦ στρατοῦ παρασκευὴν ἐργασάμενος· καὶ οὐδὲ πᾶσαν τὴν στρατιὰν συγκινεῖ οὐδὲ θαρρεῖ πλήθεσιν, ἀλλὰ τοὺς λογάδας τῶν 15 στρατευμάτων ἐπιλεξάμενος καὶ τῶν στρατηγῶν τοὺς ἀκριβεστάτους τὴν στρατηγίαν, σὺν τούτοις ἐπὶ τοὺς Σκύθας χωρεῖ, κατὰ τάξιν τε προϊὼν καὶ διατάττων κατὰ στρατηγικοὺς λόγους τὴν φάλαγγα.

XLIV. Ἐπεὶ δὲ πρὸς τοῖς τῶν Βουλγάρων ὁρίοις 20 ἐγένετο, ἐν καλῷ τε στρατοπεδεύεται, καὶ πρῶτον μὲν βουλευμάτων κατάρχει, εἶτα δὲ καὶ πολεμεῖν πρὸς ἐκείνους διέγνωκε, πρᾶγμα τῶν πάνυ ἀπιστουμένων, καὶ περὶ οὗ καὶ αὐτοὶ δὴ οἱ προστυχόντες ἀμφιβόλους εἶχον τὰς γνώμας· νυκτὸς γὰρ <ἦν> νοσοκομούμενος καὶ παρ' ἐνίαις ἀναπνοαῖς 25 ζῶν, ἐπεὶ δὲ ἡ ἡμέρα ἐπέφαινεν ἀνίστατό τε ἀθρόον ὥσπερ τινὸς ἐπιρρωννῦντος, ἀνέβαινέ τε τὸν ἵππον καὶ τῆς ἕδρας εἴχετο καρτερῶς καὶ τῷ χαλινῷ τοῦτον ἐρρύθμιζε δεξιῶς, εἶτα δὲ εἵπετο συνδέων τὰ τμήματα, καὶ θαῦμα τοῖς ὁρῶσι γενόμενος.

Περὶ τῆc τοῦ Ἀλλογcιάνογ πρὸc τοὺc Βογλγάρογc ἀποφγγῆc. 30

XLV. Ἔτι δὲ τοῦ πολέμου ἀναβολὴν ἔχοντος, γίνεταί τι τῶν θαυμασιωτάτων καὶ τοῖς ἐκείνου μικροῦ δεῖν παραπλήσιον· ὁ γάρ τοι χαριέστερος τῶν τοῦ Ἀαρὼν υἱέων (οὗτος

1. ἐκστρατίας.   19. τὸν.   28. τὰ δὲ.   30. Ἀλουσ.   33. τῶν τῶν.

δὲ βασιλεὺς ἐγεγόνει τοῦ ἔθνους), Ἀλλουσιάνος τὴν κλῆσιν,
τό τε ἦθος ἡδὺς καὶ τὴν γνώμην λαμπρός, καὶ τὴν τύχην
ἐπίσημος, αἰτιώτατος τῆς νίκης τῷ βασιλεῖ γίνεται, οὐ τοῦτο
βουλόμενος, ἀλλὰ πρὸς τοὐναντίον | ὁρμήσας· ἀλλ' ὁ κινήσας p. 72
5 τοῦτον θεὸς ἐκ τῶν ἐναντίων περιποιεῖται τὴν νίκην τῷ
βασιλεῖ.

XLVI. Οὗτος γὰρ ὁ Ἀλλουσιάνος, οὐ πάνυ τι τῷ
βασιλεῖ κατὰ γνώμην γενόμενος, οὔτε βουλῆς μετεῖχεν,
οὔτε τινὸς ἐκοινώνει λαμπρότητος, ἀλλ' ἦν αὐτῷ προσ-
10 τεταγμένον ἐπ' οἴκου τε μένειν, καὶ μὴ ἄλλως εἰσιέναι
εἰς τὸ Βυζάντιον, εἰ μὴ βασιλεὺς αὐτὸς ἐπικελεύσει τὴν
εἴσοδον· ἀθύμως οὖν καὶ δυσμενῶς εἶχε τῷ πράγματι,
ἀλλ' οὐκ ἦν ὅτι καὶ δράσειε τέως. Ἐπεὶ δὲ τὰ περὶ τοῦ
ἔθνους ἐγνώκει, καὶ ὅτι ἐρημίᾳ τοῦ βασιλείου γένους τὸν
15 νόθον καὶ πεπλασμένον ἑαυτοῖς βασιλεύειν εἵλοντο, τολμᾷ
τι νεανικώτερον· καὶ κατολιγωρεῖ μὲν παίδων, στοργὴν
δὲ ἀποτίθεται γυναικός, καὶ μηδενὶ τούτων θαρρήσας τὸ
βούλευμα, ἀλλ' ὀλίγοις τισὶ τῶν περὶ αὐτὸν ὅσους ᾔδει
ῥέκτας ἀτόπων ἔργων καὶ τολμητίας, ἐξ ἄκρας σχεδὸν ἑῴας |
347* ἐπὶ τὴν ἑσπέραν χωρῆσαι τολμᾷ, καὶ, ἵνα μηδὲν γνωσθείη,
21 μηδὲ τοῖς ἐν τῇ πόλει κατάδηλος γένοιτο, μεταμφιέννυσι
παντάπασιν ἑαυτόν, οὐ τὰ μὲν ἀφελών, τὰ δ' ἀφεὶς τῷ
σώματι τῆς ἀρχαίας περιβολῆς, ἀλλὰ σχηματισάμενος κατὰ
τὸν μισθοφόρων τρόπον τοὺς πάντων διέλαθεν ὀφθαλμούς.

25 XLVII. Τῷ γοῦν τοῦ λόγου πατρί, ὡς ὕστερόν μοι
εἰρήκει, δίς που καὶ τρὶς ἐπὶ τῆς μεγαλοπόλεως προσεγένετο·
ἦν γάρ μοι ἐθὰς ὁ ἀνήρ, καί με ἠσπάζετο εὐμενῶς, ἀλλ' οὐδ'
ὡς ἐγνώκειν, ὥσπερ οὐδ' ἄλλος τις οἷς ἐκεῖνος πεπλησίακε.
Διέδρα οὖν καὶ τὴν πολυόμματον τοῦ Ὀρφανοτρόφου δύναμιν,
30 καὶ οὐδὲ τούτῳ γέγονεν ἁλωτός· καίτοι γε ἀφανὴς ἀθρόον
γενόμενος, τὰς τῶν κρατούντων γνώμας διήγειρεν, εἴ πως
ἔνεστι τοῦτον εὑρεῖν τε καὶ κατασχεῖν· καὶ ἵν' οὕτως εἴποιμι,
πάντας λαθὼν ὀφθαλμοὺς ἐπὶ τῆς τῶν Βουλγάρων γίνεται
γῆς, καὶ οὐκ εὐθὺς ἑαυτὸν δῆλον τοῖς πολλοῖς καθιστᾷ, ἀλλ'
35 ἐν μέρει τισὶ προσιών, καὶ περὶ τοῦ πατρὸς ὡς περὶ ἀλλοτρίου

4. ἄλλος.   18. τὸν.   21. κατάδικος.   22. ἀδελφῶν.
23. ἀλλ' ἀσχηματισάμενος.

ΜΙΧΑΗΛ Δ' (1034—1041). 65

λόγον ποιούμενος, καὶ τὴν ἐκείνου γενεὰν αἴρων, καὶ λαμβάνων διάπει|ραν ὡς εἴ γέ τις τῶν ἐκείνου παίδων ἐνταυθοῖ ἐγεγόνει, πότερον ἀνθείλοντο οἱ ἀποστατήσαντες τοῦ νόθου τὸν γνήσιον, ἢ ἐπειδὴ οὗτος τῶν ὅλων προέστη, ἐν καρὸς ἐκεῖνος ἐλογίσθη μοίρᾳ;

XLVIII. Ἐπεὶ δὴ πάντας ἑώρα τοῦ ἀμφιβόλου τὸν ἀποδεδειγμένον προκρίνοντας, τολμᾷ πως ἑνὶ τούτων, ὃν μᾶλλον ἐγνώκει περὶ τὸ γένος θερμότερον, ἑαυτὸν μυστηριωδῶς ἀνειπεῖν· ὁ δὲ τοὺς ὀφθαλμοὺς ἐπερείσας εὐθὺς πρὸς ἐκεῖνον, ἦν γὰρ ἀκριβῶς αὐτὸν ἐπιστάμενος, καὶ τὸ εἶδος ἀναλαβὼν προσπίπτει τοῖς ἐκείνου γόνασι καὶ τοὺς πόδας καταφιλεῖ, ἔπειτά τι καὶ κρύφιον ἀπαιτεῖ γνώρισμα, ἵνα παντάπασιν ἀνενδοίαστος μένῃ· τὸ δὲ ἦν χρῶμά τι μέλαν τοῦ δεξιοῦ κατακεχυμένον ἀγκῶνος τριχὶ δασείᾳ ἐξηνθηκός· ὡς δὲ καὶ τοῦτο εἶδεν, ἔτι μᾶλλον προσφὺς τὸν τράχηλόν τε τούτου καὶ τὸ στῆθος καταφιλεῖ, καὶ δεξιῶς ἄμφω τὸ ἔργον μεταχειρίζονται· ἑκάστοις γοῦν προσιόντες ἐν μέρει τὴν φήμην ἐπηύξησαν, καὶ πρὸς τὸ γνήσιον οἱ πλείους σπέρμα τὰς γνώμας μετέθεσαν. Γέγονεν οὖν ὡσανεὶ πολυαρχία ἡ μοναρχία, τῶν μὲν τοῦτον, τῶν δὲ ἐκεῖνον αἱρουμένων· εἶτα δὴ καὶ πρὸς ἀλλήλους σπένδονται, καὶ τοὺς ἡγεμόνας ἀλλήλοις καταλλάττουσι, κἀντεῦθεν ὁμοδιαιτώμενοι ἵστασιν, ἀλλήλοιν δὲ διελεγέσθην, πλὴν ἅτερος τὸν ἄλλον ὑπώπτευεν.

XLIX. Ἀλλὰ φθάνει τὴν τοῦ Δολιάνου ὁ Ἀλουσιάνος ἐπιβουλὴν, καὶ συλλαβὼν ἀθρόον τῆς τε ῥινὸς καὶ τῶν ὀφθαλμῶν ἀφαιρεῖται, μαγειρικῇ σφαγίδι ἄμφω συνεξελὼν, καὶ περιίσταται τὸ Σκυθικὸν εἰς μίαν αὖθις ἀρχήν. Καὶ ὁ Ἀλουσιάνος οὐκ εὐθὺς τῷ βασιλεῖ προσχωρεῖ, ἀλλὰ τὰς δυνάμεις λαβὼν κατ' ἐκείνου χωρεῖ, καὶ προσβαλὼν ἡττᾶται, καὶ φυγὼν σώζεται· εἶτα δὴ γνοὺς ὡς οὐκ ἂν ἐκ τοῦ ῥᾴστου τῷ βασιλεῖ Ῥωμαίων ἀντιπαρατάξαιτο, μνήμην καὶ τῶν φιλτάτων λαβὼν, δι' ἀπορρήτων γνωρίζει τῷ βασιλεῖ, ὡς εἴ γε καὶ εὐμενείας τύχοι καὶ τῆς ἄλλης λαμπρότητος, ἑαυτόν τε ἐκείνῳ καὶ τὰ αὐτοῦ ἐγχειρίσοι πράγματα. Δέχεται τὸν λόγον ὁ βασι|λεὺς, καὶ αὖθις ἀπορρητοτέρως αὐτῷ ὡς ἐβούλετο διαλέγεται· καὶ οὕτω | δὴ τὸ δεύτερον ὡς παρα-

14. καταχυμένον.   26. μαγαρικῇ σφραγίδι.   34. κατὰ ταυτόν.

ταξάμενος προσιών, ἀθρόον τὴν ἰδίαν μεθίησι φάλαγγα καὶ τῷ βασιλεῖ προσχωρεῖ. Καὶ τοῦτον μὲν τῆς πρώτης τιμῆς ἀξιώσας ὁ αὐτοκράτωρ ἀναπέμπει εἰς τὸ Βυζάντιον, τὸ γέ τοι ἔθνος, διαφόροις πολέμοις διεσπασμένον ἤδη καὶ οὔπω 5 τετυχηκὸς ἄρχοντος, τρέπεταί τε καὶ καταπολεμεῖ καὶ ὑπήκοον αὖθις τῆς ἀφ' ἧς ἀπεστάτησε τίθησι, καὶ λαμπρὸς εἰς τὰ βασίλεια ἀναζεύγνυσιν, αἰχμαλώτους τε ἄγων πολλοὺς, καὶ δῆτα τοὺς παρ' ἐκείνοις σεμνοτάτους, καὶ αὐτὸν δὴ τὸν νόθον ἐκείνοις ἀρχηγὸν τήν τε ῥίνα διαλελωβημένον καὶ 10 ἀπεστερημένον τῶν ὀφθαλμῶν.

L. Εἴσεισι γοῦν τὸ ἄστυ λαμπρὸς, ἁπάσης προχυθείσης αὐτῷ τῆς πόλεως· ἐθεασάμην γοῦν τοῦτον ἐγὼ τηνικαῦτα ὥσπερ ἐν ἐκφορᾷ ἐπὶ τοῦ ἵππου σαλεύοντα· οἱ γοῦν τὸν χαλινὸν κατέχοντες τούτῳ δάκτυλοι τοῖς τῶν γιγάντων 15 ἐῴκεισαν, βραχίονος γὰρ ἕκαστος ἀπέσωζε πάχος καὶ μέγεθος (εἰς τοσοῦτον γὰρ αὐτῷ τὸ σπλάγχνον κεκάκωτο)· τὸ δὲ πρόσωπον οὐδ' ἴχνος τι τῆς ἀρχαίας αὐτῷ ἔσωζεν ὁμοιότητος. Καὶ οὕτως δὴ ἀποκομισθεὶς εἰς τὰ ἀνάκτορα θρίαμβον κατάγει λαμπρὸν, ἐπὶ μέσου θεάτρου τοὺς αἰχμαλώτους διαβιβάσας 20 καὶ δείξας Ῥωμαίοις, ὅτι προθυμία νεκροὺς ἀνίστησι, καὶ ὁ περὶ τὰ καλὰ ζῆλος τὴν τοῦ σώματος ἀτονίαν νικᾷ.

LI. Ἀλλ' οὐκ ἦν μέχρι παντὸς ἐγκρατὴς εἶναι τῆς φύσεως, οὐδὲ τοῦ νοσήματος κρείττων καὶ ἰσχυρότερος· ὃ δὴ κρυφίως καὶ κατὰ βραχὺ προσέρπον εἰς αὐτὴν τὴν λύσιν 25 ἀπήντησε τοῦ δεσμοῦ· ἀλλ' οἱ περὶ τὸν αὐτοκράτορα τέως μὲν κρύπτειν ἐπεχείρουν τὰ κατ' αὐτὸν, καὶ βουλὴν ἐποιοῦντο περὶ καταστάσεως, ἵνα μή τι νεωτερισθείη τοῖς πράγμασιν· ἐπεὶ δὲ πανταχῆ τὸ πάθος ἐξήγγελτο καὶ ἡ φήμη τὴν ξύμπασαν πόλιν κατέλαβεν, οὐδ' αὐτοῖς ἔτι ἐμεμενήκει τὰ 30 δόξαντα, ἀλλὰ τοῦ πῶς ἂν μὴ ἐκφύγοι τούτους τὰ τῆς βασιλείας | πράγματα ἐφρόντιζόν τε καὶ ἐβουλεύοντο. Καὶ p.75 οὗτοι μὲν ἐν τούτοις.

2. τοῦτο.   9. ῥίναν.   16. καὶ κάτωτο τ. δ. π. οὐχ ἰδνός.   30. ἐκφυγοῖ.

ΜΙΧΑΗΛ Δ' (1034—1041).

Περὶ τῆς τοῦ Βασιλέως ἀποκάρσεως.

LII. Ὁ δέ γε αὐτοκράτωρ πρὸ τῆς ἐκ τοῦ σώματος μεταθέσεως ἑτέραν ζητεῖ πνευματικωτέραν μετάθεσιν· καὶ καταφρονεῖ μὲν βασιλείας, ἧς καὶ μετὰ βραχὺ ἀπαλλαγήσεσθαι ἔμελλε, κρείττων δὲ ξυμπάσης γίνεται σχέσεως καὶ πρὸς τὸν θεὸν μετατίθεται· ἵνα δὲ μὴ ὀχλοῖτο μετατιθέμενος καὶ τὰς ὁμολογίας διδοὺς τῷ θεῷ, τῶν βασιλείων ἀπάρας ἐφ' ὅπερ αὐτὸς ἱδρύσατο μοναστήριον παραγίνεται, μᾶλλον δὲ τοῖς ἀχθοφοροῦσι μετακομίζεται· καὶ ἐπειδὴ ἐντὸς ἐγεγόνει τοῦ φροντιστηρίου καὶ τοῦ νεὼ ἐρείσας ἐδάφει ἱκετηρίαν τίθεται τῷ θεῷ, εὐπρόσδεκτον αὐτὸν φανῆναι θῦμα καὶ καθαρὸν δεχθῆναι μετὰ τὴν τελείωσιν. Οὕτω τοίνυν ἐξιλεωσάμενος ἑαυτῷ τὸ θεῖον καὶ ἐξευμενίσας, τοῖς θύταις ἑαυτὸν καὶ σφαγιασταῖς τοῦ ἐθελοθύτου καλλιερήματος δίδωσιν· οἱ δέ, περιστάντες αὐτὸν ἑκατέρωθεν καὶ τὰς πρωτουργοὺς εὐχὰς τοῦ θύματος τῷ κρείττονι ἐξυμνήσαντες, περιδύουσι μὲν αὐτὸν τὴν βασίλειον ἐσθῆτα καὶ περιπόρφυρον, καὶ ἐπενδύουσι τὸ ἱερὸν δέρας Χριστοῦ, | τήν τε καλύπτραν τῆς κεφαλῆς ἀφελόμενοι τὴν τοῦ σωτηρίου περικεφαλαίαν ἐπιτιθέασιν· εἶτα δὴ καὶ τῷ σταυρῷ καθοπλίσαντες στήθη τε καὶ μετάφερνα καὶ ἀνδρικῶς περιζώσαντες κατὰ τῶν πνευμάτων τῆς πονηρίας ἀφίασι. Τό γ' οὖν ὅσον ἐπὶ τῇ ἐκείνου προθυμίᾳ καὶ τῷ βουλήματι.

LIII. Ὁ μὲν οὖν ὡς ἐς κρείττονα ζωὴν μεταθέμενος ἔχαιρέ τε καὶ ἠγαλλιᾶτο, καὶ οἷον κοῦφος καὶ εὔδρομος πρὸς τὴν πορείαν ἐγεγόνει τοῦ πνεύματος· τὸ <δὲ> περὶ αὐτὸν οἰκίδιον, καὶ μάλιστα ὁ πρεσβύ|τερος ἀδελφός,—νέφος πάντας ἀθυμίας κατέσχεν, ὥστε μὴ δύνασθαι κατασχεῖν τοὺς ἐκ συμπαθείας ὀλοφυρμούς. Ἀλλ' οὐδ' ἡ βασιλὶς κρείττων ἐγεγόνει τοῦ πάθους, ἀλλ', ἐπειδή περ τοῦτο παρά του μεμαθήκει, κατατολμᾷ μὲν πάσης ἄρρενος ὄψεως, τὴν δὲ φύσιν παραβιάζεται καὶ πεζῇ πρὸς ἐκεῖνον ἄπεισιν· ὁ δὲ εἴτ' αἰσχυνόμενος οἵων αὐτῇ κακῶν αἴτιος ἐγεγόνει, ἢ λήθην καὶ ταύτης διὰ τὴν πρὸς τὸν θεὸν μνήμην λαβόμενος, οὐ συγχωρεῖ ταύτῃ τὴν πρὸς αὐτὸν εἴσοδον.

1. βασιλείου. 5. κρείττω. 14. καλλη ἐρίματος. 24. ἐκ κρείττονος. 35. αὐτόν.

LIV. Καὶ ἡ μὲν αὖθις ἀπῆλθε πρὸς τὰ βασίλεια· ὁ δὲ, ἐπειδὴ καιρὸς εὐχῆς ἐκάλει καὶ πρὸς τοὺς συνήθεις ἦν ἀπαντᾶν ὕμνους, ἠρέμα τῆς κλίνης ὑπεξανίστατο, καὶ μέλλων ἤδη τοὺς πόδας ὑποδεδέσθαι, ἐπειδὴ μὴ παρεσκεύαστο τούτῳ
5 τὰ συνήθη τοῖς μοναχοῖς τῶν ὑποδημάτων σκύτη, ἀλλ' ἀμετάλλακτα ἦν τὰ τῆς προτέρας σκηνῆς, δυσχεραίνει τὸ ἀπαράσκευον, καὶ γυμνοῖς τοῖς ποσὶ βαδίζει πρὸς νεὼν, ἐπερειδόμενος ἑκατέρωθεν, ἀσθμαίνων ἤδη καὶ τὰς ἐσχάτας ἀναπέμπων ἀναπνοάς. Οὕτω τοιγαροῦν αὖθις ἐπὶ τὴν εὐνὴν
10 ὑποστρέψας καὶ κατακλιθεὶς, εἶτα δὴ καὶ βραχύ τι κατασιγάσας, ἅτε τῆς φωνῆς ἐπισχεθείσης αὐτῷ καὶ ἐκλελοιπότος τοῦ πνεύματος, ἀφῆκε τὴν ψυχὴν τῷ θεῷ, πλεῖστα μὲν ἐπὶ τῆς βασιλείας καὶ πράξας καὶ βουλευσάμενος, οὐ πλειόνων δὲ διαμαρτίαν ἐσχηκώς· ἃ δὴ καὶ αὐτὸς ἀντεξετάζων καὶ
15 παράλληλα κρίνων, πλείω τὰ κατωρθωμένα τῶν διημαρτημένων εὑρίσκω· καὶ οὔ μοι δοκεῖ τὸν ἄνδρα ἐκεῖνον καὶ τῆς κρείττονος διημαρτηκέναι, ἀλλ' ἀμείνονος ἐπιτυχεῖν λήξεως.

LV. Τελευτᾷ γοῦν ἐπὶ μεγάλῳ κατορθώματι τὸν βίον, ἑπτὰ ἔτη τὴν βασιλείαν κατεσχηκὼς, καὶ ἐν αὐτῇ τῇ ἡμέρᾳ
20 καθ' ἣν τῆς κρείττονος τετύχηκε μεταθέσεως, καὶ τῷ φυσικῷ τῆς ζωῆς τελειωθεὶς πέρατι, ἐκφορᾶς ἢ ταφῆς περιττοτέρας οὐ γενομένης αὐτῷ· τέθαπται δὲ ἐν αὐτῷ τῷ νεῷ εἰσιόντι κατὰ τὴν λαιὰν πλευρὰν ἔξωθεν τοῦ ἱεροῦ βήματος.

ΤΟΜΟΣ ΠΕΜΠΤΟΣ. p. 77

25 I. Βασιλεύει δὲ μετ' αὐτὸν ὁ ἐκείνου ἀνεψιὸς, περὶ οὗ πλεῖστα ὁ λόγος φθάσας ἐδήλωσε· ἐπειδὴ γὰρ οἱ τοῦ αὐτοκράτορος ἀδελφοὶ μεταθησόμενον | αὐτὸν εὐθὺς ἔγνωσαν καὶ ἀνέλπιστον αὐτῷ τὴν ζωὴν κατειλήφεσαν, ἵνα μὴ ἀποδράσῃ τούτους τὰ πράγματα, μὴ δ' ἐφ' ἕτερον γένος ἡ βασιλεία

3. ὑπεξανίσταται.   4. ὑποδέδεσθαι.   5. ἀλλὰ μετάλακτα.
15. διημαρτημάτων.   28. κατειλήφασαν.

ΜΙΧΑΗΛ Ε' (1041—1042). 69

μετατεθείη, πρὶν ἢ τὸν ἀδελφὸν ἀπολιπεῖν τὴν ζωήν, πρόσταγμά τι δῆθεν βασίλειον τὴν εἰς ἀνάκτορα μετάβασιν ἐπιτρέπον ἐκπέμπουσι· καὶ ὁ μὲν αὐτοκράτωρ ἐξῄει τῶν βασιλείων, ὡς ὁ λόγος εἰρήκει, τελεσθησόμενος, ὁ δὲ πρὸς αὐτὰ ἀντεισῄει. 5

II. Τριῶν δὲ ὄντων τῶν τοῦ αὐτοκράτορος ἀδελφῶν, ὁ μὲν ὀρφανοτρόφος Ἰωάννης, ὃς δὴ καὶ τὸ ξύμπαν κράτος τηνικαῦτα διῴκει καὶ μᾶλλον τῶν ἄλλων ἠγαπήκει τὸν ἀδελφόν, οὐδὲ θανόντος ἐκείνου εὐθὺς ἀπαλλάττεται, ἀλλ' ὥσπερ ζῶντι τριταῖος συνῴκει τῷ τεθνεῶτι, οἱ δὲ περιλειπό- 10 μενοι δύο τῷ καίσαρι ἀνεψιῷ εἰς τὰ βασίλεια συναπαίρουσι, τὸ μὲν ὡς φυλάξοντες ἐκεῖνον καὶ θεραπεύσοντες, τὸ δὲ ὡς πλείονα κτησόμενοι τὴν παρ' ἐκείνου εὐμένειαν· ἀλλ' οὐκ ἦν ἄνευ τοῦ μείζονος καὶ κρείττονος τὴν φρόνησιν ἀδελφοῦ γενναῖόν τι ἐκείνους ἢ περὶ τῆς βασιλείας ἐνθυμηθῆναι ἢ 15 περὶ τῆς τοῦ κοινοῦ καταστάσεως, ὅθεν οὐδὲν ἢ ὅτι μὴ συνῇσαν ἐκείνῳ εὔνοιαν παραδεικνύντες συγγενικήν. Ἐπεὶ δὲ ἀρκούντως εἶχε τὸν θρῆνον ὁ Ἰωάννης, μᾶλλον δὲ ἐπειδὴ κἀκεῖνον ὑπέθραττε μὴ πολυήμερος ἡ ἀναβολὴ γενομένη τῆς ἀναρρήσεως τὰς πάσας αὐτοῖς συνεξαφανίσῃ ἐλπίδας, ἐπὶ τὰ 20 βασίλεια μεταβαίνει.

III. Ταῦτα δὲ αὐτὸς ἑωράκειν, καὶ τοῖς ὀφθαλμοῖς τὴν ἀλήθειαν εἰληφὼς τῶν πραγμάτων ἀμεταποιήτως τῇ γραφῇ δίδωμι. Ὡς γοῦν ἠκηκόεισαν ὅτι τὴν αὔλειον οὗτος καὶ βασιλικὴν εἰσελήλυθεν | εἴσοδον, ὥσπερ θεῷ ὑπαντήσειν 25 μέλλοντες παρεσκευασμένως τούτῳ προσίεσαν, καὶ περιστάντες ἄλλος ἄλλο τι κατεφίλουν τῶν ἐκείνου μελῶν· ὁ δέ γε ἀδελφιδοῦς καὶ τὴν δεξιὰν ὑποσχὼν ἐπερείσασθαι ταύτῃ ἐδίδου, ἵνα τινὸς ἁγιάσματος ὥσπερ ἐκ τῆς ἐπαφῆς τύχοι· καὶ ἐπεὶ ἅλις τὰ τῆς κολακείας ἔδοξε, κατάρχει οὗτος 30 συνετωτάτου βουλεύματος εὐθύς, καὶ μηδὲν τῆς βασιλίδος ἄτερ ποιεῖν προτρέπεται, ἀλλ' ἐπ' αὐτῇ τιθέναι τοὺς θεμελίους καὶ τοῦ κράτους καὶ τῆς ζωῆς, καὶ πάντα ποιεῖν οἷς ἂν ἐκείνην ὁρῶσιν εὐάγωγον.

IV. Καὶ αὐτίκα κοινῇ συμπαραταξάμενοι ταῖς μηχαναῖς 35

9. θάνατος.   17. συνῶσαν.   24. δίδωσι.   26. παρασκευασμένως.
30. ἄλλως.   ibid. κατάρχειν τούτοις.

τῶν ἐνθυμημάτων τὴν εὐάλωτον ἐκείνης πολιορκοῦσι ψυχήν,
καὶ ἀναμνήσαντες τῆς υἱοθεσίας ὑπὸ τῇ μητρὶ καὶ δεσπότιδι
τὸν παῖδα τιθέασι καὶ ἐπιρρίπτουσιν αὐτῇ τοῖς ποσὶ, πᾶσαν
ὀνομάτων λατρείαν πρὸς τὸν καιρὸν συναριθμήσαντες, καὶ
πείσαντες ὡς ὁ μὲν ἀδελφιδοῦς τοῦ τῆς βασιλείας καὶ μόνου
ὀνόματος τεύξεται, ἡ δὲ πρὸς τούτῳ καὶ τὴν πατρῴαν | ἕξει
κατάσχεσιν· καὶ εἰ μὲν βούλεται αὐτὴ τῶν ὅλων ἀνθέξεται,
εἰ δ' οὖν, ἐγκελεύσει τε τούτῳ καὶ ἐπιτάξει καὶ ὡς ἀργυρωνήτῳ
βασιλεῖ χρήσεται, ἀρρήτους τε ταύτῃ ὅρκους ὀμνύουσι καὶ
τὴν καθ' ἱερῶν δόντες πίστιν θηρῶσιν ὅλην εὐθύς· καὶ τί γὰρ
ἦν πράττειν ἄλλο, ἐν ἐρημίᾳ τε οὖσαν τοῦ βοηθήσοντος καὶ
τοῖς γοητεύμασιν ἐκείνων καταθελχθεῖσαν, ἢ μᾶλλον ταῖς
μηχαναῖς τούτων καὶ τοῖς κλέμμασι κλαπεῖσαν καὶ συνειλη-
θεῖσαν καὶ πρὸς τὰ ἐκείνων μετατεθεῖσαν θελήματα;

Περὶ τῆς τοῦ Μιχαὴλ ἀναγορεύσεως.

V. Ἐπιτρέπει γοῦν αὐτοῖς τὸ κράτος, καὶ τέως μετέωρον
οὖσαν τὴν πόλιν ἐπὶ τῷ ἐκείνης βουλήματι κατευνάζει τῇ
προτροπῇ, καὶ τελεῖται ἐπὶ τῷ καίσαρι τὸ τῆς βασιλείας
μυστήριον, ἡ προ|πομπή, ἡ ἐπὶ τὸν νεὼν εἴσοδος, ἡ τοῦ
ἀρχιερέως εὐχή, ἡ στεφανηφορία καὶ ὅσα τούτοις ἐπακο-
λουθεῖν εἴωθε. Καὶ τήν γε πρώτην ἡμέραν οὐκ ἐπιλήσμων
ὁ βασιλεὺς οὔτε τῶν οἰκείων λόγων οὔτε τῶν ἔργων ἐγένετο·
πολὺ γοῦν παρ' αὐτῷ τὸ, ἡ βασιλὶς, καὶ ἡ ἐμὴ δεσπότις, καὶ
ὡς ἐώνημαι ταύτῃ, καὶ ἣν ἂν θεῖτο ψῆφον.

VI. Οὐδὲν δὲ ἧττον καὶ τὸν Ἰωάννην τοιούτοις κατέθελγε
ῥήμασι, ὁ ἐμὸς γάρ φησι δεσπότης, καὶ θρόνον ἐδίδου ἐγγὺς
καθέζεσθαι, καὶ νεῦμα ἐζήτει παρ' ἐκείνου λαβεῖν εἰ λαλεῖν
βούλοιτο, καὶ ὡς ὄργανόν ἐστι τῷ τεχνίτῃ, καὶ ὡς οὐχὶ τῆς
κιθάρας τὸ μέλος ἀλλὰ τοῦ τὴν κιθάραν μουσικῶς κρούοντος.
Ἐτεθήπεσαν γοῦν ἅπαντες τὸ τοῦ ἀνδρὸς εὔγνωμον, καὶ ὡς οὐ
διημαρτήκει τῶν ἐλπίδων ὁ Ἰωάννης ἐθαύμαζον. Τοὺς μὲν
οὖν ἄλλους ἐλάνθανε τὸ κλέμμα τῆς ἐκείνου ψυχῆς· ὁ δέ γε
θεῖος ᾔδει μὲν ἀκριβῶς ὅτι μέχρι τῆς γλώττης αὐτῷ ἡ λειότης,

7. ἡ μὲν.   11. βοηθήσαντος.   13. συνηληθεῖσαν.
24. ἀνθεῖ τὸ ψῆφον.

τὸ δὲ τραχὺ τοῦ φρονήματος ἔνδον ὑποκρύπτεται καὶ ὑποτύφεται, καὶ ὅσῳ μᾶλλον ἐκεῖνος ὑπεδίδου ταῖς μηχαναῖς, τοσοῦτον οὗτος ὑπώπτευε καὶ τῆς γνώμης αὐτῷ τὸ ὕπουλον κατεμάνθανεν, ἀλλ' οὐκ εἶχεν ὅ τι καὶ δράσειεν ἢ ὅπως ἂν αὐτὸν ἐκ τοῦ ῥᾴστου ἀφέληται τὴν ἀρχήν, ἅπαξ ἀποσφαλεὶς τοῦ τοιούτου σκοποῦ, ὁπότε καὶ μάλιστα ὁ καιρὸς ἐδίδου τὴν ἐγχείρησιν· ὁ μὲν οὖν ἡσύχαζε τέως, οὐ πάντη ἀφεὶς τὸ ἐνθύμημα, ἀλλ' ὡς ἐπιχειρήσων εἴ τι ἐκεῖνος παρανομεῖν ἐπ' αὐτὸν ἄρξεται. Ὁ δὲ ἐξ ὑπερβαλλούσης εἰς ἐκεῖνον τὰ πρῶτα αἰδοῦς κατὰ βραχύ τι παρήλλαττε, νῦν μὲν τὴν τούτου γνώμην οὐκ ἀναμένων ἐν ταῖς βασιλικαῖς πράξεσι, νῦν δ' ἄλλο τι ποιῶν καὶ λέγων οἷς ἐκεῖνον μὴ ὑπενεγκεῖν ἠπίστατο.

VII. Γέγονε δὲ τούτῳ προσθήκη πρὸς τὴν τοῦ θείου διαβολὴν καὶ ὁ ἀδελφὸς Κωνσταντῖνος, ὃς δὴ πρὸ πολλοῦ ἦν τῷ Ἰωάννῃ βασκαίνων, ὅτι δὴ μόνος παρὰ τοὺς ἀδελφοὺς τῶν πραγμάτων εἶχε διοίκησιν, καὶ οἷον δεσπότης αὐτῶν ἀλλ' οὐχ ὁμογενὴς ἦν, τότε μὲν οὐχ οἷός τε ἦν τὸ μῖσος εἰς προὖπτον ἐξενεγκεῖν· ὁ γάρ τοι ἀδελφὸς ἐκείνων καὶ βασιλεὺς τὸν μὲν Ἰωάννην, ὡς καὶ τῶν ἄλλων πρεσβύτατον καὶ συνετώτατον ἄνδρα καὶ διεξητασμένον ἐν τῇ τῶν κοινῶν πραγμάτων ἐπιμελείᾳ, ὑπερηγάπα καὶ ἔστεργε, τὸ δὲ λοιπὸν γένος ὡς μήτε τὰ μέτρια ἠγαπηκότας μήτε τι ἐκείνῳ λυσιτελοῦντας εἰς τὴν τῆς βασιλείας διοίκησιν ἐμίσει καὶ ἀπεστρέφετο· ὅθεν καὶ χαλεπαίνοντος κατ' ἐκείνων τοῦ αὐτοκράτορος οὗτος αὐτοῖς διέλυε τὴν ὀργὴν καὶ τὸν ἀδελφὸν εἰς εὐμένειαν μετερρύθμιζεν· εἰ τοίνυν καὶ ἐβάσκαινον αὐτῷ τῆς δόξης <οἱ> ἀδελφοί, καὶ μάλιστά γε ὁ Κωνσταντῖνος, ἀλλὰ τολμῆσαί τι κατ' ἐκείνου καὶ πρᾶξαι ἀδύνατον αὐτοῖς ἦν.

VIII. Ἐπεὶ δὲ ὁ ἀδελφὸς ἐτεθνήκει, μεταπεπτώκει δὲ εἰς τὸν ἀνεψιὸν ἡ τοῦ κράτους διαδοχή, εὔκαιρον κατὰ τοῦ Ἰωάννου ὁ Κωνσταντῖνος ἔσχηκεν ἀφετήριον· ἦν γὰρ καὶ προτεθεραπευκὼς τὸν αὐτοκράτορα ὁπηνίκα τὴν τοῦ καίσαρος εἶχε τιμήν· ἐδίδου γὰρ αὐτῷ τῶν οἰκείων ἀπαντλεῖν θησαυρῶν ὁπόσα καὶ ἐβούλετο, καὶ ἦσαν ἐκείνῳ τὰ τούτου χρήματα ἀντὶ πρυτανείου καὶ ταμείου· ἐξωνεῖτο γοῦν αὐτὸν ἐντεῦθεν, καὶ ὡς

7. χείρησιν.   15. διαβουλὴν.   18. ὁμονογενὴς.

ἐπὶ προδήλῳ τῇ τύχῃ τὴν ἐκείνου γνώμην προκατελάμβανεν, ἐκοινώνουν τε ἀπορρήτων ἄμφω ἀλλήλοις, καὶ διαβεβλημένως ἤστην πρὸς τὸν Ἰωάννην, ὡς ἀντεπιχειροῦντα τοῖς δόξασι καὶ συγγενεῖ ἑτέρῳ τὴν ἀρχὴν μνηστευόμενον. Ὁ τοίνυν καῖσαρ
5 ὁμοῦ τε βασιλεὺς ἀνηγόρευται, καὶ ἐς τὴν τοῦ νοβελλισίμου τιμὴν ἀνάγει τὸν Κωνσταντῖνον, ὁμοδίαιτόν τε ποιεῖ, καὶ λαμπρὸν ἀπεδίδου τῆς προλαβούσης εὐνοίας τὰς ἀμοιβάς.

IX. Μικρὸν δὲ ἐντεῦθεν τὴν τοῦ λόγου ἐκκόψας διήγησιν περὶ τῆς τοῦ βασιλεύσαντος γνώμης τε καὶ ψυχῆς πρότερον
10 ἀφηγήσομαι, ὅπως ἂν μὴ θαυμάζητε ὁπηνίκα τι περὶ τῶν ἐκείνου πράξεων λέγοιμι, ὅπως αὐτὰς ἐξ οὐδὲ μιᾶς ἀρχῆς ἐσχεδίαζεν ὡρισμένης. Ὁ | γὰρ ἀνὴρ οὗτος χρῆμά τι p. 81 ποικίλον ἐγεγόνει τῷ βίῳ, καὶ ἦν αὐτῷ χαρακτὴρ τῆς ψυχῆς τὸ πολύμορφον καὶ πολύστροφον· εἶχε δὲ καὶ τὴν γλῶτταν
15 πρὸς τὴν καρδίαν ἀντίθετον, καὶ ἄλλο τι βουλευσάμενος ἑτέρας ἠφίει φωνάς, καὶ δυσόργως ἔχων πολλοῖς εὐνοϊκώτερον προσωμίλει, ἀρρήτους ὅρκους τοῖς λόγοις ἐπιτιθείς, ὡς ἐνστερνίζοιτο τούτους καὶ ἥδιστα διαλέγοιτο· πολλοὺς δὲ ὧν ἐβούλετο κατὰ τὸ περίορθρον ἐσχάταις τιμωρίαις ὑποβαλεῖν
20 ἑσπέρας κοινωνοὺς ἐποιεῖτο τοῦ δείπνου καὶ τοῦ αὐτοῦ τούτοις ἐκοινώνει κρατῆρος· τά γέ τοι τῆς συγγενείας ὀνόματα, μᾶλλον δὲ ἡ κοινωνία τοῦ γενικοῦ αἵματος, παιδιά τις ἐδόκει τούτῳ, καὶ οὐδὲν αὐτῷ πρᾶγμα εἰ πάντας ἓν κῦμα ἐκάλυψε κατασχόν· ἐβάσκαινε δὲ τούτων οὐ βασιλείας μόνον, τοῦτο γὰρ
350* μέτριον, ἀλλὰ | καὶ πυρὸς καὶ ἀέρος καὶ τύχης ἁπάσης·
26 κοινωνεῖν δὲ αὐτῷ τοῦ κράτους μικρὸν μὲν ἢ μηδένα τῶν ἁπάντων ἐβούλετο, ὃ δ' οἶμαι καὶ κρείττονι φύσει βασκαίνων ἦν· τοσοῦτον ἦν αὐτῷ τὸ κατὰ πάντων ἐν ἅπασιν ἀπόστροφόν τε καὶ ὕποπτον· δουλοπρεπὴς δὲ εἰ καί τις ἄλλος περὶ τὰς
30 τῶν καιρῶν ἐναντιότητας ὤν τε καὶ λέγων, ἀνελευθέρᾳ τε ψυχῇ χρώμενος, ἐπειδὰν βραχεῖα τούτῳ μεταβολὴ πραγμάτων προσμειδιάσειεν, ὁ δὲ εὐθὺς τὰ τῆς σκηνῆς σκεδαννὺς καὶ τὸ ὑποβολιμαῖον εἶδος ἀποδυόμενος θυμοῦ τε εὐθὺς ἐνεπίμπλατο, καὶ τὰ μὲν τῶν δεινῶν ἐποίει, τὰ δὲ εἰς τὸ
35 μέλλον ἐταμιεύετο· ὀργῆς τε γὰρ ἥττων ἦν καὶ ἄνθρωπος

21. ὀνόματος. 22. γεννικοῦ a. παιδειά. 24. τούτω ὁ. 30. ὤν.
ibid. ἀνελευθέρως. 32. προμηδιάσειεν.

εὐμετάβολος, καὶ τὸ τυχὸν πρᾶγμα εἰς μῖσος αὐτὸν καὶ ὀργὴν ἀνερρίπιζεν. Ἐντεῦθεν μῖσος αὐτῷ κατὰ τοῦ γένους παντὸς ὑπετύφετο· διαλύειν δὲ αὐτοὺς εὐθὺς οὐκ ἐπεχείρησεν, ἔτι δεδιὼς τὸν θεῖον, ὃν ᾔδει πατρὸς λόγον πρὸς τὸ συγγενὲς ἐπέχοντα.

X. Ἐπεὶ δέ μοι ἡ προθεωρία τῆς ἀφηγήσεως ἐπιτέτμηται, ἐπ' αὐτήν εἰμι πάλιν τὴν τῶν γεγονότων διήγησιν. Ὁ τοίνυν Κων|σταντῖνος, ἐπειδὴ καὶ νοβελλίσιμος ἐγεγόνει, καὶ τὸ ἐπικείμενον δέος περὶ τὸν ἀδελφὸν ἀπεσείσατο· ἀπορρίπτει μὲν τὴν πρὸς τοῦτον αἰδῶ, θρασύτερον δὲ διαλέγεται καὶ ἰταμώτερον ἐπεχείρει τοῖς ἐκείνῳ δόξασι, τῷ τε βασιλεῖ πολλάκις τὸ πρὸς ἐκεῖνον ὑποπεπτωκὸς κατωνείδιζε καὶ τὴν γνώμην αὐτῷ διεσάλευεν· ὁ δὲ, καὶ ἄλλως πρὸς τοῦτο διασεσεισμένος, ἔτι γε μᾶλλον ὑπεκινεῖτο, καὶ καταφρονεῖν αὐτοῦ τὰ πολλὰ ἤρχετο. Ὁ δὲ δεινὸν ἄλλως ἡγούμενος, εἰ καταλυθείη αὐτῷ τὸ ἀξίωμα καὶ ἡ πρὸς τὸ γένος ὑπεροχή, ἐπεὶ μὴ εἶχεν ἐκ τοῦ ῥᾴστου τὸν βασιλεύσαντα καθελεῖν, ἕτερόν τι πρὸς τοῦτο βουλεύεται, ὡς αὐτὸς τηνικαῦτα τοῖς πράγμασιν ἐντυχὼν εἴκασα, τοὺς γὰρ πολλοὺς τὸ ἔργον διέλαθεν· ὡς γὰρ οἶμαι, βουλόμενος πρὸς ἕνα τῶν ἐκείνου ἀνεψιαδῶν, Κωνσταντῖνος οὗτος τὸ ὄνομα καὶ μάγιστρος τὸ ἀξίωμα, τὴν τῶν πραγμάτων μεταθήσειν ἀρχήν, οὐχ ὡς αὐτὸς τῷ βασιλεῖ ἐπιθησόμενος, ἀλλ' ὡς ἐκείνῳ δώσων τὰς τῆς ἐπιβουλῆς ἀφορμάς, εἶτα δὴ δεδιὼς μὴ ἁλοὺς ἐκεῖνος τυραννικαῖς αἰτίαις ἔνοχος γένοιτο καὶ οὐκ ἂν φθάσειε αὐτός τε ἀπολλύμενος καὶ τὸ λοιπὸν γένος συναπολλύς, προὐφαρπάζει τὸ τέλος, ἵνα δὴ αὐτῷ κατὰ λόγον ἡ ἀρχὴ προχωρήσῃ, καὶ ἐξευμενίζεται τὸν κρατοῦντα πρὸς τὴν συγγένειαν, καὶ πείθει τὰ μὲν δοῦναι, τὰ δὲ ὑποσχέσθαι, ἄλλα τε καὶ ἐλευθερίαν ὧν ὁ βίος ἐπιφέρει δεινῶν· ὁ δὲ τέως ἐπινεύει ταῖς ἱκεσίαις καὶ τὰς ὑποσχέσεις ἐν γράμμασιν ἐπαγγέλλεται, | ἵν' ἔχοι ἐχέγγυον τὸ πιστὸν τῆς πρὸς τὸ μέλλον ζωῆς. Ἐπεὶ δὲ ἡ γραφὴ εὐθὺς ἐξυφαίνετο, ἐντίθησί τι λεληθότως τῶν ἀπορρήτων αὐτῇ, ὡς, εἰ καί τις τῶν ἐκείνου ἀνεψιαδῶν ἁλῴη τυραννικὸν βουλευόμενος, μήτε τιμωροῖτο μήτε δικάζοιτο, ἀλλ' ἀχθῇ τὸ ἀνεξέταστον παρὰ τοῦ θείου ἐξαίρετον.

3. δι' ἀλλύειν. 10. ἰταμωτέραν. 11. ὑπεπεπτωκὸς. 20. ἀνεψιάδων. 24. ἔνηχος. φθάσει. 32. τε λεληθότας. 33. κ' ἔτις. 34. τιμωρεῖτο. 35. ἀχθί.

ΧΙ. Ἐπεὶ οὖν τοῦτο ἐγεγραφήκει, καιρὸν φυλαξάμενος ἐπιτήδειον, ὁπηνίκα ἐκεῖνον οἶδε γράμμασί τισι πάνυ μὴ προσέχοντα, δίδωσι | τὴν γραφήν· ὁ δὲ βραχύ τι ταύτην p. 83 παραναγνούς, τοῖς διὰ τῆς χειρὸς βεβαιοῖ γράμμασι· καὶ ὁ
5 Ἰωάννης, ὡς μέγα τι ἐφόδιον ἐντεῦθεν κατωρθωκὼς πρὸς τὸν οἰκεῖον σκοπὸν, διεχεῖτό τε καὶ ἐγάννυτο, καὶ πρὸς αὐτὸ τοὖργον ἴσως ηὐτρέπιστο. Τὸ δὲ ἦν ἄρα ὠδίνων ἀρχὴ, δηλώσει δὲ καθ᾽ ἑξῆς περὶ πάντων ὁ λόγος· πρὶν γὰρ ἢ προλαβεῖν τὸν ὀρφανοτρόφον τὸ μελετώμενον, αὐτὸς τὸ
10 μέλλον φωρᾶται, τὰ μὲν ἀφ᾽ ἑαυτοῦ προγινώσκων, τὰ δὲ τῶν περὶ αὐτὸν τὴν οἰκείαν γνώμην ἐξαγγελλόντων, ὡς οὐκ ἔτι τὴν ὕφεσιν καρτερήσουσιν, ἀλλὰ πάντα πράξουσιν, ὥστε δυοῖν θάτερον ἢ ἑαυτῷ διαφυλάξασθαι τὸ ἀξίωμα ἢ συναπολεῖσθαι τοῖς πράγμασιν.
15 ΧΙΙ. Τοιγαροῦν ἐντεῦθεν οὐ μόνον οὐδὲν τῆς προσηκούσης αὐτῷ τιμῆς ἕνεκεν, ἀλλὰ καὶ περὶ τῶν πρακτέων διημφισβήτει· σύνοδοί τε τούτοις ἐκ μακρῶν τῶν διαστημάτων ἐγίγνοντο, ὁπότε δὲ καὶ συνέλθοιεν ἐπίδηλον τὸ ἀκούσιον ἦν. Συνεστιωμένοις δέ ποτε λόγον ὁ Κωνσταντῖνος ἐμβαλὼν πράξεως καὶ
20 τὰς γνώμας ἑκατέρων μεμαθηκὼς, τὴν μὲν τοῦ κρατοῦντος ὡς χρηστοτάτην καὶ βασιλικωτάτην ἐπῄνεσέ τε καὶ ἀνευφήμησε, τὴν δὲ τοῦ ἀδελφοῦ ἐπίβουλον ἀνεῖπε καὶ δολεράν, καὶ βραχύ τι προϊὼν ἐς μέγα προὐχώρησε, τῆς τε προτέρας ἀνέμνησεν ὑπεροψίας καὶ τὸ ἐς τὸ παρὸν ὕπουλον αὐτοῦ ἀπήλεγξε καὶ
25 κακόηθες· ὁ δὲ, μὴ καρτερήσας τὰς τοσαύτας τῶν λόγων βολάς, ἀναστὰς εὐθὺς οὐκ εἰς τὴν εἰωθυῖαν ἀπεληλύθει σκηνὴν, ἀλλὰ πόρρω που τοῦ ἄστεος ἐξήνεγκεν ἑαυτὸν, οἰόμενος ἐντεῦθεν τὸν κρατοῦντα καταδεηθήσεσθαι τούτου καὶ προσλιπαρήσεσθαι, καὶ μετενεγκεῖν θᾶττον εἰς τὰς
30 βασιλείους αὐλάς. Ἀναχωρήσαντι δὲ οἱ ἥ τε οἰκεία δορυφορία εἵπετο, καὶ πολύ τι πλῆθος συναπεληλύθει τῆς συγκλήτου βουλῆς, οὐ δεσμοῖς εὐνοίας κρατούμενον, ἀλλ᾽ οἱ πλείους, οἰόμενοι ὡς τάχιστα ἐπανήξειν εἰς τὰς προτέρας διατριβὰς, προκατελάμβανον τὴν τούτου εὐμένειαν καὶ τὴν
35 ἔφοδον μνήμης ἐποιοῦντο ἐμπύρευμα.

3. προσέχοντες.   12. καρτερήσουσαν, ἀ. π. πράξουσαν.   13. διεφυλάξασθαι.
21. ἀνεφήμησε.   29. μετανεγκεῖν.

XIII. Τῷ δὲ κρατοῦντι οὐχ οὕτως ἥδιστον ἐδόκει τὸ ἐκεῖνον τῶν πραγμάτων ὑπεξελθεῖν, ὅσον λυπηρὸν | καὶ ὕποπτον κατεφαίνετο τὸ πολὺ τῆς πόλεως πλῆθος ἐκεῖσε συρρέον, δεδιότι μή τι καὶ νεώτερον ἐπ' αὐτῷ δράσειαν· διὰ ταῦτα ὑπούλως ἄγαν καὶ κακοήθως προσονειδίζει τε τούτῳ διὰ γραμμάτων τὴν τοσαύτην ὑπεροψίαν καὶ μετακαλεῖται ὡς κοινωνήσων τῶν ἀπορρήτων τούτῳ· ὁ δ' εὐθὺς ἀφικνεῖται, δόξαν ἐντεῦθεν εἰληφώς, ὡς προϋπαντήσοι αὐτῷ καὶ τά τε εἰκότα προσφθέγξοιτο καὶ τὰ εἰωθότα διαπράξοιτο. Ὁ δέ, ἐπειδὴ περὶ ἡμέραν θεάτρου ὁ καιρὸς ἦν, οὐκ ἀναμείνας τὸν θεῖον ἰδεῖν, πρωϊαίτερον ἀνεληλύθει, οὐδέν τι σύνθημα ἐκείνῳ λιπών· ὁ δέ, ὡς τοῦτο μεμαθήκοι, ἔτι μᾶλλον ὑβρίσθαι δόξας καὶ ἠθετῆσθαι, σὺν πολλῷ τῷ θυμῷ εὐθὺς ἐπαναστρέφει, οὐκ ἔτι ἐπενδοιάζων ἐπὶ τῇ τοῦ βασιλεύοντος γνώμῃ, ἀλλ' ὅτι δυσμενῶς αὐτῷ ἔχει ἀπὸ τῶν πραγμάτων ἠκριβωκώς. Διαλέλυτο γοῦν αὐτοῖς παντάπασιν ὁ τῆς φιλίας θεσμὸς καὶ ἅτερος θατέρῳ ἀντεπιβουλεύει, μᾶλλον δὲ ὁ μέν, ἅτε ἐν ἰδιώτου τελῶν σχήματι, κρυφίως καὶ λανθανόντως αὐτὸν μετιέναι διενοεῖτο· ὁ δέ, τῇ βασιλικῇ ἀποχρώμενος ἐξουσίᾳ, καθαρῶς ἤδη πρὸς ἀπέχθειαν ἀναρρήγνυται· προστάττει γοῦν αὐτῷ εἰς ναῦν τε ἐμβῆναι καὶ ἀφικέσθαι ἀπολογησομένῳ, διότι τε ἐκείνου καταφρονεῖ καὶ οὐ πάνυ ἐθέλει πείθεσθαι.

XIV. Ὁ μὲν οὖν τὸν πλοῦν πρὸς αὐτὸν ἐποιεῖτο, ὁ δὲ ἀπὸ μετεώρου τῶν βασιλείων βλέπων εἰς θάλασσαν, ἐπειδὴ τῷ μεγάλῳ λιμένι ἡ φέρουσα τὸν θεῖον προσορμίσειν ἔμελλε ναῦς, σύνθημά τι δοὺς ἄνωθεν τοῖς καταπλέουσιν, ὅπερ δὴ καὶ προείρητο αὐτοῖς, ἐπιστρέφειν τὴν ναῦν, κατόπιν δὲ ἑτέρα τριήρης πρὸς ἀναγωγὴν ἕτοιμος τὴν προτέραν ἐπικαταλαβοῦσα τοῦτον εἰς ὑπερορίαν ἄγει μακράν. Οὐδὲ τοσοῦτον γοῦν αὐτῷ ὁ δι' ἐκείνου τε καῖσαρ πρῶτον καὶ βασιλεὺς | γεγονὼς ὕστερον τοῦ προτέρου σεβάσματος διεφύλαξεν, ὥστε μετά τινος μετρίας αἰδοῦς τὴν τιμωρίαν τούτῳ ποιήσασθαι· ἀλλ' εἰς χῶρον ἐλαύνει ὃς δὴ τοῖς λῃστεύσασι μόνοις ἀφώρισται, εἰ καὶ μετὰ ταῦτα, βραχύ τι ἀνεθέντος αὐτοῦ

4. καινεώτερον.   11. προϊαίτερον.   18. κρυφύως.   21. ναῦ.
22. καταφρονεῖν.   33. μετρίους.

τοῦ θυμοῦ, βραχείας τινὸς παραμυθίας ἠξίωσεν. Ὁ μὲν οὖν ἀπῆλθεν οὐ μόνον ταύτην ἀπαντλήσων τὴν δίκην, ἀλλὰ πολλὰς ἐπὶ πολλαῖς συμφοραῖς θεασάμενος· οὐ γὰρ ἔστη ἡ λαχοῦσα τούτῳ τῆς προνοίας μερὶς, οὕτω γὰρ εἰπεῖν μετριώ-
5 τερον, πολλαῖς καὶ συνεχέσι κακώσεσι διαμείβουσα, ἄχρις ἂν αὐτῷ καὶ δημίου χεῖρα τοῖς ὀφθαλμοῖς ἐπαφῆκε καὶ δεινὸν ἐξ ὑπογυίου καὶ βιαιότατον θάνατον.

XV. Ἐπεὶ δὲ ὁ δεινὸς ἐκεῖνος ἀνὴρ, ὡς τοῖς ὤμοις 352 αὐτῷ μοναρχίαν κατεσκευάκει, οὐδὲν τῶν | μετρίων περὶ τὴν
10 πολιτείαν διενοεῖτο, ἀλλ' εὐθὺς ἐπεβάλλετο μεταθήσειν πάντα καὶ μεταστήσειν πρὸς ἅπερ αὐτὸς ἐβούλετο, οὐδενὶ γοῦν τῶν ἐν τέλει εὔνουν ἐδίδου τὸ βλέμμα ἢ τὴν ψυχὴν, ἀλλ' ἐξεδειμάτου πάντας τυραννικοῖς ὁμοῦ καὶ λόγοις καὶ νεύμασι· ἐβούλετο δὲ αὐτὸ τοῦτο ὑπήκοον ὡς ἀληθῶς ἐνδείξασθαι τὸ
15 ἀρχόμενον, καὶ τοὺς μὲν πολλοὺς τῶν ἐν τέλει παῦσαι τῶν συνήθων ἐξουσιῶν, ἐλευθερίαν δὲ τῷ δήμῳ μνηστεύεσθαι, ἵνα τοῖς πολλοῖς μᾶλλον ἢ τοῖς ὀλίγοις δορυφοροῖτο· τὴν δὲ τοῦ σώματος φρουρὰν ἐς Σκυθικὰ μεταθήσειν ἐπεχείρει μειράκια, ἅπερ αὐτῷ ἐώνητο πρὸ πολλοῦ, ἀποτετμημένα πάντα καὶ τὴν
20 ἐκείνου γνώμην εἰδότα, καὶ πρὸς τὴν ὑπηρεσίαν ὧν ἐβούλετο εὐπρεπῆ· ἐθάρρει γὰρ ταῖς εὐνοίαις αὐτῶν, ἐπειδὴ καὶ ἀξιώμασι τῶν ὑψηλοτέρων τετίμηκε· καὶ τὰ μὲν περὶ τὸ σῶμα εἶχε, τὰ δ' ἄλλο τι τούτῳ τῶν βουλητῶν διηκόνει.

XVI. Ἀλλὰ τὰ μὲν βουλεύματα οὕτω ἐπιτελῆ καθε-
25 στήκει, τὸν δ' ἀπόλεκτον δῆμον τῆς πόλεως καὶ ὅσοι τῆς ἀγοραίου τύρβης ἢ τῶν βαναύσων τεχνῶν ᾠκειοῦτο, ταῖς εὐμενείαις τὰς τῶν πολλῶν προκαταλαμβάνων γνώμας, ἵν' ἔχοι πρὸς τὰ μελετώμενα, εἰ δεήσοι, | βοήθειαν· οἱ δὲ p. 86 ἐξήρτηντό γε ἐκείνου, καί τισι φαινομέναις εὐνοίαις τὰς
30 γνώμας ἐγνώριζον, οὐδὲ προβῆναι ἐῶντες ἐπὶ ψιλοῦ τοῦ ἐδάφους, ἀλλὰ δεινὸν ἄλλως ποιούμενοι, εἰ μὴ δι' ὑφασμάτων προΐοι καὶ ἐπιτρυφῶν αὐτῷ ὁ ἵππος τοῖς σηρικοῖς καταστρώμασι. Τούτοις γοῦν ἐπαρθεὶς ἐκεῖνος τὸ τῆς ψυχῆς ἀνακαλύπτειν ἀπάρχεται βούλευμα. Τῇ γὰρ βασιλίδι καὶ
35 παρὰ τὸν προσήκοντα λόγον ἐκείνου μητρὶ ἐμεμήνει μὲν καὶ

---

7. ὀξυπογυίου.   14. αὐτῶ.   23. διοικόνει.   28. ἔχει.
29. ἐξήρτο.   30. ἐῶνται.

πρότερον ἡνίκα ὑπ' ἐκείνης τοῦ κράτους ἔτυχε, καὶ ὅτι δεσπότιν προειρήκει ποτέ, ἐβούλετο καὶ τὴν γλῶτταν τεμεῖν τε τοῖς ὀδοῦσι καὶ ἀποπτύσαι τὸ μέλος.

Περὶ τοῦ πρὸς τὴν Αὐγούσταν μίσους καὶ φθόνου τοῦ βασιλέως.

XVII. Ἐπεὶ δὲ ἐν ταῖς κοιναῖς εὐφημίαις προλαμβανόμενον τὸ ταύτης ἐνωτίζοιτο ὄνομα, οὐδὲ καθεκτὸς ἦν ἔτι· ὅθεν τὰ μὲν πρῶτα παρηγκωνίζετο ταύτην καὶ ἀπεστρέφετο, οὔτε βουλευμάτων αὐτῇ κοινωνῶν οὔτε μήν τε μέρος τῶν βασιλείων διδοὺς θησαυρῶν, ἀλλὰ πάντη κατολιγωρῶν, εἰπεῖν δὲ καὶ καταγελῶν, τειχήρη τε οἷα δὴ πολεμίαν τηρῶν, καὶ φρουρᾷ καταλαμβάνων ἀτιμοτάτῃ, τάς τε θεραπαινίδας αὐτῆς οἰκειούμενος καὶ τὴν γυναικωνῖτιν διερευνώμενος καὶ μηδενὸς τῶν συντεθειμένων πρὸς ταύτην ἐπιστρεφόμενος. Ἐπεὶ δὲ οὔπω τούτων κεκόρεστο, τὴν ὑστάτην | αὐτῇ ἐφίστησι συμφοράν, καὶ βούλεται ἀπελάσαι τῶν βασιλείων, οὐδὲ μετ' εὐσεβοῦς σχήματος, ἀλλὰ μετά τινος αἰσχίστου καὶ ψευδοῦς πλάσματος, ἵν' ἔχοι μόνος ὁ θὴρ ἐν τοῖς βασιλείοις αὐλίζεσθαι· τοῦτο γοῦν ἅπαξ ἐν τῇ ψυχῇ θέμενος, πάσης μὲν ἄλλης καταπεφρονήκει βασιλικῆς πράξεως, ὅπως δὲ ἐπιτελὲς ποιήσει τὸ τόλμημα πᾶσαν ἐκίνει καὶ γνώμην καὶ μηχανήν.

XVIII. Πρῶτα μὲν οὖν κοινοῦται τὸ βούλευμα τῶν οἰκειοτέρων τοῖς | θρασυτέροις, ἔπειτα δὲ προϊὼν κατ' ὀλίγον καὶ τῶν ἄλλων ἀπεπειρᾶτο ὁπόσους ᾔδει καὶ φρονήματος ἀκριβοῦς καὶ τῆς ἄλλης μετεσχηκότας συνέσεως· ὧν οἱ μὲν ὑπεκίνουν καὶ ποιήσειν τὰ δόξαντα συνεβούλευον, οἱ δὲ παντάπασιν ἀπειρήκεσαν, οἱ δὲ εἰς ἀκριβεστέραν μελέτην θεῖναι τὸ πρακτέον παρῄνουν, τοῖς δὲ ἐδόκει εἰς μαθηματικὴν πρόγνωσιν ἀναθεῖναι τὸ βούλευμα καὶ γνῶναι εἰ εὔθετος πρὸς τὴν κατάπραξιν ὁ καιρός, καὶ μή τι σχῆμα τῶν οὐρανίων ἐμποδίζοι τῷ ἐγχειρήματι· ὁ δὲ τούτων ἁπάντων σεμνὸς ἀκροατὴς προκαθήμενος, πράξειν μὲν οὐδ' ὁτιοῦν ἔμελλε τῶν φερόντων εἰς ὄνησιν (ἐκ παντὸς γὰρ τρόπου πρὸς τὸ βεβουλευμένον ἠπείγετο), ὅμως δ' οὖν τοῖς τῶν ἄλλων λόγοις χαίρειν εἰπὼν τὸ ἐσόμενον διὰ τῶν ἀστρονομούντων ἐμάνθανεν.

6. ἐνωπίζοιτο. 12. γυναικωνίτην. ibid. μὴ δεινῶς. 21. κινοῦται.
27. μαθητικήν. 31. πράξιν.

ΧΙΧ. Ὑπῆρχε δὲ τηνικαῦτα μοῖρα οὐκ ἀγενὴς τῆς περὶ ταῦτα μαθήσεως, ἄνδρες οἷς κἀγὼ συνωμίλησα, τῶν μὲν περὶ τὴν σφαῖραν τάξεων καὶ κινήσεων ἔλαττον πεφροντικότες τὸν νοῦν· οὔτε γὰρ γεωμετρικαῖς ἀνάγκαις τὴν περὶ ταῦτα ἀπό-
5 δειξιν προειλήφεισαν οὔτε μὴν προέγνωσαν, ἀλλ' ἁπλῶς οὕτως τὰ κέντρα ἱστῶντες, εἶτα δὴ τὰς ἀναφοράς τε καὶ ἀποκλίσεις τοῦ ζωηφόρου κύκλου καταμανθάνοντες καὶ τὰ ἄλλα ὅσα τούτοις ἕπεται, οἰκοδεσπότας φημὶ καὶ σχημάτων τύπους καὶ ὅρια, καὶ ὁπόσα μὲν τούτων κρείττω, ὁπόσα δὲ
10 χείρω, προὐλέγοντο τοῖς πυθομένοις περὶ ὧν ἐπηρωτήκεσαν· καί γέ τινες αὐτῶν κατευστόχουν τῶν ἀποκρίσεων. Λέγω δὲ ταῦτα, τὴν μὲν ἐπιστήμην καὶ αὐτὸς εἰδὼς, ἐκ πολλοῦ μελετήσας καὶ πολλοῖς ἐκείνων λυσιτελήσας εἰς τὰς τῶν σχημάτων κατανοήσεις, οὐ μέντοιγε πειθόμενος ὡς ἄγοιτο
15 ταῖς τῶν ἄστρων κινήσεσι τὰ ἡμέτερα· ἀλλὰ τοῦτο μὲν ὡς πλείους τὰς ἀντιρρήσεις ἔχον, ἐξ ἑκατέρου ἀνακινεῖσθαι εἰς ἕτερον ἔλεγχον.

ΧΧ. Ὁ γοῦν τηνικαῦτα βασιλεύων, τὸ τῆς πράξεως ἀποκρύψας εἶδος, ἀόριστον πρὸς αὐτῶν τὴν πεῦσιν ποιεῖται,
20 τοῦτο μόνον προσθεὶς, | εἰ τῷ μεγάλα τολμήσαντι οὐκ ἐμπόδιον p. 88 τὰ οὐράνια καθεστήκοι σχήματα· οἱ δ' ἐποπτεύσαντες καὶ
353 πᾶσαν πρὸς τὸν καιρὸν | κρίσιν ἀκριβωσάμενοι, ὡς ἑωράκεσαν ἅπαντα αἵματος πλήρη καὶ κατηφείας, ἀπαγορεύουσι τὴν πρᾶξιν τῷ βασιλεῖ, καὶ οἵ γε δεινότεροι τούτων εἰς ἕτερον
25 καιρὸν τὸ ἔργον ἀνατιθέασιν· ὁ δὲ πλατὺν αὐτῶν καταχέας τὸν γέλωτα καὶ τῆς ἐπιστήμης καταμωκώμενος ὡς ψευδοῦς, "ἀλλ' ὑμεῖς μὲν, φησὶ, ἔρρετε, ἐγὼ δὲ κρείττονι τόλμῃ τῆς ὑμετέρας ἐπιστήμης τὸ ἀκριβὲς ὑπερβήσομαι."

ΧΧΙ. Αὐτίκα γοῦν ἐν ἔργοις ἦν, καὶ εὐθὺς ἀναρρήγνυται,
30 καὶ λόγους τινὰς συμπλάσας ὁ ἀθλιώτατος παῖς κατὰ τῆς μηδὲν ἐπιβουλευσάσης μητρὸς, ὡς φαρμακίδα τὴν βασιλίδα καταδικάζει, καὶ μηδὲν τέως τῶν τολμωμένων εἰδυῖαν ἐξάγει τοῦ κοιτωνίσκου τὴν ἐγγενῆ ὁ ἀλλότριος καὶ τὴν εὐγενεστάτην ὁ δυσγενέστατος, καί τινας ἐπ' αὐτὴν λογοποιοὺς καθιεὶς
35 ἀνακρίνει τε περὶ ὧν οὐκ ᾔδει, καὶ ὑπ' εὐθύνην ἄγει, καὶ

6. οὕτων.   7. ἀποκλείσεις.   8. οἰκοδεσπόταις.   10. προὑλέγοντι.
14. μὲν τόγε.   16. ἀνακιεῖσθαι.   19. αὐτὸν.   20. μεγάλω.

τιμωρεῖται ὡς καταπραξαμένην τὰ ἀτοπώτατα. Εἰς ναῦν οὖν εὐθὺς ἐμβιβάζει καί τινας συμβιβάσας αὐτῇ οἷς προὐτέτραπτο τὰ ἐπ' ἐκείνῃ τολμηθησόμενα ἀπελαύνει τῶν βασιλείων καὶ εἰς μίαν τούτων δὴ τῶν πρὸ τῆς πόλεως νήσων καθίζει, ᾗ δὴ Πρίγκιπος ὄνομα.

XXII. Ὡς δ' ἐγώ τισιν ὕστερον τῶν ἀπαγαγόντων αὐτὴν συνωμίλησα, φασὶν, ὡς ἤδη πρὸς τὸν ἀπόπλουν τῆς νηὸς ἀναχθείσης, ἡ βασιλὶς πρὸς τὰς βασιλείους αὐλὰς ἀναβλέψασα ὥσπερ τινὰ προσλαλιὰν θρηνώδη πρὸς τὰ ἀνάκτορα ἐποιήσατο, καὶ τοῦ γε πατρὸς μνησθεῖσα καὶ τῶν ἄνω τοῦ γένους, ἐκ γὰρ πενταγονίας ὁ βασίλειος αὐτῇ κλῆρος κατήγετο, ἐπειδὴ τοῦ θείου ἐπεμνήσθη καὶ βασιλέως, λέγω δὲ Βασίλειον ἐκεῖνον τὸν ὑπὲρ πάντας αὐτοκράτορας λάμψαντα, τὸ πολυτελὲς ἀγαθὸν χρῆμα τῇ Ῥωμαίων ἀρχῇ, ἀθρόον δάκρυσι τοὺς ὀφθαλμοὺς ἐπιτέγξασα· "σὺ μὲν, ἔφη, ὦ θεῖε καὶ βασιλεῦ, βασιλικοῖς γεννηθεῖσαν εὐθὺς σπαργάνοις ἐκόσμησας, καὶ τῶν ἀδελφῶν μᾶλλον ἔστερξας καὶ ἐτίμη|σας, ὅτι σοι καὶ τὴν θέαν εἶχον παρόμοιον, ὡς τῶν ἑωρακότων ἠκηκόειν πολλάκις· ἀλλὰ καὶ σύ με ὡς ἤδη γε καταφιλῶν καὶ ἀγκαλιζόμενος, σώζοιο, ἔλεγες, παιδίον, καὶ ἐπὶ μήκιστον ζήσαις τοῦ τε ἡμετέρου γένους ζώπυρον καὶ τῇ βασιλείᾳ θεοπρεπέστατον ἄγαλμα! ἀλλὰ σὺ μὲν οὕτως ἔτρεφες καὶ ἀνέτρεφες, καὶ μεγάλας ἐπ' ἐμοὶ τὰς τῶν πραγμάτων ἐκβάσεις ἐκέκτησο, ἐψεύσθης δὲ τῶν ἐλπίδων! αὐτή τε γὰρ ἠτίμωμαι καὶ τὸ σύμπαν μου γένος ἠτίμωκα, ἐπὶ τοῖς αἰσχίστοις κατακριθεῖσα καὶ τῶν βασιλείων ἀπελαθεῖσα, καὶ οὐκ οἶδ' εἰς ἥντινα γῆν ἀπαγομένη κατάκριτος· δέδοικα γὰρ μὴ καὶ θηρσὶ βρῶμα προθήσουσιν, ἢ κύματα θαλάσ|σια καλύψουσιν· ἀλλ' ἐφορῴης ἄνωθεν, καὶ παντὶ σθένει τὴν σὴν σῴζοις ἀνεψιάν!" Ἀλλ', ἐπειδή περ τὸ περιγράφον αὐτὴν ὅριον τὴν νῆσον κατέλαβε, βραχύ τι τῶν πονηρῶν ἀνεπεπνεύκει προσδοκιῶν, καὶ ὅτι ζῴη ἀνθωμολογεῖτο θεῷ, καὶ θυσίας εὐθὺς καὶ εὐχὰς ἀπεδίδου τῷ σώσαντι.

XXIII. Ἡ μὲν οὖν οὐδέν τι πολυπραγμονήσειν ἔμελλε, καὶ πῶς γὰρ ἐνῆν σὺν μιᾷ θεραπαινίδι εἰς ὑπερορίαν διάγουσα;

2. συμβηβάσας.   9. προλαλιάν.   11. πενταγωνίας.   20. μήκεστον.
24. ἐψεύθης.   28. θαλασσίων.   35. θεραπαίνιδι.

ὁ δὲ δεινὸς ἐκεῖνος ἀνὴρ ἔτι μᾶλλον ἐπιβουλεύει τῇ βασιλίδι,
καὶ ἄλλας ἐπ' ἄλλαις προστίθησι συμφοράς· τέλος δὲ πέμπει
τοὺς ἀποκεροῦντας ἐκείνην, ἢ ἀποκτενοῦντας εἰπεῖν οἰκειότερον,
καὶ ὁλοκάρπωμα, οὐκ οἶδα μὲν εἰ τῷ Κυρίῳ, τῷ δὲ θυμῷ τοῦ
5 ἐπιτάττοντος βασιλέως ποιήσοντας. Ἐπεὶ δὲ αὐτῷ καὶ τοῦτο
ἐτετέλεστο τὸ ἐνθύμημα, ἐκείνην μὲν ὡς ἤδη κατεργασθεῖσαν
ἀφίησι, προσωποιεῖται δὲ τὴν πρᾶξιν καὶ εἰσάγει σκηνὴν, καὶ
τῇ συγκλήτῳ βουλῇ ἀνακαλύπτει δῆθεν τὰ παρ' ἐκείνης
κατ' αὐτοῦ μελετώμενα, καὶ ὡς ὑπώπτευε μὲν καὶ πόρρωθεν,
10 μᾶλλον δ' ἐπεφωράκει πολλάκις, ἐπεκάλυπτε δὲ τὸ δεινὸν
αἰδοῦς τῆς πρὸς αὐτοὺς ἕνεκα· καὶ τοιαῦτά τινα συμ-
πλάσας καὶ φλυαρήσας, καὶ τὰς ἐκείνων γλώσσας κερδήσας
πρὸς τὸν καιρὸν παραφθεγξαμένας, ἐπειδὴ τούτοις ἀπολελό-
γητο ἱκανῶς, καὶ τοῦ | δημοτικοῦ πλήθους ἀποπειρᾶται, καί p. 90
15 τινας ἐκ τούτων εὐηχέστατα πρὸς ἃ ἐβούλετο κατεσκευακὼς
ὄργανα, τὰ μὲν εἰρήκει, τὰ δὲ παρ' αὐτῶν ἠκηκόει· καὶ
εὐνοϊκῶς καὶ τούτους πρὸς τὴν πρᾶξιν ὑπειληφὼς ἔχοντας
διέλυσέ τε καὶ τοῦτον τὸν σύλλογον καὶ, ὥς τινα ἆθλον τῶν
ὑπερφυεστάτων τετελεκὼς, τοῦ τε πολλοῦ καμάτου ἀναπε-
20 πνεύκει καὶ πρὸς ἱλαρὰς παιδιὰς ἑαυτὸν ἐπαφῆκε, μόνον οὐκ
ἐπορχούμενος, οὐδὲ τοῦ ἐδάφους ὑπεραλλόμενος. Ἔμελλε δὲ
ἄρα οὐκ εἰς μακρόν τινα χρόνον, ἀλλ' εὐθὺς καὶ ἐξ ὑπογυίου
δίκας τοῦ τυραννικοῦ δώσειν φρονήματος.

XXIV. Τὰ δὲ ἐντεῦθεν καὶ ὁ λόγος ἐλάττων πρὸς τὴν
25 τῶν πεπραγμένων διήγησιν, ὅ τε νοῦς οὐ χωρεῖ τῆς προνοίας
τὸ μέτρον· λέγω δὲ τοῖς ἐμοῖς καὶ τὰ τῶν ἄλλων κρίνων· οὔτε
γὰρ ἂν ποιητὴς θεόπνουν τὴν ψυχὴν ἔχων καὶ τὴν γλῶτταν
αὐτὴν θεοφόρητον, οὔτε τις ῥήτωρ ἄκραν εὐτυχήσας ψυχῆς
τε εὐφυΐαν καὶ εὐγλωττίαν, πρὸς δὲ καὶ τέχνῃ κατακοσμήσας
30 τὴν ἔμφυτον δύναμιν, οὔτε μὴν φιλόσοφος προνοίας καὶ λόγους
ἠκριβωκώς, ἢ εἴ τι ἄλλο τῶν ὑπὲρ ἡμῶν μεμαθηκὼς διὰ
πλῆθος συνέσεως, εἰπεῖν τι μετρίως τῶν τηνικαῦτα πραχθέν-
των ἰσχύσειεν, ὁ μὲν | οἷον σκηνοβατῶν τὴν ἀφήγησιν καὶ
ποικίλως μεταμορφούμενος, ὁ δὲ μεγαλοφυέστερον τοὺς λόγους
35 πλάττων καὶ ἁρμονικῶς συντιθεὶς, καίπερ ἰσάζων τῷ μεγέθει

6. ἐτέλεστο.   11. αἰδοῦς τε.   15. κατασκευακώς.   17. ἔχοντα.
19. τετελευκώς.   20. ἱλαρᾶς παιδείας.   26. κατὰ τ.

ΜΙΧΑΗΛ Ε' (1041—1042).

τῆς πράξεως, ὁ δ' οὐκ αὐτοματίζων τὸ γεγονὸς, ἀλλ' αἰτίας τινὰς προθεὶς ἔμφρονας, ἀφ' ὧν τὸ μέγα ἐκεῖνο καὶ δημοσιώτατον ἀπετελέσθη μυστήριον (οὕτω γὰρ εἰπεῖν οἰκειότερον)· ὅθεν κἂν ἀπεσιώπησα τὴν μεγάλην ἐκείνην φορὰν καὶ συγκίνησιν, εἰμή γε ᾔδειν τὸ καιριώτατον τῆς χρονογραφίας κατασιγάσας· ὅθεν ἐπὶ μικρᾶς σχεδίας μέγα περαιώσασθαι τετόλμηκα πέλαγος. Λέξω γοῦν, ὡς ἂν οἷός τε ὦ, ὁπόσα μετὰ τὴν τῆς βασιλίδος ὑπερορίαν ἡ θεία δίκη τῷ τε καιρῷ καὶ τοῖς πράγμασιν ἐκαινοτόμησεν.

XXV. Ὁ μὲν γὰρ βασιλεὺς τέως ἐτρύφα καὶ πλήρης καθειστήκει φρονήματος, ἡ δέ γε ξύμπασα Πόλις, λέγω δὲ πᾶν γένος καὶ τύχην καὶ ἡλικίαν, ὥσπερ λυθείσης αὐτῇ τῆς συμφυοῦς ἁρμονίας, κατὰ μέρη τινὰ συγκινεῖσθαι καὶ διαταράττεσθαι ἤρχετο, καὶ οὐκ ἦν τῶν πάντων οὐδεὶς ὃς οὐχὶ τὰ πρῶτα μὲν ὑπετονθόρυζε τῇ γλώττῃ καὶ δεινότερον τῇ καρδίᾳ περὶ τοῦ πράγματος ἐβυσσοδόμευε, καὶ τῇ γλώττῃ τοῦ λέγειν ἐδίδου ἐλευθερίαν. Ὡς γὰρ ἡ φήμη ἁπανταχοῦ* τῆς περὶ τὴν βασιλίδα καινοτομίας, πενθοῦσαν ἦν ὁρᾶν τὴν Πόλιν ξύμπασαν· καὶ ὥσπερ ἐπὶ ταῖς μεγάλαις κινήσεσι τοῦ παντὸς σκυθρωπάζουσιν ἅπαντες τὰς ψυχὰς καὶ οὐκ ἔχουσιν ὅπως ἂν ἑαυτοὺς ἀνακτήσαιντο, τὰ μὲν τῶν δεινῶν ὑπομεμενηκότες, τὰ δὲ ἐλπίζοντες, οὕτω δὴ καὶ τότε πᾶσαν ψυχὴν κατήφειά τις κατειλήφει δεινὴ, καὶ ἀπαραμύθητος συμφορά, καὶ εἰς δευτέραν ἡμέραν οὐδεὶς τέως ἐπεῖχε τὴν γλῶτταν, οὐ τῶν ἐν τέλει, οὐ τῶν τοῦ βήματος, ἀλλ' οὐδ' ὅσον ἐκείνου συγγενικὸν καὶ οἰκίδιον· οἱ δ' οὖν ἐπὶ τῶν ἐργαστηρίων καὶ πρὸς μεγάλας τόλμας παρεσκευάζοντο· ἀλλ' οὐδ' ὅσον ξενικόν τε καὶ συμμαχικὸν εἰώθασι παρατρέφειν οἱ βασιλεῖς, λέγω δὲ τοὺς περὶ τὸν Ταῦρον Σκύθας, ἢ ἕτεροί τινες, κατέχειν ἠδύναντο τὰς ὀργὰς, ἀλλὰ πάντες καταθύειν ὑπὲρ τῆς βασιλίδος ἐβούλοντο τὰς ψυχάς.

XXVI. Τὸ δ' ἀγοραῖον γένος καὶ ἄφετον ἤδη που καὶ παρεκεκίνητο ὡς ἄρτι τυραννῆσον τῷ τυραννεύσαντι· τὸ δὲ θῆλυ γένος, ἀλλὰ πῶς ἂν τοῦτο τοῖς οὐκ εἰδόσιν ἀφηγησαίμην; ἐγὼ γοῦν πολλὰς ἑωράκειν, ἃς οὐδεὶς ἄχρι τότε τῆς γυναικω-

1. ὀκ. 8. ὑπερορία. 13. καὶ τὰ. 17. fort. ἦν.
29. ἕτερον. 34. οἰδόσιν.

νίτιδος έξω τεθέαται, δημοσία τε προϊούσας και βοώσας τε και κοπτομένας και δεινόν απολοφυρομένας επι τω πάθει της βασιλίδος, αι δε λοιπαι Μαινάδων δίκην εφέροντο και τάγμα ού τι | μικρόν επι τον άλιτήριον συνεστήκεσαν, πού ποτε βοώσαι, ή μόνη και την ψυχήν ευγενής, και την μορφήν ευειδής ! πού ποτε ή μόνη των πασών ελευθέρα, ή τού ξύμπαντος γένους δεσπότις, ή τον κλήρον της βασιλείας εννομώτατα | έχουσα, ής και ο πατήρ βασιλεύς και ο εκείνον φύς και ο τούτον αύθις αποτεκών! πώς δ' άρα και ο δυσγενής της ευγενούς κατετόλμησε και τοσούτον επ' εκείνην ενθύμημα οπόσον ουδέ μία ψυχή των πάντων εχώρησε! Ταύτ' έλεγον και συνέθεον ως εμπρήσουσαι τα βασίλεια· ως δ' ούκ ήν έτι το κωλύσον ουδένα, πάντων ήδη επι την τυραννικήν αναρραγέντων ψυχήν, τα μεν πρώτα κατά μέρος και ώσπερ κατά σύστημα επι τον πόλεμον κατεστρατοπεδεύοντο, έπειτα όλη της Πόλεως κατ' αυτού συνεστρατήγουν τη φάλαγγι.

XXVII. Έκαστος γούν τών πάντων καθώπλιστο, ο μέν πέλεκυν διηγκαλισμένος, ο δέ ρομφαίαν τινά κραδαίνων τη χειρί βαρυσίδηρον, έτερος δέ τόξον μετακεχείριστο και άλλος δόρυ, ο δέ πολύς όχλος, τών αδροτέρων λίθων τούς μέν κολπωσάμενοι, τούς δ' εν χεροίν έχοντες, ατακτότερον έθεον. Εγώ γούν τηνικαύτα προ τών βασιλείων ειστήκειν εισόδων, πόρρωθεν υπογραμματεύων τω βασιλεί και άρτι μεμυημένος τα προεισόδια· καί με είχεν η έξω στοά γραφάς τινας τών μυστικωτέρων υπαγορεύοντα· αθρόον δε βοή τις ημίν προβάλλει ώσπερ ιππόκροτος και διέσεισε τας τών πολλών ο ήχος ψυχάς· έπειτά τις ήκεν αγγέλλων, ως ο δήμος άπας επι τον βασιλέα κεκίνηται και ώσπερ υφ' ενι συνθήματι προς την αυτήν γνώμην συνείλεκται. Τοίς μεν ούν πολλοίς καινοτομία τις άλογος το πραττόμενον έδοξεν, εγώ δε συνιείς εξ ών πρότερον τα μεν εωράκειν, τα δε ηκηκόειν, ως εις πυρκαϊάν ο σπινθήρ ανεφλέχθη και δεί πολλών ποταμών και επιφόρου του ρεύματος ώστε αποσβεσθήναι, αυτίκα τον ίππον αναβάς

5. τήν αλητήριον.   12. λέγον.   15. κατεστρατοπαιδεύοντο.   16. αυτών.
20. έτεροι.   21. ανδροτέρων.   24. άντι μεμνημένος.
27. ιππόκρατος.   31. συνείς.   33. πινθήρ.

διὰ μέσης ἤειν τῆς Πόλεως καί γε τοῖς ὀφθαλμοῖς αὐτοῖς ἑωράκειν περὶ ὧν νῦν ἔπεισί μοι ἀμφισβητεῖν.

XXVIII. Ὥσπερ γάρ τινος ξύμπαντες κρείττονος μετεσχηκότες πνεύματος, οὐκ ἔτι ἐπὶ τῶν προτέρων ἑωρῶντο τῆς ψυχῆς καταστάσεων, ἀλλ' οἵ τε δρόμοι αὐτῶν μανικώτεροι καὶ αἱ χεῖρες ἐρρωμενέστεραι, καὶ | τῶν ὀφθαλμῶν αἱ βολαὶ πυρώδεις τε καὶ ἐνθουσιῶσαι, οἵ τε τοῦ σώματος τόνοι ῥωμαλεώτεροι, μεταρρυθμίζεσθαι δὲ πρὸς τὸ εὐσχημονέστερον ἢ μετατίθεσθαι τῶν βουλευμάτων οὐδεὶς τῶν πάντων ἐβούλετό γε, ἢ | τοῦ συμβουλεύοντος ἦν.

XXIX. Δόξαν δὲ αὐτοῖς τὰ πρῶτα ἐπὶ τὸ γένος ἐκείνου χωρεῖν καὶ τοὺς σεμνοὺς ἐκείνων οἴκους καταστρέφειν καὶ ὑπερόγκους, ἔργου τε εἴχοντο, καὶ ὁμοῦ προσέβαλλον, καὶ τὸ ξύμπαν εἰς ἔδαφος κατερρήγνυτο, καὶ τῶν οἰκοδομημάτων τὰ μὲν ἐπικεκάλυπτο, τὰ δ' ἀνακεκάλυπτο· ἐκαλύπτοντο μὲν ὀροφαὶ εἰς γῆν πίπτουσαι, ἀνεκαλύπτοντο δὲ κρηπῖδες γῆθεν ἀναρρηγνύμεναι, ὥσπερ αὐτῶν τῆς γῆς τὸ ἄχθος ἀποφορτιζομένης καὶ ἀπορριπτούσης τοὺς θεμελίους· κατέστρεφον δὲ τὰ πλείω οὐ χεῖρες ἡβώντων ἢ ἀκμαζόντων ἀνδρῶν, ἀλλὰ καὶ μείρακες καὶ εἴ τις ἑτέρα ἀτελὴς ἡλικία ἐξ ἑκατέρου γένους, ἁπάσης κατασκευῆς ἀποδιδούσης ταῖς πρώταις εὐθὺς ἐπαφαῖς· τὸ δὲ διαρραγὲν ἢ καταστραφὲν ὁμαλῶς ὁ καταστρέψας ἀπεφορτίζετο, καὶ εἰς ἀγορὰν προυτίθη, μὴ διαμφιβάλλων περὶ τοῦ πλείονος.

XXX. Ἡ μὲν οὖν Πόλις ἐν τούτοις ἦν, καὶ οὕτω ταχὺ τὸ σύνηθες αὐτῇ σχῆμα μετήλλακτο· ὁ δὲ καθῆστο ἐν τοῖς βασιλείοις, τὰ μὲν πρῶτα οὐ πάντως τι πρὸς τὸ συμβὰν ταραττόμενος, ὅθεν ἐβούλετο ἀναιμωτὶ τὸν πολιτικὸν καταλῦσαι πόλεμον· ἐπεὶ δὲ ἤδη λαμπρὰ ἡ ἀποστασία ἐγένετο, καὶ ὁ δῆμος κατὰ λόχους συνῄεσαν, καὶ ἀξιόλογος ἡ παραβολὴ ἐγεγόνει, τότε δὴ δεινῶς τε ἐστρέφετο τὴν ψυχὴν καὶ ἅτε πολιορκούμενος οὐκ εἶχεν ὅ τι καὶ δράσειεν· ἐδεδίει τε γὰρ προϊέναι, καὶ τὴν προσεδρείαν οὐδὲν ἧττον ὑπώπτευε, συμμαχία τε αὐτῷ οὔτε ἐν τοῖς βασιλείοις ἦν, οὔτε ἐξῆν μεταπέμψασθαι· καὶ αὐτὸ γὰρ τὸ παρατρεφόμενον ἐν ταῖς

7. ἐνθυσιῶσαι.   15. ἀνακάλυπτο.   17. αὐτῶ.   26. καθῆτο.
31. ἄπερ.   32. ἐδεδίε.   35. αὐτῷ.

αὐλαῖς ξενικὸν, οἱ μὲν ἀμφίβολοί πως ἦσαν ταῖς γνώμαις καὶ τοῖς κελεύσμασιν οὐ | πάντως πειθόμενοι, οἱ δὲ ἀντεκάθηντό γε προδήλως καὶ ἀπερρωγότες τοῖς πλήθεσι συνερράγεσαν.

XXXI. Παντάπασι γοῦν ἀπορουμένῳ σύμμαχος αὐτῷ ἐφεστήκει ὁ νωβελλίσιμος· ἔτυχε μὲν γὰρ τηνικαῦτα τῶν βασιλείων ἀφεστηκὼς, ἐπεὶ δὲ τὸ δεινὸν ἐμεμαθήκει, δείσας περὶ τὸ γενόμενον, τὰ μὲν πρῶτα ἀπρόϊτος οἴκοι διέτριβε, τὸν ἐφεστηκότα πρὸ θυρῶν ὄχλον οὐχ ἥκιστα δεδιὼς, ὡς αὐτίκα τεθνηξόμενος εἰ προΐοι· εἶτα δὴ ξύμπαν καθοπλίσας αὐτὸ τὸ οἰκίδιον καὶ αὐτὸς οὐδὲν φραξάμενος, ἀθρόον ὠσάμενοι καὶ λαθόντες τὴν ἔξοδον, πυρὸς δίκην διὰ τῆς πόλεως εἴεσαν, ἐγχειρίδια κατέχοντες ταῖς χερσὶν, ὡς εἴ τις αὐτοῖς ἀπαντιάσοι εὐθὺς ἀναιρήσοντες· καὶ οὕτω διαδραμόντες, τάς τε βασιλείους προσαράξαντες πύλας | εἰσίασι τῷ κινδυνεύοντι βασιλεῖ βοηθήσοντες· ὁ δὲ ἀσμένως τε τούτους εἰσδέχεται, καὶ μικροῦ δεῖν τὸν θεῖον καταφιλεῖ ὅτι συναπολωλέναι ἐκείνῳ προείλετο. Βουλεύονται γοῦν τὴν μὲν βασιλίδα εὐθὺς τῆς ὑπερορίας ἀνακαλέσασθαι, δι᾿ ἣν ἀνερρώγει τὸ πλῆθος καὶ συνεστήκει ὁ πόλεμος, αὐτὸν δὲ πρὸς τὸ κατεπεῖγον τὸν ἐν τοῖς βασιλείοις ὄχλον, ἀκοντιστὰς καὶ λιθοβόλους, ἐπιστῆσαι πρὸς τοὺς ἀναιδῶς αὐτοῖς παρεμβάλλοντας· οἳ δὴ καὶ κρύβδην ἀπὸ τῶν μετεώρων σφενδονῶντές τε καὶ τοξεύοντες οὐκ ὀλίγους τε ἀνῃρήκασι καὶ τὴν πεπηγυῖαν διέρρηξαν φάλαγγα· ἀλλὰ γνόντες* ἀνεκάλεσάν τε ἑαυτοὺς αὖθις καὶ ἀρραγέστερον συνειστήκεσαν.

XXXII. Ἐν τοσούτῳ δὲ καὶ ἡ βασιλὶς ἐν τοῖς ἀνακτόροις κομίζεται, οὐ μᾶλλον χαίρουσα τοῖς ἐπ᾿ αὐτῇ τελουμένοις παρὰ τοῦ κρείττονος, ἢ περιδεῶς ἔχουσα μὴ πάθοι παρὰ τοῦ πονηροῦ βασιλέως δεινότερον. Ὅθεν οὐδὲ τοῦ καιροῦ γίνεται, οὐδὲ ὀνειδίζει τῷ τυράννῳ τὴν συμφορὰν, οὐδὲ μεταλλάττει τὸ σχῆμα, ἀλλὰ καὶ συναλγεῖ καὶ ἀφίησι δάκρυον ἐπ᾿ αὐτῷ· ὁ δὲ, δέον αὐτῇ τὸ σχῆμα μετα|βαλεῖν καὶ τὴν περιπόρφυρον ἐσθῆτα περιβαλεῖν, καὶ ἐγγυᾶς αὐτὴν εἰσπράττεται, μὴ ἂν ἄλλως βιῶναι τῆς τρικυμίας κατευνασθείσης ἢ ὡς ἔχει

---

7. τῶν.   8. δεδειώς.   9. καθωπλίσας.   12. ἐνχειρίδια.
ibid. ἀπαντήασοι.   19. αὐτούς.   24. γνῶντες.
26. ἀνακτώροις.   33. περιβαλλεῖν.

σχήματος, καὶ ἀγαπῆσαι τοῖς ἐπ' αὐτῇ δόξασιν· ἡ δὲ πᾶν ὁτιοῦν ἐπαγγέλλεται, καὶ τὴν συμμαχίαν ἐπὶ τοῖς δεινοῖς τιθέασι. Καὶ οὕτως αὐτὴν ἐπὶ μετεώρου τοῦ μεγάλου θεάτρου ἀναγαγόντες τῷ στασιάσαντι δήμῳ δεικνύουσιν, ἀξιοῦντες λῆξαι τούτοις τὰ τοῦ θυμοῦ πνεύματα, ἀνακομι- 5 σθείσης αὐτοῖς τῆς δεσπότιδος· οἳ δὲ οὐκ ἔφθασάν γε εἰδέναι τὴν δεικνυμένην, ὅσοι δὲ καὶ ἐγνώκεισαν ἔτι μᾶλλον τὴν τοῦ τυράννου γνώμην ἐμίσησαν, μηδὲν τοῖς δεινοῖς ἀποθεμένην τὸ ἄγριον καὶ κακόηθες.

XXXIII. Ἐξήφθη γοῦν αὐτῷ μᾶλλον ἐπὶ πλέον ὁ πόλε- 10 μος· εἶτα δὴ δείσαντες μὴ μετὰ τῆς βασιλίδος ὁ τυραννεύων τούτους κατατροπώσηται, καὶ ἐνδοῖεν οἱ πλεῖστοι τοῖς ἐκείνης λόγοις πειθόμενοι, ἐφ' ἑτέραν βουλὴν τρέπονται, ἥτις δὴ καὶ μόνη πρὸς τὰς τυραννικὰς ἀντήρκεσε μηχανάς.

XXXIV. Βραχὺ δὲ τούτου προαφηγήσασθαι βούλομαι, 15 ἵνα καθ' ὁδὸν ἡμῖν ὁ λόγος προΐοι· καί μοι τῶν προτέρων ἀναμνηστέον καὶ συναπτέον ἐκείνοις τὸν λόγον. Οὐ μία τοῦ Κωνσταντίνου θυγάτηρ, ὥς μοι προλέλεκται, ἀλλὰ τρεῖς ἐγεγόνεισαν· τούτων οὖν ἐτεθνήκει μὲν ἡ πρεσβυτέρα, ἡ δέ γε νεωτέρα βραχύν τινα μὲν χρόνον συνῆν βασιλευσάσῃ τῇ 20 ἀδελφῇ καὶ τρόπον τινὰ συμβεβασιλεύκει· τῆς μὲν γὰρ εὐφημίας ἐκείνῃ οὐκ ἐκοινώνει, διαφερόντως δ' ἐτετίμητο, καὶ τῆς ἐν τοῖς βασιλείοις μετά γε τὴν ἀδελφὴν μετεῖχε λαμπρό- 356 τητος· ἐπεὶ δὲ οὐκ αὔταρκες ἡ συγγένεια οὐδὲ τό γε ἐκ τῶν αὐτῶν προελθεῖν ὠδίνων εἰς βασκανίας ἀποτροπήν, βασκαίνει 25 καὶ τῆς ἐλάττονος τιμῆς τῇ Θεοδώρᾳ ἡ βασιλεύουσα (τοῦτο γὰρ ἦν τῇ ἀδελφῇ ὄνομα), ἅμα δὲ καί τινων λογοποιῶν ἐπ' αὐτὴν διασχόντων τὸ στόμα, πείθει τὸν αὐτοκράτορα μεταστῆσαι τῶν βασιλείων τὴν Θεοδώραν, τάς τε τρίχας κεῖραι, καὶ φυλακὴν ταύτῃ ὥσπερ εὐπρεπεστάτην τῶν σεμνοτέρων 30 καὶ βασιλείων οἴκων ποιήσασθαι· γίνεται γοῦν εὐθὺς ταῦτα, καὶ φθόνος τὰς ἀδελφὰς διελών, τὴν μὲν ἐν μείζονι, τὴν δὲ ἐλάττονι μέν, σεμνοτέρῳ δ' ὅμως κατέσχε προσχήματι.

XXXV. Ἔστεργε γοῦν ἡ Θεοδώρα τὰ δόξαντα καὶ οὔτε τὴν μεταμφίασιν ἐδυσχέραινεν οὔτε τὸ πρὸς τὴν ἀδελφὴν 35

1. ἀγάπη. 5. ἀνακοσμισθείσης. 12. ἐκείνοις. 14. ἀντήρκεσαι. 17. τῶν. 22. ἐφημίας. 23. τοῖς. 24. τῶν. 28. διαυχόντων.

ἀκοινώνητον. Ὁ μέντοι γε αὐτοκράτωρ οὐ παντάπασι ταύτην τῆς προτέρας ἀπῆγεν αἰδοῦς, ἀλλὰ καί τινος αὐτὴν βασιλικῆς μέτοχον ἐποιεῖτο χάριτος. Ἐπεὶ δὲ οὗτος μὲν ἐτεθνήκει, ὁ δὲ Μιχαὴλ τῶν σκήπτρων ἐπείληπτο, τῆς τε
5 βασιλίδος, ὡς ὁ λόγος ἐγνώρισε, βραχύν τινα χρόνον ἀναμείνας ἐπιλέληστο, καὶ τῆς ἀδελφῆς παντάπασι κατολιγωρεῖ· ἐπεὶ δὲ καὶ οὗτος τὸν εἱμαρμένον αἰῶνα πληρώσας ἀπῆλθεν, ὁ δὲ ἀνεψιὸς ἐλελήφει τὸ κράτος, οὐδ' ἥτις ἐστὶν ἡ Θεοδώρα ἐγνώκει, οὐδ' εἰ βασιλείου ῥίζης ἐβλάστησεν, ἀλλὰ τό γε καθ'
10 ἑαυτὸν οὐδ' εἰ ἐγεγόνει αὕτη, οὐδ' εἰ ἐνταῦθα παρεληλύθει. Ἡ δὲ καὶ οὕτως ἔχουσα, μᾶλλον δὲ οὕτως ἐχόντων αὐτῇ τῶν αὐτοκρατόρων, οὐδέν τι πρὸς τὰς ἐκείνων ἀντεκίνει γνώμας, οὐ τυραννουμένη μᾶλλον ἢ ἑκοῦσα. Ἡ μὲν οὖν προαφήγησις τῆς ὑποθέσεως αὕτη.

15 Περὶ τῆς τοῦ ὄχλου ἀπαγωγῆς πρὸς τὴν Αὐγούσταν Θεοδώραν.

XXXVI. Ὁ τοίνυν δῆμος, ὥς μοι λέλεκται, κατὰ τοῦ τυραννεύσαντος στασιάσας καὶ δεδιὼς μή τε ἄλλως τὰ πράγματα ἕξουσι, καὶ ἡ τυραννικὴ αὐτοῦ κατισχύσει χείρ, καὶ οὐδέν τι πλέον τοῦ θορύβου γενήσεται, ἐπειδὴ τὴν
20 πρώτην βασιλίδα ἑλεῖν οὐχ οἷός τε ἦν, τοῦ τυράννου ταύτην προκατασχόντος καὶ οἷον ἐλλιμενίσαντος, ἐπὶ τὴν ἀδελφὴν τρέπεται, ὡς δεύτερον αἷμα βασίλειον, οὐ ταραχωδῶς | οὐδὲ συγκεχυμένως, ἀλλ' ἕνα τῶν πατρῴων αὐτῇ θεραπόντων ὥσπερ τινὰ στρατηγὸν τῆς ἑαυτοῦ προστήσας τάξεως, ἄνδρα
25 τὸ μὲν γένος οὐχ Ἕλληνα, τὸ δὲ ἦθος τοῦ καλλίστου γένους, ἡρωϊκὸν δὲ τὸ εἶδος, καὶ τὸ σεβάσμιον ἐξ ἀρχαίας εὐτυχίας κεκτημένον, φάλαγξιν ὅλαις σὺν φαλαγγάρχῃ γενναίῳ ἐπὶ τὴν Θεοδώραν ἀπῄει.

XXXVII. Ἡ δὲ τῷ ἀπροσδοκήτῳ καταπλαγεῖσα, τήν
30 τε πρώτην πεῖραν ἀνένδοτος διαμεμενήκει, καὶ ἐν τοῖς ἀδύτοις ἑαυτὴν κατασχοῦσα ἀνήκοος πρὸς πᾶσαν διαμεμενήκει φωνήν· ἀλλὰ τὸ πολιτικὸν | στράτευμα, ἀπογνόντες πρὸς τὴν πειθώ,

7. ἡμαρμένον.   8. ἐλελήχει.   9. ἡ β.   11. αὖθις ἔχ.   17. ἄλλω.
22. ταρ' ἀχ ὁδῶς.   27. φάλαγξας ὅλη.   32. ἀπογνῶντες.

ΘΕΟΔΩΡΑ (1042). 87

τὴν βίαν ἐπῆξεν αὐτῇ, καί τινες σπασάμενοι ἐγχειρίδια ὡς
ἀναιρήσοντες ταύτην ὥρμησαν, εἶτα δὴ καὶ τολμήσαντες
ἀποσπῶσι μὲν τοῦ ἀδύτου, ἐξάγουσι δὲ εἰς τὸ ὕπαιθρον, καί
τινα τῶν λαμπροτέρων στολῶν ἐπενδύσαντες ἐφ᾽ ἵππου τε
καθίζουσι καὶ πρὸς τὸν μέγαν ναὸν τῆς τοῦ θεοῦ Σοφίας 5
κύκλωσε συγκινούμενοι ἄγουσιν. Ἐντεῦθεν οὐχ ἡ τοῦ δήμου
μόνη μερὶς, ἀλλὰ καὶ ἡ ἔκκριτος ξύμπασα συνεπινενεύκει τῇ
Θεοδώρᾳ, καὶ πάντες τοῦ τυράννου πάντῃ κατολιγωρήσαντες
βασιλίδα τὴν Θεοδώραν εὐφήμῳ στόματι κατωνόμασαν.

Περὶ τῆς τοῦ βαϲιλέωϲ καὶ τοῦ θείου αὐτοῦ ἀποφυγῆϲ, καὶ 10
περὶ τῆς αὐτῶν ἐκτυφλώϲεωϲ.

XXXVIII. Ὡς δὲ τοῦτο ἐγνώκει ὁ τύραννος, δείσας μὴ
ἀθρόον ἐπεληλυθότες αὐτοῦ που ἐν τοῖς ἀνακτόροις διαχειρί-
σονται, εἰς ναῦν τινα τῶν βασιλικῶν ἑαυτὸν ἐμβιβάσας καὶ
τὸν θεῖον παραλαβὼν πρὸς τὴν ἱερὰν τῶν Δίου καταίρει 15
μονὴν, τό τε σχῆμα μεταβαλὼν, ἱκέτου σχῆμα μεταλαμβάνει
καὶ πρόσφυγος. Ὡς δὲ δῆλον ἐγεγόνει τοῦτο τῇ Πόλει, εὐθὺς
αἴρεται πᾶσα ψυχὴ μέχρι τούτου πεφοβημένη καὶ φρίττουσα·
p. 98 καὶ οἱ μὲν σῶστρα θεῷ ἀνετίθουν, οἱ δὲ ἀνευφήμουν | τὴν
βασιλίδα, τὸ δ᾽ ὅσον δημῶδες καὶ ἀγοραῖον χορούς τε συνί- 20
στασαν καὶ ἐπετραγῴδουν τοῖς γεγονόσιν, αὐτόθεν τὰ μέλη
ποιούμενοι· οἱ δέ γε πλείους ἐπ᾽ αὐτὸν δὴ τὸν τύραννον
ἀκαθέκτῳ δρόμῳ συνέθεον, ὡς κατακόψοντες, ὡς σφάξοντες.

XXXIX. Καὶ οἱ μὲν οὕτως· οἱ δὲ περὶ τὴν βασιλίδα
Θεοδώραν φρουράν τινα ἐπ᾽ αὐτὴν ἀφίασι καὶ φρούραρχόν 25
τινα τῶν γενναίων, ᾧ κἀγὼ συνειπόμην ἐγγύθεν, φίλος τε ὢν
ἐκείνῳ, καὶ εἰς βουλὴν ἅμα καὶ πρᾶξιν τῶν ἐγνωσμένων
παραληφθείς· ἐπεὶ δὲ πρὸς ταῖς πύλαις τοῦ νεὼ ἐγεγόνειμεν,
ἑτέραν αὐτοκέλευστον ὁρῶμεν φρουρὰν, δημώδη φάλαγγα
κύκλωσε τὸν ἱερὸν περιειληφότας οἶκον καὶ μονονοῦ διορύξαι 30
τοῦτον ἐθέλοντας· ὅθεν οὐδ᾽ ἀπράγμων ἡμῖν ἡ πρὸς τὸν ναὸν
ἐγένετο εἴσοδος· ὁμοῦ δὲ καὶ πολύ τι πλῆθος συνερρύησαν,

3. ἀποσπώσῃ. 8. κατωληγορήσαντες. 19. ἀνεφήμου. 22. ποιούμενος.
23. κατακόψαντες, ὡς σφάξαντες. 25. αὐτὸν. 26. γεννέων.
28. ἐγεγόνει μὲν.

τοῦ ἀλιτηρίου καταβοῶντες καὶ πᾶσαν κατ' αὐτοῦ φωνὴν ἀφιέντες ἀσχήμονα.

XL. Τέως δὲ καὶ αὐτὸς οὐ πάνυ τι συνεληλύθειν ἐπιεικῶς, οὐ γὰρ ἦν ἐπὶ τῇ βασιλίδι ἀνάλγητος, ἀλλὰ κἀμὲ βραχύς τις ἐπ' ἐκεῖνον ὑπεκίνει θυμός· ἐπεὶ δὲ πρὸς τῷ ἱερῷ βήματι γεγονὼς, οὗ ἐκεῖνος ἐτύγχανεν ὢν, ἐθεασάμην ἄμφω τὼ πρόσφυγε, τὸν μὲν βασιλεύσαντα αὐτῆς ἐπειλημμένον τῆς ἱερᾶς τοῦ Λόγου τραπέζης, τὸν δέ γε νωβελλίσιμον ἐπὶ τοῦ δεξιοῦ ἑστηκότα | μέρους, μεταβεβλημένω καὶ τὸ σχῆμα καὶ τὴν ψυχὴν καὶ κατησχυμένω παντάπασι, θυμοῦ δὲ οὐδ' ὁτιοῦν ἴχνος ἐφύλαξα τῇ ψυχῇ, ὥσπερ δὲ τυφῶνι βληθεὶς αὖος εἱστήκειν καὶ ἀχανὴς, πρὸς τὴν καινοτομίαν μεταβεβλημένος τοῦ πράγματος· εἶτα δὴ συλλεξάμενος τὴν ψυχὴν, ἐπηρασάμην τῆς ἡμετέρας ζωῆς, δι' ἣν εἴωθε συμβαίνειν τὰ καινὰ ταῦτα καὶ ἄτοπα· εἶτα δὴ ὥσπερ τινὸς ἔνδοθεν ἀναρρυείσης πηγῆς, δακρύων ῥοῦς ἀκατάσχετος προεχεῖτο τῶν ὀφθαλμῶν, τε|λευ- τῶντι δέ μοι καὶ εἰς στεναγμοὺς τὸ πάθος ἀπετελεύτησε.

XLI. Τὸ μὲν οὖν εἰσεληλυθὸς πλῆθος κύκλωσε περιστάντες τὼ ἄνδρε ὥσπερ δή τινες θῆρες καταδαίσασθαι τούτους ἐβούλοντο· ἐγὼ δὲ πρὸς τῇ δεξιᾷ τοῦ βήματος κυκλίδι ἑστὼς ἐποιούμην τὸν θρῆνον. Ὡς δέ με εἶδον ἄμφω περιπαθῶς ἔχοντα καὶ οὐ πάντῃ ἐκπεπολεμωμένον ἐκείνοις, ἀλλὰ δεικνῦντά τι τοῦ ἐπιεικοῦς σχήματος, πρός με ἄμφω συνεληλυθέτην· κἀγὼ, βραχύ τι μεταβαλὼν, πρῶτα μὲν κατῃτιώμην ἠρέμα τὸν νωβελλίσιμον ἐπ' ἄλλοις τε δὴ καὶ ὅτι συγκοινωνεῖν τῷ βασιλεῖ εἵλετο ἐπὶ τῆς βασιλίδι κακώσεως, ἔπειτα καὶ αὐτὸν δὴ τὸν εἰληφότα τὸ κράτος ἠρώτησα ὅ τι δήποτε πεπονθὼς παρὰ τῆς μητρὸς καὶ δεσποτίδος τοιοῦτον ἐκείνῃ πάθος ἐπετραγώδησε. Καὶ ἄμφω δή μοι ἀπεκρινάσθην· ὁ μὲν νωβελλίσιμος, ὡς οὔτε τῆς ἐπὶ τούτῳ βουλῆς τῷ ἀνεψιῷ ἐκοινώνησεν οὔτ' ἄλλως προὐτρέψατο· ἐπισχεῖν δέ φησιν, εἴ γε βουληθείην, κακοῦ τινος παραπολελαύκειν· οὕτω γὰρ ἦν ἀκατάσχετος οὗτος, πρὸς ἐκεῖνον ἐπιστραφεὶς, πρὸς ὃ βουληθείη καὶ ἐφ' ὅπερ ὁρμήσειεν· εἰ γὰρ οἷός τε ἦν ὁρμὴν αὐτοῦ

1. ἀλητηρίου.   4. ἐπὶ εἰκὸς.   7. τὸ.   8. νωβελίσιμον.
10. κατησχυμμένω.   11. αὖθης.   15. ἀναρρυήσεις.   19. τῶ.
21. εστῶς.   22. ἐκπεπολεμωμένων.   26. τῇ β.

ΘΕΟΔΩΡΑ (1042).

ἀνακόψαι, οὐκ ἂν δή μοι τὸ γένος ξύμπαν ἐκέκοπτο καὶ πυρὸς καὶ σιδήρου ἔργον ἐγένετο!

XLII. Τοῦτο δὲ τί ποτέ ἐστι, βραχύ τι διακόψας τὸν λόγον ἐρεῖν βούλομαι· ἐπειδὴ τὸν Ὀρφανοτρόφον ὁ βασιλεύων ἀπήλασεν, ὥσπερ δὴ τὸν τοῦ γένους στύλον κατενεγκών, τὸ ξύμπαν ἐκθεμελιοῦν ἠπείγετο, καὶ τὸ συγγενὲς ἅπαν, τοὺς πλείω εἰς ἡλικίας ἐληλυθότας ἀκμὴν καὶ ἀκριβῶς γενειάσαντας, πατέρας τε γεγονότας καὶ τάξεις ἐμπιστευθέντας τῶν σεμνοτέρων ἀρχῶν, τῶν παιδογόνων μορίων ἀποτεμὼν ἡμιθανεῖς ἀφῆκε τῷ βίῳ· τὸν γὰρ προὖπτον ἐπ' αὐτοὺς αἰδούμενος θάνατον, ἐπιεικεστέρᾳ τομῇ ἐβούλετο ἀνελεῖν.

XLIII. Ὁ μὲν οὖν νωβελλίσιμος τοιούτῳ με λόγῳ ἠμείψατο· ὁ δὲ τυραννεύσας ἠρέμα τὴν κεφαλὴν ἐπισείσας καὶ μογισμὸν καὶ δάκρυον | τῶν ὀφθαλμῶν ἐπαφεὶς, ἀλλ' οὐκ ἄδικος ὁ θεός, οὕτως εἰπών, καί με ἡ δίκη | τῶν πεπραγμένων ποινὰς εἰσπράττεται! καὶ εἰπὼν αὖθις τῆς θείας τραπέζης ἐδράξατο· ἔπειτα δὴ καὶ τὴν τοῦ σχήματος ἐννόμως μεταμφίασιν ἐπ' αὐτῷ γενέσθαι καταξιοῖ. Καὶ τελοῦνται ἄμφω τῆς μεταμφιάσεως τὸ μυστήριον· καὶ ἤστην ὁμοῦ συντετριμμένω καὶ δειλιῶντε καὶ τὴν τοῦ δήμου πεφοβημένω φοράν. Ἐγὼ μὲν οὖν ᾤμην ἄχρι τούτου τὸν τάραχόνδε προβήσεσθαι, καὶ τήν γε σκηνὴν ἀπεθαύμαζον, καὶ τὴν τῶν παθημάτων χορείαν ἐξεπληττόμην· τὸ δὲ ἦν ἄρα βραχύ τι προοίμιον χειρόνων τραγῳδιῶν· εἰρήσεται δὲ κατὰ μέρος ταῦτα.

XLIV. Ἤδη γὰρ κλινούσης ἡμέρας ἐφίσταταί τις ἀθρόον τῶν ἄρτι τὰς εὐχὰς κληρουμένων, ὡς ἀπὸ τῆς Θεοδώρας προστεταγμένον αὐτῷ ἐφ' ἕτερόν τινα τόπον μεταστῆσαι τοὺς πρόσφυγας, εἵπετο δὲ αὐτῷ καὶ πληθὺς πολιτική τε καὶ στρατιωτική· καὶ προσπελάσας τῷ βήματι οὗ ἐκεῖνοι καταπεφεύγασιν, ἰταμωτέρᾳ φωνῇ τὴν ἔξοδον αὐτοῖς προὔτρεπεν· οἱ δὲ, ὡς τό τε πλῆθος ἑωράκεισαν δημίων λόγους ἐπέχοντας καὶ τὸν ἄγοντα τεθέανται παραδεικνύντά τι τοῦ καιροῦ καὶ παρὰ τὸ ἦθος μεταβαλόντα πρὸς τὸ θρασύτερον, οὐκ ἔφασαν ἐξελεύσεσθαι, καὶ τῶν ἀνεχόντων τὴν ἱερὰν τράπεζαν κιόνων

11. τὸ μὴ.   14. μόγισμου.   15. ἡδίκη.   20. δειλιῶνται.   21. ταραχώδη.
23. χορήαν.   26. scr. ἀρχὰς.   28. εἶπε.   ibid. πληθοῖς.
32. τεθέαντα.   33. μεταβαλόντα.

ἐδράξαντο εὐσθενέστερον· ὁ δὲ τοῦ θράσους ἀφέμενος ἐπιεικέστερον αὐτοῖς προσωμίλει, καθ' ἱερῶν τε ὀμνὺς, καὶ πάντα λόγον κινῶν, ὡς οὔτε κακοῦ τινος πειραθήσονται οὔτε βαρύτερος αὐτοῖς ὁ πεμφθεὶς γενήσεται τοῦ καιροῦ· οἱ δ' 5 ἅπαξ ἀποδειλιάσαντες καὶ πᾶσαν ἐκ τῶν παρόντων συμφορὰν ὑποπτεύσαντες, ἐξεκεκώφεισαν, ἐν τοῖς ἀδύτοις τυθήσεσθαι μᾶλλον ἑλόμενοι, ἢ ὕπαιθροι γεγονότες πάσης ἐπιεικείας τυχεῖν.

XLV. Ἐντεῦθεν ἐκεῖνος τῆς διὰ τῶν λόγων πειθοῦς ἀπογνοὺς ἐπὶ τὴν βίαν ἐλήλυθεν· ὡς δὲ προστά|ξαντος p. 101 10 χεῖρας ἐπ' αὐτοὺς τὸ πλῆθος ἀνέτειναν, καὶ ἤδη καὶ παρανομεῖν ἐπεχείρησαν, ὡς θῆρες αὐτοὺς τῶν ἱερῶν ἀπελαύνοντες, ἐντεῦθεν ἐκεῖνοι πᾶσαν γοηρὰν ἀφιέντες φωνὴν πρὸς τὴν ἱερὰν ποίμνην ἀπέβλεψαν, προσλιπαροῦντες μὴ ἐκπεσεῖν τῶν ἐλπίδων, μηδὲ προσπεφευγότας θεῷ ἐκεῖθεν ἀπελαθῆναι πικρῶς· 15 καὶ οἵ γε πλείους πρὸς τὸ ἐκείνων πάθος ἐδυσωπήθησαν, καὶ ἐναντιωθήσεσθαι μὲν τῇ τοῦ καιροῦ φορᾷ παντάπασιν οὐκ ἐτόλμησαν, ὁμολογίας δὲ παρὰ τοῦ πλήθους προσειληφότες καὶ τοῖς τοῦ ἄγοντος ὅρκοις πιστεύσαντες, ὡσπερεὶ συνθήκας ποιούμενοι, ἐκείνους τε τούτῳ παρέθεσαν καὶ αὐτοὶ συνείποντο τούτοις, ἵν' οὕτως | εἴπω, ἀπεληλαμένοις ἐπικουρήσοντες· ἀλλ' 21 ἦν ἄρα οὐδὲν τὸ βοηθῆσον ἐκείνοις, οὕτω τῶν πραγμάτων ἀντιπεριστάντων καὶ πᾶσαν ψυχὴν ἐπ' ἐκείνους ἐρεθισάντων.

XLVI. Οἱ γὰρ περὶ τὴν Θεοδώραν τὸ τῆς ἀδελφῆς εἰδότες ζηλότυπον, καὶ ὡς βούλοιτ' ἂν ἀσμένως τῶν περὶ 25 τὸν ἱππῶνά τινα ἐπὶ τοῦ βασιλείου θρόνου θεάσασθαι ἢ τὴν ἀδελφὴν κοινωνήσουσαν αὐτῇ τῆς ἀρχῆς, καὶ λογισμὸν εἰκότα λαβόντες μὴ διὰ ταῦτα τῆς μὲν κατολιγωρῆσοι, ἐκεῖνον δὲ λαθραίως εἰς τὴν βασιλείαν αὖθις ἀναβιβάσοι, μίαν ἅπαντες ψῆφον τιθέασιν, ἐκ μέσου τὸν πεφευγότα 30 ποιήσασθαι. Τὸ μὲν οὖν θάνατον τούτου καταψηφίσασθαι οὐ πάνυ τοῖς ἐπιεικεστέροις ἤρεσκε, τὸ δ' ἄλλως πως ἀποσβέσειν αὐτοῖς τὰς ἐλπίδας μελετῶσί τε καὶ συντίθενται· καὶ ἀποστέλλουσιν ὅτι τάχιστα ἄνδρας ἰταμοὺς καὶ θρασεῖς, ἐγκεκελευσμένους, ἐπειδ' ἂν τούτους θεάσονται ἔξω τοῦ θείου 35 γεγονότας σηκοῦ, σιδήρῳ τοὺς ὀφθαλμοὺς ἐξελεῖν.

---

3. οὔται.   7. ὕπεθροι.   8. τὸν λόγον.   12. γοῦράν.
14. προσπεφευγέτας.   22. αἱρεθισάντων.   31. πάνοι.   34. τούτοις.

ΘΕΟΔΩΡΑ (1042). 91

XLVII. Οἱ μὲν οὖν ἤδη ἐξῇεσαν τοῦ νεώ, πομπὴ δὲ αὐτοὺς ὑποδέχεται ἄτιμος· ἡ γὰρ πληθὺς προσπαίξαντες τούτοις ὁπόσα εἰκὸς τῷ καιρῷ, καὶ τὰ μὲν σὺν γέλωτι τούτοις ἐπισκιρτῶντες, τὰ δὲ ὑπο|κινοῦντος αὐτοὺς τοῦ θυμοῦ, ὡς διὰ μέσης τῆς πόλεως ἐξάγουσιν ἄξοντες· οὔ πω δὲ πολλὴν 5 προϊοῦσιν ὁδὸν ὑπαντιάζουσιν αὐτοῖς οἷς ἐτέταλτο ἐναποσβέσαι τούτοις τὰ ὄμματα. Καὶ δήλην τὴν ψῆφον πεποιηκότες, οἱ μὲν ἐπὶ τούτῳ παρεσκευάζοντο καὶ τὸ σιδήριον ἔθηγον· τοῖς δὲ, ἐπειδὴ τὸ κακὸν εἰς ὦτα ἐλήλυθε καὶ οὐδὲ μία τις καταφυγὴ ἤλπιστο, τῶν μὲν ἀνευφημησάντων ἐπὶ τοῖς δόξασι, 10 τῶν δὲ μὴ ἀντεπιχειρούντων τοῖς ψηφισθεῖσιν, ἐπεσχέθη τε εὐθὺς ἡ φωνὴ καὶ μικροῦ δεῖν ἐτεθνήκεσαν, εἰ μή τις ἀνὴρ αὐτοῖς ἐκ τῆς γερουσίας ἐγγύθεν συμπαραστὰς παρεμυθεῖτο τὴν συμφορὰν καὶ ἀνεκαλεῖτο κατὰ βραχὺ ἀπαγορεύσασαν τὴν ψυχήν. 15

XLVIII. Ἀλλ' ὁ μὲν βασιλεὺς, ἥττων καὶ τοῦ καιροῦ καὶ τῶν συμφορῶν γεγονὼς, τὴν αὐτὴν διὰ παντὸς τοῦ κακοῦ ἐδείκνυ διάθεσιν τῆς ψυχῆς, τὰ μὲν οἰμώζων, τὰ δ' ἐπικοπτόμενος τὴν φωνὴν, καὶ προσλιπαρῶν εἴ πού τις αὐτῷ προσέλθοι, ἐπιεικῶς θεοκλυτῶν, χεῖρας ἱκέτιδας αἴρων πρὸς οὐρανὸν, πρὸς 20 νεῶν, πρὸς ὁντιναοῦν. Ὁ δέ γε θεῖος τοῖς αὐτοῖς μὲν καὶ οὗτος ἐχρῆτο πρότερον, ἐπεὶ δὲ παντάπασιν ἀπέγνω τὴν σωτηρίαν, ἦν δὲ καὶ τὸ ἦθος ἐμβριθέστερός τε καὶ εὐσταθέστερος καὶ πρὸς τὸ ῥεῦμα τῆς ψυχῆς ἀντιφερόμενος, ἐπιρρωσάμενος ἑαυτὸν καὶ οἷον πρὸς τὴν τῆς συμφορᾶς ἀνθο- 25 πλίσας φορὰν γενναιότερον ἐφεστήκει τοῖς πάθεσι· καὶ ἐπειδὴ τοὺς δημίους τεθέαται ἱκανῶς ἐπὶ τοὐργον | παρασκευασθέντας, 358* πρῶτον ἑαυτὸν τῇ τιμωρίᾳ ἐπιρρίπτει καὶ ταῖς φονώσαις πρόσεισι χερσὶν ὁμαλῶς· ἐπεὶ δὲ οὐκ ἦν ὅλως μεταίχμιον τῆς πολιτικῆς ἐκείνης φάλαγγος, ἀλλ' ἕκαστος τῶν παραγενο- 30 μένων πρῶτος ἐβούλετο θεωρὸς τῶν τιμωρουμένων γενέσθαι, ὁ νωβελλίσιμος ἀτρέμα τοὺς ὀφθαλμοὺς ἐπιστρέψας εἴ που ἴδοι τὸν ἐπιτετραμμένον τὴν τραγῳδίαν, "ἀλλὰ σύ γε, φησὶ, τὴν φάλαγγά μοι διάστησον, ὅπως ἄν σοι γενναιότερον φανείην τὴν συμφορὰν ὑφιστάμενος." 35

1. ᾔδει.   3. ὁπῶσα.   9. ὦτα.   10. ἀνεφημησάντων.   13. αὐτῆς.
17. γεγονὸς.   19. πρὸς λιπαρῶν.   21. νέων.   29. μετάγχμι.

XLIX. Ἐπεὶ δὲ καὶ ὁ δῆμος | καταδεσμήσειν αὐτὸν p. 103 ἐπεχείρει, ὅπως ἂν μὴ κινοῖτο τυφλούμενος, " σὺ δὲ, φησὶν, ἀλλ᾽ ἢν ἴδῃς οὕτω ποιοῦντα, καὶ προσπαττάλευσον!" Καὶ εἰπὼν ὑπτιάζει τῇ γῇ, μήτε τι τοῦ χρώματος ἀλλοιώσας μήτε 5 φωνὴν ἀφιεὶς μήτε στεναγμὸν ἀποπέμψας ἀλλὰ μήδ᾽ ὅτι ζῇ πιστευόμενος. Τῷ μὲν οὖν κατὰ μέρος οἱ ὀφθαλμοὶ διεκόπτοντο· ὁ δὲ βασιλεὺς, ἐφ᾽ ἑτέρῳ πάσχοντι τὴν οἰκείαν προτυπούμενος συμφορὰν, τὸ ἐκείνου πάθος ἐπλήρου ἐν ἑαυτῷ, τὼ χεῖρε κροτῶν, μᾶλλον δὲ ταῖς χερσὶ τύπτων τὸ 10 πρόσωπον καὶ μυκώμενος γοερῶς.

L. Ὁ μὲν οὖν τοὺς ὀφθαλμοὺς ἐκκοπεὶς ἀνέστη τε τοῦ ἐδάφους καί τινι τῶν οἰκειοτάτων ἐπερεισθεὶς, τοῖς τε προσιοῦσιν ὡμίλει θαρραλεώτερον, καὶ ὡς οὐδὲν ἦν αὐτῷ εἰ καὶ τεθνήξαιτο, τοῦ καιροῦ γίνεται δυνατότερος. Τὸν δὲ 15 βασιλεύσαντα, ἐπειδὴ ἀποδειλιάσαντα ὁ τιμωρὸς ἐθεάσατο καὶ πρὸς λιπαρήσεις ἀποκλιθέντα, δεσμεῖ ἀσφαλέστερον καὶ κατέχει ῥωμαλεώτερον, ὅπως ἂν μὴ σπαράττοιτο τιμωρούμενος· ἐπεὶ δὲ τούτῳ οἱ ὀφθαλμοὶ ἐξερρυήκεσαν, λήγει τοῖς πολλοῖς τὸ πολὺ θράσος ἐκεῖνο καὶ ἡ ἐπ᾽ ἐκείνους ὁρμή. Καὶ 20 τοὺς μὲν αὐτοῦ που προαναπαύουσιν, αὐτοὶ δὲ πρὸς τὴν Θεοδώραν καὶ αὖθις συνώρμησαν· καὶ δυοῖν βασιλίδαιν τὴν μὲν ἡ βασίλειος εἶχεν αὐλὴ, τὴν δὲ ὁ μέγας τῆς θείας Σοφίας περίβολος.

LI. Οἱ δὲ τῆς πρώτης βουλῆς οὐκ εἶχον ὅπῃ μᾶλλον 25 προσνεύσειαν· τὴν μὲν γὰρ ἐπὶ τῶν βασιλείων διὰ τὴν πρεσβυγένειαν κατεσέβοντο, τὴν δ᾽ ἐπὶ τοῦ νεὼ, ὅτι δι᾽ αὐτῆς ἡ τυραννὶς καταλέλυτο καὶ αὐτοὶ τὰς τῆς σωτηρίας ἐλπίδας οὐκ ἀπεγνώκεισαν. Ἀμφήριστον οὖν αὐταῖς ἐγεγόνει τὸ κράτος· ἀλλ᾽ ἡ τὴν ἡλικίαν πρεσβεύουσα ἀδελφὴ λύει 30 τούτοις τὸ τῆς γνώμης ἀμφίβολον, καὶ τὴν ἀδελφὴν τότε πρῶτον ἀσπάζεται καὶ ἀγκαλίζεται εὐμενῶς, καὶ τὸν τῆς βασιλείας κλῆρον ἑαυτῇ τε κἀκείνῃ συνδιαιρεῖ· καὶ οὕτως αὐτῇ | συνομολογήσασα τὰ πρὸς τὴν ἀρχὴν, σὺν λαμπροτάτῃ p. 104 πομπῇ ἐφ᾽ ἑαυτὴν προσκαλεῖται καὶ κοινωνὸν | τοῦ κράτους 35 ποιεῖται. Καὶ ἡ μὲν οὕτως· ἡ δέ γε Θεοδώρα οὐ πάντῃ τὴν

1. δῆμος.   6. τὸ.   10. μυκόμενος.   17. ρωμαλαιότερον.
25. προνεύσειαν.   28. ἀμφίρηστον.   31. ἐγκαταλίζεται.

ΖΩΗ ΚΑΙ ΘΕΟΔΩΡΑ (1042).

πρὸς τὴν ἀδελφὴν αἰδῶ ἀποτίθησιν, οὐδὲ τὸ πρεσβεῖον ἀφαιρεῖται τοῦ ἀξιώματος, ἀλλὰ τοῦ σεμνοτέρου ταύτῃ παραχωρεῖ σχήματος, ἵν᾽ ὁμοῦ καὶ συμβασιλεύει καὶ ὑπόκειται τῇ ἀδελφῇ.

ΤΟΜΟΣ ΕΚΤΟΣ.

I. Περιίσταται οὖν ἡ βασιλεία ταῖς δυσὶν ἀδελφαῖς, καὶ τότε πρῶτον ὁ καθ᾽ ἡμᾶς χρόνος τεθέαται γυναικωνῖτιν μετασχηματισθεῖσαν εἰς βασιλικὸν βουλευτήριον, καὶ τό τε πολιτικὸν πλῆθος τό τε στρατιωτικὸν συμφωνοῦντας ὑπὸ δεσπότισι καὶ μᾶλλον αὐταῖς πειθομένους, ἢ εἴ τις βλοσυρὸς αὐτοῖς προσεκάθητο καὶ ἐπέταττε σοβαρώτερον. Οὐ γὰρ οἶδα εἴ τι ἕτερον γένος ὡς τὸ περὶ ἐκείνας ἠγάπηται τῷ θεῷ, καὶ θαυμάζω κατανοῶν, ὅτι μὴ ἐννόμως αὐταῖς τῆς ῥίζης παγείσης καὶ φυτευθείσης, ἀλλὰ φόνοις καὶ αἵμασιν, οὕτω τὸ φυτευθὲν ἐξηνθήκει καὶ τοσαύτας προύβάλλετο βλάστας, καὶ ἑκάστην μετὰ τοῦ βασιλείου καρποῦ, ὡς μὴ ἔχειν ἑτέρας ἀντισυγκρῖναι ταύταις, οὔτε πρὸς κάλλος οὔτε πρὸς μέγεθος· ἀλλὰ τοῦτο μὲν ὡς λόγος ἕτερος παρεμβέβληται τῷ συγγράμματι.

II. Αἱ γοῦν ἀδελφαὶ μόναι τέως βασιλεύειν ἑλόμεναι, οὔτε διὰ νέων προστατῶν καθίστασαν τὰ βασίλεια οὔτε καινοτομεῖν ἀθρόον τὰ ὑπάρξαντα ἐπεχείρησαν, ἀλλὰ μόνους τοὺς ἀπὸ τοῦ τυραννικοῦ γένους μεταστησάμεναι, τοῖς ἄλλοις, ὡς πιστοτάτοις καὶ πατρῴαν | αὐταῖς τηροῦσιν εὔνοιαν, ἐχρῶντο πρὸς τὰς ἀρχάς· οἱ δεδιότες μή τινα ἑαυτοῖς ἐς τὸν μέλλοντα χρόνον προενεχθείη ἐγκλήματα, ἢ τῆς τῶν καθηκόντων καινοτομίας, ἢ βουλευμάτων ἀλογίστων, ἢ πράξεων ἀθεμίτων, περὶ πάντων ἠκρίβουν στρατιωτικῶν τε ὁμοῦ καὶ πολιτικῶν πραγμάτων, καὶ ὡς ἐνὸν ἀμφοτέραις τὸ καθῆκον ἀπένεμον.

7. γυναικωνίτην.   10. βλωσυρὸς.
24. αὐτοῖς.   25. οἱ δὲ διότες.   26. καθ᾽ ἠκότων.

III. Σχῆμα δὲ βασιλείας ταῖς ἀδελφαῖς ἐποιοῦντο ὁποῖον καὶ τοῖς φθάσασιν εἴθιστο αὐτοκράτορσι· προὐκάθηντο γὰρ ἄμφω τοῦ βασιλικοῦ βήματος ἐπὶ μιᾶς ὥσπερ γραμμῆς βραχύ τι πρὸς τὴν Θεοδώραν παρεγκλινούσης, καὶ ἀγχοῦ μὲν
5 οἱ ῥαβδοῦχοι καὶ ξιφηφόροι καὶ τὸ γένος ὅσοι τὸν πέλεκυν ἀπὸ τοῦ δεξιοῦ ὤμου κραδαίνουσι· τούτων δὲ ἐνδοτέρω μὲν τὸ ἄγαν εὐνούστατον καὶ οἱ διαχειριζόμενοι τὰ καθήκοντα· περιεστεφάνου δὲ αὐτὰς ἔξωθεν ἑτέρα τις δορυφορία δευτέραν ἔχουσα τάξιν τῆς πιστοτέρας, σὺν αἰδοῖ ξύμπαντες καὶ βλέμ-
10 ματι ἀπερειδομένῳ πρὸς τὴν γῆν· μεθ' οὓς ἡ πρώτη βουλὴ καὶ ἡ τάξις ἡ ἔκκριτος, καὶ ἐφεξῆς οἱ τὰ δευτερεῖα λαχόντες
359* καὶ αἱ τριττύες, στιχηδὸν πάντες | καὶ συνηρμοσμένοι ἐκ διαστήματος. Καὶ ἐπὶ τούτοις τἆλλα ἐγίνετο, δικῶν διαλύσεις, δημοσίων ἀμφισβητήσεις, ἢ συνεισφοραί, χρηματισμοὶ
15 πρέσβεων, ἀντιλογίαι, ἢ συνομολογίαι, καὶ τἆλλα ὁπόσα τὴν βασιλείαν οἶδε πληροῦν. Καὶ ὁ μὲν πλείων λόγος παρὰ τῶν τὴν ἀρχὴν διατιθεμένων ἐγίνετο, δεῆσαν δέ ποτε καὶ αἱ βασιλίδες ἠρεμαίᾳ φωνῇ προσέταττον, ἢ ἀπεκρίνοντο, τὸ μέν τοι καὶ διδασκόμεναι καὶ παρὰ ξυνιέντων λαμβάνουσαι, τὸ δέ
20 τοι καὶ τοῖς οἰκείοις λογισμοῖς ἀποχρώμεναι.

IV. Ἵνα δέ τι καὶ περὶ τῶν ἠθῶν ταῖν βασιλίδαιν ἀναδιδάξω τοὺς οὐκ εἰδότας, ἡ μὲν πρεσβυτέρα τὴν ἡλικίαν Ζωὴ ἑτοιμοτέρα ἦν τὴν ψυχὴν πρὸς ἐνθύμημα, βραδυτέρα δὲ τὴν γλῶτταν πρὸς ὁμιλίαν· τῇ δέ γε Θεοδώρᾳ ἄμφω ἀντί-
25 στροφα, οὔτε γὰρ ταχὺ | ἐπεδείκνυ τὸ βούλευμα τῆς ψυχῆς, p. 106 καὶ ἅπαξ εἰς ὁμιλίαν ἑαυτὴν ἀφιεῖσα ἐστωμύλετο δοκίμῳ καὶ διεγηγερμένῃ φωνῇ· καὶ ἡ μὲν Ζωὴ ἐπιρρεπὴς ἦν πρὸς ὅ τι καὶ βουληθείη, καὶ τὴν χεῖρα πρὸς ἄμφω ἡτοίμαστο κατὰ τὸ ἴσον ὀξύτατα, θάνατον φημὶ καὶ ζωήν, καὶ ἐῴκει κατὰ τοῦτο τὸ
30 μέρος κύμασι θαλαττίοις καὶ ἀπαιωροῦσι τὴν ναῦν καὶ αὖθις βαπτίζουσιν· οὐ μέντοι γε ἐκ τοιούτων ἡ Θεοδώρα κεχαρακτήριστο, ἀλλ' ὁμαλὸν εἶχε τὸ φρόνημα καὶ καθ' ἕτερον μέρος, ἵν' οὕτως εἴπω, ἀμβλύ· καὶ ἡ μὲν ἀφειδὴς ἦν τὴν χεῖρα καὶ οἷα θάλατταν αὐθημερὸν ἐξαντλῆσαι ψηγμάτων χρυσῶν
35 περιπλήθουσαν, ἡ δὲ ἠρίθμει τοὺς στατῆρας διδοῦσα, τὸ μέν

12. τριτύαις.   20. τι.   21. τῶν β.   26. ὁμολία.

ΖΩΗ ΚΑΙ ΘΕΟΔΩΡΑ (1042). 95

τοι οὐδ' ἔχουσα τῶν πηγῶν ἀπαντλεῖν ἀφθόνως, τὸ δὲ καὶ ἐγκρατεστέραν πως περὶ τούτῳ κληρωσαμένη ψυχήν.

V. Καὶ ἵνα γε μηδὲν περικαλυψάμενος εἴπω, οὐ γὰρ ἐγκωμιάζειν νῦν ἐπιβέβλημαι, ἀλλ' ἱστορίαν ἀκριβῆ ξυντιθέναι, οὐδὲ μιᾷ τὸ φρόνημα πρὸς ἀρχὴν αὔταρκες· οὔτε γὰρ 5 οἰκονομεῖν εἴδεσαν οὔτε στερροτέροις λογισμοῖς χρῆσθαι περὶ τὰ πράγματα, τὰ πλεῖστα δὲ τὰ τῆς γυναικωνίτιδος παίγνια τοῖς βασιλικοῖς κατεκίρνων σπουδάσμασι· καὶ αὐτὸ δὲ τὸ τῆς πρεσβυτέρας τῶν ἀδελφῶν παρὰ πολλοῖς τήμερον εὐφημούμενον, ὅτι δὴ πολλοῖς καὶ ἐπὶ πολλοῖς χρόνοις ἀφθόνως 10 διδοῦσα ἐξήρκεσε, τοῖς μὲν εἰληφόσιν ἤδη ἐξ ὧν εὖ πεπόνθεσαν εἰς ἔπαινον καθέστηκεν ἀφορμή, τὸ δὲ τὰ πάντα διαλυμηνάμενον καὶ τὴν Ῥωμαίων τύχην εἰς τὸ ὕστατον καθελὸν, οὐδὲν ἄλλο ἢ τοῦτο πρωταίτιον γέγονε· χαρακτηριστικωτάτη μὲν γὰρ τὸ εὐεργετεῖν τοῖς βασιλεύουσιν ἀρετή, ἀλλ' εἰ μὲν 15 συγκρίσει τὸ πρᾶγμα γίνοιτο καὶ παραλαμβάνοιτο καιρός τε καὶ τύχη καὶ ἡ τῶν προσώπων διαφορά, ἡ πρᾶξις ἀξιοζήλωτος, τούτων δὲ μὴ διακρινομένων, | ἡ δαπάνη κενόσπουδον. 360

VI. Τοῖς τε ἤθεσιν οὕτως αἱ ἀδελφαὶ διῃροῦντο, καὶ τὴν μορφὴν ἐπὶ | πλέον παρήλλαττον· ἡ μὲν γὰρ τῷ χρόνῳ 20 πρεσβεύουσα περιπληθεστέρα τὴν φύσιν ἐτύγχανεν οὖσα, καὶ τὴν ἡλικίαν οὐ πάνυ ἀναδεδράμηκεν, ὀφθαλμός τε αὐτῇ μέγας ὑπὸ βλοσυρᾷ τῇ ὀφρύϊ διέσχιστο, καὶ ἡ ῥὶς ἀπεκρέμματο βραχύ τι καμπτομένη καὶ ὅσον μὴ κάμπτεσθαι, τήν τε κόμην εἶχε ξανθὴν καὶ τὸ σῶμα δι' ὅλου λάμπον λευκότητι· 25 αἱ δὲ τῶν χρόνων αὐτῇ περίοδοι ἐν ὀλίγοις τισὶ συμβόλοις ἀπεσημαίνοντο· εἰ δέ τις αὐτῇ τὴν εὐρυθμίαν τῶν μελῶν διαθρήσειε, μήπω εἰδὼς ὅτι ὀρῴη, ἡβῶσαν ἄρτι προσεῖπεν· ἐρρυσσοῦτο γὰρ οὐδὲν αὐτῇ μέρος τοῦ σώματος, ἀλλὰ λεῖον τὸ ξύμπαν καὶ ἀποτεταμένον, καὶ ῥυτὶς οὐδαμοῦ χαλαρά. Ἡ 30 δέ γε Θεοδώρα ἐπιμηκεστέρα τε τὴν ἡλικίαν ἐτύγχανεν οὖσα, καὶ περιεπτυομένη τὸ σῶμα, τό τε πρόσωπον ἐνδεῶς ἔχουσα καὶ πρὸς τὸ λοιπὸν σῶμα ἀσύμμετρον, ἑτοιμοτέρα δὲ καὶ τὴν φωνὴν ὥς μοι εἴρηται καὶ τὴν κίνησιν· καὶ γοργὸν μὲν οὐχ

1. τι.   4. ῦν.   6. ᾔδεσαν.   8. ἀτὸ.   10-11. ἀφθόνοις δ. ἐξήρκεσαι.
11. εὐπεπόθεσαν.   13. καθελών.   23. βλοσυρῷ τῇ ὀφρύϊδι.
25. λάμπων.   32. καίπερ ὠπτισμένη.

ὁρῶσα, ἐπίχαρις δὲ καὶ σὺν γέλωτι καὶ πρὸς πᾶσαν φωνὴν ἐπιτρέχουσα.

VII. Τοιαῦτα μὲν ἀμφοῖν καὶ τὰ φρονήματα καὶ τὰ σώματα· τὸ δὲ τῆς ἀρχῆς ἀξίωμα ἐδόκει μὲν τηνικαῦτα σεμνότερον ἀποδεικνύεσθαι καὶ πρὸς ἀξίωσιν αἴρεσθαι, τῶν πλειόνων ἀθρόως ὥσπερ ἐν σκηνικοῖς σχήμασι μεταμορφουμένων πρὸς τὸ λαμπρότερον, τό τε τῶν ἐπιδόσεων μέγεθος οἷον οὐδέ ποτε, τῆς βασιλίδος μάλιστα Ζωῆς οὐ τὰς πηγὰς μόνον ἀναστομούσης τῶν βασιλικῶν θησαυρῶν, ἀλλὰ καὶ εἴ τις λιβὰς ἐν αὐτοῖς κατεκέκρυπτο καὶ ταύτην προχεούσης ἐκτός· τὰ δὲ οὐδὲ παρείχετο, ἀλλ' ἐσυλᾶτο ἢ διηρπάζετο· ἦν δ' ἄρα τὸ ξύμπαν καὶ ὁ ἐς τὸ ἄγαν μετεωρισμὸς ἀρχὴ τῆς τῶν πραγμάτων ἐς τὸ ἀντίθετον καταγωγῆς τε καὶ ταπεινώσεως· ἀλλὰ τοῦτο μὲν οἷον ἐν μαντείαις καὶ τῶν συνετωτέρων ταῖς ὑπολήψεσι.

VIII. Τὰ μέντοι γὰρ τῶν στρατιωτῶν ἆθλα καὶ οἱ τῆς στρατηγίας πόροι ἐφ' ἑτέρους οὐδὲν δέον μετεκινοῦντο καὶ μετετίθεντο (πλῆθος | οὗτοι κολάκων καὶ ἡ τηνικαῦτα τῶν βασιλίδων δορυφορία), ὥσπερ ἐπὶ τούτοις τοῦ αὐτοκράτορος Βασιλείου τοὺς βασιλείους θησαυροὺς χρημάτων ἐμπεπληκότος.

IX. Τοῖς μὲν οὖν πολλοῖς δοκεῖ νῦν πρῶτον τὰ πέριξ ἡμῶν ἔθνη ἐπὶ τὰ Ῥωμαίων κεχύσθαι ὅρια ἀθρόον καὶ παρ' ἐλπίδα ἐπεισκωμάσαντα, ἐμοὶ δὲ τότε τὸ δωμάτιον καταλέλυται, ὁπηνίκα καὶ οἱ περισφίγγοντες τοῦτο δεσμοὶ διαλύονται· εἰ δὲ οἱ πολλοὶ μὴ ᾐσθάνοντο τὴν ἀρχὴν τοῦ κακοῦ, ἀλλ' ἐκεῖνό γε ἐκ τῆς πρώτης ἐκείνης ὑποθέσεως ἐπεφύετο | καὶ συνίστατο, καὶ ἡ τηνικαῦτα τῶν νεφῶν συνδρομὴ τὸν μέγαν νῦν προκατεσκεύακεν ὑετόν· ἀλλ' οὔπω περὶ τούτων.

Περὶ τῆς Βουλῆς τῆς Αὐγούστης Ζωῆς τοῦ τίνα ἂν ἀγάγοι εἰς τὴν Βασιλείαν.

X. Εἰρήσεται δὲ ἐν τοῖς ἑξῆς ἀληθέστερόν τε καὶ συνετώτερον. Ἔδει μὲν γὰρ εὐθὺς τοῖς πράγμασι γενναίας καὶ

1. ἐπίχαρες.   14. μαντίαις.   24. ἐπισκωμάσαντα.   26. οἱ δὲ.
ibid. ᾐσθάνατον τὸ.   31. ἀγάρι.

ΖΩΗ ΚΑΙ ΘΕΟΔΩΡΑ (1042).

ἔμφρονος διοικήσεως καὶ ἐπιστασίας ἀνδρὸς, καὶ κατὰ χεῖρα γενναίου καὶ δοκιμωτάτου τοῖς πράγμασι, μὴ τὸ ἐνεστὼς μόνον ὁρῶντος, ἀλλὰ καὶ εἴ τι ἀλόγιστον παρελήλυθεν καὶ ὅ τι ἐκεῖθεν ἀναφυήσεται, καὶ προσεπιχειρεῖν τοῦ μέλλοντος καὶ πόρρωθεν ἵστασθαι καὶ πρὸς πᾶσαν ἐμβολήν τε καὶ 5 ἔφοδον· ἀλλὰ τὸ φίλαρχον ἢ τὸ ἄναρχον, καὶ ἡ δοκοῦσα ἐλευθερία καὶ τὸ μὴ ὑπὸ λογισμοῖς εἶναι καὶ ἡ τοῦ πλείονος ἔφεσις τὸν βασιλικὸν ἀνδρῶνα γυναικωνῖτιν πεποίηκεν.

XI. Ἀλλ' οὐδὲ οὕτω τοῖς πολλοῖς ἥδραστο τὰ βουλεύματα· ἀλλ' ἐπειδὴ ἄλλη τις ἐπ' ἄλλη φήμη διεθρυλλεῖτο, ἢ 10 συμβαίνουσα ἢ ἐναντίως ἔχουσα· οἱ μὲν γὰρ τῇ Θεοδώρᾳ τὴν ἀρχὴν προσήκειν ἐνόμιζον, ἅτε καὶ αἰτίῳ τῆς τῶν πολλῶν σωτηρίας καὶ οὔπω εἰς πεῖραν | ἐλθούσῃ ἀνδρὸς, τοῖς δὲ ἡ ἑτέρα τῶν ἀδελφῶν καταλληλοτέρα ἐδόκει τῷ κράτει, ὡς καὶ τὸ σεμνότερον ἤδη προειληφυῖα καὶ τὸ φιλότιμον ἀνυπέρ- 15 βλητον ἔχουσα· ἐπεὶ τοιγαροῦν οὕτω τοῖς πολλοῖς αἱ φῆμαι διεμερίζοντο, προλαμβάνει τὰς τῶν πολλῶν δόξας ἡ πρεσβεύουσα ἀδελφὴ καὶ εἰς αὐτὴν αὖθις ὅλην ἀναρτᾷ τὴν ἀρχήν· εἶτα δὴ ἐσκοπεῖτο καὶ ἐκρίνετο ὁ καὶ τῷ γένει λαμπρότερος καὶ τὴν τύχην ἐπισημότερος, εἴ τε ἐκ τῶν 20 συγκλητικῶν θρόνων οὗτος εἴη, εἴ τε τῶν στρατιωτικῶν καταλόγων.

XII. Ἦν δέ τις ἀνὴρ τὸ τηνικαῦτα μετὰ τῶν ἄλλων, καὶ τὸ εἶδος οἷος οὐκ ἄλλος, ᾧ πατρὶς μὲν ἡ Θάλασσα, χωρίον ἐπισημότατον, Κωνσταντῖνος δὲ τοὔνομα, ὥσπερ εἰς ἀρχικὸν 25 ὄγκον παρεσκευασμένος παρὰ τῆς φύσεως· οὔπω γὰρ δεκαέτης ἐγεγόνει καὶ ἡ φήμη τοῦτον εἰς τὴν κρείττονα ἦρεν ὑπόληψιν· ἐδεδοίκεσαν γοῦν τὸν ἄνδρα οἱ βασιλεύοντες καὶ πάντες αὐτῷ τὴν εἰς τὰ βασίλεια πορείαν ἀπέφραττον, ὁ δέ γε Παφλαγὼν Μιχαὴλ καὶ κατακλείσας εἶχεν, οὐ μᾶλλον ἐκεῖνον δεδιὼς ἢ 30 τοὺς πολλοὺς ἐπ' αὐτῷ· ὀρθὴ γὰρ ἡ Πόλις ἐγεγόνει ἰδοῦσα τὸν ἄνδρα καὶ μετεώριστο ὡς αὐτίκα τι ὑπὲρ αὐτοῦ διαπράξασα· ἀλλ' ὁ μὲν ἐν φρουρίῳ καθείρξας ἐφύλαττεν· ὁ δέ γε μετ' ἐκεῖνον βασιλεύσας ἀνεψιός, ὁμοῦ τε τοῖς βασιλικοῖς θρόνοις ἐγκαθιδρύθη καὶ σβεννύει τούτῳ τὴν τῆς βασιλείας 35 ὑπόληψιν· μετασχηματίζει | γὰρ αὐτῷ τὴν περιβολὴν καὶ 361

7. ὑπολογισμοῖς.   10. διεθρηλλεῖτο.   14. καταλληλωτέρα.   30. ἡ τ.

Μ. P.   7

μετὰ τῶν μελαμφορούντων ἱστᾷ, οὐχ ὡς εὔνους συμβιβάζων
θεῷ, ἀλλ' ὡς δύσνους ἀπάγων τοῦ ὑπονοουμένου σκοποῦ·
ἀλλ' ὁ μὲν ἔστεργε τὴν ψυχήν, ὁ δὲ καιρὸς τοῦτον ἐκάλει
πρὸς τὴν ἀρχήν, καὶ εἶχε τοῦ τὸ σχῆμα μεταβαλεῖν ἐγγὺς τὸ
5 παράδειγμα· ἡ γὰρ βασιλὶς τὸ πρῶτον παθοῦσα ἐπεποιήκει
τὸ δεύτερον· καὶ προήχθη ταύτῃ ἐπ' ἄλλο τι μεταβεβλημένος·
ἀποτομώτερον δὲ τοῖς λόγοις χρησάμενος καὶ γενναιοτέρων
ἐνθυμημάτων περὶ τῆς βασιλείας ἁψάμενος, καὶ μηδέν τι τοῦ
γενναίου καθυφεὶς | λήμματος, δυστυχέστερος τοῖς πολλοῖς p. 110
10 ἔδοξε καὶ τὸ ἦθος βαρύτερος, καὶ τῶν προσδοκιῶν ἀπώσθη
ὑποπτευθείς.

XIII. Αὖθις οὖν αἱ ψῆφοι μετεκυβεύθησαν· ἀνὴρ οὗτος
τὴν μὲν τύχην οὐ πάνυ διάσημος, τὸ δὲ εἶδος ἀξιωματικὸς
καὶ λαμπρός· ὑπογραμματεύων δὲ τῷ βασιλεῖ Ῥωμανῷ, οὐκ
15 ἐκείνῳ μόνῳ προσήκων ὦπτο τοῖς πράγμασιν, ἀλλὰ καὶ τῇ
βασιλίδι ἐρασμιώτατος ἔδοξεν, ἔνθεν τοι καὶ αἰτίαν ἔσχεν, ὡς
λεληθότως τῷ ἀνδρὶ πλησιάζοι. Ὁ μὲν οὖν Ῥωμανὸς, οὐ
πάνυ ζηλότυπος ὤν, καὶ πρὸς τὴν τοιαύτην φήμην λασιόκωφος
γέγονεν· ὁ δέ γε Μιχαὴλ μεθιστᾷ τοῦτον τῶν βασιλείων, καὶ
20 σχήματι σεμνοτέρας ἀρχῆς ἀπάγει τῆς Πόλεως· ἐνενεύκει
γοῦν πρὸς τοῦτον ἡ βασιλίς, καὶ μετάκλητος γεγονὼς ὡμίλησε
τῇ βασιλίδι, πρὸς τὸ ἐκείνῃ ἀρέσκον τὸ ἦθος μεταμορφώσας·
καὶ ἤδη που πρὸς αὐτὸν πάντες ἐπιρρεπεῖς ἐγεγόνεισαν, ἀλλ'
ἀφαρπάζει νόσος ἀθρόον καὶ τῶν ἐλπίδων ἀπάγει.

25 XIV. Ἔμελλε δ' ἄρα τῶν σκήπτρων ἐγκρατὴς ἔσεσθαι ὁ
τοῦ Θεοδοσίου παῖς Κωνσταντῖνος, ῥίζης ἀρχαίων τῶν Μονο-
μάχων τελευταῖος κατὰ τὴν οἰκείαν τάξιν βλαστός, περὶ οὗ
πολὺς ἡμῖν ἐπιρρεύσει λόγος, ἐπειδὰν εἰς τὸ τῆς ἡγεμονίας
ἐκείνου πέλαγος ἀφῶμεν αὐτούς· χρόνον τε γὰρ πλείω τῶν
30 μετὰ τὸν Βασίλειον ἀρξάντων βεβασιλεύκει, καὶ πλεῖστα τῶν
ἄλλων ἐπεπράχει, τὰ μὲν ἐκείνων κρείττονα, τὰ δὲ καὶ χείρω
κατὰ πολύ· τί γὰρ δεῖ μὴ τἀληθῆ λέγειν; ἐγώ τε εὐθὺς
ἐκείνῳ βεβασιλευκότι ὑπηρετηκὼς διὰ πάντων καὶ εἰς τὴν
κρείττω τάξιν ταχθείς, πιστευθείς τε τὰ τιμιώτατα, ὥστε
35 μηδὲν ἀγνοεῖν μεθ' ὧν εἰς προὖπτον ἐτετελέκει, μεθ' ὧν

1. ἱστά.   4. τῶ π.   9. scr. δυσχερέστερος?   18. ὤν.
24. ἀφαρπάζειν ὅσος. ἐπάγει.   30. μετὰ τῶν.   33. ὑπηρετικῶς.
34. κρίττω.   35. ἀγνω εἶν.

ΚΩΝΣΤΑΝΤΙΝΟΣ Θ' (1042—1055).

ἀφανῶς πεποιήκει, τὸ μέτρον εἰκότως τῶν εἰς τοὺς ἄλλους βασιλέας λόγων ὑπερβήσομαι.

Περὶ τοῦ πῶς καὶ τίνι τρόπῳ ὁ Βασιλεὺς Κωνσταντῖνος ἀνήχθη παρὰ τῆς Αὐγούστης εἰς τὰ Βασίλεια.

XV. 'Αλλ' οὔπω μὲν περὶ τούτων· | εἰρήσθω δὲ ὅπως κἀκ τίνων αἰτιῶν, τίσι τε χρησάμενος τύχαις ἐπὶ τὸ βασιλεύειν ἐλήλυθεν. Οὗτος γὰρ γένους ἕνεκεν τὰ πρῶτα τῆς βασιλείας φερόμενος, πολλῷ τε πλούτῳ κομῶν, καὶ κάλλει διαπρεπὴς ὤν, ἀμφήριστος εἰς κηδείαν ταῖς ὑπερτίμοις ἔδοξε γενεαῖς, καὶ κηδευθεὶς τὰ πρῶτα τῷ πρώτῳ τῶν ἐπισήμων ἀνδρῶν, ἐπειδὴ νόσῳ τὴν γυναῖκα ἀπέβαλεν, εἰς δεύτερον κῆδος αὖθις ἁρπάζεται· ὁ γὰρ αὐτοκράτωρ Ῥωμανὸς, εἰς τὸν ἰδιωτικὸν βίον ἔτι τελῶν, ἐπισημότατος δὲ παρὰ πᾶσιν ὢν ἀξιώματος ἕνεκα καὶ τῆς κρείττονος ὑπολήψεως, ἠγαπήκει τὸν ἄνδρα τοῦ τε ἄνθους τῆς ἡλικίας καὶ τῆς τοῦ γένους μεγαλοπρεπείας, καὶ ἐγκεντρίζει τοῦτον τῷ γένει νεόφυτον κάλλιστον εἰς πιότατον καλλιέλαιον· τὸ δὲ ἦν ἡ τῆς ἀδελφῆς ἐκείνου Πουλχερίας θυγάτηρ, ἥτις πάλαι Βασιλείῳ τῷ Σκληρῷ συζευχθεῖσα, ὃν ὕστερον ἡ τύχη τῶν ὀφθαλμῶν ἀπεστέρησε, μονογενοῦς θυγατρὸς ἐγεγόνει μήτηρ. Ἐπεὶ δὲ συνήφθη ταύτῃ ὁ Κωνσταντῖνος, τῷ μὲν γένει ὑπὲρ τοὺς ἄλλους διέλαμπεν, οὔπω δὲ τῶν ὑπερηφάνων τετυχήκει ἀρχῶν· οἱ γὰρ περὶ τὸν αὐτοκράτορα Βασίλειον ἐμεμήνεσαν τούτῳ, μίσους ἕνεκα πατρικοῦ· ὁ γάρ τοι πατήρ, ἐπὶ τυραννικαῖς αἰτίαις ἁλούς, μῖσος παρὰ τῶν βασιλέων ὥσπερ κληροδοτεῖ τῷ παιδί· διὰ ταῦτα οὔθ' ὁ αὐτοκράτωρ Βασίλειος οὔθ' ὁ Κωνσταντῖνος ταῖς πολιτικαῖς τοῦτον προῆγον ἀρχαῖς, ἀλλ' ἀφωσιοῦντο, δεινὸν μὲν οὐδὲν τούτῳ ἐπάγοντες, ἀλλ' οὐδὲ τῆς κρείττονος ἀξιοῦντες μοίρας.

XVI. Ἐπεὶ δὲ ὁ Ῥωμανὸς βεβασιλεύκει, οὐδ' οὗτος μὲν μεγαλοπρεπές τι ἐπ' αὐτὸν ἐπεπράχει, οἷος ἐκεῖνος διημαρτημένος περὶ τὰς κρίσεις, ἀλλ' οὖν ἔν τε ταῖς βασιλείοις εἶχεν αὐλαῖς, καὶ εἰ δι' ἄλλο μηδὲν | διά γε τὴν πρὸς τὸν Ῥωμανὸν ἀγχιστείαν ἐπισημότατος ἦν. Ἐπεὶ δὲ ἀνθοῦν εἶχε τὸ πρόσωπον καὶ οἷον ἐαρινή τις ὀπώρα τῷ καθ' ἡμᾶς βίῳ

14. κρείττονος. 16. πιστότατον. 20. ἐγεγόνε. 27. scr. ἀπωδοῦντο? 29. οὕτως.

ΜΙΧΑΗΛ ΨΕΛΛΟΣ.

ἐχρημάτιζε, χάριτός τε ἔμπλεω τὴν ὁμιλίαν ἐκέκτητο, ἐστωμύλετό τε ὑπὲρ τοὺς ἄλλους, ἠγαπήκει τοῦτον ἡ βασιλὶς καὶ πολλάκις ἐβούλετο ὁμιλεῖν· καὶ ὃς, παντοδαπὸς εἰς αὐτὴν γενόμενος καὶ οἷς ἐκείνην χαίρουσαν ᾔδοι χρώμενος δεξιῶς,
5 ὅλην εἰσποιεῖται, καὶ διὰ ταῦτα βασιλικῶν χαρίτων τῶν παρ' ἐκείνης ἀπήλαυε· τοῖς δέ γε πολλοῖς καὶ λοιδορίας κατ' αὐτῶν βέλος ἐπέμπετο, <ὡς> καὶ οὐ πάνυ τι τούτοις ἡ κρύφιος ἔστιν οὗ προσλαλιὰ ἤρεσκεν.

XVII. Ἐντεῦθεν γοῦν καὶ πρὸς τὸ κράτος ἐπίδοξος
10 ἔδοξε, καὶ ὑπώπτευε τοῦτον ὁ Μιχαὴλ, ὃς δὴ μετὰ Ῥωμανὸν εἰς τὸ κράτος ἀναβεβήκει· ἔνθεν τοι καὶ βασιλεύσας οὐδ' οὕτω τὸ κατ' ἐκείνου ἀφῆκε ζηλότυπον, ἀλλὰ τὰ μὲν πρῶτα εὐμενῶς εἶδεν, εἶθ' ὕστερον αἰτίας τινὰς ἐπ' ἐκεῖνον πλασάμενος | καί τινας σχεδιάσας λογοποιοὺς, ἀπελαύνει τῆς Πόλεως
15 καὶ περιγραπτοῖς τοῦτον ὁρίοις κολάζει· ἡ νῆσος δὲ Μυτιλήνη τὸ ὅριον, ἔνθα δὴ ἑπταετῆ διήθλησε συμφορὰν, τὸ μέτρον τῆς τοῦ Μιχαὴλ βασιλείας διηνυκώς· κληρονομεῖ δὲ τὸ κατ' αὐτοῦ μῖσος καὶ ὁ δεύτερος Μιχαήλ.

XVIII. Ἐπεὶ δὲ εἰς τὴν εὐγενῆ βασιλίδα τὸ κράτος
20 ἀπονενεύκει, πρῶτα μὲν ἤδ', ὥς μοι προείρηται, τὴν τοῦ καιροῦ εὐλαβουμένη ὀξύτητα οὐ πόρρωθεν, ἀλλ' ἐγγύθεν τὴν ἰσχὺν ἑαυτῇ ἐμνηστεύετο· ἐπεὶ δὲ ὁ μὲν διὰ τύχην ᾐτίμαστο, ὁ δὲ διὰ γένος καταπεφρόνητο ἀκλεὲς, ὁ δὲ ὡς δεινὸς ὑπωπτεύετο, καὶ ἄλλος ἐπ' ἄλλῳ λόγῳ ἀπηλαύνετο, ἀπογνοῦσα
25 πάντων ἡ βασιλὶς, ἀνατυποῖ τὸν Κωνσταντῖνον τοῖς λογισμοῖς, ἀνακαλύπτει δὲ καὶ τῇ γλώττῃ πρὸς τὸ περὶ ἑαυτὴν δορυφορικὸν καὶ οἰκίδιον, καὶ ἐπειδὴ πάντας ὥσπερ ἀπὸ συνθήματος εἶδεν εἰς τὸ κράτος τὸν ἄνδρα ψηφιζομένους, καταγγέλλει καὶ τῇ ἐκκρίτῳ τὸ δόξαν βουλῇ· φανέντος δὲ
30 καὶ παρ' αὐτοῖς θεοκινή|του τοῦ δόγματος, μετακαλεῖται τῆς ὑπερορίας ὁ Κωνσταντῖνος ἐκεῖθεν μὲν οὕτω λαμπρῶς.

XIX. Ἐπεὶ δὲ ἐγγὺς ἐγεγόνει τῆς Πόλεως πολυτελεστέρα τε αὐτῷ καταγωγὴ εὐτρεπίζεται, καὶ βασιλικὴ μὲν σκηνὴ πήγνυται, βασιλικὴ δὲ περιίσταται δορυφορία, καὶ μεγα-
35 λοπρεπὴς λαμπρότης πρὸ τῶν βασιλείων ὑπαντᾷ τῷ ἀνδρὶ,

6. ἐκείνοις.   7. βέλλος.   10. ὑπόπτευε.   17. βασιλέως. ibid. τὸ κληρονομεῖ.
22. ἡτοίμαστο.   24. ἐπλάττετο.   29. τὴν ἐκκρίτῳ.   30. θεοκινήτῳ.

ΚΩΝΣΤΑΝΤΙΝΟΣ Θ' (1042—1055).

πάσης ηλικίας καὶ τύχης, ἄλλων ἐπ' ἄλλοις ἐπιρρεόντων αὐτῷ καὶ φωναῖς ἀνακηρυττόντων εὐφήμοις· ἐῴκει δὲ ἡ Πόλις δημοτελῆ ἐπιτελοῦσα πανήγυριν, μᾶλλον δὲ πρὸς τῇ πρώτῃ καὶ βασιλίδι καὶ δευτέρα τις ἐσχεδίαστο· καὶ γὰρ ἐξεκέχυτο τῶν τειχῶν ἄχρι πλῆθός τε ἀστικὸν, καὶ πανηγύρεις καὶ ἀγοραί· ἐπεὶ δὲ πάντα προκαθειστήκει καὶ ἡτοίμαστο ὡς ἔδει τὰ προεισόδια, ἐγκελεύεται τούτῳ τὸ σύνθημα τῆς εἰσόδου, καὶ σὺν λαμπρᾷ τῇ πομπῇ εἰς τὰ βασίλεια εἴσεισιν ἄδυτα.

XX. Ἐπεὶ δὲ τοῖς κοινοῖς ἔδει περὶ τὴν συνάφειαν ἀποχρήσασθαι νόμοις, εὐλαβεῖται τούτους ὁ πατριάρχης Ἀλέξιος, καὶ συγχωρεῖ μὲν τῷ καιρῷ, εἰπεῖν δὲ καὶ τῷ θεῷ ὁπόσα βούλοιτο, αὐτὸς δὲ τὴν χεῖρα τοῖς στεφανουμένοις οὐκ ἐπιτίθησι, συζυγέντας δὲ καὶ στεφανωθέντας ἀσπάζεται· τοῦτο δὲ οὐκ οἶδα εἴθ' ἱερατικὸν, εἴτε κολακικὸν καὶ πρὸς τὸν καιρόν.

XXI. Καὶ γίνεται ταῦτα ταῖς μὲν βασιλίσσαις τέλος τοῦ δι' ἑαυτῶν τι ποιεῖν καὶ αὐτοκρατεῖν ἐν τοῖς πράγμασιν, ἀρχὴ δὲ τῷ Μονομάχῳ Κωνσταντίνῳ καὶ πρώτη τῆς βασιλείας κατάστασις. Αἱ μὲν οὖν τρίτον μῆνα συνάρξασαι παύονται τῆς ἀρχῆς, ὁ δέ γε Κωνσταντῖνος, ἀλλὰ μή πω περὶ αὐτοῦ, βραχέα δέ τινα καθίσταμαι πρὸς τὴν φιλήκοον ἀκοήν.

XXII. Πολλοί με πολλάκις πρὸς τήνδε τὴν ξυγγραφὴν κατηνάγκασαν, οὐ τῶν ἐν τέλει μόνον καὶ τῶν πρώτων τῆς γερουσίας, ἀλλὰ καὶ τῶν ἄλλων εἰς τὰ τοῦ λόγου | τελούντων 362* μυστήρια, καὶ τῶν ὅσοι θειότεροι καὶ ὑπερτελεῖς τὴν ψυχήν· ἐπειδὴ γὰρ χρόνῳ ἤδη τὸν λόγον ἡ τῆς ἱστορίας συναγωγὴ ἐπιλέλοιπεν, ὡς κινδυνεύειν τε | μακρῷ τῷ χρόνῳ καλυφθῆναι τὰ πράγματα, καὶ ὅσον ἐπὶ τούτῳ τῷ μέρει τοὺς ἄνω χρόνους μὴ ἐσχηκέναι ὑπόστασιν, διὰ ταῦτά με βοηθῆσαι ἠξίουν τῇ φύσει τοῦ πράγματος, καὶ μὴ τὰ μὲν ἄνω που πρὸ ἡμῶν ἀναγραφῆς παρὰ τῶν μεταγενεστέρων ἠξιῶσθαι, τὰ δὲ ἐφ' ἡμῶν πεπραγμένα λήθης καλυφθῆναι βυθοῖς· οἱ μὲν οὖν οὕτως καὶ μετὰ τοιούτων λογισμῶν πρὸς τὸ πρᾶγμα ὑπῆγον, ἐγὼ δὲ οὐ πάνυ τι τὴν τοιαύτην πραγματείαν ὑπεδεχόμην, οὐ καθυφεὶς τὴν ὑπόθεσιν ῥαθυμίᾳ, ἀλλὰ δυοῖν θατέρῳ δεδιὼς διακινδυνεῦσαι· ἢ γὰρ ὑπερβὰς δι' ἃς αἰτίας ἐρῶ τὰ πεπραγ-

5. τὸ γ. ἐξεκείνου.   9. τῆς κοινῆς.   27. τα μ.   32. λήθοις.

102   ΜΙΧΑΗΛ ΨΕΛΛΟΣ.

μένα τισὶν, ἢ μεταβάλλων ἑτέρως, οὐχ ἱστορίαν ποιῶν, ἀλλὰ
πλάττων ὥσπερ ἐπὶ σκηνῆς πράγματα ᾤμην ἁλώσεσθαι, ἢ τὸ
ἀληθὲς ἐκ παντὸς τρόπου θηρώμενος ἀφορμὴ σκώμματος τοῖς
φιλαιτίοις γενήσεσθαι, καὶ οὐ φιλίστωρ, ἀλλὰ φιλολοίδορος
5 νομισθήσεσθαι.

XXIII. Ἔνθεν τοι οὐ πάνυ τι περὶ τὰς καθ' ἡμᾶς
ὑποθέσεις ἐσπούδασα, καὶ μάλισθ' ὅτι περ ἐν πολλοῖς τοῦ
αὐτοκράτορος Κωνσταντίνου καθάψεσθαι ᾔδειν, ὑπὲρ οὗ
αἰσχυνοίμην ἄν, εἰ μὴ πᾶσαν εὐφημίαν τούτῳ συνεισενέγ-
10 καιμι· ἀγνώμων γὰρ ἂν εἴην καὶ πάντη ἀλόγιστος, εἰ μὴ ὧν
ἐκεῖθεν τὰ μὲν ἐν αὐτοῖς ἔργοις, τὰ δὲ εἰς ἀφορμὴν κρειττόνων
ἔσχηκα, πολλοστὸν ἀντιδοίην μέρος, τὴν διὰ τῶν λόγων
εὐγνωμοσύνην· διὰ τοῦτον γοῦν ἐγὼ τὸν ἄνδρα τὴν ἱστορίαν
ἀπεπεμπόμην ἀεὶ, ἥκιστα βουλόμενος προστρίψασθαί τινα
15 μῶμον αὐτῷ, καί τινα τῶν οὐ καλῶς αὐτῷ πεπραγμένων καὶ
ἃ λανθάνειν καλὸν ἀνακαλύψαι τῷ λόγῳ, καὶ ταῖς τῶν
πολλῶν ἀκοαῖς διεφθορυῖαν πιστεῦσαι διήγησιν, καὶ ὃν ὑπό-
θεσιν εἰς λόγους ἔσχηκα κρείττονας, τοῦτον εἰς χείρονας
κτήσασθαι ἀφορμήν, καὶ ἣν ἐκάθηρα γλῶτταν ἀφ' ὧν ἐκεῖνός
20 με πρὸς τοῦτο παρώρμησε, ταύτην ἐπ' αὐτῷ θήξασθαι.

XXIV. Εἰ γὰρ καὶ φιλοσόφῳ ἀνδρὶ καταπεφρόνηται
πᾶν τὸ ἐνταῦθα περιττὸν καὶ περίεργον, καὶ ὅρος αὐτῷ τῆς
ζωῆς ἡ τῶν ἀναγκαίων τῇ φύσει περίληψις, τὰ δ' ἄλλα
προσήρτηται ἔξωθεν τῇ τοιαύτῃ ζωῇ, ἀλλ' | ἐμοὶ οὐ διὰ ταῦτα
25 ἀγνωμονητέον τῷ ὑπερβαλλόντως τετιμηκότι καὶ ὑπὲρ τοὺς
ἄλλους ὑψώσαντι· τὸ μὲν οὖν βουλόμενόν μοι ἢ ἐν τοῖς
κρείττοσι λόγοις ἐκείνου μεμνῆσθαι, ἢ σεσιγῆσθαι τὰ ἐκείνου
εἰ μὴ ἀπὸ τῆς κρείττονος ὥρμηνται ὑποθέσεως· ἀλλ' εἰ μὲν
προθέμενος τὸν ἐκείνου βίον ἐγκωμιάζειν, εἶτα τὰς τῶν
30 κρειττόνων ἀφεὶς ἀφορμὰς, τὰς τῶν χειρόνων ὑποθέσεις
ἐφαινόμην | συνειληχὼς, κακοηθέστατος ἂν εἴην, ὥσπερ δὴ ὁ
τοῦ Λύξου τὰ χείριστα τῶν Ἑλλήνων ἐν ταῖς ἱστορίαις
παραλαμβάνων.

XXV. Εἰ δὲ τοῦτο μὲν οὐκ ἐργάζομαι νῦν, ἱστορεῖν δὲ
35 τοὺς τῶν αὐτοκρατόρων ἐμβέβλημαι βίους, πῶς ἃ τῶν ἱστο-

---

2. πράττων.   9. αἰσχυνήμην.   10. εἴη.   12. ἀντιδοίη.   25. τετιμηκότως.
29. πρὸς θέμενος.   31. εἴη.   cf. Plutarchi de mal. Herodoti.

ΚΩΝΣΤΑΝΤΙΝΟΣ Θ' (1042—1055).

ριῶν ἐστιν ὑπερβαίνων, ἃ τῶν ἐγκωμίων ἐστὶν ἐργάσωμαι, ὥσπερ ἐπιλαθόμενος τῆς ἐπιχειρήσεως, ἢ διαγράφων τὴν τέχνην, μὴ διακρίνων τὰς ὑποθέσεις, ἀλλ' εἰς ταὐτὸ τέλος συνελαύνων, ὧν διάφοροι οἱ σκοποί; ἐπεὶ τοί γε πρὸ τῆσδε τῆς πραγματείας πολλοὺς ἐκείνῳ καὶ καλοὺς λόγους πεποί- 5 ημαι, καὶ τάς γε ὑπερβολὰς τῶν ἐγκωμίων ἐθαύμασαν οἱ πολλοί, καὶ οὐκ ἐψευσάμην τὸν ἔπαινον, ἀλλὰ τοὺς ἄλλους ἔλαθον οὕτω ποιῶν. Οἱ μὲν γάρ, ἀνάμιξιν ἐχόντων τῶν πραγμάτων τοῖς βασιλεῦσι καὶ διαπεπλεγμένων αὐτοῖς χειρόνων τε καὶ κρειττόνων πράξεων, οὔτε ψέγειν καθαρῶς 10 ἴσασιν, οὔτε εἰλικρινῶς ἐπαινεῖν, ἀλλ' ἐξαπατᾷ τούτους ἡ τῶν ἐναντίων γειτνίασις, ἐγὼ δὲ ψέγειν μὲν ἀφωσιωσάμην, εἰ μὴ ὅσον ἐν πλάσμασιν ἐπαίνου ξυντιθείς, οὐκ ἐξ ἁπάντων ἅπαντα συλλαμβάνειν εἴωθα, ἀλλ' ἀφεὶς μὲν τὰ χείρονα, ἀφαιρούμενος δὲ τὰ κρείττονα, ξυναρμόζω ταῦτα κατὰ τὴν οἰκείαν τάξιν 15 καὶ ξυγκολλῶ καὶ διὰ μιᾶς τῆς ἀρίστης ποιότητος ἐξυφαίνω τὴν εὐφημίαν.

XXVI. Εἰ μὲν οὖν τοῖς πρὸς ἐκεῖνον ἐγκωμίοις οὕτω τοὺς ὑπὲρ αὐτοῦ λόγους ξυντέθεικα, ἱστορεῖν δὲ ἐπιβεβλημένος ἐκεῖνον, οὐκ ἂν δυναίμην οὕτω ποιεῖν· οὐ γὰρ ἂν 20 ψευσαίμην τὴν ἱστορίαν, ἧς τὸ κράτιστον ἡ ἀλήθεια, τῆς τῶν πολλῶν ἕνεκα δυσφημίας, εὐλαβούμενος μή με | λοίδορος γλῶσσα αἰτιάσαιτο, ὅτι εὐφημεῖν δέον κατηγορῶ· ἀλλ' οὐ κατηγορία τοῦτο, οὐδὲ γραφή, ἀλλ' ἀληθῶς ἱστορία. Ἔπειτα εἰ μὲν ἑώρων, ὅτι τῶν ἄλλων αὐτοκρατόρων ἀπὸ τῆς κρατί- 25 στης ἕξεως πάντα διαπεπραχότων καὶ ἐν πᾶσιν εὐδοκιμηκότων, τούτῳ μόνῳ ἡ βασιλεία ἀπὸ τῶν ἐναντίων κεχαρακτήρισται, ὑπερέβην ἂν τὸν ὑπὲρ ἐκείνου λόγον· ἐπεὶ δὲ οὐδείς ἐστι τῶν πάντων ἀνάλωτος, ἀλλ' ὁ χαρακτὴρ ἑκάστῳ ἀπὸ τοῦ πλείονος, πῶς ἂν ἐξειπεῖν αἰσχυνθείην εἴ τι μὴ καὶ τούτῳ δικαίως καὶ 30 προσηκόντως εἴργασται;

XXVII. Οἱ μὲν οὖν πολλοὶ ταῖς τῶν βασιλέων προεσχηκότες ἀναγραφαῖς, θαυμάζουσιν ὅτι μηδεὶς αὐτῶν διὰ τέλους εὐδόκιμος, ἀλλὰ τῷ μὲν οἱ ἄνω χρόνοι καλλίους, τῷ δὲ ἡ πρὸς τῷ τέλει βελτίων ζωή· καὶ οἱ μὲν τὸν ἀπολαυστικὸν 35

5. κακούς. 8. ἀνάμιξον. 13. ἐμπλάσμασιν. 19. τοῦ υ. α. λόγου.
21. τὸν ἱστορίαν. 28. τῶν υ. 33. μὴ δεὶς. 35. ζωῆς.

εΐλοντο βίον, οι δέ τι και φιλοσοφείν επεβάλοντο, έπειτα συνέχεον τας αιρέσεις συν ούδενι κόσμω και τους βίους άκαταλλήλως άπέδοσαν· εγώ δε τούτο μεν ουκ αν άγασθείην, το δ' εναντίον εί τω συμβέβηκεν· ιδιώτην μεν γαρ βίον ίσως εΰροι τις εκ πρώτης της αρχής | εις έσχατον τέλος δια μιας και της αυτής άπευθυνθέντα γραμμής, και τούτο εν ολίγοις τοις παραδείγμασιν, άνηρ δε ήγεμονικην τάξιν παρά του κρείττονος είληχώς, είτα δη και πλείους χρόνους επιβιούς, ουκ άν ποτε δυνηθείη δια των καλλίστων άπάντων την αρχήν τελεώσασθαι· τω μεν γαρ ιδιώτη αύταρκες ίσως εις άρετην ή τε της ψυχής φύσις και η πρώτη του βίου ένστασις, ότι μη πολλά τούτω τα αντιπίπτοντα έξωθεν, μηδ' άλλοιοΐ την ψυχην τα συμβαίνοντα, βασιλεΐ δε τούτο πώς δώσομεν, ω μηδέ το βραχύτατον μέρος της οικείας ζωής των όχλούντων εστέρηται; άλλ' ώσπερ θάλασσα βραχύ μεν κατεστόρεσται και γαληνια, τα δ' άλλα τούτο μεν πλημμυρεΐ, τούτο δε και τινάσσεται κύμασι, νύν μεν βορείου διαταράττοντος, νύν δ' άπαρκτίου, νύν δ' άλλου τινός των εγειρόντων κλυδώνιον, όπερ αυτός επι πολλοίς εωράκειν· δια ταύτα γούν, η γλυκυθυμίας αυτοίς | δεήσαν, ευθύς επιλήψιμον τουτι το μέρος αύτοΐς, η φιλανθρωπία τι καθυφεΐσιν άνεπιστημοσύνη προστρίβεται, η διεγερθεΐσι προς επιμέλειαν η φιλοπραγμοσύνη προσάπτεται, η κινηθεΐσι προς άμυναν καί τι των αυθεκάστων πεποιηκόσιν, οργή το σύμπαν και θυμός το λοιδόρημα, καν εί τι των κρυφιωτέρων επιχειρήσωσι διαπράξασθαι, μάλλον αν λάθοι τους πολλούς ό Άθως η το πεπραγμένον εκείνοις. Ουδέν ούν θαυμαστόν ει μηδενι των βασιλέων ο βίος ανέγκλητος.

XXVIII. Εγώ μεν γαρ εβουλόμην, ει και μηδέ τω των πάντων, άλλα τω γε εμώ αυτοκράτορι τούτο προσεΐναι το μέρος, αλλ' ουχί κατά τας ημεδαπας αιρέσεις αι των πραγμάτων άκολουθίαι· δια ταύτα ίλεά μοι τα παρά σού είη, θειοτάτη ψυχή! καν μη μετρίως περι των χρόνων είποιμι, αλλ' άνεπικαλύπτως και αληθώς, σύγγνωθί μοι και τούτο! ώσπερ γαρ ούδεν σοι των κρειττόνων συνεπικρύψομαι, αλλ' εις τούμφανες άξω, ούτως εί τί σοι μη από της αυτής είρηται

8. είληχώς.   15. κατεστόρισται.   34. συγγνώθι.   36. τις.

ἕξεως καὶ τοῦτο δὴ τῷ λόγῳ δῆλον ποιήσομαι. Καὶ τὰ μὲν πρὸς ἐκεῖνον ὦσι ταῦτα.

XXIX. Παραλαβὼν δὲ ὁ ἀνὴρ οὗτος τὸ κράτος, οὔτε ἐγκρατῶς οὔτε εὐλαβῶς εἶχε περὶ τὰ πράγματα, ἀλλ', ὡς ἔοικεν, εὐδαιμονίαν καινήν τινα καὶ συνήθη τῷ βίῳ ἀναπλατ- τόμενος πρότερον καὶ πραγμάτων ἀθρόαν μετάθεσιν καὶ μεταποίησιν σὺν οὐδενὶ λόγῳ καὶ τάξει, ἐπειδὴ βασιλεύειν ἔλαχεν, ἔργῳ τὰς ἀναπλάσεις ποιεῖν εὐθὺς ἐπεχείρησε. Δύο τοίνυν τούτων τὴν Ῥωμαίων συντηρούντων ἡγεμονίαν, ἀξιωμάτων φημὶ καὶ πραγμάτων, καί τινος ἔξω τρίτου, ἔμφρονος περὶ ταῦτα ἐπιστασίας καὶ τοῦ λογισμῷ χρῆσθαι περὶ τὰς διανεμήσεις, οὗτος τοὺς μὲν τῶν χρημάτων θησαυροὺς αὐτόθεν ἐκχεῖν ἐπιβέβλητο, ὡς μηδὲν τοῖς πυθμέσι καταλιπεῖν τι· τιμῶν δὲ | καὶ πλεῖστοι μὲν ἀλόγως εὐθὺς παραπήλαυον, μάλιστα δὲ οἵ τε φορτικώτερον καταδυσωποῦντες τὸν ἄνδρα, καὶ οἱ πρὸς τὸν καιρόν τι παραφθεγξάμενοι ὥστε ἐκεῖνον κινῆσαι πρὸς γέλωτα· ἀμέλει | τοι τάξιν ἐχούσης τῆς τιμῆς ἐν τῷ πολιτικῷ δήμῳ, καὶ ὅρου τινὸς ἐπικειμένου ἀμεταθέτου τῆς ἀναβάσεως, οὗτος ἐκεῖνον μὲν συγχέας, τοῦτον δὲ ἀφελών, μικροῦ δεῖν τὸν ἀγοραῖον καὶ ἀγύρτην δῆμον ξύμπαντα κοινωνοὺς τῆς γερουσίας πεποίηκε, καὶ τοῦτο οὔ τισιν ἢ πλείοσι χαρισάμενος, ἀλλ' εὐθὺς ἀπὸ μιᾶς φωνῆς ἅπαντας εἰς τὰς ὑπερηφάνους μετενεγκὼν ἀρχάς· τοῦτο μὲν οὖν τηνικαῦτα τελετὰς καὶ πανηγύρεις ἀπέτεκε, καὶ ἡ Πόλις ξύμπασα μετεώριστο, ὡς φιλοτιμοτάτου βασιλέως ἐπιστάντος τοῖς πράγμασι, καὶ ἀσύγκριτα τὰ παρόντα ἐδόκει τοῖς πρότερον· τὸ γὰρ αἰσθανόμενον τῆς τῶν ὅλων συνέσεως ἐν Πόλει τρυφῶσι βραχύ, καὶ οἱ τὴν σύνεσιν δὲ ἔχοντες ἀμελοῦσι τῶν καθηκόντων ἐν οἷς ὦν ἐρῶσιν ἐπιτυγχάνουσι.

XXX. Κατὰ βραχὺ δὲ διηλέγχθη τὸ πρᾶγμα, ὁπηνίκα τῶν πάλαι ζηλωτῶν ἀδιορίστως ὑπερχυθέντων, ἡ σεμνότης ἀφηρέθη τοῖς κτησαμένοις· ἀλλὰ τοῦτο οὔπω τηνικαῦτα εἰς γνῶσιν ἐγίνετο τοῖς πολλοῖς· διὰ ταῦτα πάντ' ἐσπαθᾶτο καὶ ἀνηλίσκετο εἰς οὐδὲν δέον· καὶ οὐκ ἀγνοῶ, ὅτι τισὶν ὕστερον συγγραφεῦσιν ἀφορμὴ τοῦτο ἐγκωμίου γενήσεται τῷ ἀνδρί· ἀλλ' ἔμοιγε ἐν πᾶσιν εἴθισται οὔτε τι τῶν δόκησιν ἐχόντων

---

15. φορτικώτεροι.

καλοῦ οὔτε τῶν καλῶς οἰομένων πεπράχθαι, ἕκαστον ἀφ᾽ ἑαυτοῦ μόνον σκοπεῖν, ἀλλὰ καὶ τὰς αἰτίας ζητεῖν καὶ πρὸς ὅ τι τὸ γινόμενον ἀποτελευτήσοι, καὶ μάλιστα εἰ καὶ ὁ τὰς ὑποθέσεις χορηγῶν ἐπὶ τοιούτων λογισμῶν ἵσταται· ὅτι δὲ 5 ἐμοὶ κάλλιον τοῦτο ἠκρίβωται, ἢ ἐκείνοις ἴσως λελέξεται, ἡ πεῖρα παρέστησε.

XXXI. Τοῦτο μὲν οὖν πρῶτον ἐκείνου, ἵν᾽ οὕτως εἴποιμι νεανίευμα, δεύτερον δέ, ὃ καὶ αὐτὸς καὶ τότε ἐπαινῶν οἶδα καὶ νῦν δὲ οὐδὲν ἧττον ἐν καλοῖς τίθεμαι, οὔτε ἀλαζὼν ὤφθη 10 τισὶν, οὔτε βαρὺς τὴν ὀφρῦν, ἀλλ᾽ οὐδ᾽ ὑπέρογκόν τι σεμνολογούμενος, οὐδὲ μνησικακήσας ἐκείνοις παρ᾽ ὧν οὔτε τι πρότερον πρᾳότερον ἔσχηκεν, ἀλλὰ καὶ πρὸς τὸ κράτος οὐ τῶν μετρίων τετύχηκεν, ἀλλὰ πᾶσι τὰ πρὸς αὐτὸν ἐγκλήματα παρεικώς, ἐκείνοις μάλιστα σπένδεται οἷς καὶ μᾶλλον ἐδόκει ἐν ἅπασι 15 μηνιεῖν.

XXXII. Εὐφυέστατος δὲ εἴπερ τις ἄλλος εἰς ἑαυτὸν μεταθεῖναι τὸ ὑπή|κοον γεγονώς, δικτύοις ἕκαστον ᾕρει οἷς ᾔδει θηρώμενον, καὶ ῥᾷστα μετεποικίλετο, οὔτε κατασοφιζόμενος, οὔτε μὴν εἰρωνευόμενος πρὸς τὸν ἁλισκόμενον, ἀλλὰ 20 φιλαλήθως σπεύδων ἑλεῖν ἕκαστον ἀφ᾽ ὧν χαριεῖσθαι ἐκείνῳ ᾐσπάσατο.

XXXIII. Εἶχε δὲ καὶ τὴν γλῶτταν χαρίτων μεστὴν, εὐκίνητός τε ἦν | πρὸς μειδίαμα, καὶ ἱλαρὸν εἶχε τὸ πρόσωπον, οὐκ ἐν παιδιαῖς μόνον ὁπότε αὐτῷ καὶ τούτου ἐδέησεν, ἀλλὰ 25 καὶ ἐν οἷς σπουδάζων ἐδείκνυτο, καὶ τῶν ἠθῶν δ᾽ ἐκείνοις συνανεκίρνατο ὁπόσοις ἡ ἁπλότης συνέπρεπε καὶ τὸ δεινὸν κατεστοιβασμένον οὐκ ἦν· εἰ δέ τις αὐτῷ προσῄει, σύννουν ἐπιδεικνὺς τὴν ψυχὴν, ὡς δ᾽ εἴ τι πλέον τῶν ἄλλων ὁρῶν καὶ ὡς ἥκοι φροντίσων ἐκείνῳ καὶ συνδιασκεψόμενος περὶ τῶν 30 συνόντων, τοῦτον δὴ κακοηθέστατόν τε ᾤετο καὶ ἐναντιώτατον πρὸς τὸ ἦθος αὐτοῦ διαπεπλασμένον· ἔνθεν τοι εἰς τὴν αὐτὴν τῆς γνώμης ἰδέαν οἱ ὁμιλοῦντες ἐκείνῳ μετεποιήθησαν· κἂν εἴ τις σπούδασμά τι γενναῖον ἐβούλετο παρεισενεγκεῖν, οὐκ εὐθὺς τοῦτο προυτίθει, ἀλλ᾽ ἢ τινὰς παιδιὰς προλαμβάνων, ἢ 35 ταύταις τούτῳ συναναπλέκων, ὥσπερ τινὶ κακοσίτῳ ἡδύσμασί τισι καταμεμιγμένον τὸ καθάρσιον πόμα ἐπώρεγεν.

8. νεάνευμα. 17. γ. οἰκείως ἔ. 25. δι᾽ ἐκ. 28. δ᾽ ἤτι. 33. εἴ τι. 35. τινα.

XXXIV. Ἐδόκει γὰρ ἐκ κυμάτων πολλῶν καὶ κλύδωνος, φημὶ δὴ τῶν ἐν τῇ ὑπερορίᾳ δεινῶν, εἰς τοὺς λιμένας τῶν βασιλείων κατάραι, καὶ διὰ τοῦτο πάσης μὲν ἀναπαύλης, πάσης δὲ ἐδεῖτο ἀναψυχῆς, καὶ κεχαρισμένος αὐτῷ ὁ τὰς ὀφρῦς διαλελυμένος καὶ εἰπεῖν μέν τι τῶν καθηδυνόντων ψυχὴν πρόχειρος, περὶ δὲ τῶν μελλόντων πραγμάτων τὰ χαριέστερα προμαντεύσασθαι.

XXXV. Λόγοις δὲ οὐ πάνυ καθωμιληκώς, οὐδέ τινα ἕξιν κτησάμενος λογιότητος, ἀλλ' ὅμως ἐζήλου τοῦτο τὸ μέρος, καὶ τοὺς ἐλλογιμωτέρους πανταχόθεν συνήνεγκεν εἰς τὰς βασιλείους αὐλὰς, ὧν οἱ πλείους ἐν ἐσχάτῃ ἥδοντο πολιᾷ.

XXXVI. Ἐγὼ δὲ τηνικαῦτα εἰκοστὸν πέμπτον ἔτος ἄγων τῆς ἡλικίας τοῖς σπουδαιοτέροις προσανεῖχον μαθήμασι· περὶ δύο γὰρ ταῦτα | ἐσπουδακώς, ῥητορικοῖς μὲν λόγοις τὴν γλῶτταν πλάσασθαι πρὸς εὐπρέπειαν, καὶ φιλοσοφίᾳ καθᾶραι τὸν νοῦν, τοὺς μὲν ῥητορικοὺς λόγους οὐ πάλαι ἠκριβωκώς, ὥστε καὶ διελεῖν δύνασθαι τὸ ἄρθρον τῆς ὑποθέσεως καὶ τοὺς πρώτους καὶ δευτέρους λόγους εἰς τοῦτο συνενεγκεῖν, καὶ μὴ πάντα τὴν τέχνην δεδιέναι, μηδ' ἕπεσθαι ταύτῃ ὥσπερ τι θρέμμα ἐν ἅπασιν, ἀλλὰ καὶ πλέον τι συνεισενεγκεῖν ἐν τοῖς μέρεσι, φιλοσοφίας εἰχόμην, καὶ τοῦ συλλογίζεσθαι ἱκανῶς ἔχων, ἢ ἄνωθεν καὶ ἀμέσως, ἢ ἐκ τῶν μετέπειτα καὶ παντοδαπῶς, τῶν τε φυσικῶν λόγων ἡψάμην καὶ πρὸς τὴν πρώτην φιλοσοφίαν διὰ τῆς μέσης ἀνεπτερούμην γνώσεως.

XXXVII. Καὶ εἰ μὴ μέ τις φορτικὸν ἐντεῦθεν νομίζοι, ἀλλὰ συγχωρεῖ δὴ τῷ λόγῳ, καὶ τοῦτο δὴ τῶν ἐμῶν προσθήσω, ὃ δὴ καὶ μόνον μάλιστα εἰς εὐφημίαν τοὺς σπουδαιοτέρους κινήσει· καί μοι συμμαρτυρήσετε οἱ τήμερον τὸν λόγον ἀναγινώσκοντες, ὅτι ἐκπνεύσασαν τὴν σοφίαν | καταλαβὼν ὅσον ἐπὶ τοῖς μετέχουσιν, αὐτὸς ἀνεζωπύρησα οἴκοθεν, οὔτε διδασκάλοις ἀξιολόγοις περιτυχών, οὔτε σπέρμα σοφίας ἐν τῇ Ἑλλάδι ἢ τῇ βαρβάρῳ τὸ ξύμπαν διερευνησάμενος εὑρηκώς· ἀλλ' ἐπειδὴ μέγα τι περὶ φιλοσοφίας ἐν τῇ Ἑλλάδι ἀκούων, ἐν φωναῖς τισιν ἁπλαῖς καὶ προτάσεσι κατεμάνθανον, καὶ ἦν ταῦτα ὡσανεὶ στῆλαι καὶ ὅρια, καταγνοὺς τῶν περὶ

5. τοι.   11. εἴδοντο.   17. ἄθρον.   26. δὲ. ibid. προθήσω.
28. συμμαρτυρήσεται.

ταῦτα σμικρολογουμένων ἐζήτησά τι πλέον εὑρεῖν· ὡς δέ τισι τῶν ἐξηγησαμένων τὴν ἐπιστήμην ἐνέτυχον, τὴν ὁδὸν παρ' αὐτῶν ἐδιδασκόμην τῆς γνώσεως, καί με ἄλλος εἰς ἄλλον παρέπεμπον, ὁ χείρων πρὸς τὸν κρείττονα, κἀκεῖνος αὖθις εἰς ἕτερον, καὶ οὗτος εἰς Ἀριστοτέλη καὶ Πλάτωνα, ὧν δὴ καὶ οἱ πρὸ ἐκείνων ἠγάπησαν εἰ εὐθὺς τὰ δευτερεῖα μετ' ἐκείνους εἰλήχασιν.

XXXVIII. Ἐντεῦθεν οὖν ὁρμηθεὶς αὖθις ὥσπερ περίοδον ἐκπληρῶν ἐς Πλωτίνους καὶ Πορφυρίους καὶ Ἰαμβλίχους κατῄειν, μεθ' οὓς ὁδῷ προβαίνων εἰς τὸν θαυμασιώτατον Πρόκλον ὡς ἐπὶ λιμένα μέγιστον κατασχὼν, πᾶσαν ἐκεῖθεν ἐπιστήμην τε καὶ νοή|σεων ἀκρίβειαν ἔσπεισα· μέλλων δὲ μετὰ ταῦτα ἐπὶ τὴν πρώτην ἀναβαίνειν φιλοσοφίαν καὶ τὴν καθαρὰν ἐπιστήμην μυεῖσθαι, τὴν περὶ τῶν ἀσωμάτων θεωρίαν προὔλαβον ἐν τοῖς λεγομένοις μαθήμασιν, ἃ δὴ μέσην τινὰ τάξιν τετάχαται, τῆς τε περὶ τὰ σώματα φύσεως καὶ τῆς ἀσχέτου πρὸς ταῦτα νοήσεως, καὶ αὐτῶν δὴ τῶν οὐσιῶν, αἷς ἡ καθαρὰ συμβαίνει νόησις, ἵν' ἐντεῦθεν εἴ τι καὶ ὑπὲρ ταῦτα ὑπὲρ νοῦν ἢ ὑπερούσιον καταλήψομαι.

XXXIX. Διὰ ταῦτα ἀριθμῶν τε μεθόδοις ἑαυτὸν ἐντείνας καὶ γεωμετρικὰς ἀποδείξεις ἀναλαμβάνων, ἃς ἀνάγκας τινὲς ὀνομάζουσιν, ἔτι τε μουσικοῖς καὶ ἀστρονομικοῖς ἐνδιδοὺς λόγοις καὶ εἴ τινες ἄλλαι μαθήσεις ταύταις ὑπόκεινται, οὐδὲ τούτων οὐδὲ μίαν ἀπολείπων, καὶ πρῶτα μὲν κατὰ μίαν ἑκάστην διεξιὼν, εἶθ' ἁπάσας συνάψας, ὡς δι' ἀλλήλων ἠκούσας εἰς ἕν, ὡς ἡ Ἐπινομὶς βούλεται, οὕτω διὰ τούτων τοῖς ὑψηλοτέροις ἐπέβαλλον.

XL. Ἐπεὶ δὲ τῶν τελεωτέρων ἠκηκόειν φιλοσόφων, ὅτι ἔστι τις καὶ ὑπὲρ τὴν ἀπόδειξιν σοφία, ἣν μόνος εἶδεν ὁ σωφρόνως ἐνθουσιάζων νοῦς, οὐδὲ ταύτην παρέδραμον, ἀλλά τισι βιβλίοις ἀρρήτοις ἐντετυχηκὼς, ὁπόσον εἰκὸς καὶ ἡ φύσις μοι ἔρρωτο, καὶ ταῦτ' εἰσεδεξάμην. Τὸ γὰρ δι' ἀκριβείας ταῦτα εἰδέναι, οὔτ' ἂν αὐτὸς περὶ ἐμαυτοῦ σεμνολογήσαιμι, οὔτ' ἄλλῳ πιστεύσαιμι λέγοντι, τὸ δὲ μίαν τῶν πασῶν ἐπιστήμην ὥσπερ ἑστίαν φίλην ἑαυτῷ πεποιηκότα τινὰ, ἐντεῦθεν οἱονεὶ καθ' ἱστορίαν ἐξιόντα καὶ τῶν ἄλλων ἐν

12. ἔσπευσα.   17. οἷς.   29. ὄν.   33. ἑαυτοῦ.   34. ἄλλα.

ΚΩΝΣΤΑΝΤΙΝΟΣ Θ' (1042—1055). 109

περινοία γίγνεσθαι, καὶ αὖθις ἐπαναστρέφειν ἀφ' ἧς κεκίνηται, τοῦτο δὴ οὐ πάνυ τι τὴν φύσιν ἡμῶν ὑπεράλλεται.

XLI. Ἑωρακὼς δὲ | ὅτι δύο μερίδες τῶν λόγων εἰσὶ, καὶ 365* τὴν μὲν ἡ ῥητορικὴ συμπληροῖ, τὴν δὲ φιλοσοφία ἀπέτεμε, καὶ ἡ μὲν οὐδέν τι τῶν σεμνοτέρων εἰδυῖα καχλάζει μόνον τῷ 5 μεγάλῳ τῶν λέξεων ῥεύματι, καὶ περὶ τὴν συνθήκην τῶν τοῦ λόγου μορίων στρέφεται, καί τινας λόγους ἀναπτύξεων τῶν πολιτικῶν ὑποθέσεων καὶ διαιρέσεων προβέβληται, καὶ p. 122 κοσμεῖ τὴν | γλῶτταν, καὶ ὅλως διαπρεπής ἐστιν ἐν τοῖς πολιτικοῖς λόγοις, ἡ δὲ φιλοσοφία τοῦ περιπτυσσομένου τὸν 10 λόγον κάλλους ἧττον φροντίζουσα, τάς τε φύσεις ἀνιχνεύει τῶν ὄντων καὶ τὰς ἀρρήτους θεωρίας παρίστησι, καὶ οὐδὲ μέχρις οὐρανοῦ ὑψηλολογουμένη προβαίνει, ἀλλὰ καὶ εἴ τις ἐκεῖθεν κόσμος, καὶ τοῦτον ἐξυμνεῖ ποικιλώτερον, οὐκ ᾠήθην δεῖν, ὥσπερ δὴ οἱ πλεῖστοι πεποιήκασιν ἢ πεπόνθασιν, ἢ τὴν 15 τέχνην ξυνειλοχότα τῆς ἐπιστήμης καταμελεῖν, ἢ ταύτην διαμελετῶντα καὶ ἐν θαυμασίοις πλουτοῦντα νοήμασι τῆς τῶν λέξεων κατολιγωρεῖν ἄνθης καὶ τῆς κατὰ τέχνην διαιρέσεώς τε καὶ τάξεως· διὰ ταῦτα, καὶ ὅπερ ἤδη μοι πολλοὶ προσωνείδισαν, καὶ ῥητορικὴν ὑπόθεσιν μελετῶν, ἔστιν οὗ 20 καὶ ἀπόδειξίν τινα ἐπιστήμονα οὐκ ἀκόμψως εἰσάγω, καὶ αὖθις φιλόσοφόν τι ἀποδεικνύων θέλημα, καθωραΐζω τοῦτο ταῖς τεχνικαῖς χάρισιν, ἵνα μὴ πρὸς τὸ μέγεθος τοῦ νοήματος ἡ τοῦ ἀναγινώσκοντος ψυχὴ δυσπαραδεκτήσασα τοῦ φιλοσοφουμένου λόγου στερίσκοιτο. 25

XLII. Ἐπειδὴ δέ ἐστί τις καὶ ὑπὲρ ταύτην ἑτέρα φιλοσοφία, ἣν τὸ τοῦ καθ' ἡμᾶς λόγου μυστήριον συμπληροῖ, καὶ τοῦτο δὲ διπλοῦν καὶ φύσει καὶ χρόνῳ μεμερισμένον, ἵνα μὴ τὴν ἑτέραν λέγω διπλόην τήν τε ἐν ἀποδείξεσι καὶ ὅση ἐξ ἐπινοίας καὶ τεθειασμένης ἐγγίνεταί τισι γνώσεως, περὶ 30 ταύτην μᾶλλον ἢ περὶ τὴν ἑτέραν ἐσπούδασα, τὰ μὲν τὰ ἐκπεφασμένα περὶ ταύτης τοῖς μεγάλοις πατράσιν ἑπόμενος, τὰ δὲ καὶ αὐτός τι τῷ θείῳ συνεισφέρων πληρώματι· καὶ εἴ μέ τις, λέγω δὲ ἁπλῶς καὶ οὐ κομψευόμενος, ἐπαινεῖν ἐπὶ τοῖς λόγοις βούλοιτο, μή με ἐντεῦθεν, μηδ' ὅτι πολλοῖς 35 βιβλίοις ὡμίλησα, οὐ γὰρ ἐκ φιλαυτίας ἠπάτημαι, οὐδὲ τὸ

14. ὀήθειν.

ἐμὸν μέτρον ἠγνόηκα, ὅτι πολλοστόν ἐστι τῶν ὑπὲρ ἐμὲ
σοφιστευσάντων ἢ φιλοσοφησάντων, ἀλλ' ὅτι μὴ ἐκ ῥεούσης
πηγῆς εἴ τί μοι σοφίας μέρος συνείλεκται ἠρανισάμην, ἀλλ'
ἐμπεφραγμένας εὑρηκὼς ἀνεστόμωσά τε καὶ ἀνεκάθηρα, καὶ
5 ἐν βάθει που τὸ νᾶμα κείμενον | σὺν πολλῷ ἀνείλκυσα p. 123
πνεύματι.

XLIII. Νῦν γὰρ οὔτε Ἀθῆναι, οὔτε ἡ Νικομήδεια, οὔτε
ἡ πρὸς Αἰγύπτῳ Ἀλεξάνδρεια, οὔτε Φοινίκη, οὔτε μὴν ἑκατέρα
Ῥώμη, ἥ τε πρώτη καὶ ἥττων καὶ ἡ μετ' ἐκείνην καὶ κρείττων,
10 οὔτ' ἄλλη τις πόλεων ἐπί τινι τῶν λόγων σεμνύνεται τανῦν,
ἀλλὰ καὶ αἱ χρυσίτιδες φλέβες καὶ αἱ μετ' ἐκείνας καὶ
ἀργυρίτιδες, καὶ εἴ τινες ἄλλαι τῆς ἀτιμοτέρας τούτων ὕλης,
366 ἐμπεφραγμέναι ξύμπασαι πᾶσι τεθέανται· | ὅθεν μὴ αὐτοῖς δὴ
τοῖς ζῶσι νάμασιν ἐντυχεῖν ἔχων, ταῖς εἰκόσιν ἐκείνων προσε-
15 σχηκώς, εἴδωλα ἄττα καὶ αὐτὰ δεύτερα τῇ ἐμῇ συνεσπασάμην
ψυχῇ, καὶ συλλαβὼν οὐδενὶ τούτων ἐβάσκηνα, ἀλλ' ἃ δὴ
πόνῳ συνειλήχειν πολλῷ, τούτων πᾶσιν μετέδωκα, οὐ μισθοῦ
τοὺς λόγους πωλῶν, ἀλλὰ καὶ προσεπιδιδοὺς εἴ τις λαμβάνειν
ἐβούλετο· ἀλλὰ ταῦτα μὲν ὕστερον.

20 XLIV. Ἐμοὶ δὲ καὶ πρὸ τοῦ τελείου καρποῦ ἡ ἄνθη τὸ
μέλλον προεμαντεύετο· καὶ ὁ μὲν βασιλεὺς οὔπω ἐγνώκει, ἡ
δὲ περὶ ἐκεῖνον δορυφορία ξύμπασά με ᾔδει, καὶ ἄλλος ἄλλο
τι τῶν ἐμῶν διηρίθμει τῷ βασιλεῖ, προστιθέντες ὅτι μοι καὶ
χάρις διαπρέπει τοῖς χείλεσιν. Ἐρῶ δὲ καὶ περὶ τούτου τοῦ
25 μέρους· φυσικαί τινες ἀρεταί, ἢ τοὐναντίον, τῇ γενέσει ἡμῶν
συνεκδίδονται· λέγω δὲ ἀρετὴν ἐνταῦθα, οὔτε τὴν ἠθικήν,
οὔτε τὴν πολιτικήν, οὔθ' ἥ τις ὑπὲρ ταύτας καὶ ἄχρι τοῦ
παραδείγματος, ἢ τῆς δημιουργικῆς τελειότητος· ἀλλ' ὥσπερ
τὰ τῶν γινομένων σώματα, ἃ μὲν μεθ' ὥρας εὐθὺς ἀποτίκτεται,
30 τοῖς δὲ ἡ φύσις σπίλους τινὰς ἐξ ἀρχῆς καὶ ῥυτίδας ἐντέθεικεν,
οὕτω δὴ καὶ τῶν ψυχῶν ἡ μέν τις εὐθὺς χαριεστάτη καὶ
ἱλαρωτάτη διέγνωσται, ἡ δὲ συννεφὴς καὶ πολλήν τινα τὴν
ἀχλὺν ἐπισύρουσα· καὶ τοῦ χρόνου δὲ προϊόντος ταῖς μὲν
χάριτες συνεκφαίνονται, ταῖς δὲ τά τε ἄλλα ἐξήμβλωται καὶ
35 οὐδὲ τὰ περὶ τὸν λόγον αὐταῖς εὖ διωργάνωται.

3. πιγῆς.   5. τὴν ἅμα.   13. τεθέαται.   14. ζῶσιν ἅμασιν.
18. τοῖς λόγοις πολῶν.   πρὸς ἐπιδιδοὺς εἴ τι.   22. ἄλλως ἀλλ' ὅτι.
32. συνεφής.   35. αὐτοῖς.

XLV. Ἐπιμαρτύρεται | γοῦν ἐμοὶ ὅτι μοι ἡ γλῶττα κἂν ταῖς ἁπλαῖς διήνθισται προφοραῖς, καὶ οὐδὲν ἐπιτηδευομένῳ φυσικαί τινες ἐκεῖθεν ἡδύτητες ἀποστάζουσιν· ἐγὼ γοῦν οὐκ ἂν τοῦτο εἰδείην, εἰ μή με πολλοὶ προσεῖπον διαλεγόμενον, καὶ διακέχυντο εἴ τινες τῶν ἐμῶν λόγων ἀκούσειαν. Τοῦτο μὲν τοίνυν πρῶτον εἰς βασιλέα συνίστησι, καὶ ἡ πρόδρομος χάρις τῆς γλώττης προτέλεια ἐκείνῳ καὶ περιρραντία τῶν ἐμῶν ἀδύτων ἐγένετο.

XLVI. Καὶ εἰρήκειν μὲν εἰσιὼν τὴν πρώτην οὔτε στωμύλον οὔτε κομψόν, ἀλλ' ἐγὼ μὲν τὸ γένος κατέλεγον καὶ οἵαις ἐχρησάμην περὶ τοὺς λόγους παρασκευαῖς, ὁ δέ, ὥσπερ οἱ θεοφορούμενοι ἀδήλως τοῖς ἄλλοις ἐνθουσιῶσιν, οὕτω δὴ κἀκείνῳ αἰτίαν οὐκ εἶχεν ἡ ἡδονή, καὶ μικροῦ με δεῖν κατεφίλησεν, οὕτω μου τῆς γλώττης εὐθὺς ἀπηώρητο. Τοῖς μὲν οὖν ἄλλοις καιρὸν εἶχε καὶ μέτρον ἡ πρὸς αὐτὸν εἴσοδος, ἐμοὶ δὲ καὶ αἱ τῆς καρδίας αὐτῷ πύλαι ἀνεπετάννυντο, καὶ κατὰ βραχὺ προϊόντι ξύμπαντα ἐπεδείκνυτο. Καὶ μή μέ τις αἰτιάσαιτο, εἴ τι βραχὺ τὸν τοῦ λόγου σκοπὸν παρεκβέβηκα, μηδὲ περιαυτολογίαν οἰηθείη τὴν παρέκβασιν· εἰ γάρ τι καὶ τοιοῦτον εἴρηται, ἀλλὰ πρὸς τὸν εἱρμὸν τοῦ λόγου πάντα ξυμβέβληται· τοῦτο δὲ οὐκ ἦν ἄλλως ἐνδείξασθαι μὴ τὴν αἰτίαν προειρηκότι, ταύτην δὲ βουλόμενος προειπεῖν, ἀναγκαῖον καὶ τῶν κατ' ἐμὲ μνημονεῦσαί τινα· διὰ ταῦτά μοι τὰ πολλὰ ἐκεῖνα προείρηται, ἵνα μοι προχωροίη κατὰ τέχνην ὁ λόγος εἰς ἀρχήν τε ἀναβαίνοντι καὶ προκαθιστῶντι καὶ τὰ ἑξῆς συμπεραίνοντι. Ἐπειδὴ οὖν ἐμαυτὸν τούτῳ δὴ τῷ μέρει τῆς ἱστορίας ἀκριβῶς ἀνεβίβασα, ἐρῶ οὐδέν τι διαψευδόμενος· ἀλλ' εἴ τι μὲν οὐ λεχθήσεται, ἀποκέκρυπται, τῶν δὲ ῥηθησομένων οὐδέν τι εἴη ἀμφισβητή|σιμον πρὸς ἀλήθειαν.

XLVII. Οὐ πάνυ τι τὴν φύσιν τῆς βασιλείας ὁ αὐτοκράτωρ οὗτος κα|τείληφεν, οὔθ' ὅτι λειτουργία τίς ἐστι λυσιτελὴς εἰς τὸ ὑπήκοον, οὔθ' ὅτι ἐγρηγορίας δεῖται ἀεὶ ψυχῆς πρὸς τὴν βελτίονα τῶν πραγμάτων διοίκησιν, ἀλλὰ κόπων ἀνάπαυσιν καὶ ἐφετοῦ ἀποπλήρωσιν καὶ συντονίας

4. τούτῳ. 5. οἵ τινες. ibid. τούτῳ. 9. εἰρήκει. 16. ἀντεπετάννυντο. 18. παραβέβηκα. 19. περ αὐτολογίαν. 20. ἡρμόν. 24. μή. 25–26. προκαθεστῶν κ. τ. ἑ. συμπεραίνοντα. 26. τοῦτο. 32. ἐγρηγορίας. 34. ἀφετοῦ.

ἀνάπαυσιν τὴν ἀρχὴν ἡγησάμενος, καὶ ὥσπερ ἐπὶ τούτῳ καταπλεύσας ἵνα μηκέτι τὰ τῆς κυβερνήσεως ἐνεργοίη, ἀλλ' ἀπολαύει τῶν ἡσυχίας καλῶν, τὸ μὲν ὅσον ἐστὶ τὴν δημοσίου ὁρᾶν ἐπιμέλειαν, τό τε τοῦ δικάζειν ἀξίωμα καὶ τὸ τῶν
5 καταλόγων ἐπιμελεῖσθαι, ἑτέροις φέρων ἀνέθετο, βραχεῖάν τινα τούτων μερίδα ἀποτεμόμενος ἑαυτῷ· τὸν δὲ φιλήδονον καὶ ἀπολαυστικὸν βίον ὥσπερ τινὰ οἰκειότατον κλῆρον ἀπεμερίσατο ἑαυτῷ· ἔτυχε μὲν γὰρ καὶ τοιοῦτον ἔθος κεκληρωμένος παρὰ τῆς φύσεως, μᾶλλόν γε μὴν τοῦτο ἐπέτεινεν,
10 ἀποχρῶσαν ὕλην πρὸς τοῦτο τὴν ἡγεμονίαν λαχών.

XLVIII. Ὥσπερ δὲ ἐρρωμένον ζῶον καὶ τοῖς πᾶσιν ἰσχυρῶς ἔχον οὐκ ἀθρόον ἀλλοιοῦσιν αἱ τῶν μελλόντων παθημάτων ἀρχαί, οὕτω δὴ καὶ τούτῳ, οὐ πάνυ τι δυσθανατούσης τῆς βασιλείας, ἀλλ' ἔτι πνεῦμα καὶ τόνον ἐχούσης,
15 βραχύ τι τὸ κατολιγωρεῖν διεφαίνετο, ἕως ἂν κατὰ βραχὺ τὸ κακὸν αὐξηθὲν καὶ κορυφωθὲν τὸ πᾶν ἀνέτρεψε καὶ συνέχεεν· ἀλλ' οὔπω τοῦτο· καὶ ὁ βασιλεὺς φροντίδων μὲν ὀλίγων μεταλαγχάνων, πλειόνων δ' ἐρασμίων τε καὶ ἀπολαύσεων, πολλὰ δὴ νοσοποιὰ αἴτια τῷ τότε ὑγιεῖ τῆς βασιλείας
20 προκατεβάλλετο σώματι.

XLIX. Γεγόνασι δὲ τούτῳ μερὶς οὐ μετρία πρὸς τὴν τοιαύτην ἀμετρίαν τὰ ῥᾴθυμα τῶν βασιλίδων ἤθη, καὶ τὸ κατ' ἐκείνας ἐθέλειν εἰς τρυφὰς ἀνεῖσθαι καὶ γέλωτας· τὴν γοῦν κοινωνίαν τῶν ἀπολαύσεων θεραπείαν ἐκεῖνος ὠνόμαζε,
25 καὶ ἐβούλετο μὲν οὐδὲν ἐκείναις ἐναντιώσασθαι, ἀλλὰ πᾶσαν ταύταις εἰσάγειν γλυκυθυμίαν, ἀφορμῆς δέ τινος προηγησαμένης, προσκεκρούκει ταύταις εὐθύς, εἰ μὴ καὶ οὕτω τῇ ὁμευνέτιδι ἔδοξεν, εἴτε ἀποκρυψαμένῃ τὸ ζηλότυπον, εἴτε διὰ τὴν ἡλικίαν τοῦτο ἀφαιρεθείσῃ.

3. ἀπολάβει. ibid. τοῦ δημοσίου ὁρᾷ. 6. ἀποτεμόμενον. 12. ἔχων.
13. τοῦτο. 15. κατολιγωρεῖ δι' ἐφαίνετο. 18. πλείων δὲ ραμῶν.
27. προκεκρούκει.

ΚΩΝΣΤΑΝΤΙΝΟΣ Θ' (1042—1055).

p. 126 Πῶς καὶ τίνι τρόπῳ ἡ ϲεβαϲτὴ Σκλήραινα εἰϲήχθη εἰϲ τὴν βαϲιλεύουϲαν.

L. Ἐγεγόνει γὰρ τοιοῦτον· τῆς δευτέρας τετελευτηκυίας τῷ βασιλεῖ γαμετῆς ἣν ἐκ τοῦ τῶν Σκληρῶν ἐπιφανεστάτου γένους ἠγάγετο, εἰς τρίτους μὲν ἀποκλῖναι γάμους οὕτως ἰδιωτεύων ἔτι ᾐσχύνετο, ἅτε μηδὲ τοῖς Ῥωμαίων νόμοις δοκοῦν, χείρονι δὲ πράγματι, τῷ συγκεχωρημένῳ εἰ λαθεῖν τις αἱροῖτο, ἠλλάξατο· τὴν γάρ τοι τῆς μετηλλαχυίας ἀνεψιὰν, ὡραίαν τε οὖσαν καὶ τἆλλα σώφρονα, εἰς παρανομωτάτην ἑαυτῷ μετῆξε συμβίωσιν, ἢ δώροις πείσας, ἢ λόγοις θέλξας ἐρωτικοῖς, ἤ τισιν ἑτέραις δυνάμεσι πρὸς τοῦτο χρησάμενος.

LI. Εἰς τοσοῦτον δὲ ἔρωτος ἀλλήλοις ἀνεκεράσθησαν, ὡς μηδένα θατέρου μέρους ἐστερῆσθαι βούλεσθαι, μηδὲ ἐν οἷς κακοδαιμονεῖν ἐδόκουν | καιροῖς· καὶ ὑπερορίῳ γὰρ γεγονότι τῷδε τῷ βασιλεῖ, ὡς ὁ λόγος φθάσας ἱστόρησε, συμπαρῆν ἡ γυνή, τά τε ἄλλα ὑπερθεραπεύουσα καὶ τὰ ἑαυτῆς προτιθεῖσα ἐκείνῳ, καὶ πάντα τρόπον παραμυθουμένη τοῦτον καὶ τῆς συμφορᾶς τὸ πλεῖστον ἀποφορτίζουσα· ὑπέθαλπον γὰρ κἀκείνην ἐλπίδες ἡγεμονίας, καὶ τοῦ συμβασιλεύειν ὕστερον τῷ ἀνδρὶ τἆλλα ἐτίθετο δεύτερα· τηνικαῦτα γὰρ ᾤετο καὶ τὸν γάμον αὐτοῖς ἐπιτελῆ ἔσεσθαι καὶ τἆλλα γενήσεσθαι ὁπόσα βούλοιντο, τυραννήσαντος τοὺς νόμους τοῦ βασιλείου σκοποῦ. Ἐπεὶ δὲ θάτερον μὲν ἐγεγόνει τῶν ἠλπισμένων, φημὶ δὲ τὸ βασιλεῦσαι τὸν Κωνσταντῖνον, θάτερον δὲ οὐκ ἔδωκεν ὁ καιρός, ἀλλ' ἡ βασιλὶς Ζωὴ τὴν ἐξουσίαν πᾶσαν συνείληφεν, ἡ μὲν παντάπασιν ἀπεγνώκει οὐ τὰς χρηστοτέρας μόνον ἐλπίδας, ἀλλὰ δὴ καὶ τὴν σωτηρίαν, ἐδείμαινε γὰρ τὴν βασιλίδα καὶ βαρυμηνιεῖν ἐπ' αὐτῇ ᾤετο.

LII. Ἀλλ' ὅ γε αὐτοκράτωρ οὐδ' ἐν αὐτῇ τῇ πρὸς τὴν βασιλείαν εἰσόδῳ τῆς γυναικὸς ἐπελέληστο, ἀλλὰ τοῖς μὲν p. 127 αἰσθητοῖς ὄμμασι | τὴν βασιλίδα τεθέαται, τὴν δὲ ἐκείνης μορφὴν τοῖς ἀπὸ τῆς ψυχῆς συνήθρει καὶ συνελάμβανε, καὶ τὴν μὲν ἠγκάλιστο, τὴν δὲ ἐγκόλπιον εἶχεν ἐν τῇ ψυχῇ. Καὶ οὔτε τὸν καιρὸν δείσας, οὔτε τὸ τῆς βασιλίδος ζηλότυπον, οὔτε τινὸς παραινέσεως ἐντρεπόμενος, ἀλλὰ πᾶσαν συμβουλὴν

6. ἰσχύνετο.   13. μήτε.   24. τὸν β.   34. τὸν τ.

ἐν δευτέροις τιθέμενος τοῦ βουλεύματος, τῆς ἀδελφῆς μάλιστα Εὐπρεπείας, συνετωτάτης τῶν καθ' ἡμᾶς γυναικῶν, ἀντιπραττούσης αὐτῷ καὶ τὰ συνοίσοντα βουλευομένης, πάντων οὖν κατολιγωρήσας, εὐθὺς ἐκ πρώτης συνουσίας τῇ βασιλίδι περὶ τῆς γυναικὸς διαλέγεται, οὐχ ὡς περὶ γαμετῆς, οὐδ' ἄλλως παλλακευθησομένης αὐτῷ, ἀλλ' ὡς χρησαμένης πολλαῖς μὲν ταῖς ἐκ τοῦ γένους συμφοραῖς, πολλαῖς δὲ ταῖς ἐφ' ἑαυτοῦ, καὶ ἠξίου ἀνακλήσεώς τε ταύτην ἀξιοῦσθαι καὶ τῶν μετρίων τυχεῖν.

LIII. Πείθεται γοῦν αὐτίκα ἡ βασιλὶς, οὐκ ἔτι γὰρ αὐτῇ ἐτρέφετο τὸ ζηλότυπον, πολλοῖς ἤδη καταπονηθείσῃ κακοῖς, καὶ δὴ καὶ τὴν ἀπὸ τοῦ χρόνου ἡλικίαν ἐχούσῃ οὐκ ἔτι τὰ τοιαῦτα πάθη προσδεχομένην. Ἡ μὲν οὖν προσεδόκα τὰ δεινότατα πείσεσθαι· ἀθρόον δὲ οἱ μετακαλέσοντες ταύτην εἰς τὸ Βυζάντιον μετὰ βασιλικῆς δορυφορίας ἐφίστανται, γράμματα ταύτῃ διδόντες τὰ μὲν ἐκ τοῦ αὐτοκράτορος, τὰ δ' ἐξ αὐτῆς τῆς βασιλίδος, εὐμενῆ τε αὐτῇ ψυχὴν ὑπισχνούμενα καὶ παραθαρρύνοντα πρὸς τὴν εἴσοδον. Καὶ οὕτως ἥδε πρὸς τὴν βασιλίδα τῶν πόλεων ἀφικνεῖται.

LIV. Τὰ μὲν οὖν πρῶτα εὐτελεστέρας ἀξιοῦται καταγωγῆς, καὶ δορυφορίας οὐ πάνυ λαμπρᾶς. Ἵνα δὲ πρόφασις εἴη τῷ βασιλεῖ ἐκεῖσε φοιτᾶν, οἶκον ἑαυτοῦ πεποίηται τὴν σκηνήν, καὶ ἵνα δὴ μεγαλοπρεπὴς γένηται καὶ πρὸς βασιλικὴν ὑποδοχὴν ἐπιτήδειος, θεμελίους τε ἔξωθεν μείζονας καταβάλλεται καὶ πρὸς λαμπροτέρας ἑτοιμάζει τοῦτον οἰκοδομίας.

LV. Προσεποιεῖτο γοῦν ἑκάστοτε ὅ τι δήποτε τῶν οἰκονομουμένων, καὶ τοῦ μηνὸς πολλάκις ἀπῄει, πρόφασιν μὲν ὀψόμενός τι τῶν γιγνο|μένων, τὸ δ' ἀληθὲς τῇ γυναικὶ p. 128 συνεσόμενος. Ἐπεὶ δὲ καὶ τῶν ἐκ τῆς ἑτέρας μερίδος τούτῳ παρείποντο, οἷς, ἵνα μὴ περιεργότεροι εἶεν, τράπεζάν τε ἐτίθει πολυτελῆ ἔξωθεν καὶ συμποσιάζειν ἠξίου, καὶ ὅ τι δήποτε πρότερον ἀξιούμενον τούτοις ἦν, τηνικαῦτα τέλος ἐλάμβανε· καὶ οὗτοι τὸν σκοπὸν τῶν τελουμένων ἐπιστάμενοι, οὐ μᾶλλόν τι περὶ τῇ δεσπότιδι ἐδυσχέραινον ἢ περὶ ἑαυτοῖς ἠγαλλίων ἐπιτυγχάνουσιν ὧν ἐσπούδαζον· καὶ ὁπηνίκα γνοῖεν σφαδά-

4. συνοπίας. συνουσίας Bury.   18. ἤδη.   23. γένοιτε.
24. θεμελείους.   30. περιεργότερον.   33. ἐπισταμένοι.

ΚΩΝΣΤΑΝΤΙΝΟΣ Θ' (1042—1055).

ζοντα μὲν ἐκεῖσε ἀπιέναι τὸν αὐτοκράτορα, ἀποκνοῦντα δὲ τὴν πρόοδον καὶ δὴ αἰσχυνόμενον τὰ πολλά, ἄλλος ἄλλο τι πλαττόμενοι ἐξωμάλιζον τούτῳ τὴν πρὸς τὴν ἐρωμένην ὁδόν, καὶ τούτῳ τῷ τρόπῳ μάλιστα ἑαυτοῖς ᾠκειοῦντο τὸν βασιλέα.

LVI. Τὰ μὲν οὖν πρῶτα οὕτως τὰ πρὸς τὴν γυναῖκα 5 ἐπλάττετο, καὶ ἦν τέως οὐκ ἀνερυθρίαστος ὁ ἔρως αὐτῷ· κατὰ βραχὺ δὲ προϊὼν ἀφαιρεῖται τὴν αἰδῶ καὶ τὸ διεσχηματισμένον ἀνακαλύπτει, καὶ τὴν σκηνὴν καταστρέψας, εἰς ὕπαιθρον αὐτῇ, ὁσάκις βούλοιτο, παρεγίγνετό τε καὶ συνεγίγνετο· καὶ ἵνα δὴ πάντα τὸν περὶ ταύτης προλάβω λόγον, 10 τῶν ἀπίστων ἐδόκει τὸ πρᾶγμα ὁρώμενόν τε καὶ ἀκουόμενον· οὐκ ἔτι γὰρ αὐτῇ ὡς παλλακῇ προσεφοίτα, ἀλλ' ὡς καθαρῶς ὁμευνέτιδι.

LVII. Ἐξήντλει δὲ αὐτῇ τῶν βασιλικῶν θησαυρῶν ὁπόσα καὶ βούλοιτο· πίθον οὖν χαλκὸν ἐν τοῖς βασιλείοις 15 ἐφευρηκώς, ἔξωθεν καταπεποικιλμένον τύποις δή τισι καὶ γλύμμασι, τοῦτον χρημάτων πεπληρωκὼς δῶρον ἀποστέλλει τῇ γυναικί· ἐποίει δὲ ταῦτα οὐκ ἐκ διαστημάτων μακρῶν, ἀλλὰ συνεχῶς ἄλλα ἐπ' ἄλλοις τῇ ἐρωμένῃ ἀπεκομίζοντο.

Περὶ τοῦ πῶς ἀνήχθη ἡ Σεβαστὴ ἐπὶ τὰ βασίλεια. 20

LVIII. Τέως μὲν οὖν ἡμιφανῶς ἡ ἐρωτικὴ αὕτη ὁμιλία ἐπράττετο· ἐπεὶ δὲ προϊὼν ὁ χρόνος τὸ κεκρυμμένον κατὰ βραχὺ ἀνεκάλυπτε, δημοσιεύει εἰς προὖπτον τὸν ἔρωτα, καὶ ποικιλώτερον ὁμιλήσας τῇ βασιλίδι, τὴν μετ' αὐτῆς αἱρεῖσθαι πείθει συμβίωσιν· καὶ ἐπεὶ κατανεύσασαν ἔσχεν, οὐ μέχρι 25 τούτου τὸ τῆς ψυχῆς ἱστᾷ βούλημα, ἀλλὰ καὶ συγγραφὰς φιλίας ποιεῖται, καὶ σκηνὴν ἐπὶ τούτῳ βασιλικὴν διατίθεται· καὶ οἱ μὲν προυκάθηντο, ἡ δὲ σύγκλητος ἐπὶ τῷ καινῷ εἰσῄεσαν γράμματι, ἐρυθριῶντες μὲν καὶ τὰ πολλὰ ὑποτονθορύζοντες, ἐπαινοῦντες δὲ ὅμως τὴν συγγραφὴν ὡς ἐξ 30 οὐρανίων καταχθεῖσαν δέλτον, κρατῆρά τε φιλίας ταύτην κατονομάζοντες καὶ τἆλλα τῶν ἡδίστων ὀνομάτων ὁπόσα δὴ κολακεύειν ἢ ἐξαπατᾶν εἴωθεν ἐλαφρὰν καὶ κούφην ψυχήν.

2. δι' ἐσχυνόμενον.   3. ἐρρωμένην.   4. τοῦτο.
6. ἔρος.   16. καταπεποικιλμένοις.

LIX. Ἐπεὶ δὲ ἡ σπονδὴ ἐγεγόνει καὶ ἀπετελέσθη τὰ ὅρκια, ἐντὸς τῶν βασιλικῶν ἀδύτων ἡ τέως ἐρωμένη εἰσάγεται, οὐ τοῦτο μετὰ ταῦτα καλουμένη τὸ ὄνομα, ἀλλὰ δεσπότις καὶ βασιλὶς ἄντικρυς, καὶ τό γε θαυμασιώτατον, ὅτι οἱ μὲν πλείους πεπληγότες ἐτύγχανον τὰς ψυχὰς ἐφ᾽ οἷς ἡ βασιλὶς ἐξαπατηθεῖσα | παρῶπτό τε καὶ κατεπεφρόνητο, ἡ δὲ οὐδέν τι μᾶλλον ἠλλοίωτο, ἢ μειδιῶσα πᾶσι καθωρᾶτο καὶ ἐπαγαλλομένη τῷ πράγματι· κατεφίλησε γοῦν πολλάκις προσφῦσα τὴν συμμερῖτιν τοῦ κράτους, καὶ ἄμφω δὴ παρεγενέσθην τῷ βασιλεῖ καὶ περὶ τῶν αὐτῶν διελεγέσθην πραγμάτων. Ὁ δὲ νῦν μὲν ἐπίσης ἀμφοῖν ἐζυγοστάτει τοὺς λόγους, ἔστι δ᾽ οὗ τὸ πλέον τῇ δευτέρᾳ βασιλίδι ἀπένεμε.

LX. Τὸ μὲν οὖν εἶδος αὐτῇ οὐ πάνυ θαυμάσιον, ἀλλ᾽ οὐδὲ πρόχειρον εἰς κακήγορον γλῶτταν καὶ λοίδορον, τὸ δέ γε ἦθος καὶ τὸ τῆς ψυχῆς φρόνημα, τὸ μὲν καὶ θέλξαι λίθους δυνάμενον, τὸ δὲ πρὸς | πᾶσαν ἐπιβολὴν πραγμάτων ἀξιολογώτατον, τὸ δὲ φθέγμα οἷον οὐκ ἄλλο· λεπτὸν γὰρ αὐτῇ τοῦτο καὶ διηνθισμένον καὶ σοφιστικὴν ἀρετὴν ἔχον ἐν τοῖς ῥυθμοῖς· ἐπέτρεχε δέ τις τῇ γλώττῃ καὶ γλυκεῖα λέξις αὐτόματος, διηγουμένην δὲ ἀδιήγητοι χάριτες περιέθεον. Ἐμὲ γοῦν ᾕρει ἐπανερωτῶσα πολλάκις μύθους ἑλληνικούς, καὶ αὐτὴ προστιθεῖσα εἴ τινος τῶν ἀκριβούντων περὶ ταῦτα ἀκήκοεν· εὐήκοος δὲ εἰ καί τις ἄλλη γυναικῶν ἐγεγόνει, τοῦτο δὲ οἶμαι αὐτῇ οὐ παρὰ τῆς φύσεως προσεκτήθη, ἀλλ᾽ ἐπειδὴ πάσας ᾔδει γλώσσας ἐπ᾽ αὐτὴν φερομένας, καὶ τὸ ὑπ᾽ ὀδόντα τινὰ γρύξαι λαλιὰν ἐκείνη ἐποίει, καὶ εἴκαζε τὸ τονθορυζόμενον εἰς τὸ ἔργον τῆς ὑπολήψεως.

LXI. Ἀμέλει τοι συνειλεγμένων ποτὲ τῶν ὑπογραμματευομένων ἡμῶν, πομπὴν αἱ περὶ τὴν βασιλίδα ἐποιοῦντο· προῄεσαν δὲ αὐτή τε καὶ ἡ ἀδελφὴ Θεοδώρα, καὶ μετ᾽ ἐκείνην ἡ Σεβαστή (τούτῳ γὰρ αὐτὴν τῷ καινῷ ἀξιώματι αἱ βασιλίδες, δόξαν οὕτω τῷ αὐτοκράτορι, τετιμήκεσαν)· ὡς δ᾽ οὖν προῄεσαν, ἦγε δὲ αὐτὰς ἡ πομπὴ ἐπὶ θέατρον, καὶ τότε ταύτην οἱ πολλοὶ πρώτως ἐθεάσαντο συμπαριοῦσαν ταῖς βασιλίσι, τῶν τις περὶ τὴν κολακείαν πολὺς τοῦτο δὴ τὸ ποιητικὸν ἠρέμα πως ἀπεφθέγξατο, τὸ, Οὐ νέμεσις, περαιτέρω

4. ὁ μέν.   9. συμμερίτην.   16. ἐπηβολήν.   36. Hom. Il. Γ, 156.

μὴ συντείνας τὸ ἔπος· ἡ δὲ τότε μὲν οὐδὲν πρὸς τὸν λόγον
ἐπεσημήνατο, ἐπεὶ δὲ ἡ πομπὴ ἐτελέσθη, διέκρινέ τε τὸν
εἰρηκότα, καὶ τὸν λόγον ἀνέκρινε, μηδὲν ὑποσολοικίσασα τὴν
φωνήν, ἀλλ' ὀρθοεπήσασα τὸ ὄνομα ἀκριβῶς· ὡς δ' ὁ εἰρηκὼς
τὴν ἱστορίαν τῷ ἀκριβοῦντι κατέλεξε, καὶ οἱ πολλοὶ ἅμα τῷ
λόγῳ πρὸς τὴν ἑρμηνείαν κατένευσαν, φρονήματος αὐτίκα
ἐκείνη πλησθεῖσα, ἀμείβεται τοῦ ἐγκωμίου τὸν ἐπαινέτην οὐκ
ὀλίγοις τισίν, οὐδὲ φαύλοις, ἀλλ' οἷς ἐκείνη κεχρῆσθαι καὶ
ἀμείβεσθαι εἴωθε. Καὶ ἵνα γε αὐτῇ οἵ τε ἄλλοι καὶ αἱ
βασιλίδες συμπνείωσι μάλιστα, τὸ ἑκάστῳ ἢ ἑκάστῃ οἰκεῖον
ἐδίδου παρέχειν ὁ αὐτοκράτωρ·

LXII. Ἐπεὶ δὲ τῶν δυοῖν ἀδελφῶν, ἡ μὲν χρυσίου πολλοῦ
ἥττητο, οὐχ ἵνα ἔχοι ἢ θησαυρίζοι, ἀλλ' ἵνα εἰς ἄλλους
μετοχετεύοι τὸ ῥεῦμα, καὶ τούτων δὴ τῶν ἰνδικωτάτων ἀρω-
μάτων τῶν τε ἄλλων καὶ μάλιστα τῶν ἐστίτιν φυσικὴν
λιβάδα μὴ ἀπολειπόντων ξύλων, ἐλαῶν τέ τινων σμικροτάτων
καὶ δαφνείων καρπῶν λευκοτάτων, ἡ δ' ἑτέρα καὶ νεωτέρα
δαρεικῶν ὁσημέραι μυρίων, ὧν δὴ καὶ θήκας χαλκᾶς ἐπε-
ποίητο, ἑκάστῃ τούτων κατάλληλος ἔδοξε τὰ ἐρασμιώτερα
διανέμων. Ἡ μὲν γὰρ πρώτη | βασιλὶς τὸ ζηλότυπον ἤδη
διὰ τὴν τῆς ἡλικίας παρακμὴν καταλύσασα, οὐκ ἔτι πρὸς
αὐτὴν ἐμηνία, οὐδὲ δυσόργως εἶχε τὸ πάθος τῆς βασκανίας,
ὑποσυληθεῖσα τῷ χρόνῳ· καὶ ἡ ἀδελφὴ δέ, ἀπολαύουσα ὧν
ἐβούλετο, τῆς ἀδελφῆς ἐφρόντιζεν ἔλαττον.

LXIII. Ἔνθεν τοι ἃ πολλοῖς ἱδρῶσι καὶ πόνοις ὁ βασιλεὺς
Βασίλειος ἐν τοῖς βασιλείοις ἀπεθησαύρισε, ταῦτα εἰς ἱλαρὰν
ἐκείναις προέκειτο παιδιάν· ἄλλα γὰρ ἐπ' ἄλλοις ἠμείβετό τε
καὶ ἀντεδίδοτο, τὰ δὲ καὶ εἰς ἑτέρους μετωχετεύετο, καὶ
ὀλίγου χρόνου ἀνηλώθη πάντα καὶ διεφθάρη· ἀλλ' οὔ πω
νῦν ὁ λόγος εἰς τοῦτο κατέληξε, συμπληρούτω δὲ τὴν ὑπό-
θεσιν. Διανειμάμενοι δὲ τὰς οἰκήσεις, ὁ μὲν βασιλεὺς τὸ
μέσον ἔλαχε τῶν τριῶν, αἱ δὲ πέριξ ἐσκήνουν, τὸ δὲ ἄδυτον
εἶχεν ἡ Σεβαστή· καὶ ἡ βασιλὶς οὐκ ἄλλως προσεφοίτα
τῷ αὐτοκράτορι, εἰ μὴ μεμαθήκοι πρότερον ὡς ἐφ' ἑαυτοῦ

10. συμπνίωσι. 15. ἐστίτην. 20. διανέμουσα.
27. παιδίαν.

σκηνοῖτο καὶ πόρρω που καθῆστο τῆς ἐρωμένης, εἰ δ' οὒ, τὸ ἑαυτῆς ἔπραττε· τί ποτε τοῦτο;

LXIV. Ἐκείνη γυναικείων μὲν παντάπασιν ἔργων ἀπείχετο, οὔτε γὰρ ἀτράκτῳ ποτὲ τὰς χεῖρας ἠσχόλησεν, οὔτε ἱστουργεῖν ὑπεβάλλετο, οὔτε ἄλλου τινὸς ἐπεβάλλετο· κατωλιγώρει δὲ καὶ βασιλείων καλλωπισμῶν, εἰ μὲν καὶ ἐν ὥρᾳ τῆς ἀκμῆς οὐκ οἶδα, παρηκμακυῖα δ' οὖν τὸ φιλότιμον ἅπαν κατέλυσε· περὶ τοῦτο δὲ μόνον ἐπόνει καὶ τὴν πᾶσαν πραγματείαν συνέτεινε, τὰς τῶν ἀρωμάτων | φύσεις μεταβάλλειν, καὶ μυρεψεῖν, τὰ δὲ πλάττειν τε καὶ τυποῦν, τὰ δ' ἄλλως ἐργάζεσθαι, καὶ ὁ ἀποτετμημένος αὐτῇ οἶκος εἰς εὐνὴν οὐδέν τι σεμνότερος ἦν τῶν ἐπὶ τῆς ἀγορᾶς ἐργαστηρίων, ἐφ' ὧν αἱ βάναυσοι τῶν τεχνῶν καὶ ἐμπύριοι τὴν ξυντέλειαν ἔχουσι· πυρὰ γοῦν πολλὴ πέριξ τοῦ δωματίου αὐτῆς ὑπανήπτετο, καὶ τῶν ἀμφιπόλων ἑκάστη ἡ μὲν τὰ μεγέθη τῶν ἀρωμάτων διῄρει, ἡ δὲ ταῦτα συνέπλαττεν, ἡ δ' ἄλλο τι τοιοῦτον εἰργάζετο· τοῦ μὲν οὖν χειμῶνος ἐδόκει τι πρὸς ἐκείνης εἶναι τὰ ὑπουργούμενα, καὶ τὸ πολὺ πῦρ τὸν ψυχρὸν ἐκείνῃ ἀέρα διήμειβε, θερείας δὲ οὔσης τῆς ὥρας, τοῖς μὲν ἄλλοις βραχύ τι καὶ ἀγχοῦ παριέναι ἐκεῖσε ἐδόκει, ἡ δὲ ὥσπερ ἀναισθήτως τοῦ καύματος ἔχουσα ὑπὸ πολλοῖς ἐδορυφορεῖτο πυρσοῖς· ἀλλόκοτος γὰρ αὐτῇ τε καὶ τῇ ἀδελφῇ ἡ φύσις ἐδόκει· ὀλιγώρως εἶχον καὶ εὐπνουστέρου ἀέρος, καὶ οἰκήματος λαμπροτέρου, καὶ λειμώνων, καὶ παραδείσων, καὶ οὐδὲν αὐτὰς τῶν τοιούτων ἔθελγεν, εἰ δὲ ἔνδον εἶεν τῶν ἀποτετμημένων αὐταῖς οἰκημάτων, καὶ ἡ μὲν τὸ χρυσοῦν ῥεῦμα ἐπισφραγίζοι, ἡ δὲ τὴν ὁδὸν διακαθαίρει τῷ ῥεύματι, τοῦτο αὐταῖς ἀντὶ πάσης ἀπολαύσεως ἦν.

LXV. Τὰ μὲν οὖν ἄλλα τῆς πρώτης βασιλίδος, λεγέσθω γάρ τι πλέον περὶ αὐτῆς, ἕως ἂν τῇ Σεβαστῇ αὐτοκράτωρ συναναπαύηται, οὐ λίαν ἐπαινεῖν ἔχων, ἐν τοῦτο θαυμάζων διατελῶ, ὅτι δὴ φιλοθεΐᾳ πάσας μὲν γυναῖκας, πᾶσαν δὲ φύσιν ὑπερεβάλλετο ἄρρενα· ὥσπερ γὰρ οἱ ἀνακραθέντες διὰ | θεωρίας θεῷ, μᾶλλον δὲ οἱ καὶ ὑπὲρ τοῦτο γεγονότες καὶ ἀκριβῶς ἐνθεάσαντες, τοῦ τελείου μόνον ἐφετοῦ

---

5. ἱσουργεῖν ἐπεβ.   11. ἀποτεμνήμενος.   13. βάσανοι.   ξυντελείαν.
14. πολλαί.   ὑπενήπτετο.   26. ἀποτεττημένων.   32. διὰ τελῶς.

ἔχονται, κἀκεῖθεν ἠώρηνται, οὕτω δὴ καὶ ταύτην τὸ περὶ τὸ θεῖον θερμότατον σέβας τῷ πρώτῳ καὶ ἀκραιφνεστάτῳ φωτὶ ἀκριβῶς, ἵν' οὕτως εἴπω, συνεκέρασεν· οὐδὲν γὰρ ὅτι μὴ τὸ τοῦ θεοῦ ὄνομα διὰ παντὸς ἐπὶ γλώττης ἐκείνῃ.

Περὶ τοῦ Ἀντιφωνητοῦ.

LXVI. Ἀμέλει τοι καὶ τὸν ἐκείνης, ἵν' οὕτως εἴποιμι, Ἰησοῦν διαμορφώσασα ἀκριβέστερον, καὶ λαμπροτέρᾳ ὕλῃ ποικίλασα, μικροῦ δεῖν ἔμπνουν εἰργάσατο τὸ εἰκόνισμα· ἐπεσημαίνετο γὰρ τοῖς χρώμασι τὰ αἰτούμενα, καὶ ἐδήλου τὰ μέλλοντα ἡ χροιά· πολλὰ γοῦν ἐκείνη ἐντεῦθεν τῶν ἐσομένων κατεμαντεύετο· εἴ τε γοῦν τι θυμῆρες προσεγεγόνει αὐτῇ, εἴ τε δυσχερές τι προσεπεπτώκει, εὐθὺς ἀφικνεῖτο πρὸς τὴν εἰκόνα, τὰ μὲν ἀνθομολογουμένη, τὰ δὲ ἐξιλεουμένη. Ἐγὼ γοῦν ἐθεασάμην αὐτὴν πολλάκις ἐπὶ δυσχερεστέρων καιρῶν, νῦν μὲν τὴν θείαν ἀγκαλιζομένην εἰκόνα καὶ καταθεωροῦσαν ταύτην, καὶ ὡς ἐμψύχῳ διαλεγομένην καὶ <τὰ> κάλλιστα τῶν ὀνομάτων συνείρουσαν, νῦν δὲ ἐπ' ἐδάφους κειμένην καὶ δάκρυσι μὲν τὴν γῆν πιαίνουσαν, τυπερὶς δὲ τὰ στέρνα διασπαράττουσαν· καὶ ἦν μὲν ὠχριακότα ἴδοι, ἀπῄει στυγνάζουσα, εἰ δὲ πυράζοντα καὶ φανοτάτῃ αἴγλῃ καταλαμπόμενον, διήγγελλέ τε αὐτίκα τῷ βασιλεῖ τὸ πρᾶγμα καὶ προκατήγγειλε τὸ ἐσόμενον.

LXVII. Οἶδα μὲν ἀναγνοὺς λόγους ἑλληνικοὺς, ὡς ὁ ἀναπεμπόμενος εἰς ἀέρα τῶν ἀρωμάτων ἀτμὸς ἀπελαύνει μὲν τὰ πονηρὰ πνεύματα, ἐπεισκρίνει δὲ ταῖς ὑποκειμέναις ὕλαις τὰς τῶν κρειττόνων παρουσίας, ὅπερ δὴ ἐπ' ἄλλοις καὶ λίθοι καὶ πόαι καὶ τελεταὶ τὰς θεοφανίας ἐνδείκνυνται· οὔτε δὲ πρῶτον ἀναγνοὺς προσηκάμην τὸν λόγον, καὶ μετὰ ταῦτα οὐκ ἔργοις πιστεύσας, ἀλλὰ βαλὼν λίθοις ἀπήλασα· ἐκείνη δὲ οὔτε ἑλληνικώτερον, οὔτ' ἄλλως περιεργότερον τὴν περὶ τὸ θεῖον ἐποίει τιμήν, ἀλλὰ τὸν τῆς ψυχῆς πόθον ἐπιδεικνυμένη, καὶ καθοσιοῦσα θεῷ τῶν παρ' ἡμῖν δοκούντων ἀγαθῶν τὰ τιμιώτερα καὶ σεμνότερα.

5. ἀντιφωνιτοῦ. 19. ἦν.

LXVIII. Ἐς τοσοῦτον γοῦν τῇ βασιλίδι ἀγαγόντες τὸν λόγον, ἐπανακαλέσωμεν αὖθις εἰς τὴν Σεβαστὴν καὶ τὸν αὐτοκράτορα, καὶ εἰ δοκεῖ | διεγείρωμέν τε καὶ διέλωμεν, καὶ τὸν μὲν ἐς τὸν μέλλοντα λόγον ταμιεύσωμεν, τῇ δὲ διὰ τοῦ παρόντος συνέλωμεν τὴν ζωήν.

Περὶ τῆс τελεγτῆс τῆс Σεβαстῆс.

LXIX. Ὁ μὲν γὰρ αὐτοκράτωρ ἴσως, καὶ λόγος περὶ τούτου διέρρει πολὺς, μέλλουσαν αὐτῇ βασιλείαν προεμνηστεύετο, οὐκ οἶδ' ὅπως γενησομένην, ἀλλ' ὅμως ἐτρύφα τοῖς λογισμοῖς· τὸ δὲ ἐκείνῳ τε τὰς ἐνθυμήσεις κἀκείνῃ τὰς ἐλπίδας διέτεμε, καὶ νόσος ἀθρόον αἱρεῖ πρὸς πᾶσαν παρασκευὴν καὶ τέχνην ἀντίθετος· πρὸς γὰρ πᾶσαν παραγωγὴν θεραπείας ἀνένδοτος ἦν, ἀλγεινῶς τε εἶχε τοῦ θώρακος, καὶ τὸ ἆσθμα ἐνόσει δεινῶς, καὶ προαναρπάζεται τῶν ἐλπίδων ἡ τέως φαντασθεῖσα τὰ μείζονα.

LXX. Ὁπόσα μὲν οὖν ἐπὶ τῷ ἐκείνης θανάτῳ ἐπεποιήκει | ὁ αὐτοκράτωρ, τούς τε θρήνους οὓς ἀπωδύρατο καὶ τὰς πράξεις ἃς κατεπράξατο, ὅσα τε τῷ πάθει νικώμενος μειρακιωδῶς ἀνωλοφύρατο, παρέλκον ἂν εἴη εἰς τὴν τῆς ἱστορίας καταλέγειν ὑφήν· τὸ γὰρ ἐφ' ἑκάστῳ τῶν πραττομένων ἢ λεγομένων σμικρολογεῖσθαι καὶ οἷον λεπτολογεῖν, οὐχ ἱστορούντων ἐστὶν ἀλλ' ἢ καταιτιωμένων εἰ φαῦλα τὰ σμικρολογούμενα εἴη, ἢ ἐγκωμιαζόντων εἰ τόπους ἐγκωμίων ἐπέχοιεν· εἰ δ' αὐτὸς ἐνιαχοῦ τοιούτοις ἐχρησάμην οἷς ἀποτρέπομαι μὴ κεχρῆσθαι τοὺς ἱστοροῦντας, θαυμάζειν οὐ χρή· ὁ γὰρ τῆς ἱστορίας λόγος οὐχ οὕτως ὥρισται, ὡς ἀπεξέσθαι πέριξ παντάπασιν, ἀλλ' ὅπη παρείκοι καὶ διεκδρομάς τινας ἔχειν καὶ παρεκβάσεις· δεῖ δὲ τὸν ἱστοροῦντα ταχὺ αὖθις ἐπανακαλεῖν διαδραμὸν μέρος, καὶ τοῖς μὲν ἄλλοις ἐν παρέργοις χρᾶσθαι, πάντα δὲ πρὸς τὴν ὑπόθεσιν συμπεραίνειν.

LXXI. Τὰ μὲν οὖν ἄλλα ἐάσειν μοι δοκῶ, τὸ δέ γε κεφάλαιον τῶν ἐκείνου παθῶν, ἣν δὴ πραγματείαν ἐπὶ τῷ ἐκείνης τάφῳ πεποίηται, νῦν μὲν ἀναβάλλομαι, ποιήσομαι δὲ

7. ἴσος. 27. ἀπεξέσται. 29. διαδραμών.

ΚΩΝΣΤΑΝΤΙΝΟΣ Θ' (1042—1055).

p. 135 ἐν καιρῷ, προϊστορήσας ὁπόσα | τῆς ὑποθέσεως ταύτης προγέγονεν· ὁ γάρ τοι λόγος τοῦ περὶ τὴν Σεβαστὴν ἀψάμενος πράγματος, καὶ φιλοτιμηθεὶς δι' ὅλου τὴν περὶ ταύτης ἱστορίαν ἐμφανηθῆναι, πολλὰ τῶν ἄνω ταύτης ἀξιολογουμένων παρῆκεν, ἵνα μὴ καθ' ἕκαστον τῶν πεπραγμένων 5 μνημονεύειν ἐκείνης ἐπαναγκάζωμαι καὶ τὸ συνεχὲς διακόπτειν τῶν ὑποθέσεων· ὁ μὲν οὖν περὶ ἐκείνης λόγος εἰς αὐτὸ δὴ τὸ μέρος τῆς ἐκείνης κατέληξε λήξεως· ἐπανιῶμεν οὖν αὖθις ἐπὶ τὸν αὐτοκράτορα, ὃν δὴ καὶ ὑπόθεσιν τοῦ παρόντος μέρους τῆς ἱστορίας ποιούμεθα. 10

LXXII. Ἐβούλετο μὲν οὖν οὗτος, ὥσπερ δὴ πολλάκις μοι εἴρηται, ἐκ πολλοῦ κλύδωνος εἰς ἀλύπους ἀκτὰς καὶ λιμένας ἀκλύτους τῆς βασιλείας καθορμισάμενος, μὴ πάλιν ἀφεῖναι πρὸς πέλαγος· τοῦτο δέ ἐστιν εἰρηνικῶς, ἀλλ' οὐ πολεμικῶς τὴν ἀρχὴν διεξάγειν, ὅπερ δὴ καὶ τῶν ἄνωθεν αὐτοκρατόρων 15 οἱ πλεῖστοι διενοήθησαν· ἀλλ' ἐπειδὴ μὴ κατὰ τὰς ἡμεδαπὰς αἱρέσεις τὰ πράγματα ἀπαντᾶν εἴωθεν, ἀλλ' ἐφειστήκει τις ἔξωθεν κραταιοτέρα ἀρχὴ κινοῦσα τὸν βίον ὅπως ἂν ἐθέλοι, τὰ μὲν ὁμαλῶς, τὰ δὲ καὶ πρὸς ἀνωμάλους ἀνακυκλήσεις, οὐδ' ἐκείνῳ κατὰ σκοπὸν συμβέβηκει τὰ πεπραγμένα, ἀλλ' ἐπ' 20 ἄλλοις ἄλλα διεκυμάνθησαν· νῦν μὲν γὰρ ἐμφύλιοι πόλεμοι τὴν ἀρχὴν διετάραξαν, αὖθις δὲ βαρβαρικαί τινες ἐπιδρομαὶ τὰ πλεῖστα τῶν ἡμετέρων ληϊσάμεναι, παντοδαπὰς ὠφελείας καὶ λείαν ὅσην ἐβούλοντο περιβαλλόμεναι ἀπήλασαν εἰς τὰ σφέτερα. 25

LXXIII. Τὰ μὲν οὖν ἐφ' ἑξῆς πάντα διεξιέναι, ἕκαστόν τε ἐξακριβοῦσθαι ἀφ' οἵων ἀρχῶν εἰς οἷα τέλη κατήντησε, συντάξεις τε καταλέγειν καὶ στρατοπεδείας, ἀκροβολισμούς τε καὶ ἀψιμαχίας καὶ τἆλλα ὁπόσα εἴθισται λέγειν τοῖς ἀκριβέσι τῶν συγγραφέων, ὡς μακροῦ καιροῦ καὶ λόγου 30 δεόμενα εἰς τὸ παρὸν ἀναβάλλομαι· οὐ γάρ με τὴν | συγ- 370 p.136 γραφήν, φίλτατε πάντων ἀνδρῶν, φιλοτιμοτέραν, ἀλλὰ | κεφαλαιωδεστέραν ἀπήτησας· διὰ τοῦτό σοι κἀγὼ πολλὰ τῶν ἀξίων εἰρῆσθαι παρῆκα τῇ ἱστορίᾳ, μήτε πρὸς ὀλυμπιάδα ἐτῶν ταύτην ἀναμετρήσας, μήθ' ὡς ὁ συγγραφεὺς πεποίηκεν 35

6. ἐπαναγκάζομαι.   8. κατάληξε.   13. ἀφῆναι.   25. σφαίτερα.
28. στρατοπαιδείας, ἀκριβολισμούς.   31. μετῆν..   32. φιλιτιμοτέραν.
34. παρηκάστη.   35. σὺν γραφεὺς.

εἰς τὰς τοῦ ἔτους ὥρας αὐτὴν διελόμενος, ἀλλ' ἁπλῶς οὑτωσὶ
τὰ ἐπικαιρότατα ταύτης ὑπαγορεύσας καὶ ὁπόσα μοι ἱστο-
ροῦντι κατὰ μνήμην συνήθροισται· ἀλλ' ὅπερ εἴρηκα, τὸ μὲν
πᾶσαν πρᾶξιν λεπτολογεῖν ἀφίημι νῦν, μέσην δὲ ὁδὸν βαδίζειν
5 προῄρημαι τῶν τε ἀρχαιολογησάντων τὰς τῆς πρεσβυτέρας
Ῥώμης ἡγεμονίας τε καὶ πράξεις καὶ τῶν εἰωθότων ἐν τοῖς
καθ' ἡμᾶς χρόνοις χρονογραφίας συντίθεσθαι, οὔτε τὸ περιρ-
ρέον ἐκείνων ἐν τοῖς λόγοις ζηλώσας οὔτε τὸ συντετμημένον
τῶν λοιπῶν μιμησάμενος, ἵνα μήτε κόρον ἔχοι τὸ σύγγραμμα
10 μήτε παραλίποι τὰ καίρια.

LXXIV. Καὶ τοῦτο μὲν ἐς τοσοῦτο εἰρήσθω· ὁ δὲ λόγος
τῆς ἀκολουθίας τῶν πεπραγμένων ἐχόμενος τὸν πρώτως
συστάντα τῷ αὐτοκράτορι πόλεμον πρῶτον τῆς ἱστορίας
τῶν ἄλλων ποιήσεται· μικρὸν δὲ καὶ τούτου ἄνωθεν ἀνα-
15 δραμοῦμαι, κεφαλὴν ὥσπερ τῷ ὑφαινομένῳ παρεχόμενος
σώματι. Χαλεπὰ τὰ καλά, φασὶν οἱ παροιμιαζόμενοι, ἀλλὰ
καὶ οὕτως ἐχόντων ἕρπει καὶ κατὰ τῶν ὀλίγων ὁ φθόνος, καὶ
εἴ πού τις ἄνθη, λέγω δὴ ἐν πᾶσι τὸ πλεῖστον καιροῖς, ἢ
γονίμου ἀναβλαστήσειε φύσεως, ἢ φρονήσεως ἀκριβοῦς, ἢ
20 μεγαλοφυίας, ἢ ψυχῆς καρτερᾶς καὶ ἀνδρείας, ἢ ἀγαθοῦ τινος
ἄλλου, εὐθὺς ἐφέστηκεν ὁ τομεύς, καὶ τοῦτο μὲν τὸ μέρος τῆς
βλάστης ἐκκέκοπται, παραβλαστάνουσι δὲ τὰ ὑλώδη καὶ
ἄκαρπα, καὶ ὑλομανεῖ ἐπὶ πλέον ἡ ἄκανθα· καὶ οὐ τοῦτο
δεινόν, εἴ τις ἔλαττον ἔχων τῶν θαυμασίων φύσεων, ἔπειτα
25 τούτοις βασκαίνειν εἴωθεν. Ἀλλ' ὁρῶ τὸ πάθος καὶ βασιλέων
ἁπτόμενον· οὐ γὰρ ἀρκεῖ τούτοις ἡ ταινία καὶ ἁλουργὶς, ἀλλ'
ἢν μὴ τῶν σοφῶν σοφώτεροι εἶεν καὶ τῶν ἀκριβούντων δει-
νότεροι, καὶ ἁπλῶς εἰπεῖν ὑπερτελεῖς κορυφαὶ τῶν ἁπασῶν
ἀρετῶν, ἐν δεινῷ ποιοῦνται | τὸ πρᾶγμα· καὶ εἰ μὴ ὡς θεοὶ p. 137
30 ἡμῖν ἐφεστήκοιεν, οὐκ ἂν ἄλλως ἄρχειν ἐθέλωσιν· ἐνίους δὲ
αὐτὸς καθεώρακα ὡς ἐθέλουσιν ἥδιστ' ἂν ἀποθανεῖν, μὴ
συμμαχούντων ἐνίων αὐτοῖς, ἢ δι' ἐκείνους κρατύνεσθαι· καὶ
δέον σεμνύνεσθαι ὅτι χείρων αὐτοῖς βοήθεια παρὰ θεοῦ
πέπλασται, οἱ δ' ἀποτέμνειν ταύτην αἱροῦνται, ὅτι παρ'
35 αὐτοῖς βεβοήθηται.

9. κόρο. 11. ἐρήσθω. 16. Zenob. Paroem. 6, 38.
26. τενία. 29. τῷ τ. 34. ἀποτέμνην.

LXXV. Πεπροοιμίασται δέ μοι ταυτὶ τὰ πολλὰ ἀφορῶντι πρὸς τὸν ἐν τοῖς καθ' ἡμᾶς χρόνοις ἀνθήσαντα καὶ δείξαντα ὁπόσα μὲν ἡ στρατηγία δεδύνηται, οὐδὲν δὲ ἧττον καὶ στρατιωτικαῖς τόλμαις καὶ ἐμπειρίαις τὰς μὲν τῶν βαρβάρων ὁρμὰς πεδήσαντα, τοῖς δέ γε Ῥωμαίοις ἐλευθερίαν 5 ἀκίνδυνον μνηστευσάμενον.

Περὶ τῆς τοῦ Μανιάκη ἀποστασίας.

LXXVI. Ὁ Μανιάκης οὗτος Γεώργιος οὐκ ἀθρόον ἀπὸ τῶν σκευοφόρων εἰς τὸ στρατηγεῖν παρεληλυθὼς, οὐδὲ χθὲς μὲν τῇ σάλπιγγι χρώμενος καὶ τὴν τοῦ κήρυκος τάξιν ἀνα- 10 πληρῶν, σήμερον δὲ τὴν φάλαγγα πιστευθεὶς, ἀλλ' ὥσπερ | ἀπὸ σημείου ἀρξάμενος καὶ κατὰ βραχὺ προϊὼν καὶ τοὺς 370* βαθμοὺς βραβευόμενος, ἕως δὴ πρὸς τὸ κεφάλαιον τῆς στρατηγικῆς ἀπήντησε τάξεως· ἀλλ' ὁμοῦ τι κατώρθου, καὶ στεφανηφορῶν αὖθις δεσμὰ περιέκειτο, ἐπανήει νικηφόρος 15 τοῖς βασιλεῦσι καὶ ᾤκει τὸ δεσμωτήριον, προεπέμπετο στρατηγήσων καὶ τῆς ὅλης ἀρξόμενος δυνάμεως καὶ ἐκ θατέρου πλευροῦ παρειστήκεισαν οἱ τῶν κορυφαίων τοῦ στρατεύματος ὑπογενειάζοντες καὶ κινοῦντες οὐχ ὅπη δέον χωρεῖν, ἀλλ' ἔνθα πρὸς τοὐναντίον ἡμῖν τε κἀκείνῳ χωρήσει τὰ πράγματα. 20 Ἔδεσαν εἷλε, καὶ ἐν γραφαῖς ἦν, Σικελίαν αἱρήσων ἐπέμπετο, καὶ ἵνα μὴ παρ' ἐκείνου ἀλοίη, ἀτίμως αὖθις ἀνεκαλεῖτο.

LXXVII. Τοῦτον ἐγὼ τὸν ἄνδρα καὶ τεθέαμαι καὶ τεθαύμακα· συνενήνοχε γὰρ αὐτῷ ἡ φύσις ὁπόσα συμπρέπει τῷ στρατηγήσοντι· ἦν γὰρ τὴν | ἡλικίαν εἰς δέκατον ἀνεστηκὼς 25 πόδα, καὶ οἱ πρὸς αὐτὸν ὁρῶντες ὥσπερ εἰς κολωνὸν ἢ κορυφὴν ὄρους ἀνέβλεπον· τὸ δὲ εἶδος αὐτῷ οὐ τρυφερὸν καὶ ἐπιτερπὲς, ἀλλ' οἷον ἐοικὸς πρηστῆρι· ἐβρόντα δὲ καὶ τῷ φθέγματι, αἵ τε χεῖρες οἷαι διασεῖσαι τείχη καὶ πύλας συντρίψαι χαλκᾶς, τὸ δὲ ὅρμημα τούτῳ ὁποῖον λέοντος, καὶ τὸ ἐπισκύνιον βλο- 30 συρόν· καὶ τἄλλα δὲ τῷ ἀνδρὶ συνῳδὰ τούτοις καὶ σύνδρομα, καὶ ἡ φήμη πλείων τῶν ὁρωμένων, καὶ πᾶς ἐδεδίει τὸν ἄνδρα βάρβαρος, ὁ μὲν καὶ ἰδὼν καὶ θαυμάσας, ὁ δὲ τῶν ἱστορούντων ἐκεῖνον ἀκούσας καὶ ἐκπλαγείς.

3. ὁπόσῃ.   10. μὴν.   21. ἧλω.   30. ἐπισκήνιον.

LXXVIII. Ἐπεὶ δὲ τὴν Ἰταλίαν ἀποσεσυλώμεθα καὶ τὸ σεμνότατον τῆς ἀρχῆς ἀφῃρήμεθα μέρος, πέμπει τοῦτον ὁ δεύτερος Μιχαὴλ πολεμήσοντα μὲν τοῖς ἡρπακόσιν αὐτὴν, τῷ δὲ κράτει τὸ μέρος ἐπανασώσοντα· λέγω δὲ νῦν Ἰταλίαν, οὐ 5 τὴν ἀκτὴν ξύμπασαν, ἀλλὰ μόνον δὴ τὸ πρὸς ἡμᾶς τμῆμα τὸ κοινὸν ἰδιωσάμενον ὄνομα. Ὁ μὲν οὖν τοῖς ἐκεῖσε μέρεσι μετὰ παντὸς ἐπιστὰς τοῦ στρατεύματος, πᾶσιν ἐχρᾶτο τοῖς στρατηγήμασι, καὶ δῆλος ἦν τοὺς μὲν κατασχόντας ἀπελάσων, τὴν δὲ αὐτοῦ χεῖρα ἀντ' ἄλλου τινὸς ἐρύματος ἀντιστήσων ταῖς 10 ἐκείνων ἐπιδρομαῖς.

LXXIX. Ἐπεὶ δὲ ὁ μὲν Μιχαὴλ ἐξώσθη τοῦ κράτους, εἰς δὲ τὸν αὐτοκράτορα Κωνσταντῖνον, περὶ οὗ γράφειν προῄρημαι, τὰ τῆς ἀρχῆς ἀπεῖδε πράγματα, δέον εὐθὺς πάσαις ἀποστολιμαίαις ἐκεῖνον καταγεραίρειν γραφαῖς καὶ στεφάνοις 15 ἀναδεῖσθαι μυρίοις καὶ τἆλλα ποιεῖν ὁπόσα δὴ ἐκεῖνον θεραπεύσειν ἔμελλεν, ἀλλ' ὅ γε αὐτοκράτωρ παντάπασι τούτου κατολιγωρήσας τοῦ μέρους, ἐκείνῳ τε ὑποψίας κατέσπειρεν ἀφορμὰς, καὶ τῇ βασιλείᾳ πόρρωθεν κατεβάλλετο πράγματα· ἐπεὶ δέ ποτε καὶ εἰς μνήμην αὐτοῦ ἐλήλυθεν ὁ ἀνὴρ, καὶ ἐν 20 κακοῖς ἐγνωρίζετο, τυραννικά τε φρονῶν ἐγινώσκετο, οὐδ' οὕτω δεξιῶς τὰ πρὸς ἐκεῖνον μετεχειρίσατο· οὐ γὰρ προσ|ποιεῖται p. 139 371 τὸ τέως μελετώμενον ἀγνοεῖν, ἀλλ' ὡς | πρὸς ἤδη τυραννήσαντα ἀναρρήγνυται.

LXXX. Πέμπει γοῦν πρὸς αὐτὸν οὔτε τοὺς θεραπεύ-25 σοντας, οὔτε τοὺς ἄλλως ἐξομαλίσοντας καὶ πρὸς τὸ δέον μεταρρυθμίσοντας, ἀλλ' ἵν' οὕτως εἴποιμι τοὺς ἀποκτενοῦντας, ἢ τό γε μετριώτερον, ἐξονειδίσοντας αὐτῷ τὴν δυσμένειαν καὶ μονονοὺ μαστιγώσοντας καὶ δεσμήσοντας καὶ τῆς πόλεως ἐξελάσοντας· καὶ ὁ κορυφαῖος τῶν πρέσβεων οὐ τῶν ἐν 30 τοιούτοις ἐξητασμένων, οὐδὲ τῶν προλαβόντων τῷ χρόνῳ πολιτικῶν ἢ στρατιωτικῶν πραγμάτων ἐπιμέλειαν, ἀλλὰ τῶν ἐκ τριόδων ἀθρόον ἐπεισπεσόντων εἰς τὰ βασίλεια.

LXXXI. Καταπλεύσας γοῦν πρὸς τὸν τέως τυραννεῖν ἐπειλημμένον, στρατευμάτων ἤδη κατάρχοντα, καὶ τὴν ἐκείνου 35 ὑποπτεύσαντα ἄφιξιν, οὔτε προδιασαφεῖ τούτῳ ὡς εἰρηνικὰ

---

1. ἀποσεσυλόμεθα. 4. ἐπανασώσαντα. 6. ἰδιοσάμενον. 14. ἀποστιλμαίαις. 18. βασιλείω. 20. ὅττω. 32. ἐπιπεσόντων. 34. ἐπειλημμένων.

ΚΩΝΣΤΑΝΤΙΝΟΣ Θ' (1042—1055).

ἀπαγγέλλων ἐλήλυθεν, οὔθ' ὅλως προσδιαγγέλλει ὅτι ἐλήλυθεν, ἀλλ' ὥσπερ λαθὼν τὴν ἔφοδον ἱππότης αὐτῷ ἀθρόον προσήλασε, καὶ τῶν ἐξομαλιζόντων οὐδὲν εἰρηκώς, οὐδὲ τοιοῦτόν τι προοιμιασάμενος δι' οὗ καταστήσειν ἑαυτῷ τὴν πρὸς τὸν ἄνδρα ἐντυχείαν ἔμελλε, παίει αὐτίκα λαμπρῶς τοῖς ὀνείδεσι καὶ ἐπαπειλεῖται τὰ χαλεπώτατα. Ὁ δὲ τοῦτο αὐτὸ ἤδη κατειληφὼς ὅπερ ὑπώπτευεν, εἶτα δὴ καὶ δείσας περὶ τῶν λανθανόντων, διαπυροῦται τῷ θυμῷ καὶ ἐπανατείνει τὴν χεῖρα τούτῳ, οὐχ ὡς πλήξων, ἀλλ' ὡς φοβήσων· ὁ δὲ ὥσπερ ἐπ' αὐτοφώρῳ τοῦτον ἐντεῦθεν ἑλὼν τύραννον, διεμαρτύρατο τὴν θρασύτητα, καὶ προστίθησιν ὡς οὐκ ἀποφεύξεται ἐπὶ τηλικούτοις ἁλούς· ἀπογνωστέα γοῦν τούτῳ τε καὶ τῷ μετ' αὐτοῦ στρατῷ τὰ πράγματα ἔδοξε, καὶ συγκινηθέντες, τὸν μὲν πρεσβευτὴν ἀναιροῦσιν, ὡς δ' οὐκ ἂν ἄλλως αὐτοῖς χρησομένου τοῦ αὐτοκράτορος, τυραννεῖν ἤδη κατάρχονται.

LXXXII. Οἷα δὴ ἀνδρὶ γενναίῳ καὶ κορυφαίῳ τὴν στρατηγικὴν τέχνην, πολλοὶ συνερρυήκεσαν, οὐχ ὅσοι στρατεύσιμον εἶχον τὴν ἡλικίαν, ἀλλ' ἤδη καὶ οἱ ἐφ' ἑκάτερα τῆς ἀκμῆς· ὁ δὲ, ἐπειδὴ μὴ τοῖς πλήθεσιν, ἀλλὰ ταῖς τέχναις καὶ ταῖς ἐμπειρίαις ᾔδει τὰ τρόπαια κατορθούμενα, τοὺς ἐμπειροτάτους πρὸς πόλεμον συλλεξάμενος καὶ μεθ' ὧν ἐκεῖνος πολλὰς μὲν διεπόρθησε πόλεις, πλειόνων δὲ χρημάτων τε καὶ σωμάτων γέγονεν ἐγκρατής, ἅμα τούτοις συντεταγμένος, ἐπὶ τὴν ἀντιπέρας γίνεται ἤπειρον, πάντας μὲν διαλαθὼν τῆς ὄχθης φύλακας, οὐδενὸς τῶν ἀντιστρατευομένων ἐκείνῳ ἐξιέναι τολμήσαντος, ἀλλὰ πάντων ὑποπτηξάντων ἐκεῖνον καὶ ἐκποδὼν γεγονότων.

LXXXIII. Τὰ μὲν οὖν περὶ ἐκεῖνον τοιαῦτα· ὁ δέ γε αὐτοκράτωρ, ἐπειδὴ καὶ τὴν τοῦ πρέσβεως ἐμεμαθήκει ἀναίρεσιν, καὶ τὴν τοῦ τυραννοῦντος ἀπόνοιαν, στράτευμα κατ' ἐκείνου μυρίανδρον συγκροτεῖ· εἶτα δὴ δείσας περὶ τοῦ τῶν δυνάμεων ἄρξαντος, μὴ ἐκεῖνον τροπωσάμενος ἐπ' αὐτὸν χρήσηται τὸν πεπομφότα τῷ κατορθώματι καὶ τύραννος αὐτῷ ἐπιστῇ τοῦ προτέρου βαρύτερος, ἀπείρου συλλεγέντος στρα-

1. πρὸς διαγγέλλει. 6. ἐπαπειλεῖτε. 12. ἀπογνωσίαι.
15. κατάρχοντα. 16. τρατηγικήν. 23. ἀντιπέτρας. 26. ὑποπτυξάντων.
ἐκποδῶν. 34. πρωτέρου. συλλέγοντος.

371* τεύματος καὶ πρὸς ὅπερ ἂν | ἐφορμήσειεν εὐθὺς κατορθώσαντος, τῶν μὲν γενναιοτέρων οὐδένα ταῖς τάξεσι δίδωσιν, ἐφίστησι δὲ ταύταις ἄνδρα, πιστὸν μὲν τὰ πρὸς ἐκεῖνον καὶ ἐκτομίαν, οὐδενὶ δὲ τῶν πάντων σεμνολογούμενον. Οὗτος ἄρας ἐντεῦθεν
5 ἐπὶ τὸν τυραννοῦντα σὺν πολλῷ χωρεῖ τῷ στρατεύματι. Ὁ δέ, ἐπειδὴ ἐμεμαθήκει ὡς εἴη συγκεκινημένον ἐπ' αὐτὸν τὸ Ῥωμακὸν ξύμπαν στρατόπεδον, οὔτε ἀποδειλιᾷ τὸ πλῆθος οὔτε τὴν συγκίνησιν ὑποπτήσσει, ἀλλὰ πάντα κατόπιν τῶν τυραννικῶν πεποιηκὼς λογισμῶν, πειρᾶται ἀσυντάκτους κατα-
10 λαβεῖν, καὶ σὺν εὐζώνῳ τῇ στρατιᾷ οὔπω προσδοκηθεὶς τούτοις ἐφίσταται.

LXXXIV. Ἐπεὶ δὲ κἀκεῖνοι κατὰ βραχὺ συνταχθέντες ἀντέστησαν, θεαταὶ μᾶλλον τοῦ ἀνδρὸς ἢ ἀγωνισταὶ ἐγεγόνεισαν, τοῖς δὲ πολλοῖς καὶ τὴν θέαν ὑπετέμνετο· οὕτως ἀστρα-
15 παῖος αὐτοῖς ἔδοξεν, βροντῶν μὲν τοῖς στρατηγικοῖς ἐμβοήμασι, καθιππεύων δὲ τὰς φάλαγγας, καὶ οἷς ἂν ὀφθείη ἐ|κταράσσων p. 141 τούτους εὐθύς. Τὸ μὲν οὖν πλῆθος ἐκ προοιμίων τροποῦται τῇ γενναιότητι, ἡττᾶται δὲ τῶν ἄνωθεν διοικήσεων καὶ ὧν ἡμεῖς τοὺς λόγους οὐκ ἴσμεν· ὡς γὰρ ἐπειδὴ περιιὼν τὰς
20 ἡμετέρας διετάραττε φάλαγγας, καὶ ὅπη δ' ἂν ἐκεῖνος ὁρμήσειε διελύετο ὁ συνασπισμὸς καὶ εἰς τοὐπίσω τὸ συντετειχισμένον ἐχώρει τοῦ στρατοπέδου, καὶ τὸ ξύμπαν ἤδη κατὰ μέρη διετέμνετό τε καὶ κατεφθείρετο, πληγὴν ἀθρόως κατὰ τῆς δεξιᾶς λαγόνος εἰσδέχεται, οὐκ ἐξ ἐπιπολῆς, ἀλλ' εἰς βάθος,
25 ὅθεν ἀθρόον πλεῖστον ἐκεῖθεν αἷμα κατέρρει· καὶ ὅς, ὥσπερ οὐκ αἰσθανθεὶς τῆς πληγῆς, ἀλλὰ τὸ αἷμα καταρρέον ἰδών, εἶτα δὴ τὴν χεῖρα ἐπιθεὶς ὅθεν κεκένωτο, καὶ καιρίαν γνοὺς τὴν βολήν, τοῖς ὅλοις ἀπειρηκώς, ἐπειρᾶτο μὲν ἐπὶ τὸν οἰκεῖον ἐπανιέναι χάρακα, καὶ βραχὺ δή τι τῶν στρατευμάτων ἀπῆγεν
30 ἑαυτόν· ὡς δ' οὐκ εἶχεν ἤδη ὅπως μετενέγκοι τὸν ἵππον, τοῦ σώματος αὐτῷ πάντῃ ἐξασθενήσαντος, καὶ ἀχλύος πληρωθείσης τῆς κεφαλῆς, ἠρέμα ἐπιστενάξας καὶ ὅσον παρεῖχεν ἡ δύναμις, ἀκρατής τε εὐθὺς τοῦ χαλινοῦ γίνεται, καὶ τῆς ἕδρας ἀπολισθήσας, θέαμα ἐλεεινὸν τῇ γῇ κατέρριπτο.

35 LXXXV. Τὸ δέ γε ἡμεδαπὸν στράτευμα οὐδ' οὕτως

8. ὑποπτύσσει.   13. ἀγωνίσαι.   14. θείαν.
23. διέτεμνε τότε.   34. κατέρριπον.

ἐθάρρει τὸν κείμενον, ἀλλὰ καὶ αὖθις ἐπεῖχον τοὺς χαλινούς, δεδοικότες μή ποτε κλέμμα εἴη τὸ θέαμα· ὡς δ' ὅ τε ἱπποκόμος ἀπῆν, καὶ ὁ ἵππος ἐλευθέρῳ ποδὶ ἀτάκτως ἀνὰ τὸ μεταίχμιον ἔθει, παμπληθεὶ πάντες ὁρμήσαντες ἐπὶ τὸν νεκρόν, εἶτα δὴ ἰδόντες καὶ θαυμάσαντες ὁπόσον μέρος τῆς γῆς ἐπεῖχεν ἐκτεταμένος, τὴν κεφαλὴν ἀποτεμόντες τῷ τῆς φάλαγγος ἡγεμόνι προσάγουσιν. Εἶτα δὴ ἐπὶ τούτῳ πολλοὶ οἱ τὸν ἄνδρα ἀποκτανόντες ἐσχεδιάσθησαν, καὶ λόγοι ἐπὶ τούτῳ συνετίθεντό τε καὶ συνεπλάττοντο· ὡς δ' οὐκ ἦν ἀποδείκνυσθαι τὰ λεγόμενα, ἀγνώστους τινὰς ἱππέας ἐπ' αὐτὸν ὡρμηκότας ἐλογοποίουν ἐκκεφαλίσαι· καὶ πολλῶν οὕτω πραττομένων λόγων, ἀπόδειξις οὐδὲ μία τοῖς λεγομένοις ἐπῆν· ἀλλ' | ὅτι μὲν τὴν λαγόνα διῄρητο, τομὴν ἐντεῦθεν κατηγόρουν αἰχμῆς, ὁ δὲ τρώσας ἀφανὴς τέως ἐστὶν ἄχρι τῆσδε τῆς συγγραφῆς.

LXXXVI. Ἐκεῖνος μὲν οὖν | οὕτω δὴ τὰ μὲν παθών, τὰ δὲ καὶ ποιήσας τῶν κατηγορίαν ἐχόντων, τοιούτῳ δὴ τέλει τὸν βίον κατέλυσε· τὸ δὲ περὶ ἐκεῖνον στρατόπεδον, μέρη μέν τινα ἐπὶ τὰς οἰκείας πατρίδας ἀπεληλύθεσαν ἀφανῶς, τὸ δὲ πλεῖστον μέρος τοῖς ἡμετέροις προσέθετο· καὶ πρὶν ἢ πρὸς τὸν αὐτοκράτορα ἐπανελθεῖν τὰ στρατεύματα, ἡ τοῦ τυραννήσαντος ἐκπέμπεται κεφαλή· καὶ ὃς καθαπερεί τινος καλύπτοντος ἀπαλλαγεὶς κύματος καὶ βραχύ τι ἐξαναπνεύσας, τῷ μὲν θεῷ εὐχαριστηρίους ἀναπέμπει φωνάς, τὴν δέ γε κεφαλὴν ἐν μετεώρῳ τοῦ μεγάλου θεάτρου πήγνυσιν, ὡς ἂν ἔχοιεν ξύμπαντες καὶ πόρρωθεν ταύτην διὰ πολλοῦ μέσον τοῦ ἀέρος ὁρᾶν.

LXXXVII. Ὡς δὲ καὶ ἡ φάλαγξ ἐπανεληλύθει, ἀριστείοις στεφάνοις τῶν πλειόνων κεκοσμημένων, καὶ πρὸ τοῦ ἄστεως ἤδη ηὐλίσαντο ἀγχοῦ τῶν τειχῶν, ὁ αὐτοκράτωρ θρίαμβον δεῖν ἔγνω ἐπὶ τοῖς τροπαίοις καταγαγεῖν· καὶ οἷα ἐκεῖνος σκηνὰς πλάττειν εἰδὼς καὶ μεγαληγορεῖν ἐν τοῖς πράγμασιν, οὑτωσὶ διατίθεται τὴν πομπήν· διατάττεται γὰρ τὸ μὲν ψιλὸν τῆς φάλαγγος μεθ' ὅπλων προϊέναι συμμίγδην καὶ ἀσυντάκτως, ἀσπίδας καὶ τόξα καὶ δόρατα φέροντες, καὶ

3. ἐλ. φονὶ.   8. ἀποκτονόντες.   11. ἂν τὴν ὡρμηκότες.
25. μετεώρου.   28. φάλαξ.   31. τω τροπ.

ἐπὶ τούτοις τοὺς ἐπιλέκτους ἱππέας ὅπλοις καταφράκτοις ἕπεσθαι, φοβεροὺς ἰδεῖν ἀπό τε τοῦ σχήματος ἀπό τε τῆς στρατιωτικῆς τάξεως· εἶτα δὴ τὸ μετὰ τοῦ τυράννου στρατόπεδον, οὐκ ἐν τάξει, οὐδ' ἐν καλῷ σχήματι, ἀλλ' ἐπ' ὄνων 5 πρὸς οὐρὰν ἀντεστραμμένους καὶ ἐξυρημένους τὰς κεφαλὰς, καὶ πολύν τινα συρφετὸν αἰσχύνης περὶ τὸν τράχηλον φέροντας, ἐφ' οἷς ἡ τοῦ τυράννου δὶς ἐθριαμβεύετο κεφαλὴ, καὶ μετ' ἐκείνην, ἄλλο τι τοῦ τυραννικοῦ σχήματος, μεθ' ἃ ξιφηφόροι τινὲς καὶ ῥαβδοῦχοι καὶ οἱ τοὺς πελέκεις ἀπὸ τοῦ 10 δεξιοῦ σείοντες ὤμου, πολύ τι πλῆθος προϊόντες τοῦ | τῶν p. 143 στρατευμάτων ἡγεμονεύσαντος, καὶ ἐπὶ πᾶσιν ἐκεῖνος ἐπίσημος καὶ ἵππῳ καὶ τῇ στολῇ, καὶ ἐπὶ τούτῳ τὸ δορυφορικὸν ξύμπαν.

LXXXVIII. Οὗτοι μὲν οὖν οὕτω προΐεσαν, ὁ δὲ αὐτο- 15 κράτωρ λαμπρὸς πάνυ καὶ ὑψηλὸς προὐκάθητο τῆς οὕτως λεγομένης Χαλκῆς Φυλακῆς ἐπ' αὐτοῦ δὴ τοῦ θείου τεμένους, ὃ ὁ μέγας ἐν βασιλεῦσιν Ἰωάννης ἐκεῖνος ὁ μετὰ Φωκᾶν Νικηφόρον ἐδείματο· αἵ τε βασιλίδες ἑκατέρωθεν αὐτῷ συγκαθιστᾶσαι θεωροὶ τοῦ θριάμβου ἐγίγνοντο. Καὶ οὕτω 20 δὴ τὴν τοιαύτην ξυντελέσας πομπὴν, σὺν ἐγκωμίοις λαμπροῖς στεφανηφορῶν ἐχώρει πρὸς τὰ βασίλεια· ὥσπερ δὴ ἐκεῖνος τὸ ἦθος, μέχρι τούτου τῇ λαμπρότητι τῆς νίκης καταχρησάμενος, εἰς τὴν οἰκείαν αὖθις μετριοφροσύνην ἐπανελήλυθεν.

LXXXIX. Λαμπρὸν γὰρ δή τι τοῦτο τὸ μέρος καὶ 25 πλῆρες ἐγκωμίων τῷ βασιλεῖ· οὔτε γὰρ ἐπὶ τοῖς κατωρθωμένοις αὐτῷ ἐσεμνολόγει, οὔτε ἀλαζόνας ἠφίει φωνὰς, ἀλλ' ἀπολαύων τῶν πεπραγμένων ὅσον ἐξῆν, τῶν οἰκείων αὖθις ἠθῶν ἦν· καὶ τοῦτο μὲν οὕτως ἦν αὐτῷ. Ἐγρηγόρει δὲ οὐ μάλα, ἀλλ' ὥσπερ ἐπὶ πολλοῖς ἀγῶσιν ἀναπαύλης δεόμενος 30 ἐπερραθύμει τῷ λείποντι μέρει, διὰ τοῦτο ἄλλο τι αὐτῷ ἐπ' ἄλλῳ τῶν δεινῶν ἐπεκύμαινεν.

1. καταφράκτως.   8. ἀλλ' ὅτι.   9. ῥαυδοῦχοι.
17. ὄν.   19. συγκαθίστασαι.   21. ἐκεῖνο.

ΚΩΝΣΤΑΝΤΙΝΟΣ Θ' (1042—1055).

Περὶ τῆς τῶν Ῥώcων ἐπαναcτάcεως, [καὶ τῆς τοῦ Τορνικίογ ἀνταρcίας.]

XC. Ἔνθέν τοι καὶ τὴν τῆς τυραννίδος κατάλυσιν βαρβαρικὸς διαδέχεται πόλεμος, καὶ σκάφη Ῥωσικὰ καὶ ἀριθμοῦ, ἵν' οὕτως εἴποιμι, πλείονα, | τοὺς πόρρωθεν ἀνείργοντας ἢ 372* λαθόντα ἢ βιασάμενα τὴν Προποντίδα καταλαμβάνουσι, καὶ νέφος ἀθρόον ἀπὸ θαλάσσης ἀρθὲν ἀχλύος τὴν βασιλίδα πληροῖ. Ἐνταῦθα δὲ καὶ τοῦ λόγου γενόμενος, βούλομαι τὰς αἰτίας ἐρεῖν ἀφ' ὧν ἐκεῖνοι μηδὲν ἐναντιωθέντι τῷ αὐτοκράτορι τὴν ἐπιθαλάττιον ξυγκίνησιν καὶ στρατοπεδίαν πεποίηνται.

XCI. Τὸ βάρβαρον τοιγαροῦν τοῦτο φῦλον ἐπὶ τὴν Ῥωμαίων ἡγεμονίαν τὸν πάντα χρόνον λυττᾷ τε καὶ μέμηνε, καὶ ἐφ' ἑκάστῳ τῶν καιρῶν τοῦτο ἢ ἐκεῖνο εἰς αἰτίαν πλαττόμενοι, πρόφασιν καθ' ἡμῶν πολέμου πεποίηνται· καὶ ἐπειδὴ ἐτεθνήκει μὲν ὁ καταδειματῶν τούτους αὐτοκράτωρ Βασίλειος, καὶ ἐπ' ἐκείνῳ ὁ ἀδελφὸς Κωνσταντῖνος τὸ λαχὸν αὐτῷ τοῦ αἰῶνος μέρος πεπλήρωκεν, ᾧ τὸ εὐγενὲς κράτος ἀπεληλύθει, ἀνανεοῦνται αὖθις καθ' ἡμῶν τὸ παλαιὸν μῖσος καὶ κατὰ βραχὺ πρὸς μέλλοντας πολέμους γυμνάζονται. Ἐπεὶ δὲ καὶ ἡ τοῦ Ῥωμανοῦ βασιλεία λαμπρά τις αὐτοῖς νενόμιστο καὶ περιφανής, ἀσύντακτοί τε ἔτι ταῖς παρασκευαῖς ἦσαν, ἐπεὶ δὴ κἀκεῖνος βραχύν τινα χρόνον ἐπιβιώσας τῇ βασιλείᾳ μετήλλακτο, καὶ εἰς ἄσημόν τινα τὸν Μιχαὴλ τὸ κράτος μετέπεσεν, ἐπ' αὐτὸν καὶ δὴ τὰς οἰκείας δυνάμεις ἐξώπλιζον, καὶ δεῖν ἐγνωκότες διὰ θαλάττης πρὸς ἡμᾶς ἐμβαλεῖν, ὑλοτομήσαντες ἄνωθεν καὶ σκάφη μικρά τε καὶ μείζω διαγεγλυφότες, καὶ λανθανόντως κατὰ βραχὺ ἱκανῶς παρασκευασάμενοι, μεγάλῳ δὴ στόλῳ ἐπὶ τὸν Μιχαὴλ καταπλεῖν ἔμελλον· ἐν ὅσῳ δὲ ταῦτα ἐκείνοις ηὐτρέπιστο καὶ ὁ πόλεμος ἔμελλε, προλαμβάνει τὸν ἐκείνων κατάπλουν καὶ οὗτος ὁ βασιλεὺς τῶν ἐντεῦθεν ἀπαναστάς· ὡς δὲ καὶ ὁ μετ' ἐκεῖνον οὐ πάνυ τι τὸ ἴχνος ἐρείσας τοῖς βασιλείοις ἀπεληλύθει, ἥδραστο δὲ τὸ

1. τοῦ Ῥ.   9. ἀμφ'.   14. ἑκάστων.   16. καταδειμάτων.
17. Κωνσταντίνου.   18. ὁ τ.   19. ἀναναι οῦνται.

M. P.   9

κράτος ἐπὶ τὸν Κωνσταντῖνον, εἰ καὶ μηδὲν οἱ βάρβαροι τοῦτον εἶχον ἐπὶ τῷ πολέμῳ καταιτιᾶσθαι, ἀλλ' ἵνα μὴ ἄπρακτος αὐτοῖς ἡ παρασκευὴ νομισθείη, ἀπροφάσιστον πρὸς ἐκεῖνον ἀναρρήγνυνται πόλεμον· ἡ μὲν οὖν ἀναίτιος αἰτία τῆς ἐπὶ τὸν αὐτοκράτορα ἐκείνων ὁρμῆς αὕτη.

XCII. Ὡς δὲ ἤδη λαθόντες τῆς Προποντίδος ἐντὸς ἐγεγόνεισαν, τὰ μὲν πρῶτα ἐφ' ἡμῖν ἐτίθουν τὸ σπένδεσθαι, εἴ γε βουλοίμεθα, μεγάλους αὐτοῖς τῶν σπονδῶν ἀποδιδόναι μισθοὺς, καὶ τὸν ἀριθμὸν περιετίθεσαν, ἐφ' ἑκάστῳ σκάφει στατῆρας | χιλίους, ὡς συμβαίνειν μὴ ἄλλως αὐτοῖς τούτους ἀπαριθμεῖσθαι, ἢ ἑνὶ τῷ δὴ σκάφει παρ' αὐτοῖς· ἐβούλετο δὲ αὐτοῖς ταῦτα, ἢ τῷ οἴεσθαι πηγάς τινας παρ' ἡμῖν εἶναι χρυσίτιδας, ἢ ἐκ παντὸς τρόπου ἑλόμενοι μάχεσθαι, ἀνηνύτους ὑποθέσεις παρείχοντο, ἵν' εὐπροφάσιστος αὐτοῖς ὁ πόλεμος γίγνοιτο. Ὅθεν, ἐπεὶ μηδ' ἀποκρίσεως οἱ πρέσβεις αὐτῶν ἠξιώθησαν, οὕτω δή τοι πρὸς ἀλλήλους συνεσκευάσθησαν, καὶ τοσοῦτο ἐπὶ τῷ σφετέρῳ πλήθει ἐθάρρουν, ὡς αὔτανδρον οἴεσθαι τὴν πόλιν ἑλεῖν.

XCIII. Ἦν δὲ τηνικαῦτα ἡμῖν καὶ τὸ διὰ θαλάσσης μάχιμον πάντῃ ἐνδεῶς ἔχον, αἵ τε πυρφόροι νῆες ἐπὶ τοῖς παραλίοις | διεσκίδναντο τόποις, ἄλλο τι ἄλλαι τοῦ καθ' ἡμᾶς μέρους φυλάττουσαι. Ὅθεν ὁ αὐτοκράτωρ λείψανά τινα τοῦ παλαιοῦ στόλου συνηθροικὼς, καὶ ταῦτα δὴ ζεύξας, ὁλκάδας τε τῶν βασιλικῶν συναγηοχὼς, καί τινας δὴ τριήρεις συμπαρασκευασάμενος, καὶ μαχίμους τινὰς ἄνδρας ἐπ' αὐτῶν δὴ παρατάξας, χορηγήσας τε ταῖς ναυσὶ πολὺ τὸ δίυγρον πῦρ, καὶ ταύτας δὴ κατέναντι τῶν βαρβαρικῶν σκαφῶν ἐπὶ τοῦ κατ' ἀντιπέραν λιμένος συντάξας, καὶ αὐτὸς δὴ μοῖράν τινα τῆς συγκλήτου βουλῆς τὴν ἔκκριτον μεθ' ἑαυτοῦ ἔχων, ἐπ' αὐτοῦ δὴ τοῦ λιμένος βραχύ τι ἄνωθεν τῆς νυκτὸς ναυλοχεῖ, καὶ λαμπρῶς τοῖς βαρβάροις κηρύξας τὸν ἐπιθαλάττιον πόλεμον, ἅμα πρωῒ τὰς ναῦς ἵστησι κατὰ φάλαγγα. Καὶ οἱ βάρβαροι δὲ ἀπάραντες ὥσπερ ἀπὸ στρατοπεδείας καὶ χάρακος τῶν κατέναντι λιμένων ἡμῖν, καὶ πολύ τι μετεωρισθέντες τῆς γῆς, τάς τε ναῦς αὐτῶν ξυμπάσας κατὰ μίαν ἐφεξῆς στήσαντες, καὶ τὸ πέλαγος ξύμπαν ἀφ' ἑκατέ-

10. τούτοις   14. εὐπροφάσιστος.   32. ἱστὰς.

ΚΩΝΣΤΑΝΤΙΝΟΣ Θ' (1042—1055). 131

ρων λιμένων ξυνδήσαντες, ὡς αὐτοί τε ἐπελευσόμενοι καὶ ἡμᾶς ἐπιόντας δεξόμενοι παρετάχθησαν. Οὐκ ἦν οὖν ὅστις ὁρῶν τὰ τότε γινόμενα οὐ πάνυ διατεθορύβητο τὴν ψυχήν· ἔγωγ' οὖν ἀγχοῦ τοῦ αὐτοκράτορος ἑστήκειν, καθῆστο δὲ οὗτος ἐπί τινος λόφου πρὸς θάλατταν ἠρέμα ἐπικλινοῦς, καὶ 5 θεωρὸς ἐξ ἀπόπτου τῶν γιγνομένων ἐτύγχανεν.

XCIV. Ἡ μὲν οὖν παράταξις οὕτως ἑκατέρωθεν διεσκεύαστο, προῄει δὲ οὐδεὶς ὡς μαχούμενος, ἀλλ' ἑκατέρωθεν τὰ μέρη συνησπικότα ἀκίνητα ἔστησαν· ὡς δὲ πολύ τι τῆς ἡμέρας διεληλύθει, ὁ βασιλεὺς δυσὶ τῶν μεγάλων νεῶν 10 σύνθημα δούς, ἐπὶ τὰ βαρβαρικὰ κατὰ βραχὺ προϊέναι σκάφη παρακελεύεται· καὶ ἐπειδὴ προῄεσαν ὁμαλῶς τε καὶ εὐκινήτως, ἠλάλαζόν τε ἄνωθεν οἱ λογχοφόροι καὶ πετροβόλοι, οἵ τε ἀκοντισταὶ τοῦ πυρὸς εὐσυντάκτως πρὸς τὴν βολὴν διετάξαντο, πλείω δὴ τῶν ἀπεσταλμένων ἀπὸ τῶν 15 βαρβαρικῶν σκαφῶν ταχυναυτοῦντα ἐπὶ τὰς ἡμετέρας νῆας ἐξώρμησαν· εἶτα δὴ διαιρεθέντα, καὶ ἑκάστην τῶν τριηρῶν κυκλωσάμενά τε καὶ περιζώσαντα, κοντοῖς κάτωθεν διατιτρᾶν ἐπεχείρουν· οἱ δ' ἄνωθεν ἔβαλλον λίθοις τε καὶ κωπίσιν· ὡς δὲ καὶ τὸ πῦρ ἠκόντιστο ἐπ' αὐτούς, καὶ ἤδη τοὺς ὀφθαλμοὺς 20 συνεχύθησαν, οἱ μὲν ἐπὶ τὸ πέλαγος ἐρριπτοῦντο, ὡς πρὸς τοὺς σφετέρους διανηξόμενοι, οἱ δ' οὐκ εἶχον ὅ τι καὶ δράσειαν, ἀλλὰ πρὸς πᾶσαν ἀπεγνώκεισαν μηχανήν.

XCV. Ἐπὶ τούτοις ἕτερον σύνθημα, καὶ πλείους τριήρεις ἀνήχθησαν καὶ νῆες ἕτεραι, ἢ ἐφεπόμεναι, ἢ ξυνελαύνουσαι· 25 καὶ τὸ μὲν ἡμέτερον ἤδη μέρος ἐθάρρει, τὸ δ' ἐναντίον καταπεπληγότες εἱστήκεσαν· ἐπεὶ δὲ ἤδη τὸ πέλαγος διαβάλλουσαι αἱ τριήρεις πρὸς αὐτοῖς ἦσαν τοῖς βαρβαρικοῖς σκάφεσιν, ὅ τε σύνδεσμος αὐτοῖς διερράγη καὶ ὁ συνασπισμὸς διαλέλυτο, καὶ τὰ μὲν κατὰ χώραν ἐτόλμησαν μένειν, τὰ δὲ πλείω 30 πρύμνας ἐκρούσαντο. Καὶ ὁ ἥλιος ἀθρόον νεφέλην ἐφελκυσάμενος | κάτωθεν, ἐπειδὴ πολύ τι τοῦ ὁρίζοντος μετεώριστο, 373* μετατίθησι τὸν ἀέρα, καὶ ὃς πνεῦμά τι τῶν ἰσχυρῶν ἐξ ἀνατολῆς ἐπὶ δύσιν κινεῖ, καὶ λαίλαπι χαράξας τὴν θάλασσαν ἐπὶ τὸ βάρβαρον ἐπαιγίζει τὰ κύματα· καὶ τὰ μὲν αὐτοῦ που 35 καλύπτει, ἐπεγερθέντος αὐτοῖς τοῦ πελάγους εἰς τὸ μετέωρον,

9. συνηπτικότα.   12. παρακελεύται.   13. εὐνικήτως.   34. λέλαπι.

9—2

τὰ δὲ ἐπὶ πολύ τι τῆς θαλάσσης ἐλάσας εἰς σκοπέλους ἀπορριπτεῖ καὶ κρημνώδεις αἰγιαλούς, ὧν ἔνια αἱ τριήρεις καταδραμοῦσαι, τὰ μὲν τῷ βυθῷ παρέ|δωσαν αὔτανδρα, τὰ δὲ διατεμόντες οἱ ἐπ' αὐταῖς μάχιμοι ἡμίπρωρα ἐπὶ τοὺς πλησίον 5 αἰγιαλοὺς ἀφειλκύσαντο. Γέγονέ τε τῶν βαρβάρων φόνος πολύς, καὶ ὥσπερ ἐκ ποταμῶν ἄνωθεν ῥευμάτιον ὡς ἀληθῶς φόνιον τὴν θάλασσαν κατεφοίνισσεν.

XCVI. Οὕτω τοιγαροῦν ὁ βασιλεὺς καταπολεμήσας τὸ βάρβαρον, τροπαιοφόρος εἰς τὰ βασίλεια ἀπὸ τῆς θαλάσσης 10 ἐπανελήλυθεν. Ἐλέγετο γοῦν παρὰ πολλοῖς, ὧν ἐγὼ τοὺς λόγους διακριβούμενος οὐδὲ μίαν ἐπιστήμην ἢ ἀρχὴν εὕρισκον τῆς προρρήσεως, ἐλέγετο γοῦν ὡς πολλὰ μὲν μέλλει ἐπαναστήσεσθαι τῷ βασιλεῖ τούτῳ δεινά, τὰ μὲν ἔξωθεν καὶ παρὰ τῆς βαρβαρικῆς μερίδος, τὰ δ' ἀπὸ τῆς ὑπηκόου τέως χειρός, 15 φροῦδα δὲ πάντα γενήσεσθαι, τύχης τινὸς δεξιᾶς συναντιλαμβανομένης τῷ αὐτοκράτορι καὶ πᾶσαν ἐπανάστασιν ῥᾷστα διαλυούσης· καὶ αὐτὸς δὲ ὁ αὐτοκράτωρ, ὁπότε προφητείαις τισὶ καὶ οἰωνίσμασι τὴν ἑαυτοῦ ἡγεμονίαν ἐσεμνολόγει, ὀπτασιῶν τέ τινων καὶ ὀνειράτων παραδόξων ἐμέμνητο, τὰ 20 μὲν ὡς αὐτὸς ἰδών, τὰ δ' ὡς ἄλλων μαντευομένων ἀκροασάμενος, καὶ τὸ περὶ τούτου μέρος παραδοξολογῶν ἦν. Ὅθεν ἤδη τοῦ δεινοῦ καθισταμένου, οἱ μὲν ἄλλοι ἐδεδίεσάν τε καὶ περὶ τοῦ μέλλοντος ἐπεφρίκεσαν τὰς ψυχάς, ἐκεῖνος δὲ ὡς ἐπιδεξίῳ τῷ τέλει ἐθάρρει, καὶ τάς τε γνώμας τῶν δεδιότων 25 ἐκούφιζε, καὶ ὡς οὐδενὸς κατειληφότος αὐτὸν χαλεποῦ, ἀφροντίστως εἶχε τῶν ἐπισεσυμβηκότων.

XCVII. Ἐγὼ δὲ οὐδεμίαν μαντείας ἀφορμὴν παρὰ τῷ ἀνδρὶ ἐπιστάμενος, ψυχῆς τοῦτο ῥᾳθύμου καὶ ἀφρόντιδος τίθεμαι· ὅσοι μὲν γὰρ περὶ τὰ πράγματα ἐγρηγόρασι καὶ 30 οἴδασί γε ὡς φαῦλαι πολλάκις ἀρχαὶ μεγίστας ἀπέτεκον συμφοράς, οὗτοι πρὸς πᾶσαν ἄτοπον ὑπόθεσιν πεφροντίκασιν, ἐπακμασάντων δ' αὐτοῖς τῶν κακῶν, πεφόβηνταί τε περὶ τοῦ τέλους καὶ πρὸς πᾶσαν ἀκοὴν δύσκολον κατεπτήχασι, καὶ τῶν πραγμάτων μεταβαλλομένων, οὐκ ἔτι θαρροῦσιν· οἱ δὲ| 35 χρηστότεροι, οὔτε τὰς ἀρχὰς τῶν μελλόντων κακῶν ὑποπτεύ-

2. ἐνία.   4. αὐτοῖς μάχημοι εἱμήπρωρα.   7. κατεφοίνησεν.
12. ἐπαναστήσασθαι.   13. τῶ μ.   22. ᾔδει.   34. εἰ μὴ.

ΚΩΝΣΤΑΝΤΙΝΟΣ Θ' (1042—1055).

ουσιν, ούτε προς την αρχήν των συμφορών διανεστήκασιν, αλλ' εις ηδονάς αποκεκλικότες ταύταις τε ασμενίζειν εθέλουσιν ες αεί, και τους έξωθεν συλλαμβάνειν εις την ομοίαν κατάστασιν, και, ίνα και ραθύμως έχοιεν προς τα ράθυμα, καταμαντεύονται τούτοις απαλλαγας ταχείας των επισυμβάντων 5 ανιαρών· έστι δε και τρίτη μερις ψυχής | βελτίονος, ην 374 επειδάν λάθη παρεισρυέν το κακόν, αγνώμονα μεν του γενομένου ουκ αποδείκνυσιν, ου μέντοιγε δη και περιψοφεί τοις έξωθεν πατάγοις, ουδέ καταπτοεί και δουλαγωγεί, αλλά, πάντων απαγορευσάντων, προς τα δεινά έστηκεν εκείνη 10 ακλόνητος, ου φυσικοίς εστηριγμένη τοις έρμασιν, αλλά στερρότητι λογισμού και κρίσει βελτίονι. Αλλά τούτο δη το μέρος ούπω δη εν τη κατ' εμέ κατανενόηκα γενεά, αλλά το παρ' ημίν κρείττόν εστιν εί τις τέως υποπτεύει το μέλλον και πρός τε την αρχήν του κακού ίσταται και γεγονότος προς 15 άμυναν διανίσταται. Αλλ' ό γε αυτοκράτωρ, μη κατεπτηχέναι αυτόν πολλάκις τα πράγματα τους πολλούς έπειθεν, ως μεμαθήκει παρά του των κρειττόνων του επισυστάντος την τελευτήν, και δια ταύτα καταφρονοίη και ολιγώρως έχει παντάπασι. 20

XCVIII. Τοσούτον δε προανεβαλλόμην των διηγήσεων, ίν', οπότε λέγοιμι αφηγούμενος ως προειρήκει η απεγνώκει ταύτα η εκείνα, μη μαντικόν τον άνδρα ηγήσωνται οι πολλοί, αλλά τους μεν λόγους συμφώνους τω εκείνου ήθει νομίσωσι, τα δε πράγματα ως τετελευτήκασιν, ες το δόξαν τω κρείττονι 25 αναφέρωσι. Βουλόμενος δε ετέραν δεινοτέραν και της προλαβούσης επαναστάσεως κατά του αυτοκράτορος διηγήσασθαι, εις αρχήν αύθις καθιστώ τον λόγον, οπόθεν τε γέγονε προλαμβάνων και τίνας αρχάς έσχηκε, και η αποστασία τίς προύλαβε και ήτις αύθις και όθεν, τίς τε ο τολμήσας αμφότερα 30 και τίσι τεθαρρηκώς την τυραννίδα διαμεμελέτηκε.

XCIX. Λέγω δε εκ των υστάτων του λόγου αρχόμενος, ότι τω αυτο|κράτορι τούτω εξανεψιός τις εκ μητρικής εγεγόνει ρίζης, το μεν όνομα Λέων, το δε γένος Τορνίκιος, την Αδριανούπολιν οικών, και Μακεδονικήν ερυγγάνων μεγαλαυχίαν, 35

---

3. σὺν λαμβάνειν.   16. άμοιναν.   ibid. τὸ καταπεπτυχηκέναι.
18. τῶν τοῦ κρειττόνων.   34. Ἀνδριανούπολιν.

ἀνὴρ τὸ μὲν εἶδος οὐ φαῦλος, τὸ δὲ ἦθος ὑποκαθήμενος, καὶ πρὸς ἐνθυμήσεις ἀεὶ καινοτέρας ἀνελίττων τὰς γνώμας· τούτῳ γοῦν τῷ ἀνδρὶ οὔπω ἀκμάσαντι τύχην τινὰ λαμπρότητος, οἷα δὴ πολλὰ εἴωθεν ἀλόγως περί τινων λέγεσθαι, οἱ πλεῖστοι
5 κατεμαντεύοντο· καὶ ἐπειδὴ ἀνὴρ ἐγεγόνει καί τινας ἐδείκνυ τοῦ ἤθους στερρότητας, ἡ Μακεδονικὴ μερὶς καθάπαξ αὐτῷ προσετέθη· καὶ τολμῆσαι μέν τι πολλάκις παραβολώτερον ἐπεχείρησαν, διαμαρτάνοντες δὲ τῶν καιρῶν, καὶ νῦν μὲν τοῦτον ἐμφιλοχωροῦντα τούτοις μὴ ἔχοντες, νῦν δὲ μὴ εὐπο-
10 ροῦντες εἰς ἀποστασίαν ἀρκούσης προφάσεως, ὑποβρύχιον ἐν ταῖς ψυχαῖς τὴν γνώμην τῆς τυραννίδος ἐφύλαττον· εἶτα δή τι ἐπισεσυμβήκει τοιοῦτον, ὃ δὴ αὐτοὺς ὁμοῦ εἰς ἀποστασίαν καὶ ἐπανάστασιν διηρέθισε.

C. Τῷ αὐτοκράτορι Κωνσταντίνῳ δύω ἐγεγόνεισαν ἀδελ-
15 φαί, Ἑλένη μὲν ἡ πρεσβυτέρα τὸ ὄνομα, Εὐπρεπία δὲ ἡ μετ' ἐκείνην· τῆς μὲν οὖν Ἑλένης οὐδένα ἐπεποίητο λόγον, <τὴν δ' ἑτέραν> οὔτε τι λαμπρὸν ἐξ ἀρχῆς κομῶσαν καὶ εἰς περιφάνειαν τύχης ἐληλυθυῖαν, φρονήματός τε πλήρη τυγχάνουσαν, καὶ γυναικῶν ἁπασῶν ὧν ἐγὼ τεθέαμαι σταθηροτάτην τε οὖσαν
20 καὶ δυσπαράγωγον, ταύτην τοιγαροῦν εὐλαβεῖτο μὲν ὁ ἀδελφός, ὥς μοι εἴρηται, οὐκ ἔστεργε δὲ παράγωγον, ἀλλ' ἐδεδίει μᾶλλον ἢ περιεῖπεν. Αὕτη τοιγαροῦν τῶν ἐπὶ τῷ ἀδελφῷ διημαρ-
τηκυῖα ὑπερηφάνων ἐλπίδων, βουλεύσασθαι μέν τι κατὰ τοῦ αὐτοκράτορος τῶν ἀτοπωτάτων ἀπεῖχε παντάπασιν, οὐ πολ-
25 λάκις δὲ τούτῳ προσῄει, οὐδὲ θάρρει ἀδελφικῷ, ἀλλὰ καὶ εἰς ὁμιλίαν ἐκείνῳ ἑαυτὴν καταστήσασα, ὑπερηφάνως τε διελέγετο καὶ μετὰ τῆς ἀρχαίας ὀφρύος ἀπήλεγχέ τε τὰ πολλὰ τοῦτον καὶ προσωνείδιζε, καὶ ὁπότε θυμούμενον ἴδοι, ὑπανεχώρει καταφρονοῦσα, τὴν ἐπ' αὐτὸν ὕβριν τοῖς χείλεσιν
30 ὑποτονθορύζουσα· καὶ | ἐπειδὴ ᾔδει τὸν ἀδελφὸν πρὸς τὸν ἤδη ῥηθέντα Τορνίκιον ἀστόργως πάντῃ ἢ ἀπεχθῶς ἔχοντα, τοῦτον ἐκείνη ἐδεξιοῦτο καὶ φίλτατον εἶχε, καὶ θαμὰ προσωμίλει, οὐχ οὕτω ἀσπαζομένη τὸ πρότερον. Ὁ δέ γε βασιλεὺς ἐμεμήνει μέν, βαθεῖς δὲ εἶχε περὶ τούτου τοὺς λογισμούς· οὔπω γὰρ
35 οὐδὲ προφάσεις ἔσχεν ἀρκούσας εἰς κάκωσιν· ὅθεν ἵνα πόρρωθεν ἀπ' ἀλλήλων γένοιντο, ἐκείνη μὲν τέως ἔκρυψε τὸ

9. ἐφιλοχωροῦντα. 16. ἐκείνης. 25. τοῦτο. 35. ἀκούσας.

ΚΩΝΣΤΑΝΤΙΝΟΣ Θ' (1042—1055).

ἀπόρρητον, αὐτὸν δὲ τῆς πόλεως μεθιστᾷ, μετ' εὐπρεποῦς σχήματος· τὴν γὰρ Ἰβηρικὴν ἐπιτρέψας ἀρχήν, ἐπίδοξον ὑπερορίαν τούτῳ κατεσκευάκει.

CI. Ἀλλὰ καὶ ἀποδεδημηκότι τῷ ἀνδρὶ ἡ φήμη αὖθις συνείπετο· μᾶλλον δὲ ταύτην οἱ πλείους ἀφορμὴν κατηγορίας προσειληφότες, λόγους ἐπὶ τὸν ἄνδρα ὡς τυραννεῖν μέλλοι συνέπλαττον, καὶ προλαβεῖν τὸ δεινὸν τὸν αὐτοκράτορα συνηνάγκαζον· ὁ δὲ τούτων ἀκούων, οὐ πάνυ μὲν διατετάρακτο τὴν ψυχήν, ὡς δὲ τὴν ἀδελφὴν συνηγοροῦσαν τεθέαται, καὶ πού τι καὶ τοιοῦτον εἰπούσης ἠκηκόει, "ὡς οὐδὲν ἄρα δεινὸν ὁ ἀνεψιὸς αὐτῇ πείσεται, τοῦ κρείττονος αὐτὸν ἄνωθεν περισκέποντος," ἐκπλαγὴς ἐπὶ τῷ λόγῳ γενόμενος, καὶ τὴν ὁρμὴν οὐκέτι δυνάμενος κατασχεῖν, οὐδ' οὕτως μὲν ἐπεχείρησεν ἀνελεῖν, ὑφελεῖν δὲ αὐτῷ τοὺς θεμελίους τῆς τυραννίδος σκεψάμενος, στέλλει κατὰ τάχος τοὺς ἀποκεροῦντας καὶ τὸ μέλαν τριβώνιον ἐπενδύσοντας. Καὶ οὕτως ἐκεῖνος ἐκκοπεὶς τῶν ἐλπίδων, ὁ πάλαι λαμπροφορῶν ἀθρόον ῥακοδυτῶν ἐπὶ τὸν βασιλέα ἐπάνεισιν· ὁ δὲ οὐδ' οὕτως εὐμενῶς εἶδεν, οὐδὲ τῆς τύχης ᾠκτείρησεν, ἥτις αὐτὸν ταῖς ἐλπίσιν ὑψώσασα ἀθρόον κατήνεγκεν, ἀλλὰ καὶ προσιόντα οἱ πολλάκις δυσμενῶς ἀπεπέμψατο καὶ κατεγέλασεν ἐλεεινῶς ἔχοντα. Μόνη δὲ ἡ Εὐπρέπεια, εἴτε συγγενικοῖς ἤθεσιν, εἴτε καὶ καθ' ἕτερον τρόπον ἐξενιζέ τε τοῦτον καὶ φιλοφρόνως ἠσπάζετο, πρόφασιν ἀδιάβλητον τῆς φιλοφροσύνης τὴν συγγένειαν ἔχουσα.

CII. Ἔτυχε δὲ τὸ τηνικαῦτα καὶ Μακεδονική τις περὶ τὴν πόλιν | φιλοχωροῦσα πληθὺς καὶ μάλιστα ὅσοι τὴν Ἀδριανούπολιν ᾤκησαν ἐξ ἀρχῆς, ἄνδρες δεινοὶ τὰς γνώμας καὶ τὴν γλῶτταν ἀντίστροφον ταῖς ἐνθυμήσεσιν ἔχοντες, βουλεύσασθαί τι τῶν ἀτόπων ἑτοιμότατοι καὶ καταπράξασθαι δραστικώτατοι, κρύψαι τε λογισμοὺς ἀκριβέστατοι, καὶ τὰς πρὸς ἀλλήλους ὁμολογίας πιστότατοι. Ὁ μὲν οὖν αὐτοκράτωρ ὡς ἤδη κατατεθυμένου τοῦ λέοντος καὶ τάς τε τῶν | ὀνύχων ἀφῃρημένου ἀκμὰς κατωλιγώρει παντάπασιν, οἱ δὲ Μακεδόνες τοῦτον ἐκεῖνον εἶναι νομίσαντες τὸν καιρὸν ὃν εἰς ἀποστασίαν πολλάκις ἐξήτησαν, βραχέα διαλεχθέντες ἀλλήλοις, ὡς τοῦ σκοποῦ πάλαι καθομολογηθέντος αὐτοῖς, καὶ τόν

8. διετάρακτο.   12. ἐκπλαγείς.   34. Μακεδόνες.

τε Τορνίκιον εἰς παράλογον τόλμαν διερεθίσαντες, ἑαυτούς τε πρὸς τὴν ὁμολογίαν τοῦ τολμήματος ῥώσαντες, νυκτὸς αὐτὸν ὑπεξαγαγόντες, ὀλίγων δή τινων καὶ τούτων παντάπασιν ἀφανῶν κοινωνησάντων αὐτοῖς τοῦ δράματος, τὴν εὐθὺ Μακε-
5 δονίας ἐλαύνουσι· καὶ ἵνα μή τινες αὐτοῖς κατόπιν ἐξιππασάμενοι προλάβωσί τε τὰς εἰσβολὰς τούτων, ἢ θηράσωσιν ἰχνηλατήσαντες, τὴν δημοσίαν ἵππον ἐπειδὴ κατὰ λύσσαν μὲν ἀπεκτόνασι, καὶ οὕτως ἀπνευστὶ τὸν δρόμον συντείναντες Μακεδονίας τε ἐντὸς γίνονται, καὶ τὴν Ἀδριανοῦ κατειληφότες
10 ὥσπερ ἀκρόπολιν, ἔργου εὐθὺς ἔχονται.

CIII. Ἐπεὶ δὲ συλλογῆς αὐτοῖς στρατευμάτων ἔδει, χρημάτων δὲ αὐτοῖς οὐχ ὑπῆρχε παρασκευή, οὐδ' ἄλλο τι τὸ πεῖθον τοὺς ἡγεμόνας τῶν στρατοπέδων εἰς ταὐτὸ συναγαγεῖν τὰ στρατεύματα καὶ πρὸς τὰ ἐκείνων ὑπείκειν βουλεύματα,
15 πρῶτα μὲν λογοποιοὺς εὐθὺς ἁπανταχῇ καθίασιν· οἱ δή που παρ' ἑκάστους τῶν Στρατιωτῶν παραγενόμενοι, ἐξεπίτηδες τὸν μὲν βασιλέα τεθνάναι διεβεβαίουν, τὴν δέ γε Θεοδώραν ἐγκρατῆ γενομένην τοῦ κράτους, τὸν ἐκ Μακεδονίας πρὸ πάντων αἱρεῖσθαι Λέοντα συνετώτατόν τε ὁμοῦ καὶ δρα-
20 στήριον καὶ λαμπρὰς ἔχοντα τοῦ ἄνω γένους τὰς ἀφορμάς· εἶτα δὴ καὶ αὐτοὶ οἱ καθηγεμόνες τοῦ πλάσματος διὰ | τῆς τοιαύτης μηχανῆς τὰ πανταχόθεν τῆς ἑσπέρας ἐν ὀλίγαις δή τισιν ἡμέραις στρατόπεδα συναθροίζουσιν· ἦν δὲ οὐ τὸ πλάσμα μόνον τὸ συλλέξαν ἐκείνους, ἀλλὰ δή τι καὶ μῖσος
25 αὐτοῖς παρατρεφόμενον πρὸς τὸν αὐτοκράτορα ἦν, ὅτι τε αὐτῶν βραχὺν λόγον ἐτίθετο, καὶ ὑποπτεύσας αὐτοὺς ἀπό τινος γενομένης καινοτομίας, ἔμελλε κατὰ βραχὺ τιμωρήσασθαι· διὰ ταῦτα πρὶν ἢ κατειλῆφθαι τούτους, προκαταλαβεῖν ἐκεῖνον ἔργον ἐτίθεντο.

30 CIV. Συλλεγέντες οὖν ἀθρόον καὶ παρ' ἐλπίδα, καὶ εἰς ταὐτὸ τὰς γνώμας συνεληλυθότες, βασιλεύειν ἐπ' αὐτοῖς αἱροῦνται τὸν Λέοντα, καὶ ὁπόσα δὴ αὐτοῖς ὁ καιρὸς ἐδίδου ἐπὶ τῇ ἀναρρήσει πλασάμενοι, διαπρεπεῖ ἐσθῆτι κοσμήσαντες αἴρουσιν ἐπ' ἀσπίδος· ὁ δὲ ἅπαξ ἐν τῷ σχήματι καταστάς,
35 ὡς ἤδη τοῦ πράγματος αὐτοῦ τετυχηκώς, καὶ οὐχ ὡς ἐπὶ σκηνῆς οἷον δραματουργῶν ἢ πλαττόμενος, ἀρχικῶς καὶ τῷ

7. scrib. ἐν ὁδῷ.   ib. καταλύσαμεν.   24. μῆσος.
27. βραχῆ.   28. τούτοις.

ὄντι βασιλικῶς τῶν βασιλεισάντων κατάρχει, βουλομένων κἀκείνων ἀκριβέστερον αὐτῷ τὴν ἀρχὴν διευθύνεσθαι. Τὸ μὲν οὖν πολὺ πλῆθος, ἐπεὶ μήτε διανεῖμαι εἶχε μηδὲ χρήμασι καθυπάγειν, διά τε φόρων ἀνέσεως ὑπήκοον ἀπεργάζεται, καὶ τοῦ καθάπαξ αὐτοὺς ἀφιέναι, εἰς προνομὰς ἐξιέναι, καὶ κέρδος 5 ἅπαν οἰκεῖον τὸ ἀναλισκόμενον τίθεσθαι· τῶν δέ γε ἐν τέλει καὶ τῆς πρώτης βουλῆς ἅπαξ ἀρχαι|ρεσιάσας, τοὺς μὲν 375* ἡγεμόνας τῶν στρατευμάτων ποιεῖ, τοὺς δὲ ἐγγὺς ἱστᾷ τοῦ βασιλικοῦ βήματος, καὶ ἄλλοις τὰς πρώτας βουλὰς ἀνατίθεται, καὶ ξύμπαντας, ὡς αὐτῷ τε κἀκείνοις αἱρετὸν ἦν, 10 καταλλήλως ἑκάστῳ τοῖς πράγμασι διελόμενος, τῆς πρὸς τὴν πόλιν εὐθὺς πορείας εἴχετο. Οὕτω γὰρ αὐτοῖς ἐβούλετο ἀθρόον προκαταλαβεῖν τὰς γνώμας τοῦ αὐτοκράτορος, καὶ πρὶν ἢ τὸ τῆς ἑῴας ἐπ' αὐτοὺς μετακινῆσαι στρατόπεδον, ἐπ' ἐκεῖνον τούτους μετακινήσασθαι· ᾤοντο δὲ μηδὲ τοὺς ἐν τῇ 15 πόλει τῷ βασιλεῖ προσθήσεσθαι, τούτοις δὲ ἀντιστήσεσθαι, δι' ὀργῆς τε τὸν αὐτοκράτορα ἔχοντας, ἐπειδὴ καὶ καινοτομεῖν τι κατ' | αὐτῶν ἤρξατο, καὶ τὴν προεδρίαν αὐτοῦ δυσχεραίνοντας, καὶ βουλομένους Στρατιώτην ἰδεῖν αὐτοκράτορα, σφῶν τε προκινδυνεύοντα καὶ τὰς ἐπιδρομὰς τῶν βαρβάρων ἀνείρ- 20 γοντα.

CV. Ἀμέλει καὶ πρὶν ἢ προσπελάσαι τοῖς τείχεσι πολλή τις αὐτοῖς μερὶς κατὰ τὴν πορείαν ἐθελουσίοις ὁρμαῖς προσετίθετο, πληθύς τε στρατιωτικὴ ἀπὸ τῶν ὑψηλοτέρων μερῶν προσεγίνετο, καὶ τὰ μέχρι τῆς πόλεως κατάντη πάντα πρὸς 25 τὸν σκοπὸν καὶ ἐπίφορα. Καὶ τὰ μὲν ἐκείνων τοιαῦτα, τῷ δὲ αὐτοκράτορι εἰς τοὐναντίον περιειστήκει τὰ πράγματα· οὔτε γὰρ οἰκεῖον στράτευμα, οὔτε συμμαχικὸν αὐτοῦ που συνείλεκτο, εἰ μή τις ὀλίγη μερὶς ξενική, ὁπόση τις εἴωθεν ἐφέπεσθαι ταῖς βασιλείοις πομπαῖς· ὁ γέ τοι τῆς ἑῴας στρατὸς οὐδὲ κατε- 30 σκήνουν ἐφ' ἑαυτῶν ἕκαστοι, ἵνα δή τι καὶ κατὰ σύνθημα ταχὺ συλλεγέντες βοηθήσαιεν τῷ αὐτοκράτορι κινδυνεύοντι, ἀλλ' ἐς τὰ βαθύτερα τῆς Ἰβηρίας ἐστρατοπεδεύκεισαν, ἐπιδρομήν τινος βαρβάρου ἀνακρουόμενοι· διὰ ταῦτα ἀπολώλεισαν τῷ βασιλεῖ αἱ ἐλπίδες, καὶ τοσοῦτον μόνον ἀνέπνει, ὁπόσον αὐτὸν 35 ἡ τοῦ τείχους περιβολὴ διεζώννυεν· ὅθεν περὶ τοῦτο ἐπόνει,

1. βασιλευσάντων.   3. scrib. μήτε χρ. Bury.   7. ἀρχαιρεσίας.
17. ἔχοντες.   25. τὸ.

τά τε κατερραθυμημένα τῶν μερῶν ἀνακτώμενος καὶ λιθοβόλοις καταπυκνῶν μηχανήμασιν.

CVI. Ἔτυχε δέ πως αὐτῷ τηνικαῦτα καὶ τὰ ἄρθρα ἐς τοσοῦτον νοσήσαντα, ὡς τάς τε χεῖρας αὐτῷ πάντη διαλελύσθαι, τούς τε πόδας μετὰ τοῦ μὴ βαδίζειν δύνασθαι, ἔτι τε καὶ ἀλγηδόσι σφοδραῖς διατείνεσθαι· ξυμπεπονήκει δὲ αὐτῷ καὶ ἡ γαστὴρ διαρρυεῖσα καὶ πάντη διαφθαρεῖσα, καὶ τὸ σύμπαν δὲ αὐτῷ σῶμα τηκεδών τις ὑπεσμύχετο καὶ διεβόσκετο, ὥστε μήτε προϊέναι δύνασθαι, μήτε δὴ τοῖς πολλοῖς εἰς ὁμιλίαν καθίστασθαι. Ἔνθεν τοι καὶ ἡ τῆς πόλεως πληθὺς τεθνηκέναι οἰηθέντες ἐκεῖνον, κατὰ πλῆθος ἐπὶ μέρους ξυνιόντες περὶ τοῦ δεῖν ἐντεῦθεν ἀποδράσασθαι καὶ πρὸς τὸν τύραννον ἀπιέναι βουλὴν ἐποιοῦντο· ὅθεν καὶ παρὰ φύσιν ὁ αὐτοκράτωρ κατεβιάζετο ὁμιλεῖν τε τοῖς | πολλοῖς ἐκ διαστήματος, ᾗ καὶ πόρρωθεν ὁρᾶσθαι, καὶ ὅτι μὴ ἐτεθνήκει διαβεβαιοῦσθαι τοῖς σχήμασι.

CVII. Τοῦτο μὲν οὕτως εἶχε, καὶ ὁ τύραννος πνεύματος δίκην διαδραμὼν μετὰ παντὸς τοῦ στρατεύματος αὐτοῦ που πρὸ τῆς πόλεως ἐναυλίζεται, καὶ ἦν τὸ γιγνόμενον οὐ πόλεμος, οὐδ' ἀντίστασις, ἀλλὰ πολιορκία καθαρὰ καὶ τειχομαχία. Ἐγὼ γοῦν καὶ στρατιωτῶν | αὐτῶν καὶ πρεσβυτέρων ἀνδρῶν ἐνίων ἀκήκοα, ὡς οὐδεὶς ποτε τῶν τυραννευσάντων εἰς τοῦτο τόλμης ἐλήλυθεν, ὥστε καὶ μηχανήματα πρὸ τῆς πόλεως στῆσαι παρασκευάζεσθαι καὶ τόξα τείνειν ἐπὶ τὰς ἐπάλξεις, τὴν πᾶσαν περιβολὴν τῶν τειχῶν ἔξωθεν στρατῷ περιζωννύων· ἔκπληξις οὖν κατεῖχε καὶ θόρυβος ξύμπαντας, καὶ ἁλώσιμα πάντα ἐδόκει γενήσεσθαι. Ὁ δέ γε τύραννος τέως μὲν βραχύ τι πρὸ τῶν τειχῶν γεγονώς, χάρακά τε βάλλεται καὶ στρατοπεδεύει λαμπρῶς, καὶ βραχύ τι μέρος ἐπ' αὐτοῦ τῆς νυκτὸς αὐλιζόμενος, τὸ λοιπὸν αὐτός τε ἐξιππασάμενος καὶ ταῖς δυνάμεσι τοῦτο παρακελευσάμενος, τό τε ψιλὸν διατάξας, βάδην τε προϊὼν, κατ' αὐτὸ τὸ περίορθρον πρὸ τῶν τειχῶν ἀθρόοι καθίστανται, οὐ συμμίγδην, οὐδὲ κατὰ πλῆθος συνειλεγμένοι, ἀλλὰ στρατιωτικῶς διεσκευασμένοι καὶ πολέμου σχῆμα διατυπώσαντες· καὶ ἵνα δὴ ὡς ἀπειροπολέμους ἡμᾶς καταπλήξαιεν, ἐσιδηροφόρησαν ξύμπαντες, οἱ μὲν ἐντελέστεροι

1. κατερραθμμημένα.   4. διαλέλυσθαι.   25. στρατοπεριζωννύειν.

καὶ περικνημῖσι καὶ θώρακιν ἑαυτοὺς καθοπλίσαντες καὶ τὴν ἵππον κατάφρακτον στήσαντες, οἱ δ' ἄλλοι ὡς εἶχον ἕκαστοι καθωπλίσθησαν.

CVIII. Αὐτὸς μὲν οὖν ὁ τύραννος λευκοῦ ἐπιβεβηκὼς ἵππου, τὸ μεσαίτατον εἶχε τῆς φάλαγγος ἅμα τοῖς τῶν ἱππέων ἐπιλέκτοις καὶ τῇ κρείττονι στρατιᾷ· περιίστατο δὲ αὐτὸν καὶ ψιλὸν, ἐκηβόλοι ξύμπαντες καὶ κοῦφοι καὶ εὔδρομοι, ἡ δὲ λοιπὴ φάλαγξ ἑκατέρωθεν διειστήκεισαν ὑφ' ἡγεμόσι παρατατόμενοι, οἱ δὲ λόχοι τὸ σχῆμα φυλάττοντες οὐ σὺν ἑκκαίδεκα ἀλλὰ σὺν ἐλάττοσι διῄρηντο, ἵν' ἐς μῆκος αὐτοῖς ἐκτείνοιτο ἡ | πληθὺς, ὅθεν οὐδ' ἐπυκνοῦντο, οὐδὲ συνήσπιζον· τὸ δὲ κατόπιν πλῆθος πολύ τι καὶ δυσαρίθμητον τοῖς ἐκ τῶν τειχῶν ἔδοξε· διῄρηντο γὰρ κἀκεῖνοι, ἅμα δὲ καταθέοντές τε καὶ διϊππεύοντες οὐ μᾶλλόν τε ἰσχὺν παρατάξεως ἢ φαντασίαν πλήθους παρεῖχον.

CIX. Ἐκεῖνοι μὲν οὕτως· ὁ δέ γε αὐτοκράτωρ πολιορκούμενος ἔσωθεν, ἵνα τέως ὀφθείη τῷ ἐναντίῳ στρατεύματι ζῶν, ἐσθῆτι βασιλικῇ κοσμηθεὶς ἐπί τινος προβεβλημένου τῶν ἀνακτόρων οἰκήματος ἅμα ταῖς βασιλίσι καθῆστο, ὀλίγον μὲν ἐμπνέων, βραχὺ δ' ἀναστένων, καὶ τοσοῦτον ὁρῶν τοῦ στρατεύματος ὁπόσον εἱστήκει ἐγγύς τε καὶ κατὰ μέτωπον. Οἱ δ' ἐπειδὴ, ἀγχοῦ που τῶν τειχῶν γενόμενοι, διετάξαντο τὰ μὲν πρῶτα τοὺς ἐπὶ τοῖς τείχεσιν ἐστηκότας, ὧν τε παρὰ τοῦ βασιλέως δεινῶν ἐπεπόνθεισαν, καὶ ὧν, εἰ μὲν ἁλοίη ἀπαλλαγήσονται, εἰ δ' ἀφεθείη πείσονται, ἀνεμίμνησκον κατὰ μέρος, καὶ ἠξίουν τὰς πύλας τε αὐτοῖς ὑπανοῖξαι καὶ εἰσδέξασθαι ἐπιεικῆ καὶ χρηστὸν αὐτοκράτορα, φιλανθρώπως τε αὐτοῖς χρησόμενον καὶ τὸ Ῥωμαίων κράτος τοῖς κατὰ τῶν βαρβάρων πολέμοις τε καὶ τροπαίοις αὐξήσοντα.

CX. Ἐπεὶ δὲ οὐδὲν αὐτοῖς εὔφημον πρὸς οὓς ὁ λόγος ἀνταπεκρίναντο, ἀλλὰ πάσαις μὲν ὕβρεσι, πάσαις δὲ ἀτιμίαις αὐτούς τε καὶ τὸν ἐπ' αὐτοῖς τυραννοῦντα κατέπλυναν, τὰς ἐκ τοῦ πλήθους ἐλπίδας καθάπαξ ἀπογνόντες, ἀπαισίους ἀπερρίπτουν ἐπὶ τὸν βασιλέα φωνάς, νῦν μὲν τὴν τοῦ σώματος αὐτῷ προσονειδίζοντες πάρεσιν, | νῦν δ' ἐναγῆ ἀποκαλοῦντες καὶ πρὸς οὐχ ὁσίας ἀποκλίναντα ἡδονὰς, νῦν δὲ πόλεως

14. μᾶλλόν τι Bury.   24. ἀλλοίη.   25. ἀνεμίμνησκεν.
29. αὐξήσονται.   33. ἀπεσίους.

ὄλεθρον καὶ δήμου φθορέα, νῦν δ' ἄλλο τι τῶν ἀτοπωτάτων ἐπισυνείροντες τούτῳ καὶ καθυβρίζοντες· οἱ δὲ πλείους τῶν Μακεδόνων, δῆμος ὄντες αὐθαδείᾳ χαίροντες καὶ θρασύτητι, καὶ οὐ στρατηγικῆς ἀφελείας, ἀλλὰ πολιτικῆς βωμολοχίας ὄντες ἐθάδες, τῶν ἵππων τε οἱ πλείους ἀπέβαινον, καὶ χορείας εἰς τοὐμφανὲς συνιστῶντες, αὐτοσχεδίους ἐποιοῦντο κωμῳδίας τῷ αὐτοκράτορι, τὴν γῆν τῷ ποδὶ σὺν | ῥυθμῷ καὶ μέλει ἐπι- p. 156 κροτοῦντες καὶ κατορχούμενοι. Ὁ δ' ἐπειδὴ τούτων τὰ μὲν ἑώρα, τὰ δὲ ἤκουεν, εἱστήκειν δ' ἐγὼ πλησίον αὐτῷ, τὰ μὲν ἐν δεινῷ τῶν λεγομένων ποιούμενος, τὰ δὲ λόγοις παραμυθούμενος, οὐκ εἶχεν ὅ τι καὶ δράσειεν, τὴν ἐπὶ τῶν ἔργων αἰσχύνην ἐπὶ τῶν παρ' ἐκείνων ὑφιστάμενος λόγων.

CXI. Τῶν δέ γε πολιτῶν ἔνιοι ἐκτὸς τοῦ τείχους γενόμενοι τὴν ἵππον ἀνεῖργον αὐτοῖς, οἱ μὲν λίθους ἀπὸ σφενδόνης ἀπορριπτοῦντες, οἱ δ' ἐπιτοξάζοντες· οἷς καὶ φυγὴν ἐπιτετηδευμένην πλασάμενοι, ἐπεὶ δὲ κατόπιν θέειν αὐτοὺς ἐξηπάτησαν, ἀθρόον ἐπιστραφέντες, ξίφεσι, δόρασιν ἀνῃρήκασι. Καί τις τῶν παρ' ἐκείνοις ἐφ' ἵππου τοξεύειν εἰδώς, τοὺς ἡμετέρους λαθὼν ὀφθαλμοὺς πρὸς τοῖς τείχεσί τε γίνεται, καὶ καταντικρὺ τοῦ βασιλέως ἐπὶ μέτωπον τὴν τοῦ τόξου ἑλκύσας νευράν, ἐπ' αὐτὸν τὸ βέλος ἀφίησι· τὸ δὲ τὸν μεταξὺ ἀέρα εὐπετῶς περιπτυξάμενον, βραχύ τι παρεκνεῦσαν τοῦ αὐτοκράτορος, μειράκιον οὐκ ἀνώνυμον τῶν ἐκείνου κατευναστήρων βραχύ τι παραξέει τὴν πλευρὰν παρελάσαν, καὶ ἡμεῖς τῷ φόβῳ ἐπάγημεν, ὅ τε αὐτοκράτωρ τὴν καθέδραν διήμειψε καὶ πορρωτέρω τοῦ πολεμικοῦ ἐγεγόνει συστήματος. Οἱ δὲ παρορθρευσάμενοι, ὥς μοι εἴρηται, μέχρις αὐτῆς μεσημβρίας, τὰ μὲν εἰπόντες, τὰ δ' ἀκούσαντες, καὶ νῦν μὲν θωπεύσαντες ἡμᾶς, νῦν δ' ἀπειλήσαντες, τοὺς ἵππους παραγαγόντες ἐπὶ τὸν χάρακα ἵεσαν, μηχανάς τε παρασκευάσαντες καὶ τὴν πάλην παρασκευάσαντες, καὶ τὴν πόλιν πάλιν πολιορκήσαντες ἄντικρυς.

CXII. Ὁ δέ γε βασιλεύς, ἐπειδὴ καθ' ἑαυτὸν ἐγεγόνει, δεινὸν ποιεῖται εἰ μή τινας αὐτοῖς στρατιώτας σχεδιάσοι, ἀποταφρεύσοι τε τούτοις τὰς εἰσβολὰς καὶ ἀποτειχίσοι τὴν εἴσοδον, πόρρω τε στήσοι ὥστε μὴ τῶν λεγομένων ἀκούειν,

---

8. κατορχόμενοι.   18. τῆς.   26. πορθρευσάμενοι.   28. θοπεύσαντες.
30. πόλιν [sed fort. καὶ—παρασκευασ. omittenda Bury].   31. πόλιν πόλιν.

ΚΩΝΣΤΑΝΤΙΝΟΣ Θ' (1042—1055). 141

μηδ' ἐμφορεῖσθαι τῶν ὕβρεων· καὶ τοῦτο δὴ πρῶτον κακῶς λογισάμενος, εἶτα δὲ καὶ πρός τινας τῶν | ἀπειροπολέμων ἐξενεγκών, ἐπειδὴ τοῖς πολλοῖς τὸ δόξαν ἤρεσε, πρῶτα μὲν διερευνᾶται τὰ δεσμωτήρια καὶ εἴ πού τι φῦλον παρὰ τούτοις στρατιωτικὸν κατακέκλειστο, τούτους ἐξενεγκών τε καὶ καθο- 5 πλίσας, τόξα τε δοὺς καὶ δοράτια, ἑτοιμάζει πρὸς πόλεμον· ἔπειτα πλῆθος πολιτικῶν οὐκ ὀλίγων (ἐθελονταὶ δὲ οὗτοι τοῖς λόχοις ἑαυτοὺς ἐνεδίδοσαν, ὥσπερ τι τῶν ἄλλων καὶ τὸν πόλεμον παίζοντες), τῷ λοιπῷ στίφει συναριθμεῖ· καὶ διὰ πάσης τῆς νυκτὸς πέριξ τῆς πόλεως | τόπον περιταφρεύσας, 377 χάρακα ἐκεῖσε ἱδρύεται· καὶ ἅμα πρωΐ, πρὶν ἢ τοὺς πολεμίους 11 ἐπιστῆναι τῷ ἄστει, τὴν λογάδα τῶν παρ' ἡμῖν διατάξας καὶ κατ' ἀντικρὺ στήσας ἐκείνοις, τὸ μὲν ἱππέων μερίδας, τὸ δὲ συντάξεις ψιλῶν, ὅπλοις τε σκεπαστηρίοις πάντας περιφραξάμενος κατὰ λόχους ξύμπαντας ἵστησι, καὶ αὐτὸς αὖθις ἐν 15 μετεώρῳ καθίσας ἐξ ἀπόπτου ἐγνώκει τὸ μέλλον ἰδεῖν.

CXIII. Τούτων δὲ οὐδὲν ᾔδεσαν οἱ πολέμιοι, ἀλλ' ἐπειδὴ πλησιάσαντες ἀθρόοις τοῖς καθ' ἡμᾶς λόχοις ἐντετυχήκεσαν, πρῶτα μὲν τοὺς χαλινοὺς ἐπισχόντες ἠξίουν μαθεῖν ὁπόθεν ἡμῖν ἀθρόον οὕτω συνελέγη τὸ στρατόπεδον· ἐδεδοίκεσαν γὰρ 20 μή τις ἀπὸ τῆς ἑώας μερὶς ἐπιβοηθήσασα παραγέγονεν· ἐπεὶ δὴ ἐγνώκεισαν ὅτι ἀγυρτικὸς ὄχλος αἱ παρ' ἡμῖν δυνάμεις τυγχάνουσιν ὄντες, τήν τε ταφρίαν οὐδὲν ἔχουσαν βαθὺ καὶ δύσβατον ἐθεάσαντο, τῆς τοῦ κρατοῦντος ἀβελτηρίας καταγελάσαντες, καὶ τοῦτον εἶναι αὐτοῖς τὸν ἐπιζητούμενον καιρὸν 25 ἐγνωκότες, συνησπικότες ἀλλήλοις καὶ τὸ ἐννάλιον ἀλαλάξαντες, ἀθρόοι κατ' ἴσον συνεισβαλόντες τοῖς ἵπποις καὶ ῥᾷστα τὴν ταφρίαν ὑπερπηδήσαντες, τρέπουσί τε εὐθὺς τοὺς τέως συντεταγμένους, καὶ κατὰ νώτου τούτοις γινόμενοι ἄρδην ἀνῄρουν τὰ μὲν ξίφεσι, τὰ δὲ δόρασιν· οἱ δὲ πλείους ὑφ' 30 ἑαυτῶν συνωθούμενοι καὶ τῶν ἵππων ἐξολισθαίνοντες αὐτοῦ που συνεπα|τοῦντο καὶ διεφθείροντο· ἔφευγον δὲ οὐ μόνον ὅσοι τοῦ ἄστεως ἐκτὸς ἐγεγόνεισαν, ἀλλὰ δὴ καὶ ὅσοι πρὸς τῷ βασιλεῖ ἑστῶτες ἐτύγχανον· ᾤοντο γὰρ αὐτίκα τὸν τύραννον εἰσιέναι καὶ πάντας διαφθαρήσεσθαι. 35

4. φύλλον. 5. στρατιωτικήν κ. τούτοις. 9. στήφει.
10. περί. 20. συνελλέγη.

CXIV. Καὶ εἴ τις τοὺς τῆς προνοίας λόγους ἐάσειε, οὐδὲν ἦν ἐμποδὼν ἐκείνοις ἐντός τε τῶν τειχῶν γενέσθαι καὶ τοῦ ἐφετοῦ τυχεῖν ἐλευθέρως· οἵ τε γὰρ ταῖς τῶν τειχῶν εἰσόδοις ἐφεστηκότες τὴν φρουρὰν ἀφέντες, ἐζήτουν ὅπη τις 5 ἐκείνους φρουρήσειε· ἥ τε πόλις ξύμπασα, οἱ μὲν εἰς αὐτοὺς ἀνακεχωρήκεσαν, οἱ δ' ὑπαντῆσαι τῷ τυράννῳ ἐπροθυμήθησαν· ἀλλ' οὗτος τὴν εἴσοδον ἅπαξ ἀποδειλιάσας, ἢ μᾶλλον τεθαρρηκὼς ὡς παρ' ἡμῶν εἰς τὴν βασιλείαν παρακληθείη καὶ ὑπὸ προηγουμένῳ φωτὶ καὶ βασιλείῳ πομπῇ ἀναχθείη εἰς τὰ 10 βασίλεια, τὴν μὲν εἴσοδον ἐς αὔριον ἀναβάλλεται, παρελαύνων δὲ τὸν ἵππον ἐφ' ἕκαστα τὰ μέρη τῶν οἰκείων δυνάμεων, μηδένα παίειν ἐβόα, μηδὲ πληροῦσθαι φόνου συγγενικοῦ, κἂν εἴ τινα ἴδοι τὸ ἀκόντιον ἐπισείοντα ἢ τῷ δόρατι βαλεῖν ἐθέλοντα τὸν ἀγχοῦ, ἐπεῖχε τὴν χεῖρα καὶ ἠλευθέρου τὸν 15 φεύγοντα.

CXV. Ὁ τοίνυν βασιλεὺς, μόνος δὲ ἄρα καταλέλειπτο ὡς αὐτίκα τεθνηξόμενος, ἐπειδὴ τούτων ἤκουσε τῶν φωνῶν, καὶ τὸν τύραννον εἶδε τοὺς φόνους ἀποτρεπόμενον, " τοῦτό με μόνον τῶν ἄλλων θράττει δεινῶς, πρὸς ἐμὲ στραφεὶς ἔφησε, 20 ὅτι τυραννεῖν ὁ δεινὸς ἀνὴρ ἐπιβαλλόμενος, φιλανθρώπους ἀφίησι καὶ ἡμέρους φωνάς· δέδοικα γὰρ μὴ ἐντεῦθεν τὴν θείαν ἑαυτῷ συνεπισπάσηται δύναμιν!"

CXVI. Τῆς δὲ ἀδελφῆς ἀποδυρομένης, φημὶ δὴ τῆς πρεσβυ|τέρας (ἡ γὰρ Εὐπρέπεια ὑπερορίαν καταδεδίκαστο), 25 καὶ φυγεῖν αὐτὸν προτρεπούσης, εἴς τινά τε τῶν θείων ναῶν καταφυγεῖν, ταυρηδὸν πρὸς αὐτὴν ἀποβλέψας, " ἀπαγέτω τις αὐτὴν, ἔφησεν, ἥτις ἡμῖν καταλέλειπται, ἵνα καθ' ἑαυτὴν τὸν θρῆνον ποιοῖτο, καὶ μὴ τὴν ἐμὴν καταμαλθακίζοι ψυχήν! τὸ γὰρ εὐτύχημα, φησὶ, τῷ τυράννῳ (πρὸς ἐμὲ αὖθις ὑπο-30 στραφεὶς) τὴν τήμερον περιώρισται· τὸ δέ γε | λοιπὸν, ὥσπερ ψάμμου ὑποσπασθείσης αὐτῷ, πρὸς τοὐναντίον χωρήσει τὰ πράγματα."

CXVII. Ὁ μὲν οὖν τύραννος ταῦτα διαπραξάμενος, αἰχμαλώτους τε οὐκ ὀλίγους ζωγρήσας, συντεταγμένος ἐπὶ 35 τὸν χάρακα ἄπεισιν· ὁ δέ γε αὐτοκράτωρ οὐδὲν αὖθις καινοτομήσειν ἐπ' ἐκεῖνον ἐσκέψατο, ἀλλὰ τὰς τῶν τειχῶν εἰσόδους

27. εἴ τις.   ibid. ἑαυτὸν τ. θρ. ποιεῖτο.   31. scrib. ὑποπασθείσης Bury.

ΚΩΝΣΤΑΝΤΙΝΟΣ Θ' (1042—1055). 143

καθαρμοσάμενος, τό τε πλῆθος δημαγωγήσας τῆς πόλεως καὶ τῆς προλαβούσης αὐτοὺς εὐνοίας ἀποδεξάμενος, τῆς δέ γε μελλούσης ἔπαθλα ὥσπερ ἐπ' ἀγωνίαις προθεὶς, εὐπετῶς τὴν πολιορκίαν διήνεγκεν· ὁ δέ γε τύραννος τὴν νύκτα μόνην ἐκείνην ἐπὶ τοῦ χάρακος αὐλισάμενος, ἐπειδὴ ὄρθρος ἐγεγόνει, 5 τὰς δυνάμεις ἀναλαβὼν ὡς ἐπὶ προκειμένην τὴν βασιλείαν συνήλαυνε, τούς τε αἰχμαλώτους δεσμίους ἀπαγαγὼν πρὸ τῶν τειχῶν ἵστησι, διδάξας ὅ τι δὴ πρὸς τὸν καιρὸν φθέγξαιντο· οἱ δὲ διαστάντες, ἐλεεινοὶ καὶ ταῖς φωναῖς καὶ τοῖς σχήμασι, πρὸς μὲν τὸν βασιλέα οὐδένα ἐποιοῦντο λόγον, τὸ 10 δέ γε πλῆθος ἠξίουν μὴ καταφρονῆσαι ὁμοφύλου καὶ συγγενικοῦ αἵματος, μηδὲ θέλειν τοῖς ὀφθαλμοῖς αὐτοὺς ἐπιδεῖν ἐλεεινὸν θέαμα, ὥσπερ ἱερεῖα μελιζομένους, μηδ' εἰς τοσοῦτον ἡμᾶς ἀτυχίας ἐλάσαι ὥστε τοιούτου καταφρονῆσαι αὐτοκράτορος, ὁποῖος οὐδεὶς ἐγεγόνει τῶν πάντων, οὗ δὴ αὐτοὶ πεπεί- 15 ρανται ἀκριβῶς· ἐξὸν γὰρ ἄχρι τοῦ νῦν ἀναιρήσειν αὐτοὺς καὶ διαχρήσασθαι ὡς πολεμίους, ὁ δὲ ἄχρι τοσούτου ἀναβάλλεται τὴν σφαγήν, ἡμῖν τὰς ἐκείνων ψυχὰς χαριζόμενος· πρὸς τούτοις καὶ τὰ περὶ τοῦ παρ' ἡμῖν βασιλέως ἐπετραγῴδουν δεινά, καὶ ὡς κατ' ἀρχὰς ταῖς ἐλπίσι τῆς πόλεως ἐπάρας, εἰς 20 τοὔσχατον ἐκ τῶν νεφῶν ἀφῆκεν ἐπὶ κρημνόν. Τὰ μὲν τῶν αἰχμαλώτων ὡς ἐπὶ κεφαλαίῳ τοιαῦτα, αἱ δὲ παρὰ τοῦ δήμου φωναὶ ὁποῖαι καὶ πρότερον.

CXVIII. Εἶτα δὲ καί τι τοιοῦτον ἐπισυμβεβήκει· λίθων ἀξιόλογα βάρη ἀπὸ τῶν ἐντὸς τειχῶν ἐπὶ τοὺς πολεμίους 25 ἐπετοξεύοντο, κατευστό|χουν δὲ οὐδενός, ἀλλὰ τοῦ σκοποῦ ἀπερριπτοῦντο ἐκτός· τηνικαῦτα δὲ εὐτονώτερον οἱ ἀνθέλκοντες τὸ μηχάνημα, τὴν σφενδόνην ἀντανακλάσαντες, λίθον τινὰ τῶν ἁδροτέρων κατ' αὐτοῦ τοῦ τυράννου ἐπιρρίπτουσι, καὶ τούτου μὲν ἀποτυγχάνουσι, φυγὴν δὲ καὶ πτοίαν ἐκείνῳ 30 τε καὶ τοῖς περὶ αὐτὸν ἐμβάλλουσιν· ὅθεν ἅπαξ κατασεισθέντες τῷ δέει καὶ πρὸς ἑαυτοὺς συγχυθέντες, τόν τε συνασπισμὸν ἔλυσαν καὶ πρὸς τὸν χάρακα ὑποστρέφουσιν.

CXIX. Ἐντεῦθεν αὐτοῖς εἰς τοὐναντίον κεχωρήκει τὰ πράγματα, καὶ βραχύ τι ταῖς ἐλπίσι μετεωρισθέντες, εἰπεῖν 35

4. νύκταν. 12. τοὺς ὀφθαλμοὺς. 20. τὰς [scrib. τὰς ἐλπίδας Bury]. 21. νεφ ὧν. 22. οἱ. 27. ἐντὸς. 29. ἁδροτέρων. 30. τοῦτο. ibid. τε.

δὲ καὶ τῷ πάσχοντι τοῦ καιροῦ, ταχὺ κατωλίσθησάν τε καὶ διερρύησαν· οὐκ ἔτι γοῦν αὖθις | τῷ τείχει τῆς πόλεως προσεπέλασαν, ἀλλ' ὀλίγας τινὰς ἐν ᾧ κατεσκήνωσαν ἡμέρας διαυλισάμενοι, παλινδρομοῦσιν ὅθεν προσήλασαν, οἱ πλείους ἀσύντακτοι καὶ ὡς φυγάδες· τηνικαῦτα γοῦν εἴ τινες αὐτοῖς ἑκκαίδεκα ἢ πλείοσιν ὀλίγοι ἱππόται ἐφάνησαν κατὰ νώτου γενόμενοι <ἔφευγον>, οὐδὲ πυρφόρος ἂν ὑπελείφθη τῷ διεσπαρμένῳ ἐκείνῳ στρατοπέδῳ καὶ ἀσυντάκτῳ. Ἀλλ' ὁ αὐτοκράτωρ, καίτοι γε τὴν τούτων φυγὴν προειδώς, οὐκ ἐπεχείρησε τῇ διώξει, ἀλλ' ἐπέσχεν αὐτὸν τὸ πρότερον δέος, καὶ διὰ ταῦτα κρίσιν οὐκ ἔλαβε τοῦ καιροῦ.

CXX. Ἡμῖν μὲν οὖν καὶ ἡ ἐκ τοῦ χάρακος ἀναχώρησις τρόπαιον περιφανέστατον ἔδοξε, καὶ τὸ τῆς πόλεως πλῆθος ἐκεῖσε χυθέντες πλείστοις ἐφοδίοις τῶν αὐτόθι κατασκηνωσάντων ἐπιτυγχάνουσιν· οὐ γὰρ εἶχον αὐτὰ τοῖς ὑποζυγίοις ἀναθέσθαι τε καὶ ἐπιφορτίσασθαι, πλείονα ποιούμενοι λόγον ὅπως ἂν λάθοιεν ἐκεῖθεν ὑποχωρήσαντες, ἢ τοῦ πλουσίους καὶ ἐμπαρασκεύους ποιήσασθαι τὴν φυγήν· ἐπεὶ δὲ ἀνακεχωρήκεσαν, δι' ὀργῆς εὐθὺς εἶχον τὸν ἄγοντα, καὶ ἕκαστος τῷ καθ' ἑαυτὸν δέει φεύγειν ἐκεῖθεν ὡρμημένος, τῷ πρὸς ἀλλήλους φόβῳ καὶ τῷ δυσεπιτεύκτῳ τοῦ πράγματος αὖθις συνείχετο. Τέως | γοῦν ὅσους ὁ καιρὸς ἐδίδου λαθεῖν, ἀπνευστὶ πρὸς τὸν αὐτοκράτορα καὶ τὴν πόλιν κατέθεον, οὐ τῶν ἐν πλήθει μόνον στρατιωτῶν, ἀλλὰ καὶ τῶν ἐν τέλει καὶ τῶν στρατηγούντων. Τῷ δὲ τυράννῳ καὶ δεύτερόν τι, καὶ τρίτον, καὶ ἄλλο ἐπ' ἄλλῳ προκεχωρήκει κακόν· τοῖς γὰρ πρὸς ἑσπέραν προσβαλὼν φρουρίοις, εὐαλώτοις ἄλλως τῇ τε τοῦ τόπου ἐπιτηδειότητι καὶ τῇ τῶν τειχῶν διαιρέσει, τῷ μὴ προσδοκᾶν πολλοῦ χρόνου πολέμιον, οὐδὲν τούτων ὤφθη ἐκ πολιορκίας παραστησάμενος, τῶν προστεταγμένων τειχομαχεῖν οὐ τοῦ πολιορκεῖν λόγον ἐχόντων, ἢ τοῦ παλινδρομεῖν, καὶ τοῦτο αὐτὸ δεικνύειν τοῖς πολιορκουμένοις, ὅτι μὴ βούλοιντο ἐκείνοις ἐναντιοῦσθαι, εἰμὴ ὅσον ταῖς προσελάσεσι καὶ τοῖς σχήμασιν.

CXXI. Ὁ μὲν οὖν τυραννήσας οὕτως αἰσχρῶς τῆς

---

2. ἔστιν.   6. πλείους ὀλίγω.   7. πυρφόρους.   17. πλησίως κ. ἐμπαρασκεύως.
20. ἐκεῖνον.   27. προσβάλλω.

ΚΩΝΣΤΑΝΤΙΝΟΣ Θ' (1042—1055). 145

μεγάλης πόλεως ἀπαλλάττεται, καὶ ἔτι αἴσχιον τοῖς ἐφεξῆς
φρουρίοις προσβαλὼν ἀντεκρούετο· ὁ δέ γε αὐτοκράτωρ καὶ
τὰς δυνάμεις ἐκ τῆς ἑῴας ἀνακαλεῖται, καὶ, ἐπειδὴ τάχιστα
ἐπανεληλύθεσαν, κατὰ τῶν ἑσπερίων ὁμοφύλων ὁμοῦ καὶ
βαρβάρων ἀφίησιν· οἱ δ' ἐπειδὴ ἐγνώκεσαν τὴν τῶν ἑῴων 5
στρατευμάτων ἐπέλευσιν, οὐκ ἔτι βουλὴν περὶ τοῦ μάχεσθαι
ἢ μὴ ἐποιήσαντο πρὸς αὐτούς, ἀλλὰ διασπαρέντες εὐθὺς καὶ
κακῶς εἰπόντες τὸν τύραννον, οἱ μὲν ἐπ' οἴκου παλινοστοῦσιν,
οἱ δέ γε πλείους τῷ αὐτοκράτορι προσερρύησαν, πολλὰ
πρότερον ὀμωμοκότες καὶ καθ' ἱερῶν τὰ πιστὰ δόντες, ὥστε 10
σὺν ἀλλήλοις καὶ μετ' ἀλλήλων ἐπὶ τοῖς τοῦ τυραννεύσαντος
ἀποθανεῖν ὀφθαλμοῖς, ἀλλὰ τηνικαῦτα τῷ δέει παγέντες
ἐλάχιστα τῆς συνωμοσίας ἐμέμνηντο.

CXXII. Εἷς δὲ τῶν πάντων, συστρατιώτης ἄνωθεν τῷ
τυράννῳ, Ἰωάννης τὸ ὄνομα, τὴν προσηγορίαν Βατάτζης, ἀνὴρ 15
κατά τε σώματος φύσιν καὶ χειρῶν ἀκμὴν τοῖς θρυλλουμένοις
ἐκείνοις | ἐφάμιλλος ἥρωσι, μέχρι παντὸς παραμεμενήκει τῷ 378*
τυραννεύσαντι· ἀμέλει καὶ φυγόντι καὶ εἰς θεῖον καταπεφευ-
γότι ναὸν συμπέφευγέ τε καὶ συγκατέφυγεν, ἐξὸν ἐκεῖνον
λιπεῖν καὶ τὰς πρώ|τας ἔχειν τιμάς, ὁ δὲ ἀλλ' ἐν δευτέρῳ 20
τἄλλα θέμενος τὴν ἐπὶ τοῖς ὅρκοις πίστιν οὐ διεψεύσατο.
Οἱ μὲν οὖν ἔς τι τῶν ἱερῶν ἀδύτων καταπεφεύγασι, καὶ τὰ
ξίφη σπασάμενοι ἠπείλουν ἀποκτενεῖν ἑαυτούς, εἴ τις ἐκεῖθεν
σὺν βίᾳ ἀπάγειν αἴροιτο· δι' ὅρκων γοῦν τὸ πιστὸν εἰληφότες
ἐκεῖθέν τε ἐξῄεσαν καὶ σφᾶς ἑαυτοὺς τῷ ἐγγυησαμένῳ παρα- 25
δεδώκασιν· ἀλλ' ὁ μὲν τυραννεύσας εὐθὺς καταπεπτώκει πρὸς
τὸν καιρόν, καὶ τοῦτο μὲν ἐλεεινὰς ἀφίει φωνάς, τοῦτο δὲ πρὸς
λιπαρήσεις ἐτράπετο, καὶ τοῦτο δ' ἄλλο τι ποιῶν τῶν μὴ
γενναίων ἐδείκνυτο· ὁ δέ γε Βατάτζης οὐδὲ ἐν τοῖς δεινοῖς
γεγονὼς ἐπιλέληστο τοῦ φρονήματος, ἀλλὰ σοβαράν τε αὖθις 30
εἷλκεν ὀφρὺν καὶ γενναῖος ὦπτο πᾶσι καὶ ἀκατάπληκτος.

CXXIII. Ἐπὶ τούτοις ὁ αὐτοκράτωρ ἐβούλετο μὲν
μηδενὶ τῶν ὅλων μνησικακῆσαι, μηδέ τι δρᾶσαι τοὺς τετολ-
μηκότας δεινόν, θεῷ τε τοῦτο ἐπαγγειλάμενος καὶ τὰ φρικω-
δέστατα ἐπαρασάμενος ἑαυτῷ, εἰ μὴ πᾶσι τοῖς ἀντάρασιν 35
αὐτῷ χεῖρα φανείη πρᾷος καὶ ἵλεως· ἀλλ' ἐπειδὴ πρὸς τοῖς

16. καὶ τά. 17. παραμεμήκει. 19. ἐξ ὦν. 24. δι' ὅρκον. 36. ἵλεος.

τείχεσιν οὗτοι ἐγένοντο, εὐθὺς ἐν μνήμῃ τῶν παρ' αὐτοῖς τολμηθέντων γενόμενος, οὐκ ἔτι γνωσιμαχήσας, οὐδὲ τοὺς λογισμοὺς κατασχὼν, ἀφαίρεσιν εὐθὺς αὐτοῖς τῶν ὀμμάτων καταψηφίζεται· κἀνταῦθα τοίνυν ὁ μὲν τύραννος γοερὰν 5 ἀφῆκε φωνὴν καὶ ἀγενῶς ἑαυτὸν ἀπωδύρετο, ἅτερος δὲ τοσοῦτον εἰρηκὼς, ὅτι στρατιώτην γενναῖον τὸ Ῥωμαίων κράτος ἀπόλλυσιν, ἐξυπτιάζει εὐθὺς τῷ ἐδάφει καὶ γενναίως τὴν τιμωρίαν ὑφίσταται. Ἐπὶ τούτοις θρίαμβον ὁ βασιλεὺς μέγιστον τῶν πώποτε θρυλλουμένων κατάγει, καὶ μέχρι 10 τούτου στήσας τὴν ὁρμὴν τῆς ὀργῆς, εὐμενέστατα πρὸς τοὺς ἐπιβουλεύσαντας διαλύεται.

CXXIV. Ὁ δέ με πρὸ τῶν ἄλλων διέλαθεν, ὅπως ἐκεῖνος ἔσχεν εὐθὺς βασιλεύσας τοῦ σώματος, ἐξ οἵας τε ἀκμῆς καὶ εὐτονωτάτης ἰσχύος εἰς ἐναντίαν ἕξιν μετήμειπτο, ὅπως τε 15 ὥρας ἔχων ἀκριβῶς αὐτὴν μέχρι παντὸς οὐ διεσώσατο, ἀλλ' οἷα δή τις ἥλιος νέφεσι | καλυφθεὶς ἀμυδρὰν ἐδίδου τοῖς p. 163 ὁρῶσι τὴν λαμπηδόνα τῆς φύσεως, ἐνταυθοῖ θήσω ἀπὸ τῶν ἐναντίων ἀρξάμενος.

Περὶ τοῦ εἴλογc τοῦ Βαcιλέωc.

20 CXXV. Ἄγαλμα κάλλους ἐκεῖνον ἡ φύσις τῷ βίῳ παρέδωκεν, οὕτω μὲν ἐμμελῶς συναρμόσασα, οὕτω δὲ εὐρύθμως ἀποτυπώσασα, ὡς μηδένα ἔχειν ἐν τῷ καθ' ἡμᾶς χρόνῳ τὸν παρισούμενον, τῇ δὲ εὐαρμοστίᾳ καὶ εὐτονίαν ἰσχύος ἐπέθηκεν, ὥσπερ οἴκῳ καλῷ θεμελίους ὑποθεῖσα στερρούς· 25 ταύτην δὲ τὴν ἰσχὺν οὐκ ἐν μήκεσι χειρῶν, οὐδὲ ἐν μεγέθεσι τῶν ἄλλων μερῶν ἢ μελῶν φέρουσα ἔκλεισεν, ἀλλ' ἐν καρδίας οἶμαι βάθεσι κρύψασα, ἀφῆκε τοῦ σώματος τὰ φαινόμενα, κάλλεσι μᾶλλον καὶ ῥυθμοῖς διαπρέποντα, ἢ ἀλλοκότοις μεγέθεσιν· αἱ γάρ τοι χεῖρες αὐτῷ καὶ μάλισθ' οἱ | δάκτυλοι 30 συμμέτρως ἔχοντες, παρὰ τὴν συμμετρίαν τὴν ῥώμην ἐσχήκασι, καὶ οὐδὲν ἦν τι σῶμα τῶν ἁδροτέρων καὶ στεγανῶν, ὃ μὴ ῥᾷστα ταῖς ἐκείνου χερσὶ συσφιγγόμενον διεθρύπτετο· εἰ δ' ἀποθλῖψαι πῆχύν τινος αἴροιτο, πολλῶν ἐκεῖνος ἡμερῶν

5. ἀποδύρεται.   28. διαπρέπουσα.   31. ἀνδροτέρων.

ΚΩΝΣΤΑΝΤΙΝΟΣ Θ' (1042—1055). 147

ἐδεῖτο πρὸς ἴασιν· φασὶ γοῦν αὐτὸν καὶ ἱππάσασθαι κάλ-
λιστα, καὶ δρομικώτατον ἀνθρώπων γενέσθαι, εὔστροφόν τε
καὶ κοῦφον καὶ ὅλως πρὸς τὸν πένταθλον ἀπαράμιλλον·
ἰσχύος μὲν δὴ οὕτως εἶχε καὶ σώματος εὐκινησίας καὶ ποδῶν
ὠκύτητος. 5
CXXVI. Τὸ δὲ κάλλος αὐτῷ ὁποῖον τοῦ Ἀχιλλέως ἢ
τοῦ Νηρέως ἀκούομεν· ἀλλ' ἐκείνους μὲν ἡ ποιητικὴ γλῶσσα
ἐκ πάσης ὥρας τὸ σῶμα ἐπ' ἐξουσίας συμπλάσασα μόλις
ἐξήρκεσε, τοῦτον δὲ ἡ φύσις ὡς ἀληθῶς πλάσασά τε καὶ
ἀποξέσασα, καὶ ὥσπερ εὐτέχνως τορεύσασα καὶ καλλύνασα 10
τῇ καθ' ἑαυτὴν εὐτεχνίᾳ τὴν μαγικὴν ἀγωνίαν ὑπερεβάλλετο·
ἐπεὶ δὲ ἕκαστα τῶν ἐκείνου μελῶν ἀνάλογα πρὸς τὸ ὅλον
σῶμα πεποίηκε, κεφαλὴν καὶ ὅσα μετ' ἐκείνην εὐθὺς, χεῖράς
τε καὶ ὅσα δὴ μετὰ ταύτας, μηρούς τε | καὶ πόδας, ἑκάστοις
ἢ ἑκάστῳ τὰ προσήκοντα καταχεαμένη χρώματα, τὴν μὲν 15
κεφαλὴν ἡλίωσαν ἀπέδειξε καὶ πυρσήν, τὸ δ' ὅσον ἐν
στήθεσι καὶ γαστρὶ ἄχρι ποδῶν καὶ τοῖς ἀντιθέτοις μέρεσι,
τῆς ἀκραιφνεστάτης λευκότητος ὁπόσα δὴ μέτρα λαβοῦσα
ἀπέδειξεν ἔμπλεων· καὶ εἴ τις δὴ ἐκεῖνον ἀκριβῶς ᾑρεῖτο
ὁρᾶν, ὁπότε δὴ ἀκμαίως εἶχε καὶ οὔπω αὐτῷ τὰ μέρη παρεί- 20
θησαν, κάλλεσι μὲν ἂν ἡλίου τὴν κεφαλὴν εἴκασεν, οἷα δή
τισιν ἀκτῖσι ταῖς θριξὶ διαλάμπουσαν, κρυστάλλῳ δὲ τὸ
λοιπὸν σῶμα τῷ καθαρωτάτῳ καὶ διαυγεῖ· ἐρρύθμιστο δὲ
καὶ πρὸς ἐμμελὲς ἦθος, ἥ τε γὰρ γλῶσσα τούτῳ ἀστεῖον εἶχε
τὸ φθέγμα καὶ ὁμιλοῦντι θέλγη προσείπετο, εἰ δέ γε προσμει- 25
διάσειε, χαρίτων εὐθὺς εἶδες ἀκήρατα θήρατρα.

Περὶ τῆc ἀρρωcτίαc τοῦ Βαcιλέωc.

CXXVII. Τοῦτο μὲν οὖν τὸ κάλλος καὶ βασιλεύσας ὁ
αὐτοκράτωρ ἐκέκτητο· οὔπω δὲ χρόνος ἐνιαύσιος προβεβήκει,
καὶ ἡ κοσμοῦσα τοῦτον φύσις πρὸς τοσοῦτον θαῦμα καὶ 30
ἡδονὴν οἷον μὴ ἐξαρκέσασα, ἀλλ' ἐνδοῦσα καὶ ἀτονήσασα, τήν
τε ἰσχὺν ἐκείνῳ καθεῖλε καὶ τὴν ὥραν διεσώσατο· αὐτίκα
γοῦν αἱ τοῦ σώματος ἀρχαί, λέγω δὲ τὰς στοιχειώδεις συστά-

2. εὔτροφον.   10. τὸ ῥεύσασα.   25. φέγμα.

σεις, διαλυθεῖσαι καὶ συγχυθεῖσαι, καὶ νῦν περὶ τοὺς πόδας καὶ τὰ κοῖλα τῶν ἄρθρων, νῦν δὲ ἐπὶ τὰς χεῖρας συναπορρέουσαι, αὖθις δὲ αὐτούς τε τοὺς τένοντας καὶ τὰ περὶ τὸν νῶτον ὀστᾶ κατακλύζουσαι, ὥσπερ τινὰ φορτίδα ἰσχυρῶς ἐξ ἀρχῆς ἔχουσαν ῥεύματα ξυνερρυηκότα διέσεισαν.

CXXVIII. Ἤρξατο μὲν οὖν τὸ κακὸν οὐκ ἀθρόον εὐθύς, ἀλλ' οἱ πόδες πρότερον τὴν τῶν ῥευμάτων ῥύμην ὑπήνεγκαν· καὶ αὐτίκα κλινήρης τε ἐγεγόνει, καὶ εἴ πού τις ἀνάγκη βαδίζειν, οἷον ἑτεροκίνητος. Καὶ ἦν τοῦτο κύκλος τις καὶ περίοδος, καὶ ἐδόκει τὸ ῥεῦμα ἐν τοῖς | αὐτοῖς ἀριθμοῖς ἡμερῶν καταβαίνειν, καὶ ἠρίθμητο ἡ ἀκινησία, εἶτα δὴ καὶ ὑπεδίδου τὰ διαστήματα, καὶ οὐ μακρὰ ἐγεγόνει τὰ διαλείμματα· καὶ τούτων οὕτω γιγνομένων ἐκ τοῦ σχεδὸν ἐπὶ τὰς χεῖρας τὸ ῥεῦμα ἠλαύνετο, καὶ αὖθις ἐπ' ὤμους ὥσπερ ἀνάρρουν ποιούμενον, καὶ τέλος ἅπαν τὸ σῶμα | συγκατειλήφει· ἔνθεν τοι ἅπαν αὐτῷ μέλος τῷ δεινῷ ἐκείνῳ κατακλυζόμενον ῥεύματι ἀφῄρητο τὴν ἐνέργειαν, τῶν τενόντων αὐτῷ καὶ τῶν συνδέσμων διασπασθέντων, τὰ μέλη τῆς ἁρμονίας μετέστησαν, οἷς ἀρρυθμίαι καὶ ἀτονίαι συνείποντο. Καὶ εἶδον ἐγὼ τοὺς εὐφυεῖς ἐκείνῳ δακτύλους ἀπαρνησαμένους μὲν τὸ οἰκεῖον σχῆμα, ἀντικαμφθέντας δὲ <εἰς> εἰσοχάς τε καὶ ἐξοχάς, ὡς μηδὲ τοῦ τυχόντος περιδράττεσθαι δύνασθαι· τῶν δὲ ποδῶν αὐτῷ συγκαμφθέντων, ὥσπερ τι ὠλέκρανον τὸ γόνυ ἐξώγκωτο· ἔνθεν τοι οὐδὲ στάσιμον εἶχε τὴν βάσιν, οὔθ' ὅλως ἐξώρθωτο, ἀλλὰ κλινοπετὴς τὰ πολλὰ ἦν, ὁπότε δὲ χρηματίζειν αἱροῖτο, ξυναρμοζόμενός τε καὶ ξυμπλαττόμενος.

CXXIX. Ἀποδιδόναι δὲ τὰς βασιλείους πομπὰς ὡς ἀπαραίτητά τινα χρέα τοῖς πολίταις βουλόμενος, ἐνταυθοῖ καὶ μάλιστα ἐσχετλίαζεν· ἀλλ' οὖν τέχνη τις ἱππικὴ ἐκεῖνον τῇ ἕδρᾳ συνήρμοζε καὶ συνέπλαττεν· εἶτα ἐπειδὴ ἐπιβαίη τοῦ ἵππου, μόλις δὲ οὗτος ἀνέπνει, καὶ ὁ χαλινὸς περιττός· ὀχηθέντα γοῦν ἱπποκόμοι τινὲς εὐμήκεις τε καὶ στερροὶ ἀντήρειδον ἑκατέρωθεν, καὶ οὕτω διαβαστάζοντες τοῦτον καὶ ἀντιβαστάζοντες ὥσπερ τινὰ φόρτον, οὗ κατασκηνοῦν ἔμελλεν ἀπεκόμιζον. Ὁ δὲ ἄρα καὶ ἐν τούτοις ὢν τοῖς δεινοῖς, οὐ πάνυ τι τοῦ

4. φροντίδα.   16. κατακλυζόμενος.   17. τεινῶν.
23. συγκαφθέντων.   ibid. γῶνυ.

ΚΩΝΣΤΑΝΤΙΝΟΣ Θ' (1042—1055). 149

συνήθους ἐπιλέληστο ἤθους, ἀλλὰ τήν τε ὄψιν χαριέστατα
διετίθει, καί ποτε δὲ μόνος μετεκινεῖτο καὶ μετετίθετο, ὡς
τοὺς ὁρῶντας μὴ πάνυ πείθεσθαι ὡς ἐκεῖνος ἀλγοίη ἢ παρει-
μένως ἔχοι τοῦ σώματος. Τὰ μὲν ταῖς πομπαῖς αὐτῷ τοιαῦτα,
καὶ οἱ λίθοι τῶν ἐδαφῶν ἀπεστρώννυντο ἵνα δὴ μὴ ὀλισθαίνοι 5
περὶ ταῖς πλαξὶν ὁ ἵππος αὐτῷ· ἐν δέ γε τοῖς ἀδύτοις, ἀχθο-
φορούμενος τούς τε βασιλείους | διήμειβε καὶ μετεκόμιστο ὅπῃ
βούλοιτο· εἰ δὲ ἐπιβάλοι τὸ ῥεῦμα, παπαὶ τῶν ἀλγηδόνων
ἐκείνων!

CXXX. Ἐγὼ δὲ καὶ ξυγγράφων τοῦτον ἔτι τὸν ἄνδρα 10
ὑπερεκπέπληγμαι, ὅπως τηνικαῦτα ἐξήρκει τοσαύταις περιω-
δυνίαις βαλλόμενος· πάρεσις γὰρ ἐπὶ παρέσει τοῦτον εὐθὺς
κατελάμβανε, καὶ κατεδαπάνα μὲν τὸ λειπόμενον τῶν σαρκῶν,
ἐξήρθρου δὲ παντάπασι τὸ ἔτι ἐχόμενον. Οὐκ εἶχε δὲ ἐφ' ὅτῳ
σχηματισθεὶς ἀποχρώντως ἐπαναπαυθείη τῇ κλίνῃ, ἀλλὰ 15
πᾶσα θέσις τούτῳ ἀντίθετος· ὅθεν οἱ κατευναστῆρες, συνε-
ρείδοντες καὶ ἀντερείδοντες αὐτῷ τὸ σωμάτιον, μόλις που τῆς
ἀναπαυούσης ῥοπῆς ἐπετύγχανον, εἶτα δὴ συνήρμοζον καὶ
ἐπεῖχον ἀντοικοδομοῦντες καὶ ἀντιτεχνώμενοι τοῦτον, ὅπως
ἂν ἐπὶ τοῦ σχήματος ἐκείνου στηρίζοιτο· τῷ δὲ ἦν ἀλγεινὸν 20
οὐ τὸ μετατίθεσθαι μόνον, ἀλλὰ καὶ ἡ γλῶττα ἄχθος ἐκείνῳ
ὁμιλοῦσα ἐδίδου, καὶ ἡ τῶν ὀφθαλμῶν νεῦσις μετεκίνει τὸ
ῥεῦμα, ὅθεν παντάπασιν ἑαυτὸν ἀκίνητον ἐδίδου καὶ ἀρρεπῆ.

CXXXI. Λέγω δὲ ἐν τούτοις διατεινόμενος καὶ θεὸν τοῦ
λόγου ποιούμενος μάρτυρα, ὅτι τοσούτοις κακοῖς διαντλούμε- 25
νός τε καὶ κυμαινόμενος καὶ οὕτως ἀθλίως ἔχων παντάπασιν,
οὐδέποτε βλάσφημον πρὸς θεὸν ἀφῆκε φωνήν, ἀλλὰ καὶ εἴ
τινα αἴσθοιτο ἐπὶ τοῖς ἐκείνου δεινοῖς δυσχεραίνοντα αὐστη-
ροτέροις τοῦτον ἀπεπέμπετο ῥήμασιν, ἑαυτῷ δὲ | καταδίκην 380
ἐπιβεβλῆσθαι τὴν συμφορὰν ἀπεφαίνετο, μᾶλλον δὲ χαλινὸν 30
ταύτην τῆς ἰδίας κατωνόμαζε φύσεως· ἐδεδίει γὰρ τὰς οἰκείας
ὁρμάς, καὶ "ἐπειδή, φησί, μὴ λογισμῷ ἤκουσιν, ὑποχωροῦσι
τοῖς τοῦ σώματος ἀλγεινοῖς, καὶ ταλαιπωρεῖται μέν μου τὸ
σῶμα, αἱ δὲ ἄτακτοι τῆς ψυχῆς πεπήγασιν ἔννοιαι." Οὕτως
ἐκεῖνος ἐφιλοσόφει περὶ τὸ πάθος· καὶ εἴ τις ἐκεῖνον τῶν 35

2. τότε δή. 3. παρειμένος. παρειμένως Bury. 19. ἀντοικοδομοῦντες κ. ἀν-
τιτεχνόμενοι. 22. ὁμιλλοῦσα. ibid. νεύσεις. 32. εἴκουσιν. 35. ἐκείνων.

ἄλλων ἀφεὶς ἐπὶ τούτου καταθεωρήσει τοῦ μέρους, θεῖον ὡς ἀληθῶς ἄνδρα κατονομάσειε.

CXXXII. Τῷ δέ τι καὶ ἄλλο προσῆν ἀγαθὸν, ἐμοὶ μὲν οὐκ ἐν ἅπασιν | ἐπαινούμενον, ἐκείνῳ δὲ διαφερόντως τιμώμενον, p. 167
5 διαιτήσοι δὲ ὁ βουλόμενος· ἀφυλάκτως ἑαυτοῦ παντάπασιν εἶχε· κοιμωμένῳ μὲν οὔτε θύραι ἐπεζυγοῦντο, οὔτε τις ἐκτὸς ἐπηγρύπνει φρουρά· πολλάκις γοῦν καὶ οἱ κατευνάζοντες ἀπῇεσαν ξύμπαντες, καὶ παρώδευέ τις αὐτὸν ῥᾷστα καὶ αὖθις ἀντιπαρῄει, μηδενὸς τὴν πάροδον ἐκείνῳ κωλύοντος· εἴ τις
10 γοῦν τὸ ἀνειμένον αὐτῷ ἐνταυθοῖ προσωνείδισεν, οὔτε ἠνιᾶτο, καὶ ὡς νοσῶν περὶ τὸ θεῖον τοὺς λογισμοὺς ἀπεπέμπετο· ἐβούλετο δὲ ὁ λόγος, ὡς παρὰ τοῦ θεοῦ βασιλεύοι καὶ παρ' ἐκείνου μόνου φυλάττοιτο, καὶ ὅτι, τῆς τελεωτέρας φρουρᾶς τετυχηκὼς, τῆς ἀνθρωπικῆς καὶ ἀτελεστέρας καταφρονοίη.

15 CXXXIII. Ἐγὼ γοῦν πολλάκις τοὺς κυβερνήτας καὶ οἰκοδόμους ἀντιπαραθεὶς, καὶ τελευτῶν τοὺς λοχαγοὺς καὶ στρατηγοὺς, οὐδεὶς μὲν οὖν τούτων ἔφασκον τῶν πρὸς θεὸν ἐλπίδων ἔρημος τὸ οἰκεῖον ἔργον μεταχειρίζεται, ἀλλ' ὅμως ὁ μὲν πρὸς κανόνα ἰσάζοι τὸ οἰκοδόμημα, ὁ δὲ τοῖς πηδαλίοις
20 ἰθύνοι τὴν ναῦν, καὶ τῶν ἐν τοῖς πολέμοις ἕκαστος ἀσπίδα τε φέρει καὶ ξιφηφορεῖ, καὶ τῇ μὲν κεφαλῇ κράνος ἀρκεῖ, τὸ δὲ λοιπὸν σῶμα ὁ θώραξ ἀμπέχει· εἶτα δὴ ἀπὸ τοῦδε μᾶλλον ἐπιχειρῶν, ὅτι τάδε μᾶλλον πρέπει τῷ βασιλεῖ, οὐκ ἔπειθον παντοίως ἐπιχειρῶν· τοῦτο δὲ χρηστὸν μὲν τρόπον κατηγορεῖ,
25 ἐνδόσιμον δὲ τοῖς ἐπιχειρεῖν ἐθέλουσι γίγνεται.

Περὶ τῆς εἰς τὸν βασιλέα ἐπιβουλῆς.

CXXXIV. Ἀμέλει καὶ πλείστων τοῦτο κακῶν ἐγεγόνει ἀρχὴ, ὧν ἐν ᾗ δύο θέμενος, ἐντεῦθεν καὶ περὶ τῶν ἄλλων εἰκάζειν τοῖς ἀναγινώσκουσι δίδωμι· ἐρῶ δὲ βραχύ τι τῆς
30 ὑποθέσεως παρεκβατικώτερον· ὅτι ταῖς μὲν εὖ πραττούσαις πόλεσιν ἐκ τῶν ἀρίστων καὶ τῶν εὐγενῶν τε ἅμα καὶ ἀγενῶν οἱ κατάλογοι, κἂν ταῖς πολιτικαῖς | τάξεσι, κἂν τοῖς στρατεύ- p. 168
μασιν· οὕτω γοῦν Ἀθηναῖοι ἐπολιτεύσαντο καὶ ὁπόσαι πόλεις

3. ἄλλῳ. 7. ἐπεγρύπνει. 9. μηδέν. 10. [excidit clausula οὔτε—το, Bury.]
11. scrib. ἀλλ' ὡς. 15. ἡσπερνήτας. 20. ναῦ. 27. καινῶν.

ΚΩΝΣΤΑΝΤΙΝΟΣ Θ' (1042—1055). 151

τὴν ἐκείνων δημοκρατίαν ἐζήλωσαν, παρ' ἡμῖν δὲ τουτὶ τὸ
καλὸν ἔρριπται καὶ ἠτίμασται, καὶ λόγος οὐδεὶς εὐγενείας,
ἀλλ' ἄνωθεν ἐκ κλήρου διαδοχῆς, Ῥωμύλου πρώτου ἀρξαμένου
τῆς τοιαύτης συγχύσεως, ἥ τε σύγκλητος διέφθαρτο, καὶ ὁ
βουλόμενός ἐστι δημοποίητος. Ἀμέλει πλείους ἂν εὕροι τις 5
παρ' ἡμῖν σισυροφόρους τὴν στολὴν μεταλλάξαντας· ἄρχουσι
γοῦν πολλάκις ἡμῶν οὓς ἐκ τῶν βαρβάρων ἐωνησάμεθα, καὶ
τὰς μεγάλας πιστεύονται δυνάμεις οὐ Περικλεῖς, οὐδὲ Θεμι-
στοκλεῖς, ἀλλ' οἱ ἀτιμότατοι Σπάρτακοι.

CXXXV. Καὶ γέγονέ τις ἐν τῇ κατ' ἐμὲ ἡλικίᾳ, κάθαρμά 10
τι βαρβαρικόν, πᾶσαν ὑπεραναβεβηκὼς | ἀγερωχίαν Ῥωμαϊ- 380*
κήν, εἰς ὕψος δὲ τοσοῦτον ἐλάσας ὥς τινας καὶ τῶν γενομένων
αὐτοκρατόρων αἰκίσασθαι πρότερον δι' ὑπεροψίαν δυνάμεως,
εἶτα ἐπειδή περ εἰς τὸ κράτος ἀνήχθησαν, μεγαλαυχεῖν τοῦτον
πρὸς ἐνίους, ὅτι τοὺς βασιλέας Ῥωμαίων ταύτῃ τῇ χειρὶ 15
πολλάκις τετύπτηκα (τὴν δεξιὰν ἐπιδεικνύς)· πρὸς ταύτην
οὖν ἐγὼ τὴν φωνὴν ἅπαξ δεινοπαθήσας, μικροῦ δεῖν τὸν
μεγάλαυχον ἐκεῖνον βάρβαρον ταῖν χεροῖν ἀπηγχόνισα, οὐκ
ἐνεγκὼν τὴν τοῦ λόγου πληγήν.

CXXXVI. Τούτου δή τι οὐκ ἔλαττον μίασμα οὐ πολλῷ 20
πρότερον τὸ τῆς παρ' ἡμῖν συγκλήτου κατέχρανεν εὐγενές,
πρῶτον μὲν τῷ αὐτοκράτορι ὑπηρετηκός, ἔπειτα δὴ τοῖς ἐν
τέλει παρεισφθαρὲν καὶ εἰς τὴν κρείττονα τάξιν ἀριθμηθέν,
ἀνὴρ καὶ τὸ γένος, ὥς μοι δεδήλωται, ἄσημος, καὶ εἴ τι ἄλλο
τις εἰπεῖν βούλοιτο, ἀγενέστατος καὶ φαυλότατος· ἀλλ' ἐπειδὴ 25
τῶν παρὰ Ῥωμαίοις ποτίμων ναμάτων ἐγεύσατο, δεινὸν ἄλλως
πεποίηται, εἰ μὴ καὶ τῆς πηγῆς ἐγκρατὴς γένοιτο, καὶ βασι-
λεύσοι τῶν εὐγενεστάτων Ῥωμαίων ὁ ἀργυρώνητος! Τοῦτο
τοιγαροῦν εἰς νοῦν ὁ ἀγενὴς ἐκεῖνος βαλλόμενος, ἕρμαιον πρὸς
τὸν σκοπὸν τὸ τοῦ αὐτοκράτορος ποιεῖται ἀτεί|χιστον, καὶ 30
μηδενὶ τῶν γενναιοτέρων φράσας τὸ μελετώμενον, ἀπραγμά-
τευτον τὴν ἐπιτυχίαν ποιεῖται τοῦ ἐφετοῦ· καὶ ἀπὸ τοῦ θεάτρου
εἰς τὰ ἀνάκτορα τὴν πομπὴν ποιουμένῳ τῷ αὐτοκράτορι, τοῖς
ὀπισθοφυλακοῦσιν ἑαυτὸν συντάξας συνείπετο, καὶ τῶν βασι-
λικῶν ἀδύτων ἐντὸς γεγονώς, αὐτοῦ που παρὰ τοῖς ὀπτανείοις 35

1. δημοκράτιαν.   4. ἤης.   9. ἀτιμώτατοι.   15. βασιλίας.
35. ὀππανείοις.

ἐνήδρευε, παντὸς οἰομένου τοῦ προστυγχάνοντος ὅτι τοι ὁ βασιλεὺς αὐτῷ τὴν προσεδρείαν εἰρήκει, καὶ διὰ ταῦτα οὐδεὶς τῶν πάντων τῶν βασιλείων τοῦτον ἔξωσεν αὐλῶν. Ἔμελλε δ' οὖν, ὡς ὕστερον τὸ ἀπόρρητον τῆς ψυχῆς ἐξεταζόμενος 5 ἀνεκάλυψεν, ὑπνώττοντι τῷ βασιλεῖ ἐπιθήσεσθαι καὶ σιδήρῳ ἀποκτενεῖν, ὃ δὴ καὶ ὑπὸ κόλπον εἶχε, <καὶ> τὸ κράτος εἰς ἑαυτὸν μεταθέσθαι.

CXXXVII. Τοῦτο γοῦν βουλευσάμενος, ἐπειδή περ ὁ βασιλεὺς ἀνεπαύσατο, ἐκκείμενος πᾶσιν ὥς μοι προείρηται, ὁ 10 τολμητίας ἐπὶ τὸ ἔργον χωρεῖ· βραχὺ δέ τι προεληλυθὼς πλανᾶται τὰς γνώμας, καὶ σκοτοδίνης καὶ ἰλίγγου πεπλήρωται, καὶ τῇδε κακεῖσε περιθέων ἁλίσκεται. Καὶ ὁ βασιλεὺς τὸν ὕπνον εὐθὺς ἀποσυληθείς, τῶν φυλάκων ἤδη συνειλεγμένων καὶ πικρῶς ἐξεταζόντων τὸν βάρβαρον, ἐν δεινῷ μὲν ποιεῖται 15 τὴν τόλμαν καὶ βαρυθυμεῖ ὡς εἰκός, εἰ τοιοῦτος ἀνὴρ βασιλέως καταπεφρόνηκε. Καὶ τοῦτον μὲν εὐθὺς δεσμώτην ποιεῖται, εἰς τὴν αὔριον δὲ ἐξεταστὴς αὐτῷ πικρότατος περὶ τοῦ τολμήματος κάθηται, καὶ ἀνακρίνει, εἰ συνωμότας πρὸς τὴν ἐπιβουλὴν ἔσχηκεν, εἰ προηγήσατό τις τούτου τοῦ σκέμματος, 20 εἰ προβεβούλευκέ τις τὴν τόλμαν αὐτῷ· ὡς δ' οὐδὲν ὑγιὲς πρὸς τὰς ἐν λόγοις ἀνακρίσεις ἀπήγγειλε, βασάνοις αὐτὸν πικροτάταις αἰκίζεται, καὶ γυμνὸν ἐπὶ ξύλου μετεωρίσας ἀπὸ θατέρου ποδῶν ἡμιθανῆ ποιεῖται ταῖς μάστιξιν, ὑφ' ὧν | ἐκεῖνος, ὡς οἶμαι, συμπιεζόμενος καταγγέλλει τῶν ἐν τέλει τινὰς ὡς 25 κοινωνοὺς τοῦ τολμήματος, καὶ γεγόνασι πάρεργον βαρβαρικῆς ἀλογίας ἄνδρες ἐννομώτατοι καὶ ἀσφαλέστατοι· | ἀλλ' ὅ γε μετὰ ταῦτα χρόνος ἐκεῖνον μὲν τοῖς ἀτιμοτάτοις ἔτι συναριθμεῖ, τούτους δὲ ἐς τὴν ἀρχαίαν τάξιν ἐπανεσώσατο.

CXXXVIII. Ὁ δέ γε αὐτοκράτωρ βραχύν τινα χρόνον 30 τῆς τοῦ σώματος ἐπιμεληθεὶς φυλακῆς, αὖθις ἠμέλησε τῆς φρουρᾶς, ὅθεν μικροῦ δεῖν αὐτός τε ἀνήρπαστο καὶ ἡ Πόλις ἐν κλύδωνι ἐγεγόνει καὶ δεινῷ μείζονι· δηλώσει δὲ ὁ λόγος ὅθεν τε ἤρξατο τὸ κακὸν καὶ ἐφ' ὅσον κεχώρηκε, καὶ ὅπως ἀτυχήσας ὁ βασιλεὺς παρ' ἐλπίδας αὖθις εὐτύχηκεν. Ἱλαρὰν εἶχεν ὁ 35 αὐτοκράτωρ πρὸς πᾶσαν παιδιὰν τὴν ψυχὴν καὶ ἐβούλετο

6. ἀποκτενεῖ.   ibid. κόλπων.   9. ἀναπαύσετο.   11. ἰλίγκου.
18. εἰς συνωμότας.

ΚΩΝΣΤΑΝΤΙΝΟΣ Θ' (1042—1055). 153

ψυχαγωγεῖσθαι ἀεί, παρεμυθεῖτο δὲ τοῦτον οὔτε ὀργάνου φωνή, οὔτε ἦχος αὐλῶν, οὐ φωνὴ ἐμμελής, οὐκ ὀρχήματα, οὐχ ὑπορχήματα, οὐδέ τι ἄλλο τῶν οὕτως ἐχόντων· εἰ δέ τῳ ἡ γλῶττα ἐδέδετο φυσικῶς καὶ ὀρθοεπεῖν οὐκ ἠδύνατο, ἢ εἴ τις ἕτερος ἁπλῶς ἐφλυάρει τὸ ἐπιὸν ἅπαν φθεγγόμενος, 5 ταῦτα ἐκεῖνον ὑπερφυῶς ηὔφρανε, καὶ ὅλως τὸ διημαρτημένον τῆς παιδιᾶς τοῦτο ἐκεῖνος ἐτίθετο σπούδασμα.

CXXXIX. Ἀμέλει καὶ ἐπεχωρίαζε τηνικαῦτα ἐντὸς τῆς βασιλείου αὐλῆς τοιοῦτόν τι ἡμίφωνον κάθαρμα, οἱ γὰρ ἐπείχετο παντάπασιν ὁμιλοῦντι ἡ γλῶσσα ἢ διωλίσθαινε 10 κατατείνοντι· ὁ δὲ ἀνὴρ οὗτος καὶ προστιθεὶς τῷ τῆς φύσεως ἁμαρτήματι, εἰς ταὐτὸν τὸν λόγον τῇ ἀφωνίᾳ συνήλαυνεν· ἀνεπαίσθητος γὰρ ἐν ἀμφοῖν ὧν εἰπεῖν βούλοιτο ὁ ἀκροατὴς ἦν.

CXL. Τοῦτον πρῶτα μὲν ἀφελῶς εἶδεν ὁ αὐτοκράτωρ, 15 καὶ παρεγίγνετο ἐκ διαστημάτων μακρῶν μετὰ τὸ κατὰ χειρὸς ὕδωρ, εἶτα, οἷος ἐκεῖνος, θερμότερος ἐγεγόνει περὶ τὴν ἡδονὴν τῆς φλυαρίας, καὶ πρὸς τιθεὶς ἀκόρεστος ἦν τῆς τοῦ ἀνδρὸς ἐντυχίας· ὅθεν οὐδ' εἶχεν αὐτῷ καιρὸν ἡ παιδιά, ἀλλὰ καὶ χρηματίζοντι καὶ ἀρχαιρεσιάζοντι καὶ ἄλλο τι τῶν κοινῶν 20 πράττοντι, συνῆν ἐκεῖνος, τὴν φυσικὴν ἁμαρτίαν ἐπιδεικνύμενος καὶ τὴν τέχνην ὑποκρινόμενος. Ἀμέλει τοι καὶ πλάττει τὸν ἄνθρωπον, ἢ ἀναπλάττει ἀπὸ τοῦ κρείτ|τονος σχήματος, καὶ ἀπὸ τῶν τριόδων εἰς τὸν Ῥωμαϊκὸν μεθιστᾷ ἄξονα, καὶ τοὺς ἐντίμους αὐτῷ σχεδιάσας βαθμοὺς μετὰ τῶν κορυφαίων 25 ἱστᾷ, καὶ ἁπανταχοῦ τὸν ἄνδρα ποιεῖ, καὶ τὰ πρῶτα τῶν σωματοφυλάκων χειροτονεῖ. Ὃς δὴ τὸ ἀπραγμάτευτον αὐτῷ τῆς γνώμης ἐπιδεικνύμενος, οὐδ' ἐν καιρῷ προῄει τῷ αὐτοκράτορι, ἀλλ' ὁπότε ἡ γνώμη τούτῳ παρεκελεύσατο· ἐφίλησε γοῦν προσελθὼν καὶ στῆθος καὶ πρόσωπον, καὶ προσεφθέγ- 30 ξατο μὴ φθεγξάμενον, καὶ διαχέας εἰς γέλωτα ἐπὶ τῆς αὐτῆς καθῆστο κλίνης, καὶ τὰς πεπονηκυίας τοῦ κρατοῦντος χεῖρας συσφίγξας ἤλγυνεν ὁμοῦ τε καὶ ἔθελξεν.

CXLI. Ἐγὼ γοῦν οὐκ εἶχον τίνα θαυμάσαιμι πρότερον, τὸν ἄνδρα τοῦτον μεταποιηθέντα πρὸς τὴν τοῦ βασιλέως 35

5. φλεγόμενος. 9. ᾗ. 13. ἀμφοῖς. 17. οἷς. 21. συνῆσε.
ibid. ἐπεδεικνύμενος. 23. χώματος.

γνώμην τε καὶ προαίρεσιν, ἢ τὸν αὐτοκράτορα πρὸς τοῦτον μεθαρμοσάμενον τὴν ψυχήν· ἄτερος γὰρ θατέρου ἐνδόσιμος ἐγεγόνει καὶ ἁλωτός· καὶ ὃ μὲν αὐτοκράτωρ ἐβούλετο, ὁ 381* ὑποκριτὴς ἔπραττεν, ὃ δὲ οὗτος | ἔπραττεν, ἐκεῖνος ἐβούλετο. 5 Τὰ γοῦν πολλὰ καὶ συνιεὶς ὁ αὐτοκράτωρ τῆς ὑποκρίσεως, ὅμως ἠγάπα παρ' ἐκείνου παιζόμενος· ἔνθεν τοι καὶ κατετρύφα τῆς τοῦ κρατοῦντος ἀβελτηρίας ὁ σκηνουργός, καὶ ἄλλο τι ἐπ' ἄλλῳ ἐπλάττετο πρὸς τὸ εὔηθες ἐκείνῳ οἰκείως συναρμοζόμενον.

10 CXLII. Ἀμέλει ὁ μὲν βασιλεὺς οὐδὲ τὸ ἀκαριαῖον τῆς ἐκείνου συνουσίας ἀπολελεῖφθαι ἐβούλετο, ὁ δὲ δυσχεραίνων τὴν προσεδρείαν, ἠγάπα τὰς ἐλευθέρους διατριβάς· ἅπαξ γοῦν ἵππον ἀπολωλεκὼς τῶν πρὸς τὴν σφαῖραν ἐπιτηδείων, ἐπειδή περ ἀγχοῦ τῷ βασιλεῖ συνεκάθευδεν, ἀθρόον ἐξαναστὰς μέσης 15 νυκτὸς ἐκεῖνόν τε ὑπνώττοντα ἤγειρε, καὶ ἑαυτὸν κατασχεῖν οὐχ οἷός τε ἦν ἐνθουσιῶντα ὑφ' ἡδονῆς· ὁ δὲ βασιλεύς, μηδέν τι πρὸς τὴν ἀνάστασιν δυσχεράνας, ἠρωτήκει ὅ τι πεπόνθοι καὶ ὁπόθεν αὐτῷ προσεγεγόνει τὸ σκίρτημα· ὁ δὲ περιπτυχήσας αὐτοῦ τὸν αὐχένα καὶ πολλὰ καταφιλήσας τὸ πρόσωπον, 20 "εὕρηταί μοι, φησίν, ὦ βασιλεῦ, ὁ ἀπο|λωλὼς ἵππος, ἐκτομίας p. 172 δέ τις αὐτὸν ἐποχεῖται, ἔξωρος ἤδη καὶ ῥυτίδων ἀνάπλεως, καὶ εἴ γε βούλει, νῦν ἐντεῦθεν ἀφιππευσάμενος αὐτόν σοι μετὰ τοῦ σχήματος κομιοῦμαι." Ἐπὶ τούτοις ἡδέως πάνυ γελάσας ὁ βασιλεύς, "ἀλλ' ἀφίημί σε, φησί, σὺ δὲ ὡς τάχιστά μοι 25 ἐπάνελθε ἐπαγγελλόμενος τῷ εὑρήματι." Ἀπῄει γοῦν αὐτίκα ταῖς συγκειμέναις χρησόμενος ἡδοναῖς· καὶ ἐπειδὴ τέλος εἶχεν αὐτῷ τὰ συσσίτια, ἧκεν ἑσπέρας ἀσθμαίνων καὶ πνευστιῶν, καί τινα ἐκτομίαν ἐπισυρόμενος· "οὗτος γοῦν ἔφησεν, ὦ βασιλεῦ, ὁ τὸν ἐμὸν ἐπελαύνων ἵππον· ὁ δὲ ἔχων οὐ δίδωσιν, ἀλλὰ 30 μηδὲ τὴν ἀρχὴν αὐτὸν κεκλοφέναι ἐπόμνυται." Ἐπὶ τούτοις ὁ μὲν γέρων ἐκεῖνος ἐῴκει δακρύοντι καὶ ἀπορουμένῳ πρὸς τὴν ἐπήρειαν, ὁ δὲ βασιλεὺς οὐκ εἶχεν ὅπως ἐπισχήσει τὸν γέλωτα.

CXLIII. Τὸν μὲν οὖν παρεμυθήσατο ἑτέρῳ ἵππῳ καλλίονι, τῷ δέ γε ἐκτομίᾳ τὸ πεπλασμένον ἀπέσβεσε δάκρυον, 35 τοσαῦτα δοὺς ὁπόσα οὐδ' ὄναρ αὐτὸς προσεδόκησεν· ἦν δ' ἄρα

3. ὁ.   18. ὁπῶθε.   20. βασιλεῦς.   22. βούλη.
25. scr. ἐπαγαλλόμενος?   29. ἐπελαύνον.   30. μηδὲν.

ΚΩΝΣΤΑΝΤΙΝΟΣ Θ' (1042—1055).

οὗτος τῶν μάλιστα θεραπευόντων τὸν ἄνδρα τῆς ὑποκρίσεως, καὶ ὃν ὁ τεθεραπευμένος ἐβούλετο βασιλικῆς πρὸ πολλοῦ φιλοτιμίας τυχεῖν, ἐπεὶ δ' οὐκ εἶχεν ὅπως ὑπὲρ ἀγνῶτος ἀνδρὸς ἀξιώσει τὸν αὐτοκράτορα, τήν τε σκηνὴν τοῦ ὀνείρατος πλάττεται, κἀκεῖνον πάρεργον ποιεῖται τοῦ ἀνδρὸς ψευδοῦς τε ἐνυπνίου καὶ παχυτέρας ψυχῆς. Τὸ δέ γε δεινότερον, ὅτι πάντες μὲν ᾔδειμεν τὴν ὑπόκρισιν, ἐλέγχειν δὲ τὸν ὑποκριτὴν πολλοῦ δέ <γε> καὶ δεῖ, βασιλικῆς τε ἀλογίας καὶ ὑποκρίσεως ἐκκειμένης ἐτυγχάνομεν ὄντες θηράματα, καὶ γελᾶν ἠναγκάσμεθα ἐφ' οἷς ὁ καιρὸς ἐδίδου θρηνεῖν· καὶ εἴ γε μὴ σπουδαίων ἐπηγγειλάμην ἀναγραφήν, ἀλλὰ φλυάρων καὶ ἀσπουδάστων, πολλὰ ἂν τῷ λόγῳ συναγήοχα διηγήματα· ἀλλὰ τοῦτο μὲν ὡς ἐκ πολλῶν ἓν ἐκκείσθω, ὁ δέ γε λόγος τὰ ἑξῆς διηγήσεται.

CXLIV. Οὐ τοίνυν τὸν ἀνδρῶνα μόνον ὁ ἀνὴρ οὗτος κατέλαβεν, ἀλλὰ καὶ εἰς τὴν βασίλειον γυναικωνῖτιν παρεισφθαρεὶς ἄμφω τὰς βασιλί|δας ὑποποιεῖται, καὶ τὸν λῆρον πάντῃ πλασάμενος, παρὰ μὲν τῆς μείζονος τετέχθαι διϊσχυρίζετο, τὴν δὲ νεωτέραν τεκεῖν ἀρρήτους ὅρκους ἀπώμνυτο, ὡς συμπεσούσης οὕτω | τῆς γενέσεως, καὶ ὥσπερ ἀναμιμνησκόμενος ὅπως ἀποτεχθείη, τάς τε ὠδῖνας συνῆρε καὶ τῆς μητρῴας θηλῆς ἀναισχύντως ἐμέμνητο, μάλιστα δὲ τὸν τῆς Θεοδώρας τόκον κατέλεγεν ἀστειότατα, ὅτι τε εἴποι ἐγκυμονουμένη αὐτῷ καὶ ὅπως ἀποτεχθείη· ἐφ' οἷς τὸ τῶν γυναικῶν ἐκείνων ἀβέλτερον τῷ ὑποκριτῇ θηραθὲν πᾶσαν αὐτῷ θύραν ἀπορρήτων εἰσόδων ἀνέῳξε, καὶ οὐκ εἶχέ τις ῥᾳδίως αὐτῷ ἀπαριθμήσασθαι ὁπόσα τούτῳ φοιτῴη ἀπό τε τοῦ ἀνδρῶνος ἀπό τε τῆς γυναικωνίτιδος.

CXLV. Χρόνον μὲν οὖν τινα ἐπὶ τούτων μόνων εἱστήκει τὰ παίγνια· ἐπεὶ δὲ ἀπεληλύθει τῶν τῇδε ἡ βασιλίς, περὶ οὗ δὴ αὐτίκα λέξομεν, ἀρχαὶ δὴ μεγάλων κακῶν τῷ ἁπλοϊκωτάτῳ τούτῳ ἐπονηρεύθησαν, ἐρῶ δὲ μέρος τι προαφαρπάσας ἧς ὁ μετὰ ταῦτα λόγος ἅψεται ὑποθέσεως. Ἐπαλλακεύετό τις μεῖραξ τῷ αὐτοκράτορι, ἐξ ἔθνους μεγίστου ὁμηρεύουσα παρ' ἡμῖν, γενναῖον μὲν οὐδὲν ἔχουσα, ἀλλ' ὡς ἐκ βασιλικοῦ αἵματος παρ' αὐτῷ σεβομένη καὶ τὰ πρῶτα τῆς τιμῆς ἔχουσα· ταύτης τῆς μείρακος ἔρωτα δεινὸν ὁ ὑποκριτὴς ἐκεῖνος ἐγκυ-

1. τὸν. 7. ᾔδει μὲν. ib. δὲ τὴν ὑπόκρισιν. 14. οὕτως. 17. τετάχθαι.

μονεῖ· εἰ μὲν οὖν κἀκείνη ἑαυτὴν ἀπεδεδώκει τῷ ἐραστῇ οὐκ ἔχω διϊσχυρίσασθαι, ἀλλ' ὅμως ἐῴκει ἀντερασθῆναι· ἀλλ' ἡ μὲν ἴσως ἐσωφρόνει τὸν ἔρωτα, ὁ δὲ οὐκ εἶχεν ὅπως τοῦτο μόνον ὑποκριθείη· ἑώρα γοῦν ἀναιδῶς καὶ θαμὰ προσῄει, καὶ 5 ἀτεχνῶς ἐπυρπολεῖτο τὰ στέρνα· ὡς δὲ οὐκ εἶχεν ὅπως ἂν ἐγκρατὴς τοῦ ἔρωτος γένοιτο καὶ ὅλην τὴν ἐρωμένην ἑαυτῷ εἰσποιήσαιτο βασιλίδα, ὃ δὴ καὶ ἀκουσθῆναι παράλογον πάντη καὶ ἄπιστον, ἀλλ' ὅμως ἐκεῖνος εἴτε συντυχίᾳ κακοήθων ἀνθρώπων χρησάμενος, εἴτε ἀφ' ἑαυτοῦ τὰς ὁρμὰς εἰληφώς, 10 εἰς νοῦν βάλλεται τῆς τῶν | Ῥωμαίων ἡγεμονίας τυχεῖν. p. 174 Ῥᾷστον γοῦν αὐτῷ τὸ βούλευμα καταφαίνεται, οὐ γὰρ τὸ ἀποκτεῖναι μόνον τὸν αὐτοκράτορα ἀπραγμάτευτον τούτῳ λελόγιστο· ὁ δὲ καὶ τὰς κλεῖς εἶχε τῶν ἀπορρήτων εἰσόδων καὶ πάντα αὐτῷ κατὰ τὸ βουλητὸν ἐπεζύγωτο καὶ ἀνέῳκτο· 15 ἠπάτητο δὲ, ὅτι καὶ πολλοῖς τοῦτο βουλομένοις ἐστί· κολάκων γὰρ οὐκ ὀλίγη μερὶς αὐτῷ παρετρέφετο, καί τις <τῶν> παρ' αὐτῷ κορυφαίων ὅλον ἐκεῖνον εἰσοικισάμενος, τὰ πρῶτα τῶν μισθοφόρων ἐτύγχανεν ὤν.

CXLVI. Τοῦτο τοιγαροῦν τὸ βούλευμα πρῶτον μὲν 20 ἀπορρήτως εἶχε, καὶ οὐδενὶ τῶν πάντων καταφανὴς ἦν περὶ τοῦ τοιούτου σκεπτόμενος· ἐπεὶ δὲ ὁ ἔρως αὐτὸν ἐξεκύμαινε, καὶ ὑπὲρ ἄνδρα ἐγεγόνει, τολμᾷ δὴ τὸ πρᾶγμα καὶ ἀνακαλύπτει πολλοῖς τὴν γνώμην, ὑφ' ὧν δὴ καὶ τάχος ἁλίσκεται· ἥλω δὲ οὐ πρὸ μιᾶς ὥρας, ἀλλ' ἔλαττον τοῦ δεινοῦ ἐκείνου ἀποτε- 25 λέσματος· ἐπειδὴ γὰρ ἑσπέρα κατέλαβε, καὶ ὁ βασιλεὺς ὡς εἰώθει ὑπνίαζεν, ὁ μὲν ἴσως τὸ φονουργὸν σιδήριον ἔθηγεν, ἐφοίτησε δέ τις αὐτίκα τῶν οἷς ἐκεῖνος τὸ σκέμμα διωμολόγησεν, ὡς ἔχων τι τῷ βασιλεῖ προσαγγεῖλαι, καὶ ἐπείπερ εἰσέδυ τὸ καταπέτασμα, πνευστιῶν ὅλως καὶ οὔπω τὸ ἆσθμα ἐπέχων 30 " ἀποκτενεῖ σε, βασιλεῦ, αὐτίκα ὁ φίλτατος (τὸν ἄνδρα ὀνομαστὶ εἰρηκώς), σκέψαι γοῦν ὅπως ἐκφεύξῃ ὑπόγυον θάνατον!" | 382* Ταῦτα ὁ μὲν εἰρήκει, ὁ δὲ διηπόρει καὶ πιστεύειν οὐκ εἶχεν· ὁ δὲ γνούς, ῥίπτει μὲν τὸ σιδήριον, εἴσεισι δὲ τὸν ἐκεῖσε ναὸν καὶ τῇ ἱερᾷ προσφεύγει τραπέζῃ, καὶ ἀπαγγέλλει τὸ βούλευμα

4. θαῦμα. 7. εἰσποιήσετο. 8. συντυχείᾳ. 11. ῥᾶστα.
17. παρ' αὐτοῦ κορυφαῖ. 18. ἐτύχανεν. 20. ἀπορρήτων.
22. ὑπέραντα. 23. ὑφ' οὗ. 26. ἔθηκεν. 29. πνευτιῶν.

ΚΩΝΣΤΑΝΤΙΝΟΣ Θ' (1042—1055). 157

καὶ πᾶσαν τὴν ἐπὶ τούτῳ σκηνήν, καὶ ὁπόσα προβεβούλευκει καὶ <ὡς> ἔμελλεν αὐτίκα ἀναιρήσειν τὸν αὐτοκράτορα.

CXLVII. Ὁ δὲ οὐδ' ὅτι σέσωστο χάριν εἶχε θεῷ, ἀλλ' ὅτι ἑαλώκει ὁ φίλτατος, ἐβαρυμήνια τῷ προσαγγείλαντι καὶ προὐλάμβανε τῇ ἀπολογίᾳ τὴν κατηγορίαν. Ἐπεὶ δὲ οὐκ ἦν 5 κρύψαι τὴν ἐπιβουλὴν εἰς τοὐμφανὲς ἀναρραγεῖσαν, καθιστᾷ μὲν ἐς τὴν ἐπιοῦσαν δικαστηρίου σκηνήν, εἰσάγει δὲ πεδήτην <τὸν> ἁλόντα ὡς κριθησόμενον· καὶ ἐπειδὴ εἶδε δεδεμένον τὼ χεῖρε, μικροῦ δεῖν ἀνωλόλυξεν, ὡς ἐπὶ καινῷ καὶ ἀτόπῳ θεάματι, καὶ δακρύων τοὺς ὀφθαλμοὺς ὑποπλησθείς, "ἀλλὰ 10 λύσατέ μοι, φησί, τουτονί· μαλθακίζεται γάρ μοι ἐπ' αὐτῷ ἡ ψυχή." Καὶ ἐπειδὴ λελύκασι τῶν δεσμῶν οἷς τοῦτο προσ-τέτακτο, ἠρέμα πρὸς τὴν ἀπολογίαν προσβιβάζων καὶ αἰτίας εὐθὺς ἀφιείς, "σοὶ μὲν ἐλευθέρα, φησίν, ἡ γνώμη παντάπασιν· οἶδα γάρ σου τὸ ἁπλοϊκὸν καὶ ἐλεύθερον· ἀλλά μοι λέγε, 15 τίνες οἱ πρὸς τὴν ἄτοπον γνώμην σὲ συνελάσαντες; τίς ἔκλεψέ σου τὸ ἄπλαστον φρόνημα; τίς ἐσύλησέ σου τὸν ἀπερίεργον νοῦν; ἐπὶ τούτοις εἰπὲ καὶ τίνος ἐρᾷς τῶν ἐμῶν; τί δέ σε τῶν πάντων θέλγει; οὐ γὰρ ἀτυχήσεις οὐδενὸς ὧν λίαν ἐπιτεθύμηκας." 20

CXLVIII. Ταῦτα μὲν ὁ αὐτοκράτωρ, διῳδηκὼς ἐπὶ πᾶσι τοῖς ὀφθαλμοῖς καὶ δακρύων τέγγων ῥοῇ. Ὁ δὲ πρὸς μὲν τὰς πρώτας ἐρωτήσεις, ὥσπερ μηδὲν ἠρωτημένος, οὐδ' ὁτιοῦν ἀπεκρίνατο, πρὸς δὲ τὰς δευτέρας ἔνθα τὰ περὶ τῆς ἐπιθυμίας καὶ τοῦ ἔρωτος ἔκειτο, θαυμασίως τὸ δρᾶμα ὑποκρινόμενος 25 τοῦ σοφίσματος, τάς τε χεῖρας τοῦ αὐτοκράτορος κατεφίλησε καὶ τοῖς γόνασι τὴν κεφαλὴν ἐπιθείς, "ἐπὶ τοῦ θρόνου με, φησί, κάθισον τοῦ βασιλικοῦ, καὶ μαργαρώδει στέμματι κατακόσμησον, χάρισαι δέ μοι καὶ τουτονὶ τὸν στρεπτὸν (τὸν περὶ τὸν τράχηλον ἐπιδείξας κόσμον), καὶ τῆς σῆς μοι 30 κοινώνησον εὐφημίας. Τούτου γὰρ καὶ πρότερον ἤρων, καὶ νῦν διαφερόντως ἐρῶ."

CXLIX. Ἐσκίρτησεν ἐπὶ τούτοις ὁ αὐτοκράτωρ καὶ λαμπρόν τι ἠγαλλιάσατο· ἐβούλετο δὲ αὐτῷ ταῦτα, τὸ μνηστεῦσαι ἐκείνῳ ἐλευθερίαν τοῦ ἀτόπου τολμήματος, ὡς 35

2. ἀραιρήσειν. 6. ἐπουβουλήν. ibid. ἀναρριγεῖσαν. 13. προβιβάζων.
29. κατακόσμισον. 31. ἦρον. 34. ἐβούλευτο.

ὑπονοίας καὶ κατακρίσεως διὰ τὸ ἁπλοῦν τοῦ φρονήματος
ἐλευθέρῳ παντάπασι· "καὶ ταινιώσω σοι, φησὶ, καὶ τὴν
κεφαλὴν, καὶ | ἁλουργεῖ ἐσθῆτι περιβαλῶ, μόνον μοι κατά- p. 176
στηθι τὴν ψυχὴν καὶ κατεύνασόν μοι τὸν κλύδωνα καὶ, τὴν
5 νύκτα τῆς ὄψεως ἀπελάσας, ἀπόδος μοι τὸ σύνηθες βλέμμα
καὶ τὴν γλυκεῖαν ἡμέραν τῆς ὄψεως." Ἐπὶ τούτοις καὶ οἱ
σπουδάζοντες παίξαντες, καὶ οἱ δικάσαντες οὐδ' ὁτιοῦν ἐξ-
ετάσαντες, ἀλλὰ γελάσαντες ἅπαντες μεσοῦντος ἀπῆλθον
τοῦ δράματος. Ὁ δέ γε βασιλεὺς, ὥσπερ αὐτὸς ἑαλωκὼς
383 καὶ τῆς νίκης κεκρατηκὼς, | σῶστρά τε ἔθυε τῷ θεῷ καὶ τὰς
11 εὐχαριστηρίους ἀπεδίδου φωνὰς, συμπόσιον ἐπὶ τούτοις τοῦ
συνήθους λαμπρότερον, καὶ ἑστιάτωρ μὲν ὁ αὐτοκράτωρ καὶ
συμποσίαρχος, τὰ δὲ πρῶτα τῶν δαιτυμόνων αὐτὸς οὗτος ὁ
δραματουργὸς καὶ ἐπίβουλος.
15 CL. Ἐπεὶ δὲ ἡ βασιλὶς Θεοδώρα καὶ ἡ ἀδελφὴ Εὐπρεπία
κατὰ τὰς ποιητικὰς θεὰς τοῖς τελουμένοις δεινῶς ἐπεμίξαντο,
οὐδὲν ἐπιδεικνύμεναι χάριεν, ἀλλὰ μεμφόμεναι τὰ πλείονα
τὴν τοῦ βασιλέως ἁπλότητα, αἰσχύνεται ταύτας ὁ βασιλεὺς
καὶ ὑπερορίαν τοῦ ἑαλωκότος καταψηφίζεται, οὐ μακρὰν
20 ἀποικίσας, ἀλλ' αὐτοῦ που ἐπὶ μιᾶς τῶν πρὸ τῆς Πόλεως
νήσων ἐπιχωριάζειν προστεταχὼς, λούεσθαί τε ἐκεῖσε παρα-
κελευσάμενος καὶ πάσης ἐμπίπλασθαι ἡδονῆς· οὔπω δὲ
ἡμέραι δέκα παρεληλύθεσαν, καὶ ἀνακαλεῖται τοῦτον λαμπρῶς,
καὶ μείζονος ἀξιοῖ παρρησίας καὶ χάριτος. Ἡ δὲ τοιαύτη
25 διήγησις οὐκ ὀλίγα τῶν ἀτοπωτέρων παρεσιώπησεν, ὁπόσα
αἰσχύνην τε τῷ γράφοντι φέρει καὶ ὄχλον τοῖς ἐντυγχάνουσιν.
Ἐπεὶ δὲ οὐκ εἰς ἅπαν τέλος ὁ λόγος κατέληξε, δεῖται δὲ
πλείονος ἐπιπλοκῆς πρὸς ἀπαρτισμὸν, ἑτέραν παρενείρας
ὑπόθεσιν, ἧς ὁ λόγος δεῖται τοῦ διηγήματος, οὕτω δὴ αὖθις
30 ἐπαναστρέψας τοῖς ὑφηγησομένοις τὸ λειπόμενον ἀποδώσω.
CLI. Ἔξωρος ἤδη πρὸς συνουσίαν ἀνδρὸς ἡ βασιλὶς
καθειστήκει Ζωὴ, τῷ δέ γε βασιλεῖ τὰ τῆς ἐπιθυμίας ἐφλέγ-
μαινεν· ἤδη γὰρ καὶ ἡ Σεβαστὴ τούτῳ τετελευτήκει, καὶ
ὀαρισταίνων περὶ τὸν | ἔρωτα ἐπὶ πολλὰς πεπλάνητο φαν- p. 177
35 τασίας καὶ ἀνατυπώσεις ἀτόπους· φύσει δὲ ὢν περίεργος τὰ
ἐρωτικὰ καὶ μὴ εἰδὼς τὸ πάθος εἰς εὐκολίαν διαλύσασθαι

3. κατάστιθι.   34. ὁ ἀρισταίνων.

ΚΩΝΣΤΑΝΤΙΝΟΣ Θ' (1042—1055).

μίξεως, ἀλλ' ἀεί τινα ἐπεγείρων κύματα ἐπὶ ταῖς πρώταις εὐναῖς, ἐρᾷ τινος μείρακος, ὥς μοι καὶ ἄνω που τοῦ λόγου λέλεκται, ἐξ 'Αλανίας ὁμηρευούσης ἡμῖν· βασιλεία δὲ αὐτὴ οὐ πάνυ σεμνή, οὐδὲ ἀξίωμα ἔχουσα, τῷ δὲ 'Ρωμαίων κράτει τὸ ἐχέγγυον ἀεὶ διδοῦσα τῆς πίστεως· ἡ τοίνυν μεῖραξ 5 θυγάτριον τοῦ ἐκεῖσε βασιλεύοντος ἦν, οὔτε τὸ εἶδος ἀξιοθέατον, οὔτε τὴν θεραπείαν εὔδαιμον, δυσὶ δὲ μόναις κεκόσμητο χάρισι, λευκὸν ἦν τὴν χροιὰν καὶ καλλίστοις ἐπήστραπτεν ὄμμασιν· ἀλλ' ὅ γε βασιλεὺς ἅπαξ ἑαλωκὼς ταύτης, τοὺς μὲν ἄλλους κατέλυσεν ἔρωτας, σκηνοῖ δὲ παρ' αὐτῇ μόνῃ καὶ 10 σφοδρὸν ἐπ' αὐτῇ πόθον ἐγκυμονεῖ.

CLII. Ἀλλ' ἕως μὲν ἡ βασιλὶς βιώσιμος ἦν, οὐ πάνυ τι ἀνερρήγνυτο, ἀλλ' ἠγάπα λανθάνειν καὶ συγκαλύπτεσθαι· ἐπεὶ δὲ ἐτεθνήκει, αἴρει τὴν φλόγα τοῦ ἔρωτος καὶ ἀναρριπίζει τὸν πόθον, καὶ μονονοῦ παστάδα πηξάμενος ἑαυτῷ τὴν ἐρω- 15 μένην νυμφαγωγεῖ, καὶ ὁ μετασχηματισμὸς ἀθρόος τε καὶ καινός· τήν τε γὰρ κεφαλὴν ἀσυνήθης κόσμος ἐκύκλου, καὶ ἡ δέρη χρυσῷ κατηγλάϊστο, ἐπικάρπιοί τε ὄφεις χρυσοῖ τοὺς βραχίονας αὐτῇ διενέμοντο, καὶ τῶν ὤτων μαργαρῖται βαρεῖς ἀπεκρέμαντο, | ἡ δὲ ζώνη, χρυσὸς δὲ αὐτὴν καὶ μαργάρων 383* ὁρμαθὸς ἐσχημάτιζέ τε καὶ διεποίκιλλε· καὶ ἦν ἡ γυνὴ Πρω- 21 τεὺς ἀτεχνῶς ἐξαλλάττων καὶ ποικιλλόμενος.

CLIII. Ἐβούλετο μὲν οὖν ταύτην καὶ βασιλικῇ ἀναδῆσαι ταινίᾳ, ἀλλ' ἐδεδίει δύο ταῦτα, τόν τε νόμον τὸν ἀριθμὸν αὐτῷ τῆς συζυγίας ἐπιμετρήσαντα, καὶ τὴν βασιλίδα Θεο- 25 δώραν ὡς οὐκ ἀνεξομένην τὸ ἄχθος, οὐδὲ βασιλεύειν τε αἱρησομένην καὶ βασιλεύεσθαι· διὰ ταῦτα τοίνυν τοῦ μὲν σχήματος αὐτῇ τῆς βασιλείας οὐκ ἐκοινώνησε, μεταδίδωσι δὲ τοῦ ὀνόματος, Σεβαστὴν ἀνειπών, δορυφορίαν τε αὐτῇ βασιλικὴν διατίθεται, καὶ πάσας ἐπ' αὐτῇ θύρας | αἰτήσεων 30 ὑπανοίγνυσιν, ἐπιρρεῖ τε αὐτῇ χρυσῷ ποταμοὺς ῥέοντας καὶ ὀχετοὺς ὀλβίους καὶ εὐδαιμονίας ἄπειρα ῥεύματα. Αὖθις οὖν ἐσπαθᾶτο πάντα καὶ διεφθείρετο, καὶ τὰ μὲν ἐντὸς τῶν τειχῶν διεσκίδναντο, τὰ δὲ ἐξαγώγιμα εἰς τὴν βάρβαρον ἦν· καὶ τότε πρώτως ἡ τῶν Ἀλανῶν γῆ τῶν ἀπὸ τῆς ἡμετέρας Ῥώμης 35 ἐμπέπληστο ἀγαθῶν· κατήγοντο οὖν νῆες καὶ αὖθις ἀνήγοντο

8. ἐπίστραπτεν.   12. ἀλλ' ἱμὲν.   30. διατίθεσθαι.   32. εὐδαίμονας.

φορτίδες ὅλαι τῶν παρ' ἡμῖν τιμίων καὶ οἷς πάλαι τὸ τῶν Ῥωμαίων ἐζηλοῦτο βασίλειον.

CLIV. Ἐγὼ δὲ καὶ τότε μὲν ἐθρήνουν ὁρῶν τὰ πάντα οὕτω διατυφόμενα, καὶ νῦν οὐδὲν ἔλαττον ἀλγυνόμενος· εἰμὶ γὰρ εἴπερ τις ἄλλος φιλορώμαιος καὶ φιλόπατρις, ἔτι ἐπὶ τῷ ἐμῷ δεσπότῃ καὶ βασιλεῖ ἐπαισχύνομαι. Τοῦ γὰρ ἔτους δίς που καὶ τρὶς ἐξ Ἀλανίας πρὸς τὴν Σεβαστὴν ταυτηνὶ μείρακα πατρῷοι ἐφοίτων θεράποντες, οἷς ὁ αὐτοκράτωρ ταύτην ἐπὶ θεάτρου δεικνὺς ὁμευνέτιν τε καὶ βασιλίδα ἐκήρυττε καὶ ὠνόμαζε· καὶ τὰ μὲν αὐτὸς ἐκείνοις ἐδίδου, τὰ δὲ τῇ καλῇ γαμετῇ διδόναι παρεκελεύετο.

CLV. Ταύτης τοιγαροῦν ὁ ὑποκριτὴς ἐκεῖνος ἀνήρ, περὶ οὗ δὴ λέγων βραχύ τι ἐπεπαύμην, καὶ πρότερον ἤρα, καὶ μὴ τυχών, καὶ διὰ ταῦτα ἐπιβεβουλευκὼς καὶ τυχών, ἐπειδὴ τῆς ὑπερορίας ἐπανεληλύθει, αὖθις ἤρα σφοδρότερον. Ἐγὼ δὲ τοῦτο δὴ ἀκριβῶς συνιεὶς ᾤμην ἠγνοηκέναι τὸν αὐτοκράτορα, μᾶλλον δὲ ἀμφίβολος ἦν, ἔστησε δέ μοι τὸν λογισμὸν ἐκεῖνος πλανώμενον· συνειπόμην δὴ ἅπαξ κομιζομένῳ ἐπ' ἐκείνην τῷ αὐτοκράτορι, μέρος δὲ τῶν ἀκολουθούντων καὶ ὁ ἐραστὴς ἐγεγόνει· ἡ δὲ τηνικαῦτα ἐτύγχανεν ἐν τοῖς ἀδύτοις παρά τισιν ἑστῶσα κιγκλίσιν. Οὔπω δὲ τὸν βασιλέα κατασπασάμενον, ἔστησέ τις φροντίς, καὶ ὁ μὲν ἐπὶ ταύτης ἦν, ὁ δέ γε ἐραστὴς ἐπὶ τὴν ἐρωμένην ἐρρίπτει τὰ ὄμματα καὶ ἰδὼν ἠρέμα προσεμειδίασε, καὶ αὖθις ἄλλο τι ἐπεποιήκει ἐρωτικόν· ἐπεὶ δὲ πολλὴν πλάνην αὐτῷ ἐπεπορεύθη τὸ πρόσωπον, ὁ αὐτοκράτωρ ἠρέμα μοι τῇ χειρὶ νύξας τὴν πλευράν, "ὁρᾷς, ἔφη, παμπόνηρον ἄνθρωπον, ἐρᾷ γὰρ ἔτι, καὶ οὐδὲν αὐτὸν τῶν προλαβόντων ἀνέστειλεν." Ἐγὼ μὲν οὖν ἀκούσας ἐρυθήματος εὐθὺς ἐπληρώθην, τῶν δὲ ὁ μὲν προῄει, ὁ δὲ ἠναισχύντει μᾶλλον καὶ ἑώρα θαρραλεώτερον. Ἀλλ' ἀτελέστατα ἐγεγόνει πάντα· ὅ τε γὰρ αὐτοκράτωρ ἐτεθνήκει, ὡς ὕστερον ὁ λόγος ἐρεῖ, ἐκείνων δὲ ἡ μὲν Σεβαστὴ εἰς ὁμηρείας αὖθις μερίδα λελόγισται, τὸν δὲ μέχρι | φαντασμάτων ὁ τοῦ ἔρωτος ἀνάπτει πυρσός.

CLVI. Ὥσπερ δέ που ἐν ταύτῃ τῇ γραφῇ εἴωθα πολλὰ τῶν ἐν μέσῳ τῆς ὑποθέσεως τῆσδε παραλελοιπώς, αὖθις εἰς

8. ἐφοίτων. 18. δέ. 31. ὁ αὐτοκράτωρ. 32. ἐκεῖνον.

ΚΩΝΣΤΑΝΤΙΝΟΣ Θ' (1042—1055). 161

ἐκεῖνον ἄνειμι· καὶ πρῶτόν γε τὸν περὶ τῆς βασιλίδος Ζωῆς
ἀποδοὺς λόγον καὶ τῷ ἐκείνης θανάτῳ τοῦτον συμπερατώσας,
αὖθις ἑτέρας ἔξομαι ὑποθέσεως. Ἐκείνη γὰρ ὅπως εἶχεν ἐφ'
ἥβης οὔπω σαφῶς οἶδα, εἰ μὴ ὅσον ἀκοῇ μεμαθηκὼς ἄνω που
τοῦ λόγου ταύτην ἐπίστευσα. 5

Περὶ τῶν φυcικῶν ἰδιωμάτων τῆc Βαcιλίδος Ζωῆc.

CLVII. Ὡς δ' οὖν γηράσασα ἦν οὐ πάνυ τι εἶχε τοῦ
φρονήματος ἐρρωμένως· λέγω δὲ οὐχ ὡς περὶ παραφόρου
ταύτης ἢ ἐξεστηκυίας, ἀλλ' ὡς καὶ πραγμάτων μὲν παντά-
πασιν ἀδεοῦς, ὑπὸ βασιλικῆς δὲ ἀπειροκαλίας διεφθαρμένης 10
παντάπασιν· εἰ δέ που καὶ ψυχικῷ προτερήματι ἐκεκόσμητο,
ἀλλ' οὐδὲ τοῦτο διέσωσεν αὐτῇ καθαρὸν ἡ γνώμη, ἀλλὰ πλέον
ἢ δεῖ ἔχειν ἐπιδεικνυμένη, οὐ φιλότιμον ἀλλ' ἀπειρόκαλον
τοῦτο ὑπέφαινεν· ὑπεξῃρήσθω δὲ ταύτης τὸ περὶ τὸ θεῖον
σέβας, οὐδὲ γὰρ ἔχω ἐνταῦθα τὸ πλέον ἐπαιτιᾶσθαι, ἀνυπέρ- 15
βλητον δὲ αὐτῇ τὸ ἀγαθὸν τοῦτο ἐτύγχανεν ὄν, ἐξεκρέματο
γὰρ ὅλη τοῦ θείου καὶ πάντα ἐκεῖθεν εἷλκέ τε καὶ ἐνόμιζεν·
οὕτω μὲν οὖν καὶ ἄνωθί που τοῦ λόγου τῆς προσηκούσης
ἔτυχεν εὐφημίας· ὁ δέ γε λοιπὸς αὐτῇ βίος πῇ μὲν ἁπαλός τε
καὶ ἔκλυτος, πῇ δὲ σκληρὸς ἄγαν καὶ σύντονος, ἄμφω σὺν 20
οὐδενὶ λόγῳ καὶ παρὰ | βραχύ τι τοῦ χρόνου ἐπὶ ταὐτοῦ τὰ
ἰδιώματα διηλλάττετο· εἰ γοῦν τις αὐτὴν ἀθρόον ἰδὼν ὑπεκρίθη
τὸ πεσεῖν ἐξ ἀστραπῆς ὥσπερ πληγεὶς (τοῦτο γὰρ πολλοῖς
ἐπαίζετο κατ' αὐτῆς), χρυσοῖς εὐθὺς ἐδεδώρητο ἀποδέσμοις·
εἰ δὲ πλείοσι λόγοις εὐχαριστίας ἐχρήσατο, σιδηροῖς αὖθις 25
κατεδεῖτο δεσμοῖς· καὶ ἐπειδὴ τὸν πατέρα αὐτῆς ἐγνώκει
ἀφειδέστερον περὶ τὴν τῶν ὀμμάτων ἀφαίρεσιν, οὐκ ἔφθη
τις τὸ βραχύτατον πλημμελήσας καὶ ἐπὶ τὴν τοιαύτην
ἀπήγετο βάσανον, καὶ εἰ μὴ ὁ αὐτοκράτωρ οὐ ξυνεχώρει τὸ
ἔργον, πολλοῖς ἂν ἐπ' οὐδενὶ λόγῳ ἐξεχύθη τὰ ὄμματα. 30

CLVIII. Φιλοτιμοτάτη δὲ γενομένη πασῶν γυναικῶν,
καὶ διὰ τοῦτο πάντα συνδιαφθείρουσα, ὅτι μὴ μέτρον εἶχε
ταύτῃ τὸ καλόν, ὁμοῦ τε τῷ χρήματι ἀπηρίθμει καὶ θατέραν
χεῖρα ἐδεξιοῦτο τῷ κρείττονι κατὰ τοῦ λαμβάνοντος· εἰ δέ τις

3. ἐκείνης.   10. τε.   21. τε.   33. θατέρα.

M. P.   11

αὐτῇ κατὰ σπουδὴν τὰ τοῦ γένους διεξῄει καλὰ, καὶ μάλιστα ὁπόσα ὁ θεῖος Βασίλειος, ἠγάλλετό τε καὶ αὐτίκα μετέωρος ἦν τὴν ψυχήν. Ἑβδομηκοστὸν δὲ ἤδη ὑπερβᾶσα ἔτος τῆς ἡλικίας ῥυτίδα μὲν οὐκ εἶχεν ἐπὶ τοῦ προσώπου, ἀλλ᾽ ἤνθει
5 ὡς ἐπὶ νέῳ τῷ κάλλει· τῶν δέ γε χειρῶν οὐκ ἀτρόμως εἶχεν, ἀλλ᾽ ἐκεκλόνητο, συνεκεκύφει δὲ καὶ τὰ νῶτα· τῶν δέ γε περὶ τὸ σῶμα καλλωπισμῶν ἠμέλει παντάπασι, καὶ οὔτε χρυσοπάστῳ ἐχρῆτο στολῇ, οὔτε ταινίαις, ἢ κόσμοις περιδεραίοις, ἀλλ᾽ οὐδὲ φορτικῶς ἠμφίεστο, ἀλλ᾽ ἐλαφρᾷ τῇ στολῇ
10 τὸ σῶμα περιεκάλυπτε.

CLIX. Τῶν μέντοιγε βασιλικῶν φροντίδων οὐδ᾽ ἐκοινώνει τῷ αὐτοκράτορι, ἀλλ᾽ ἐβούλετο πάντη ἄσχολος εἶναι τῶν περὶ ταῦτα πόνων, οὐδὲ τῶν ὅσα γυναῖκας περὶ αὐτὰ ἀσχολεῖ, | ἱστόν φημι καὶ ἠλακάτην καὶ ἔριον καὶ τὸ ὑφαίνειν,
15 οὐδὲν τούτων ἐφρόντιζεν· ἑνὸς δὲ μάλιστα εἴχετο καὶ περὶ τοῦτο σπουδὴν ἐτίθετο πᾶσαν, θυσίαν προσάγειν θεῷ, οὐ φημὶ τοσοῦτον τὴν δι᾽ αἰνέσεων λογικῆς τε προσαγωγῆς καὶ ἐξομολογήσεως, ἀλλὰ τὴν δι᾽ ἀρωμάτων καὶ ὅσα τῆς Ἰνδῶν καὶ Αἰγυπτίων γῆς εἰς τὰ ἡμέτερα φοιτᾷ ὅρια.

20 CLX. | Ἐπεὶ δὲ ὁ λαχὼν αὐτὴν αἰὼν ἀπήρτιστο καὶ θνήσκειν ἔμελλε, βραχύ τι κατ᾽ αὐτῆς ἡ τῆς φύσεως ἕξις προοιμιάζεται· μαραίνεται γὰρ αὐτῇ ἡ περὶ τὰς τροφὰς ἐπιθυμία, καὶ τὸ ἐνδεὲς προσθήκην λαμβάνον πυρετὸν αὐτῇ ἀνάπτει ἐπιθανάτιον, καὶ συντηκόμενον αὐτῇ τὸ σῶμα καὶ
25 οἷον εἰπεῖν μαραινόμενον ἀγχοῦ τὸν θάνατον προεσήμαινε· καὶ ἡ μὲν αὐτίκα τὰ δεσμωτήρια <ἐνθυμεῖται>, ποιεῖται δὲ χρεῶν ἀποκοπὰς, ἀπολύει δὲ συμφορῶν τοὺς ἐνόχους αὐταῖς, ταμιεῖά τε βασιλικὰ ὑπανοίγνυσι καὶ ποταμηδὸν χεῖσθαι ἐᾷ τὸν ἐν ἐκείνοις χρυσόν· ἀλλ᾽ ὁ μὲν ἐν τούτοις οὕτως ἀφειδῶς,
30 οὕτως ἀκρατῶς, ἡ δὲ βραχύ τι δυσθανατήσασα καὶ τὴν ὄψιν ἀλλοιωθεῖσα μετατίθησι τὴν ἐνταῦθα ζωήν, δύο πρὸς τοῖς ἑβδομήκοντα ἔτη βιώσασα.

CLXI. Ἐγὼ δὲ τὸν περὶ τῆς βασιλίδος συντελέσας λόγον, ἐπὶ τὸν βασιλέα αὖθις ἐπάνειμι, τοσοῦτον ἐπειπών·
35 ἐβουλόμην μὴ ἱστορεῖν, μηδὲ φιλαλήθης ἐνταῦθα κατονομάζεσθαι, ἀλλ᾽ ἐγκώμια τῷ αὐτοκράτορι τούτῳ ποιεῖν, πολλῶν

15. οὐδὲ.   18. ὅση.   21. ἔξης.   30. δυσθανατίσασα.

γὰρ ἂν εὐπορήσαιμι καὶ καλῶν λόγων εἰς εὐφημίας ἔρανον, ὧν ἐκεῖνος δαψιλεῖς ἐδίδου τὰς ἀφορμάς· ὁ μὲν γὰρ ἐγκωμιάζων, ὅσα πρόσεστι φαῦλα τῷ ἐγκωμιαζομένῳ παραιτούμενος, ἐκ τῶν σπουδαιοτέρων ἐκείνῳ πλέκει τὸν ἔπαινον· κἂν πλεῖστα τἀναντία ᾖ, ἀρκεῖ τῷ ῥήτορι καὶ μία ὑπόθεσις σπουδαίαν τὴν πρᾶξιν ἔχουσα εἰς εὐφημίαν ἀρκοῦσαν, ὁπότε καὶ τὰ φαῦλα σοφιστικῶς μεταχειρισάμενος εἰς εὐφημίας καταβιάσαιτο ἀφορμήν· ὁ δέ γε συντιθεὶς ἱστορίας, ὥσπερ ἀπροσωπόληπτος καὶ ἀδέκαστος δικαστὴς οὐχ ἑτεροκλινής ἐστι τοῖς τῶν πράξεων μέρεσιν, ἀλλ' ἴσῳ σταθμῷ τοῖς λόγοις ἑαυτὸν διδούς, οὐδὲ μίαν σοφίαν ἐπάγει οὔτε τοῖς σπουδαίοις οὔτε τοῖς φαύλοις, ἀλλ' ἁπλῶς τε καὶ καθαρῶς τὰ πεπραγμένα διέξεισι, κἂν τῶν ὑποβεβλημένων τῷ λόγῳ προσώπων, ὁ μέν τις αὐτῶν σπουδαῖος ὢν διεφαύλισεν, ὁ | δὲ τῆς ἑτέρας μερίδος τυγχάνων χάριτάς τινας κατεβάλετο, οὐδ' ἑτέρων τῶν εἰς αὐτὸν πεπραγμένων ἐν τῇ ἱστορίᾳ λογίσεται, ἀλλ' ἕκαστον ἀναθήσει τῷ λόγῳ μετὰ τῆς οἰκείας πράξεως· ἐπεὶ εἴ γε δι' εὔνοιαν ἢ ψυχῆς εὐγένειαν δοθείη τῷ ἱστοροῦντι τῷ εὐνοϊκῶς πρὸς αὐτὸν σχόντι ἀντιχαρίζεσθαι καὶ τοῦθ' εἵνεκα δεκάζειν τοὺς λόγους, τίς ἂν πρὸ ἐμοῦ ἕτερος ταῖς ἐκ τῶν λόγων εὐφημίαις τουτονὶ τὸν αὐτοκράτορα κατεκόσμησεν, ὅς γε οὔπω με πρὸ τοῦ κράτους ἑωρακώς, ἐπειδὴ ἅπαξ εἶδεν, οὕτω μου ἑαλώκει τῶν λόγων ὡς δοκεῖν ἐκ τῶν ὤτων τῆς ἐμῆς γλώττης ἐκκρέμασθαι;

CLXII. Ἀλλ' οὐκ οἶδ' ὅπως καὶ τὴν τῆς | ἱστορίας διαφυλάξω ἀλήθειαν, κἀκείνῳ τὸ εἰκὸς σέβας ἀπομερίσομαι· ἡ δέ γε τῆς ἐμῆς ἀκριβείας περὶ τὴν ἀληθῆ ἱστορίαν ὑπερβολὴ καὶ μοῖράν τινα ἐκείνῳ σώζει τῆς κρείττονος ὑπολήψεως· εἰ γὰρ, ἀπερικαλύπτως ἐμοῦ καὶ τὰ δοκοῦντα φαῦλα ἐκείνου διακριβοῦντος, σώζεται ἐκ τῆς ἑτέρας μερίδος ἡ ἀρετὴ διαλάμπουσα, καὶ ὥσπερ ἐπὶ ζυγοῦ ἡ κρείττων πλάστιγξ κάτωθεν βρίθει ἀξιόλογόν τι βάρος τῶν πράξεων φέρουσα, πῶς οὐχὶ πάντας ἐκεῖνος ὑπερβαλεῖται τοὺς αὐτοκράτορας, ὧν ἐγκωμιαζομένων ὕποπτος ὦπται ἡ εὐφημία καὶ τοῦ πιθανοῦ μᾶλλον ἢ τοῦ ἀληθοῦς ἐχομένη; τίς δὲ τῶν πάντων

1. εὐπορήσασα.   10. ἑαυτῶν.   14. ὦν.   18. τὸ.
28. ᾧ.   30. διακριβοῦντα.

ἀνθρώπων, ἵν' ὑπὲρ τῶν ἐκείνου ἐλαττωμάτων ἀπολογίσωμαι, καὶ μάλιστα τῶν βασιλεύειν λαχόντων, ἐκ πασῶν ὤφθη τῶν πράξεων ἀναδεδεμένος τὴν κεφαλὴν ἐγκωμιαστικῷ διαδήματι; CLXIII. Ὁπότε γὰρ ὁρῶμεν τοὺς ὑμνουμένους ἐκείνους ἐν γνώμαις καὶ λόγοις καὶ πράξεσιν αὐτοκράτορας, Ἀλέξανδρον φημὶ τὸν Μακεδόνα καὶ τὼ διττὼ Καίσαρε, Πύρρον τε τὸν Ἠπειρώτην, καὶ Ἐπαμινώνδαν τὸν Θηβαῖον, καὶ Ἀγησίλαον τὸν Λακεδαιμόνιον, ἵνα μὴ λέγω τοὺς ἄλλους, οἷς βραχὺς ὁ ἔπαινος παρὰ τῶν ἐπαινούντων ἀνείλεκται, οὐκ ἴσῳ τῷ μέρει ἐς ἀρετὴν καὶ κακίαν διαμεριζομένους, ὡς ἔκ τε | τῶν ἀνα- p.183 γραψάντων τοὺς ἐκείνων βίους ἐγνώκαμεν, ἀλλὰ παρὰ πολὺ ἐπικλινεστέρους πρὸς τὸ φαυλότερον μέρος; τί δ' ἄν τις ἐρῇ περὶ τῶν ἐκείνους μιμησαμένων, εἴ γε βραχεῖ τῷ μέρει κατόπιν ἐκείνων ὤφθησαν; λέγω δὲ οὐκ ἐν πᾶσι τοῖς τῆς ἀρετῆς μέρεσιν, ἀλλ' ἐν οἷς ἐκεῖνοι τῶν ἄλλων μάλιστα κατωρθώκασιν.

CLXIV. Ἔγωγ' οὖν πρὸς ἐκείνους συγκρίνων τουτονὶ τὸν μέγιστον αὐτοκράτορα, ἐλάττονα μὲν πρὸς ἀνδρίαν οἶδα, μείζονα δὲ τοῖς ἄλλοις καλοῖς ἢ ὅσῳ τοῦ λοιποῦ μέρους τῶν καλλιστείων ἐκείνοις παρακεχώρηκεν· ὀξὺς γὰρ τὴν φύσιν ὤν, ἀγχίνους τε εἴ τις ἄλλος καὶ μνήμων διαφερόντως, τοσοῦτον τῆς θυμοειδοῦς ἐκράτει κινήσεως, ὡς δοκεῖν ἐξαίρετον τῶν ἄλλων λαχεῖν τὴν πραότητα· ἐμὲ γοῦν οὐκ ἐλάνθανεν ὥσπερ τις ἡνίοχος τὸν θυμικὸν ἵππον ἀνακρουόμενος· ἐξανθῆσαν γοῦν αὐτῷ τὸ αἷμα ἐπὶ τῆς ὄψεως, τό τε σῶμα ἀθρόως αὐτῷ κινηθὲν καθίστατο ἀθροώτερον καὶ τῷ λογισμῷ εὐθὺς μετεβάλλετο· εἰ δέ πού τι καὶ δι' οἰκονομίαν βασιλικὴν ἢ θρασυτέρᾳ ἐχρήσατο τῇ φωνῇ ἤ τισι πληγὰς ἐπηπείλησεν, αὐτίκα πως ἠρυθραίνετο ὥσπερ αἰδούμενος ὅτι παρὰ τὸ σύνηθες φθέγξαιτο.

CLXV. Δικάζοντι δὲ οὔτε τὸ κρατοῦν μέρος οὔτε τὸ καταψηφισθὲν διεδείκνυτο, μᾶλλον δὲ τὸ μὲν τὴν λευκὴν ψῆφον ἀπειληφὸς, αὐτὸ δὴ τοῦτο ἀπῄει καταλαμπόμενον, θάτερον δὲ τοῖν μεροῖν πρὶν ἄρα καὶ γνοίη τὴν ἧτταν οὐχὶ κρατήσειν ἤλπιζεν, ἀλλὰ μετὰ προσθήκης λαμβάνειν, ἐξῄει παρ' ἐλπίδα νενικηκός.

2. ὄφθη. 7. καὶ Ἠπ. ibid. Ἀντίγονον. 13. ἐκείνοις. 27. ἐπεπήλισεν. 29. φθέγξετο. 32. ἀπειληφώς. ibid. ἀπίει. ibid. καταλαμπόμενος. 33. τοῖς. 34. λαμβάνων.

CLXVI. Πλείστων δὲ αὐτῷ ἐπιβεβουλευκότων, καὶ τῶν γε πλειόνων καὶ ξίφος ἐπὶ τὴν ἐκείνου κεφαλὴν σπασαμένων, τὸ μὲν βουλόμενον ἐκείνῳ ἦν συγκαλύψειν | ἐκείνοις τὴν τόλμαν 385* καὶ κατὰ τὸ σύνηθες διαλέγεσθαι, ὡς μηδὲν ἐγνωκότι τῶν τετολμημένων, ἢ ὡς εὐθὺς τῆς ἀναιδείας ἐκεῖνον ἐπιλελησμένον· 5 ἐπεὶ δὲ οἱ παρὰ τὸ βῆμα καὶ ὅσοι τῆς πρὸς ἐκεῖνον οὐκ ἐστέρηντο παρρησίας πρὸς ὀργὴν | αὐτὸν ἀνηρέθιζον, ὡς αὐτίκα διαφθαρησόμενον, εἰ μὴ πρὸς ἄμυναν τῶν τολμησάντων διανασταίη, τοῦ θριάμβου πλέον ἐκεῖνος ἢ τῆς ἀκριβοῦς βασάνου ἐγίγνετο· δικαστὰς γὰρ αὐτοῖς περιστήσας καὶ τὴν τόλμαν 10 μεγαληγορήσας, οἷος ἐκεῖνος τὴν γλῶτταν εὔστροφος καὶ πολλῷ ῥέων τῷ ῥεύματι, ἐπειδὴ πεφρικότας εἴδοι, εἴς τινα βραχεῖαν καταλήγων ἄμυναν, καὶ ταύτην σὺν παιδιᾷ διατάξας, εὐθὺς ἠφίει τῆς τιμωρίας.

CLXVII. Τῶν μὲν οὖν δημοσίᾳ πεπραγμένων ἐκείνῳ 15 πολλοῖς τῶν ἐκεῖνα λογογραφεῖν ἐθελόντων παραχωρήσω, τῶν δ' ἀπορρήτων βραχύ τι μέρος ποιήσομαι ἐκφανές, ὅπερ ἐν μέσῳ τοῖς λόγοις κείμενον καὶ ἀμφίβολον ὂν τοῖς τε ἐπαινοῦσι καὶ ψέγουσιν, ἐγὼ τῶν ἄλλων ἐξαίρω ὁπόσα αὐτῷ τὴν κρείττονα ὑπόληψιν ἔσχηκε· τί ποτέ ἐστι τοῦτο; ᾔδει τὴν 20 αὐτοῦ ψυχὴν ἐπιεικεστάτην καὶ φιλανθρωποτάτην τυγχάνουσαν καὶ οὐδενὶ τῶν πάντων ὁπόσοι κατ' ἐκείνου λυττᾶν ἠβουλήθησαν εἰδυῖαν μνησικακεῖν· τοῖς μὲν οὖν μέτρια ἡμαρτηκόσι, λέγω δὴ μέτρια ὁπόσα ἄλλοις κακίας οὐκ ἔχει ὑπερβολήν, ἀπραγμόνως ἐχρῆτο τῇ τοιαύτῃ τῆς ψυχῆς ἕξει, 25 οὓς δὲ ἐγνώκει ἄχρις αὐτοῦ τοῦ κρείττονος ἀδικίαν λαλήσαντας, τούτους δὴ ἢ ὑπερορίᾳ καταδικάζων ἢ ὅροις εἴργων περιγραπτοῖς, ἢ δεσμὰ περιβάλλων ἄφυκτα, ὅρκοις ἑαυτὸν ἐδέσμει ἐν ἀπορρήτῳ μὴ ἄν ποτε δοῦναι ἐκείνοις τὴν ἄφεσιν.

CLXVIII. Ἐμὲ γοῦν τοῦτον ἅπαξ ἐπέχοντα ὡς οὐκ 30 ἂν ῥᾳδίως τοὺς ὅρκους φυλάξαιτο, πείθειν ἐδόκει μὴ ἄλλως δύνασθαι τῶν κακουργοτάτων τὰς ὁρμὰς ἐπισχεῖν· ἡμέρας μὲν οὖν τινας τῷ οἰκείῳ ἐτίθετο δόγματι, ἔτι γὰρ ἐπήνθει αὐτῷ ἡ δικαιοτάτη ὀργή, ἐπεὶ δὲ τοῦ συντόνου χαλασθείη ποτέ, ἔπασχε δὲ τοῦτο ἐπειδάν τινος ἠκηκόει ἐπαινοῦντος τὴν 35

3. ἐκεῖνο. ibid. ἦν συγκαλύψοιν.
12. ῥέον. ibid. πεφρηκότας. 13. ἤμυνα. 18. ὤν.
20. ἤδη. 25. ἐχρεῖτο. 27. ὑπερωρία.

ἐπιείκειαν καί τινας τῶν φθασάντων αὐτοκρατόρων ἐντεῦθεν μεγαληγοροῦντος, αὐτίκα ἐκείνων τε μεμνημένος καὶ τοῦ δεσμοῦ, τὰ μὲν δακρύων ἦν, τὰ δέ γε διαπορούμενος, ὅπως ἂν ἄριστα τῷ | πράγματι χρήσαιτο· συμβούλῳ γοῦν ἐμοὶ 5 χρώμενος περὶ τὴν τοιαύτην στάσιν τοῦ λογισμοῦ, ἐδίδου μᾶλλον τῷ φιλανθρώπῳ, ἑτέρῳ τρόπῳ τὸ θεῖον ἐξιλεούμενος.

CLXIX. Συμπαθεστέραν γοῦν ἔγωγε ψυχὴν οὔτε πρὶν ἑωράκειν, οὔτε νῦν ἐν οὐδενὶ τῶν πάντων κατανοῶ, ἀλλ' οὐδὲ φιλοτιμοτέραν ἢ βασιλεῖ πρέπουσαν· ἐκεῖνος γὰρ ὥσπερ ἐπὶ 10 τούτοις τὸ βασιλεύειν λαχὼν οὐδ' εἶναι τὴν ἡμέραν ἐκείνην βασιλεὺς ἐδόκει ἐν ᾗ μήτε τι φιλάνθρωπον ἐνεδείξατο μήτε τι τῆς φιλοτίμου παρεγύμνωσε γνώμης, οὐδὲ εἰς ψυχήν, ἵν' οὕτως εἴποιμι, εὔγεω τὰ τῆς εὐεργεσίας κατεβάλλετο σπέρματα, ὡς εὐθὺς τὸν τῆς εὐγνωμοσύνης | στάχυν ἀναδιδόναι, 15 οὐδὲ μᾶλλον ἐκείνη τὸν τῆς εὐχαριστίας ἀπεγέννα καρπόν, ἢ θ' οὗτος σπείρειν πεφιλοτίμητο τὴν ἐρίβωλον γῆν καὶ πίειραν.

CLXX. Ἀμέλει καὶ βραχεῖαν τῆς τοιαύτης αὐτῷ ἀρετῆς τοῖς φιληκόοις ὑπόθεσιν διηγήσομαι· ἐπὶ κλέμμασί τις ἁλοὺς στρατηγικῶν διοικήσεων, χρήμασιν ἐζημιοῦτο πολλοῖς, πολλα- 20 πλασίοις ὧν ἐκεῖνος ἐκέκτητο· ἦν δ' ἄρα καὶ οὗτος <τῶν> εὐδαιμόνων καὶ πολυχρύσων, καὶ ὁ εἰσπράττων τῶν ἀπαραιτήτων, τὸ βασιλικὸν γὰρ ἦν ταμεῖον καὶ ὁ δημόσιος· ὁ δ' ἄρα ἐδεῖτο καὶ βασιλικῆς ἀκοῆς ἵν' ἐκεῖθεν ἔχοι τὴν ψῆφον καὶ μὴ ἐπὶ πᾶσιν αὐτῷ ἰσχύῃ τὸ δημόσιον δικαστήριον· ἐπεὶ δὲ 25 ἀμφοῖν τοῖν μεροῖν ἡ πρὸς βασιλέα ἐδόθη εἴσοδος, παρῆσαν δὲ πολλοὶ τῷ ἀγῶνι, καὶ αὐτὸς πρὸ τῶν ἄλλων ὑπογραμματεύων καὶ τὰς τῆς Θέμιδος φωνὰς σημειούμενος, ἐπεὶ γοῦν εἰσῄεσαν ἄμφω, ὁ κεκλοφὼς ἐκεῖνος ἢ κεκλοφέναι δοκῶν εὐθεῖάν τινα καὶ συμπαθεστάτην ἀφῆκε φωνήν, μόνον ἐκ- 30 στῆναι τῶν οἰκείων τῷ δημοσίῳ, μὴ μέντοι γε καὶ τοῖς παισὶ χρεῶν ὑποσχέσεις κληροδοτῆσαι, αὐτίκα δὲ καὶ ἀπεδύετο τὴν ἐσθῆτα, ὡς ἂν ἐπὶ μόνῳ ἀπαλλαγείη τῷ σώματι.

CLXXI. Ἐπὶ τούτοις ὁ βασιλεὺς δακρύοις ἐπιτέγξας τὰ ὄμματα, "ἀλλ' ὦ βέλτιστε, ἔφη, εἶτα δὴ οὐκ αἰσχύναιο 35 τὴν | εὐδαιμονίαν ἀτιμάζων τοῦ γένους, οὕτω σαυτὸν εἰς

---

9. πρέπουσαν <μᾶλλον> · Bury.   10. ἡμετέραν.   15. οὐ.   23. τόν.
32. ἀπαλλαγείης.   34. αἰσχύναι ὁ.   35. οὕτως αὐτόν.

ἐσχάτην ἀθρόον καταγαγὼν πενίαν, ὡς καὶ δεῖσθαι τοῦ θρέψαντος καὶ τὸ σῶμα σκεπάσαντος;" Ἐπὶ τούτοις ἐκεῖνος, " ἀλλ' οὐδ' ἂν, ὦ βασιλεῦ, ἔφησεν, οὐδ' εἰ πάνυ βουλοίμην, τοῦτο δυναίμην ἂν ἐπ' αὐτῷ προσπορίσασθαι." Τί δὲ πρὸς τὸν λόγον ὁ βασιλεύς; "ἢν δέ τίς σοι τὸ εἰσπραττόμενον 5 χρέος ἐπιμερίσαιτο, ἀγαπήσεις ἂν τὴν ἰσότητα;—Ἐκ μηχανῆς, ἔφησεν οὗτος, ἔσται θεός! ἀλλ' οὐχ ὁρῶ εἴ τις ἐξ οὐρανοῦ κατέπτη, ἄγγελός τις ἢ θειοτέρα ψυχὴ, ἀνθρώπων εὐνομίας ἐφορῶσα καὶ ἐπιστρεφομένη τῶν πόλεων!—Ἀλλ' ἐγώ σοι ἐκεῖνος, ὁ αὐτοκράτωρ αὖθις εἰρήκει, καί σοι τὸ μέρος 10 ἐπικουφίζω τῆς ὀφειλῆς."

CLXXII. Καὶ ὁ μὲν οὕτως, ὁ δὲ οὐχ οἷός τε ἑαυτὸν κατασχεῖν, προσουδίζει τε τὸ γόνυ τῇ γῇ καὶ μικροῦ δεῖν τῷ τῆς χαρᾶς πλήθει ἐξεπεπνεύκει· ὁ δέ γε αὐτοκράτωρ τὸ σχῆμα τοῦ ἀνδρὸς αἰδεσθεὶς, " ἀλλά σοι, ἔφη, δύο μερίδας ἀφίημι τοῦ 15 ὀφλήματος·" καὶ πρὶν ἢ εἰς ὦτα ἐνηχηθῆναι αὐτῷ τὴν φωνὴν, " καὶ τὴν πρώτην," προσέθηκεν ἔπειτα. Ἐπεὶ δὲ ἐκεῖνος μηδὲ τοσοῦτον ἐσχηματίζετο τὸν αὐτοκράτορα δύνασθαι, τὸ πᾶν ἄχθος αὐτῷ τῆς ψυχῆς ἀπεσείσατο, καὶ ὡς τοῖς ὅλοις νενικηκὼς λαμπρόν τε ἀμπίσχεται καὶ τὴν κεφαλὴν ἀναδησάμενος 20 χαριστήρια ἔθυε τῷ θεῷ.

CLXXIII. Ταῦτα μὲν καὶ τοιαῦτα ἐρεῖ περὶ τούτου δὴ τοῦ αὐτοκράτορος, εἴ γέ τις βούλοιτο· εἰ δὲ καὶ ἐγκωμιάζειν αἴροιτο τὸν ἄνδρα, οὐδ' ἅπερ ὁ τῆς ἱστορίας λόγος ἴσως διαβαλεῖ ἔξω τῆς προσηκούσης εὐφημίας, ὅ γε πιθανώτατα τῶν 25 ῥητόρων ποιήσαιτο αὐτίκα, ἵνα τινῶν καὶ τῶν τῆς ἑτέρας μερίδος ἐπιμνησθήσωμαι. Ἐδίδου καὶ τῇ παιδιᾷ μερίδα τοῦ βίου τινὰ, καὶ τοῖς μὲν ἄλλοις | οὔτε τοὔνομα οὔτε τὸ πρᾶγμα ταύτης ἠλλάττετο, ἐκείνῳ δὲ σπούδασμά τε ἐδόκει καὶ σεμνότητι κατεχρῶννυτο· εἰ γοῦν ἄλσος ποιῆσαι βουληθείη ποτὲ, 30 ἢ περιτειχίσαι παράδεισον, ἢ ἐμπλατῦναι ἱππήλατον, οὐ τοῦτο μόνον ἐποίει ὅπερ πρώτως ἐβούλετο, ἀλλὰ θάτερά τε εὐθὺς | ἐγεγόνεισαν, καὶ λειμῶνες οἱ μὲν κατεχώννυντο, οἱ δὲ πρώτως περιεκλείοντο, ἀμπέλων τε καὶ δένδρων τὰ μὲν ἀπερριζοῦντο, τὰ δὲ μετὰ τῶν καρπῶν ἀπηυτοματίζοντο. 35

2. scrib. θρέψοντος—σκεπάσοντος Bury.   6. χρέως.   17. ἐπειδή.
19. ταῖς.   32. θέατρά.   33. κατεχώννυσαν.

CLXXIV. Τί ποτε δέ ἐστι τοῦτο; ἐβούλετο τῷ βασιλεῖ ψιλήν τινα πεδιάδα εἰς λειμῶνος ὥραν μεταποιῆσαι· αὐτίκα γοῦν ἐγίνετο τὸ βουλόμενον· τὰ γὰρ ἑτέρωθι φῦντα ἐκεῖσε μετὰ τῶν καρπῶν ἀπεκομίζοντό τε καὶ κατερριζοῦντο τῇ γῇ, 5 βῶλοί τε χλοηφόροι ἐξ ἀλσῶν καὶ ὀρέων ἀναχωννύμενοι τὸ ὑποκείμενον κατεπλήρουν πεδίον, ὁ δὲ, εἰ μὴ καὶ τέττιγες αὐτίκα ἐπὶ τοῖς αὐτοματισθεῖσι τερετίσουσι δένδροις, ἢ ἀηδόνες τὸ ἄλσος περιλαλήσουσι, δεινὸν ἐποιεῖτο, καὶ ἐν σπουδῇ τὸ πρᾶγμα τιθέμενος, αὐτίκα τῆς παντοδαπῆς ἠχοῦς 10 καταπήλαυε.

CLXXV. Ταῦτα τοιγαροῦν καὶ ὅσα τούτοις ἕπεται ἐμοὶ μὲν ἴσως οὐ βουληφόρῳ ἀνδρὶ προσήκοντα φαίνεται, ᾧ λαοί τ' ἐπιτετράφαται καὶ τόσα μέμηλε, κατὰ τὴν ποιητικὴν Καλλιόπην· ἕτερος δὲ καὶ τὸ φαινόμενον κάλλος θαυμάζων 15 θαυμάσει τῆς μεγαλουργίας τὸν αὐτοκράτορα καὶ ἐρεῖ ὁπόσα τὸν ἀκροατὴν πείθειν οἰηθείη, ὅτι τοσοῦτον ἦν αὐτῷ τὸ περιὸν τῆς συνέσεως ὡς καταμερίζειν τὸν βίον σπουδῇ τε καὶ παιδιᾷ, καὶ μὴ θατέρῳ μέρει πρὸς θάτερον ἐμποδίζεσθαι· ἀλλὰ τῇ μὲν σπουδῇ οὐδὲν ᾤετο προστιθέναι, οἰκείῳ γὰρ κάλλει κατε-20 κεκόσμητο, τὴν δέ γε παιδιὰν κατεχώννυεν ἀνθηρῷ βάμματι, μᾶλλον δὲ σεμνῷ κατεποίκιλλε σχήματι, καὶ ἐξήρκει τοῦτο εἰς σύνεσιν, ἀλλ' ἐπ' ἄλλοις ἐπιτιθέναι, καὶ τῇ φρονήσει τὴν φιλεργίαν νικᾶν, ἀκάματά τε καὶ ἀνήροτα ποιεῖν τὰ γεώργια, καὶ ὥσπερ ἐξ οὐκ ὄντων κατὰ τὸν πρῶτον δημιουργὸν μετὰ 25 τῶν ποιοτήτων οὐσιοῦν τὰ ποιήματα, τάς τε ὥρας νικᾶν τῷ ἑτοίμῳ τῆς μεταθέσεως, καὶ γεωργικῶν μὴ δεῖσθαι χειρῶν τῇ ἀγχινοίᾳ τῆς πλάσεως, καὶ θαυματοποιεῖν ἄντικρυς ὁπόσα ἐκείνῳ ἐδόκει, ὡς ἀπιστεῖν τοὺς πολλοὺς, ὅτι τὸ χθιζὸν ὁρῶσι πεδίον καὶ τὸ πρότριτα γήλοφον τριταῖον γήπεδον κατα-30 φαίνεται.

CLXXVI. Λέγω δὲ ταῦτα | νῦν ἄκροις ὡσανεὶ κατα- p. 188 χρώμενος ὅροις τῆς ῥητορικῆς τέχνης τε καὶ πειθοῦς, ἐπεὶ εἴ γέ τις βούλοιτο τελεωτέραν ἐργασίαν ἀποδοῦναι τῷ λόγῳ, πᾶσαν ἀκοὴν καὶ ψυχὴν μεταχειρίσαιτο πρὸς τὸ βούλημα· 35 ἀλλ' ἐμοὶ οὔτε τὰ τοιαῦτα τῶν ἔργων ἐν ἐπαίνοις τίθεται,

5. ὁρίων. 7. τερεττίουσι. 19. κατακεκόσμηται. 29. παιδίον. ibid. γήπαιδον.

μεμίσηνται δὲ καὶ αἱ περὶ τοὺς λόγους τέχναι, κλέπτουσαι τὴν ἀλήθειαν.

CLXXVII. Ἔχομαι γοῦν τῆς ἀληθοῦς ἱστορίας καὶ πόρρω τοῦ κύκλου τῶν ἐκείνου ταῦτα ποιοῦμαι καλῶν, ὥσπερ δὴ καὶ ἅπερ ἐπεπράχει μειρακιωδῶς περί τι μειρά- κιον ἀφελέστατον καὶ ἀνοητότατον, πέρυσιν οὔπω καλαμίδος ἡμμένον καὶ μέλανος, ἐκ τῶν βαράθρων καὶ τῶν τριόδων εἰς τὸν Ῥωμαϊκὸν ἀναβεβηκὸς ἄξονα· ὁ δὲ οὕτω τοῦ καθάρματος ἑαλώκει, ὡς μικροῦ δεῖν ἐπ' αὐτῷ τὴν βασίλειον ἡγεμονίαν ποιήσεσθαι· γλυκύτατον γοῦν παιδίον αὐτὸ κατωνόμαζε καὶ τὰ πρῶτα τῆς γερουσίας ἐτίθετο· τὸ δὲ ἄρα ἦν πρὸς πᾶσαν πρᾶξιν πεπηρωμένον παντάπασιν· ὁ δὲ ὅ τι δ' ἂν ἐκεῖνο φθέγξαιτο ἢ ποιήσειε, θείαν καὶ φωνὴν ἡγεῖτο καὶ πρᾶξιν· ἡ δὲ πρόφασις τῆς ἀθρόας πρὸς ἐκεῖνο ἀγαπήσεώς τε καὶ μεταθέσεως τοιαύτη τις ἐγεγόνει, ἀναβήσομαι δὲ βραχύ τι τῷ λόγῳ ἐπὶ τὰ πρότερον τῆς ἐκείνου ἀρχῆς.

CLXXVIII. Τῶν Ῥωμαϊκῶν σκήπτρων οὗτος ἐπειλημμένος ὁ αὐτοκράτωρ, ὡς ἐκ μακροῦ τοῦ πελάγους εἰς τοὺς βασιλείους λιμένας κατάρας, ἀναπνευστέα τε αὐτῷ ἐδόκει, καὶ ἐφ' ἑτέρῳ προσώπῳ τὴν τοῦ κράτους ποιεῖται διοίκησιν· γενναῖος ἦν οὗτος ὁ ἀνὴρ καὶ τὰ πρῶτα τῆς λογιότητος, τήν τε γλῶτταν εἶχε πρὸς πᾶσαν λόγων ἰσχὺν ἐμπαράσκευόν τε καὶ ἕτοιμον, καὶ τὰς πολιτικὰς πράξεις ἠκρίβωτο· τῇ γὰρ ῥητορικῇ τέχνῃ ἣν ἐκεῖνος ἐπὶ μᾶλλον ἐξώγκωσε, πιθανωτέραν ἀπεργασάμενος, τοὺς πολιτικοὺς νόμους καταμιγνὺς, τὸ ἄρθρον ἀκριβέσι συνδέσμοις κατέσφιγγεν, ὅπερ ἐστὶ τὸν προκείμενον νόμον ἐργασίαις τεχνικωτέραις ἐποίκιλλεν, εἶτα δὴ καὶ πρακτικώτατον ἄνωθεν εἰληχὼς νοῦν, τὰς δημοσίας πράξεις ἠκρίβωσε λογικώτατά τε καὶ εὐφυέστατα· πᾶσαν δὲ ἀγαπήσας καλλιέπειαν λόγου μεθηρμόσθη πρὸς τὸ πραγματικὸν εἶδος τῶν ὑποθέσεων, καὶ ἦν αὐτῷ ἡ γραφὴ πρὸς μὲν τοὺς ῥητορικοὺς τῶν λόγων καλλιεπὴς καὶ τὴν ἀτθίδα φωνὴν ἀκριβοῦσα, πρὸς δὲ τὰς πολιτικὰς πράξεις ἁπλῆ τις καὶ συνήθης καὶ καθαρά. Ἔπρεπε δὲ τῷ ἀνδρὶ τό τε εἶδος καὶ ἡ τοῦ σώματος ἀναδρομὴ, καὶ ἡ τῆς γλώττης περιβολὴ, εὔηχον γὰρ εἶχε καὶ τορὸν, καὶ

1. κλέπουσαι. 6. πέρισυν. 12. ἐκείνῳ.
29. λογικώτατός τε καὶ εὐφυέστατος.

μάλιστα οπότε εκ μετεώρου τας βασιλείους φωνας υπεκρίνετο.

CLXXIX. Τούτω δη τω καλλίστω ανδρι την αρχην πιστεύσας ο αυτοκράτωρ, αυτός τε ηρέμα πως απέπνει, άρτι του πελάγους υπεκδυς και αποπτύων την άλμην των συμφορών, τά τε πράγματα εν καλώ έκειτο, η μετετίθετο, και ο ανηρ περίοπτος ηρέμα γιγνόμενος εις την πρώτην ανήχθη της αρχής περιωπήν· ειτά τι γίγνεται· ζηλοί τούτον ο αυτοκράτωρ, και ως επ' εκείνω της βασιλείας μετατεθείσης ουκ είχεν υπενεγκείν την πληγήν· εβούλετο γούν και των πραγμάτων αυτοκράτωρ γενέσθαι, ουχ ίνα κρείττονα εκείνα ποιήσειεν, αλλ' ίνα αυτώ τα βουλεύματα επιτελή γένοιτο· εώκει γαρ παραδιοικείν, την αρχην ανειργόμενος παρα του κρατίστου ανδρός, οπηνίκα την βασιλικην εξιχνιάζοι | πορείαν.

CLXXX. Έγωγ' ουν τούτο εκ τινων κατανενοηκως συμβόλων, αυτάγγελος εκείνω γίγνομαι της βαθείας γνώμης του αυτοκράτορος· ο δε γενναίος τις άρα ων, ούτε υφήκέ τι του τόνου, ούτε υπέδωκεν εκείνω τον χαλινόν, φιλόσοφον φωνην επαφείς, ως ουκ αν εκων ειναι διαφθείροι τον βασιλέα, οπηνίκα δε του άρματος αποβαίη και επ' εκείνω η διοίκησις γένοιτο, ουκ αν αυτώ φθονήσοι της όλης μεταποιήσεως.

CLXXXI. Άπαξ γούν αυτώ μηνίσας ο αυτοκράτωρ των βασιλείων αυτον μετατίθησι πράξεων, και ίνα μή τις αυτώ εμποδων είη, ώτα κωφα του νου προίστα. Και τούτο δ' αν τις εις έπαινον ρητορεύσειεν, ότι φρονήσεως γέμων ο βασιλευς και προς πασαν πραξιν επ' αυτώ | επαρκων ετέρας ουκ εδείτο χειρός. Ο μεν ουν τον άνδρα μετατίθησι της αρχής, ο δέ γε θεος επι της κρείττονος τούτον μερίδος ιστά, και της εαυτού θείας σοφίας μυσταγωγον και μύστην καθίστησιν, όπερ προϊων ο λόγος ερεί εντελέστερον.

CLXXXII. Ταύτα μεν ουν αμφίλογα τω αυτοκράτορι και ταις διαφόροις υπολήψεσι των ανθρώπων μεταρριπτούμενα και όσα περ άλλα ερείν προήρημαι, ουδέν τι μέτριον των πάντων εποίει, αλλα πασιν οις εβεβούλητο τόνους εδίδου και ακμας και οξύτητας· εί τε γούν ερώη τινός, ουκ είχεν αυτώ μέτρον ο έρως, εί τε μηνιώη τινί, τα μεν αυτώ των προσόντων

15. τούτον. 26. πασιν. 27. ηδείτο. 36. ορώς. ibid. μηνιω τινά.

ΚΩΝΣΤΑΝΤΙΝΟΣ Θ' (1042—1055). 171

κακῶν ἐπετραγῴδει βαρυθυμότερον, τὰ δ' ἀνέπλαττεν, εἰ δὲ καὶ ἀγαπῴη, οὐκ εἶχέ τις τῆς τοιαύτης ὑποθέσεως νοῆσαι ὑπερβολήν.

CLXXXIII. Τῆς γοῦν βασιλίδος Ζωῆς ἀπεληλυθυίας τῶν τῇδε ἐν γήραϊ μακρῷ, ὁ περὶ ἐκείνην πόθος αὐτῷ εἰς μέσην καρδίαν παραμεμένηκεν, οὐχ ὥστε θρηνῆσαι μόνον, οὐδὲ δακρύοις κατασπεῖσαι τὸν ἐκείνῃ τύμβον, οὐδὲ τὸ θεῖον αὐτῇ εὐμενίσασθαι, ἀλλ' ἐβούλετο ἰσοθέου αὐτὴν ἀξιῶσαι τιμῆς· αὐτίκα στυλίσκου τινὸς τῶν περὶ τὸν ἐκείνης τάφον ἀργύρῳ περιηλειμμένου ὑγρότητά τινα προσειληφότος κατά τι μέρος ἔνθα ἡ κρείττων ὕλη διέσχιστο, καὶ βραχύν τινα μύκητα κατὰ τοὺς φυσικοὺς ἀναδόντος λόγους, ὁ δὲ ἐνθουσιασμοῦ τε πλήρης ἐγένετο καὶ βοῆς ἐνεπίμπλα τὰ βασίλεια, ὡς τοῦ κρείττονος παραδοξοποιήσαντος ἐπὶ τῷ τύμβῳ τῆς βασιλίδος, ἵν' ἅπαντες γνοῖεν ὅτι ἀγγέλοις ἡ ἐκείνης ψυχὴ συνηρίθμηται· οὐδεὶς μὲν ἠγνόει τὸ πεπραγμένον, σύμπαντες δὲ τὸν ἐκείνου ζῆλον ὑπέτρεφον, οἱ μὲν δεδιότες, οἱ δ' ἀφορμὴν τὸ πλάσμα εὐπορίας βίου ποιούμενοι.

CLXXXIV. Καὶ περὶ μὲν τὴν βασιλίδα τοιοῦτος ἐγνώριστο· τὴν δέ γε ἀδελφὴν Ἑλένην οὐδὲ τῶν τῇδε μεταστᾶσαν μικροῦ δεῖν ἐγνώκει, οὐδ' εἴ τις εἰρήκει τὴν ἐκείνης μετάθεσιν ἐς τὸ συμπαθέστερον τοῦτον ἐκίνησεν· εἰ δὲ καὶ ἡ ἑτέρα ἐκείνου | προαπεληλύθει, ἣν ἄνωθί που ὁ λόγος ἐγνώρισε, κἂν ἐπὶ ταύτης ἐμεμενήκει τῆς διαθέσεως.

CLXXXV. Ὁ δέ γε λόγος τὰς ὑπερβολὰς ἐκείνου καταιτιώμενος ἐπ' αὐτὸ δὴ χωρεῖ τὸ κεφάλαιον, φημὶ δὴ ὃν ἐκεῖνος ναὸν τῷ μάρτυρι Γεωργίῳ καθίδρυσεν, ὃν δὴ πάντα συνέτριψε καὶ ἠφάνικε, καὶ τέλος καὶ αὐτὸν ἐκεῖνον τοῖς συντριβεῖσι προσέθετο· ἤρξατο μὲν οὖν αὐτῷ ἡ ὑπόθεσις | οὐκ ἀπὸ κρείττονος ἀφορμῆς, περὶ ἧς οὐδὲν δέομαι λέγειν· ἐῴκει δὲ τὴν πρώτην οὐκ εἰς μέγα προχωρήσειν, θεμέλιοι γὰρ μέτριοι κατεβέβληντο, καὶ ἐπὶ τούτοις ἀνάλογα πάντα, τό τε ὕψος οὐ πάνυ αἰθέριον· εἶτα δὴ χρόνου διαλυθέντος τινός, ἔρωτές τινες αὐτὸν ὑπεξέκαιον ὥστε πρὸς πάσας τὰς πώποτε γεγονυίας ἁμιλληθῆναι οἰκοδομὰς καὶ ταύτας ὑπερβαλέσθαι

7. τύμωον. 9. τὴν ἑ. 11. διέσχηστο.
13. ἐνεπίμπλαν. 21. δὴν. 22. ἡ δὲ.

μακρῷ· περίβολος γοῦν μείζων ἐκύκλου τὸ τέμενος, καὶ τῶν κρηπίδων αἱ μὲν ἀνερριπτοῦντο καὶ ἀνεχώννυντο, αἱ δὲ αὖθις βαθύτερον κατεχώννυντο, καὶ ἐπὶ τούτοις κίονές τε μείζους καὶ ποικιλώτεροι, καὶ τεχνικώτερα πάντα, καὶ χρυσὸς ὑπα-
5 λείφων τὸν ὄροφον, τῶν δὲ λίθων ὁπόσαι χλοάζουσιν αἱ μὲν κατεστρώννυντο, αἱ δὲ τοῖς τοίχοις ἡρμόζοντο, καὶ ἄλλη τις ἐφ᾽ ἑτέρᾳ ἐπῄνθει, ἢ ἐφ᾽ ὁμοίῳ τῷ χρώματι ἢ ἐναλλὰξ παραλλάττουσαι· ὁ δὲ χρυσὸς ἀπὸ τῶν δημοσίων ταμιείων ὥσπερ ἐξ ἀφθόνων πηγῶν καχλάζοντι ἐπέρρει τῷ ῥεύματι.
10 CLXXXVI. Ἀλλ᾽ οὔπω τέλος ὁ ναὸς ἐσχήκει, καὶ αὖθις πάντα ἠλλοιοῦτο καὶ μετετίθετο, καὶ διελέλυντο μὲν αἱ ἀκριβεῖς ἁρμονίαι τῶν λίθων, τοῖχοί τε διερρήγνυντο, καὶ ἀπεστρώννυντο σύμπαντα· ἡ δέ γε αἰτία, ὅτι ὁ πρὸς τοὺς ἑτέρους ναοὺς ἐκείνῳ ἀγὼν οὐ πάντῃ κατώρθωτο, ἀλλὰ πρὸς
15 ἕνα τῶν πάντων ἁμιλληθεὶς, τὰ δευτερεῖα ἠνέγκατο· τεῖχος οὖν αὖθις ἕτερον κατεπήγνυντο, καὶ κύκλος ἀκριβὴς ὡσπερεὶ κέντρον τὸν τρίτον νεὼν τεχνικώτερον ἵν᾽ οὕτως εἴποιμι κατεγέγραπτο, καὶ πάντα λαμπρὰ καὶ αἰθέρια· ὁ μὲν | γὰρ p. 192 ναὸς ὥσπερ τις οὐρανὸς χρυσοῖς ἀστράσι πάντοθεν ἐπεποί-
20 κιλτο, μᾶλλον μὲν ⟨οὖν⟩ τὸ μὲν αἰθέριον σῶμα ἐκ διαστημάτων κατακεχρύσωτο, ἐκείνῳ δὲ ὁ χρυσός, ὥσπερ ἐκ κέντρου ῥυεὶς ἀφθόνῳ τῷ ῥεύματι, πᾶσαν ἀδιαστάτως ἐπέδραμεν ἐπιφάνειαν· οἶκοί τε πέριξ περίδρομοι καὶ ἀμφίδρομοι, ἱππήλατα πάντα καὶ τοὺς ὀφθαλμοὺς οὐχ ὁρίζοντα, ἀλλ᾽ ἦσαν αἱ ἀκρότητες
25 ἄγνωστοι, καὶ τὰ μὲν δεύτερα τῶν πρώτων μείζονα, τὰ δ᾽ ἐπὶ τούτοις λειμῶνες ἀνθέων πλήρεις, οἱ μὲν πέριξ, οἱ δὲ κατὰ μέσον διήκοντες, ὑδάτων δὲ ἀγωγὴ καὶ φιάλαι ἐκεῖθεν πληρούμεναι, καὶ τῶν ἀλσῶν οἱ μὲν μετέωρον, οἱ δ᾽ εἴς τε δενδράδας καθήμενοι, καὶ λουτροῦ χάρις ἀμύθητος· οὗ δὴ
30 εἴ τις τὸ μέγεθος ἐπιμέμψασθαι βούλοιτο, εὐθὺς ἀνείργεται τῷ κάλλει καταλαμπόμενος· ἐξήρκεσε γὰρ τοῦτο τοῖς τοῦ μεγέθους ξύμπασι μέρεσιν, ὡς ἐθέλειν καὶ εἰς μείζονα ὄγκον οἰκοδομεῖσθαι, ὅπως ἡ χάρις ἐπιχυθείη τῷ λείποντι· οὐκ ἂν δέ τις εὐκόλως τοὺς ἔνδοθεν λειμῶνας πάντας συμπεριλάβοι,
35 οὔτε ταῖς ὄψεσιν, οὔτε μὴν ταῖς νοήσεσιν.

11. μετατίθετο. 16. κατεπήγνυντο. 18. ἐθέρια.
21. κατακεχρύσωται, κατακεχρύσωτο Bury. 29. διάδας. ibid. οὐ.
31. καταλαμπώμενος.

CLXXXVII. Οὐ γὰρ καὶ τὸ ξύμπαν ὑπερβαλλόντως καλὸν ὡς ἐκ μερῶν συμπεπλεγμένον καλλίστων, ἀλλ' οὐδὲν ἧττον καὶ τὰ ἐπὶ μέρους εἰς αὐτὸ ἕκαστον τὸν θεατὴν ἐπισπᾶται, καὶ κατ' ἐξουσίαν τῆς τῶν χαρίτων προκειμένης ἀπολαύσεως οὐκ ἔστιν οὐδὲ μιᾶς εἰς κόρον τυχεῖν· ὑφαρπάζεται γὰρ παρ' ἑκάστου ἡ ὄψις, καὶ τό γε θαυμασιώτερον, κἂν τὸ κάλλιστον τῶν πάντων ὁρῷης, τοὔλαττον ὡς νεοφανὲς ἐπισπάσει σε, καὶ οὐδὲ διακρῖναι δυνήσῃ τί ποτε μὲν τὸ ἐξαίρετον, τί δὲ τὸ μετ' ἐκεῖνο, καὶ αὖθις τὸ μετὰ τοῦτο· εἰ γὰρ καὶ οὕτως ἔχοι τὰ μέρη, ἀλλ' ἀρκεῖ καὶ τὸ τελευταῖον καλὸν εἰς τελεωτάτην ἀπόλαυσιν. Καὶ τοῖς μὲν ἄλλοις μεθ' ὑπερβολῆς ἕκαστον ἐθαυμάζετο, τὸ μέγεθος τοῦ νεώ, τὸ ἰσόμετρον κάλλος, ἡ | τῶν μερῶν ἀναλογία, ἡ τῶν χαρίτων μῖξις καὶ κρᾶσις, αἱ τῶν ὑδάτων ἐπίρροιαι, ὁ περικλείων περίβολος, ἡ λειμωνία ἄνθη, ἡ | δροσώδης βοτάνη καὶ κατάρρυτος ἀεὶ τοῖς ὕδασιν, αἱ τῶν δένδρων σκιαί, ἡ τοῦ λουτροῦ χάρις, καὶ ὥσπερ ἐπὶ πεπερασμένης κινήσεως μηδὲν εἶναι τὸ ἐπέκεινα τῶν ὁρωμένων ἕκαστος ᾤετο.

CLXXXVIII. Τῷ δέ γε αὐτοκράτορι ἀρχαὶ σύμπαντα τῶν μελλόντων κατελογίζετο· ἔμελλε γὰρ τεράστιά τινα τοῖς γενομένοις ἐπινοήσεσθαι· οὕτως αὐτῷ ἡ γνώμη ἠώρητο· καὶ τὸ μὲν γεγονός, ὅπως ἂν ἐγεγόνει καὶ ὁποῖον ἂν τὴν ὥραν διεγινώσκετο, καταπεφρόνητό οἱ παραυτίκα καὶ κατημέλητο, ὃ δ' ἐνθυμηθείη εἰς προσθήκην ἐργάσασθαι, τοῦτο δὴ αὐτὸν ὑπεξέκαιε καὶ εἰς ἔρωτα τοῦ ἀφανοῦς ἔθελγεν.

CLXXXIX. Ἑτερογνώμων δὲ τὴν ψυχὴν ὢν καὶ μὴ πάντῃ ἑαυτῷ ὅμοιος, τὸ μὲν κράτος αὐτῷ ὀνομαστότατον προεθυμεῖτο ποιήσασθαι, καὶ μέντοι γε καὶ τοῦ σκοποῦ οὐ πάντῃ διήμαρτε· τὰ γὰρ πρὸς ἕω τῆς ἡγεμονίας ὅρια πολὺ πορρωτέρω ἐπεποιήκει, οὐ βραχύ τι μέρος τῆς Ἀρμενίων οἰκειωσάμενος γῆς, καί τινας ἐκεῖθεν ἡγεμόνας ἐξώσας καὶ τῷ τῶν ὑπηκόων κύκλῳ συντάξας· αὖθις δὲ πρὸς ἑτέρους διαπρεσβευόμενος, δέον ἐξ ὑπερυψήλου φρονήματος πρὸς αὐτοὺς φθέγγεσθαι, ὁ δὲ τὴν παρ' ἐκείνων δῆθεν φιλίαν ἑαυτῷ

2. συμπεπλεγμένων. 7. τούλάττονος. 8. τε.
ibid. δυνήσει. 10. οὗτος. 14. μίξεις καὶ κράσεις.
17. περασμένης. 32. ἑτέρου.

μνηστευόμενος ταπεινοτέροις ἢ προσῆκεν ἐπέστειλε γράμμασι.

CXC. Τῷ γοῦν ἐν Αἰγύπτῳ δυνάστῃ ὥσπερ ἐξεπίτηδες παρεχώρει τοῦ μείζονος, ὁ δὲ ἄρα κατετρύφα τῆς ἐκείνου 5 ὑφέσεως, καὶ ὥσπερ παλαιστὴς ἐκπίπτων τοῦ κύκλου, οὐκ ἐπὶ τὰς αὐτὰς λαβὰς, ἀλλ' ἐπεξουσίαζε ταῖς ἀντιλήψεσι σοβαρώτερον· πολλάκις γοῦν ἐμοὶ τὰ πρὸς ἐκεῖνον πιστεύων ἀπόρρητα καὶ ἐπιστέλλειν προστάττων, ἐπεί με ᾔδει φιλόπολίν τε ὄντα καὶ φιλορώμαιον, ὑπετίθει πῶς ἂν ἑκὼν εἶναι 10 τοῦτον μὲν ταῖς ὑφέσεσιν ἀτιμάσω, ἐκείνῳ δὲ τὸ μεῖζον περιποιήσομαι μέγεθος· ἀλλ' ἐγὼ ἐλάνθανον ταῖς περιτροπαῖς τοὐναντίον ποιῶν, καὶ ἄλλο μὲν τὸ φαινόμενον τῷ κρατοῦντι διδοὺς, ἐλλοχῶν δὲ πρὸς ἐκεῖνον καὶ λεληθότως διαφαυλίζων τοῖς ἐνθυμήμασιν· | ὅθεν ἐπειδὴ τὸ σχῆμα τὸ ἀσαφὲς εἶχεν, p. 194 15 αὐτὸς τὰς πρὸς τὸν Αἰγύπτιον ἐπιστολὰς ὑπηγόρευεν. Ὅπερ δὲ ὁ Κῷός φησιν Ἱπποκράτης περὶ τῶν σωματικῶν ἕξεων, ὡς ἐπειδὰν πρὸς ἄκρον αὐξήσωσιν, ἐπειδὴ μὴ ἀτρεμεῖν δύνανται, τῷ συνεχεῖ τῶν κινήσεων ἐπὶ τὸ κάταντες ὀλισθαίνουσι, τοῦτο δὴ αὐτὸς οὐκ ἔπασχε μὲν, ἔπραττε δὲ τοῖς φίλοις, 20 ἠρέμα μὲν μετεωρίζων, ἀθρόον δὲ κατάγων καὶ τἀναντία τῶν προτέρων ποιῶν, εἰ καὶ αὖθις, ὥσπερ ἐν παιδιαῖς κύβων, ἐνίους τούτων ἐπὶ τὰς προτέρας μετετίθει ἀρχάς.

Περὶ τῆς τοῦ Ψελλοῦ ἀποκάρσεως.

CXCI. Τοῦτο δ' ἐς τοῦ λόγου τὸ πρόβλημα ἀρχή τις 25 γενήσεται καὶ ὑπόθεσις τῆς ἐμῆς ἐπὶ τὸν κρείττονα βίον μεταποιήσεως· ἐθαύμασαν γοῦν οἱ πολλοὶ, ὅτι ὥς ποτε τὴν κατὰ βραχύ μοι συναυξηθεῖσαν λαμπρότητα, ὁπότε δὴ καὶ τὰς τῶν πολλῶν ὑπερβέβηκα βασκανίας, ἀθρόον ἀρθεὶς ἐπὶ τὸν θειότερον μετελήλυθα βίον· τοῦτο δέ μοι πεποίηκε καὶ 30 ἔμφυτός τις ἔρως ἐκ πρώτης ἡλικίας τῇ ἐμῇ ψυχῇ ἐντακεὶς καὶ ἡ ἀθρόα τῶν γινομένων μεταβολή· ἔδεισα γοῦν τὸ τοῦ ἀνδρὸς εὐμετάβολον ὁρῶν, ὥσπερ | ἐν πολέμῳ ἄλλον ἐπ' ἄλλῳ ἀγόμενον καὶ φερόμενον· ἵνα δὲ τὴν περὶ ἐμὲ ξύμπασαν ὑμῖν

5. πάλαι στῆς.   10. τοῦτο.   12. ἄλλω.   22. μετετέθει.
24. δὲς.   25. τὸ.

ἐξιχνιάσω ὑπόθεσιν ἐκ κεφαλῆς τοῦ λόγου ποιήσομαι τὴν διήγησιν.

CXCII. Ἐμοὶ φιλίας μὲν ἀφορμαὶ καὶ πρὸς πολλοὺς ἕτέρους γεγόνασι, μάλιστα δὲ δύο τινὲ ἄνδρε ἐξ ἑτέρων πατρίδων τὴν σεβαστὴν Ῥώμην οἰκήσαντε ἐν μέσαις αὐτῶν ἡρπάκασι ταῖς ψυχαῖς· λόγος δὲ τῆς συμφυΐας ὁ τῶν μαθημάτων ἐγένετο λόγος· ἀλλ' ἐκείνω μὲν ἤστην πρεσβυτέρω, ἐγὼ δὲ παρὰ πολὺ ἐκείνων νεώτερος· καὶ εἰ μή μέ τις αἰτιάσαιτο μηδὲν τῆς ἀληθείας ἐφιέμενον, ἐκείνω μὲν ἐρασταὶ τῆς φιλοσοφίας ἐτύγχανον ὄντε, ἐγὼ δὲ ἐφιλοσόφουν τὰ τελεώτερα· ἐπεὶ δέ μοι ξυνεγεγόνεισαν, ἐγνώρισάν πως ἐπ' ἐμοὶ ἑκά|τερος τὴν οἰκείαν ψυχήν, οὐδὲν δὲ ἧττον καὶ αὐτὸς παρὰ ταῖς ἐκείνων ἐγεγόνειν, καὶ ἀλλήλων ἐτυγχάνομεν ἐκκρεμεῖς· ἐμοὶ δὲ ἄρα ὥσπερ ὁ λόγος ἐγεγόνει πρεσβύτερος, καὶ τὰ τῆς ψυχῆς, ἵν' οὕτως εἴποιμι κατὰ τὸ ὅμοιον προὔλαβε, καὶ πρώτως ἐκείνων ἐφεστήκειν τοῖς ἀνακτόροις· οὐκ ἀνεκτὸν δὲ ἡγούμενος ἐν οὐδενὶ ἐκείνων ἀποτετμῆσθαι, τὸν μὲν αὐτίκα τῷ βασιλεῖ προσῳκείωσα, τὸν δὲ μετὰ ταῦτα, οὐ γὰρ ἦν ἐκείνῳ βουλομένῳ εὐθὺς προσιέναι τῷ αὐτοκράτορι.

CXCIII. Ἐπεὶ δ' ἐντὸς τοῦ βασιλείου βήματος ἐγεγόνειμεν ξύμπαντες καὶ τῆς λεγομένης εὐδαιμονίας εἰς κόρον κατετρυφήσαμεν, ὥσπερ ἔδει τῶν πραγμάτων κατέγνωμεν, καὶ οὐ πάνυ τι οἰκείως πρὸς τὴν αἰσθητὴν ταύτην λαμπρότητα εἴχομεν, ἀλλ' ὅπερ ἐβούλετο ἕκαστος εἰπεῖν μὲν ὤκνει, ἐπὶ δὲ τοῦ στήθους ἔχων εἰς καιρὸν τὴν ἔκφρασιν ἐταμίευε· γίνεται δ' οὖν ἡμῖν ὁ αὐτοκράτωρ ταύτης πρωταίτιος, τὸν ἀρχικὸν ἐκεῖνος ἐπὶ πᾶσι τοῖς ἐπιβεβηκόσι τροχὸν κινῶν καὶ τούς γε πλείονας ἀποκρημνίζων καὶ κατασπῶν· ἐπεὶ δὲ καὶ αὐτοὶ τῷ κύκλῳ ἐνεβεβήκειμεν, ἱκανῶς διεπτόησε μή πως ἐπὶ μάλιστα διασείσας τὴν νήτην καὶ ἡμᾶς ἀπορρήξοι ἐκεῖθεν, οὐ πάνυ ἀπρὶξ ἐξομένης τῆς ἄντυγος.

CXCIV. Αὕτη τῆς κοινῆς μεταθέσεως ἡμῖν ἡ ὑπόθεσις, τοῦτο τὸ πάθος ἐπὶ τὴν κρείττονα ζωὴν ἡμᾶς μετεσκήνωσεν· ἅπαξ γοῦν ποτε εἰς ταὐτὸ συνεληλυθότες, ὥσπερ ἀπὸ συνθήματος ἕκαστος πρὸς ἀλλήλους τὸ κεκρυμμένον ἐνθύμημα ἐκκαλύπτομεν, καὶ ὥσπερ σπεισάμενοι ἐπὶ τούτοις καὶ

11. πω.   13. ἐκτρεμεῖς.   30. νίτην κ. ἡ. ἀπορράξει.

ἀειπαγεῖς συνθήκας πεποιηκότες, τὸ μὲν αὐτίκα καὶ ἀθρόον καὶ ξύμπαντας ποιήσασθαι τὴν μετάθεσιν δεόντως ἀνεβαλόμεθα, ἕψεσθαι <δὲ> τῷ προηγησαμένῳ ἡμᾶς καθένα ἀρρήτοις ὅρκοις κατεδεσμήσαμεν.

5 CXCV. Καὶ πρῶτός γε ἡμῶν ὁ μάλιστα ἐπὶ μέγα τῆς τύχης ἀρθεὶς τῆς πρὸς θεὸν πορείας ἀπάρχεται, καὶ οἷος ἐκεῖνος, στήσας ἐν ἀκριβεῖ βάσει τὴν γνώμην καὶ τῷ θεῷ ἐδράσας τὸ θέλημα, πλάττεται τὴν τῆς μεταποιήσεως πρόφασιν ἀρρώστημα σώματος· εἶτα δὴ | καὶ ἀσθμαίνων κατὰ p. 196
10 βραχὺ γνωρίζει τὸ πάθος τῷ βασιλεῖ καὶ δεῖται μεταποιηθήσεσθαι· ὁ δὲ βαρυθυμήσας ἐπὶ τῷ πράγματι τὸ μὲν σύνθημα ἐδεδώκει τῆς μεταθέσεως, ἐπέπληκτο δὲ τὴν ψυχὴν ὅτι αὐτίκα μέλλει στερηθήσεσθαι τοιοῦδε ἀνδρός.

CXCVI. Ἐμὲ γοῦν αὐτίκα τὸ γεγονὸς οὔτε καθεύδειν
15 εἴα οὔτε ἀναπνεῖν, ἀλλ' οὐδὲ τὸν προσήκοντα καιρὸν ἀναμένειν· ἐκείνῳ δὲ συγγενόμενος καὶ πολλοὺς κατασπείσας
389* δακρύων κρουνούς, | κατήλπισα ὡς αὐτίκα ἑψόμενος· καὶ ὁ μὲν ἑτέραν αὖθις πλάσιν σκηψάμενος, ὡς ὁμοῦ τε τὸ σχῆμα ἐπενδυθείη καὶ τετυχήκοι θειοτέρας ἰάσεως, οὐδὲν ἀναμείνας
20 εὐθὺς ἀπαίρει πρὸς τὸ θεῖον ὄρος τὸν Ὄλυμπον.

CXCVII. Ἐγὼ δὲ παράδειγμα ἐκεῖνον θέμενος τῆς ὁμοίας μεταποιήσεως, ἥπατός τε πόνον εὐθὺς σκήπτομαι καὶ καρδιαλγίαν δεινήν, τό τε φρονοῦν μεταπλάττω, καὶ ὡς ἐφεστηκόσι τοῖς πράγμασι τῇ ψυχῇ διαλεγόμενος ἦν, καὶ τὴν φωνὴν
25 ἐπέχων τοῖς δακτύλοις τὴν τῶν τριχῶν τομὴν ἐσχημάτιζον· ἀγγελίαι γοῦν εὐθὺς τῆς ἐμῆς ἐντεῦθεν ἐκδημίας πρὸς τὸν κρατοῦντα ἐφοίτησαν, καὶ ὡς δυσθανατῶ μὲν καὶ βεβάπτισταί μοι τῷ πάθει τῆς συμφορᾶς ἡ ψυχή, ἐπειδὰν δὲ τὸ φρονοῦν ἀνενέγκω, τῆς κρείττονος ἐρῶ καὶ ὑψηλοτάτης ζωῆς. Ὁ δὲ
30 πρὸς μὲν τὴν τοῦ πάθους ἀγγελίαν πλέον ἢ τὸ ἐμὸν ὠδύνετο σχῆμα, κατενεχθεὶς δ' ἔκειτο, τό τε πρῶτον ἀπολοφυράμενος καὶ βύθιόν τι στενάξας, ὅτι μοι ἐν ἀμφιβόλῳ τὰ τῆς ζωῆς ἔκειτο· ἡ γὰρ τοῦ στερήσεσθαί μου προσδοκία μάλιστα τοῦτον ἐκύμαινεν, ἤρα γάρ μου τῆς γλώττης δεινῶς, τί γὰρ δεῖ μὴ
35 τἀληθὲς λέγειν;

12. ἐπέπληντο. 15. ἀναβαίνειν. 18. σκεψάμενος. 22. πόνος.
24. τῶν ψυχῶν. ibid. φονὴν.

ΚΩΝΣΤΑΝΤΙΝΟΣ Θ' (1042—1055).

CXCVII. Καὶ εἰ δεῖ τι μικρὸν τῇ τῆς φύσεως ἐπιτηδειότητι ἐγκαυχήσασθαι, παντοδαπῶς ἐγεγόνειν ἐκείνῳ, φιλοσόφως μὲν ὡς οἷόν τε βιούς, τεχνικῶς δὲ πρὸς ἐκεῖνον μεθαρμοζόμενος· προσκορὴς γὰρ ὢν πρὸς ἅπερ ὥρμητο, ἐξήτει μεταβολάς, ἀπὸ τῆς ὑπάτης δ δή φασι καταπίπτων 5 ἐπὶ τὴν νήτην, ἢ καὶ τὴν σύγκρασιν ἄμφω βου|λόμενος· διὰ ταῦτα νῦν μὲν ἐφιλοσόφουν αὐτῷ περί τε τοῦ πρώτου αἰτίου διαλεγόμενος καὶ τοῦ παντοδαποῦ καλοῦ, ἀρετῆς τε πέρι καὶ ψυχῆς, δεικνὺς τί μὲν τὸ ὁρώμενον ταύτης τῷ σώματι, τί δὲ τὸ δίκην φελλοῦ ἀκρόπλουν ἐπιθιγγάνον τῇ πέδῃ, οἷον ἄρτημα 10 κορυφαῖον τῷ κούφῳ πτερῷ μένον ἐφ' ἑαυτοῦ μόνον καὶ μὴ συμπιεζόμενον τῷ δεσμῷ. Ἐπεὶ δὲ τοῦτον ἴδοιμι τοῖς τοιούτοις ἀποκναίοντα λόγοις καὶ πρὸς τὸ θυμηρέστερον ῥέποντα, τὴν ῥητορικὴν μεταχειριζόμενος λύραν, ἁρμονίᾳ τε λέξεως ἐκεῖνον κατέθελγον καὶ τοῖς ἐκείνης ῥυθμοῖς ἐπὶ διάφορον 15 ἰδέαν ἀρετῆς, συνθήκης, καὶ τῶν σχημάτων <οἷς> ἡ ἐκείνης ἀφώρισται δύναμις, οὐδὲ τῷ πιθανῷ μόνον ψεύδει καὶ τῷ πρὸς τὰς ὑποθέσεις ἀμφιρρεπεῖ ἐγκαλλωπίζεται, ἀλλὰ καὶ τῆς ἀκριβοῦς ἅπτεται μούσης, καὶ ταῖς μὲν ἐννοίαις φιλοσοφεῖ, ἀνθεῖ δὲ τῇ καλλιεπείᾳ τῶν λέξεων καὶ τὸν ἀκροατὴν διχόθεν 20 ἑαυτῆς ἐξαρτᾷ, διαρθροῖ τε τὰ νοήματα, μὴ συγχέουσα ταῖς ἐπιπλοκαῖς, ἀλλὰ μερίζουσά τε καὶ διαιροῦσα καὶ ἠρέμα πως ἐπανάγουσα, τό τε δεινὸν αὐτῆς, οὐ συγκεχυμένον, οὐδ' ἀσαφές, ἀλλ' ἁρμόζον τοῖς καιροῖς καὶ τοῖς πράγμασι, κἂν ἀφελῶς εἴποι τις, καὶ μήτε περιόδοις μήτε πνεύμασι χρήσαιτο· 25 ταῦτα δὴ πάντα δεικνὺς εἰς ἔρωτα τῆς τέχνης ἐκίνουν· εἰ δέ γε βασκαίνοντα τούτοις ἴδοιμι, μεταβαλὼν αὖθις ἀπολωλέναι τέ μοι τὴν μνήμην ὧν ἐγίνωσκον ἐσκηπτόμην, καὶ μικροῦ δεῖν τὸ τοῦ Ἑρμογένους παθεῖν, σβεσθείσης μοι τῆς θερμότητος τῷ ὑπερβάλλοντι τῆς ποιότητος. 30

CXCVIII. Τούτων οὖν ἐκεῖνος ἀκριβῶς μεμνημένος, οὐδ' ὁπωστιοῦν μοι ἐδίδου φιλοσοφεῖν, οὐδὲ τὴν ζωὴν μεταθεῖναι, ἀλλὰ πρῶτα μὲν | ἐπιστολαῖς πρός με ἐχρήσατο καὶ ἀνδρῶν γενναίων ἀποστολαῖς, ἀνείρξαί με προθυμούμενος τοῦ βουλήματος, ἀνενεγκεῖν τέ μοι αὐτίκα τῆς νόσου κατεπηγγέλλετο 35 καὶ μείζονος ἀξιῶσαι λαμπρότητος· τὰς δέ γε ἐπιστολὰς οὐδὲ

10. ἄρτυμα.   17. ψεύδη.   25. μήται.

νῦν ἀδακρυτὶ ἀναγνῶναι δεδύνημαι, | ὀφθαλμόν τε γὰρ ἀπεκάλει καὶ ἴαμα τῆς ἐκείνου ψυχῆς, σπλάγχνον τε καὶ φῶς καὶ ζωὴν, καὶ παρεκάλει μὴ τετυφλῶσθαι· ἀλλ' ἐγὼ ἐξεκεκώφειν πρὸς ἅπαντα· ᾔρει γάρ με μᾶλλον ὁ προλαβὼν
5 καὶ τὴν κρείττω προαρπάσας ζωήν. Ἐπεὶ δὲ τῆς ἡμέρου πειθοῦς ἀπεγνώκει, τὴν κερδάλην ἀφεὶς τὴν λεοντῆν ἐπενδύεται καί μοι ἐπανατείνει τὸ ῥόπαλον, ἐμπρῆσαί τε ὄμνυσιν αὐτίκα μετὰ τῶν συμβούλων τῆς μεταθέσεως, καὶ πᾶσαν ὑπενεγκεῖν συμφορὰν οὐκ ἐμοὶ μόνῳ, ἀλλὰ ξύμπαντι <τῷ> γένει.
10 CXCIX. Ἐγὼ δὲ ὥσπερ ἐπαγγελίαν χρηστοτέρων τὰ ἠπειλημένα δεξάμενος, ἐπὶ τοὺς τῆς ἐκκλησίας κατῆρα λιμένας, καὶ τὸ τῆς κεφαλῆς ἀφελόμενος κάλυμμα τῆς ἐν αἰσθήσει ζωῆς ἀποτέμνομαι· ἐπεὶ δ' ἐκεῖνος τὴν τομὴν ἠκηκόει, οὐ μνησικακεῖ μοι τῷ πράγματι, ἀλλ' εὐθὺς πρὸς ἑτέρας ἐπιστο-
15 λὰς μεθαρμόζεται, καὶ κατασπάζεταί με μᾶλλον τὴν πνευματικὴν ζωὴν ἀσπασάμενον, καὶ πρὸς τὴν μετάθεσιν ῥώννυσι· καὶ διαβάλλει μὲν τὴν λαμπρὰν καὶ ποικίλην ἐσθῆτα, ἐπαινεῖ δὲ τὸ τριβώνιον καὶ στεφανοῖ νικητικῷ διαδήματι, ὅτι κρείττων πάσης ἐγεγόνειν πειθοῦς.
20 CC. Ἀλλὰ τῶν περὶ ἐμὲ λόγων ἅλις, οὐ γὰρ ἐμαυτὸν ἐβουλόμην ἐγκαταστῆσαι τῇ ἱστορίᾳ, ἀλλ' αἱ τῶν λόγων ὑπεκδρομαὶ πρὸς τοῦτό με παρήνεγκαν βίας· ἦν δέ γε τὸ ὠθῆσάν με πρὸς τὴν παροῦσαν ὑπόθεσιν ἡ τοῦ κρατοῦντος ταχεῖα τῆς γνώμης μετάθεσις, ἣν ἡμεῖς δεδοικότες τὴν κρείτ-
25 τονα ζωὴν τῆς χείρονος ἠλλαξάμεθα, τὴν ἀκύμαντον τῆς συγχυτικῆς τε καὶ ταραχώδους.

CCI. Ἐπεὶ δὲ τῆς ἀφ' ἡμῶν παραμυθίας ὁ αὐτοκράτωρ ἐστέρητο καὶ λογικὴν οὐκ εἶχεν ἔτι κιθάραν τὴν θέλγουσαν, ἐπὶ τὰς ἐν αἰσθήσει πάλιν κατέφυγε χάριτας· μέσου γοῦν
30 λειμῶνος καρποῖς παντοδαποῖς βρίθοντος κολυμβήθραν διορύττει βαθεῖαν, καὶ τὴν περὶ τὸ χεῖλος περίμετρον ἀπισώσας τῇ γῇ, ὑδάτων ἐπ' αὐτὴν ἐποχετεύει ῥοάς· εἰ γοῦν τις μὴ προεγνώκει ὡς κατὰ μέσον ὁ λειμὼν διώρυκτο, εἶτα δὴ προῄει ἀπροόπτως ὡς μῆλον ἢ ὄχνης δρεψόμενος, ἀπερριπτεῖτο κατὰ
35 τοῦ ὕδατος καὶ δὺς κατὰ τοῦ βάθους ἐπελα|φρίζετό τε αὖθις καὶ ἐπενήχετο, καὶ τὸ γιγνόμενον ἄθυρμα τῷ αὐτοκράτορι ἦν.

36. ἐπεχνήχετο.

Ἵνα δὲ μὴ μέχρι παιδιᾶς τὰ περὶ τὴν κολυμβήθραν αὐτῷ σταίη, καὶ χαρίτων οἶκον ποιεῖ καὶ περικυκλοῖ εὖ μάλα τὸ ὑποκείμενον· εἶτα δὴ πολλάκις τῆς ἡμέρας τῷ θερμῷ ἐπινηχόμενος ὕδατι, ἐξιών τε καὶ εἰσιὼν λανθάνει πληγὴν ἐξ ἀέρος ἐπὶ τὴν πλευρὰν εἰσδεξάμενος· καὶ τὴν μὲν πρώτην 5 οὐ πάνυ τι αὐτὸν τὸ βέλος ἐπέπληττε, μετὰ δὲ ταῦτα τὸν ἰὸν ἐπεκχέον τοῖς σπλάγχνοις νέμεται τὸν ὑπεζωκότα.

CCII. Καὶ τοῦ βιώσεσθαι ἀπογνοὺς, ἔκειτο γὰρ ὥσπερ ἱερεῖον ἄρτι τεθυμένον καὶ δυσθανατῶν, οὐ πρὸς τὴν βασιλίδα Θεοδώραν τὴν περὶ τοῦ κράτους σκέψιν ποιεῖται, ἀλλὰ 10 κρύψας ἐκείνῃ τὸ βούλευμα ἐν ἀπορρήτοις ἐζήτει τὸν βασιλεύσοντα· ἐπεὶ δὲ οὐκ ἦν τὸ σκέμμα λαθεῖν, ἀγγέλλεται τῇ Θεοδώρᾳ τὸ βούλευμα· ἡ δὲ αὐτίκα | σὺν τοῖς περὶ αὐτὴν 390* κρείττοσιν εἰς ὁλκάδα ἐμβᾶσα βασίλειον, ὥσπερ ἐκ κυμάτων εἰς τὰς τῶν ἀνακτόρων αὐλὰς ἀνανήχεται, ἐκεῖσέ τε γενομένη 15 πᾶσαν ἐφ' ἑαυτῇ δορυφορίαν ἐφέλκεται· ἥ τε γὰρ πορφυρὶς, ὑφ' ἧς ἐσπαργάνωτο, τό τε ἥμερον τῆς ψυχῆς καὶ ἡ πάθη τῆς προτέρας ζωῆς πάντα τοῖς πᾶσιν ἠδύνατο. Δεινοπαθεῖ τούτων ἀκούσας ὁ βασιλεὺς καὶ προστίθησι τὸ ἀλγεῖν· ὡς δ' οὐκ ἦν οὔτε τῆς νόσου ἀνενεγκεῖν οὔτε βουλὴν συνετωτάτην 20 βουλεύσασθαι, βαπτίζεται παραυτίκα τὸν λογισμόν, καὶ τοὺς ὀφθαλμοὺς μύσας καὶ τὴν γνώμην καὶ τὴν γλῶτταν ἐπεπλάνητο, εἶτα δὴ βραχύ τι ἀνενεγκὼν καὶ γνοὺς ὅπη κακοῦ ἐτύγχανεν ὤν, ἀφῆκε βαρυθυμῶν τὴν ψυχήν.

CCIII. Βασιλεὺς μὲν οὖν Κωνσταντῖνος ὁ Μονομάχος 25 δύο πρὸς τοῖς δέκα τῇ βασιλείᾳ ἐπιβιοὺς ἔτη, οὕτω δὴ τελευτᾷ τὸν βίον, πλεῖστα μὲν εὐδοκιμηκὼς ταῖς πολιτικαῖς πράξεσιν, οὐκ ἐλάττω δὲ κἂν τοῖς ἤθεσιν ἀφεὶς παραδείγματα τοῖς ἄριστα βιοῦν ἐθέλουσιν· εἰ γάρ τις αὐτὸν ἀφέλοι τῆς ὀξείας ῥοπῆς, τό γε λειπόμενον ἁπάντων ἀνθρώπων ἐγεγόνει φιλαν- 30 θρωπότερος· ὅθεν δὴ καὶ ὁ περὶ αὐτὸν λόγος | δοκεῖ πως ἑαυτῷ ἐναντιοῦσθαι, μεταβαλλόμενος ἐκείνῳ καὶ συμπεριτρεπόμενος, σύγκειται δὲ ἀληθῶς, οὐ ῥητορικῶς πρὸς ἐκεῖνον ἀφομοιούμενος καὶ συμπαθαινόμενος οἷον τῷ βασιλεῖ.

2. περικυκλοῖς.   9. τεθειμένον.   29. αὐτῶν.

Περὶ τῆς αὐτοκρατορίας τῆς Βασιλίδος Θεοδώρας.

I. Ἐπεὶ δὲ τὸν βίον οὗτος ἀπέλιπεν, ἐς τὴν τοῦ Κωνσταντίνου παῖδα Θεοδώραν τὸ κράτος ἐπένευσεν· ἐπίδοξος δὲ πᾶσιν οὖσα ὡς ἐγκαταστήσῃ τὸ κράτος ἡγεμονικῷ ἀνδρὶ καὶ γενναίῳ, αὕτη παρὰ τὰς πάντων γνώμας τε καὶ προσδοκίας τὴν αὐτοκράτορα Ῥωμαίων ἀρχὴν ἑαυτῇ ἀνατίθησιν· εἰδυῖα γὰρ, ὡς οὐδὲν οὕτως ἐπιλησμονέστατον χρῆμα ὡς ἄνθρωπος ὑφ᾽ ἑτέρου βασιλεύειν λαχών, μᾶλλον δὲ περὶ τὸν εὐεργετικώτατον ἀγνωμονέστατος, καὶ τοῦτο ἐξ ἑαυτῆς τε καὶ τοῦ προτέρου καὶ τῶν περὶ τὴν ἀδελφὴν παραδειγμάτων εἰς βεβαίωσιν δόξης ἔχουσα, οὐδένα τῶν πάντων ἐβούλετο τοῖς βασιλείοις ἐγκαθίσαι θρόνοις, ἀλλ᾽ αὐτὴ τῶν πάντων κατάρχουσα τὴν τοῦ κράτους ἀμέριστον ἰσχὺν ἐκληρώσατο· ἐπερρώννυον δὲ ταύτην πρὸς τὸ τοιοῦτον βούλευμα καὶ τὸ περὶ ἐκείνην θεραπευτικὸν καὶ οἰκίδιον, ἄνδρες ἐκ πολλοῦ τὰς βασιλείους πράξεις εἰδότες καὶ τὴν τῶν ὅλων διοίκησιν ἐπιστάμενοι.

II. Ἔνθεν τοι καὶ ἀπερικαλύπτως ἡ βασιλὶς αὕτη τοῖς ὅλοις ἐνεξουσίαζεν, ἑαυτὴν παρρησιαστικώτερον ἀρρενώσασα καὶ μὴ δεηθεῖσα παραπετάσματος· ἑωρᾶτο γοῦν ἀρχαιρεσιάζουσα καὶ ἀπὸ τῶν σκήπτρων σοβαρᾷ τῇ φωνῇ θεμιστεύουσα, ψηφηφοροῦσά τε καὶ διαιτῶσα, καὶ τὰ μὲν ἐν ἐπιστολαῖς, τὰ δὲ ἐξ ἐπιπέδου θεσπίζουσα, καὶ τὰ μὲν εὖ ἱεῖσα, τὰ δὲ ἀποτομώτερον προαγγέλλουσα.

III. Ἔθους δὲ ὄντος Ῥωμαίοις ἐν ταῖς τῶν κρατούντων διαδοχαῖς διανεμήσεις ἀξιωμάτων γίνεσθαι τῷ τε πολιτικῷ γένει καὶ ταῖς τῶν | στρατιωτῶν τάξεσι, αὕτη τουτονὶ τὸν νόμον ὑπερβᾶσα ἐπεπείκει τὸ πλῆθος μὴ ὑπερβῆναι· διείλεκτο γὰρ ξύμπασι μὴ νῦν πρώτως ἦφθαι | τῆς τῶν Ῥωμαίων ἀρχῆς, μηδὲ διάδοχον γενέσθαι τοῦ κράτους, ἀλλ᾽ ἐκ πατρὸς εἰληφυῖα τὸ πρότερον ἐπεισάκτοις διεσπάσθαι ἀρχαῖς, εἶτ᾽ αὖθις τοῦ συμφυοῦς ἅψασθαι· ἔδοξε γοῦν πιθανῶς πρὸς τὸ πλῆθος ἀπολογήσασθαι, καὶ τέως τεθηγμένοι τὴν γλῶτταν ἡσύχασαν ξύμπαντες.

2. αἷς.   4. ἐνκαταστήσῃ.   6. ἑαυτῷ.   9. ἀγνωμονέστατον.
12. αὐτῇ.   23. εὖφ᾽ ἱεῖσα.

IV. Ότι μὲν οὖν ἀπρεπὲς ἔδοξε ξύμπασιν ἐξ ἀρρενωποτέρου φρονήματος ἐκθηλυνθῆναι τὴν Ῥωμαίων ἀρχήν, κἂν μὴ οὕτως ᾤοντο, ἀλλὰ τοιοῦτον τό γε φαινόμενον ἦν· ἦν δέ τις τοῦτο μόνον ἐξέλοι τοῦ πράγματος, τό γε καταλελειμμένον εὐθύ τε καὶ μεγαλοπρεπὲς ἐγεγόνει τὸ κράτος, καὶ οὔτε τις 5 τῶν πάντων ἐπεβούλευσε τῇ ἀρχῇ οὔτε τῶν ἐκεῖθεν καταπεφρονήκει λόγων τε καὶ δογμάτων, τά τε παρὰ τῶν ὡρῶν τοῖς πᾶσιν ἀπήντησεν εὖ, καὶ ἡ τῶν καρπῶν φορὰ εὐθηνοῦσα, ἔθνος τε οὐδὲν τῶν πάντων οὔτε λαθὸν τὰ Ῥωμαίων ἐληΐσατο καὶ ἐλῄστευσεν οὔτε προῃρήκει τὸν πόλεμον· διῃρέθιστο δὲ 10 οὐδὲν μέρος τῆς πολιτείας, ἰσότητος ἐν πᾶσι φυλαττομένης.

V. Ὁ μὲν οὖν χρόνος αὐτῇ τῆς ζωῆς μακρός τις τοῖς πολλοῖς ἐψηφίζετο, καὶ πλέον τῆς συνήθους ζωῆς· ἡ δὲ ἄρα οὔτε τὸ σῶμα πάνυ ἐκάμπτετο, καίτοι προμήκης τὴν ἡλικίαν τυγχάνουσα, οὔτε δέον πονῆσαι ἢ μακρότερον διαλέξασθαι 15 ἐνδεὴς τὴν γνώμην ἐτύγχανεν οὖσα· ἀλλὰ τὰ μὲν προλαμβάνουσα, τὰ δ' αὐτομάτως ἐνθυμουμένη, ἀρκοῦσαν εἶχε πρὸς τὴν διάρθρωσιν τούτων καὶ τὴν τῆς γλώττης περιβολήν.

VI. Τῶν δέ γε πραγμάτων δεομένων ἀνδρὸς γενναίου καὶ τάς τε πολιτικὰς πράξεις εἰδότος, τάς τε βασιλείους ἐπιστο- 20 λὰς ἀκριβοῦντος, τῶν μὲν περὶ αὐτὴν οὐδενὶ ταύτην τὴν τάξιν ἐπίστευεν, εἰδυῖα ὡς τάχιστα οὗτος περιτραπήσεται, βασκανίας ἀφορμὴ τοῖς ὁμεστίοις προκείμενος· ζητοῦσα δὲ τῶν ἀπὸ τῆς βουλῆς τὸν ἄριστον, | τούτου μὲν διημαρτήκει, ἐφιστᾶσα δὲ ταῖς διοικήσεσιν οὐχ ὃν ὁ λόγος οὐδ' ἡ εὐγλωττία 25 πάλαι ἀνέδειξεν, ἀλλὰ τὸν εἰδέναι σιγᾶν καὶ ὁρᾶν πρὸς τοὔδαφος, καὶ μήτε πρὸς ἐντεύξεις ἐπιτήδειον εἶναι μήτε πρὸς ἄλλο τι τῶν οἷς πολιτικὸς ἀνὴρ χαρακτηρίζεσθαι εἴωθεν, ἐπὶ τῆς σεμνοτέρας μετέστησεν ὑπολήψεως· οἱ γάρ τοι βασιλεῖς τῷ καλλίονι μέρει προσνέμουσι τοὺς ἧττον ἀγχιστρόφους, 30 εἰ σεμνοὶ εἶεν, ἢ τοὺς εὐστρόφους τὴν γλῶτταν καὶ τελεωτάτους τὴν παίδευσιν, εἰ πολιτικώτερον τὸ ἦθος κατεκληρώσαντο· ἀλλ' ἐκείνῳ γε τῷ ἀνδρὶ καὶ μοῖρά τις ἀπενεμήθη τῆς περὶ τοὺς λόγους ἕξεως, καὶ μᾶλλόν γε ἡ χεὶρ ἢ ἡ γλῶττα πρὸς τοῦτο ἠδύνατο· εὐστρόφως μὲν γὰρ οὐδὲ μιᾶς εἶχε, τῇ δέ 35

3. ἦν. 5. εὐθύς. 20. τοῖς τε βασιλείοις. 24. τὸν ἀπὸ.
25. ἐφίστησι. 26. τό. 29. μετέστησαν. 30. προσμένουσι.

γε χειρὶ μᾶλλον ἀπετέλει, καὶ ἦν ἐντεῦθεν μόνος σοφός· εἰ γὰρ ἐπιχειρήσειε καὶ τῇ γλώττῃ τὴν ἐπιστήμην ἐνδείξασθαι, τοὐναντίον ἐδίδου νοεῖν τοῖς ἀκούουσιν· οὕτω πάνυ ἀσόφως καὶ ἀγλεύκως εἶχε τῆς διαλέξεως.

VII. Οὗτος γοῦν ὁ ἀνὴρ τὸ ἄχθος τῶν βασιλικῶν διοικήσεων κατωμαδὸν ἀράμενος, φορτικὸς ἔδοξε τοῖς πολλοῖς· τοῦ γὰρ πολιτικοῦ ἤθους, ὡς ἔφην, ἐστέρητο· ὅθεν οὔτε χαριέστατος ὤν, οὔτε τοῖς προσιοῦσι δεξιῶς ὁμιλῶν, ἀλλ' ἀεὶ καὶ πᾶσι τὸ τραχὺ τοῦ ἤθους ἐπιδεικνύμενος, καὶ πᾶσαν ἀποστρεφόμενος ἔντευξιν, καὶ εἰ μή τις εἴποι | τὸ ἄρθρον τῆς ὑποθέσεως, ἀλλά τι καὶ προοιμιάσαιτο, βαρυθυμῶν καὶ δεινοπαθῶν ἀπεχθὴς σύμπασιν ὦπτο, καὶ οὐδεὶς προσιέναι ἐβούλετο, ὅτι μὴ πᾶσα ἀνάγκη. Ἔγωγ' οὖν τὴν στάθμην τῆς τοιαύτης γνώμης θαυμάζω μὲν, αἰῶσι μὲν ἀλλ' οὐ χρόνοις πρόσφορον ἥγημαι, καὶ βίῳ τῷ μέλλοντι ἀλλ' οὐ τῷ ἐφεστηκότι· τὸ γὰρ ἀπαθὲς πάντῃ καὶ ἄθελκτον ὑπὲρ πάσας τὰς σφαίρας τίθεμαι καὶ ἔξω τῆς περιοχῆς τοῦ παντός· ὁ δέ γε μετὰ σώματος βίος, ἅτε πολιτικώτερος, ἁρμοδιώτερος τοῖς παροῦσι καιροῖς, μᾶλλον δὲ τῷ σωματικῷ βίῳ τὸ πάσχον κατάλληλον τῆς ψυχῆς.

VIII. Τρεῖς γὰρ με|ρίδας ταῖς τῶν ψυχῶν προσαρμόζω κατανοῶν καταστάσεσι, τὴν μὲν ὅταν αὐτὴ βιῴη καθ' ἑαυτὴν, ἀπολυθεῖσα τοῦ σώματος, ἀτενῆ τε καὶ οὐ πάνυ τὸ ἐνδόσιμον ἔχουσα, τὰς δέ γε λοιπὰς μερίδας τῷ μετὰ σώματος αὐτῆς βίῳ κατείληφα· εἰ μὲν γὰρ τὴν μέσην στᾶσα ζωὴν μεγαλοπαθής τε καὶ πολυπαθής, ὥσπερ ἐν κύκλῳ τὸ ἀκριβὲς κέντρον αἴροιτο, τὸν πολιτικὸν ἀπεργάζεται ἄνθρωπον, οὔτε θεία τις ἀκριβῶς γενομένη ἢ νοερά, οὔτε φιλοσώματος καὶ πολυπαθής· εἰ δὲ ταύτης παρατραπείη τῆς μεσότητος, καὶ μάλιστα προχωροῦσα τὴν πρὸς τὰ πάθη κατάντη βιῴη ζωήν, τὸ ἀπολαυστικὸν ἀποτελεῖ καὶ φιλήδονον· εἰ δέ τις τῶν πάντων ὑπερκῦψαι δυνηθείη τοῦ σώματος καὶ τῆς νοερᾶς ἐπ' ἄκρον σταίη ζωῆς, τί κοινὸν αὐτῷ καὶ τοῖς πράγμασιν; ἐξεδυσάμην γάρ, φησιν ἡ Γραφὴ, τὸν χιτῶνά μου, πῶς ἐνδύσωμαι αὐτόν; ἀναβήτω γὰρ ἐπ' ὄρος ὑψηλὸν καὶ μετέωρον καὶ μετὰ τῶν

3. σαφῶς.   12. ἀπαχθὴς συμπᾶσιν.   18. πλητικώτερος.
24. ἔχουσαν.   32. ὑπερκαλύψαι.

ΘΕΟΔΩΡΑ (1055—1056). 183

ἀγγέλων στήτω, ἵνα φωτὶ καταλάμποιτο μείζονι, ἀπόστροφον
ἑαυτὸν καὶ ἀπότροφον τοῖς ἀνθρώποις καταστήσας· εἰ δ'
οὐδεὶς τῶν πάντων τῆς φύσεως τοσοῦτον κατεκαυχήσατο, εἰ
πολιτικὰς ὑποθέσεις τυχὸν οὗτος πιστευθείη, πολιτικῶς μετα-
χειριζέσθω τὰ πράγματα, μηδὲ ὑποκρινέσθω τὴν τοῦ κανόνος 5
εὐθύτητα· οὐ γὰρ πάντες πρὸς τὴν ἰσότητα τῆς στάθμης
ἀπηκριβώθησαν· ὅθεν εἰ τὴν λόξωσιν παραιτήσαιτο, ἀπώσατο
καὶ τὸ ἑπόμενον ταύτῃ εὐθύς.

IX. Διὰ ταῦτα γοῦν κἀκεῖνος ἐν ἀφιλοσόφοις φιλοσοφῶν
πράγμασιν, οὐ φιλόσοφος, ἀλλὰ μιμούμενος φιλόσοφον ἔδοξεν. 10
Ἵνα δὲ ἐν πᾶσι μέρεσι τοῦτον παραθεωρήσωμεν, ἀλλοιότερός
πως ἐν τοῖς καθ' ἑαυτὸν ἐδόκει πράγμασι· πολυτελής τε γὰρ
τὴν δίαιταν καὶ μεγαλοπρεπὴς ἐτύγχανεν ὤν, ἐλευθέριός τε
τὴν γνώμην καὶ χρημάτων ἀδώρητος· εἰ δέ τις τούτῳ
συνεστιώμενος, ἱλαρὸν ἐδείκνυ τὸ πρόσωπον καὶ ἐπ' ὀνείαθ' 15
ἕτοιμα χεῖρας ἴαλλε, τοῦτο δὴ τὸ τῆς ποιήσεως, τῶν τε
παρακειμένων ἀπληστότερον ἄψοιτο, στω|μύλλοιτό τε καὶ
πᾶσαν ἐπιδεικνύοιτο χάριν, πρὸς τρόπου ἐκείνῳ ἐτύγχανεν
ὤν, ἀλλ' αὖθις μεταβαλὼν, οὐδὲν ἧττον ἐπὶ τὸ σύνηθες
μετετάττετο. Ἐβούλετο δὲ μηδένα οἱ ἄλλων συμμετέχειν 20
τῶν διοικήσεων, ὁ δὲ λόγος οὗτος αὖθις ἐμὲ παρεισκυκλήσει
τῇ ἱστορίᾳ.

X. Ἐτύγχανον μὲν γὰρ οὐ πρὸ πολλοῦ τοῦ τῆς Θεο-
δώρας κράτους μεταταξάμενος πρὸς τὴν κρείττω ζωήν·
ἐντεῦθεν γὰρ, ἐπεὶ πρὸ βραχέος τινὸς καιροῦ τῆς τοῦ Μονο- 25
μάχου ἀποβιώσεως τὸ θεῖον ἐνεδύθην σχῆμα, κατεμαντεύοντό
μου τῆς γνώμης πολλοί, ὡς εἰδείην | τε τὸν καιρὸν καὶ διὰ 392
ταῦτα μεταλλαξαίμην· οἱ γάρ τοι πολλοὶ τῶν ἀνθρώπων
κρείττονός με ἢ πέφυκα τιμῆς ἀξιοῦσι· καὶ ἐπειδὴ γεωμετρίας
ἡψάμην, οἴονταί με τὸν οὐρανὸν καταμετρεῖν δύνασθαι· ἐπεὶ 30
δέ τι καὶ τῶν περὶ τὴν σφαῖραν κατανενόηκα, οὔτε φάσεων
ἀποστεροῦσιν, οὔτε τῆς ζωηφόρου λοξώσεως, οὐκ ἐλλείψεων,
οὐ πανσελήνων, οὐ τῶν κύκλων, οὐ τῶν ἐπικύκλων, ἀλλὰ
καὶ ἐκ χειρὸς ἀπωσάμενον τὰ βιβλία αὖθίς με ἀξιοῦσι
προλέγειν. 35

2. κατέστησεν.   10. ἔνδοξον.   14. ἀδώρατος.
15. ὀνεία θ' ἑτοῖμα.   21. παρεισκυλήσει.

ΧΙ. Ἐπεὶ δὲ καὶ πρὸς τὸ γενεθλιαλογικὸν μέρος προσνένευκα, ὥς τι τῶν ἐκεῖθεν λήρων ἐπίστασθαι (τὸ γάρ τοι τῆς διδασκαλίας σχῆμα καὶ τὸ τῶν ἐρωτώντων διάφορον ἐπὶ πᾶσαν ἐπιστήμην προήγαγεν), οὐδένα πω δύναμαι ἀπώσασθαι τῶν περὶ τούτου πεύσεων καὶ ὀχλήσεων· ἐγὼ γὰρ προσαρμόσασθαι μὲν πᾶσι τοῖς τοῦ λόγου μέρεσιν ἀνωμολόγημαι, οὐδὲ μιᾷ δὲ τῶν ἀπειρημένων τοῖς θεοσόφοις κατεχρησάμην ἐπιστημῶν, ἀλλ' οἶδα μὲν τὸν κλῆρον τῆς τύχης καὶ τὸ κακοδαιμόνημα, οὐ πιστεύω δὲ τοῖς ἐντεῦθεν κύκλοις καὶ σχήμασι τὰ ὑπὸ τὴν σελήνην περιάγεσθαι πράγματα· ἀλλ' ἐρρώσθω ὅσοι τὴν πνευματικὴν ζωὴν ὑφιστάνουσι καὶ νέοις τισὶ θεοῖς τὴν ἐπιτροπὴν ταύτην διδόασι· καταμερίζουσι γὰρ τὴν περὶ ἡμᾶς ζωήν, καὶ ἀπόλυτον ἄνωθεν ἀπὸ τοῦ δημιουργοῦ γεννῶσί τε καὶ κατάγουσι, τὰς δέ γε ἀλόγους ζωὰς τῶν ἄστρων ἀποκυΐσκοντες καὶ τῶν τοῦ παντὸς μερίδων τοῦ σώματος προεγκατοικίζουσιν, εἶτα δὴ ταύταις | τὴν λογικὴν ἐγκεντρίζουσι ζωήν. p. 205

ΧΙΙ. Τὸ μὲν οὖν εἰδέναι ταῦτα, μὴ πείθεσθαι δὲ ταῖς δόξαις οὐδεὶς ἂν εὖ φρονῶν αἰτιάσαιτο· εἰ δέ τις τὴν ἡμετέραν παιδείαν ἀφεὶς ἐπ' ἐκεῖνα μεταθήσει τὴν γνώμην οἰκτίσαιτ' ἄν τις τοῦτον τῆς περιττοτέρας παιδεύσεως· ἐμοὶ δέ, ἵνα τἀληθὲς εἴποιμι, οὐδ' ὁ ἐπιστημονικὸς λόγος τὴν ἀποστροφὴν τούτων δεδώρηται, ἀλλὰ μέ τις θειοτέρα κατέσχηκε δύναμις, καὶ οὔτε συλλογισμῶν ἐπαΐω οὔτε μὴν ἀποδείξεων ἄλλων, ἀλλὰ τὸ καταβιβάσαν μείζους καὶ γνωμονικωτέρας ψυχὰς πρὸς τὴν τοῦ ἑλληνικοῦ λόγου παραδοχήν, ἐμὲ πιέζον ἀνάγει πρὸς τὴν τοῦ ἡμετέρου λόγου πίστιν τε καὶ βεβαίωσιν· ὅθεν μοι <μάρτυρες> ἡ μήτηρ τοῦ Λόγου καὶ ὁ ἀπάτωρ ἐκεῖνος υἱός, τά τε περὶ ἐκεῖνον πάθη, καὶ ἡ περὶ τὴν κεφαλὴν ἄκανθα, ὅ τε κάλαμος καὶ τὸ ὕσωπον, καὶ ὁ ἐφ' οὗ τὰς χεῖρας ἡπλώκει σταυρός, τὸ ἐμὸν σεμνολόγημά τε καὶ καύχημα, εἰ καὶ παρήλλαξα ταῖς πράξεσι τὸ πρὸς τὸν λόγον ἀνάλογον.

ΧΙΙΙ. Ἀλλ' ἐπανιτέον αὖθις ἐπὶ τὴν πρώτην τοῦ λόγου τάξιν καὶ μεταχείρισιν· ἐτύγχανον μὲν οὖν οὐ πρὸ πολλοῦ τῆς βασιλευούσης τελευτῆς ἀποταξάμενος τῇ φαύλῃ ζωῇ· ἐπεὶ δὲ ἡ Θεοδώρα τοῦ κράτους ἐπείληπτο, εὐθύς με μετακαλεσαμένη ἐκτραγῳδεῖ μὲν καὶ ἃ παρὰ τοῦ γαμβροῦ πεπόνθει,

1. γενέθλια λογικόν.   9. τ. ἐ. τούτοις.   28. ἄκανθαν.

ΘΕΟΔΩΡΑ (1055—1056). 185

κοινωνεῖ δέ μοι καὶ βουλευμάτων τινῶν ἀπορρήτων, καὶ
ἐγκελεύεταί μοι συνεχῶς τε πρὸς αὐτὴν ἀφικνεῖσθαι, καὶ εἴ
τί γε τῶν πάντων εἰδείην μηδὲν ἐπικαλύπτειν αὐτῇ· οὐ
πρώτως δὲ τότε τῆς πρὸς αὐτὴν κεκοινώνηκα μεταθέσεως,
ἀλλὰ καὶ ἐπιζῶντι τῷ βασιλεῖ, εἴ τι γράψειν ἀπόρρητον 5
βούλοιτο ἢ ἄλλο τι ποιήσειν τῶν κεκρυμμένων, ἐμοὶ ἐκοινώνει
τοῦ λόγου καὶ τοῦ βουλεύματος.

XIV. Ἐπεὶ δ' οὖν ἀφικνούμην, ὥς μοι προστέτακτο,
βασκαίνομαι τῆς ἀφίξεως, καὶ ἐπειδὴ μηδέν τι λογοποιῆσαι
οἱ φθάσαντες δεδύνηντο | κατ' ἐμοῦ, τὸ σχῆμα ἐπαιτιῶνται 392*
καὶ τὸ ἄμικτον τῆς ζωῆς· ἡ δὲ πείθεται μὲν τοῖς λέγουσιν, 11
p.206 εὐλαβεῖτο δὲ | ἄλλως ἐκείνους τῆς αὐτῆς κοινωνεῖν ὁμιλίας
καὶ οἰκειώσεως· ἐπεὶ δὲ αὐτὸς τὸ πρᾶγμα αἰσθόμενος, οὐ
πολλάκις ἀφικνούμην ἐκεῖσε, ἡ βασιλὶς αὖθις μεταβαλλομένη
κατωνείδιζέ τε τῆς βραδυτῆτος καὶ κατῃτιᾶτο ὡς τῶν ἐκείνης 15
κατολιγωροῦντα προστάξεων.

XV. Οὕτω γοῦν αὐτῆς καὶ τὸ βουλόμενον δυσκίνητον
ἦν καὶ τὸ ἀπροαίρετον βουλητόν· οὐ γὰρ πάνυ τι θαρροῦσα
ταῖς οἰκείαις γνώμαις, εἶτα δὴ δεδοικυῖα μὴ παρὰ ταῦτα τὰ
τῆς βασιλείας ἕξει κακῶς, ἑτέροις ἢ ἑαυτῇ μᾶλλον ἐπίστευεν· 20
ἀμέλει τοι καὶ τὸν πρὸ αὐτῆς αὐτοκράτορα ἐσέβετο μὲν
καὶ τετελευτηκότα, καὶ τῶν τε καλῶν ἐκείνου ἐμέμνητο, καὶ
ἐβούλετο μὲν μηδὲν ὧν ἐκεῖνος ἐγνώκει κατολιγωρῆσαι,
διημάρτανε δὲ τοῦ σκοποῦ· διὰ ταῦτα πλεῖστα ὧν ἐκεῖνος
ἐπεπράχει διέφθαρτο· ὁ γὰρ τὴν τῶν ὅλων πεπιστευμένος 25
διοίκησιν, περὶ οὗ λέγων νῦν ἐπαυσάμην, ἐπειδὴ μὴ τῶν
πρωτείων ἠξίωτο παρ' ἐκείνου, μηδὲ παρὰ τῇ ἐκείνου εἰστήκει
πλευρᾷ, ὅπερ δὴ αὐτῷ ἔθος ἐν τοῖς πρὸ τοῦ βασιλεύειν ἐγί-
νετο, καὶ ζῶντι ἐμέμφετο καὶ ἀπεληλυθότι τῆς ἀτιμίας
ἐμνησικάκησεν. Ἀλλ' ὑπὲρ μὲν τούτου ὑπεραπολογήσαιτ' 30
ἄν τις καὶ τῆς βασιλίδος, καὶ εἴ τις ἄλλος πρὸς ἐκεῖνον ἔσχε
κακῶς· τὸ δὲ μήτε ἐκείνην περὶ ἑαυτῆς ὡς ἐκδήμου διανενοῆ-
σθαι καὶ ἐν καλῷ θεῖναι τὰ πράγματα, μήτε τοὺς περὶ ἐκείνην
εἰς τὸν τοιοῦτον ἐνάγειν λογισμόν, ἀλλ' οἴεσθαι ἐκείνην μὲν
ἐπὶ τῆς αὐτῆς ἡλικίας ἀεὶ βιώσεσθαι, ἢ καὶ ἀναλῦσαι τοῖς 35
χρόνοις καὶ αὖθις ἀνθῆσαι ὥσπερ νεόφυτον, ἑαυτοῖς τε πεπη-

20. ἑτέροι. 25. πεπιστευόμενος. 26. λέγω. 30. μὲν τῶν.

γέναι την εὐδαιμονίαν καὶ μηδένα βούλεσθαι ἐπιστῆσαι τῷ κράτει, μηδὲ τὴν ἀρίστην μεταβολὴν πρυτανεῦσαι τοῖς πράγμασι, τίς ἂν αὐτοὺς τῆς ἐσχάτης καὶ αἰσχίστης ἐξαιρήσεται εὐηθείας;

XVI. Ἔγωγ' οὖν καὶ ἐν ἱεροῖς θρόνοις ἐγκαθιδρύουσαν ἐνίους ἐκείνην ὁρῶν καὶ τὰς τοιαύτας προχειρίσεις, ἵνα οὕτως εἴπω, γλωσσαλγοῦσαν, οὐκ εἶχον ἑαυτὸν κατασχεῖν, ἀλλὰ λάθρα τε ὑπετονθόρυ|ζον, καὶ οἷς εἶχον θαρρεῖν καθηπτόμην τοῦ πράγματος· ἐθαύμαζον δὲ εἰδὼς ἐκείνην εὐλαβεστάτην περὶ τὰ θεῖα τυγχάνουσαν, ἀλλ' ὁ τῆς αὐτοκράτορος ἀρχῆς ἔρως ἀνέπειθε καὶ παρανομεῖν· τοῦτο γοῦν καὶ τῆς περὶ τὰ κρείττω εὐλαβείας ἠλλοίωσε, καὶ ἔτι οὐ πάνυ τὸ συμπαθὲς τῆς ψυχῆς διεφύλαξεν, οὐκ οἶδα εἴτε πρὸς τὴν ἔμφυτον ἕξιν ἐπανελθοῦσα, ἵνα τὸ φθάσαν τοῦ βίου δείξῃ συνιὸν, εἴτ' ἐπιτηδεύουσα τοῦτο, ἵνα μὴ ἁλωτὸς τοῖς πολλοῖς εἴη, μηδέ τις αὐτὴν κατενέγκοι δακρύων εὐθύς.

XVII. Τῷ δέ γε πατριάρχῃ ξυμπάσης τῆς οἰκουμένης, οὕτω γὰρ νόμος τὸν τῆς Κωνσταντίνου καλεῖν, Μιχαὴλ δὲ οὗτος ἦν ὁ μετὰ τὸν θεῖον Ἀλέξιον τοῦ ἱεροῦ θρόνου προστὰς, καίτοι τὸν πρὸ τῆς αὐτοκρατορίας χρόνον οἰκειότατα προσκειμένη καὶ σεβομένη, ἐπειδὴ καθαρώτερον βεβασιλεύκει ἀπηχθάνετό τε καὶ ἀπεστρέφετο· αἴτιον δὲ τῆς τοιαύτης μεταβολῆς τὸ δυσανασχετεῖν κἀκεῖνον ὑπὸ γυναικὶ τὰ Ῥωμαίων ἄγεσθαι πράγματα, οἷος ἐκεῖνος θυμοῦ ἐν τοῖς | τοιούτοις πιμπλάμενος καὶ παρρησιαζόμενος τὴν ἀλήθειαν· ἴσως μὲν οὖν καὶ μετέθετ' ἂν τὴν ἀρχὴν, εἴ τινες αὐτῇ μακροὶ αἰῶνες τῆς ἐπικήρου ταύτης ζωῆς ἐχαρίζοντο.

XVIII. Οἱ δὲ οὕτω φιλοτιμότατοι καὶ ταῖς μεγαλοδωρεαῖς πᾶσαν γνώμην ἐλευθέριον ὑπερβάλλοντες, οὐκ ἄγγελοί τινες τὰ παρὰ τοῦ κρείττονος ἐκείνῃ διαπορθμεύοντες, ἀλλ' οἱ ἐκείνους τῷ μὲν σχήματι μιμούμενοι, ταῖς δὲ γνώμαις ὑποκρινόμενοι· λέγω δὲ τοὺς καθ' ἡμᾶς Ναζιραίους, οἳ πρὸς τὸ θεῖον μεταπλαττόμενοι, μᾶλλον δὲ νομοθετούμενοι καταπλάττεσθαι, πρὶν ἢ τὴν ἀνθρωπίνην φύσιν ὑπεξελθεῖν ὡς ἡμίθεοί τινες παρ' ἡμῖν ἀναστρέφονται, καὶ τῶν μὲν ἄλλων κατολιγωροῦσι

3. ἐσχάτης αἰσχάτης ἐξαιρήσαιται.   11. ἀνέπειθει.   14. δ. σκηνήν.
26. εἰ μή τ.   29. πᾶσιν.

ΘΕΟΔΩΡΑ (1055—1056). 187

τοῦ θείου, οὔτε γὰρ ψυχὰς πρὸς τὰ κρείττω ῥυθμίζουσιν, οὐ
τὰ ἐν ἡμῖν πάθη κοιμίζουσιν, οὐ τοῖς μὲν ἐντιθέασι χαλινὸν,
τοῖς δὲ οἷα κέντρα τοὺς λόγους ἐπάγουσιν, ἀλλὰ ταῦτα ὡς
μικρὰ παραβλέποντες, οἱ μὲν χρησμολογοῦσι τὴν πρόρρησιν
καὶ | τὸ θεῖον ἐξαγγέλλουσι βούλημα, οἱ δὲ καὶ τοὺς πεπη- 5
γότας ὅρους μετατιθέασι, καὶ τοὺς μὲν ἀναλύουσι, τοῖς δὲ
προστιθέασιν, ἀπαθανατίζουσί τε τὴν μερικὴν φύσιν καὶ
ἱστῶσιν ἡμῖν τὴν φυσικὴν κίνησιν, βεβαιοῦσι δὲ τοὺς αὐτῶν
λόγους, ὅτι σιδηροφοροῦσιν ἀεὶ κατὰ τοὺς παλαιοὺς Ἀκαρνᾶ-
νας, καὶ αἰθεροβατοῦσιν ἐπὶ χρόνον μακρὸν, ἀφ' ὧν κατολι- 10
σθαίνουσι τάχιστα, ἐπειδὰν ἐπιγείου αἴσθωνται κνίσσης·
ὁποίους ἐγὼ πολλάκις ἑωράκειν καὶ κατεγνώκειν· οὗτοι δὴ
καὶ τὴν βασιλίδα ἐξηπατήκασιν ὡς ἐσομένην ἀείζωον, καὶ
διὰ τοῦτο ἐκείνη μικροῦ δεῖν αὐτή τε διέφθαρτ' ἂν καὶ τὰ
πράγματα πάντη διέφθειρεν. 15

XIX. Ἀλλ' ἐκεῖνοι μὲν αἰῶνας ἀπείρους καὶ ζωὰς ἐκείνῃ
ἔπλαττον, ἡ δ' ἐγγὺς ἐγεγόνει τοῦ εἱμαρτοῦ, λέγω δὲ τῇ φωνῇ
καταχρώμενος· τὸν γάρ τοι τῆς ζωῆς ὅρον πληροῦσα αὐτῷ
δὴ τῷ τέλει προσήγγισε· νόσος γε μὴν αὐτὴν αἱρεῖ δεινοτάτη·
ἡ γὰρ ὑπεκκριτικὴ αὐτῇ ὑποκλάσασα δύναμις, τήν τε ὀρεκτι- 20
κὴν κατήνεγκε, καὶ τοῖς τοῦ σώματος ἐπεφόρτιστο μέρεσιν,
ἔπειτ' ἀθρόον διαρρυεῖσα, καὶ τὸ ἐντὸς μικροῦ δεῖν ξύμπαν
ἀποβαλοῦσα, ἐν ὀλίγαις ἐκείνην καταλελοίπει ταῖς ἐκπνοαῖς·
ἐπεὶ γοῦν αὐτὴν ξύμπαντες ἀπεγνώκεισαν, λέγω δὲ τούτους
ὁπόσοι περὶ ἐκείνην ἐστρέφοντο, αὐτίκα καὶ περὶ τοῦ παντὸς, 25
ἀλλὰ καὶ περὶ ἑαυτῶν σκοπὸν τίθενται, καὶ βουλευμάτων
κατάρχουσι· λέγω δὲ ταῦτα οὐ παρά του ἀκηκοὼς, ἀλλ'
αὐτὸς τοῖς γε γνωσθεῖσι καὶ βουλευθεῖσι παραγενόμενος,
ὀφθαλμοῖς τε ὁρῶν καὶ ὠσὶν ἀκούων, ὅπως αὐτοῖς ὥσπερ ἐν
κύβων παιδιαῖς τὰ τῆς βασιλείας ἐστρέφετο πράγματα. 30

XX. Οὔπω μὲν γὰρ ὁ ἥλιος τὸ μεσημβρινὸν κατὰ κορυφὴν
εἱστήκει, καὶ ἡ μὲν βασιλὶς ὀλίγον ἀνέπνει καὶ αὐτίκα τεθνή-
ξεσθαι ἐπίδοξος ἦν, οἱ δὲ περὶ τὸ βῆμα εἰς ταὐτὸ συνειλεγμένοι
καὶ ἐν μέσῳ τὸν κορυφαῖον ἔχοντες, ἐν σκέμμασιν ἦσαν τίνα
δὴ πρὸ τῶν ἄλλων τοῖς πράγμασιν ἐπιστήσουσιν, ἀνθεξόμενόν 35
τε αὐτῶν καὶ ἀειπαγῆ καὶ τὴν εὐδαιμο|νίαν φυλάξοντα. Ὃν

20. ὑποκριτικὴ αὐτῇ ὑποκλαύσασα. 35. δὲ. ibid. ἀνθεξάμενον.

μὲν οὖν τῶν ἄλλων προκεκρίκασιν οὐ νῦν χαρακτηρίζειν βεβούλημαι, οὐ πάντη δὲ τούτους ἀποφανοῦμαι διημαρτηκέναι τοῦ ἀρίστου σκοποῦ, εἰ μὴ ὅσον τοι|οῦτος ἐκεῖνος ἦν οὐχ οἷος ἄρχειν, ἀλλ' ἄρχεσθαι μᾶλλον καὶ ἄγεσθαι· ἦν δὲ καὶ τοῦ θέρους ἐγγὺς καὶ τοῦ τετραμήνου ἐντός· αἱ γὰρ τῆς κεφαλῆς αὐτοῦ τρίχες ὑπαργυρίζουσι ξύμπασαι.

XXI. Τοῦτον γοῦν ἐκείνην πεπείκασιν ἀξιῶσαι τοῦ στέμματος· ἡ δὲ πείθεταί τε αὐτίκα, καὶ τὴν κεφαλὴν ταινιοῖ καὶ ἀναδείκνυσιν αὐτοκράτορα· εἶτα δή τινα βραχὺν ἐπιμείνασα χρόνον τῷ κράτει, ἐνιαυσίου ὥρας δεούσης μιᾶς <τετελεύτηκε>, καὶ ὁ Μιχαὴλ τῶν ὅλων ἐγκρατὴς ἐγεγόνει, αὐτίκα στερήσεσθαι <μέλλων>, περὶ οὗ ἐρεῖν βουλόμενος βραχύ τι προσκαταστήσω τὸν λόγον.

ΤΟΜΟΣ ΕΒΔΟΜΟΣ.

Ἀρχὴ δὲ τῆς βασιλείας Μιχαὴλ τοῦ Γέροντος· ὁ τοιοῦτος ἐκράτησεν ἔτος α'.

I. Δοκεῖ πως τοῖς ἄρτι βασιλεύειν λαχοῦσιν ἀρκεῖν εἰς ἕδραν τοῦ κράτους, ἢν τὸ πολιτικὸν γένος τούτους κατευφημήσωσιν· ἀγχίθυροι γὰρ αὐτοῖς ὄντες, οἴονται, εἰ τὰ παρὰ τούτων αὐτοῖς εὖ ἕξει, ἀρραγῶς κατησφαλίσθαι τῷ κράτει· ἔνθεν τοι ἅμα τε τῶν σκήπτρων ἐπιλαμβάνωνται, καὶ τούτοις πρῶτον καὶ τὴν φωνὴν καὶ τὴν ὄψιν διδόασιν· ὧν εὐθὺς ἐπισκιρτησάντων καὶ βωμολόχους ἀφέντων φωνὰς, καί τινας δημηγορίας φλυάρους πεποιηκότων, ὥσπερ θείαν ἐσχηκότες ἐπικουρίαν, οὐδὲ μιᾶς ἑτέρας δυνάμεως ἐπιδέονται. Ἐν τρισὶ δὲ τούτοις τῆς φυλακῆς αὐτοῖς ἱσταμένης, δημοτικῷ πλήθει, καὶ συγκλητικῇ τάξει, καὶ συντάγματι στρατιωτικῷ, τῆς μὲν τρί|της ἧττον φροντίζουσι, τοῖς δ' ἄλλοις εὐθὺς τὰς ἐκ τοῦ κράτους προσνέμουσι χάριτας.

10. χρόνους.   18. ἦν.   19. εἶτα.

II. Ὁ δέ γε πρεσβύτης Μιχαὴλ ἐπιδεικτικώτερον ἢ προσῆκε τὰς τῶν ἀξιωμάτων διανεμήσεις πεποίητο· οὐ γὰρ τῷ προσεχεῖ ἕκαστον συνίστα βαθμῷ, ἀλλὰ καὶ πρὸς τὸν ἐφεξῆς καὶ τὸν ἐπέκεινα ἀνεβίβαζεν· εἰ δέ τις αὐτῷ ἐκ πλαγίου στὰς καὶ τὸν τέταρτον ἐπεζήτησεν, εὐηκόου ἐτύγχανεν ἐκείνου· ἐντεῦθεν ἄλλος ἀντιπαραστὰς καὶ τὴν ἑτέραν διασείσας πλευράν, οὐδὲ τοῦ πέμπτου ἡμάρτανε· καὶ ἦν ἀτεχνῶς σύγχυσις τὸ φιλότιμον.

Περὶ τῆς τῶν Ἀρχόντων εἰς τὸν Βασιλέα Μιχαὴλ εἰσελεύσεως.

III. Τούτων τοιγαροῦν οἱ Στρατιῶται ἀκηκοότες καὶ τῶν Στρατιωτῶν ὁπόσον στρατηγικόν τε καὶ ἔκκριτον, καταλαμβάνουσι τὸ Βυζάντιον, τῶν ἴσων ἢ καὶ κρειττόνων τευξόμενοι· ὥριστο γοῦν αὐτοῖς ἡμέρα τῆς εἰς τὸν βασιλέα εἰσόδου, κἀγὼ τηνικαῦτα παρεγενόμην τῷ αὐτοκράτορι· καὶ εἰσῄεσαν ἄνδρες γενναῖοι καὶ ἀτεχνῶς ἥρωες, εἶτα δὴ τὰς κεφαλὰς ὑποκλίναντες καὶ ἐπευφημήσαντες ὅσον εἰκὸς, ἐπὶ μέρος, τοῦ βασιλέως κελεύσαντος, ἔστησαν· εἶτα δέον καθένα τούτους διαιρεῖν καὶ λόγων πρὸς ἐκείνους βασιλικῶν καὶ φιλοτίμων ἀπάρξεσθαι, ὁ δὲ πρῶτα μέν τοι ἀγενῶς ὠνείδισε ξύμπασιν, εἶτα δὴ ἐς μέσους τὸν κορυφαῖον τούτων στήσας καὶ τὸν εὐθὺς μετ' ἐκεῖνον (ἐπρέσβευε γὰρ τούτοις ξύμπασιν ὁ Κομνηνὸς Ἰσαάκιος, ἦν δ' ὁ Κεκαυμένος οὗτος ὁ Κολωνείαθεν), ὕβρισι μυρίαις κατέπλυνεν ὡς ἀπολωλεκότα μικροῦ δεῖν τὴν Ἀντιόχου καὶ τὰς δυνάμεις καταλελυκότα, καὶ γενναῖον μὲν ἢ στρατηγικὸν οὐδὲν ἐπιδείξαντα, τὰ δὲ τῶν πολλῶν συλλέξαντα χρήματα, καὶ τὴν ἀρχὴν ἐσχηκότα οὐκ εὐκλείας, ἀλλ' ἀπληστίας ὑπόθεσιν· ἐφ' οἷς ἐκείνου παγέντος τῷ ἀθρόῳ τῆς ἐπιπλήξεως, καὶ τὰ κρείττω μὲν προσδοκήσαντος, τοῖς δ' ἐναντίοις καθυβρισθέντος, τῶν τε συστρα|τήγων ὑπεραπολογήσασθαι ἐκείνου ἐπικεχειρηκότων, ὁ βασιλεὺς καὶ τούτοις τὴν γλῶτταν ἐπέσχε· καὶ εἰ τῶν ἄλλων κατωλιγωρήκει, δέον τόν γε Ἰσαάκιον πάσης ἀξιῶσαι εὐφημίας τε καὶ τιμῆς, ὁ δὲ κἀκείνῳ ἀπείπατο τὴν εὐμένειαν.

18-19. οὐδὲ π. μὲν τὸ ἀγενές.   20. τοῦτον στ. ἤ.   22. ἦν.   31. ἤ τ.

Περὶ τῆc τοῦ Κομνηνοῦ ἀποcταcίαc.

IV. Αὕτη πρώτη πληγὴ τοῖς Στρατιώταις ἐγένετο καὶ ἀφορμὴ τῆς κατ' ἐκείνου ἐπιβουλῆς, τοῦτο τὸ δρᾶμα τὰς ἐκείνων γνώμας διέσεισε, καὶ καινοτέρων αὐτοῖς βουλευμάτων ἀρχὰς εἰσεποίησεν. Οὐκ ἔτι μὲν οὖν εὐθὺς ἐν τῷ περὶ τῆς βασιλείας γεγόνασι σκέμματι, ἀλλὰ καὶ δευτέραν πεῖραν πεποίηνται, εἴ πως εὐνοϊκωτέρου τοῦ αὐτοκράτορος τύχοιεν· ὁ δὲ ἅμας ἐκείνων ἐπιζητούντων, σκάφας ἐδίδου, εἰ δ' ἀντιπίπτοιεν, οὐδ' ἐκείνας παρεῖχεν, ἀλλ' ἀπωθεῖτο καὶ ἀπεκρούετο. Ὥρμησαν μὲν οὖν εὐθὺς ξύμπαντες μικροῦ δεῖν ἐπιβαλεῖν ἐκείνῳ τὼ χεῖρε καὶ καθελεῖν τῆς ἀρχῆς, ἐπέσχε δὲ τούτους ὁ Ἰσαάκιος, βουλῆς δεῖσθαι τὸ πρᾶγμα συνετωτέρας εἰπών· εἶτα δὴ στήσαντες τὴν ἐπιβουλὴν, ἐζήτουν τὸν ἄρξοντα τῶν δυνάμεων καὶ τοῖς ὅλοις ἀρκέσοντα.

V. Ὁ μὲν οὖν Ἰσαάκιος πᾶσι παρεχώρει τοῦ σχήματος, ἕκαστον λέγων ἀρκεῖν πρὸς τὸ κράτος, οὗτοι δὲ ξύμπαντες ἐκείνῳ ἐδίδοσαν τὴν τιμήν· προεῖχε γὰρ ὡς ἀληθῶς οὐ τῷ γένει μόνον, ἀλλὰ καὶ τῷ τυραννικῷ εἴδει καὶ τῷ γενναίῳ τῆς γνώμης καὶ τῷ σταθηρῷ τῆς ψυχῆς, αἰδέσιμος γάρ τις ἐδόκει καὶ μόνον ὁρώμενος· ἀλλ' ὁ μὲν χαρακτὴρ ἐκείνου μικρόν τι τὸν λόγον ἀναμεινάτω. Ἐπεὶ δὲ ξυνέθεσαν πρὸς ἀλλήλους ὃ καὶ ἐβεβούληντο, βραχέα δὴ ἄττα τῷ βασιλεῖ καθωμιληκότες, ἐπ' οἴκους ξύμπαντες ἀνεχώρησαν· ἑῷοι δὲ ὄντες καὶ ὡς ἀληθῶς πρόσαυγοι, ἐκ βραχέων τῶν διαστημάτων ἀπ' ἀλλήλων διειστήκεσαν· διὰ ταῦτα ὀλίγας ἡμέρας ἐπιλιπόντες, εἶτα δὴ ἐς ταὐτὸ συνδεδραμη|κότες, τῆς ἐπιβουλῆς ἄρχουσιν. Οὐκ ἔφθασαν δὲ ταύτην ἑδράσαντες, καὶ στρατόπεδον αὐτοῖς γενναῖον ξυνέστη, πλήθους αὐτοῖς γενναίων συρρεύσαντος καὶ τὴν γνώμην κρατύναντος· ἐπειδὴ γὰρ ἠκηκόεισαν ξύμπαντες, ὅτι στρατηγὸς γενναῖος αὐτοῖς βεβασίλευκε, καὶ ὅτι τὰ κράτιστα γένη εἰς αὐτὸν ἀνηρτήσατο, ὀνομαστί τε τούτους ἠπίσταντο, οὐδὲ βραχύν τινα χρόνον διαλιπόντες εὐθὺς αὐτοῖς προσεχώρησαν, ὥσπερ ἀγαθὸς δρομεὺς τὸν ἕτερον προλαβεῖν ἐπειγόμενοι.

8. ἅμμας. 16. λέγειν. 22. ᾧ. 23. οἴκου. ibid. ἑῷ οἱ. 26. ταὐτῷ. 32. τούτοις.

ΜΙΧΑΗΛ ΣΤ' (1056—1057).

VI. Ἐβούλοντο μὲν καὶ πρότερον τὸ Στρατιωτικὸν ξύμπαν τὸ κράτος Ῥωμαίων ὑποποιήσασθαι, καὶ ὑπήκοοι γενέσθαι στρατηγῷ αὐτοκράτορι, καὶ τὴν πολιτικὴν καταλῦσαι τῆς βασιλείας διαδοχὴν, ἐπεῖχον δὲ τὰ βουλεύματα, καὶ μόνον ἐνε|κυμόνουν τὸν ἔρωτα, ὅτι μηδεὶς αὐτοῖς εἰς ἀρχὴν 394* ἀξιολογώτατος κατεφαίνετο· ἐπεὶ δὲ τὸν Ἰσαάκιον τεθέανται, 6 ὃν οὐδ' ὄναρ εἰς τὸ σχῆμα τοῦ κράτους ἰδεῖν προσεδόκησαν, διὰ τὸ περὶ τὰς τοιαύτας ἐπιχειρήσεις ἀκριβὲς, κορυφαῖον γεγενημένον τοῦ τυραννικοῦ σκέμματος, καὶ τὰ μετὰ ταῦτα χειροτονοῦντα βουλεύματα, αὐτίκα οὐδέν τι γνωσιμαχήσαντες 10 τῷ ἀνδρὶ προσερρύησαν, ἀνδρικώτερον ἐπισκευάσαντες ἑαυτοὺς καὶ τὰ πρὸς τὸν πόλεμον ἐξαρτήσαντες.

VII. Ὁ δὲ, εἰ καὶ τότε πρῶτον ἦρξε τοῦ τοιοῦδε σκέμματος, συνετώτερον ἢ τολμηρότερον τὸ πρᾶγμα μεταχειρίζεται· καὶ ἐπειδὴ τοῦτο πρὸ πάντων ᾔδει, ὅτι χρημάτων πολλῶν δεῖ 15 τῷ συντάγματι, πρῶτον μὲν πάσας τὰς εἰς τὴν Πόλιν ἀποφράττει ὁδούς, φρουρὰν ἀποχρῶσαν καταλιμπάνων ἑκάστῃ, καὶ μηδενὶ διδοὺς ἐξιέναι τε καὶ εἰσιέναι, εἰ μὴ ἐκεῖνος γνοίη καὶ τὴν ἐφ' ἑκάτερα συγχωρήσῃ πορείαν· ἔπειτα τοῦτο πεποιηκὼς, τὰς δημοσίους εἰσπράττει συνεισφορὰς οὐ φύρδην, 20 οὐδὲ συγκεχυμένως, ἀλλ' ἀρχεῖα τάξας καὶ ἀκριβεῖς ἐγκαταστήσας εἰσπράκτορας, καὶ ἀπογραφόμενος ἕκαστα, ἵν' ἔχοι καὶ τελεώτερον βασιλεύσας ἀκριβεῖς τοὺς τῶν εἰσπράξεων λογισμούς· | οὕτω τοῦ συνετωτέρου μᾶλλον ἢ τοῦ τολμηροτέρου ἐγίγνετο. Καὶ ἄλλο δέ τις ἐκείνου θαυμάσειεν, ὅτι 25 πλήθους αὐτῷ πολλοῦ προσκεχωρηκότος φυλοκρινεῖ τὰς τάξεις, καὶ τοὺς γενναιοτέρους ἀποκρίνας τῶν ἄλλων καὶ οἷς ᾔδει καὶ τόλμαν λελογισμένην καὶ στάσιμον τὸ γενναῖον, ἐκείνους εἰς λόχους καὶ φάλαγγας καθιστᾷ καὶ τούτοις πιστεύει τὸν πόλεμον· ἦν δ' ἄρα καὶ τὸ ἀποκριθὲν ἀριθμοῦ 30 κρεῖττον καὶ τὸ κριθὲν οὐδὲν ἐκείνων καταδεέστερον.

VIII. Πρῶτα μὲν οὖν αὐτοῖς ἐγκελεύεται συνειλέχθαι καθ' ἑαυτοὺς καὶ μὴ συγκεχύσθαι, μηδὲ συντεταράχθαι, ἀλλ' ὥσπερ εἰς τάξιν καὶ φάλαγγας καταστάντας σιγῇ τε προϊέναι καὶ οὕτως κατασκηνοῦν· ἔπειτα τὸ στρατηγικὸν ἑκάστῳ 35

21. οὐ συγκεχυμένος.   29. φάλαγγα.   32. συνηλέχθαι.
35 sq. ἑκάστως τηρέσιον.

σιτηρέσιον τάξας καὶ τὴν εἰς πολεμικὴν ἔφοδον ἀποχρῶσαν παρασκευήν, καὶ μειζόνων ἀξιοῖ βαθμῶν, τοὺς μὲν μείζους ἀπονέμων τοῖς μείζοσι, τοὺς ἐλάττους δὲ τοῖς ἐλάττοσι. Ἐπὶ τούτοις συγγενικῷ αἵματι τὸ σῶμα πιστεύσας καὶ κύκλον
5 τινὰ περιελίξας αὐτῷ, ἀδεῶς τε προῄει καὶ αὖθις ηὐλίζετο· τὰς μὲν οὖν νύκτας ἀγρύπνους εἰς τὰς τυραννικὰς φροντίδας ἀνήλισκεν, ἡμέρας δὲ λαμπρότερός τε τοῖς πράγμασιν εἴδετο, καὶ ὡς ἐπὶ προκειμένῳ προῄει τῷ πράγματι· ἐπεὶ δὲ πολλὰ εἴωθε προσπίπτειν τοῖς στρατοπέδοις, καὶ οἵ γε πλεῖστοι
10 τολμηρότεροι μᾶλλον πεφύκασιν ἢ συνετώτεροι, οὐδενὶ μὲν τὸ ξίφος ἐπανετείνατο, οὐδ' εὐθὺς ἐπὶ τοὺς ἡμαρτηκότας κεχώρηκε, κατέπληττε δὲ ἅπαξ ἰδών, καὶ ἡ ὀφρὺς αὐτῷ συναχθεῖσα ἀντὶ πάσης ἧρκει πληγῆς.

IX. Ὁ μὲν οὖν οὕτως καὶ συνταξάμενος ἀκριβῶς ἐγγὺς
15 ἤδη τῆς Πόλεως ἐγεγόνει· ὁ δὲ τοῦ Βυζαντίου τὴν ἀρχὴν ἤδη μόνην ἔχων καὶ οἱ προκατεσχηκότες ἐκεῖνον, ὥσπερ μηδενὸς καινοῦ γεγονότος, οὔτε τοῖς τολμηθεῖσιν ἀντεβουλεύσαντο, οὔτε τὰς λειπομένας τάξεις ἐπὶ τὰς ἐκείνων συντάξεις ἐκίνουν, οὔτ' ἄλλο τῶν πάντων ἐποίουν δι' ὅτου | ἂν τὸ τυραννικὸν
20 σύνταγμα διαλύσαιεν· ὡς δ' ἔνιοι τῶν προσκειμένων ἐκείνῳ νύττοντες διώρυξαν τὴν πλευράν, ὡς δεῖ καὶ συμβούλων αὐτῷ καὶ χρημάτων πολλῶν, καὶ στρατιωτικῆς τάξεως, ἄλλους τε πλείστους μετακαλεῖται τῶν γενναίων μὲν τὰς γνώμας, τηνικαῦτα δὲ κατολιγωρηθέντων· καὶ δῆτα κἀμὲ εἰσποιεῖται καὶ
25 ὅτι με ἔχοι πάλαι ἐγκόλπιον, ὡς ἄτοπόν τι πεποιηκώς, σχηματίζεται.

Περὶ τῶν εἰc τὸν Βαcιλέα cυμβούλων διὰ τὴν ἀποcταcίαν.

X. Ἀλλ' ἐγὼ μηδὲν ἐκείνῳ μνησικακήσας, τρία ταῦτα ποιῆσαι εὐθὺς ἐβουλευσάμην αὐτῷ· ἐπεὶ γὰρ ἐγνώκειν ὅτι
30 ἐκ διαφόρου γνώμης τῷ μεγάλῳ ἀντικαθεστήκοι ἀρχιερεῖ, καὶ δυσόργως εἶχεν ἐκεῖνος αὐτῷ, γνώμην αὐτῷ πρώτην ταύτην εἰσήνεγκα, πᾶσαν αὐτῷ διαφορὰν διαλύσασθαι, καὶ εἰς ταὐτὸ ἐκείνῳ συνελθεῖν καὶ σκέμμα καὶ φρόνημα, ἐν τοῖς τοιούτοις

11. ἐνθὺς.   18. ἐκεῖνος.   20. ἐκείνων.
27. συμβουλιῶν.

μάλιστα δυναμένῳ καιροῖς καὶ συνεπιθησομένῳ τοῖς τυραννεύσασιν, εἰ μὴ προλάβοι τοῦτον εἰς ἀκριβεστάτην οἰκείωσιν· ἔπειτα πρεσβείαν πρὸς τὸν τετυραννευκότα στέλλειν διαλῦσαι τὸ σύνταγμα, ἐπαγγείλασθαί τε αὐτῷ ὁπόσα μὴ ἐπισφαλὲς δοῦναι, τὰ δὲ καὶ προτείνασθαι, μηχανήσασθαί τε ἐπὶ τὸ ἐκείνου στρατόπεδον καὶ ἐπιχειρῆσαι διαλῦσαι τὴν φάλαγγα· τρίτην ἐπὶ τούτοις γνώμην προστέθεικα τὴν κορυφαιοτάτην καὶ κρείττονα, τὰς ἐν ἑσπέρᾳ τάξεις συναγαγεῖν, καὶ τὰς καταλειπομένας συγκροτεῖν δυνάμεις, συμμαχίας τε παρὰ τῶν γειτονούντων βαρβάρων ἐπικαλέσασθαι, καὶ τὰς παρ' ἡμῖν ξενικὰς δυνάμεις κρατῦναι, γενναῖόν τε τούτοις στρατηγὸν ἐπιστῆσαι καὶ λόχους ἀρκοῦντας ποιήσασθαι, καὶ πανταχόθεν τῷ συγκινηθέντι καθ' ἡμῶν πλήθει ἀντικαθίστασθαι. Δέχεται μὲν οὖν τὰς γνώμας ὁ βασιλεύς.

| Περὶ τῆς τοῦ στρατοῦ ἀποστολῆς πρὸς τὸν Ἰσαάκιον.

XI. Εἶτα δὴ πρὸς μὲν τὴν πρώτην ἀνείργεται, ἥτις δὴ αὐτῷ καὶ κατολιγωρηθεῖσα εἰς καταστροφὴν ἤρκεσε, πρὸς δέ γε τὴν δευτέραν καὶ τρίτην παρασκευάζεται· ἀλλὰ παρὰ μὲν τὴν δευτέραν τὸ διηνυσμένον οὐδέν, αἱ δ' ἐκ τῆς ἑσπέρας αὐτῷ δυνάμεις ἐξαρτηθεῖσαι πολεμικώτατα καὶ συμμαχίδας ἑτέρας κτησάμεναι, εἴς τε λόχους διαιρεθεῖσαι καὶ συναιρεθεῖσαι εἰς φάλαγγας, ἐμπαρασκεύως ὁμοῦ καὶ γενναίως τοῖς ἑῴοις ἀντικατέστησαν τάγμασιν. Οὐκ ἐκ διαστήματος δὲ πολλοῦ ἑκάτεροι τοὺς χάρακας ἱδρυσάμενοι καὶ βραχύ τι τὸ μεταξὺ πεδίον πεποιημένοι, οὐδέτεροι ἐπ' ἀλλήλους ἐξῄεσαν, ἀλλ' ἦν αὐτοῖς κενὸν τὸ μεταίχμιον· ἀλλὰ πλήθει μὲν οἱ βασιλικοὶ τὸ πλέον ἐδείκνυσαν ἔχοντες, δυνάμει δὲ καὶ τάξει οἱ τῆς ἑτέρας προεῖχον μερίδος, καὶ τό γε μεῖζον καὶ θαυμασιώτερον, ἐκείνοις μὲν ἡ σύνταξις ἀρραγὴς καὶ ἡ πρὸς τὸν κρατοῦντα πίστις βεβαία καὶ ἀσφαλής, τὸ δ' ἡμέτερον στρατόπεδον ἐκενοῦτο καὶ διερρήγνυτο, αὐτομολούντων ὁσημέραι πολλῶν ἐπὶ τὴν τυραννικὴν σύνταξιν, ὅ τε τῶν δυνάμεων προηγούμενος, τοὔνομα δὲ οὐδὲν δέομαι λέγειν, ἀμφιρρεπὴς ἦν, ὡς δ' ἐγῷμαι μονομερής.

16. δὲ. 21. κτησάμενοι. 25. οὐδ' ἕτεροι.

XII. Ὅθεν ἐξ ἀμφοτέρων κατηγωνίσμεθα, καὶ | πρὶν ἢ πολεμητέα ἐδόκει, ταῖς τῶν στρατηγούντων γνώμαις ἡττώμεθα· ἀλλ' οἵ γε λόχοι καὶ τὸ ἡμεδαπὸν πλῆθος ὁπόσον ἐλέλειπτο, οὔπω τὴν στρατηγικὴν γνόντες ἀμφιβολίαν, ἐπειδή περ ἀντικατέστησαν ἄνδρες ἀρήϊοι καὶ θυμοῦ, κατὰ τὴν ποίησιν, πνείοντες, ὅπλοις τε τοῖς καλλίστοις διεσκευασμένοι, καὶ πᾶν εἴ τι ὅπλον γενναῖον τὸ μὲν διεζωσμένοι, τὸ δὲ ἐν χεροῖν ἔχοντες, τὸ ἐνυάλιον ἀλαλάξαντες ἐπὶ τοὺς ἐναντίους τοὺς χαλινοὺς τοῖς ἵπποις ἐνδόντες ἀσχέτῳ ῥύμῃ προσκεχωρήκασι, καὶ τό γε ἀριστερὸν ἐκείνοις κέρας οἱ τὸ καθ' ἡμᾶς δεξιὸν ἔχοντες ἀναστρέψαντες ἐπὶ πολὺ κατεδίωξαν.

XIII. Ἐπεὶ δὲ τὸ δεξιὸν αὐτὸ ἐμεμαθήκεσαν, μὴ ὑπομεῖναν τὴν τῶν πολεμίων βοήν τε καὶ ἔφοδον, ἀλλ' εὐθὺς ὑποκεχωρηκὸς καὶ διασπαρὲν, δείσαντες μὴ οἱ νενικηκότες ἐπ' ἐκείνους γένοιντο, καὶ τούς γε φυγάδας ῥώσαντες ὅλαις αὐτοῖς ἐπισταῖεν δυνάμεσιν, οὐδὲν ἧττον κἀκεῖνοι ἐτράπησαν εἰς φυγήν, καὶ γίνεται καθαρῶς μετὰ τῶν πολεμίων ἡ νίκη, καὶ ὁ τυραννεύσας πεπηγὼς ἐν μέσοις εἱστήκει κρείττων καὶ τῶν διωκόντων καὶ τῶν φευγόντων· τοῦτον γοῦν ἔνιοι τοῦ καθ' ἡμᾶς στρατοπέδου ἑωρακότες, ἦσαν δὲ τῶν περὶ τὸν Ταῦρον Σκυθῶν τῶν τεττάρων οὐ πλείους, τὰ δόρατα κατευθύναντες ἐπ' αὐτὸν ἐξ ἑκατέρας πλευρᾶς ὤσαντο, καὶ τόν γε σίδηρον τοῖς ἐκείνου ὅπλοις ἐφηρμοκότες διαμαρτάνουσι μὲν αὐτῷ τοῦ σώματος, ἀλλ' οὔτε δὲ ἐπὶ θάτερον παρατρέπουσι μέρος, ἀλλ' ἀντωθήσαντές τε τὸν ἄνδρα ἐς ἴσον αὖθις ἀντικατέστησαν, ἰσοβαρῆ πεποιηκότες καὶ ἐπὶ τοῦ κέντρου τηρήσαντες· τοῦτο δὴ ἐκεῖνος οἰωνὸν λαβὼν αἴσιον, ὡς εἴη ἀνίκητος βαλλόμενος ἑκατέρωθεν, ταῖς δυνάμεσιν εὐθὺς ἐγκελεύει ἐρρωμενέστερον τοῖς τῶν ἐναντίων ἐμπίπτειν σώμασι, καὶ θαρρεῖν τὸν ἀγῶνα, καὶ τὰ μὲν τρέπειν τοὺς ἐναντίους, τὰ δὲ διώκειν ἄχρι πολλοῦ.

XIV. Τούτων γοῦν οὕτω διαπεπολεμημένων, ἀγγελίαι δεινότεραί τε καὶ φοβερώτεραι τὰς ἡμετέρας διέσεισαν ἀκοάς, καὶ τόν γε βασιλέα διαταράξασαι ἀπεγνωκέναι πάσας ἐλπίδας πεπείκασιν· οὐ γὰρ ἦν ἐξ ὑπογύου οὕτω νενικημένον τὸ

3. λόγχοι.   16. ἐπεσταῖεν.   19. τούτων.   25. εἴσον.
27. ἀκίνητος.   32. τούτῳ.   35. εἰ.

ἑσπέριον ἀνακαλέσασθαι στράτευμα, ἑτέρους δὲ οὐκ εἶχεν ἀκμῆτας καὶ νεολέκτους παρασκευάσασθαι, ὅ τε τῶν δυνάμεων ἄρχων ὁ ἐκτομίας Θεόδωρος, ὃν ἡ βασιλὶς Θεοδώρα πρόεδρον μὲν πρότερον ἐπεποιήκει, εἶτα δὴ τὰ τῆς ἑῴας ἐγκεχειρήκει στρατόπεδα, παντάπασιν αὐτῷ ἀπειρήκει τὴν στρατηγίαν, οὐ τῷ μὴ | θαρρεῖν μᾶλλον τοὺς δευτέρους ἀγῶνας ἢ τῷ διεστράφθαι τὴν γνώμην καὶ κρυφίως πρὸς τὸν Κομνηνὸν σπείσασθαι.

Περὶ τᾶς τῶν πρέcβεων ἀποcτολᾶc πρὸc τὸν Κομνηνόν.

XV. Διαλιπὼν γοῦν ὁ βασιλεὺς ἡμέρας τινὰς, εἶτα δή με πρὸς τὸν Κομνηνὸν σπείσασθαι ἀξιοῖ, διαπρεσβεύσασθαί οἱ ἀπορρήτους γνώμας πρὸς τὸν πολέμιον, καὶ δι' εὐγλωττίας καὶ σοφιστικῆς δυνάμεως καταμαλθάξαι τὴν ἐκείνου ψυχὴν πρὸς αὐτὸν μεταθήσεσθαι· ἐμοὶ δὲ τήν γε πρώτην ἀκούσαντι, ὥσπερ ἀτεχνῶς καταβροντηθέντι τὴν ἀκοὴν, ἀπηγόρευτο ἡ ἀξίωσις, καὶ "οὐκ ἂν ἑκὼν εἶναι, ἔφην, ὑπηρετήσωμαί | σοι τοιούτῳ προστάγματι, πολύν τε τὸν κίνδυνον ἔχοντι καὶ τὸ τέλος οὐκ ἀμφίβολον, ἀλλὰ πάντη μονομερές· δῆλον γὰρ ὡς οὐ πείσεται, ἄρτι νενικηκὼς καὶ ἐπηρμένος τῷ κατορθώματι, τὸ κράτος ἀφεῖναι καὶ ἄλλο τι τῶν ἐλαττόνων μεταβουλεύσασθαι."

XVI. Ὁ δ' εὐθὺς ἐπισείσας τὴν κεφαλὴν καὶ πάσης καταγνοὺς φιλίας καὶ οἰκειώσεως, "σὺ δὲ ἄρα, ἔφησεν, ὅπως μὲν πιθανῶς ἐρεῖς διεσπούδακας, ὅπως δὲ ἂν ἀμύναιο ἀτυχοῦσι φίλοις, καὶ σὺν θεῷ φάναι δεσπόταις, οὐ συννενόηκας; ἐγὼ δέ σοι οὐδὲ πρὸς βραχύ τι μετὰ τὸ κράτος παραπεποίημαι, ἀλλὰ μετὰ τοῦ συνήθους ὁμιλῶ σχήματος, κατασπάζομαί τε καὶ συναγκαλίζομαι, ὥσπερ εἴωθα, καί σου τοῦ τῶν χειλέων, ὥσπερ δέον ἐστὶν, ὁσημέραι ἀπογεύομαι μέλιτος, ᾤμην δὲ τῶν ἴσων ἀνταξιοῦσθαι! σὺ δέ μοι οὐδὲ τοσοῦτον δίδως ὁπόσον ἐπιεικὴς ἄνθρωπος ἐχθρῷ παρέσχετο κινδυνεύοντι· κἀγὼ μὲν τὸν πεπρωμένον οἶμον πορεύσομαι, σοὶ δὲ ἄρα τις ἔσται ἐπεγκαλῶν καὶ προσονειδίζων ὅτι τὴν πρὸς δεσπότην καὶ φίλον φιλίαν διέψευσαι!"

2. ἀκμῆτας.   17. τούτῳ.   28. τούτων.   30. ὁπόσος.

XVII. Τούτων ἀκούσας τῶν λόγων μικροῦ δεῖν αὖος καὶ ἀπόπληκτος γέγονα, καὶ οὐκ εἶχον ὅπως τὴν πρώτην διαφυλάξωμαι ἔνστασιν· | ἀθρόον οὖν μεταπλασθεὶς, "ἀλλ' ὦ βασιλεῦ, ἔφησα, οὐ τὴν ὑπηρεσίαν διαδιδράσκων, ἀναβάλλομαι τὸ ἐπίταγμα, ἀλλὰ τὸ πρᾶγμα διευλαβούμενος καὶ τοὺς τῶν πολλῶν ὑποπτεύων φθόνους τὴν πρόσταξιν ὑπερτίθεμαι. —Καὶ τί ποτέ, φησι, τοῦτο, ὃ δι' εὐλαβείας αὐτὸς ἔχων οὐ πάνυ τῇ πρεσβείᾳ θαρρεῖς;—Κεκρατηκὼς, ἔφησα, ὁ ἀνὴρ πρὸς ὅν με κελεύεις διαπορθμεύσασθαι, καὶ τεθαρρηκὼς πρὸς τὰς μελλούσας ἐλπίδας· οὐκ οἴομαι οὖν τοῦτον εὐμενῶς με προσήσεσθαι, οὐδὲ πρὸς τοὺς ἐμοὺς λόγους μετακληθήσεσθαι· σοβαρώτερον οὖν ἴσως ὁμιλήσει, καὶ ἀτιμάσει μου τὴν πρεσβείαν καὶ ἄπρακτον ἀποπέμψεται· οἱ δέ γε πολλοὶ διαβαλοῦσί με, ὡς αὐτὸς τὴν πρὸς σὲ πίστιν προδοὺς, ἐκεῖνον ἐπῆρα ταῖς κρείττοσι τῶν προσδοκιῶν, μήτε τινὰ λόγον ἐκ βασιλέως ἥκοντα, μήτε πρεσβείαν προσίεσθαι, ὡς αὐτίκα τοῦ κράτους ἐπιληψόμενον. Ἀλλ' ἤν γε βούλει, ἔφησα, ὑπηρετηκέναι σου τῷ προστάγματι, καὶ ἕτερόν μοί τινα τῶν ἐκ τῆς πρώτης βουλῆς συμπρόπεμψον, ὅπως ἂν καὶ παρ' ἀμφοτέρων καὶ πρὸς ἀμφοτέρους ὅ τε ἡμέτερος λόγος καὶ ὁ ἐκείνου ἀμοιβαδὸν ἐπὶ δημοσίας γένηται ἀκοῆς."

XVIII. Ἐπῄνεσε τὸν λόγον ὁ βασιλεὺς, καὶ "ἑλοῦ, φησὶν, ὃν ἂν βούλει τῆς ἄνω βουλῆς." Κἀγὼ αἱροῦμαι τὸν κάλλιστόν τε καὶ συνετώτατον, καὶ ὃν μάλιστα ᾔδειν τὴν σὺν ἐμοὶ θαρρήσοντα ἔξοδον· ὡς γοῦν κἀκεῖνος εὐθὺς ἀκούσας προσήκατο καὶ τὴν πρεσβείαν καὶ τὴν κοινωνίαν, κοινῇ συνεληλυθότες καὶ ἀλλήλοις ἀντιδόντες τὰς γνώμας, ἕτερον αὖθις αἱρούμεθα τῆς πρεσβείας ἡμῖν συμμεθέξοντα, τὰ πρῶτα Ῥωμαίων <τυγχάνοντα>, κορυφαῖον τῆς συγκλήτου βουλῆς, ᾧ ἀνθάμιλλα ὅ τε νοῦς τῇ γλώττῃ καὶ ἡ γλῶττα τῷ νῷ, ὃς δὴ τὰ πρῶτα τὸν αὐτοκράτορα | Μονομάχον λεοντοκομήσας, ὕστερον καὶ τὴν πατριαρχικὴν λειτουργίαν ἐκόσμησε, καὶ θῦμα τῷ λόγῳ γεγονὼς αὖθις ἐκεῖνον τῷ πατριάρχῃ ἱερούργησεν.

| XIX. Ὡς γοῦν καὶ οὗτος φιλορωμαιός τις ὡς ἀληθῶς ὢν τὸν λόγον οὐχ ὑπερέθετο, ἀλλὰ μέρος τὸ κάλλιστον ἡμῶν

8. καὶ κρατηκῶς.   13. διαβάλουσι.   17. βούλη.   18. τὸν.   23. βούλη.

ΜΙΧΑΗΛ ΣΤ' (1056—1057). 197

γίνεται, ἐπιστολὰς πρὸς ἐκεῖνον ἐκ βασιλέως δεξάμενοι, μᾶλλον δὲ ἡμεῖς ταύτας διασκεψάμενοι καὶ ὅσον εἰκὸς οἰκονομήσαντες, ἵν' ὁμοῦ καὶ στεφανηφοροίη τῷ τοῦ Καίσαρος σχήματι καὶ τῷ βασιλεῖ ὑποτάττοιτο, τὴν πρὸς ἐκεῖνον τεθαρρήκαμεν ἔξοδον, καὶ τὸν πρῶτον ἐκ πόλεως διεληλυθότες 5 σταθμὸν, γνωρίζομεν ἐκείνῳ τὴν ἡμετέραν ἄφιξιν, καὶ διαβεβαιούμεθα ὡς οὐκ ἂν ἄλλως εἰς ὁμιλίαν ἐκείνῳ γενοίμεθα, εἰ μὴ πρότερον ὅρκους ἡμῖν ἀπορρήτους δοίη, ὡς οὔτε κατάσχῃ τὴν πρεσβείαν τελέσαντας, οὔτ' ἄλλο τι δεινὸν ἐπενέγκοι, ἀλλὰ τὰ εἰκότα τιμήσας συγχωρήσειε τὴν ἐπάνοδον. 10

XX. Ὡς δὲ ἐκεῖνος πάντα ἐδεδώκει, καὶ πλείονα τῶν ἐζητημένων προσέθετο, ταῖς τριήρεσιν εὐθὺς ἀναπλεύσαντες ἀγχίθυροι ἐγενόμεθα οὗ δὴ ἐκεῖνος ἐναυλισάμενος ἔτυχεν· ἀσπασμοὶ γοῦν εὐθὺς, πρὶν ἐκείνῳ εἰς ὁμιλίαν ἐλθεῖν, καὶ φιλοφροσύναι ἡμᾶς ὑποδέχονται, ἄλλων ἐπ' ἄλλοις ἀφικνου- 15 μένων τῶν πρώτων τῆς στρατιᾶς καὶ τοῖς ἡδίστοις ἀνακαλούντων ὀνόμασι, κατασπαζομένων τε κεφαλὴν καὶ χεῖρας ἡμῶν καὶ δάκρυα σπενδόντων, ὅτι ἐμφυλίου αἵματος καὶ συγγενικοῦ ἄγους κατακορεῖς γεγονότες ἀναδεσμοῦνται ταινίαις τὰς κεφαλάς· εἶτα δὴ ἐν μέσοις λαβόντες ἡμᾶς πρὸς 20 τὴν αὔλειον τοῦ κρατοῦντος ἀπήγαγον, οὕτω γὰρ ἔτυχεν ἐσκηνωμένος εἰς ὕπαιθρον· ἔνθα δὴ τῶν ἵππων αὐτοὶ καταβάντες καὶ ἡμᾶς ἀποβιβάσαντες αὐτοῦ περιμένειν παρεκελεύσαντο, εἶτα δὴ μόνοις ἡμῖν ἐδόθη ἡ εἴσοδος· ἔδυ γὰρ ἤδη ὁ ἥλιος καὶ οὐκ ἦν ἐκείνῳ βουλομένῳ πολλοὺς ἐπὶ τῆς βασιλείου 25 συλλεγῆναι σκηνῆς.

XXI. Ἀσπάζεται γοῦν εἰσιόντας ἡμᾶς, ἐκάθητο δὲ ἐπὶ θώκου τινὸς ὑψηλοῦ, βραχείας τινὸς περὶ αὐτὸν οὔσης δορυφορίας· ἐσκεύαστο δὲ οὐ τοσοῦτον βασιλικώτερον, ὅσον στρατηγικώτερον· ὑπεξανέστη γοῦν ἡμῖν βραχύ τι, εἶτα δὴ 30 καθίσαι προτρέψας, ἠρώτησε μὲν οὐδὲν | περὶ ὧν ἀφικόμεθα, βραχεῖς δέ τινας κινήσας λόγους ὁπόσοι αὐτῷ τὴν στρατιὰν ἀναγκαίαν ἐδείκνυσαν, εἶτα δὴ καὶ κρατῆρος κοινωνήσας ἡμῖν, ἀφῆκεν ἐπὶ τὰς σκηνὰς, αἱ δ' ἔγγιστα τῆς ἐκείνου ἐφεξῆς ἐπεπήγεσαν. Ἐθαυμάζομεν οὖν ἀπιόντες τὸν ἄνδρα, ὅτι μὴ 35 εὐθὺς μακροὺς προύτεινε λόγους, μηδέ τι πλέον παρ' ἡμῶν

8. εἰμι.   28. αὐτοῦ.

μαθεῖν ἠβουλήθη ἢ ὅσον τὰ περὶ τὴν πορείαν καὶ εἰ εὐκυμάντῳ τῷ πλῷ ἐχρησάμεθα· ἔπειτα διαιρεθέντες ἀπ' ἀλλήλων ἐντὸς τῶν σκηνῶν ἐγεγόνειμεν· βραχύ τε ἀφυπνώσαντες κατὰ τὸ περίορθρον αὖθις συνήειμεν, καὶ ὅπως ἂν ἐκείνῳ διαλεξώ-
5 μεθα λόγους ἀλλήλοις ἐδίδομεν· ᾠόμεθα γὰρ μὴ ἑνὶ δοῦναι τὴν πρὸς αὐτὸν διάλεξιν, ἀλλ' ὁμοῦ πάντων πυνθάνεσθαι καὶ οὕτω | λαμβάνειν τὰς ἀποκρίσεις.

XXII. Οὕτω δὲ ἡμῖν ὁμιλοῦσιν ἡμέρα τε παρανέτειλεν καὶ ὁ ἥλιος προκεκυφὼς τοῦ ὁρίζοντος λαμπρῷ τῷ κύκλῳ
10 μετεώριστο· οὔπω δὲ πλεῖστον μέρος ὑπεραναβεβήκει, καὶ οἱ τῆς βουλῆς πρῶτοι παρῆσαν εἰσκαλοῦντες ἡμᾶς καὶ οἱονεὶ δορυφοροῦντες καὶ πρὸς τὸν κρατοῦντα ἀπάγοντες· μείζονι οὖν σκηνῇ ἐντυγχάνομεν ὁπόση καὶ στρατοπέδῳ καὶ ξενικαῖς ἀρκέσειεν ἂν δυνάμεσιν· περιεστήκεσαν δὲ ταύτην ἔξω πολύ
15 τι πλῆθος, οὐκ ἀργοὶ καὶ συγκεχυμένως ἑστηκότες, ἀλλ' οἱ μὲν ξίφη περιεζώννυντο, οἱ δ' ἀπὸ τῶν ὤμων ῥομφαίας βαρυσιδήρους ἐπέσειον, καὶ ἄλλοι δὲ δόρατα ἠγκαλίζοντο, ἐφεξῆς ἑστηκότες καὶ κατὰ κύκλους, καὶ βραχύ τι ἀπ' ἀλλήλων διεστηκότες, φωνὴ δέ τις παρ' οὐδενὶ ἐξηκούετο,
20 ἀλλ' ἐν φόβῳ ἑστήκεσαν ἅπαντες τὼ πόδε συμβεβηκότες καὶ ἀτενὲς πρὸς τὸν ἐφεστηκότα τῇ πύλῃ τῆς σκηνῆς ἀπονεύοντες· ὁ δ' ἄρα ἐτύγχανε τῶν σωματοφυλάκων τὰ πρῶτα, ἀνὴρ σὺν τῷ γενναίῳ ἀγχίστροφος καὶ δραστήριος, εἰπεῖν τε κρείττων καὶ σιωπῆσαι ἀμείνων καὶ ἐνθυμηθῆναι βελτίων, ὁ δοὺξ
25 Ἰωάννης, ὃς δὴ πόρρωθεν καὶ ἐκ προγόνων τὸ γενναῖον καὶ σταθηρὸν ἐκεκλήρωτο.

XXIII. Οὗτος τῇ εἰσόδῳ καὶ ἡμῖν προσεγγίσασι στῆναι κελεύσας, ἐντός τε τῆς τοῦ | βασιλέως σκηνῆς ἐγεγόνει, καὶ μικρὸν ἀναμείνας χρόνον, ἔξεισί τε, καὶ μηδὲν πρὸς ἡμᾶς
30 εἰρηκώς, ἀθρόον τὴν πύλην ἀναπετάννυσιν ἵν' εὐθὺς καταπλήξῃ τῷ ἀπροσδοκήτῳ τῆς θέας. Ἦν γὰρ δὴ πάντα τυραννικὰ τῷ ὄντι καὶ φρίκης μεστά· τὰ μὲν οὖν πρῶτα κατάκροτοι τὰ ὦτα τοῖς τοῦ πλήθους ἀλαλαγμοῖς ἐγεγόνειμεν, αἱ δὲ φωναὶ οὐχ ὁμοῦ ξύμπασαι, ἀλλ' ἡ πρώτη τάξις
35 πληροῦσα τὴν εὐφημίαν τῇ ἐφεξῆς ἐδίδου τὸ σύνθημα, κἀκείνη τῇ μετ' ἐκείνην, καὶ ἦν τοῦτο καινὸν ἀσύμφωνον· εἶτα δὴ

15. συγκεχυμένος.   30. καταπλήξω.   36. τὴν μ.

ΜΙΧΑΗΛ ΣΤ' (1056—1057). 199

ἐπειδὴ ὁ τελευταῖος κύκλος ἠλάλαξεν, αὖθις ὁμοῦ ξύμπαντες συμπεφωνηκότες μικροῦ δεῖν ἡμᾶς κατεβρόντησαν.

XXIV. Ὡς γοῦν ἐπαύσαντό ποτε, σχολὴν ἡμῖν ἔδοσαν τὰ ἐντὸς τῆς σκηνῆς θεάσασθαι, οὐδὲ γὰρ εὐθὺς ἀναπετασθείσης τῆς πύλης εἰσεληλύθειμεν, ἀλλ' εἱστήκειμεν πόρρωθεν 5 τὸ τῆς εἰσόδου σύνθημα ἀναμένοντες. Ἦν δ' οὖν τὰ ἐν αὐτῇ τοιάδε· αὐτὸς μὲν ὁ βασιλεὺς ἐπ' ἀμφικεφάλου καθῆστο θρόνου, μετέωρος δὲ ἦν, καὶ χρυσὸς τοῦτον ὑπήλειφε, σκίμπους τε ὑπέκειτο τοῖς ποσί, καὶ τὸ σῶμα ἐσθὴς λαμπρὰ καθωράϊζεν· ὑπερανεστήκει τε τὴν κεφαλὴν καὶ τὸ στέρνον προβέβλητο, 10 τήν τε παρειὰν ὁ ἀγὼν κατεφοίνισσε, καὶ τὰ ὄμματα πεπηγότα ἐπὶ συννοίας καὶ πλήρη ἐνθυμημάτων τὴν καρδίαν δεικνύοντα, αὖθις ἀνέφερον, ὥσπερ ἐκ βυθοῦ εἰς γαλήνην προσορμιζόμενα· κύκλοι δὲ περὶ αὐτὸν πλεῖστοι περιειστήκεσαν, ἀλλ' ὁ μὲν ἀγχοῦ καὶ βραχύτερος τοῖς πρώτοις περιειλίττετο· ἄνδρες 15 οὗτοι τῶν τε καλλίστων γενῶν τὰ πρῶτα καὶ τῆς ἡρωϊκῆς οὐδὲν ἀπεοικότες μεγαλειότητος, εἱστήκεσαν δὲ ὑποδείγματα τοῖς μετ' ἐκείνους, τῆς κρείττονος γενόμενοι τάξεως· τούτους δὲ χορὸς περιεκύκλου ἕτερος, ὑπασπισταὶ τούτων καὶ πρωταγωνισταί, ἔνιοι δὲ καὶ τοὺς ἐφεξῆς ἀνεπλήρουν λόχους, οἱ 20 δὲ καὶ ἡμιλοχῖταί τινες ἦσαν τῶν πρώτων, καὶ πρὸς τῷ εὐωνύμῳ κέρατι ἕστασαν· τούτους δὲ περιεστεφάνουν οἱ
397* ἄζωνοι καὶ ἐλεύθεροι, | μεθ' οὓς αἱ συμμαχι|καὶ δυνάμεις p.222 ὁπόσαι παρὰ τῶν ἐθνῶν αὐτοῖς παρεγένοντο, Ἰταλοί τε καὶ Ταυροσκύθαι, φοβεροὶ καὶ τοῖς εἴδεσι καὶ τοῖς σχήμασιν, 25 ἄμφω μὲν γλαυκιῶντες, ἀλλ' οἱ μὲν τὸ χρῶμα ὑπονοθεύοντες, καὶ κατακεντοῦντες τοὺς τῶν βλεφάρων ταρσούς, οἱ δὲ φυλάττοντες γνήσιον, οἱ μὲν ἔμπληκτοι ταῖς ὁρμαῖς, εὐκίνητοί τε καὶ ὁρμητίαι, οἱ δὲ μανικοὶ καὶ ἐπίχολοι, κἀκεῖνοι μὲν ἀνυπόστατοι τὴν πρώτην <πρὸς> ἔφοδον ὁρμήν, ταχὺ δὲ τοῦ 30 ὀξέος πιμπλάμενοι, οἱ δὲ ἧττον μὲν ἐφορμῶντες, ἀφειδεῖς δὲ τῶν αἱμάτων, καὶ τῶν κρευλλίων καταφρονοῦντες. Οὗτοι γὰρ οὖν τὸν κύκλον τῆς ἀσπίδος ἐπλήρουν, ἐπιμήκη τε δόρατα φέροντες καὶ ἀξίνας ἑτεροστόμους· ἀλλ' ἐκείνας μὲν τοῖς ὤμοις ὑπήρειδον, τοὺς δὲ τῶν δοράτων ἑκατέρωθεν ἐπεκτεί- 35 νοντες στύρακας, τὸ μεταίχμιον, ἵν' οὕτως εἴπω, περιωρόφουν.

8. ὑπέλειφε. 27. κατακενοῦντες. 32. κρεϋλίων. 36. μεσαίχμιον.

ΧΧV. Καὶ οὗτοι μὲν οὕτως· ἡμῖν δὲ τῆς εἰσόδου τὸ σύνθημα ὁ βασιλεὺς ἐδεδώκει, τῇ χειρὶ καλέσας καὶ βραχύ τι τὴν κεφαλὴν ἐπινεύσας ὅσον ἡμᾶς παρεγκλῖναι εἰς τὰ εὐώνυμα· τὸ τοίνυν μέσον τοῦ τε πρώτου καὶ δευτέρου κύκλου διαβαδίσαντες, ἐπειδὴ πλησιέστατα τοῦ βασιλεύοντος ἐγεγόνειμεν, περὶ ὧν φθάσας ἠρωτήκει αὖθις ἐπύθετο· καὶ ἐπειδὴ ἱκανῶς εἶχε τῶν ἀποκρίσεων, " ἀλλ' εἰς ἐξ ὑμῶν γεγονωτέρᾳ, ἔφησε, τῇ φωνῇ ἐπαναστρέψας καὶ ἐπὶ μέσον τουτωνὶ στὰς, (δείξας τοὺς ἑκατέρωθεν ἑστηκότας), τό τε γράμμα τοῦ ἀπεσταλκότος ὑμᾶς ἐγχειρισάτω μοι καὶ τοὺς λόγους εἰπάτω οὓς παρ' ἐκείνου λαβόντες ἀφίκεσθε ὡς ἡμᾶς."

XXVI. Ἔκαστος οὖν ἡμῶν ὑπεχώρει θατέρῳ τῆς διαλέξεως καὶ πρὸς ἀλλήλους περὶ τούτου διεκρινόμεθα. Ἐπεὶ δέ με κατεβιάσαντο ἄμφω, ἐμοὶ τὴν παρρησίαν τῶν λόγων εἰρηκότες ἁρμόζειν, ὅτι κατ' ἄμφω φιλοσοφοίην, ἐπαγγειλάμενοί τε ἐπικουρήσειν εἴ πή μοι ὁ λόγος περιτραπείη, πηδήσασαν εὐθὺς τὴν καρδίαν καταστήσας ἠρέμα, εἰς μέσους τε γίγνομαι, καὶ ἐμαυτὸν συστείλας, εἶτα δὴ τὸ γράμμα ἐπιδοὺς καὶ | τὸ σύνθημα τοῦ λέγειν λαβὼν, τῆς διαλέξεως p. 223 ἄρχομαι. Εἰ μὲν οὖν μὴ ὁ τηνικαῦτα θόρυβος ἐξέπληξέ με διαλεγόμενον καὶ πολλάκις ἀπέκοψε τὴν φωνὴν, κἀντεῦθεν ἐπιλήσμονα τῆς μακρᾶς ἐκείνης δημηγορίας ἐποιήσατο, τάχα ἂν αὐτὸς ἀπεμνημόνευσα τὰς φωνὰς, συλλέγων τε καὶ συνείρων, εἴτε κατὰ περιόδους εἰρήκειν, ἢ πνεύμασιν ἀπεμήκυνα τὰ νοήματα· ἔλαθον γὰρ αὐτοὺς ἰδιωτικῶς φθεγγόμενος ὁμοῦ καὶ σοφῶς· ζηλώσας γὰρ ἐκεῖσε τὴν Λυσιακὴν τῶν ὀνομάτων κοινότητα, τὴν συνήθη λέξιν καὶ ἀφελῆ τεχνικωτάτοις νοήμασι κατεκόσμησα· ἐπιμνησθήσομαι γοῦν τῶν κεφαλαίων τοῦ διαλόγου ὁπόσον μὴ ἐπιλέλησμαι.

XXVII. Ἐδείνωσα γοῦν εὐθὺς τὸ προοίμιον, οὐκ ἀσαφῶς εἰρηκὼς, ἀλλὰ τεχνικῶς· οὐδὲν γὰρ αὐτοὺς τὴν πρώτην αἰτιασάμενος, ἀπὸ τοῦ Καίσαρος ἠρξάμην, καὶ τῆς κοινῆς εὐφημίας, καὶ χάριτας αὐτοῖς ἄλλας κατέλεξα καὶ τιμὰς μείζονας παρὰ τοῦ κρατοῦντος κεχαρισμένας· οἱ μὲν οὖν περιεστηκότες ἡμᾶς ἡσύχασαν, καὶ τό τε προοίμιον εὐμενῶς ὑπεδέξαντο, τὸ δὲ κατόπιν πλῆθος ἐπεβόησαν ἅπαντες ὡς οὐ βούλοιντ' ἂν

7. ἡμῶν. 21. διαλεγόμενος. 24. εἶτα. 26. δηλώσας.

ΜΙΧΑΗΛ ΣΤ' (1056—1057). 201

ἄλλως τὸν προεστηκότα ἰδεῖν ἢ ἐν βασιλείῳ τῷ σχήματι·
οὐ τοῦτο ἴσως | οἱ πλείους βουλόμενοι, ἀλλ' ἦσαν θῶπες 398
αὐτῶν οἱ λόγοι καὶ μεθαρμοσθέντες πρὸς τὸν καιρόν· κατέ-
δησαν γοῦν καὶ τὰς ἠρεμούσας μερίδας, καὶ συμφωνεῖν ἐκείνοις
ἠνάγκασαν, ὁ <δὲ> βασιλεὺς δεδιὼς ἴσως μὴ ἄλλο τι φανείη 5
παρὰ τὸ πλῆθος φαινόμενος, τὰς αὐτὰς ἠφίει φωνάς.

XXVIII. Ἐγὼ δὲ μηδέν τι παρατραπεὶς, ἤδη γὰρ
ἐμαυτὸν τοῖς σταθηροτέροις λογισμοῖς ἥδρασα, καὶ ὁποῖος
τὸ ἦθος μὴ ἀποδειλιῶν ἅπαξ τοῖς ἀγῶσιν ἐγκαταστάς, τὴν
φωνὴν ἐγκόψας ἡσυχάζων εἱστήκειν, ἀναμένων ὁπότε τὸ 10
πλῆθος ἐφησυχάσειε. Ἐπεὶ δὲ πλεῖστα κεκραγότες ἠρέμησαν,
αὖθις τὰς αὐτὰς φωνὰς ἐπαναλαβὼν τοὺς ἀγωνιστικωτέρους
p. 224 τῶν λόγων ἠρέμα ἠρξάμην παραγυμνοῦν, οὔπω | ἐκείνων κατα-
μεμφόμενος· κλίμακος γοῦν ἐμεμνήμην καὶ ἀναβάσεως, καὶ
τὸν ὑπερβάθμιον πόδα κατῃτιώμην, ἐπῄνουν τε τὸ κατὰ λόγον 15
ἐπὶ τὴν βασίλειον ἀρχὴν προχωρεῖν, καὶ ὡς τοιοῦτον ἡ τάξις,
πρᾶξις, εἶτα δὴ θεωρία, καὶ ὁ καθαρτικὸς πρότερον εἶθ' ὁ
θεωρητικός, καὶ τῶν βασιλευσάντων οἱ πλείους τε καὶ
καλλίους ἐκ τῆς τοῦ Καίσαρος τάξεως εἰς τὴν βασιλείαν
ἀνήχθησαν. 20

XXIX. Ὡς δέ μοι ἔνιοι πρὸς τὸν λόγον ἀπήντησαν,
ὡς ἰδιωτικὴ ἡ ἀνάβασις αὕτη, οὗτος δὲ ἤδη βασιλεύειν
εἰλήχει, "ἀλλ' οὔπω βεβασιλεύκει, ἀπεκρινάμην εὐθύς, εἰ
δὲ μὴ πάνυ φορτικοὶ τὰς ἀντιθέσεις ἐστέ, οὐδ' ἐπαινούμενον
ὄνομα τῷ καθ' ὑμᾶς προσήρμοσται σχήματι!" ἐδεδίειν γὰρ 25
ὀνομαστὶ εἰρηκέναι τὴν τυραννίδα· εἶτα δὴ ὑπολαβὼν, "ἀπο-
βαλεῖς δὲ, εἰρήκειν, καὶ τὴν προσηγορίαν, καὶ βασιλεύσεις ἐπὶ
κρείττονι σχήματι." Ἐπεὶ δὲ καὶ τὴν ἐπαγγελθεῖσαν υἱο-
θεσίαν παρὰ τοῦ κρατοῦντος ἐπήνεγκα, "ἀλλὰ πῶς, ἔφασαν,
βασιλέως υἱὸς τοῦ κράτους ἀποστερήσεται;—ναὶ, φημὶ, οὕτω 30
γάρ τε οἱ κρείττους τῶν βασιλέων καὶ περὶ τοὺς γνησίους τῶν
παίδων πεπράχασι." καὶ αὐτίκα ἐμεμνήμην Κωνσταντίνου
τοῦ θείου καί τινων ἑτέρων αὐτοκρατόρων, Καίσαρας τὴν
πρώτην τοὺς υἱοὺς τετιμηκότων, εἶτα δὴ εἰς τὴν βασίλειον
ἀναγαγόντων περιωπήν, καὶ τὸν λόγον οὕτω συναγαγὼν 35

3. κατῄδεσαν.   6. βουλόμενος Bury.
11. ἐφησύχασεν. ἐ. δ. π. κεκραγότες ἠρέμησαν.   13. ἐκεῖνον.
25. ἡμᾶς.   31. γάρ σε.   35. ἀναγόντων.

ἐνθυμηματικώτερον ἐποιούμην τὴν σύγκρισιν· "κἀκεῖνοι μὲν τοὺς ἐκ τῶν σπλάγχνων οὕτως διέθεσαν, οὗτος δὲ εἰσποίητος!" καὶ τὸ ἐπώνυμον τῷ λόγῳ ἀφεὶς ἀπεκρέμασα τὴν περίοδον.

XXX. Οἱ δ' ἐγνώκεισαν, καὶ πολλὰς αἰτίας τῆς συγκινήσεως, οὕτω γὰρ εὐφήμως εἰρήκασι, διηρίθμησαν· κἀγὼ μὴ εὐθὺς πρὸς τοὺς λόγους ἐνστάς, ἀλλ' οἷον συντιθέμενος ἐκείνοις καὶ ἐπαυξάνων τούτοις τὰς συμφοράς, "οἶδα γὰρ ταῦτα, εἰρήκειν, καὶ πολλάκις ἐπὶ τούτοις διεσπάραγμαι τὴν καρδίαν, καὶ δικαία, ἔφησα, ὑμῖν ἡ ὀργὴ | καὶ τὸ ἀθυμεῖν ἐφ' οἷς ἐπεπόνθειτε!" Οὕτω γοῦν αὐτοῖς διομαλίσας τὰς γνώμας, εὐθὺς πλαγίως ἐπέσεισα, δεινὰ μὲν ἐκεῖνα φήσας, οὐ μὴν ἀποχρῶντα πρὸς τυραννίδα, ἀλλ' οὐδ' ἄλλο τι τῶν πάντων ἀπολογίαν ἔχει πρὸς τοῦτο· "εἰ δὲ βασιλεύων αὐτός, προσεθέμην πρὸς τὸν κρατοῦντα μεταβιβάσας τὸν λόγον, ἐπιχολώτατος γένοιο, κἂν εἰ βουληθῶμεν τὸν πρῶτον εἶναι τοῦτον τῆς συγκλητικῆς ἢ στρατιωτικῆς τάξεως, εἶτα δὴ ἐκεῖνος συνωμότας προσειληφὼς καὶ τῆς κακονοίας συλλήπτορας, ἐπιβουλήν τινα κατὰ τοῦ σοῦ κράτους δραματουργήσειεν, ἀν|τιτιθεὶς ὁπόσα πεπόνθει καὶ ὅπως ἠτίμαστο, ἆρα ἂν αὐτάρκης πρὸς τὴν ἐπιβουλὴν ἡ ἀντίθεσις δόξῃ σοι;" Ὡς δὲ ἀπέφησεν, "σὺ δέ, ἔφην, οὐδὲ ἠτίμασο, εἰ μὴ ὅσον ἀποτετυχήκοις ὧν προβεβούλησαι· ἃ δὲ φῂς δεινὰ πεπονθέναι ἑτέρους ἔχει τοὺς αἰτίους, ἀλλ' οὐ τὸν νῦν βασιλεύοντα!" ἐπεὶ δὲ ἐπεστόμιστο, ἐδίδου γὰρ οὐ τοσοῦτον τῷ πιθανῶς λέγειν, ἀλλὰ τῶν ἀληθεστέρων λόγων ἀκούειν, "μετάλλαξαι οὖν, προσεθέμην, τὸ σχῆμα, καὶ γενοῦ τῆς κρείττονος γνώμης, καὶ γηροκόμησον τὸν πατέρα, ἵνα ἐννόμως τοῦ σκήπτρου κληρονομήσῃς."

XXXI. Ἐπεὶ δὲ ἐπεπείκειν λέγων, πολλὰ δὲ προσειρήκειν ἕτερα, αἴρεται κατόπιν φωνὴ ἣν οὐδέπω τῶν ὤτων ἀπειπάμην· ἡ δὲ φωνὴ συμμιγής, ἄλλων ἄλλο τι προστριβόντων ἐμοί, οἱ μὲν ῥητορείαν ἀνίκητον, οἱ δὲ λόγου δύναμιν, οἱ δὲ ἐνθυμημάτων ἰσχύν· κἀγὼ μὲν πρὸς οὐδένα τούτων τοῖς λόγοις ἀπήντησα· ὁ δέ γε βασιλεὺς τῇ χειρὶ τούτους κατασιγάσας, "ἀλλ' οὐδέν τι ὁ ἀνήρ, ἔφησεν, εἰρήκει, οὔτε

---

3. ἀπεκρέμμασα. 9. ἡμῖν. 15. καὶ ἦν. 19. ἆρα. 23. ἑτέροις ἔχοι. 26. γεννοῦ. 27. γηρωκομήσον. ibid. σκηπτροῦ. 35. ἔφασεν.

οἷον γοητείαν ἐμφαῖνον, οὔτε κατεπᾴδον ἡμῶν· ἑπόμενος δὲ τοῖς πράγμασιν, ἀφελεῖ ταῦτα φωνῇ διηγήσατο· οὐ χρὴ οὖν τὸν σύλλογον θορυβεῖν, οὐδὲ συγχεῖν τὸν διάλογον." Ὁ μὲν οὕτως, τῶν δὲ περὶ αὐτὸν ἔνιοι διασεῖσαί μοι βουλόμενοι τὴν ψυχήν, "ἀλλ' ὦ βασιλεῦ, ἔφασαν, σὺ δὲ ἀπολούμενον αὐτίκα σῶσον τὸν ῥήτορα, ἐσπάσαντο γὰρ οἱ πλείους ἐπ' αὐτὸν τὸ ξίφος καὶ | ἐξιόντα διασπαράξουσιν!" Ἐμειδίασα τοῦτον ἀκούσας τὸν λόγον, καὶ " εἰ βασιλείαν, ἔφην, διακομίσας ὑμῖν, δυναστείαν τε ὁπόσην παραλαβόντες ἐσχήκατε, ἀντὶ τουτωνὶ τῶν εὐαγγελίων ταῖς ὑμετέραις χερσὶ σπαραχθήσομαι, ἆρ' οὐ βεβαιοῦτε τὴν τυραννίδα καὶ κατήγοροι ἑαυτῶν γίνεσθε; ἀλλὰ σὺ μὲν εἴρηκας ὡς ἐπισχήσων μου τὴν φωνήν, ἢ καταναγκάσων μεταθεῖναι τὰς γνώμας, ἐγὼ δὲ οὐδὲν ἀλλοιότερον ἢ ἐνθυμήσομαι ἢ φθέγξομαι."

XXXII. Ἐπὶ τούτοις ὁ βασιλεὺς τοῦ θρόνου ἐξαναστὰς καὶ πολλοῖς με τετιμηκὼς ἐγκωμίοις, διαλύει τὸν σύλλογον, καὶ τοῖς καταλόγοις ἐντειλάμενος προϊέναι, οὕτω δὴ μόνους παραλαβών, "τί δέ, ἔφη, ἀλλὰ ὑμεῖς οἴεσθε ὅτι δὴ μοὶ βουλομένῳ τοῦτο δὴ τὸ σχῆμα προστέθειται, ἢ ἀποδρᾶναι ἐξὸν, ἀνεβαλόμην ἂν τὴν φυγήν; ἀλλά με καὶ τὴν πρώτην πρὸς τοῦτο πεπείκασι, καὶ νῦν περικυκλώσαντες ἔχουσιν· εἰ δέ τινας ἀπορρήτους μοι γνώμας πρὸς τὸν βασιλέα διακομίσαι διόμνυσθε, ἐξαγγελῶ ὑμῖν αὐτίκα τὰ τῆς ἐμῆς ψυχῆς κρύφια." Ἡμῶν δὲ ἐπομοσάντων ἐν ἀπορρήτοις τὰς ἀπορρήτους γνώμας φυλάξαι, ἐπήνεγκεν· "οὐ ζητῶ νῦν τὸ βασίλειον κράτος, ἀρκεῖ μοι τὸ σχῆμα τοῦ Καίσαρος· δευτέρας οὖν μοι ὁ βασιλεὺς ἐπιστειλάτω ἐπιστολάς, ὡς οὔτε ἑτέρῳ παραχωρήσει τοῦ κράτους ἐντεῦθεν ἀπιών, οὔτ' ἀφελεῖταί τινα τῶν συστρατευσαμένων ἐμοὶ ὧν ἑκάστῳ πεφιλοτίμημαι· κοινωνήσει δέ μοι καί τινος ἐξουσίας βασιλικῆς ἵν' ἔχω, ἂν βούλωμαι, τοῖς ἐλάττοσι | τῶν πολιτικῶν ἀξιωμάτων τιμᾶν, τοὺς δὲ καὶ εἰς ἀρχὰς ἀνάγειν στρατηγίας, ταῦτα δὲ οὐκ ἐμοῦ χάριν, ἀλλὰ τῶν πλειόνων αἰτῶ· ἢν δέ μοι ταῦτα κατεπαγγέλληται, ἀφίξομαί τε αὐτίκα καὶ τῷ βασιλεῖ καὶ πατρὶ τὴν εἰωθυῖαν ἀποδώσω τιμήν· ἀλλ' ἐπειδὴ τοῖς πλήθεσιν

1. ἑπόμενως.   11. ἑαυτῷ γίνεσθαι.   18. μὴ.   19. πρὸς τέθεισαι.
23. διόμνυσθαι.   25. φυλάξας.   29. συστρατευσαμένῳ.

οὐ βουλομένοις ἐστὶ ταῦτα δὴ τὰ ὁμολογήματα, διττὰς ὑμῖν ἐπιδώσω ἐπιστολὰς, καὶ τῇ μὲν ἐκείνοις καταχαριοῦμαι καὶ δώσω | ὑπαναγνῶναι, ἡ δὲ ἑτέρα ἀπόρρητος ἐγκατατε- θήσεται ταῖς ὑμετέραις ψυχαῖς· δότε δὲ καὶ χάριν ἑτέραν 5 τῷ πλήθει· μεταστήσατε τῶν διοικήσεων τὸν βραχὺν ἐκεῖνον τὴν ἡλικίαν, πρότερόν τε γὰρ δυσμενέστατος ἡμῖν ὦπται καὶ νῦν ὑποπτεύεται· τήμερον οὖν ὁμέστιοι γεγονότες ἐμοὶ, τὴν αὔριον ἐντεῦθεν ἀπάραντες τὰ ἐντεταλμένα μοι ἀπορρήτως διακομίσατε."
10 XXXIII. Οὕτω τοιγαροῦν τῆς αὐτῆς τραπέζης αὐτῷ κοινωνήσαντες, καὶ ἀγάμενοι ἔτι τῶν κρατίστων ἠθῶν, ἤδη γὰρ καὶ ὁ ἀνὴρ τοῦ τυραννικοῦ καταβὰς συνηθέστερος ἡμῖν ἐγεγόνει, καὶ κατὰ τὸ περίορθρον αὐτῷ συνταξάμενοι, καὶ τὴν ἑτέραν ἐπιστολὴν εἰληφότες κρυφίως, ταῖς αὐταῖς αὖθις 15 δορυφορούμενοι τάξεσιν ἐπὶ τὴν θάλασσαν ἀπενεύσαμεν, καὶ λειοκυμονοῦσαν αὐτὴν εὑρηκότες, λύσαντες τὰ ἀπόγεια πρὸς τὸ Βυζάντιον κατεπλέομεν· καὶ παρανατειλάσης ἡμέρας ἐπὶ τοῦ τῶν ἀνακτόρων λιμένος γεγόναμεν, καὶ τῷ βασιλεῖ τήν τε σκηνὴν ξύμπασαν καὶ τὰς ἀπορρήτους γνώμας διηγησάμεθα, 20 ἐπιδόντες αὐτῷ καὶ τὰς ἐπιστολὰς ἑκατέρας. Ὁ δὲ καὶ ταύτας πολλάκις ἐπαναγνοὺς καὶ ἡμῖν παλιλλογῆσαι τὰ ἐντεταλμένα προτρέψας, " ἀλλὰ ποιητέον, φησὶ, ξύμπαντα, καὶ μηδενὸς ἐκεῖνος ἀτυχησάτω ὧν βούλεται, ἀλλὰ καὶ στεφανηφορείτω λαμπρότερον, στέμματι ἀλλ' οὐ στεφάνῃ 25 τὴν κεφαλὴν ἀναδούμενος, εἰ καὶ μὴ τοιοῦτον τὸ σχῆμα τοῦ Καίσαρος, παραδυναστευέτω τῷ κράτει καὶ παραδιοικείτω τὰς ἀρχαιρεσίας, ἰδίᾳ τε αὐτῷ ἀποτετάχθω σκηνὴ βασίλειος, καὶ δορυφορία παρακεχωρήσθω λαμπρὰ, τῶν τε συνδιη-γωνισμένων ἐκείνῳ τὴν τυραννίδα ἕκαστος ὡς ἐκ βασιλέως 30 εἰληφὼς ἅπερ παρ' ἐκείνου ἔχει λαβὼν ἀδεῶς τούτοις κε-χρήσθω, εἴ τε χρήματα εἶεν, εἴ τε κτήματα, εἴ τ' ἀξιωμάτων λαμπρότητες, ἐπισφραγιοῦμαι δὲ τὰ ὑπεσχημένα καὶ χειρὶ καὶ γλώττῃ καὶ πράγματι, τὰ μὲν ἐν γράμμασι τιθεὶς, τὰ δὲ ταῦτα ἐπιβεβαιούμε|νος, τῇ δὲ γλώττῃ ἀρρήτους ὅρκους 35 ὀμνὺς, ὡς οὐδὲν ἂν τούτων παραβαίην ποτέ. Ὥσπερ δὴ

3. δῶσαι.   5. ἐκείνων.   19. διηγησώμεθα.   21. παλλιλογῆσαι.
27. ἰδιατέ.   31. εἶτα.

ἐκεῖνος πρός με ἀπορρήτους ὑμῖν λόγους ἐπίστευσεν, οὕτω
δὴ κἀγὼ ἀπορρητότερα πρὸς ἐκεῖνον ὑμῖν ἀντιτίθεμαι· τοι-
γαροῦν διόμνυσθε πρὸς αὐτόν, ὅτι οὐ πολλῶν παρεληλυθεισῶν
ἡμερῶν τοῦ βασιλείου κράτους κοινωνὸν τοῦτον ποιήσομαι,
προφάσεις ἀναγκαίας πεποιημένος τῆς εἰς τοῦτο ἀναγωγῆς· 5
εἰ δὲ νῦν τὸν καιρὸν ὑπερτίθεμαι, συγγνώμην ἐχέτω μοι·
δέδοικα γὰρ τό τε δημοτικὸν πλῆθος καὶ τὴν συγκλητικὴν
τάξιν, | καὶ οὐ πάνυ τι πιστεύω ὅτι κοινωνήσειεν τοῦ βουλεύ-
ματος· ἵν' οὖν μὴ κινήσω πράγματα ἐπ' ἐμέ, παραιτοῦμαι νῦν
τὴν πρᾶξιν ἐν καλῷ ταύτην γενησομένην· καὶ τἆλλα μὲν ἐν 10
τῷ πρὸς ἐκεῖνον διακριβώσατε γράμματι, τοῦτο δέ μοι μόνον
ἐν τῇ καρδίᾳ φυλάξετε, καὶ τὴν ταχίστην πρὸς ἐκεῖνον
παλινοστήσατε, μηδεμίαν ἀναβολὴν τῷ χρόνῳ ποιούμενοι."

XXXIV. Ἡμέραν γοῦν μίαν διαλιπόντες κοινῇ πρὸς
τὸν Καίσαρα ἀνεπλεύσαμεν, καὶ ἐγχειρίσαντες αὐτῷ τὴν 15
ἐπιστολήν, οὐκ ἐν τῷ αὐτῷ σχήματι προκαθημένῳ ᾧ πρότερον
ἑωράκειμεν, ἀλλ' ἐν ὑφειμένῳ τε καὶ ἐλάττονι, ἐπειδὴ λαβὼν
εἰς ὑπήκοον πάντων ἀναγνωσθῆναι προστέταχε, κεχαρισμένος
ἅπασιν ἔδοξεν, ὅτι μᾶλλον ἑαυτοῦ τῶν συμφροντισάντων
αὐτῷ τοῦ κράτους προὐνοήσατο. Ἀποστατέον γοῦν αὐτῷ 20
καὶ πᾶσιν ἔδοξεν εἶναι τῶν τυραννικῶν πράξεων. Ἐπεὶ δὲ
καὶ τὸ ἀπόρρητον ἐκείνῳ μόνῳ συγγεγονότες προσηγγείλαμεν,
ὁ δὲ αὐτίκα ἔνθους τε ἐγεγόνει καὶ ταῖς τάξεσιν εὐθὺς ἐπέ-
στελλε, νῦν μὲν ἐπ' οἴκου ἀναχωρεῖν, προσιέναι δὲ οἱ ὁπότ' ἂν
αὐτῷ ἐν καλῷ σταίη τὰ πράγματα. Ἐπεὶ δὲ ἀπωσθῆναι 25
ἐμεμαθήκει τῶν διοικήσεων ⟨τὸν⟩ τὰς βασιλείους φροντίδας
μετακεχειρισμένον, ἐπὶ μᾶλλόν τε ἡμῖν ἐπίστευε λέγουσι καὶ
τῷ κρα|τοῦντι ἁπλουστάτην καὶ καθαρωτάτην ἐπεμαρτύρει
ψυχήν· ἐπιτελῆ δὲ τὴν ταχίστην πάντα γενέσθαι βουλόμενος,
ἡμῖν μὲν τὴν αὔριον ἀπιέναι προστέταχε καὶ ἀπαγγέλλειν τῷ 30
βασιλεῖ ὡς ἀνυπόπτως αὐτῷ ἀφίκνοιτο, αὐτὸς δὲ ἐς τρίτην
παρεσκευάζετο σὺν ὀλίγῃ δορυφορίᾳ ἐκεῖθέν τε ἀπᾶραι καὶ
πρὸς τὴν κατ' ἀντικρὺ τῶν βασιλείων θάλατταν ἀπιέναι·
τοσοῦτον δὲ αὐτῷ τὸ περιὸν τῆς πρὸς βασιλέα πίστεως,

2. ἐκείνων.   12. φυλάξεται. φυλάξατε Bury.   15. ἐγχειρισάντων.
17. ἀλλ'ενυφειμένῳ.   18. προτέταχε. καὶ χαρισμένος.   24. δέοι.
27. μετακεχωρισμένον.   ibid. λέγουσα.

ὅτι μηδὲ βουλομένῳ αὐτῷ ἦν πολυτελεστάτην γενέσθαι τὴν πρὸς τὸ Βυζάντιον εἴσοδον, ἀλλ' ἡμᾶς αὖθις ἐπέστελλε πρὸς αὐτὸν ἐξιέναι καὶ ἐν μέσοις διειληφότας πρὸς τὸν κρατοῦντα δορυφορήσειν. Ἡμῖν μὲν οὖν πεπρεσβευκόσι τὸ δεύτερον 5 ταῦτα κατώρθωτο, καὶ ἡδονῇ ἀρρήτῳ ἐχρώμεθα ὅτι συνεισφοράν τινα τῇ πατρίδι λόγου τε καὶ φρονήσεως πεποιήκαμεν, καὶ παρεσκευάσμεθα ἀπιέναι τὴν αὔριον.

XXXV. Οὔπω δὲ ὀψίας καταλαβούσης, δρομαῖοί τινες ἀπὸ τοῦ στρατοπέδου τὴν βασίλειον περικυκλοῦσι σκηνήν, 10 εὐαγγέλια τῷ Καίσαρι δῆθεν κομίζοντες ὅτι ἀπωσθείη τοῦ κράτους ὁ βασιλεύς, ἐπιβουλευσαμένων αὐτῷ τῆς συγκλητικῆς τάξεως ἐνίων καὶ καταναγκασάντων τό τε σχῆμα μεταβαλεῖν καὶ φυγῇ πρὸς τὸν τῆς θείας Σοφίας νεὼν χρήσεσθαι· οὗτος δὲ ὁ λόγος οὔτε τὸν Καίσαρα ἐπὶ μέγα ἦρεν, οὔθ' ἡμᾶς εὐθέως 15 διεθορύβησεν, ἀλλὰ πλάσμα τὸ πᾶν οἰηθέντες ἐφ' ἑαυτῶν αὖθις ἐγεγόνειμεν.

XXXVI. Οὔπω δὲ τῶν πρώτων πεπαυμένων εὐαγγελίων, δεύτερα προσκεκόμιστο, καὶ αὖθις ἄλλοι ἐπ' ἄλλοις προσεφοίτων τὴν φήμην ἐπαληθεύοντες· διεσείσθημεν οὖν ἐπὶ 20 τούτων τὰς γνώμας, καὶ εἰς ταὐτὸ συνεληλυθότες, ἀλλήλων 400 διεπυνθανόμεθα εἴ γε ἐπαληθεύοι | ταῦτα· καὶ ὁ τήν γε πρώτην ἔχων σκηνὴν ἀληθῆ τὴν φήμην ἐδίδασκεν· ἥκειν γὰρ ἔφησε νῦν ἐκ τῆς πόλεως τῶν αὐτοῦ θεραπόντων τινά, ἀκριβέστατόν τε καὶ σπουδαιότατον, ὡς δὴ πάντα σαφῶς 25 αὐτῷ ἀπαγγεῖλοι, ὅτι | περ στασιώδεις ἄνδρες καὶ ταραχώδεις, p. 230 οὓς δὴ καὶ αὐτοὶ ἴσμεν τῇ συγκλητικῇ παρεντετριμμένους βουλῇ, οὗτοι γοῦν φησί, κυκεῶνα τὴν πόλιν πεποιηκότες καὶ πάντα συνταράξαντες πράγματα, καὶ τοῖς ἠρεμεῖν ἐθέλουσιν ἐμπρησμοὺς ἐπαπειλησάμενοι καὶ κινδύνους ἄλλους, ἐντὸς 30 τοῦ θείου περιβόλου τῆς θείας Σοφίας παρεισφθαρέντες καὶ κατὰ τῶν ἀδύτων τολμήσαντες, εἶτα δὴ τὸν πατριάρχην ῥᾷστα καταβιβάσαντες κορυφαῖον τοῦ χοροῦ πεποιήκασιν, ἰλαλάξαντές τε ἐπὶ μέγα, τῷ μὲν βασιλεῖ ἐπηράσσοντο καὶ πᾶσαν δύσφημον ἐπ' ἐκεῖνον ἀφῆκαν φωνήν, τὸν δὲ Ἰσαάκιον

---

2. ἡμῖν.   7. παρασκευάσμεθα.   17. οὕτω.
18. δευτέρα προκεκόμιστο, κ. α. ἄλλα.   19. διεσείσθη μέν.   20. ταὐτῷ.
21. ο γ.   30. παρεισφαρέντες.   33. ὀλολύξαντες.

ἐπευφήμησαν ὡς μόνον τῷ κράτει ἐπιδοξότατον. Τοῦτο γοῦν καὶ μόνον ἔφησεν εἰδέναι ὁ νῦν αὐτῷ ἀφιγμένος, εἴ τι δὲ πλέον ἐγεγόνει αὐτίκα δὴ μαθησόμεθα.

XXXVII. Ἔδοξε γοῦν ἡμῖν ἐπὶ τούτοις τῇ σκηνῇ προσιέναι τοῦ Καίσαρος ἵνα τι καινότερον ἐκεῖθεν διδαχθείημεν· κοινῇ οὖν ἐκείνῳ συμπαραγενόμενοι, ὑπαγορεύοντα τὴν πρὸς βασιλέα ἐπιστολὴν κατελάβομεν· ἐχρῆτο δὲ καὶ πρὸς ἡμᾶς τοῖς ὁμοίοις λόγοις οἷς δὴ καὶ πρότερον· μετήνεγκε γὰρ αὐτὸν τῶν λεγομένων οὐδέν. Ὡς δὲ ὑπαίθριος σὺν ἡμῖν ἐγεγόνει, οὔπω δύντος ἡλίου, ἧκέ τις πνευστιῶν πόρρωθεν, καὶ ἐπειδὴ ἄγχιστα ἡμῖν ἐγεγόνει, ἐξεπίτηδες οἶμαι καταπεσὼν τὴν φωνὴν ἐξεκόπη, εἶτα δὴ τὸ φρονοῦν συλλέγειν ὑποκρινάμενος, τόν τε μετασχηματισμὸν τοῦ κρατοῦντος ἀπήγγελλε, καὶ τὴν ἑτοιμασίαν τῆς πόλεως, καὶ ὡς ἤδη καὶ βασίλειος ὁλκὰς αὐτῷ παρεσκεύασται, καὶ οἱ δᾳδουχήσοντες ἕτοιμοι· ἑωρακέναι γοῦν ἔφησε τὰ ἐπηγγελμένα, καὶ αὐτὸν ἰδεῖν τὸν ἕωθεν βασιλεύοντα μετ' ὀλίγον ἰδιωτεύοντα, τριβώνιόν τε ἀμφιεσάμενον καὶ μετακεκοσμημένον τῷ λοιπῷ σχήματι. Οὔπω τοῦ λέγειν ἐκεῖνος ἐπέπαυτο, καὶ αὖθις ἄλλος ἀφίκετο, καὶ ἐπὶ τούτῳ ἕτερος, τὰς αὐτὰς πάντες ἀφιέντες φωνάς· εἶτά τις τῶν συνετωτέρων καὶ λογιωτέρων παραγενόμενος πᾶσαν ἡμῖν ἐκτραγῳδεῖ τὴν σκηνήν· τούτῳ γοῦν καὶ μόνῳ πιστεύσας ὁ αὐτοκράτωρ, ἡμῖν μὲν ἐπὶ τῶν | σκηνῶν ἡσυχάζειν παρακελεύεται, αὐτὸς δὲ τῆς βασιλείας ἀπάρχεται.

XXXVIII. Ὅπως μὲν οὖν οἱ συμπρέσβεις ἐκείνην δὴ τὴν νύκτα διεληλύθεισαν οὐκ ἔχω λέγειν, ἐμοὶ δὲ ἀπειρητέον ἡ ζωὴ ἔδοξεν, καὶ αὐτίκα ᾤμην ὥσπερ ἱερεῖον τεθύσεσθαι· ᾔδειν γὰρ ὅτι μοι πάντες ἐπιμεμήνασι, καὶ οὐκ ἂν φθάνοιμι πάσαις σφαγαῖς καὶ τομαῖς διολλύμενος· ἐδεδίειν δὲ μάλιστα καὶ αὐτὸν δὴ τὸν κρατοῦντα, μή πως τῶν παρ' ἐμοῦ πρὸς αὐτὸν λόγων ἐπιμνησθεὶς, καὶ ὡς ἐπεποιήκειν τοῦτον ἰδιωτεῦσαι μικροῦ δεῖν, πᾶσάν μοι ἐπενέγκοι τιμωρίαν καὶ βάσανον· πάντων τοιγαροῦν ἀφυπνωσάντων, | μόνος ἐγὼ τοὺς σφαγέας ἀνέμενον, καὶ εἴ πού τινος αἰσθοίμην φωνῆς ἢ ψόφου περὶ τὴν σκηνὴν πέριξ, αὖος εὐθὺς καθειστήκειν,

3. μαθησόμενα.   6. κοινῆς.   18. ἀμφιασάμενον.   27. τυθήσεσθαι.
31. αὐτῶν.   ibid. ἐπεπείκειν.   33. ἀφυπρωσάντων.   35. φόρου.

τοῦτον αὐτίκα τὸν ἐμὸν σφαγέα οἰόμενος. Ὡς δ' οὕτω με λαθὸν τὸ πολὺ τῆς νυκτὸς παρελήλυθεν, καὶ βαθὺς ἐγεγόνει ὄρθρος, ἀνέπνευσά τι βραχύ, τὸ ἐν ἡμέρᾳ διολεῖσθαι ἔλαττόν τε κακὸν ἡγούμενος· βραχὺ δὲ τῆς σκηνῆς προκύψας ἀνα-
5 καιόμενά τε πυρὰ ἑώρων καὶ περὶ τὴν βασίλειον αὐλὴν λαμπάδας ἡμμένας, καὶ πάντα θορύβου μεστά· ἐνετέταλτο γὰρ πᾶσι παρασκευάσασθαί τε καὶ πρὸς τὴν πόλιν μετασκευάζεσθαι· οὔπω δὲ τοῦ φωστῆρος ἐπανατείλαντος, ὁ βασιλεὺς ἀθρόον ἱππασάμενος ἔξεισι· καὶ ἡμεῖς μὲν οὐκ
10 εὐθύς, κατόπιν δὲ τούτου προῄειμεν.

XXXIX. Ἐγὼ μὲν οὖν ἐδόκουν, ἐπειδὰν ἀρκοῦν προΐῃ διάστημα, μετακληθῆναί τε αὐτῷ καὶ λόγους δοῦναι τῆς τῶν λόγων πειθοῦς· ὁ δέ με μετὰ πάσας μετακαλεσάμενος προσδοκίας, οὐδενὸς τῶν πάντων ἐπιμνησθείς, οὐ προτάσεων, οὐκ
15 ἀντιθέσεων, οὐ λύσεων, οὐ τεχνικῶν ἐφόδων τε καὶ μεθόδων, οὐ πειθοῦς, οὐκ ἀπάτης, ἀπορρήτων τέ μοι λόγων ἀπάρχεται καὶ κοινωνὸν τῶν βασιλείων φροντίδων ποιεῖται, καὶ πυνθάνεταί μου πῶς ἂν ἄριστα βασιλεύσειε, καὶ τί ποιῶν τοῖς μεγίστοις αὐτοκράτορσι διερίσειεν· ἐγὼ δ' ἐπὶ τούτοις p. 232
20 θαρρήσας, ἔμπνους τε γίνομαι τὴν ψυχὴν καὶ, λόγους αὐτῷ διεξιὼν ἐπὶ τούτῳ μακρούς, λαμπρῶς εὐδοκίμησα· ἠγάσθη γάρ με ἐπὶ πᾶσιν ὁ βασιλεύς, ὅθεν πολλάκις ἐπυνθάνετό μου καὶ τὰς ἀποκρίσεις ἐπανεκύκλει, οὐκ ἀφιστάμενος ἕως ἂν σαφῶς αὐτῷ τὸ ἐζητημένον ἐπαγγελθείη. Εἶτα δὴ καὶ τοὺς
25 συμπρέσβεις περὶ αὐτὸν συλλαβών, ὥσπερ τισὶ κοινωνοῖς τῶν γε πρώτων αὐτοῦ βουλευμάτων ἐχρῆτο δὴ καὶ συλλήπτορσιν. Οὕτω δὲ πρὸς ἀλλήλους ἔχουσιν, ἐπάνεισιν ὁ φωστήρ, καὶ εὐθὺς πάντα ἐν φανερῷ καθειστήκει.

XL. Ἐκκέχυται γοῦν αὐτῷ ὁ τῆς πόλεως δῆμος ξύμπας,
30 οἱ μὲν λαμπάδας ἡμμένας προσάγοντες ὡς θεῷ, οἱ δὲ ἀρώμασι κατευωδιάζοντες, καὶ ἄλλος ἄλλο τι ποιῶν κεχαρισμένον ἐκείνῳ, ξύμπαντες δὲ συμπανηγυρίζοντες καὶ πέριξ ἐπισκιρτῶντες, καὶ ὥσπερ τινὰ κρείττονος ἐπιφάνειαν τὴν ἐκείνου πρὸς τὴν βασιλίδα ἡγούμενοι εἴσοδον. Ἀλλὰ πῶς ἂν ὑμῖν
35 ἐν βραχεῖ τὸ πολὺ διηγησαίμην τοῦ θαύματος; ἔγωγ' οὖν καὶ

2. ὁ π.   4. τι.   7. πόλην.   14. πρωτάσεων.
16. πηθοῦς.   26. πρότων.   ibid. ἐχρήτω.

ΙΣΑΑΚΙΟΣ ΚΟΜΝΗΝΟΣ (1057—1059).

βασιλείοις πομπαῖς πολλαῖς ἐντετυχηκὼς, καὶ πανηγύρεσι θειοτέραις παραγενόμενος, οὔπω τοιαύτην ἐθεασάμην λαμπρότητα· οὐ γὰρ δὴ τὸ δημοτικὸν τοῦτο πλῆθος, οὐδέ γε ἡ συγκλητικὴ τάξις, οὐδ' ὅσον ἐν γεωργίαις καὶ ἐμπορείαις τὴν τελετὴν ἐκείνην ἐπλήρουν, ἀλλὰ καὶ οἱ τὴν κρείττω μετιόντες φιλοσοφίαν καὶ ὅσοι τὰ μετέωρα τῶν ὀρῶν κατειλήφασιν, ἢ γλύμματα πετρῶν ὑποδύντες, τὰς κοινὰς ἀφῆκαν διατριβὰς, ἢ ὅσοις ἐν αἰθέρι μέσον ἐγεγόνει ὁ βίος, ξύμπαντες, οἱ μὲν τῶν πετρῶν ὑπεκδύντες, οἱ δὲ τῆς αἰθερίου καταβιβασθέντες διαγωγῆς, οἱ δὲ τῶν μετεώρων τὰ ἱππηλάσια ἀλλαξάμενοι, θαύματος ἐπλήρουν τὴν βασίλειον εἴσοδον.

XLI. Ἐκεῖνος δὲ, καὶ γὰρ ἦν ἀγχίνους εἰ καί τις ἄλλος καὶ μὴ τοῖς κενοῖς τούτοις κλεπτόμενος ἢ ἐπαιρόμενος, ὑπώπτευσέ τε αὐτίκα τὴν τῆς τύχης ἀκρότητα, καὶ μήπω τοὺς λογισμοὺς καταστὰς ἀθρόον πρός με ἐπιστραφείς, "δοκεῖ με, φησὶ, ὦ φιλόσοφε, σφαλερὸν εἶναι τοῦτο δὴ τὸ ἄκρον εὐτύχημα, καί μοι οὐκ οἶδα εἰ τὸ πέρας ἀπαντήσεται δεξιόν."— "Φιλόσοφον, ἔφησα, τὸ ἐνθύμημα, ἀλλ' οὔτε ἐς ἀεὶ ἐπαρίστερα τὰ τέλη ταῖς δεξιαῖς ἀπαντῶσιν ἀρχαῖς, οὔτε, εἰ οὕτω καθείμαρται, οὐκ ἀναλυτέος ὁ ὅρος· καὶ γὰρ, ὡς ἐγὼ σοφωτέροις βιβλίοις ὡμίλησα καὶ ἱλαστηρίοις εὐχαῖς, εἴ τις τὴν χείρω μεταβάλλει ζωήν, αὐτίκα δὴ ἀναλύει τὸ εἱμαρτόν· λέγω δὲ ταῦτα ἑλληνικοῖς δόγμασιν ἀποχρώμενος· ἐπεὶ τό γε καθ' ἡμᾶς οὐδέν τι ἡμῖν εἵμαρται, οὐδὲ κατηνάγκασται, ἀλλὰ τὰ τέλη ταῖς προλαβούσαις πράξεσιν ἀνάλογα· εἰ μὲν οὖν τὴν φιλόσοφον γνώμην μεταβαλεῖς, τούτοις δὴ τοῖς λαμπροῖς τὴν σὴν ψυχὴν ἐπαρθεὶς, αὐτίκα σοι ἡ δίκη ἰταμώτερον ἀντιβήσεται· εἰ δ' οὖν, ἀλλ' ἔχε θυμὸν ἀγαθὸν, ὡς οὐ βασκαίνει τὸ θεῖον ἐν οἷς δίδωσιν, ἀλλὰ πολλοῖς καὶ πολλάκις κατ' εὐθεῖαν ἤνεγκε τὴν γραμμὴν τῆς λαμπρότητος· πρῶτον γοῦν ἀπ' ἐμοῦ τῆς ἀρετῆς ἄρξαι, καί μοι μὴ μνησικακήσῃς ὧν πρεσβεύων ἰταμώτερον εἰρήκειν πρὸς σὲ, βασιλέως γὰρ ὑπηρετήκειν βουλήματι, καὶ τὴν εἰς αὐτὸν οὐ προδέδωκα πίστιν· οὐ τοίνυν σοὶ βασκαίνων, ἀλλ' ἐκείνῳ προσκείμενος ἐποιούμην τοὺς λόγους."

5. τελευτὴν.   ibid. κρείττω.   13. κλεπτώμενος.
18. φιλόσον.   21. εὐχὰς.   27. ἠδίκει.

XLII. Ἐπὶ τούτοις ἐκεῖνος δακρύων πλήσας τοὺς ὀφθαλμούς, "ἀλλὰ μᾶλλον, ἔφη, ἐφίλουν τότε τὴν σὴν γλῶτταν ὑβρίζουσαν, ἢ νῦν εὐφημοῦσάν τε καὶ θωπεύουσαν· ἄρξομαι δὲ ὡς εἴρηκας ἀπὸ σοῦ, τὰ πρῶτα γάρ σε τῶν φίλων ποιοῦμαι, καὶ πρόεδρον ἤδη τιμῶ τε καὶ κατονομάζω τῆς συγκλήτου βουλῆς." Οὕτω δὲ ταῦτα λέγουσιν, ὁ μὲν ἥλιος ἐπὶ μεσημβρίαν εἰστήκει, ὁ δὲ ὑποδεξάμενος ἡμᾶς κόλπος ἐδείκνυτο· ὡς δὲ καὶ ἡ βασίλειος ὁλκὰς κατεφαίνετο, αὐτίκα γοῦν ἄνθεσί τε καταπαττόμενος καὶ φωναῖς εὐφήμοις κατακροτούμενος, ἐμβὰς διαπόντιος ἀπὸ τῆς Προποντίδος εἰς τὰ βασίλεια πεποίητο θρίαμβον, ἐπ' αὐτῆς δὴ τῆς ἑτοιμασίας πα|ρακαθίσας ἡμῖν· καὶ οὕτω δὴ καθαρῶς τοῦ κράτους ἐπείληπτο.

XLIII. Βασιλεὺς μὲν οὖν Μιχαὴλ ὁ πρεσβύτης ἐνιαύσιον κύκλον ἐν τῇ βασιλείᾳ πεποιηκώς, ἐκεῖθέν τε καταβεβήκει, καί τινα βραχὺν ἐπιβιώσας ἐν ἰδιώτου σχήματι χρόνον μετήλλαξε τὴν ζωήν.

Περὶ τῆς αὐτοκρατορίας τοῦ Κομνηνοῦ.

XLIV. Παραλαβὼν δὲ τὴν βασιλείαν ὁ Κομνηνός, ἀνὴρ ἐν πᾶσι δραστήριος, τῶν ὅλων εὐθὺς γίγνεται καὶ τῶν τῆς βασιλείας πραγμάτων ἐξ αὐτῆς γραμμῆς ἄρχεται· ἑσπέρας γὰρ εἰσεληλυθὼς εἰς τὰ βασίλεια, | πρὶν ἢ τὸν ἐκ τῆς μάχης κονιορτὸν ἀποσείσασθαι καὶ στολὴν μεταλλάξαι, καὶ ἐς αὔριον παραγγεῖλαι καθάρσια, καὶ ὥσπερ ἐκ πελάγους καὶ χειμῶνος πολλοῦ ἀγαπητῶς ἅμα καὶ αἰσίως εἰς λιμένας ἀπονηξάμενος, πρὸ τοῦ τὴν θαλαττίαν ἀποπτύσαι ἅλμην καὶ τὸ πνεῦμα συλλέξασθαι, εὐθὺς καὶ τοῖς στρατιωτικοῖς καὶ τοῖς πολιτικοῖς διαιτᾷ πράγμασι, τό τε τῆς ἡμέρας ἔτι ἐλλελοιπὸς καὶ πᾶσαν νύκτα ἐς φροντίδας καταναλώσας.

XLV. Τοῦ <οὖν> στρατιωτικοῦ πλήθους τῇ πόλει συρρεύσαντος, ὁπόσοι δὴ ἅμα τούτῳ τὸν περὶ ψυχῆς ἀνερρίψαντο κύβον καὶ συγκινδυνεύειν ἐθάρρησαν, δεδιὼς μή τι καὶ παραβολώτερον ἐν τῇ πόλει τολμήσωσιν, ἢ τῷ δι' ἐκείνου θάρρει

11. δέ.   26. θάλατταν.

ΙΣΑΑΚΙΟΣ ΚΟΜΝΗΝΟΣ (1057—1059).

τὸ πολιτικὸν θορυβήσωσι πλῆθος, σπουδὴν ἔθετο πρώτην τὰ εἰκότα τε τούτους τιμῆσαι καὶ εἰς τὰς οἰκείας ἀφεῖναι πατρίδας, πρὸς βραχύ τι ἀναπνεύσοντας καὶ αὖθις συλλεγησομένους κατὰ τῶν βαρβάρων τῷ βασιλεῖ συμπολεμήσοντας. Εἴκαστο μὲν οὖν ταῦτα ἐν μηνῶν περιόδοις γενήσεσθαι· ὁ δὲ οὐδ' ὅσον ὑπονοῆσαι διεῖλέ τε αὐτοὺς καὶ ὑπεξεῖλεν, ἑκάστῳ ἀπομνημονεύσας τῶν κατὰ πόλεμον πράξεων, καὶ τοὺς μὲν ἀπὸ τοῦ κατὰ χεῖρα γενναίου, τοὺς δὲ ἀπὸ στρατηγικῆς τιμήσας συντάξεως, τοῖς δ' ἄλλο τι ἐπειπὼν ἀγαθὸν, καὶ πάντας ὁμοῦ τεθεραπευκὼς, καὶ τὰς | καταλλήλους ἀντιδόσεις ἐπενεγκών. Εἴκασα τὸ πρᾶγμα ἐγὼ νέφεσι πολλοῖς αἰθερίοις, καὶ ἡλίῳ ἀθροώτερον λάμψαντι καὶ τὴν ἀχλὺν αὐτίκα σκεδάσαντι.

XLVI. Ἐπεὶ δὲ ἡ πόλις τῆς φορτικῆς ἐκείνων διαγωγῆς ἠλευθέρωτο, τεθήπασι <πάντες> τὸν βασιλέα καὶ τὰ κρείττονα ἐμαντεύσαντο· οἷς γὰρ γενήσεσθαι μὴ πιστεύοντες, γεγενημένοις ἐνέτυχον τούτοις, καὶ ἅπερ οὐκ ἄν τις ἐλπίσειε γενέσθαι ποτὲ προεώρων ὡς συμβησόμενα. Ἤλπιζον δὲ τὰ βελτίω, καὶ τῷ τοῦ ἀνδρὸς ἤθει, ᾧ δὴ ἐκ περιόδου μέν τις ἐντυγχάνων, ὁπηνίκα ἐπὶ βήματος ἐκεῖνος καθῆστο ἢ πράγμασι διαιτήσων, ἢ χρηματιούμενος πρέσβεσιν, ἢ ἐπαπειλήσων βαρβάροις τὰ φρικωδέστατα, ἀποτόμῳ τε καὶ σκληρῷ παρεγίγνετο, καὶ οὐδ' ἂν ᾠήθη ποτὲ πρὸς τὸ μαλακώτερον μεταποιηθήσεσθαι· εἰ δὲ καὶ οἰκουροῦντα τοῦτον ἢ ἀρχαιρεσιάζοντα ἴδοι, δυσὶ παραδόξοις ἐπίστευε πράγμασιν· ὥσπερ ἂν εἴ τις τῆς τοιαύτης ἀκοῇ χορδῆς ἅπαξ ἐνταθείσης, νῦν μὲν ἐναρμόνιον, νῦν δὲ σύντονον ἀναπεμπούσης ἠχώ· ἔμοιγ' οὖν ἀμφοτέρων τῶν καιρῶν συγκεχωρημένων, τῆς τε συντονίας καὶ τῆς ἀνέσεως, διπλοῦς τις ὁ αὐτὸς κατεφαίνετο, καὶ οὔτ' ἂν ᾠήθην χαλασθέντα πλέον ταθήσεσθαι, οὔτε μὴν συντονώτερον ἐνταθέντα ἀναθήσεσθαι αὖθις καὶ τοῦ ὑψηλοῦ φρονήματος μεταβήσεσθαι· τοσοῦτον ἐκεῖ μὲν χαρίεις καὶ ἐνδόσιμος ἦν, ἐνταῦθα δὲ, ἀλλὰ καὶ τὸ πρόσωπον αὐτῷ μεθηρμόζετο καὶ οἱ ὀφθαλμοὶ ἤστραπτον, καὶ ἡ ὀφρὺς, οἷα δή τι νέφος τῷ τῆς ψυχῆς φωστῆρι, ἵν' οὕτως εἴπω, ἐπέκειτο.

XLVII. Ἐπεὶ δὲ τὸ βῆμα καθειστήκει καὶ ἡ συγκλητικὴ

12. ἀχλὴν. 16. ἐμαντεύσατο. 24. ἀρχαιριάζοντα.

τάξις διέστησαν εκατέρωθεν, οὐδὲν εὐθὺς εἰρηκώς, ἀλλὰ τὴν
Ξενοκράτους ἰδέαν ἀκριβῶς μιμησάμενος καὶ τὴν ψυχὴν
οἷον ἀνελίξας εἰς ἐνθυμήσεις, δέος οὔ τι βραχὺ τῷ συγ-
κλητικῷ καταλόγῳ ἐπέσεισεν· οἱ μὲν γὰρ ἐπεπήγεισαν, καὶ
ὥσπερ ἀστραπῇ βληθέντες | ἐφ' οὗ ἐπλήγησαν εἱστήκεσαν p. 236
σχήματος, ξηροὶ καὶ ἄνικμοι γεγονότες καὶ τὰς ψυχὰς ὥσπερ
ἀποτεθειμένοι, οἱ δὲ, ἄλλος ἄλλο τι ποιῶν ἠρέμα ἐδείκνυτο·
ὁ μὲν γὰρ τὼ πόδε ἡσυχῇ συνεβίβαζεν, ὁ δὲ ἐπὶ πλέον ταῖς
χερσὶν ἐδέσμει τὸ στῆθος, καὶ ἄλλος πρὸς τοὔδαφος ἔνευε,
καὶ αὖθις ἕτερος, καὶ ἐφεξῆς ξύμπαντες φρικώδους ἐμπι-
πλάμενοι δείματος, τὰ σώματα ταῖς ψυχαῖς ἡσυχῇ καὶ
κρύβδην συνέστελλον· ἐπεὶ δέ ποτε ἐκεῖνος τοῖς προκειμένοις
ἐπανανεύσειε, βραχύ τι τὸ ἀναπνεῦσαν ἦν, καὶ ἡ ἀλλοίωσις
ἀριθμητικοῖς ἐγνωρίζετο λόγοις.

XLVIII. Καὶ γὰρ ἦν εἴ πέρ τις ἄλλος βραχυλογώτατος,
οὔτε ἀθρόον ἐφιεὶς τῇ γλώττῃ, οὔτε ἐνδεῶς γνωρίζων τὰ τῆς
ψυχῆς ἐνθυμήματα, ἀλλ' ὥσπερ οἱ χαρακτηρίζοντες τὸν
Λυσίαν, φημὶ δὲ τὸν τοῦ Κεφάλου τὸν ῥήτορα, ἄλλην τε
αὐτῷ ἀρετὴν λόγου προσμαρτυροῦσιν, εἶτα δὴ καὶ τὴν πρέ-
πουσαν ἡνίαν τῇ ἐκείνου ἐπιβάλλουσιν εὐστομίᾳ, καί φασιν
ὡς δυναμένῳ λέγειν, ἦρκει εἰρηκότι τὰ καιριώτατα δι' ὧν
ἄν τις συλλογίσαιτο καὶ ὅσα μὴ φθέγξαιτο, οὕτω δὴ κἀκείνῳ
ἡ γλῶττα ψεκάζουσα, οὐχ ὑετίζουσα ἐπίαινέ τε τὴν δεκτικὴν
φύσιν καὶ ἠρέμα τὸ βάθος εἰσδῦσα πρὸς τὴν τοῦ σιωπηθέντος
ἀνεκίνει ἐπίγνωσιν· ἐβούλετο γὰρ μηδενὶ ἁλωτὸς ἐν λόγοις
γενήσεσθαι, μηδὲ βασιλεὺς ὢν καὶ τοῖς ὅλοις κρατῶν ἄκαιρόν
τινα φιλοτιμίαν ἐντεῦθεν ἑαυτῷ πλάσασθαι.

XLIX. Ὅθεν τὸ μὲν φιλολογεῖν ἡμῖν ἀφῆκε τοῖς κάτω
καὶ ὅσοις ἰδιώτης ὁ βίος, ἐκείνῳ δὲ καὶ νεῦμα, καὶ χειρὸς
κίνησις, καὶ κεφαλῆς ἐπὶ θάτερα κλίσις ἀποχρῶντα πάντα
πρὸς ὃ βούλοιτο ἐλογίζετο. Νόμους δὲ οὐ πάνυ τι ἐπιστά-
μενος, τὴν νομοθετικὴν ἑαυτῷ ἐσχεδίαζεν· οὐ γὰρ προλαμ-
βάνων τὴν δίαιταν, ἀλλ' ἐπιτάττων αὐτὴν τοῖς δικάζουσι
τῆς κρείττονος μερίδος ἐγίγνετο, εἶτα δὴ ὡς προειδὼς
προΐστατό τε ταύτης καὶ τὰς ψήφους ἐπήνεγκεν· ἵνα δὲ μὴ
τὴν φωνὴν σολοικίσῃ τὰς νομικὰς φωνὰς ἐπισημαινόμενος,

7. ἀποτεθυμένοι.   23. ἐπίενε.   36. σολοικήσω.

ΙΣΑΑΚΙΟΣ ΚΟΜΝΗΝΟΣ (1057—1059).

p. 237 τοῦτο | μὲν ἑτέροις ἐπέτρεπεν, ἀεὶ δέ τι ἢ προσετίθει ὡς λεῖπον τοῖς γράμμασιν, ἢ ἀφῄρει ὡς περιττόν.

L. Πρεσβείαις δὲ χρηματίζων οὐ πάσαις μὲν ἴσος ἐγνώριστο, ἀπὸ δὲ τοῦ κρείττονος πάσαις ὡμίλει σχήματος, καὶ μονονοὺ ἐνταῦθα τοῖς λόγοις πλημμυρῶν ἢ ὁ Νεῖλος 5 ἀναβαίνων τοῖς Αἰγυπτίοις, καὶ τοῖς Ἀσσυρίοις ὁ Εὐφράτης ἐπικαχλάζων· καὶ τὴν μὲν εἰρήνην αἰτουμένοις ἐδίδου, τὸν δὲ πόλεμον ἠπείλει εἴ τί που παρανομῆσαι τολμήσαιεν· καὶ ταῦτα μὲν πρὸς Πάρθους καὶ Αἰγυπτίους ἐφθέγγετο, τοῖς δὲ λοιποῖς ἔθνεσι πόλεών τε ἐκείνῳ παραχωροῦσι πολλῶν 10 καὶ στρατιωτικῶν τάξεων, αὐτῶν τε πατρίδων καὶ αὐτίκα μετασκηνοῦν αἱρουμένοις, ταῦτά τε <οὐ> ξυνεχώρει καὶ ἡσυχάζειν ἐπέταττεν, οὐ τῇ Ῥωμαίων βασκαίνων ἡγεμονίᾳ, τῶν ταύτης ὁρίων αὐξανομένων, ἀλλ᾽ εἰδὼς ὡς δεῖ ταῖς τοιαύταις προσθήκαις καὶ χρημάτων πολλῶν καὶ γενναίας χειρὸς, καὶ 15 ἀποχρώσης ὑποδοχῆς, καὶ τοῖς μὴ οὕτως ἔχουσιν ἡ πρόσθεσις ὑφαίρεσις γίνεται. Τοῖς δέ γε πολλοῖς τῶν ἡγεμονίας ἐχόντων βαρβάρων, ὁπόσα αὐτὸς ἐντυγχάνων ἀκήκοα, καὶ ἀνανδρίαν ἐπωνείδιζε καὶ ὡς ἀμελῶς τῶν ἡγεμονιῶν ἔχοιντο κατῃτιᾶτο τούτους, ὤρθου τε αὐτοῖς καταπεπτωκυίας τὰς 20 γνώμας· τοῦτο δὲ ἐποίει | ἵν᾽ ἐπιτείχισμα ἔχοι πρὸς τὴν 402* βασιλείαν τῶν κρειττόνων ἐθνῶν.

LI. Ταῦτα δὲ αὔταρκες μὲν ἐκείνῳ ἐγκώμιον, εἰ δέ τις ἡγοῖτο καὶ πρὸς τὸ μέλλον διδασκαλία, ἀρέσκοι ἂν ὁ πόνος τῷ ξυγγραφεῖ. Εἰ μὲν οὖν ὥσπερ ἐν τοῖς ἄλλοις ἠρέμα 25 βαδίζων καὶ προχωρῶν ἐπὶ τὸ βέλτιον τὸ κράτος ἀπηύθυνεν, οὕτω δὴ κἂν τοῖς πολιτικοῖς πράγμασι πονήρως ἔχουσιν ἐποιεῖτο τὴν κάθαρσιν, λεπτύνων πρότερον τὴν παχυνθεῖσαν κακίαν καὶ οὕτως ἐπάγων τὸ φάρμακον, αὐτός τε ἂν μέχρι παντὸς ἐγκωμίοις κατέστεπτο, καὶ τὸ πολιτικὸν οὐκ ἂν 30 διέσειστο σῶμα· ἀλλ᾽ ἐκεῖνος μεταποιῆσαι πάντα βουλό-

p. 238 μενος, | καὶ χρόνοις πολλοῖς τὴν Ῥωμαϊκὴν βασιλείαν ὑλομανήσασαν σπεύδων εὐθὺς ἐκτεμεῖν, ἢ καθαπερεὶ σῶμα τερατείας πάσης μεστὸν, κεφαλαῖς μὲν διαμεμερισμένον πολλαῖς, δυστράχηλόν τε καὶ πολυτράχηλον, χερσί τε οὐκ 35

1. ἔπρεπεν. 5. μόνον ἦν. 8. τολμήσεν. 10. ἐκεῖνο. 12. ἐρουμένους. 14. αὐξαλουμένων. ibid. ἰδὼς. 16. ἔχωσι. 20. ὄρθρου.

εὐαριθμήτοις διαπεπλασμένον, καὶ ποσὶν ἰσαρίθμοις χρώμενον, εἶτα δὴ καὶ τὰ ἔνδον ὕπουλον καὶ κακόηθες, καὶ τὰ μὲν διεξῳδηκὸς, τὰ δὲ φθίνον, καὶ τοῦτο μὲν ὑδεριοῦν, τοῦτο δὲ φθινάδι νόσῳ διαρρυὲν, ἐπιχειρήσας ἀποτεμεῖν ἀθρόον, 5 καὶ ὑπεξελεῖν μὲν τὰς περιττότητας, ἐπαγαγεῖν δὲ τὰς ἰσότητας, καὶ τὰ μὲν καθελεῖν, τὰ δ' ἐπαυξῆσαι, τά τε σπλάγχνα ἰάσασθαι, ἐμπνεῦσαί τε τούτῳ πνεῦμα φυσίζωον, οὔτε πρὸς τέλος ἐξήρκεσε, καὶ οὐ πάνυ τι ἐντεῦθεν ἴσος ἑαυτῷ ἔδοξεν· ἵνα δὲ μὴ συγκεχυμένος ἡμῖν ὁ λόγος φανείη, ἐρῶμεν πρότερον 10 ὅπως ἡμῖν τὸ τῆς πολιτείας ἐπερίττευε σῶμα, εἶτα δὴ καὶ ὅπως ἐκεῖνος ἐκτέμνειν ἐπικεχείρηκε, καὶ τρίτον ὡς ἐντεῦθεν ἐκείνῳ οὐ πάντα ἀπήντησε δεξιῶς, ἐφ' οἷς ἐπενεγκὼν ὅπως ἀποβεβήκει τῆς βασιλείας ὅρον τῇ ξυγγραφῇ θήσομαι.

LII. Μετὰ τὸν θάνατον Βασιλείου τοῦ πάνυ, λέγω δὲ 15 τὸν τοῦ Ῥωμανοῦ παῖδα, ὃς δὴ ἐς τριγονίαν τὴν βασιλείαν ἀνέφερεν, ὁ τούτου μὲν νεώτερος παῖς, ἀδελφὸς δὲ ἐκείνου, τὴν βασιλείαν παραλαβὼν πολλῶν χρημάτων ἀνάπλεω, ὁ γάρ τοι ἀδελφὸς Βασίλειος μακροὺς ἐπιβιώσας χρόνους τῷ κράτει καὶ ὅσους οὐκ ἄλλος τῶν αὐτοκρατόρων, ἐθνῶν τε 20 πολλῶν ἐγκρατὴς γεγονὼς καὶ τὸν ἐκεῖθεν πλοῦτον εἰς τὰ βασίλεια εἰσενεγκὼν, πολυπλασίους τε τὰς ἐπιγινομένας εἰσόδους τῶν ἀπογιγνομένων πεποιηκὼς, τῶν ἐντεῦθεν ἀπιὼν θησαυροὺς ἀμυθήτους χρημάτων καταλελοίπει τῷ ἀδελφῷ Κωνσταντίνῳ· οὗτος δὲ εἰς βαθὺ γήρας τὴν αὐτοκράτορα 25 ἡγεμονίαν ἀναζωσάμενος, ἐκ πολλοῦ τε ταύτης ἐρῶν, οὔτε στρατεύειν ἐπικεχείρηκε καὶ τοῖς εὑρημένοις προστίθεσθαι, οὔτε τὰ ὄντα διαφυλάττειν διανενόητο· ἐπὶ δὲ τὸν ἀπολαυστικὸν ὡρμηκὼς βίον, σπαθᾶν πάντα | καὶ ἀναλίσκειν διέγνωκε, καὶ εἰ μὴ ταχὺ τοῦτον ὑπεξεῖλεν ὁ θάνατος, ἤρκεσεν 30 ἂν ἀντὶ πάντων εἰς τὴν τοῦ κράτους διαφθοράν.

LIII. Οὗτος μὲν δὴ πρώτως τὸ σῶμα τῆς πολιτείας κακοῦν τε καὶ ἐξογκοῦν ἤρξατο, τὰ μὲν ἐνίους τῶν ὑπηκόων χρήμασι καταπιάνας πολλοῖς, τὰ δὲ ἀξιώμασι διογκώσας, καὶ ὕπουλον αὐτοῖς καὶ | διεφθαρμένην τὴν ζωὴν καταστήσας· ἐπεὶ 35 δὲ οὗτος ἐτεθνήκει, καὶ ὁ ἐκείνου κηδεστὴς Ῥωμανὸς τὴν ἀρχὴν διεδέξατο, ἄρξαι νομίσας οὗτος, τῆς ἐν πορφύρᾳ γέννας ἤδη

6. καθεῖν.   11. ἐπιχείρηκε.   19. ἄλλως.   27. ἐπεί.

ΙΣΑΑΚΙΟΣ ΚΟΜΝΗΝΟΣ (1057—1059).

ἀποτελευτησάσης, θεμελίους ὥσπερ καλοὺς τῆς τοιαύτης γενέσεως ᾤετο καταβάλλεσθαι, καὶ ἵνα δὴ καὶ τὸ πολιτικὸν γένος καὶ ἡ στρατιωτικὴ πληθὺς τὰς ἐγγενεῖς διαδοχὰς ἑτοίμως τε καὶ ἱλαρῶς ὑποδέξαιντο, προλαμβάνει τὰς εἰς αὐτοὺς μεγαλοδωρεὰς, καὶ προστίθησι τῷ περιττεύσαντι σώματι, καὶ αὐξάνει τὴν νόσον, καὶ τὸ διαφθειρόμενον καταπληροῖ ἐκκεχυμένης ποιότητος, καὶ διαμαρτάνει δυοῖν, τῆς τε περὶ τὸ γένος ὑπολήψεως καὶ τοῦ τὴν πολιτείαν τεταγμένην ἀπολιπεῖν.

LIV. Ἐπεὶ δὲ τούτου τὴν ζωὴν τελευτήσαντος εἰς τὸν Μιχαὴλ ἡ τῆς βασιλείας μετῆλθε διαδοχὴ, τὸ μὲν πολὺ τῶν νοσοποιῶν ὁ ἀνὴρ οὗτος ἐπέσχεν, οὐ μέντοι γε τοσοῦτον ἐξίσχυσεν ὥστε τολμῆσαι μηδὲ τὸ βραχύτατον ἐκλιπᾶναι τὸ εἰωθὸς σῶμα χυμοῖς ἐκτρέφεσθαι πονηροῖς καὶ διεφθαρμέναις ἐξογκοῦσθαι τροφαῖς, ἀλλὰ καὶ οὗτος, εἰ καὶ γλίσχρως, προσέθετο γοῦν τῇ ποιότητι· καὶ γὰρ οὗτος θνήσκει αὐτίκα, μηδὲ κατὰ βραχὺ τοὺς προηγησαμένους μιμησάμενος αὐτοκράτορας· ἀλλ' εἰ μὲν διεβίω πλείω οὗτος ἔτη τῷ κράτει, ἐμεμαθήκεσαν ἄν ποτε τὸ ὑπήκοον τὴν φιλόσοφον δίαιταν, οὐκ ἦν δὲ ἄρα μὴ διαρραγήσεσθαί ποτε τούτους εἰς ἄκρον εὐεξίας ἐκπιανθέντας.

LV. Ταχὺ τοιγαροῦν καὶ τούτου δὴ τοῦ βασιλέως ἀποβεβιωκότος, ἵνα δὴ τὸν ἀνεψιὸν παραλίπω, ὡς ἀθλίως μὲν βεβασιλευκότα, ἀθλιώτερον δὲ τοῦ κράτους ἀποβεβηκότα, Κωνσταντῖνος ὁ Εὐεργέτης, (οὕτω γὰρ παρὰ τοῖς πλείοσι κατωνόμασται), φημὶ δὲ τὸν | Μονομάχον, εἰς τὴν τοῦ κράτους περιωπὴν ἄνεισιν· ὃς δὴ ὥσπερ τινὰ φορτίδα ναῦν τὴν πολιτείαν καταλαβὼν ἄχρι τοῦ τελευταίου ζωστῆρος τὸν φόρτον ἔχουσαν, ὡς βραχύ τι ὑπερκεῖσθαι τῆς τῶν κυμάτων ἐπιρροῆς, περιχειλῆ πεποιηκὼς κατεβάπτισεν, ἢ ἵνα δὴ ἐναργέστερον εἴπω ὁμοῦ δὲ καὶ πρὸς τὴν προτέραν ἐπανέλθω τροπὴν, πλεῖστα περιθεὶς μέρη καὶ μέλη τῷ πάλαι διαφθαρέντι σώματι, καὶ χυμοὺς πονηροτέρους τοῖς σπλάγχνοις εἰσενεγκὼν, τοῦ μὲν κατὰ φύσιν ἀπήνεγκε, καὶ τῆς ἡμέρου καὶ πολιτικῆς ζωῆς ἀπεστέρησεν, ἐξέμηνε δὲ μικροῦ δεῖν καὶ ἀπεθηρίωσε, πολυκεφάλους καὶ ἑκατόγχειρας τοὺς πλείους τῶν ὑπὸ χεῖρα πεποιηκώς. Μεθ' ὃν ἡ βασιλὶς Θεοδώρα

15. ἢ γὰρ ἂν ἐτεθνήκει.   26. νῦν.   34. ἀπεστέρρησεν.

γνησιώτερον αὐταρχήσασα, ἔδοξε μὲν μὴ πάνυ τι ἀποθηριῶσαι τὸ καινὸν τουτὶ ζῶον, ἀλλ' οὖν καὶ αὐτὴ λεληθότως καὶ χεῖράς τινας καὶ πόδας τούτῳ προσέθετο.

LVI. Καταλυθείσης δὲ καὶ τῆς περὶ ταύτην σκηνῆς, ἐπειδὴ τῷ Πρεσβύτῃ Μιχαὴλ ἡ τῆς βασιλείας ἐνεχειρίσθη ἡνία, οὐκ ἐνεγκὼν οὗτος τὴν ξυγκίνησιν τοῦ βασιλικοῦ ἅρματος, τῶν ἵππων εὐθὺς τοῦτον ὑφαρπασάντων, τό τε θέατρον διέθηκεν ἀτακτότερον, καὶ αὐτὸς ὑπερ|εκπλαγεὶς τὸν θόρυβον, τῆς ἱππικῆς ἀποβεβηκὼς τάξεως ἔστη μετὰ τῶν ψιλῶν· δέον γὰρ ἀντέχειν καὶ μὴ πάνυ τι ἀφεῖναι τὸν χαλινόν, τῷ δ' ὥσπερ ἀποζωννυμένῳ ἐῴκει τὸ κράτος καὶ εἰς τὴν προτέραν παλινδρομοῦντι ζωήν.

LVII. Ὁ μὲν οὖν πρῶτος καιρὸς οὗτος, ὃς δὴ θῆρας τοὺς πλείους ἀντ' ἀνθρώπων πεποιηκὼς καὶ τοσοῦτον ὑπερπιάνας, ὡς δεῖσθαι φαρμάκων καθαρσίων πολλῶν, τὴν ἑτέραν ἐζήτει διαδοχήν, φημὶ δὴ τὴν τῆς τομῆς καὶ τοῦ καυτῆρος καὶ τῆς καθάρσεως· ἐπανεληλύθει τοιγαροῦν καὶ οὗτος, καὶ ὁ Κομνηνὸς Ἰσαάκιος ἐπὶ τὸν Ῥωμαϊκὸν ἄνεισι μετὰ τοῦ διαδήματος ἄξονα, καὶ ἵνα δὴ καὶ τοῦτον τῇ διὰ τῶν ἀλληγοριῶν ἐναργείᾳ κατανοήσωμεν, νῦν μὲν εἰς ἡνίοχον θείημεν, νῦν δὲ τοῖς Ἀσκληπιάδαις καταριθμήσωμεν.

LVIII. Ἦν δὲ οὗτος βίου μὲν ἐραστὴς φιλοσό|φου, καὶ τὸ νοσοῦν ἅπαν καὶ διεφθαρμένον ἀποστρεφόμενος τῆς ζωῆς, τοῖς ἐναντίοις δὲ περιτυχών, καὶ νοσοῦντα πάντα καὶ ὕπουλα εὑρηκώς, τούς τε βασιλείους ἵππους τῆς ἀφετηρίας ταχὺ διεκθέοντας καὶ πάντῃ ἑτερογνάθους καὶ δυσηνίους, δέον ἐκείνως μὲν τὸν καιρὸν ἀναμεῖναι καὶ τῆς τομῆς καὶ τῆς καύσεως καὶ μὴ εὐθὺς πεπυρακτωμένον τὸν σίδηρον ἐπιθεῖναι τοῖς σπλάγχνοις, οὕτως δὲ ἠρέμα χαλινῷ καταρτύσαι τὸ ὄχημα καὶ μεταθεῖναι τοὺς ἵππους, παραψαῦσαί τε τεχνικῶς καὶ περιποππύσαι, καὶ οὕτως ἐπιβῆναι καὶ τῇ ἡνίᾳ ἐφεῖναι, ὥσπερ δὴ ὁ τοῦ Φιλίππου εὐήνιον τὸν Βουκέφαλον πεποίηκεν, ὁ δὲ βουλόμενος ἀθρόον εὐθυφορούμενον μὲν ἰδεῖν τὸ πρότερον, εἴς τε τὴν φυσικὴν ζωὴν τὸ παρὰ φύσιν γεγενημένον σῶμα μετενεχθῆναι, καὶ τοῦτο μὲν καίων καὶ τέμνων, τοὺς δέ γε

11. ὁ δ' ὥσ. 18. τὸ Ῥ. 19. τούτων. 26. πάντας.
30. παραψαύσετε. 31. περιποππύσαι.

ΙΣΑΑΚΙΟΣ ΚΟΜΝΗΝΟΣ (1057—1059).

ἀτάκτως θέοντας ἵππους πολλοῖς χαλινοῖς ἀνείργων καὶ ἀνασειράζων, ἔλαθέ πως διαφθαρεὶς πρότερον ἢ ἐκεῖνα τάξας καὶ καταστήσας. Τῆς μὲν οὖν ἐγχειρίσεως οὐ διαβάλλω τὸν ἄνδρα, ἐπεγκαλῶ δὲ τούτῳ τὸν καιρὸν τῆς διαμαρτίας· ἀλλ' ὁ μὲν τρίτος ἡμᾶς ἀναμεινάτω καιρός, τῷ δὲ δευτέρῳ πλατύτερον 5 ἐμφιλοχωρήσωμεν.

LIX. Τῶν γὰρ ἄνω βασιλέων, ὥς μοι πολλάκις εἴρηται, τοὺς βασιλικοὺς θησαυροὺς εἰς τὰς οἰκείας ἀπαντλούντων ἐπιθυμίας, ταῖς τε δημοσίοις συνεισφοραῖς οὐκ εἰς στρατιωτικὰς συντάξεις ἀποχρωμένων, ἀλλ' εἰς πολιτικὰς χάριτας 10 καὶ λαμπρότητας, τέλος δὲ καὶ ὅπως ἂν αὐτοῖς τὸ σῶμα τελευτήσασι λαμπρότερον ἐκκομισθείη καὶ κατατεθείη πολυτελέστερον, μνήματα κατασκευασάντων Φρυγίου λίθου ἢ Ἰταλοῦ, ἢ Προικονησίας πλακός, ἐφ' οἷς ταῦτα περιῳκοδομηκότων καὶ ναοῖς τιμησάντων, ἄλση τε καταφυτευσάντων, 15 παραδείσοις τε καὶ λειμῶσι πέριξ περιεστεφανωκότων τοὺς ὅρους, εἶτα δὴ δεῆσαν αὐτοῖς χρήμασί τε καὶ κτήμασι κατευδαιμονίσαι τὰ ἀσκητήρια (τοῦτο γὰρ δὴ τὸ ὄνομα ταῖς οἰκοδομαῖς ἐσχεδίαζον), τὰ μὲν τὰ τῶν ἀνακτόρων ἀποκενούντων ταμεῖα, τὰ δὲ τὰς δημοσίους ἀκρωτηριαζόντων 20 τῶν κοινῶν συνεισφορῶν ἀφορμάς, καὶ οὐ τὴν ἀποχρῶσαν μόνον συντέλειαν τοῖς ἀσκητηρίοις (λεγέσθω γὰρ οὕτως) ὑποταξάντων, ἀλλὰ καταδιελόντων τὸν βασίλειον πλοῦτον, τὸν μὲν εἰς ἀπολαυστικὸν βίον, τὸν δὲ εἰς λαμπρότητας καινοτέρων οἰκοδομῶν, τὸν δὲ ὅπως ἂν οἱ μὲν ἀργοὶ τὰς 25 φύσεις καὶ πρὸς τὸν συντελείας κόσμον ἀσυντελεῖς τρυφῷεν καὶ τὸ τῆς ἀρετῆς ἀτιμάζοιεν πρᾶγμα καὶ ὄνομα, ὁ δὲ στρατιωτικὸς σύλλογος ἐκκενοῖτο καὶ διαφθείροιτο, ὁ βασιλεὺς οὗτος, ἅτε δὴ τῶν Στρατιωτικῶν καταλόγων τὰ πρῶτα τυγχάνων, ἐκ πολλῶν προειδὼς ὅθεν ἡ τῶν Ῥωμαίων 30 ἡγεμονία καταπεφρόνηται, καὶ τὰ μὲν τῶν ἐθνῶν ηὔξηται, τὰ δὲ πάντα ὑπέρρευσε, καὶ οὐδεὶς τῶν πάντων ἀνείργειν δεδύνηται βαρβάρων ἐπιδρομὰς καὶ λῃστείας, ἐπειδὴ οἱ ἡ παρὰ τῆς βασιλείας προσεγένετο δύναμις, τὰς ἀφορμὰς εὐθὺς ἀπορριζοῖ τῶν κακῶν. Καὶ τοῦτο μὲν ἄξιον βασιλείου 35 φρονήματος, τὸ δ' ἀθρόως πάντα συνελεῖν ἐπικεχειρηκέναι,

14. προικονησίας. 28. διεφθείροιτο. 36. τὰ δ'.

ου πάνυ τι εν ταις επαινουμέναις τίθεμαι πράξεσιν· ο δ' ουν εκείνος επεπράχει ο λόγος ιστορησάτω.

LX. Πρώτα μεν γαρ εαυτώ την βασιλείαν αρμόσας, αφού δη περιεστεφάνωτο, και ούτως την τυραννίδα μετονομάσας, την εντεύθεν του Πρεσβύτου Μιχαήλ πράξιν ηθέτηκεν, αφείλετό τε άπερ εκείνος δεδώρητο, και καθείλεν εί τι φιλότιμον κατεπράξατο· έπειθ' ούτω κατά βραχύ ανιών, υπεράλλεται και τουτονί τον καιρόν, και πολλά μεν αυτώ κανταύθα συντρίβει και καθαιρεί, ουκ ολίγα δε παντάπασιν αναιρεί· εντεύθεν τό τε δημοτικόν πλήθος απεχθάνεται αυτώ, και των Στρατιωτών ουκ ολίγον τι μέρος, όσοις τας ευπορίας εξέκοψεν. Επεί δε ταύτα επεποιήκει, ουδέ βραχύ τι ανανεύσας των ενθυμημάτων, ώσπερ οι από των συνθέτων επί τα απλά αναλύοντες, επί τα πορρωτέρω χωρεί, επισυνάπτων αλλήλοις των | βασιλείων τα πέρατα, και ούτω κατά το συνεχές επιών πάντα και λυμαινόμενος. Ούτω τοιγαρούν ανιών και τους πυρφόρους τοις ανηρημένοις προστίθησι· περικρούεται γαρ τα πλείω των αποτεταγμένων τοις εκείνων ναοίς, και ταύτα εις την δημοσίαν θείς σύνταξιν, εκείνοις το αποχρών συλλογίζεται, επαληθεύσας αυτοίς του ασκητηρίου το όνομα· επεποιήκει δε τούτο, ώσπερ αν εί τις ψάμμον τινά υφέλοι εκ θαλαττίας θινός, επεκεχείρηκε γαρ, και αψοφητί το πάν εγεγόνει, ουδένα γαρ των πάντων ανθρώπων τεθέαμαι ούτε τηλικαύταις επιβολαίς λογισμού χρώμενον, ούτε ηρέμα τας τοιαύτας ενθυμίσεις καταπραττόμενον.

LXI. Τούτο μεν ουν τηνικαύτα εξέπληξε τους πολλούς, είτα δη ωμαλίζετο ταις των πλειόνων ψυχαίς· απολογία γαρ αυτάρκης τοις διαβάλλειν εθέλουσι την πράξιν ο δημόσιος καθειστήκει· και έδοξεν αν το πράγμα θαυμάσιον, ει ώσπερ εκ πελάγους ανανήξας βραχύ τι ανέπνευσεν· αλλ' ούτος ουκ ειδώς προσορμίζεσθαι, ουδέ μικρόν τι ελλιμενίζειν, έτερον αύθις εθάρρησε πέλαγος, και πάλιν άλλο, και μετά τούτο μείζον και φρικωδέστατον, ώσπερ ου πολιτικάς πράξεις διακυμαίνων, αλλά την Αυγέου κόπρον ανακαθαίρων.

LXII. Ο γούν πολλάκις ειρήκειν, ει ταις πράξεσιν ο

2. επεπράχειν.   11. ολίγων.   15. βασιλέων.   20. τον ασ.
21. τούτω.   22. τινός.   27. δι.

ΙΣΑΑΚΙΟΣ ΚΟΜΝΗΝΟΣ (1057—1059).

βασιλεὺς οὗτος καιροὺς ἀφωρίζετο, καὶ τὸ μέν τοι κα|θῄρει, 404*
τὸ δὲ τέως ξυνεχώρει ἵστασθαι, καὶ αὖθις τοῦτο διῄρει, καὶ
μετὰ τὴν τομὴν ἀναπνέων ἑτέρῳ πάλιν ἐπεχείρει, καὶ οὕτω
λανθάνων τοῦ κακοῦ τὴν ἀναίρεσιν προείη κατὰ βραχύ, ὥσπερ
δὴ καὶ ὁ παρὰ Πλάτωνι δημιουργός, παραλαβὼν καὶ οὗτος τὸν 5
τῆς πολιτείας κόσμον πλημμελῶς καὶ ἀτάκτως κινούμενον εἰς
τάξιν τε ἂν ἐκ τῆς ἀταξίας μετήγαγεν καὶ κόσμον ὡς ἀληθῶς
τοῖς πράγμασιν εἰσεποίησεν· ἀλλ' ὁ μὲν θεὸς τῷ δημαγωγῷ
Μωϋσῇ εἴσηκται ἐν ἓξ ἡμέραις τὸν κόσμον δημιουργῶν, ἐκεῖνος
p. 244 δὲ εἰ μὴ αὐθημερὸν πάντα ποιήσειεν, οὐκ | ἀνεκτὸν ἐλογίζετο· 10
τοσοῦτον αὐτῷ τὸ περιὸν ἦν τῆς ἐφ' ὅ τι προθυμηθείη ὁρμῆς,
καὶ οὐδὲν αὐτὸν τῶν πάντων ἐπεῖχεν, οὐ λόγος εἰσηγούμενος
τὰ βελτίω, οὐχ ὁ περὶ τοῦ μέλλοντος φόβος, οὐ τὸ παρὰ
τῶν πολλῶν μῖσος, οὐκ ἄλλο τι τῶν εἰωθότων καταστέλλειν
οἰδοῦσαν ψυχὴν καὶ ἐπηρμένον φρόνημα καθελεῖν· εἰ γάρ 15
τις αὐτὸν οὐκ ἤρτυε χαλινός, πᾶσαν μὲν ἐκ περιόδου τὴν
οἰκουμένην διέδραμε, πάσαις δὲ νίκαις κατέστεπτο, καὶ
οὐδεὶς ἂν αὐτῷ τῶν ἀνέκαθεν αὐτοκρατόρων ἀντείρισεν·
ἀλλὰ τὸ ἄφετον, ἀλλὰ τὸ ἐλεύθερον, ἀλλὰ τὸ τοῦ ἐπιστα-
τοῦντος ἀπαράδεκτον λογισμοῦ, τὸ γενναῖον ἐκείνου διέφθειρε 20
φρόνημα.

LXIII. Τὰς μὲν οὖν πολιτικὰς πράξεις οὑτωσί πως
διεκύμαινε καὶ ἐτάραττεν· ἐβούλετο δὲ καὶ τοὺς ἑῴους καὶ
ἑσπερίους βαρβάρους κατὰ ταὐτὸ συνελθεῖν· οἱ δ' ἄρα καὶ
ἐπεφρίκεισαν, καὶ τὴν πρώτην νεωτερίσαντες, ἐπειδὴ τὴν τοῦ 25
ἀνδρὸς γνώμην ἐμεμαθήκεσαν, τάς τε ἐφόδους ἀνέλυον, καὶ
τειχίον ἐζήτουν ὑφ' ὃ κρυβήσονται· ὁ δέ γε Πάρθος σουλτᾶν,
ὃς δὴ κινῆσαι πάντα τετόλμηκε, μικροῦ δεῖν τοῖς ἀναποδισμοῖς
χρώμενος καὶ μηδαμοῦ στηρίζων, μηδέ τινα ἐπέχων σταθμόν,
ὕπαυγός τε τὸ παραδοξότατον ἐγεγόνει καὶ οὐδενὶ τῶν πάντων 30
ἐδείκνυτο· ὅ τε τῆς Αἰγύπτου τὴν ἀρχὴν ἔχων καὶ νῦν ἔτι τὸν
ἄνδρα πεφόβηται καὶ προκαταλαμβάνει τοῖς ἐγκωμίοις, καὶ
μεταβαλόντα τὴν τύχην ὥσπερ ἀπολοφύρεται· τοσαῦτα γὰρ
αὐτῷ καὶ ἡ ὄψις καὶ ὁ λόγος ἐδύνατο, ὁπόσα χεῖρες πόλεις τε
πολλὰς κατασκάψασαι καὶ τείχη καθελοῦσαι μυρίανδρα. 35

1. τι.   10. αὐθ' ἡμερῶν.   15. καθαιλεῖν.
16. αὐτὸν κατήρτυε.   18. ἀντίρρησεν.   23. αἰώους.   35. τείχει.

LXIV. Ἐβούλετο δὲ μηδ' ὁ,τιοῦν τῶν πάντων ἠγνοηκέναι· ἐπεὶ δὲ τοῦτο τῶν ἀδυνάτων ἐγνώκει, ἑτέρῳ τρόπῳ ἐθήρα τὸ πρᾶγμα, καὶ τὸν εἰδότα μετακαλούμενος, ἐπυνθάνετο μὲν περὶ ὧν ἠγνόει οὐδέν, τοῖς δὲ λόγοις περιελίττων τὸν 5 ἄνδρα, ἐποίει τὸ ἀγνοούμενον ἐξειπεῖν ὥσπερ τι τῶν κοινῶν διηγούμενον. Κἀμὲ γοῦν οὕτω πολλάκις ἐθήρασεν, | ἐπεὶ δὲ p. 245 τεθάρρηκα ἅπαξ αὐτῷ τὸ ἀπόρρητον ἐξειπεῖν, ὁ δὲ κατηφής τε ἐγεγόνει καὶ ὥσπερ ἐλεγχθεὶς ἠρυθρίασε· τῶν γὰρ ἐλέγχων οὐ μόνον τοὺς δημοσίους, ἀλλὰ καὶ τοὺς τεχνικούς, φρονήματος 10 πλήρης ὤν, ἀπεστρέφετο.

LXV. Ἀμέλει τοι καὶ τὸν πατριάρχην Μιχαὴλ ἅπαξ πρὸς αὐτὸν παρρησιασάμενον καὶ θρασυτέρᾳ χρησάμενον τῇ φωνῇ, τότε μὲν ἀφῆκεν ἐπισχὼν αὐτῷ τὸν θυμόν, εἶτα δὴ 405 ἀπόρρητον τῇ ψυχῇ κατ' αὐτοῦ περιελίξας ἐνθύμημα | ἀπροσ-
15 δοκήτως τε ἀναρρήγνυσι, καὶ ὡς οὐδέν τι καινοτομῶν ἐξάγει τε τῆς πόλεως καὶ ὅροις κολάζει περιγραπτοῖς, ἐφ' οἷς δὴ καὶ ἀπέθετο τὴν ζωήν. Ἀλλὰ τοῦτο μὲν ὅπως ἐπέπρακτο μακροῦ λόγου δεόμενον ἀναβάλλομαι νῦν· εἰ γάρ τις βούλοιτο ἀμφοῖν διαιτᾶν, τὸν μὲν τῆς ἀρχῆς καταιτιάσαιτο, τὸν δὲ τῆς τελευτῆς 20 ἐπιμέμψαιτο καὶ ἐπεὶ τοῦτον ὥσπερ ἐπωμάδιον ἄχθος ἀπεφορτίσατο. Ἀλλ' ὅ με μικροῦ διέλαθεν, εὐαγγέλιά τις αὐτῷ τῆς ἐκείνου ἀποδημίας ἐξ ἀποστολῆς προσήνεγκε πόρρωθεν ἀπαλλάττων ὥσπερ τῶν εἰς τὸ μέλλον φροντίδων αὐτόν, ὁ δέ, ἐπειδή περ ἠκηκόει, ἀθρόον πληγεὶς τὴν ψυχὴν ἀνωλόλυξεν, 25 οὐκ εἰωθὼς τοῦτο ποιεῖν, καὶ πολλὰ ἐκεῖνον ἀπωλοφύρετο, καὶ μετεγνώκει τῆς περὶ αὐτὸν πράξεως, ἐξιλάσκετό τε πολλάκις τὴν ἐκείνου ψυχήν, καὶ ὥσπερ ἀπολογούμενος, μᾶλλον δὲ ἐξευμενίζων, παρρησίαν τε εὐθὺς ἐδίδου τῷ ἐκείνου γένει καὶ τοῖς τοῦ βήματος συνηρίθμει, τῇ τε διαδοχῇ τῆς λειτουργίας 30 τοῦτον τετίμηκεν, ἄνδρα προσενεγκὼν τῷ θεῷ καὶ κοσμήσας τῷ σχήματι, ὃν δὴ ὅ τε προλαβὼν βίος ἀνέγκλητον ἔδειξε καὶ ἀπαράμιλλον, καὶ τοῖς πρώτοις σοφοῖς ὁ λόγος ἐγνώρισεν.

7. κατιφής. 12. χρησάμενος. 20. ἐπιπέμψαιτο.
32. παράμιλλον.

Περὶ τῆс τοῦ πατριάρχου Κωνсταντίνου προχειρίсεωс.

LXVI. Οὗτος γὰρ δὴ ὁ περιώνυμος Κωνσταντῖνος, τὴν βασιλείαν πρότερον ἐκ κυμάτων καταστήσας πολλῶν, καὶ πολλοῖς τῶν βασιλευόντων περιάρπακτος γεγονώς, τέλος καὶ τὴν ἀρχιερωσύνην πιστεύεται, πάντων αὐτῷ παρακεχωρη- 5 κότων τοῦ πράγματος καὶ συγχωρησάντων τὸ κατὰ πάντων πρωτεῖον, καὶ κοσμεῖ ταύτην εἰς δύναμιν, πολιτικὸν καὶ γενναῖον φρόνημα ἱερατικῷ βίῳ κατακεράσας. Τοῖς μὲν γὰρ ἄλλοις τοιοῦτόν τι ἡ ἀρετὴ λελόγισται, οἷον μήτε καιροῖς ὑπεῖξαι, μήτε οἰκονομῆσαι τὴν παρρησίαν, μήτε τῷ ἤθει 10 ἐπιχειρεῖν τοὺς αὐθαδεστέρους καταδουλοῦν· ὅθεν πάσης μὲν θαλάττης κατατολμῶντες, πᾶσι δὲ ἀντιβαίνοντες πνεύμασιν, οἱ μὲν αὐτῶν ἔδυσαν ἁρπασθέντες τοῖς κύμασιν, οἱ δὲ ἀπέστησαν βιαιότερον· τῷ δὲ ἡ κρᾶσις τοῦ βίου πρὸς πᾶσαν ἀκρίβειάν τε καὶ οἰκονομίαν ἐξήρκεσε, καὶ μετακεχείρισται 15 τὸ πρᾶγμα οὐ ῥητορικῶς, ἀλλὰ φιλοσόφως· οὐ γὰρ τὰ μὲν στωμύλλεται, τὰ δὲ ὑποκρίνεται, ἀλλὰ μιᾷ ποιότητι χρώμενος ἑκατέροιν τοῖν βίοιν ἀρκεῖ. Κἂν μέν τις αὐτὸν πολιτικῶς ἐξετάσειεν, ἱερατικῷ εὕροι κοσμούμενον ἀξιώματι, εἰ δ' ὡς ἀρχιερεῖ προσίῃ, καὶ τὰ πολλὰ φοβοῖτο καὶ ὑποφρίττοι, ταῖς 20 πολιτικαῖς εὑρήσοι ἀποστίλβοντα χάρισι μετὰ τοῦ στιβαροῦ ἤθους καὶ τῆς μειδιώσης σεμνότητος· ἔνθεν τοι ἅπας μὲν αὐτὸν βίος τεθάρρηκεν, ἐκεῖ μὲν ὁ στρατιωτικός, ὁ πολιτικός, ἐνταῦθα δὲ τὸ μεγαλοπρεπές, τὸ εὐπρόσιτον. Τούτῳ γοῦν ἐγὼ καὶ πρὸ τῆς ἀρχιερωσύνης τὴν ἀρχιερωσύνην πολλάκις 25 προείρηκα, τῷ βίῳ περὶ τοῦ μέλλοντος μαντευσάμενος, καὶ μετὰ τὴν ἱερατείαν μετὰ τοῦ καλλίστου ἐκείνου ἤθους ὁρῶ.

LXVII. Τοιούτῳ τοιγαροῦν ἀνδρὶ τὸν ἀπεληλυθότα τιμήσας ὁ βασιλεύς, | ἐπειδὴ τοὺς ἑῴους βαρβάρους τῶν ἐπιχειρημάτων ἀνεῖρξε, καὶ τοῦ|το δὴ ἀπραγμονέστατον αὐτῷ ἐγεγόνει τὸ τμῆμα, πανστρατιᾷ ἐπὶ τοὺς ἑσπερίους χωρεῖ, οὓς Μυσοὺς μὲν ὁ πάλαι χρόνος ὠνόμαζεν, εἶτα δὲ εἰς ὃ λέγονται μετωνομάσθησαν· νεμόμενοι δὲ ὁπόσα ὁ

10. ὑπῆξαι.   ibid. τὸ ἤθη.   13. ἀπόστησαν.   17. στομύλλεται.
ibid. χρώματος ἑ. τ. βιοῦν.   19. εἰδώς.   27. ἐκείνου.   33. ὄν.

Ἴστρος πρὸς τὴν τῶν Ῥωμαίων διορίζει ἡγεμονίαν, ἀθρόον τε ἀπανέστησαν καὶ πρὸς τὴν ἡμεδαπὴν γῆν μετῳκίσθησαν· αἰτία δὲ αὐτοῖς τῆς ἐπαναστάσεως τὸ τῶν Γετῶν ἔθνος, ὁμοροῦντες μὲν ἐκείνοις, ληστεύοντες δὲ τούτους καὶ ληϊζόμενοι, καὶ πρὸς τὴν μετοικεσίαν ἐκβιαζόμενοι· διὰ ταῦτα ἀποκρυσταλλωθέντι ποτὲ τῷ Ἴστρῳ ὥσπερ ἠπείρῳ χρησάμενοι, ἐκεῖθεν πρὸς ἡμᾶς μετανίστανται, ὅλον ἔθνος τοῖς ἡμετέροις ἐπιφορτισθέντες ὁρίοις, καὶ οὐκ ἔχοντες οὐδ' ὅπως ἂν ἠρεμήσαιεν, οὐδ' ὅπως τοὺς οἷς προσήγγισαν μὴ ὀχλήσαιεν.

LXVIII. Εἰσὶ δὲ καὶ μᾶλλον τῶν ἄλλων ἐθνῶν δύσμαχοί τε καὶ δυσπολέμητοι, οὔτε γενναῖοι τοῖς σώμασιν ὄντες, οὔτε τὴν ψυχὴν θαρραλέοι· ἀλλ' οὐδὲ θώρακας ἀμφιέννυνται, οὐδὲ κνημῖδας περίκεινται, οὐδὲ λόφων τισὶ τὰς κεφαλὰς κατασφαλίζονται· ἀσπὶς δὲ αὐτοῖς οὐδ' ἡτισοῦν ἐν χερσὶν, οὔτ' ἐπιμήκης ὁποίας δή φασι τὰς Ἀργολικὰς, οὔτε περιφερὴς, ἀλλ' οὐδὲ ξίφη περιζώννυνται, δόρατα δὲ μόνον ἐναγκαλιζόμενοι, τοῦτο δὴ μόνον τὸ ὅπλον πρόβλημα ἔχουσιν. Οὐ διαιροῦνται δὲ κατὰ λόχους, οὐδέ τις αὐτοὺς ἐπιστήμη στρατηγικὴ προάγει εἰς πόλεμον, οὐδ' ἴσασι μετώπου τάξιν, οὐκ εὐώνυμον κέρας, οὐ δεξιὸν, ἀλλ' οὐδὲ χάρακας ἑαυτοῖς πήγνυνται, οὐδὲ τὴν πέριξ διορυχὴν ἴσασιν, ἀλλ' ὁμοῦ φύρδην συμπλακέντες ἀλλήλοις καὶ τῇ πρὸς τὸ ζῆν ἀπογνώσει ῥωσθέντες, μέγα τε ὀλολύζουσι καὶ οὕτω τοῖς ἀντιτεταγμένοις ἐμπίπτουσι· κἂν μὲν ἀπώσωσιν, οἷα πύργοι ἐπιρραγέντες αὐτοὺς ἀφειδῶς ἑπόμενοι κατασφάττουσιν, εἰ δὲ ἡ πολεμία φάλαγξ ἀντίσχῃ τὴν ἔφοδον καὶ οὐ ῥαγῇ ἐν ταῖς τῶν βαρβάρων ἐμπτώσεσιν ὁ συνασπισμὸς, οἳ δὲ αὐτίκα στραφέντες φυγῇ τὴν σωτηρίαν διώκουσι· φεύγουσι δὲ οὐ τεταγμένως, ἀλλ' ἄλλοις ἄλλος ἄλλοθι διασκεδασθέντες· ὁ μέν τις εἰς ποταμὸν ἑαυτὸν ὤσας ἢ ἀπενήξατο, ἢ κατέδυ ταῖς δίναις περιελιχθεὶς, ὁ δὲ εἰς ὕλην βαθεῖαν ἐμβεβηκὼς τοὺς τῶν διωκόντων ἐκπέφευγεν ὀφθαλμοὺς, καὶ ἄλλως καὶ σύμπαντες ἅμα διασπαρέντες, εἶτ' αὖθις εἰς ταὐτὸ, ὁ μὲν ἐξ ὄρους, ὁ δὲ ἐκ φάραγγος, ὁ δέ τις ἐκ ποταμῶν, καὶ ἄλλος ἄλλοθεν ἀπροόπτως συνθέουσι. Δεῆσαν δὲ αὐτοῖς πιεῖν, εἰ

---

5. μετοικίαν.   16. ἐπιμήκις.

ΙΣΑΑΚΙΟΣ ΚΟΜΝΗΝΟΣ (1057—1059).

μὲν ἐντύχοιεν ὕδασιν ἢ πηγαίοις ἢ ποταμίοις, λάπτουσιν
αὐτίκα ἐπεισπεσόντες, εἰ δ' οὖν, τοῦ ἵππου ἕκαστος ἀποβὰς
ἐξαιματοῦσι τούτους, σιδήρῳ τὰς φλέβας ἀναστομώσαντες,
καὶ τὴν δίψαν οὕτως ἰῶνται, ὡς ὕδατι τῷ αἵματι χρώμενοι·
εἶτα δὴ καὶ τὸν πιώτατον τῶν ἵππων ἀνατεμόντες, καὶ τὴν
εὑρημένην ἀνακαύσαντες ὕλην, αὐτοῦ που τὰ ἐντετμημένα
τοῦ ἵππου μέλη βραχύ τι διαθερμάναντες μετὰ τοῦ λύθρου
λαφύσσουσι, καὶ οὕτως ἑαυτοὺς ἀναλαβόντες ἐπὶ τὰς πρώτας
ἵενται καλιάς· καὶ ἐμφωλεύουσιν ὥσπερ ὄφεις φάραγξι
βαθείαις καὶ κρημνοῖς ἀποτόμοις, ὁπόσα τείχεσι χρώμενοι.

LXIX. Τοῦτο τὸ γένος δεινοὶ ξύμπαντες | καὶ τὰς
γνώμας ὑποκαθήμενοι· οὔτε δὲ συνθῆκαι τούτους φιλίας
ἐπέχουσιν, οὔτε κατὰ τῶν θυμάτων ὀμόσαντες τοῖς ὅρκοις
ἐμμένουσιν, ἐπεὶ μηδέ τι θεῖον σεβάζονται, ἵνα μὴ λέγω θεόν,
ἀλλ' αὐτόματα τούτοις πάντα συνέστηκε, καὶ τὴν τελευτὴν
πέρας συμπάσης ὑπάρξεως οἴονται· διὰ ταῦτα ῥᾷστά τε
σπένδονται, καὶ πολεμεῖν δεῆσαν, εὐθὺς ἠθετήκασι τὰς
σπονδάς· κἂν ἑλοῖεν τῷ πολέμῳ, οἱ δὲ πάλιν δευτέρας
ἐπικαλοῦνται φιλίας, εἰ δὲ μαχόμενοί <τινας> ἕλωσι, τοὺς
μὲν ἀναιροῦσι, τῶν δὲ λαμπρὰν πεποίηνται ἀγοράν, καὶ
τιμῶσι πολλοῦ τοὺς εὐδαίμονας <τοῖς λύτροις>, ἢν δὲ μὴ
ταῦτα λάβωσιν, ἀποκτείνουσι.

LXX. Τοῦτο δὴ τὸ γένος ἀπελάσαι τῶν Ῥωμαϊκῶν
ὅρων ἐπιχειρήσας ὁ βασιλεὺς Ἰσαάκιος, ἐπ' αὐτοὺς σὺν
καρτερᾷ τῇ φάλαγγι ἵεται· | καὶ διαιρεθεῖσι μὲν καὶ ἑτερο-
γνώμοσι γεγονόσιν οὐ πάνυ πιστεύει, ἐπὶ δὲ τὸ καρτερώτατον
αὐτῶν μέρος καὶ δύσμαχον ὁμοῦ καὶ δυσανάλωτον ἄγει τὴν
στρατιάν, καὶ δὴ πλησιάσας αὐτοῖς ἑαυτῷ τε καὶ τῷ στρατο-
πέδῳ κατέπληξε· πρὸς μὲν γὰρ τὸν οἷα δὴ κεραυνοφόρον
ἀντωπεῖν οὐκ ἐτόλμων, τοῦ δὲ στρατοπέδου τὸν ἀρραγῆ
συνασπισμὸν βλέποντες αὐτοὶ διελύοντο· ὅθεν καὶ κατὰ
μέρη προσβάλλοντες καὶ ἐπωρνύμενοι ταῖς φωναῖς ἀρραγε-
στέροις αὐτοῖς ἐνετύγχανον· ὡς δὲ οὐκ εἶχον, οὔτε λοχήσαντες
τούτους ἑλεῖν, οὔτε μὴν εἰς τοὐμφανὲς παρατάξασθαι, πόλεμον
ἐς τρίτην αὐτοῖς ἀπαγγείλαντες, αὐθημερὸν τὰς σκηνὰς

5. πιότατον.   11. δεινοί.   17. δὲ ἦσαν.   18. ελης ἐν.
19. ἐπικαλοῦν.   22. ἀποκτένουσι.   25. διερεθεῖσι.   33. ἔχων.

ἀφέντες καὶ ὁπόσοις οὐκ ἐξήρκει φυγεῖν γέρουσί τε καὶ βρέφεσιν, ἀνὰ τοὺς δυσβάτους τόπους διεσκεδάσθησαν. Ὡς δὲ κατὰ τὰ ξυγκείμενα ὁ μὲν βασιλεὺς συντεταγμένην ἔχων ἐξῆλθε τὴν φάλαγγα, τῶν δὲ βαρβάρων οὐδεὶς ἑωρᾶτο, 5 ἔπεσθαι μὲν ἐκείνοις κατόπιν οὐκ ἐδοκίμασε, λόχους τε ἀφανεῖς δεδιὼς καὶ ὅτι πρότριτα προὔλαβον τὴν φυγήν, τὰς δὲ σκηνὰς αὐτοῖς κατασκάψας καὶ τὴν εὑρημένην λείαν ἀπαγαγὼν, τροπαιοφόρος ἐπάνεισιν. Οὐ δεξιᾷ δὲ τῇ ἐπαναζεύξει χρησάμενος, χειμῶνος ἀθρόον τῷ στρατοπέδῳ ἐξαφθέν-
10 τος δεινοῦ, πολλοὺς μὲν ἀποβάλλει τῆς στρατιᾶς, ἐπάνεισι δ᾽ οὖν ὅμως τῇ πόλει, στέμμασιν ἀριστείοις ἀναδεδεμένος τὴν κεφαλήν.

LXXI. Ἐντεῦθεν, ὁπόσα ἐγὼ οἶδα ἀκριβέστερον τὴν ἐκείνου καταμανθάνων ψυχήν, προσέθετο τῷ ἐμφύτῳ ἤθει, 15 καὶ σοβαρώτερος ἐγεγόνει, καταπεφρονήκει γοῦν ἁπάντων· τό τε γὰρ συγγενὲς ἐν ἴσῳ τοῖς ἄλλοις εἱστήκει, καὶ ὁ ἀδελφὸς, ἐπεὶ ταῖς πόρρω εἰσόδοις τῶν βασιλείων πλησιάσειε, ἀπέβαινε τοῦ ἵππου εὐθὺς, προστεταγμένον αὐτῷ, καὶ οὐδέν τι τῶν ἄλλων σεμνότερον προσῄει τῷ ἀδελφῷ· ὁ δὲ κάλλιστος ὢν 20 τὸ ἦθος ὢν ἐγὼ οἶδα, ὁμαλῶς δέχεται τὴν μεταβολὴν καὶ οὐ δυσχεραίνει τὴν καινοτομίαν, ἀλλὰ καὶ καλοῦντι τῷ βασιλεῖ σὺν αἰδοῖ παρεγίγνετο, καὶ τὰ πολλὰ ὑπεχώ|ρει, καὶ παράδειγμά τε τοῖς ἄλλοις τῆς ὁμοίας ἐγίγνετο μεταθέσεως.

LXXII. Οὕτω μὲν οὖν τῷ βασιλεῖ τὸ ἦθος μετεσκεύ-
25 αστο, καὶ ὁ δεύτερος ἐτελεύτα καιρός· ἄρχεται δὲ ὁ τρίτος ἐντεῦθεν. Ἐπτόητο περὶ τὰ κυνηγέσια ὁ βασιλεὺς, καὶ ἦν εἴ πέρ τις ἄλλος ἐραστής τε τῶν ἐντεῦθεν δυσεφίκτων καὶ θηρατὴς ἀκριβής· ἱππάζετο γὰρ ἐλαφρῶς | ἐποκλάζων τε καὶ ἐπιθωΰζων ἑπτέρου μὲν τὸν κύνα, ἐπεῖχε δὲ τῷ λαγῷ τὸν 30 δρόμον, πολλάκις δὲ καὶ ἐκ χειρὸς ᾕρει θέοντα, καὶ βάλλων οὐκ ἀπετύγχανε· περὶ δὲ τὴν τῶν γεράνων θήραν καὶ μᾶλλον ἐτέρπετο, καὶ τὸ γένος αἰθεροδρομούσας οὐκ ἀπεγίνωσκεν, ἀλλὰ καθῄρει τοῦ ὕψους, καὶ ἦν ὡς ἀληθῶς ἡδονὴ μιγνυμένη θαύματι· τὸ μὲν γὰρ θαῦμα ὅτι παμμέγεθες οὕτω ζῷον τοῖς 35 ποσὶν οἷα δόρασι χρώμενον καὶ τοῖς νέφεσιν ἤδη κρυπτόμενον

14. ἐφύτῳ.   17. πλησιάσαιεν ἀπεβαινέτου του.
22. παραδείγματα.   28. ἐπικλάζων.   32. ἐστρέφετο.

ΙΣΑΑΚΙΟΣ ΚΟΜΝΗΝΟΣ (1057—1059). 225

ὑπὸ βραχυτέρου ἡλίσκετο, τὴν δὲ ἡδονὴν ἡ πτῶσις ἐδίδου, ἔπιπτε γὰρ ἡ γέρανος ἐπορχουμένη τὸν θάνατον, καὶ νῦν μὲν τὰ πρανῆ, νῦν δὲ δεικνύουσα τὰ ὕπτια.

LXXIII. Ἀμφοτέρᾳ γοῦν τῇ θήρᾳ ὁ αὐτοκράτωρ τερπόμενος, ἵνα μὴ κολάζῃ τὰ συγκεκλεισμένα θηρώμενος, ἐπὶ τὰ ἐλεύθερα καὶ τῷ δρόμῳ καὶ τῷ πτερῷ ἀνέτως χρώμενος, δόξαν αὐτῷ, ἐξελήλυθεν, καὶ βασίλειος τοῦτον καταγωγὴ αὐτοῦ που πρὸ τοῦ ἄστεως ὑποδέχεται, περίκυκλος τῇ θαλάσσῃ καὶ ἑκατέρου μέρους ἀνδρὶ αὐτάρκης θηρατικῷ, ἀλλ' οὐχὶ καὶ τῷ βασιλεῖ τούτῳ· ἕῳος γὰρ ἐπανατέλλων τῇ θήρᾳ εἰς ἑσπέραν βαθεῖαν κατήγετο. Πολλάκις δὲ τῇ βολῇ τῆς λόγχης ἐπὶ τὰς ἄρκτους καὶ τὰς ὗς χρώμενος καὶ συνεχῶς ἐπανατείνων τὴν δεξιάν, ψυχρῷ πνεύματι βάλλεται τὴν πλευράν, καὶ τότε μὲν οὐ πάνυ κατάδηλος ἡ πληγὴ ἐγεγόνει, τῇ δὲ ἐφεξῆς ῥιγώσαντα πυρετὸς διαδέχεται.

p. 251   Περὶ τῆϲ νόϲου τοῦ Βαϲιλέωϲ.

LXXIV. Ἐγὼ δὲ τούτων οὐδὲν εἰδώς, ἔξειμι πρὸς αὐτὸν ὀψόμενός τε καὶ χαριούμενος τούτῳ τὰ εἰωθότα· ὁ δέ με κλινοπετὴς κατασπάζεται· ὀλίγη τε αὐτῷ παρειστήκει δορυφορία, παρῆν δὲ καὶ τῶν ἀσκληπιαδῶν ὁ κάλλιστος. Ἐπεὶ δὲ ἠσπάσατο καὶ ἱλαρῷ ἐθεάσατο βλέμματι,—"ἀλλ' εἰς καιρόν, φησίν, ἥκεις!" καὶ εὐθὺς τὴν χεῖρα ἐδίδου, τὰς κινήσεις τοῦ σφυγμοῦ γνωματεύσαντι, εἴδει γάρ με καὶ τὴν περὶ τοῦτο τέχνην ἀσκήσαντα. Κἀγὼ ξυμμαθὼν ὅ τί ποτε τὸ νόσημα εἴη, οὐκ εὐθὺς ἐφθεγξάμην, ἀλλὰ πρὸς τὸν ἀσκληπιάδην ἐκεῖνον στραφείς,—" σοὶ δέ, ἔφην, ποδαπὸς οὗτος ὁ πυρετὸς ἔδοξεν;" ὁ δὲ γεγονωτέρᾳ χρησάμενος τῇ φωνῇ, ἵνα καὶ ὁ βασιλεὺς ἀκούοι,—"ἐφήμερος μέν, φησίν, εἰ δὲ μὴ αὐθημερὸν λέλυται, θαυμάζειν οὐ χρή· ἔστι γὰρ καὶ τοιοῦτον γένος, καὶ ψεύδεται τοὔνομα."—"Ἀλλ' ἐγὼ ἔφην, οὐ πάνυ σου τῇ γνώμῃ ξυντίθεμαι· ἡ γὰρ τῆς ἀρτηρίας κίνησις τριταϊκὴν περίοδόν μοι μαντεύεται· ἀλλ' ἀληθεύειν μὲν τὸ

22. κορὸν.   23. γνωματεύσαντος.   [scrib. ᾔδει Bury.]   24. ξυμμαχὼν.
29. ἔστη.   31. ξυντίθεται.

M. P.   15

σὸν Δωδωναῖον χαλκεῖον, ὁ δ᾽ ἐμὸς τρίπους ψευδέσθω, ψεύσεται δὲ ἴσως ὅτι μοι πρὸς τὸ χρᾶν ἡ παρασκευὴ οὐκ αὐτάρκης."

LXXV. Ἥκεν οὖν ἡ τρίτη τῶν ἡμερῶν, καὶ βραχύ τι παραδραμὼν τὴν περίοδον ὁ καιρός, τὸν μὲν ἀπεδείκνυ τεχνίτην, ἐμὲ δὲ διημαρτηκότα τοῦ ἀκριβοῦς· ἔνθεν τοι καὶ τροφή τις τῶν οὐ πάνυ ἁδρῶν τῷ βασιλεῖ ἐσκευάζετο, ἀλλ᾽ οὐκ ἔφθη προσιέμενος ταύτην, καὶ ἐκ τοῦ βάθους αὐτίκα ἐκκαίεται πυρετός. Τὸν μὲν οὖν Κάτωνά φασι | πυρέττοντα ἤ τινι ἄλλῳ κατεσχημένον νοσήματι, ἄτροφόν τε μέχρι παντὸς διαμένειν καὶ ἄτρεπτον ἔς τ᾽ ἂν ἡ περίοδος λήξῃ καὶ ὁ καιρὸς αὐτῷ μεταβάλλῃ· ὁ δὲ ἐξ | ἐναντίας ἐκείνῳ διεποικίλλετο τῷ σώματι καὶ ἐστρέφετο, ἤσθμαινέ τε πυκνότερον καὶ οὐδ᾽ ὅπως οὖν αὐτῷ ἀνακωχὴν ἡ φύσις ἐδίδου· ἐπεὶ δέ ποτε ἀνεθείη, τῆς ἐς τὰ βασίλεια ἐπανόδου ἐμέμνητο.

LXXVI. Καὶ αὐτίκα τῆς βασιλείου ἐπιβὰς τριήρους ἐν Βλαχέρναις καταίρει, καὶ τῶν ἀνακτόρων ἐντὸς γεγονὼς ῥᾴων τε γίγνεται, καὶ ἐπιτρυφᾷ τῷ καιρῷ, γλωττηματικώτερον ὁμιλήσας καὶ τοῦ συνήθους πλέον χαριεντισάμενος, κατεῖχέ τε ἡμᾶς ἄχρις ἑσπέρας, ἀρχαῖά τε διηγούμενος καὶ ὁπόσα ὁ βασιλεὺς ἐκεῖνος Βασίλειος ὁ τοῦ Ῥωμανοῦ παῖς ἐπικαίρως ἐφθέγξατο.

LXXVII. Ἐπεὶ δὲ ἔδυ ὁ ἥλιος, ἡμᾶς μὲν ἀφίησιν, αὐτὸς δὲ πρὸς ὕπνον ἐτράπετο· κἀγὼ ἀπεληλύθειν τεθαρρηκὼς καὶ γλυκείαις ἐπὶ τῷ βασιλεῖ ἐλπίσι τρεφόμενος· πρωϊαίτερον δὲ αὖθις ἐκεῖσε παραγενόμενον ἐπτόησέ τις αὐτίκα πρὸ θυρῶν, νύττεσθαι μὲν φήσας τῷ βασιλεῖ τὴν πλευράν, αὐτὸν δὲ πνευστιᾶν καὶ οὐ πάνυ τι γενναίως ἀναφέρειν τὸ ἆσθμα· ἐπάγην ἀκούσας, καὶ τὸ δωμάτιον οὗ ἔκειτο ἀψοφητὶ εἰσιών, ἐπιστυγνάσας αὐτίκα ἠρέμα εἱστήκειν· ὁ δέ μου τοῖς ὀφθαλμοῖς ὥσπερ πυθόμενος, εἰ μὴ παντάπασιν ἔχοι πονήρως καὶ ἀποβιώσκει, τὴν χεῖρα αὐτίκα ὑπέτεινε· πρὶν ἢ δέ με τοὺς δακτύλους ἐπιβαλεῖν τῷ καρπῷ, ὁ πρῶτος τῶν ἰατρῶν, οὐδὲν δὲ δεῖ λέγειν τοὔνομα,—
"ἀλλὰ μηδὲ γνωμάτευε τὴν ἀρτηρίαν, φησί· κατείληπται γάρ μοι ἤδη ἡ κίνησις, καὶ κατὰ μῆκος τοῦ συνεχοῦς διακέκοπται,

---

7. ἀνδρῶν. 10. ἄστροφον. 12. scrib. μεταβάλῃ Bury. 28. πὲν στιὰν.

ΙΣΑΑΚΙΟΣ ΚΟΜΝΗΝΟΣ (1057—1059).

καὶ τὸ μὲν αὐτῆς πλήττει τὸν δάκτυλον, τὸ δὲ ὑπείκει, καὶ ὅπερ ἐστὶν ἡ πρώτη τῇ τρίτῃ κινήσει, τοῦτο ἡ δευτέρα τῇ τετάρτῃ, καὶ ἐφεξῆς οὕτως, ὥσπερ ὅσοι τῶν τεμνόντων σιδήρων ἐς ὀδόντας διῄρηνται."

LXXVIII. Ἐγὼ γοῦν ὀλίγα τοῦ ἀνδρὸς φροντίσας, κατὰ πᾶσάν τε διάστασιν διηρευνησάμην τὴν κίνησιν, καὶ πρίονα μὲν τὸν σφυγμὸν οὐκ ἐγνώκειν, ἀμυδρότερον δὲ ἀναφέροντα καὶ ἐοικότα οὐ παρέτῳ ποδί, ἀλλὰ δεσμώτῃ καὶ βιαζομένῳ τὴν κίνησιν· ἦν δὲ ὁ καιρὸς ἐκεῖνος τὸ ἀκμαιότατον τοῦ διοχλοῦντος | ἐκεῖνον νοσήματος· ἠπάτησε γοῦν τοὺς πολλούς, καὶ ἠμφισβήτησάν γε μικροῦ δεῖν ξύμπαντες περὶ τῆς ἐκείνου ζωῆς.

LXXIX. Θόρυβος οὖν ἐντεῦθεν καταλαμβάνει τὰ βασίλεια, καὶ ἥ τε βασιλίς, θαυμάσιόν τι χρῆμα γυναικῶν αὕτη καὶ εὐγενείας τὰ πρῶτα καὶ οὐδενὶ παραχωροῦσα τῆς μείζονος ἀρετῆς, ἥ τε τοῖν βασιλέοιν θυγάτηρ, ὡραία δὲ καὶ αὐτὴ κατ' ἄμφω καὶ πρὸ ὥρας ἐκτετμημένη, ἀλλὰ καὶ μετὰ τὴν τομὴν ἠλεκτρώδης τε ὁμοῦ καὶ πυρσὴ καὶ τῷ σχήματι ἄμφω κατασεμνύνουσα, ἄμφω τε οὖν, καὶ ὁ τοῦ αὐτοκράτορος ἀδελφός, πρὸς δὲ καὶ ὁ ἀνεψιός, τὴν τοῦ αὐτοκράτορος κλίνην περικυκλώσαντες, ἐξόδια τούτῳ ἐδίδοσαν ῥήματα καὶ ἐξιτήρια κατέρρεον δάκρυα, καὶ προέπεμπον αὐτίκα ἐπὶ τὰ μείζω βασίλεια, ἵν' ἐκεῖσε γενόμενος βουλεύσαιτό τι τῶν δεόντων, καὶ μὴ τὸ γένος ἀφήσει συνδυστυχήσαντας ἐκείνῳ τὴν εὐδαίμονα τῆς βασιλείας ζωήν. Ὁ μὲν οὖν συνεσκευάζετο ὡς ἐκεῖσε ἀφιξόμενος· παρεγένετο δὲ τούτῳ οὐ πρὸ καιροῦ καὶ ὁ τῆς θεοῦ Σοφίας ἀρχιερεύς, σύμβουλος ἐπὶ τὰ κρείττω γιγνόμενος καὶ πᾶσι λόγοις τοῦτον ἐπιρωννύς.

LXXX. Ὡς δ' οὖν κἀκείνῳ ἡ μετάθεσις ἤρεσεν, οὐ κατέβαλε τὸ γενναῖον ἐνταῦθα ὁ βασιλεύς, οὐδ' ἐξῄει τοῦ δωματίου χειραγωγούμενος, ἀλλ' οἷος ἐκεῖνος ὑψικόμῳ ἐοικὼς κυπαρίττῳ ὥσπερ τισὶ πνεύμασι διατινασσόμενος, κατακεκλόνητο μὲν προϊών, προῄει δὲ ἀκρατὴς ταῖν χεροῖν καὶ ἀρκῶν ἑαυτῷ· οὕτω τε οὖν καὶ τοῦ ἵππου ἐπιβεβήκει, τῷ δὲ πλῷ οὐκ οἶδ' ὅπως ἐχρήσατο. Ἐγὼ γὰρ διὰ τῆς ἑτέρας ὁδοῦ προλαβεῖν ἔσπευσα· οὐ τοῦ σκοποῦ δὲ ἔτυχον, ἀλλ' ἐπικαταλαμβάνω

3. ὅσον.   27. σύμβολος.

τοῦτον ἀτεχνῶς διακυμανθέντα καὶ τοῖς ὅλοις ἐξαπορούμενον· περιεκάθητο δέ γε τοῦτον τὸ γένος ἀνολοφυρόμενοι ξύμπαντες, καὶ συνεκπνεύσαντες ἐκείνῳ εἴ γε δύναιντο· κατῆρχε δὲ τῶν θρήνων ἡ βασιλὶς, καὶ ἡ θυγάτηρ ἀντωλοφύρετο γοερότερον 5 ἀντεπικλαίουσα τῇ μητρί.

LXXXI. Καὶ τὸ μὲν περὶ αὐτῶν ἐν τούτοις· ὁ δέ γε | βασιλεὺς τῆς πρὸς τὴν κρείττονα ζωὴν ἐμέμνητο μεταθέσεως, καὶ τὸν μετασχηματισμὸν ἐζήτει τοῦ βίου· ἡ δέ γε βασιλὶς ἀγνοοῦσα ὅτι ἔμφυτον αὐτῷ τὸ βούλημα, ἡμᾶς πάντας μᾶλλον 10 ἢ ἐκεῖνον κατῃτιᾶτο τοῦ σκέμματος· ὡς δ' οὖν κἀμὲ τεθέαται,— "ὀναίμεθά σου, φησὶ, ὁπόσα βούλει τῆς συμβουλῆς, ὦ φιλόσοφε! ὡς καλὰς δὲ ἡμῖν ἀποδίδως τὰς ἀμοιβὰς, μεταθεῖναι σκεψάμενος εἰς τὸν μοναδικὸν βίον τὸν αὐτοκράτορα!"

LXXXII. Ἐγὼ δὲ ἀπωμνύμην αὐτίκα μὴ τοιοῦτον ἂν 15 θυμηθῆναί ποτε, ἀλλὰ καὶ τοῦ κειμένου ἐπυνθανόμην εἰ πόθος αὐτῷ ἐγεγόνει τὸ βούλευμα· ὁ δὲ—"ἀλλ' αὕτη φησὶν (οὕτω γὰρ εἰρήκει) στέργουσα τὸν γυναικεῖον τρόπον, ἡμᾶς ἐπέχει τε βουλευομένους τὰ κρείττονα, καὶ πᾶσι μᾶλλον ἢ ἐμοὶ τὴν γνώμην καταιτιᾶται!—Ναὶ, φησὶ, καὶ ἀναδέχομαι τῷ ἐμῷ 20 τραχήλῳ ὁπόσα σοι διημάρτηται, κἂν μὲν ἀνασταίης, ἔχω δὴ τὸ ζητούμενον καὶ ποθούμενον, εἰ δ' οὖν, ἀλλ' ἐγώ σε ἀπολογήσομαι τῷ δικαστῇ καὶ θεῷ ὧν διημαρτήκεις αὐτός· καὶ σοὶ μὲν τὰ πεπραγμένα ἀνέγκλητα εἴη, ἐμὲ <δὲ> ὑπὲρ σοῦ ἡδέως ἂν καὶ σκώληκες διασπάσαιντο, καὶ σκότος τε ἐπικαλύψοι 25 βαθὺ, καὶ πῦρ ἐξώτερον διαφλέξειε! εἶτα δὴ οὐκ οἰκτείρεις τῆς ἐρημίας ἡμᾶς; ποδαπὴν δὲ καὶ ψυχὴν ἔχων σαυτὸν μὲν ὑπεξάγεις τῶν βασιλείων, ἐμοὶ δὲ δυσφορωτάτην ἐγκαταλιμπάνεις χηρείαν, ὀρφανίαν τε βαρυτάτην τῇ θυγατρί! καὶ οὐδ' ἀρκέσει ταῦτα ἡμῖν, ἀλλὰ δεινότερα διαδέξεται, καὶ 30 μετακομίσουσιν ἡμᾶς χεῖρες, ἴσως οὐδὲ φιλάνθρωποι, εἰς ὑπερορίας μακρὰς, τυχὸν δὲ καὶ διαιρήσουσι τὸ βαρύτερον, καὶ ὄψεταί σου τὰ φίλτατα αἱμάτων ἀνὴρ καὶ ἐλεεῖν μὴ εἰδώς· καὶ σὺ μὲν ἐπιβιώσεις τῷ μετασχηματισμῷ, ἢ ἀποβιώσεις | ἐν καλῷ ἴσως, ἡμῖν δὲ πικροτέρα τοῦ θανάτου 35 διαμενεῖ ἡ ζωή!"

4. θρηνῶν.   14. ἀπὸ μνήμην.   15. ὁ.   17. γυναίκιον.   20. δὲ.
24. διασπάσετο.   25. διαφλέξεις.   28. χωρίαν.   30. φιλάνθρωπον.
32. αἱμάτωρ.

LXXXIII. Ταῦτα μὲν οὖν ἡ βασιλὶς, ἀλλ' οὐκ ἔπειθε λέγουσα· ἐπεὶ δὲ ταύτης ἀπεγνώκει τῆς συμβουλῆς,—" ἀλλ' ἡμῖν γε, φησὶ, διάδο|χον τῆς βασιλείας τὸν εὐνοϊκώτατόν σοι καὶ εὐμενέστατον ποίησον, ὅπως ἂν καὶ σοὶ τὸ ἀξίωμα συντηρήσειε ζήσαντι, κἀμοί γε ὁπόσα παῖς χρηματίσειε." Ἀνερρώσθη γοῦν ἐπὶ τούτοις ὁ βασιλεὺς, καὶ ὁ Δοὺξ Κωνσταντῖνος εὐθὺς ἐκείνῳ μετάπεμπτος γίνεται, ἀνὴρ περιφανὴς μὲν καὶ τὰς πρώτας τοῦ γένους ἔχων ἀρχάς· εἰς γὰρ τοὺς Δούκας ἐκείνους τὸ γένος ἀνέφερε, τοὺς Ἀνδρονίκους φημὶ καὶ τοὺς Κωνσταντίνους, ὧν πολὺς λόγος ἐν τοῖς τῶν ἱστορησάντων γράμμασι τῆς τε κατὰ γνώμην ἀκριβείας καὶ τῆς κατὰ χεῖρα γενναιότητος, οὐδὲν δὲ ἧττον καὶ ταῖς μετ' ἐκείνους διαδοχαῖς ἐσεμνύνετο.

LXXXIV. Ἀλλὰ ταῦτα μὲν ἐκείνῳ εἰς φιλοτιμίαν ἀρκεῖ, ὁ δὲ περὶ αὐτοῦ λέγειν προθέμενος Ἀχιλλέα τοῦτον οὐκ ἀπεικότως ἐρεῖ· ὥσπερ γὰρ τῷ ἥρωϊ τούτῳ μεγάλη μὲν ἡ ἀρχὴ τοῦ γένους, Αἰακὸς γὰρ ὁ πάππος, ὃν ἐκ Διὸς οἱ μῦθοι γεννῶσι, καὶ Πηλεὺς δὲ ὁ πατὴρ ὃν οἱ τῶν Ἑλλήνων λόγοι ἐξαίροντες τῇ Θέτιδι, θεὰ δὲ αὕτη θαλαττία, συγκατευνάζουσιν, ἀλλ' ὑπὲρ τὰς τῶν πατέρων δόξας ἀποχρῶντα τὰ οἰκεῖα πεφύκασιν ἔργα, καὶ οὐ μᾶλλον ὁ Ἀχιλλεὺς παρὰ τῶν γεννησαμένων τετίμηται, ἀλλ' ἐκεῖνοι παρὰ τοῦ παιδὸς τὸ σεμνὸν ἀποφέρονται, οὕτω δὴ καὶ τῷ Δουκὶ Κωνσταντίνῳ, ὃν ἤδη πρὸς τὴν βασίλειον ἀρχὴν προβιβάζειν ὁ λόγος βούλεται, λαμπρὰ μὲν καὶ τὰ παρὰ τοῦ ἄνω γένους, λαμπρότερα δὲ καὶ τὰ παρὰ τῆς ἰδίας φύσεώς τε καὶ προαιρέσεως.

LXXXV. Ἀλλ' ὁ μὲν περὶ τῆς βασιλείας λόγος ἀναμεινάτω· τὸν δέ γε ἰδιώτην βίον οὗτος ἔτι τελῶν, τὸ μὲν ὅσον εἰς ἀρχικὴν γνώμην καὶ γένους λαμπρότητα καὶ τοῖς κρείττοσι τῶν βασιλέων ἀντήριζε, τὸ δ' ὅπως ἂν εὐλαβῶς βιῴη καὶ μήτε γείτοσι φορτικὸς ὀφθείη ποτὲ, μήτε τινὸς καθυπερηφανεύσοιτο, τοῖς τε βασιλεύσασι προχειρότατος εἰς ὑπακοὴν φαίνοιτο, ὑπέρ τ' ἄλλα πάντα ἐπραγματεύετο, καὶ ἵνα μηδὲ κατὰ τὴν οἰκείαν αὐγὴν νομίζοιτο, ὥσπερ τις ἥλιος | νέφος ἑαυτοῦ προεβάλλετο.

5. χρηματίσεις.   12. χεῖραν.   14. ἐκεῖνο.   16. μεγάλω.
17. Ἐακὼς.   18. ὧν.   19. συνκατευνάζουσιν.   21. οἰκτὰ.

LXXXVI. Λέγω δε ταῦτα οὐχ ἑτέρων ἀκηκοώς, ἀλλ' αὐτὸς περὶ πάντων αἰσθήσεσιν αὐταῖς καὶ γνώμαις ἀκριβωσάμενος· ὁ μὲν γὰρ σεμνυνέσθω πολλοῖς καὶ καλοῖς κατορθώμασι, ἐμοὶ δὲ ἓν τοῦτο ἀντὶ πάντων ἀρκεῖ, ὅτι τοιοῦτος ὁ θαυμάσιος οὗτος
5 ἀνὴρ καὶ ὢν καὶ δοκῶν, τῶν μὲν ἄλλων ἧττον ἐφρόντιζεν, ἐμοὶ δὲ, εἴτε τι καθεωρακὼς ἐν ταῖς γνώμαις τῶν γε λοιπῶν πλέον, εἰ σύνεσιν, εἴτε τῷ ἤθει μου ἀρεσκόμενος, οὕτω προσέκειτο καὶ οὕτω διαφερόντως τῶν ἄλλων ὑπερηγάπα, ὡς ἐξηρτῆσθαί μου καὶ τῆς γλώττης καὶ τῆς ψυχῆς, καὶ
10 αὐτῷ δή μοι πιστεύειν τὰ τιμιώτατα.

LXXXVII. Ἐβούλετο μὲν οὖν κεκρύφθαι ἐφ' ἑαυτοῦ, καὶ τῶν ὑπερηφάνων δεινῶς κατεφρόνει ἀρχῶν, ἀτημελέστερόν τε ἠμφίεστο καὶ ἀγροικότερον διεσκεύαστο, ἀλλ' ὥσπερ αἱ καλαὶ τὴν ὥραν ὅσῳ μᾶλλον ἐκ τοῦ τυχόντος κόσμου προφαίνονται,
15 τοσοῦτον ἐν τῷ προβεβλημένῳ νέφει τηλεφανέστερον διαυγάζουσι, καὶ ἔστιν αὐταῖς ὁ ἀμελὴς κόσμος | καλλωπισμὸς ἀκριβέστατος, οὕτω δὴ κἀκεῖνον οὐκ ἔκρυπτε μᾶλλον τὰ ἀφανῆ περιβλήματα ταῦτα ἢ λαμπρότερον ἀπεδείκνυε. Πᾶσαι γοῦν ἐπ' αὐτὸν ἐπέπτοντο γλῶσσαι καὶ εἰς βασιλείαν
20 παρέπεμπον, αἱ μὲν ὥσπερ χρησμολογοῦσαι τὴν πρόρρησιν, αἱ δὲ τὸ εἰκὸς ἐκείνῳ λέγουσαί τε καὶ σώζουσαι· ἐδεδίει γοῦν οὗτος οὐ τοὺς ἀπεχθανομένους αὐτῷ, ἀλλὰ τοὺς προτεθειμένους, καὶ πᾶσαν μὲν αὐτοῖς πρὸς αὐτὸν φέρουσαν ὁδὸν ἀπέφραττεν, οἱ δὲ μαχιμώτατοί τε ἦσαν ἢ τολμηταὶ καὶ
25 τῶν ἐμποδίων κατατολμῶντες.

LXXXVIII. Τοσοῦτον δὲ αὐτῷ τὸ περιὸν τῆς εὐλαβείας τε καὶ συνέσεως, ὥστε ὁπηνίκα κρίσις ἐγεγόνει τοῦ τῶν Στρατιωτῶν καταλόγου, καὶ τῶν ἄλλων ὁ Κομνηνὸς προτετίμητο, αὐτὸς δὴ οὗτος ὁ ἐπὶ τῷ κράτει κριθεὶς, ἐκείνῳ τῆς
30 ἡγεμονίας παρεχώρει μετὰ τὴν κρίσιν, ἀλλ' ἀπεωθεῖτο καὶ γνώμῃ καὶ χειρὶ, οὔπω δὴ καὶ τοιαύτην <τὴν> κρί|σιν προσγενομένην αὐτῷ, καὶ οὐδ' ἂν ὅλως οἱ τηνικαῦτα συνεληλυθότες ὡμογνωμονήκεσαν εἰς τὸ ἔργον, εἰ μὴ μέσον οὗτος παρεντιθεὶς τῷ καθ' ἑαυτὸν ἀξιώματι ξυνεδέσμει τὴν βουλήν· καὶ τὸ
35 ξύμπαν δὲ στράτευμα ἐπὶ δυοῖν ὥσπερ ἀγκύραιν ὥρμει,

5. ἥττων. 13. ἀγροικώτερον. 15. προβεβλημένων ἔφη.
19. ἐπέποντο. 29. δέ. 31. οὕτω.

ΙΣΑΑΚΙΟΣ ΚΟΜΝΗΝΟΣ (1057—1059).

μείζονι καὶ ἐλάττονι, ἢ μᾶλλον ἐλάττονί τε καὶ μείζονι· εἰ γὰρ ὁ μὲν Ἰσαάκιος βασιλεὺς προκεχείριστο, τούτῳ δὲ ἡ τοῦ Καίσαρος ἐλάττων τιμὴ κατεπήγγελτο, ἀλλὰ τὸ ὑπερέχον αὐτῷ τοῦ γένους καὶ τὸ ἐρασμιώτατον ἰδίωμα τῆς ψυχῆς εἰς εὔνοιαν ἀφείλκετο τοὺς πολλούς· καὶ ἵνα τις ἐπὶ πλέον τὸν ἄνδρα θαυμάσειεν, ἐπειδή περ εἰς βασιλείαν ἡ τυραννὶς ἔληξε, καὶ ὁ Ἰσαάκιος ἐπὶ τοῦ θρόνου καθῆστο, ὁ δὲ ἐξίστατο τούτῳ καὶ τῆς δευτέρας τιμῆς, δέον καὶ τῆς πρώτης ἀμφισβητεῖν· τοσοῦτον τὸ εἰς ἦθος ἀσύγκριτον τοῦ ἀνδρός· ἐγὼ δὲ τοῦτο τοῖς γενομένοις προστίθημι, ὅτι θεῖον ἄρα ἦν καὶ τὸ μὴ τότε γενόμενον καὶ τὸ νῦν γεγονός, ἵνα μὴ ἐκ τυραννικῶν προθύρων, ἀλλ' ἐξ ἐννόμων ἀδύτων εἰς τὴν τῆς βασιλείας ἀναχθείη περιωπήν.

Περὶ τῆς εἰςελεύςεως τοῦ Δογκὸς εἰς τὸν Κομνηνὸν καὶ προχειρίσεως, καὶ περὶ τῆς τῶν ςυγγενῶν ἀξιώσεως.

LXXXIX. Ὡς δ' οὖν τηνικαῦτα μετεκέκλητο τὰς ἐσχάτας ὡς ἐδόκει ἀναπνοὰς τῷ Κομνηνῷ ἀναπνέοντι, οὗτος δὲ ἐρυθριάσας καὶ ὑποπλησθεὶς τὰ ὄμματα τῆς συνήθους αἰδοῦς, εἱστήκει κατὰ τὸ εἰωθὸς περιστείλας τὼ χεῖρε· ὁ δὲ ἀκριβέστερον συλλέξας τὸν νοῦν,—"τῶν περιεστηκότων, ἔφησε, τουτωνὶ (δείξας τὸ συγγενὲς χειρὶ), ὁ μὲν ἀδελφὸς, ὁ δὲ ἀνεψιὸς, καὶ τούτων δὴ τῶν φιλτάτων ἡ μὲν ὁμόλεκτρος καὶ βασίλισσα, ἡ δὲ θυγάτηρ μονογενὴς οὕτως εἰπεῖν, ἀλλά σε ὁ ἐμὸς τρόπος μᾶλλον αὐτῶν οἰκειοῦται, καὶ ἡ σὴ γνώμη τὴν φύσιν νικᾷ, καί σοι τὴν βασιλείαν καὶ αὐτὰ δὴ τὰ φίλτατα πι|στεύω, οὐδὲ τούτων ἀκόντων, ἀλλὰ καὶ πάνυ βεβουλευμένων· τὸ δὲ καινὸν τουτὶ πρᾶγμα οὐ τήμερον ἤρξατο, οὐδὲ ἡ περίστασις τοῦ νοσήματος εἰς τοῦτό με συνηνάγκασεν, ἀλλὰ καὶ εἰς βασιλείαν κριθεὶς, αὐτόν σε καλλίονα ὑπελάμβανον καὶ προσήκοντα μᾶλλον τῷ σχήματι, καὶ μετὰ ταῦτα δὲ τοῖς ἄλλοις σε κατὰ μέρος συγκρίνων ἁπάσαις ψήφοις τῶν πάντων ἐτίθουν βασιλικώτερον· τὸ μὲν οὖν ἐμὸν ὅπῃ κατέληξε καὶ εἰς βραχείας ἀναπνοὰς ἡ ζωὴ περιείληπται, τὸ δ' ἐντεῦθεν σύ τε μεταχειριεῖς τὸ κράτος

2. ὅ τ.   7. ἐξίσταται.   10. τόγε.   21. τῷ.

καὶ τὰ τῆς ἀρχῆς θήσεις καλῶς, ἄνωθεν μὲν κεκριμένος εἰς τοῦτο, νῦν δὲ τὴν ἡγεμονίαν παρειληφώς· τὴν δέ γε γυναῖκα καὶ τὸ θυγάτριον, τόν τε ἀδελφὸν καὶ τὸν ἀνεψιὸν, τὰς μὲν ἀνέπαφόν σοι παρακαταθήκην πιστεύω, τῶν δὲ ἐγκελεύομαι 5 φροντίζειν καὶ ἐπιμελεῖσθαι."

XC. Ἐπὶ τούτοις αἴρεται κρότος δάκρυσι σύμμικτος, καὶ τὸ περιεστηκὸς ἐπευφήμησε, καὶ ὁ πρὸς τὴν βασιλείαν κριθεὶς, ὥσπερ ἐν ἱεροῖς τελούμενος καὶ μυσταγωγούμενος τὰ θαυμάσια, σὺν αἰδοῖ καὶ κόσμῳ παρειστήκει τῷ αὐτοκράτορι. 10 Τὰ μὲν οὖν τοῦ κράτους τῷ ἀνδρὶ προοίμια τοιαῦτα, τὰ δέ γε μετὰ ταῦτα οὐχ ἁπλῆν ἔχει τοῦ λόγου τὴν πρόοδον, ἀλλὰ τὰ μὲν αὐτῷ εὐθύτατα συμβεβήκοι, τὰ δὲ πλάγια ἢ ἀντίρροπα.

XCI. Εἰ δέ τι τούτῳ καὶ παρ' ἡμῶν ἐγεγόνει, ἐγὼ μὲν οὐδὲν ἂν εἴποιμι, μὴ γὰρ τοσοῦτον καυχήσαιμι, αὐτὸς δ' ἂν 15 εἰδείη ὁ βασιλεὺς, ὡς πρὸς μὲν τὸ ἀντίρροπον ἀντίρροπος ἦν, συνεπεκούρουν δὲ φερομένοις τοῖς πράγμασι κατ' ὀρθὸν, καὶ τοσοῦτόν μοι τὸ περιὸν τῆς εἰς τὸν ἄνδρα προθυμίας καὶ διαθέσεως, ὅτι τῶν πραγμάτων ἤδη κυμαινόντων αὐτῷ, αὐτὸς τῶν οἰάκων ἐπιλαβόμενος, καὶ τὰ μὲν ἐνδιδοὺς, τὰ δὲ ἀντιτεί- 20 νων, ἀκριβῶς τοῦτον εἰς τοὺς βασιλείους λιμένας κατήνεγκα.

XCII. Ὁποῖον δὲ αὐτῷ καὶ τὸ κράτος καὶ ὁ τῶν πράξεων χαρακτὴρ, τίνας τε γνώμας συνεισηνέγκατο τῇ ἀρχῇ, καὶ οἵας ἀρχὰς τεθεικὼς ἐφ' οἷα τέλη διέδραμεν, οἷός τε αὐτῷ ὁ σκοπὸς τῆς ἡγεμονίας, καὶ τίνα μὲν κατώρθωσεν ἀκριβῶς, | τίνα δὲ p. 259 25 αὐτὸς πρῶτος ἐφεῦρε, καὶ τίνα μὲν αὐτῷ θαύματος ἄξια, τίνα δὲ οὐ τοιαῦτα, καὶ ὅπως μὲν τὰ πολιτικὰ μετεχειρίσατο πράγματα, ὅπως δὲ τῷ στρατῷ προσηνέχθη καὶ τὰ ἄλλα ἔνθεν ἑλὼν διηγήσομαι.

Βαϲιλεὺϲ Ῥωμαίων Κωνϲταντῖνοϲ ὁ Δούκαϲ κρατήϲαϲ τῆϲ 30 Βαϲιλείαϲ ἔτη ἑπτά.

I. Περὶ τούτου τοῦ αὐτοκράτορος συντεμὼν τὸν λόγον ὅσα εἰκὸς καὶ τὸ σύνηθες τῇ συγγραφῇ μέτρον ἀποδιδοὺς, ἀκριβέστερον ὕστερον ἐρῶ καὶ ἑρμηνεύσω ὁποῖον μὲν αὐτῷ τὸ γένος, ὁποῖον δὲ τοῦ οἴκου τὸ σχῆμα, οἷον δὲ καὶ τὸ ἦθος,

4. τὸν.

καὶ τίνων μὲν ἦρα, τίνων δὲ ἀπείχετο καὶ πρὸ τῆς ἀρχῆς καὶ μετὰ τὴν ἀρχήν· περὶ τίνος γὰρ ἄλλου τῶν βασιλέων μακρότερον διηγήσομαι, ὃν καὶ ἰδιώτην ὄντα ἐπήνεσα, καὶ βασιλέα γεγονότα ἐθαύμασα, καὶ οὐ μηδὲ βραχύ τι ἀπολελείμμην, ἀλλὰ περὶ αὐτὸν ὑπὲρ τοὺς ἄλλους εἱστήκειν, ὁπότε 5 βασιλικοῦ προκαθέζοιτο βήματος, καὶ συνῆν ἐπὶ λόγοις καὶ τῆς αὐτῆς ἐκοινώνουν τραπέζης, καὶ ἀδιηγήτων χαρίτων ἀπέλαβον;

II. Οὗτος τοιγαροῦν ὁ θειότατος βασιλεὺς ἅμα τῷ τῆς ἀρχῆς ἐπιβῆναι, πρῶτον τίθεται σπούδασμα ἰσότητα καὶ 10 εὐνομίαν κατασκευάσαι τοῖς πράγμασι, καὶ πλεονεξίαν μὲν ἀνελεῖν, μετριότητα δὲ καὶ δικαιοσύνην εἰσενεγκεῖν· φύσεως δὲ τυχὼν πρὸς πᾶν ὁ,τιοῦν δεξιᾶς, πᾶσιν ἐπεφύκει βασιλικοῖς πράγμασιν· εἴτε γὰρ διαιτῶν δίκαις, οὐκ ἀσύνετος ἦν τῶν πολιτικῶν ὑποθέσεων, ἀλλὰ καὶ λίαν εὐθυβολώτατος· φιλο- 15 σοφίας δὲ καὶ ῥητορείας οὐ πάνυ μετέχων, κατ' οὐδὲν τῶν φι|λοσόφων καὶ ῥητόρων ἀπελιμπάνετο, ὁπηνίκα ἢ λόγους ἀπαγγέλλοι ἢ δημηγοροίη, ἢ αὐτοσχεδιάζοι γραφήν, εἴτε δὴ περὶ στρατιωτικοὺς καταλόγους ἐσπούδαζε, κατὰ δὲ τοῦτο τὸ μέρος πάντων ἐπρώτευε. 20

III. Τὴν δὲ βασιλείαν ἐν στενῷ ἀπειλημμένην ὁρῶν, πάντων αὐτῇ τῶν χρημάτων ἐξαντληθέντων, χρηματιστὴς ταύτῃ μέσος ἐγένετο, οὔτε ἀπειροκάλως τοῖς ἀναλώμασι χρώμενος, οὔτε θερίζων, ἵν' οὕτως ἐρῶ, ὅσα μὴ αὐτὸς ἔσπειρεν, ἢ συνάγων ὅσα μὴ διεσκόρπισεν, ἀλλ' αὐτὸς πρότερον ἀφορμὰς 25 καταβάλλων οὕτως τῶν οἰκείων πόνων ἀπέλαβεν· ὅθεν οὐ πλήρεις μὲν, οὐδ' ἐπιχειλεῖς, ἡμιδεεῖς δὲ τοὺς βασιλείους θησαυροὺς ἐποιήσατο. Εὐσεβέστατος δὲ εἴπερ τις ἄλλος βασιλέων γενόμενος, κἂν τούτῳ τῷ μέρει πάντας ὑπερβαλλόμενος, πολέμους τε πολλάκις ἀπραγματεύτους κατώρθωσε καὶ 30 ἀριστείοις στεφάνοις τὴν κεφαλὴν ἀνεδήσατο.

IV. Ἑπτὰ δὲ ἔτη καὶ μικρόν τι πρὸς διαχειρισάμενος τὴν ἀρχήν, νόσῳ δαπανηθεὶς ἐτετελευτήκει, ἀγῶνα μέγαν καταλιπὼν τοῖς ἐπαινεῖν αὐτὸν βουλομένοις. Ὀργῆς τε καὶ κρείττων ἐγένετο, καὶ οὐδὲν ἀπὸ ταὐτομάτου, ἀλλὰ 35 λογισμῷ ξύμπαντα ἔπραττεν, καὶ οὔτε ψυχὴν ἀφείλετό τινος

18. δὲ.   19. ἐσπούδαξε.   31. ἀριστείαις.

κἂν τὰ ἔσχατα τῶν κακῶν ἐπεπράχει, οὔτε τινὸς τῶν ἀκρωτηρίων ἐστέρησεν, ἀλλὰ τῇ ἀπειλῇ βραχύ τι χρησάμενος, μετ᾽ οὐ πολὺ καὶ ταύτην διέλυε, δάκρυα μᾶλλον ἐπὶ πᾶσιν ἀφιεὶς ἢ ὠμότητι χρώμενος.

V. Οὕτω μὲν οὖν προσκιάσας αὐτόν, αὐτίκα πλατύτερον γράψω καὶ διαρθρώσομαι, ὥσπερ δὴ ἐπηγγειλάμην ποιῆσαι τῷ θαυμασίῳ τούτῳ καὶ ὑπερφυεῖ αὐτοκράτορι.

VI. Τὸ μὲν ἄνω γένος ὅσον εἰς προπάππους ἁβρόν τε καὶ εὔδαιμον καὶ ὁποῖον αἱ συγγραφαὶ ᾄδουσι· διὰ στόματος γοῦν καὶ μέχρι τοῦ νῦν ἅπασιν ὁ Ἀνδρόνικος ἐκεῖνος, καὶ ὁ Κωνσταντῖνος, καὶ ὁ Πανθήριος, οἱ μὲν ἐξ ἄρρενος γένους, οἱ δὲ ἐκ θήλεος τούτῳ προσήκοντες, οὐδὲν δὲ ἔλαττον αὐτῷ καὶ τὸ προσεχές· ἀλλ᾽ ὥσπερ Αἰακοῦ καὶ Πηλέως ὁ Ἀχιλλεὺς ἐξ ἐκείνων γενόμενος, μᾶλλον ἐκείνων ἐξέλαμψεν, οὕτω δὴ καὶ ὁ αὐτοκράτωρ οὗτος τοιαῦτα ἔχων τοῦ γένους τὰ παραδείγματα, οὐκ ἐμιμήσατο μόνον, ἀλλ᾽ ὥσπερ ἁμιλλησάμενος μακρῷ τοὺς προγόνους ὑπερεβάλετο, διαπρεπὴς ἁπάσαις γενόμενος ἀρεταῖς· ἐπίδοξος δὲ εἰς βασιλείαν κατὰ πρώτην εὐθὺς ἡλικίαν γενόμενος, οὕτω τὸ πρᾶγμα μετεχειρίσατο εὖ, ὡς μηδένα τῶν πάντων μωμήσασθαι· τῆς γὰρ ἀγοραίου προπετείας καὶ κομψότητος μακρὰν ἑαυτὸν ποιησάμενος, ἐν ἀγροῖς διέτριβε τὰ πολλὰ καὶ περὶ τὴν πατρῴαν βῶλον ἐπραγματεύετο· γυναῖκα δὲ γήμας καὶ γένει περιφανῆ (Κωνσταντίνου γὰρ ἦν παῖς ἐκείνου, ὃν τὸ μὲν χωρίον ἡ Θάλασσα ἤνεγκεν, ἡ δὲ ῥώμη πανταχοῦ τῆς οἰκουμένης ἐκήρυξε) καὶ κάλλει διαπρεπῆ, σωφροσύνῃ τὸν βίον ἐκόσμησεν· εἶτα δὴ ταύτην θανάτῳ ἀποβαλών, ἵνα μὴ καὶ πάλιν συκοφαντοῖτο καὶ τοῖς κακοήθεσιν ἀφορμὴ διαβολῆς γένοιτο, ἑτέραν αὖθις ἑαυτῷ οἰκειοῖ (εὐγενὴς δὲ καὶ αὕτη καὶ τό τε φρόνημα γενναία, καὶ τὸ εἶδος περικαλλής), μεθ᾽ ἧς καὶ παῖδας ἀπογεννᾷ ἄρρενάς τε καὶ θηλείας καὶ μετὰ | τὴν ἀρχὴν καὶ πρὸ τῆς ἀρχῆς, ὧν ὁ πρώτως ἀποτεχθεὶς, Μιχαὴλ δὲ ἦν ὁ τὴν ἐκείνου βασιλείαν ἀναδεξάμενος καὶ κοινωνοὺς ταύτης καὶ τοὺς ἀδελφοὺς ποιησάμενος, τὰ κατὰ πάντων πρωτεῖα ἐκτήσατο, ὃν ὁ λόγος αὐτίκα δὴ μετὰ τὴν τοῦ πατρὸς ἱστορήσει γραφήν.

1. ἀκρωτηρίων.   14. ἐκεῖνον γ.   15. οὕτως.   27. εἶ δή.   33. ὤ.

VII. Ἀλλ' ἐνταῦθα τοῦ λόγου γενόμενος συνεισενεγκεῖν καὶ ἐμαυτὸν τῷ συγγράμματι βούλομαι καὶ τῶν ἐκείνου παραπολαῦσαι καλῶν. Ἤνθουν μὲν τηνικαῦτα ἐπὶ τοὺς λόγους ἐγώ, καί με ἡ γλῶττα μᾶλλον ἢ τὸ γένος ἐκήρυττε, λόγων δὲ ἐραστὴς ἐκεῖνος εἴπερ τις ἄλλος θερμότατος, τοῦτο 5 οὖν μοι πρῶτον ἀφορμὴ φιλίας πρὸς ἐκεῖνον ἐγεγόνει καὶ οἰκειότητος· καὶ συνελθόντες ἅπαξ εἰς λόγους καὶ πεῖραν ἀλλήλοις παρεσχηκότες, ἐθαυμάσαμέν τε καὶ ἐθαυμάσθημεν, καὶ τοσοῦτον συμφυεῖς ἐγεγόνειμεν, ὥστε καὶ παρ' ἀλλήλοις φοιτᾶν καὶ φιλικῶν χαρίτων κατατρυφᾶν· συνηνέχθη δέ τι 10 πρὸς φιλίαν καὶ ἕτερον· ἀνάγει με ὁ λόγος εἰς τὰ βασίλεια καὶ ὑπογραμματεύειν ἐδίδου τῷ βασιλεῖ, Κωνσταντῖνος δὲ οὗτος ἦν τοῦ τῶν Μονομάχων γένους ὡς ἀληθῶς τὸ κεφάλαιον, ἔτος δέ μοι τῆς | ἡλικίας πέμπτον ἐπὶ τοῖς εἴκοσι ἦν· ἐπεὶ δέ μοι λαμπροτέρου ἐδέησε σχήματος καὶ περιφανεστέρας οἰκίας, 15 οὐδὲ τοῦτό μοι τὸ μέρος ἀσπούδαστον ἀφῆκεν ὁ βασιλεύς, ἀλλά μοι πολλοῦ τὸν τοῦδε τοῦ ἀνδρὸς ἀνταλλάττεται οἶκον, καὶ εἰς ἀκριβεστέραν φιλίαν ἀλλήλους ἀπὸ ταύτης ἑνοῖ τῆς προφάσεως· ἀδεέστερον δὲ αὐτῷ συνῆν ἐφ' ἅπασι τοῖς καιροῖς, καὶ τῷ βασιλεῖ τὸν ἄνδρα διεζωγράφουν, ἐφιεὶς τῇ γλώττῃ τὰ 20 πρὸς εὐφημίαν, καί τι καὶ πρὸς ἀγαθοῦ ἐγιγνόμην αὐτῷ· εἶτά τοι τελευτᾷ οὗτος ὁ βασιλεύς, καὶ ἵνα μὴ τῶν ἐν μέσῳ πολλῶν ὄντων καὶ αὖθις ἐπιμνησθῶ, ὁ Πρεσβύτης Μιχαὴλ ἐπὶ τῆς βασιλείας καθίσταται, καὶ ὠδίνει τὰ πράγματα, ἐν δεινῷ τῶν Στρατιωτῶν ποιουμένων, εἰ αὐτοὶ μὲν τὸν ὑπὲρ τῶν ὅλων 25 ἀγῶνα ὑποδύοιντο καὶ τοῖς σώμασιν ὑπὲρ τῆς ἀρχῆς κινδυνεύοιεν, κατάρχει δὲ τούτων ἐν ταῖς ἀρχαιρεσίαις τοῦ κράτους ἡ σύγκλητος τὰ πολλά, μηδὲν τῶν κινδύνων ἐπαισθομένη· ἅμα δέ τοι καὶ ὁ βασιλεὺς πρόφασίν τινα δοὺς αὐτοῖς ἀπονοίας εἰς ὀργὴν ἐξάπτει, καὶ συνθέμενοι ἀλλήλοις 30 ἐντὸς τοῦ ἄστεος ἀποστασίαν, αὐτίκα τε ἐξεληλύθεσαν, ὡς ὁ λόγος τὸ ξύμπαν ἐν τοῖς κατὰ τὸν Κομνηνὸν λόγοις ἠκρίβωσε.

VIII. Τὸ μὲν οὖν πλῆθος ἅπαν τῷ βασιλεῖ τούτῳ συννενεύκασί τε καὶ συνεκέκλιντο, καὶ τὴν βασιλείαν λαμβάνειν ἐπέτρεπον, ὁ δὲ ἀπεβιάζετο καὶ ὑπεχώρει λαμπρῶς, 35

9. παραλλήλοις.   10. συνέχθη.   20. γλῶττα.   22. τήν.
25. ὄχλων.   28. μηδὲ.   31. καὶ ὁ.

καὶ τῷ Κομνηνῷ Ἰσαακίῳ παρεχώρει τοῦ πράγματος, οὕτω τοῦ θεοῦ πόρρωθεν οἰκονομοῦντος τὰ κατ' αὐτὸν, ὡς ἂν ἐννομώτερον ἐπὶ τὴν ἀρχὴν ἀναβαίη· τὰ δὲ μετὰ ταῦτα, ἵνα μὴ δὶς τὴν αὐτὴν ἀπολεπτύνω διήγησιν, κρατεῖ τῆς βασιλείας ὁ Κομνηνὸς, τὰς πλείους τῶν ὑποσχέσεων Κωνσταντίνῳ τῷ Δούκᾳ διαψευσάμενος· ὁ δὲ καὶ αὖθις ἐπὶ τοῖς δευτέροις ἐφιλοσόφει καὶ κατ' οὐδὲν προσκεκρούκει τῷ βασιλεύοντι· ἐπεὶ δὲ οὗτος νοσήσας πρὸς τὸ θανεῖν ἐγεγόνει, ἀνάμνησιν ποιεῖται τῶν πρὸς αὐτὸν συνθηκῶν, σύμβουλον δὲ κἀμὲ πρὸς τὸ πρᾶγμα λαβὼν, οὐδεὶς γάρ | με τῶν ἐπὶ τῆς | ἐμῆς ἡλικίας αὐτοκρατόρων πλέον ἐκείνου ἐπῄνεσεν ἢ ἐθαύμασε, τοῦ μὲν γένους καταπεφρονήκει, ὅλοις δὲ ἱστίοις πρὸς ἐκεῖνον ἀπένευσεν.

IX. Οἷον δὲ τοῦτο τὸ μέρος <καὶ> ὅθεν, βραχύ τι προσδιατρίψω τῷ διηγήματι· μέση μὲν οὖν ἡμέρα, καὶ τὸν βασιλέα ἡ τῆς νόσου συνέσχε καταβολὴ, καὶ ἡ ἀκμὴ τοῦ κακοῦ δριμυτέρα τῶν ἄλλων· ὡς γοῦν αὐτίκα τεθνηξόμενος μετακαλεῖται τὸν Δούκαν καὶ βασιλέα ποιεῖται τῷ ῥήματι, καὶ τὰ φίλτατα τούτῳ λαμπρῶς ἐγχειρίζει, γυναῖκα καὶ θυγατέρα, καὶ ἀδελφὸν καὶ τὸ λοιπὸν γένος· σύμβολα δὲ αὐτῷ οὔπω ἐδεδώκει βασίλεια, ἀλλ' ἦν ἐν ἐπαγγελίαις τὸ πρόβλημα.

Χ. Οἷα δὲ τὰ μετὰ ταῦτα; ῥώννυται βραχύ τι ὁ βασιλεὺς καὶ δόξας οἷον τὴν ἕξιν ἀπειληφέναι, ἀμφίβολος ἐφ' οἷς ἔπραξε γίνεται, καὶ ὁ τῇ βασιλείᾳ προβιβασθεὶς ἐν δεινῷ τε καθίσταται καὶ ἀπορίᾳ συνέχεται· ἐδεδίει γὰρ οὐκ ἐπὶ τῇ ἀποτυχίᾳ μόνον, ἀλλὰ καὶ ἐπὶ τῇ μετὰ ταῦτα δυσπραγίᾳ καὶ ὑποψίᾳ· τί ποτ' οὖν ποιεῖ; Τῶν ἄλλων ἀφέμενος, ἐπὶ τοῖς ἐμοῖς λογισμοῖς γίνεται καὶ τῆς ἀρχαίας ἀναμιμνήσκει φιλίας, καὶ ποιεῖν ὅ τι βουλοίμην ἢ πρότερον ποιοίμην οὐκ ἀποκνεῖ· ἐγὼ δέ σοι οὐκ ἐψευσάμην τὸν φίλον, ὦ θεία καὶ καθαρωτάτη ψυχή! (προάγομαι γὰρ ὡς ἀκούοντι διαλέξασθαι)· αὐτὸς ἂν εἰδείης ὡς τὰ πρῶτα συνεπεφύκειν, ὡς ἐπεθάρρυνον, ὡς ἐπερρώννυον, ὡς ἀθυμοῦντα παρεμυθούμην, ὡς συγκινδυνεύσειν ἐπηγγελλόμην, εἰ καὶ τούτου δεήσειεν, ἔπειτα καὶ τ' ἄλλα, ὡς μετήνεγκά σοι τὸν ἀρχιερέα, καὶ πάντα πεποίηκα ὁπόσα τε ὁ καιρὸς καὶ ὁ λόγος τῆς φιλίας ἀπῄτει.

10. τὸν.   29. ποίμην οὐκ.   32. ἐπεθάρρυνεν.

ΚΩΝΣΤΑΝΤΙΝΟΣ Ι' (1059—1067). 237

XI. "Ινα γὰρ προβιβάσω τῷ λόγῳ τὸ λεῖπον, σφοδροτέρα περίοδος καταλαμβάνει τὸν βασιλέα, καὶ ἤδη τὴν ζωὴν αὐτῷ πάντες συναπεγνώκεισαν, οὐδεὶς δὲ τῶν πάντων ἐθάρρει τοῖς βασιλικοῖς τοῦτον κοσμῆσαι συμβόλοις, εἰ μὴ αὐτὸς παρρησίᾳ χρησάμενος, τῶν πάντων μοι παραχωρούντων τῆς ἀρίστης 5
p. 264 βουλῆς, ἐπὶ τοῦ θρόνου | τε καθίζω τοῦ βασιλείου καὶ τοῖς φοινικοῖς τέως ὑποδήμασι τοὺς πόδας ἁρμόζω· τὰ δ' ἄλλα τούτῳ συνηκολούθει, τῶν ἐν τέλει συνάθροισις, εἰσαγωγαὶ πρὸς τὸν αὐτοκράτορα, σέβας βασιλεῖ πρέπον, προσκύνησις καὶ ὁπόσα εἴωθεν ἐπὶ ταῖς τῶν αὐτοκρατόρων ἀναρρήσεσι 10 γίνεσθαι.

XII. Ἐπεὶ δέ με πρῶτον αὐτῶν εἶδεν ἀπαρχόμενον τοῦ σεβάσματος, τοῦ θρόνου τε εὐθὺς ἐξανίσταται καί με λαμπρῶς ἀγκαλίζεται, καὶ τοὺς ὀφθαλμοὺς ἐπιτέγξας δακρύοις οὐκ εἶχεν ὅ τι καὶ δράσειεν, πλὴν τοσαύτας μοι καθωμολόγησε 15 χάριτας καὶ ἐν τοσαύταις ἐποίησεν ὅσαις οὐκ ἂν μὲν ἐξήρκεσε, τὰς δὲ πλείους εἰς ἔργον ἠγάγετο.

XIII. Ἑσπέρα μὲν οὖν ἦν ὅτε ταῦτα ἐγεγόνει, τοῦ δὲ καιροῦ βραχὺ προϊόντος, ἀπογνοὺς <ὁ Ἰσαάκιος> παντάπασι τὴν βασιλείαν καὶ σωτηρίαν, τὴν κόμην τε ἀποκείρεται καὶ 20 τὸ μοναδικὸν σχῆμα ἐνδύεται, καὶ τῆς περιόδου λωφησάσης αὐτῷ περὶ μέσας νύκτας βραχύ τι διανίσταται, καὶ γνοὺς ἐφ' οἷς, | καὶ τὸ πᾶν ἀπογνούς, τόν τε βασιλεύοντα ἑωρακὼς 411 καὶ κατὰ γνώμην αὐτῷ τὸ πρᾶγμα βεβαιωσάμενος, εὐθὺς τῶν ἀνακτόρων ἀφίσταται καὶ νεὼς ἐπιβὰς ἐπὶ τὴν μονὴν 25 τοῦ Στουδίου ὑποχωρεῖ.

XIV. Ὁ μὲν οὖν ἐκεῖσε δυσθανατῶν ἦν, ὡς ὁ λόγος φθάσας ἐδήλωσεν, ὁ δὲ τελέως ἤδη τῆς βασιλείας ἐπειλημμένος, καὶ πρῶτον ἐπὶ τοῦ βασιλείου θρόνου καθιδρυθεὶς, ἔτι προτεταμένου τοῦ παραπετάσματος (εἱστήκειν δὲ μόνος αὐτὸς 30 ἀγχοῦ ἐπὶ δεξιᾶς), τὼ χεῖρε διάρας ὑπὲρ κεφαλὴν καὶ τοὺς ὀφθαλμοὺς δακρύων πληρώσας, χάριτας ἀνθωμολόγησε τῷ θεῷ, καὶ τοῦτο πρῶτον αὐτῷ καθιέρωσε· ἔπειτα τὸ κάλυμμα διασχὼν καὶ τὴν γερουσίαν εἰσκαλεσάμενος καὶ ὅσοι τοῦ στρατιωτικοῦ γένους τότε ἐτύγχανον ὄντες, τούς τε ἐπὶ τῶν 35 ἀρχείων καὶ τοὺς ἐπὶ τῶν δικαστηρίων τούτοις συναγαγών,

4. κοσμῖσαι.   20. κώμην.   26. τὸν.   28. τέλεος.

περὶ δικαιοσύνης καὶ φιλανθρωπίας καὶ πραγμάτων εὐθύτητος
σύμμετρον τοῖς εἰσκεκλημένοις δημηγορίαν ἀπεσχεδίασε, τὰ
μὲν τῷ δικαίῳ διδούς, τὰ δὲ τῷ φιλανθρώπῳ καὶ βασιλικῷ
ἤθει· | ἔπειτα κἀμέ τινα τῷ καιρῷ πρόσφορα ἐπιτρέψας
5 εἰπεῖν, λύει τὴν ἐκκλησίαν.

XV. Εἶτα δὴ τῶν πράξεων τῶν ἐπὶ τοῖς λόγοις ἀπάρ-
χεται, δύο ταῦτα τέως ποιεῖν προθέμενος, εὐεργετεῖν καὶ
δικαιοδοτεῖν· οὐδένα γοῦν τῶν πάντων ἀφῆκεν ἀγέραστον,
οὐ τῶν ἐν τέλει, οὐ τῶν μετ' ἐκείνους εὐθύς, οὐ τῶν πόρρωθι,
10 ἀλλ' οὐδὲ τῶν βαναύσων οὐδένα· αἴρει γὰρ καὶ τούτοις τοὺς
τῶν ἀξιωμάτων βαθμοὺς, καὶ διῃρημένου τέως τοῦ πολιτικοῦ
γένους καὶ τοῦ συγκλητικοῦ, αὐτὸς ἀφαιρεῖ τὸ μεσότοιχον καὶ
συνάπτει τὸ διεστὼς, καὶ τὴν διάστασιν μετατίθησιν εἰς
συνέχειαν.

15 XVI. Ὁρῶν δὲ τοὺς πλείστους περὶ τὸ ἀδικεῖν τετραμ-
μένους, καὶ τοὺς μὲν τὸ πλέον τοῦ δικαίου ἔχοντας, ἑτέρους δὲ
ὑπ' ἐκείνων τυραννουμένους, ἐπὶ τὸ δικάζειν ἐτράπετο, λεῖα,
κατὰ τὸν βασιλέα καὶ προφήτην, ὁρῶν· καὶ τοῖς μὲν ἀδικοῦσι
γενόμενος ἐμβριθὴς, τοῖς δὲ ἀδικουμένοις χαριέστατός τε καὶ
20 εὐμενής· ἐφειστήκεσαν γοῦν ἄμφω τὼ μέρει, ὅ τε φεύγων καὶ
ὁ διώκων, οὐδὲν πλέον οὔτε ἔλαττον ἐπὶ τῆς κρίσεως ἔχοντες,
ἀλλὰ τῆς ἴσης ῥοπῆς ἀξιούμενοι· ἐντεῦθεν τὰ κεκρυμμένα
τέως ἀνεκαλύπτετο, καὶ ὁ ἑκάστου τῶν πάντων τρόπος
ἐδοκιμάζετο, μᾶλλον δὲ ἀπηλέγχετο. Νόμοι δὲ τότε πρό-
25 τερον πάροδον λαβόντες εἰς τὰ ἀνάκτορα σεμνῶς πάνυ
ἀνηγορεύοντο, καὶ συγγραφαὶ μὲν ἄδικοι διερρήγνυντο, πᾶν
δὲ τὸ τιθέμενον ἢ γραφόμενον παρ' αὐτοῦ ἢ νόμος ἄντικρυς
ἦν, ἢ νόμου τι δικαιότερον. Οἱ δ' ἐπὶ τῶν ἀγρῶν, οἳ τὸ πρὶν
μηδὲ τὸν βασιλεύοντα ᾔδεισαν, καθαρῶς αὐτῷ ἐνητένιζον,
30 καὶ φιλανθρώπων μὲν λόγων, φιλανθρωποτέρων δὲ πράξεων
μετελάμβανον.

XVII. Ταῦτά τε οὖν ἐποίει, καὶ τῶν δημοσίων φόρων
ἐφρόντιζεν. Ἐπεὶ δὲ οὐκ ἐγκώμιον τὰ γραφόμενα, ἀλλ'
ἀ|ληθὴς ἱστορία, ἑαυτῷ μόνῳ συμβούλῳ περὶ τὰ πρακτέα
35 χρώμενος, ἔστιν οὖν καὶ ἡμάρτανε τοῦ ἀκριβεστέρου σκοποῦ·
τὸ γοῦν βουλόμενον αὐτῷ ἦν, μὴ πολέμοις τὰ περὶ τῶν ἐθνῶν
διατίθεσθαι, ἀλλὰ δώρων ἀποστολαῖς καί τισιν ἑτέραις φιλο-

p. 266 φροσύναις, δυεῖν ἕνεκα, ἵνα μήτε τὰ πλείω κατα|ναλίσκοι τοῖς στρατιώταις, καὶ αὐτὸς διαγωγὴν ἔχοι ἀθόρυβον.

XVIII. Ἀγνόημα δὲ μέγα ἠγνόησεν, ὅτι τῆς στρατιωτικῆς καταλυομένης μερίδος τὰ τῶν ἐναντίων αὐξάνοιτο καὶ ἐπὶ τὸ μεῖζον καθ' ἡμῶν φέροιτο· ἔδει μὲν οὖν τὸ τοιοῦτον 5 ἀτόπημα, φημὶ δὲ τὸ ἀσύμβουλόν τε καὶ ἀπερίσκεπτον, πάντων ἀπελασθῆναι τῶν βασιλέων, ἀλλὰ τὸ φίλαυτον, καὶ τὸ ἐνίους τῶν αὐτοκρατόρων παρὰ τῶν τυχόντων θωπεύεσθαι ὡς πᾶσιν ἀρκοῦντας πράγμασι, δελεάζει τε τὰ πολλὰ καὶ ἐκτραχηλίζει τοῦ δέοντος, καὶ τὸν μὲν ὑπὲρ τοῦ καλοῦ παρ- 10 ρησιαζόμενον ὕποπτον ἥγηνται, τὸν δὲ ὑποθωπεύοντα ἡδέως ἐναγκαλίζονται καὶ ἀξιοῦσι τῶν ἀπορρήτων· τοῦτο τὴν βασιλείαν Ῥωμαίων κατήνεγκε καὶ ἠλλοίωσεν ἐπὶ τὰ χείρω τὰ πράγματα, καίτοι πολλάκις αὐτὸς ἐπειράθην ἐξελεῖν ἀπὸ τούτου δὴ τοῦ βασιλέως τὸ νόσημα· ἀλλ' ἦν αὐθέκαστος περὶ 15 τοῦτο καὶ ἀπαραίτητος· καὶ τοῦτο μὲν ἐνταυθοῖ κείσθω, ὁ δὲ τῆς φιλανθρωπίας λόγος ἐξεταζέσθω αὐτῷ, ὡς δὲ καὶ ὁ τῆς φρονήσεως, τὸν γὰρ τῆς δικαιοσύνης ἀποδεδώκαμεν· ὃ δέ με ἄνω διέλαθε, τοῦτο νῦν ἀναμνησθεὶς διηγήσομαι.

XIX. Ὅτε γοῦν αὐτῷ τὸ στέφος τῇ κεφαλῇ καθηρμόζετο, 20 καθωμολόγησε τῷ θεῷ μήτε μέρους σωματικοῦ <στερῆσαί τινα>, τοῦτο δὲ μετὰ προσθήκης ἀποδεδώκει· ἀπείχετο γὰρ καὶ αἰκίας καὶ τῆς διὰ λόγων σχεδὸν ὕβρεως, εἰ μὴ ὅσον μεταμορφώσας αὐτὸν ἐπὶ τὸ δοκοῦν φρικωδέστερον, τιμωρίας μὴ γενησομένας διηπειλήσατο. Διεῖλε δὲ τοῖς καιροῖς εὐθυ- 25 βόλως τὰ πράγματα, ἑκάστῳ τὸ οἰκεῖον μέτρον φυλάττων καὶ τῆς ἐν τῇ ἀνισότητι φροντίζων ἰσότητος.

XX. Οἷον δὲ αὐτῷ καὶ τοῦ οἴκου τὸ σχῆμα; γλυκύτερον γὰρ τοῖς παισὶ προσεφέρετο, προσέπαιζέ τε τούτοις ἡδέως καὶ προσεμειδία ψελλίζουσι, καὶ ἀνθημιλλᾶτο πολλάκις αὐτῷ 30 τύπτουσιν, εὐπαιδευσίαν τε ἅμα τούτοις καὶ γυμνασίαν ἐντεῦ-
p. 267 θεν προμνηστευόμενος. | Τρεῖς μὲν οὖν αὐτῷ υἱεῖς πρὸ τῆς ἀρχῆς ἐγεγόνεισαν καὶ δύο θυγάτρια, καὶ τῶν μὲν ἀρρένων ὁ μέσος μετὰ τὴν ἀρχὴν ὀλίγον ἐπιβιοὺς ἀποθνήσκει, κάλλους χρῆμα ἀμίμητον, καὶ τῶν θυγατέρων ἡ τελευταία ἤδη κατεγ- 35

5. τούτων.   13. Ῥωμαίαν.   χείρονα.   25. διηπειλήσαντος.
26. τῷ.   29. προσέπεξε.   30. ἀνθημαλλᾶτο.   32. υἱοῖς.

γυηθεῖσα ἀνδρί, ὡραία τῷ εἴδει σφόδρα καὶ τὴν ψυχὴν ἀγαθή, θατέρα δὲ ἡ τῆς Ἀρετῆς φερώνυμος μνηστεύεται τῷ θεῷ, καὶ νῦν ἔτι ἔστι καὶ εἴη μέχρι πολλοῦ.

XXI. Μετὰ δὲ τὴν βασιλείαν, οὔπω ἡλίου τὸν ἐνιαύσιον κύκλον περιοδεύσαντος ὁμοῦ δὲ τίκτεται παιδίον τῷ βασιλεῖ, καὶ τοῦ βασιλείου εὐθὺς καταξιοῦται ὀνόματος· | τὼ δὲ ἄλλω ὡς πρὸ τῆς βασιλείας γεγενημένω, ὅ τε θαυμάσιος Μιχαὴλ καὶ ὁ μετὰ τοῦτον Ἀνδρόνικος ἰδιῶται ἤστην· ἀλλ' οὐ πολὺς χρόνος καὶ τὸν πρῶτον αὐτῷ τῶν υἱέων καὶ κάλλιστον, τοῦτον δή φημι τὸν θειότατον Μιχαήλ, τῷ βασιλικῷ κοσμεῖ διαδήματι· μέλλοντα δὲ ἤδη ἐπὶ τοῦ θρόνου καθίζειν, δοκιμάζει γενναίως εἰ προσήκων τῇ βασιλείᾳ γένοιτο, καὶ ἐρωτᾷ τοῦτον τομὴν πολιτικῆς ὑποθέσεως, ὁ δὲ καὶ διαγινώσκει τὸ ζήτημα καὶ ἔννομον ποιεῖται ἀπόφασιν· ὁ δὲ οἰωνὸν τοῦτο λαβὼν ψυχῆς διαπρεποῦς ἐν βασιλείᾳ γενησομένης, αὐτίκα τούτῳ τὴν βασίλειον πανήγυριν ἐκτελεῖ.

XXII. Εἶτά τι γίνεται· βουλὴ κατὰ τοῦ βασιλέως παρ' ἐνίων ἀρτύεται· τὸ δὲ βούλευμα, ἐξῶσαι τοῦτον τῆς ἡγεμονίας καὶ ἕτερον ἐγκαταστῆσαι τοῖς πράγμασι· μέτοχοι δὲ τοῦ σκέμματος οὐ τῶν ἀγενῶν μόνων καὶ ἀνωνύμων, ἀλλὰ καὶ τῶν εὖ γεγονότων καὶ περιφανεστέρων· τῶν δὲ συνωμοτῶν ἐκ συνθήματος οἱ μὲν ἀπὸ θαλάττης ἐπικεχειρήκασι τῷ παρανομήματι, οἱ δὲ ἀπὸ γῆς καθειστήκεισαν ἀπρεπεῖς· ἀλλ' ἐπ' αὐτῆς τῆς ἀκμῆς τοῦ κακοῦ γεγονότος, ἀνακαλύπτει τὸ δρᾶμα θεός, καὶ δήλην ποιεῖται τὴν κακοήθειαν· ἆρ' οὖν τὰς κεφαλὰς αὐτῶν ἀποτέμνει; ἢ διαιρεῖ τὰς χεῖρας; ἢ ἄλλο τι ἀφαιρεῖται τοῦ σώματος; πολλοῦ γε καὶ δή· τὴν κόμην | γοῦν ἐνίοις ἐπιτεμών, τῶν ἄλλων ὑπερορίαν καταδικάζει· καὶ ὥσπερ ἀναπνεύσας τοῦ παρὰ βραχὺ κινδύνου, ἐφ' ἑστίας με προσκαλεῖται καὶ ἀπὸ τῆς αὐτῆς σιτεῖσθαι παρακελεύεται· εἶτα δὴ τὴν τροφὴν ἐπισχὼν καὶ ἐπιδακρύσας—"ἆρά γε, εἶπεν, ὦ φιλόσοφε, κατατρυφῶεν οὕτως καὶ οἱ ἀπαγόμενοι ὑπερόριοι; ἀλλὰ μὴ οὕτω τρυφῷην, ἑτέρων κακοπαθούντων!"

XXIII. Τῶν δὲ ἀπὸ τῆς ἑσπέρας Μυσῶν τε καὶ Τριβαλῶν ἀλλήλοις ὁμονοησάντων καὶ εἰς ὁμαιχμίαν συστάντων,

2. θυγατέρα.   6. τῶ.   9. τὴν πρώτην.   12. προσῆκον.
17. παρά τ. β.   παρενῶν.   19. μετόχοι.   22. ἐπιχειρήκασι.
32. ἀπαγώμενοι ὑπερώριοι.

ΚΩΝΣΤΑΝΤΙΝΟΣ Ι' (1059—1067). 241

καὶ μεγάλου κακοῦ ἐπὶ τῇ Ῥωμαίων κυμαίνοντος, τὴν μὲν πρώτην ἐπ' ἐκείνους ἐξώρμησεν, εἶτα δὴ τοῦ Αἴμου μονονοὺ ταῖς χιόσιν ἐπιφραχθέντος, παλινδρομεῖ ἐπὶ τὰ ἀνάκτορα· ὀλίγον δέ τι στράτευμα συλλεξάμενος ἐπ' ἐκείνους ἀφῆκε, καὶ παραδοξοποιεῖ τι θεὸς, τῶν Μωσαϊκῶν τεραστίων οὐκ 5 ἔλαττον· ὥσπερ γὰρ κρείττονα φάλαγγα οἱ βάρβαροι θεασάμενοι καὶ ἀποδειλιάσαντες τὰς ψυχὰς, εὐθὺς τὰ νῶτα μετέβαλλον καὶ ἄλλος ἀλλαχοῦ διεσπάρησαν, οἱ δὲ πλείους ἀπὸ τῶν κατόπιν ἐλαυνόντων ἔργον μαχαίρας γεγόνασιν· καὶ οἱ μὲν τεθνηκότες κατάβρωμα ὄρνυσι προετέθησαν, οἱ δὲ 10 διαφυγόντες πανταχοῦ τῆς γῆς διεσπάρησαν. Εἰ μὲν οὖν ἐγκωμιάζειν προειλόμην, ἀλλὰ μὴ συνοπτικὴν ἱστορίαν ποιεῖν, ἀπέχρησεν ἄν μοι τοῦτο τὸ διήγημα εἰς πᾶσαν εὐφημίας ὑπερβολήν· νῦν δὲ ἐφ' ἕτερα τὴν τοῦ λόγου ὁρμὴν μετενέγκοιμι. 15

XXIV. Τὰ μὲν οὖν ἄλλα τῷ βασιλεῖ δέξαιτ' ἂν τὴν πρὸς ἑτέρους ἅμιλλάν τε καὶ σύγκρισιν, τὸ δὲ περὶ τὴν τοῦ θείου δόξαν καὶ μάλιστα τὸ περὶ τῆς ἀρρήτου οἰκονομίας τοῦ θεοῦ λόγου μυστήριον, λόγου | κρεῖττον καὶ τοῦ ἐνδιαθέτου 412* καὶ τοῦ κατὰ προφορὰν, τοῦ τε ἁπλοῦ καὶ τοῦ τεχνικοῦ. 20 Ὁπότε γοῦν αὐτῷ ἀπόδειξιν ἐποιούμην τοῦ δι' ἡμᾶς μυστηρίου, ἐγεγήθει τε τὴν ψυχὴν καὶ ὑπὸ χαρμονῆς τὸ σῶμα ξύμπαν συνεκεκλόνητο, καὶ δακρύων κρουνοὺς ὑφίει· ἅπαν | δὲ τὸ τῆς θείας γραφῆς βάθος ἀναλεξάμενος, οὐ τὸ ἐκκείμενον μόνον ἠπίστατο, ἀλλὰ καὶ <τὸ> βαθὺ καὶ θειότερον· εἰ δ' 25 ἀποσχοληθείη ποτὲ τῶν δημοσίων φροντίδων, ἐπὶ τοῖς βιβλίοις ἐγίνετο.

XXV. Ἐπανεπαύετο δὲ ἐπ' οὐδενὶ τῶν ἄλλων ὡς ἐπ' ἐμοί· ὅθεν εἰ μὴ τῆς ἡμέρας πολλάκις ὀφθείην αὐτῷ, ἐδεινοπάθει καὶ ἤσχαλλε· ἐσέβετό τε διαφερόντως τῶν ἄλλων, καὶ 30 διέκειτο ἀναπιμπλάμενος ἐμοῦ ὥσπερ νέκταρος· θάνατον δέ μου τῶν πολιτῶν ἑνὸς αὐτῷ ἀπαγγείλαντος, <ἰδών με> περιχαρὴς ὤφθη γενόμενος, ἐμοῦ δὲ θαυμάσαντος, <καὶ> τὴν αἰτίαν ἐρομένου ἀνθ' ὅτου "ὅτι τοι, ἔφη, πολλοί μοι κατηγορήκασι τοῦ ἀνδρός." ἐγὼ δὲ ἀντεῖχον, καὶ ἐδεδίειν μήπου 35

2. ἐξήρμησε, εἶτα δὴ τὰ ἐμοῦ μον. ταῖς χερσὶν ἐπισπάσαντος.   5. στεραστίων.
10. ὄρνησι.   14. ἐφετέρα.   22. ἐγεγήθη.   35. ἀντεῖχουν.

καὶ βιασθείη, καὶ εἰς ὀργὴν τούτῳ ἐξενεχθείη. Ἐπεὶ δὲ ἐτεθνήκει, συντεθναίη πάντως τοῖς κατηγόροις καὶ ἡ κατὰ τοῦ ἀνθρώπου κατηγορία, ἐπεὶ καὶ πᾶσα δυσμένεια τῷ βίῳ συγκαταλύεται.

XXVI. Τὸν μέντοι γε ἀδελφὸν Ἰωάννην εἰς τὸ τοῦ Καίσαρος ἀνενεγκὼν ἀξίωμα ὑπερηγαπήκει καὶ μετὰ ταῦτα διαφερόντως, καὶ κοινωνὸν ἐποιεῖτο τῶν ἀρχικῶν βουλευμάτων· ἐκεκόσμητο γὰρ καὶ ὁ ἀνὴρ οὗτος συνέσει καὶ μεγαλοφροσύνῃ καὶ τῇ περὶ τὰ πράγματα δεξιότητι· ὅθεν καὶ νοσήματι δεινῷ πρὸ πολλοῦ τῆς τελευτῆς κατάσχετος γεγονώς, ὥσπερ ὑπὸ πατρὶ τοὺς ἰδίους παῖδας πεποίηται, προστιθεὶς τούτῳ καὶ ὃν αὐτὸς τοῦ πατριαρχικοῦ θρόνου ἠξίωσεν, ἄνδρα καὶ τὴν ἀρετὴν τελεώτατον καὶ τῇ ἀρχιερωσύνῃ μάλα προσήκοντα.

XXVII. Ἀλλ' ἐκεῖνος μὲν ἀνερρώσθη τῆς ἀρρωστίας, μετ' οὐ πολὺ δὲ δαπανᾶσθαι τὸ σῶμα ἀρξάμενος, κατὰ βραχὺ τῷ θανάτῳ προσήγγισε· κἀνταῦθα ἐπὶ τῇ γυναικὶ Εὐδοκίᾳ πάντα πεποίηται, σωφρονεστάτῃ τε τῶν καθ' ἑαυτὴν νομιζομένῃ τἀνδρὶ καὶ παιδοτροφῆσαι ἀκριβεστάτῃ, περὶ δὲ ταύτης ἑξῆς ἐρῶ ἀκριβέστερον· ταύτῃ γοῦν τοὺς παῖδας ὑποθέμενος, καὶ διελὼν περὶ πάντων ὥσπερ προείρητο, βραχὺν χρόνον ἐπιβιοὺς τελευτᾷ ἑξηκοντούτης καὶ μικρόν τι πρὸς τὸν ὅλον τῆς ζωῆς χρόνον γενόμενος.

XXVIII. Οὐκ οἶδα γοῦν εἴ τις ἐκείνου τοῦ βασιλέως ἢ εὐκλεέστερον τὸν βίον διήγαγεν, ἢ εὐδαιμονέστερον ἐτεθνήκει· ἅπαξ μὲν ἐπιβουλευθεὶς καὶ τοῦ κλύδωνος ἁρπαγείς, τὸν δὲ λοιπὸν τῆς ἀρχῆς χρόνον ἀθορύβως καὶ εὐθύμως διενεγκών, καὶ βασιλέας υἱεῖς τῷ βίῳ καταλιπών, πατρῴζοντας ἀκριβῶς καὶ τὸν ἐκείνου χαρακτῆρα ἔν τε ψυχῇ καὶ σώματι φέροντας.

XXIX. Ἐπεὶ δὲ ἀρκούντως αὐτῷ περὶ ὧν ἔπραξε τὸν λόγον ἐποιησάμεθα, φέρε δὴ εἴπωμεν καὶ εἴ τι ἐπὶ τῆς ἀρχῆς παρεφθέγξατο. Εἴθιστο λέγειν περὶ τῶν ἐπιβουλευσάντων αὐτῷ, ὡς | τιμῆς μὲν καὶ χρημάτων οὐκ ἀποστερῆσαι τούτους, ἀντ' ἐλευθέρων δὲ ὡς ἀργυρωνήτοις αὐτοῖς χρήσαιτο· "ἀφειλόμην δὲ οὐκ ἐγὼ τὴν ἐλευθερίαν αὐτούς, ἀλλ' οἱ νόμοι ἐκπτώτους αὐτοὺς τῆς πολιτείας ποιήσαντες." Τοῖς δὲ λόγοις

2. συντεθναίε. 9. τὸ π. 12. τοῦτο. 21. βραχύ.

ΕΥΔΟΚΙΑ (1067). 243

ἐξόχως προσκείμενος " ὤφελον, ἔλεγεν, ἐκ τούτου ἢ τῆς βασιλείας γνωρίζεσθαι." Γενναῖος δὲ ὢν τὴν ψυχὴν πρός τινα εἰρηκότα ὡς αὐτὸς ἂν ἡδέως μαχόμενος ἐκείνου τὸ ἴδιον σῶμα προβάλλοιτο—"εὐφήμει, εἶπεν, καὶ εἰ βούλοιό γε πεσόντι ἐπένεγκαι πληγήν τε καὶ αὐτός!" Πρὸς δὲ τὸν τοὺς νόμους 5 ἐξακριβούμενον ἐπὶ τὸ βούλεσθαι ἀδικεῖν,—"οὗτοι, ἔφησεν, οἱ νόμοι ἡμᾶς ἀπολωλέκασιν." Ἀποχρῶντα ταῦτα τῷ βασιλεῖ.

Εὐδοκία Βασιλὶς σὺν Μιχαὴλ καὶ Κωνσταντίνῳ τοῖς παισί.

I. Ἡ βασιλὶς Εὐδοκία, κατὰ τὰς τοῦ ἀνδρὸς καὶ 10 βασιλέως διατάξεις τῶν ὅλων ἐγκρατὴς γενομένη, οὐκ ἐφ' ἑτέροις τὴν βασιλείαν πεποίηται, οὐδ' αὕτη μὲν οἰκουρεῖν τὰ πολλὰ ἠξίου, τῶν δὲ ἐν τέλει τισὶ πιστεύειν τὰ πράγματα, ἀλλ' αὐτὴ περιζωσαμένη τὴν δυναστείαν τῆς ὅλης ἡγεμονίας γίνεται, λιτῶς τε τὰ πρῶτα διακειμένη καὶ μηδέν τι περιττὸν 15 ἐπί τε κόσμοις καὶ προόδοις ἐμ|φαίνουσα· ἐν πᾶσι δὲ ἐξεταζομένη καὶ πᾶσιν ἁρμόζουσα πράγμασιν, ἀρχαιρεσίαις, πολιτικαῖς ὑποθέσεσι, δημοσίων συνεισφοραῖς, ἔστιν ὅπη παρείκοι, καὶ τὰς βασιλείους φωνὰς ἀπαγγέλλουσα· τοσοῦτον γὰρ αὐτῇ τὸ περιὸν τοῦ φρονήματος. Ἐμέσευε γοῦν τῶν υἱέων, 20 οἱ δὲ μονονοὺκ ἐπ<επ>ήγεσαν ἐκείνην ἀκριβῶς δεδιότες καὶ σεβαζόμενοι.

II. Τὸ μὲν οὖν τὸν Κωνσταντῖνον αἰδεῖσθαι ταύτην, παῖδά τε ὄντα καὶ οὔπω τῶν πραγμάτων ξυνιέναι δυνάμενον, οὔτε θαυμάσομαι, οὔτε ἐπαινέσαι τοῦτον τῆς αἰδοῦς προαχθή- 25 σομαι· τὸ δὲ τὸν Μιχαὴλ ὑπείκειν αὐτῇ καὶ τῶν ὅλων πραγμάτων παραχωρεῖν, ἤδη τε πρὸ πολλοῦ τὴν ἥβην ἐκβεβηκότα καὶ τῆς φρονούσης ἡλικίας γενόμενον, τήν τε φρόνησιν τελείαν κτησάμενον καὶ πεῖραν ταύτης δεδωκότα ἐν πολλοῖς πράγμασι, τοῦτο οὔτε συγκρίνεσθαι πρὸς ἕτερον 30 τοιοῦτον ῥᾴδιον, οὔτε ἀρκούντως τινὰ τῶν πάντων δυνατὸν

4. προσβάλλοιτο.   5. ἐπήνεγκε.   τὴν τ.   6. ἔφησαν.
9. Κωνσταντίῳ.   20. τῴ.   21. μόνον οὐκ.   26. ἄλλων.

εὐφημεῖν· ἀλλ' εἶδον τοῦτον ἐγὼ πολλάκις, λέγειν μὲν δυνάμενον ἐπὶ τῆς μητρός, σιωπῶντα δὲ ὥσπερ οὐ δυνάμενον λέγειν, καὶ πράττειν μὲν πᾶν ὁτιοῦν ἐξισχύοντα, πράξεων δὲ βασιλικῶν ἀπεχόμενον.

III. Οὐ μὴν κατωλιγώρει τὰ πρῶτα τούτου ἡ μήτηρ, ἀλλ' ἐφ' ἑαυτῆς προγυμνάζουσα, εἶτα δὴ καὶ ἀρχαιρεσιάζειν ἐδίδου καὶ δικάζειν προέτρεπεν· ἐφίλησε γοῦν πολλάκις προσελθοῦσα, καὶ ἐγκωμίων ἠξίωσε καὶ ὄνασθαι τούτου κατηύξατο, ἐρρύθμιζέ τε τούτῳ τὸ ἦθος, καὶ ἠρέμα ἐπὶ πᾶσαν ἐνέργειαν βασιλεῖ πρέπουσαν προεβίβαζεν. Ἐμοὶ γοῦν πολλάκις αὐτὸν ἐνεχείρισε καὶ τὰ δέοντα νουθετεῖν τε καὶ συμβουλεύειν παρεκελεύσατο. Ἐκάθητο δὲ ἐπὶ τοῦ βασιλείου βήματος ἅμα τῷ ἀδελφῷ Κωνσταντίνῳ· χρηστότατος δὲ ὢν εἴπερ τις ἄλλος, οὐ πάντα ἐφ' ἑαυτοῦ ἔπραττεν, ἀλλὰ καὶ τῷ ἀδελφῷ πολλάκις τῶν βασιλικῶν ἐκοινώνησε πράξεων. Εἶχε μὲν οὖν οὕτω τούτοις τὰ πράγματα, καὶ μέχρι παντὸς ἂν ἡ αὐτὴ τάξις τετήρητο, εἰ μὴ δαίμων τις τοῖς πραττομένοις ἀντέπεσεν.

IV. Ἐνταῦθα δὲ τοῦ λόγου γενόμενος, | τοσοῦτον ἂν περὶ τῆς βασιλίδος Εὐδοκίας εἴποιμι, ὅτι οὐκ οἶδα εἴ τις ἄλλη γυναικῶν σωφροσύνης ἐγεγόνει παράδειγμα, ὡς ἐκείνη τὸν μέχρι τούτου τῆς ζωῆς βίον ἐβίωσε· λέγω δὲ οὐχ ὅτι καὶ μετὰ ταῦτα τὴν σωφροσύνην ἠλλάξατο, ἀλλ' ὅτι τῆς ἀκριβείας ὑφῆκε καὶ μὴ τὴν αὐτὴν ἰδέαν μέχρι παντὸς τῆς γνώμης ἐτήρησεν· ἀπολογισαίμην δ' ἂν καὶ τοῦτο ὑπὲρ αὐτῆς, ὡς οὐδ' εἴ τι καὶ παρηλλοίωτο, ἡδονῶν ἥττηται καὶ σαρκὸς ἐπιθυμίας ἠλάττωται, ἀλλὰ διέσεισαν αὐτὴν φόβοι πολλοὶ περὶ τοῖς υἱέσι, μὴ τὴν βασιλείαν ἀφαιρεθεῖεν, μὴ ὄντος τοῦ προεστηκότος καὶ περιέποντος. Ἐκείνη γὰρ οὐδ' ὁ βασιλικὸς βίος καθ' ἡδονὴν ἦν· ἐρῶ δέ τι τούτου σύμβολον μέγιστον· ἐγὼ γὰρ ταῦτα συγγράφων, ἢν δὲ ἀδελφὸς τοῦ ἐκείνης πατρὸς ἐκ πνευματικῆς διαθέσεως, καί με ὑπὲρ πάντας ἐθείαζέ τε καὶ ἐξεθείαζεν· ἐφ' ἑνὸς γοῦν αὐτῇ τῶν καιρῶν ἐπὶ θείῳ νεῷ συγγενόμενος, ἐπειδὴ προσηλωμένην εἶδον θεῷ καὶ οἷον ἐξηρτημένην, τοῦ κρείττονος ὄνασθαι τοῦ κράτους μέχρι παντὸς

1. τοῦτο ἐ. π. λέγει.   13. Κωνσταντίῳ.   22. τῶν μ.
34. ἐξηρτημένον.   35. ὤνασθαι.

ΕΥΔΟΚΙΑ (1067).

κινηθεὶς ἐκ προθυμίας ηὐξάμην· ἡ δέ μοι ἐπιστραφεῖσα τὸν λόγον ἐμέμψατο καὶ ἀρὰν τὴν εὐχὴν ἐλογίσατο—"μὴ οὕτως ὀναίμην τῆς βασιλείας, εἰποῦσα, ὥστε καὶ θανεῖν βασιλεύουσα!" Τοσοῦτον γοῦν με οὗτος ὁ λόγος ἐξεδειμάτωσεν, ὥστε ἐκεῖθεν ὡς κρείττονι ταύτῃ προσέχειν τὸν <νοῦν>.

V. Ἀλλ' εὐμετάβλητον ζῷον ὁ ἄνθρωπος, καὶ μάλιστα εἰ καὶ προφάσεις ἰσχυραὶ τῆς μεταβολῆς ἔξωθεν γένοιντο· εἰ γὰρ καὶ τὸ ἦθος στάσιμος ἡ βασιλὶς αὕτη καὶ τὴν ψυχὴν γενναία, ἀλλ' οἱ ἐπιρρέοντες ποταμοὶ κλονοῦσιν αὐτῇ τὸν πύργον τῶν σωφρονικῶν λογισμῶν καὶ πρὸς δευτέραν εὐνὴν ἀνδρὸς κατακλίνουσι· καὶ πολλοῖς μὲν τὸ πρᾶγμα γνώριμον ἐγεγόνει καὶ ἀμφὶ ταῖς γλώσσαις ἐκλώθετο, ἐμοὶ δὲ οὐδ' ὁπωστιοῦν τοῦ ἐνθυμήματος ἡ βασιλὶς ἐκοινώνησεν, αἰδοῖ πάντως τὴν γλῶσσαν ἐπέχουσα, ἵνα μὴ πρὸς τὸν | αὐτὸν τοὺς ἐναντίους διαπλέκοιτο λόγους, ἐβούλετο δ' ὅμως κἀμὲ τοῦ σκέμματος μετασχεῖν· ὅθεν μοι προσιόντες τῶν τὰ χείρω μυσταγωγούντων αὐτῇ, προὔτρεπον εἰπεῖν αὐτῇ καὶ παρρησιάσασθαι, ὥστε βασιλέα γενναῖον ἐπιστῆσαι τοῖς πράγμασιν. Ἐγὼ δὲ τοσοῦτον πρὸς αὐτῶν εἰρήκειν, ὡς οὔτ' ἂν εἴποιμι τοῦτο, οὔτε πείσαιμι εἰρηκὼς, οὔτε εἰς καλὸν τῆς γλώττης ὀναίμην.

VI. Τέως δὲ τὸ πρᾶγμα ὑπεψιθύριστο τοῖς πολλοῖς, καὶ τῇ βασιλίδι ὁ βασιλεύσων ἀφώριστο, καὶ κατὰ τὰ ξυγκείμενα τὴν τήμερον μὲν ἐπίδοξος ἐπιδημῆσαι τῆς πόλεως ὁ προσδοκώμενος ἦν, τὴν δὲ αὔριον ὁ βασιλικὸς αὐτῷ θρόνος ἀφώριστο. Ἑσπέρας δέ με προσκαλεσαμένη ἡ βασιλὶς, καὶ μόνον ἀπολαβοῦσα, εἶτα δὴ καὶ δακρύουσα, "οὐκ οἶσθα, ἔφησεν, ὡς ἀπανθεῖ τὰ τῆς βασιλείας ἡμῖν πράγματα καὶ εἰς τοὐπίσω χωρεῖ, πολέμων μὲν ἀναρριπιζομένων συχνῶν, βαρβαρικοῦ δὲ πλήθους πᾶσαν τὴν ἕω ληϊζομένων· πῶς οὖν τὰ δεινὰ σταίη τοῖς πράγμασιν;" Ἐγὼ δὲ μηδὲν τῶν γεγονότων εἰδὼς, μηδ' ὅτι ἐπὶ θύραις τῶν ἀνακτόρων ὁ βασιλεύσων εἱστήκει, "οὐ τῶν προχείρων τὸ πρᾶγμα, ἔφησ' ἂν, ἀλλὰ τῶν βουλῆς δεομένων καὶ σκέψεως· τήμερον οὖν προβαλοῦ, καὶ αὔριον ἀκροῶ, τοῦτο δὴ τὸ τοῦ ῥήματος." | Ἡ δὲ βραχύ τι

3. ὠναίμην.   4. ἐξεδημάτωσεν.   9. ἐπηρέοντες.   11. πολὺς.
19. αὐτὸν.   εἰρήκει.   33. ἔφησαν.   35. τούτῳ δὲ.

ἐπιγελάσασα, "ἀλλ' οὐδ' εἴ τινος, ἔφησε, φρόντισον, τῷ δὲ καὶ πεφρόντισται καὶ διώρισται· ὁ γὰρ τοῦ Διογένους υἱὸς Ῥωμανὸς τὸ βασιλεύειν ἠξίωται καὶ τῶν ἄλλων προκέκριται."

VII. Ἐπάγην ἀκούσας εὐθὺς καὶ ὅ τι γενοίμην οὐκ ἔχων, "ἀλλ' αὔριον, ἔφησα, κοινωνὸς τοῦ πράγματος καὶ αὐτὸς ἔσομαι·" ἡ δὲ, "μή μοι τὴν αὔριον, πρός με εἰρήκει, ἀλλ' αὐτίκα μοι κοινώνει τῆς πράξεως." Τοσοῦτον δὲ αὖθις αὐτὴν ἠρωτήκειν, "ὁ δέ γε υἱός σου καὶ βασιλεὺς, ὃς δὴ καὶ ἐπίδοξος ἦν μοναρχεῖν, συνίστωρ τοῦ γενομένου καθέστηκεν;" Ἡ δὲ, "παντάπασι μὲν οὐκ ἀγνοεῖ, ἔφησε, τὸ δρώμενον, τὸ δὲ ἀκριβὲς οὐκ οἶδε τοῦ πράγματος· ἀλλ' εἰς καλὸν τοῦ υἱέος μοι | μέμνησαι, ἀναβησόμεθα κοινῇ πρὸς αὐτὸν καὶ τὸ πρᾶγμα διηγησόμεθα· καθεύδει δὲ ἄνωθί που ἔν τινι τῶν βασιλικῶν κοιτωνίσκων."

VIII. Ἀνεληλύθειμεν γοῦν, ἐκείνη μὲν οὐκ οἶδ' ὅπως ἔχουσα τὴν ψυχήν, ἐγὼ δὲ ἐτεταράγμην καὶ μοί τις κλῶνος ἐξαπιναίως διέσεισε τὰ ὀστᾶ· ὡς δὲ ἐπὶ τῆς κλίνης τοῦ παιδὸς ἡ μήτηρ καθῆστο, "ἀνίστασο, ἔφη, κάλλιστέ μοι τῶν υἱέων καὶ βασιλεῦ, καὶ δέξαι τὸν πατρῷον, ἀντὶ πατρὸς οὐκ ἄρχοντος, ἀλλ' ὑπείκοντος, τοιοῦτον γάρ σοι τοῦτον ἐν γράμμασιν ἡ μήτηρ ἐδέσμησεν." Ὁ δὲ αὐτίκα ἐξαναστὰς, ἐμὲ μὲν ὑπεβλέψατο οὐκ οἶδ' ὅ τι ἐνθυμηθείς, ἅμα δὲ τῇ μητρὶ τοῦ δωματίου ἐν ᾧ ὕπνωττε κατελθών, τόν τε βασιλέα ἤδη τεθέαται, μηδὲν διαλλάξας μήτε τῆς ψυχῆς μήτε τοῦ χρώματος, καὶ ἀσπασάμενος, κοινωνὸς αὐτῷ καὶ τῆς βασιλείας καὶ τῆς εὐθυμίας καθίσταται.

IX. Μετάκλητος δὲ καὶ ὁ καῖσαρ Ἰωάννης ἐπὶ τούτοις γίνεται, καὶ τὴν σύνεσιν τότε μάλιστα ἐπιδείκνυται, καὶ τοῦ ἀνεψιοῦ καὶ βασιλέως φροντίσας ὅσα εἰκός, καί τινας φωνὰς ὑπὲρ ἐκείνου ἀφείς, συμπανηγυρίζει τοῖς βασιλεύουσι, καὶ μονονοὺ τὸν ὑμέναιον ᾄδει καὶ τῶν ἐπιγαμίων ἐμφορεῖται κρατήρων· καὶ οὕτω ἐπὶ τῷ βασιλεῖ Ῥωμανῷ ἡ τῆς βασιλείας ἐγεγόνει κατάστασις.

10. ἀγνωεῖν. 17. ἐξαπινέως. 18. καθίστω. 20. εὐπείκοντος.
27. καίραν. 31. ὑμαίνεον.

Ἡ Βασιλεία Ῥωμανοῦ τοῦ Διογένους.

X. Τῷ βασιλεῖ τούτῳ, φημὶ δὴ Ῥωμανῷ τῷ τοῦ Διογένους, τὸ μὲν γένος ἀρχαῖον καὶ εὔδαιμον, πλὴν τοῦ πατρός· οὗτος γὰρ ἐπὶ τυραννικαῖς αἰτίαις ἁλοὺς ἐπὶ τοῦ αὐτοκράτορος Ῥωμανοῦ τοῦ κατὰ τοὺς Ἀργυροὺς, ἑαυτὸν ὤσας κατὰ τοῦ κρημνοῦ ἐξαπόλωλε· ὁ δὲ τρόπος ἔστι μὲν οὐ κατευθύνων, τὰ πλείω δὲ εἰρωνικὸς καὶ ἀλα|ζὼν, ἀλλ' οὐδ' αὐτὸς τὰς τυραννίδας ἐκπέφευγεν, ἀλλὰ τὸν μὲν ἄλλον χρόνον ἐλάνθανεν, ἐπὶ δὲ Εὐδοκίας τῆς βασιλίδος, ἣν ὁ λόγος φθάσας ὑπεζωγράφησε, τὸ κρυπτόμενον ἐγύμνωσε βούλευμα· ἀλλ' εὐθὺς ἑαλώκει, καὶ δίκας ἂν ἐδεδώκει ὧν ἐτετολμήκει, εἰ μὴ τὸ τῆς βασιλίδος φιλάνθρωπον ὑπεξεῖλε τοῦτον τῆς κατακρίσεως, παρ' ᾧ καὶ εἰς τὴν κρίσιν ἠπάτηται· ᾠήθη γὰρ ὡς εἰ βασιλέα ποιήσειεν ὃν δέον ἀνελεῖν σέσωκεν, ἑαυτῇ τὸ πᾶν τοῦ κράτους περιποιήσαιτο, καὶ οὐκ ἂν ἐκεῖνον ἄλλο τι φρονεῖν παρ' ὅπερ αὐτὴ βούλοιτο, δίκαια μὲν ὑπολαμβάνουσα, διημαρτήκει δὲ τοῦ σκοποῦ· οὐ πολλὰς γὰρ ἡμέρας ὑποκριθεὶς αὐτῇ τὴν ὑπακοὴν, εὐθὺς τῶν οἰκείων ἐγεγόνει ἠθῶν, καὶ ὅσον ἐκείνη κατάρχειν τούτου ἐβούλετο | καὶ οἷον τὸν δυναστεύοντα λεοντοκομεῖν, τοσοῦτον ἐκεῖνος τὸν χαλινὸν ἐδυσχέραινε καὶ δεινῶς πρὸς τὴν ἐπέχουσαν χεῖρα ὑπέβλεπε· καὶ τὰ μὲν πρῶτα ἐντὸς ὀδόντων ὑπετονθόρυζεν, εἶτα δὴ καὶ ἐπεδημοσίευε τὴν δυσχέρειαν.

XI. Ἐμοὶ δὲ προσεῖχεν ὡς κρείττονι· ὅτε γὰρ μετὰ τῶν ἰδιωτῶν ἐτέτακτο, δουλοπρεπέστατα πρός με διέκειτο, καί τινος καὶ παρ' ἐμοῦ συμμαχίας ἀπολελαύκει, καὶ ὃς οὐκ ἐπιλέληστο ταύτης τῆς βασιλείας ἀξιωθεὶς, ἀλλ' ἠγάπα τε καὶ ἐσέβετο τοσοῦτον, ὡς καὶ ὑπανίστασθαί μοι προσιόντι καὶ τὰ πρῶτα χαρίσασθαι τῆς πρὸς αὐτὸν οἰκειώσεως· ἀλλὰ τοῦτο μὲν πάρεργον κείσθω τοῦ λόγου. Ὁ δὲ ἐβούλετο μὲν αὐταρχεῖν καὶ τὸ κράτος τῶν πραγμάτων ἔχειν μονώτατος, οὔπω δέ τι γενναῖον τῇ ἀρχῇ συνεισενεγκὼν ἐταμιεύετο τὸν καιρόν· καὶ τούτου τε ἕνεκα τοῦ σκοποῦ, πρὸς δὲ καὶ τῆς ὑπὲρ τῶν ὅλων σωτηρίας, κηρύττει κατὰ Περσῶν πόλεμον.

13. ᾠήθει.   14. ἑαυτὴν.   22. ὑπετοθόρυζεν.

XII. Κἀγὼ μὲν, ὅπερ δὴ ποιεῖν εἴωθα τὰ συνοίσοντα τοῖς βασιλεύουσι παραινεῖν, ἐπεῖχον τὸν ἄνδρα, καὶ πρότερον ἔφασκον περὶ τῶν στρατιωτικῶν δυνάμεων διαλέγεσθαι καὶ καταλόγους ποιεῖν, καὶ ξενικὴν συμμαχίαν προσαγαγεῖν, εἶθ'
5 οὕτως ἐφ' ἑτοίμοις τοῖς πράγμασι πολεμεῖν | αἱρεῖσθαι· οἱ p.276 δέ γε εἰωθότες παρὰ τὴν ἐμὴν γλῶσσαν λαλεῖν, πλὴν ἐνίων, καὶ τότε καὶ νῦν τὰ πράγματα διεφθάρκασιν. Ἐνίκα γοῦν τὰ χείρω· καὶ τὴν πολεμικὴν πανοπλίαν ἀπὸ τῶν ἀνακτόρων ἐνδὺς, ἀσπίδα τε λαβὼν τῇ ἀριστερᾷ καὶ δόρυ τῇ δεξιᾷ κολλη-
10 τὸν βλήτροισι δύο καὶ εἰκοσάπηχυ, ᾤετο τῇ μὲν ἀποφράττειν τοῖς πολεμίοις τὴν ἔφοδον, τὸ δόρυ δὲ ταῖς πλευραῖς ἐπωθεῖν· καὶ ἐπὶ τούτοις οἱ μὲν ἄλλοι ἠλάλαζον καὶ τὼ χεῖρε ἐκρότουν, ἐγὼ δὲ ἐσκυθρώπαζον τῶν μελλόντων ὁπόσον εἰκὸς στοχαζόμενος.
15 XIII. Ἐξεληλύθει γοῦν κατὰ τῶν βαρβάρων πανστρατιᾷ, οὔθ' ὅπῃ πορεύεται ἐπιστάμενος οὔθ' ὃ δράσειεν· ἐπεπλάνητο γοῦν ἑτέραν μὲν προθέμενος, ἑτέραν δὲ πορευόμενος, καὶ Συρίαν μὲν καὶ Περσίδα περινοστούμενος, τοσοῦτον δὲ κατορθῶν ὁπόσον ἀνάγειν τὸ στράτευμα καὶ ἐπὶ μετεώρων
20 λόφων ἱστᾷν, καὶ αὖθις κατάγειν, στεναῖς τε ἀπολαμβάνειν ὁδοῖς καὶ πολλοὺς ἀπολλύειν τῷ στρατηγήματι. Τέως μὲν οὖν τῷ δοκεῖν τροπαιοφόρος ἐπάνεισιν, οὔτε Μηδικὰ σκῦλα κομίσας ἡμῖν οὔτε Περσικὰ, ἀλλὰ τούτῳ μόνῳ τῶν πάντων ἐπαιρόμενος ὅτι κατὰ τῶν ἐναντίων ἐστράτευσεν.
25 XIV. Αὕτη πρόφασις αὐτῷ πρώτη τῆς ἀλαζονείας ἐγένετο· ἐντεῦθεν καὶ τῆς βασιλίδος κατωλιγώρει, καὶ τῶν ἐν τέλει καταπεφρονήκει, καὶ τῶν συμβούλων ἀφέμενος, τοῦτο δὴ τὸ τῶν βασιλέων ἀνίατον νόσημα, ἑαυτῷ πρὸς πᾶν ὁτιοῦν ἐχρῆτο καὶ συμβούλῳ καὶ παραινέτῃ. Ἐγὼ
30 δὲ, ὄμνυμι δὲ θεὸν ὃν ἡ φιλοσοφία πρεσβεύει, ὑπορυττόμενα καταλαμβάνων βουλεύματα, καὶ περὶ τῇ βασιλίδι καὶ τοῖς πράγμασι δείσας μὴ πάντα συγχυθείη καὶ ἀνατραπείη, τοῦ
415 σκοποῦ τε τούτου | ἀπῆγον, καὶ τῶν συνθηκῶν ὑπεμίμνησκον, ἐνσείων καὶ φόβον ὅπῃ παρείκοι, μήπως ἐναντίον αὐτῷ τὸ
35 τέλος τῶν ἐνθυμημάτων γένοιτο. Ἐπεὶ δὲ καὶ ἡ βασιλεύουσα

9. Hom. *Il*. O 678.   13. ὁπόσων.   18. περινοούμενος.   19. ὁπόσων.
21. ἀπολύειν.

ΡΩΜΑΝΟΣ Δ' (1067—1071). 249

πολλάκις ύπ' εκείνου πληγείσα διῳδήκει τὴν ψυχὴν καὶ
p. 277 ὕπουλον εἶχε τὸ | φρόνημα, ἀμφοτέροις ἐμαυτὸν μερίζων
ὑπὲρ ἑκατέρου πρὸς ἕκαστον ἐποιούμην τοὺς λόγους.

XV. Οὐ πολὺς χρόνος διεληλύθει, καὶ πρώτου εὐθὺς
ἔαρος τὰ τῶν ἐναντίων ὤδινε, καὶ τὸ προλαβὸν τρόπαιον 5
τοῦ βασιλέως ἠλέγχετο· δευτέρων οὖν αὖθις πολέμων παρασκευαί, καὶ ἵνα τὰ ἐν μέσῳ συντέμω, κἀγὼ τῆς στρατείας
πάρεργον γίνομαι· τοσαύτην γάρ μοι ἀνάγκην τοῦ συναπαίρειν
τούτῳ ἐπήνεγκεν, ὅσην οὐκ ἐνῆν ἀπώσασθαι· λέγειν μὲν οὖν
τὴν αἰτίαν, δι' ἥν με ἑαυτοῦ παντάπασιν ἐποιήσατο, νῦν μὲν 10
οὐκ ἂν εἴποιμι, τῆς ἱστορίας τὰ πολλὰ συντέμνων, ἐρῶ δὲ
ὁπότε περὶ τούτων ξυγγράφοιμι· οὔπω δὲ ταύτην διαπέφευγα,
ὡς μήτ' ἐμοὶ λαβὴν κακονοίας πρὸς ἐκεῖνον γενέσθαι, μήτ'
αὐτῷ τὰ πάντα διαπεσεῖν.

XVI. Λόγων μὲν οὖν ἡττᾶσθαι τῶν ἐμῶν ἐπὶ πᾶσι 15
διωμολόγει, λέγω δὲ τῶν περὶ τὰς ἐπιστήμας, ἐβούλετο δέ
μου τὸ πλέον ἔχειν τῆς στρατηγικῆς συνέσεως· ὡς δέ με οἶδε
τὴν τακτικὴν ἐπιστήμην ἠκριβωκότα καὶ ὅσα περὶ λόχους
καὶ τάξεις, καὶ ὅσα περὶ μηχανημάτων κατασκευάς, καὶ
ἁλώσεις πόλεων, καὶ τἆλλα ὅσα στρατηγικῶν εἰσι διατάξεων, 20
ἐθαύμασε μέν, ἐβάσκηνε δέ, ἀντείχετο δέ μου τοσοῦτον καὶ
περιείχετο· εἰδόσι δὲ λέγω πολλοῖς τοῖς τότε ἡμῖν συστρατευούσιν, ὡς μὴ τῆς διαθέσεως ταύτης εἶναι ὑπερβολήν.

XVII. Ἐγεγόνει δὲ οὐδ' ὁ δεύτερος αὐτῷ πόλεμος ἔχων
τι τοῦ προτέρου πλέον, ἀλλ' ἐν ἴσῃ τῇ στάθμῃ καὶ πάντῃ 25
ἰσόρροπος· εἰ δὲ κατὰ μυρίους μὲν ἡμεῖς πίπτοιμεν, δύο δὲ
ἢ τρεῖς ἁλοῖεν πολέμιοι, οὐ νενικήμεθα, καὶ πολὺς ἐφ' ἡμῖν
κατὰ τῶν βαρβάρων ὁ κρότος. Ἐντεῦθεν οὖν αὐτῷ πλείων
ὁ κόμπος καὶ μεῖζον τὸ φρύαγμα, ὅτι δὶς ἐστρατήγησε καὶ
λόγος αὐτῷ τῶν πάντων οὐδείς, ἀλλὰ καὶ παραινέταις χρώ- 30
μενος κακοήθεσιν τῆς εὐθείας πάντῃ ἐτράπετο.

XVIII. Τὴν μὲν οὖν βασιλίδα ὥσπερ δὴ χειρωσάμενος
p. 278 εἶχεν, καὶ οὐδὲν | αὐτῷ πρᾶγμα εἰ καὶ τῶν βασιλείων ἀπαγαγεῖν θελήσειεν, τὸν δὲ Καίσαρα ὑπεβλέπετο, καὶ πολλάκις
ὁρμήσας ἑλεῖν τε καὶ καθελεῖν, αὖθις ἐγνωσιμάχει καὶ οὐκ 35

8. συναπαίρει.   12. οὕτω.   17. εἶδε.   21. εὐάσκηνε.   27. πολλοῖς.
28. πλεῖον.   30. δεῖς.   παραινέτας.   31. πάντι.   34. καίρα.

ἐπεχείρει τῷ σκέμματι, τὸ γοῦν παρὸν τὰς δι' ὅρκων αὐτοῦ τε καὶ τῶν υἱέων πίστεις εἰλήφει. Ἐπεὶ δὲ οὐκ εἶχε γενναίαν πρόφασιν ὥστε <τὰ> κατὰ νοῦν αὐτῷ πληρῶσαι βουλεύματα, τρίτον αὖθις καὶ τελευταῖον κατὰ τῶν ἐπικειμένων βαρβάρων
5 ἐπιστρατεύει· οὐ γὰρ ἀνίεσαν οὗτοι ὑποφαινομένου τοῦ ἔαρος ληϊζοντες γῆν τὴν Ῥωμαίων καὶ παμπληθεὶ κατατρέχοντες· ἔξεισιν οὖν αὖθις, πλείονα τῶν προτέρων ἐπαγόμενος συμμαχίαν καὶ δύναμιν.

XIX. Ὥσπερ δὲ εἰώθει ποιεῖν ἐν πᾶσι πράγμασι
415* πολιτικοῖς τε καὶ στρατιωτικοῖς, μὴ γνώμας παρά του
11 λαμβάνειν τῶν πράξεων, ἄρας εὐθὺς τῷ στρατῷ ἐπὶ τὴν Καισαρέων ἐπείγεται· εἶτα δὴ ὀκνεῖ μὲν προσωτέρω προϊέναι, καὶ ἀφορμὰς ἐπανόδου αὐτῷ τε καὶ τοῖς ἄλλοις ἐδίδου· ὡς δ' οὐκ ἦν τὴν αἰσχύνην ἐπενεγκεῖν, δέον σπονδὰς πρὸς τοὺς
15 πολεμίους ποιήσασθαι καὶ ἐπισχεῖν αὐτοὺς τῆς ἐπετείου ὁρμῆς, ὁ δὲ, εἴτε τὰ πράγματα ἀπογνοὺς, εἴτε θαρρήσας πλέον τοῦ δέοντος, ἀνεπιστρεπτεὶ ἐπὶ τοὺς ἐναντίους χωρεῖ. Οἱ δὲ, ὡς τὴν πρόοδον ᾔσθοντο, βουλόμενοι τοῦτον ὑπαγαγεῖν εἰς τὸ ἔμπροσθεν καὶ ἐντὸς ἀρκύων ποιήσασθαι, προέτρεχόν
20 τε τοῖς ἵπποις καὶ αὖθις ἀνθυπενόστουν ὥσπερ δρασμὸν βουλευσάμενοι, καὶ τοῦτο πολλάκις ποιήσαντες ἐνίους τῶν στρατηγῶν συνηρπάκασι καὶ ὑφ' ἑαυτοῖς ἐποιήσαντο.

XX. Ὁ δέ με διέλαθεν, ἔλαθε τοῦτον, αὐτὸς δὴ ὁ σουλτὰν, ὁ τῶν Περσῶν ἢ Κούρτων βασιλεὺς, συνὼν τῷ
25 στρατεύματι καὶ τὰ πλείω τῶν κατορθωμάτων ποιῶν· εἰ δέ τις τοῦτον ἐφώρασεν, ὁ δὲ οὐκ ἐπίστευε λέγοντι, ἀλλ' οὐδὲ εἰρήνην ἐβούλετο, ἀλλ' ᾤετο αὐτοβοεὶ αἱρήσειν τὸ τῶν ἐναντίων στρατόπεδον. Τὸ δ' ἀστρατήγητον τούτου διεῖλε τὰς δυνάμεις, καὶ τὰς μὲν αὐτοῦ κατεῖχε, τὰς δὲ ἐπ' | ἄλλο p.279
30 τι ἐξαποστέλλει, καὶ δέον ὅλῳ τῷ πλήθει τοῦ στρατεύματος τοῖς ἐναντίοις ἀντικαθίστασθαι, ὁ δὲ τῷ ἐλάττονι μέρει πρὸς αὐτοὺς ἀντετάξατο.

XXI. Τὸ δὲ μετὰ ταῦτα ἐπαινεῖν μὲν οὐκ ἔχω, ψέγειν δὲ οὐ δύναμαι, αὐτὸς τὸν ὅλον κίνδυνον δέχεται· τοῦτο δὲ
35 μέσον ἐστὶν ἀντιρρήσεως· εἰ μὲν γὰρ ὡς φιλοκίνδυνον λογί-

2. υἱέων.   ἐπὶ.   5. ἄερος.   6. πανπληθῆ.
12. Καισαρεῶν.   14. ἐπανεγκεῖν.

σαιτό τις τὸν ἄνδρα καὶ ἀγωνιστὴν προθυμότατον, ἔχοι ἂν
ἀφορμὰς πρὸς ἐγκώμιον· εἰ δ' ὅτι δέον κατὰ τὴν στρατηγικὴν
ἀκρίβειαν πόρρω ἵστασθαι, πρωτοστράτηγον τυγχάνοντα τοῦ
στρατεύματος, καὶ τοῖς πλήθεσιν ἐπιτάττειν τὰ δέοντα, ὁ δὲ
ἀλογίστως παρεκινδύνευε, πολλὰ ἂν ἐς αὐτὸν ἀποσκώψειεν· 5
ἐγὼ δὲ μετὰ τῶν ἐπαινούντων, ἀλλ' οὐ τῶν αἰτιωμένων εἰμί.

XXII. Ὥπλιστο μὲν οὖν τὴν στρατιωτικὴν πανοπλίαν,
καὶ τὸ ξίφος ἐγύμνωσεν ἐπὶ τοὺς ἐχθρούς· ὡς δὲ ἐγὼ πολλῶν
ἤκουσα, ὅτι καὶ πολλῶν ἀνῃρήκει τῶν ἐναντίων, τοὺς δὲ καὶ
ἐς φυγὴν κατηνάγκασεν. Εἶτα δὴ ὅστις εἴη γνώριμος τοῖς ἐς 10
αὐτὸν βάλλουσι γεγονώς, κύκλῳ τε ὑπὸ τούτων περιστοιχί-
ζεται, καὶ ὀλισθαίνει μὲν τοῦ ἵππου βληθείς, εἶτα δὴ ἑαλώκει,
καὶ δορυάλωτος εἰς τοὺς πολεμίους ὁ βασιλεὺς Ῥωμαίων
ἀπάγεται, καὶ τὸ στράτευμα διαλύεται· καὶ τὸ μὲν διαφυγὸν
μέρος βραχύ τι, τῶν δὲ πλειόνων οἱ μὲν ἑάλωσαν, οἱ δὲ 15
μαχαίρας ἔργον γεγόνασιν.

XXIII. Ὁ μὲν οὖν ἐν τῇ αἰχμαλωσίᾳ τοῦ βασιλέως
χρόνος ἀναμεινάτω καὶ ὅ τι τῷ κρατήσαντι περὶ τούτου
συνδέδοκται. Οὐ πολλαὶ δὲ ἡμέραι διεληλύθεσαν, καὶ τῶν
διαπεφευγότων τὸν πόλεμον ἄγγελός τις προλαβὼν τὸ δεινὸν 20
ἐν τῇ πόλει ἀπήγγειλε, καὶ αὖθις ἄλλος, καὶ πάλιν | ἐφ'
ἑτέρῳ ἕτερος, σαφὲς μὲν οὐδὲν ἀπαγγέλλοντες, αὐτὸ δὲ τὸ
δεινὸν ἑρμηνεύοντες· οἱ μὲν γὰρ τεθνηκέναι τὸν βασιλέα,
οἱ δὲ ἑαλωκέναι μόνον κατήγγελλον, οἱ δὲ τετρωμένον τοῦτον
ἰδεῖν καὶ κατὰ γῆς ἐρριμμένον, οἱ δὲ δέσμιον ἀπαγόμενον εἰς 25
τὸ τῶν ἐναντίων στρατόπεδον. Ἐπὶ συμβούλοις οὖν ἐν τῇ
πόλει τὰ πράγ|ματα γίνεται, καὶ τί πρακτέον ἡ βασιλὶς
διηρώτα· ἔδοξε γοῦν σύμπασιν, ἐκεῖνον μὲν τέως ἐᾶν, εἴτε
ἑαλώκει εἴτε ἐτεθνήκει, ἑαυτῇ δὲ καὶ τοῖς παισὶ κρατύνεσθαι
τὴν ἀρχήν. 30

XXIV. Ἐνταῦθα οἱ μὲν τῷ υἱῷ καὶ παιδὶ τὴν βασιλείαν
ἐδίδοσαν, ὡς ἀπρακτεῖν τὴν μητέρα παντάπασιν, οἱ δὲ τὸ πᾶν
τῆς ἀρχῆς καὶ αὖθις ταύτῃ ἀπένεμον. Ἐμοὶ δὲ οὐδ' ἕτερον
ἤρεσκεν, οὐ γὰρ διαψεύσομαί γε τὴν ἐμὴν δόξαν, ἀλλὰ συμ-
πράττειν ἀμφοτέρους, <τὸν μὲν> ὡς τεκούσῃ τὴν ὑπακοὴν 35

25. εἰ τὸ.   29. ὅτε.   ἑαυτῷ.   33. ταύτην.
35. τεκοῦσα.

ἐνδείκνυσθαι, τὴν δὲ κοινῇ μετὰ τοῦ παιδὸς τὴν τῶν ὅλων ποιεῖσθαι οἰκονομίαν· τοῦτο μὲν οὖν καὶ τῷ βασιλεῖ Μιχαὴλ ἐδόκει καὶ ἐτίθετο τῷ σκοπῷ. Ἀλλ' οἱ τὴν βασιλείαν ἑαυτῶν ποιεῖν βουλόμενοι, καὶ κέρδους τοῦ σφετέρου ἕνεκα τὰ περὶ τὴν ἀρχὴν πραγματεύεσθαι, τὴν μὲν εἰς μοναρχίαν ἠρέθιζον, τὸν δὲ ἀντιπίπτειν τῇ μητρὶ κατηνάγκαζον.

XXV. Ἐνταῦθα οὐκ οἶδα ὅ τι θαυμάσωμαι τοῦ ἀνδρός· ἐμοὶ γὰρ μόνῳ περὶ τῶν ὅλων κοινολογούμενος ἐβούλετο, εἰ ἀρεστὸν τῇ μητρὶ καὶ τῆς ἀρχῆς μεταστῆναι καὶ μηδὲν πρὸς ἐκείνην ἢ μεγαλοπρεπεύσασθαι ἢ σμικρολογήσασθαι· πολλάκις γοῦν ἐγὼ τούτους συνήγαγον εἰς ταὐτό, ὁ δὲ τοσοῦτον ἀπεῖχε τοῦ ἀντειπεῖν τῇ μητρί, ὥστε καὶ ἀντωπῆσαι αὐτῇ ἠρυθρία καὶ ὑπεστέλλετο. Ἀλλὰ καὶ ἐπὶ τούτοις ἔτι μετεώρου ὄντος τοῦ σκέμματος, ὁ καῖσαρ Ἰωάννης τὴν Πόλιν εἴσεισι, τοῦτο παρὰ τῆς βασιλίδος ἐγκελευσθείς, καὶ τοῦ ἐμοῦ βουλεύματος γίνεται, καὶ τὴν κοινοπραξίαν τοῦ γένους ἀσπάζεται.

XXVI. Ἀλλ' οὔπω τοῦτο κατευνάσθη τὸ κῦμα, καὶ τῆς αὐτῆς ἡμέρας ἕτερον ἐγείρεται καὶ ἐπωρύεται· ὁ γὰρ τοῦ πολεμίου στρατεύματος ἀρχηγός, ἐπειδὴ τὸν βασιλέα Ῥωμαίων ἁλώσιμον ἐθεάσατο, τῷ μὲν κατορθώματι οὐκ ἐπαίρεται, συστέλλεται δὲ λίαν τῷ εὐτυχήματι, καὶ μετριάζει τῇ νίκῃ τοσοῦτον ὅσον οὐδεὶς ἂν προσεδόκησε, παραμυθεῖται τὸν ἑαλωκότα, κοινωνεῖ τραπέζης, τιμῆς ἀξιοῖ, δορυφο‖ρίαν ἐφίστησι, λύει αὐτῷ τῶν δεσμῶν οὓς ἐβούλετο, ἀπολύει τῶν αἰχμαλώτων ὁπόσους προέτρεψε, τελευταῖον καὶ αὐτὸν δὴ τῆς αἰχμαλωσίας ἐλευθεροῖ, καὶ σύμβολα κήδους πεποιηκὼς καὶ ὑποσχέσεις παρ' ἐκείνου λαβὼν ἐνωμότους, μεθ' ὅσης ἂν εἴποι τις προπομπῆς καὶ δορυφορίας ἐπὶ τὴν ἰδίαν ἀποστέλλει ἀρχήν, ὅπερ δὴ ἀρχέκακον ἐγεγόνει καὶ πολλῶν συμφορῶν αἰτιώτατον. Τυχὼν οὖν ὁ βασιλεὺς ὧν οὐκ ἤλπιζεν, ἀπραγματεύτως ᾠήθη τὴν βασιλείαν Ῥωμαίων αὖθις λήψεσθαι, καὶ ὥσπερ αὐτάγγελος τοῦ μετὰ τὸ ἀτύχημα εὐτυχήματος | τῇ βασιλίδι καθίσταται γράμμασι τῆς ἰδίας χειρὸς ἃ συμβεβήκοι τούτῳ σημειωσάμενος.

---

8. κοινολογούμενον.   12. ἀντοπῆσαι.   14. οὗτος.   καίραν.
19. ἐπορρύεται.

ΜΙΧΑΗΛ Ζ' (1071—1077). 253

XXVII. Θόρυβος οὖν εὐθὺς καὶ διαδρομαὶ περὶ τὰ βασίλεια, τῶν μὲν θαυμαζόντων τὸ γεγονὸς, τῶν δὲ ἀπιστούντων τῷ πράγματι· ἀπορίᾳ τε καὶ ἡ βασιλὶς συνείχετο καὶ ἀμφίβολος ἦν ὅ τι καὶ δράσειεν. Ἐν μέσοις τοῖς ἀπορουμένοις καὶ αὐτὸς γεγονὼς, καὶ πάντων προτρεπομένων μοι 5 τὸ συμφέρον εἰπεῖν, μάλιστα δὲ τοῦ καλλίστου μοι βασιλέως προσκειμένου καὶ συναναγκάζοντος, ἐγὼ μὲν ἀπεφαινόμην μὴ δεῖν αὐτὸν ἔτι τῇ βασιλείᾳ προσδέξασθαι, ἀλλ' ἐκ μέσου ποιεῖν, καὶ πανταχοῦ πέμπειν προστάγματα τὴν ἀρχὴν τούτῳ ἀπαγορεύοντα· ὅπερ τοῖς μὲν λυσιτελὲς ἐδόκει τοῖς 10 καθεστηκόσι, τοῖς δ' ἄλλο τι ἐδέδοκτο.

XXVIII. Ἐν τούτῳ δὲ τῶν πραγμάτων ὄντων, ὁ βασιλεὺς Μιχαὴλ περὶ ἑαυτῷ δείσας καὶ τὴν τοῦ Διογένους ὑποπτεύσας ὠμότητα, βουλὴν βουλεύεται ἀσφαλεστάτην ἑαυτῷ, εἴποι δ' ἄν τις καὶ συνετωτέραν· ἀποτρέχει τῆς 15 μητρὸς καὶ ἑαυτῷ γίνεται, τοῖς τε ἐξανεψιοῖς συμβούλοις χρησάμενος, φημὶ δὲ τοῖς υἱέσι τοῦ Καίσαρος, τοὺς περὶ τὴν αὐλὴν φύλακας οἰκειοῦται· τοῦτο δὲ γένος ἀσπιδοφόροι σύμπαντες καὶ ῥομφαίαν τινὰ ἀπὸ τοῦ ὤμου ἑτερόστομον καὶ βαρυσίδηρον ἐπισείοντες· κτυπήσαντες γοῦν τὰς ἀσπίδας 20 ἀθρόον καὶ ἀλαλάξαντες ὅσον ἐχώρουν αἱ κεφαλαὶ, τάς τε ῥομφαίας πρὸς | ἀλλήλους συντρίψαντές τε καὶ συνηχήσαντες, ἐπὶ τὸν βασιλεύοντα ὡς κινδυνεύοντα συνανίασι, καὶ χορὸν περὶ αὐτὸν ἑλίξαντες ἀθιγῶς ἐπὶ τὰ ὑψηλότερα τῶν ἀνακτόρων ἀνάγουσιν. 25

XXIX. Ἐκεῖνοι μὲν οὖν οὕτως· οἱ δὲ μετὰ τῆς βασιλίδος, ὧν δὴ καὶ αὐτὸς ἐτύγχανον ὤν, ἀγνῶτες τοῦ πράγματος ὄντες, μονονοὺ πεπηγότες ἐγεγόνειμεν, ἐφ' ἑαυτοὺς τὸ δεινὸν ἥξειν οἰόμενοι. Ἡ μέντοι γε βασιλὶς οὐδὲ καθεκτὴ ἦν, ἀλλὰ τῆς κεφαλῆς περιελομένη τὸ κάλυμμα, κατατείνει δρόμον ἐπί 30 τι σπήλαιον ἄδυτον· καὶ ἡ μὲν ἐδεδύκει τῷ φωλεῷ, ἐγὼ δὲ περιειστήκειν τὸ στόμιον, οὐκ ἔχων ὅ τι γενοίμην, οὐδ' ὅποι τραποίμην. Ἀλλ' ὁ βασιλεὺς ἐν τῷ ἀσφαλεῖ καταστὰς, ἐμοῦ παρὰ τοὺς ἄλλους ἐφρόντισε, καὶ τοὺς διερευνήσοντάς με καὶ ἀναζητήσοντας πανταχοῦ τῶν ἀνακτόρων ἀπέσταλκεν· 35

11. ἐδέδεκτο. 19. ὅμου. 20. κτυπίσαντες. 21. ἀθρόοι. 28. ὄντος. 31. τη σπ.

οἳ δὴ καὶ εὑρηκότες ἀνελάβοντο ταῖς χερσὶ, καὶ ὥσπερ τι ἕρμαιον ἢ ἀνάθημα πολυτίμητον τῷ αὐτοκράτορι εὐθύμως προσαγηόχασιν· ὁ δὲ εὐθὺς ἰδὼν ὥσπερ ἀναπνέει τοῦ κλύδωνος καὶ ἐπ' ἐμοὶ τίθεται βουλεύεσθαι τὰ συμφέροντα.

XXX. Ἐγὼ μὲν οὖν τῶν πολιτικῶν εἰχόμην πράξεων, καὶ τὰ μὲν ᾠκονόμουν, τὰ δὲ διέταττον, ὅπως ἂν ἡμῖν ἀξύγκλυστα γένοιτο τὰ τῆς πόλεως πράγματα, οἱ δὲ περὶ τὴν μητέρα τοῦ βασιλέως ἐπραγματεύοντο· καὶ ἵνα τὰ ἐν μέσῳ πολλὰ ὄντα ἐάσω, κυροῦται | κατὰ ταύτης βούλευμα, ὑπεξελθεῖν μὲν τῆς πόλεως, οἰκῆσαι δὲ ὅπερ αὐτῇ πρὸ τῆς θαλάττης τεμένισμα τῇ Θεοτόκῳ ἱδρύσατο· καὶ γίνεται τοῦτο εὐθὺς, τοῦ μὲν βασιλέως καὶ παιδὸς, ὅπερ αὐτὸς οἶδα καὶ τοὺς πολλοὺς βεβαιώσαιμι ὑπὸ θεῷ μάρτυρι, ἀπαρνουμένου τὴν τῆς μητρὸς ἐκδημίαν, τοῦ καιροῦ δὲ συναναγκάζοντος καὶ ἀντιπίπτοντος τῷ τοῦ βασιλέως θελήματι.

XXXI. Ἐπεὶ δὲ, οἷα φιλεῖ ἐν τοῖς τοιούτοις γίνεσθαί τε καὶ λέγεσθαι, ἄλλος ἄλλο τι περὶ τῆς βασιλίδος ἐδόξαζον, καὶ συνεχεῖς κατ' αὐτῆς λόγοι ἀπετοξεύοντο, δεύτερον γίνεται δόγμα εἰς τὴν μονα|δικὴν αὐτὴν μετατεθῆναι ζωήν· αὐτίκα δὲ καὶ τοῦτο τετέλεσται. Καὶ τὰ μὲν περὶ τὴν βασιλίδα εἰς τοῦτο συντέτμηται.

XXXII. Ὁ δέ γε Διογένης οὐκ ἠγάπησεν ἀπολυθεὶς τῆς αἰχμαλωσίας, ἀλλὰ δεινὸν ἐποιεῖτο εἰ καὶ μὴ τῆς βασιλείας ἐγκρατὴς γένοιτο· ἤδη δὲ καὶ πλῆθος αὐτῷ συνερρυήκεσαν τῆς στρατιωτικῆς φάλαγγος. Ὁ δὲ τόπον ἐκ τόπων ἀμείβων, καὶ κατὰ πολλὴν τοῦ κωλύοντος ἄδειαν χρήματα ἑαυτῷ ἀπὸ τῶν δημοσίων φόρων ὑποποιούμενος, τὸ διὰ πάσης γλώττης βοώμενον πτόλισμα μετὰ παντὸς καταλαμβάνει τοῦ στρατοπέδου, φημὶ δὴ τὴν Ἀμάσειαν.

XXXIII. Εὐθὺς οὖν τῶν τοῦ Καίσαρος υἱέων τῷ νεωτέρῳ ὁ βασιλεὺς τὸ Ῥωμαϊκὸν πιστεύει στρατόπεδον· οὗτος δὲ καὶ τὴν χεῖρα δραστήριος καὶ τὴν σύνεσιν ὀξὺς καὶ θαυμάσιος, γνῶναί τε τὰ δέοντα καὶ ἑρμηνεῦσαι ἐπιφανέστατος· γενόμενος οὖν ἀγχοῦ τῆς πόλεως οὗ ὁ Διογένης ἐκάθητο, πρῶτα μὲν συνεῖχε τὸ στράτευμα, εἶτα δὴ ἀκροβολισμοῖς ἐχρῆτο συχνοῖς, καὶ αὖθις ἠπάτα, καὶ πάντα τρόπον

13. βεβαιώσαιμε.   24. ἤδει.   33. γν. τ. καὶ δ.   35. ἐκάθειτο.

ΜΙΧΑΗΛ Ζ' (1071—1077). 255

ἐμηχανᾶτο ἢ αἱρήσειν τοῦτον, ἢ ἐξελάσειν τῆς πόλεως. Ὁ δὲ στενοχωρούντων αὐτῷ τῶν πραγμάτων, τολμᾷ τὴν ἐκεῖθεν ἔξοδον καὶ παρατάσσεται πρὸς αὐτὸν παντὶ τῷ περὶ αὐτὸν στρατεύματι· μίγνυται οὖν τὰ στρατόπεδα, καὶ γίνεται ἐξ ἑκατέρου μέρους φόνος πολύς· ἔπειτα δὲ ὁ ἡμεδαπὸς 5 στρατηγὸς ὥσπερ τις πτερωτὸς ἱππότης ἐλᾷ τὸν ἵππον ἐπὶ τοὺς ἐναντίους, καὶ οἷά τις πύργος ἐμπεσὼν τῇ πολεμικῇ φάλαγγι ὠθεῖ τε ταύτην καὶ εἰς μέρη πολλὰ διασπᾷ· ἐντεῦθεν οἱ μὲν τῶν ἀντικειμένων ἐν αὐτῷ τῷ πολέμῳ μαχόμενοι πίπτουσιν, οἱ δὲ ἑάλωσαν, ὀλίγοι δέ τινες ἐκπεφεύγασι, μετὰ 10 πάντων καὶ ὁ Διογένης ἀνὰ κράτος τὸν ἵππον ἐλαύνων· τοῦτο πρῶτον θάρσους ἡμῖν αἴτιον γίνεται.

XXXIV. Ἐντεῦθεν ὁ Διογένης ἀρχὴν λαμβάνει τῆς καταλύσεως, καὶ σὺν ὀλίγοις τοῖς περὶ αὐτὸν εἴς τι κατακλείεται πολισμάτιον· ἑαλώκει δὲ ἂν αὐτίκα, εἰ μή τι ἄλλο 15 συνεμπεπτώκει· ἀνὴρ γάρ τις | ἐξ Ἀρμενίων ἔχων τὸ γένος, τὴν γνώμην βαθὺς, δυσμενὴς ἡμῖν τῆς προαιρέσεως, ἀρχήν τινα παρὰ τούτου τῶν μεγίστων λαβὼν, ὁπηνίκα βασιλεὺς ἦν, χάριτας αὐτῷ ἐπὶ τοῦ δυστυχήματος ἀνθομολογούμενος, στρατιώτας συχνοὺς ἐπαγόμενος πρόσεισι τούτῳ, καὶ θαρρεῖν 20 παρακελευσάμενος καὶ τὰ μέγιστα ὑποσχόμενος, ἀντικαθίστασθαι μὲν τοῖς ἡμετέροις στρατεύμασιν οὐκ ἐᾷ, εἰς δὲ τὴν τῶν Κιλίκων χώραν ἀπαγαγὼν καὶ εἰς τὴν ἐξ ἐφόδου φυλακὴν τὰ τέμπη τῆς Κιλικίας αὐτοῦ | προβαλλόμενος, στρατόν τε ἑαυτῷ ἐξαρτύει καὶ χρήματα δίδωσι, καὶ εἰς 25 βασιλέως σχῆμα καθίστησι, καὶ ὁπλίζει πρότερον, εἶτα ἐν καιρῷ μάχεσθαι πρὸς τὸ ἡμέτερον στράτευμα ὁ δεινὸς οὗτος ἀνὴρ ταμιεύεται.

XXXV. Ἐν βουλεύμασιν οὖν αὖθις τὰ καθ' ἡμᾶς καὶ ὅτι πρακτέον εἴη ἐδοκιμάζετο· τοῖς μὲν οὖν εἰρήνην ἐδόκει 30 πρὸς τὸν Διογένην ποιήσασθαι, καὶ μέρους τινὸς παραχωρήσαντας τῆς ἀρχῆς μηδέν τι πλέον ποιεῖν, τοῖς δὲ πολεμητέα ἐδέδοκτο, καὶ μηδὲ μίαν αὐτῷ ἀφορμὴν τῆς ἔπειτα θρασύτητος παρασχεῖν. Τὰ μὲν οὖν τῆς εἰρήνης πρῶτον ἐπράττετο, καὶ γράμματα παρὰ τοῦ βασιλέως πρὸς ἐκεῖνον ἐξαπεστέλλοντο 35 κοινοπαθῆ καὶ φιλάνθρωπα· ὁ δὲ ὥσπερ ὑβριοπάθει, ὅτι

5. φόρος.

συμπάθειά τις αὐτῷ ἀπηγγέλλετο μηδὲν ὅλως τῶν κακῶν πλημμελήσαντι, εἰς αἰτήσεις δὲ καθιστάμενος, οὔτε τῆς βασιλείας ἀπείχετο οὔτε μετριωτέραν ἐζήτει μερίδα τοῦ κράτους, ἀλλ' αὐθαδέστερος ἦν ἐν ταῖς ἀποκρίσεσι μᾶλλον ἢ τοῖς βουλεύμασι.

XXXVI. Τούτου μὲν δὴ τοῦ μέρους ἀφέμενος, ἐξ ἀνάγκης ὁ βασιλεὺς τῷ Ἀνδρονίκῳ δοὺς τὰ στρατεύματα, ὁ πρεσβύτερος δὲ οὗτος τῶν υἱῶν τοῦ Καίσαρος ἦν, ἀνὴρ καὶ τὴν ἡλικίαν ἀξιοθέατος καὶ τὴν γνώμην ἐλεύθερος, τήν τε ψυχὴν εὐμενὴς καὶ ἐπιεικέστατος, ξυμπάσης τε τῆς ἕω τὴν ἀρχὴν πιστεύσας ἐπὶ τὸν Διογένην ἐκπέμπει· ὁ δὲ πρῶτα μὲν εἰς μίαν καὶ τὴν αὐτὴν γνώμην ἁρμόζεται τὸ στρατόπεδον, ἑκάστῳ ἐπιεικῶς προσφερόμενος καὶ πρὸς πάντας οἰκείως μεθαρμοζόμενος, δεύτερον δὲ σκοπὸν τίθεται λαθεῖν τὸν Διογένην ὁπότε τοῖς τῆς Κιλικίας στενοῖς προσπελάσειεν, καὶ τοὺς | ἑλιγμοὺς τῶν ἐκεῖσε ὀρῶν καὶ πᾶσαν τὴν δύσβατον ἀτραπὸν ἠρέμα διεξελθεῖν, καὶ ἀθρόον αὐτοὺς τοῖς πολεμίοις φανῆσασθαι. Οἱ μὲν οὖν ἐν τούτοις ἦσαν, καὶ κατὰ τὰ βεβουλευμένα τὴν στενὴν καὶ παράκνημον διαβεβήκασιν ἀτραπόν· ὁ δὲ βασιλεὺς ἐν δεινῷ ποιεῖται εἰ ἁλοίη τῷ ἡμεδαπῷ στρατεύματι ὁ πολέμιος, καὶ ἢ πέσοι μαχόμενος, ἢ ζωγρηθεὶς μέρος τι ἀκρωτηριασθείη τοῦ σώματος.

XXXVII. Ἐγὼ γοῦν αὐτὸν ἐθεασάμην περὶ τούτου πολλάκις δακρύοντα, καὶ κινδύνου ἰδίου ὠνούμενον τὸ μὴ ἐκεῖνον παθεῖν· ἦν γὰρ αὐτῷ φίλα, ὡς ἔλεγεν, πρὸς τὸν ἄνθρωπον καὶ συνθῆκαί τινες αἷς ἐδεδίει μὴ τἀναντία δράσειεν. Ἀνδράσι γοῦν ἱερατικοῖς καὶ εἰρηνικοῖς τὴν ψυχὴν τοὺς περὶ τῆς φιλίας λόγους πιστεύει, καὶ γράμματα πρὸς τὸν πολέμιον ἐγχειρίζει πᾶν μὲν ὁτιοῦν ὑπισχνούμενα, πείθοντα δὲ πρὸς ὑπακοὴν καὶ ἀδαμαντίνην ψυχήν.

XXXVIII. Ἀλλ' ὁ μὲν, πρὶν ἢ τούτους καταλαβεῖν, ἐπῆρτο πρὸς πόλεμον, ἑαυτὸν μὲν ἔνδον τοῦ φρουρίου συνέχων, ὃ προὔλαβε κατασχὼν σὺν ὀλίγοις τισὶ τῶν περὶ αὐτόν, τῷ δὲ Χατατούρῃ Ἀρμενίῳ, ὃν φθάσας ὁ λόγος ἐγνώρισε, πάντα σχεδὸν τὸν στρατὸν ὑποτάξας καὶ σὺν ἀγαθῇ ὡς ἐδόκει τύχῃ εἰς τὸν πόλεμον ἀποστείλας· τοὺς πεζοὺς οὖν

16. ὁρῶν. 20. ἀλύει. 28. λόγοις.

ΜΙΧΑΗΛ Ζ' (1071—1077). 257

οὗτος καὶ τοὺς ἱππεῖς ἐπαγόμενος, καὶ τοὺς ἐπικαίρους τῶν τόπων προκαταλαβὼν, κατὰ φάλαγγα ἵστησιν, ὧν οἱ πλείους καὶ τὰς ψυχὰς προθυμότατοι καὶ τὰ σώματα ἐρρωμενέστατοι.

XXXIX. Ἀντικαθίσταται δὲ συντεταγμένος | πρὸς 418 τοῦτον καὶ ὁ Ἀνδρόνικος· καὶ πρὶν ἢ τὸν συνασπισμὸν 5 γενέσθαι καὶ εἰς χεῖρας ἀλλήλοις ἰέναι, ὁ Φράγγος Κρισπῖνος, γράφω δὲ ταῦτα καθ' ἣν ἐκεῖνος ἐτεθνήκει ἡμέραν· οὗτος οὖν ὁ Κρισπῖνος πολέμιος Ῥωμαίοις τὰ πρῶτα φανεὶς, ἔπειτα τοὺς τρόπους μεταβαλὼν, τοσοῦτον εἰς εὔνοιαν ὤφθη τὸ δεύτερον, ὅσον τὸ πρῶτον εἰς δυσμένειαν· εἰστήκει δὲ σύν γε 10 τῷ Ἀνδρονίκῳ, τὰ μὲν ἐνθαρρύνων αὐτὸν, τὰ δὲ παρ' αὐτοῦ p. 286 θαρρυνόμενος. Ὡς γοῦν ἑωράκει τὸ τῶν ἐναντίων | στράτευμα διατεταγμένον, θαρρεῖν ἑαυτῷ παρακελευσάμενος καὶ τῷ Ἀνδρονίκῳ τὴν ἐπὶ τοὺς ἱππέας ἔλασιν προειπὼν, ἀπὸ ῥυτῆρος ἐλαύνει τὸν ἵππον τοὺς περὶ ἐπ' αὐτὸν ἐπαγόμενος, 15 καὶ εἰς μέσους ἐμπίπτει τοὺς πολεμίους, καὶ τὴν φάλαγγα τούτων διατεμὼν, ὡς εἶδε βραχύ τι μὲν ἀντιστάντας καὶ ὑποδεξαμένους τοῦτον, εἶτα μεταβαλόντας τὰ νῶτα, σὺν ὀλίγοις τῶν μεθ' ἑαυτοῦ κατόπιν τῶν φυγόντων ἐξήλασεν· ἔνθα πολλοὺς μὲν ἀνεῖλε, πλείους δὲ ζῶντας ἐζώγρησε. 20

XL. Καὶ ἡ μὲν τοῦ Διογένους φάλαγξ διελύθησάν τε καὶ διεσπάρησαν, τροπαιοφόρος δὲ ὁ Ἀνδρόνικος σύν γε τῷ Κρισπίνῳ ἐπὶ τὴν ἀποτεταγμένην αὐτῷ σκηνὴν ἀναζεύγνυσιν· εἶτα δή τις ἱππεὺς τῶν πολεμίων τινὰ φέρων πρὸς τὸν στρατηγὸν ἐπανέρχεται· ἦν δὲ ὁ Χατατούρης Ἀρμένιος· 25 οὗτος γὰρ ἐν τῷ φεύγειν τοῦ ἵππου διωλισθηκὼς κατά τινα τάφρον, ὡς ἔλεγε, λόχμην ὑπέδυ τινά· ὡς δέ τις τῶν διωκόντων τεθέαται, ἀνελεῖν μὲν ὥρμησεν, ὡς δὲ δακρύοντα εἶδε, τὴν ἐσθῆτα ἀποδυσάμενος καὶ γυμνὸν ὑπὸ τὴν λόχμην ἀφεὶς ἄπεισιν· εἶτα δὴ ἄλλος γυμνὸν αὖθις ἰδὼν ὥρμησεν ἀνελεῖν, 30 ὁ δὲ, "ἀλλ' εἴ μου φείσειας, ἔφησε, καὶ εἰς τόνδε τὸν στρατηγὸν ἀπαγάγοις (τοὔνομα προσειπὼν), ἐμπλήσει σοι δώρων τὴν δεξιάν." Ὡς δὲ διιόντα ἐγνώρισεν ὁ Ἀνδρόνικος, δεύτερον τοῦτο ποιεῖται εὐτύχημα, καὶ τὸν ἄνδρα, στρατηγῷ πρέπον γενναίῳ, ἐνδύσας τε καὶ κοσμήσας ἐν ἀδέσμῳ συνεῖχε φυλακῇ. 35

XLI. Τὴν μὲν οὖν περὶ αὐτὸν χεῖρα ὁ Διογένης ἀπε-

31. φήσειας.

γνωκώς, Περσικὴν συμμαχίαν ἤλπιζε πρὸς αὐτὸν αὐτίκα
ἀφίξεσθαι· ἔνθεν τοι καὶ τὸν περὶ αὐτὸν λαὸν ἐπερρώννυε
καὶ ἐλπίδας ἑτοίμους ὑπέτεινεν· ἀλλ' οἷς ἐθάρρει καὶ οἷς τὰ
τοῦ φρουρίου κλεῖθρα ἐπίστευεν ἐκείνοις πρῶτον ἁλώσιμος
5 γίνεται· οὗτοι γὰρ τῷ ἡμετέρῳ συνθέμενοι στρατηγῷ καὶ
πίστεις τοῦ μὴ παθεῖν εἰληφότες, τὰς εἰσόδους ἀναπετάσαντες,
πάροδον τοῖς ἡμετέροις δεδώκασι, καὶ ἐπ' αὐτὸν τὸν οἶκον οὗ
ὁ | Διογένης ἐσκήνου ἀπάγουσιν· ὁ δὲ εἱστήκει δεινὸν καὶ
ἐλεεινὸν θέαμα, τὰς ἐλπίδας ἀπεγνωκώς, καὶ τὰς χεῖρας
10 δεσμήσας ὥσπερ ἀνδράποδον, καὶ ἐπὶ τοῖς κατασχοῦσιν ὅ τι
δρᾶν βούλοιντο θέμενος, εἰ δέον μελανειμονῆσαι εὐθὺς, καὶ τὸ
κάλυμμα τῆς κεφαλῆς ἀφελόμενος ἐδίδου τῷ βουλομένῳ τὰς
τρίχας τεμεῖν· σχεδιάσαντες δὲ οἱ παρατυχόντες αὐτῷ τὴν
τοῦ βίου μετάθεσιν, ἐξάγουσι τῷ φρουρίῳ καὶ πρὸς τὸν
15 Ἀνδρόνικον μεθ' ὅσης ἂν εἴποι τις τῆς περιχαρίας ἀπάγουσιν·
ὁ δὲ οὐδὲν πρὸς τοῦτον σοβαρευσάμενος, ἀλλὰ καὶ τῆς τύχης
οἰκτείρας, καὶ δεξιὰν ἐμβάλλει καὶ εἰς τὴν ἑαυτοῦ ἐπάγει |
σκηνὴν, καὶ τραπέζης λαμπρᾶς κοινωνεῖ.

XLII. Τὸ μὲν οὖν μέχρι τοῦδε εὔδρομος ἡμῖν ὁ λόγος,
20 καὶ διὰ λείας φέρων καὶ βασιλικῆς τῆς ὁδοῦ, ταῦτα δὴ τὰ
θεολογικὰ ῥήματα· τὸ δ' ἐντεῦθεν ὀκνεῖ περαιτέρω χωρεῖν
καὶ διηγήσασθαι πρᾶξιν, ἣν οὐκ ἔδει μὲν γενέσθαι, ἵνα δὴ
παρὰ βραχὺ ταυτολογήσας ἐρῶ, ἔδει δὴ γενέσθαι πάντα πᾶσι,
τὸ μὲν διὰ τὴν εὐσέβειαν καὶ τὴν πρὸς τὸ δεινὸν εὐλάβειαν,
25 τὸ δὲ διὰ τὴν τῶν πραγμάτων περίστασιν καὶ τὴν τοῦ καιροῦ
περιπέτειαν· οἱ γὰρ περὶ τὸν βασιλέα εὐνοϊκώτεροι δείσαντες
περὶ τῷ Διογένει, μὴ διαμηχανήσαιτό τι, καὶ πάλιν ἀφορμὴ
πραγμάτων τῷ βασιλεῖ γένοιτο, τὸ σκέμμα τούτῳ συγκαλυ-
ψάμενοι, ἐντέλλονταί τε διὰ γραμμάτων < τῷ > ἐπὶ τοῦ
30 καιροῦ δυναστεύοντι ἐκκόψαι τούτῳ τοὺς ὀφθαλμούς.

XLIII. Ὃ δὴ καὶ γενόμενον ἠγνοεῖτο τῷ βασιλεῖ· καὶ
οὐ θωπευτικὴν ποιοῦμαι τὴν ἱστορίαν, ἴστω θεὸς, ἀλλ' ἀλη-
θεστάτην παντάπασιν, ὅθεν καὶ πλείω ἀφεῖκεν ἐπὶ τῷ
πράγματι γνοὺς ὕστερον δάκρυα ἢ ὅσα ἐκεῖνος πρὸ τοῦ
35 παθεῖν κατήνεγκέ τε καὶ ἀπωδύρετο· ἀλλ' οὐδ' ὅτε ἠγγέλθη

11. οἱ δ. μελανειμονήσας. 13. σχεδιάσαν. 23. δέ γ.
29. τι.

τῷ βασιλεῖ τοῦ Διογένους ἡ ἅλωσις, ἢ σκίρτημά τι ἐνεφάνισεν, ἢ ἄλλο τι χαρμονῆς εἶδος τοῖς περὶ αὐτὸν ἐπεδείξατο, ἀλλ' εἰ μὴ τὰ παρὰ τῶν πολλῶν εὐλαβεῖτο ὀνείδη, ἐσκυθρώπαζεν ἂν μέχρι πολλοῦ. Ὁ μὲν οὖν καὶ τοὺς ὀφθαλμοὺς ἐκκοπεὶς εἰς ὃ ἱδρύ|σατο φροντιστήριον ἐν τῇ νήσῳ ᾗ Πρώτη ὄνομα ἐπανάγεται, ἔνθα βραχύ τι ἐπιβιοὺς τελευτᾷ οὔπω ἔτη <δύο> τὴν βασίλειον ἀρχὴν κατασχών, κρατεῖ δὲ καθαρῶς τῆς ἀρχῆς ὁ Μιχαήλ.

Βασιλεία Μιχαηλ τοῦ Δούκα.

I. Ἱστορεῖν τὸν αὐτοκράτορα Μιχαὴλ τοῦ Δούκα βουλόμενος, ἢ μᾶλλον σκιαγραφεῖν ὅσον ἐπὶ τοῦ λόγου ἐπιτομῇ, τοῦτο πρῶτον τὸν ἀκροατὴν παραινοῦμαι μὴ κρείττονας τοὺς λόγους ἡγήσασθαι τῶν ἠθῶν ἐκείνου καὶ πράξεων, ἀλλ' ὑστεροῦντας παρὰ πολύ· ἐγὼ δὲ ὅπερ πολλάκις πάσχω ἐκεῖνον ὁρῶν καὶ θαυμάζων, παραπλήσιον πάθος κἂν τῷ γράφειν ἐκεῖνον ὑφίσταμαι· οὐ γὰρ ἔχω ὅπως θαύματος ἐπέκεινα τὸν ἄνδρα ποιήσομαι, καὶ μή τις διαπιστοίη τῷ λόγῳ ἢ ἐς ὑποψίαν φέροι τὰ γραφησόμενα, ὅτι ἐπὶ ζῶντι τῷ βασιλεῖ ταῦτα γεγράφαται· τούτου γὰρ ἕνεκα καὶ τὴν ἱστορίαν πεποίημαι, ἵν' ἔχοι τις εἰδέναι ὅτι ἔστι τοι ἦθος ἀνθρώπου θείας ἄντικρυς μοίρας καὶ περαιτέρω τῆς ἐγνωσμένης φύσεως.

II. Ἀπορῶν δὲ ὅ τι πρῶτον εἴπω τῶν ἐκείνου, τοῦτο τῶν πάντων προτίθημι· ὅτι μηδεὶς αὐτὸν τῶν ὑπὸ χεῖρα διαλανθάνων, εἴ τε τῶν φαύλων, εἴ τε τῶν περί τι σπουδαίων καὶ ἀγαθῶν, οὐδεὶς κακῶς ἤκουσε παρ' αὐτοῦ, οὐδὲ ὕβρισται δημοσίᾳ, οὐδ' ἐπί τῳ κακῷ ἀπέωσται· ἀλλ' εἰ καί τις αὐτῶν ἀπαναισχυντεῖν πρὸς τοῦτον αἴροιτο, ὁ δὲ ἡττᾶσθαι μᾶλλον τῆς ἀναιδείας τοῦ ἀνδρὸς ἕλοιτο ἢ ἐς μέσους ἐλέγχειν. Τὸ δὲ ὑπερβάλλον, ὅτι καὶ φωράσας ἐνίους, καὶ μάλιστα τῶν περὶ σῶμα φυλάκων καὶ οἷς ἑαυτὸν | πεπίστευκεν, ἐπὶ τῷ κακῷ δραμόντας ἐπ' αὐτόν, οὔτε ἤλεγξεν, οὔτε φοβήσας διέσεισε· πολλοὺς δὲ καὶ ἐπ' αὐτοφώρῳ ἐξαιροῦντάς τι τῶν

1. ἐνεφήνησεν.   12. παραιτοῦμαι.   18. ζῶντα.   26. κακὸς.
27. τῷ κ.   33. αὐτοφόρω.

βασιλικῶν κιβωτίων ἑλὼν, εἶτ' ἀφῆκε, μὴ θορυβήσας, μηδὲ
τὴν γνώμην αὐτοῖς ὀνειδίσας· τελεώτατος δὲ τὴν φρόνησιν
ὢν, καὶ τῶν πραγμάτων ἐπιστήμην ἀπὸ τῆς | περὶ ταῦτα p. 289
συνεχοῦς ἐπιμελείας λαβὼν, πᾶσάν τε φόρου συντέλειαν
5 διηκριβωκὼς, συντάξεις τε καὶ πρυτανεῖα, καὶ ἐς ὅσα φέροιτό
τις τῶν δημοσίων καὶ ἀφ' ὅσων ἐκχέοιτο αὖθις εἰς τὰ δημόσια,
τήν τε τῶν στατήρων ἐξεργασίαν καὶ τὴν τῆς στάθμης
ἰσορροπίαν καὶ τὰς ῥοπὰς καὶ τὰ λείμματα, τήν τε χρυσῖτιν
ὅπως ἐργάζοιτο καὶ τῶν χρυσῶν χαρακτήρων ὁπόσα ἕκαστος
10 μέτρα τῆς καθαρᾶς ὕλης ἔχοι· καὶ ἵνα μὴ καθ' ἕκαστον λέγω,
πάντα ἐς ἄκρον ξυνειληφὼς, ἔπειτα τοῖς περὶ ἕκαστον ἐπι-
στήμοσιν ὁμιλῶν, αὐτοῖς ἂν τὴν ἡττῶσαν ἐπὶ πᾶσιν ἐνέγκοι,
ἢ τοὺς ἐπὶ τούτοις πραγματευομένους τὴν δόξαν ἀφέλοιτο.

III. Ἄρτι δὲ πρώτως ἀνθοῦντα ἔχων τὸν ἴουλον καὶ
15 ταῖς θριξὶν ἤδη πυκάζων τὴν παρειὰν, οὐδὲν τῶν πρεσβυτέρων
διενηνόχει τὴν σύνεσιν· οὔτε γὰρ ἡδοναῖς ἐδεδώκει, οὔτε
γαστρὸς ἥττηται, οὔτε κωμάζειν ἀπαρακαλύπτως εἵλετο·
ἐρώτων δὲ τοσοῦτον ἀπέσχετο, ὥστε μηδὲ εἰδέναι τοὺς πλείους
καὶ ὅσοι πόρρω τοῦ νομίμου τυγχάνουσι· τοσοῦτον δὲ αὐτῷ
20 τὸ περιὸν τῆς αἰδοῦς, ὡς καὶ εἴ τις ἐξενέγκοι ῥῆμα φαῦλον
τοῦ στόματος ἢ γυμνὸν ἔρωτος ὄνομα, ἐρυθήματος εὐθὺς
γέμον δεικνύει τὸ πρόσωπον.

IV. Ἀλλ' ἔροιτό τις, τίνα τῷ βασιλεῖ παιδικὰ καὶ οἷς
ἂν ἀγλαΐζοιτο; βιβλία σοφίας παντοδαπῆς, λόγων χαρα-
25 κτῆρες σοφῶν, ἀποφθέγματα λακωνικά, γνωμολογίαι, καλλιρ-
ρημοσύνη συνθήκης, ὁ ποικίλος τῶν λόγων σχηματισμὸς, ἡ
τῶν ἰδεῶν ἐξαλλαγὴ, ἡ καινολογία, ἡ ποιητικὴ τοῦ λόγου
κατασκευὴ, πρὸ δὲ τούτων ἁπάντων ὁ πρὸς φιλοσοφίαν ἔρως,
τὸ τῆς ἀναγωγῆς ὕψος, ἡ τῆς ἀλληγορίας μεταβολή· οὐ γὰρ
30 οἶδα εἴ τις βαθυγνώμων ἕτερος ἐγεγόνει τῶν βασιλέων, ἢ
πρὸς ἕκαστον τῶν ζητουμένων εὐθυβολώτατος. Εἰπεῖν δὲ
δεῖ διελόντα, ὡς τὰ μὲν βασιλέως ἔργα καὶ λόγοι, τὰ δὲ
φιλοσόφῳ προσήκοντα, τὰ δὲ ῥήτορι, τὰ δὲ ἐς μουσικοὺς πίπτει,
καὶ περὶ <μὲν> τὴν σφαῖραν οἱ ἀστρολογοῦντες, περὶ δὲ τὰς |
35 τῶν σχημάτων ἀποδείξεις οἱ γεωμετροῦντες, καὶ συλλογισμοὶ p. 290

11. ἔπετα.   12. αὐτὸς.   14. ἤουλον.   24. παντοδαποῦς.
27. ἰδέων.   32. διλῶντας.   34. σφέραν.

μὲν φιλοσόφοις ἀνεῖται, φυσικοῖς δὲ τὰ ἀπόρρητα ἔργα τῆς
φύσεως, καὶ ἄλλο τι ἄλλῳ τῳ, καὶ περὶ ἄλλῳ ἕτερος, καὶ
διῄρηνταί γε τοῖς ἀνδράσι τὰ ὑποκείμενα· τῷ δὲ συνείλεκται
ἅπαντα· καὶ γὰρ φιλοσόφοις συνετάξατο, καὶ μετὰ ῥητόρων
εἶπέν τι περὶ ζεύγματος καὶ ἐμφάσεως, καὶ μετὰ ὀπτικῶν περὶ 5
ἀποστάσεως ἀκτίνων καὶ διαστάσεως, ἀλληγορεῖν δὲ δεῆσαν
πολλάκις τὸν συγγραφέα ὑπερεβάλλετο, ὃν δὴ καὶ καθηγητὴν
πρὸ πάντων εἵλετο καὶ ἐπὶ πᾶσιν ἐδημοσίευσε τοὔνομα.
Ἰάμβων δὲ μὴ προσχὼν μέτροις | σχεδιάζει τούτους, εἰ καὶ 419*
μὴ ἐπιτυγχάνων τὰ πολλὰ τοῦ ῥυθμοῦ, ἀλλ' ὑγιαίνουσαν τὴν 10
ἔννοιαν ἐκδιδούς. Καὶ ἵνα συνελὼν εἴπω, χρῆμά τι γέγονε
τῷ καθ' ἡμᾶς βίῳ ποικίλον καὶ πολυέραστον.

V. Τὸ δὲ εἶδος αὐτῷ πρεσβυτικὸν οἷον καὶ σωφρονιστῇ
προσῆκον ἢ παιδαγωγῷ ὅμοιον· πέπηγέ τε γὰρ αὐτῷ τὰ
ὄμματα καὶ ἡ ὀφρὺς οὔτε σοβαρὰ οὔτε οἷον ὕποπτος καὶ 15
ἐπικαθημένη τοῖς ὀφθαλμοῖς, ἀλλ' ἐλευθέρα καὶ ἐν τῷ προσή-
κοντι σχήματι· τὸ δὲ βάδισμα οὔτε σεσοβημένον καὶ οἷον
ταραχωδέστατον οὔτε ἀργόν τε καὶ ῥᾴθυμον, ἀλλ' οἷον
μουσικός τις ἀνὴρ ἐπαινέσειε περὶ ἄρσεις καὶ θέσεις τὴν
πραγματείαν ποιούμενος, ὅ τε τῆς φωνῆς τόνος ἐμμελής τε 20
καὶ εὔρυθμος, μήτε καχλάζων τῷ τῆς γλώττης ῥεύματι μήτε
ἀμαυρὸς καὶ δυσήκοος.

VI. Πολλῶν δὲ ὄντων λόγων τε καὶ πραγμάτων τῶν ἢ
συστελλόντων ψυχὴν ἢ πρός τι διερεθιζόντων, οὗτος παρ'
οὐδενὸς τούτων οὔτε τὸ ἦθος τραχύνεται οὔτε τὴν γνώμην 25
συστέλλεται· γελᾷ μὲν ὡς ἥδιστα, δακρύει δὲ ὡς οἴκτιστα,
καὶ ὀργίζεται μὲν ἥκιστα, καθίσταται δὲ πρὸς τὸ κρεῖττον
οὐχ ἥκιστα. Νόμοις μὲν τὰ πολλὰ μὴ ἐμμελετήσας, ἐς δὲ τὴν
δίαιταν ἀθρόους τούτους καταριθμούμενος, οὐκ ἀπὸ τῶν δέλτων,
ἀλλ' ἀπὸ τῶν στέρνων. Ἐρυθριᾶσαι | μὲν εὔκολος, ἀναιδεύ- 30
σασθαι δὲ οὐδ' ὅπως τε οὖν· σφαῖραν μὲν ἀναρρίψαι δεινός,
περὶ δὲ μίαν σφαῖραν ἐπτοημένος τὴν οὐρανίαν· κυβείαν μὲν
εἰδὼς τὴν τῶν πραγμάτων φορὰν καὶ μεταβολήν, καὶ κύβον ἕνα
τὸν γεωμετρικὸν ὃν ὁ Πλάτων τῇ γῇ δίδωσι· κυνηγεσίοις δὲ
γέγηθε μέν, τοσοῦτον δὲ τῆς ἡδονῆς αὐτῷ ὅσον ἰδεῖν τὸν 35

4. συνετάξατε.   5. εἶπον   ibid. ζεύματος.   29. δίαιτταν.
30. ἀνεδεύσασθαι.   34. γεωμετριτῶν.

φεύγοντα ὄρνιν ἀνάλωτον, εἰ δ' ὁ διώκων προσπελάζοι τούτῳ, ἀποκναίει τὴν γνώμην καὶ οὐκ ἐνατενίζει τῇ ὄψει.

VII. Οὐκ ἐπτόηται περὶ τὴν βασίλειον ἀγλαΐαν, οὐδὲ στέμμασιν ἐθέλει τὴν κεφαλὴν ταινιοῦν, ἀλλ' ἀρετῶν εἴδεσιν. 5 Οὐχ ὅσα τις περιψιθυρίσει τούτῳ τὴν ἀκοὴν ἐς τὰ στέρνα κάτεισιν, ἀλλὰ τὰ μὲν ἔξω θυραυλεῖ ὅσα τοῦτον λυπεῖν εἴωθε, τὰ δὲ τῇ ψυχῇ ἀπομάττεται ὁπόσα αὐτῷ ἥδιστα· ἐς παράδειγμα τὸν πατέρα βλέπει καὶ πολλὰ τῶν ἐκείνου ὑπερβαλλόμενος, ἡττᾶσθαι πάντων ὁμολογεῖ· τὸ δὲ μέγιστον καὶ ὃ 10 μηδὲ θαυμάζειν δεδύνημαι, ξυγκλυσθέντων αὐτῷ τῶν πραγμάτων κατά τε τὴν ἑῴαν καὶ τὴν ἑσπέραν, ὧν τὰς ἀφορμὰς οἱ πρὸ τούτου δεδώκασιν αὐτοκράτορες, ἄλλος μὲν ἄν τις καὶ τῶν λίαν ἰσχυρογνωμόνων τῆς τῶν κακῶν ἐγεγόνει φορᾶς καὶ ἐνεδεδώκει τοῖς πράγμασιν, εἴτε τι διερράγη ἂν ὁ τῆς 15 βασιλείας κάλως, καὶ κατερράγη μὲν ἡ ὀροφή, ἀνέσπαστο δὲ ὁ θεμέλιος, ἀλλ' ἡ τῆς ψυχῆς αὐτῷ στάσις καὶ τὸ τῆς γνώμης ἀκλόνητον ἔστησε τὴν τῶν πραγμάτων φοράν, καὶ εἰ μὴ τοῖς λιμέσι προσωκείλαμεν τέως, ἀλλ' ἐπὶ μετεώρου σαλεύομεν καὶ οὔπω ἀπώσθημεν ἐς τὸ πέλαγος.

20 VIII. Ταῦτα μὲν οὖν κοινὰ τούτῳ πρὸς ἅπαντας, τὰ δὲ 420 πρὸς τὸν συγγραφέα | οὐκ ἔχει πρὸς τοὺς ἄλλους ἅμιλλαν, οὐδὲ σύγκρισιν· οὔτε γὰρ τῷ τῶν ἀδελφῶν οὕτω τεθάρρηκεν, οὔτε τοῖς κρείττοσι τοῦ γένους, οὔτε ἱεροῖς καὶ θείοις ἀνδράσιν, ὡς ἐμοί· ἃ μὲν οὖν εὐηργέτηκέ με, διδοὺς ἀεί τι καὶ προστιθεὶς 25 καὶ ἐπὶ μεῖζον αἴρων, καὶ ἄλλο ἐπ' ἄλλῳ τῳ τῶν ἀγαθῶν προσάγων καὶ ἐπαυξάνων τὸ ὑποκείμενον, δέξαιτ' ἄν τινα καὶ πρὸς ἄλλον παραβολήν, τὸ δὲ | ἐνδιάθετον τῆς γνώμης, τὸ δὲ p. 292 ἔμφυτον τῆς ψυχῆς, τὸ δὲ διαχεῖσθαί μοι εὐθὺς θεασάμενος καὶ ἀγλαΐας καὶ χαρίτων ἐμπίπλασθαι, καὶ τὸ ὑπεραίρειν 30 οὐχ ὅσων ὁρῴη σοφῶν, ἀλλὰ καὶ ὅσων ἀκούοι, ταῦτα οὐκ ἄν τις παραμετρεῖν πρὸς ἕτερον δύναιτο. Βασκανίας δὲ μὴ βάλλοι βέλος ἡμᾶς, μηδὲ νεμέσεως.

IX. Ἀλλ' ἐπιτέμνοντα τὸν λόγον πολλά με διέλαθε, τὸ περὶ τὴν γυναῖκα φίλτρον, οἷον ἐξ ἐκείνης ἀποτέκοι παιδίον, 35 τὸ περὶ τοῖν ἀδελφοῖν, ὧν θαυμασίων ὑποκειμένων θαυμασιώτερος ἐκεῖνος γνωρίζεται. Καὶ ἵνα μὴ παρὰ τὸ γένος ἐπαινοίην

1. ὄρνην.   14. εἶτα.   22. scrib. γάρ τῳ Bury.
25. ἄλλω.   32. βάλι.   34. γυναῖκαν.

τὴν βασιλίδα, εὐδαιμονίᾳ καὶ ἀρχαιότητι πασῶν ὑπεραίρων αὐτήν, ἀρκεῖ αὐτῇ ἀντὶ πάντων τὸ ἦθος οἷον οὐχ ἑτέρας ἔξεως, καὶ τὸ εἶδος οἷον οὐχ ἑτέρας ὄψεως· εἰ δὲ γυναιξὶ κόσμον ἡ σιγὴ φέροι, κατὰ τὸν τραγῳδὸν, κόσμου παντὸς αὕτη τιμιωτέρα καθέστηκεν, ὅτι μηδενί τῳ ἄλλῳ ἢ τῷ ἀνδρὶ 5 τὴν γλῶτταν ἐγνώρισεν, αὐτομάτως καλλίων τυγχάνουσα ἢ ὁπότε ἀναγκαίως ἔχοι κοσμήσασθαι.

Χ. Περὶ δὲ τοὺς ἀδελφοὺς ποδαπὸς οὗτος ὁ αὐτοκράτωρ; οὐκ ᾠήθη χρῆναι ὥσπερ ὑπὸ χεῖρα ἔχειν καὶ οἷον ἐφ᾽ ἑκάστου καιροῦ χαλιναγωγεῖν, ἀλλὰ μερίζει ἑκατέρῳ τὰς βασιλείους 10 διατριβὰς καὶ ἐς αὐτεξούσιον ἡγεμονίαν καθίστησιν. Ἐρῶ δὲ καὶ περὶ τοῦ θείου τοῦ Καίσαρος· ἤρτηται τῆς γνώμης αὐτοῦ, καὶ τῆς συμβουλῆς θαυμάζει τὴν σύνεσιν, τὴν περὶ πάντα πράγματα δεξιότητα· τῶν μὲν περὶ τὴν πολιτείαν αὐτὸς ἔχεται πράξεων, ἐπ᾽ αὐτῷ δὲ τίθεται ὁπόσα ἐς γνώμην 15 τείνει στρατηγικήν.

ΧΙ. Καὶ τοῦτο δὲ προσθήσω τοῖς εἰρημένοις· διεγνώκει με οὗτος ὁ βασιλεὺς μέλλοντα τοῦτον ἐξιστορεῖν, καὶ ἐπιτάξας μὴ γράφειν μέχρις ἂν αὐτὸς ἐκδοίη τῶν ἑαυτοῦ τρόπων κεφάλαια, εἶτα δή μοι ὁ ὑπογραφεὺς ἀνεγνώκει τὰ γεγραμ- 20 μένα· κἀγὼ μὲν εἴκαζον πρὶν ἢ τοῦ ἀναγνώσματος ἀκροάσασθαι, ἀπορρητότερα εἶναι καὶ κρείττονα· ὁ δέ γε ἐν τούτοις τοσοῦτον κατήνεγκεν ἑαυτὸν καὶ οὕτως | παρὰ φαῦλον ἔθετο, καὶ τοσαῦτα κατεῖπε τῆς ψυχῆς, ὡς καὶ ἀδαμαντίνην φύσιν κινῆσαι πρὸς θαῦμα τοῦ ὕψους τῆς ταπεινώσεως. Καὶ ἀρκεῖ 25 σοι τοῦτο σύμβολον, θειότατε βασιλεῦ, ἀντὶ πάσης ἑτέρας ἀρετῆς τε καὶ ἕξεως!

Κωνσταντῖνος ὁ τοῦ Δούκα τοῦ Μιχαὴλ τοῦ βασιλέως υἱός.

ΧΙΙ. Τὸν τοῦ Μιχαὴλ τοῦ Δούκα βασιλέως υἱὸν Κωνσταντῖνον βρεφύλλιον ἐγὼ καὶ ἐν ἀγκάλαις γαλακτοτροφού- 30 μενον ἑωράκειν καὶ ταινίᾳ | βασιλικῇ ἀναδεδεμένον τὴν κεφαλήν· γράφω δὲ αὐτῷ οὔτε λόγους τινάς, οὔτε πράξεις,

1. πᾶσαν. 2. ἀρχήν. 12. ἤρται. 23. οὗτος παραφαῦλον.
26. σύμβουλον. 31. ἀναδεδομένην.

264   ΜΙΧΑΗΛ ΨΕΛΛΟΣ.

οὔτε γὰρ ἔπραξέ τι οὔτε οὔπω ἐφθέγξατο· ἀλλὰ καὶ τὸ εἶδος
καὶ τὸ ἐμφαινόμενον ἦθος, ὡς οἷόν τε καὶ ἀπὸ τούτων
<δηλοῦσθαι> τὴν ἐγκαθημένην ψυχήν, οὔπω γὰρ οἶδα τοιοῦ-
τον κάλλος ἐπίγειον· τὸ μὲν γὰρ πρόσωπον αὐτῷ εἰς ἀκριβῆ
5 κύκλον ἀποτετόρνευται, οἱ δὲ ὀφθαλμοὶ γλαυκοὶ καὶ εὐμεγέθεις
καὶ γαλήνης μεστοί, αἵ τε ὀφρῦς εὐθεῖαι γραμμαὶ ἀτεχνῶς,
περὶ μὲν τὴν βάσιν τῆς ῥινὸς βραχύ τι διεστῶσαι, περὶ δὲ
τοὺς κροτάφους ἠρέμα κάμπτουσαι· ἡ δὲ ῥὶς ἐλευθέρα μὲν
τοὺς μυκτῆρας, ἀλλ' ἀρχομένη μὲν βραχύ τι ἐγείρεται, προϊ-
10 οῦσα δὲ ἐς ἄκρον ἐμφαίνει τι τοῦ γρυποῦ· τῆς τε κεφαλῆς
ἡλιῶσα θρὶξ ἐξανθεῖ· καὶ τὼ χείλη λεπτὼ τούτῳ, καὶ <τὸ
ὄμμα> βλέπον ἡδὺ καὶ ἀττάλον ἡδύτερον, καὶ τὴν ψυχὴν
ἀπὸ τούτου ἐμφαῖνον οὔτε καταβεβλημένην οὔτε ἐπιβεβλη-
μένην, ἀλλὰ πραεῖαν μὲν, θείῳ δὲ διεγηγερμένην κινήματι.
15   XIII. Τὸν μὲν οὖν Τελαμώνιον Αἴαντα τιθηνούμενον ἔτι
τὸν Ἡρακλέα φασὶν ἰδεῖν καὶ τῇ λεοντῇ περιβαλεῖν, ἐγὼ δὲ
ἠγκαλισάμην πολλάκις καὶ ὄνασθαί μου τῶν λόγων ηὐξάμην·
ἐναγκαλίσομαι δὲ καὶ αὖθις, καὶ τοῦτο πλειστάκις, καὶ ὀναί-
μην αὐτοῦ ὁπότε εἰς ἡλικίαν ἔλθοι καὶ τὸ δύνασθαι λάβοι
20 παρὰ τοῦ πατρός. Ὁ μὲν οὖν Νέστωρ | ὁ Πύλιος μετὰ τὴν
τῆς Τροίας ἅλωσιν ὑποτίθεται Νεοπτολέμῳ τῷ Ἀχιλλέως
υἱῷ ἃ δεῖ πράττοντα ἄνδρα γενέσθαι δεξιόν, ἐγὼ δὲ τοσοῦτον
αὐτῷ ὑποθείμην· ἴσως γὰρ ἐφ' ἥβης γενόμενος ὁ βασιλεὺς
οὗτος ἀναγνώσεταί μου τὸ σύγγραμμα, πρὸς παράδειγμα τὸν
25 πατέρα ὁρῶν, κἀκεῖθεν ἑαυτὸν ἱστορεῖν· καὶ ὁμοιωθείης,
παιδίον, τῷ φύσαντι, καὶ γένοιο ἂν οὐ κακός· εἰ μὲν οὖν
περαιτέρω τῆς καθεστώσης ἡλικίας προβήσομαι, ἕτερόν σοι
λόγον συγγράψομαι, ὁπηνίκα καὶ αὐτὸς ἀφορμὰς τοῦ γράφειν
παράσχοις ἐμοί· εἰ δ' οὖν, ἀποχρῶν σοι τοῦτο τὸ γράμμα,
30 ἑτέροις ὑπόθεσις τῶν ἐπὶ σοὶ συγγραμμάτων ἐσόμενον.

Ἀνδρόνικος ὁ ἀδελφὸς Μιχαὴλ Βασιλέως τοῦ Δούκα.

XIV. Χαριέστατος οὗτος ὁ βασιλεὺς καὶ μετὰ τὴν ἥβην
εὐθύς, πρόθυμος δὲ τὴν ψυχὴν περὶ λόγους καὶ οὐδὲ τῶν

11. τοῦτο.   12. ἀττάλων (scrib. ἀτάλλον Bury).   14. πραεῖα.
18. ὀνένην.   23. ἀφ'.

ΜΙΧΑΗΛ Ζ' (1071—1077). 265

βαθυτέρων ἀπεχόμενος ζητημάτων· ἐμοὶ γοῦν πράγματα
παρέχει περὶ τῶν ἀντιπόδων διαλεγόμενος, ἀπαρνούμενος
τούτους, ἵνα μὴ ἀπὸ τῶν ποδῶν ἐς κεφαλὴν αἰωροῖντο· καὶ
ἁδρότερος μὲν τὴν χεῖρα, δεξιὸς δὲ καὶ λεπτός, περὶ τὰς σκιὰς
εὔκολος, τὸ ἦθος οὐ βαθὺ οὐδὲ εἰρωνικὸν ἔχων, ἀλλ' ἐκκεί- 5
μενον ἅπασιν, εὐγενὴς τὴν προαίρεσιν, ἱππᾶσθαι ἐπιτήδειος,
θερμὸς τὰ περὶ τὴν θήραν, ὥστε μήτε τοῦ λαγὼ ἐθέλειν
ἀπολείπεσθαι, ἀλλὰ καὶ τοῖς γεράνοις συμπέτεσθαι, πρόχειρος
μὲν βραχύ τι τὴν γλῶτταν, εἶτα δὴ εἰς χάριτας κατακλείων
εἴ τί που παραφθέγξαιτο. 10

Κωνcταντῖνοc ὁ ἀδελφὸc αὐτοῦ. 421

XV. Οὐ πρόχειρος οὗτος ὁ βασιλεὺς <τὴν> γνώμην, ἀλλ'
ἴσῳ συννενευκὼς καὶ σωφρονιστῇ ἀτεχνῶς ἐοικώς· ἐγρηγορεῖ
p. 295 δὲ τὰ | πολλά, καὶ εἰπεῖν οἷς ἂν τὴν γλῶτταν ὀξύτερος· εἴκει
δὲ οὐ ταχέως τοῖς ἀντιπίπτουσιν, ἀλλὰ λόγοις ἀντεμβάλλει 15
λόγους καὶ πείθειν ἐπιχειρεῖ, ἀποτελευτᾷ δὲ εἰς μειδίαμα καὶ
ἠρέμα ἐπιγάννυται οἷς ἐφθέγξατο· τὴν σύνεσιν πολιός, τὴν
ψυχὴν βεβηκώς, οὐ ταχὺ μεταπίπτων πρὸς ἅπερ ὁρμήσειεν,
τὴν χεῖρα μέσος, οὔθ' ὕπτιος τὴν παλάμην, οὔτε συγκεκλικὼς
τοὺς δακτύλους, ἐφ' ἵππον ἐπιβῆναι δεξιός, θηρᾶσαι δὲ δεινός, 20
πάγκαλον χρῆμα καὶ τῇ μητρὶ καὶ τοῖς ἀδελφοῖς.

Ἰωάννης Καῖcαρ ὁ Δοῦκας.

XVI. Τί ἄν τις εἴποι περὶ τοῦ ἀνδρὸς τούτου, ὥστε
ἐξισῶσαι τοὺς λόγους ταῖς τῶν ἠθῶν ἀγλαΐαις καὶ ταῖς τῆς
ψυχῆς ἀρεταῖς; παντοδαπὸν γὰρ οὗτος χρῆμα καὶ οἷον 25
κάλλιστον τῷ βίῳ ἀνάθημα, καὶ ἐκ δυεῖν τοῖν ἐναντίοιν
ξυγκείμενος, ὀξύτατος γὰρ τὴν σύνεσιν ὢν ξυμπάντων ὧν
ἐγὼ καὶ ᾔσθημαι καὶ τεθέαμαι, οὕτω πρᾳοτάτην ἐνδείκνυται

13. εἴσω συνηνευκώς. ibid. ἐγρήγορε. 14. ἦσαν. 16. ἐπίθειν.
21. χρῶμα. 24. ἐξιστῶσαι. 26. ἐκδύειν. 27. ὧν.

τὴν ψυχὴν, ὡς εἰκάζεσθαι ῥεύματι ἐλαίου ἀψοφητὶ ῥέοντος.
Τὰ μὲν οὖν ἐς στρατηγίαν κατὰ τοὺς ἀρχαίους ἐκείνους καὶ
πολυϋμνήτους Καίσαρας, καὶ ὁπόσα τετολμήκασί τε καὶ
κατωρθώκασιν Ἀδριανοὶ καὶ Τραϊανοὶ καὶ οἱ τῆς αὐτῆς
5 ξυμμορίας, ἐκείνοις ἐλήλυθε πρὸς τὴν τοιαύτην ἐπιστήμην,
οὐκ ἀπὸ ταὐτομάτου, οὐδὲ τυχαίως, ἀλλ' ἀπὸ τῶν τακτικῶν
βιβλίων καὶ στρατηγικῶν καὶ πολιορκητικῶν καὶ περὶ ὅσων
οἱ περὶ Αἴλιον καὶ Ἀπολλόδωρον συγγεγράφασιν· ἀλλὰ τὰ
μὲν περὶ τὴν στρατηγίαν τοιοῦτος, ἐλάττων δὲ τὰ πολιτικὰ
10 καὶ ὅσα ἐς δίκας φέρει καὶ τὰ δημόσια; πολλοῦ γε καὶ
δεῖ· ξυρὸς γὰρ εἰς ἀκόνην πρὸς πάντα τὰ κάλλιστα, τοῦτο δὴ
τὸ παροιμιῶδες· ἀλλ' ἐς ὀργὴν πρόχειρος; οὐμενοῦν, εἰ μὴ
ὅσον ἐνδείξασθαι· ἀλλὰ μνησικακῆσαι δεινός; | ἀλλὰ τοῦτο
δὴ τὸ μέρος καὶ μᾶλλον θαυμάσιος καὶ οἷος οὐκ ἄλλος· ἀλλὰ
15 τὴν γλῶτταν πρόχειρος, ἢ πρὸς τὸν ἀδελφὸν πρότερον καὶ
τὸν ἀνεψιὸν ὕστερον τόλμαν ἔχων ἢ παρρησίαν; οὐμενοῦν·
ὥς γε δὴ καὶ παράδειγμα τοῖς πολλοῖς ἡμῖν εὐλαβείας
καθίσταται, ἁπανταχοῦ δὲ μετριάζων καὶ σπουδὴν παιδιᾷ
κιρνῶν, ἐν τούτῳ μόνον οὐ καθεκτός, οὐδὲ σύμμετρος.
20 XVII. Τὰ παντοδαπὰ κυνηγᾶται· περιεργάζεται οὖν
πτερὸν ὄρνιθος καὶ θηρίων ὁρμάς, ἐπιθωάζει τε κυσὶ καὶ
καταδιώκει βαλιὰν ἔλαφον, μαίνεταί τε περὶ τὰς ἄρκτους, ὃ
δὴ πολλάκις αὐτῷ προσωνείδισα, ἀλλ' ἔστιν αὐτῷ ἡ θήρα
ἀμετάθετα παιδικά· δυοῖν γὰρ τούτοις μερίζει τὸν βίον,
25 βιβλίοις καὶ κυνηγεσίοις, μᾶλλον δὲ σχολάζοντι μὲν φίλα
ταῦτα καὶ μελετώμενα, σπουδάζοντι δὲ οἰκεῖα ὅσα καὶ ὅσα
πρὸς τοὺς καιρούς· εἰρηνεύειν τοῖς ἐναντίοις ἢ μάχεσθαι
ἐπίσταται· λόχους, πολέμων τάξεις, διαιρέσεις τάξεων εἰπεῖν,
ἢ φάλαγγα στῆσαι, πῶς πυκάσαι τὸ βάθος, πῶς ἀπολεπτῦναι
30 τὸ πλαίσιον σχῆμα, τὸ κοιλέμβολον εἶδος, τὴν συναγωγήν,
τειχομαχίας, ἱππομαχίας, πεζὴν σύνταξιν πρὸς τοὺς καιρούς,
πρὸς τοὺς τόπους, καὶ τί καθ' ἕκαστον λέγω; ἐπὶ πᾶσι τῶν
πάντων κεκράτηκε.

2. καὶ τὰ.   5. ἐκείνης.   6. τυχέως.   9. ἐλάττω.
14. θαυμασίως.   18. παιδία.   25. σχολάζοντα.   26. σπουδέοντι.
29. βοίθιον.

Γραφὴ τοῦ Βασιλέως πρὸς τὸν Φωκᾶν.

XVIII. Γράφων οὖν ὁ βασιλεὺς πρῶτον μὲν τῆς χαλεπῆς ὑπερορίας καὶ | τοῦ ἐν ἐκείνῃ τοῦ Φωκᾶ ἐκρεύσαντος χρόνου, 421*
p.297 τῆς τε τῶν οἰκείων | ἐρημίας, καὶ τῆς ἀπόρου πενίας, καὶ τοῦ
ῥυπῶντος χιτῶνος καὶ τῶν διερρηγμένων περιβολέων μιμνή- 5
σκει, εἶτα τὴν οἰκείῳ κελεύσματι γεγενημένην ἀνάκλησιν
αὐτοῦ καὶ τὴν ἐν βασιλείοις ἐν μεγίστῃ τιμῇ ὑποδοχήν, καὶ
τὰς σατραπικὰς ὡς εἰπεῖν εὐεργεσίας, καὶ πάντα λόγον
παρατρεχούσας δεξιώσεις διεσήμαινε, καὶ ὅπως πᾶν εἴ τι
μέγα καὶ σεμνότατον ἔχοι πολιτεία Ῥωμαϊκὴ φέρων εὐθέως 10
αὐτῷ προσέθηκε, τιμαῖς τε καὶ στρατηγίαις τὰ πρῶτα ἐλάμ-
πρυνε καὶ ὑψηλότερον ἁπάντων τέθεικε, οὐσίας τε κύριον
κατέστησε τοσαύτης ὅση πρέπειν ἐμφανῶς τῷ ἀξιώματι
ἔμελλε· "τίς γάρ, φησιν, ἀμείνω σου τάξιν παρ' ἐμοῦ ἐκαρ-
ποῦτο, ἢ τίς ἐκρίνετο φίλος βασιλέως καὶ ὦτα καὶ ὀφθαλμός; 15
τίς δὲ ἦν ὁ πάντα πείθων εἰ βούλοιτο; τίνι δὲ τῶν πραγ-
μάτων ἀνεκοινούμην τὰ μέγιστα; ἃ γὰρ τόν τε ἀδελφὸν καὶ
τὴν μητέρα ἔκρυπτον, ταῦτά σοι μόνῳ διέφαινον. Τίς δὲ ὁ
παύων νῦν καὶ καθιστῶν τὰς μεγίστας ἀρχάς; ἐξ ὧν σὺ καὶ
ἤκουες τοσοῦτον καὶ ἡ δυναστεία ηὔξηται· καὶ σιωπῶ τὰ εἰς 20
πατέρα καὶ ἀδελφὸν καὶ συγγενεῖς διὰ σὲ πεπραγμένα μοι,
καὶ τοὺς ὅσους ἐξ ἰδιωτικῆς ταπεινότητος εἰς ὕψος ἀξιωμάτων
σὴν χάριν ἀνήνεγκα, καὶ τοὺς ὅσοι οὐ τοὺς τυχόντας πλούτους
κατεκτήσαντο, ἐξ ἀπορίας προγονικῆς ἀρχὰς στρατηγικὰς
καὶ πολιτικὰς διέποντες, ὧν καὶ ἀδικούντων λάθρα τε καὶ 25
προδήλως οὐκ ἐποιούμην ἐπιστροφήν· εἰδὼς γὰρ ὡς πλῆθος,
ἐσιώπων τὰ τοιαῦτα, σοῦ δὴ ἕνεκα πάντων ἀνεχόμενος· μίαν
γὰρ τῶν κακῶν σέ μοι γενέσθαι μετὰ τὴν θείαν ῥοπὴν
ἤλπιζον παραψυχήν· διὰ γὰρ τούτων καὶ συνεργόν σε ἐφ' ᾧ
τῶν ἐμῶν κύριος καταστῆναι ἄθραυστος εἱλόμην τε καὶ 30
προσείληφα, σὲ μόνον τῶν ἐν ἀνθρώποις σύμμαχον καὶ

3. τῇ ἐν ἑ. ibid. ἐρευνήσαντος. 4. εὐπόρου. 5. μιμνήσκειν.
10. ἔχον. 16. ἐβούλοιτο. 19. σοι. 20. ηὔξηνται.
27. σιωπῶν. ibid. δέ. 28. μή. 31. σεριόναν τόν.

συμμύστην κατακτήσασθαι οἰηθείς, καὶ διά σου τοὺς ἐν μέσῳ κατευνασθῆναί μοι προσδοκήσας ταράχους· νῦν δέ, ὦ τῶν ματαίων βουλευμάτων, ὦ τῶν ἀστηρίκτων ἐλπίδων, καὶ | ἐπὶ τῆς ἐπὶ τοσοῦτον ἀγνωμοσύνης! ἄνθρακες ὁ θησαυρὸς ἀνα-
5 σκαπτόμενος· οὐ γὰρ αἱ ἐλπίδες τὸ μάταιον ἔχουσι, μόνον εἰ μὴ παρὰ πολλῶν ἀπελπίσεται· ἀλλὰ καθ' ἑαυτῶν κεκινήκαμεν τὸν ἀνάγυρον, ἐλαίῳ πῦρ κατασβέσαι πεισθέντες.

XIX. "'Ἀντὶ γὰρ παραψυχῆς συμφορὰν, καὶ ἀντὶ συμμάχου πολέμιον, καὶ ἀντὶ συνεργοῦ καθαιρέτην τὰ λογοποιού-
10 μενα, εἴ γε ἀληθείας ἔχεται, ἀναφανδόν σε δεικνύει· ὥσπερ γὰρ τὰ ἔσχατα ἠδικημένον καὶ τεταπεινωμένον ὑπ' ἐμοῦ, οὕτω τὰς κατ' ἐμοῦ τιμωρίας ὁπλίζεσθαί σέ φασι, πάσῃ σπουδῇ τῆς βασιλικῆς καὶ διαφερούσης ἑστίας ἐμὲ μὲν ἐξῶσαι ἀγωνιζόμενον, σαυτῷ δὲ ταύτην μνηστευόμενόν τε καὶ
15 οἰκειούμενον. Ἀλλὰ μὴ τοῦτο, μὴ μὴ, μάγιστρε, μηδὲ εἰς νοῦν ποτὲ βάλλοιο! ὡς ἀπόλοιντο οἱ λογοποιοὶ καὶ οἱ τῶν παραλαλουμένων δημιουργοί, οἱ τὰ ζιζάνια ἐπισπείροντες πονηροὶ καὶ ὑπὸ μόνου τοῦ βασκαίνειν τὰ μὴ ὄντα τερατευόμενοι, ὧν τοῖς ἀλόγοις ἢ ἀλλοκότοις οὐ προσέχειν δεῖ, ἐς
20 τοῦτο μάλιστα, ὥς γε πείθομαι, ξυγκειμένοις, ὅπως τὴν κοινὴν ἡμῶν διαστήσωσι γνώμην | καὶ τὴν τῆς προαιρέσεως καταστασιάσωσιν οὐ προσήκοντες ὁμόνοιαν! πλὴν ἀλλὰ καὶ αὖθις λέγει, μὴ ἐπιχαρῇ ὁ ἐχθρὸς ἐφ' ἡμῖν, μηδὲ τῆς οὕτω θεομισοῦς καὶ πᾶσαν ἰδέαν κακίας παρελαυνούσης κἂν εἰς μνήμην
25 ἔλθοις πράξεως· μηδὲ ἀγνώμων ἐπὶ τοσοῦτον καὶ ἄδικος ὀφθῆναι βουληθείης, μηδὲν ἔχων τοῖς εὐεργετηκόσιν ἐγκαλεῖν, μηδὲ τῷ βίῳ ἄπευκτον γενέσθαι διήγημα καὶ πονηρὸν ὑπόδειγμα καταδέξαιο!"

XX. Ἐπὶ τούτοις τοῦ εἰς μέσον παραληφθέντος < καὶ >
30 ἐν τοῖς φρικτοῖς αὐτῷ ὀμωμοσμένοις θεοῦ ἀνεμίμνησκε, καὶ ὥσπερ τῆς δραστικῆς αὐτοῦ προνοίας τρόπος τῆς περὶ τὴν οἰκουμένην διατρεχούσης ὁσημέραι, καὶ ἐδίδασκεν ὡς ἀκοιμήτῳ ὀφθαλμῷ τὰ τῇδ' ἐπισκοπεῖ, | καὶ τὰς ἀντιδόσεις τῶν βεβιω-

1. συμμυσιστὴν. 2. τῶ μ. 4. ἀνασκόμενος. 5. ἦ μοι.
6. ἑαυτὸν κ. τ. ἐνέγκυρον. 7. ἔλαιον.
11. τεταραγμένον. 12. πᾶσα. 14. μνησκόμενον. 15. μὲ.
19. οἱ. 23. τοῖς. ibid. οὕτω θεομισουσῶν. 31. ὅπερ.

μένων τοῖς ἀνθρώποις πρυτανεύει ἀεί· ἀντιμετρεῖται γὰρ παρ' αὐτῆς ἑκάστοις τὰ πράγματα, ἧς καὶ τῷ δικτύῳ οἱ σκολιῶς ἁλίσκονται πορευόμενοι, δι' ἧς καὶ τὰ τῆς τύχης εἰς τὸν ἀντίρροπον μεταφέρεται. "Εἰ μὲν καὶ τὴν τοῦ θεοῦ κρίσιν πτοῇ κἀκεῖνον τῶν σῶν ἀναμένεις ἐξεταστὴν, δυσωπή- 5 θητι τὴν τῶν ἔργων ἀσφάλειαν· ἡγείσθω εὐβουλία τῆς ἐγχειρίσεως, τὸ συνῆσον τῆς ἐπιβουλῆς τῶν πραγμάτων, πρὸ τῆς ἐπιβουλῆς ἡ βουλή· τὸν γὰρ κακῶς βουλευόμενον πρῶτον ἡ ἐγχείρισις ἔβλαψεν."

2. ἑκάστης. 5. πτοεῖ κ. τῶν τῶν. 6. ἐσβουλία.

INDEX NOMINUM.

Ἀαρών, princeps Bulgarorum 61, 31. βασιλεὺς τοῦ ἔθνους 64, 1. v. Ἀλουσιάνος
Ἀγησίλαος ὁ Λακεδαιμόνιος 164, 8
Ἀδριανός, imperator 265, 4. Ἀδριανοὶ ἐκεῖνοι 29, 26
Ἀδριανούπολις, urbs Thraciae, ἡ Ἀδριανοῦ 136, 9. οἰκοῦσιν ἐξ ἀρχῆς Μακεδόνες 135, 27
Ἀθῆναι 110, 7. Ἀθηναῖοι 150, 32. δημοκρατίας ἐγκώμιον 151, 1
Ἄθως, mons Macedoniae 104, 26
Αἰακὸς ὁ πάππος Ἀχιλλέως 229, 17. ἐκ Διὸς γεννῶσιν οἱ μῦθοι 229, 17
Αἴας ὁ Τελαμώνιος 264, 15. Ἡρακλῆς τιθηνούμενον ἰδὼν περιβάλλει τῇ λεοντῇ 264, 15
Αἰγύπτιος δυνάστης 174, 15. ἐπιστολαὶ βασιλέως Κωνσταντίνου Θ' πρὸς τοῦτον 174, 5. v. Αἴγυπτος. Αἰγυπτίων γῆ 162, 19. 213, 6. σύριγγες 16, 16
Αἴγυπτος: ὁ Αἰγύπτου ἐξουσίαν λαχὼν 51, 16. ἀρχὴν ἔχων 219, 31. ὁ ἐν Αἰγύπτῳ δυνάστης 174, 2. v. Αἰγύπτιος
Αἴλιος, scriptor tacticus 265, 8
Ἀλανία, regio Caucasica, ἔθνος μέγιστον 153, 33. 160, 8. βασιλεία οὐ πάνυ σεμνή, οὐδὲ ἀξίωμα ἔχουσα 159, 3. τῷ Ῥωμαίων κράτει τὸ ἐχέγγυον διδοῦσα τῆς πίστεως 159, 5
Ἀλανός: Ἀλανῶν γῆ 159, 35. Ἀλανὴ μείραξ θυγάτηρ τοῦ ἐκεῖσε βασιλεύοντος ὁμηρεύουσα ἐν Βυζαντίῳ 159, 30. παλλακεύεται Κωνσταντίνῳ τῷ Μονομάχῳ 155, 30. ὀνομάζεται Σεβαστή 159, 29. ἐρᾶται ὑπὸ βαρβάρου γελωτοποιοῦ 155, 36. 156. 160, 12
Ἀλεξάνδρεια ἡ πρὸς Αἰγύπτῳ 110, 8
Ἀλέξανδρος ὁ Μακεδὼν 164, 6. ὁ Φιλίππου 29, 27. 216, 32
Ἀλέξιος, Studites patriarcha CP 101, 11. ὁ θεῖος 186, 19. στεφανοῖ Ζωὴν καὶ Μονομάχον ἐν τριγαμίᾳ οὐκ ἐπιτιθεὶς τὴν χεῖρα τοῖς στεφάνοις 101, 13
Ἀλουσιάνος, Ἀλλουσιάνος, princeps Bulgarorum, ὁ χαριέστερος τῶν υἱέων Ἀαρὼν 63, 33. 64, 6. ὅμηρος ἐν Βυζαντίῳ 64, 10. ἐθὰς Ψελλῷ 64, 27. μαθὼν ἀνταρσίαν Δολιάνου ἐξ ἄκρας ἑῴας (Magnae Armeniae) ἔρχεται κρύφα εἰς Βουλγαρίαν καὶ ὑποτάσσει τὸ ἔθνος εἰς Μιχαὴλ Δ' 64—66
Ἀλύπιος ἐκεῖνος ὁ πάνυ ὁ πρωτεύων 21, 34. v. Ἑλένη
[Ἀλωπός] συμπρέσβυς Ψελλῷ εἰς Ἰσαάκιον 169. κάλλιστος καὶ συνετώτατος 196, 24
Ἀμάσεια, urbs Pontica, τὸ διὰ πάσης γλώττης βοώμενον πτόλισμα 254, 29
Ἀναξαγόρας, philosophus, ἀπείρους ὁριζόμενος κόσμους 35, 4
Ἀνάργυροι (sancti Martyres Cosmas et Damianus) θεράποντες τοῦ θεοῦ 58, 5. παλαιὸς σηκὸς τούτων πρὸ τῶν τειχῶν ΚΠ ἀνακαινίζεται ὑπὸ Μιχαὴλ Δ' 57, 19, 22. ἐνταῦθα καρεὶς οὗτος μοναχὸς θνήσκει καὶ θάπτεται 67—68
Ἀνδρόνικος v. Δούκας
Ἀντιόχεια, urbs Syriae, ἡ Ἀντιόχου 29, 9, 32. 189, 23
Ἀντικρωνητής, Χριστοῦ εἰκὼν διὰ τῶν χρωμάτων μαντεύουσα τῇ βασιλίδι Ζωῇ 26, 9
Ἀντωνῖνος, imperator: Ἀντωνῖνοι ἐκεῖνοι 26, 9
Ἀπολλόδωρος, scriptor tacticus 265, 8
Ἀραψ, Arabia: Ἄραβες 16, 9
Ἀργυρόπωλος (πῶλος filius, hodiernis Graecis πούλος) υἱὸς Ἀργυροῦ, nomen familiae imperatoris Romani III 1, 4. 25, 18. 247, 5
Ἀργυρός, v. Ἀργυρόπωλος: Ῥωμανῷ τοῦ κατὰ τοὺς Ἀργυροὺς 247, 5
Ἀρετή v. Δούκας Κωνσταντῖνος

Ἀριστοτέλης, Stagirita 108, 5. μέχρι τῶν Ἀριστοτελικῶν προθύρων 26, 22
Ἀρμένιος, gens Magnae et Parvae Armeniae (Ciliciae) 255, 15. 256, 34. v. Χατατούρης. Ἀρμενίων γῆ 173, 30. μέρος οἰκειοῦται ὑπὸ Μονομάχου 173, 30. ἐξωθοῦνταί τινες ἐκεῖθεν ἡγεμόνες καὶ τῷ τῶν ὑπηκόων κύκλῳ τάσσονται 173, 32
[Ἀρχοκλίνης (ἀρχιτρίκλινος) sic scribendum nomen quod Cedreno fertur Ἀρτοκλίνης], δεύτερος ὑποψήφιος τοῦ θρόνου καὶ τῆς χειρὸς Ζωῆς 98, 12. ἀξιωματικὸς τὸ εἶδος καὶ λαμπρὸς 98, 13. ὑπογραμματεύων τῷ Ῥωμανῷ Γ′ 98, 14. θάνατος 98, 24
Ἄρχοντες, iidem Strathiotae, milites feudatarii, 189, 9. v. Στρατιῶται
Ἀσκληπιάδης, generaliter medicus 216, 20. 225, 20
Ἀσσύριος, gens Syriae et Babyloniae (Bagdati) : Ἀσσύριοι 5, 29. 7, 3. v. Βαβυλώνιος
Αὐγέου κόπρος, imperium Byzantinum: ἀνακαθαίρων ὁ βασιλεὺς Ἰσαάκιος 218, 34
Αὐγούστα, titulus dignitatis imperatricis 53, 7. 77, 1. 99, 4. v. Ζωή, Θεοδώρα
Ἀχιλλεὺς 229, 15, 21. υἱὸς Πηλέως 229, 18. πατὴρ Νεοπτολέμου 264, 21. Ἀχιλλέως κάλλος 147, 6

Βαβυλώνιος (Bagdatensis) ὁ 6, 21. v. Ἀσσύριος, Χοσρόης.
[Βαράγγοι] οἱ περὶ τὴν αὐλὴν φύλακες 253, 17. γένος ἀσπιδοφόροι σύμπαντες καὶ ῥομφαίαν τινὰ ἀπὸ τοῦ ὤμου ἑτερόστομον καὶ βαρυσίδηρον ἐπισείοντες 253, 18. ἀναγορεύουσι μόνον βασιλέα Μιχαὴλ Ζ′ 253, 24. μισθοφόροι ἐν στρατῷ Ἰσαακίου Κομνηνοῦ: ἀπὸ τῶν ὤμων ῥομφαίας βαρυσιδήρους ἐπέσειον 198, 16. συμμαχικαὶ δυνάμεις Ἰταλοὶ (Normanni) φοβεροὶ τοῖς εἴδεσι καὶ τοῖς σχήμασι 199, 25. γλαυκιῶντες τοὺς ὀφθαλμούς, μανικοὶ καὶ ἐπίχολοι, ἀφειδεῖς αἱμάτων καὶ τῶν κρειττόνων καταφρονοῦντες 199, 31. cf. Ταυροσκύθαι

Βάρβαροι, omnes gentes non Graecae et Romanae (Byzantinae) v. βάρβαροι, specialiter Thraces mercenarii 150. πλείους σισυροφόροι τὴν στολὴν μεταλλάξαντες 151, 5. ἄρχουσι πολλάκις ἡμῶν οὓς ἐκ τῶν βαρβάρων ἐωνησάμεθα 151, 7. τὰς μεγάλας πιστεύονται δυνάμεις οὐ Περικλεῖς, οὐδὲ Θεμιστοκλεῖς, ἀλλ' οἱ ἀτιμότατοι Σπάρακοι 153, 9. κάθαρμα βαρβαρικὸν πᾶσαν ὑπερανα-

βεβηκὼς ἀγερωχίαν Ῥωμαϊκὴν 151, 11. τῶν παρὰ Ῥωμαίοις ποτίμων ναμάτων ἐγεύσατο 151, 26. ἀργυρώνητος βασιλεύσοι τῶν εὐγενεστάτων Ῥωμαίων 151, 28. ἡμίφωνον κάθαρμα 153, 9
Βάρδας v. Φωκᾶς
Βασίλειος ὁ πάνυ (Sanctus Basilius Magnus) 10, 31. λαμπροτάτη μονὴ ἱδρυθεῖσα τούτῳ ὑπὸ Βασιλείου τοῦ παρακοιμωμένου καταστρέφεται ὑπὸ Βασιλείου Β′ 10, 31. 11, 1
Βασίλειος Α′, imperator, ὁ Μακεδὼν 25, 21. βασίλειον γένος ἀπὸ τούτου ἠργμένον τελευτᾷ εἰς Κωνσταντῖνον Η′ 25, 21. μὴ ἐννόμως ἀλλὰ φόνοις καὶ αἵμασι παγεῖσα δυναστεία 93, 14
Βασίλειος Β′, imperator, ὁ πορφυρογέννητος 1, 3, 17. παῖς Ῥωμανοῦ Β′ 1, 17. 214, 14. 226, 21. συμβασιλεύει τῷ πατρί, Νικηφόρῳ Φωκᾷ καὶ Ἰωάννῃ Τζιμισκῇ ἄχρις εἰκοστοῦ χρόνου τῆς ἡλικίας 19, 24. μονοκράτωρ δύο πρὸς τοῖς πεντήκοντα ἔτεσι 19, 27. μακροβιώτατος ὑπὲρ πάντας τοὺς ἄλλους αὐτοκράτορας 19, 22. βασιλεία 2—19. 20, 4. 21, 8. 22, 4, 19. 25, 28. 36, 3. 96, 20. 98, 30. 99, 23. 117, 26. 162, 2. τὸν πλεῖστον τῆς ἀρχῆς χρόνον στρατεύων 16, 25. τὰς τῶν βαρβάρων ἀνείργων ἐπιδρομὰς, τά τε ἡμέτερα φρουρῶν ὅρια 16, 25. ὁ καταδειματωτοὺς Ῥώσους 129, 16. ἀπὸ ὑπερηφάνου καὶ βασκάνου τύχης τὴν βασιλείαν καταβιβάσας 16, 1. κατολιγωρεῖ τῆς περὶ τοὺς λόγους σπουδῆς 15, 20. οὐκ ὀλίγη φορὰ φιλοσόφων καὶ ῥητόρων ἐπὶ τούτου 15, 11. λύσις τῆς ἀπορίας ταύτης 15, 12. εἶδος καὶ ἦθος 16—19. τακτικὴ 16, 29. 17. ἀποφθέγματα διηγούμενα ὑπὸ Ἰσαακίου Κομνηνοῦ 226, 21. ἰδιάζουσα πρὸς τὴν ἀνεψιὰν Ζωὴν συμπάθεια 79, 19. θρηνώδης ταύτης προσλαλιὰ εἰς τὴν σκιὰν αὐτοῦ 79. ὁ πάνυ 214, 14. ἐκεῖνος 226, 22. ὁ ἐν αὐτοκράτορσι λάμψας 61, 6. 79, 13. τὸ ἀγαθὸν χρῆμα τῇ Ῥωμαίων ἀρχῇ 79, 19
Βασίλειος ὁ παρακοιμώμενος (ἀξίωμα μέγιστον τῇ βασιλείᾳ Ῥωμαίων 2, 25), 2, 24. νόθος υἱὸς Ῥωμανοῦ Β′ 2, 27. 3, 2. ἐπιτροπεύει τὸν ἑτεροθαλῆ ἀδελφὸν Βασίλειον Β′ 10—11, 16. διώκεται ὑπὸ τούτου καὶ θνήσκει ἐλεεινῶς 11, 13. ὁ ὑπερμεγέθης ἐκεῖνος 11, 11. διήγημα μέγα τῆς τῶν ἐν γενέσει εὐμεταβόλου συγχύσεως 11, 15
Βασίλειος v. Σκληρὸς
Βατάσης Ἰωάννης, Macedo, συστρατιώτης τῷ ἀντάρτῃ Λέοντι Τορνικίῳ 145, 15. ἀνὴρ κατὰ σώματος φύσιν

INDEX NOMINUM. 273

καὶ χειρῶν ἀκμὴν τοῖς θρυλλουμένοις ἐκείνοις ἥρωσιν ἐφάμιλλος 145, 17. τυφλούμενος γενναῖος ὦπτο καὶ ἀκατάπληκτος 145, 30. 146, 6
[Βοτανιάτης] v. Φωκᾶς
Βουκέφαλος 216, 32
Βούλγαροι, iidem Σκύθαι, τὸ Σκυθικὸν 62, 27. 63, 17. γένος 61, 4. καθυποτάσσονται ὑπὸ Βασιλείου Β΄ 61, 7. ἐπανίστανται ἐπὶ Μιχαὴλ Δ΄ 61, 12—66. v. Ἀλουσιάνος, Δολιανος
Βυζάντιον 31, 25. 64, 11. 66, 3. 114, 15. 189, 12. 192, 16. 204, 17. 206, 2. v. Βυζαντὶς, ἡ Κωνσταντίνου, Πόλις
Βυζαντὶς 29, 8. v. Βυζάντιον

Γέται πέραν τοῦ Ἴστρου οἰκοῦντες, ὁμοροῦντες τοῖς Μυσοῖς καὶ λῃστεύοντες τούτους 222, 3. ἀναγκάζουσιν αὐτοὺς εἰς τὴν ἔνθεν τοῦ ποταμοῦ μετοικεσίαν 222, 5. v. Μυσοὶ
Γεωργίου ἁγίου μονὴ ἐν ΚΠ κτίζεται ὑπὸ Μονομάχου 171, 27. περιγραφὴ 171—173

Δίου, per contractionem Στουδίου (εἰς τοῦ Δίου), sic Πόλις (εἰς τὴν Πόλιν), hodiernis Turcis Σταμπούλ: ἱερὰ, τῶν Δίου μονὴ 87, 15. μονὴ τοῦ Στουδίου 237, 26
Διογένης, pater imperatoris Romani IV, et idem imperator 247, 1, 2. 253, 13. 254, 23, 34. 255, 11, 13, 31. 256, 11. 257. v. Ῥωμανὸς Δ΄
Dionysius Halicarnassensis: οἱ τὰς τῆς πρεσβυτέρας Ῥώμης καὶ πράξεις ἀρχαιολογήσαντες 122, 6
Δολιάνος, rebellis Bulgarus: παραστὰς ὡς νόθος υἱὸς καὶ διάδοχος Σαμουὴλ ἐξεγείρει τὸ ἔθνος εἰς ἀποστασίαν 61. ῥινοτομεῖται καὶ τυφλοῦται ὑπὸ Ἀλουσιάνου 65, 24. ἀπάγεται αἰχμάλωτος ὑπὸ Μιχαὴλ Δ΄ 66, 9
Δούκας, Δοὺξ, celeberrima familia Byzantina: Δούκας ἐκείνους 229, 8. Ἀνδρόνικος ὁ παλαιὸς καὶ Κωνσταντῖνος ὁ υἱὸς, ὧν πολὺς λόγος ἐν τοῖς τῶν ἱστορούντων γράμμασι 229, 10. 234, 11. cf. epopeiam byzantinam Digenis Acritae
Δούκας Κωνσταντῖνος Ι΄, imperator, 1, 12. περιφανὴς καὶ τὰ πρῶτα τοῦ γένους ἔχων ἀρχὰς 229, 8. ἀνέφερε τὸ γένος εἰς Ἀνδρόνικον, Κωνσταντῖνον καὶ Πανθήριον 229, 9. ἐπίδοξος εἰς βασιλείαν κατὰ πρώτην εὐθὺς ἡλικίαν 234, 18. πᾶσαι εἰς αὐτὸν ἐπέπνεοντο γλῶσσαι καὶ εἰς βασιλείαν παρέπεμπον ὥσπερ χρησμολογοῦσαι τὴν πρόρρησιν 230, 19. ἰδιωτεύων ἐν ἀγροῖς διέτριβε τὰ πολλὰ καὶ περὶ τὴν

πατρῴαν βῶλον ἐπραγματεύετο 234, 22. ἀτημελέστερον ἠμφίεστο καὶ ἀγροικότερον διεσκεύαστο 230, 13. τοῖς βασιλεύσασι προχειρότατος εἰς ὑπακοὴν 229, 32. ἐν ἀνταρσίᾳ Στρατιωτῶν κατὰ Μιχαὴλ ΣΤ΄ παραχωρεῖται τούτῳ ἡ ἡγεμονία 230, 30. παραιτεῖται ὑπὲρ Ἰσαακίου ἀρκεσθεὶς τῇ τιμῇ τοῦ Καίσαρος 231, 3. μετάπεμπτος τῷ βασιλεῖ τούτῳ θνήσκοντι 229, 7. προτιμᾶται ἐν τῇ βασιλείᾳ ἀπὸ τῶν συγγενῶν 231. ὀνομάζεται βασιλεὺς μόνῳ τῷ ῥήματι 236, 17. βλέπων Ἰσαάκιον μεταμεληθέντα ἐπὶ παραχωρήσει βασιλείας, συμβουλεύεται τῷ φίλῳ Ψελλῷ, ὃς τολμᾷ ἀνακηρύξαι τοῦτον βασιλέα 236, 30. 237, 6. βασιλεία ἢ μᾶλλον ἐγκώμιον 237—243. συνωμοσία κατὰ τούτου 240, 17. ἐκστρατεία κατὰ Τριβαλλῶν καὶ Μυσῶν 240, 34. θνήσκει ἐξηκοντούτης καὶ μικρὸν τι πρὸς 242, 22. ἀποφθέγματα 242, 32. 243. λαμβάνει εἰς πρῶτον γάμον τὴν θυγατέρα Κωνσταντίνου τοῦ Δαλασσηνοῦ 234, 23. εἰς δεύτερον Εὐδοκίαν μεθ᾽ ἧς γεννᾷ τρεῖς υἱοὺς καὶ κόρας δύο πρὸ τῆς βασιλείας 239, 32. ἐν τῷ πρώτῳ ἔτει τῆς βασιλείας ἀποκτᾷ καὶ τέταρτον υἱὸν Κωνσταντῖνον τὸν πορφυρογέννητον 240, 5. τῶν θυγατέρων ἡ πρεσβυτέρα Ἀρετὴ ἀσπάζεται τὸν μοναχικὸν βίον 240, 2. ἡ νεωτέρα κατεγγυᾶται ἀνδρὶ 239, 35. τῶν υἱῶν ὁ πρωτότοκος Μιχαὴλ ἀναγορεύεται συμβασιλεὺς 240, 10. ὁ δεύτερος θνήσκει προώρως 239, 6. Ἀνδρόνικος ὁ τρίτος 240. ἐγκώμιον αὐτοῦ 264, 31. ὁ τέταρτος Κωνσταντῖνος ὁ πορφυρογέννητος συμβασιλεύει τῇ μητρὶ Εὐδοκίᾳ καὶ τῷ ἀδελφῷ Μιχαὴλ 243, 9. 244, 19
Δούκας Μιχαὴλ Ζ΄, imperator, πρωτότοκος υἱὸς Κωνσταντίνου, κοσμεῖται βασιλικῷ διαδήματι 242, 10. συμβασιλεύει μητρὶ Εὐδοκίᾳ καὶ ἀδελφῷ Κωνσταντίνῳ 243, 9, 26. 244, 5. ἀναγορεύεται διὰ τῶν Βαρύγγων μόνος βασιλεὺς 253, 15. βασιλεία ἢ μᾶλλον ἁπλοῦν τούτου ἐγκώμιον 234, 32. 252, 2. 259—267. ἐπιστολὴ πρὸς τὸν ἀντάρτην Νικηφόρον Φωκᾶν τὸν Βοτανιάτην 267—269. πιθανῶς χάριν τούτου Ψελλὸς συγγράφει ἱστορίαν 263, 18. ἐγκώμιον συζύγου 263, 1. υἱοῦ Κωνσταντίνου 263, 28—264
Δούκας Ἰωάννης, ἀδελφὸς βασιλέως Κωνσταντίνου Ι΄, ὁ Καῖσαρ 242, 5. 246, 27. 249, 24. 263, 12. κεκοσμημένος συνέσει καὶ μεγαλοφροσύνῃ καὶ τῇ περὶ τὰ πράγματα δεξιότητι 242, 9. νοσήσας ὁ ἀδελφὸς ὑπὸ τούτῳ ὡς πατρὶ πεποίηται τοὺς ἰδίους παῖδας 242, 11.

265, 12. ἐγκώμιον 265, 22. υἱοί αὐτοῦ 253, 17. Ἀνδρόνικος ὁ πρεσβύτερος ὀνομασθεὶς ἀρχηγὸς ξυμπάσης τῆς ἕω (domesticus Orientis) πέμπεται κατὰ Ῥωμανοῦ Δ' ἐν Κιλικίᾳ, αἰχμαλωτίζει καὶ τυφλοῖ τοῦτον 257—258. δευτερότοκος νικᾷ τὸν αὐτὸν ἐν Ἀμασείᾳ, 254, 32 Δωδωναῖον χαλκεῖον καὶ [Δελφικὸς] τρίπους, metaphorice 226, 1

Ἔδεσσα, urbs Mesopotamiae, ἁλίσκεται ὑπὸ Μανιάκη 123, 21
Ἑλένη, θυγάτηρ Ἀλυπίου τοῦ πρωτεύοντος, σύζυγος Κωνσταντίνου Η' 21, 34. 36. πρεσβυτέρα ἀδελφὴ Κωνσταντίνου Μονομάχου 134, 15. 142, 24. θάνατος 171, 20
Ἕλλην τὸ γένος (Byzantinus, alias Ῥωμαῖος) 86, 25. Ἑλλήνων τὰ χείριστα ἐν ταῖς ἱστορίαις παραλαμβάνων ὥσπερ ὁ Λύξου (Herodotus) 102, 32. v. ἑλληνικὸς
Ἐπαμινώνδας ὁ Θηβαῖος 164, 7
Εὐδοκία πρεσβυτέρα θυγάτηρ Κωνσταντίνου Η', διαφθαρεῖσα ἐξ ἔτι παιδὸς ἐκ λοιμικοῦ νοσήματος ἀσπάζεται μοναχικὸν βίον 22, 8. θάνατος 85, 19
Εὐδοκία ἡ Μακρεμβολίτισσα, δευτέρα σύζυγος Κωνσταντίνου Δούκα 244, 17. εὐγενὴς καὶ τὸ φρόνημα γενναία καὶ περικαλλὴς 254, 10. πατὴρ ταύτης ἀδελφὸς Ψελλοῦ (ἀδελφοποιητὸς) ἐκ πνευματικῆς διαθέσεως 244, 31. σωφρονεστάτη τῶν καθ' ἑαυτὴν νομιζομένη 242. 244, 21. συμβασιλεύει μετὰ παίδων Μιχαὴλ καὶ Κωνσταντίνου 243, 9. βασιλεία 243—247. δείσασα περὶ τοῦ κράτους προσλαμβάνει συμβασιλέα καὶ σύζυγον Ῥωμανὸν τὸν Διογένην 245. δικαιολόγησις τῆς πράξεως εἰς Ψελλὸν 245—246. ἐν ἀνταρσίᾳ Βαράγγων ὑπὲρ μονοκρατορίας Μιχαὴλ Ζ΄ πεφοβημένη κρύπτεται 253, 30. δόγματι νέου βασιλέως ἀπάγεται τῶν ἀνακτόρων εἰς τὸ ὑπ' αὐτῆς ἱδρυθὲν τεμένισμα τῆς Θεοτόκου 254, 10. κείρεται μοναχὴ 254, 10. v. Δούκας
Εὐκλείδης: τὰ πρὸ Εὐκλείδου ἀνακινῶν 32, 9
Εὐπρέπεια 158, 15. Εὐπρεπία 134, 15. 142, 24. νεωτέρα ἀδελφὴ βασιλέως Κωνσταντίνου τοῦ Μονομάχου, συνετωτάτη τῶν καθ' ἡμᾶς γυναικῶν 114, 2. πλήρης φρονήματος καὶ γυναικῶν ἀπασῶν σταθηροτάτη 134, 19. ὑπερηφάνως διαλέγεται τῷ ἀδελφῷ καὶ μετὰ τῆς ἀρχαίας ὀφρύος ἀπήλεγχέ τε καὶ προσωνείδιζε 134, 27. συμπαθεῖ τῷ ἀνεψιῷ Λέοντι Τορνικίῳ κατὰ τοῦ ἀδελφοῦ 134, 31. 171, 23. ὑπερορίαν καταδεδίκασται 142, 24. ἐν αὐλῇ μετὰ Θεοδώρας ἰσχύουσα 158, 15
[Εὐριπίδης] ὁ τραγῳδὸς 263, 4
Εὐφράτης, flumen Assyriae 213, 6

Ζεῦξις, pictor celeberrimus 33, 17
Ζωὴ ἡ κυρὰ καὶ πορφυρογέννητος 1, 7, 8. ἡ Αὔγουστα 53, 7. 99, 4. δευτερότοκος θυγάτηρ Κωνσταντίνου Η' 22, 13. πεντηκοντούτης συζεύγνυται Ῥωμανῷ Γ' 25, 11. 27, 15. 27—28. 35, 23. ἔρως πρὸς Μιχαὴλ Παφλαγόνα 35—39. δεύτερος γάμος πρὸς τὸν ἐραστὴν τοῦτον 49—50. υἱοθετεῖ ἀνεψιὸν αὐτοῦ Μιχαήλ, ᾧ καὶ ἐξαπατηθεῖσα παραδίδωσι τὴν βασιλείαν 70. ἐκβάλλεται τῶν ἀνακτόρων ὡς φαρμακὶς καὶ περιορίζεται ἐν Πριγκίπῳ τῇ νήσῳ 79, 5. κείρεται βίᾳ μοναχὴ 80, 3. ἐπανελθοῦσα ἐν τοῖς ἀνακτόροις συμβασιλεύει τῇ ἀδελφῇ Θεοδώρᾳ 97, 18. μονοκράτωρ 97, 18. ἐκλέγει εἰς τρίτον σύζυγον καὶ συμβασιλέα Κωνσταντῖνον τὸν Μονομάχον 98—162,12. φυσικὰ ἰδιώματα, εἶδος καὶ ἀσχολίαι 117, 11—119. 161—162. θάνατος 162, 21. 171, 4. ἡ εὐγενὴς βασιλὶς 100, 19. ἡ πρώτη βασιλίς, εἰς διάκρισιν τῆς συμβασιλευούσης ἀδελφῆς Θεοδώρας 118, 29. ἡ πρεσβεύουσα ἀδελφὴ 97, 18. ἐκ πενταγονίας ὁ βασίλειος κλῆρος ταύτῃ κατήγετο 79, 11. v. Ἀντιφωνητής, Βασίλειος Β'

ἡ ἐντὸς Ἡρακλείων θάλασσα 35, 9
Ἡρακλῆς 55, 33. ἰδὼν Αἴαντα τιθηνούμενον περιβάλλει τῇ λεοντῇ 264, 17
[Ἡρόδοτος] ὁ Λύξου, τὰ χείριστα τῶν Ἑλλήνων ἐν ταῖς ἱστορίαις παραλαμβάνων 102, 32

Θάλασσα, urbs Euxini Ponti, χωρίον ἐπισημότατον, πατρὶς Κωνσταντίνου Δαλασσηνοῦ 97, 24. 234, 25
Θεμιστοκλῆς 151, 8
Θεοδώρα κυρά, πορφυρογέννητος 1, 7, 8. Αὔγουστα 86, 15. μονοκρατόρισσα 1, 10. τρίτη θυγάτηρ Κωνσταντίνου Η' 22, 16. 85, 20. συνδιαιτᾶται ἐπὶ μικρὸν ἐν τοῖς ἀνακτόροις τῇ βασιλευούσῃ ἀδελφῇ Ζωῇ 83, 23. φθονηθεῖσα ἀπάγεται εἰς μονὴν καὶ βίοι λησμονημένη μέχρι Μιχαὴλ Ε' 85, 29. ἐν τῇ κατὰ τούτου ἀνταρσίᾳ τῆς Πόλεως ἀνακηρύσσεται βασίλισσα καὶ μεταχθεῖσα ἐν τοῖς βασιλείοις συμβασιλεύει τῇ ἀδελφῇ 86—158, 15. μετὰ θάνατον γαμβροῦ Κωνσταντίνου Μονομάχου ἀναλαμβάνει μόνη τὴν ἀρχὴν 180. βασιλεία 180—188. θάνατος 187. 188, 11. παραδίδωσι τὸ κράτος εἰς Μιχαὴλ Πρεσβύτην 188, 11

INDEX NOMINUM. 275

Θεόδωρος ὁ ἐκτομίας, ὀνομάζεται πρόεδρος ὑπὸ Θεοδώρας 195, 3. ἀρχηγὸς τῶν τῆς ἑῴας στρατοπέδων 195, 4. ἀρχων τῶν βασιλικῶν δυνάμεων κατὰ Ἰσαακίου 195, 8. ἡττᾶται 194, 3. σπένδεται κρυφίως πρὸς τοῦτον 195, 8
Θεομήτωρ 33, 5. Θεοτόκος 254, 11. μήτηρ τοῦ Λόγου 9, 21. Sancta Virgo. εἰκὼν τῆς τοῦ Λόγου μητρὸς 9, 1. 31, 16. ἣν οἱ τῶν Ῥωμαίων βασιλεῖς ὥσπερ τινὰ στρατηγὸν καὶ τοῦ παντὸς στρατοπέδου φύλακα ἐν τοῖς πολέμοις συνήθως ἐπάγονται 31, 17. ναὸς ἐν ΚΠ τῆς Περιβλέπτου κτισθεὶς ὑπὸ Ῥωμανοῦ Γ' 33—34, 31. τεμένισμα πρὸ τῆς θαλάττης ἱδρυθὲν ὑπὸ τῆς βασιλίδος Εὐδοκίας 254, 11
Θεοτόκος v. Θεομήτωρ, Λόγος
Θέτις, θεὰ θαλαττία 229, 19
[Θουκυδίδης] ὁ συγγραφεὺς 121, 35

Ἰάμβλιχος, philosophus platonicus 108, 9
Ἴβηρ, gens Caucasica: Ἴβηρες 16, 8. ἄνδρες τὸ μέγεθος εἰς δέκατον πόδα 6, 15. 9, 28. οἱ μαχιμώτατοι 8, 25
Ἰβηρία, regio Caucasica, 137, 33
Ἰβηρικός: Ἰβηρικὴ ἀρχὴ 135, 2. Ἰβηρικὸν στράτευμα 6, 15
Ἰνδῶν γῆ 162, 18
Ἰουστινιανός, imperator 33, 3
Ἱπποκράτης ὁ Κῷος 174, 16
Ἰσαάκιος v. Κομνηνὸς
Ἴστρος, flumen 222, 16. ἀποκρυσταλλωθέντι ποτὲ ὥσπερ ἠπείρῳ οἱ Μυσοὶ χρησάμενοι πρὸς ἡμᾶς μετανίστανται 222, 6
Ἰταλία, οὐχὶ ἡ ἀκτὴ ξύμπασα, ἀλλὰ μόνον τὸ πρὸς ἡμᾶς τμῆμα τὸ κοινὸν ἰδιωσάμενον ὄνομα 124, 4
Ἰταλὸς λίθος 217, 14. Ἰταλοὶ (Normanni) σύμμαχοι Ἰσαακίου 199, 24. v. Βαράγγοι. Ἰταλῶν λόγοι (lingua Latina) 26, 5
Ἰωάννης Παφλαγὼν ὁ Ὀρφανοτρόφος: ἐκτομίας, ἀδελφὸς πρεσβύτερος Μιχαὴλ Δ' 35—36. 42, 29. 43, 32. 69, 7. 70—76. ἀσπασθεὶς μοναχικὸν βίον 48, 20. ἀπορρίπτει τὸ ἔνδυμα 48, 21. ἐν ὑπηρεσίᾳ Βασιλείου Β' 36, 6. Ῥωμανοῦ Ἀργυροπούλου ὡς ἐπάρχου τῆς Πόλεως καὶ βασιλέως 36, 1. εἰσάγει ἀδελφὸν Μιχαὴλ ἐν τῇ αὐλῇ 36, 6. ὑποθάλπει ἔρωτα Ζωῆς πρὸς τοῦτον 36—48. ὑπουργὸς (ἔπαρχος τῆς Πόλεως?) ἐπὶ Μιχαὴλ Δ' 46—47. πείθει τοῦτον υἱοθετῆσαι τὸν ἀνεψιὸν Μιχαὴλ 51—54. ἐξορίζεται ὑπὸ τούτου βασιλεύσαντος 71. 74—76. τυφλοῦται καὶ θανατοῦται 76, 6. τὴν τύχην φαῦλος, ὅσα δὲ ἐς γνώμην ῥέκτης

δεινότατος 36, 1. ἡ πολυόμματος τοῦ Ὀρφανοτρόφου δύναμις 64, 29
Ἰωάννης, imperator, ὁ Τζιμισκῆς 1, 14. 19, 26. πολλῶν καὶ ἀγαθῶν αἴτιος τῇ Ῥωμαίων πολιτείᾳ 1, 5. ὁ μέγας ἐν βασιλεῦσιν Ἰωάννης ἐκεῖνος 128, 17. θεῖον τέμενος παρὰ τῇ Χαλκῇ Φυλακῇ ὑπὸ τούτου δομηθὲν 128, 16
Ἰωάννης v. Δούκας, Κομνηνὸς

Καῖσαρ, Iulius 200, 32. Καίσαρε διττὼ (Iulius, Augustus) 164, 6
Καίσαρος ἀξίωμα v. καῖσαρ, Κομνηνός, Μιχαὴλ Ε'
ἡ Καισαρέων, metropolis Cappadociae 250, 12
Καλλιόπη ποιητική (Homerus) 168, 14
Κάτων, Romanus, πυρέτων ἢ ἄλλῳ τινὶ κατεσχημένος νοσήματι διαμένει ἄτροφος 226, 9
Κεκαυμένος, nomen proprium familiae Isaacii Comneni imperatoris 189, 22
Κελτοί, Galatae Occidentales 16, 9
Κέφαλος ὁ πατὴρ Λυσίου τοῦ ῥήτορος 212, 18
Κηρουλλάριος Μιχαὴλ πατριάρχης ξυμπάσης τῆς οἰκουμένης 180, 17. δυσανασχετεῖ ὑπὸ γυναικὶ (Theodora) ἄγεσθαι τὰ Ῥωμαίων πράγματα 186, 23. ἐπὶ κεφαλῆς ἀνταρτῶν κατὰ Μιχαὴλ ΣΤ' 206, 32. θρασυτέρᾳ τῇ φωνῇ χρησάμενος πρὸς Ἰσαάκιον καθαιρεῖται καὶ ἐξορίζεται 206, 16. θνήσκει 219, 17. βασιλεὺς μετάμελος θρηνεῖ καὶ δίδωσιν εὐθὺς παρρησίαν τῷ ἐκείνου γένει 220, 29
Κιλικίας στενά, Ciliciae portae 256, 15. τέμπη 255, 24
Κίλιξ: Κιλίκων χώρα 255, 23
Κολώνεια (thema Orientalis), Κολωνειάθεν, patria Isaacii Comneni 189, 20
Κομνηνός (sic nominatus a patria Κόμνη) Ἰσαάκιος ὁ Κεκαυμένος ὁ Κολωνειάθεν 189, 20. τῶν Στρατιωτικῶν καταλόγων τὰ πρῶτα τυγχάνων 217, 29. dux? Antiochiae 189, 23. πρέσβυς Στρατιωτῶν εἰς Μιχαὴλ ΣΤ' 189, 21, 31. 190, 12, 15. ὑβρίζεται 189, 21. ἀποστασία 190—207. καταπολεμεῖ βασιλικὸν στρατὸν 193—195. προσβληθεὶς ὑπὸ τεσσάρων Ταυροσκυθῶν μένει ἀβλαβὴς 194, 21. περιγραφὴ στρατοπέδου 198—200. δέχεται ἐπικήρυκα Μιχαὴλ ΣΤ' καὶ συνθήκας 204—205. ἀνευφημεῖται βασιλεὺς ἐν ΚΠ 209, 1. θριαμβευτικὴ εἴσοδος 208—209. βασιλεία 210—232. προειδοβλήθη ἤτοῦν Ῥωμαίων ἡγεμονία καταπεφρόνηται· βούλεται δμέσως ἀπορριζοῦν τὰς ἀφορμὰς τῶν

18—2

κακῶν 217, 34. περικόπτει καὶ εἶτα καταργεῖ τὰς εἰς μοναχοὺς καὶ ἰδιώτας χορηγουμένας βασιλικὰς συντάξεις 218. διεγείρει καθ' ἑαυτοῦ τὸ κοινὸν μῖσος 218, 10. ἐκστρατεία κατὰ Μυσῶν 224, 15. σοβαρώτερος μετὰ τοῦτο 224, 15. ἐπτοημένος περὶ τὰ κυνηγέσια τέρπεται μᾶλλον περὶ τὴν θήραν τῶν γεράνων 224, 31. βασιλεύσας διαψεύδεται τὰς πλείους τῶν πρὸς Κωνσταντῖνον Δούκαν ὑποσχέσεις 236, 5. ἑτοιμοθάνατος καταφρονεῖ τοῦ γένους καὶ ὀνομάζει τὸν Δούκαν διάδοχον τῆς βασιλείας 236, 12. κείρεται μοναχὸς ἐν τῇ μονῇ τοῦ Στουδίου 237, 26. ἐραστὴς βίου φιλοσόφου (vitae monasticae) καὶ τὸ νοσοῦν ἅπαν καὶ διεφθαρμένον ἀποστρεφόμενος τῆς ζωῆς 216, 23. v. Βασίλειος Β'. Σύζυγος αὐτοῦ θαυμάσιον χρῆμα γυναικῶν καὶ εὐγενείας τὰ πρῶτα 227, 14. θρῆνοι ἐπὶ θανάτῳ συζύγου 228. 231, 22. θυγάτηρ, ὡραία καὶ πρὸ ὥρας ἐκτετμημένη 227, 17. ἠλεκτρώδης τε ὁμοῦ καὶ πυρσὴ 227, 1

Κομνηνὸς Ἰωάννης ὁ δοὺξ, ἀδελφὸς Ἰσαακίου 188, 22. ἐκ προγόνων τὸ γενναῖον καὶ σταθηρὸν ἐκεκλήρωτο 228, 26. κάλλιστος τὸ ἦθος 224, 19. 227, 20. 232, 3. υἱὸς αὐτοῦ 227, 20. 230, 22. 231, 21. 232, 5

Κοῦρτοι, Curdae olim Parthi, ἢ Πέρσαι 250, 24. ὁ σουλτὰν ἢ βασιλεὺς (Arp-Aslanus) 250, 24. v. Πάρθοι, Πέρσαι

Κρισπῖνος ὁ Φράγγος, Normannus? mercenarius : πολέμιος Ῥωμαίοις τὰ πρῶτα, εἶτα τοὺς τρόπους μεταβαλὼν πολεμεῖ κατὰ Διογένους ἐν Κιλικίᾳ 257. θάνατος ἐν ᾗ ἡμέρᾳ Ψελλὸς γράφει τὰ κατ' αὐτὸν 257, 7

Κωνσταντῖνος ὁ Δαλασσηνὸς, ὁ ἐκ Θαλάσσης 97, 25. εἰς ἀρχικὸν ὄγκον παρεσκευασμένος παρὰ τῆς φύσεως 97, 25. ὑποπτευόμενος ὑπὸ Μιχαὴλ Ε' κείρεται μοναχὸς 97, 36. ὑποψήφιος σύζυγος Ζωῆς 97, 23. 98, 7. θυγάτηρ αὐτοῦ πρώτη σύζυγος Κωνσταντίνου Δούκα 234, 24

Κωνσταντῖνος ὁ θεῖος (Magnus) ὀνομάζει Καίσαρας τοὺς υἱοὺς 201, 33

Κωνσταντῖνος μάγιστρος, ἀνεψιὸς Μιχαὴλ Δ' 73, 20

Κωνσταντῖνος νοβελλίσιμος, ἀδελφὸς Μιχαὴλ Δ' 71, 15, 25. ὀνομάζεται νοβελλίσιμος ὑπὸ τοῦ ἀνεψιοῦ Μιχαὴλ Ε' 72, 8. 73, 7. 74, 19. ἔρχεται εἰς βοήθειαν τούτου πολιορκουμένου ἐν τοῖς ἀνακτόροις 84. καταφεύγει μετ' αὐτοῦ εἰς τὴν μονὴν τοῦ Δίου 87, 15. ἀπάγεται καὶ τυφλοῦται μετὰ τοῦ ἀνεψιοῦ βασιλέως 90—92

Κωνσταντῖνος πατριάρχης v. Λειχούδης

Κωνσταντῖνος ὁ πορφυρογέννητος, imperator VIII 1, 4, 17. παῖς Ῥωμανοῦ Β' 1, 18. βασιλεία 20—25. 129, 17. 2, 4, 12, 18, 28. 8, 4. 9, 6, 14. ἄλκιμος περὶ τὸ σῶμα, δειλὸς τὴν ψυχὴν 20, 14. ἥττητο γαστρὸς καὶ ἀφροδισίων 23, 21. ἐμεμήνει περὶ τὰ θέατρα καὶ ἱπποδρομίας 23, 27. ἐστωμύλλετο περὶ τὰς ἔριδας 23, 35. ἐπανήγαγε τὴν γυμνοποδίαν εἰς τὸ θέατρον 23, 30. ἐσπούδαζε περὶ πεττοὺς καὶ κύβους 24, 8. μετέσχεν ἑλληνικῆς παιδείας ὅσον εἰς παῖδας ἀνῆκει 23, 5. ἄρχεται πρῶτος σπαθᾶν τοὺς ὑπὸ τοῦ ἀδελφοῦ Βασιλείου Β' συναθροισθέντας θησαυροὺς 214, 16. πρωταίτιος παρακμῆς τοῦ κράτους 214, 31. εἰς τοῦτον ἀποτελευτᾷ τὸ βασίλειον γένος ἐκ Βασιλείου τοῦ Μακεδόνος ἠργμένον 25, 20. σύζυγος, θυγατέρες v. Ἑλένη, Εὐδοκία, Ζωή, Θεοδώρα

Κωνσταντῖνος, imperator IX, v. sub Μονομάχος

ἡ Κωνσταντίνου 55, 5. 186, 18. ἡ Κωνσταντινούπολις 32, 2. v. Βυζάντιον, πόλις

Λειχούδης Κωνσταντῖνος, patriarcha CP, λεοντοκομήσας τὸν Μονομάχον 196, 31. παραδυναστεύων 170. μὴ ἐνδιδοὺς εἰς τὰς μωρὰς τοῦ βασιλέως ἀπαιτήσεις κρημνίζεται τῆς περιωπῆς 170, 24. συνεννοημένος τοῖς συνυπουργοῦσι Ψελλῷ καὶ Ξιφιλίνῳ ἀσπάζεται πρῶτος τὸ μοναχικὸν σχῆμα καὶ ἀπέρχεται εἰς τὸν Μυσικὸν Ὄλυμπον 176, 20. συμπρέσβυς Ψελλῷ εἰς Ἰσαάκιον, v. Ψελλός. διαδέχεται Μιχαὴλ Κηρουλλάριον ἐν τῷ πατριαρχικῷ θρόνῳ 170, 29. 220, 30. ἐγκώμιον ἐπὶ παιδείᾳ ἑλληνικῇ 169, 21—32. 196, 30

Λόγος (Christus): Λόγου μήτηρ 9, 21. 184, 27. v. Θεομήτωρ

Λύξος, ὁ πατὴρ Ἡροδότου 102, 32

Λυσίας ὁ Κεφάλου ὁ ῥήτωρ 212, 18.

Λυσιακὴ τῶν ὀνομάτων κοινότης 200, 26

Μαινάδων δίκην 82, 3

Μακεδονία, pars Thraciae usque Hadrianopolim, χώρα 136, 4, 9, 18

Μακεδονικὴ μεγαλαυχία 133, 35. μερὶς 134, 6. πληθὺς ἐν ΚΠ 135, 25

Μακεδὼν v. Ἀλέξανδρος, Βασίλειος Α', Βατάτσης, Τορνίκιος. Μακεδόνες οἰκοῦντες ἐξ ἀρχῆς Ἀδριανούπολιν 135, 27. ἄνδρες δεινοὶ τὰς γνώμας καὶ τὴν γλῶσσαν ἀντίστροφον ταῖς ἐνθυμήσεσιν ἔχοντες 135, 27. βουλεύσασθαί τι τῶν ἀτόπων ἑτοιμότατοι καὶ καταπράξασθαι

δραστικώτατοι 135, 30. κρύψαι λογισμοὺς ἀκριβέστατοι, καὶ τὰς πρὸς ἀλλήλους ὁμολογίας πιστότατοι 135, 31, 34. ὑποκινοῦσι Λέοντα Τορνίκιον εἰς ἀνταρσίαν κατὰ τοῦ θείου Κωνσταντίνου Μονομάχου 136, 1. διαπρεπεῖ ἐσθῆτι κοσμήσαντες αἴρουσιν ἐπ' ἀσπίδος 136, 33. πολιορκοῦσι στενῶς ΚΠ 137—144. δῆμος αὐθαδείᾳ χαίροντες καὶ θρασύτητι 140, 3. οὐ στρατηγικῆς ἀφελείας ἀλλὰ πολιτικῆς βωμολοχίας ἐθάδες 140, 4. συνιστῶντες χορείας, αὐτοσχεδίους ἐποιοῦντο κωμῳδίας τῷ αὐτοκράτορι, τὴν γῆν τῷ ποδὶ ἐν ῥυθμῷ καὶ μέλει ἐπικροτοῦντες καὶ κατορχούμενοι 140, 6
Μανιάκης Γεώργιος: ἐγκώμιον ὑπὸ τοῦ γνωρίσαντος καὶ θαυμάσαντος Ψελλοῦ 125, 15. εἷλε τὴν Ἔδεσαν 123, 21. πέμπεται Σικελίαν αἱρήσων 123, 22. φθονούμενος καὶ ἀπηνῶς διωκόμενος ὑπὸ τῶν αὐλικῶν ἀναγκάζεται τυραννῆσαι 125—126. μετάβασις εἰς τὴν ἀντιπέραν Ἤπειρον 125, 24. μυστηριώδης θάνατος 126—127, 14. κεφαλὴ καὶ στρατιῶται αὐτοῦ θριαμβεύονται ἐν ἱπποδρόμῳ 127, 33. 128
Μάρκος, Aurelius imperator, ὁ φιλοσοφώτατος 26, 10
Μιτυλήνη, insula Graeciae 100, 15
Μιχαὴλ Δ', imperator, ὁ Παφλαγὼν 1, 5. ἄσημος 129, 24. πρὶν ἢ τοῦ σκήπτρου ἐπιλαβέσθαι ἀπόρρητοί τινες τελεταὶ πρὸς τοῦτο ἐνήγον ἐπὶ τοῦ θείου ἀρήσει 58, 18. Ψελλὸς οὐ πιστεύει τοῖς λεγομένοις 58, 26. ἐραστὴς Ζωῆς καὶ εἶτα σύζυγος καὶ βασιλεὺς 35—42. βασιλεία 42—66. ἐκστρατεία κατὰ Βουλγάρων 61—66. ἐποικοδομεῖ Πτωχοτροφεῖον 59, 25. ἀσκητήριον ὑπὲρ μετανοουσῶν ἑταιρῶν 59—60. μονὴν Ἀναργύρων 57, 18. πάσχει ἐξ ἐπιληψίας καὶ ὕδρωπος 38, 26. 50, 6—51, 7. 58, 6. 66, 14. ἐγκαταλιπὼν τὰ βασίλεια ἔρχεται ἐν μονῇ Ἀναργύρων καὶ κείρεται μοναχὸς 68. θάνατος 68, 18. παιδείας ἑλληνικῆς ἄμοιρος παντάπασι 44, 32. ἐγκώμιον 51, 10. 59, 18. πολλοὶ τὸν ἐκείνου βίον εἰς χρονικὰς ἱστορίας ἀνενεγκόντες 60, 25. ἀδελφοὶ τέσσαρες 48, 30. 97, 29. 98, 19. 100, 17. v. Ἰωάννης Παφλαγών, Κωνσταντῖνος νοβελλίσιμος
Μιχαὴλ Ε', imperator, ἀνεψιὸς Μιχαὴλ Δ', ὁ ἀπὸ καισάρων 1, 6. δεύτερος Μιχαὴλ εἰς διάκρισιν τοῦ πρώτου ἀποκαλούμενος 100, 18. ἀνάγεται εἰς τὸ τοῦ Καίσαρος ἀξίωμα καὶ υἱοθετεῖται ὑπὸ Ζωῆς 53—54. ἀποδιώκει βασιλίδα 77—79. ἐπανάστασις Πολιτῶν 80—87.

προσφεύγει μετὰ θείου Κωνσταντίνου εἰς τὴν μονὴν Στουδίου 87, 15. ἀπαχθεὶς τυφλοῦται 89—92. ἀπὸ τῆς βασιλείας τούτου προσλαμβάνεται ὁ Ψελλὸς ἐν τῷ γραμματείῳ (a secretis) 82, 24. πόρρωθεν ὑπογραμματεύων τῷ βασιλεῖ καὶ ἄρτι μεμνημένος τὰ προεισόδια 82, 24. γραφάς τινας τῶν μυστικωτέρων ὑπαγορεύων 82, 26. ἀστρολόγοι ἰσχύοντες ἐπὶ τούτου 78, 1. οὐ πάνυ τι τὸ ἴχνος ἐρείσας τοῖς βασιλείοις ἀπελήλυθε 129, 33. ἀθλίως βεβασιλευκὼς, ἀθλιώτερον δὲ τοῦ κράτους ἀποβεβηκὼς 215, 23
Μιχαὴλ ΣΤ', imperator, ὁ Γέρων 188, 15. ὁ Πρεσβύτης 189, 1. 216, 15. 233, 23. ὀνομάζεται διάδοχος ὑπὸ Θεοδώρας 188, 1. οὐχ οἷος ἄρχειν, ἀλλ' ἄρχεσθαι μᾶλλον καὶ ἄγεσθαι 188, 4. ἐπανάστασις Στρατιωτῶν ὑπὸ Ἰσαάκιον Κομνηνόν 189—207. καθαιρεῖται τῆς ἀρχῆς ὑπὸ τῆς ἐν ΚΠ συγκλητικῆς τάξεως 206, 8. καταφεύγει εἰς ναὸν ἁγίας Σοφίας 206, 13, 30. βραχὺν μετὰ καθαίρεσιν ἐπιβιώσας χρόνον ἀποθνήσκει ἐν ἰδιώτου σχήματι 210, 16
Μιχαὴλ Ζ' v. Δούκας
Μιχαὴλ ὁ πατριάρχης ΚΠ v. Κηρουλλάριος
μοναὶ ἐν ΚΠ v. Ἀνάργυροι, Βασίλειος, Γεώργιος, Θεοτόκος, Περίβλεπτος
Μονομάχος, familia antiqua. Θεοδόσιος ἁλίσκεται ἐν τυραννικαῖς αἰτίαις 99, 24. κληροδοτεῖ μῖσος ἐν βασιλείῳ αὐλῇ κατὰ υἱοῦ Κωνσταντίνου 99, 24
Κωνσταντῖνος, imperator IX, παῖς Θεοδοσίου 98, 25. ῥίζης βασιλείας τελευταῖος βλαστὸς 98, 27. τοῦ τῶν Μονομάχων γένους ἀληθῶς τὸ κεφάλαιον 235, 13. γένους ἕνεκα τὰ πρῶτα τῆς βασιλείας φερόμενος 99, 7. πλοῦτῳ κομῶν καὶ κάλλει διαπρεπὴς 99, 7. ὑποβλέπεται ἐν αὐλῇ Βασιλείου Β' καὶ Κωνσταντίνου Η' μίσους ἕνεκα πατρικοῦ 99, 23. ἐξορίζεται ὑπὸ Μιχαὴλ Δ' ἐν Μιτυλήνῃ 100, 15. ἀνάγεται ἐπὶ βασιλείᾳ ὑπὸ Ζωῆς 98, 25. λόγοις οὐ πάνυ καθωμιληκὼς 107, 8. ἐγκώμιον καὶ ψόγος 111—179. οὐ μόνον τι τὴν φύσιν τῆς βασιλείας κατείληφε 130, 23. τέρπεται εἰς βαρβάρους γελωτοποιοὺς ὑφ' ὧν καὶ ἐπιβουλεύεται 154. Ψελλός, Λειχούδης καὶ Ξιφιλῖνος ὑπουργοὶ αὐτοῦ ἐγκαταλείπουσιν αὐτὸν καὶ ἀσπάζονται μοναχικὸν βίον 174—178. παραδίδοται εἰς καθάρσιμα 169, 6. 178, 27. γελοῖαι διασκεδάσεις 178, 27. διανοεῖται καταστῆσαι διάδοχον βασιλείας μειράκιόν τι ἀνοητότατον 169, 9. 179, 24. διαφθείρει τὸ κράτος 215, 26. ἐπονο-

μάζεται Ευεργέτης υπό πλειόνων Πολιτῶν 215, 24. ἀδελφαὶ αὐτοῦ v. Ἑλένη, Ευπρεπεία. ἐρώμεναι v. Ἀλανίς, Σκλήραινα. πόλεμοι v. Μανιάκης, Ῥῶσοι, Τορνίκιος. κτίσμα v. ἅγιος Γεώργιος Μούσης, legislator Hebraeorum, ὁ δημαγωγὸς 219, 9. Μωσαϊκὰ τεράστια 241, 5 Μυσοί: Μυσῶν λεία 61, 7. (Gens transitriana, profuga ad Moesiam, provinciam Romanam. Alii auctores dicunt istos populos Pacinacas; nomen istorum (pax, pacis) consonat ad antiquos foederatos (foedus = pax) transfugos in Imperium Romanum. Cf. *Paciarii*, et quae dicit Isaacius Kekaumenus in *Strategico* de origine hodiernorum Blachorum ab antiquis Bessis et Dacis. Nomen Blachorum non ex gothico, sed graeco βράχος, Brachi, id est Monticolae. Confer Psellum p. 223, 10.) ἑσπέριοι βάρβαροι, οὓς ὁ πάλαι χρόνος Μυσοὺς ὠνόμαζεν, εἶτα δὲ εἰς ὃ λέγονται (Pacinacae?) 221, 32. πέραν τοῦ Ἴστρου οἰκοῦντες ἐκβιάζονται τὴν ἔνθεν μετοικεσίαν ὑπὸ τῶν Γετῶν 222, 5. ὅλον ἔθνος τοῖς ἡμετέροις ἐπιφορτισθέντες ὁρίοις 222, 15. οὔτε γενναῖοι τοῖς σώμασιν, οὔτε τὴν ψυχὴν θαρραλέοι 222, 13. ὡς μόνον ὅπλον τὸ δόρυ γινώσκουσι 222, 18. λάπτουσιν ἐπεισπεσόντες τοῖς ὕδασι 223, 1. τὸ αἷμα τῶν ἑαυτῶν ἵππων ὡς ὕδωρ πίνουσι 223, 4. λαφύσσουσι μετὰ τοῦ λύθρου τὰ ἐντετμημένα τῶν ἵππων μέλη βραχύ τι διαθερμάναντες 223, 8. ἐμφωλεύουσιν ὥσπερ ὄφεις φάραγξι βαθείαις καὶ κρημνοῖς ἀποτόμοις 223, 10. δεινοὶ ξύμπαντες καὶ τὰς γνώμας ὑποκαθήμενοι 223, 11 (cf. Kekaumenum de Blachis). οὔτε συνθήκας τηροῦσιν οὔτε τοῖς ὅρκοις ἐμμένουσι 223, 12. μηδέ τι θεῖον σεβάζονται, ἀλλ' αὐτόματα τούτοις πάντα 223, 15 (cf. Procopium de Sporis). τελευτὴν πέρας συμπάσης ὑπάρξεως οἴονται 223, 15. τῶν αἰχμαλώτων λαμπρὰν πεποίηνται ἀγορὰν καὶ τιμῶσι πολλοῦ τοὺς εὐδαίμονας τοῖς λύτροις, ἣν δὲ μὴ ταῦτα λάβωσι, ἀποκτείνουσι 223, 21. ἐκστρατεία κατὰ τούτων βασιλέως Ἰσαακίου 224, 15

Ναζιραῖοι οἱ καθ' ἡμᾶς 183, 32. nomen ironicum monacorum militum, alias στρατοκαλογήρων: σιδηροφοροῦσιν ἀεὶ κατὰ τοὺς παλαιοὺς Ἀκαρνᾶνας 187, 9. αἰθεροβατοῦσι 187, 10. adepti sancti Symeonis Xylocerci, post Palamitae, inimici Barlaamis Calabri ναοὶ ΚΠ v. Σοφία. cf. μοναί

Νεῖλος, flumen Aegypti 213, 5
Νεοπτόλεμος ὁ υἱὸς Ἀχιλλέως 264, 21. v. Νέστωρ
Νέστωρ ὁ Πύλιος ὑποτίθεται Νεοπτολέμῳ ἃ δεῖ πράττειν ἄνδρα γενέσθαι δεξιὸν 264, 20
Νικηφόρος v. Φωκᾶς
Νικομήδεια, urbs Bithyniae 110, 7

Ξενοκράτης, philosophus 212, 2
[Ξιφιλῖνος Ἰωάννης] συσπουδαστὴς καὶ φίλος Ψελλοῦ 75, 5. συνυπουργὸς 75, 18. πατριάρχης ΚΠ 242, 13. v. Ψελλὸς

Ὄλυμπος, mons Mysiae, τὸ θεῖον ὄρος 176, 20
[Ὅμηρος]: ἡ ποιητικὴ Καλλιόπη 164, 14. ἡ ποίησις 194, 6. 116, 36
Ὀρφανοτρόφος v. Ἰωάννης Παφλαγὼν

Πανθήριος, ἐκ τοῦ τῶν Δουκῶν οἴκου 234, 10
Πάρθος σουλτὰν 219, 24. Πάρθοι 213, 9. v. Κοῦρτοι, Πέρσαι
Παφλαγὼν v. Μιχαὴλ Δ', Ε', Ἰωάννης, Κωνσταντῖνος
Περίβλεπτος, ἀπὸ τῆς θέσεως (Circumspectus), ναὸς Θεοτόκου ἱδρυθεὶς ὑπὸ 'Ρωμανοῦ Γ' 34, 36. καταγωγὴ μοναστῶν 34, 36. τάφος κτίτορος 44, 18
Περικλῆς, Xanthippi 151, 8
Πέρσαι, Κοῦρτοι, Πάρθοι, Μῆδοι, confusio 240, 24
Περσικὴ συμμαχία 258, 1. ὁ τὰς Περσικὰς ἔχων δυνάμεις 51, 17. Περσικὰ σκῦλα 248, 30. cf. Μηδικά, Πάρθοι
Περσὶς 248, 18
Πηλεὺς, ὁ πατὴρ Ἀχιλλέως 229, 19. 234, 13. ὃν οἱ τῶν Ἑλλήνων λόγοι ἐξαίροντες τῇ Θέτιδι συγκατευνάζουσι 229, 19
Πλάτων, philosophus 108, 5. 219, 5. 261, 34. Πλατωνικὰ σύμβολα 26, 23
Πλωτῖνος, philosophus 108, 9
Πολύγνωτος, pictor 33, 17
Πορφύριος, philosophus 108, 9
Πουλχερία, ἀδελφὴ 'Ρωμανοῦ Γ' 38, 11. 39, 19. 99, 17. θυγάτηρ ταύτης συζεύγνυται Βασιλείῳ Σκληρῷ 99, 18
Πρίγκιπος νῆσος πρὸ τῆς Πόλεως 79, 5
Προικονησία πλὰξ 217, 14
Πρόκλος, philosophus Lyciensis, ὁ θαυμασιώτατος 108, 11. λιμὴν φιλοσοφίας μέγιστος 108, 11. unicus magister Pselli 108, 12
Προποντίς 7, 21. 130, 6. 210, 10. παράλια ἐν ταύτῃ χωρία 7, 22
Πρώτη, insula CP 259, 5. ἐν ταύτῃ θνήσκει τυφλὸς ὁ 'Ρωμανὸς Δ' 259, 6
Πύρρος ὁ Ἠπειρώτης 164, 7

Ῥωμαϊκὸς ἄξων 153, 24. 169, 6. 216, 18. Ῥωμαϊκὴ ἀγερωχία 151, 9. δύναμις 30, 28. πολιτεία 267, 10. Ῥωμαϊκὸν κράτος 151, 8. στρατόπεδον 126, 7. σύνταγμα 28, 35. Ῥωμαϊκὰ ὅρια 5, 28. 7, 14. σκῆπτρα 169, 17. χωρία ἐν Βουλγαρίᾳ 62, 4
Ῥωμαῖος (Byzantinus), Ἕλλην 86, 25. οἱ Ῥωμαῖοι 61, 22. 62, 11, 33. 66, 20. 125, 5, 28. 180, 25. Ῥωμαίων ἀγνωμοσύνη 7, 25. ἀρχὴ 62, 2. 79, 14. 180, 6, 29. βασιλεία 2, 25. 64, 24. 213, 32. 252, 32. Αὐγέου κόπρος 218, 34. πολλοὺς χρόνους ὑλομανήσασα 213, 32. ἱστορικὴ ἐξέτασις περὶ τῶν αἰτίων τῆς διαφθορᾶς καὶ παρακμῆς 213—214. διανεμήσεις ἀξιωμάτων ἐν ἑκάστῃ νέᾳ βασιλείᾳ 180, 26. βασιλεῖς 6, 2. 31, 7. 151, 15. ἀπαντλοῦσι τοὺς βασιλικοὺς θησαυροὺς εἰς τὰς οἰκείας ἐπιθυμίας 217, 8. κατασπαθῶσι τὰ στρατιωτικὰ χρήματα εἰς κατασκευὴν πολυτελῶν μνημάτων 217, 10. περιοικοδομοῦσι τούτοις ναοὺς καὶ ἄλση 217, 15. ἀποκαλοῦντες ταῦτα ἀσκητήρια ἀφορίζουσιν αὐτοῖς τὸν βασίλειον πλοῦτον ὅπως ἂν οἱ ἀργοὶ τὰς φύσεις καὶ πρὸς τὸν συντελείας κόσμον ἀσυντελεῖς τρυφῶεν καὶ τὸ τῆς ἀρετῆς ἀτιμάζοιεν πρᾶγμα κἂν ὄνομα 217, 25. τὰς δημοσίας εἰσπράξεις οὐκ εἰς στρατιωτικὰς ἀποχρῶνται συντάξεις ἀλλ' εἰς πολιτικὰς χάριτας 216, 6. cf. 32—35. οὐκ ἀρκεῖ τούτοις ἡ ταινία καὶ ἡ ἀλουργίς, ἀλλὰ βούλονται σοφῶν σοφώτεροι εἶναι καὶ ὑπερτελεῖς κορυφαὶ τῶν ἀπασῶν ἀρετῶν 122, 26. εἰ μὴ ὡς θεοὶ ἡμῖν ἐφεστήκοιεν, οὐκ ἂν ἄλλως ἄρχειν ἐθέλωσι 122, 30. φθονοῦσι καὶ διώκουσι τοὺς δυναμένους σῶσαι τὸ κράτος γενναίους στρατηγοὺς 122, 31. cf. 123, 14—22. 188, 26. 239, 3. τοῦτο τὴν βασιλείαν κατήνεγκε καὶ ἠλλοίωσεν ἐπὶ τὰ χείρω τὰ πράγματα 239, 13. προτιμῶσι μὴ πολέμοις τὰ περὶ τῶν ἐθνῶν διατίθεσθαι, ἀλλὰ δώρων ἀποστολαῖς 238, 26. cf. 111, 30—112, 20. Ψελλὸς ἐκφαυλίζων αὐτὸν τὸν ἱδρυτὴν τῆς παλαιᾶς Ῥώμης, Ῥωμύλον, ἀποκλίνει εἰς τὴν τῶν Ἀθηναίων πολιτείαν 150, 33. 151, 8. Ῥωμαίων δυνάμεις 30, 4. ἡγεμονία 1, 15. 2, 19. 105, 9. 156, 10. ἰσχὺς 61, 9. κράτος 31, 26. 139, 28. 146, 6. τῶν παρὰ Ῥωμαίοις ποτίμων ναμάτων ἐγεύσατο ὁ βάρβαρος 151, 26. νεῦρα ἀπαγορεύουσι τριγαμίαι 113, 6. νεῦρα ὁ στρατὸς 51, 26. ὅρια 96, 26. τὰ πρῶτα 196, 29. στρατὸς 8, 1. τύχη 95, 23. φάλαγγες 17, 29. χεὶρ 7, 7

Ῥωμανὸς Β', imperator, filius Constan-tini VII, 1, 18. 214, 15. 228, 21. ἀνέφερε τὴν βασιλείαν εἰς τριγονίαν 214, 15. v. Βασίλειος Β' ὁ παρακοιμώμενος, Κωνσταντῖνος Η'

Ῥωμανὸς Γ', ὁ κατὰ τοὺς Ἀργυροὺς 247, 5. τὴν τοῦ Ἀργυροπώλου κλῆσιν ἐκ τοῦ γένους λαχὼν 25, 18. ὁ Ἀργυρόπωλος 1, 5. τὰ πρῶτα τῆς συγκλήτου καὶ εἰς τὸ τοῦ ἐπάρχου ἀξίωμα ἀναχθεὶς 24, 23. βιαίως διαζευχθεὶς τῆς νομίμου συζύγου νυμφεύεται τὴν Ζωὴν θυγατέρα Κωνσταντίνου Η', καὶ παραλαμβάνει τὸ κράτος 25, 12. ἐκστρατεία κατὰ τῶν ἐν Κοίλῃ Συρίᾳ Σαρακηνῶν 28, 31. ἀνταρσία Διογένους καὶ θάνατος τούτου 247, 4. v. Ῥωμανὸς Δ'. κτίζει ναὸν Θεοτόκου, Περιβλέπτου ἀπὸ τῆς θέσεως, καταναλίσκων ἀφειδῶς τοὺς βασιλείους θησαυροὺς 34, 32. τὸ πλεῖστον τῆς καθ' ἡμᾶς οἰκουμένης ὑποτεμόμενος καθοσιοῖ τῷ ναῷ, γενομένῳ μοναστῶν καταγώγιον 35, 13. θνῄσκει πνιγεὶς ἐν τῷ λουτρῷ 41—42. v. Μιχαὴλ Δ'. λόγοις ἐντεθραμμένος ἑλληνικοῖς καὶ παιδείας μετεσχηκὼς ὅσῃ τοῖς Ἰταλῶν (Latinorum) λόγοις ἐξήρτητο 26, 4. ἁβρὸς τὴν γλῶτταν, τὸ φθέγμα ὑπόσεμνος, ἥρως τὴν ἡλικίαν καὶ τὸ πρόσωπον ἀτεχνῶς ἥρως 26, 7. ᾤετο εἰδέναι πολλαπλάσια ὧν ἐγίνωσκε 26, 8. σχολαστικὴ φιλοσοφία ἐπὶ τούτου 26, 21—33. περιστρέφεται περὶ ἀνόητα θεολογικὰ ζητήματα 26, 29. ἐπιτείνει καὶ οὗτος διαφθορὰν τοῦ κράτους δι' ἀπαντλήσεως βασιλείων θησαυρῶν εἰς τρυφὴν ἀργῶν μοναχῶν καὶ πολιτικὰς συντάξεις 215, 6

Ῥωμανὸς Δ', ὁ Διογένης· γένος ἀρχαῖον καὶ εὔδαιμον 247, 3. τρόπος εἰρωνικὸς καὶ ἀλαθὼν 247, 7. πατὴρ τούτου ἐπαναστὰς κατὰ Ῥωμανοῦ Γ' τοῦ κατὰ τοὺς Ἀργυροὺς ἐξαπόλωλεν ὥσας κατὰ τοῦ μηνιοῦ 247, 4. v. Διογένης. καὶ οὗτος συνωμόσας κατὰ βασιλίδος Εὐδοκίας ἐκ συμπαθείας σώζεται τοῦ θανάτου καὶ προσλαμβάνεται ὑπὸ τῆς σωτείρας εἰς σύζυγον καὶ συμβασιλέα 245. 247, 12. φίλος Ψελλοῦ καὶ πρὸ τῆς βασιλείας 247. ὁμολογεῖ τὴν ἐν τοῖς λόγοις ὑπεροχὴν τούτου 249, 15. τρεῖς ἀτυχεῖς ἐκστρατεῖαι κατὰ Κούρτων 247, 34—251. ἐν τῇ τελευταίᾳ αἰχμαλωτίζεται 251, 14. ἐλευθερωθεὶς ὑπὸ τοῦ σουλτάνου ἀποστέλλεται εἰς ἀνάληψιν τῆς βασιλείας 252, 20. ἀναρρηθεὶς ὑπὸ τῶν Βαράγγων ὁ Μιχαὴλ Ζ' μονάρχης πέμπει κατὰ τούτου στράτευμα 254, 30. μάχη καὶ ἧττα ἐν Ἀμασείᾳ 255, 11. καταφεύγει εἰς Κιλικίαν παρὰ τῷ φίλῳ Ἀρμενίῳ τοπάρχῃ Χατατούρῃ 255,

19. ἡττηθεὶς καὶ ἐνταῦθα παραδίδοται ὑπὸ τῶν ἰδίων φρουρῶν 256—258. τυφλοῦται καὶ ἄγεται εἰς τὴν ὑπ' αὐτοῦ κτισθεῖσαν μονὴν ἐν τῇ νήσῳ Πρώτῃ 259, 5. βραχύ τι ἐπιβιοὺς τελευτᾷ 259, 7
'Ρώμη (Byzantium) ἡ ἡμετέρα 159, 35. ἡ κρείττων 110, 9. Roma vetus, ἡ πρώτη καὶ ἥττων 110, 9. οἱ τὰς τῆς πρεσβυτέρας 'Ρ. ἡγεμονίας καὶ πράξεις ἀρχαιολογήσαντες (Dionysius Halicarnassensis) 122, 6
'Ρωμύλος, πρῶτος ἤρξατο τῆς συγχύσεως καὶ διαφθορᾶς τῆς συγκλήτου 151, 3
'Ρῶσοι 129, 1. βάρβαρον φῦλον 129, 12. λυττᾷ καὶ μέμηνε τὸν πάντα χρόνον ἐπὶ τὴν 'Ρωμαίων ἡγεμονίαν 129, 13. ἐφ' ἑκάστῳ τῶν καιρῶν τοῦτο ἢ ἐκεῖνο εἰς αἰτίαν πλαττόμενοι πρόφασιν πολέμου πεποίηνται 129, 14. Βασίλειος Β' καταδειματοῖ τούτους 129, 16. ναυτικὴ ἐπιδρομὴ κατὰ KII ἐπὶ Κωνσταντίνου Μονομάχου 129—130. ναυμαχία καὶ καταστροφὴ αὐτῶν 131—133. Ψελλὸς παρακολουθῶν βασιλεῖ θεᾶται ἔκ τινος λόφου τὸν πόλεμον 131, 5

Σαμουὴλ, princeps Bulgarorum, ἐκεῖνος 61, 30
Σαρακηνοὶ ἐν Κοίλῃ Συρίᾳ κατοικήσαντες 28, 28. μητρόπολις αὐτῶν τὸ Χάλεπ 28, 29. πόλεμος καὶ νίκη τούτων κατὰ 'Ρωμανοῦ Γ' 29—31. αἴρουσι τὴν βασιλικὴν σκηνὴν, πολυτελεστάτην τότε 30—31, 5
Σεβαστὴ, summa nova dignitas introducta ab Monomacho (καινὸν ἀξίωμα 116, 31), χορηγεῖται εἰς δύο ἐρωμένας Μονομάχου 114, 20. 116, 31. 158, 33. 159, 29. 160, 7, 32. v. 'Αλανὸς, Σκλήραινα
Σεβαστοὶ Καίσαρες (Iulius Caesar et Augustus) 29, 26. cf. Καίσαρε διττὼ
Σικελία 123, 21
Σκλήραινα: ἀνεψιὰ συζύγου Μονομάχου καὶ ἐρωμένη αὐτοῦ 113, 8. ὀνομάζει ταύτην Σεβαστὴν 116, 31. v. Σεβαστή. θάνατος 120, 7. 121, 2. ἐπανερωτᾷ πολλάκις Ψελλὸν μύθους ἑλληνικοὺς 116, 21
Σκληρός: Σκληρῶν ἐπιφανέστατον γένος 113, 4. Βάρδας ἀνεψιαδεὺς Νικηφόρου Φωκᾶ 4, 2, 16. 5, 23, 26. πρώτη ἀποστασία κατὰ Βασιλείου Β' 6—9. μονομαχία πρὸς Βάρδαν Φωκᾶν, ἀρχηγὸν τῶν βασιλικῶν στρατευμάτων 5, 13. νόμους ἀγωνίας (duelli) παραβεβηκὼς παίει τὸν ἀντίπαλον αἴφνης κατὰ κεφαλῆς 5, 17. ἡττᾶται καὶ καταφεύγει εἰς Χοσρόην 5, 30. καθειρχθεὶς ἐλευθεροῦται καὶ πέμπεται κατὰ τῶν ἐχθρῶν τούτου 6, 20. φεύγων ἐπανέρχεται εἰς τὸ 'Ρωμαϊκὸν κράτος καὶ προσλαβὼν κοινωνὸν τῆς ἀποστασίας τὸν τέως ἀντίπαλον Φωκᾶν, δεινοτέραν ὀργανίζουσι τὴν κατὰ Βασιλείου ἀποστασίαν ἐπὶ ἔτεσι, 7—12. συνθηκολογεῖ πρὸς αὐτοκράτορα 12—13. συνέντευξις 13, 30. πανοῦργοι ὑποθῆκαι τούτου πρὸς Βασίλειον 14, 26. ἐπὶ τοὺς ἀποτεταγμένους αὐτῷ ἀγροὺς ἀπιὼν, θνήσκει μετ' οὐ πολὺ 14, 33.—Βασίλειος νυμφεύεται θυγατέρα Πουλχερίας ἀδελφῆς 'Ρωμανοῦ Γ' 99, 18. ἡ τύχη ἀπεστέρησε τούτον τῶν ὀφθαλμῶν 99, 19. μονογενὴς αὐτοῦ θυγάτηρ δευτέρα σύζυγος Κωνσταντίνου Μονομάχου 99, 20
Σολομῶν, rex Hebraeorum, ἐκεῖνος ὁ πάνυ 33, 1
Σοφία, magna ecclesia et sedes patriarchi CP, τὸ μέγα τέμενος καὶ ἐπώνυμον τῆς ἀρρήτου σοφίας 33, 4. ναὸς τῆς τοῦ θεοῦ σοφίας 87, 5. σοφίας θείας ναὸς 206, 13, 30. περίβολος 206, 30
Σπάρτακος, heros belli Servorum, οἱ ἀτιμότατοι Σπάρτακοι (mercenarii Thraces in aula byzantina praepotentes sub Monomacho) 151, 11
Στουδίου μονὴ 237, 20. v. Δίου
[Στραβοσπόνδυλος Λέων] ἀναλαμβάνει ἐπὶ μοναρχίας Θεοδώρας τὴν τῶν ὅλων διοίκησιν 181, 25. μοῖρά τις τούτῳ ἀπενεμήθη τῆς περὶ τοὺς λόγους ἕξεως καὶ μᾶλλον ἡ χεὶρ ἢ ἡ γλῶττα πρὸς τοῦτο ἠδύνατο 181, 34. τὸ ἄχθος τῶν βασιλικῶν διοικήσεων κατωμάδον ἀράμενος, φορτικὸς ἔδοξε τοῖς πολλοῖς 182, 6. τοῦ πολιτικοῦ ἤθους ἐστέρητο 188, 7. τοῖς πᾶσι τὸ τραχὺ τοῦ ἤθους ὑποδεικνύμενος 182, 8. μᾶλλον μοναχὸς ἢ πολιτικὸς 182—183. οἱ περὶ αὐτὸν ἀποκαλοῦνται Ναζιραῖοι, σιδηροφοροῦντες κατὰ τοὺς παλαιοὺς 'Ακαρνᾶνας, αἰθεροβατοῦντες 182. ἀποκλείει τὴν εἰς τὰ ἀνάκτορα ἐπάνοδον Ψελλοῦ μετὰ τὸ μοναχικὸν σχῆμα v. Ψελλός. παύεται τῆς ἀρχῆς ἐπὶ Μιχαὴλ ΣΤ' ῥητῇ ἀπαιτήσει τῶν ἐπαναστάντων Στρατιωτῶν 204. 205, 26
Στρατιῶται, milites feudatarii, iidem Άρχοντες 186, 16. Στρατιώτης αὐτοκράτωρ 137, 19. ὁπόσον στρατηγικὸν καὶ ἔκκριτον 189, 11. ἄνδρες τῶν καλλίστων γενῶν τὰ πρῶτα καὶ τῆς ἡρωΐσθης οὐκ ἀπεοικότες μεγαλειότητος 199, 16. οἱ ἄρχοντες 189, 9, 10. ὑπασπισταὶ τούτων καὶ πρωταγωνισταὶ (alias παλλικάρια τῶν Στρατιωτῶν Chronicon Pasquale, 1, p. 717, ed. Bon. πρωταλλήκαρα ἁρματωλῶν Graecis hodiernis) 109, 19. πρέσβυς τούτων εἰς Μιχαὴλ ΣΤ' ὁ 'Ισαάκιος Κομνηνὸς

INDEX NOMINUM. 281

189, 21. ἐν δεινῷ ποιοῦνται εἰ αὐτοὶ μὲν τὸν ὑπὲρ τῶν ὅλων ἀγῶνα ὑποδύοιντο, κατάρχει δὲ τούτων ἡ σύγκλητος 235, 25[1]. cf. 'Ρωμαίων βασιλεῖς. ὑβρισθέντες ὑπὸ τοῦ βασιλέως ἐπανίστανται ὑπὸ Ἰσαάκιον Κομνηνὸν 190—207. Ψελλὸς μάρτυς αὐτόπτης τῆς πρὸς αὐτοὺς ἀδίκου ὕβρεως ἀποκαλεῖ τούτους ἄνδρας γενναίους καὶ ἀτεχνῶς ἥρωας 189, 15. v. in meis Monumentis vol. VI—IX multa documenta illustrantia Graecos Strathiotas in servitio Venetorum
Σκύθαι, Σκυθικὸν v. Βούλγαροι. Σκυθῶν γῇ 16, 10. οἱ περὶ τὸν Ταῦρον Σκύθαι v. Ταυροσκύθαι. Σκυθικὰ μειράκια ἀποτετμημένα ἐν ὑπηρεσίᾳ Μιχαὴλ Ε΄ 76, 18
Συρία Κοίλη 28, 28. 248, 18. v. Σαρακηνοί. Σύρων γῇ 29, 8

Taurus, mons Scythorum, v. Ταυροσκύθαι
Ταυροσκύθαι: οἱ περὶ τὸν Ταῦρον Σκύθαι 81, 29. 194, 21. οἱ ἐν Ταύρῳ 7, 27. σύμμαχοι Ἰσαακίου Κομνηνοῦ 199, 25. γλαυκιῶντες 199, 26. ἀπὸ τῶν ὥμων ῥομφαίας βαρυσιδήρους ἐπέσειον 198, 16. ἐν ὑπηρεσίᾳ βασιλέων ΚΠ κατὰ Ἰσαακίου 194, 21. ὅσον ξενικόν τε καὶ συμμαχικὸν εἰώθασι παρατρέφειν οἱ βασιλεῖς, λέγω δὲ τοὺς περὶ τὸν Ταῦρον Σκύθας 81, 29. cf. Βαράγγοι
Τορνίκιος Λέων, Μακεδών, ἐξανεψιὸς Κωνσταντίνου Μονομάχου ἐκ μητρικῆς ῥίζης 133, 34. Μακεδονικὴν ἐρυγγάνων μεγαλαυχίαν 133, 35. οἰκῶν τὴν Ἀδριανούπολιν 133, 5. βασιλειῶν μισεῖται ὑπὸ τοῦ θείου 134, 31. ὑποστηρίζεται ὑπὸ τῆς θείας Εὐπρεπείας v. Εὐπρέπεια. προσχήματι ἐξορίας ἐπιτρέπεται τὴν Ἰβηρικὴν ἀρχὴν 135, 2. βιαίως κείρεται μοναχὸς 134, 15. ἐκλεγεὶς ὑπὸ Μακεδόνων ἀρχηγὸς ἀπάγεται εἰς Μακεδονίαν (Hadrianopolim) καὶ ἀνακηρύσσεται βασιλεὺς 136, 31. πολιορκεῖ στενῶς ΚΠ 138, 22—144. ἀποτυχὼν αἰχμαλωτίζεται καὶ τυφλοῦται 145—146, 5. θρίαμβος μέγιστος ἐπὶ τῇ καταστροφῇ αὐτοῦ 146, 8
Τραϊανός, imperator Romanus 265, 5. Τραϊανοὶ ἐκεῖνοι 29, 25
Τροίας ἅλωσις 264, 21

Φειδίας, celeberrimus sculptor 33, 16
Φίλιππος, ὁ πατὴρ Ἀλεξάνδρου τοῦ Μακεδόνος 29, 27
Φοινίκη 110, 8

[1] Probabile ista est sola explicatio rebellionum frequentium militum in historia byzantina.

Φρύγιος λίθος 217, 13
Φωκᾶς Νικηφόρος ὁ βασιλεὺς 4, 18. 19, 25. 128, 17. Βάρδας ἀνεψιαδεὺς Νικηφόρου βασιλέως 3, 25. ἔπαινος 4, 17, 30—5, 10. ἀρχηγὸς κατὰ Ἀντάρτου Βάρδα Σκληροῦ v. Σκληρός. μετὰ ἥτταν τούτου, ἐπανίσταται αὐτὸς 6, 1. ἐνωθεὶς τῷ Σκληρῷ δεινοτέραν κατὰ Βασιλείου Β΄ ἐγείρουσι τυραννίδα 3, 25. 7, 17. ἐκστρατεία Βασιλείου Β΄ κατὰ τούτων 8, 2. 9, 1. μυστηριώδης θάνατος 9, 20. imperator Nicephorus Botaniates, ἐξόριστος ἀνακαλεῖται ὑπὸ Μιχαὴλ Ζ΄ 267, 3. μάγιστρος 268, 15. παίων καὶ καθιστῶν τὰς μεγίστας ἀρχὰς 267, 19. φίλος βασιλέως καὶ ὥρα καὶ ὀφθαλμὸς 267, 15. ἀντάρτης 267. ἐπιστολὴ Μιχαὴλ Ζ΄ πρὸς τοῦτον 267—269

Χάλεπ, μητρόπολις τῶν ἐν Κοίλῃ Συρίᾳ Σαρακηνῶν 28, 29
Χαλκῆ Φυλακὴ ἐν ΚΠ 128, 16
Χατατούρης, ἐξ Ἀρμενίων ἕλκων τὸ γένος 255, 16. ὁ Ἀρμένιος 256, 34. τὴν γνώμην βαθὺς 255, 17. ἀρχὴν τινα λαβὼν παρὰ Ῥωμανοῦ Δ΄ εὐγνωμόνων ὑποστηρίζει τοῦτον εἰς ἀνάκτησιν τοῦ θρόνου 255, 16. αἰχμαλωτίζεται ἐν Κιλικίᾳ 258
Χοσρόης ὁ βασιλεὺς 5, 30. v. Ἀσσύριος, Βαβυλώνιος

Ψελλὸς Κώνστας, post monachus Michael, Atheniensis? secretarius et minister Michaelis V, Zoae et Theodorae, Constantini Monomachi, Isaacii Comneni, Constantini Ducae, Eudociae et Romani IV, et Michaelis VII, post Isaacii honoratus titulo ὁ φιλόσοφος, ὕπατος τῶν φιλοσόφων, dignitas equivalens antiquo οἰκουμενικὸς διδάσκαλος, minister et consiliarius imperatoris in rebus ecclesiasticis. οὐκ ἀκριβῶς ἐκκαιδεκέτης τὴν ἡλικίαν θεᾶται Ῥωμανὸν Γ΄ ἐν ταῖς πομπαῖς 40, 19. οὕτω γενειάσκων βλέπει τὴν ἐξόδιον τούτου πομπὴν 43, 35. Μιχαὴλ Δ΄ ἐπανερχόμενον ἐκ τῆς κατὰ Βουλγάρων ἐκστρατείας 62, 12. φίλος Ἀλουσιάνου ἡγεμόνος τῶν Βουλγάρων 64, 25. ἀναιρεῖ τὰς περὶ τοῦ βασιλέως τούτου συκοφαντίας τῶν συγχρόνων ἐπὶ ἀρνήσει τοῦ θείου 58—61. πιθανῶς ἐπὶ Μιχαὴλ Δ΄ τούτου εἰσέρχεται ἐν τῇ βασιλικῇ ὑπηρεσίᾳ καὶ ἐπὶ τοῦ διαδόχου Μιχαὴλ Ε΄ πόρρωθεν ὑπογραμματεύει τῷ βασιλεῖ 69, 22. 82, 24. ἐν ἀνταρσίᾳ δήμου κατὰ τούτου ἱππεύσας ἐκ τῶν ἀνακτόρων διέρχεται τὴν Πόλιν 83, 1. ἐνωθεὶς τῷ φρουράρχῳ τοῦ δήμου ἔρχεται ἐν τῇ μονῇ Δίου 87. διάλογος πρὸς πρόσφυγας Μιχαὴλ Ε' καὶ Κωνσταντῖνον νοβελλίσιμον 90—92. διάσημος παρὰ τοῖς αὐλικοῖς ἐπὶ φυσικῇ εὐγλωττίᾳ καὶ πολυμαθείᾳ συνίσταται ὑπὸ τούτων εἰς Κωνσταντῖνον Μονομάχον, ὑφ' οὗ προσλαμβάνεται τακτικὸς ὑπογραμματεὺς 98, 34. 100, 20. 235, 12. εἰσιτήριος λόγος εἰς βασιλέα 98. 111, 9. εἰκοστὸν πέμπτον ἔτος ἄγων τῆς ἡλικίας 107, 13. καταναγκάζεται ὑπὸ πολλῶν εἰς συγγραφὴν τῆς ἱστορίας 101, 22. ἀποφεύγει διὰ τὴν πρὸς τὸν βασιλέα εὐγνωμοσύνην, μὴ δυνάμενος ἐκθέσαι τὴν ἀλήθειαν 102—105. ἐπὶ τέλους θυσιάζων τὴν πρὸς τοῦτον εὐγνωμοσύνην πρὸ τῆς ἱστορικῆς ἀληθείας κακίζει τὸν εὐεργέτην βασιλέα ὡς διαφθείραντα τὸ κράτος 105—106. 112, 11. ἐγνώρισε καὶ ἐθαύμασε τὸν ὑπὸ τούτου διωχθέντα Γεώργιον Μανιάκην 123, 23. παρὰ τῷ βασιλεῖ ἱστάμενος θεᾶται τὴν κατὰ Ῥώσων νίκην τοῦ στόλου 131, 4. ὡς καὶ τὴν ὑπὸ Τορνικίου στενὴν πολιορκίαν 131, 4. 140, 9. ἱστορῶν βασιλείαν εὐεργέτου βασιλέως χαρακτηρίζει τοῦτον ὡς μαλθακὸν καὶ ἄνανδρον, φθονοῦντα τοὺς δυναμένους σῶσαι τὸ κράτος γενναίους στρατηγοὺς 164—167. ἐπαινεῖ οὐδὲν ἧττον ἐπὶ φιλανθρωπίᾳ 164—165. ζητεῖ παντοειδῶς ἑλκύσαι τὸν διεφθαρμένον βασιλέα εἰς ἀγάπην τῶν λόγων 177. κατανοήσας τὸ ἀλυσιτελὲς τῶν προσπαθειῶν καὶ ἀηδιάσας τὸν ἐν αὐλῇ βίον ἐγκαταλείπει τὰ ἀνάκτορα καὶ ἀποκαρεὶς μοναχὸς ἀπαίρει εἰς τὸν Μυσικὸν Ὄλυμπον 174—178. φίλος παιδιόθεν Κωνσταντίνου Λειχούδη καὶ Ἰωάννου Ξιφιλίνου συνυπηρετεῖ τούτοις τῷ βασιλεῖ 175, 6. συνεννοοῦνται καὶ οἱ τρεῖς εἰς ἀναχώρησιν καὶ ἀσπασμὸν μοναχικοῦ βίου 175—178. μυστηριωδῶς ἐπανέρχονται ἐξ Ὀλύμπου καὶ ὡς μοναχοὶ ἀναμιγνύονται ἐν τῇ πολιτείᾳ. Ψελλὸς καλεῖται συνεχῶς ἐν τῇ αὐλῇ ὑπὸ βασιλευούσης Θεοδώρας, ἐμπιστευομένης αὐτῷ ἀπορρήτους οἰκογενειακὰς ὑποθέσεις 183, 23. βασκαίνεται ὑπὸ ὑπουργοῦ Στραβοσπονδύλου προσπαθοῦντος ἀποκλεῖσαι αὐτῷ τὴν εἰς αὐλὴν εἴσοδον ἐπὶ τῷ λόγῳ ἀσυμβιβάστου τοῦ μοναδικοῦ σχήματος πρὸς τὸ πολιτεύεσθαι 183, 21. Ψελλὸς εἰρωνικῶς ἀποκαλῶν τοὺς ἀντιπάλους Ναζιραίους, ἐξεικονίζει ὡς μυστικοὺς μοναχούς, σιδηροφοροῦντας 186—187. ἐπὶ Μιχαὴλ ΣΤ' μάρτυς αὐτόπτης τῆς πρὸς τοὺς Στρατιώτας ἀπρεποῦς διαγωγῆς τούτων, κακίζει τὴν πρᾶξιν ὡς ἀληθὲς πολιτικὸν λάθος 189, 13. καλεῖται μετ' οὐ πολὺ ὑπὸ τοῦ βασιλέως σύμβουλος ἐν τῇ ἀποστασίᾳ τῶν Στρατιωτῶν 192, 22. προτάσεις αὐτοῦ ἐν ἀρχῇ ἀπορριφθεῖσαι 193. ὕστερον ἀποδέχονται, καὶ ὁρίζεται πρέσβυς εἰς Ἰσαάκιον Κομνηνὸν 195. ἐνδοιασμοὶ εἰς ἀποδοχὴν ἐπικινδύνου ἀποστολῆς 196. δέχεται συμπαραλαβὼν συμπρέσβεις τὸν Λειχούδην καὶ τὸν Ἀλωπὸν 196. περιγραφὴ ἀνταρτικοῦ στρατοπέδου 197—198. δημηγορία αὐτοῦ 202—203. κίνδυνος ἐν τῷ στρατοπέδῳ μετὰ τὴν ἐν ΚΠ ἀνάρρησιν τοῦ Ἰσαακίου καὶ ἐκθρόνισιν τοῦ Μιχαὴλ ΣΤ' 207—208. παρ' ἐλπίδα δεξιοῦται φιλικώτατα ὑπὸ τοῦ νέου βασιλέως, ὀνομάζεται πρῶτος τῶν φίλων καὶ πρόεδρος τῆς συγκλήτου βουλῆς 212, 4. ὑπουργὸς Ἰσαακίου φέρων ἀπὸ τούτου τὸν τίτλον ὁ φιλόσοφος 228, 11. πρῶτος προβλέπει τὴν προσεχῆ πτῶσιν τοῦ κράτους διὰ τὴν εἰς τὰ μοναχικὰ ἀσκητήρια ἀπάντλησιν τῶν εἰς καθαρὰς στρατιωτικὰς ἀνάγκας προωρισμένων βασιλείων θησαυρῶν 217. δριμέως ἐπιτίθεται κατὰ τῶν μοναχῶν 217, 25. χαράττει λαμπρὰν εἰκόνα τῆς ἀπὸ Κωνσταντίνου Η' παρακμῆς τῆς βασιλείας 213—217. ἀποκαλεῖ αὐτὴν Αὐγέου κόπρον 218, 34. καταφρονουμένην ὑπὸ τῶν περὶξ ἐθνῶν 217, 30. ἐπαινεῖ Ἰσαάκιον ἀναλαβόντα τὴν διόρθωσιν τῶν κακῶς κειμένων, μὴ ἐγκρίνων καὶ τὰ βίαια μέτρα εἰς ἴασιν παλαιοῦ νοσήματος ἀπαιτοῦντος περιεσκεμμένην θεραπείαν 218—219. φίλτατος Κωνσταντίνου Δούκα καὶ σύνοικος πρὸ τῆς βασιλείας 230, 5. 233, 2. 235, 17. προκινδυνεύει ὑπὲρ ἀναρρήσεως αὐτοῦ ἐν τῇ βασιλείᾳ 237. ἀπὸ τούτου μένει ἐν τοῖς ἀνακτόροις ὁμοτράπεζος καὶ ὁμότιμος τῶν βασιλέων μέχρις ἐκθρονίσεως Μιχαὴλ Ζ' 241, 28. συναινεῖ βίᾳ εἰς γάμον Εὐδοκίας πρὸς Ῥωμανὸν Δ' 245—246. δυσμένεια πρὸς τοῦτον 247—251. συνεκστρατεύει τούτῳ κατὰ Κούρκου ἐπὶ μυστηριώδει λόγῳ ὃν ἀποσιωπᾷ 249, 10. Cf. litteram Eudociae ad Romanum IV in prooemio Violeti. μετ' αἰχμαλωσίαν Ῥωμανοῦ Δ' ἐν βασιλικῷ συμβουλίῳ κηρύσσεται ὑπὲρ συμβασιλείας Εὐδοκίας καὶ Μιχαὴλ Ζ' 251, 33. μετὰ ἀνάρρησιν τοῦ τελευταίου ὑπὸ τῶν Βαράγγων ὡς μονάρχου ἀναλαμβάνει τὴν τῶν ὅλων διοίκησιν 254, 5. εἰ καὶ ἐγκωμάζων τὸν Κωνσταντῖνον Δούκαν θεωρεῖ καὶ τοῦτον αἴτιον τῆς καταστροφῆς, ὡς ἀμελοῦντα τῶν στρατιωτικῶν δυνάμεων, προσπαθοῦντα διὰ δώρων εἰρηνεῦσαι τοὺς βαρβάρους, καὶ ἀκούοντα τῶν περὶ αὐτὸν κολάκων 239, 3. θεωρῶν αἰτίους τῆς καταστροφῆς τοὺς προηγησαμένους αὐτοκράτορας, πολιτεύεται τὰ ναυάγια, καὶ ἀναμένει τὴν διάρρηξιν τοῦ τῆς βασιλείας κάλω, τὴν κατάρρηξιν τῆς ὀροφῆς καὶ τὴν ἀνάσπασιν τοῦ θεμελίου 262, 15. ἐπὶ μετεώρου σαλεύομεν καὶ οὔπω ἀπώσθημεν εἰς τὸ πέλαγος 262, 18. δυστυχῶς ἐνταῦθα διακόπτονται κολοβωθέντα ὑπὸ τῶν συγχρόνων (cf. infra) τὰ ἱστορικὰ αὐτοῦ ἀπομνημονεύματα. cf. 15, 12. 22, 13. 25, 28. 30, 32. 40, 18. 149, 10. 150, 35. Πολυμάθεια ἢ μᾶλλον πανδαημοσύνη τοῦ Ψελλοῦ ὁμολογουμένη καὶ ὑπὸ τῶν συγχρόνων 183, 29. 184. ὁ πάνσοφος μοναχὸς 1, 1. γινώσκει τὴν ἀστρολογίαν, ἢ τὸ γενεθλιαλογικὸν μέρος, ἀλλ' ἀρνεῖται τὴν πρὸς ταύτην πίστιν 184, 10. γνωρίσας τοὺς ἐπὶ Μιχαὴλ Ε' ἰσχύοντας ἀστρολόγους, προσπαθεῖ ἀνακαθάραι τὴν ἐπιστήμην εἰσάγων καθαρὰς ἀστρονομικὰς ἀρχὰς 78, 1. διαμαρτύρεται ἐνόρκως ὡσεὶ βουλόμενος ἀθωωθῆναι τῆς ἀπονεμομένης αὐτῷ μομφῆς περὶ πίστεως εἰς τὰς ἀπηγορευμένας ἐπιστήμας καὶ τὸν ἑλληνικὸν λόγον 188, 25. ἀσκεῖ τὴν ἰατρικὴν τέχνην 225, 24. συζητεῖ πρὸς ἰατροὺς Ἰσαακίου περὶ τῆς νόσου αὐτοῦ 225, 26. 226, 1, 34. 227. ἰδίᾳ δὲ ἀσχολεῖται περὶ τὴν φιλοσοφίαν καὶ τὴν συνημμένην αὐτῇ θεολογίαν· ἐμπαίζει τὴν ἐπὶ Ῥωμανοῦ Γ' ἐπικρατοῦσαν σχολαστικὴν θεολογίαν καὶ τὰ προτεινόμενα ἀνόητα θεολογικὰ ζητήματα ὑπ' ἀνθρώπων μόλις γινωσκόντων τὰ Πλατωνικὰ καὶ Ἀριστοτελικὰ σύμβολα καὶ τῶν κεκρυμμένων οὐδὲν εἰδότων 26, 21. ἐρευνήσας τὴν Ἑλλάδα καὶ βάρβαρον καὶ εὑρηκὼς ἀπανταχοῦ ἐμπεφραγμένας τὰς πηγὰς τῆς σοφίας ἀνεστόμωσέ τε καὶ ἐκάθηρε 100, 4. μὴ αὐτοῖς τοῖς ζῶσι νάμασιν ἐντυχών, εἴδωλα ἄττα καὶ ταῦτα δεύτερα τῇ ἑαυτοῦ ψυχῇ συνεσπάσατο 110, 4 (Neoplatonicos et Gnosticos). συλλαβὼν οὐδενὶ ἐβάσκηνεν, ἀλλὰ πᾶσι μετέδωκε 110, 17. οὐ μισθῷ τοὺς λόγους πωλῶν, ἀλλὰ καὶ προσεπιδιδοὺς εἴ τις λαμβάνειν ἐβούλετο 110, 17. ἐπικαλεῖται εἰς μαρτυρίαν τῶν λόγων αὐτοὺς τοὺς ἀκροατὰς ὧν οἱ πλείους μαθηταὶ αὐτοῦ 108, 26. μύησις εἰς τὴν ὑπὲρ ἀπόδειξιν σοφίαν 108, 29. ῥητορικῆς καὶ φιλοσοφίας ὁρισμὸς 109, 3. ἑτέρα φιλοσοφία ὑπὲρ ταύτας, ἣν τὸ τοῦ καθ' ἡμᾶς λόγου μυστήριον (Christianismus) συμπληροῖ 109, 27. σχολιάζει μεγάλους πατέρας τῆς ἐκκλησίας, συνεισφέρων καὶ αὐτός τι τῷ θείῳ πληρώματι 109, 32. ὡμίλησε πολλοῖς βιβλίοις 109, 36. καὶ ἀρρήτοις 108, 31. οὐ δέχεται τὸν περὶ ἀρωμάτων ἑλληνικὸν λόγον 119, 23. μαθὼν ὑπὸ τῶν συγχρόνων φιλοσόφων τὴν ὁδὸν τῆς γνώσεως, κατέρχεται εἰς τοὺς νεοπλατωνικούς, καὶ ἰδίᾳ τὸν θαυμασιώτατον Πρόκλον 108, 11. εἰς τοῦτον ὡς ἐπὶ λιμένα μέγιστον κατασχὼν πᾶσαν ἐκεῖθεν ἐπιστήμην τε καὶ νοήσεων ἀκρίβειαν ἔσπεισε 108, 12. εἰς συγγραφὴν ἱστορίας καταναγκάζεται ὑπὸ πολλῶν τῆς συγκλήτου καὶ τῆς ἐκκλησίας 101, 22. ἐπὶ τέλους δὲ καὶ ὑπὸ τοῦ βασιλέως Μιχαὴλ Ζ' εἰς ὃν καὶ προσφωνεῖ τὸ σύγγραμμα 121, 31. 259, 19. ἐπιτέμνει τὰ κατὰ Δούκαν ὑποσχόμενος συγγράψαι πλατύτερον 220, 18. 232, 33. ὑπόσχεται ἐκθέσθαι τὰ κατὰ τὴν μετὰ Ῥωμανοῦ Δ' συνεκστρατείαν κατὰ Κούρτων ἐν ἄλλῳ λόγῳ 249, 11. ἀναγινώσκει τὴν ἱστορίαν πρὸ τῆς συγκλήτου ἐπικαλούμενος τὴν μαρτυρίαν τῶν ἀκροατῶν εἰς ἐπικύρωσιν τῶν λεγομένων 174, 33. 208, 34. 249, 22. Ζῶντος τοῦ συγγραφέως ἡ ἱστορία διέφθαρται, ὡς αὐτὸς ὁμολογεῖ[1]. οὐδαμοῦ ὀνομάζει ἑαυτὸν Ῥωμαῖον, ἀλλὰ φιλορώμαιον, φιλόρπολιν, φιλόπατριν 166, 5. 174, 9. μετὰ περιφρονήσεως λαλεῖ περὶ τῆς παλαιᾶς Ῥώμης καὶ τοῦ πρώτου αὐτῆς ἱδρυτοῦ, Ῥωμύλου 151, 3. ἐπαινεῖ τὴν πολιτείαν Ἀθηναίων 150, 33. 151. βαρυθυμεῖ γράφειν περὶ τῆς δυναστείας Βασιλείου τοῦ Μακεδόνος (p. 93, 14)· "ἄρχουσι πολλάκις ἡμῶν οὓς ἐκ τῶν βαρβάρων ἐωνησάμεθα, καὶ τὰς μεγάλας πιστεύομεν δυνάμεις οὐ Περικλεῖς, οὐδὲ Θεμιστοκλεῖς, ἀλλ' οἱ ἀτιμότατοι Σπάρτακοι" 151, 8

[1] "διέφθαρται...καὶ ὅσα περὶ τοὺς καθ' ἡμᾶς ἐπραγματευσάμεθα βασιλεῖς." Ψελλὸς ed. Boissonade, 1838, p. 116.

INDEX GRAECITATIS.

ἀβέλτερος 155, 24
ἀβελτηρία 141, 24
ἀβουλία 53, 1
ἁβρὸς 2, 5. 23, 7, 8. 26, 6. 234, 8
ἀγαθός 44, 12. 46, 18. 79, 14. 119, 32. 190, 33. 209, 28. 259, 26. 21, 36. 240, 1. -ῇ τύχῃ 256, 35. -ὸν 79, 14. 150, 3. 161, 16. -οῦ 44, 13. πρὸς 235, 21. 1, 15. 159, 36. -ῶν τὰ τιμιώτερα 119, 32
ἀγαλλιῶ 114, 34. *med.* 67, 25. ἠγαλλιάσατο 157, 34
ἀγάλλομαι 162, 2
ἄγαλμα 37, 18, 24. θεοπρεπέστατον 79, 22. κάλλους 146, 20. πόρνης 34, 5. 37, 18. ἀγαλμάτων τύπους 19, 2
ἄγαμαι 204, 11. ἠγάσθη με 208, 22. 104, 3
ἄγαν, ἐς τὸ 15, 28. ὁ — μετεωρισμὸς 96, 12. τὸ — εὐνούστατον 94, 7. 40, 13. 75, 5
ἀγάπησις 169, 14
ἀγαπητῶς 210, 15
ἀγαπῶ 171, 2. 33, 33. 22, 3. 154, 6. 159, 13. 247, 27. 254, 22. 108, 6. τοῖς παρ' αὑτοῖς δόξασι 85, 1. καλλιέπειαν 169, 29. ἠγαπηκότας 71, 23. 69, 8. 99, 14. 100, 2. ἠγάπηται τῷ θεῷ 93, 12
ἀγγελία 62, 21. 176, 26, 30. 194, 32
ἄγγελος 251, 20. ἢ θειοτέρα τις ψυχή 167, 8. οὐκ -οι τὰ παρὰ τοῦ κρείττονος ἐκείνῃ διαπορθμεύοντες 186, 29. μετ' -ων στήτω 181, 1. -οις συνηρίθμηται 171, 15
ἀγγέλλω 179, 12. ἠγγέλθη 258, 35
ἀγελαιοκομῶ 55, 18
ἀγενής 153, 29. 150, 31. 240, 20. οὐκ -ῆς μοῖρα 78, 1. -έστατος 151, 25
ἀγενῶς 146, 5. 189, 19
ἀγέραστος 238, 8
ἀγερωχία, -ίαν Ῥωμαϊκὴν 151, 12

ἀγέρωχος 18, 21
ἁγίασμα 69, 29
ἀγκαλίζομαι 237, 14. 92, 22. 59, 15. 79, 19. τὴν θείαν εἰκόνα 119, 15. 2, 34. συμπαθῶς 21, 14. 113, 34. δόρατα 198, 17. ἠγκάλιστο 113, 33. ἠγκαλισάμην 264, 17
ἄγκυρα: ἀγκύραιν 230, 35
ἀγκών 19, 16. 65, 14
ἀγλαΐα 262, 3, 29. -ίαις ἠθῶν 265, 24
ἀγλαΐζομαι: οἷς -οιτο 260, 24
ἀγλεύκως, εἶχε τῆς συνδιαλέξεως 182, 4
ἀγνόημα 239, 3
ἀγνοῶ 105, 34. 246, 10. 10, 28. 98, 35. 124, 22. 171, 16. 220, 4. ἠγνόηκα 110, 1. 160, 16. 220, 1. ἠγνόησεν ἀγνόημα μέγα 239, 3. τὸ ἀγνοούμενον 220, 5. ἠγνοεῖτο 258, 31
ἀγνωμονητέον 102, 25
ἀγνωμόνως 44, 24
ἀγνωμοσύνη 268, 3
ἀγνώμων 102, 10. 268, 25. 133, 7. -ονέστατος πρὸς 180, 9. 56, 12
ἀγνώς: -ῶτος 155, 3. 253, 26
ἄγνωστος 127, 10. 172, 25
ἀγορά: τῶν ἐπὶ τῆς -ᾶς ἐργαστηρίων 118, 12. 223, 20. εἰς -ὰν 83, 23. -αὶ καὶ πανηγύρεις 101, 5
ἀγοραῖος: -ον καὶ ἀγύρτην δῆμον 105, 20. -ου προπετείας 234, 20. τύρβης ὅσοι 76, 25. -ον γένος καὶ ἄφετον 81, 32. καὶ δημῶδες 87, 20
ἀγορεύω: γλῶττα ἐπιτροχάδην 45, 5
ἄγος: συγγενικὸν 197, 19
ἄγραφος: -ους νόμους 15, 6
ἄγριος 10, 17. 85, 9
ἀγροικικῶς 19, 20
ἄγροικος: ἀγροικότερον διεσκεύαστο 230, 13
ἀγρός: πανερήμου τινὸς -οῦ 55, 15. -ῶν χάρισι 11, 34. οἱ ἐπὶ τῶν 238, 28. οἱ ἐν -οῖς 234, 22, 28. ἀγροὺς 14, 33

INDEX GRAECITATIS. 285

ἄγρυπνος 192, 6
ἀγύρτης, -την δῆμον 108, 20
ἀγυρτικός, ὄχλος αἱ παρ' ἡμῖν δυνάμεις 141, 22
ἀγχίθυρος: τῇ βασιλείᾳ 54, 17. οὗ ἐκεῖνος 197, 13. αὑτοῖς 188, 19
ἀγχίνοια: τῆς πλάσεως 168, 27
ἀγχίνους 47, 6. 164, 20. 209, 12. -ούστατος 47, 10
ἀγχιστεία 99, 33
ἀγχίστροφος 198, 23. 181, 30
ἀγχοῦ, παριέναι 118, 20. ὁ 199, 15. τοῦ 24, 31. τῷ 5, 18. τὸν 142, 14. 162, 25. οἱ 94, 5. 254, 34. τῶν 127, 30. 139, 22. ἐπὶ δεξιᾶς 237, 31. ἄγχιστα ἡμῖν 207, 11
ἄγω 37, 20. 87, 6. ἐς ὑπερορίαν 75, 30. τὴν στρατιὰν 223, 27. ὑπ' εὐθύνην 78, 35. ἐπὶ μισθῷ 55, 20. εἰκοστὸν πέμπτον ἔτος τῆς ἡλικίας 107, 13. 19, 28. 21, 31. 66, 7. 90, 18. τὸν ἄγοντα τεθέανται παραδεικνῦντά τι τοῦ καιροῦ 89, 1. cf. κληρουμένων εὐχὰς 144, 9. ἧγεν αὐτὰς ἡ πομπὴ ἐπὶ θέατρον 116, 23. πλέον οὐδὲν 58, 6. ἄξω ἐς τοὐμφανὲς 104, 36. ἀγαγεῖν εἰς τὴν βασιλείαν 42, 20. τίνα ἂν ἀγάγοι (scr. ἀναγάγοι) 96, 33. 120, 1. pass. 21, 33. 25, 13. ἄγοιτο ταῖς ταῖς τῶν ἄστρων κινήσεσι τὰ ἡμέτερα 78, 15. 188, 4. ὑπὸ γυναικὶ τὰ Ῥωμαίων πράγματα 186, 24. ἀγόμενον καὶ φερόμενον 174, 32. 11, 26. ἡγάγετο 113, 5. 237, 17. ἀχθῇ 73, 35
ἀγωγή, ὑδάτων 172, 27
ἀγών, παρειὰν κατεφοίνισσε 199, 11. πρὸς τοὺς ἑτέρους ναοὺς 172, 14. 8, 22. 61, 2. 194, 29. 233, 33. 235, 26. 128, 29. 201, 9. 195, 6
ἀγωνία: -ίας νόμους 5, 17. -ίαν μαγικὴν 147, 11. τεχνικὴν 17, 8. ἐπ' -ίαις 143, 3
ἀγωνίζομαι 7, 8. 268, 14. 3, 4
ἀγωνιστής 3, 2. 251, 1
ἀγωνιστικώτερος 201, 12
ἀδαής 26, 13. ἀδεοῦς (scr. ἀδαοῦς) πραγμάτων 161, 11
ἀδακρυτὶ 178, 1
ἀδαμάντινος 17, 1. 263, 24. 256, 30
ἄδεια 254, 34
ἀδέκαστος 163, 9
ἀδελφή 92, 29. 97, 18
ἀδελφιδοῦς 69, 28. 70, 5. 4, 11. 55, 7
ἀδελφικὸς 134, 25
ἀδελφός, ἐκ πνευματικῆς διαθέσεως 244, 31. ἀδελφῶν μερὶς 46, 7. 49, 4
ἄδεσμος: ἀδέσμῳ φυλακῇ 257, 35
ἀδεῶς 192, 5. 204, 30. cf. ἀδαής
ἄδηλος: ἐν ἀδήλοις τίθημι 9, 21
ἀδήλως 111, 12

ἀδιάβλητος 135, 24
ἀδιαστάτως 172, 22
ἀδιήγητος, -οι χάριτες 116, 20. -ων χαρίτων 233, 7
ἀδικῶ 238, 15, 18, 19. 242, 6. 268, 11
ἀδίκημα 44, 29. 33, 8. 35, 1
ἀδικία 165, 26. ἀδικίαι 34, 3
ἄδικος 268, 25. οὐκ — ὁ θεὸς 89, 15. -οι συγγραφαὶ 238, 26. 14, 28. 49, 7
ἀδιορίστως 105, 31
ἀδόκητος: τῇ ἀδοκήτῳ ἐκβάσει 45, 19. τὸ ἀδόκητον 5, 20
ἄδοξος: -ότατος τὸ πατρῷον γένος 55, 13
ἀδορυφόρητος, ἡ βασιλὶς 41, 32
ἁδρὸς 59, 7. -ότερος 265, 4. 82, 21. 143, 29. 146, 31
ἀδυναμία 27, 10
ἀδύνατος: τὸ -ον 71, 29
ἄδυτον 117, 32. ἱερὸν 142, 22. ἀνακτόρων 117, 33. σπήλαιον 253, 31. 87, 3. ἄδυτα ναοῦ 86, 30. 206, 11. βασίλεια 101, 8. 151, 35. ἀδύτων ἱερῶν 145, 22. 151, 35. ἐξ — ἐννόμων 231, 12. ἐν τοῖς ἀδύτοις 86, 30. 90, 7. 160, 20
ἀδώρητος, χρημάτων 183, 14
ἀεί, σιδηροφοροῦσι κατὰ τοὺς παλαιοὺς Ἀκαρνᾶνας (cf. Thucydidis 1) 187, 9
ἀείζωοι 187, 12
ἄζωνος: -οι καὶ ἐλεύθεροι 199, 23
ἀηδών 168, 7
ἀήθης: ἀήθων νόσημα 39, 31
ἀήρ, πνεῦμά τι κινεῖ 131, 33. 118, 23. ἀέρος μέσον 127, 27. ἐξ — πληγὴν 179, 5. 118, 19. 119, 24. 131, 33. 140, 21
ἀθέλκτος 182, 16
ἀθέμιτος 93, 28
ἀθετῶ: τὰς σπονδὰς 29, 18. ἠθέτηκε 218, 6. 223, 17. ἠθέτησε 50, 10
ἀθιγῶς 253, 24
ἆθλιος: ἀθλιώτατος 78, 30
ἀθλίως 215, 23. ἀθλιέστερον ibid.
ἆθλον: ἆθλα 96, 16
ἆθλος: τῶν ὑπερφυεστάτων 80, 18
ἀθόρυβος 242, 27
ἄθραυστος 267, 30
ἀθρόος 45, 24. μετασχηματισμὸς 159, 16. 5, 32. 105, 6. ἀθρόοι 138, 33. 141, 17. 261, 29. 174, 31. 28, 2. 169, 14
ἀθρόον 9, 17. 11, 10. ἀθρόως 9, 11. 10, 15. 164, 24. ἀθροώτερον 164, 25. 211, 12
ἀθρῶ: ἀθρήσας 43, 27
ἀθυμία 11, 8. -ας νέφος 67, 28
ἀθυμῶ 236, 33. 202, 9
ἀθύμως 62, 27. 64, 13

άθυρμα 178, 36
αιγιαλός 132, 2, 5
αίγλη: άρρενωπός 18, 24. φανοτάτη 119, 20
αιδέομαι 243, 23. 89, 11. 164, 28. αιδεσθείς 167, 15
αιδέσιμος 22, 15. 190, 19. 37, 29
αιδώς 36, 27. 21, 26. 71, 10. 75, 33. 80, 11. 86, 2. 243, 25. 260, 20. 50, 8. 94, 9. 245, 13. αιδώ et αιδώ 73, 9. 93, 1. 115, 7
αιθέριος: -ον 171, 32. 172, 20. 209, 9. 172, 18. 211, 11
αιθεροβατώ 187, 10
αιθεροδρομώ 224, 32
αιθήρ: όσοις έν αιθέρι μέσον ό βίος (Stylitae) 209, 8
αικία 239, 23
αικίζομαι 152, 22. αικίσασθαι 151, 13
αίμα: έξανθήσαν έπι της όψεως 164, 24. δεύτερον βασίλειον 86, 22. κατέρρει 126, 25, 26. αίματος βασιλικού 155, 35. γένεσιν 44, 6. γενικού 72, 22. έμφυλίου 197, 18. συγγενικού 143. 12. cf. 192, 4. άπαντα πλήρη 78, 23. ώς ύδατι χρώμενοι 224, 4. αιμάτων άνήρ 228, 32. -μασι 93, 14
αίνεσις: αίνέσεων 162, 17
αινίττομαι: τόν έρωτα 36, 31
αίρεσις 61, 28. 104, 2, 31. 121, 17
αιρετός 137, 10
αιρέω 120, 11. 187, 19. ήρει έμέ 116, 27. με ό προλαβών 178, 4. 106, 17. της χειρός θέοντα 224, 30. αιρήσειν αύτοβοεί τό στρατόπεδον 250, 27. τό βάρβαρον 28, 33. 123, 21. είλεν Έδεσαν 123, 21. 223, 18, 19. 86, 20. 106, 26. 130, 18. 249, 35. 25, 10. 232, 28. 266, 1. αιρούμαι 196, 28. 136, 32. 66, 1. 113, 8. 146, 33. 148, 26. 167, 24. 182, 24. 256, 28. 33, 34. 115, 24. 136, 19. 248, 5. 12, 2. 65, 20. 104, 1. 213, 12. 147, 19. αίρησομένην 159, 27. ειλόμην 267, 30. 88, 26. 260, 17. 261, 8. 5, 13. βασιλεύειν έαυτοις τόν νόθον 64, 15. έλοϋ 196, 22. 90, 7. 93, 20
αίρω: τούτοις τούς τών άξιωμάτων βαθμούς 238, 11. τήν φλόγα του έρωτος 159, 14. έπ'ι άσπίδος 136, 34. 30, 36. 31, 6. 65, 1. 91, 20. 265, 25. 28, 15. ήρεν έπι μέγα τόν Καίσαρα 206, 14. ή φήμη τούτον 97, 27. άρας άπό 29, 8. έντεϋθεν 126, 4. τώ στρατώ 250, 11. μετάρσιον 62, 19. 61, 35. αίρεται κρότος 232, 6. φωνή 202, 30. πάσα ψυχή 87, 18. πρός άξίωσιν 96, 4. άράμενος κατωμαδόν τό άχθος τών βασιλικών διοικήσεων 182, 5. άρθεις

έπι μέγα της τύχης 176, 5. άρθέν νέφος 129, 7
αισθάνομαι 103, 27. 96, 26. ήσθοντο 250, 18. κνίσσης 187, 11. 207, 34. 149, 28. όσον της συνοικήσεως 25, 13. 185, 13. ήσθημαι 265, 28
αίσθησις 58, 1
αισθητός: τό -όν 58, 2. -οίς όμμασι 113, 31
αίσιος, οιωνόν 194, 27
αισίως 210, 25
αίσχος, τύχης 21, 27
αισχρός: αίσχιστος 77, 16. 186, 3. 79, 25
αισχρώς 144, 35. έτι αίσχιον 145, 1
αισχύνη 140, 11. 158, 26. αισχύνης συρφετόν 128, 6
αισχύνομαι 158, 18. 102, 9. 67, 33. 115, 2. 37, 14. 43, 6. 50, 20. 113, 5. αισχύναιο 102, 9. αισχυνθείην 103, 30
αίτησις 256, 7. αιτήσεων θύρας 157, 30
αιτία, (άναίτιος) 130, 4. 41, 5. 35, 16. 241, 34. 249, 10. πρώτην τών λόγων 15, 17. plur. 99, 6. 73, 24. 14, 7. 32, 29. 81, 1. 100, 13. 101, 36. 106, 2. 129, 7. 157, 13. 202, 21
αίτιος, 1, 15. 67, 33. τού κύειν 27, 21. 202, 23. τή αίτίω 97, 11. τό αίτιον 186, 22. 255, 12. αίτίου πρώτου 177, 7. 97, 12. αίτιώτατον 14, 3. 252, 31
αίτιώμαι 251, 6. αίτιάσαιτο 102, 23. 111, 18. 175, 9. 184, 18. 200, 31
αίτώ: αιτουμένοις 213, 7. 119, 9
αιχμαλώσια 252, 27. 254, 23. 251, 11
αιχμάλωτος: plur. 143, 22. 252, 26. 66, 7, 19. 142, 34. 143, 7
αιχμή: -ής τομή 127, 13
αιών, λαχών αύτήν 162, 20. -ωνος λαχόν μέρος 129, 18. -α ειμαρμένον 86, 7. -ες μακροί 186, 7. -ας άπείρους 187, 16
αιώρα: αιώραι ύφασμάτων 34, 9
αιωρούμαι: άπό τών ποδών ές κεφαλήν 265, 3. ήώρητο 173, 21. 119, 1
ακάθεκτος 9, 2. 87, 23
άκαιρος 212, 26
ακάματος, -α τε και ανήροτα 168, 23
άκανθα, έπι πλέον ύλομανεί 122, 23. ή περί τήν κεφαλήν (Salvatoris Christi) 184, 28
άκαριαίος, τό -ον 154, 10
άκαρπος 122, 23
άκατάλληλοι 28, 5
άκαταλλήλως 104, 3
άκατάπληκτος 145, 31
άκατάσχετος 88, 16, 33
άκήρατος: -α θήρατρα 147, 26
άκίνδυνος 23, 6
άκινησία 148, 11
άκίνητος 144, 23. 131, 9
άκλεής 100, 22

ἀκλινής 19, 5
ἀκλόνητος 133, 11. 262, 17
ἀκμάζω: ἀκμάζων (scr. ἀκμάζον) ψῦχος 16, 34. τὸ πάθος 51, 27. ἀκμάσαντι 134, 3
ἀκμαῖος: ἀκμαιοτάτων 17, 22. 227, 10
ἀκμαίως 147, 20
ἀκμὴ 236, 5. 118, 7. 146, 13. 240, 24. οἱ -ῆς ἐφ' ἑκάτερα 125, 18. ἀκμὴν 16, 34. 89, 7. 145, 5
ἀκμής: -ῆτας 195, 2
ἀκοὴ 166, 23. 196, 21. 29, 25. 20, 16, 23. 23, 3. 30, 2. 38, 3, 18. 132, 23. 168, 34. 195, 15. 262, 5. *plur.* 102, 17. 52, 27. 194, 33
ἀκοίμητος: ἀκοιμήτῳ ὀφθαλμῷ 268, 32
ἀκοινώνητος 81, 1
ἀκολασία 50, 13
ἀκολάστως 48, 23
ἀκολουθία 122, 12. 104, 31
ἀκολουθῶ 160, 19
ἀκόμψως 109, 21
ἀκόνη: εἰς -ην ξυρὸς 266, 11
ἀκοντίζω 9, 10. ἠκόντιστο τὸ πῦρ 131, 20
ἀκόντιον 142, 13
ἀκοντιστής: τοῦ πυρὸς 131, 14. 88, 20
ἀκονῶ: ἠκόνησε τὴν γλῶτταν 60, 16
ἀκόρεστος 153, 13
ἀκούσιος: τὸ -ον 74, 18
ἀκούω (praes., impft., aor., pft., plusquam pft. [ἠκηκόειν saepe, sed ἀκηκόειν in cod. 60, 31], τὸ ἀκουόμενον [115, 21]), saepe
ἀκραιφνής: -εστάτης 147, 18. 119, 2
ἀκρατὴς 5, 21. 11, 12. 126, 33. 227, 33
ἀκρατῶς 162, 30
ἀκρίβεια 229, 11. 163, 27. 229, 11. 244, 25. 51, 23. 221, 15. 251, 3
ἀκριβής, -έστερος, -έστατος, persaepe
ἀκριβῶ 18, 20. 117, 5. 116, 2. 122, 27. 169, 32. 93, 28. ἠκρίβωσε 169, 28. 235, 32. ἠκριβωκὼς 75, 15. 80, 31. 107, 16. 249, 18. ἠκρίβωται 106, 5. 169, 23. ἀκριβωσάμενος 78, 32. 230, 2. 78, 27
ἀκριβῶς, -έστερον, -έστατα, saepe
ἀκροάζομαι: ἠκροασάμην 25, 30. 263, 21. 132, 20
ἀκροατὴς 77, 30. 153, 13. 168, 16. 177, 20. 259, 12
ἀκροβολίζομαι 17, 16
ἀκροβολισμὸς, *plur.* 254, 35. 121, 28
ἀκρόπλους: τὸ -ουν 177, 10
ἀκρόπολις 34, 20. 136, 10
ἄκρος: -οις ὅροις 168, 32. ὄμμασι 40, 1. 64, 19. 80, 28. 182, 32. 209, 18. 215, 19. 260, 11
ἀκρότης 209, 14. 172, 24
ἀκρωτηριάζω: τὰς δημοσίους τῶν κοινῶν συνεισφορῶν ἀφορμὰς 217, 20. ἀκρωτηριασθείη μέρος τι τοῦ σώματος 256, 22
ἀκρωτήριον (corporis); -ηρίων 234, 1
ἀκτὴ 124, 5. 121, 12
ἀκτίς: -ῖνες τῶν ὄψεων 18, 22. -ῖσι ταῖς θριξὶ διαλάμπουσαν 147, 22
ἀκύμαντος: -ον ζωὴν 178, 25
ἄκων: ἀκόντων 231, 26
ἀλαζονεία 248, 25. 61, 11
ἀλαζὼν 106, 16. 247, 7. -όνας φωνὰς 128, 26
ἀλαλαγμός: -ῷ 8, 31
ἀλαλάζω: ἠλάλαξε 199, 1. 131, 13. 248, 12. 6, 31. 29, 36. 141, 26. 194, 8. 206, 33. 253, 21
ἀλγεινός: τὸ -ὸν 149, 20. *plur.* 63, 3. 149, 33
ἀλγεινῶς 120, 23
ἀλγηδὼν, *plur.* 149, 8. 138, 6. 11, 9
ἄλγημα 23, 22
ἀλγύνω 153, 33. *pass.* 32, 5. 160, 4
ἀλγῶ 149, 3. 63, 3, 5. τὸ ἀλγεῖν 179, 19
ἄλειμμα: ἀλείμμασί τε καὶ τρίμμασι 27, 23
ἀλήθεια, τῆς ἱστορίας 103, 21. 26, 32. 32, 26. 60, 27, 34. 175, 9. 268, 10. 69, 33. 111, 28. 163, 26. 169, 2. 186, 25
ἀληθεύω: -ειν τὸ σὸν Δωδωναῖον μαντεῖον 225, 32. -ουσα 39, 12
ἀληθὴς 58, 20. 238, 34. 206, 22. τὸ ἀληθές, τἀληθὲς 114, 28. 176, 35. 163, 35. 169, 3. τἀληθῆ 98, 32.
ἀληθεστέρων λόγων 202, 25. -τάτη 27, 3. 15, 13. 258, 32
ἀληθῶς 34, 33. 36, 11. 45, 24. 104, 34. 150, 2. 103, 24. 179, 33. 190, 17, 24. 196, 35. 235, 13. -έστερον 96, 33
ἅλις, τὰ τῆς κολακείας 69, 30. τῶν περὶ ἐμὲ λόγων 178, 20
ἁλίσκω: ἁλοίη 123, 23. 139, 24. 256, 20. -οίεν 249, 27. -οὺς 73, 23. 99, 24. 125, 12. 166, 18. 247, 4. 157, 8. ἑαλώκεαι 251, 24. 158, 9. 115, 9. 158, 19. 38, 34. 252, 24. ἑαλώκει 44, 31. 57, 2. 157, 4. 163, 22. 247, 11. 251, 12, 29. 255, 15. 37, 13. ἑάλωσαν 255, 10. *pass.* 156, 23. 269, 3. 106, 13. 225, 1. ἁλώσεσθαι 102, 2
ἀλιτήριος 88, 1. 82, 4
ἄλκιμος, περὶ τὸ σῶμα 20, 14
ἀλλάττομαι 167, 29. ἠλλάξατο 244, 23. 178, 25. τὰ ἱππηλάσια τῶν μετεώρων 209, 10
ἀλλαχόσε, ἄλλους 7, 33
ἀλλήλων 175, 13. 206, 20. ἀπ' 12, 11. 190, 25. 198, 2. -οις 72, 1. 113, 12. 135, 35. 141, 26. 196, 27. 198, 5.

218, 15. παρ' 235, 9. σὺν — καὶ μετ' -ων 145, 11. -ους 235, 18. πρὸς 130, 6. 135, 31. 175, 35. 190, 23. 200, 13
ἄλλοθεν 36, 22
ἀλλοῖος: ἀλλοιότερος 183, 11. 203, 13
ἀλλοιῶ 104, 12. 112, 12. 18, 13. 50, 18. ἠλλοίωσε 45, 30. 186, 12. 239, 34. 92, 4. ἠλλοιοῦτο πάντα 172, 11. ἠλλοίωτο 32, 6. 44, 5. 116, 7. ἀλλοιωθεῖσα 162, 31
ἀλλόκοτος 118, 22. ἀλλοκότοις μεγέθεσι 146, 28. 268, 19
ἄλλος: ἐξ ἄλλου 108, 3. ἀλλαχοῦ 241, 8. ἄλλοθεν 222, 35. αὖθις — καὶ πάλιν ἐφ' ἑτέρῳ ἕτερος 251, 21. ἄλλο τι 212, 7. ἄλλοι ἐπ' ἄλλοις 206, 18. ἄλλων ἐπ' ἄλλοις 101, 1. ἄλλοις ἄλλος ἄλλοθι 222, 30. ἄλλας ἐπ' ἄλλας 80, 2
ἀλλότριος 64, 35. 33, 31
ἀλλόφυλος, πόλεμος 6, 20
ἅλμη: ἅλμην θαλαττίαν ἀποπτύσαι 210, 26. συμφορῶν ἀποπτύων 170, 5. 210, 26
ἀλογία 152, 26. 155, 8
ἀλόγιστος: ἂν εἴην 102, 10. τὸ -ον 97, 3. βουλευμάτων 93, 27
ἀλογίστως 251, 5
ἄλογος: ἀλόγους ζωὰς 184, 14. ἀλόγοις 268, 19
ἀλόγως 41, 26. 105, 14
ἀλουργὴς 158, 3
ἀλουργὶς 122, 26
ἄλσος 167, 30. 168, 8. ἄλση 217, 15. ἀλσῶν 168, 5. 172, 28
ἄλυπος: ἀλύπους ἀκτὰς 121, 12
ἄλυτος 26, 28
ἀλύω 49, 27
ἀλώσιμος 252, 21. 138, 26
ἅλωσις, τοῦ Διογένους 259, 1. 264, 21. ἁλώσεις 249, 20
ἀλωτὸς 31, 19. 64, 30. 154, 3. 186, 15
ἀμαθής: -έστατος οὐδ' ἕτερος 57, 2
ἁμαρτάνω 20, 28. 9, 35. 189, 7. 238, 35. ἡμαρτηκόσι 165, 24. -ότας 192, 11. ἁμαρτανομένων 18, 9. ἡμαρτημένων ἀφέσεως 60, 15
ἁμάρτημα 153, 21. 20, 30
ἁμαρτία 153, 21
ἀμαυρὸς 261, 22
ἀμβλύς: -ὺ τὸ φρόνημα 94, 33
ἀμείβω: τόπον ἐκ τόπων 254, 26. -εται τοῦ ἐγκωμίου τὸν ἐπαινέτην οὐκ ὀλίγοις 117, 7. 117, 9. ἀλλὰ πρὸς ἄλλοις 117, 27. ἠμείψατο τοιούτῳ με λόγῳ 89, 13
ἀμείνων: σιωπῆσαι 198, 24. -ονος λήξεως 68, 17. 267, 14
ἀμέλει 21, 10. 23, 9. 26, 16. 38, 6. 59, 22. 137, 3. 150, 27, passim
ἀμελής: ὁ — κόσμος καλλωπισμὸς ἀκριβέστατος 230, 16

ἀμελῶ: τῶν καθηκόντων 105, 28. 24, 7, 10. 34, 13. 40, 13. 47, 20. 167, 7. ἠμέλησε 152, 31. ἀμεληθείσης τῆς 23, 30
ἀμελῶς 213, 19
ἀμέριστος 180, 13
ἀμέσως 32, 30
ἀμετάθετος: -ου ὅρου 105, 18. τὸ -ον 13, 4. -α παιδικὰ 266, 24
ἀμετακίνητος 28, 28
ἀμετάλλακτος 68, 6
ἀμεταστρεπτὶ 30, 21
ἀμετρία 112, 22
ἄμη: ἅμας ζητούντων σκάφας ἐδίδου 190, 8
ἀμήχανος: -ον κάλλος 57, 29
ἄμικτος 185, 11
ἅμιλλα: πρὸς ἑτέρους 241, 17. 262, 21
ἁμιλλῶμαι: -ηθῆναι 171, 34. 172, 15. -ησάμενος 234, 16
ἀμίμητος 239, 35
ἄμιξία 26, 29
ἄμμα: -σι περιδέουσα τὸ σῶμα 27, 27
ἀμοιβαδὸν 196, 21
ἀμοιβή, plur. 44, 21. 72, 7
ἄμοιρος, ἑλληνικῆς παιδείας 44, 32
ἄμπελος, plur. 167, 34
ἀμπέχω: -ει ὁ θώραξ 150, 22. ἀμπίσχεται 167, 20
ἀμυδρός: -ρὰν τὴν λαμπηδόνα 146, 16. -ότερον ἀναφέροντα 227, 7
ἀμύθητος: -ους θησαυροὺς 214, 23. χάρις 172, 29
ἄμινα 133, 16. 165, 8, 13
ἀμύνομαι: -αιο 195, 24
ἀμφήριστος, εἰς κηδείαν 99, 9. -ον τὸ κράτος 92, 28
ἀμφιβολία 44, 27. 194, 4
ἀμφίβολος 160, 17. 236, 23. 253, 4. 65, 6. 84, 2. 63, 24. τὸ -ον 92, 30. 165, 18. 195, 18. ἐν -βόλῳ 176, 32
ἀμφίδρομος: -οι οἶκοι 172, 23
ἀμφιέννυμαι 6, 19. ἠμφίετο τὸν ἄλλον κόσμον 40, 16. 162, 9. 230, 13. ἠμφιεσμένος τὴν πορφυρᾶν ἐσθῆτα 21. ἀμφιεσάμενον τριβώνιον 207, 18
ἀμφικέφαλος 199, 7
ἀμφίπολος: -ων 118, 15
ἀμφιρρεπὴς 193, 33. -εῖ 177, 18
ἀμφισβήτησις 94, 14
ἀμφισβητῶ 83, 2. 60, 34. ἠμφισβήτησαν 227, 11
ἀμφότερος: παρ' -οτέρων πρὸς -ους 196, 20. 249, 2. 251, 35. -οτέρᾳ τῇ θήρᾳ 225, 4
ἄμφω: ἡ περὶ — ῥοπὴ 27, 3
ἀναβαίνω: ἐπὶ τὴν πρώτην φιλοσοφίαν 108, 13. ὁ Νεῖλος 213, 6. ἐς ἀρχὴν 111, 25. τὸν ἵππον 63, 27. cf. 30, 10. -βήσομαι τὸν λόγον 169, 15. 246, 12.

INDEX GRAECITATIS.

ἀναβαίη ἐπὶ τὴν ἀρχὴν 236, 6. εἰς ὄρος ὑψηλὸν 182, 35. 82, 24. ἐς τὴν βασίλειον ἀρχὴν 236, 6. ἀναβεβήκει εἰς τὸ κράτος 100, 11. εἰς τὸν Ῥωμαϊκὸν ἄξονα 169, 8
ἀναβάλλομαι 120, 34. 121, 31. 220, 18. 122, 10. 143, 17. 196, 4. ἀνεβαλόμην ἂν τὴν φυγὴν 203, 20. 176, 2. ἀναβεβλήσθω εἰς τὸν περὶ αὐτοῦ λόγον 39, 4
ἀνάβασις, ἰδιωτικὴ 201, 14, 22
ἀναβιβάζω: εἰς τὴν τοῦ Καίσαρος ἀξίαν 54, 7. πρὸς 189, 4. ἀναβιβάσοι εἰς τὴν βασιλείαν 90, 28. ἀνεβίβασα ἐμαυτὸν τούτῳ δὴ τῷ μέρει τῆς ἱστορίας 111, 27. εἰς περιφανεῖς ἀρχὰς 46, 4. cp. 36, 5
ἀναβλαστάνω: -ήσειέ τις ἄνθη 122, 19
ἀναβλέπω 123, 27. ἀναβλέψασα 79, 9
ἀναβολὴ 69, 19. 63, 31. 205, 13. plur. 6, 12
ἀναβοῶ, aor. 59, 35
ἀναγινώσκω 109, 24. 108, 28. ἀνεγνώκει μοι τὰ γεγραμμένα 263, 20. ἀναγνώσεται 264, 23. ἀναγνῶναι 178, 2. λόγους ἑλληνικοὺς 119, 23, 28. ἀναγνωσθῆναι εἰς ὑπήκοον (scr. ἐπήκοον) πάντων 205, 18
ἀναγκάζω 201, 5. 155, 9
ἀναγκαῖος: -ον τῆς φύσεως μαρασμὸν 24, 15. 205, 5. 197, 33. 111, 22. τὰ ἀναγκαῖα 11, 5. 102, 23. ἀναγκαιοτέρων 24, 11
ἀναγκαίως 263, 7
ἀνάγκη 18, 14. 148, 8. 182, 12. 256, 7. 17, 1, 22. 52, 7. 249, 5. -αις γεωμετρικαῖς 78, 4. ἃς -ας τινὲς ὀνομάζουσι 108, 21
ἀνάγνωσμα 263, 21
ἀναγόρευσις 70, 15
ἀναγορεύω: ἀνεῖπε 74, 22. ἀνειπεῖν ἑαυτὸν μυστηριωδῶς 65, 9. ἀνηγορεύοντο νόμοι 238, 25. ἀνηγόρευται βασιλεὺς 72, 5
ἀναγραφὴ 43, 34. -ῆς παρὰ τῶν μεταγενεστέρων ἠξιῶσθαι 101, 31. 155, 10. -αῖς τῶν βασιλέων 103, 32
ἀναγράφω 164, 10
ἀνάγυρον: καθ' ἑαυτὸν κεκινήκαμεν 268, 7
ἀνάγω: -ει με ὁ λόγος εἰς 235, 11. πρὸς 184, 25. 72, 6. ἐπὶ 253, 25. τὸ στράτευμα 248, 20. ἐς ἀρχὰς 203, 32. εἰς τὸ τοῦ Καίσαρος ἀξίωμα 53, 27. cp. 45, 16. 201, 20, 35. 170, 8. ἀναγάγωσι 52, 33. 53, 27. -εῖν εἰωθὼς εἰς τὴν τοῦ θεοῦ πρόνοιαν τὰς περὶ τῶν μειζόνων διοικήσεις 57, 7. -οντες αὐτὴν ἐπὶ μετεώρου τοῦ μεγάλου θεάτρου 85, 4. 55, 20. ἀνήγοντο νῆες 159, 36. cp. 79, 7. 131, 24. 79, 7. ἀνήχθη εἰς τὰ βασίλεια 99, 4. 115, 20. εἰς τὴν πρώτην τῆς ἀρχῆς περιωπὴν 170, 8.

cp. 55, 20. 142, 9. 231, 12. 45, 16. ἐς τὸ τοῦ ἐπάρχου ἀξίωμα 24, 23
ἀναγωγὴ 260, 29
ἀναδείκνυμι: αὐτοκράτορα 187, 32. 181,26
ἀναδεσμοῦμαι 197, 19
ἀναδέχομαι, τῷ ἐμῷ τραχήλῳ 228, 19
ἀναδέω: βασιλικῇ ταινίᾳ 159, 23. στεφάνοις 124, 15. τὴν κεφαλὴν στέμμασι 204, 25. cp. 164, 3. 169, 8. δεδεμένος στέμμασιν ἀριστείοις 224, 11. cp. 235, 31. ἀναδεδημένον (scr. ἀναδεδεμένον?) 263, 31
ἀναδιδάσκω 94, 21
ἀναδίδωμι 166, 14. 171, 12
ἀναζεύγνυμι: εἰς τὰ βασίλεια 66, 7. 257, 12, 13. 31, 35
ἀνάζευξις 16, 32
ἀναζητῶ 253, 35. ἀνεζητεῖτο ἡ ἐκτὸς Ἡρακλείων θάλασσα 35, 9
ἀναζώννυμαι: τὴν αὐτοκράτορα ἡγεμονίαν 214, 25
ἀναζωπυρῶ: τὴν ἐκπνεύσασαν σοφίαν 107, 30
ἀναθαρρῶ: ἀνεθάρσησε 31, 23
ἀναθεώρησις 56, 30
ἀνάθημα, κάλλιστον τῷ βίῳ 265, 26. τῶν αὐτοῦ σπλάγχνων 22, 29. 254, 2. 28, 2
ἀναιδεία 259, 29. 165, 15
ἀναιδὴς 10, 35
ἀναιδεύομαι: -σασθαι 261, 30
ἀναιδῶς 37, 16. 156, 4. -έστερον 36, 34
ἀναιμωτὶ 83, 28
ἀναιρῶ 218, 10. 125, 14. 223, 20. 56, 21. 141, 30. ἀνῃρήκασι 7, 32. 140, 17. ἀνεῖλε νόμον 45, 35. 257, 28, 30. 51, 5. 56, 19. 89, 11. 135, 14. 247, 14. ἀναιρήσειν 143, 16. 157, 2. 87, 2. 88, 18. ἀνῃρημένων 47, 27. 218, 17. ἀναιρεθέντος 12, 8
ἀναίρεσις, τοῦ κακοῦ 219, 4
ἀναισχυντῶ 160, 29
ἀναισχύντως 155, 21
ἀναίτιος, αἰτία 130, 4
ἀνακαθαίρω: τὴν Αὐγέου κόπρον 218, 34. ἀνεκάθηρα 110, 4. 15, 22
ἀνακαίω: -αύσαντες 223, 5. -αιόμενα πυρὰ 208, 5
ἀνακαλῶ: αὐτὸν δεσπότην 56, 26. τοῖς ἡδίστοις ὀνόμασι 197, 16. 88, 24. 145, 3. 158, 18. τὴν ψυχὴν 91, 14. ἀπὸ 123, 22. -έσασθαι τῆς ὑπερορίας 84, 18. 88. 18. τὴν ἑσπέριον δύναμιν 195, 1
ἀνακαλύπτω: τὸ δρᾶμα θεὸς 240, 24. τῇ γλώττῃ πρὸς 156, 23. 80, 8. 115, 8. 76, 34. 115, 23. 155, 5. 102, 16. 83, 15. 238, 23. -τουτο κρηπῖδες 83, 16
ἀνάκειμαι: θεῷ 60, 10
ἀνακεράννυμι: ἀνεκεράσθησαν ἀλλήλοις εἰς τοσοῦτον ἔρωτος 113, 12. ἀνεκέκρατο πρὸς 24, 1. ἀνακραθέντες θεῷ 118, 34

M. P. 19

ἀνακηρύττω 101, 2
ἀνακινῶ: τὰ πρὸ Εὐκλείδου 32, 8. ἑαυτὸν
  ἐς ἐννοίας 19, 15. πρὸς τὴν ἐπίγνωσιν
  212, 25. εἰς ἕτερον ἔλεγχον 78, 16
ἀνάκλησις 114, 8. 267, 6
ἀνακλίνω 59, 6
ἀνακοινοῦμαι 267, 17
ἀνακομίζομαι: -ισθείσης 85, 5
ἀνακόπτω: τὴν ὁρμὴν 89, 1
ἀνακράτος (scr. ἀνὰ κράτος): ἔθεον 30,
  10
ἀνακρίνω 73, 35. 152, 18. τῶν πραχθέντων 48, 18
ἀνακρούομαι: ἵππον 164, 10. ἐπιδρομὴν
  137, 34
ἀνάκτορα 66, 18. 69, 2. τῶν νῦν ἀνακτόρων 31, 1. 39, 24. ταῖς ἐκτὸς 43, 11.
  κλήρους 42, 14. λιμένος 204, 18. οἰκήματος 139, 19. ἐκτὸς 226, 17. 253,
  35. ταμεῖα 16, 7. τὰ ὑψηλότερα 253,
  25. 84, 26. 87, 16. v. βασίλεια
ἀνακύκλησις 121, 19
ἀνακωχὴ 226, 14
ἀναλαμβάνω: τὴν τῶν ὅλων διοίκησιν 20,
  7. εἰς τὴν τοῦ Καίσαρος δξίαν 54, 6.
  εἰς υἱοῦ τάξιν 54, 5. ἀποδείξεις 108, 21.
  τὰς δυνάμεις 143, 6. τὸ εἶδος 65, 11.
  ἑαυτοὺς 233, 8. τὴν αὐτοκράτορα ἡγεμονίαν 22, 21. ἐπὶ τὰ βασίλεια 25, 10.
  πρὸς τὸ τοῦ βασιλέως κῆδος 25, 10.
  med. ταῖς χερσὶ 254, 1
ἀνάλγητος 88, 15
ἀναλέγομαι: ἀνείλεκται ὁ ἔπαινος παρὰ
  164, 9. ἀναλεξάμενος τὸ τῆς θείας
  Γραφῆς βάθος 241, 24. τὰ μὲν ἀπὸ
  τῶν βιβλίων 17, 11
ἀναλίσκω 214, 28. τὰς νύκτας ἀγρύπνους
  εἰς 192, 6. εἰς οὐδὲν δέον 105, 34. 137,
  6. ἀνηλώθη 117, 29
ἀναλογία, τῶν μερῶν 173, 13. 57, 28
ἀνάλογος: -ους τὰς τιμωρίας τοῖς ἁμαρτήμασι 20, 30. τὸ -ον πρὸς τὸν λόγον 184,
  31. τὰ -α ἐντεῦθεν 35, 6. 147, 12. 171,
  32. 9, 25
ἀναλύω: τὸ εἱμαρτὸν 209, 22. 187, 6.
  10, 27. ἀπὸ τῶν συνθέτων ἐπὶ τὰ
  ἁπλᾶ 218, 13. τὰς ἐφόδους 219, 26.
  τοῖς χρόνοις 185, 35. ταῖς ἐννοίαις 10,
  22. ἀναλυτέος ὁ ὅρος 209, 20
ἀνάλωμα 233, 23
ἀνάλωτος 103, 29. πάσαις λαβαῖς 13, 12.
  ὄρνις 262, 1. 30, 15
ἀναμένω: ἐξεταστὴν 269, 5. 176, 15.
  71, 11. τὸ σύνθημα τῆς εἰσόδου 199, 6.
  τοὺς σφαγέας 207, 34. ἀναμεινάτω
  ἡμᾶς ὁ τρίτος καιρὸς 217, 5. ὁ λόγος
  229, 27. ὁ χρόνος 251, 18. ἀναμείναι
  τὸν καιρὸν 216, 27. 75, 18. 86, 5.
  176, 19. 198, 29. 30, 4
ἀναμετρῶ 121, 35

ἀναμιμνήσκω 31, 25. 49, 29. 236, 28.
  268, 30. 139, 25. ἀνέμνησε 74, 23.
  70, 2. ἀναμιμνησκόμενος 155, 19. ἀναμνησθεὶς 239, 19. ἀναμνηστέον τῶν 85,
  17
ἀνάμιξις 103, 8
ἀνάμνησις 236, 9
ἀνανδρία 213, 19
ἀνανεοῦμαι 129, 19
ἀνανεύω: τῶν ἐνθυμημάτων 218, 13
ἀνανήχω: -ξας ἐκ πελάγους 218, 30.
  -χεται εἰς τὰς τῶν ἀνακτόρων αὐλὰς
  179, 15
ἀνάντης, ἐς τὸ ἄναντες 19, 8
ἀνάπαυλα 112, 1. cf. ἀνάπαυσις 107, 3.
  128, 29. ἀναπαύλας καὶ θυμηδίας 45,
  20. ἀπομετρεῖν 3, 23
ἀνάπαυσις: κόπων -ιν καὶ συντονίας ἀνάπαυσιν (scr. ἀνάπαυλαν) 111, 34
ἀναπαύω 19, 20. 41, 19. med. 152, 9.
  31, 33
ἀναπέμπω: τῷ θεῷ εὐχαριστηρίους φωνὰς
  127, 24. εἰς τὸ Βυζάντιον 66, 3. τὰς
  ἐσχάτας ἀναπνοὰς 68, 9. 211, 27.
  -όμενος εἰς ἀέρα τῶν ἀρωμάτων ἀτμὸς
  119, 24
ἀναπετάννυμι: τὴν πύλην 199, 4. τὰς
  εἰσόδους 258. ἀνεπετάννυντο ἐμοὶ αἱ
  τῆς καρδίας αὐτοῦ πύλαι 111, 16.
  ἀναπετασθείσης 199, 4
ἀναπίμπλαμαι: ἐμοῦ 241, 31
ἀνάπλασις 108, 5
ἀναπλάττω: ἀπὸ τοῦ κρείττονος σχήματος
  153, 23. 171, 1. -άσωμεν μητέρα
  αὐτὴν τῷ ἀνεψιῷ 53, 25. -αττόμενος
  εὐδαιμονίαν καινήν τινα 105, 5
ἀναπλέω: ταῖς τριήρεσι 196, 12. 205, 15
ἀνάπλεως: ῥυτίδων 154, 21. χρημάτων
  214, 17
ἀναπληρῶ: τὸν τοῦ Καίσαρος τόπον 54,
  31. τάξιν 123, 11. 199, 20
ἀναπνέω: -έει τοῦ κλύδωνος 254, 3. 176,
  15. 219, 3. -πνέοντι τὰς ἐσχάτας
  ἀναπνοὰς 231, 17, 33. πρὸς βραχὺ
  211, 3. ὀλίγον 187, 32. τοσοῦτον
  μόνον ὁπόσον 137, 35. ἀναπεπνεύκει
  80, 19. ἀνεπεπνεύκει 79, 31. ἀνέπνευσα
  208, 3. 218, 30. 41, 26. 240, 29
ἀναπνευστέος: -τέα 169, 19
ἀναπνοή: -ὰς ἐσχάτας 68, 9. 231, 17
ἀναποδισμὸς, plur. 219, 29
ἀνάπτυξις, plur. 109, 7
ἀνάπτω: ὁ τοῦ ἔρωτος πυρσὸς 160, 33.
  πυρετὸν 162, 24. 18, 5. pass. ζῆλος 2,
  15. ἀναφθεῖσα τοὺς ὀφθαλμοὺς 36, 16
ἀναπτερούμενος: πότ. 107, 24
ἀναρρήγνυμι: τὸ κατ' αὐτοῦ ἐνθύμημα 220,
  15. -υται ὡς πρὸς ἤδη τυραννήσαντα
  124, 23. πρὸς ἀπέχθειαν 75, 20. 130,
  4. 159, 13. ἀνερρώγει τὸ πλῆθος 84,

18. ἀναρραγέντος 42, 5. ἐπὶ τὴν τυραννικὴν ψυχὴν 82, 14. ἀναρρηγεῖσαν (scr. ἀναρραγεῖσαν) ἐς τοὐμφανὲς 157, 6
ἀναρρέω: ἀναρρυείσης ἔνδοθεν πηγῆς 88, 15
ἀνάρρησις (βασιλέως) 43, 17. 1, 12. 69, 16. 136, 33. 237, 10. τῶν τροπαίων 29, 5. plur. 237, 10
ἀναρριπίζω 73, 1. τὸν πόθον 159, 14. πολέμους 4, 3
ἀναρρίπτομαι et ἀναρριπτοῦμαι: ἀνερριπτοῦντο 172, 2. ἀνερρίψαντο τὸν περὶ ψυχῆς κύβον 210, 31
ἀναρτῶ: εἰς αὐτὴν τὴν ὅλην ἀρχὴν 97, 18. τὰς ἐλπίδας περὶ 55. 1. ἀναρτᾶσθαι τὰ πρῶτα γένη 6, 14. ἀνηρτήσατο εἰς αὐτὸν τὰ κράτιστα γένη 190, 31. cp. 22, 34
ἄναρχος: τὸ -ον 97, 9
ἀνασειράζω: ἵππον 19, 5. 217, 2
ἀνασκάπτομαι: θησαυρὸς 268, 4. v. ἄνθρακες
ἀνασπῶμαι: ὁ θεμέλιος 262, 15
ἀνάστασις: ἀναστάσεως ἡμῶν κοινῆς (Resurrectio Christi) 41, 6. 154, 17
ἀναστέλλω: τοῖς πέριξ ἔθνεσι τὰς ἐφ' ἡμᾶς ἐφόδους 57, 14. 51, 14. οὐδὲν 160, 28
ἀναστένω 139, 20
ἀναστομῶ: τὰς πηγὰς τῶν βασιλικῶν θησαυρῶν 96, 9. cp. 110, 4. τὰς φλέβας 223, 4
ἀναστρέφω 194, 11. med. παρ' ἡμῖν 186, 35. περὶ τὰς βασιλείους αὐλὰς 39, 10. ἀνεστραμμένους πρὸς οὐρὰν τῶν ὄνων 128, 5
ἀνασώζομαι 31, 27
ἀνατείνω: χεῖρας ἐπ' αὐτοὺς 90, 10
ἀνατέμνω 223, 5
ἀνατίθημι: ἑαυτῇ τὴν ἀρχὴν 180, 6. εἰς ἕτερον καιρὸν 78, 25. σώστρα θεῷ 87, 19. τῷ λόγῳ 163, 16. ἀναθεῖναι τὸ βούλευμα εἰς 77, 28. ἀνατίθεται ἄλλοις τὰς πρώτας βουλὰς 137, 9. 211, 31. ἀνέθετο ἑτέροις 112, 5. τοῖς ὑποζυγίοις 144, 16. 2, 35. 30, 23. 31, 8. μονῄ Βασιλείῳ τῷ πάνυ 10, 31
ἀνατολή: ἐξ -ῆς ἐπὶ δύσιν 131, 34. ταῖς -αῖς τοῦ ἡλίου 57, 20
ἀνατρέπω: ἀνέτρεψε τὸ πᾶν 112, 16.
ἀνατραπείη τὰ πάντα 248, 32
ἀνατρέφω 79, 22
ἀνατρέχω: ἀναδεδράμηκεν οὐ πάνυ τὴν ἡλικίαν 95, 22. ἀνέδραμεν ἐπὶ 32, 3. ἀναδραμοῦμαι μικρὸν τούτου ἄνωθεν 121, 14
ἀνατρίβω 38, 9
ἀνατροφή 22, 3
ἀνατυπῶ 100, 25

ἀνατύπωσις, plur. 158, 35
ἀναφανδὸν 268, 16
ἀναφέρω: ἑαυτὸν 61, 32. ἐς τὸ δόξαν 133, 26. τὸ χρηματίζεσθαι ἐς πρώτην αἰτίαν τῶν λόγων 15, 17. τὸ ἄσθμα 226, 29. εἰς δαιμονίαν τύχην τὸ πεπραγμένον 14, 19. 41, 32. τὴν γνώμην 227, 28. εἰς τριγονίαν τὴν βασιλείαν 214, 16. οὐ πάνυ τι πρὸς τὸ γένος 22, 9. 229, 9. 199, 13. ἀνήνεγκα εἰς ὕψος ἀξιωμάτων 267, 23. cp. 242, 6. τὸ φρονοῦν 176, 29. τῆς νόσου 177, 35. 179, 20. ἐς τὸν κατόπιν 17, 5. 179, 23. τὸν ἐκείνου βίον ἐς χρονικὰς ἱστορίας 60, 25. ἀναφερέσθω ὁ λόγος 15, 21
ἀναφορά: -ᾶς τε καὶ ἀποκλίσεις τοῦ ζωηφόρου κύκλου 78, 6. νόμων ἢ κανόνων 45, 7
ἀναφθέγγομαι: τοῦτο δὴ τὸ δημῶδες 14, 3
ἀναφλέγομαι: ἀνεφλέχθη εἰς πυρκαϊὰν ὁ σπινθὴρ 82, 33
ἀναφυσῶ 41, 17
ἀναχωννύω: εἴ που σπινθῆρές τινες σοφίας ὑπὸ σποδιᾷ παρεκρύπτοντο 26, 17. -ύμενοι βῶλοι 168, 5. 172, 2
ἀναχωρῶ: ἐπ' οἴκου 205, 24. 190, 23. 74, 30. ἀνακεχωρήκεσαν 144, 18. -εισαν εἰς αὐτοὺς 142, 6
ἀναχώρησις 144, 12
ἀναψυχὴ 107, 4. ἰδίας ψυχῆς 37, 26
ἀναψύχομαι 41, 17
ἀνδράποδον 258, 10
ἀνδρία 164, 17
ἀνδρικῶς: περιζώσαντες 67, 21. ἀνδρικώτερον 45, 25. 191, 11
ἀνδρῶν 155, 26. βασιλικὸς 97, 8. 155, 14
ἀνέγκλητος: ὁ βίος 104, 27. 220, 31. 228, 23
ἄνειμι: εἰς ἐκεῖνον 161, 1. εἰς τὴν τοῦ κράτος περιωπὴν 215, 26. ἐπὶ τὸν Ῥωμαϊκὸν ἄξονα 216, 18
ἀνείργω: τοὺς ἵππους 217, 1. βαρβάρων ἐπιδρομὰς 217, 32. cp. 20, 18. 19, 5. 16, 25. 137, 20. 217, 1. 137, 20. 12, 6, 19. ἀνεῖρξε τῶν ἐπιχειρημάτων 221, 30. 177, 34. -όμενοι τὴν ἀρχὴν 170, 13. 172, 30. 196, 16
ἀνεκτὸς 175, 16. 219, 19
ἀνελεύθερος: -ᾳ ψυχῇ 72, 29
ἀνελευθέρως 40, 10
ἀνελίττω: τὰς γνώμας πρὸς ἐνθυμήσεις 132, 2. τὴν ψυχὴν εἰς ἐνθυμήσεις 212, 3
ἀνελκύω: ἀνείλκυσα τὸ νᾶμα 110, 5
ἀνέλπιστος 68, 28
ἀνενδοίαστος 65, 13
ἀνένδοτος, πρὸς πᾶσαν παραγωγὴν θεραπείας 120, 13. τὴν πεῖραν 86, 30
ἀνεξέταστος 73, 35

ἀνεπαίσθητος 37, 11. 153, 13
ἀνέπαφος 232, 4
ἀνεπιβούλευτος: -τον τὸ μέλλον 52, 15
ἀνεπικαλύπτως 104, 34
ἀνεπιστημοσύνη 104, 21
ἀνεπίστρεπτεὶ 250, 17
ἀνεπιτηδείως, πρὸς 35, 19
ἀνερεθίζω 35, 25
ἀνερείδω: ἀνηρείσατο τὰς χεῖρας ὑποτείνας 41, 30
ἀνερευνῶμαι, med. 32, 29
ἀνερυθρίαστος, 115 6
ἀνέρχομαι: ἀνεληλύθει εἰς τὴν τοῦ Καίσαρος τύχην 56, 15. 75, 11. 246, 15
ἄνεσις: ἤθους 211, 29. φόρων 137, 4
ἀνευρίσκω 33, 11
ἀνευφημῶ: τὴν βασιλίδα 87, 19. 74, 21. ἐπὶ τοῖς δόξασι 91, 10
ἀνέχω: -όντων τὴν ἱερὰν τράπεζαν κιόνων 89, 33. 59, 8. ἀνεχόμενος 37, 8. 267, 27. ἀνεξομένων 159, 26
ἀνεψιαδεύς: ἀνεψιαδεῖς 4, 2. ἀνεψιαδῶν 73, 20, 32
ἀνεψιὸς 1, 6. 2, 23
ἀνήκοος, πρὸς 86, 31
ἀνήκω: ὅσον ἐς παῖδας -ει 23, 5. 49, 26
ἀνήνυτος 130, 13
ἀνήρ: αἱμάτων 223, 31. τὸ εἶδος ἀξιωματικὸς 98, 12. βουλεύσασθαι ἱκανὸς 4, 3. τὸ γένος ἄσημος 151, 24. τὸ μὲν γένος οὐδ' ἀξιοῦσθαι μνήμης 61, 17. γενναῖος 169, 21. cp. 180, 5. 6, 29. 187, 19. σὺν τῷ γενναίῳ ἀγχίστροφος 198, 23. cp. 135, 27. ἐκ τῆς γερουσίας 91, 12. τὴν γνώμην βαθὺς 255, 16. δεινὸς 142, 20. 255, 9. 61, 17. δεινότατος περὶ τὰς ἐνθυμήσεις καὶ περὶ τὰς πράξεις δραστήριος 43, 1. 210, 19. ἐθάς μοι 64, 27. τὸ εἶδος οὐκ ἄλλος 97, 23. οὐ φαῦλος 134, 1. ἐκτομίας 36, 1. καὶ τὴν ἡλικίαν ἀξιοθέατος καὶ τὴν γνώμην ἐλεύθερος 256, 9. θαυμάσιος 230, 5. ἡγεμονικὴν τάξιν παρὰ τοῦ κρείττονος εἰληχὼς 104, 7. κεκρατηκὼς 196, 8. λόγοις ἐντεθραμμένος ἑλληνικοῖς 26, 4. μέθης ἥττων 48, 13. παιδείας μετεσχηκὼς 26, 5. περίοπτος 170, 7. περιφανὴς καὶ τὰς πρώτας τοῦ γένους ἔχων ἀρχὰς 229, 7. ποικίλος τὴν γνώμην 61, 17. πολιτικὸς 181, 25. τὴν τύχην οὐ πάνυ διάσημος 98, 12. cp. 36, 1. ὑποκριτὴς 160, 12. χρῆμά τι ποικίλον τῷ βίῳ 72, 13. ὥσπερ ἐκ μειρακίου γενόμενος 45, 25. ἀνδρὸς ἀγέρωχον 18, 21. ἀγνῶτος 155, 4. τὰς βασιλείους ἐπιστολὰς ἀκριβοῦντος 181, 20. δευτέραν εὐχὴν 245, 11. ἐντυχίας 153, 19. εἰς πεῖραν ἐλθούσῃ 97, 13. εὐμετάβολον 174, 32. τὴν ἐρωτικὴν

εἰδότος ὑπόθεσιν 39, 10. κρατίστου 170, 14. ὁμιλητὰὶ 42, 16. πάρεργον 155, 5. σχῆμα 167, 15. κατὰ χεῖρα γενναίου καὶ δοκιμωτάτου τοῖς πράγμασι 197, 1. ἀνδρὶ 98, 17. βουληφόρῳ ᾧ λαοί τ' ἐπιτετράφαται καὶ τόσα μέμηλε (Homerus) 168, 12. τῷ καλλίστῳ 170, 3. κατεγγυηθεῖσα 240, 1. συμβασιλεύειν 113, 20. φιλοσόφῳ 102, 21. ἄνδρα 99, 14. 100, 28. 102, 13. τὴν ἀρετὴν τελευτάτῳ καὶ τῇ ἀρχιερωσύνῃ μάλα προσήκοντα 242, 23. 103, 32. θεῖον 150, 2. πιστόν τε πρὸς ἐκεῖνον 126, 3. τοῦτον ἐγὼ τὸν — καὶ τεθέαμαι καὶ τεθαύμακα 123, 23. 41, 2. φιλοκίνδυνον 251, 1. ὑπὲρ — ἐγεγόνει 156, 22. ἄνδρε δύο τινὲ 175, 4. οἱ ἄνδρες (Aristoteles et Plato) 26, 24. ἀρήϊοι καὶ θυμοῦ κατὰ τὴν ποίησιν (Homeri) πνείοντες 194, 5. ἀτεχνῶς ἥρωες 189, 15. cp. 145, 17. ἐννομώτατοι καὶ ἀσφαλέστατοι 152, 26. τῶν καλλίστων γενῶν τὰ πρῶτα 199, 15. 78, 7. τὰς βασιλικὰς πράξεις εἰδότες 180, 16. στασιώδεις καὶ ταραχώδεις 206, 31. ἀνδρῶν ἐπισήμων 99, 10. τοῖς λογιωτέροις 22, 35. οὔτε ἐς τὸ ἄγαν πεπαιδευμένων 15, 26. πάντων φίλτατε 121, 32. πρεσβυτέρων 138, 21. τινὰ λογάδα 15, 27. ἀνδράσι θείοις 50, 11. ἱερατικοῖς καὶ εἰρηνικοῖς τὴν ψυχὴν 256, 27. ἱεροῖς καὶ θείοις 262, 23. λογίοις οὐ προσεῖχε 15, 7. φιλοσόφοις προσανακείμενον 58, 28. ἄνδρας Ἰταμοὺς καὶ θρασεῖς 90, 33. μαχίμους 130, 25
ἀνήροτος 168, 27. καὶ ἄσπαρτα 60, 4
ἀνθάμιλλος: -λλα τούτῳ ὁ νοῦς τῇ γλώττῃ καὶ ἡ γλῶττα τῷ νῷ 196, 31
ἀνθαμιλλῶμαι 239, 30
ἀνθέλκω 239, 30
ἀνθερεῶν 19, 9
ἄνθη: ἡ πρὸ τοῦ τελείου καρποῦ τὸ μέλλον προεμαντεύετο 110, 20. τις γονίμου εἴ που ἀναβλαστήσειε φύσεως 122, 18. λειμωνία 173, 15. τῶν λέξεων 109, 18
ἀνθῶ: ἡ καλλιεπείᾳ τοὺς λόγων 177, 20 -οῦντα τὸν ἴουλον 260, 14. -ούσης νεότητος 45, 1. -οῦν τὸ πρόσωπον 99, 33. ἐπὶ τοῖς λόγοις 235, 3. τὸ σῶμα 62, 8. ὡς ἐπὶ νέῳ τῷ κάλλει 162, 4. 185, 36. ἐν τοῖς καθ' ἡμᾶς χρόνοις 123, 2
ἀνθηρὸς: -ῷ βάμματι 168, 22
ἀνθιδρύω 33, 3
ἀνθίστημι: -ατέστησαν 126, 13. 257. 257. -ήσων τὴν αὐτοῦ χεῖρα ταῖς ἐκείνων ἐπιδρομαῖς 124, 9. -σεσθαι τούτοις 137, 16. -σομένου 4, 21. -σομένων χειρῶν 6, 24
ἀνθομολογῶ: χάριτας τῷ θεῷ 237, 32.

INDEX GRAECITATIS. 293

ἀνθομολογούμενος 255, 19. 119, 13. θεῷ 79, 32
ἀνθοπλίζω: ἑαυτὸν πρὸς 91, 25
ἄνθος, κάλλους 37, 25. νεοτήσιον 8, 27. ἡλικίας 99, 15. -έων πλήρεις 172, 26. -εσι καταπαττόμενος 210, 9
ἀνθρωπικός: -ῆς φρουρᾶς 180, 4. -ώτερον 34, 32
ἀνθρώπινος 18, 34
ἄνθρωπος: ἀγνωμονέστατος περὶ τὸν εὐεργετικώτατον 180, 10. ἐπιεικὴς 195, 31. εὐμετάβολος 72, 35. οὐδὲν ἐπιλησμονέστερον χρῆμα ὡς — ὑφ' ἑτέρου βασιλεύειν λαχὼν 180, 8. -ον παμπόνηρον 160, 27. -ου θείας ἀντικρυς μοίρας 259, 21. -ων ἁπάντων φιλανθρωπότερος 179, 30. γλῶτται λογοποιοῦσι 52, 30. εἴπερ τις δεινὸς 56, 9. δρομικώτατον 51, 33. κακοήθων 156, 9. πολλοὶ 183, 28. θήρας τοὺς πλείους ἀντ' — πεποιηκὼς 216, 14. ἐξ — γεγονότος 51, 33. -οις ἀπόστροφον ἑαυτὸν καὶ ἀπότροφον καταστήσας 183, 2. ἐν — σύμμαχον 267, 31
ἄνθραξ: -κες ὁ θησαυρὸς ἀνασκαπτόμενος 268, 4
ἀνθυπονοστῶ 250, 20
ἀνιαρὸς 133, 6
ἀνίατος: -ον νόσημα 248, 28
ἀνιῶ: ἡνία τὸν αὐτοκράτορα 63, 2. ἠνίασεν 9, 33
ἀνίημι: ἀνῆει 41, 11. ἀνιὼν 218, 8, 17. ἀνεῖται 261, 1. ἀνειμένος 150, 10. τοῖς πᾶσι 2, 4. βίος 3, 17. ἀνεῖσθαι ἐς τρυφὰς 112, 23. ἀνεθέντος 75, 35
ἀνίκητος 194, 27. ῥητορεία 202, 34
ἄνικμος: -οι καὶ ξηροὶ 212, 6
ἀνισότης: τῆς ἐν -ητι ἰσότητος 239, 27
ἀνίστημι: -ησι προθυμία νεκροὺς 66, 20. τυραννίδα 6, 13. ἀνεστηκέναι τὸ σῶμα εἰς ἔννατον πόδα 23, 17. -κὼς τὴν ἡλικίαν εἰς δέκατον πόδα 123, 25. -κότες εἰς δέκατον πόδα 6, 16. ἀνέστη τοῦ ἐδάφους 92, 11. 228, 20. 74, 26, -ήσαντος 41, 28. ἀνίστασο 246, 18. 63, 26. τὸ αὐτὸ ἔργον πολλάκις ἀποθνῆσκον 33, 23
ἀνίσχω: ἥλιος 28, 24
ἀνιχνεύω 109, 11
ἀνόητος: ἀνοητότατον 164, 6
ἀνοίγω: ἀνέῳγε πάσας θύρας εὐεργετημάτων 21, 19. ἀνοίξει θύραν γλωσσαλγίας τοῖς κακοήθεσι 60, 32. ἀνέῳξε πᾶσαν θύραν 155, 25. ἀνεῴγνυτο πᾶς βασίλειος θησαυρὸς 33, 19. ἀνέῳκτο 156, 14
ἀνοιδαίνω: -ήσασιν ἐκ φαρμακοποσίας 44, 6
ἀνολολύζω 159, 9. 220, 24
ἀνολοφύρομαι 228, 2. μειρακιωδῶς 120, 19

ἀνόμοιος: ἑαυτῷ 28, 5
ἀνομολογοῦμαι 184, 6
ἄνομος: ἀνόμου θυσίαν 34, 5
ἀνυπόστατος 199, 30
ἀνταίρω: αὐτῷ χεῖρα 145, 35
ἀνταλλάττομαι 235, 11
ἀνταμείβω: -ψοιτο μηδὲν 47, 36
ἀντανακλῶ: -άσαντες τὴν σφενδόνην 143, 28
ἀντανίστημι: ἀντανέστησαν αὐτῷ 3, 27
ἀντανοικοδομῶ 33, 4
ἀνταξιοῦμαι τῶν ἴσων 195, 30
ἀνταποκρίνομαι 139, 31
ἀνταρκῶ: πρὸς 85, 14
ἀντεισίημι: πρὸς 169, 5
ἀντεμβάλλω: λόγοις λόγους 265, 15
ἀντεξετάζω 68, 14
ἀντεπιβουλεύω 75, 17
ἀντεπικλαίω 228, 5
ἀντεπιχειρῶ 72, 3. 91, 11. 8, 16
ἀντεράω 36, 33. τοὺς -ῶντας πεῖσαι μὴ ἐρᾶν 39, 8. -ασθῆναι 156, 2
ἀντερείδω: τὸ σωμάτιον 149, 17. ἀντήρειδε πρὸς τὴν ἰσχὺν τῶν φιλημάτων 37, 5. -ον ὀχηθέντα ἱπποκόμοι εὐμήκεις 148, 32
ἀντερίζω: ἀντήριξε τοῖς κρείττοσι τῶν βασιλέων 229, 30. ἀντήρισε 46, 11. 219, 18
ἀντερῶ: ὠτερεῖ 33, 36. ἀντειπεῖν μηδ' ὁτιοῦν ἔχουσα 53, 29. τῇ μητρὶ 252, 12
ἀντέχω 216, 10. 62, 23. πρὸς 48, 5. ἀντίσχῃ τὴν ἔφοδον 222, 22. ἀντέχεσθαι τῆς 26, 11. 48, 5. 51, 30. δυοῖν τούτων 26, 11. ὅλῳ πνεύματι τῆς σπουδῆς 3, 28. 249, 21. γενναιότερον τῆς βασιλείας 45, 26. ἀνθέξεται τῶν ὅλων 70, 7. 187, 35
ἀντιβαίνω: πᾶσι πνεύμασι 221, 12. ἀντιβήσεταί σοι ἡ δίκη 209, 28
ἀντιβαστάζω 148, 33
ἀντιβουλεύομαι 192, 17
ἀντιδιατίθημι: τοῖς -τιθεμένοις οὐ δικάζων 32, 11
ἀντιδίδωμι: τῷ ἀνδρὶ 14, 22. ἀμοιβὰς τῆς 44, 22. 23, 28. ἀντιδοίην πολλοστὸν μέρος 102, 12. τὰς γνώμας 196, 27. ἀντεδίδοτο 117, 28
ἀντίδοσις 49, 21. 211, 10. 268, 33
ἀντιζεύγνυμι: ἵππους 23, 28
ἀντίθεσις 202, 10. 45, 4. φορτικοὶ 201, 24. 208, 15
ἀντίθετος: πρὸς 48, 33. νόσος 120, 12. θέσις 149, 16. -τον εἶχε τὴν γλῶτταν πρὸς τὴν καρδίαν 72, 15. ἐξ -του 46, 20. 63, 3. ἐς τὸ -τον καταγωγῆς 96, 13. 48, 38
ἀντιθέτως 47, 30
ἀντικάθημαι: ἀλλήλοις 56, 34. 84, 2

ἀντικαθίστημι: ἀντικαθεστήκοι 192. 30.
ἀντικατέστησαν τοῖς ἑῴοις 192, 22. ἐς
ἴσον 194, 25. ἀντικαθίστασθαι τοῖς
ἐναντίοις 250, 30. 255, 22. 257, 4.
193, 13
ἀντικάμπτομαι: δακτύλους ἀντικαμφθέν-
τας 148, 21
ἀντίκειμαι: τῶν -ένων 255, 9. -ένην τὴν
γυναῖκα 25, 1. φάλαγγα 5, 7. 7, 29.
τὸ ἀντικείμενον 21, 12. -ένῳ μέρει
ἀντίτεχνος 23, 32. -ένων ταγμάτων 5,
13. πᾶσι 48, 25
ἀντικιχῶ: πρὸς τὰς ἐκείνων γνώμας 86,
12
ἀντικρύ: κατ' —στήσαντες 141, 13
ἄντικρυς 114, 4. 238, 27. 259, 21.
θαυματοποιεῖν 168, 27. πολιορκήσαντες
140, 31
ἀντιλαμβάνω: ἀντιδόσεις 49, 22
ἀντίληψις, plur. 174, 6
ἀντιλογία, plur. 94, 15
ἀντίμετρος: -ον [σκηνήν] πολὺ τῶν νῦν
ἀνακτόρων (scr. ἀνακτορικῶν) 30, 36
ἀντιμετροῦμαι 269, 1
ἀντιμηχανῶμαι 13, 11
ἀντιπαρακινῶ: τῶν δεδογμένων 51, 17
ἀντιπαρατάττομαι 29, 22. τῷ βασιλεῖ 65,
31
ἀντιπαρατίθημι 150, 16
ἀντιπαρίημι 150, 9
ἀντιπαρίστημι 189, 6
ἀντιπέραν: ἐπὶ τοῦ κατ' — λιμένος συντά-
ξας 130, 28
ἀντιπέρας, τὴν ἤπειρον 125, 24
ἀντιπεριΐστημι: ἀντιπεριστάντων τῶν
πραγμάτων 90, 22
ἀντιπίπτω 265, 15. 190, 8. τῇ μητρὶ
252, 6. -οντος τοῦ καιροῦ τῷ τοῦ
βασιλέως θελήματι 254, 15. τοὺς -οντας
ἡττᾶσθαι 23, 33. τούτῳ ἔξωθεν 104, 12
ἀντίπους: ἀντιπόδων 265, 2
ἀντιπράττω 49, 24. 13, 11. 114, 2.
ἀντίρρησις: μέσον ἐστὶν -εως 250, 35.
-εις πλείους ἔχον 78, 16
ἀντίρροπος 232, 12, 15
ἀντισπῶ 63, 5
ἀντίστασις 138, 20
ἀντιστρατεύομαι 125, 25
ἀντιστρέφομαι: ἀντεστραμμένους πρὸς
οὐρὰν 128, 5
ἀντίστροφος: ἡ γλῶττα ταῖς ἐνθυμήσεσι
135, 28. -ους ἐλπίδας 6, 22. -α ἄμφω
94, 24
ἀντισυγκρίνω 93, 17
ἀντισχηματίζομαι 56, 35
ἀντιτάττομαι: ἀντιτεταγμένων 5, 8. 222,
24. ἀντετάξατο πρὸς αὐτοὺς 250, 31
ἀντιτείνω 232, 19. πρὸς ψῦχος 24, 3
ἀντίτεχνος: τῷ ἀντικειμένῳ μέρει 23, 33
ἀντιτεχνῶμαι: τοῦτον 149, 19

ἀντιτίθημι: πρὸς ἐκεῖνον 205, 2. 202, 19
ἀντιφέρομαι 91, 24
ἀντιχαρίζομαι 163, 19
ἀντοικοδομῶ 149, 19
ἀντολοφύρομαι: γοερότερον 222, 5
ἀντοφθαλμίζω 50, 9
ἄντυξ: -γος ἐξομένης 175, 31
ἀντωθῶ 194, 25
ἀντωπῶ: -εῖν πρὸς τὸν οἷα δὴ κεραυ-
νοφόρον 223, 30. -ῆσαι αὐτῇ 252, 12
ἀνυπέρβλητος 161, 15. 97, 15
ἀνυπόπτως 205, 31
ἀνυπόστατος 199, 31
ἄνω: τὸ ἄνω γένος 248, 8. 229, 25. τὰ
ἄνω πρὸ ἡμῶν 101, 3. τῶν —τοῦ γένους
79, 11. τῶν τοῦ—γένους 136, 20. τῶν
—βασιλέων 217, 7. τοὺς — χρόνους
μή (scr. μὲν) ἐσχηκέναι ὑπόστασιν 101,
29
ἄνωθεν 75, 28. 132, 5. 169, 28. καὶ
ἀμέσως 107, 22. ἀναδραμοῦμαι 122,
14. τῶν αὐτοκρατόρων 121, 15. ἀπὸ
τοῦ δημιουργοῦ 184, 13. τῶν διοική-
σεων 126, 18. ἐφορῷης 79, 28. ἐκ
κλήρου 151, 3. κατὰ κλῆρον 46, 24.
κληρονόμος 42, 10. κεκριμένος 232, 1.
νενομοθέτητο 48, 22. περισκέποντος
135, 17. ὑλοτομήσαντες 129, 27
ἄνωθί που 161, 29. 171, 23
ἀνωμαλία 46, 10
ἀνώμαλος 121, 19
ἀνώνυμος 240, 20. μειράκιον οὐκ -ον 140,
23
ἀξία: τοῦ Καίσαρος 54, 6. v. ἀξίωμα,
ἀξίωσις
ἀξίνη: -ας ἑτεροστόμους 199, 34
ἀξιοζήλωτος 95, 17
ἀξιοθέατος 159, 6. 256, 9
ἀξιόλογος: ἡ παραβολὴ (scr. παρεμβολὴ)
83, 30. -οις διδασκάλοις 107, 31. -όν
τι βάρος τῶν πράξεων 163, 32. -α βάρη
143, 25. ἀξιολογώτατος εἰς ἀρχὴν 191,
6. 61, 24. πρὸς πᾶσαν ἐπιβολὴν 116,
16. φρόνημα ψυχῆς 116, 16
ἀξιολογοῦμαι: τῶν ταύτης -ένων 121, 4
ἀξιόμαχος: ἀξιόμαχος λογὰς 7, 28. 4, 18.
ἀξιόμαχα 29, 12
ἄξιος: κήδους βασιλικοῦ 24, 33. βασιλείου
φρονήματος 217, 35. δακρύων 9, 24.
θαύματος 232, 25
ἀξιῶ: μειζόνων βαθμῶν 192, 2. παρρη-
σίας 158, 24. 22, 28. σπείσασθαι 195,
11. τιμῆς 252, 24. cf. 183, 29. 66, 3.
τῶν ἀπορρήτων 239, 12. με προλέγειν
τὰ μέλλοντα 183, 34. 85, 5. τῆς
κρείττονος μοίρας 99, 28. ἠξίουν με
βοηθῆσαι 101, 30. ἤξίου ἀνακλήσεως
ταύτην ἀξιοῦσθαι 114, 8. 243, 13.
49, 23. 10, 26. συμποσιάζειν 114, 31.
οὐδ' ὅσον ἐξιέναι τοῦ ἄστεως 62, 26.

INDEX GRAECITATIS. 295

τὸ πλῆθος 143, 11. 139, 26. τὸν αὐτοκράτορα ὑπὲρ 155, 4. ἀξιώματος 13, 26. καὶ ταινίας 37, 24. παραμυθίας 76, 1. τῆς προτέρας προαιρέσεως 15, 24. ἐγκωμίου 244, 28. τοῦ πατριαρχικοῦ θρόνου 242, 13. ὧν αὐτὸς 13, 26. ἰσοθέου τιμῆς 171, 8. τὸν Ἰσαάκιον πάσης εὐφημίας 189, 32. μείζονος λαμπρότητος 177, 36. τοῦ στέμματος 188, 7. ἀξιοῦται εὐτελεστέρας καταγωγῆς 114, 20. παραδιοικεῖν 10, 10. τοῦ σχήματος τοῦ Καίσαρος 53, 13. τῶν ἄλλων παρασήμων 42, 27. 114, 8. μνήμης 61, 17. τῆς ἴσης ῥοπῆς 238, 22. ὅ τι δήποτε πρότερον τούτοις 114, 32. αἰδοῦς πλείονος 21, 27. βασιλικῆς ἀνατροφῆς 22, 3. ἠξίωται τὸ βασιλεύειν 246, 3. ἠξιῶσθαι ἀναγραφῆς 101, 3. τοῦ διαδήματος 27, 11. μηδ' ἀποκρίσεως 130, 16. μειζόνων 6, 8
ἀξίωμα 24, 26. 73, 15. 74, 13. 159, 4. 229, 4. ἀρχῆς 96. 4. ἐν βασιλείοις αὐλαῖς 37, 29. τοῦ δικάζειν καὶ τὸ τῶν καταλόγων ἐπιμελεῖσθαι 112, 6. ἐπάρχου 24, 23. καὶ ὄνομα τοῦ Καίσαρος 53, 27. 56, 20. 242, 6. μάγιστρος 73, 21. τοῦ μαγίστρου 267, 13, 22. παρακοιμωμένου 2, 25. 10, 7. ἀξιώματος 56, 20. ἐκ τοῦ — αἰδέσιμος 37, 29. ἕνεκα ἐπισημότατος 99, 13. λαμπρότης 10, 7. cf. 204, 31. παρασήμων 54, 26. πρεσβεῖον 93, 2. ἀξιώματι ἱερατικῷ 221, 19. καινῷ 116, 31. 230, 22. 267, 13. ἀξιώματα βασιλικὰ 54, 28. ἀξιωμάτων βαθμοὺς 238, 11. διανεμήσεις τῷ τε πολιτικῷ γένει καὶ ταῖς στρατιωτικαῖς τάξεσι 180, 26. 185, 2. 189, 2. εἰς ὕψος 267, 22. μέχρι παντὸς ἀπολαύειν 13, 26. ὄγκον 10, 27. συντηρούντων τὴν Ῥωμαίων ἡγεμονίαν 105, 9. καὶ δωρεαῖς 20, 17. διογκώσας 214, 33. τῶν ὑψηλοτέρων 76, 22. οἱ ἐν — τοὺς τῶν ἀνακτόρων κλήρους λαχόντες 42, 15. v. ἀξία, ἀξίωσις
ἀξιωματικὸς 98, 12
ἀξίωσις: [τοῦ πρέσβεως] 195, 16. τοῦ Καίσαρος 53, 8. τῶν συγγενῶν 231, 15. 96, 5. v. ἀξία, ἀξίωμα
ἀξύγκλητος 254, 7
ἀξύμβλητος 48, 35
ἄξων: τὸν Ῥωμαικὸν —ονα 48, 17. 153, 24. 169, 8. 216, 19
ἀόριστος 78, 19; ἀορίστως 50, 21
ἀπαγγέλλω 156, 34. 233, 18. τῷ βασιλεῖ 205, 30. εἰρηνικὰ 125, 1. 207, 13. ἀπαγγέλλοι 206, 25. 151, 21. πόλεμον 223, 35
ἀπαγορεύω: τὴν πρᾶξιν τῷ βασιλεῖ 78, 23. τούτῳ τὴν ἀρχὴν 253, 10. 133, 10. -ασαν τὴν ψυχὴν 91, 14. ἀπηγορευμένων 60, 18. -ευτο ἡ ἀξίωσις 195, 15. ἀπειρηκὼς τοῖς ὅλοις 126, 28. -κει αὐτῷ παντάπασι τὴν στρατηγίαν 195, 5. -κεσαν 77, 26. ἀπειπάμην οὐδέπω τῶν ὤτων 202, 33. τὴν εὐμένειαν 189, 32. ἀπειρημένων τοῖς θεοσόφοις ἐπιστημῶν 184, 7
ἀπαγχονίζω: ἀπηγχόνισα ταῖν χεροῖν τὸν μεγάλαυχον 151, 18
ἀπάγω: τῆς πόλεως σχήματι σεμνοτέρας ἀρχῆς 20. 258, 7. ἀπαγέτω (scr. ἀπαγαγέτω?) 142, 26. τοῦ ὑπονοουμένου σκοποῦ 98, 2. cf. 248, 33. τῆς ὑποψίας 14, 22. πρὸς τὸν κρατοῦντα 198, 12. 126, 29. τῆς προτέρας αἰδοῦς 86, 2. ἀπήγαγον 197, 21. 257, 32. 249, 33. 255, 22. τὴν εὐρημένην λείαν 224, 8. 79, 6. ἀπάγεται δορυάλωτος εἰς τοὺς πολεμίους 254, 14. δέσμιος 251, 25. 240, 32. κατάκριτος 79, 27. ἐπὶ τὴν βάσανον 161, 29
ἀπαγωγὴ 86, 15
ἀπαθανατίζω 187, 7
ἀπαθὴς: τὸ -ἐς 182, 16
ἀπαίρω: πρὸς 176, 20. ἐκεῖθεν 205, 32. cf. 204, 8. τῶν βασιλείων 67, 7. cf. 130, 34. ἐκ τῶν Ῥωμαικῶν ὁρίων 5, 28
ἀπαίσιος: -ίους φωνὰς 139, 33. -ια σημεῖα 8, 17
ἀπαιτῶ 68, 12. 236, 36. 58, 17. ἀπῄτησάς με τὴν συγγραφὴν 121, 33
ἀπαιωρῶ: τὴν ναῦν 94, 30. ἀπῃωρημένης χειρὸς 29, 18. ἀπῃώρητό μου εὐθὺς τῆς γλώττης 111, 14
ἀπακριβοῦμαι: ἀπηκριβώθη εἰς κύκλον 19, 12. πρὸς τὴν ἰσότητα τῆς στάθμης 183, 7
ἀπαλλαγή: -ὰς ταχείας 133, 5
ἀπαλλάττω 220, 23. -άττεται οὐδὲ ἐκείνου θανόντος 69, 9. ἀπηλλάχθαι πραγμάτων 6, 6. cf. 13, 14. ἀπαλλαγήσονται 139, 24. 58, 11. 67, 1. ἀπαλλαγείης ἐπὶ μόνῳ τῷ σώματι 166, 32. 127, 23
ἁπαλός: βίος 161, 19. ἁπαλωτέρα τὴν γνώμην 22, 10. -ώτερον προσγελῶσα 36, 30
ἀπαμφιέννυμαι 32, 20
ἀπαναισχυντῶ: πρὸς τοῦτον 259, 28
ἀπανθῶ 245, 18
ἀπανίστημι 129, 32. 222, 2
ἀπανταχοῦ 153, 26
ἀπαντῶ: τὰ τέλη ταῖς δεξιαῖς ἀρχαῖς 209, 19. 121, 17. πρὸς 68, 3. 201, 21. τοῖς λόγοις 202, 34. εὖ τοῖς πᾶσι τὰ τῶν ὡρῶν 181, 8. 123, 14. εἰς τὴν λύσιν τοῦ δεσμοῦ 66, 25. 214, 12. 43, 12. -ήσεται τὸ πέρας 209, 17
ἀπαντιάζω 88, 12
ἀπαντλῶ: τῶν πηγῶν 95, 1. τῶν οἰκείων

θησαυρῶν 71, 34. τοὺς βασιλικοὺς θησαυροὺς 217, 8. τὴν δίκην 76, 2
ἀπαράδεκτος 219, 20
ἀπαραίτητος 239, 16. ὀργὴ 25, 3. -τα χρέα 148, 28. 166, 21
ἀπαραιτήτως 29, 19
ἀπαρακαλύπτως 3, 21. 260, 17
ἀπαράμιλλος 147, 3. 220, 22
ἀπαραμύθητος συμφορὰ 81, 23
ἀπαράσκευος: -ον 68, 7
ἀπαριθμῶ: -τῷ χρήματι 161, 33. med. στατῆρας ἐνὶ τῷδε σκάφει 130, 11. 31, 4. 155, 25
ἀπάρκτιος 104, 18
ἀπαρνοῦμαι: τούτους 265, 2. δακτύλους τὸ οἰκεῖον σχῆμα 148, 20
ἀπαρτίζομαι: ἀπήρτιστο αἰὼν λαχὼν αὐτὴν 162, 20
ἀπαρτισμὸς 158, 28
ἀπαρχὴ, καὶ ἀνάθημα τῷ θεῷ 22, 29
ἀπάρχομαι: ἀνακαλύπτειν 76, 34. μοι ἀπορρήτων λόγων 208, 16. τῆς βασιλείας 207, 24. 238, 6. τῆς πρὸς θεὸν πορείας 176, 6. 237, 12. 189, 18
ἅπας: βίος 221, 22. ἅπαν τὸ βάρβαρον ὅσον ἐῷον καὶ ὅσον ἑσπέριον 26, 36. ἅπαντα ἐξ ἁπάντων 103, 13
ἀπάτη 208, 16
ἀπατῶ 254, 36. 227, 10. 26, 16. ἠπατᾶτο πολυετὴς ἔσεσθαι τῇ βασιλείᾳ 27, 12. ἠπάτημαι 109, 36. εἰς τὴν κρίσιν 247, 13. 150, 15
ἀπάτωρ, ἐκεῖνος υἱὸς (Christus) 184, 28
ἀπαυτοματίζομαι: -ισθεῖσι δένδροις 168, 7
ἀπαυτομολῶ 13, 3
ἀπεγνωσμένως 62, 12
ἀπεικάζω: τὴν ἑαυτοῦ βασιλείαν εἰς 26, 10
ἀπειθῶ 53, 28
ἀπεικότως 229, 16
ἀπειλὴ 234, 2
ἀπειλῶ: τὸν πόλεμον 213, 8. 145, 23. ἡμᾶς 140, 28. τὰ ἠπειλημένα 178, 11
ἄπειμι: ἐπὶ τὸν χάρακα 142, 25. πρὸς ἐκεῖνον 67, 32
ἄπειμι 127, 3. τῆς ὁμοιότητος 56, 2. τῆς παρεμβολῆς 8, 4
ἀπείργω: τοῦ μάχεσθαι 8, 15. 42, 17. 49, 16
ἀπειρητέον 207, 26
ἀπειροκαλία: -ίας βασιλικῆς 161, 11
ἀπειρόκαλος 161, 13
ἀπειροκάλως 233, 23
ἀπειροπόλεμος 138, 35. 144, 2
ἄπειρος: -ους κόσμους 35, 11. αἰῶνας 187, 16. -ον τὸ μέγεθος 35, 4. στράτευμα 125, 34. -α ῥεύματα 159, 32
ἀπελαύνω 77, 15. τὰ πονηρὰ πνεύματα 119, 24. τῆς Πόλεως 100, 14. τῶν ἱερῶν 90, 11. ἀπελάσων τοὺς κατασχόντας 124, 8. 119, 29. 89, 5. λείαν εἰς τὰ σφέτερα 121, 24. τὴν νύκτα τῆς ὄψεως 158, 5. ἄλλος ἐπ᾿ ἄλλῳ λόγῳ 100, 24. ἀπεληλαμένοις 90, 30. ἀπελαθῆναι 90, 14. τῶν βασιλείων 79, 26. cp. 77, 15. 79, 26
ἀπελέγχω 134, 27. 74, 24. 238, 24
ἀπελίττομαι: -ται τὸ ἐρυθρὸν πέδιλον 14, 12
ἀπελπίζομαι: παρὰ πολλῶν 268, 6
ἀπεναντιοῦμαι 62, 25
ἀπέοικα: ἀπεοικότες οὐδὲν τῆς ἡρωϊκῆς μεγαλειότητος 199, 15
ἀπεργάζομαι: τὸν πολιτικὸν ἄνθρωπον 182, 27. τὸ πολὺ πλῆθος ὑπήκοον 137, 4. τὴν ῥητορικὴν πιθανωτέραν 169, 25
ἀπερείδω: τὸν νοῦν πρὸς τὸ τοῦ σκοποῦ τέλος 53, 33. -μένῳ βλέμματι πρὸς τὴν γῆν 93, 10
ἀπερίεργος: νοῦς 157, 18
ἀπερικαλύπτως 163, 29. 180, 18
ἀπερίσκεπτος 239, 6
ἀπέρχομαι: ἀπῆλθεν αὖθις 48, 33. πρὸς 68, 1. 22, 2. 86, 7. -θον 158, 8. 52, 22. ἀπελήλυθε 22, 20. 226, 24. 43, 21. 185, 29. -θει 74, 26. 155, 29. τούτῳ τὸ εὐγενὲς κράτος 129, 18, 37. 127, 19. πλεῖστον τῆς Ἀσσυρίων γῆς 7, 3
ἀπευθύνω: ἐπὶ τὸ βέλτιον 213, 26. ἀπευθυνθέντα 104, 6
ἀπευκτὸς 268, 27
ἀπεχθάνομαι 218, 10. 230, 22. 186, 22
ἀπέχθεια 75, 20
ἀπεχθής, ὦπτο 182, 12
ἀπεχθῶς 134, 31
ἀπέχω: τὰς ναῦς 12, 24. τοῦ ἀντειπεῖν τῇ μητρὶ 252, 12. βουλεύσασθαι 134, 24. ἀπεχόμενος τῶν βαθυτέρων ζητημάτων 265, 1. 244, 3. 239, 22. 256, 3. 11, 20. 118, 3. ἐρώτων 260, 18. 35, 25. τροφῆς 24, 12. 15, 33. 21, 11. 42, 16. ἀπέσχετο καὶ τῆς ἐννόμου μίξεως 50, 14
ἀπήμι: ἀπῄει 154, 25. 48, 2. 164, 32. τοῦ μηνὸς πολλάκις 114, 27. 119, 20. ἐπὶ τὴν Θεοδώραν 86, 28. 50, 8. 43, 30. ἐκεῖσε 115, 1. πρὸς τὸν τύραννον 13, 12. 205, 33. 206, 7. ἀπιὼν 14, 34. 203, 28. 214, 22. ἀπιόντες 197, 35
ἀπιστῶ 168, 28. pass. 63, 23
ἄπιστος 115, 11. 156, 8
ἀπιστῶ 178, 31
ἄπλαστος: -ον φρόνημα 157, 17
ἀπληστία 189, 20
ἀπλήστως: ἀπληστότερον ἄψοιτο 183, 17
ἀπλοϊκός: -ωτάτῳ 155, 30
ἀπλότης 106, 26. 158, 18
ἁπλοῦς: λόγος 241, 20. -ῇ γραφῇ 169, 33. 232, 11. -αῖς προφοραῖς 111, 2. 107, 34. ἁπλουστάτην ψυχὴν 205, 28

ἁπλῶς τε καὶ καθαρῶς 163, 12. 241, 20.
ἐφλυάρει 153, 5
ἀπνευστί 136, 8. 144, 23
ἄπνους: -ουν ἐπεδείκνυ)(τοῖς ὕδασι 41, 25
ἀποβαίνω: τοῦ ἵππου 224, 17. 140. 5.
ἀποβεβηκὼς τῆς ἱππικῆς τάξεως 216, 9.
τοῦ κράτους 215, 33. ἀποβαίη τοῦ ἅρματος 215, 23. 223, 2
ἀποβάλλω: πολλοὺς τῆς στρατιᾶς 224, 10. ἀποβαλεῖς 201, 26. ἀπέβαλε νόσῳ τὴν γυναῖκα 99, 11. 234, 27. 187, 23
ἀποβιάζομαι 235, 35. 17, 23
ἀποβιβάζω: -άσαντες ἡμᾶς 197, 23
ἀποβιώσκω 226, 32. ἀποβεβιωκότος 215, 22. ἀποβιώσεις ἐν καλῷ 228, 33
ἀποβλέπω: εἰς μέλλουσαν γενεὰν 25, 22. ἀπέβλεψαν πρὸς τὴν ἱερὰν ποίμνην 90, 13. ταυρηδὸν 142, 26. ἀπεῖδε πρὸς τὸν παρακοιμώμενον 2, 24. τὰ τῆς ἀρχῆς πράγματα εἰς τὸν αὐτοκράτορα Κωνσταντῖνον 124, 13. 13, 19
ἀπογεννῶ: μεθ᾽ ἧς -ᾷ παῖδας 234, 31.
τὸν τῆς εὐχαριστίας 166, 15
ἀπόγειος: -εια λύσαντες 204, 16
ἀπογεύομαι 195, 29
ἀπογίγνομαι: τῶν -μένων εἰσόδων 214, 22
ἀπογινώσκω: ἀπεγνωκὼς πάντη 52, 3.
τῆς γῆς 55, 21. 58, 9. ἔρωτας καὶ χάριτας 38, 35. 178, 6. ἐλπίδας 113, 26. 194, 34. 139, 33. 258, 9. ταῦτα 132, 22. τούτου 27, 29. 228, 2. 187, 24. 4, 13. πρὸς πᾶσαν μηχανὴν 131, 23. cf. 86, 32. ἀπέγνω τὴν σωτηρίαν 91, 22. 237, 19, 23. τοῦ βιώσασθαι 179, 8. 250, 16. 90, 9. 92, 28. 22, 27. 100, 24. ἀπέγνωστο τοῖς ἄλλοις 40, 27
ἀπόγνωσις: πρὸς τὸ ζῆν 222, 23
ἀπογνωστέος 125, 12
ἀπογράφομαι: ἕκαστα 191, 22
ἀποδείκνυμι, ἀποδεικνύω: -υσιν ἑαυτὸν ἀξιολογώτατον 61, 24. ἀγνώμονα 133, 8. -ύων αὖθις φιλόσοφόν τι ἐνθύμημα 109, 22. -ὺς ἢ διαιτῶν ὅσα ἐς νόμων ἢ κανόνων ἀναφορὰς 45, 7. λαμπρότερον 230, 18. -νυ τεχνίτην 226, 4. 226, 5. ἀπέδειξε θεῖον ἀσκητήριον 57, 16. ἡλίωσαν τὴν κεφαλὴν 147, 16, 19. ἀποδεικνύσθαι, -ύεσθαι τὰ λεγόμενα 127, 10. 96, 5. τὸν ἀποδεδειγμένον προκρίνοντας τοῦ ἀμφιβόλου 65, 7
ἀποδεικτικὸς 26, 25
ἀποδειλιῶ: τὸ πλῆθος 126, 7. 201, 9. 92, 15. τὰς ψυχὰς 241, 7
ἀπόδειξις: οὐδὲ μία 127, 12. 241, 22. 109, 21. περὶ ταῦτα 78, 4. 108, 29. 260, 35. 184, 23. τὴν ἐν -εσι 109, 29
ἀπόδεσμος, plur. 161, 25
ἀποδέχομαι 143, 2
ἀποδημία 220, 22

ἀποδημῶ: ἀποδεδημηκότι 135, 4. 43, 30
ἀποδιδράσκω: ἀποδράσῃ τούτους τὰ πράγματα 68, 28. ἀποδρᾶναι 203, 19.
ἀποδράσασθαι 138, 12
ἀποδίδωμι: τὰς ἀμοιβὰς 72, 7. 228, 12.
τὰς βασιλείους πομπὰς 148, 27. μεγάλους τοὺς μισθοὺς 130, 8. τὸ σύνηθες τῇ συγγραφῇ μέτρον 232, 32. 83, 21.
εὐχὰς τῷ σώσαντι 79, 32. τὰς ἀποκρίσεις 17, 33. εὐχαριστηρίους φωνὰς 158, 11. -κει ἑαυτῷ 156, 1. 239, 18, 22. ἀποδοῦναι τὴν εἰωθυῖαν τιμὴν 203, 25. cp. 54, 25. 158, 30. 20, 30.
ἀπέδοσαν τοὺς βίους ἀκαταλλήλως 104, 3. ἀπόδος μοι τὸ σύνηθες βλέμμα 158, 5.
-οῦναι τῷ λόγῳ 168, 35. λόγον 161, 2.
ἀπεδίδοτο τούτῳ ἐλευθέρα ἡ διάνοια 50, 34
ἀποδύομαι: τὸ ὑποβολιμαῖον εἶδος 72, 33.
τὴν ἐσθῆτα 166, 31. δακτυλίους 11, 24. 257, 29
ἀποδύρομαι 142, 33. ἀπωδύρετο ἑαυτὸν 146, 5. 258, 35. -ατο τοὺς θρήνους 120, 17
ἀποδυσπετῶ: ἀπεδυσπέτησαν 60, 18
ἀποζώννυμαι: -ένῳ ἐῴκει τὸ κράτος 216, 11
ἀποθαυμάζω 31, 4. 89, 21
ἀποθηριῶ: ἀπεθηρίωσε 215, 35. τουτὶ ζῶον 216, 1
ἀποθησαυρίζω: δαψιλῶς τῷ στρατῷ τοὺς δημοσίους φόρους 12, 27. ἀπεθησαύρισεν ἐκεῖσε τὴν ἐν χρήμασι τῶν καταστασιασάντων εὐδαιμονίαν 16, 14. ὅσα 117, 26. ὅσα ἀποτεθησαύριστο εἰς Κελτοὺς 16, 9
ἀποθλίβω: -ίψαι πῆχυν 146, 33
ἀποθνήσκω: 239, 34. ἀποθνῆσκον πολλάκις τὸ αὐτὸ ἔργον αὖθις ἀνίστατο 33, 23. ἀποθανεῖν 122, 31. 145, 11.
-ούμεθα 43, 2
ἀποικίζω: ἀποικίσας οὐ μακρὰν 158, 20.
ἀπῴκιστο τοῦ συμπαθοῦς ἤθους 21, 6
ἀποκαθίσταμαι: ὁ λόγος εἰς ἀρχὴν αὖθις 45, 13. πρὸς τὸ σύνηθες βλέμμα 38, 33. ἐτοιμότερον 50, 32
ἀποκαλύπτω 18, 6. 38, 13
ἀποκαλῶ: ἐναγῆ 139, 35. ὀφθαλμὸν 178, 2
ἀποκατάστασις: βασιλέως 67, 1
ἀποκαρτερῶ: πρὸς ψῦχος ἀκμάζων (scr. ἀκμάζον) 16, 34
ἀποκενῶ: τὰ ταμεῖα 217, 20
ἀποκείρω: -κεροῦνται ἐκείνην 80, 3. 135, 15. καὶ τὸ μέλαν ῥιβώνιον ἐπενδύσοντας 135, 15. -κείρεται τὴν κόμην 237, 20
ἀποκληροῦμαι: -κεκληρωμένην ζωὴν 11, 16. -κληρωσαμένην τὸ πλέον τοῦ αὐτάρκους 10, 34. ἀπεκληρώθη ἡ διοίκησις

2, 11. ἀποκληρωθέντες εἰς ἰσοστάσιον τάξιν 12, 14
ἀποκλίνω: ἀποκλῖναι εἰς 113, 5. ἀποκεκλικότες πρὸς ἡδονὰς 133, 2. cf. 139, 36. ἀποκλιθέντα πρὸς λιπαρήσεις 92, 16
ἀπόκλισις: τοῦ ζωηφόρου κύκλου 78, 7
ἀποκναίω: τὴν γνώμην 262, 2. 177, 13
ἀποκνῶ: 236, 29. τὴν πρόοδον 115, 1
ἀποκομίζω 148, 32. τῇ ἐρωμένῃ 115, 19. 168, 4. ἀποκομισθεὶς εἰς 66, 18
ἀποκοπή: -ὰς χρεῶν 162, 27
ἀποκόπτω: τὴν φωνὴν 200, 21
ἀποκρεμῶ: ἀπεκρέμασα τὴν περίοδον 202, 3. ἀπεκρέματο ἡ ῥὶς 95, 23. -αντο τῶν ὤτων μαργαρῖται 159, 20
ἀποκρημνίζω 175, 28
ἀποκρίνω: ἀποκρίνας τοὺς γενναιοτέρους τῶν ἄλλων 191, 27. ἀποκρίνεται ἑτοιμότερον 53, 4. 94, 18. ἀπεκρινάμην 201, 23. 157, 24. -άσθην ἄμφω 88, 29. ἀποκριθεὶς εἰς ἀντίπαλον μοῖραν 6, 14. τὸ -θὲν ἀριθμοῦ κρεῖττον 191, 30
ἀπόκρισις: βασιλέων πρὸς τὰς ὑπομνήσεις 15, 30. ἀφελὴς καὶ λιτὴ 15, 31. 130, 15. ἀποκρίσεις 198, 7. 208, 23. εὐλογίστους 17, 33. -σεων κατευστόχουν 78, 10. 200, 9. ἐν -σεσιν αὐθαδέστερος 256, 4
ἀποκρούομαι 190, 9
ἀποκρύπτω 78, 19. 57, 28. ἀποκέκρυπται εἴ τι οὐ λεχθήσεται 111, 28. med. 112, 28
ἀποκρυσταλλοῦμαι: -ωθέντι τῷ Ἴστρῳ 222, 6
ἀπόκρυφος: -ους ὀπὰς τῆς γῆς 58, 35
ἀποκτείνω 223, 22. ἀποκτενεῖ σε 156, 30. 145, 25. 152, 6. 80, 3. 124, 26. ἀπεκτόνασι κατὰ λύσσαν τὴν δημοσίαν ἵππον 136, 8. ἀποκτανόντες 127, 3
ἀποκυΐσκω: τῶν ἄστρων τὰς ἀλόγους ζωὰς 184, 14
ἀπολαμβάνω: στεναῖς ὁδοῖς 248, 20. ἀπειληφέναι τὴν ἕξιν 236, 23. λευκὴν ψῆφον 164, 22. — παρ' ἐκείνης τὸ ἐχέγγυον 28, 18. ἀδιηγήτων χαρίτων 233, 8. ἀπέλαβε τῶν οἰκείων πόνων 233, 25. 52, 6. 245, 27. ἀπειλημμένην ἐν στενῷ 233, 21
ἀπολαμπρύνω 57, 25
ἀπόλαυσις 118, 28. 173, 5. 173, 11. 20, 9. -σεων κοινωνίαν θεραπείαν 112, 24. λουτρῶν 11, 34
ἀπολαυστικός: βίος 103, 35. 112, 7. 214, 27. 217, 24. τὸ -κὸν 182, 31
ἀπολαύω: τῶν ἡσυχίας καλῶν 112, 3. 13, 26. 128, 27. 117, 23. ἀπέλαυεν οὐδενὸς 16, 17. ἀπήλαυε 32, 21. 100, 6. ἀπολαῦσαι τῆς ὁμοιώσεως 62, 17. 44, 16. ἀπολελαύκει συμμαχίας 247, 26

ἀπολέγομαι: ἀπολεξάμενος στράτευμα Ἰβηρικὸν 6, 15
ἀπολείπω: τὴν ζωὴν 42, 5. cf. 180, 2. οὐδὲ μίαν 108, 24. 117, 16. ἀπέλιπεν αὐτὸν ὁ γέλως 40, 6. 215, 8. ἀπολείπεσθαι τοῦ λαγὼ 265, 8. ἀπολελείμμην 235, 4. τῆς ἐκείνου συνουσίας 154, 11
ἀπόλεκτος: δῆμος τῆς Πόλεως 76, 25
ἀπολεπτύνω: δὶς τὴν αὐτὴν διήγησιν 236, 4. -ῦναι τὸ πλαίσιον σχῆμα 266, 30
ἀπολιμπάνομαι: τῶν φιλοσόφων 233, 17
ἀπολισθαίνω 126, 34
ἀπολογία: αὐτάρκης 218, 28. 157, 5. 157, 13. 14, 18
ἀπολογίζομαι (scr. ἀπολογοῦμαι?): -σωμαι ὑπὲρ 164, 1. 244, 25
ἀπολογοῦμαι: τῆς τυραννίδος 14, 16. 220, 27. ἐλεεινοῖς ῥήμασι 21, 25. ἀπολελόγητο τούτοις ἱκανῶς 80, 13. ἀπολογήσομαι τῷ δικαστῇ καὶ θεῷ 228, 22. 75, 21. πρὸς τὸ πλῆθος 186, 33
ἀπολοφύρομαι: τὸν ἄνδρα 219, 33. ἐπὶ τῷ πάθει 82, 2. 220, 25. ἀπολοφυράμενος 173, 31
ἀπόλλυμι 146, 7. -ύειν ἄρδην 3, 30. 248, 21. ἀπολωλέκασιν οἱ νόμοι ἡμᾶς 243, 7. -κὼς 154, 13. 189, 22. τὰς ἐπ' ἐκείνῳ ἐλπίδας 12, 10. ἀπολωλέναι μου τὴν μνήμην 177, 27. 9, 3. -λὼς ἵππος 154, 20. 3, 7. ἀπολλύμενος 73, 25. ἀπολούμενοι σῶσον 203, 5. ἀπώλοντο ἐξώλεις καὶ προώλεις 52, 2. ἀπόλοιντο οἱ λογοποιοὶ 268, 16
ἀπόλυτος: ζωὴ 184, 13
ἀπολύω: τῶν αἰχμαλώτων ὁπόσους προέτρεψε 252, 26. cf. 254, 22. συμφορῶν τοὺς ἐνόχους αὐταῖς 162, 27. -εῖσα τοῦ σώματος 182, 23
ἀπομάττομαι: τῇ ψυχῇ ὁπόσα αὐτῷ ἥδιστα 267, 7
ἀπομάχομαι: πρὸς τοὺς ἀντιπίπτοντας 23, 33. 24, 4
ἀπομερίζω: τὸ ἑαυτοῦ ἦθος 17, 35. ἀπομερίσομαι κἀκείνῳ τὸ οἰκεῖον σέβας 163, 26. 112, 8
ἀπομετρῶ: ἑαυτῷ ἀναπαύλας 3, 23. 20, 27
ἀπομηκύνω: τοὺς λόγους εἰς περιόδους 19, 19. τὰ νοήματα 200, 24
ἀπομνύω 21, 17
ἀπομνημονεύω 200, 23. ἑκάστῳ τῶν κατὰ πόλεμον πράξεων 211, 7
ἀπόμνυμαι 228, 14. ὅρκους 155, 18. ἀπωμόσατο τὴν πίστιν 50, 10
ἀποναρκῶ 23, 14
ἀπονέμω: τιμὴν τῷ θεῷ 58, 4. τοὺς μείζους βαθμοὺς τοῖς μείζοσι 192, 3. 116, 12. 251, 33. ἀπένειμον (scr. ἀπένεμον) ἀμφοτέραις τὸ καθῆκον 93, 20. -μαν 55, 6. ἀπενεμήθη 151, 33

ἀπονεύω 198, 21. ἀπονενεύκει 3, 7. 100, 20
ἀπονέω: ἀπένευσεν ὅλοις ἱστίοις πρὸς ἐκεῖνον 236, 12. πρὸς τὴν θάλασσαν 204, 15
ἀπονήχομαι: ἀπενήξατο 222, 31. ὥσπερ ἐκ πελάγους ἐς λιμένας 210, 25
ἀπόνοια: τοῖς βαρβάροις ἐτολμήθη 62, 7. 235, 30. 61, 15. 125, 30
ἀποξέω: τὰ ναυπηγήσιμα ξύλα 55, 23. ἀποξέσασα τοῦτον ἡ φύσις 147, 10. ἀπεξέοντο οἱ λίθοι 33, 15. ἀπεξέσθαι τὸν λόγον 120, 27. τὸ ἦθος 3, 14
ἀποπειρῶμαι 80, 14. 77, 23
ἀποπέμπω: στεναγμὸν 92, 5. ἀπεπεμπόμην τὴν ἱστορίαν 102, 14. 149, 29. 150, 11. 196, 13. 29, 28. 49, 32. 135, 21
ἀπόπληκτος 196, 2
ἀποπληρῶ 39, 17
ἀποπλήρωσις: ἐφετοῦ 111, 34
ἀποπνέω 42, 10. ἠρέμα 170, 4. πυκνῶς 40, 22
ἀποπτεύω: τὰ οὐράνια σώματα 78, 23
ἄποπτος: ὦπτο 31, 11. ἐξ ἀπόπτου 141, 16. θεωρὸς 131, 6
ἀποπτύω: τὴν ἅλμην τῶν συμφορῶν 170, 5. τὴν θαλαττίαν ἅλμην 210, 26. τὸ μέλος 77, 3
ἀπορία 253, 3. 15, 12. 267, 24. 236, 25
ἄπορος: ἐν ἀπόροις πόρον εὑρηκέναι 4, 16
ἀπορρεύγομαι: -ξασθαι ἀθρόον τὴν ψυχὴν 25, 25
ἀπορρήγνυμι: ἀπερρωγότες τοῖς πλήθεσι συνερράγησαν 88, 3. -υῖαν σύνταξιν 17, 28. ἀπορρήξει καὶ ἡμᾶς ἐκεῖθεν 175, 30. τὴν ψυχὴν 11, 13
ἀπόρρητος: ἐπιστολὴ 204, 3. -ων λόγων 208, 16. -τους ὅρκους 197, 8. -οἵ τινες τελεταὶ 58, 15. -των εἰσόδων 155, 25. 156, 13. -ους εἶχε τὰς γνώμας 22, 31. 195, 12. 203, 22. 205, 1. τὸ -ον 56, 18. 56, 29. 135, 1. 185, 5. 205, 22. 220, 7, 14. ἐν -ῳ 59, 5. 165, 29. ἐνθύμημα περιελίξας τῇ ψυχῇ κατ' αὑτοῦ 220, 4. 152, 4. 186, 25. -α ἔργα τῆς φύσεως 261, 1. τὰ -α 174, 8. ἀπορρήτων ἐκοινώνουν ἄμφω ἀλλήλοις 72, 2. 73, 32. 75, 7. 165, 17. cf. 185, 1; 36, 4; 39, 20. 239, 12. 43, 2. 65, 32. ἐν -οις τὰς ἀπορρήτους γνώμας φυλάξαι 203, 24. 56, 34. 179, 11. ἀπορρητοτέραν ἱστορίαν 60, 29. -ότερα 205, 2
ἀπορρήτως 56, 24. 204, 8. ἀπορρητοτέρως 65, 35
ἀπορρίζω: -οῖ τὰς ἀφορμὰς τῶν κακῶν 217, 35. *pass.* 167, 35
ἀπορρίπτω et ἀπορριπτῶ: -ιπτεῖ σκάφη εἰς σκοπέλους 132, 2. -ίπτει αἰδῶ 73, 9.

-ιπτούσης τῆς γῆς τοὺς θεμελίους 83, 17. -ιπτοῦντες λίθους ἀπὸ σφενδόνης 140, 15. ἀπερρίπτει ἡ φύσις τὴν πρώτην λιχνείαν 48, 7. ἀπερρίπτουν φωνὰς ἐπὶ 139, 33. ἀπορρίψαντες τὸν ἐπαυχένιον ζυγὸν 62, 2. ἀπερριπτεῖτο κατὰ τοῦ ὕδατος 178, 34. τοῦ σκοποῦ ἐκτὸς 143, 27
ἀπορρύπτω 59, 3
ἀπόρφυρος, ἀρχὴ 24, 24
ἀπορῶ 259, 22. ἀπορουμένῳ 83, 4. 154, 3. τῶν -ένων τὰ πλείω ἄλυτα 26, 28. ἐν μέσοις τοῖς -ένοις 253, 4
ἀπόρως, εἶχε 45, 8
ἀποσβεννύω: ἀποσβέσειν αὐτοῖς τὰς ἐλπίδας 90, 32. τὸ πεπλασμένον δάκρυον 154, 24. ἀποσβεσθῆναι δεῖ πολλῶν ποταμῶν 82, 34
ἀποσείομαι: ἀπεσείσατο τὸ πᾶν ἄχθος τῆς ψυχῆς 167, 19. 73, 8. τὸν κονιορτὸν 210, 22
ἀποσημαίνω: ἀπεσήμαινον σημείοις τισὶ τὸ πλῆθος τῶν τε ἐννοιῶν καὶ τῶν λέξεων 23, 15. -οντο αἱ τῶν χρόνων περίοδοι ἐν ὀλίγοις τισὶ συμβόλοις 95, 27
ἀποσιωπῶ 81, 4
ἀποσκήπτω 11, 12
ἀποσκώπτω 251, 5
ἀποσπῶ 9, 7. 25, 4. 87, 3
ἀποστάζω 111, 3
ἀποστασία 4, 1. 6, 1. 12, 4, 19. 14, 17. 123, 7. 133, 29. — λαμπρὰ 83, 29. -ίας ἁλῶναι 4, 27. 62, 32. ὠδὶς αὐτοῖς ἐξερράγη 62, 13. 14, 17. 61, 2. ὠδῖνας τῷ αὐτοκράτορι 12, 20. — καὶ ἐπανάστασιν 134, 12
ἀποστατέος 205, 20
ἀποστέλλω: δῶρον τῇ γυναικὶ 115, 17. 252, 30. 90, 33. ἀπεσταλκότος 200, 10. πρὸς 13, 25. ἀποστείλας εἰς 256, 36. ἀπεσταλμένων 131, 15
ἀποστενῶ 11, 30. 18, 34
ἀποστερῶ 183, 32. ἀποστερῆσαι τούτους τιμῆς 242, 33. 99, 19. 215, 34. 11, 31. 13, 29. ἀπεστερημένων τῶν ὀφθαλμῶν 66, 19. ἀποστερήσεται 201, 30
ἀποστίλβω: ταῖς πολιτικαῖς χάρισι 221, 21. -όντων λίθων τοῖς χρώμασι 16, 19. αἰγμαῖς ἀρρενωποῖ 18, 22
ἀποστολὴ 193, 15. 195, 9. 220, 21. ἀνδρῶν γενναίων 177, 34. δώρων 238, 37. 51, 16
ἀποστολιμαῖος 124, 14
ἀποστοματίζω: τὰ Πλατωνικὰ σύμβολα 26, 23
ἀποστρέφομαι 10, 5. τὸ διεφθαρμένον τῆς ζωῆς 216, 23. 182, 10. 36, 21. 71, 25. 77, 7. 186, 22. 220, 10
ἀποστροφὴ 184, 21

ἀπόστροφος: -ον καὶ ἀπότροφον τοῖς ἀνθρώποις 183, 1. τὸ -ον κατὰ πάντων ἐν ἅπασι 72, 28
ἀποστρόφως 35, 24
ἀποστρώννυμαι 149, 5. 172, 13
ἀποσυλάω: -ηθεὶς ὁ βασιλεὺς τὸν ὕπνον 152, 13
ἀποσυλόομαι: ἀποσεσυλώμεθα τὴν Ἰταλίαν 124, 1
ἀπότροφος 183, 2
ἀποσφάλλομαι: ἀποσφαλεὶς 71, 5
ἀποσχεδιάζω: δημηγορίαν 238, 2. 27, 9
ἀποσχίζομαι 33, 15
ἀποσχολῶ: -ηθείη τῶν δημοσίων φροντίδων 241, 26
ἀποσώζω 54, 33. 66, 15
ἀποτάττω 217, 33. ἀποτεταγμένους αὐτῷ ἀγροὺς 14, 33. 218, 18. 257, 23. ἀποταξάμενος τῇ φαύλῃ ζωῇ 184, 34
ἀποταφρεύω 140, 34
ἀποτείνομαι: ἀποτεταμένον 95, 30
ἀποτειχίζω 12, 25. 140, 34
ἀποτέλεσμα 156, 24
ἀποτελευτῶ: εἰς μειδίαμα 265, 16. πρὸς ὅ τι τὸ γιγνόμενον 106, 3. 25, 21. 88, 17. 215, 1
ἀποτελῶ 182, 31. τῇ χειρὶ 182, 1. ἀπετελέσθη τὸ μέγα ἐκεῖνο μυστήριον 83, 13. τὰ ὅρκια 116, 1
ἀποτέμνω: τὰς κεφαλὰς 240, 26. cf. 127, 6. ταύτην 122, 34. ἀπέτεμεν ἡ φιλοσοφία 109, 4. 214, 4. τῶν παιδογόνων μορίων 89, 9. ἀποτέμνομαι τῆς ἐν αἰσθήσει ζωῆς 178, 13. τὰς τρίχας τῆς κεφαλῆς 25, 7. ἀποτετμῆσθαι ἐκείνων 175, 17. -ημένος αὐτῇ οἶκος εἰς εὐνὴν 118, 12. -μένα Σκυθικὰ μειράκια 76, 19. τῶν -μένων αὐταῖς οἰκημάτων 118, 26. -το ἐκ πρώτης εὐθὺς ἡλικίας 2, 30.
ἀποτεμόμενος ἑαυτῷ βραχεῖάν τινα μερίδα 112, 6. ἀποτμηθῆναι τὰς τρίχας 25, 7
ἀποτίθημι: τὴν πρὸς τὴν ἀδελφὴν αἰδῶ 93, 1. -εται στοργὴν γυναικὸς 64, 17.
ἀποτεθειμένοι τὰς ψυχὰς 212, 7. τῶν -μένων οὐδὲν ἐξεφόρει 16, 26. ἀπέθετο τοῖς βασιλικοῖς ταμείοις 16, 12. 14, 6. τὴν ζωὴν 220, 17. 60, 1. τὸ στέφος τῆς κεφαλῆς 13, 22. τὸ ἄγριον 85, 8. 43, 15
ἀποτίκτω: ἀπέτεκε τοῦτο τελετὰς 105, 24. 132, 30. παιδίον 262, 29. ὁ -τεκὼν 82, 9. ἀποτίκτεται μεθ' ὥρας αὖθις 110, 29.
ἀποτεχθεὶη 155, 20, 23. 234, 32
ἀποτίω 57, 5
ἀπότομος 211, 22. -οις κρημνοῖς 223, 10. ἀποτομώτερον τοῖς λόγοις χρησάμενος 98, 7. προαγγέλλουσα 186, 24
ἀποτοξεύω 24, 6. ἀπετοξεύοντο λόγοι 254, 17

ἀποτορνεύω: τοὺς λόγους 19, 18. ἀπετετόρνευτο ἐς ἀκριβῆ κύκλον 18, 26. 264, 4
ἀποτρέπω: τῷ λόγῳ 59, 30. ἀποτρέπομαι μὴ κεχρῆσθαι 120, 25. τοὺς φόνους 142, 18. 29, 2
ἀποτρέχω: τῆς μητρὸς 253, 15
ἀποτρόπαιος: -αια τοῦ νοσήματος 57, 17
ἀποτροπή, βασκανίας 85, 25
ἀποτυγχάνω: τούτων 143, 30. 224, 31.
ἀποτετυχήκοις 202, 21
ἀποτυπῶ: -ώσασα εὐρύθμως 146, 22
ἀποτυχία 236, 25
ἀποφαίνω: ὁμοιότητος 49, 3. 253, 7. 149, 30. ἀποπεφάνθω 46, 6. ἀποφανοῦμαι τούτους διημαρτηκέναι τοῦ ἀρίστου σκοποῦ 188, 2
ἀπόφασις: ἔννομος 240, 14. plur. 32, 13
ἀποφέρω: ἀπήνεγκε τοῦ κατὰ φύσιν 215, 33. ἐπ' ἐκείνοις 62, 19. ἀποφέρονται τὸ σεμνὸν παρὰ τοῦ πατρὸς 229, 23.
ἀπενεχθεὶς τῆς τρυφῆς 3, 28
ἀποφεύγομαι 125, 11
ἀπόφημι: ἀπέφησε 202, 21
ἀποφθέγγομαι: ἀπεφθέγξατο ἠρέμα 116, 36
ἀπόφθεγμα: -ατα λακωνικὰ 260, 25
ἀποφορτίζω: τὸ πλεῖστον τῆς συμφορᾶς 113, 18. -ομένης τῆς γῆς τὸ ἄχθος 83, 17. ἀπεφορτίζετο ὁμαλῶς τὸ διαρραγὲν 83, 22. -ίσατο τοῦτον ὥσπερ ἐπωμάδιον ἄχθος 220, 20
ἀποφράττω: τῇ πανοπλίᾳ τὴν ἔφοδον 248, 10. αὑτοῖς πᾶσαν ὁδὸν 230, 24. τοὺς ὤτων πόρους 38, 6. 97, 29. ἀποφράξας τὰς ἐξαγωγὰς 16, 4
ἀποφυγή 87, 10
ἀποφύω 8, 21. ἀποφύεται τέρας τι 61, 16
ἀποχράω 213, 16. -ῶσαν παρασκευὴν 63, 12. 192, 1. 217, 21. 112, 18. 19, 16. τὸ -ῶν ἐκείνοις συλλογίζεται 218, 20. 264, 29. -ῶντα τὰ οἰκεῖα ἔργα 229, 20. 202, 12. 212, 30. 264, 29. ἀπέχρησε 244, 13. ἀποχρώμενος τῇ βασιλικῇ ἐξουσίᾳ 95, 19. ἑλληνικοῖς δόγμασιν 209, 23. 217, 10. 94, 20. -ήσασθαι τοῖς κοινοῖς περὶ τὴν συνάφειαν νόμοις 101, 10
ἀποχρώντως 149, 15
ἀπραγμάτευτος: -ους πολέμους 233, 30. 151, 31. τὸ -ον 153, 27. 156, 12
ἀπραγματεύτως 252, 32
ἀπραγμόνως 165, 25
ἀπραγμοσύνη 32, 15
ἀπράγμων 87, 31. ἀπραγμονέστατον τμῆμα 221, 30
ἄπρακτοι: ἡ παρασκευὴ 130, 3. 196, 13. -ους τοὺς τιμωρουμένους ἐποίει 20, 33
ἀπράκτω: τὴν μητέρα 251, 32

INDEX GRAECITATIS. 301

ἀπρεπὴς 240, 23. τὸ -ἐς 181, 1
ἀπρὶξ: ἐξόμενος 175, 31
ἀπροαίρετος 185, 18
ἀπρόϊτος: οἴκοι διέτριβε 88. -ίτους ποιούμενος 20, 25
ἀπροόπτως 178, 34. 222, 36
ἀπροσδεής: τῶν σοφωτέρων 15, 3
ἀπροσδόκητος: τῷ -ήτῳ καταπλαγῆναι 86, 29. τῆς θέας 198, 31
ἀπροσδοκήτως 62, 18. 220, 14
ἀπροσωπόληπτος: δικαστὴς 163, 8
ἀπροφάσιστος: -ον πόλεμον 130, 3
ἅπτομαι: τῆς ἀκριβοῦς μούσης 177, 19. ἐπιμελῶς τῶν πραγμάτων 47, 8. τὸ πάθος καὶ βασιλέων 122, 26. σκέψεως 13, 9. ἔργου 20, 28. τροφῆς 39, 33. ἧφθαι τῆς τῶν Ῥωμαίων ἀρχῆς 180, 29. ἡμμένας λαμπάδας 208, 6, 30. καλαμίδος καὶ μέλανος 169, 7. ἅψεται ὑποθέσεως 155, 33. 183, 17. ἡψάμην γεωμετρίας 183, 30. 107, 23. δέρης 37, 2. διαλόγων πρὸς ἀλλήλους 14, 16. τοῦ συμφυοῦς 180, 32. 121, 2. τῆς τελεωτέρας ἡλικίας 36, 8. γενναιοτέρων περὶ βασιλείας ἐνθυμημάτων 98, 8
ἀπωθῶ: ἀπώσῃς τὴν σκέψιν 52, 20. 222, 25. ἀπωθούμενος ἄγαλμα πόρνης 34, 5. ἀπωθεῖτο 190, 9. ἀπεωθεῖτο 230, 30. ἀπέωσται ἐπί τῳ κακῷ 259, 27. ἀπώσατο 183, 7. 184, 5. 249, 9. ἐκ χειρὸς τὰ βιβλία 183, 34. -σθη τῶν προσδοκιῶν 98, 10. εἰς πέλαγος 262, 19. τοῦ κράτους 206, 10. 265, 25
ἀρά: -ᾶν τὴν εὐχὴν ἐλογίσατο 245, 2
ἀργός: 198, 15. 217, 25
ἀργυρῖτις: -ίτιδες φλέβες 110, 12
ἄργυρος: -ύρῳ περιηλειμμένου 171, 10
ἀργυρώνητος 151, 27. ἐν -ήτου μέρει 53, 16. ὡς -ήτῳ βασιλεῖ 70, 8. ὡς -ήτοις αὐτοῖς ἀντ' ἐλευθέρων χρήσαιτο 242, 34
ἄρδην: ἀνήρουν 141, 29. cf. 6, 33. ἀπολλύειν 3, 30
ἀρέσκω: τῷ ξυγγραφεῖ 213, 24. ἐκείνῳ ἧθος 98, 22. 251, 34. 100, 8. 49, 4. 91, 31. ἤρεσε τὸ ἰδέαν 141, 3. ἀρεσκόμενος τῷ ἤθει μου 230. 7
ἀρεστός: τὸ -ὸν 252, 9
ἀρετὴ 221, 9. 95, 15. διαλάμπουσα 160, 30. 166, 17. 209, 31. 263, 27. -ῆς δευτερεῖα 48, 35. διάφορον ἰδέαν 177, 8. μέρεσι 164, 14. πρᾶγμα καὶ ὄνομα 217, 27. περὶ καὶ ψυχῆς 177, 8. 242, 13. -ὴν οὔτε τὴν ἠθικήν, οὔτε τὴν πολιτικὴν 110, 26. σοφιστικὴν 116, 18. 21, 20. 104, 10. καὶ κακίαν 164, 10. ἀρεταὶ τινες φυσικαὶ 110, 25. -ῶν ἁπασῶν ὑπερτελεῖς κορυφαὶ 122, 28. εἴδεσι 262, 4. κατάλογον 60, 7. -αῖς πάσαις διαπρεπεῖς 234, 18. τῆς ψυχῆς 265, 25

ἄρθρον: νόμου 169, 26. τῆς ὑποθέσεως 107, 17. 182, 10. τὰ ἄρθρα νοσήσαντα 138, 3. περὶ — ἄλγημα 23, 22
ἀριθμητική: ἐξ -ῆς ἡ γεωμετρίας 35, 2. -οῖς λόγοις 212, 14
ἀριθμός: -οῦ τι ἀφέλοι 35, 3. κρεῖττον 191, 30. πλείονα σκάφη 129, 4. -ᾧ πλείους 28, 30. -ὸν ἐν τοῖς μοναστοῖς παρεξέτεινε 35, 6. περιετίθεσαν 130, 9. πλείω 28, 34. συζυγίας 159, 24. -ῶν μεθόδοις 108, 20. -οῖς ἡμερῶν 148, 10
ἀριθμῷ 94, 35. ἠρίθμητο ἡ ἀκινησία 148, 15. ἀριθμηθεὶν εἰς τὴν κρείττονα τάξιν 151, 23
ἀριστεῖος: -είοις στεφάνοις 127, 29. 233, 31. 224, 15. -είων ἐτύγχανε 17, 25
ἀριστερός: τὸ -ὸν κέρας 194, 10
ἄριστος: σκοπὸς 188, 3. τὸν -ον ἀπὸ τῆς βουλῆς 181, 24. 150, 31. 29, 29. ἀρίστης βουλῆς 237, 5. ποιότητος 103, 16. ἀρίστην κατάστασιν 56, 7. μεταβολὴν 186, 2. ἄριστα 166, 4. 208, 18.
βιοῦν 179, 29
ἀρκούντως 69, 18. 242, 30. 243, 31
ἄρκτος: -ους 225, 12. 266, 22
ἄρκυς: ἐντὸς ἀρκύων ποιήσασθαι 250, 19
ἀρκῶ 263, 2. 221, 18. ἐν ἀντὶ πάντων 230, 4. τῇ κεφαλῇ κράνος 150, 21. καὶ τὸ τελευταῖον καλὸν 173, 16. 163, 15. 263, 25. 229, 14. τούτοις ἡ ταινία 122, 26. τοῖς περιβεβλημένοις θεότητα 34, 11. ἕκαστος πρὸς τὸ κράτος 190, 16. εἰς ἕδραν τοῦ κράτους 188, 17. 4, 5. 193, 12. 239, 9. 163, 6. 134, 10. εἰς κάκωσιν 134, 35. 208, 11. 217, 21. 192, 13. -έσει ταῦτα ἡμῖν 228, 29. 198, 14. τοῖς ὅλοις 190, 14. γένος εἰς πολλὰς διαδοχὰς 27, 14. εἰς καταστροφὴν 193, 17. 214, 20
ἅρμα: -τος βασιλικοῦ 216, 7. 170, 20
ἁρμόδιος: -ώτερος τοῖς παροῦσι καιροῖς 182, 18
ἁρμόζω: τοὺς πόδας τοῖς φοινικοῖς ὑποδήμασι 237, 2. ἐμοὶ τὴν παρρησίαν τῶν λόγων 200, 15. ἐν πᾶσι πράγμασι 243, 17. τοῖς καιροῖς 177, 24. ἁρμόσας ἑαυτῷ τὴν βασιλείαν 218, 3. ἡρμόζοντο τοῖς πολίτχοις 172, 6
ἁρμονία: τῶν οἰκοδομημάτων 57, 30. -ίας συμφυοῦς λυθείσης αὐτῇ 81, 13. τὰ μέλη 148, 18. -ίᾳ λέξεως ἐκείνων κατέθελγον 177, 14. -ίαν βασιλικὴν 11, 26. -ίαι τῶν λίθων 172, 17
ἁρμονικῶς, συντιθεὶς 80, 35
ἁρμόττω 55, 24
ἄρνησις: τοῦ θείου 58, 18
ἀρνοῦμαι 50, 10
ἁρπάζω: ἡρπάκασιν ἐν μέσαις αὐτῶν ταῖς ψυχαῖς 175, 6. 124, 3. ἁρπάξεται εἰς

δεύτερον αὖθις κῆδος 99, 11. ἁρπασθέντες 221, 13
ἀρραγής: συνασπισμὸς 223, 30. σύνταξις 193, 29. -εστέροις 223, 32
ἀρραγῶς: κατησφαλίσθαι τῷ κράτει 188, 20. -έστερον 88, 25
ἄρρην: ἀρρένων ὁ μέσος 239, 33. ἄρρενας παῖδας 234, 31. -ενος ὄψεως 67, 32. γένους 234, 11
ἀρρενῶ: -ώσασα ἑαυτὴν 180, 19
ἀρρενωπὸς: αἴγλη 18, 22. -οτέρου φρονήματος 181, 1
ἀρρεπὴς 149, 23
ἄρρητος: -ήτους ὅρκους 70, 9. 72, 17. 155, 18. 204, 34. 176, 4. ἐξ -ου μίξεως 36, 17. οἰκονομίας, 241, 18. σοφίας 33, 4. ἡδονῇ -ῳ 206, 5. -ους θεωρίας 109, 12. -οις βιβλίοις 108, 31
ἀρρυθμία: -ίαι καὶ ἀτονίαι 148, 19
ἄρσις: -εις καὶ θέσεις 261, 19
ἀρρωστία: ἀνερρώσθη τῆς -ίας 242, 15. 147, 27
ἀρρώστημα 176, 9
ἀρτηρία 225, 31. 226, 35
ἀρτίχνους: καὶ πρῶτον ὑπηνήτης 2, 17
ἀρτύω 219, 16
ἀρχαιολογῶ 3, 16. τῶν -ησάντων τὰς τῆς πρεσβυτέρας Ῥώμης ἡγεμονίας τε καὶ πράξεις 122, 5
ἀρχαῖος: -αίους Ἀντωνίνους ἐκείνους 26, 9. καὶ πολυύμνητους Καίσαρας 266, 2. -ων τῶν Μονομάχων 98, 26. -ας εὐτυχίας 86, 26. ὁμοιότητος 66, 17. ὀφρύος 134, 24. περιβολῆς 64, 22. φιλίας 236, 28. -αν τάξιν 152, 28. -αῖον γένος 247, 3. -α διηγούμενος 226, 20
ἀρχαιότης 263, 1
ἀρχαιρεσία: plur. τοῦ κράτους 235, 27. 243, 17. 204, 27
ἀρχαιρεσιάζω 244, 6. 153, 20. 211, 24. 180, 21. -άσας ἅπαξ 137, 7
ἀρχεῖα 191, 21. τοὺς ἐπὶ τῶν -είων 237, 36
ἀρχέκακος: ὅπερ -ον ἐγεγόνει 252, 30
ἀρχή, imperium, regnum: ἀπόρφυρος 24, 24. ἀστασίαστος 14, 25. βασίλειος 24, 24. 45, 16. τῷ Μονομάχῳ 101, 18. ἀρχῆς ἀξίωμα 96, 4. 11, 32. δευτερεῖα 10, 12. 169, 16. ἐπιβῆναι 233, 10. ἐπὶ τῆς 242, 31. καθελεῖν 190, 11. 220, 19. μέρους τινὸς παραχωρεῖν 255, 30. μεταστῆναι 252, 9. ὄγκος 2, 35. ὁδὸν 16, 3. τῶν ὅλων προΐσταται 42, 9. τὸ πᾶν 251, 33. 101, 19. 124, 13. πρὸ 36, 1. 239, 33. 57, 13. τὰ πρῶτα 251, 33. πρώτη περιωπὴ 170, 8. πρώτης 104, 5. Ῥωμαίων 62, 2. 186,30. 232, 1. 98, 20. 124. 2. χρόνον 242, 27. ὑπὲρ 235, 26. τῇ ἀρχῇ 232, 22. 247, 32. 181, 6.

Ῥωμαίων 79, 14. τῶν συνοισόντων 43, 28. τὴν ἀρχὴν Αἰγύπτου ἔχων 219, 31. εἰς—ἀξιολογώτατος 191, 5. εἰς αὐτὴν ὅλην ἀναρτᾷ 97, 19. ἐπὶ τὴν—ἀναβαίη 236, 3. ἀνειργόμενος 170, 13. τούτῳ ἀπαγορεύοντα 253, 9. πραγμάτων μεταθήσειν 73, 31. τὸ πρωτεῖον ἀπενέγκηται 2, 31. αὔταρκες φρόνημα 95, 5. αὐτῷ ἐγχειρίζουσι 61, 36. βασίλειον 45, 16. 62, 5. 201, 16. 229, 24. τοῦ Βυζαντίου μόνον ἔχων 192, 15. δευτέραν τοῦ Καίσαρος 53, 11. διεδέξατο 214, 35. 121, 22. διαχειρισάμενος 233, 33. διεξάγειν εἰρηνικῶς 121, 15. διευθύνεσθαι 137, 2. διατιθεμένων 94, 17. ἐσχηκότα οὐκ εὐκλείας ἀλλ' ἀπληστίας ὑπόθεσιν 189, 25. Ἰβηρικὴν ἐπιτρέψας 135, 2. ἰδίαν 252, 30. ὁ καιρὸς ἐκάλει 98, 4. κρατύνεσθαι ἑαυτῷ 251, 30. —τῶν μεγίστων λαβὼν 255, 17. μετὰ 233, 2. 239, 34. εἰς μίαν τὸ Σκυθικὸν περιΐσταται 255, 17. ξυμπάσης τῆς ἕω 236, 11. τὰ περὶ 252, 5. Ῥωμαίων ἐξ ἀρρενωποτέρου φρονήματος ἐκθηλυνθῆναι 181, 2. [πατριαρχικὴν] 186, 26. πιστεύσας τούτῳ 170, 3. προσήκειν τῇ Θεοδώρᾳ 97, 12. τὰ πρὸς—σεμνολογήσασα 92, 33. σοβαρωτέραν 14, 36. τελεώσασθαι 104, 9. ἀρχῶν τῶν σεμνοτέρων 89, 9. ὑπερηφάνων 230, 12. ἀρχὰς τοῦ κράτους 27, 34. πρὸς τὰς ἀρχὰς 93, 25. ἀρχὰς μεγίστας 267, 19. περιφανεῖς 46, 4. στρατηγίας 203, 32. στρατηγικὰς καὶ πολιτικὰς 267, 24. ὑπερηφάνους 105, 23. 36, 5. ὑπερόγκους 14, 27
ἀρχή, initium: τῆς βασιλείας 188, 15. τοῦ γένους 229, 17. κατὰ λόγον προχωρήσῃ 73, 26. κακῶν 10, 21. 150, 28. κραταιοτέρα 121, 18. μεγάλων ἐσομένων κακῶν 54, 13. τῆς τῶν πραγμάτων εἰς τὸ ἀντίθετον καταγωγῆς 96, 12. τίς εἰς τὸ τοῦ λόγου πρόβλημα 174, 24. ἀρχῆς οὐδὲ μιᾶς ὡρισμένης 72, 11. ἐξ ἀρχῆς 148, 5. ἐντέθεικεν 110, 30. κομῶσα 134, 17. ᾤκησαν 135, 27. ἀρχὴν τοῦ κακοῦ 96, 26. 133, 15. τῶν κακῶν 96, 26. 133, 15. καταλύσεως 255, 13. περιόδου τὴν ἡγεμονίαν οἰηθεὶς 25, 13. τῆς προρρήσεως 132, 12. συμφορῶν 133, 1. εἰς ἀρχὴν ἀναβαίνοντι 114, 25. καθιστῶν τὸν λόγον 133, 28. ἀρχῶν οἵων εἰς οἷα τέλη κατήντησε 121, 27. τῆς οἰκείας σωτηρίας 58, 31. ἀρχαῖς δεξιαῖς 209, 19. ἀρχὰς πρώτας τοῦ γένους 229, 8. τῶν μελλόντων κακῶν 132, 35. ἑτέρων ἀδικημάτων 35, 1. τοῦ κόσμου ζητησάντων 58, 30. οἵας τεθεικὼς 232, 23
τὴν ἀρχὴν αὐτὸν κεκλοφέναι 154,

30. ἀρχαὶ ἀδικημάτων 35, 7. καινοτέρων βουλευμάτων 199, 5. μεγάλων κακῶν 155, 30. μελλόντων παθημάτων 112, 13. 173, 19. τοῦ σώματος 147, 33. φαῦλαι 132, 30. τὸ κατ' ἀρχὰς 35, 21. 143, 20
ἀρχηγὸς 252, 20. νόθος 66, 9
ἀρχιερεύς : τῆς θεοῦ Σοφίας 227, 27. -έως εὐχὴ 70, 20. τῷ μεγάλῳ -εῖ 192, 30. 221, 20. 236, 35. cf. πατριάρχης
ἀρχιερωσύνη 21, 3. τῇ -ῃ μάλα προσήκοντα 242, 13. τὴν -ην πρὸ τῆς -νης προείρηκα 221, 25
ἀρχικός : -ὸν ὄγκον 97, 26. τροχὸν κινῶν 175, 26. -ὴν γνώμην 229, 29. -ῶν βουλευμάτων 242, 17
ἀρχικῶς, καὶ τῷ ὄντι βασιλικῶς 136, 36
ἄρχω : τῆς ἐπιβουλῆς 196, 27. ἡμῶν 151, 5. 122, 30. οὐχ οἷος ἀλλ' ἀρχέεσθαι μᾶλλον 188, 4. ἄρχων τῶν δυνάμεων 195, 3. cf. 190, 13. 125, 32. 246, 20. 189, 10. 15, 3. ἦρξε τοῦ τοιοῦδε σκέμματος 191, 13. τῆς ἐν πορφύρᾳ γέννας 214, 36. ἀπὸ Καισάρων 1, 6. 61, 22. 98, 30. τοῦ παντὸς γένους 61, 32. ἄρχομαι τῆς διαλέξεως 200, 20. -εται ἐξ αὐτῆς γραμμῆς 210, 21. ὁ τρίτος 224, 25. ἀρχόμενος ἐκ τῶν ὑστάτων τοῦ λόγου 133, 32. τὸ ἀρχόμενον ἀληθῶς ὑπήκοον ἐνδείξασθαι 76, 15. -ετο διαταράττεσθαι 81, 14. 73, 14. ἠργμένον ἀπὸ Βασιλείου 25, 32. ἄρξομαι ἀπὸ σοῦ 210, 4. 71, 9. τῆς ὅλης δυνάμεως 123, 17. διοικεῖν 10, 24. 214, 32. τὸ καινὸν τουτὶ πρᾶγμα 231, 28. 137, 18. ἄρξαι ἀπ' ἐμοῦ τῆς ἀρετῆς 209, 31. -ξάμενος ἀπὸ τῶν ἐναντίων 146, 18. ὥσπερ ἀπὸ σημείου 123, 13. 242, 16. τῆς τοιαύτης συγχύσεως 151, 3. 12, 31
ἄρωμα 118, 10. ἀρωμάτων ὅσα τῆς Ἰνδῶν καὶ Αἰγυπτίων γῆς 162, 19. ἀτμὸς 119, 24. μεγέθη διήρει 118, 16. φύσεις μεταβάλλειν καὶ μυρεψεῖν 118, 9. ἀρώμασι κατευωδιάζοντες 208, 30
ἀσαφής 177, 24. 174, 14
ἀσαφῶς 200, 30
ἀσθενής 40, 16. 63, 9
ἄσθμα : ἀναφέρειν 126, 29. ἐνόσει δεινῶς 120, 14. ἐπέχων 156, 29
ἀσθμαίνω : -ων 154, 27. 176, 7. 68, 8. ἀσθμάνας δὶς καὶ τρὶς τὴν ζωὴν ἀπολείπει 42, 5
ἄσκησις 45, 11. τοῖς ἐν -ήσει καταγηράσασι 60, 10
ἀσκητήριον : θεῖον ἀπέδειξε 57, 16. ἑταιριζουσῶν 59, 33. τὸ τοῦ -ηρίου ὄνομα ἐπαληθεύσας αὐτοῖς 218, 20. -ήρια ἐν μνήμασι βασιλέων 217, 18, 22

Ἀσκληπιάδης 225, 26. -αδῶν ὁ κάλλιστος 225, 20. -άδαις 216, 20
ἀσκῶ 59, 26. τὴν περὶ τοῦτο τέχνην 225, 24
ἀσμενίζω : ταύταις 133, 2
ἀσμένως 90, 24. 88, 15
ἀσόφως, εἶχε 182, 3
ἀσπάζομαι : -εται καὶ ἀγκαλίζεται 92, 31. συζυγέντας καὶ στεφανωθέντας βασιλεῖς 101, 13. 216, 20. εὐμενῶς 64, 27. ἠσπάσατο 106, 21. 225, 21. 246, 25.
ἄσπαρτος -τα καὶ ἀνήροτα 60, 3
ἀσπασμός, plur. 197, 14
ἀσπιδοφόρος 253, 18
ἀσπίς : οὐδ' ἠτισοῦν ἐν χερσὶ 222, 15. ἐπιμήκης ὁποίας φασὶ τὰς Ἀργολικὰς 222, 16. -δος τὸν κύκλον 199, 33. ἐπὶ τῆς —ἄραντες 61, 35. 136, 34. -δα 248, 9. 150, 20. -δας κτυπήσαντες 253, 20. -σι προσήει 26, 35
ἀσπούδαστος 235, 16. 155, 11
ἀστασίαστος, ἡ ἀρχὴ 14, 25
ἀστεῖος : -ον τὸ φθέγμα 143, 24. ἀστειότατα κατέλεγε 155, 22
ἀστήρικτος : -ικτων ἐλπίδων 268, 3
ἀστικός : -ὸν πλῆθος 101, 5
ἀστόργως 134, 31
ἀστρᾶπαιος 216, 15
ἀστραπή : -ῆς δίκην 47, 24. ἔκπληξις 38, 2. ἐξ 161, 23. -ῇ βληθέντες 212, 5
ἀστράπτω : ἤστραπτον οἱ ὀφθαλμοὶ 211, 34
ἀστρατήγητος 250, 28
ἀστρολογῶ 260, 34
ἀστρονομικὸς 108, 22
ἄστρον : -ων κινήσεσιν 78, 15. τὰς ἀλόγους ζωὰς τῶν 184, 14. -σι χρυσοῖς 172, 19
ἀστρονομῶ : διὰ τῶν -οὐντων τὸ ἐσόμενον ἐμάνθανε 77, 34. v. μάθησις
ἄστυ (Constantinopolis) 57, 19. 66, 11. 74, 27. 141, 33. 62, 26. 127, 30. 225, 8. 235, 30. v. Πόλις
ἀσύγκριτος : τὸ -ον κατὰ πάντων ἐδίδου 19, 2. εἰς ἦθος 231, 9. -α τὰ παρόντα τοῖς πρότερον 105, 26
ἀσύμβουλος 239, 6
ἀσύμμετρος 95, 33
ἀσύμφωνος 198, 36
ἀσύνετος 233, 14
ἀσυνήθης : κόσμος 159, 17. ἀσυνηθέστερον βίον 32, 6
ἀσύντακτος : οὐκ εὐθὺς δραμὼν 63, 12. 129, 22. -οι καὶ ὡς φυγάδες 144, 5. 126, 9. -ῳ στρατοπέδῳ 144, 8
ἀσυντάκτως 127, 35
ἀσυντελής : πρὸς τὸν συντελείας κόσμον 217, 26
ἀσφάλεια 269, 6
ἀσφαλής : πίστις 193, 30. -εῖ φρουρᾷ 5,

33. ἐπ' -οῦς θέμενος 7, 22. ἐν τῷ -εῖ καταστὰς 253, 33. -έστατοι ἄνδρες 152, 26. βουλὴν -άτην 5, 28. 253, 14
ἀσφαλῶς: ἤδραστο 23, 26. -έστερον δεσμεῖ 92, 16
ἀσχάλλω 241, 30
ἄσχετος: -έτῳ ῥύμῃ 194, 9
ἀσχημάτιστος: τὸ -ον τῆς διαθέσεως 34, 14. πάθος 39, 5
ἀσχημοσύνη 48, 9
ἀσχήμων: φωνὴ 88, 2
ἄσχολος 162, 12
ἀσχολῶ: γυναῖκας 162, 14. -ῶν ἐκεῖνον ἐφ' ἑαυτὸν 12, 7. -οῖντο τοῖς ἑαυτῶν κτήμασι 14, 29
ἀσώματος: -άτων θεωρίαν μυεῖσθαι 108, 14
ἄτακτος: -οι ἔννοιαι 149, 34. -α θεῖν 30, 7
ἀτάκτως: θέοντα 217, 1. 219, 1. 127, 3. 30, 30. ἀτακτότερον ἔθεον 82, 23
ἀτακτῶ: ἠτάκτουν τρίχες 40, 25
ἀταξία 219, 7
ἀτείχιστος: τὸ -ον τοῦ αὐτοκράτορος 151, 31
ἀτελής: ἡλικία 83, 20. ἀτελέστατα 160, 30
ἀτενὴς 182, 23. -ὲς ἀπονεύοντες 198, 21
ἄτερ 69, 32
ἄτερος: τὸν ἄλλον ὑπώπτευε 65, 23. θατέρῳ 75, 17
ἀτεχνῶς 26, 7. 157, 22. 189, 7. 195, 15. 228, 1. 264, 6. 265, 13
ἀτημελέστερον 230, 12
ἀτθὶς: φωνὴ 169, 32
ἀτιμάζω 217, 27. -ων τὴν εὐδαιμονίαν τοῦ γένους 166, 35. -άσει μου τὴν πρεσβείαν 196, 12. -άσω ταῖς ὑφέσεσι 176, 10. ἠτίμασο 202, 21. 151, 2. 100, 22. 202, 19
ἀτιμία 185, 29
ἄτιμος: πομπῇ 91, 2. -οτέρας ὕλης φλέβες 110, 12. -ότατοι Σπάρτακοι 151, 9. τοῖς -οτάτοις συναριθμεῖ 152, 27. -οτάτῃ φρουρᾷ 77, 11
ἀτιμῶ: ἠτίμωκα 79, 24. -ωμαι ibid.
ἀτμὸς, δρωμάτων 119, 24
ἀτονία: -ίαν νικᾷ 66, 21. -ίαι συνείποντο 148, 19
ἀτονῶ: -ήσασα 147, 31
ἀτόπημα 239, 6
ἄτοπος: γνώμη 157, 16. 132, 31. -ους ἀνατυπώσεις 158, 35. -όν τι 192, 25. 157, 35. -ῳ θεάματι 157, 9. ἄτοπα ἐνθυμηθῆναι 56, 11. 88, 15. -ων τι 135, 26. -ωτέρων 158, 25. -ώτατα 79, 1. 40, 32. 134, 24. 140, 1
ἀτόπως 48, 27
ἄτρακτος 118, 4
ἀτρέμα 91, 32
ἄτρεπτος: -ον τὸν Κάτωνα 226, 11. -πτους τὰς φάλαγγας 17, 29

ἀτρόμως 162, 5
ἄτροφος: -ον τὸν Κάτωνα 226, 10
ἀτραπὸς, τὴν ἀτραπὸν 256, 17, 20
ἀττάλω: ὄμμα ἀττάλον ἡδύτερον 264, 12
ἀτύχημα 252, 33
ἀτυχία 143, 14
ἀτυχῶ 195, 24. -ήσεις οὐδενὸς 157, 19. 204, 23. 152, 33
αὐγή: -ὴν οἰκείαν 229, 24
αὐθαδεία: -δείᾳ χαίροντες 140, 3
αὐθάδης: -έστερος 256, 4. 221, 11
αὐθαίρετος: ἐλευθερία 62, 3
αὐθέκαστος 239, 15. τῶν -άστων τι 104, 23
αὐθημερὸν 94, 34. 213, 10. 223, 35. 225, 29
αὐλή: βασίλειος 92, 22. 153, 9. 208, 5. τοὺς περὶ τὴν — φύλακας 253, 18. -ῶν βασιλείων σχήματα 34, 27. 152, 3. ἐντὸς εἶναι 36, 15. τὸ ἐν ταῖς -αῖς παρατρεφόμενον ξενικὸν 88, 1. βασιλείοις 99, 32. 39, 10. 74, 30. 79, 17. 107, 11. ἀνακτόρων 179, 5. τὰς πρώτας ἐμπεπιστευμένος 37, 28
αὔλειος: αὔλιον (scr. αὔλειον) καὶ βασιλικὴν εἴσοδον 69, 25. τοῦ κρατοῦντος 197, 21
αὐλίζομαι: ἐν τοῖς βασιλείοις 77, 17. ἐπ' αὐτοῦ 138, 30. 192, 5. -ίσαντο πρὸ τοῦ ἄστεως 127, 30. πρὸ τοῦ χάρακος 143, 5
αὐλός: -ῶν ἦχος 153, 3
αὐξάνω: τὴν νόσον 215, 6. -ήσοντα τὸ Ῥωμαίων κράτος 139, 29. -ήσωσιν αἱ ἕξεις πρὸς ἄκρον 176, 17. -ήσας ταύτην εἰς δύναμιν 1, 16. -άνοιτο τὰ τῶν ἐναντίων 239, 4. -μένων τῶν ὁρίων 213, 14. ηὔξηται ἡ δυναστεία 267, 20. τὰ τῶν ἐθνῶν 217, 31. αὐξηθὲν τὸ κακὸν 112, 16
αὖος 196, 1. 207, 35. εἱστήκειν 88, 11. καθειστήκειν 207, 35
αὔριον: ἐς—ἀναβάλλεται 142, 10. παραγεῖλαι καθάρσια 210, 24. 41, 7. τὴν αὔριον 204, 8. 205, 30. εἰς τὴν 152, 17
αὐστηρὸς: -οτέροις ῥήμασι 149, 28
αὐτάγγελος: γίγνομαι 170, 16. τοῦ 252, 33
αὐτάδελφος: τῶν δύο -αδέλφων 1, 7
αὐτανδρος: -ον τὸ σκάφος κατέδυ 52, 1. -α τῷ βυθῷ παρέδοσαν 132, 3
αὐτάρκης: ἀντίθεσις 202, 20. ἀπολογία 218, 28. καταγωγὴ 225, 9. παρασκευὴ 226, 3. αὔταρκες ἐγκώμιον 213, 23. τῷ ἰδιώτῃ 104, 10. 33, 18. ἡ συγγένεια 85, 22. φρόνημα πρὸς ἀρχὴν 95, 5. πλέον τοῦ αὐτάρκους 10, 34
αὐταρχῶ 216, 1. 247, 31
αὐτοβοεί: αἱρήσων 28, 32. 250, 27
αὐτοκέλευστος 87, 29

INDEX GRAECITATIS. 305

αὐτοκρατορία 210, 18. -ίας 186, 26. 210, 18. ἀρχὴν 10, 23. v. αὐτοκράτωρ, βασιλεία, ἡγεμονία
αὐτοκρατῶ: ἐν τοῖς πράγμασι 101, 17
αὐτοκράτωρ βασιλεὺς 43, 27. 2, 5. 12, 20. 19, 23. 22, 32. 25, 17. 30, 21. 41, 22. 45, 27. 48, 39. 49, 1. 50, 3. 51, 7. 52, 23. 53, 1. 54, 16. 57, 13. 59, 18. 62, 6. 63, 2. 68, 26. 69, 3. 79, 13. 85, 28. 86, 12. 99, 24. 114, 16. 117, 11. 122, 13. 125, 29. 127, 30. 128, 15. 139, 16. 145, 32. 259, 10. τῷ ἐμῷ (Constantinus Monomachus) 104, 30. -ορα Στρατιώτην 137, 19. οὕτω χρηστὸς καὶ ἐπιεικὴς ὢρ 53, 1. -ορος δεξιὰν περιπτυσσόμενος χεῖρα 232, 9. κλίνην 227, 20. αὐτοκράτορι στρατηγῷ 191, 3. πομπὴν ποιουμένῳ 151, 33. 33, 3. αὐτοκράτορες ἐκεῖνοι 164, 5. οἱ πρὸ τούτου 262, 12. αὐτοκρατόρων οἱ ἀνέκαθεν 219, 18. οἱ ἄνωθεν 121, 15. βίους ἱστορεῖν ἐμβέβληκαι 102, 35. ἐγκωμιαζομένων ὕποπτος ὦπται ἡ εὐφημία 163, 34. 239, 8. φθασάντων 166, 1. cf. 94, 2. λαμπρότερος τῶν πλείστων 27, 35. τοῦ ἐν αὐτοκράτορσι λάμψαντος 61, 6. μεγίστοις 208, 19. v. βασιλεύς
αὐτοκράτωρ (adject.): διοίκησις 2, 11. -ορος ἀρχῆς ἔρως 186, 10. -ορα ἀρχὴν 19, 27. Ῥωμαίων 180, 6. ἡγεμονίαν 22, 11. 23, 25. 214, 24. περιωπὴν 20, 2
αὐτοματίζω: τὸ γεγονὸς 81, 1. -ισθεῖσι δένδροις 168, 7
αὐτόματος: λέξις 116, 20. 233, 15
αὐτομάτως 181, 17. 263, 6
αὐτομολῶ: τὴν τυραννικὴν σύνταξιν 193, 31
αὐτόσκευος 29, 33
αὐτοσχεδιάζω: γραφὴν 233, 1
αὐτοσχέδιος 140, 6
αὐτοτελὴς 15, 15
αὐτοῦ που 131, 35. 158, 20. κατὰ γῆς ἐρριμμένοι 16. 20. πρὸ τῆς Πόλεως 55, 6. αὐτοῦ τε ἐναυλισάμενος 31, 32. ἐπ᾽ αὐτοῦ αὐλιζόμενος 138, 29
αὐτόφωρος: ἐπ᾽ ὀφώρῳ 48, 16. 259, 33. 125, 10
αὐχὴν 18, 26. -ένα συμπιέσαντες 41, 23. περιπτυχήσας 154, 19
αὐχῶ 27, 22
ἀφαίρεσις: ὀμμάτων 146, 3. 161, 27
ἀφαιρῶ: τὸ μεσότοιχον 238. 12. αὐτὸν τὴν ἀκριβεστέραν ἐπίσκεψιν 24, 32. τοῦτον τοῦ φοβεῖσθαι 36, 30. ἀφέλοι τοῦ μεγέθους 35, 3. 179, 29. τὰ μὲν 64, 22. 105, 19. οὓς—τῶν παιδαγωγῶν μορίων 21, 22. ἀφαιρεῖται τὴν αἰδῶ 115, 7. τῆς ῥινὸς καὶ τῶν ὀφθαλμῶν

65, 26. τὸ πρεσβεῖον τοῦ ἀξιώματος 93, 2. 103, 14. ἀφῃρήμεθα τὸ σεμνότατον μέρος τῆς ἀρχῆς 124, 2. τὰς τῶν ὀνύχων ἀκμὰς 135, 33. 49, 26. 148, 17. ἀφελεῖταί τινα ὧν ἑκάστῳ πεφιλοτίμημαι 203, 28. ἀφειλόμην τὴν ἐλευθερίαν 242, 35. τινὸς ψυχὴν 233, 36. οἱ γεωμετροῦντες τὸ ποικίλον 35, 4. αὐτὸν τὴν ἀρχὴν 71, 5. τὸ τῆς κεφαλῆς κάλυμμα 178, 12. 258, 12. καλύπτραν 67, 19. ἀφαιρεθείη τὴν βασιλείαν 244, 28. 62, 30. τὸ ζηλότυπον διὰ τὴν ἡλικίαν 112, 29
ἀφανής: ἀθρόον γενόμενος 64, 30. ὁ τρώσας 127, 14. -ῶν ἀνδρῶν 130, 4. -εῖς λόχους 224, 6. -ῆς ἡ παράταξις 39, 22. τὰ -ῆ περιβλήματα 230, 18. -έστατος 55, 14
ἀφανῶς 127, 19. 99, 1. 39, 27
ἀφανίζω: τὸν κεκρυμμένον μοιχὸν 38, 15. ἠφάνικε καὶ συνέτριψε 171, 28. ἀφανισθήσεται τὸ ξύμπαν αὐτοῖς γένος 59, 13. -έντων τῇ μνήμῃ πατέρων 32, 10
ἀφειδὴς: ἡ—τὴν χεῖρα 94, 33. -εῖς τῶν αἱμάτων 199, 32. χρημάτων 21, 28. ἀφειδέστερον τὸν πατέρα περὶ τὴν τῶν ὀμμάτων ἀφαίρεσιν 161, 27
ἀφειδία: τῶν δώρων 53, 23
ἀφέλεια: -ας στρατηγικῆς 140, 4
ἀφελὴς: λέξις 200, 27. 15, 32. -εῖ φωνῇ 203, 2. -έστατον μειράκιον 169, 6
ἀφέλκομαι: ἀφείλκετο 231, 5
ἀφελκύομαι: ἀφελκύσατο ἐπὶ τοὺς πλησίον αἰγιαλοὺς 132, 5
ἀφελῶς: εἶδε 153, 15. εἴποι 177, 5
ἄφεσις: -ιν δοῦναι 165, 29. τῶν ἡμαρτημένων 60, 15. 60, 23
ἀφετηρ.α 216, 25. εὔκαιρος 71, 33
ἄφετος: τὸ -ον 219, 19. γένος 81, 32
ἀφήγησις 73, 5. 80, 33
ἀφηγοῦμαι 133, 32. περὶ 72, 10. ἄλλο τι 60, 26. 81, 34
ἀφθονία: ὑδάτων 57, 34
ἄφθονος: ἀφθόνων πηγῶν 172, 9. -οις χορηγίαις 10. -ῳ τῷ ῥεύματι 172, 22. ἐπ᾽ -οις ζῆν 60, 1
ἀφθόνως 95, 1, 10. 172, 22
ἀφίημι: δύο μερίδας 167, 15. λεπτολογεῖν πᾶσαν ἡμέραν 122, 4. σε 154, 20. -ίει δάκρυα ἐπὶ πᾶσι 234, 3. φωνὰς 145, 27. -ίησι τὸ βέλος 140, 21. ἐκείνην 80, 6. ἡμέρους φωνὰς 142, 21. 226, 23. κατὰ τῶν ἑσπερίων 145, 5. -ίασι κατὰ τῶν πνευμάτων τῆς πονηρίας 67, 22. φρουρὰν ἐπ᾽ αὐτῇ 87, 25. -ιέναι δόρυ 24, 5. ἐξιέναι 137, 5. τὸν χαλινὸν 216, 10. -ιεῖς αἰτίας 157, 13. τὴν γλῶτταν ἐπὶ τὸ λέγειν 151, 33. τὴν ἡνίαν τῷ ἵππῳ 8, 16. χαίρειν 11, 33.

M. P.   20

-ιέντες πᾶσαν γοηρὰν φωνὴν 90, 12. 92, 5. cf. 88, 2. 128, 26. 72, 16. 88, 2. 207, 20. -ιεῖσα εἰς ὁμιλίαν ἑαυτὴν 94, 26. ἠφίει δάκρυα 21, 15. τοῖς πλείοσι καὶ τὰ τέλη τῶν πράξεων 18, 10. ἠφίεσαν τῷ προστυχόντι δεσπότῃ 30, 11. ἀφῆκεν ἑαυτὸν ἐπὶ τὰ δυστυχοῦντα τῶν ὁρίων 11, 35. ἐκ τῶν νεφῶν ἐπὶ κρημνὸν 143, 21. 197, 34. ἐπὶ τῷ πράγματι δάκρυα 258, 33. φωνὴν 146, 5. ἡμῖν τοῖς κάτω 212, 28. ἡμιθανεῖς τῷ βίῳ 89, 9. οὐδὲ τοῦτό μου τὸ μέρος 235, 16. οὐδένα ἀγέραστον 238, 12. 146, 5. τὸ κατ' ἐκείνου ζηλότυπον 100, 12. τοῖς ἀσκεῖν προαιρουμένοις 59, 27. χρυσοῦ ῥεῦμα πολὺ 59, 26. τὴν ψυχὴν 179, 24. τὰ φαινόμενα 146, 2. 206, 34. τὰς κοινὰς διατριβὰς 209, 7. ἀφῶμεν αὐτοὺς εἰς τὸ τῆς ἡγεμονίας ἐκείνου πέλαγος 98, 29. τὸ κράτος 195, 20. εἰς τὰς οἰκείας πατρίδας 211, 2. πρὸς πέλαγος 121, 13. ἀφεὶς τῶν ἄλλων 236, 27. τὴν Ἀντιόχου 29, 32. γυμνὸν 257. ἑαυτὸν θεῷ 63, 10. τὸ ἐνθύμημα 71, 7. τὸ ἐπώνυμον τῷ λόγῳ 202, 3. τὴν ἡμετέραν παιδείαν 184, 13. παραδείγματα 179, 28. τὰς τῶν κρειττόνων ἀφορμὰς 102, 30. 241, 30. τὰ χείρονα 103, 4. τὴν ψυχὴν τῷ θεῷ 66, 12. -ιέντες 41, 24. τὰς σκηνὰς 224, 1. τὴν φρουρὰν 142, 4. -έντων βωμολόχους φωνὰς 188, 33. -ήσει τὸ γένος 227, 24. -έμενος τῶν ἄλλων 236, 27. βραχὺ τῶν λόγων 26, 35. τοῦ θράσους 90, 1. τούτου τοῦ μέρους 256, 6. τῶν συμβούλων 248, 27. -είσθω τὸ πρὸς ἐμὲ εὔνουν 52, 26
ἀφικνοῦμαι: διττὸν πρόσταγμα 43, 19. πρὸς τὴν βασιλίδα τῶν πόλεων 114, 19. 205, 31. 185, 2. 197, 15. πρὸς τὴν εἰκόνα 119, 12. ἀφιγμένος 207, 2.
ἀφίξομαι 203, 33. εἰς τὰ βασίλεια 49, 19. συμμαχίαν πρὸς αὐτὸν 258, 1. 227, 26. ἀφίκετο 207, 19. 197, 31. 200, 11. 75, 20
ἀφιλόσοφος: -ον ἐπὶ τῇ γυναικὶ εἶχε 24, 27. ἐν -όφοις φιλοσόφων 183, 9
ἀφιλότιμος 40, 9
ἄφιξις 185, 9. 124, 35. 197, 6
ἀφιππάζομαι: -άσαιτο 17, 24
ἀφιππεύομαι: -σάμενος αὐτὸν 154, 22
ἄφιππος 18, 33
ἀφίπταμαι: -το ὁ ὕπνος 40, 1
ἀφίστημι: ἀφεστηκὼς τῶν βασιλείων 84, 6. ἀποστῆναι Ῥωμαίων 61, 21. ἀφίστανται τῆς ἀρχῆς 15, 19. Ῥωμαίων 62, 13
ἀφομοιοῦμαι 179, 34
ἀφορίζομαι: ταῖς πράξεσι καιροὺς 219, 1. ἀφώρισται 177, 7. τῇ βασιλίδι ὁ βασιλεύσων 245, 23. ὁ βασιλικὸς αὐτῷ θρόνος 245, 26. τοῖς λῃστεύουσι 75, 35
ἀφορμή: βασκανίας 181, 23. 234, 28. 190, 3. εἰς ἔπαινον 95, 12. πραγμάτων 258, 27. σκώμματος 102, 3. 235, 6. 171, 30. 112, 26. εὐπορίας βίου 171, 17. 163, 8. 255, 33. 135, 5. εἰς κρείττονας λόγους 102, 11. μαντείας 132, 23, 27. 29, 16. -αὶ φιλίας 175, 3. -ὰς τοῦ ἄνω γένους 136, 20. 254, 28. δημοσίους 217, 21. πρὸς ἐγκώμιον 251, 2. ἐκείνῳ κατέσπειρε 124, 8. ἐπανόδου 250, 13. 73, 23. 190, 3. 36, 33. 26, 2. ἱστορίας 26, 2. 39, 11. κακῶν 217, 35. καταβάλλων 233, 25. 102, 30. 49, 14. 128, 18
ἀφοσιῶ: -οῦντες τοῦτο τῇ βασιλίσσῃ 43, 25. ἀφωσιοῦντο τοῦτον 99, 27. ἀφωσιωσάμην ψέγειν 103, 12
ἀφροδίσιος: -ισίων ἥττητο 23, 21
ἄφροντις 132, 28
ἀφροντίστως 132, 25. 28, 18
ἄφυκτος: -α δεσμὰ 165, 38
ἀφυλάκτως 150, 5
ἀφυπνῶ: -ώσαντες 198, 3. 207, 33
ἀφωνία 153, 12
ἀχανὴς 88, 12
ἄχθομαι: ἤχθητο αὐτῷ 10, 5
ἄχθος 83, 17. τῶν βασιλικῶν διοικήσεων 182, 5. ἐκείνῳ ἐδίδου 149, 21. τῆς ψυχῆς 167, 19. 220, 20. ἀποθεμένην 43, 15
ἀχθοφορῶ: ἀσθενεῖ σώματι 40, 16. 67, 9. -ούμενος 149, 6
ἀχλύς: τὴν βασιλίδα πληροῖ 129, 7. τὴν γνώμην 8, 21. -ύος πληρωθείσης τῆς κεφαλῆς 126, 31. 211, 12
ἄχρι: τοῦ νῦν 146, 16. τοσούτου 143, 17
ἀχρεῖω: ἠχρείου τὸ σπουδαζόμενον ἑκάστῳ 48, 26
ἀψιμαχία 121, 29
ἀψοφητὶ 226, 30
ἀωρί: τῶν νυκτῶν 47, 23

βάδην 13, 36. 31, 31. 138, 22
βαδίζω 68, 8. 213, 16. 23, 24. 138, 5. μέσην ὁδὸν 122, 3. ἠρέμα 213, 16
βάδισμα 261, 17
βαθμός: βαθμῷ προσεχεῖ 189, 3. βαθμῶν μειζόνων 238, 11. βαθμοὺς ἀξιωμάτων 238, 11. βραβευόμενος 123, 13. ἐντίμους 153, 25
βάθος: εἰσδῦσα γλῶττα 212, 24. τῆς θείας Γραφῆς 241, 25. 266, 29. εἰς—πληγῆν 126, 24. βάθους πόρρω 26, 14. κατὰ τοῦ—δὺς 178, 35. ἐκ 226, 8. βάθει που ἐκκείμενον 110, 5. βάθεσι καρδίας 146, 27
βαθυγνώμων 260, 30

INDEX GRAECITATIS. 307

βαθύς: τὴν γνώμην 255, 17. ὄρθρος 208, 2. -εῖς λογισμοὺς 134, 34. -είαν κολυμβήθραν 178, 31. ἑσπέραν 225, 11. ὕλην 222, 32. -είαις φάραγξι 222, 10. -είας γνώμας 170, 16. -ὺ γῆρας 214, 24. ἦθος 265, 5. οὐδὲν ἔχουσαν 141, 23. σκότος 228, 25. εἰς τὰ βαθύτερα τῆς Ἰβηρίας 137, 33. βαθυτέρων καὶ νῷ ληπτῶν 32, 34. ἐθνῶν 51, 19. ζητημάτων 265, 1
βαθύτερον 172, 3
βαίνω: βεβηκὼς τὴν ψυχὴν 265, 18
βαλάνειον, *plur.* 41, 9
βαλιός: -ὸν ἔλαφον 266, 22
βάλλω: μὴ βάλλοιο ποτὲ εἰς νοῦν 268, 16. cf. 151, 29. 37, 7. μὴ βάλλοι βέλος βασκανίας ἡμᾶς 262, 32. βάλλων οὐκ ἀπετύγχανε 224, 31. εἰς 251, 11. λίθοις καὶ κωπῖσι 131, 19. cf. 119, 29. τῷ δόρατι 142, 13. βάλλεται τὴν πλευρὰν ψυχρῷ πνεύματι 225, 13. ἑκατέρωθεν 194, 27. τοξεύμασι 11, 7. περιωδυνίαις 149, 12. 151, 29. βεβλῆσθαι ὑπὸ τῶν ἀκοντιζόντων 9, 10. βληθεὶς 251, 12. τυφῶνι 88, 11. ἀστραπῇ 212, 5
βάμμα 168, 20
βάναυσος 238, 10, 11. αἱ βάναυσοι τῶν τεχνῶν 118, 13. cf. 76, 26
βαπτίζω: κύμασι 94, 31. -εται τὸν λογισμὸν 179, 21. βεβάπτισται μοι ἡ ψυχὴ τῷ πάθει τῆς συμφορᾶς 176, 27. ψυχὴ τῇ νοερᾷ πορφύρᾳ 34, 12
βάραθρον: ἐκ τῶν βαράθρων 169, 7
βάρβαροι: ἐῷοι Orientales, Alani, Assyrii, Curdi, Persae, Saraceni; ἑσπέριοι Occidentales, Bulgari, Mysis. Pacinacae, Russi, Triballi
βαρβαρικός: πόλεμος 129, 3. βαρβαρικοῦ λόχου 31, 9. βαρβαρικῆς ἀλογίας πάρεργον 152, 25. μερίδος 132, 14. 121, 22. 31, 19. τὸ πέριξ βαρβαρικὸν 16, 11. — ὑποκινούμενον καθ' ἡμῶν 20, 17. — κάθαρμα 151, 11. βαρβαρικοῦ στρατοπέδου 29, 33. — πλήθους 245, 30. 30, 16. ἐπὶ τὰ βαρβαρικὰ σκάφη 131, 11. 130, 27. 131, 16. 131, 28
βάρβαρος: πᾶς ἐδεδίει τὸν ἄνδρα 123, 33. βαρβάρου τινὸς ἐπιδρομὴν 137, 34· 7, 4. 6, 35. 152, 14. — μεγάλαυχον 151, 18. οἱ βάρβαροι 29, 13. 31, 6. 130, 1, 33. 241, 21. 224, 4. — γειτονούντων 193, 10. — πρὸς τὴν ἑῴαν καὶ τὴν ἑσπέραν 28, 21. cp. 12, 1. 26, 36. 219, 23, 24. 221, 31. — ἐπιδρομὰς 16, 25. 137, 20. 217, 33. — ἐπικειμένων 250, 4. — ἐμπτώσεσι 222, 28. — ἑσπερίων 145, 4. — ἐχόντων ἡγεμονίας 213, 18. — λῃστείας 217, 33. — ὁρμὴν 30, 26. — ὁρμὰς πεθήσαντα 123, 5. — φόνος πολὺς 132,

5. οὓς ἐωνησάμεθα 157, 7. 248, 15. 61, 2. 249, 28. βασιλεῖ συμπολεμήσοντας 211, 4. πολέμους 139, 28. στρατείας 12, 7. 63, 7. 62, 6. 211, 22. 130, 31. 29, 3. 16, 29. ἐν Ἑλλάδι ἢ τῇ βαρβάρῳ 107, 32. βαρβάρου τύχης 21, 24. εἰς τὴν βάρβαρον 159, 34. τὸ βάρβαρον 28, 33. — ἀνεκάθηρε 15, 22. 132, 9. 131, 35
βάρος: ἀξιόλογον τῶν πράξεων 163, 32. βάρη ἀξιόλογα λίθων 143, 25
βαρυθυμότερον ἐπετραγῴδει 171, 1
βαρυθυμῶ 152, 15. 182, 11. 179, 24.
βαρυθυμήσας 176, 10
βαρυμηνιάω et βαρυμηνιέω: βαρυμηνιεῖν 113, 28. βαρυμηνία 157, 4
βαρύμηνις 9, 35
βαρύνομαι 17, 30
βαρύς: τὴν ὀφρὺν 106, 10. πόλεμος 6, 23. 159, 19. βαρύτερος 90, 4. τῷ βασιλεῖ 12, 22. τὸ ἦθος 98, 10. 125, 34. 6, 12. ἐπὶ 228, 31. ὀργὴν 25, 2. 228, 28
βαρυσιδήρος: ῥομφαία 82, 20. 253, 20. 198, 17
βαρυσύμφορος: -ώτατος 47, 12
βάσανος 20, 32. ἀληθείας 26, 33. 165, 9. 207, 33. 161, 29. 58, 24. πικρότατας αἰκίζεται 152, 22. cf. 20, 21
βασιλειδῶ 3, 26. 7, 15. 20, 23. τῶν βασιλειασάντων 137, 1
βασιλεία 1, 7. 103, 27. 51, 13. 53, 21. 54, 18. 68, 34. λειτουργία τις λυσιτελὴς εἰς τὸ ὑπήκοον 111, 31. περιίσταται εἰς Βασίλειον 1, 17. 93, 6. Ῥωμαίων 2, 25. Ῥωμανοῦ 129, 21. 159, 3. βασιλείας 3, 24. 68, 13. 69, 15. 100, 17. εἰς τὴν ἀναχθείη περιωπὴν 231, 12. ἀπάρχεται 207, 24. ἀποβεβήκει 214, 13. ἀρχὴ 2, 9. εἰς — ἡ τυραννὶς κατέληξε 231, 6. τὸ τῆς βασιλείας μυστήριον 70, 18, *et passim*
βασίλειος θησαυρὸς 33, 19. κλῆρος ἐκ πενταγωνίας αὐτῇ κατήγετο 79, 11. βασίλειος αὕτη ἀρχὴ (dignitas Praefecti Urbis) εἰ μὴ ὅσον ἀπόρφυρος 24, 23. αὐλὴ 92, 22. καταγωγὴ 225, 5. ὁλκὰς 207, 14. 210, 8. σκηνὴ 204, 27, *et passim* ἡ βασιλεύουσα (Constantinopolis) 113, 2. et imperatrix ἡ βασιλεύω
βασιλεὺς 1, 4. 3, 2. 7, 25. 8, 2. 9, 5. 14, 31. αὐτοκράτωρ 43, 26. ὁ θειότατος 233, 9. οὗτος τῶν Στρατιωτικῶν καταλόγων τὰ πρῶτα τυγχάνων 217, 28. ἢ ὁ σουλτὰν τῶν Περσῶν 250, 24. ἐκεῖνος Βασίλειος 226, 21. οὐχ ὡς — θεωρῶν ἀλλ' ὡς τῷ ἀντικειμένῳ μέρει ἀντίτεχνος 23, 31. τοῦ ἔθνους 64, 1. ὁ πατὴρ καὶ ὁ ἐκεῖνον φὺς καὶ ὁ τοῦτον

20—3

αὖθις ἀποτεκὼν 82, 8. Ῥωμαίων 232, 29. βασιλέοιν 227, 16, et passim βασιλεύω passim. (βεβασιλεύκει 99, 29. 201, 23 &c. ἐβεβασιλεύκει 45, 32. βασιλεύεσθαι 159, 27) βασιλικός: βίος 244, 29. θρόνος 245, 25. βασιλικοῦ θρόνου 157, 28. τὸν βασιλικὸν ἀνδρῶνα γυναικωνῖτιν πεποίηκεν 97, 8. θρόνον 37, 22. οἱ βασιλικοὶ 193, 26, et passim (βασιλικώτερος 18, 3. 22, 23. 231, 31)
βασιλικῶς: κατάρχει 137, 1. 23, 2. βασιλικώτερον οὐ τοσοῦτον ἐσκεύαστο ὅσον στρατηγικώτερον 197, 29. 48, 5
βασιλίς: (1) regina, passim (ταῖν βασιλίδαιν 94, 21. δυοῖν 92, 21. βασιλὶς πρώτη, Zoe 118, 29. δευτέρα, Theodora, 116, 12). (2) Constantinopolis, 129, 7. 208, 34. (τῶν πόλεων) 59, 33. 114, 19. (3) adject. πανήγυρις 101, 4
βασίλισσα 231, 23. 43, 24. 101, 6
βάσις 264, 6. 148, 24
βασκαίνω 85, 25. τὸ θεῖον οὐ -ει ἐν οἷς δίδωσι 209, 29. 267, 18. 122, 25. 71, 16. 209, 34. 72, 27. 213, 13. τῷ Σολομῶντι 33, 2. 177, 27. 72, 23. ἐβάσκηνα τούτων οὐδενὶ 110, 16. 249, 21. βασκαίνομαι τῆς ἀφίξεως 185, 9
βασκανία: -ας ἀποτροπὴν 85, 25. ἀφορμὴ 181, 23. βέλος μὴ βάλοι ἡμᾶς 262, 31. πάθος 117, 22. τὰς βασκανίας τῶν πολλῶν ὑπερβέβηκα 174, 28
βάσκανος: τύχη 16, 1
βδελύσσομαι 34, 6
βέβαιος 193, 30
βεβαιότερον, ἐπερείσας τὸν νοῦν 24, 20
βεβαιῶ 74, 4. τὴν τυραννίδα 203, 11. τοὺς αὐτῶν λόγους 187, 8. ἐν γράμμασι 3, 11. βεβαιώσαιμι 254, 13. βεβαιωσάμενος τὸ πρᾶγμα 237, 24
βεβαίωσις δόξης 180, 11
βέλος ἐπ' αὐτὸν ἀφίησι 140, 21. βασκανίας 262, 32. καὶ πίστιν τοῦ ἡμετέρου λόγου 184, 26. ἐπέπληττε 179, 5. λοιδορίας 100, 1. νεμέσεως 262, 22
βελτίων: ἐνθυμηθῆναι 198, 24. ἡ ζωὴ 103, 35. βελτίονος ψυχῆς μερὶς 133, 6. βελτίονι κρίσει 133, 12. 111, 33. ἐπὶ τὸ βέλτιον προχωρεῖν 213, 26. τὰ βελτίω 211, 19. 219, 13. ὦ βέλτιστε 166, 34
βῆμα: καθειστήκει 211, 36. οἱ παρὰ τὸ 165, 6. οἱ περὶ τὸ 187, 33. βασίλειον 175, 20. 244, 13. 94, 3. 137, 4. 88, 20. τῶν ἀπὸ τοῦ βήματος 81, 25. 54, 4. 68, 23. ἐπὶ—καθῆστο 211, 20. βήματι ἱερῷ 88, 6. 89, 29
βία: πρὸς τοῦτό με βίας παρήνεγκεν 178, 22. σὺν βίᾳ 145, 24. βίαν ἐπῆξε 87, 1. ἐπὶ τὴν—ἐλήλυθε 90, 9

βιάζομαι: τὴν κίνησιν 229, 9. βιασάμενα τοὺς ἀνείργοντας 129, 6. βιασθείη 241, 1
βιβλίον: -ία 183, 34. 260, 24. ἀπὸ τῶν -ίων ἀναλεξάμενος 17, 11. τακτικῶν καὶ στρατηγικῶν καὶ πολιορκητικῶν 266, 7. 266, 27. βιβλίοις ἀρρήτοις 108, 31. πολλοῖς ὡμίλησα 109, 36. cf. 209, 21. ἐπὶ τοῖς—ἐγίνετο 241, 27
βίος: ἐν αἰθέρι μέσον (Stylitorum) 209, 8 saepe
βιοτεύω: μόνος ἐν τῷ παντὶ 46, 24
βιῶ: βιοῦν ἄριστα 179, 29. βιούντων 48, 23. ἐβίωσε βίον 244, 22. βιώσας 44, 15. δύο πρὸς τοῖς ἐβδομήκοντα ἔτη 162, 32. βιώῃ 229, 30. τὴν πρὸς τὰ πάθη κατάντη ζωὴν 182, 30. ψυχὴ καθ' ἑαυτὴν 182, 22. βιῶναι 84, 34. βιοὺς 177, 3. τοῦ βιώσεσθαι ἀπογνοὺς 179, 8. 185, 35
βιώσιμος 159, 12
βλάπτω 267, 9
βλαστάνω: βλαστήσει τὰ πάντα ἄσπαρτά τε καὶ ἀνήροτα 60, 4. ἐβλάστησε βασιλείου ῥίζης 86, 9
βλάστη: τὸ μέρος τῆς βλάστης ἐκκέκοπται 122, 22
βλέμμα: εὔνουν 76, 12. σύνηθες 38, 33. 158, 5. βλέμματι ἱλαρῷ 225, 21
βλέφαρον 199, 27
βλέπω 262, 8. 223, 2. ἡδὺ 264, 11
βλήτρον: βλήτροισι (Homerus) 248, 10
βλοσυρός: βλοσυρὸν ἐπισκύνιον 123, 30. τῷ θηρὶ 48, 11. μεθηκυῖαν 50, 2. τῆς ὀφρύος 36, 30
βοὴ 82, 26. βοήν τε καὶ ἔφοδον 194, 13
βοήθεια 122, 33. 76, 28
βοηθῶ 70, 11. 84, 15. 90, 21. 137, 32. βεβοήθηται παρ' αὐτοῖς 122, 35
βολή: τῆς λόγχης 225, 11. καιρία 126, 28. βολαὶ ὀφθαλμῶν 83, 6. τῶν λόγων 74, 26
βορέας: βορείου (scr. βορέου) διαταράττοντος 104, 7
βοτάνη: δροσώδης 173, 15
βούλευμα saepe
βουλεύομαι 5, 27. 73, 17, 34 &c. (ἐβουλευσάμην saepe. ἐβουλεύθην semel 187, 28. βεβουλευμένος 61, 22, 23. 77, 33. 256, 19)
βουλευτήριον βασιλικὸν 93, 8. v. βουλή
βουλὴ saepe. σύγκλητος 43, 20. 74, 32. 80, 8. 130, 29. 196, 29. 210, 16. πρὸ τῆς ἐπιβουλῆς 269, 8. τὸν ἀπὸ τῆς —ἄριστον 181, 24. οἱ τῆς πρώτης 63, 11. 62, 24. 92, 24. 137, 7. 198, 11
βούλημα 4, 8. 115, 26. 168, 34. τὸ θεῖον 187, 5. τῆς ψυχῆς 42, 1. 53, 18. 67, 23. 70, 7. 209, 33. βουλημάτων ἀρχικῶν 242, 7

βουλητός: τὸ -ὸν 156, 14. τὸ ἀπροαίρετον 185, 18. plur. 71, 23
βουληφόρος: -ῳ ἀνδρὶ (Homerus) 168, 12
βούλομαι passim. τὸ βουλόμενον 102, 26. 165, 2. 168, 3. 238, 36. 185, 17. βεβούλημαι 188, 2 (cf. 231, 27). ἐβεβουλήμην 170, 34. βεβουλήμην 190, 22. ἐβουλήθην 62, 20. ἠβουλήθην 165, 22. 198, 1
βοῶ: μηδένα παίειν 142, 12. βοῶσαι 82, 5. 82, 1. τὸ βοώμενον διὰ πάσης γλώττης πτόλισμα 254, 28
βραβεύομαι 123, 13
βραδέως 18, 11
βραδύς: βραδυτέρα 94, 23
βραδυτὴς 48, 1. 185, 15
βραχίων 66, 15. 159, 18
βραχύλογος: βραχυλογώτατος 212, 15
βραχύς: ὁ ἔπαινος 164, 8. θυμὸς 88, 5. βραχὺν τὴν ἡλικίαν 204, 4. λόγον αὐτῶν ἐτίθετο 136, 26. μύκητα 171, 12. χρόνον 25, 24. 44, 20. 45, 17. 56, 16. 61, 9. 62, 16. 85, 20. 86, 5. 152, 29. 190, 32. 210, 16. 242, 21. τινα χρόνον 188, 9. cf. 182, 25. βραχεῖς λογίους ὁ τηνικαῦτα χρόνος παρέτρεφε 26, 21. λόγους 197, 32. βραχεῖα κίνησις 62, 14. μεταβολὴ 72, 31. βραχείας δορυφορίας 197, 28. cf. 11, 28. παραμυθίας 76, 1. βραχεῖαν ἄμυναν 165, 13. 112, 5. 166, 17. βραχεῖαι τρίχες 40, 25. βραχείας ἀναπνοὰς 231, 33. οὐ βραχύ τι μέρος 173, 30. οὐδὲ —τι ἀπολελείμμην 233, 4. βραχύ τι τὸ μεταξὺ πεδίον 193, 24. προοίμιον 89, 23. 164, 13. 44, 17. 33, 24. βραχέα διαλεχθέντες 135, 35. ἄττα 36, 14. 190, 22. ἐκ βραχέων τῶν διαστημάτων 190, 24. βραχύτερος κύκλος 199, 15. ὑπὸ βραχυτέρου 225, 1. βραχυτέρους ἑαυτῶν 7, 9. βραχυτάτης γῆς 55, 16. τὸ βραχύτατον 161, 28. 215, 12. μέρος τῆς ζωῆς 104, 14
βραχύ: τι 5, 20. 8, 19 et passim. ἀναστένων 132, 19. ἀνεθέντος 75, 35. ἄνωθεν τῆς νυκτὸς 130, 30. ταῖς ἐλπίσι μετεωρισθέντες 143, 35. ἐπιβιοὺς 259, 6. παράξει 140, 23. παρεκνεῦσαν 140, 22. μετὰ βραχὺ 11, 13. 67, 4. κατὰ βραχὺ 38, 32. 46, 6. 50, 4. 66, 24. 85, 15. 88, 14. 89, 3. 91, 14. 111, 17. 112, 15. 115, 7. 23. 123, 12. 126, 12. 129, 20. 28. 136, 27. 143, 35. 174, 27. 198, 3. 200, 11. 215, 16. 219, 4. ἀναπαύων 19, 19. ἀνιῶν 218, 7. πρὸς βραχύ τι 195, 26
βρέφος 223, 31
βρεφύλλιον 223, 31
βρίθω: ἡ πλάστιγξ 163, 31. βρίθοντος λειμῶνος παντοδαποῖς καρποῖς 178, 30

βροντὴ 30, 17. 38, 3
βροντῶ: τοῖς στρατηγικοῖς ἐμβοήμασι 126, 15. τῷ φθέγματι 123, 28
βρῶμα: θηρσὶ προθήσουσι 79, 27
βυθίζομαι: βεβυθισμέναι ὄψεων ἀκτῖνες 18, 22
βυθός: ἐκ βυθοῦ εἰς γαλήνην προσορμιζόμενα 199, 13. 132, 3. βυθοῖς λήθης 101, 32
βύθιος: -ον στενάξας 41, 35. 177, 3
βύω: ἔβυσε τοὺς ὀφθαλμοὺς 14, 10
βῶλος: πατρῴα 234, 23. βῶλοι χλοηφόροι 168, 5
βωμολοχία 140, 4
βωμολόχος 188, 27

γαλήνη 264, 5
γαληνιῶ 104, 16
γαμβρὸς 25, 17. 184, 36
γαμετὴ 113, 4. 114, 5. 160, 11
γάμος: ἐπιτελὴς 113, 21. γάμους τρίτους 113, 5
γαμῶ: γήμας γυναῖκα 24, 25. 234, 23
γάννυμαι 74, 6
γαστήρ: διαρρυεῖσα 138, 7. διαφθαρεῖσα 138, 7. ἔρρωτο 23, 18. γαστρὸς ἥττητο 260, 17. 23, 21. 147, 11. 9, 12
γεγονωτέρα: τῇ φωνῇ 200, 7
γειτνίασις: ἐναντίων 103, 12
γειτονῶ 193, 10
γελῶ 261, 26. 155, 9. 154, 23. 158, 8
γέλως 40, 6. αὐτῷ καὶ χασμὸν (scr. καγχασμὸν) εἶχε 19, 20. γέλωτος ἥττων 48, 14. σὺν γέλωτι 96, 1. 91, 3. εἰς 153, 31. 154, 32. γέλωτα κινῆσαι 105, 17. πλατὺν αὐτῶν καταχέας 78, 26. γέλωτας 113, 23
γέμω: φρονήσεως 170, 25. 260, 22
γενεά: -ἂν αἴρων 65, 1. μέλλουσαν ἀπέβλεπε 25, 22. ἐν τῇ κατ' ἐμὲ -ᾷ 133, 13. -αῖς ὑπερτίμοις 99, 9
γενεαθλογικὸς 184, 1
γενεαλογεῖν μητρόθεν 56, 4
γενειάζω: γενειάζων ἄρτι 8, 2. γενειάσας 36, 8. ἀκριβῶς 89, 7
γενειάσκω: οὔπω 43, 36. πάντοθεν 19, 13
γένειον et γένιον: ὑπὸ τὸν ἀνθερεῶνα 19, 9. ἀρτιφυεῖς 8, 26
γένεσις 215, 12. 155, 19. αἵματος 44, 7
γενικὸς 10. 72, 12
γέννα: ἐν πορφύρᾳ -ς 214, 36
γενναῖος saepe. τὸ γενναῖον ἐκ προγόνων ἐκεκλήρωτο 197, 25. οἱ γενναιότεροι 151, 31. 126, 22. γενναιότατος 4, 17
γεννήτης: κατὰ χεῖρα 229, 12. 126, 18
γενναίως 193, 22. 228, 28. 240, 12. 146, 7. γενναιότερον 22, 5. 91, 26. 91, 34
γέννησις 19, 24. 25, 27
γεννῶ: ἀπὸ ψυχῆς λογισμοὺς 23, 7.

γεννησαμένη φύσις 46, 19. τῶν γεννησαμένων 225, 22. γεννηθεῖσαν 79, 16
γένος passim
γένυς 19, 10
γέρανος: ἔπιπτεν ἐπορχουμένη τὸν θάνατον 225, 2. παμμεγεθὲς ζῶον 224, 34. γεράνων θήραν 224, 31. 265, 8. γεράνους αἰθεροδρομούσας 224, 32
γερουσία 45, 36. ἀνὴρ ἐκ τῆς -ας 91, 13. κοινωνὸς 105, 21. τὰ πρῶτα 169, 11. πρώτων 101, 24. 237, 34
γέρων 154, 31. γέρουσι 224, 1
γεύομαι: ἐγεύσατο τῶν παρὰ Ῥωμαίοις ποτίμων ναμάτων 151, 26
γεωμετρία 35, 2. 183, 29
γεωμετρικός: -ὸν κύβον ὃν Πλάτων τῇ γῇ δίδωσι 261, 34. -αῖς ἀνάγκαις 78, 4. -ὰς ἀποδείξεις 108, 21
γεωμετρῶ 35, 3. 260, 35
γεωργία 209, 4
γεωργικὸς 168, 26
γεώργιον: τὰ -α ἀκάματά τε καὶ ἀνήροτα 168, 23
γῆ: Σκυθῶν 16, 10. γῆς Αἰγυπτίων 162, 19. ἀποκρύφους ὀπὰς 58, 35. ἀποφορτιζομένης τὸ ἄχθος 83, 17. Ἀρμενίων 173, 31. Ἀσσυρίων 5, 29. 7, 3. Βουλγάρων 64, 34. Ἰνδῶν 162, 19. ὁπόσον μέρος ἐπεῖχεν ἐκτεταμένος 127, 6. ἀπὸ — 240, 23. καταγῆς (scr. κατὰ γῆς) ἐρριμμένοι 16, 20. κατερρήγνυτο 38, 30. πολὺ μετεωρισθέντες 130, 35. τῇ γῇ ἀπισώσας 178, 32. ὁ Πλάτων δίδωσι τὸν γεωμετρικὸν κύβον 261, 34. 46, 25. 55, 21. 58, 34. 30, 14. 94, 10. 83, 16. 140, 7. τῶν Σύρων 29, 8
γῆθεν: ἀναρρηγνύμεναι κρηπῖδες 83, 16
γήθω: γέγηθε 261, 35. 248, 20
γήλοφον 168, 29
γήπεδον 168, 29
γηραιὸς 20, 15
γῆρας 24, 15. βαθὺ 214, 24. γήρᾳ 13, 19. γήρει μακρῷ 171, 5
γηράσκω: γεγηρακὼς 14, 1. 22, 13. γηράσαντι 19, 9. 161, 7
γηροκομῶ: τὸν πατέρα 202, 27
γίγνομαι et γίνομαι passim. γέγονα saepe. γεγένοιτο 56, 6. γεγενῆσθαι 19, 23. γεγενημένος 191, 9. 267, 6. 211, 16
γινώσκω 177, 28. 26, 28. ἔγνωκα 164, 11 &c. ἀφ᾽ ἑαυτοῦ τὸ δέον 24, 17. ἐγνώκειν 44, 1 &c. ποιήσασθαι 56, 18. τελευτᾶν 24, 16. ἐγνώκεισαν 37, 11 &c. ἔγνων 41, 27 &c. εἰ εὔθετος ὁ καιρὸς 77, 28. γνοῖεν 114, 35. 171, 15. καιρίαν τὴν βολὴν 126, 27. ἐγινώσκετο τυραννικὰ φρονῶν 124, 20. ἐγνωσμένης φύσεως 259, 21. 87, 27. γνωσθησομένων 49, 9. 64, 20. τοῖς γνωσθεῖσι 187, 28

γλαυκιῶ: γλαυκιῶντες ἄμφω 199, 26
γλαυκὸς: γλαυκοὶ ὀφθαλμοὶ 264, 5
γλύμμα: γλύμματα πετρῶν 209, 7. γλύμμασι καὶ τύποις 115, 17
γλυκὺς 116, 19. 158, 6. 226, 25. γλυκὺ θέαμα 31, 21. τοῦ ἤθους 40, 7. γλυκύτατον παιδίον κατωνόμαζε 169, 10
γλυκυθυμία 11, 20. 104, 19. 112, 26
γλυφή, plur. 33, 15
γλῶσσα et γλῶττα: γλῶττα ἐδέδετο 153, 4. ὁμιλοῦσα 149, 21. οὐχ ὁμαλῶς ξυγκειμένη 45, 4. ποιητικὴ 147, 7. τῷ νῷ ἀνθάμιλλος 196, 30. ὑετίζουσα 212, 23. ψεκάζουσα 212, 23. γλώττης μου ἀπῴρρητο 111, 14. 176, 34. ἐξηρτῆσθαι 230, 9. μέχρι τῆς — ἡ λειότης 70, 33. περιβολὴ 169, 35. 181, 18. ὀναίμην 245, 20. γλώττῃ ἀνακαλύπτει 100, 26. 204, 34. 81, 16. ἐγχωρίῳ 28, 29. ἐπέτρεχε γλυκεῖα λέξις 118, 19. δείξασθαι 182, 2. ἐφιεὶς 212, 16. 235, 20 &c. ὁ νοῦς, καὶ ἡ γλῶττα τῷ νῷ ἀνθάμιλλα 196, 30
γλωσσαλγῶ 186, 7
γλωττηματικώτερον, ἐπιτρυφᾷ 226, 18
γνήσιος: τὸν γνήσιον 65, 3. γνησίους γονὰς 61, 33. γνήσιον σπέρμα 65, 18. τὸ 199, 28. γνησιωτάτων 2, 30
γνησιώτερον, adv. 216, 1. γνησιώτατα 36, 6. 31, 25
γνωματεύω: τὴν ἀρτηρίαν 226, 35. γνωματεύσαντι τὰς κινήσεις τοῦ σφυγμοῦ 225, 23
γνώμη passim
γνωμολογίαι 260, 25
γνωμονικὸς: γνωμονικωτέρας ψυχὰς 184, 24
γνωρίζω: δι᾽ ἀπορρήτων 65, 33. ἐκείνῳ 197, 6. τὰ τῆς ψυχῆς ἐνθυμήματα 212, 16. ἐγνώρισεν 171, 23. 263, 6. ὁ λόγος 6, 22. 45, 16. 86, 5. 256, 34. 175, 11. οὐδὲ γνωρίσασα τὸ προσωπεῖον τῆς ὀργῆς 25, 6. γνωρίζεται 262, 36. 243, 2. 40, 3. ἡ ἀλλοίωσις ἀριθμητικοῖς λόγοις 216, 16. 124, 20. ἐγνώριστο 45, 32. 171, 19. 213, 4
γνώριμος 245, 11
γνώρισμα 65, 12
γνῶσις: διὰ τῆς μέσης γνώσεως 107, 24. γνώσεως ὁδὸν 108, 3. 37, 35
γνωσιμαχῶ 249, 35. γνωσιμαχήσας 146. 7. 191, 10. περὶ τῶν ὅλων 4, 15
γοερὸς 146, 4
γοερῶς μυκώμενος 92, 10
γονπρὸς 90, 12
γοητεία 203, 1
γοήτευμα, plur. 70, 12
γονή: τέκνων 27, 18. γονὰς γνησίους 61, 33
γόνυ: γόνασι προσπίπτει 65, 11
γοργὸς: γοργὸν βλέπων 47, 7. ὄμμα 45, 3. οὐχ ὁρῶσα 95, 35

INDEX GRAECITATIS. 311

γράμμα: ἐγχειρισάτω μοι 208, 9. ἐπιδοὺς 200, 18. τοῦτο ἀποχρῶν 264, 29. 205, 11. 115, 29. γράμματα ἐκ τοῦ αὐτοκράτορος 114, 16. οὐ πολλὰ μεμαθηκὼς 23, 4. διὰ γραμμάτων 258, 29. 75, 6. ἐν γράμμασι βεβαιῶν 3, 11. τοῖς διὰ χειρὸς βεβαιοῖ 74, 4. ἐδέσμησε 246, 21. τῆς ἰδίας χειρὸς 252, 34. τῶν ἱστορησάντων 229, 11. λεῖπον 213, 2
γραμμή: εὐθεῖα 18, 20. cf. 264, 6. τῆς λαμπρότητος 209, 30. -ῆς μιᾶς καὶ τῆς αὐτῆς ἀπευθυνθέντα 104, 6. ἐπὶ μιᾶς -ῆς 94, 3. ἐξ αὐτῆς — ἄρχεται 210, 21
γραφή: ἐξυφαίνετο 73, 32. καλλιεπὴς 169, 31. ἡ (θεία) Γραφὴ 182, 34. τῆς ἱστορίας 25, 26. οὐ — ἀλλ' ἀληθὴς ἱστορία 103, 24. 160, 35. 233, 18. 234, 36. 74, 3. γραφαῖς ἀποστολιμαίαις 124, 14. ἐν — ἦν 123, 20. περὶ τῆς βασιλείας 28, 17
γραφικὴ τέχνη 57, 32
γράφω: αὐτῷ οὔτε λόγους 263, 32. 259, 16. 263, 19. συντεταγμένως 15, 33. 124, 12. 267, 2. τοῖς γράφουσιν ὁ βασιλεὺς ὑπηγόρευε 15, 34. ἐγεγραφήκει 74, 1. γράψω πλατύτερον 234, 6. 185, 5. 238, 27. 238, 33. γεγραμμένους νόμους 14, 5. 263, 20
γρηγορῶ 2, 3. 4, 33. 111, 32. 128, 28. 132, 29
γρύζω: γρύξαι ὑπ' ὀδόντα 116, 26
γρυπὸς 264, 10
γυμνασία 239, 31
γυμνοποδία 23, 30
γυμνὸς 152, 22. γυμνοὶ ἐφ' ἵππων 89, 34. 68, 7. γυμνὸν ἔρωτος ὄνομα 260, 21
γυμνῶ 247, 10. τὸ ξίφος 251, 8. *cum gen.* 14, 7. 32, 21
γυνὴ *passim.* γυναιξὶ κόσμον ἡ σιγὴ φέροι, κατὰ τὸν τραγῳδὸν 263, 3
γυναικεῖος 118, 7
γυναίκιος 228, 17
γυναικωνῖτις: τῆς γυναικωνίτιδος 81, 35. 155, 27. τὰ τῆς — παίγνια 95, 7. 49, 16. 77, 12. βασίλειον 155, 15. 93, 8. πεποίηκε τὸν βασιλικὸν ἀνδρῶνα 97, 8

δᾳδουχῶ: δᾳδουχήσοντες ἕτοιμοι 207, 11
δαιμόνιος 14, 19
δαίμων: τις ἀντέπεσε 244, 17
δαιτυμῶν 158, 13
δάκρυ et δάκρυον: δάκρυον ἀφίησιν ἐπ' αὐτῷ 84, 31. cf. 21, 15. 234, 3. 44, 11. ὀφθαλμῶν ἐπαφεὶς 89, 14. πεπλασμένον 154, 34. δάκρυα ἐξιτήρια 227, 22. 258, 34. σπενδόντων 197, 18. δακρύων ἄξιον 9, 24. κρουνοὺς 176, 17. ὑφίει (scr. ἠφίει) 241, 22. τοὺς ὀφθαλμοὺς ὑποπλησθεὶς 157, 10. cf. 210, 1. 237, 32. ῥοῇ 157, 22. δάκρυσι 119, 18. 79,

15. σύμμικτος κρότος 232. 6. δακρύοις ἐπιτέγξας τὰ ὄμματα 166, 34. 236, 14. 171, 7
δακρύω: ὡς οἴκτιστα 261, 26. δακρύων ἦν 166, 3. 186, 16. δακρύοντι ἐῴκει 154, 31. 256, 24. 257, 28. 245, 27. ἐδάκρυσεν αὐτὸν 44, 10
δακτύλιος 11, 24. 37, 19
δάκτυλος 227, 1. 66, 14. 146, 29. δακτύλους ἐπιβαλεῖν 226, 33. τοῖς κενῶσιν ἐπέβαλλεν 19, 17. 148, 20. συγκεκλικὼς 265, 20. 176, 25
δαπάνη 95, 18. 10, 32. *plur.* 28, 1
δαπάνημα 44, 17
δαπανῶμαι: τὸ σῶμα 242, 16. δαπανηθεὶς νόσῳ 233, 33
δαρεικός (nummus aureus Byzantinorum v. στατήρ) 117, 18
δασύς: δασεῖα ἡ θρὶξ 19, 10. 65, 14
δάφνειος 117, 8
δαψιλὴς 163, 2
δαψιλῶς 12, 27
δέδοικα 52, 31 &c. ἐδεδοίκειν 14, 4 &c.
δέδια 52, 35 &c. ἐδεδίειν 201, 25 &c.
ἔδεισα 174, 31 &c.
δείκνυμι et δεικνύω: δεικνύει 267, 10. 260, 22. 85, 4. δεικνύοιτο 34, 24. δεικνύτω 45, 13. 144, 32. δεικνὺς ἐπὶ θεάτρου 160, 9. δεικνύντα 88, 23. δεικνύουσα 225, 3. 199, 12. ἐδείκνυ 91, 18. 134, 6. 36, 28. ἐδείκνυεν 21, 20. 16, 28. 18, 18. ἔδειξεν ἀνέγκλητον 220, 31. 200, 9. 66, 20. 231, 21. 123, 31. τὴν δεικνυμένην εἰδέναι 85, 7. 30, 14. ἐδείκνυτο 106, 25. ἄλλος ἄλλο τι ποιῶν 212, 7. ἐγρηγορὼς 4, 3. οὐδενὶ τῶν πάντων 219, 31. ὁ 210, 8. 145, 28. δειχθεὶς λαμπρότερος 28, 1
δειλιῶ 89, 20
δειλὸς 20, 14
δειμαίνω 113, 27
δεῖμα 212, 11
δεινοπαθῶ 179, 18. 182, 11. 241, 29.
δεινοπαθήσας 151, 17
δεινὸς *saepe*. 56, 29 &c. δεινότερος 56, 30 &c. δεινότατος 41, 1 &c.
δεινότης 9, 33. 57, 3
δεινῶ: ἐδείνωσα τὸ προοίμιον 200, 30
δεινῶς 20, 19. 244, 35. 21, 9. 24, 7, 21. ἦρα μου τῆς γλώττης 176, 34. ἐμνησικάκει 18, 18. κατεφρόνει 230, 12. ἐνόσει 120, 14. ἐπεμίξαντο 158, 10. ἐστρέφετο 83, 35. τιμωρήσονται 25, 3
δεῖπνον 72, 20
δεκάζω: τοὺς λόγους 163, 19
δέκατος 6, 16
δεκτικὸς 212, 23
δελεάζω 239, 9
δέλτος: ἐξ οὐρανίων καταχθεῖσαν 115, 31.

οὐκ ἀπὸ τῶν δέλτων, ἀλλ' ἀπὸ τῶν στέρνων 261, 29
δεξιὸς 265, 4, 20. 264, 22. ἀπὸ δεξιοῦ ὤμου 94, 6. τοὺς πελέκεις 128, 10. 8, 31. εἰστήκεω 237, 31. 126, 24. δεξιᾶς τύχης 132, 15. φύσεως 233, 13. δεξιᾷ 248, 9. ἐπαναζεύξει 224, 8. δεξιὰν χεῖρα 43, 25. 257, 33. ἐμβάλλει 258, 17. ἐπανατείνων 225, 13. ἐπιδεικνὺς 151, 16. ὑποσχὼν 69, 28. 8, 28. δεξιὰς ἐγγύας 52, 19. δεξιὸν κέρας 194, 11, 12. 222, 22. πέρας 209, 17. δεξιοῦ μέρους 88, 9
δεξιότης 242, 9. 263, 14
δεξιοῦμαι: θατέραν χεῖρα 161, 34. 134, 32
δεξιῶς 63, 27. 65, 16. 214, 12. 182, 8. 124, 21. 6, 35
δεξίωσις 267, 9
δενδράς 172, 29
δένδρον 167, 37. 173, 16. 168, 7
δέος: οὔ τι βραχὺ 212, 3. 144, 10, 20. 143, 32. 145, 12
δέρας: ἱερὸν Χριστοῦ 67, 18
δέρη: χρυσῷ κατηγλάϊστο 159, 18. δέρης ἥψατο 37, 2. δέρην ἐκόσμει στρεπτοῖς 11, 22
δέσμιος 251, 25. 143, 7
δεσμὸς 66, 25. 166, 3. 177, 13. δεσμοὶ περισφίγγοντες 96, 25. 6, 27. 252, 25. 157, 13. εὐνοίας 74, 32. σιδηροῖ 161, 27. τάξεως 17, 3. δεσμὰ ἄφυκτα 165, 28. περιέκειτο 123, 15
δεσμῷ 92, 16. ὅρκοις 165, 28. 212, 9. 124, 28. ἐν γράμμασι 246, 21. τὰς τάξεις τοῖς τακτικοῖς σφίγμασι 17, 18. τὰς χεῖρας 258, 10
δεσμωτήριον 123, 16. 162, 26. 141, 4
δεσμώτης: ποὺς 227, 8. 52, 16. 5, 33
δεσπόζω 45, 2
δεσπότης: ἐμὸς 70, 26. 30, 11. δεσπότην καὶ βασιλέα 52, 9. cf. 160, 6. καὶ φίλον 195, 33. 59, 16. 160, 6
δεσπότις: ἐμὴ 70, 2, 23. τοῦ ξύμπαντος γένους 82, 7. 88, 28. 85, 6. 42, 22. 70, 20. 71, 17. 114, 34. ὑπὸ δεσπότισι 91, 10
δευτερεῖον: τὰ -α ἠνέγκατο 172, 15. τῆς ἀρετῆς 48, 34. τῆς ἀρχῆς 10, 12. 94, 11. 108, 6
δεύτερος passim. ἐν δευτέρῳ θέμενος 145, 20. ἐν δευτέροις τιθέμενος 114, 1. ἐπὶ τοῖς — ἐφιλοσόφει 236, 6. δεύτερα τῶν πρώτων μείζονα 172, 25
δέχομαι: τὰς γνώμας 193, 13. τὸν λόγον 60, 18. 65, 34. 224, 20. τὸν ὅλον κίνδυνον 50, 34. τὴν ἀπολογίαν 14, 18. τὰς ἐπ' αὐτὸν ὀλιγωρίας (scr. λοιδορίας) 17, 32. δεξόμενος ἡμᾶς ἐπιόντας 131, 2. δέξαι 246, 19. 241,

16. 262, 26. 178, 11. 5, 4. 50, 13. δεχθῆναι καθαρὸν μετὰ τὴν τελείωσιν 67, 12
(δέω) δεῖ (δεήσοι, ἐδέησε, δέομαι, ἐδεήθην) passim
δεόντως 176, 2
δέω: δεδεμένον τὼ χεῖρε 157, 8. ἐδέδετο ὁ λόγος 152, 33. φυσικῶς ἡ γλῶττα 153, 4
δῆλος: ἦν τοὺς κατασχόντας ἀπελάσων 124, 8. δῆλον ἑαυτὸν καθιστᾷ 64, 34. 5, 30. 240, 25. 91, 7. 198, 18. 97, 17. 105, 12
δηλῶ 42, 1. 119, 9. δηλώσει ὁ λόγος 25, 26. 32, 23. 54, 15. 74, 6. 152, 33. 68, 26. 237, 28. δεδήλωται 151, 24
δημαγωγός: Μοϋσῆς 219, 9
δημαγωγῶ 143, 1. 200, 22
δημηγορία 188, 24. 200, 22. 238, 2
δημηγορῶ: δημηγορείη 233, 18
δήμιος 92, 1. δημίου χεῖρα 76, 6. 89, 31. τοὺς δημίους 91, 27
δημιουργικὸς 110, 28
δημιουργός: ὁ παρὰ Πλάτωνι 219, 5. ἀπὸ τοῦ -οῦ ἄνωθεν γεννῶσι 184, 17. κατὰ τὸν πρῶτον -ὸν 168, 24. -οὶ 267, 17
δημιουργῶ 219, 9
δημοκρατία: ἐκείνων (Atheniensium) 151, 1
δημοποίητος 151, 5
δῆμος 86, 16. ἅπας 82, 28. ὄντες αὐθαδείᾳ χαίροντες 140, 3. κατὰ λόχους συνῄεσαν 83, 30. ξύμπας τῆς Πόλεως 208, 29. δήμου μερὶς 87, 6. φθορέα 140, 1. φοράν 89, 20. φωναὶ 143, 22. δήμῳ ἐλευθερίαν μνηστεύεσθαι 76, 16. πολιτικῷ 105, 18. στασιάσαντι 85, 4. δῆμον ἀπόλεκτον τῆς Πόλεως 76, 25
δημοσιεύω 264, 8. 62, 1
δημόσιος: ὁ δημόσιος 166, 22. 218, 28. δημοσίου ἐπιμέλειαν 112, 3. 10, 25. 166, 30. 32, 7. δημοσίων ἵππων 12, 28. φόρων 258, 23. 254, 27. δημοσίους ἐλέγχους 220, 9. δημοσίας ἀκοῆς 196, 2. τῶν δημοσίᾳ πεπραγμένων 165, 15. προϊούσας 82, 1. ὕβρισται 259, 27. δημοσίαν τιμὴν 136, 7. σύνταξιν 218, 19. δημοσίων συνεισφορῶν 51, 22. 217, 9, 20. 169, 28. περὶ — συνεισφορὰς ὀξύτατος 47, 10. 191, 20. δημόσιον δικαστήριον 166, 24. τὰ δημόσια 76, 2. 266, 10. δημοσίων 260, 6. ἀμφισβητήσεις 94, 14. συνεισφορᾶς 3, 8. συνεισφοραῖς 243, 18. ταμείων 172, 8. δημοσιώτατον μυστήριον 81, 19
δημοτελὴς: ἑορτὴ 53, 33. κρίσις 8, 12. πανήγυρις 101, 3. δημοτελεστέρα κρίσις 5, 24
δημοτικός: -ὸν πλῆθος 205, 7. 203, 3.

218, 10. 80, 14. 188, 26. σύμπαν 32, 11
δημώδης: φάλαγξ 87, 29. δημῶδες καὶ ἀγοραῖον 87, 20. καὶ κοινὸν 14, 5
διὰ (loco περὶ) τῆς ἀποστασίας 4, 11. διὰ χειρὸς 5, 2
διαβαδίζω: -ίσαντες 200, 5
διαβαίνω 51, 2. 216, 19
διαβάλλω: τὸν ἄνδρα τῆς ἐγχειρίσεως 219, 3. 178, 17. 218, 28. διαβάλλουσαι τὸ πέλαγος αἱ τριήρεις 131, 27. διαβαλεῖ ὁ τῆς ἱστορίας λόγος 167, 24. 196, 13. διαβεβλημένως (scr. διαβεβλημένῳ?) ἤστην 72, 2
διαβαστάζω 148, 33. 41, 30
διαβεβαιῶ: τὸν βασιλέα τεθνάναι 136, 17. διαβεβαιοῦσθαι τοῖς σχήμασιν ὅτι μὴ ἐτεθνήκει 138, 15. 197, 6
διαβιβάζω 66, 19
διαβιῶ: διεβίου ἕκαστος καθ' ἑαυτὸν 47, 27. διεβίω τῷ κράτει 215, 17. διαβιοὺς ὀλίγον χρόνον 14, 34
διαβλέπω 27, 15. διέβλεψε 45, 22
διαβολὴ 71, 15. 59, 18. 58, 27
διαβόσκομαι 138, 18
διαγγέλλω 119, 21
διαγιγνώσκω: τὸ ζήτημα 240, 13. διέγνωκεν ἀναλίσκειν καὶ σπαθᾶν πάντα 214, 29. 63, 23. διεγνώκει με 263, 17. διέγνω τὸ πολυειδὲς τῆς προνοίας 45, 22. διεγιγνώσκετο 173, 23. διέγνωσται 110, 32
διαγκαλίζομαι: διηγκαλισμένος πέλεκυν 82, 19. τὴν εἰκόνα τῆς τοῦ Λόγου μητρὸς 9, 1
διαγλύφω: διαγεγλυφότες σκάφη 129, 27
διαγράφω 103, 2
διάγω 46, 23. 79, 35
διαγωγὴ 209, 10. 211, 14. 239, 2
διαδείκνυμαι 164, 31
διαδέχομαι: πόλεμος 129, 4. πυρετὸς 275, 15. 228, 29. διαδεξομένου τὸ κράτος 24, 17. 54, 18. τὴν ἀρχὴν 214, 36
διάδημα 216, 18. 27, 11. βασιλικὸν 240, 10. ἐγκωμιαστικὸν 164, 3. νικητικὸν 178, 18
διαδιδράσκω 53, 2. τὴν ὑπηρεσίαν 196, 4. διέδρα 64, 29
διαδόσιμος 41, 10
διαδοχὴ: τῆς βασιλείας 215, 20. 71, 31. -ῆς κλήρου 151, 3. 220, 29. 216, 16. διαδοχαῖς μετ' ἐκείνον 229, 13. 180, 26. 215, 3. 27, 14
διάδοχος: τῆς βασιλείας 229, 3. 180, 30
διαδρομή, plur. 253, 1
διαζῶ 48, 4
διαζωννύω 137, 18. διεζωσμένος 194, 7
διαθερμαίνω 221, 7
διάθεσις 58, 13. 171, 24. 232, 18. 249,

23. -εως 34, 14. ἐκ — πνευματικῆς ἀδελφὸς 244, 32. 48, 28. 44, 19. -ιν 49, 12. τῆς ψυχῆς 91, 18
διαζωγραφῶ 235, 20
διαθλῶ: διήθλησεν 200, 16
διαθορυβῶ 206, 15. διατεθορύβητο τὴν ψυχὴν 131, 3
διαθρῶ: διήθρει 48, 14. διαθρήσειε 95, 28
διαθρυλλοῦμαι 97, 10
διαθρύπτομαι 146, 32
διαιρέσεις: κατὰ τέχνην 109, 8. τῶν τειχῶν 144, 28. 109, 8. 266, 28
διαιρῶ: διάρας 237, 31
διαιρῶ: τὰς χεῖρας 240, 26. καθ' ἕνα τούτους 189, 17. 177, 22. 219, 12. τὰ μεγέθη τῶν ἀρωμάτων 118, 16. 17, 26. 228, 2. διεῖλεν αὐτοὺς 211, 6. τὰς δυνάμεις 250, 30. 57, 6. 239, 25. τὸν αὐτοκράτορα 120, 3. τὸ ἄρθρον 107, 17. 242, 21. φθόνος τὰς ἀδελφὰς 85, 32. 260, 32. οὐ διαιροῦνται κατὰ λόχους 222, 19. διῃροῦντο αἱ ἀδελφαὶ τοῖς ἤθεσι 95, 19. διῄρηνται τοῖς ἀνδράσι τὰ ὑποκείμενα 261, 3. εἰς ὀδόντας 227, 4. διῃρημένου τοῦ πολιτικοῦ γένους 238, 11. διῄρητο τὸ δημοτικὸν 32, 12. τὴν λαγόνα 127, 13. διῄρηντο 139, 13. οἱ λόχοι 139, 10. διελόμενος αὐτὴν εἰς τὰς τοῦ ἔτους ὥρας 122, 1. διχῇ τὰς δυνάμεις 7, 19. ἑκάστῳ τοῖς πράγμασι 137, 11. διαιρεθέντες ἀπ' ἀλλήλων 198, 2. 223, 25. διαιρεθεῖσα φάλαγξ 9, 25. 193, 21. 131, 17
δίαιτα 261, 29. 3, 15. 183, 19. 212, 33. 215, 18
διαίτησις 18, 18
διαιτῶ: τοῖς στρατιωτικοῖς πράγμασι 210, 28. ἀμφοῖν 220, 19. 47, 7. δίκας 233, 25. 29, 30. διαιτήσοι 150, 5. διῄτησε 61, 1. πράγμασι 211, 21. τὸ διαιτώμενον 45, 10
διακαθαίρω 118, 27
διάκειμαι: φιλοπονώτατα 47, 9. 243, 15. 241, 31. 247, 25
διακινδυνεύω 101, 36. 31, 27
διακομίζω: τὰ ἐντεταλμένα 204, 9. 203, 8, 22
διακονῶ: διηκόνει 76, 23
διακόπτω 121, 6. διακόψας τὸν λόγον 89, 3. 9, 26. 92, 6. διακέκοπται 226, 33
διακριβῶ 163, 20. διηκριβωκὼς 260, 5. διακριβώσατε 205, 11. διακριβούμενος τοὺς λόγους 132, 11
διακρίνω 103, 3. 117, 2. διακρῖναι 173, 7. διεκρινόμεθα πρὸς ἀλλήλους 200, 1. 95, 8
διακυβερνῶμαι 12, 29. διεκυβερνήθη 2, 10
διακυβεύω 15, 26
διακυμαίνω 9, 4. τὰς πολιτικὰς πράξεις 219, 23. διεκυμαίνετο τουτὶ τὸ κακὸν

12, 34. διεκυμάνθησαν ἐπ' ἄλλοις ἄλλα 121, 21
διαλαγχάνω 42, 15
διαλαμβάνω: διείληφεν ὁ λόγος 42, 13. 206, 3
διαλάμπω 92, 21
διαλανθάνω: διέλαθε 146, 12. 220, 21. 239, 9. 250, 23. 262, 33. 64, 24. 73, 19. 125, 24
διαλέγομαι 65, 36. τῇ βασιλίδι περὶ τῆς γυναικὸς 114, 5. 73, 10. ἥδιστα 72, 18. 248, 3. κατὰ τὸ σύνηθες 165, 4. περὶ τῶν ἀντιπόδων 265, 2. περὶ τοῦ πρώτου αἰτίου 177, 8. 32, 33. 200, 21. 111, 4. 134, 26. διελεγέσθην ἀλλήλοις 65, 23. 116, 10. διαλεξώμεθα 198, 4. μακρότερον 181, 15. 236, 31. διείλεκτο ξύμπασι 18, 28. διελόμενοι 29, 14
διάλειμμα: διαλείμματα οὐ μακρά 148, 12. 50, 16. τοῦ πάθους 51, 11
διαλείπω: διαλιπὼν ἡμέρας τινὰς 195, 10. 205, 4. 190, 33
διαλεκτικὸς 26, 25
διάλεξις: διαλέξεως ἀγλευκῶς εἶχε 182, 4. 200, 12, 19. 198, 6
διαλλάττω: τὰ ἐς μητέρα 2, 29. διαλλάξας 246, 24. διηλλάττετο τὰ ἰδιώματα 161, 22
διάλογος: ἐπένευε 26, 36. διαλόγου κεφαλαίων 200, 29. διάλογον συγχεῖν 203, 3. διαλόγων πρὸς ἀλλήλους 14, 15
διαλυμαίνομαι: -ηνάμενος τὰ πάντα 95, 12
διάλυσις: διαλύσεις δικῶν 99, 13
διαλύω: τὸν σύλλογον 203, 16. cf. 80, 18. 73, 3. ἐπανάστασιν 132, 17. τὴν ὀργὴν 71, 26. πάντα 13, 10. ταύτην 234, 3. διαλύσαιεν τὸ τυραννικὸν σύνταγμα 192, 20. 193, 3. τὴν φάλαγγα 193, 6. τὸ στράτευμα 251, 14. 96, 26. διαλυομένης τῆς συνθέσεως 58, 8. διελύετο ὁ συνασπισμὸς 126, 21. 51, 20. 223, 31. διαλελῦσθαι τὰς χεῖρας αὐτῷ 138, 4. διαλελυμένος τὰς ὀφρῦς 107, 5. 14, 32. 75, 14. ὁ συνασπισμὸς 131, 29. διαλύσασθαι εἰς εὐκολίαν μίξεως 158, 36. πᾶσαν αὐτῷ διαφορὰν 192, 32. 257, 21. διαλυθέντος χρόνου τινὸς 171, 33. 148, 1
διαλωβοῦμαι: διαλελωβημένον τὴν ῥῖνα 66, 9
διαμαρτία 217, 4
διαμαρτάνω: δυοῖν 215, 7. αὐτῷ τοῦ σώματος 194, 23. τῶν καιρῶν 134, 8. τοῦ σκοποῦ 173, 29. cf. 188, 2. 247, 17. διημαρτηκέναι τῆς κρείττονος λήξεως 68, 17. 226, 6. 228, 22. διημάρτηκει τῶν ἐλπίδων 70, 31. cf. 134, 22. τούτου 181, 24. 228, 20. διημαρτημένος περὶ τὰς κρίσεις 99, 30. τὸ -μένον τῆς παιδιᾶς

153, 6. 68, 15. διημαρτήθη τὰ πολλὰ ἐκείνῳ 33, 6
διαμαρτύρομαι: διεμαρτύρατο τὴν θρασύτητα 125, 10
διαμείβω: πολλαῖς κακώσεσι 76, 5. τοὺς βασιλείους 149, 7. ἐκείνη τὸ πῦρ τὸν ψυχρὸν ἀέρα 118, 19. διήμειψε τὴν καθέδραν 140, 25
διαμελετῶ 109, 17. διαμεμελέτηκας τὴν τυραννίδα 133, 31. διαμεμελητημένος πρὸς τοῦτο 45, 31
διαμελίζω: πολλαῖς κοπίσι 9, 29
διαμένω 228, 13. διαμεμενήκει ἀνένδοτος 86, 30. ἀνήκοος 86, 31. διαμενεῖ 228, 35
διαμερίζομαι 164, 6. διεμερίζοντο αἱ φῆμαι 97, 17. διαμεμερισμένον κεφαλαῖς πολλαῖς 213, 34
διαμετροῦμαι: διαμεμετρημένην χρημάτων ἐπίδοσιν 28, 11
διαμηχανῶμαι, aor. 258, 27
διαμονὴ 54, 20
διαμορφῶ, aor. 119, 7
διαμφιβάλλω 83, 23
διαμφισβητῶ: διημφισβήτει 74, 16. med. 41, 4
διανέμησις, plur. 105, 12. ἀξιωμάτων 180, 26. 189, 2. χρημάτων 40, 11
διανέμομαι 159, 19. aor. 117, 31
διανήχομαι, fut. 131, 22
διανθίζομαι: διηνθισμένον φθέγμα 116, 18
διανίστημι: διανεστήκασι περὶ τὴν ἀρχὴν τῶν συμφορῶν 133, 1. διαναστῇ 165, 8. διανίσταμαι 237, 22. πρὸς ἄμυναν 133, 16. διανίστατο πρὸς τὴν ὑπόθεσιν 48, 3
διανύω: διηνυκὼς 100, 16. τὸ διηνυσμένον οὐδὲν 193, 19
διάνοια: ἐλευθέρα 50, 34
διανοοῦμαι 75, 19. διανενοῆσθαι 185, 32. οὐδὲν τῶν μετρίων 76, 10. διανοησάμενοι 52, 32. ὅπερ διενοήθησαν 121, 16
διαντλοῦμαι 149, 25
διαπειλοῦμαι, aor. 239, 25
διάπειρα 65, 2
διαπεττεύω: τὸ κράτος 24, 14
διαπίπτω: διαπεσεῖν 249, 14
διαπιστῶ 259, 17
διαπλέκομαι 245, 15
διαποικίλλω: ζώνην 159, 21. διεποικίλλετο τῷ σώματι 226, 12
διαπολεμοῦμαι: διαπεπολεμημένων 194, 32
διαπόντιος 210, 10
διαπορθμεύω 186, 30. aor. med. 196, 6
διαπορθῶ, aor. 125, 22
διαπορῶ: διηπόρει 156, 32. διαπορούμενος 166, 3
διαπράττω: aor. 24, 17. 47, 13. 97, 32. διαπεπραχότων 103, 26. διαπραττ-

INDEX GRAECITATIS. 315

μενος τὰ τῶν ἐρώντων 37, 1. διαπράξοιτο τὰ εἰωθότα 75, 9. 42, 18. 104, 25
διαπρεπής: ἀπάσαις ἀρεταῖς 254, 17. 109, 10. κάλλει 99, 8. cf. 234, 26. 240, 15. ἐσθὴς 136, 33
διαπρέπω 110, 24. 148, 28
διαπρεπῶς 41, 11
διαπρεσβεύομαι 173, 32. aor. 195, 12
διαπτοῶ: διεπτόησεν 175, 29
διαπυνθάνομαι 206, 21
διαπυροῦμαι: τῷ θυμῷ 19, 14. 125, 8
διαρθρῶ 177, 21. fut. med. 234, 6
διάρθρωσις 181, 18
διαριθμῶ: διηρίθμει 110, 23. διηρίθμησαν 202, 5
διαρπάζομαι 96, 11
διαρρέω: διέρρει λόγος πολὺς περὶ τούτου 120, 8. διερρυηκότος χρόνου 44, 4. τὸ διερρυηκὸς 3, 19. διερρύησαν 144, 2. 51, 34. διαρρυεῖσα γαστὴρ 138, 7. δύναμις 187, 22. διαρρυὲν φθινάδι νόσῳ 214, 4
διαρρήγνυμι: διέρρηξαν 84, 24. τὰ διερρωγότα συνάπτειν 34, 21. 193, 31. διερρηγμένων περιβολέων 267, 5. διερρήγνυντο συγγραφαὶ ἄδικοι 238, 26. τοῖχοι 172, 12. διερράγη ἂν ὁ τῆς βασιλείας κάλως 262, 14. 131, 29. τὸ διαραγὲν 83, 22. διαρραγήσεσθαι 215, 19
διαρρύπτομαι: διαρρυφθεὶς τὴν κεφαλὴν 41, 13
διασαλεύω: τὴν γνώμην 73, 12
διασείω: διέσεισε 190, 4. ὁ ἦχος τὰς τῶν πολλῶν ψυχὰς 82, 26. κλόνος τὰ ὀστᾶ 246, 17. 259, 33. τείχη 123, 29. τὰς ἡμετέρας ἀκοὰς 194, 33. οὐκ ἂν διασέεισθαι τὸ πολιτικὸν σῶμα 213, 31. 244, 27. τὴν ἑτέραν πλευρὰν 189, 6. τὴν νήτην 175, 30. διασεσεισμένος 73, 13. διεσείσθημεν τὰς γνώμας 206, 19. 52, 23
διασημαίνω 267, 9
διάσημος: οὐ πάνυ τὴν τύχην 98, 13
διασκέπτομαι 32, 25. 53, 19. διασκεψάμενοι 197, 2
διασκεδάζομαι: διεσκεδάσθησαν 224, 2. 222, 30. 9, 28
διασκευάζομαι: διεσκευασμένοι ὅπλοις καλλίστοις 194, 6. 138, 34. διεσκεύαστο 230, 13. 134, 7
διάσκεψις 33, 1
διασκίδναμαι 130, 21. 159, 34
διασκορπίζω, aor. 233, 25
διασπαράττω: τυπερὶς τὰ στήθη 119, 19. διεσπάραγμαι τὴν καρδίαν 202, 8
διασπῶ 255, 8. διεσπᾶσθαι ἐπεισάκτοις ἀρχαῖς 180, 31. διασπασθέντων 148, 18. διεσπασμένον 66, 4
διασπείρω: διέσπειραν ἄλλους ἀλλαχόσε 7,

33. διεσπαρμένῳ στρατοπέδῳ 144, 7. διεσπάρησαν 241, 8, 11. 257, 22. 145, 7. 222, 14. 31, 15. 194, 14
διασπουδάζω: διεσπούδακας 195, 24. διεσπουδάζετο 32, 24
διάστασις 238, 13. 261, 6. 18, 29
διάστημα 208, 12. ἐκ διαστήματος 94, 15. πολλοῦ 193, 23. ὁμιλεῖν 138, 14. 148, 13. ἐκ διαστημάτων βραχέων 190, 24. μακρῶν 74, 17. 115, 18. 153, 16. 172, 20
διαστρέφομαι: διεστράφθαι 195, 7
διασχηματίζομαι: διεσχηματισμένον 115, 7
διασχίζομαι: διέσχιστο 95, 23
διασώζω 48, 29. aor. 161, 12
διάταξις, plur. 243, 11. 249, 20
διαταράττω 104, 17. 126, 20. διετάραξαν τὴν ἀρχὴν ἐμφύλιοι πόλεμοι 121, 22. 8, 21. 194, 34. 81, 17. διατετάρακτο τὴν ψυχὴν 135, 8
διατάττω 63, 18. 254, 6. διατάξας τὴν λογάδα 141, 12. 165, 13. τὸ ψιλὸν 138, 31. 55, 6. 127, 33. διατεταγμένους εἰς τὴν παράταξιν 8, 10. διετάξαντο 139, 22. 131, 15
διατείνομαι: ἀληγδόσι 138, 6. διατεινόμενος λέγω 149, 24
διατελῶ 118, 32. 15, 20. 52, 9
διατέμνω: διέτεμε τὰς ἐλπίδας 120, 11. τὴν φάλαγγα 257, 17. 132, 4. διετέμνετο 126, 23
διατίθημι: διετίθει τὴν ὄψιν χαριέστατα 149, 2. διατίθεται τὴν πομπὴν 127, 33. τὴν ἀρχὴν 94, 17. τὴν φυγὴν 30, 7. 54, 23. ἑαυτῷ τὴν ἀρχὴν σοβαρωτέραν 15, 1. διέθεσαν 202, 2
διατινάσσομαι 227, 32
διατιτρῶ 131, 18
διατρέχω: περὶ τὴν οἰκουμένην 267, 32. διέδραμε τὴν οἰκουμένην 219, 17. 84, 13. 120, 29
διατριβή: διατριβὰς 55, 5. βασιλείους 263, 11. ἐλευθέρους 154, 12. κοινὰς 209, 7. 74, 34
διατρίβω: ἐν ἀγροῖς 234, 22. οἴκοι 84, 7
διατυπῶ, aor. 138, 35
διατύφομαι 160, 4
διαυγάζω 230, 15
διαυλίζομαι, aor. 144, 4
διαφαίνω 267, 18
διαφαυλίζω 174, 13. aor. 163, 14
διαφερόντως 241, 30. 247, 7. ἐρῶ 157, 32. 150, 4. τιμώμενον 150, 4. 85, 22. 230, 8
διαφέρω: 40, 20. 267, 13. διενεγκὼν 219, 27. 143, 3
διαφεύγω 59, 11. διαπέφευγα 249, 12. 251, 20. διαφυγόντες 244, 11. 251, 14
διαφθείρω 170, 19. 219, 20. διεφθάρκασι

τὰ πράγματα 248, 7. διεφθορυῖαν διήγησιν 102, 7. διαφθείροιτο 217, 28. τὸ διαφθειρόμενον 215, 6. 159, 33. 141, 32. διεφθαρμένην ζωὴν 214, 34. -μένης ὑπὸ βασιλικῆς ἀπειροκαλίας 161, 10. -μέναις τροφαῖς 215, 13. τὸ -μένον τῆς ζωῆς 216, 13. -μένα μέλη 44, 8. διέφθαρτ᾽ ἂν αὐτὴ καὶ τὰ πράγματα πάντη διέφθαρτο 187, 14. διέφθαρτο αὐτῷ τὸ πρόσωπον 44, 3. 22, 11. τὴν ἕξιν 50, 7. 185, 25. ἡ σύγκλητος 157, 4. διαφθαρήσεσθαι 141, 35. 165, 8. διεφθάρη πάντα 117, 29. 217, 2. διαφθαρεῖσα γαστὴρ 138, 7. 215, 31
διαφθορά 214, 30
διαφλέγω, aor. 228, 25
διαφορά 95, 17. 192, 32
διάφορος: διάφοροι σκοποί 103, 4. διαφόρω τὸ ἦθος 4, 2. 66, 4. 192, 30. διάφορον ἰδέαν ἀρετῆς 177, 15. 170, 32. τὸ διάφορον τῶν ἐρωτώντων 184, 3. 16, 19
διαφυλάττω 214, 27. διεφύλαξε τοῦ προτέρου σεβάσματος 75, 32. 186, 13. 49, 13. διαφυλάξωμαι τὴν πρώτην ἔνστασιν 196, 2. 74, 13
διαχειρίζομαι: τὰ καθήκοντα 94, 7. fut. 87, 23. 8, 33. aor. 233, 32
διαχέομαι 39, 15. τὸ διαχεῖσθαί μοι 262, 28. διεχεῖτο 74, 6. διακέχυντο 111, 5
διαχρίω 55, 26
διαχρώμαι, aor. 143, 17
διαψεύδομαι: διέψευσαι τὴν πρὸς φίλον φιλίαν 195, 34. οὐ διεψεύσατο τὴν ἐπὶ τοῖς ὅρκοις πίστιν 145, 20. 46, 3. 236, 6. διεψευσμένον 46, 35
διδασκαλία 213, 14. 184, 3
διδάσκαλος 107, 31
διδάσκω 267, 32. 206, 22. διδάξαι 69, 11. 143, 8. 94, 19. ἐδιδασκόμην τὴν ὁδὸν τῆς γνώσεως 108, 3. διδαχθείημεν 207, 5
δίδωμι passim. (δώσω, δέδωκα, ἔδωκα, ἔδοσαν, δότε, δοῦναι, δούς, δεδομένον, ἐδόθη.) ἐδίδου ἄχθος ἡ γλῶττα ὁμιλοῦσα 149, 22. ἐπὶ πᾶσι τὴν γλῶτταν καὶ χεῖρα 3, 9. οὐδενὶ τῶν ἐν τέλει τὸ βλέμμα 76, 12. οὐ τοσοῦτον τοῦ πιθανῶς λέγειν 202, 24
διεγείρω 120, 3. 264, 31. διεγηγερμένῃ φωνῇ 94, 26. διεγηγερμένους πρὸς μάχην 9, 31. 264, 14. διεγερθεῖσι 104, 22
δίειμι: διιὼν 47, 25. διόντα (scr. διϊόντα) 257. διῄει τὸ πεδίον 9, 4
διεκδρομή, plur. 120, 27
διεκθέω 216, 26
διεξάγω 141, 15
διεξέρχομαι: -ελθεῖν 256, 17
διεξετάζομαι: -ητασμένον ἄνδρα 71, 21
διέξειμι 163, 12. 121, 26. 208, 21. 108, 25. 162, 1
διεξοιδαίνω: -ῳδηκὸς σῶμα 214, 3
διέπω: ἀρχὰς 267, 24. διεῖπε 51, 25. 45, 32
διερεθίζω 261, 24. διηρέθιστο 181, 10
διερεινῶ, fut. 253, 34. med. 141, 4. 32, 10. 79, 13. διηρευνᾶτο ἑτέρα οἰκουμένη 35, 8. 47, 24. 24, 18. τὰ ὑπὲρ φύσιν 26, 30. aor. med. 227, 6. 58, 30
διερίζω: διερίσειεν 208, 19
διέρχομαι: διεληλυθότες τὸν πρῶτον ἐκ Πόλεως σταθμὸν 197, 5. 249, 4. 251, 19. τὴν νύκτα 207, 20
διερωτῶ 251, 28
διεστίασις: διεστιάσεσι καιναῖς (scr. κοιναῖς) 154, 31
διευλαβοῦμαι 196, 5
διέχω: διασχὼν 237, 34. 85, 28
διήγημα 241, 13. 267, 27. 11, 15. 158, 29. 236, 14. plur. 155, 12
διήγησις 158, 25. 175, 2. 236, 4. 76, 6. 102, 17. τοῦ λόγου 72, 8. 80, 25. 133, 21
διηγοῦμαι: ἀρχαῖα 226, 20. 220, 6. 116, 20. διηγήσομαι 239, 19. 166, 18. 155, 13. διηγήσατο 203, 2. 204, 19. 208, 35. 133, 24. 258, 22
διήκω 172, 27
διϊππεύω 139, 14
διΐστημι: διέστηκεν ἑκατέρωθεν ἡ συγκλητικὴ τάξις 212, 1. διειστήκεσαν ἀπ᾽ ἀλλήλων 12, 10. 190, 25. 198, 19. ἑκατέρωθεν 139, 8. διεστῶσαι 264, 7. τὸ διεστῶς συνάπτει 238, 13. διαστήσειε 56, 5. διάστησόν μοι τὴν φάλαγγα 91, 33. διαστάντες 149, 9
διϊσχυρίζομαι 10, 28. 155, 17. aor. 156, 2
δικάζω 244, 7. 112, 4. 238, 17. τοῖς ἀντιδιατιθεμένοις 32, 11. 212, 33. οἱ δικάσαντες οὐδ᾽ ὁτιοῦν ἐξετάσαντες 158, 7. δικάζοιτο 73, 34
δικαιοδοτῶ 238, 8
δίκαιος: δίκαιος δικαστὴς 66, 30. 202, 9. 165, 34. δικαίου πλέον 238, 16. 247, 16. δικαιότερόν τι νόμου 238, 28
δικαιοσύνη 238, 1. 239, 18. 21, 17. 233, 12
δικαίως 103, 31
δικαστήριον, δημόσιον 166, 24. 157, 7. 237, 26
δικαστὴς 163, 9. 60, 30. 228, 22. 165, 10
δίκη 81, 8. 209, 27. δίκην ἀπαντλήσων 76, 2. δικῶν διαλύσεις 94, 13. δίκας ἐδεδώκει 247, 11. 80, 23. 266, 10
δίκην: Μαινάδων 82, 3. πνεύματος διαδραμὼν 138, 18. πυρὸς 84, 11. φελλοῦ 177, 10
δίκτυον 268, 2. 106, 17

δίνη, plur. 8, 21. 222, 32
δίνησις 9, 18
διογκῶ, aor. 214, 33
διοιδαίνω: διῳδηκὼς τοῖς ὀφθαλμοῖς 157, 21. τὴν ψυχὴν 249, 1
διοίκησις 170, 20. αὐτοκράτωρ 2, 11. 97, 1. λογισμῶν 45, 9. κοινοῦ 10, 4. 16, 16. 57, 8. 22, 32. πολιτικὴ 51. 24. 45, 14. 111, 33. τοῦ κράτους 169, 20. τῶν ὅλων 20, 7. 180, 16. 185, 26. 71, 17. τῶν διοικήσεων ἀπωσθῆναι 205, 26. βασιλικῶν ἄχθος 182, 6. κοινῶν 2, 21. 204, 5. στρατηγικῶν 106, 13. 183, 21. ταῖς διοικήσεσιν ἐφιστᾶσα 181, 25
διοικῶ 10, 23. ἀρχὴν 11, 20. διῴκει τὸ ξύμπαν κράτος 69, 1. διοικήσασθαι 23, 1
διολισθαίνω: διωλισθηκὼς τοῦ ἵππου 257, 26. -ει ὁ ἵππος 8, 18
διόλλυμαι 207, 29
διομαλίζω, aor. 202, 10
διόμνυμι, med. 203, 23. 205, 3
διομολογῶ: διωμολόγει 249, 16. -όγησε 156, 27
διοργανοῦμαι: διωργάνωται 110, 35. 25, 32
διόρθωσις 3, 9
διορίζω 221, 1. διώρισται 245, 2
διορύττω 178, 29. διώρυξαν τὴν πλευρὰν 192, 21. 87, 30. διώρυκτο 178, 33. πᾶν ὄρος 33, 13
διορυχὴ 222, 22
διοχλῶ 227, 10
διπλόη 109, 29
διπλοῦς: διπλοῦς τις ὁ αὐτὸς κατεφαίνετο 211, 29. 109, 28
δίς: που καὶ τρὶς 160, 6
διττὸς 43, 18. 164, 6. διττὰς 204, 1
διχόθεν 177, 20
δίψα 223, 4
δίψος 24, 3
διψῶ 16, 35
διώκω 194, 30. ὁ διώκων 238, 21. 262, 1. τῶν 257, 27. 194, 19. 222, 33
δίωξις 144, 16
διῶρυξ, plur. 29, 23
δόγμα 254, 19. θεοκίνητον 100, 30. 59, 35. 165, 33. 181, 7. δόγμασιν ἑλληνικοῖς 209, 23
δόκησις 105, 36
δοκιμάζω 240, 11. 56, 32. aor. 12, 21. 59, 30. 2, 6. 49, 18. pass. 238, 24. 255, 30
δόκιμος: φωνὴ 94, 26. δοκιμωτάτου 97, 2. 147, 2
δοκῶ, praes., impf. et aor. 1, saepe. τὸ δοκεῖν 32, 27, et al. τὸ δόξαν, 18, 13. et al. τῶν δεδογμένων 51, 12. ἐδέδοκτο 255, 33

δόμησις, plur. 57, 28
δομῶ: δομήσας 59, 33. ἐδείματο 128, 18. μονὴν 10, 30
δόξα 28, 18. 180, 11. 33, 34. 260, 13. 251, 34. περὶ τοῦ θείου 241, 18. εἰληφὼς 75, 8. 184, 18. 97, 17. 229, 30
δοξάζω 254, 17
δολερὸς 74, 22
δοράτιον, plur. 141, 6
δόρυ 248, 13. ἀφιέναι 24, 5. 248, 9. μακρὸν 8, 5. 9, 6. 82, 21. δόρατι βαλὼν 142, 13. τὰ δόρατα 194, 21. ἐπιμήκη 127, 35. 199, 33. μόνα ἐναγκαλιζόμενοι 222, 17. 199, 35. δόρασιν ἀνῄρουν 141, 30. 146, 7. οἷον τοῖς ποσὶ χρώμενον 224, 27
δορυφορία 204, 27. βασιλικὴ 100, 34. 94, 8. οἰκεία 74, 30 etc.
δορυφορικός: τὸ -ὸν ξύμπαν 128, 12. 100, 27
δορυφόρος: δορυφόρους 54, 34
δορυφορῶ 13, 34. 198, 14. fut. 206, 4. pass. 76, 17. ταῖς αὑταῖς τάξεσι 204, 15. ὑπὸ πολλοῖς πυρσοῖς 118, 22
δουλαγωγῶ 133, 9
δουλοπρεπὴς 72, 29. δουλοπρεπέστατα 247, 25
δουλῶ 27, 1. δουλούμενος 13, 5. 20, 21
δοὺξ 198, 24
δρᾶμα: ἀνακαλύπτει θεὸς 240, 25. 190, 3. ὑποκρινόμενος τοῦ σοφίσματος 157, 27. 136, 4. τὸ πᾶν 38, 15
δραματουργὸς 158, 14
δραματουργῶ: ὡς ἐπὶ σκηνῆς 136, 36
δρασμὸς 250, 20
δραστήριος 198, 23. 254, 32. 43, 1. 136, 36
δραστικὸς 267, 31. -ώτερος 5, 2. -ώτατος 135, 30
δράττομαι: ἐδράξαντο τῶν κιόνων 90, 1. 52, 26
δρέπομαι: δρεψόμενος μήλου 178, 34
δριμὺς: δριμεῖαν ὄψιν 47, 13. δριμυτέρα 236, 16. 46, 27
δριμύττομαι 49, 20
δρομαῖος 206, 8
δρομεὺς 190, 34
δρόμος: τὰ δρόμῳ ἐλεύθερα 225, 6. ὡς εἶχε δρόμου 30, 12. δρόμον ἐπεῖχε 224, 30. καταπίνει 353, 30
δροσώδης 173, 15
δρυοτομῶ 55, 23
δρῶ: ἕδρα 14, 36. 258, 11. δέδρακε 11, 4. ἐδεδράκεισαν 40, 32. δράσειε 64, 8. 71, 3. 140, 11. 236, 15. 248, 17. 256, 26. 75, 4. 83, 32. 134, 22. 145, 33. τὸ δρώμενον 246, 10. 10, 25
δύο: πρὸς τοῖς δέκα ἔτη 179, 26. δυεῖν ἕνεκα 239, 1. τοῖν ἐναντίοιν 265, 26. δυοῖν θάτερον 74, 13. 101, 35. 260,

24. ἐπὶ δυοῖν ἀγκύραιν ὥρμα 230, 35. τῶν δυοῖν ἀδελφῶν 117, 12. ταῖς δυσὶν ἀδελφαῖς 93, 6. ἐναντίοις πάθεσι 63, 5. 159, 7. 131, 20. 211, 25
δύναμαι, *praes. saepe.* ἐδυνάμην 56, 14. 219, 34. ἠδυνάμην 36, 21 *et al.* δεδύνημαι 44, 22 *et al.* δεδυνήμην 185, 10. δυνήσῃ 173, 1. δυνηθείη 104, 9. 182, 32
δύναμις *saepe.* δυνάμεις (στρατηγικαί, ξενικαὶ &c.) *saepissime.*
δυναμῶ: δυναμώσας 5, 19. 4, 6. 203, 9
δυναστεία: ηὔξηται 267, 20. ὅλης ἡγεμονίας 243, 14
δυναστεύω: τῷ δυναστεύοντι 258, 30. 247, 20
δυνάστης, τῆς Αἰγύπτου 174, 3
δυνατὸν 243, 31
δυσανάκλητος 21, 4
δυσανάλωτος 223, 7
δυσανασχετῶ 186, 23
δυσάρεστος 40, 3
δυσαρίθμητος 139, 12
δύσβατος 224, 2. 256, 16. 141, 24
δυσγενὴς 82, 9. δυσγενέστατος 78, 34
δυσδιάκριτος 24, 20
δυσέλπιστος 40, 27
δυσεπίτευκτος 144, 21
δυσήκοος 21, 4. 261, 22
δυσήνιος 216, 26
δυσθανατῶ 176, 27. 179, 9. 237, 27. 112, 13
δύσις: ἐπὶ δύσιν ἐξ ἀνατολῆς 131, 34
δυσκίνητος 185, 17
δύσκολος 132, 33
δύσμαχος 222, 11. 223, 7
δυσμένεια 242, 3. 256, 26. 51, 19. 124, 27. 257, 10
δυσμενὴς 255, 17. δυσμενὲς ἐχούσας 49, 22. δυσμενέστατος 204, 6
δυσμενῶς 135, 20. 64, 12. 75, 15
δύσνους 98, 2
δύσοργος 3, 14. 21, 5. 9, 35
δυσόργως 72, 16. 117, 21. 192, 33
δυσπαράγωγος 134, 20
δυσπαραδεκτῶ: -ήσασα 109, 24
δυσπολέμητος 222, 12
δυσπραγίᾳ 236, 26
δυσπρόσιτος 40, 5
δυσπρόσοδος 40, 5
δυστράχηλος 213, 35
δυστύχημα 255, 19
δυστυχής: -έστερος 98, 9
δυστυχῶ 11, 35
δυσφημία 103, 22
δύσφημος 20, 16. 206, 34
δύσφορος: -ωτάτην 228, 27
δυσχεραίνω: τὸ ἀπαράσκευον 68, 6. 154, 11. ἐπὶ τοῖς δεινοῖς 149, 28. 137, 18. 14, 9. 39, 16. 49, 29. 85, 35. περὶ

τῇ δεσπότιδι 114, 34. δυσχεράνας 154, 17. ἐδυσχεραίνετο 62, 14
δυσχέρεια 247, 23
δυσχερὴς 119, 12. 40, 2. -εστέρων 119, 14
δυσχερῶς 40, 17
δυσωποῦμαι: πρὸς 21, 7. ἐδυσωπήθησαν 90, 15. 269, 5
δύω: ἔδυ ὁ ἥλιος 197, 25. 226, 29. 207, 10. ἔδυσαν ἁρπασθέντες τοῖς κύμασι 221, 13. κατὰ τοῦ βάθους 178, 35. ἐδεδύκει τῷ φωλεῷ 253, 31
Δωδωναῖον χαλκεῖον 226, 1
δωμάτιον 96, 24. 246, 23. 226, 29. 227, 30. 118, 14
δωρεὰ 20, 18
δῶρον 115, 17. 238, 37. 53, 23. δώρων ἐμπλήσει τὴν δεξιὰν 257, 32. 51, 15. 113, 10
δωροῦμαι: δεδώρηται 184, 22. -το 218, 6. ἐδεδώρητο 161, 24. ἐδωρήσατο 59, 23

ἔαρ: ἔαρος μεσοῦντος 16, 31. πρώτου 249, 5. ὑποφαινομένου 250, 5
ἐαρινὸς 99, 34
ἑαυτῷ γίνεται 253, 16. ἐφ' ἑαυτὸν ἀσχολῶν 12, 7. ἑαυτὸν ἀποβιασάμενος 17, 23. ἔνδον τοῦ φρουρίου συνέχειν 256, 32. ἐν τούτοις κατήνεγκε 263, 24. οἷς —πεπίστευκε 259, 31. τοῖς ἑαυτῶν κτήμασι 4, 14. 29. διαταξάμενοι 12, 13. ἑαυτοὺς 4, 15. ἑαυτοῦ ἐγίγνετο 38, 22
ἐάω 255, 22. 162, 28. 14, 27. 76, 30. εἴα 176, 15. ἐάσω 254, 9. ἐάσειε 142, 1. 120, 32
ἑβδομήκοντα 162, 32
ἑβδομηκοστὸς 20, 7. 162, 3
ἐγγενὴς 78, 28. 215, 3
ἐγγίνομαι 109, 30
ἐγγύη, *plur.* 84, 33
ἔγγυος: ἐγγύας δεξιὰς 52, 19
ἐγγὺς: τοῦ εἱμαρτοῦ 187, 17. τοῦ θέρους 188, 5. καθίζεσθαι 70, 26. 100, 32. 192, 14. τὴν ἰσχὺν ἐμνηστεύετο 100, 21. ἐγγύθεν 91, 13. 87, 26. ἔγγιστα τῆς ἐκείνου 197, 34
ἐγγυῶμαι 145, 25
ἐγείρω: κλυδώνιον 104, 18. 252, 19. ὑπνώττοντα 154, 15. 264, 9. *vide sub* γρηγορῶ
ἐγκάθημαι: ἐγκαθημένην ψυχὴν 264, 3
ἐγκαθιδρύω 186, 5
ἐγκαθίζω: -ἶσαι τοῖς βασιλείοις θρόνοις 180, 12
ἐγκαθίστημι: ἐγκαταστῆσαι ἕτερον τοῖς πράγμασι 240, 19. 178, 21. 180, 4. 191, 21. ἐγκαταστὰς τοῖς ἀγῶσι 201, 9
ἐγκαλλωπίζομαι 177, 18
ἐγκαλῶ 268, 26
ἐγκαταλέγω 4, 26. 28, 32

INDEX GRAECITATIS. 319

ἐγκαταλιμπάνω: δυσφορωτάτην χηρείαν 228, 27
ἐγκατατάττω 5, 6
ἐγκατατίθημι 204, 3
ἐγκαυχῶμαι 177, 2
ἔγκειμαι 18, 28
ἐγκελεύω 194, 28. *fut.* 70, 8. -ομαι 232, 4· 7, 5. αὐτοῖς 191, 32. 185, 2. ἐγκεκελευσμένους 90, 34. ἐγκελευσθεὶς 252, 15
ἐγκεντρίζω 99, 16. 184, 16
ἐγκέφαλος 38, 27. 50, 16. 9, 18
ἔγκλημα 43, 30. 93, 26. 106, 13
ἐγκόλπιος: ἐν τῇ ψυχῇ 113, 33
ἐγκόπτω: ἐγκόψας τὴν φωνὴν 201, 10
ἐγκρατής: τῆς αὐτοκράτορος ἀρχῆς 21, 32. 254, 24. τῆς φύσεως 66, 22. 45, 17. τῶν ὅλων 188, 11. 243, 11. 151, 27. 125, 23. 136, 18. ἐγκρατεστέραν ψυχὴν 95, 2
ἐγκρατῶς 105, 4
ἐγκυμονῶ: ἔρωτα 155, 36. 191, 5. πόθον 159, 11. *aor.* 36, 18. -ουμένη αὐτῷ 155, 22
ἐγκωμιάζω 95, 4· 167, 23. 241, 2. τὸν ἐκείνου βίον 102, 29. 163, 2. 120, 23. ἐγκωμιάσαι 59, 9. ἐγκωμιαζομένῳ 163, 3, 34
ἐγκωμιαστικὸς 164, 3
ἐγκώμιον 251, 2. αὐταρκὲς 213, 22. οὐκ — τὰ γραφόμενα 238, 33. 117, 7. 105, 35. ἐγκώμια τῷ αὐτοκράτορι 162, 36. 2, 13. 244, 8. 128, 25. ἐγκωμίων τόπους 120, 23. 103, 6. ἃ τῶν — ἐστὶν 103, 1. 128, 20. 213, 30. 203, 16. 219, 32. 103, 18
ἐγρηγορῶ 265, 13
ἐγχείρημα 77, 30
ἐγχείρησις 27, 5. *plur.* 28, 29
ἐγχειρίδιον 87, 1
ἐγχειρίζω: ἑαυτὸν 60, 11. γράμματα 256, 29. τῆς ἡγεμονίας τοὺς οἴακας 20, 6. τούτῳ τὰ φίλτατα 235, 18. ἀρχὴν 61, 36. ἐνεχείριζε σκῆπτρον 37, 23. ἐγχειρισάτω μοι τὸ γράμμα 200, 10. ἑαυτοῦ ἐκείνῳ 65, 34. 51, 25. 22, 36. 205, 15. ἐνεχείρισε τοῦτον ἐμοὶ 244, 11. τούτοις τὰς βασιλείους ἐπιστολὰς 15, 29. ἐνεχειρίσθη ἡ τῆς βασιλείας ἡνία 216, 5
ἐγχείρισις 269, 9. ἐγχειρίσεως 217, 3. 269, 7
ἐγχειρῶ: ἐγκεχείρηκε 195, 4
ἐγχώριος: γλῶττα 28, 29
ἔδαφος: εἰς — κατερρήγνυτο 83, 14. πρὸς τοὔδαφος ἔνευε 212, 9. ὁρᾷν 180, 27. ἐδάφους ἀνέστη 92, 12. ὑπεραλλόμενος 80, 21. ἐπικειμένῃ 119, 17. ἐδαφῶν λίθοι 149, 5. ἐδάφεσι 57, 31
ἕδρα 51, 4. 63, 27. 126, 34. 9, 8.
ἐντετύπωτο 18, 2. 148, 30. ἕδραν τοῦ κράτους 188, 18
ἑδράζω: ἥδρασα ἐμαυτὸν τοῖς σταθηροτέροις λογισμοῖς 201, 8. ἑδράσας τῷ θεῷ τὸ θέλημα 176, 8. ἑδράσαντες τὴν ἐπιβουλὴν 190, 27. ἥδραστο ἀσφαλῶς 23, 26. τὸ κράτος 129, 33. τοῖς πολλοῖς τὰ βουλεύματα 97, 9
ἐθὰς 64, 27. 5, 2. ἐθάδες πολιτικῆς βωμολοχίας 140, 5
ἐθελόθυτος 67, 14
ἐθελοντὴς 62, 32. 141, 7
ἐθελούσιος 137, 23
ἐθέλω 264, 4· 75, 22. 122, 30, 31. 133, 2. 121, 18. 172, 32. 182, 23. 265, 7. 14, 10. 142, 14. 165, 16. 179, 29. 218, 18. 150, 25. 206, 28. 87, 31
ἐθίζω: εἴωθα *saepe.* (τὸ εἰωθὸς 231, 21.) εἴθισται 105, 35. 121, 29. εἴθιστο 41, 33. 94, 2. 242, 32
ἔθνιος: ἐθνίους πολέμους 60, 35
ἔθνος 66, 3. τῶν Γετῶν 222, 3, 7. 181, 9. ἔθνους βασιλεὺς 64, 1. 155, 33. ἔθνη τὰ πέριξ ἡμῶν 96, 23. ἐθνῶν βαθυτέρων 51, 19. 213, 22. 214, 19. τὰ τῶν — ἠθξηται 217, 31. 238, 36. 213, 10. 51, 14
ἔθος 112, 8. 185, 28. 180, 25. -ει 61, 28. -η τῶν Πολιτῶν 23, 35
εἴ περ: τις ἀνθρώπων δεινὸς 58, 9
εἰδήμων 14, 31
εἶδος 18, 17. 169, 34. 264, 11. ἀξιωματικὸς 98, 13. 116, 13. πρεσβυτικὸν 261, 13. οὐ τρυφερὸν 123, 27. 47, 15. ἡρωϊκὸν 86, 26. 97, 24. 263, 3. λαμπροτάτη 22, 14. 234, 30. πραγματικὸν τῶν ὑποθέσεων 169, 30. πράξεως 98, 19. 261, 13. 134, 1. τοῦ βασιλέως 146, 19. 190, 13. εἴδει ὡραία 240, 1. 159, 6. εἴδεσι φοβεροὶ 199, 25. ἀρετῶν 262, 4
εἴδωλον 54, 33. 110, 15
εἰδωλοποιῶ 56, 17
εἰκάζω 150, 29. εἴκαζον κἀγὼ 263, 21. εἴκαζε 116, 26. εἴκασα 73, 18. τὸ πρᾶγμα 211, 11. τὰ μέλλοντα πρὸς ταῦτα 13, 18. εἴκασε κάλλεσιν ἡλίου τὴν κεφαλὴν 147, 21. εἰκάζεσθαι 266, 1. εἴκαστο 211, 5
εἰκόνισμα: ἔμπνουν 119, 8
εἰκοσάπηχυς: -υ δόρυ 248, 10
εἴκοσι: μυριάδας ταλάντων 16, 6
εἰκοστὸς 150, 29. εἰκοστὸν 107, 12
εἰκών: τῆς Θεομήτορος 31, 16. 119, 13. θεία 119, 15. τῆς τοῦ Λόγου μητρὸς 7, 1. εἰκόσιν ἐμψύχοις 57, 33
εἴκω 265, 14. εἰκότα λογισμὸν 50, 27.
εἰκὸς σέβας 163, 26. εἰκὸς 197, 2. 248, 13. ὅσον 189, 16. ὁπόσον 108, 31.

232, 32. 249, 29. ὁπόσα — τῷ καιρῷ 91, 9. ὡς — 152, 15. 230, 21. τὰ εἰκότα 75, 9. τιμήσας 197, 10. 43, 30
εἰκότως 99, 1
εἰλικρινῶς 103, 11
εἵμαρμαι: εἵμαρται οὐδέν τι ἡμῖν 209, 24. τὸ εἱμαρτὸν ἀναλύει 209, 22. εἱμαρτοῦ ἐγγὺς ἐγεγόνει 187, 17. εἱμαρμένος 86, 7
εἰμί: εἴ πέρ τις ἄλλος φιλορώμαιος καὶ φιλόπατρις 160, 4. ἔστιν ὅπη 243, 18. οὗ 100, 7. 116, 11. ἐστὶ καὶ εἴη μέχρι πολλοῦ 240, 3. οἷός τε ὦ 81, 7. εἴην 102, 20, 32. εἴη 134, 27. 104, 32. 126, 6. 186, 15. τίς — καὶ ὅθεν 49, 18. εἶεν 122, 27. 181, 31. εἶναι ὑπὸ λογισμοὺς 97, 7. τοῦ — 32, 37. ὢν 55, 33. καὶ δοκῶν 230, 5. ἐτύγχανε 5, 9. 6, 4. 41, 27. 47, 6. 48, 33. 88, 6. νῦν ὄντος καὶ ἐσομένου αὐτοκράτορος 37, 34. ὄντα ἐτύγχανε 6, 6. ὄντε ἐκείνω ἐρασταὶ φιλοσοφίας 175, 10. ὄντες 39, 4. 42, 16. 46, 2. οὖσα 95, 21, 31. ἦν 4, 31. ἐπιστάμενος 65, 10. ἐν τούτοις ἡ Πόλις 83, 25. ᾔστην ἄμφω 2, 1. διαβεβλημένως 72, 3. συντετριμμένω 89, 19. ἴστην (scr. ᾔστην) 240, 8. ἔσται 167, 7. ἔσομαι 246, 7. ἔσται 195, 32. ἔσεσθαι 113, 21. 77, 34. 119, 22. 264, 30. 54, 13
εἶμι: ἐπ᾽ αὐτὴν πάλιν τὴν διήγησιν 73, 6. ᾔειν διὰ μέσης τῆς Πόλεως 83, 1
εἰρηνεύω 266, 25
εἰρήνη: τὰ τῆς εἰρήνης 255, 34. ἐν εἰρήνῃ 18, 3. 250, 27. 255, 30. 213, 7. περὶ τὴν — συνθήκας 29, 17
εἰρηνικὸς 256, 27. -ὴν πρεσβείαν 29, 28. 18, 1. εἰρηνικὰ ἀπαγγέλλων 124, 35
εἰρηνικῶς 121, 14
εἱρμός: τοῦ λόγου 111, 20
εἰρωνεύομαι 106, 19
εἰρωνικὸς 247, 7. 265, 5
εἰσάγω 109, 21. 157, 7. σκηνὴν 80, 7. ταύταις πᾶσαν γλυκυθυμίαν 112, 26. 13, 34. εἰσαγαγεῖν 14, 30. εἰσάγεται ἐντὸς τῶν 116, 2. εἰσῆκται 219, 9. εἰσήχθη 113, 1
εἰσαγωγή: πρὸς τὸν βασιλέα 35, 29. cf. (plur.) 237, 8
εἰς αὖθις 38, 31
εἰσβάλλω 33, 25
εἰσβολὴ, plur. 136, 6. 140, 34
εἰσδέχομαι: πληγὴν 126, 24. cf. 179, 5. 84, 15. aor. 108, 32. 139, 26
εἰσδύω: εἰσέδυ 156, 29. 212, 24
εἰσηγοῦμαι 53, 19. 219, 12
εἴσειμι: εἴσεισι τὸ ἄστυ 66, 11. εἰς τὰ βασίλεια ἄδυτα 101, 8. 41, 12. 252, 15. 156, 33. εἰσίασι 84, 14. εἰσιέναι 141, 35. 191, 18. 64, 11. εἰσῄει 55, 10. εἰσῄεσαν 41, 18. 166, 28. 189, 14. 115, 29. εἰσιὼν 111, 9. 179, 4. 226, 30. εἰσιόντι τῷ νεῷ τέθαπται 68, 22. 50, 30. 43, 23. 197, 27
εἰσέλευσις 189, 19. 231, 4
εἰσέρχομαι: εἰσελήλυθε τὴν αὔλειον εἴσοδον 69, 25. -ηλυθέτην ἄμφω 36, 13. 210, 22. 88, 18. -ηλύθειμεν 199, 5
εἰσιτήριος: -ια εἰς τὴν Πόλιν 29, 10
εἰσκαλῶ 198, 11. -εσάμενος τὴν γερουσίαν 237, 34. εἰσκεκλημένοις 238, 2
εἴσοδος 197, 24. ἀπράγμων 87, 32. πρὸς βασιλέα 166, 25. ἐπὶ τὸν νεὼν 70, 19. εἰς τὸν βασιλέα 189, 13. εἰσόδου σύνθημα 101, 7. 156, 13. 198, 27. 64, 12. 67, 35. 114, 18. 142, 10. 142, 7. 140, 35. 209, 11. πρὸς τὴν βασιλείαν 113, 30. 208, 34. πολυτελεστάτην 206, 2. εἰσόδων ἀπορρήτων 155, 25. κλεῖς 156, 13. βασιλείων 82, 23. 224, 17. οἱ ταῖς εἰσόδοις τῶν τειχῶν ἐφεστηκότες 142, 4. cf. 142, 36. εἰσόδους ἀναπετάσαντες 258, 6. 214, 22
εἰσοικίζομαι, aor. med. 156, 7
εἰσοχὴ, plur. 148, 21
εἰσποίητος 202, 2
εἰσποιῶ, aor. 190, 5. 219, 8. 30, 5. εἰσποιεῖται ὅλην 100, 5. 192, 24. εἰσποιήσαιτο ὅλην ἑαυτῷ 156, 7
εἴσπραξις, plur. 14, 28. 191, 23. 33, 30
εἰσπράκτωρ 191, 22
εἰσπράττω 166, 2. -εται αὐτὴν ἐγγύας 84, 33. 191, 20. 89, 16. λόγους 60, 13. πίστεις 38, 20. τὸ εἰσπραττόμενον χρέος 167, 6
εἰσφέρω: -ήνεγκεν νόμον 45, 3. ὀφθησόμενον 36, 12. 233, 12. 214, 21. 215, 32
εἰσχέομαι 33, 20
ἕκαστος: ἑκάστοις ἢ ἑκάστῳ τὰ προσήκοντα χρήματα 147, 14. 269, 2. ἑκάστην κατὰ μίαν 108, 25. 106, 1. καθ᾽ ἕκαστον 121, 5. ἕκαστα τῶν ἐκείνου μελῶν 147, 12. ἐφ᾽ — τὰ μέρη 142, 11
ἑκάτερος: ἐγνώρισαν 175, 12. λανθάνειν τὸν ἕτερον 51, 1. ἐφ᾽ ἑκατέρου πρὸς ἕκαστον 249, 3. -έροιν τοῦ βίοιν 221, 18. ἑκατέρων λιμένων 130, 36. -ερα Ῥώμη 110, 8. -έρου μέρους 225, 9. ἐξ — 255, 5. 78, 16. 83, 20. οἱ ἐφ᾽ ἑκάτερα τῆς ἀκμῆς 125, 18. 191, 19. οἱ ἐφ᾽ ἑκατέροις τοῖς κέρασι 3, 5.
ἑκατέρωθεν 19, 11. 50, 27. 128, 18. ἀντηρεῖδον 148, 33. 192, 28. διειστήκεσαν 139, 8. 6, 30. 131, 7. 9, 24. 200, 9. 29, 34. περιστάντες 69, 15. χειραγωγούμενος 14, 1
ἑκατόγχειρ, plur. 215, 35

INDEX GRAECITATIS. 321

ἐκβαίνω: ἐκβεβηκότα τὴν ἥβην 243, 28
ἔκβασις 51, 36. 19, 23. 45, 19
ἐκβιάζομαι 222, 5
ἐκβοῶ 31, 29
ἐκδειματῶ 76, 12. aor. 245, 4. 76, 12
ἐκδέχομαι, aor. 43, 16
ἐκδημία 176, 26. 254, 14
ἔκδημος: ἑαυτῆς 185, 32
ἐκδίδωμι: ἐκδίδωσιν ἑαυτὸν ταῖς ἡδοναῖς 20, 11. ὁ λόγος τοιοῦτον τὸν ἄνδρα 20, 12. 261, 11. ἐκδοίη 263, 19
ἐκδύομαι: ἐξεδυσάμην τὸν χιτῶνά μου φησὶν ἡ Γραφὴ 182, 33
ἐκεῖθεν 52, 1. (Procli) ἔσπεισα πᾶσαν ἐπιστήμην καὶ νοήσεων ἀκρίβειαν 108, 12. τὴν — ἔξοδον 255, 2. τῶν — λόγων 181, 6
ἐκεῖσε 12, 27. τοῖς μέρεσι 124. 6
ἐκεῖνος ὁ Ἀνδρόνικος 234, 14. ὁ αὐτοκράτωρ — 59, 18. Βασιλείου ἐκείνου 61, 6. 79, 13. Κωνσταντίνου — 234, 24. τοῦ πάνυ 21, 34. 33, 1. οἱ πρὸ ἐκείνων (Aristotelis et Platonis) 108, 6. τοῖς θρυλλουμένοις ἐκείνοις ἥρωσι 145, 17. Ἀντωνίνους ἐκείνους 26, 9. αὐτοκράτορας 164, 4. εἰς τοὺς Δούκας τὸ γένος ἀνέφερε 229, 9. μετ᾽—τὰ δευτερεῖα 108, 6. κατ᾽ ἐκείνους τοὺς χρόνους 15, 11. συμμαχιῶν ἐκείνων 31, 26
ἐκηβόλος 139, 7
ἐκθεμελιῶ 89, 6
ἐκθηλύνομαι: -υνθῆναι 181, 2
ἑκκαιδεκέτης 40, 19
ἐκκαίομαι 226, 9
ἐκκαλοῦμαι 23, 21
ἐκκαλύπτω 175, 36
ἔκκειμαι 155, 13. 152, 9. ἐκκειμένῳ ἀγκῶνι 19, 17. 155, 9. ἐκκείμενον ἦθος 265, 5. 19, 28. βάθος τῆς θείας Γραφῆς 241, 24
ἐκκενῶ: ἐξεκένου 63, 5. pass. 217, 28
ἐκκεφαλίζω, aor. 127, 11
ἐκκλησία: τοὺς τῆς -ας λιμένας 178, 11. -ίας κλήρῳ 4, 26. -ίαν λύει 238, 5
ἐκκομίζομαι: -ισθείη 217, 12
ἐκκόπτω: ἐξέκοψεν εὐπορίας 218, 12. τοὺς ὀφθαλμοὺς 258, 30. τὴν τοῦ λόγου διήγησιν 72, 8. 48, 2. ἐξεκόπη τὴν φωνὴν 207, 12. τῶν ἐλπίδων 135, 17. τοῖς ὀφθαλμοῖς 97, 11, cf. 259, 5
ἐκκρέμαμαι 163, 23. 161, 16
ἐκκρεμής 175, 13
ἔκκριτος 87, 7. τάξις 94, 11. 100, 29. μοῖρα τῆς συγκλήτου βουλῆς 130, 29. 189, 11
ἐκκυλίομαι 48, 9. -ισθεὶς 51, 4. 48, 9
ἐκκυμαίνω 156, 21
ἐκκωφῶ: ἐξεκεκώφει 178, 4. -ώφεισαν 90, 6

ἐκλάμπω, aor. 234, 14
ἐκλέγομαι: τοὺς ἀρίστους 29, 30. ἐξειλεγμένοις βασιλεῦσι 44, 31. ἐκλεξάμενος 61, 2
ἐκλείπω: ἐκλελοιπότος τοῦ πνεύματος 68, 11
ἐκλιπαίνω: ἐκλιπᾶναι 215, 12
ἔκλυτος 161, 20
ἐκμαίνω: ἐξέμηνε 215, 34
ἐκπέμπω 256, 11. 7, 29. 69, 3. ἐκπεπόμφασι 4, 21, 29. pass. 127, 22
ἐκπιαίνομαι: -ανθέντας 215, 19
ἐκπίπτω 174, 5. ἐκπεσεῖν τῶν ἐλπίδων 90, 13
ἐκπλαγὴς 135, 12
ἔκπληξις 138, 26. 38, 2
ἐκπληρῶ 38, 16. pass. 33, 21. 108, 9
ἐκπλήττω: ἐξέπληξε 218, 26. 200, 20. 29, 12. ἐξεπληττόμην 89, 23. ἐξεπλάγη 45, 29
ἐκπνέω: ἐκπεπνευκότα 42, 9. ἐξεπεπνεύκει 37, 31. 167, 14. ἐκπνεύσασαν 107, 29
ἐκπνοή, plur. 187, 23
ἐκποδών, γεγονότων 125, 26
ἐκπολεμοῦμαι: ἐκπεπολεμωμένον ἐκείνοις 88, 22
ἔκπτωτος 242, 36
ἐκρέω: ἐκρυέντος χρόνου 267, 3. ἐξερρυήκεσαν τούτῳ οἱ ὀφθαλμοὶ 92, 18
ἐκρήγνυμαι 37, 10. ἐκραγέντος 50, 7. ἐξερράγη 62, 13
ἐκστρατεία 63, 1
ἐκταράσσω 16, 16
ἐκτείνω 21, 2. pass. 139, 1. ἐκτεταμένος 127, 6. 18, 20
ἐκτελῶ 240, 15
ἐκτέμνω 214, 11. ἐκτεμεῖν 213, 33. 9, 30. ἐκτετμημένη 227, 17
ἐκτήκω: ἐκτετηκὸς 44, 4
ἐκτομίας ἀνὴρ 36, 1, 11. 37, 27. 42, 29. 43, 33. 48, 33. 56, 23. 126, 3. 154, 21, 28, 34. 195, 3
ἐκτὸς 43, 11. τῶν Ἡρακλείων 35, 9. 96, 11
ἐκτραγῳδῶ 184, 36. 207, 22
ἐκτραχηλίζω: τοῦ δέοντος 239, 10
ἐκτραχύνομαι 20, 16
ἐκτρέπομαι 3, 15
ἐκτρέφομαι 215, 13
ἐκτυφλώσις 87, 11
ἐκφαίνω 61, 12. ἐκφήνειεν 59, 1
ἐκφανὴς 165, 17
ἐκφέρω: ἐξήνεγκεν ἑαυτὸν 74, 27. 71, 19. 141, 3, 5. ἐξενεγκέσθαι πόλεμον 62, 12
ἐκφεύγω: ἐκπέφευγε 221, 32. 247, 8. 255, 10. ἐκφεύξῃ 156, 31. ἐκφύγοι 66, 30. ἐκφεύξεται 53, 3
ἔκφημι: τὰ ἐκπεφασμένα τοῖς μεγάλοις Πατράσι 109, 32

ἐκφοβῶ 47, 14
ἐκφορά: -ᾶς ἡ ταφῆς 68, 21. 44, 15. 66, 13. 43, 22
ἐκφορῶ 16, 26
ἐκχέω 105, 13. ἐκκέχυται 208, 29. ἐκκεχυμένης ποιότητος 215, 6. ἐκκεχυμένην 18, 23. ἐξεκέχυτο 101, 5. ἐξεχύθη 161, 30. ἐκχέοιτυ 260, 6
ἑκών 174, 9. 195, 6. 170, 19. ὥσπερ 38, 5. 86, 13
ἐλάα 117, 16
ἔλαιον 266, 1. ἐλαίῳ πῦρ κατασβέσαι 268, 7
ἔλασις 257, 14
ἐλαττοῦμαι: ἠλάττωτο 244, 27
ἐλάττωμα 164, 1
ἐλάττων et ἐλάσσων saepe. τῶν ἐναντίων 5, 9. τὰ πολιτικὰ 266, 9. ἐλάττους βαθμοὺς ἀπονέμων τοῖς ἐλάττυσι 192, 3. ἐλάττων τὴν ὥραν τῆς ἀδελφῆς 22, 18. τιμῇ 231, 3. ἐλάττονι ἀγκύρᾳ 231, 1. ἔλαττον ἔχων 122, 24. ἐλάχιστον μέρος 59, 22. ἐλάχιστα 145, 13
ἐλαύνω: τὸν ἵππον 257, 15. 75, 34. τὴν εὐθὺ Μακεδονίας 136, 5. 255, 11. 241, 9. 29, 8. ἐλάσαι 143, 14. 151, 12. 132, 1. ἐληλακὼς 10, 10. ἐλαυνόμενον νέφος 9, 3. ἠλαύνετο τὸ ῥεῦμα 148, 14
ἐλάω: ἐλᾷ 255, 6
ἔλαφος βαλιὰ 266, 22
ἐλαφρὸς 162, 9
ἐλαφρῶς 224, 28. 41, 16. καὶ κούφως 43, 16
ἔλεγχος 53, 3. 220, 8
ἐλέγχω: ἐς μέσους 259, 29. 155, 7. ἤλεγξε 259, 32. pass. 55, 34. 249, 6
ἐλεεινός: ἐλεεινοὶ ταῖς φωναῖς 143, 9. -ὴν φωνὴν 48, 12. 145, 27. 126, 34. 143, 13. 258, 9. 21, 15
ἐλεεινολογοῦμαι 21, 7
ἐλεεινῶς 135, 21
ἐλευθερία 49, 8, 15. 242, 35. 123, 34. αὐθαίρετον 62, 2. τῷ δήμῳ μνηστεύεται 76, 16. τοῦ λέγειν 81, 17. 73, 28. τοῦ ἀτόπου τολμήματος 157, 35. 46, 31. 12, 26
ἐλευθέριος 183, 13. 186, 29
ἐλευθερίως 19, 20. -ώτερον ἔξη 24, 24
ἐλεύθερος: τὴν γνώμην 256, 9, cf. 157, 14. 158, 2. 127, 3. οἱ ἐλεύθεροι καὶ ἄζωνοι 199, 23. 242, 34. 50, 34. 97, 7. ἐλευθέρα ὀφρὺς 261, 16. 82, 6. ἐλευθέρους διατριβὰς 154, 1. τὸ ἐλεύθερον 157, 15. 219, 19. 225, 6
ἐλευθερῶ 252, 27. 142, 14. ful. 20, 31. ἠλευθέρωτο 211, 15
ἐλευθέρως 46, 15. 142, 3
ἐλεῶ 228, 32. 51, 7. ἐλεήσας 47, 28
ἑλιγμὸς 256, 16
ἕλιξ 16, 15

ἑλίττω: ἑλίξας 13, 17
ἕλκος 59, 14
ἑλκύω 140, 20
ἕλκω: τὴν ὀφρὺν σοβαρὰν 6, 17. εἷλκεν σοβαρὰν ὀφρὺν 145, 31. 10, 8. 161, 17
ἐλλέβορος 41, 3
ἔλλειμμα 60, 3
ἐλλείπω: ἐλλέλοιπὸς 210, 28
ἔλλειψις (lunae) 183, 32
Ἕλλην (Byzantinus): ἄνδρα τὸ γένος οὐχ Ἕλληνα 86, 25. οἱ τῶν Ἑλλήνων (veterum Graecorum) λόγοι 229, 28
ἑλληνικός (Graecus et paganus): λόγος 184, 25. -οἱ λόγοι 26, 4. μῦθοι 46, 21. -ἡ παιδεία 23, 5. 45, 32. -οῖς δόγμασιν 209, 29
ἑλληνικώτερον (modo veterum Graecorum) τὴν περὶ τὸ θεῖον ἐποίει τιμὴν 119, 30
ἐλλιμενίζω 218, 31. aor. 86, 21
ἐλλόγιμος: ἐλλογιμωτέρους 107, 10
ἐλλοχῶ 174, 13
ἐλπίζω, ἤλπισα, ἤλπισμαι, ἠλπίσμην saepe
ἐλπὶς et ἐλπίδες saepe
ἐμαυτοῦ, περὶ 108, 33. ἐμαυτὸν 235, 2
ἐμβαίνω: ἐνεβεβήκει τῷ μετώπῳ τῆς φάλαγγος 8, 23. τῷ κύκλῳ 175, 29. εἰς ὕλην βαθεῖαν 222, 32. ἐμβῆναι εἰς ναῦν 75, 29. ἐμβὰς 210, 10. 179, 14
ἐμβάλλω: δεξιὰν 258, 17. 143, 31. ἐμβαλεῖν 129, 26. 74, 19. ἐμβέβλημαι 102, 35
ἐμβιβάζω 79, 2. aor. 10, 18. 87, 14
ἐμβόημα 126, 15
ἐμβολὴ 97, 5
ἐμβριθῆς 238, 19. -έστερος 91, 23
ἐμμελετῶ, aor. 261, 28
ἐμμελὴς 261, 20. 153, 2. 147, 24
ἐμμελῶς 146, 21
ἐμμένω 29, 16. τοῖς ὅρκοις 223, 14. ἐνέμεινε 56, 16
ἐμμέτρως 18, 29
ἔμμονος 21, 8
ἐμὸς δεσπότης 70, 26. σκοπὸς 58, 21. τρίπους ψευδέσθω 226, 1. 235, 27. ἐμῆς ἀκριβείας ὑπερβολὴ 163, 27. μεταποιήσεις εἰς τὸν κρείττονα βίον 174, 20. τῶν ἐπὶ τῆς — ἡλικίας αὐτοκρατόρων 235, 10. ἐμὸν σεμνολόγημα 184, 30. οὐδὲ τὸ — μέτρον ἠγνόηκα 110, 1
ἐμπαράσκευος 144, 18. 169, 22
ἐμπαρασκεύως 193, 22
ἐμπειρία 8, 3. 123, 4. 125, 20
ἔμπειρος: -ότατος 47, 9. 125, 20
ἐμπίπλημι: ἐνεπίμπλα 171, 13. ἐμπίπλασθαι 262, 29. 158, 22. pass. 212, 10. 11, 8. 72, 34. ἐμπεπληκότος 96, 20. ἐμπλήσει 257, 32. ἐμπέπλητο ἀπὸ 159, 36

INDEX GRAECITATIS. 323

ἐμπίπτω: εἰς 257. τοῖς ἀντιτεταγμένοις 222, 25. ἐνεπεπτώκει 30, 24. ἐμπεσὼν 255, 7. ἐμπεσεῖται 51, 34
ἐμπλατύνω: ἐμπλατύναι 167, 31
ἔμπλεως 147, 19. 20, 9. 100, 1. 16, 7
ἔμπληκτος 199, 23
ἐμπιστεύομαι: -ευθέντας 87, 24
ἐμπνέω 139, 20. aor. 214, 7
ἔμπνους 208, 20. 119, 8
ἐμποδίζω 77, 30. pass. 168, 18
ἐμπόδιος 78, 20. 230, 25
ἐμποδὼν 142, 2
ἐμπορεία 209, 4
ἐμπορεύομαι 55, 19
ἐμπρήθω: -σουσαι 82, 12. -ῆσαι 178, 7
ἐμπρησμὸς 206, 29
ἔμπροσθεν 250, 19
ἔμπτωσις 228, 28
ἐμπύρευμα 74, 35
ἐμπύριος: αἱ ἐμπύριοι τῶν τεχνῶν 118, 13
ἐμφαίνω 264, 10, 18. 243, 16. 203, 7. ἐνεφάνησε 259, 1. ἐμφαινόμενον ἦθος 264, 2. ἐμφανηθῆναι 120, 4
ἐμφανὴς 104, 36
ἐμφανίζομαι 31, 16
ἐμφανῶς 267, 13
ἔμφασις 261, 5
ἐμφιλοχωρῶ 134, 9. aor. 217, 6
ἐμφοροῦμαι 141, 1
ἔμφρων 97, 1. 105, 10. 81, 2
ἐμφράττομαι: ἐμπεφράχθω 59, 19. 110, 13
ἐμφύλιος 121, 21. 60, 35. 197, 18
ἔμφυτος 174, 30. 186, 13. -ον βούλημα 228, 9. ἦθος 48, 6. cf. 224, 14
ἐμφωλεύω 223, 9
ἔμψυχος 119, 16
ἐναγὴς 139, 35
ἐναγκαλίζομαι 239, 11. 222, 18. fut. 264, 18. aor. 41, 29
ἐνάγω 185, 34. 58, 15
ἐναλλὰξ 37, 33. 172, 7
ἐναντίος saepe. ἐναντιώτατος 106, 30
ἐναντιότης, plur. 72, 30
ἐναντιοῦμαι 144, 33. 179, 32. ἐναντιωθήσεσθαι 90, 16. ἐναντιώσασθαι 112, 25. ἐναντιωθέντι 129, 9
ἐναντίως 97, 11
ἐναποσβέννυμι, aor. 91, 6
ἐνάργεια 216, 19
ἐναργέστερον 215, 29
ἐνατενίζω: ἐνητένιζον 238, 29
ἐναυλίζομαι 138, 19. aor. αὐτοῦ 31, 33
ἐνδεὴς 181, 16. 162, 23
ἐνδεῶς 95, 32. 130, 20
ἐνδείκνυμαι 265, 28. 119, 27. 252, 1. ἐνεδείξατο 166, 11. 111, 21. 266, 13. ἀληθῶς ὑπήκοον τὸ ἀρχόμενον 76, 14. τὴν ἐπιστήμην 182, 2
ἐνδιάθετος 241, 19. 262, 27

ἐνδίδωμι: μουσικοῖς λόγοις 108, 22. ἑαυτοὺς 141, 8. ἐνδοῖεν 85, 12. τὸν χαλινὸν 8, 30. cf. 194, 9
ἔνδοθεν 50, 18. 87, 15. 172, 34
ἔνδον: ἡμῖν 35, 14. 71, 1. τὰ 214, 2.
ἐνδοτέρω τούτων 94, 6
ἐνδόσιμος: πρὸς οὐδὲν 8, 22. 154, 2. ἐνδόσιμον 150, 25. 182, 23. ἐχειροτόνησε 55, 28
ἐνδύω: ἐνδύσας 257, 35. med. 237, 11. ἐνεδύθην 183, 26. ἐνδὺς 248, 9
ἐνεδρεύω: ἐνήδρευε 152, 1
ἔνειμι: ἔνεστι 64, 32. ὡς ἐνὸν 93, 29.
ἐνῆν 79, 35. 249, 9
ἕνεκα 80, 11. 50, 12. 35, 7
ἐνεξουσιάζω: ἐνεξουσίαξεν 180, 19
ἐνέργεια 148, 17. 244, 6
ἐνεργῶ 112, 2
ἐνηχοῦμαι: -ηθῆναι 167, 16
ἐνθαρρύνω 257, 11
ἐνθεάζω, aor. 118, 35
ἔνθους 205, 23
ἐνθουσιάζω 108, 30
ἐνθουσιασμὸς 171, 12
ἐνθουσιῶ 111, 22. 154, 16. 83, 7
ἐνθύμημα duodeviginties
ἐνθύμησις, plur. 135, 28. 120, 10. 212, 3. 43, 1. 134, 2
ἐνθυμηματικὸς: -ώτερον 202, 1
ἐνθύμωσις 218, 25
ἐνθυμοῦμαι 181, 17. fut. 203, 14. ἐνθυμηθείη 173, 22. 56, 11. 198, 24. 69, 13. 42, 19. 246, 22
ἐνιαύσιος: κύκλος 12, 32. 210, 14. 240, 4. χρόνος 147, 29. -σιοι οἱ πλείους τῶν ἐπ' ἐμοῦ βεβασιλευκότων 46, 14.
ἐνιαυσίου ὥρας 188, 16
ἐνιαχοῦ 120, 24
ἔνιοι viginties
ἐνίστημι: τὸ ἐνεστὼς 52, 14. 97, 3. 13, 18. ἐνεστὰς 202, 6
ἐνισχύω 63, 9
ἔννατος 23, 16
ἔννοια 261, 11. plur. 149, 34. 23, 14. 10, 22. 42, 25. 177, 19. 19, 15
ἔννομος 50, 14. 240, 14. 231, 12. -ώτατοι 152, 26
ἐννόμως 202, 28. τὴν — μεταμφίασιν 89, 17. 93, 13. -ώτερον 235, 3. -ώτατα 82, 8
ἐννοοῦμαι, fut. 4, 24
ἔνοχος 73, 4
ἐνσείω: φόβον 248, 34
ἔνστασις, πρώτη 104, 11 et 196, 3
ἐνστερνίζομαι 72, 17
ἐνταῦθα: τὴν ἐνταῦθα ζωὴν 163, 31. 102, 22
ἐνταυθοῖ 147, 28. 146, 17. 239, 16
ἐντείνω: ἐντείνας 108, 20. ἐνταθέντα 211, 26, 31

21—2

ἐντελής: -έστεροι 138, 36. ἐντελέστερον 170, 30
ἐντέλλομαι 258, 29. 17, 21. τὰ ἐντεταλμένα 204, 8. 204, 22. ἐντέταλτο 208, 6.
ἐντειλάμενος 203, 17
ἐντέμνομαι: ἐντετμημένα μέλη 223, 6
ἐντεῦθεν 10, 20. σοφὸς 182, 1. κατωλιγώρει 248, 26. τῆς 176, 26. τῶν — ἀπιὼν 214, 22. 184, 9. 258, 21
ἔντευξις: πρὸς τὸ θεῖον 60, 14. 182, 10. 181, 27
ἐντήκομαι: ἐντακεὶς 174, 30
ἐντίθημι 73, 32. 187, 2. ἐντέθεικεν 110, 30
ἔντιμος 153, 25
ἐντολὴ 50, 13
ἐντὸς 188, 5. 67, 9. 51, 13
ἐντρέπομαι 113, 35
ἐντρέφομαι: ἐντεθραμμένος 26, 4
ἐντυγχάνω, ἐντετύχηκα, ἐντετυχήκει, ἐνέτυχον quatuordecies
ἐντυχεῖα πρὸς τὸν ἄνδρα 125, 5
ἐντυχία 153, 19
ἐντυποῦμαι: ἐντετύπωτο 18, 2
ἐνυάλιος: -ον ἀλαλάξαντες 29, 30. 141, 26. 194, 8
ἐνύπνιον 155, 6
ἐνῶ 235, 18
ἐνώμοτος 252, 28
ἐνωτίζομαι 77, 6
ἐξ ἔτι παιδὸς 22, 11
ἐξαγγέλλω 187, 5. 74, 11. fut. 203, 2. ἐξήγγελτο 66, 28
ἐξάγω: τῆς φρουρᾶς 6, 27. 78, 32. 220, 15. 91, 5. 87, 3. τῷ φρουρίῳ (scr. τοῦ φρουρίου) 258, 14. ἐξαγαγόντες 54, 3
ἐξαγωγὴ 16, 3
ἐξαγώγιμος 159, 34
ἐξαιματῶ 223, 3
ἐξαίρετος 42, 21. 164, 22. 173, 9. 73, 35
ἐξαίρω 165, 19. 229, 19
ἐξαιρῶ 259, 33. ἐξέλοι αὐτὸν τοῦ ἀδικήματος 44, 28. 181, 4. ἐξελεῖν σιδήρῳ τοὺς ὀφθαλμοὺς 90, 35. 239, 14. ἐξῃρήσθω τῶν διαβολῶν 59, 17. ἐξαιρήσεται 186, 3. ἐξελεῖται φρούρια 29, 24
ἐξακούομαι 198, 19
ἐξαλλαγὴ 260, 27
ἐξαλλάττω 48, 28. Πρωτεὺς 159, 22
ἐξαμβλοῦμαι: ἐξήμβλωται 110, 34
ἐξαναπνέω, aor. 127, 23
ἐξανεψιὸς 133, 33. 253, 16
ἐξανθῶ: ἐξηνθηκὸς 65, 14, ἐξηνθήκει 93, 15. ἐξήνθησαν 164, 23
ἐξανίστημι: ἐξανέστη 14, 14. 246, 21. 154, 14. ἐξανίσταται 233, 13
ἐξαντλῶ 115, 14. 33, 20. ἐξαντληθέντων 233, 22

ἐξαπατῶ 103, 11. 115, 33. ἐξηπατήκασι 187, 13. ἐξηπάτησαν κατόπιν θέειν αὐτοὺς 140, 16. ἐξαπατηθεῖσα 116, 6
ἐξαπιναίως 246, 18
ἐξαπόλλυμι: ἐξαπόλωλε 247, 6
ἐξαπορούμαι 228, 1. ἐξαπορηθεὶς 5, 25
ἐξαποστέλλω 250, 30. pass. 255, 15
ἐξάπτω 235, 30. ἐξήφθη 85, 10
ἐξαρθρῶ 149, 14
ἐξαρκῶ 149, 11. 224, 1. 168, 21. aor. 95, 11. 221, 15. 147, 9. 237, 16. 214, 8. 172, 31. 147, 31
ἐξαρτῶ: ἐξαρτᾷ ἑαυτῆς τὸν ἀκροατὴν 177, 21. 57, 9. aor. 191, 12. ἐξαρτᾶσθαι τούτου 37, 33. ἐξηρτῆσθαι 230, 9. 244, 34. 26, 6. 76, 29. ἐξαρτηθεῖσαι 193, 20
ἐξαρτύω 255, 25. pass. 63, 11. 29, 29
ἐξασθενῶ, aor. 126, 31
ἐξεγγυοῦμαι, aor. 4, 29
ἔξειμι: ἐξὸν 143, 16. 203, 20. 38, 14. 145, 19. ὅσον ἐξῆν 128, 27. 83, 34
ἔξειμι 225, 17. ἔξεισι 198, 29. 208, 9. 250, 7. ἐξιέναι 125, 25. 190, 18. 137, 5. 208, 3. 62, 26. 36, 14. ἐξιὼν 179, 4. ἐξιόντα 203, 7. 108, 36. 16, 31. ἐξῄει 55, 10. 69, 3. 227, 30. 164, 34. ἐξῄεσαν 193, 25. 145, 25. 91, 1
ἐξελαύνω: ἐξελάσειν 255, 1. ἐξήλασε 257, 19. 6, 32. 124, 29
ἐξεργασία 260, 7
ἐξέρχομαι: ἐξελήλυθε 225, 7. ἐξεληλύθει 13, 31. 248, 15. 41, 24. 235, 31. ἐξελεύσεσθαι 89, 34. ἐξῆλθε 224, 4
ἐξερῶ: ἐξειπεῖν 66, 20. 103, 30. 220, 5, 7
ἐξετάζω 152, 14. aor. 221, 13. 158, 7. pass. 239, 17. 152, 4. 243, 16. ἐξητασμένων 124, 30
ἐξεταστὴς 152, 17. 269, 5
ἐξευμενίζω 220, 28. ἐξευμενίσας τὸ θεῖον 67, 13. ἐξευμενίζεται τὸν κρατοῦντα πρὸς τὴν συγγένειαν 73, 27. 21, 7
ἐξηγοῦμαι, aor. 108, 2
ἐξηκοντούτης 242, 22
ἑξῆς: τὰ 155, 13. 111, 26. καθ' ἑξῆς 63, 13. τῶν — δύο 1, 7
ἐξιλάσκομαι 220, 26
ἐξιλασμὸς 58, 19
ἐξιλεούμαι: τοὺς ἐκείνου (Dei) θεράποντας 58, 3. 166, 6. τὸ θεῖον 59, 20. 119, 13. ἐξιλεωσάμενος ἑαυτῷ τὸ θεῖον 67, 13
ἐξιππάζομαι, aor. 136, 5
ἕξις: τῆς φύσεως 162, 21. 105, 1. 263, 3, 27. 49, 1. κατὰ φύσιν 57, 10. 103, 26. 181, 34. τῆς ψυχῆς 165, 25. 50, 7. 235, 23. ἔμφυτος 186, 13. λογιότητος 107, 9. τοῦ σώματος 27, 31. 174, 16

INDEX GRAECITATIS. 325

ἐξίστημι: ἐξεστηκότες 30, 32. 161, 9.
ἐξίστατο 231, 7
ἐξιστορῶ 263, 18
ἐξιτήριος 227, 22
ἐξισχύω 244, 3. *aor.* 215, 12
ἐξισῶ, *aor.* 265, 24
ἐξιχνιάζω 170, 14. -άσω τὴν 175, 1
ἐξογκῶ 212, 32. *aor.* 169, 24. *pass.* 215, 4. ἐξώγκωτο τὸ γόνυ 148, 24. τὸν τοῦ σώματος ὄγκον 57, 16
ἐξόδιος 43, 35. 227, 21
ἔξοδος 29, 6. 196, 25. 197, 5. ἐκεῖθεν 255, 2. 84, 11. 89, 30
ἐξοιδαίνω: ἐξῳδηκὸς πρόσωπον 44, 4. σπλάγχνον 58, 6. ἐξῳδήκει τὸ πρόσωπον 40, 20
ἐξολισθαίνω 141, 31. ἐξολισθήσας τῆς ἕδρας 9, 8
ἐξομαλίζω 125, 5. 115, 3. *fut.* 124, 25
ἐξομολόγησις 162, 18
ἐξονειδίζω, *fut.* 124, 27
ἐξοπλίζω 129, 25
ἐξορία 10, 2
ἐξορθοῦμαι: ἐξώρθωτο οὐδ' ὅλως 148, 25
ἐξορμῶ, *aor.* 241, 2. 131, 17
ἐξουσία 20, 4. βασιλικὴ 203, 30. 2, 7. 75, 19. 51, 16. 113, 25. 173, 4. ἐξουσιῶν συνήθων 76, 16
ἐξοχή, *plur.* 148, 22
ἐξόχως 243, 1
ἐξυμνῶ 109, 14. *aor.* 67, 16
ἐξυπτάζομαι 47, 23
ἐξυπτιάζω 146, 7
ἐξυφαίνω 103, 16. *pass.* 73, 32
ἔξω 82, 1. 262, 6. τρίτου τινὸς 108, 10. τῆς περιοχῆς τοῦ παντὸς 182, 17. 82, 25. ἐξώτερον πῦρ 228, 25
ἔξωθεν 57, 24. 104, 12. καὶ παρὰ τῆς βαρβαρικῆς μερίδος 132, 13. 245, 7. 50, 17. τοῦ ἱεροῦ βήματος 68, 23. 48, 25. 94, 8. 102, 24. 16, 6
ἐξωθῶ: ἔξωσε τοῦτον τῶν βασιλείων αὐλῶν 152, 3. 240, 15. 268, 14. 173, 31. ἐξώσθη τοῦ κράτους 124, 11
ἐξώλης 52, 1
ἐξωνοῦμαι 71, 36
ἔξωρος 154, 21. 158, 31
ἐξώτερον v. ἔξω
ἔοικα: ἔοικε 46, 18. 105, 5. ἐοικέναι 44, 8. ἐοικὼς 227, 31. 217, 1. ἐοικὸς πρηστῆρι 123, 28. ἐῴκει 171, 21. 156, 2. 216, 11. 154, 31. 94, 29. 170, 12. ἐῴκεισαν 66, 14
ἑορτὴν 53, 33
ἐπαγάλλομαι 116, 7
ἐπαγγελία 178, 10. ἐν ἐπαγγελίαις τὸ πρόβλημα 235, 26
ἐπαγγέλλω: ἐπήγγειλε τὸ σχῆμα 17, 13. ἐπαγγέλλεται 82, 2. τὰς ὑποσχέσεις 73, 30. 235, 34. τὸ κράτος αὐτῷ 58,

17. ἐπηγγελμένα 207, 16. ἐπηγγειλάμην ποιῆσαι 234, 6. σπουδαίων ἀναγραφὴν 155, 11. 193, 4. τοῦτο θεῷ 145, 34. 200, 15. ἐπαγγελθείη τὸ ἐζητημένον 208, 24. 201, 28
ἐπαγρυπνῶ: ἐπηγρύπνει 150, 7
ἐπάγω 258, 17. τῶν ἐλπίδων 98, 24. 162, 11. τοὺς λόγους 187, 3. τὸ φάρμακον 213, 29. 99, 28. 20, 20. ἐπῆξεν αὐτῇ τὴν βίαν 87, 1. ἐπαγαγεῖν τὰς ἰσότητας 214, 5. ἐπάγονται ἐν τοῖς πολέμοις 31, 18. 250, 7. 255, 21. 257, 1
ἔπαθλον 143, 3
ἐπαιγίζω 131, 35
ἐπαινέτης 117, 7
ἔπαινος 164, 9. 103, 13. 95, 13. 170, 25. 163, 4
ἐπαινῶ (*praes.*, *impf.*, *aor.*, *praes. part. pass.*) *viginties quinquies*
ἐπαίρω: ἐπῆρα ταῖς κρείττοσι τῶν προσδοκιῶν 196, 15. ἐπαίρεται τῷ κατορθώματι 252, 22. 209, 13. 248, 24. ἐπηρμένον φρόνημα 219, 15. ἐπῄρτο πρὸς πόλεμον 256, 32
ἐπαισθάνομαι 235, 24
ἐπαισχύνομαι 160, 6
ἐπαιτιῶμαι 185, 10
ἐπαΐω 184, 23
ἐπακολουθῶ 70, 19
ἐπαληθεύω 206, 19, 21. 218, 20
ἔπαλξις 204, 21
ἐπανάγω 177, 23. ἐπανήγαγεν 23, 31. ἐπαναγέσθω ὁ λόγος 27, 9. 49, 11
ἐπαναζεύγνυμι 6, 3. 16, 31. *aor.* 31, 8. 17, 25. 18, 6
ἐπανάζευξις 224, 8
ἐπανακαλῶ 120, 29. *aor.* 120, 2
ἐπανακυκλῶ: τὰς ἀποκρίσεις 208, 29
ἐπαναλαμβάνω: ἐπαναλαβὼν 201, 18
ἐπανανεύω, *aor.* 212, 13
ἐπαναπαύομαι 241, 28
ἐπανάστασις 129, 1. 138, 28. 222, 3. 132, 16. 134, 13
ἐπαναστρέφω 75, 13. αὖθις 109, 1. 40, 17. *aor.* 200, 8. 158, 30
ἐπανασῴζω, *fut.* 124, 4. *aor. med.* 152, 28
ἐπανατέλλω 225, 10. ἐπανατείλαντος 208, 8
ἐπανατείνω 178, 7. 125, 8. ἐπανατείνων 225, 13. ἐπανετείνατο 192, 11
ἐπάνειμι: ἐπὶ τὸν βασιλέα 138, 18. 162, 34. εἰς τὴν αὐτοκράτορα περιωπὴν 20, 3. τῇ Πόλει 29, 21. τροπαιοφόρος 224, 8. 248, 22. ἐπανῄει τοῖς βασιλείοις νικηφόρος 123, 15. ἐπανίωμεν ἐπὶ τὸν αὐτοκράτορα 121, 8. ἐπανιέναι ἐπὶ τὸν οἰκεῖον χάρακα 126, 19. ἐπανιτέον 184, 32

ἐπανέρχομαι 257, 25. ἐπανελήλυθεν 128, 23. ἐπανελήλυθει 216, 17. τροπαιοφόρος 132, 16. τῆς ὑπερορίας 166, 15. 127, 28. ἐπάνελθε 154, 25. ἐπανελθεῖν 127, 21. 186, 14
ἐπανερωτῶ 116, 21
ἐπανήκω, fut. 74, 33
ἐπανθῶ 172, 7. 165, 33
ἐπάνοδος 250, 12. 226, 15. 197, 10
ἐπαπειλῶ, fut. 211, 22. ἐπηπείλησε 164, 27. ἐπαπειλεῖται τὰ χαλεπώτατα 125, 6. -ησάμενοι ἐμπρησμοὺς 206, 29
ἐπαράσσομαι 206, 33
ἐπαρίστερος 209, 18
ἐπαρκῶ 170, 26
ἔπαρχος 24, 22. τῆς Πόλεως 43, 19
ἐπαρῶμαι: ἐπηρασάμην 88, 13. 145, 35
ἐπασθμαίνω 42, 3
ἐπαστράπτω 159, 8
ἐπαυξάνω 202, 7. 262, 26. ἐπηύξησαν 65, 18. 214, 6
ἐπαύξω: προσθήκαις 12, 22
ἐπαυλίζομαι, aor. 192, 13
ἐπαυχένιος: ζυγὸν -ον 62, 2
ἐπαφὴ 69, 29. plur. 83, 21
ἐπαφίημι: ἐπαφῆκεν ἑαυτὸν 80, 20. χεῖρα δημίου τοῖς ὀφθαλμοῖς 76, 6. ἐπαφεὶς μοιγισμὸν καὶ δάκρυον 89, 14. φιλόσοφον φωνὴν 170, 19
ἐπαφῶμαι: τῶν ποδῶν 38, 9
ἐπεγείρω 159, 1. 27, 22. ἐπεγερθέντος 131, 36
ἐπεγκαλῶ 217, 4. 195, 33
ἐπείγομαι 250, 12. 190, 34. 77, 33. 89, 6
ἔπεισι: ἔπεισί μοι ἀμφισβητεῖν 83, 2. 15, 9. ἐπιὼν τοσούτῳ πλήθει 29, 1. 131, 2. τὴν ἐπιοῦσαν καθιστᾷ δικαστηρίου σκηνὴν 157, 7. ἐπιόντα τῇ γλώττῃ ῥήματα 15, 34
ἔπειμι: ἐπῆν ἀνάγκη 18, 14. ἀπόδειξις 127, 13
ἐπείσακτος 180, 31
ἐπεισκρίνω 119, 25
ἐπεισκωμάζω, aor. 96, 24
ἐπεισπηδῶ, aor. 9, 28
ἐπεισπίπτω: ἐπεισπεσόντες 223, 2. 124, 32
ἐπέκεινα: θαύματος 259, 17. τὸν — βαθμὸν 189, 4. τὸ — τῶν δρωμένων 173, 17
ἐπεκτείνω 199, 35
ἐπεκχέω 179, 7
ἐπελαύνω: ἵππον 154, 29
ἐπελαφρίζομαι 178, 35
ἐπέλευσις 29, 3
ἐπεξετάζω 18, 20
ἐπεξουσιάζω 174, 6
ἐπενδιάζω 75, 14
ἐπενδύω: τὸ ἱερὸν δέρας Χριστοῦ 67, 18. ἐπενδύσοντας τὸ μέλαν τριβώνιον 135,

16. ἐπενδύσαντες 87, 4. ἐπενδύεται τὴν λεοντῆν 178, 6. ἐπενδυθείη τὸ σχῆμα 176, 19. 48, 20
ἐπενθυμοῦμαι 23, 3
ἐπερείδω: ἐπερείσας τὸν νοῦν 24, 20. τοὺς ὀφθαλμοὺς πρὸς ἐκεῖνον 65, 9. ἐπερειδόμενος ἑκατέρωθεν 68, 8. ἐπερείσασθαι ταύτῃ 69, 28. ἐπερεισθεὶς τινὶ τῶν οἰκειοτάτων 92, 12
ἐπέρχομαι: ἐπεληλυθότες 87, 13
ἐπερῶ: ἐπειπὼν τοσοῦτον 162, 34. 211, 19
ἐπερωτῶ: περὶ ὧν ἐπερωτήκεσαν 78, 10
ἐπέτειος 51, 16
ἐπευφημῶ: ἐπευφήμησαν 54, 7. 189, 16
ἐπευφημίζω: ἐπευφημίσας 61, 21
ἐπέχω (ἐπεῖχον, ἐπισχήσω 154, 32. 203, 12. ἐπέσχον, ἐπειχόμην 153, 21. ἐπεσχέθην 91, 11): γλῶτταν, χαλινόν, ὁρμὴν etc. saepe. μετέωρον τὴν τοῦ ξίφους λαβὴν 8, 32
ἐπήρεια 154, 32
ἐπιβαίνω: ἐπιβεβηκὼς λευκοῦ ἵππου 132, 4. 175, 2. ἐπιβεβήκει τοῦ ἵππου 227, 34. ἐπιβῆναι 216, 31. τῆς ἀρχῆς 233, 10. ἐφ' ἵππον 265, 20. ἐπιβὰς τῆς βασιλείου τρήρους 226, 16
ἐπιβάλλω 19, 17. ἐπιβάλοι τὸ ῥεῦμα 149, 9. ἐπέβαλλον διὰ τούτων τοῖς ὑψηλοτέροις 108, 27. ἐπιβαλεῖν τοὺς δακτύλους τῷ καρπῷ 226, 33. ἐκείνῳ τῷ χεῖρε 190, 11. ἐπιβαλλόμενος τυραννεῖν 142, 20. ἐπεβάλλετο ἄλλου τινὸς 118, 5. μεταθήσειν πάντα 76, 10. ἐπεβεβλῆσθαι 149, 30. ἐπιβεβλημένην 264, 13. ἐπεβάλοντο φιλοσοφεῖν 104, 1. ἐπιβέβλημαι ἐγκωμιάζειν 95, 4. ἐπιβεβλημένος ἱστορεῖν ἐκεῖνον 103, 19. ἐπιβέβλητο ἐκχεῖν 105, 13
ἐπιβεβαιοῦμαι 204, 14
ἐπιβιῶ: ἐπιβιώσας 25, 24. τῇ βασιλείᾳ 129, 23. τῷ κράτει μακροὺς χρόνους 214, 18. 228, 33. ἐπιβιοὺς τῇ βασιλείᾳ 179, 26. 259, 6. 242, 22. 239, 34. 104, 8
ἐπιβοηθῶ, aor. 141, 21
ἐπιβολὴ 218, 24. 116, 16
ἐπιβολεύω 80, 1. aor. 181, 6. ἐπιβεβουλευκὼς 160, 14. 165, 1. 141, 11. 242, 32. 78, 3. ἐπεβουλεύετο 56, 24. ἐπιβουλευσαμένων 206, 11
ἐπιβουλὴ 267, 7, 8. 73, 13. 190, 3. 39, 2. 9, 15. 12, 33. 65, 25. 202, 18, 20. 56, 35. 157, 6. 190, 13
ἐπίβουλος 158, 14. χεὶρ 9, 20. γνώμη 74, 22
ἐπιβοῶ: ἐπεβόησε 5, 5. 200, 36
ἐπιγάμιος 246, 31
ἐπιγάννυμαι 265, 17
ἐπίγειος 187, 11. 264, 3

INDEX GRAECITATIS. 327

ἐπιγελῶ, aor. 246, 1
ἐπιγίνομαι 214, 21. ἐπιγενόμενος 3, 29
ἐπίγνωσιν 212, 25
ἐπιγυμνῶ 51, 19
ἐπιδείκνυμι: ἐπιδεικνὺς βίον 55, 18. τὴν δεξιὰν 151, 16. σύννουν τὴν ψυχὴν 106, 28. ἐπεδείκνυ 41, 25. τὸ βούλευμα 94, 25. ἐπιδείξας 157, 30. ἐπιδείκνυται 246, 28. τὸ φιλόσοφον 35, 18. ἐπεδείκνυτο ξύμπαντα 111, 17. ἐπιδεικνύμενος καὶ τὴν ἄλλην καλοκάγαθίαν 21, 30. τὸ τραχὺ ἤθους 182, 8. 153, 21. περὶ τὸ σῶμα 27, 28. τὸν τῆς ψυχῆς πόθον 119, 31. οὐδὲν χάριεν 158, 17. 29, 10. ἐπεδεικνύοντο πᾶσαν χαρὰν 183, 18. ἐπεδείξαντο 259, 2. 189, 25. εὐσέβειαν 58, 27
ἐπιδεικτικός: -ώτερον 189, 1
ἐπιδέξιος 132, 24
ἐπιδεξίως 24, 5
ἐπίδηλος 74, 18
ἐπιδημοσιεύω 247, 23
ἐπιδημῶ, aor. 245, 24
ἐπιδίδωμι: -ωσιν ἑαυτὸν τῇ κολυμβήθρᾳ 41, 15. ἑαυτὴν πρὸς τὴν ἐπιχείρησιν 25, 7. ἐπιδώσω ἐπιστολὰς 204, 2. ἐπιδοὺς τὸ γράμμα 204, 29. τὰς ἐπιστολὰς 204, 21
ἐπιδίωξις 7, 5
ἐπίδοξος, μοναρχεῖν 246, 9. ὁ προσδοκώμενος 245, 24. πρὸς τὸ κράτος 100, 9. 187, 33. 180, 4. ὑπερορία 55, 3. 135, 3. ἐπιδοξότατον 207, 1
ἐπιδρομὴ 137, 33. plur. 121, 23. 124, 10. 16, 25. 137, 20
ἐπίδοσις 28, 11. 96, 7. plur. 28, 4
ἐπιείκεια 90, 7. 166, 1
ἐπιεικὴς 195, 31. 53, 1. 139, 27. 88, 23. ἐπιεικέστεροι 32, 15. 90, 1, 31. 89, 11. ἐπιεικέστατος 256, 10. 165, 21
ἐπιεικῶς 88, 4. 256, 13. 91, 20
ἐπιζητῶ, aor. 189, 5. pass. 141, 25
ἐπιζυγοῦμαι 150, 6. ἐπεζύγωτο 156, 14
ἐπιζῶ 185, 5. ἐπιζήσας 25, 13
ἐπιθαλάττιος 130, 31. 129, 10
ἐπιθανάτιος 162, 24
ἐπιθαρρύνω 235, 32
ἐπιθιγγάνω 177, 10
ἐπιθυμία 35, 27. 162, 23. 158, 32. 217, 9
ἐπιθυμῶ 37, 6. ἐπιτεθύμηκας 157, 20
ἐπιθωΰζω 224, 29
ἐπικάθημαι 261, 16
ἐπίκαιρος 257, 1. ἐπικαιρότατα 122, 2
ἐπικαίρως 226, 21
ἐπικαλοῦμαι 223, 19. aor. 193, 10
ἐπικαλύπτω 185, 3. fut. 228, 24. ἐπικεκάλυπτο 83, 15

ἐπικάρπιος: -οι ὄφεις 159, 18
ἐπικαταλαμβάνω 227, 36. ἐπικαταλαβοῦσα 75, 29
ἐπικαχλάζω 213, 7
ἐπίκειμαι 105, 18. 250, 4. 49, 30. 18, 19. 73, 8. 51, 29. 38, 2. 211, 35
ἐπικελεύω, fut. 64, 11
ἐπίκηρος: ζωὴ αὕτη 186, 27
ἐπικλείω: ἐπέκλεισεν 28, 10
ἐπικλινὴς 131, 5. ἐπικλινεστέρους 164, 12
ἐπικλώθω: ἐπικλώσας 11, 17
ἐπικόπτομαι 91, 18
ἐπικουρία 188, 25
ἐπικουρῶ 200, 1. 90, 20
ἐπικουφίζω 167, 11
ἐπικράτεια: Ῥωμαίων 61, 5
ἐπίκυκλος 183, 33
ἐπικυμαίνω 128, 31
ἐπιλαμβάνομαι: τῶν σκήπτρων 188, 21. ἐπειλημμένος τῆς βασιλείας 10, 11. 237, 28. 169, 7. τῆς ἱερᾶς τοῦ Λόγου τραπέζης 88, 7. τέως τυραννεῖν 124, 34. ἐπείληπτο τοῦ κράτους 184, 35. 210, 13. 86, 4. ἐπιλαβόμενος τῶν οἰάκων 232, 19. 58, 14. ἐπιληψόμενον 196, 17
ἐπιλανθάνομαι 48, 9. ἐπιλέλησμαι 200, 29. 165, 5. ἐπιλέληστο 86, 6. τῆς γυναικὸς 113, 30. 149, 1. 247, 30.
ἐπιλαθόμενος 103, 2
ἐπιλείπω: ἐπιλέλοιπεν 101, 27. ἐπέλιπε 28, 3. 190, 26
ἐπίλεκτοι 218, 7. 139, 6
ἐπιλήσμων 70, 21. 200, 22. ἐπιλησμονέστατον χρῆμα 180, 7
ἐπιλήψιμος 104, 20
ἐπιλογὴν 24, 11
ἐπιμαίνω: ἐπιμεμήνασι 207, 28
ἐπιμαρτύρομαι 111, 1
ἐπιμαρτυρῶ 205, 28
ἐπιμέλεια: περὶ τὸν δημόσιον 37, 7. 56, 13. 260, 4. 71, 22. 51, 21. 124, 31
ἐπιμέλομαι 48, 21. 51, 26
ἐπιμελοῦμαι 232, 5. τὴν βασιλείαν 34, 20. τῶν καταλόγων 112, 5. ἐπιμεληθεὶς τῆς τοῦ σώματος φυλακῆς 152, 30
ἐπιμελῶς 47, 7
ἐπιμέμφομαι, aor. 220, 20. 172, 30
ἐπιμένω, aor. 188, 8
ἐπί: τὰ — μέρους 173, 7
ἐπιμερίζομαι 63, 6. aor. 167, 6
ἐπιμετρῶ 46, 13. aor. 159, 25. med. 53, 15
ἐπιμήκης 18, 26. 222, 16. ἐπιμηκεστέρα 95, 31
ἐπιμίγνυμι: ἐπεμίξαντο 158, 16
ἐπιμιμνήσκομαι: ἐπιμνησθήσομαι 200, 28. 167, 27. ἐπεμνήσθη 79, 12. 235, 23. 208, 14. 207, 31
ἐπιμύω 38, 6
ἐπινεύω: ταῖς ἱκεσίαις 73, 29. ἡλικία 18,

328 MICHAEL PSELLUS.

32. αὐτὸν ὁ διάλογος 26, 36. ἐπένευσε 180, 2. τὴν κεφαλὴν 200, 3
ἐπινήχομαι 179, 4. 178, 36. 46, 16
ἐπίνοια 109, 30
Ἐπινομὶς (Platonis) 108, 26
ἐπινοῶ: ἄλλο ἐπ' ἄλλῳ 59, 27. ἐπενόησε 59, 28. ἐπινοούμενος 28, 31. ἐπινοήσεσθαι 173, 21
ἐπιορκία 38, 21
ἐπίπεδος 180, 23
ἔπιπλον: ἔπιπλα 11, 2
ἐπιπλέω 41, 17
ἐπίπληξις 189, 27
ἐπιπλήττω 179, 6
ἐπιπλοκή 158, 28. plur. 177, 22
ἐπιπόλαιος 26, 14
ἐπιπορεύομαι: ἐπεπορεύθη 160, 25
ἐπιρραθυμῶ 128, 30. aor. 62, 31
ἐπιρράσσω 19, 4
ἐπιρρεπής 94, 27. 98, 23
ἐπιρρέω: αὐτῷ χρυσῷ ποταμοὺς ῥέοντας 159, 31. cf. 172, 9. 245, 9. 101, 1. 172, 9. ἐπιρρεύσει ἡμῖν πολὺς λόγος 98, 28
ἐπιρρήγνυμι: ἐπιρραγέντες 222, 25
ἐπιρρίπτω 91, 28. 70, 3. 143, 29
ἐπιρροή 215, 28
ἐπίρροια 173, 14
ἐπιρρώννυμι 227, 28. 63, 27
ἐπιρρωννύω 236, 32. 258, 2. ἐπέρρωσαν 62, 18. ἐπιρρωσάμενος ἑαυτὸν 91, 25
ἐπισαλεύω 41, 26
ἐπισείω: δόρυ 8, 5. 9, 6. φόβον 46, 28. 142, 13. 251, 20. 198, 17. ἐπέσεισε δέος 212, 3. 202, 11. 89, 13
ἐπισημαίνομαι 212, 36. 119, 9. ἐπεσημήνατο 117, 2
ἐπίσημος: ἵππῳ καὶ στολῇ 128, 12. 57, 23. τὴν τέχνην 64, 3. 5, 28. 99, 10. τὸ ἐπίσημον 16, 23. 6, 18. 13, 23. ἐπισημότερος 97, 20. ἐπισημοτάτοις τῶν λίθων 57, 31. 97, 25
ἐπισκευάζω, aor. 191, 11
ἐπισκήνιον, v. ἐπισκύνιον
ἐπίσκεψις 24, 32
ἐπισκιρτῶ 208, 32. 91, 4. aor. 188, 23
ἐπισκοπῶ 268, 33
ἐπισκύνιον et ἐπισκήνιον 48, 11. 123, 30
ἐπισπείρω 268, 17
ἐπισπῶ, fut. 173, 8. med. 173, 3
ἐπίσταμαι 43, 3. 50, 5. 266, 28. τι τῶν ἐκεῖθεν λήρων 184, 2. 248, 16. νόμους 212, 31. 132, 28. τοῦτον ἀκριβῶς 65, 10. 180, 17. 114, 15. ἠπίστατο εὐεργετεῖν 21, 16. 35, 18. 28, 13. τούτους ὀνομαστὶ 190, 32
ἐπιστασία 97, 1. 47, 26. 105, 10. 47, 22. τοῦ γένους 61, 24
ἐπιστατῶ 55, 17
ἐπιστέλλω 174, 8. ἐπέστειλε (scr. ἐπέστελλε) γράμμασι 194, 1. ἡμᾶς 206, 2. 205, 23. ἐπιστολὰς 203, 27
ἐπιστενάζω, aor. 126, 32
ἐπιστήμη: τῶν πραγμάτων 260, 3. στρατηγικὴ 222, 19. 32, 29. 78, 26, 28. φυσικὴ 17, 22. 266, 5. 182, 2. 108, 2. καθαρὰ 108, 14. μία τῶν πασῶν 108, 35. 108, 12. τῆς προρρήσεως 132, 11. 184, 4. ἐπιστημῶν ἀπειρημένων τοῖς θεοσόφοις 184, 7. 249, 16
ἐπιστημονικός: λόγος 184, 21
ἐπιστήμων 264, 11. 109, 21
ἐπιστολή: πρὸς βασιλέα 207, 2. 204, 4. 205, 15. plur. βασίλειοι 23, 9. 181, 20. cf. 197, 1. cum ἐπιστέλλειν 203, 27. cum ἐπιδιδόναι 204, 2, 20. cum ὑπαγορεύειν 174, 15, et alias
ἐπιστομίζομαι: ἐπεστόμιστο 202, 24
ἐπιστρατεύω 250, 5
ἐπιστρέφω: τὴν ναῦν 75, 29. πρὸς τὸ συμφέρειν (scr. συμφέρον) 216, 9. aor. τοὺς ὀφθαλμοὺς 92, 11. ἐπιστρεφόμενος cum gen. 77, 13. 167, 9. ἐπιστραφεὶς 209, 15. 88, 13. 140, 17. 245, 1
ἐπιστροφή 267, 26
ἐπιστυγνάζω, aor. 226, 30
ἐπιστύφω: ἐπιστυψάντων 3, 19
ἐπισυμβαίνω: ἐπισεσυμβηκότων 132, 26. ἐπισεσυμβήκει 134, 2. 35, 32. ἐπισυμβάντων 133, 5
ἐπισυνάπτω 218, 15. 35, 14
ἐπισυνείρω 140, 2
ἐπισύρω 110, 33. med. 154, 28
ἐπισφαλής: -λὲς δοῦναι 193, 4
ἐπισφραγίζω 118, 27. ἐπισφραγιοῦμαι 204, 32
ἐπιτάττω 43, 8. 80, 5. 93, 11. 213, 13. cum dat. et acc. 17, 17. 212, 23. 257, 4. fut. 70, 8. aor. 263, 18
ἐπιτέγγω, aor. 166, 33. 237, 14. 79, 15
ἐπιτείνω 112, 9. ἐπετάθη 40, 10
ἐπιτείχισμα 213, 21
ἐπιτελής: γάμος 113, 21. 77, 19. 76, 24. 170, 12. 205, 29
ἐπιτελῶ: πανήγυριν 101, 3
ἐπιτέμνω 262, 23. ἐπιτεμών 240, 28. ἐπιτέτμηται 75, 5
ἐπιτερπής 123, 27
ἐπιτετευγμένως 24, 6
ἐξ ἐπιτηδες (sed scribendum ἐξεπίτηδες) 38, 10. καταπεσών 207, 11
ἐπιτήδειος 265, 6. 114, 24. 74, 2. 181, 27. 153, 13. ἐπιτηδειότατον 61, 26
ἐπιτηδειότης: ἐπιτηδειότητι τοῦ τόπου 144, 28. τῆς φύσεως 177, 1
ἐπιτηδεύω 186, 15. med. -ομένῳ μοι οὐδὲν 111, 2. ἐπετηδεύετο ἀντερᾶν 36, 33. ἐπιτετηδευμένην φυγὴν 140, 15

ἐπιτηρῶ 12, 29
ἐπιτίθημι: τὴν χεῖρα τοῖς στεφανουμένοις 101, 13. cf. 126, 27. τὴν περικεφαλαίαν τοῦ σωτηρίου 67, 19. ἀλλ' ἐπ' ἄλλοις 168, 22. 59, 14. τοῖς λόγοις ἀρρήτους ὅρκους 72, 17. ἐπέθηκεν 146, 24. ἐπιθεὶς 157, 27. ἐπιθήσεσθαι τῷ βασιλεῖ 152, 5. et 73, 22
ἐπιτιμῶ 46, 27. 31, 28
ἐπιτομὴ 61, 3. 259, 11
ἐπιτοξάζω 140, 15
ἐπιτοξεύομαι 143, 26
ἐπιτραγῳδῶ 171, 1. 87, 21. 143, 19. aor. 88, 29
ἐπιτρέπω: πρόσταγμα ἐπιτρέπον τὴν εἰς ἀνάκτορα μετάβασιν 69, 3. ἐπέτρεπε 213, 1. αὐτοῖς τὸ κράτος 70, 16. ἐπέτρεπον τὴν βασιλείαν λαμβάνειν 235, 25. ἐπιτρέψει 42, 18. ἐπέτρεψεν ἑαυτῷ (scr. ἑαυτὸν) τῷ τῆς τύχης πνεύματι 8, 13. ἐπιτρέψας τὴν ἀρχὴν 135, 2. κἀμέ τινα εἰπεῖν 238, 4. ἐπιτρέψαντες ἑαυτοὺς τῇ τοῦ πολέμου τύχῃ 29, 20. τὸν ἐπιτετραμμένον τὴν τραγῳδίαν 91, 33. ἐπιτέτραπτο 50, 27
ἐπιτρέφομαι: ἐπιτετράφαται λαοὶ 168, 11
ἐπιτρέχω 22, 16. φωνὴν 96, 2. 116, 19.
ἐπέδραμε 172, 22. 237, 14. ἐπιδραμοῦμαι 61, 1
ἐπιτροπὴ 184, 12
ἐπιτροχάδην 19, 18
ἐπιτρόχαλος 22, 18
ἐπιτρυφῶ 226, 18. 76, 32
ἐπιτυγχάνω 105, 29. πλείστοις ἐφοδίοις 144, 16. τοῦ ῥυθμοῦ 261, 10. τοῖς ἐπιτυγχάνουσι 114, 15. τῆς ἀναπαυούσης ῥοπῆς 149, 18. ἐπιτυχεῖν ἀμείνονος λήξεως 68, 17. τοῖς ἐπιτυχοῦσι 7, 4
ἐπιτυχία 151, 32
ἐπιφαίνω 63, 26. ἐπιφανέντες 7, 30. 29, 35
ἐπιφάνεια 208, 33
ἐπιφανής: ἐπιφανέστατος 254, 33. 113, 4
ἐπιφέρω: ἐπήνεγκα 209, 29. 203, 25. 24, 15. τὰς ψήφους 212, 35. ἐπενέγκοι 197, 9. 207, 31. ἐπενεγκεῖν 250, 14. ἐπενεγκὼν 211, 11. 214, 12. ἐπένεγκαι 243, 5
ἐπίφορος 82, 33. 137, 26
ἐπιφορτίζομαι, aor. 144, 16
ἐπιφράττομαι: ἐπιφραχθέντος 231, 3
ἐπιφύομαι 48, 3. 96, 28
ἐπιχαίρομαι 268, 23
ἐπίχαρις 96, 1
ἐπιχειλὴς 233, 22
ἐπιχείρημα 221, 30
ἐπιχείρησις 26, 36. 103, 2. 25, 6
ἐπιχειρῶ (praes., impf., fut., aor., perf., plusqqnampf. fort. 218, 22 ubi pro ἐπικεχείρηκε scribendum videtur ἐπικεχείρηκει) saepe: nonnunquam cum dat. (ut 144, 9), saepissime cum infin.
ἐπιχέω: ἐπικέχυται 59, 29. ἐπιχυθεῖσα 37, 24
ἐπίχολος 199, 29. ἐπιχολώτατοι 204, 14
ἐπιχωριάζω 158, 21. 153, 7
ἐποικοδομῶ: ἐπῳκοδόμησε 59, 25
ἐποκλάζω 224, 28
ἕπομαι 168, 11. 78, 8. 128, 9. ἐκείνοις κατόπιν 224, 5. 107, 19. 109, 32. 55, 17. 46, 32. τοῖς πράγμασι 203, 1. 222, 26. τὸ ἑπόμενον τούτῳ 183, 8. 51, 8. εἵπετο 63, 29. 89, 28. 74, 31. ἕψεσθαι 176, 3, 17
ἐπονειδίζω 213, 19
ἐπονομάζω, aor. 59, 25. 34, 32
ἐποπτεύω, aor. 78, 21
ἐπορέγω: ἐπώρεγε 106, 36
ἐπορχοῦμαι 80, 21. 225, 2
ἔπος: μὴ συντείνας 117, 1
ἐποχετεύω 178, 32
ἐποχοῦμαι 154, 21
ἐπαετὴς 100, 16
ἐπωθῶ 248, 11
ἐπωμάδιος 220, 20
ἐπώνυμος: τῆς ἑαυτοῦ κλήσεως ναὸς 10, 31. cf. 33, 4. τὸ ἐπώνυμον 202, 3
ἐπωρύομαι 223, 32. 252, 19
ἐρανίζομαι: ἠρανισάμην 110, 5
ἔρανος 163, 1
ἐράσμιος 112, 18. ἐρασμιώτερα 117, 19. ἐρασμιώτατος 98, 16. 231, 4
ἐραστὴς 160, 19, 23. 156, 7. 38, 18
ἐργάζομαι 102, 34. 260, 9. 118, 11. εἰργάζετο 118, 17. εἴργασται προσηκόντως 103, 31. εἰργάσατο εὐσθενεστέραν τὴν τυραννίδα 7, 20. 103, 1. 60, 19. 63, 14
ἐργασία 168, 33. plur. 169, 27
ἐργαστήριον 118, 12. οἱ ἐπὶ τῶν ἐργαστηρίων 81, 26
ἐργάτης: λίθων 33, 16
ἔργον 35, 25. 56, 33. 65, 16. 78, 25. μαχαίρας 241, 9. 251, 16. 161, 30. 150, 18. 136, 29. πυρὸς καὶ σιδήρου 89, 2. ἐπὶ τὸ — χωρεῖ 152, 10. ἔργου ἥπτετο 20, 28. ἐπιλήσμων 70, 22. ἔχονται 136, 10. 83, 13. 116, 27. ἔργῳ 59, 32. 105, 8. ἔργα ἀπόρρητα τῆς φύσεως 261, 1. βασιλέως 260, 32. 168, 35. 118, 3. 140, 11. ἐν αὐτοῖς ἔργοις 102, 11. ἐν — ἦν 78, 29. οὐκ — πιστεύσας 119, 29
ἐρεθίζω 252, 5. aor. 90, 22
ἐρείδω, aor. 76, 4. 129, 33
ἐρημία 61, 22. 64, 14. 70, 11
ἔρημος 150, 18
ἐρίβωλος: γῇ 166, 16
ἔρις 23, 35

ἔριον 162, 14
ἕρκος 50, 2
ἕρμα 133, 11
ἕρμαιον 254, 2. 151, 29
ἑρμηνεία 117, 6
ἑρμηνεύω 251, 23. aor. 254, 33
ἕρπω 122, 17
ἕρρω 78, 27
ἐρρωμένος: ἐρρωμενέστεραι 83, 6. ἐρρωμενέστατοι 257, 3
ἐρρωμένως 39, 33. 41, 14. ἐρρωμενέστερον 27, 20. 194, 28
ἔρυμα 124, 9
ἐρυγγάνω 133, 35
ἐρύθημα 260, 21. 160, 28
ἐρυθραίνομαι 164, 28
ἐρυθριῶ 60, 20. 115, 29. ἠρυθρία 37, 14. 252, 13. τὴν βασιλίδα 50, 20. ἠρυθρίασε 220, 8. 261, 30. 231, 18
ἐρυθρὸς 14, 12
ἐρῶ (fut., vid. ἀγορεύω), ἐρεῖς, ἐρεῖ, ἐρῇ, ἐρῶμεν, ἐρεῖν; εἴρηκα, εἰρήκειν; εἰπάτω (200, 10), εἴπω, εἴποι, εἰπεῖν, εἰπών; εἴρηται, εἰρήσθω, εἰρῆσθαι, εἴρητο, εἰρήσεται (89, 24) saepissime
ἐρῶ (ἐρώῃ, ἐρᾶν, ἐρῶν, ἥρων, ἐρώμενος) saepe
ἔρως, saepe (cum gen. 177, 26. 186, 11. πρὸς φιλοσοφίαν 260, 28). ἔρωτες 35, 23. 38, 35. 159, 10. 171, 34. 260, 18
ἐρωτικὸς 113, 11. -ἡ ὁμιλία 115, 21. συζυγία 40, 32. 39, 11, 18. 160, 24. τὰ ἐρωτικὰ 158, 36
ἐρωτικῶς 39, 13
ἐρωτῶ 240, 12. 52, 8. 184, 3. ἠρωτήκειν 246, 8. 154, 17. 200, 6. ἠρώτησα 88, 27. 197, 31. 36, 14. ἠρωτημένος 157, 23. ἤρετο 32, 24. ἔροιτο 260, 23. ἐρομένου 241, 34
ἐσακοντίζω 9, 4
ἔσθημα: ἐσθημάτων βαφὰς 11, 25. 37, 20
ἐσθὴς 55, 32. 166, 32. λαμπρὰ 199, 9. 178, 17. ἁλουργὴς 158, 7. βασιλικὴ 139, 18. 136, 33. μέλαινα 25, 8. περιπόρφυρος 84, 33. πορφυρὰ 16, 21. ἡ κατακόρως ὀξεῖα 16, 22. μέλαινα 16, 22
ἐσμὸς: πολὺς 60, 5
ἑσπέρα (1) 237, 18. ἄχρις ἑσπέρας 226, 20. εἰς ἑσπέραν βαθεῖαν 225, 11. ἑσπέρας 210, 21. κοινωνοὺς ἐποιεῖτο τοῦ δείπνου 72, 20. 245, 26. (2) αἱ ἐκ τῆς ἑσπέρας δυνάμεις 193, 19. τῶν ἀπὸ τῆς 240, 34. 136, 22. τὰς ἐν ἑσπέρᾳ τάξεις 193, 8. 262, 11. τῶν πρὸς τὴν ἑσπέραν βαρβάρων 28, 22. 28, 23. ἐπὶ τὴν 64, 20. 144, 27
ἑσπέριοι: ἑσπερίων ὁμοφύλων καὶ βαρβάρων 145, 4. 219, 24. 221, 31. 27, 1. ἑσπερίους λήξεις 12, 2. 195, 1

ἑστία: ἀφ᾽ ἑστίας 33, 31. ἐφ᾽ — 240, 29. 108, 35
ἑστιάτωρ 158, 12
ἑστιᾶτις 117, 15
ἔσχατος 53, 16. ἐσχάτης εὐηθείας 186, 1. -τῇ πολιᾷ 107, 11. -τὴν πενίαν 167, 1. -ταῖς τιμωρίαις 72, 12. -τας ἀναπνοὰς 68, 9. 231, 17. εἰς ἔσχατον τέλος 104, 5. τὰ ἔσχατα τῶν κακῶν 234, 1
ἔσωθεν: πολιορκούμενος 139, 17
ἑταιρία 46, 16
ἑταιρίζω: -ιζουσῶν γυναικῶν πλῆθος κατὰ τὴν Πόλιν 59, 29
ἑτερόγναθος 216, 26
ἑτερογνώμων 223, 25
ἑτεροκίνητος 148, 9
ἑτεροκλινὴς 163, 9
ἕτερος: ἀνθ᾽ ἑτέρου γίνεται 9, 31. οὔθ᾽ ἕτερος τῶν ἑτέρου σκεμμάτων ἀμαθέστατος 57, 1. περὶ ἄλλῳ 261, 2. ἐφ᾽ ἑτέρῳ ἕτερος 251, 22. ἕτερον καιρὸν ἀνατιθέασι 78, 25. ἐξ ἑτέρων 26, 2. ἑτέροις φέρων (sc. φεύγων) ἀνέθετο 112, 5. ἐφ᾽ ἑτέροις τὴν βασιλείαν πεποιηταὶ 243, 12. ἑτέρους (scr. ἑταίρους) ἑαυτῶν 31, 8. ἑτέρα φιλοσοφία ὑπὲρ ταύτην (Platonicam) 109, 26. τῆς ἑτέρας μερίδος τυγχάνων 163, 14, 30. οἱ τῆς —— 193, 28. 114, 29. χειρὸς 170, 26. 109, 29. ἑτέραν μὲν προθέμενος, ἑτέραν δὲ πορευόμενος 248, 17. 113, 11. 68, 29. ἑτέρου μηδενὸς φροντίδα τίθεσθαι 30, 8. ἐφ᾽ ἑτέρῳ προσώπῳ 169, 20. ἐφ᾽ ἕτερα 241, 14
ἑτερόστομος 253, 19. 199, 34
ἑτέρωθι 168, 3
ἑτοιμάζω 114, 25. 141, 6. 28, 22. ἡτοίμαστο 101, 6. 23, 19
ἑτοιμασία 207, 14. 210, 11
ἕτοιμος: πρὸς ἀναγωγὴν 75, 29. 207, 15. τοῖς πράγμασι 248, 5. 45, 3. 258, 3. 47, 5. 168, 26. ἐξ ἑτοίμου 61, 13. ἑτοιμότατοι 135, 29. ἑτοιμοτέρα τὴν φωνὴν 95, 33. ἑτοιμοτάτη 53, 9
ἑτοίμως 215, 3. ἔτασχε 50, 32. ἑτοιμότερον 50, 32. ἀποκρίνεται 53, 4
ἔτος 19, 28. τῆς ἡλικίας 27, 18. ἄγων 107, 12. ἔτους ὥρας 122, 1. τὸ πολὺ τοῦ 34, 29. ἔτεσι 19, 27. 27, 32. ἐτῶν ὀλυμπιάδα 121, 35
εὖ: ἀπήντησε τὰ παρὰ τῶν ὡρῶν 181, 8. εὖ γεγονότων 240, 21. μάλα περικυκλοῖ 179, 2. 234, 19
εὐάγωγος 69, 34
εὐάλωτος 70, 1. 144, 27
εὐανθὴς 36, 10
εὐαπόδεκτος 35, 15
εὐαρίθμητος 214, 1
εὐαρμοστία 146, 23
εὐβουλία 269, 6

εὐγένεια 151, 2. 18, 18. 163, 18
εὐγενὴς 234, 29. 265, 6. 150, 31. 4,
17. εὐγενεστάτων Ῥωμαίων 151, 28.
ἡ εὐγενὴς τὴν ψυχὴν 82, 5. 21, 33.
100, 19. τὴν εὐγενεστάτην ὁ δυσγενὴς
78, 28. 129, 12. τὸ εὐγενὲς τῆς παρ᾽
ἡμῖν συγκλήτου 151, 21
εὔγεως 166, 13
εὐγλωττία 45, 9. 181, 25. 195, 13. 80, 29
εὐγνωμοσύνη 166, 14. 102, 13
εὐγνώμων 70, 30
εὐδαιμονία 159, 32. μεγίστη 45, 28. ἡ
λεγομένη 175, 21. 33, 35. 187, 36.
τοῦ γένους 166, 35. 186, 1. 105, 5
εὐδαίμων: τῆς βασιλείας ζωὴ 227, 25.
εὐδαιμόνων 166, 21. 223, 21. 234, 9.
247, 3. 159, 8
εὐδόκιμος 103, 34
εὐδοκιμῶ: εὐδοκιμηκὼς 179, 27. εὐδο-
κίμησα 208, 21. 103, 36
εὔδρομος 258, 19. 67, 25. 139, 7
εὐειδὴς 82, 6
εὐεξία 215, 9
εὐεργεσία 166, 13. 31, 25. 28, 1. 13, 5.
267, 8
εὐεργέτημα 10, 26. 21, 18
Εὐεργέτης (cognomen Constantini Mono-
machi) 215, 26
εὐεργέτις 44, 24
εὐεργετικὸς 180, 9
εὐεργετῶ 238, 7. 21, 16. τὸ — χαρακτηρι-
στικωτάτη τοῖς βασιλεύουσιν ἀρετὴ 95,
15. εὐηργέτηκέ με 262, 24. εὐεργετῆσαι
21, 29
εὐήθεια 186, 3. 32, 15
εὐήθης 154, 8
εὐήκοος 189, 5. 116, 23
εὐήνιος 216, 32
εὔηχος: -ον ἔχει (scr. ἤχει) 169, 35.
-έστατα ὄργανα 80, 15
εὔθετος 77, 28
εὐθέως 5, 4. 206, 14. 267, 10
εὐθηνῶ 181, 8
εὐθὺ: τοῦ βασιλέως 8, 31. τὴν — τῆς
Μακεδονίας 136, 4
εὐθύβολος: -ώτατος 233, 15. 260, 31
εὐθυβόλως 239, 25
εὐθυμία 43, 16. 246, 23
εὐθύμως 282, 27. 254, 2
εὐθύνη: ὑπ᾽ εὐθύνην ἄγει 80, 15. εὐθύνας
ἀβουλίας 53, 1. εἰς εὐθύνας καθιστᾶν
49, 6. 48, 16
εὐθύνομαι 62, 30
εὐθὺς, adj.: τῆς εὐθείας 249, 31. κατ᾽
εὐθεῖαν γραμμὴν 18, 20. ἤνεγκε 209,
30. φωνὴν 160, 29. εὐθεῖαι γραμμαὶ αἱ
ὀφρῦς 264, 6
εὐθὺς, adv. 5, 15, 17. 6, 27. 9, 24
passim. τὸν εὐθὺς μετ᾽ ἐκεῖνον 189, 20
εὐθύτης 238, 1. 183, 6

εὐθυφοροῦμαι 216, 33
εὔκαιρος 17, 44. 71, 31
εὐκίνητος 106, 23. 199, 28
εὐκινησία 147, 4
εὐκινήτως 131, 13
εὐκλεής: -έστερον 242, 25
εὔκλεια 189, 26. 28, 20
εὐκολίαν μίξεως 158, 36
εὔκολος, cum πρὸς et acc. 39, 18. ἐρυ-
θριάσαι 261, 30. cum περὶ et acc. 265,
5. 53, 28
εὐκόλως 11, 31
εὐκύμαντος 198, 1
εὐλάβεια 60. 17. 266, 17. 230, 26. δι᾽
— ἔχων 196, 7. περὶ 186, 12. πρὸς τὸ
δεινὸν 258, 24
εὐλαβής: εὐλαβεστάτην 186, 10
εὐλαβοῦμαι: τούτους 101, 10. 103, 22.
17, 15. 11, 1. τὴν τοῦ καιροῦ ὀξύτητα
100, 21. -εῖτο ἐκείνους τῆς αὐτῆς
κοινωνεῖν ὁμιλίας 185₁ 12. 134, 20.
259, 3
εὐλαβῶς 105, 4. 229, 30
εὐλόγιστος 17, 33
εὐμεγέθης 13, 36. 23, 16. -έθεις ὀφθαλ-
μοὶ 264, 5
εὐμένεια 65, 33. 189, 33. 36, 25. 71,
27. plur. 76, 27
εὐμενὴς 18, 13. 256, 10. 114, 17.
εὐμενέστατον 229, 4
εὐμενίζομαι, aor. 171, 8
εὐμενῶς 58, 13. 196, 10. 200, 35. 92,
31. 100, 19. 135, 18. 13, 16. εὐμενέ-
στατα 146, 10
εὐμετάβλητος 245, 6
εὐμετάβολος: ἄνθρωπος 73, 1. τὸ εὐμετά-
βολον 174, 32
εὐμήκης 22, 17. 148, 32
εὐνή: ἐπὶ μιᾶς -ῆς συγκαθεύδοντες 37, 13.
38, 7. 68, 9. 118, 12. — δευτέρα
ἀνδρὸς 245, 10. εὐναῖς πρώταις 159, 2
εὔνοια, εὐνοίας δεσμοῖς 74, 32. ὀφθαλμῶν
44, 20. προσχήματι 56, 10. 257, 9.
εὐνοίαις τὴν ἀρχὴν διετίθετο 14, 36.
φαινομέναις 76, 29, &c.
εὐνοϊκός: εὐνοϊκώτερος περὶ τὸν βασιλέα
258, 26. 190, 7
εὐνοϊκῶς 80, 17. εὐνοϊκώτερον πρὸς αὐτὴν
53, 22. 47, 34. 72, 16
εὐνομία πολιτικὴ 4, 23. 233, 11
εὐνομοῦμαι: -ουμέναις πόλεις 167, 9
εὔνους 2, 33. 76, 12. τὸ 52, 25. τὸ
ἄγαν εὐνούστατον 94, 7
εὐπαγὴς 18, 26
εὐπαιδευσία 239, 31
εὐπαράδεκτος 20, 23
εὐπέτεια 15, 26
εὐπετῶς 68, 15. 140, 20. 143, 3. 17, 6
εὔπνους: -στέρου ἀέρος 118, 23
εὐπορία 171, 18. 218, 12

εὔπορος 267, 4
εὐπορῶ: πολλῶν 14, 28. 134, 9. γῆς 55, 16. -ήσοι τῷ λόγῳ συναγαγεῖν 16, 8.
aor. 163, 1
εὐπρέπεια 57, 35. 33, 33. 107, 15
εὐπρεπής 135, 1. 76, 26. -εστάτην 85, 30
εὐπρόσδεκτος 35, 15. 35, 15
εὐπρόσιτος 40, 4. τὸ -ον 221, 24
εὐπροφάσιστος 150, 14
εὑρίσκω 15, 12. 68, 16. εὑρηκέναι πόρον ἐν ἀπορίαις 4, 16. 59, 1. 216, 25. 111, 1. 107, 32. 254, 10. τὴν θάλασσαν λειοκυμονοῦσαν 204, 16. εὑρήσοι 221, 21. εὗροι 32, 30. 221, 19. 104, 5. 151, 5. εὑρεῖν 64, 34. 108, 1. εὕρηται 154, 20. εὑρημένην λείαν 224, 7. 223, 6. εὑρέθη 45, 29
εὔρυθμος 261, 21
εὐρύθμως 146, 22
εὐσέβεια: -ας σκοπὸς 33, 7. 35, 10. τρόπος 32, 36. 258, 24. 58, 26
εὐσεβής: σκοπὸς 34, 2. 77, 15. -έστατος 233, 28
εὐσεβῶ 32, 25
εὐσθενής: -εστέραν 7, 20. adv. -έστερον 90, 1
εὐσταθής: -έστερος 91, 23
εὐστομία 212, 20
εὔστροφος 147, 2. 165, 11
εὐσυντάκτως 131, 14
εὐσχημοσύνη 48, 21
εὐσχήμων 48, 24. -έστερον 83, 8
εὐτελής: -εστέρας 114, 20
εὐτεχνία 147, 15
εὐτέχνως 147, 10
εὐτονία 146, 23
εὐτόνως: -ώτερον 143, 28
εὐτρεπίζω: εὐτρέπισεν 16, 3. -ίζεται 100, 33. ηὐτρεπίζετο 41, 8. ηὐτρέπιστο 74, 7. τούτῳ ἡ γλῶττα 45, 4. 129, 30
εὐτύχημα 142, 29. ἄκρον 209, 16. 257, 34. 252, 34. 30, 27. 252, 22
εὐτυχία 86, 26
εὐτυχῶ: εὐτύχηκεν 152, 34. εὐτύχησε τοσούτους ὑπογραμματέας 23, 12. ἄκραν ψυχῆς εὐφυΐαν 80, 28. 23, 7
εὐφημία 163, 34. 85, 22. 189, 32. 163, 7. -ίας ἔρανον 163, 1. κοινῆς 200, 32. 161, 19. 167, 25. τῆς σῆς μοι κοινώνησον 157, 31. 241, 14. 43, 12, 13. 163, 6. 102, 9. 103, 17. 107, 27. 235, 20. 198, 35. -ίαις κοιναῖς 77, 5. 163, 20
εὔφημος: γλῶττα 13, 8. 44, 3. -οις φωναῖς 101, 2. 139, 30. 87, 9
εὐφημῶ 244, 1. 43, 10. 103, 23. εὐφήμει 243, 4. 210, 3. τὸ -ούμενον 95, 9
εὐφήμως 202, 5

εὐφραίνω: ηὔφρανεν 153, 6. εὔφρανε 9, 32
εὔφυΐα 80, 29
εὐφυής 148, 20. 45, 3. -έστατος 106, 16. 14, 7
εὐφυῶς 61, 35. -έστατα 169, 29
εὐχαριστήριος 158, 11
εὐχαριστία 166, 15. 161, 25
εὐχερής 11, 19
εὐχή: τοῦ ἀρχιερέως 70, 20. -ῆς καιρὸς ἐκάλει 68, 2. τὴν -ὴν ὡς ἀρὰν ἐλογίσατο 245, 2. -ὰς κληρουμένων 89, 26. πρωτουργοὺς 67, 16
εὔχομαι: ηὐξάμην 245, 1. 264, 17. 37, 17
εὐώνυμος (sinister): -ον 222, 21. 199, 22. εἰς τὰ εὐώνυμα 200, 4
ἐφάμιλλος 145, 17
ἐφαρμόζω: ἐφηρμοκότες 194, 23. ἐφηρμοσμέναs 11, 2
ἐφ' ἑαυτοῦ 244, 14. 117, 34. ἐφ' ἑαυτῶν ἕκαστος 137, 31. ἐφ' ἑαυτῆς προγυμνάζουσα 244, 6. ἐφ' ἑαυτοῦ μένον μόνον 177, 11
ἐφ' ἑνὸς τῶν καιρῶν 244, 33
ἐφεξῆς et ἐφ' ἑξῆς 197, 34. 198, 18. 227, 2. πρὸς τὸν —βαθμὸν 189, 4. τῇ —τάξει 198, 35. — ξύμπαντα 212, 10. ἐφ' ἑξῆς πάντα 121, 26. τοῖς — φρουρίοις 145, 1
ἐφέλκομαι: ἐφ' ἑαυτῷ 179, 16. ἐφελκυσάμενος 131, 31
ἐφέπομαι 137, 29. 131, 25
ἔφεσις 60, 22. 97, 8
ἐφετός: τοῦ ἐφετοῦ 151, 32. 111, 34. 118, 35. 142, 3
ἐφευρίσκω: ἐφευρηκὼς 115, 16. ἐφεῦρε 232, 25
ἐφήμερος: πυρετὸς 225, 28
ἐφησυχάζω: -άσειε 201, 11
ἐφίημι: ἐφιεὶς 212, 16. 235, 20. ἐφεῖναι τῇ ἡνίᾳ 216, 31. ἐφιέμενον μηδὲν τῆς ἀληθείας 175, 9
ἐφίστησι: ἐφίστησι δορυφορίαν 252, 25. συμφορὰν 77, 14. ταύταις ἄνδρα πιστὸν 126, 2. ἐφιστᾶσα ταῖς διοικήσεσι 181, 25
ἐφίστημι saepe (temp. et trans. et intrans.) cum τοῖς πράγμασι τῷ κράτει, τοῖς ἀνακτόροις, et tal. -ησι δορυφορίαν 252, 25. συμφορὰν 77, 14. -έστηκεν εὐθὺς ὁ τομεὺς 122, 21. πρὸ θυρῶν 84, 8. ἐφίσταται τις ἀθρόον 89, 25. μετὰ βασιλικῆς δορυφορίας 114, 15. τούτοις 126, 11
ἐφόδιον 74, 5. plur. 144, 14
ἔφοδος: τὴν ἐξ ἐφόδου φυλακὴν 255, 23. 74, 35. 97, 6. 194, 13. 248, 11. 125, 2. τὴν πρὸς —ον πρώτην ὁρμὴν 199, 30. ἐφόδων τεχνικῶν 208, 15. 219, 26

INDEX GRAECITATIS. 333

ἐφορμῶ 199, 31. aor. 126, 1
ἐφορῶ 167, 9. -ῴης 79, 28
ἐχέγγυος 60, 13. τὸ -ον 159, 5. 73, 31
ἐχθρὸς 195, 31. 251, 8
ἔχω *passim*; *cum adv. neutr. sensu, passim; cum infin.* (*ut* 47, 29) *saepe*.
οὐκ ἔχω *cum* ὅπως (τίς &c.) *saepe*.
[εἶχον, ἔσχηκα (102, 12, 18 *et saepe*),
ἐσχήκει (*semel* 172, 10), ἕξω (28, 25.
70, 6. 86, 18. 185, 20. 188, 20).]
ἔχομαι, τοῦ πιθανοῦ μᾶλλον ἢ τοῦ ἀληθοῦς 163, 35. 169, 3. 263, 15.
119, 1. 213, 19. -μενος ὁ λόγος 122,
12. εἰχόμην 30, 22. 54, 10. 83, 13,
&c. ἕξομαι 161, 3. 175, 31
ἕωθεν 207, 17
ἕως: ἐπανατέλλων 225, 10. -οι ὄντες καὶ ἀληθῶς πρόσαυγοι 193, 23. βάρβαροι 219, 23. 221, 29. ἑῴας ἄκρας 64, 19. δυνάμεις 145, 3. στρατόπεδον 137, 14. στρατόπεδα 195, 4. στρατὸς 137. 30. ἀπὸ τῆς — μερὶς 141, 21.
262, 11. -ων στρατευμάτων 145, 5.
-οις τάγμασι 193, 22
ἕως: τῆς ἕω ξυμπάσης τὴν ἀρχὴν 256, 10.
245, 30. τὰ πρὸς ἕω τῆς ἡγεμονίας ὅρια 173, 29

ζέσις: ψυχῆς 62, 18
ζεύγνυμι: ζεύξας 130, 23
ζῆλος περὶ τὰ καλὰ 62, 18. 66, 21.
φιλαρχίας 2, 15. 171, 17
ζηλότυπος 98, 18. -ον 112, 12, 28. 114, 11.
117, 20. 90, 24. 100, 12
ζηλοτυπῶ: τὸν αὐτοκράτορα 33. 3
ζηλῶ 170, 8. ἐξῆλον 107, 9. ἐζηλωκότων τῷ Κυρίῳ 34, 1. ἐζήλωσαν δημοκρατίαν ἐκείνων 151, 1. 200, 26. 122, 8
ζηλωτὴς 105, 31
ζημία 32, 17
ζημιῶ, *pass*. 166, 19
ζήτημα 32, 3. 25, 27
ζητῶ *quindecies ut* 106, 2. 179, 11.
228, 21. [*act. praes., impf., aor. pass. praes. et impf.*]
ζιζάνιον: οἱ τὰ -α ἐπισπείροντες 268, 17
ζυγὸν 62, 2
ζυγοστατῶ 116, 11
ζῶ: μηδ' ὅτι ζῇ πιστευόμενος 92, 5. ζωὴ 79, 31. τῇ πρὸς τὸ ζῆν ἀπογνώσει 222,
25. τοῦ — ἐν τῷ τέλει 22, 23. ἐπ' ἀφθόνοις 60, 2. παρ' ἐνίαις ἀναπνοαῖς 63, 25. 69, 16. 185, 29. τῷ βασιλεῖ ταῦτα γεγράφαται 259, 18. 257, 20. ἔζη ἐν ἀρεταῖς 48, 24. 28, 11. ζῶσι νάμασι 110, 14. ζήσαις 79, 20. 229,
5. ζήσαντες μετὰ τῶν ὑπερκοσμίων 58,
33
ζωγρῶ, *aor*. 257, 20. 142, 34. 30, 33.
ζωγρηθεὶς 256, 22

ζωή: βελτίων 103, 35. ἐμοὶ δὲ ἀπειρητέον ἢ — ἔδοξε 207, 27. περιείληπται εἰς βραχείας ἀναπνοὰς 231, 34. πικροτέρα τοῦ θανάτου 228, 35. ζωῆς τὸ ἄμικτον 185, 11. τὸ διεφθαρμένον 216, 23.
ἐπικήρου 186, 27. θεμελίους 69, 33. κοσμικῆς 25, 4. κρείττονος ἐρῶ καὶ ὑψηλοτέρας 176, 29. μέτρον 35, 17.
νοερᾶς 182, 33. ὅρος 102, 24. πολιτικῆς 215, 34. ζωὴν ἀπεκάλει με 178,
3. ἀπολείπει 42, 6. ἀπέθετο 220, 17.
τὴν ἀκύμαντον 178, 25. κρείττονα μεταθέμενος 67, 24. λογικήν 184, 16.
μέσην 182, 25. μετηλλαχότι 43, 28.
210, 17. εἰς — μοναδικὴν μετατεθῆναι 254, 19. τὴν περὶ ἡμᾶς 184, 13. τὴν πρὸς τὰ πάθη κατάντη 182, 30. πνευματικὴν 178, 10. χείρω 209, 22. ζωὰς ἀλόγους τῶν ἄστρων 184, 14. ἀπείρους 187, 16, *et saepe al*.
ζωηφόρος (Zodiacus) 183, 32
ζώνη 159, 20
ζῶον: καινὸν τουτὶ (imperium byzantinum) 216, 2. ἐρρωμένον 112, 11. τοῖς ποσὶν οἷα δόρασι χρώμενον (grus) 224, 34. — ἐλεύθερα τῷ δρόμῳ καὶ τῷ πτερῷ 245, 6
ζωστὴρ 215, 27

ἥβη: ἀφ' ἥβης 38, 26. 264, 23. ἐφ' 161, 4. ἥβην ἐκβεβηκότα 243, 28. 2,
1. μετὰ τὴν 264, 32
ἡβῶ 83, 19. 95, 28
ἡγεμονεύω, *aor*. 128, 11
ἡγεμονία: Ῥωμαίων 1, 5. 213, 12, &c. cf.
122, 6. αὐτεξούσιος 263, 11. βασίλειος 169, 9. αὐτοκράτωρ 23, 25. 214, 25.
-ίας ὅλην δυναστείαν 243, 14, *et al. plur*. 213, 19
ἡγεμονικός 180, 4. 103, 7
ἡγεμών: τῆς φάλαγγος 126, 7. τοῦ στρατοπέδου παντὸς 4, 20. 137, 8.
136, 13. 25. 13. 65, 22. -όνας τινὰς ἐκεῖθεν (Armeniae) ἐξώσας 173, 31.
ὑφ' ἡγεμόσι 139, 8
ἡγοῦμαι: τοῦτο κρείττονος προνοίας καὶ διοικήσεως 57, 10. 213, 24. ἡγεῖσθω εὐβουλία τῆς ἐγχειρήσεως 269, 6. ἡγεῖσθαι στρατιωτικὰ ταῦτα τὰ χρήματα 34, 22. δεινὸν 73, 15. ἐν οὐδενὶ ἀποτετιμῆσθαι 175, 17. 208, 32. ἡγεῖτο 38, 22. 169, 13. μεγάλην ῥοπὴν πρὸς τὸ νικᾶν 17, 28. ἥγημαι πρόσφορον 184, 15. 238, 11. ἡγήσωνται 133, 23.
259, 13. 111, 1
ἥδομαι: ἐσχάτῃ πολιᾷ 107, 11
ἡδονή: οὐκ εἶχεν αἰτίαν 111, 13. 261, 35.
158, 22. ὑφ' -ῆς ἐνθουσιῶσα 154, 16.
43, 16. 206, 5. 147, 31. 153, 18.
καθ' -ἣν 244, 30. -ῶν ἥττηται 244, 24.
261, 35. -αῖς ἐδεδώκει 160, 16. ἐκ-

δίδωσι 20, 11. συγκειμέναις 154, 26. 133, 2. -ὰς οὐχ ὁσίας 139, 36
ἡδὺς 64, 2. -ὺ βλέπον 264, 11. ἡδίστων ὀνομάτων 115, 32. et 197, 16
ἡδέως 41, 16. 239, 11. 243, 3. 59, 4. πάνυ γελάσας 154, 16. ἡδύτερον ἀττάλον 264, 12. ἥδιστα 41, 17. 261, 26. 282, 7. 72, 18
ἥδυσμα, plur. 106, 35
ἡδύτης, plur. 111, 13
ἠθικός: -ὴν ἀρετὴν 110, 26
ἦθος, sing. saepissime, plur. undecies (ut 112, 22. 94, 21)
ἥκω: εἰς καιρὸν 225, 22. 149, 32. 106, 29. 206, 22. ἥκοντα λόγον 196, 16. ἠκούσας εἰς ἓν 108, 26. ἧκε 226, 4. 83, 28. 207, 10. ἥξειν ἐφ' ἑαυτοὺς τὸ δεινὸν 259, 29
ἠλακάτη 162, 14
ἠλεκτρώδης 227, 18
ἡλικία saepe. (καθεστῶσα 264, 27. εὐμήκης 22, 17. -ίαν ἐπιμηκεστέρα 95, 31. -ίαν εἰς δέκατον πόδα ἀνεστηκὼς 123, 15. στρατεύσιμον 125, 18)
ἥλιος 226, 23. ἔδυ 197, 24. et 207, 10. εἱστήκει ἐπὶ μεσημβρίαν 210, 6. εἱστήκει κατὰ κορυφὴν τὸ μεσημβρινὸν 187, 31. 146, 16. 131, 31. προκεκυφὼς τοῦ ὁρίζοντος 198, 9. ἡλίου ἀνατολαῖς 57, 20. ἀνίσχοντος 28, 24. τὸν ἐνιαύσιον κύκλον περιοδεύσαντος 240, 4. 147, 21
ἡλιῷ: -ῶσα θρὶξ 264, 10. κεφαλὴ 147, 16
ἡμεδαπὸς 255, 5. 222, 2. 104, 31. 121, 16. 194, 3. 176, 25. 256, 21
ἡμεῖς (Psellus, Byzantini, Christiani): δεδοικότες 178, 24. τοὺς λόγους οὐκ ἴσμεν 126, 19. ἡμῶν τῶν ὑπογραμματευομένων 116, 29. τῆς ἀφ' — παραμυθίας 178, 27. τὰ ἐφ' — πεπραγμένα 101, 32. ἡμῖν ἐφεστήκοιεν 122, 29. παρ' — ὁμηρεύουσα 155, 33. τῶν — δοκούντων ἀγαθῶν 119, 32. τουτὶ τὸ καλὸν ἔρριπται καὶ ἠτίμασται 151, 1. τὰς ἐκείνων ψυχὰς χαριζόμενος 143, 18. τοῖς τότε — συστρατεύουσι 249, 22. τὰ ἐν — πάθη 187, 2. τὸ πρὸς ἡμᾶς τμῆμα 124, 5. τὴν περὶ — ζωὴν 184, 12. μηδ' εἰς τοσοῦτον — ἀτυχίας ἐλάσαι 143, 14. μετεσκήνωσεν εἰς τὴν κρείττονα ζωὴν 175, 33. τὰς καθ' ἡμᾶς ὑποθέσεις 102, 6. τοῦ δι' — μυστηρίου 244, 21, et saepe al.
ἡμέρα: ἐπέφαινε 263, 26. μέση 236, 14. ἡμέρας ἔτι ἐλλελοιπὸς 210, 28. κλινούσης 89, 25. λαμπρότερος 192, 7. παρανατειλάσης 204, 17. τῆς 179, 3. ἡμερῶν ἑκάστῃ 33, 9. ἡμέρας ξυνῆπτε νυξὶ 24, 11, et al.

ἥμερος 215, 33. 142, 21. 179, 17
ἡμέτερος: λόγος 196, 20. 184, 26. -ους λαθὼν ὀφθαλμοὺς 140, 19. -ας Ῥώμης 159, 35. ζωῆς 88, 14. -αν παιδείαν 184, 18. -ας νῆας 131, 26, et al.
ἡμίγαμος 2, 30
ἡμιδεὴς 233, 27
ἡμιθανὴς 152, 23
ἡμίθεος 186, 34
ἡμιλοχίτης 17, 5. 199, 21
ἡμίπρωρος 132, 4
ἥμισυς: τὸ -υ χρόνου 42, 8
ἡνία 8, 16. 212, 20
ἡνίκα 77, 1
ἡνίοχος 77, 1. 216, 20
ἧπαρ 176, 22
ἤπειρος 35, 12. 59, 23. 33, 17
ἠρέμα viginties (e.g. 45, 31. 160, 23, 26)
ἠρεμῶ 206, 23. 201, 4. aor. 201, 11. 222, 9
ἡρωϊκὸς 86, 26. 199, 16
ἥρως: τὴν ἡλικίαν 26, 7. ἥρωι 229, 16. ἥρωσιν 145, 17
ἡσυχάζω 207, 23. 213, 12. ἡσύχαζε 71, 7. aor. 200, 35. 180, 34
ἡσυχῇ 212, 8
ἡσυχία 112, 3
ἧττα 164, 33
ἡττῶ: ἡττῶσαν 260, 12. ἡττᾶται 65, 29. τῶν ἄνωθεν διοικήσεων 126, 18. ταῖς γνώμαις 194, 2. 259, 28. τοὺς ἀντιπίπτοντας 23, 34. πάντων 262, 9. 22, 10. ἥττηται γαστρὸς 260, 17. ἡδονῶν 244, 24. ἐφ' ὅλοις 30, 19. ἥττητο 23, 21. θεάτρων 24, 1. αὐτῆς τῆς παιδιᾶς 24, 8. 117, 13
ἥττων: θυμοῦ 20, 22. καὶ τοῦ καιροῦ καὶ τῶν συμφορῶν 91, 16. μέθης 28, 13. 72, 30. Ῥώμῃ 110, 9. ἥττοσιν ἀρχαῖς 46, 5. ἧττον ᾐσχύνετο 50, 20. 230, 5. 199, 31. 109, 11. οὐδὲν ἧττον vicies.
ἥκιστα 261, 27. οὐχ — 261, 28
ἦχος 153, 2. 82, 28
ἠχὼ 168, 9. 211, 27
ἠχῶ 45, 6

θαλαμεύω, aor. 50, 32
θαλαμηπόλος 38, 10. 21, 23
θάλασσα et θάλαττα: θάλασσα ἡ ἐκτὸς Ἡρακλείων 35, 9. θαλάσσης ἐπὶ πολὺ ἐλάσας 132, 1. τὸ διὰ — μάχιμον 130, 19. ἀπὸ θαλάττης 240, 22. 132, 10. ἐπὶ — διάγειν 46, 23. πρὸς ἡμᾶς ἐμβαλεῖν 129, 29. ἀπὸ τῆς πάσης — καταστολμῶντες 222, 12. πρὸ — τεμένισμα 254, 11. τῇ θαλάσσῃ περίκυκλος 225, 9. τὴν καταντικρὺ τῶν βασιλείων 205, 33, et al.
θαλάσσιος et θαλάττιος: -ια θεὰ 229, 19. 218, 22. 210, 26. 79, 28. 94, 30

INDEX GRAECITATIS. 335

θαμά 3, 22. 19, 16. 36, 26. 156, 4. 134, 32
θάνατος: πικροτέρα ή ζωή 228, 34. θανάτῳ ἀποβαλὼν 234, 27. ἐξ ὑπογυίου δεινὸν 76, 7. cf. 41, 10 et 156, 31. ἐπορχούμενη 225, 2. συσκευαζόμενον κατ' αὐτοῦ 38, 13, et al.
θαρραλέος 222, 13
θαρραλεώτερον 160, 30. 92, 13
θάρρος 134, 15. 210, 33
θαρρούντως 50, 24. 23, 25
θαρρύνομαι 257, 12
θαρρῶ 196, 8. πλήθεσι 62, 15. τὸν ἀγῶνα 194, 29. et 195, 6. ἑαυτῷ 2, 22. ἐπὶ τῷ σφετέρῳ πλήθει 130, 17. τεθάρρηκα ἐξειπεῖν 220, 7. τισι 133, 31. ἐθάρρησε πρὸς ἕτερον πέλαγος 218, 32. et saepe al. (τεθαρρημένως 36, 34)
θάρσος 8, 34. 31, 28
θάτερος: θατέρου ἕτερος ἐνδόσιμος 154, 2. ποδῶν 152, 23. -ρῳ ἕκαστος ὑπεχώρει 200, 12. -ας τῶν δύο ἀδελφῶν 1, 10. -ᾳ τῶν χειρῶν 8, 36. -αν χεῖρα 161, 33. θάτερον ἐγεγόνει 113, 2. οὐκ ἔδωκεν ὁ καιρὸς 112, 23. μέρος 115, 13. 195, 24. τοῦν μεροῖν 164, 33. ἐκ — πλευροῦ παρειστήκεσαν 123, 17. τέλεον ἀδεῆς 26, 13. -ῳ μέρει πρὸς -ον 166, 18. θάτερα ἐγεγόνεισαν 166, 22. ἐπὶ — κλίσις τῆς κεφαλῆς 212, 30
θαῦμα 147, 30. 224, 23. 63, 29. τοῦ ὕψους 263, 15. θαύματος ἐπέκεινα 259, 15. καινὸν 37, 30. 15, 3. 209, 11. 208, 25. 224, 34
θαυμάζω saepe. τεθαύμακα 123, 33. θαυμάσομαι 243, 25. -άσωμαι 257, 7. -άσει 166, 15. ἐθαύμασα -άσθην (-άσαμεν καὶ -άσθημεν 235, 8)
θαυμάσιος 266, 14. 230, 4. τὴν σύνεσιν 254, 33. -σίῳ τούτῳ αὐτοκράτορι 234, 7. -ίων φύσεων 122, 24. -ιον εἶδος οὐ πάνυ 116, 13. 128, 19. χρῆμα γυναικῶν 227, 14. τὰ -ια μυσταγωγούμενος 232, 9. ἐν -ίοις ἄγω 37, 20. νοήμασι 109, 17. -ώτερος 262, 35. 173, 6. -ώτατον Πρόκλον 108, 10. 110, 4. 63, 32
θαυμασίως 157, 25
θαυματοποιῶ 168, 27
θέα 198, 31. 29, 36. 47, 15. 79, 18. 30, 16. 126, 14
θεά: θαλαττία 229, 19
θέαμα 31, 21. 126, 34. 9, 23. 127, 2. 157, 10. 258, 9
θεατής 173, 3. 126, 13. 30, 30
θεατρικὸς 29, 11
θέατρον: ἀπὸ τοῦ θεάτρου εἰς τὰ ἀνάκτορα τὴν πομπὴν ποιουμένῳ 151, 33. ἐπὶ 160, 9. ἡμέραν 73, 10. 75, 10. ἐπὶ μέσον 66, 19. τοῦ μεγάλου -ρου 85, 4.

ἐν μετεώρῳ 127, 25. τὸ θέατρον διέθηκεν ἀτακτότερον 216, 8. ἐπὶ 116, 33. εἰς τὸ 23, 32. θεάτρων ἥττητο 24, 1. θέατρα 23, 27
θειάζω 244, 31. τεθειασμένης γνώσεως 109, 30
θεῖος: ὁ θεῖος 70, 33. 91, 21. τοῦ θείου 55, 19. 71, 14. 73, 35. τοῦ Καίσαρος 263, 12. τῷ θείῳ 22, 25. τὸν θεῖον 56, 5. 73, 31. 75, 11, 26. 84, 16. 87, 15. ὦ θεῖε 79, 15. θείων 56, 21
θεῖος (adj.) saepe. τὸ θεῖον 4, 32 &c. θεῖον ὄρος τὸν Ὄλυμπον (Mysiae) 176, 20. θειότερος 174, 29. 241, 25 &c. -τατος βασιλεὺς 233, 9. 240, 10. 263, 26
θέλγος 147, 25. 157, 19
θέλγω 177, 28. 173, 25. 118, 25. θέλξαι 116, 15. θέλξας 113, 10
θέλημα 176, 8. 109, 22. 254, 25. 70, 14
θεμέλιος 262, 16. 54, 14. plur. 171, 31. 10, 25. 57, 21. 114, 24. 83, 18. 215, 1. τοῦ κράτους καὶ τῆς ζωῆς 69, 32. τῆς τυραννίδος 135, 14
θέμις: -ιδος 166, 27
θεοκίνητος 100, 30
θεοκλυτῶ 91, 20
θεομισὴς 268, 23
θεολογικὸς 258, 21
θεόπνους 80, 27
θεοπρεπὴς: -έστατον 79, 21
θεὸς 30, 26. οὐκ ἄδικος ὁ 89, 15. τῷ δημαγωγῷ Μωϋσῇ εἰσῆκται 219, 8. ἐπὶ τῆς κρείττονος μερίδος ἱστᾷ 170, 28. ἔσται ἐκ μηχανῆς 166, 7. παραδοξοποιεῖ 241, '5. θεοῦ Σοφίας ἀρχιερεὺς 227, 27. παρὰ τοῦ — βασιλεύσαι 150, 12. εἰς μέσον παραληφθέντος 268, 30. ὄνομα διὰ παντὸς ἐπὶ γλώττῃ ἐκείνῃ 119, 4. πόρρωθεν οἰκονομοῦντος 236, 2. θεῷ ἀνακραθέντες 116, 34. θεοπηλωμένην 224, 34. στρατευθεῖσαι 60, 7. σὺν — φάναι 195, 25. 149, 27. τῶν πρὸς -ὸν ἐλπίδων 150, 17. ὃν ἡ φιλοσοφία πρεσβεύει 247, 30, et saepe al. plur. τις θεοὶ ἡμῖν ἐφεστήκοιεν 122, 29. θεοῖς τισι νέοις τὴν ἐπιτροπὴν διδόασι 184, 9
θεόδοτος 184, 7
θεότης 34, 12
θεοφανία, plur. 119, 27
θεοφιλὴς 59, 21
θεοφόρητος 80, 28
θεοφοροῦμαι 111, 12
θεραπαινὶς 79, 35. 77, 11
θεραπεία 56, 13. 120, 23. βασιλικὴ 55, 2. 112, 24. 159, 7
θεραπεύω: τὸ ἐνεστῶς τοῦ θρόνου 52, 15. 52, 9. λουτροῖς 59, 15. 58, 29. τὸν

ἄνδρα 155, 1. 50, 36. τεθεραπευκὼς 211, 10. θεραπεύσειν 124, 15. 69, 12. 124, 24. τεθεραπευμένος 155, 2
θεράπων 38, 23. πατρῷος 37, 29. cf. 86, 23 et 160, 8. τοῦ θεοῦ 58, 17
θέρειος 118, 19
θερίζω 233, 24
θερμὸς 265, 7. 179, 4. -ότερος 153, 17. 65, 8. -ότατος 235, 5. περὶ τὸ σέβας 31, 23. -τον σέβας 119, 2
θερμότης 177, 29
θέρος 16, 34. 188, 5. 16, 31
θεσμὸς 75, 16
θεωρητικὸς 201, 18
θεωρία 201, 17. 118, 34. 108, 14. plur. 109, 12
θεωρὸς 3, 3. 91, 31. 131, 6. 128, 19
θέω 140, 16. 224, 30. 31, 11. 217, 1. ἔθει 127, 4. ἔθεον 30, 4, 30
θεῶμαι: τεθέαμαι, θεάσομαι, ἐθεασάμην, semel et triginties
θήγω 91, 8. θήξασθαι 102, 20
θήκη 117, 18
θηλὴ 156, 21
θῆλυς: θῆλυ γένος 81, 34. θήλεως 234, 12. θηλείας 234, 31
θήπω: τεθήπασι 211, 15. ἐτεθήπεσαν 70, 30
θὴρ 77, 17. 79, 27. 88, 6, 19. 24, 7. 216, 13
θήρα 225, 4, 11. γεράνων 224, 31. 265, 7
θήραμα 155, 9
θηρατὴς 224, 28
θηρατικὸς 225, 9
θήρατρον 147, 26
θηρίον 266, 4
θηρῶ 70, 10. τὸ πρᾶγμα 220, 3. ἐθήρασεν 220, 6. 136, 6. 265, 20. -ώμενος τὸ ἀληθὲς 102, 3. 225, 5. 106, 18. θηραθὲν 155, 24
θησαυρίζω 117, 13. 21, 18
θησαυρός: ἄνθρακες ὁ θησαυρὸς ἀνασκαπτόμενος 268, 4. -ρῶν βασιλείων διδοὺς 77, 9. cf. 20, 9 et 59, 21. 96, 9. 71, 35. 214, 23. βασιλείους Βασιλείου ἐμπεπληκότος 96, 20. 105, 12
θίς: θινὸς 218, 22
θνήσκω: θνήσκει αὐτίκα 215, 15. 162, 21. τεθνηκέναι 251, 23. 138, 10. τεθνηκότες 241, 10. τεθνάναι 136, 17. τεθνεῶτι 69, 1. ἐτεθνήκει 71, 30. 86, 4. 214, 35. 242, 2, 25. 257, 7. 251, 29. 138, 15. 129, 16. ἐτεθνήκεσαν 91, 12. θανεῖν 245, 3. 236, 8. 66, 9. τεθνήξαιτο 92, 14. -ήξεσθαι ἐπίδοξος 187, 32. -ηξόμενος αὐτίκα 142, 17. 236, 16
θόρυβος 138, 16. 200, 20. 227, 13. 253, 1. μετά -ου 208, 6. 86, 19. 216, 9

θορυβεῖν 203, 3. -ήσωσι 211, 1. 260, 1, &c.
θράσος 61, 4. 90, 1. 92, 19
θρασὺς 90, 33. -σύτερος 77, 22. 220, 12. 164, 26. 73, 9. 89, 34
θρασύτης 255, 33. 125, 10. 140, 3
θράττω 142, 19
θρέμμα 107, 20
θρῆνος 69, 8. 142, 28. 88, 21. θρήνων κατῆρχε 228, 4. 120, 17
θρηνῶ 160, 4. θρηνῆσαι 171, 6. 155, 10
θρηνώδης 79, 9
θρίαμβος 128, 19. 165, 9. εἰς τὰ βασίλεια 210, 11. ἐπὶ τοῖς τροπαίοις καταγαγεῖν 127, 31. κατάγει 66, 18. 146, 8
θριαμβεύομαι 128, 7
θρίξ: δασεῖα 19, 10
θρόνος: βασιλικὸς 245, 25. ἐπὶ θρόνου βασιλείου 90, 25. 237, 6. 157, 27. ἀμφικεφάλου 199, 8. ἐξανίσταται 237, 13. 203, 15. τὸ ἐνεστὼς 52, 15. ἱεροῦ 186, 19. ἐπὶ—καθίζειν 240, 11. πατριαρχικοῦ 242, 12. πολυτελοῦς 43, 7. -ον ἐδίδου ἐγγὺς καθέζεσθαι 70, 26. -ων συγκλητικῶν 97, 21. -οις βασιλείοις 180, 12. 97, 35. ἱεροῖς 186, 5. 34, 27
θρυλλοῦμαι 146, 9. 145, 16
θυγάτηρ 27, 15. 85, 18. 90, 18. 228, 4. τοῖν βασιλέοιν 227, 16. μονογενὴς 230, 23. 99, 20. 228, 28. 21, 34. 236, 19. 22, 8. 24, 8. 25, 11. -έρων ἡ τελευταία 239, 35. 22, 1
θυγάτριον 231, 3. 159, 6. 239, 33
θῦμα: εὐπρόσδεκτον 8, 15. τῷ λόγῳ 196, 33. θύματος πρωτουργοὺς εὐχὰς 67, 16. τῶν θυμάτων διασαφούντων 8, 15. κατὰ τῶν—ὁμόσαντες 223, 13. 34, 9
θυμηδία 45, 20
θυμήρης 119, 11. -έστερον 177, 13
θυμικὸς 164, 23
θυμοειδὴς 164, 21
θυμὸς 21, 13. 30, 3. βραχὺς 88, 5. -οῦ ἐνεπίμπλατο 72, 32. ἥττων 20, 22. οὐδ' ὁτιοῦν ἴχνος ἐφύλαξα τῇ ψυχῇ 88, 10. πνέοντες 194, 5. πνεύματα 85, 5. πιμπλάμενος 186, 24. 91, 4. -ῷ διαπυροῦται 125, 8. τοῦ ἐπιτάττοντος βασιλέως 80, 5. κατάφορος 21, 3. πολλῷ 75, 13. -ὸν ἀγαθὸν 209, 28. ἐπισχὼν αὐτῷ 220, 13. φλεγμαίνοντα 21, 10
θυμοῦμαι 134, 27. θυμηθῆναι (scr. ἐνθυμηθῆναι?) 228, 15
θύρα: γλωσσαλγίας 60, 32. 155, 24. -αι ἐπεξηγοῦντο 150, 6. πρὸ θυρῶν 226, 27. ἐπὶ θύραις τῶν ἀνακτόρων ὁ βασιλεύσων 245. 32. αἰτήσεων 159, 30. πάσας εὐεργετημάτων 21, 18
θυσία 162, 16
θύτης, plur. 67, 13

INDEX GRAECITATIS. 337

θύω: τῷ θεῷ 166, 21. σῶστρα 157, 27.
τεθυμένον 179, 9. τεθύσεσθαι 207, 27
θῶκος 197, 28
θωπεύω 210, 3. aor. 140, 28. pass. 239, 8
θώραξ 150, 22. 120, 13. 8, 5. 139, 1.
26, 35. 222, 13
θώψ 201, 2

ἰάλλω: -λε ἐπ' ὀνείατ' ἕτοιμα χεῖρας 183, 16
ἴαμα 178, 2
ἴασις 176, 19. 147, 1
ἰατρική 40, 28
ἰατρός: -ῶν ὁ πρῶτος 226, 30
ἰδέα 268, 24. 244, 24. 176, 16. Ξενοκράτους 212, 5
ἴδιος 256, 24. 22, 15. 242, 11. 229, 26. 252, 34. 66, 1. 18. 32
ἰδιοῦμαι: -ωσάμενον 124, 6
ἰδίωμα 231, 4. 161, 6, 22
ἰδιωτεύω 113, 6. 207, 17. fut. 14, 11. aor. 207, 31
ἰδιώτης: ὁ βίος 212, 29. 210, 16. 229, 28. 233, 5. 247, 25
ἰδιωτικὸς 201, 22. 267, 22
ἰδιωτικῶς 200, 25
ἱδρύομαι 141, 11. aor. 259, 5. 67, 8. 254, 11. 193, 24
ἱδρώς: -ῶσι πολλοῖς 117, 25
ἱερατεία 221, 27
ἱερατικὸς 256, 27. 101, 14. 221, 27. 221, 8
ἱερεῖον 179, 9. 207, 27. 143, 13
ἱερός: -οῦ θρόνου 186, 19. cf. -ῶν ναῶν 57, 28. -οῖς ἀνδράσι 262, 22. 186, 5. -ἁ τράπεζα 88, 8. 89, 25. 156, 34. -ἁν ποίμνην 90, 12. -ῶν ψυχῶν 59, 22. τὸ -ὁν 57, 34. -ῶν ἀδύτων 145, 22. 90, 11. καθ' -ῶν ὁμνὺς 90, 2. 38, 21. 70, 10. 145, 10. ἐν -οῖς τελούμενος 232, 8
ἱερουργῶ, aor. 196, 34
ἵημι: λείσα εὖ 180, 23. ἵεται 223, 9, 25
ἰθύνω: τὴν ναῦν 150, 20
ἱκανὸς 4, 33. 12, 25
ἱκανῶς 200, 7
ἱκεσία 40, 11. 73, 30
ἱκετηρία 67, 10
ἱκέτης 14, 4. 87, 16
ἱκέτις 91, 20
ἱλαρός: -ἁν παιδιὰν 117, 25. 152, 34. 80, 20. -ὁν πρόσωπον 106, 23. 225, 21. 17, 32. ἱλαρωτάτη 110, 32
ἱλαρῶς 215, 4
ἱλασμὸς, plur. 57, 18
ἱλαστήριος 209, 21
ἵλεως 145, 36. ἱλεά μοι τὰ παρὰ σοῦ εἴη 104, 32
ἴλη 17, 20
ἴλιγγος 152, 11
ἰὸς 179, 6

ἱππάζομαι 19, 1. 50, 35. 224, 28. -ᾶσθαι (scr. -άσεσθαι?) 265, 6. -άσατο 8, 18. 147, 1
ἱππάφεσις, plur. 23, 29
ἱππεὺς 139, 5. 141, 12. 127, 10. 257, 1. 128, 1
ἱππεύω 30, 8
ἱππηλάσιος 209, 10
ἱππήλατος 167, 31. 173, 23
ἱππικὴ 148, 29. 216, 9. 4, 10
ἱπποδρομία 23, 28
ἱπποκόμος 127, 2. 148, 32
ἱππόκροτος βοὴ 82, 27
ἱππομαχία 266, 31
ἵππος: ἔθει ἐλευθέρῳ ποδὶ 127, 3. μὴ ὀλισθαίνοι ταῖς πλαξὶ 149, 6. -ου ἀπέβαινεν 224, 4. cf. 140, 5. λευκοῦ ἐπιβεβηκὼς 139, 8. 148, 31. ὀλισθαίνει 251, 12. ῥιφθεὶς 51, 1. ἐπὶ τοῦ — σαλεύοντα 66, 13. ἐφ' — 140, 18. 154, 33. τὸν ἵππον ἀναβὰς 82, 34. — ἐλᾷ 255, 6. κατάφρακτον 139, 2. 126, 30. τὴν ἵππον ἀνείργον 140, 14. — δημοσίαν 136, 7. καταβάντες 197, 22. τοῖς ἵπποις συνεκβαλόντες 141, 27. ὑφαρπασάντων 216, 7. -ους ἀντιδιδοὺς καὶ ἀντιζευγνὺς 23, 28. βασιλείους 216, 25, 30
ἱππότης 125, 2. 255, 6. 13, 5. 144, 6
ἱππῶν 90, 25
ἰσάζω 80, 35. 150, 19
ἰσάριθμος 213, 1
ἰσοβαρὴς 194, 26
ἰσόθεος 171, 8
ἰσόμετρος 8, 27. 173, 13
ἰσομοιρία 2, 12
ἰσορροπία 260, 8
ἰσόρροπος 249, 26
ἴσος et ἶσος: ἶσος 213, 3. 214, 8. 238, 22. 249, 25. εἰς ἴσον τοῖς ἄλλοις 15, 23. 194, 25. κατ' — 141, 27. ἡτοίμαστο 94, 28. ἐν ἴσῳ τοῖς ἄλλοις 224, 16. 189, 12. ἴσοις κακοῖς 44, 25
ἰσοστάσιος: τάξις 12, 14
ἰσότης 34, 13. -τος ἐν ἀνισότητι φροντίζων 239, 21. 181, 11. 76, 7. 233, 10. 21, 18. 183, 16. -τες τοίχων 34, 8
ἵστημι et ἱστῶ: ἵστησι 257, 2. ἱστᾷ 98, 1. τοῦτον μετὰ τῆς κρείττονος μερίδος 179, 28. -ῶμεν ἡμῖν τὴν φυσικὴν κίνησιν 187, 8. -ῶντες τὰ κέντρα 78, 6. ἕστηκεν ἀκλόνητος ἐπὶ τὰ δεινὰ 133, 10. ἑστηκότα 88, 9. ἑστάναι 13, 24. ἑστὼς 88, 21. ἑστῶτες πρὸς τῷ βασιλεῖ 141, 35. ἑστῶσα 160, 21. εἰστήκεις 226, 31. εἰστήκει ὁ ἥλιος ἐπὶ μεσημβρίαν 210, 7. cf. 187, 31. εἰστήκεσαν 131, 27. στήσοι 140, 35. ἔστησε 262, 17. ἔστη 60, 8. ἔστασαν 199, 22. σταίη 179, 2. στήτω 183, 1. στῆναι 198, 27. στὰς ἐπὶ μέσον 200,

M. P. 22

9. ἵσταται ἐπὶ τοιούτων λογισμῶν 106,
4. πρὸς τὴν ἀρχὴν τοῦ κακοῦ 133, 15,
et saepe al.
ἱστίον: -λοις ὅλοις 3, 27. 236, 12. 24, 34
ἱστορία: ἀληθὴς 238, 34. 169, 3. οὐδὲ
γραφὴ ἀλλ' — — 103, 24. -ίας ἀφορμὰς 39, 13. γραφὴ 25, 26. λόγος 167,
24. 120, 26. μέρει ἐμαυτὸν ἀνεβίβασα
111, 27. τοῦ παρόντος μέρους 121, 10.
τὰ πολλὰ συντέμνων 249, 11. πρῶτον
τῶν ἄλλων 122, 13. συναγωγὴ 101, 26.
ὑφὴν 120, 20. τῇ -ίᾳ ἐγκαταστῆσαι
ἐμαυτὸν 178, 21. παρεισκυκλήσει ἐμὲ
183, 22. παρῆκα πολλὰ 121, 34. -ίαν
ἀκριβῆ ξυντιθέναι 95, 4. ἀκριβοῦντι
117. 5. ἀπεπεμπόμην διὰ τοῦτον τὸν
ἄνδρα 102, 13. ἀπορρητοτέραν 60, 30.
οὐ θωπευτικὴν ποιοῦμαι 258, 32. ἧς τὸ
κράτιστον ἡ ἀλήθεια 103, 20. συνοπτικὴν 241, 12. περὶ ταύτης ἐμφανισθῆναι 121, 4. τούτου ἕνεκα πεποίημαι
259, 19. οὐχ — ποιῶν ἀλλὰ πλάττων
102, 1. καθ' — ἐξιόντα 108, 36. ἐν
ταῖς -ίαις τὰ χείριστα τῶν Ἑλλήνων
παραλαμβάνων (Herodotus) 102, 32
ἱστορῶ 162, 35. τὸν αὐτοκράτορα 259,
10. ἑαυτὸν 264, 25. τοὺς τῶν αὐτοκρατόρων βίους 102, 34. 103, 19. 122,
2. τὸν -οῦντα 120, 29. 120, 22, 25.
123, 33. χρονογραφία -οῦσα 1, 2.
ἱστορήσει 234, 26. ὁ λόγος 113, 15. aor.
218, 2. 59, 9. 229, 11
ἱστὸς 162, 14
ἱστουργῶ 118, 5
ἰσχυρογνώμων 262, 14
ἰσχυρὸς 131, 33
ἰσχυρῶς 148, 11
ἰσχύς: εὐτονωτάτη 146, 17. cf. 146,
26. 147, 4, 32. 202, 33. 180, 13.
ὁπλιτικὴ 4. 14. λόγων 169, 22. 37, 4
ἰσχύω, aor. 80, 33
ἰταμὸς: ἰταμώτερος 89, 30. 209, 32
ἰχθὺς 35, 10
ἰχνηλατῶ, aor. 136, 7
ἴχνος 129, 33. θυμοῦ οὐδ' ὁτιοῦν 88, 11
ἰῶμαι 223, 4. ἰάσωνται τὸ σπλάγχνον 58,
6. cf. 213, 7. 11, 19

καγχασμὸς 19, 21
καθαιρέτης 268, 9
καθαίρω: ἐκάθηρα 102, 19. καθάραι 107,
15
καθαιρῶ 14, 26. καθήρει 219, 1. 224,
33. καθαιρήσειν 10, 35. καθεῖλε 147,
32. 218, 6. καθελεῖν 14, 25. 214, 6.
217, 23. 219, 15. καθελὼν 95, 13
καθάπαξ 32, 5. 136, 6. 137, 5. 139, 33
καθαπερεὶ 127, 22
καθάπτομαι 46, 27. 47, 33. 186, 8.
καθάψεσθαι 102, 8

κάθαρμα: βαρβαρικὸν 157, 10. 159, 9.
169, 8
καθαρμόζομαι 239, 20. -σάμενος 143, 1
καθαρὸς 67, 12. 108, 14, 17. 138, 20.
169, 33. 260, 10. -ώτατος 205, 28.
236, 30
καθάρσιος 106, 36. 111, 12. 210, 24.
216, 15
κάθαρσις 57, 18. 213, 28. 216, 17
καθαρτικὸς 201, 17
καθαρῶς 1, 17. 37, 34. 58, 10. 75, 20.
103, 10. 115, 12. 163, 12. 210, 11.
καθαρώτερον 186, 21
καθέδρα 140, 25
καθείμαρται 209, 24
καθείργω: καθείρξοντα 7, 1. καθείρξας
97, 33
καθεκτὸς 77, 6. 253, 29. 266, 19
καθεύδω 246, 13. 176, 14
καθηγεμὼν 136, 21
καθηδύνω 107, 5
καθήκω: καθήκουσι τόποις 43, 33. 47,
20. τὸ καθῆκον 48, 22. 93, 29. οἱ
τὰ καθήκοντα 94, 7. 93, 26. 105,
29
κάθημαι 152, 18. ἐκάθητο 197, 27. 244,
12. καθῆστο 13, 33. 83, 26. 118, 1.
131, 5. 139, 19. 197, 7. 211, 20.
231, 7
καθιδρύω: καθίδρυσε 171, 27. 34, 28.
καθιδρυθεὶς 237, 29
καθιερῶ: -ωσε 237, 33
καθίζω 237, 6. 79, 5. 87, 5. 240, 11.
ἐκάθιζε 17, 15. 37, 23. κάθισον 157,
20. καθίσαι 197, 31. καθίσας 141, 16.
43, 7. καθίζεσθαι 70, 27
κάθημι: καθίασι 136, 15. καθιεὶς 78, 34.
καθῆκε 41, 22
καθιππεύω 126, 16
καθίπταμαι: κατέπτη 167, 8
καθίστημι et καθιστῶ: -τῷ τὸν λόγον
133, 28. -τησι 170, 29. 255, 26. 263,
11. -τᾷ 64, 34. 157, 6. -τῶν 267, 19.
καθίστη 48, 17. καθίστασαν 93, 21.
καθέστηκε 95, 12. 263, 5. καθεστήκοι
78, 21. καθεστηκότας 30, 34. 253, 11.
καθεστῶσης 264, 27. καθεστήκει et
καθεστήκει 26, 29. 55, 14. 81, 11.
158, 32. 211, 26. 218, 29. καθεστήκεσαν 240, 23. καταστήσειν 125,
4. κατέστησε 37, 32. καταστήσας 5,
30. 8, 22. 183, 2. 200, 7. 214, 34.
221, 3. 134, 26. καταστήθι 158, 3.
καταστᾶς 15, 25. 136, 34. 209, 15.
30, 16. 191, 34. καθίσταμαι 101, 21.
236, 24. 246, 26. 252, 34. 261, 27.
266, 18. 138, 33. 17, 17. 256, 2.
κατεστησαμένου τοῦ δεινοῦ 132, 22. καθίστατο 43, 11. 164, 25. κατεστήσατο
61, 13

καθομιλῶ: καθωμίλει 31, 25. καθωμηλη-
κώς 107, 8. 190, 23
καθομολογῶ: καθωμολόγησε 46, 2. 237,
5. 239, 21. 135, 36
καθοπλίζω: -ίσας 84, 9. 141, 5. 139, 1.
τῷ σταυρῷ στήθη τε καὶ μετάφρενα 67,
21. καθώπλιστο 82, 18. καθωπλίσθη-
σαν 139, 3
καθορμίζομαι 121, 13
καθορῶ: καθεώρακα 122, 31. 230, 6.
καθωρᾶτο 116, 7
καθοσιῶ 35, 13. 119, 32. καθοσιῶσαι
22, 28
καθυβρίζω 140, 2. -σθέντος 189, 28
καθυπάγω 137, 4
καθυπερηφανεύομαι 229, 31
καθυφίημι: καθυφεὶς 22, 33. 98, 9. 101,
35. 104, 21
καθωραΐζω 109, 22. 199, 9
καινολογία 260, 27
καινός, -ή, -όν 28, 2. 29, 36. 37, 30. 46,
1, 35. 54, 30. 88, 14. 98, 36. 115,
28. 157, 19. 192, 17. 216, 2. 231,
27. καινότερος 134, 2. 190, 4. 207, 5.
217, 27
καινοτομία 81, 18. 82, 30. 88, 12. 93,
27. 136, 27. 224, 21
καινοτομῶ 93, 22. 137, 17. 220, 15.
-ήσειν 142, 35. ἐκαινοτόμησε 45, 34.
81, 9
καίριος, -ία, -ιον 122, 10. 126, 27.
-ώτατον 81, 5. 212, 21
καιρὸς *passim* (e.g. 12, 32. 18, 1. 20, 3.
24, 31)
καῖσαρ 54, 23. 56, 30. 72, 4. 246, 27.
252, 16. πρῶτον καὶ βασιλεὺς ὕστερον
75, 31. καίσαρος 200, 32. 207, 5.
263, 32. ἀξίαν 54, 6. ἀξίωμα 53, 27.
242, 6. ἀξίωσις 53, 8. ἀρχὴν 52, 27.
εἴδωλον 54, 33. ἐλάττω τιμὴν 231, 3.
τάξεως 201, 19. τέχνη 56, 28. τιμὴν
71, 33. τόπον ἀναπληρῶν 54, 31.
τύχην 56, 15. σχῆμα 197, 3. 203, 26.
204, 26. υἱοὶ 253, 17. 254, 30. 256,
8. ἐπὶ τῷ καίσαρι τελεῖται ὁπόσα δὴ
ἐπὶ τούτῳ τῷ σχήματι λέγεσθαί τε καὶ
πράττεσθαι εἰώθε 54, 8. τελεῖται ἐπὶ
τῷ—τὸ τῆς βασιλείας μυστήριον 70, 8.
καίσαρα 56, 33. 57, 13. 205, 15. 206,
14. 249, 34. νέον 54, 17. τῆς περὶ
τὸν—μεταβολῆς 57, 4. τοῦ ἀπὸ και-
σάρων ἄρξαντος 1, 6. καίσαρας τοὺς
υἱοὺς τετιμηκότων 201, 33
καίω 216, 35
κἀκεῖ 46, 28. κἀκεῖθεν 32, 2. 119, 1.
κἀκεῖσε 31, 36. 41, 35. 152, 12
κἀκεῖνος, κἀκείνη 46, 7. 49, 35. 53, 26.
56, 1. 59, 5. 69, 16. 108, 4. 111,
13. 113, 18. 120, 10. 123, 20. 126,
12. 129, 23. 155, 5. 156, 1

κακήγορος 116, 14
κακία 32, 18. 164, 10. 165, 24. 213,
29. 266, 24
κακοδαιμόνημα 184, 8
κακοδαιμονῶ 113, 14
κακοήθεια 240, 25
κακοήθης 39, 32. 60, 33. 74, 25. 85, 9.
156, 8. 214, 2. 249, 31. -έστατος 102,
32. 106, 30
κακοήθως 75, 5
κακόνοια 202, 17. 249, 13
κακὸς *saepe* (e.g. 10, 21. 12, 34. 21, 2,
13)
κακόσιτος 106, 35
κακοῦργος: -τάτων 165, 32
κακουργῶ 33, 13
κακῶ 214, 32. κεκάκωτο 66, 16
κακῶς 33, 7. 40, 17. 141, 1. 144, 8.
185, 20, 32. 259, 26. 269, 8
κάκωσις 10, 29. 20, 21. 63, 7. 76, 5.
88, 21
καλαμὶς 169, 6
κάλαμος 184, 29
καλιὰ 223, 9
καλλιέλαιον 99, 17
καλλιέπεια 169, 30. 177, 20
καλλιεπής: γραφὴ 169, 32
καλλιέρημα 67, 14
καλλιρρημοσύνη 260, 25
καλλιρρήμων 93, 7
καλλιστεῖον 164, 19
κάλλος 22, 10. 34, 29. 36, 16. 37, 25.
59, 34. 98, 8. 109, 11. 138, 4. 146,
26, 28. 147, 6, 21, 28. 162, 5. 168,
14, 19. 173, 13. 193, 17. 204, 3.
225, 26. 239, 34
καλλωπισμὸς 162, 7. 230, 11
καλοκἀγαθία 21, 29
καλός, καλλίων, κάλλιστος *saepe*
κάλυμμα: κεφαλῆς 118, 12. 253, 30.
258, 12
καλύπτρα: τῆς κεφαλῆς 67, 18
καλύπτω 131, 36. 127, 23. καλύψουσι
19, 28. ἐκάλυψε 72, 23. 21, 27.
ἐκαλύπτοντο 83, 15. κεκάλυπτο 50,
8. καλυφθῆναι 101, 27, 32. 146, 16
καλῶ 13, 7. 224, 21. 37, 26. 38, 8.
68, 2. 98, 3. καλέσας 200, 2. καλου-
μένη 116, 3. 28, 29
κάλως τῆς βασιλείας 262, 15
καλῶς 15. 106, 1. 232, 1. κάλλιον
40, 21. 106, 5. 147, 1. κάλλιστα 42, 19
κάματος 80, 19
κανόνισμα 264, 8. *pass.* 95, 24
κανὼν 8, 27. 45, 7. 150, 19. 183, 5
κἀνταῦθα 146, 4. 218, 9
κἀντεῦθεν 46, 8. 47, 14. 51, 34. 61, 36.
200, 21
καρδία 116, 16. 146, 26. 199, 2. 200,
17. 204, 12

καρός: ἐν — μοίρᾳ 32, 15. 65, 4
καρπὸς 93, 16. 110, 20. 117, 17. 166,
15. 167, 35. 178, 30. 181, 8. 226,
34
καρποῦμαι 267, 14
καρτερὸς 7, 34. 122, 20. 223, 25. -ώτατος
9, 1. 223, 3
καρτερῶ: -ήσουσι 74, 12. -ήσας 74, 25
καρτερῶς 63, 21
καρυκεύω: -εῦσαι 23, 19
καταβαίνω 148, 11. -βεβήκει 28, 7. 210,
15. -βὰς 204, 12. 197, 22
καταβάλλω: κατέβαλε 27, 7. 227, 19.
καταβάλλεται 114, 24. 215, 2. 124,
18. 166, 13. -βεβλημένην 264, 13.
κατεβέβληντο 171, 32. κατεβάλετο
163, 15
καταβαπτίζω, aor. 215, 29
καταβιάζομαι 60, 20. 138, 13. κατεβιά-
σαντο 200, 14. 163, 7. κατεβιάσθη
32, 34
καταβιβάζω: καταβιβάσας 16, 2. 184,
24. καταβιβασθέντες 209, 9
καταβολή: τῆς νόσου 236, 15
καταβοῶ 88, 1
καταβροντῶ, aor. 38, 4. ἡμᾶς 199, 2.
καταβροντηθέντι 195, 15
κατάβρωμα: ὄρνυσι 241, 10
καταγγέλλω 100, 29. 152, 24. 251, 24
καταγελῶ 77, 10
καταγεραίρω 124, 14
καταγηράσκω: τοῖς -άσασιν ἐν ἀσκήσει
60, 10
καταγῆς 16, 20. 38, 30. 51, 5. 251, 25
καταγινώσκω 41, 1. κατεγνωκὼς 7, 26.
24, 32. κατεγνώκειν 187, 12. 38, 35.
κατέγνωμεν 175, 22. καταγνοὺς 107,
35. 195, 23
καταγλαΐζω 36, 29. κατηγλάϊστο 159, 18
καταγοητεύω, aor. 41, 3
καταγράφομαι: κατεγέγραπτο 172, 18
κατάγω: θρίαμβον 66, 14. 146, 9. 248,
20. 174, 20. κατῆγγε 45, 1. καταγα-
γεῖν 107, 34. 167, 1. κατήγετο 79,
12. 225, 11. 159, 36 κατήχθη 55,
27. 115, 31
καταγωγή: βασίλειος 225, 7. μοναστῶν
34, 36. πολυτελεστέρα 100, 33. εἰς
τὸ ἀντίθετον 96, 13. 114, 20
καταγώγιον 25, 8. μοναστῶν 59, 24
καταγωνίζομαι: κατηγωνίσμεθα 194, 1.
καταγωνίσαιτο 28, 23
καταδαίομαι: -σασθαι 88, 19
καταδαπανῶ 149, 13
καταδεής: τὸ -έστερον 191, 31
καταδειμαίνω 29, 4. -ανέντες 29, 36
καταδειματῶ 129, 16
καταδεσμῶ: κατεδεσμήσαμεν ὅρκοις 176, 4
καταδέω: κατέδησαν 201, 4. κατέδετο
(κατεδεῖτο?) 161, 26

κατάδηλος 57, 16. 64, 21. 225, 14
καταδιαιρῶ: -ελόντων τὸν βασίλειον
πλοῦτον 217, 23
καταδικάζω 78, 32. 240, 28. 165, 27.
-δεδίκαστο 142, 24
καταδίκη 149, 29
καταδιώκω 266, 22. κατεδίωξαν 194, 11
καταδουλῶ 221, 11
κατάδρομος 30, 1
καταδυσωπῶ 105, 15
καταδύω: κατέδυ 52, 1. 222, 31
καταθέλγω 177, 15. κατέθελξε 70, 25.
καταθελχθεῖσαν 70, 12
καταθέω 139, 13. 144, 23
καταθεωρῶ 119, 15. fut. 150, 1
καταθύω 81, 30. κατατεθυμένου τοῦ
λέοντος 135, 32
καταίρω 87, 15. 226, 17. κατῆρα ἐπὶ
τοὺς τῆς ἐκκλησίας λιμένας 178, 4.
κατάραι 107, 3. 169, 19
καταισχύνομαι 50, 22. κατῃσχυμένος 48,
2. τῷ κατῃσχυμένῳ 88, 10
καταιτιῶμαι 228, 19. 130, 2. 120, 22.
κατῃτιώμην 80, 25. 201, 15. 213, 20.
228, 10. καταιτιάσαιτο 220, 19
κατακαυχῶμαι: κατεκαυχήσατο 183, 3
κατακεντῶ 199, 27
κατακιρνῶ: κατεκίρνων 95, 9. κατα-
κεράσαι 221, 8
κατακελεύω: ἐς χάριτας 265, 1. -σας 97,
30. -εται 255, 14. -κέκλειστο 141, 4
κατακληροῦμαι: κατεκληρώσατο 187, 32
κατακλίνω: πρὸς δευτέραν εὐνὴν ἀνδρὸς
245, 11. κατακεκλιμένοις πρὸς μέθην
7, 31. κατακλιθεὶς 68, 10
κατάκλισις 38, 7
κατακλονοῦμαι: κατακεκλόνητο 38, 31.
227, 32
κατακλύζω 148, 4, 16
κατακόπτω: -κόψαντες 87, 23
κατακορὴς 197, 19
κατακόρως ὀξεῖαν 16, 22
κατακοσμῶ: τὴν ἀκρόπολιν 34, 20. κατε-
κόσμησε 57, 33. 200, 28. 157, 29.
34, 28, 32. 80, 29. κατακεκόσμητο
168, 20
κατακρίνομαι: -κριθεῖσα 79, 25
κατάκρισις 158, 1. 247, 13
κατάκριτος 79, 27
κατάκροτος 30, 2. 198, 33
κατακροτοῦμαι 210, 9
κατακρύπτομαι: -κέκρυπτο 96, 10
κατακτῶμαι: κατεκτήσαντο πλούτους 267,
24. 268, 1
καταλαμβάνω 6, 21. βουλεύματα ὑπορυτ-
τόμενα 248, 3. φρουρᾷ ἀτιμοτάτῃ 77,
11, et al. κατείληφα 182, 25, et al.
κατείληφει 24, 14. κατειλήφεσαν 68,
28. κατέλαβον 29, 9. τὴν πολιτείαν
215, 27. τὴν σοφίαν ἐκπνεύσασαν

INDEX GRAECITATIS. 341

107, 29, *et al.* κατείληπται 226, 35.
κατειλήφθαι 136, 28. καταλήψομαι
ἐντεῦθεν εἴ τι ὑπὲρ νοῦν 108, 19
καταλάμπομαι 183, 1. 178, 21. 164, 32.
119, 20
καταλαμπρύνομαι 40, 15. 11, 23
καταλέγω 61, 1. 121, 28. τὸ γένος 111,
10. 26, 18. 152, 22. κατέλεξα 208,
33. 117, 5. κατειλεγμένων ἐν κλήρῳ
21, 3
καταλείπω, vid. καταλιμπάνω
καταλήγω 165, 13. 36, 23. κατέληξε 37,
12. 117, 30. 158, 27. 231, 33
κατάληψις 27, 4. 39, 19
καταλιμπάνω 191, 17. -λελοιπότες 30,
21. -πει 187, 23. 214, 23. -λείψειν
27, 14. -λιπεῖν 105, 13. -λιπών 25,
10. 242, 28. -λειπομένας δυνάμεις 193,
9. -λέλειπται 142, 27. -λελειμμένας
δυνάμεις 4, 19. 7, 10, 32. τὸ -μένον
181, 4. -ειπτο 142, 16
καταλλάττω 65, 22
κατάλληλος 17, 35. 117, 19. 211, 11.
-ότερος 24, 27. 97, 14
καταλογίζομαι 173, 20
κατάλογος: συγκλητικὸς 212, 4. στρατιω-
τῶν 230, 28. ἀρετῶν 60, 7. τῶν
εὐγενῶν ἅμα τε καὶ ἀγενῶν 150, 32.
κατάλογοι στρατιωτικοὶ 2, 23. 97, 22.
112, 5. 203, 17. 217, 29. 233, 19.
248, 4
καταλυμαίνομαι 34, 24
κατάλυσις 6, 7. 129, 3
καταλύω 1, 16. 31, 32. 38, 15. 48, 8.
καταλελυκώς 189, 24. κατέλυσε 118,
8. 127, 18. 159, 10. 83, 28. 191, 3.
255, 14. 117, 21. καταλυομένης 239,
4. καταλέλυται 6, 5. 96, 25. κατα-
λέλυτο 92, 27. καταλυθείη 73, 15
καταμαλθακίζω 142, 28
καταμαλθάσσω, -άξαι, 195, 13
καταμανθάνω 224, 14. 78, 7. 107, 34.
71, 4
καταμαντεύομαι: ἀπαλλαγὰς 133, 4.
119, 11. κατεμαντεύοντό μου τῆς
γνώμης 183, 27. τύχην λαμπρότητος
134, 5
καταμελῶ 109, 16. -ήσαντες 58, 32.
κατημέλητο 173, 23
καταμέμφομαι 201, 11
καταμερίζω: τὴν περὶ ἡμᾶς ζωὴν 184, 12.
τὸν βίον 168, 17
καταμετρῶ: οὐρανὸν 183, 30
καταμίγνυμι: -νὺς 169, 25
καταμνηστεύομαι 38, 11
καταμωκῶμαι 78, 26
καταναγκάζω 252, 6. κατηνάγκασαν πρὸς
τήνδε τὴν ξυγγραφὴν 101, 23. 206, 12.
καταναγκάσων 203, 12. κατηνάγκασται
209, 24

καταναλίσκω 239, 1. καταναλώσας 210,
29. καταναλωθέντος 54, 19
κατανεύω, *aor.* 117, 6. 115, 25
κατανόησις 78, 14
κατανοῶ 168, 8. 93. 13. 133, 13. 182,
22, 31. κατανενοηκώς 170, 15. κατα-
νοήσωμεν 216, 26
κατάντης: ζωὴ 182, 30. κάταντες 19, 8.
174, 18. 137, 25
κατ' ἀντικρὺ et καταντικρὺ 140, 19. 141,
12
καταντλοῦμαι: -ηθεὶς τὸ σῶμα 41, 4
καταντῶ: κατήντησε 121, 27. 52, 22
καταξιῶ 89, 18. *pass.* 240, 6
καταπανουργεύομαι: -σασθαι τοὺς ὁμοφύ-
λους 61, 18
καταπάττομαι: ἄνθεσι 210, 9
καταπαύω 46, 30
καταπέτασμα 156, 29
κατα*πήγνυμαι*: 172, 16
καταπιαίνω: -άνας χρήμασι 214, 33
καταπίμπραμαι 34, 1
καταπίπτω: ἀπὸ τῆς ὑπάτης ἐπὶ τὴν νή-
την 177, 5. -πεπτωκὼς τὴν τύχην 36,
2. -υίας τὰς γνώμας 213, 20. κατα-
πεπτώκει 145, 26. καταπεσεῖν 9, 13.
207, 11
καταπλάττομαι 186, 32
καταπλέω 129, 29. 75, 27. 55, 20.
204, 17. -εύσας 112, 2. 124, 33
καταπληρῶ 215, 7. 168, 6
καταπλήττω 23, 3. 192, 12. -πεπληγότες
131, 26. κατέπληξε 37, 31. 223, 29.
198, 30. 138, 36. καταπλαγεῖσα 86,
29
κατάπλους 129, 31
καταπλύνω: κατέπλυναν ὕβρισι 189, 23
καταποικίλλω 168, 21. -πεποικιλμένον
115, 16
καταπολαύω 55, 11. καταπήλαυε 168, 9
καταπολεμῶ 66, 5. *aor.* 132, 8
καταπονοῦμαι 13, 19. 56, 1. -ηθεῖσα
114, 11
κατάπραξις 12, 29. 77, 29
καταπράττομαι 218, 25. *aor.* 120, 18.
218, 7. 4, 4. 153, 29. 79, 1
καταπτήσσω: κατεπτήχασι 132, 33.
κατεπτηχέναι 133, 16. κατέπτηξαν
30, 4
καταπτῶ 139, 9
κατάπτωσις 9, 19
<u>καταπυκνῶ 138, 2</u>
καταπυργῶ: -ώσας 17, 18
καταριθμῶ: -ήσει 51, 9. -ήσωμεν 216,
21. -ούμενος 261, 29
καταρραθυμοῦμαι: κατερραθυμημένα 138,
1
καταρρέω 132, 3. κατέρρει 44, 11. κα-
τέρρεον 227, 22
καταρρήγνυμαι: -ύοιτο 34, 4. κατερρήγ-

νυτο 38, 30. 83, 14. κατερράγη 262, 15
καταρριζοῦμαι: τῇ γῇ 168, 4
καταρρίπτω 59, 7. κατέρριπτο 126, 33
κατάρρυτος 173, 15
καταρτύω, aor. 216, 19
κατάρχω 63, 1, 22. 69, 3. 137, 1. 235, 36. 187, 27. 247, 19. στρατευμάτων 124, 34. 180, 13. κατῆρχε 228, 3. κατάρχεται 52, 7. 125, 15
κατασβέννυμι: -σβέσας πῦρ ἐλαίῳ 268, 7
κατασέβομαι 92, 26
κατασείω 11, 11. κατέσεισαν 30, 6, 25. κατασεισθείς 11, 11. 143, 31
κατασεμνύνω 227, 19
κατασιγάζω: -άσας 68, 10. 81, 6. 202, 35
κατασκάπτω: -άψας 224, 7. 219, 35
κατασκευάζω 29, 6. 56, 25. 55, 3. κατεσκευακώς 80, 15. -άκει 76, 9. 135, 3. κατασκευάσαι 233, 11. 54, 16. 217, 13. κατεσκευασμένων 16, 15. κατεσκεύαστο 36, 9
κατασκευὴ 11, 31. 57, 23, 26. 83, 21. 249, 19
κατασκηνῶ 148, 34. 191, 35. 137, 30. aor. 144, 3, 14
κατασοφίζομαι 106, 18
κατασπάζομαι 195, 27. 178, 15. 225, 29. 59, 4. 197, 19. -ασάμενον 160, 21
κατασπείρω: ὑποψίας 124, 17
κατασπένδω: κατασπεῖσαι 171, 7. 176, 16
κατασπῶ 175, 28
καταστασιάζω, aor. 268, 21. 16, 12
κατάστασις 18, 1. 56, 7. 66, 27. 83, 5. 101, 19. 133, 3. 182, 22. 246, 33
καταστέλλω: οἰδοῦσαν ψυχὴν 219, 14
καταστέφομαι: κατέστεπτο ἐγκωμίοις 213, 30. νίκαις 219, 30
καταστοιβάζομαι: κατεστοιβασμένον τὸ δεινὸν 106, 27
καταστορέννυμαι: κατεστόρεσται 104, 15
καταστράπτω: τοῦτον ἡ αἰδὼς 36, 28
καταστρατηγῶ: τὸν αὐτοκράτορα 12, 23
καταστρατοπεδεύω: κατεστρατοπεδεύσατο ἐπὶ τὸν πόλεμον (sc. πολέμιον) 182, 15
καταστρέφω 83, 12, 18. -έψας 83, 22. 115, 18. τὸ -αφὲν 83, 22
καταστροφὴ 193, 17
κατάστρωμα 76, 37
καταστρώννυμαι 178, 6
κατασφαλίζομαι 222, 15. 50, 2. κατησφαλίσθαι τῷ κράτει 188, 20
κατασφάττω 222, 26
κατασφίγγομαι 169, 26
κατάσχεσις 70, 7
κατάσχετος 242, 10
κατατείνω 262, 7. 153, 11

κατατίθεμαι: κατατεθείη 217, 12. 44, 18. 49, 29. κατέθετο 41, 31
κατατολμῶ 67, 31. 221, 12. 230, 25. κατετόλμησεν cum gen. 82, 10
κατατρέχω 250, 6. 56, 19. καταδραμοῦσαι τριήρεις 132, 3
κατατροποῦμαι: -ώσηται 85, 12
κατατρυφῶ 240, 32. 236, 10. 154, 7. 174, 4. aor. 175, 22
κατατρύχω 14, 28
καταφαίνομαι 44, 10. 156, 11. 168, 29. 27, 28. 75, 3. 191, 6. 211, 29
καταφανὴς 7, 3. 156, 20
καταφέρω: -ήνεγκα 232, 20. 135, 20. 187, 27. 239, 13. 258, 35. 263, 23. -ενέγκοι 186, 16. -ὼν 89, 5. -εχθείς 48, 8. 176, 31
καταφεύγω 60, 2. καταπεφεύγασι 89, 29. 145, 18, 22. κατέφυγε 178, 29. 142, 26
καταφθείρομαι 126, 23
καταφιλῶ 65, 12, 16. 84, 16. 79, 19. 69, 27. aor. 37, 16. 116, 9. 157, 26. 154. 19
καταφοινίσσω 132, 7. 199, 11
κατάφορος 21, 4
κατάφρακτος: ἵππος 139, 2. -οις ὅπλοις 128, 1
καταφρονῶ 67, 4. 75, 22. 133, 19. 150, 14. 24, 11. 73, 14. τῶν κρειλλίων 199, 32. 134, 29. 230, 12. -πεφρόνηκε 11, 21. 14, 8. 35, 23. 77, 19. 152, 16. 181, 6. 236, 12. 248, 27. -φρονῆσαι 143, 11, 14. 14, 5. 58, 32. καταφρονούμενον τὸ βασίλειον γένος 35, 25. καταπεφρόνηται 162, 21. 217, 31. καταπεφρονῆσθαι 47, 12. καταπεφρόνητο 100, 23. 116, 6. 173, 23
καταφυγὴ 91, 10
καταφυντέω, aor. 217, 15
καταχαρίζομαι: -οῦμαι 204, 2
καταχέω: -έας αὐτῶν πλατὺν τὸν γέλωτα 78, 25. κατακεχυμένον 65, 14. καταχεάμην 147, 15
καταχραίνω: κατέχρανε 154, 24
καταχρυσῶ 37, 19. -κεχρύσωται 172, 21
καταχρῶ: -ῆσαι 20, 10. -ώμενος 32, 32. 168, 31. 187, 18. κατεχρησάμην 184, 7. 128, 22
καταχρώννυμι: -νὺς 23, 20. κατεχρώννυντο 167, 30
καταχωννύω: -εχώννυε 168, 20. -υντο 167, 33. 172, 3
καταψηφίζομαι 146, 4. 158, 19. -ίσασθαι 90, 30. -ισθὲν 164, 31
κατεγγυῶμαι: -ήσασθαι 24, 18. κατηγγυήθη 27, 19. κατεγγυηθεῖσα 239, 35
κάτειμι: κάτεισι 262, 6. κατῄεω 108, 10. 252, 18

INDEX GRAECITATIS. 343

κατελπίζω: κατήλπισα 176, 17
κατέναντι 130, 27. τῶν λιμένων 130, 34
κατεπαγγέλλομαι: κατεπηγγέλλετο 177, 35
κατεπᾴδω: -ᾷδον 203, 1
κατεπείγω: -εῖγον 84, 19
κατεργάζομαι: -ασθεῖσα 80, 6
κατέρχομαι: κατεληλύθεισαν 7, 22. κατελθών 246, 23
κατερῶ: κατεῖπε 263, 24
κατ' εὐθὺ 6, 28
κατευθύνω 247, 7. -αντες 194, 21
κατευνάζω: οἱ -οντες 70, 17. κατεύνασον 158, 4. κατευνάσθη 70, 17. 252, 18. 268, 2. 84, 34
κατευναστήρ 21, 22. 140, 23. 149, 16
κατευστοχῶ: -ουν 78, 11. 143, 26
κατευφημῶ, aor. 188, 8
κατεύχομαι: κατηύξατο 244, 9
κατεωδιάζω: ἀρώμασι 208, 31
κατέχω 97, 17. 81, 29. 68, 14. 84, 12. κατεῖχε 5, 33. 229, 19. 259, 29. κατέσχηκε 184, 22. -ὼς 42, 8. 68, 19. καθέξειν 7, 12. κατέσχε 67, 28. 85, 33. κατάσχῃ 197, 8. -εῶ 64, 34. 67, 28. 135, 13. 154, 15. 186, 7. -ὼν 108, 11. 146, 3. 256, 33. 259, 7. -οῦσα 86, 37. 258, 10. -ὸν 22, 11. 72, 23. κατέχῃ κρυφίῳ νοσήματι 52, 28. κατείχοντο 47, 28. κατεσχημένῳ 226, 11
κατηγορία 127, 17. 135, 5. 153, 24. 157, 5. 242, 3
κατήγορος 203, 11. 242, 2
κατηγορῶ 103, 23. 47, 7. 150, 24. κατηγόρουν 127, 14. κατηγορήκασι 241, 34
κατήφεια 78, 23. 81, 23
κατηφής 220, 7
κατισχύω, fut. 86, 18
κατοικτίζομαι: κατῳκτίζοντο 57, 6
κατοικῶ, aor. 78, 28
κατολιγωρῶ 64, 16. 186, 6, 35. τῆς τῶν λέξεων ἄνθης 109, 18. 112, 15. πάντα 77, 9. 14, 10. 185, 16. κατωλιγώρει 48, 23. 118, 6. 244, 5. 248, 26. κατωλιγωρήκει 189, 31. κατολιγωρήσοι 90, 27. -ῆσαι 185, 23. πάντων 114, 4. 87, 7. -ηθέντων 192, 24. 193, 17
κατολισθαίνω 187, 10. κατωλίσθησαν 144, 2
κατονειδίζω 73, 12. 185, 15
κατονομάζω: πρόεδρον τῆς συγκλήτου βουλῆς 210, 5. 115, 32. 149, 31. 169, 10. κατωνόμασαν 87, 9. 150, 2. κατονομάζεσθαι 162, 35. κατωνόμασται 215, 25
κατόπιν 75, 28. 126, 8. 136, 5. 140, 16. 164, 13. 205, 20. 208, 10. 224, 5. 241, 9. 257, 19. τὸν κατόπιν 17, 5. τὸ — πλῆθος 139, 12. 200, 26
κατορθῶ 248, 19. 123, 14. κατωρθώκασι 164, 15. 4, 6. 74, 5. κατώρθωσε 233, 30. 126, 1. κατορθούμενα 125, 20. κατωρθωμένα 68, 15. 128, 25. κατώρθωτο 172, 14
κατόρθωμα 125, 33. 195, 19. 230, 3. 250, 25. 252, 21
κατορχοῦμαι 140, 8
κατοχή 25, 31
κάτω 23, 33. ἡμῖν τοῖς κάτω 212, 28
κάτωθεν 163, 32
κατωμαδὸν ἀράμενος 182, 6
καῦμα 24, 2. 118, 21
καυτήρ 216, 16
καύχημα 184, 30
καυχῶ: καυχήσαιμι 232, 14
καχλάζω: τῷ μεγάλῳ τῶν λέξεων ῥεύματι 109, 5. καχλάζων τῷ τῆς γλώττης ῥεύματι 261, 21. καχλάζοντι ῥεύματι ὁ χρυσὸς ἐπέρρει 172, 9
κεῖμαι: κείσθω 49, 11. 239, 10. 247, 30. κείμενος 43, 37. 110, 5. 119, 18. 127, 1. 165, 25. 228, 15. ἔκειτο 60, 22. 170, 6. 176, 31, 33. 179, 9. 226, 30
κείρω: κεῖραι 85, 29
κέλευσμα 267, 6. 284, 2
κελεύω 196, 9. 37, 33. κελεύσας 189, 17. 198, 28. κεκέλευτο 36, 26
κενός 193, 26. 209, 13
κενόσπουδος 95, 18
κενοῦμαι 193, 31. κεκένωτο 126, 27
κέντρον 18, 25. 172, 6, 16, 21. 183, 3. 194, 26. κέντρα ἱστῶντες 78, 6
κενῶν: -ῶσι 19, 17
κεράννυμι: ἐκεράσαντο ἐλλέβορον 41, 4. κερασθὲν φάρμακον 9, 16
κέρας 39, 5. 194, 10. 199, 22. 222, 21
κεραυνοφόρος 223, 29
κερδαίνω: κερδήσας 80, 12
κερδαίνω ἀφεὶς τὴν λεοντῆν ἐπενδύεται 178, 6
κέρδος 137, 5
κεφάλαιον 57, 6. 120, 33. 121, 32. 123, 13. 143, 22. 171, 26. 200, 29. 236, 13. 263, 20
κεφαλαιώδης 61, 3
κεφαλή 9, 12, 29. 11, 22. 29, 4 cet.
κηδία 99, 9
κηδεστής 25, 16. 214, 35
κηδεύομαι: -ευθεὶς 99, 10
κῆδος 24, 23, 28. 25, 10. 99, 11. 252, 27
κῆρυξ 59, 35. 123, 30
κηρύττω: πόλεμον 247, 34. ὁ μευνέτιν καὶ βασιλίδα 160, 9. aor. 256, 26. 130, 31
κητώδης 35, 10
κιβώτιον βασιλικὸν 260, 1

κιθάρα 70, 29. 178, 28
κινδυνεύω 235, 26. 101, 27. 84, 14. 137, 32. 195, 31. 253, 23
κίνδυνος 61, 5. 62, 9. 195, 17. 206, 29. 235, 28. 246, 29. 256, 24
κίνημα 264, 14
κίνησις 9, 12, 17. 16, 33. 23, 25. 62, 14. 78, 31. 97, 19. 164, 21. 173, 17. 174, 18. 187, 8. 212, 30. 225, 3. 226, 36. 227, 2, 6, 9. *plur. ἄστρων* 78, 15. *τοῦ παντὸς* 81, 19
κινῶ 131, 34. 58, 1. *τὸν ἀρχικὸν τροχὸν* 175, 27. *πάντα λόγον* 90, 3. 173, 19. *τὸν βίον* 121, 18. 177, 26. 59, 21. 77, 20. *τὰς τάξεις ἐπὶ τὰς ἐκείνων συντάξεις* 192, 18. *κεκινήκαμεν καθ' ἑαυτῶν τὸν ἀνάγυρον* 268, 6. *κινήσει* 102, 28. *κινήσω πράγματα ἐπ' ἐμὲ* 205, 13. *κινῆσαι* 105, 17. 219, 28. 263, 25. 8, 30. 64, 8. 197, 32. 61, 15. *κινοῖτο* 92, 2. 219, 6. *κεκίνηται* 82, 29. 109, 1. -ημένος 18, 12. *κινηθεὶς* 245, 1. 104, 23. 164, 25
κιρνῶ: *σπουδὴν παιδιᾷ* 266, 19
κίων 172, 3. 34, 8. 89, 35
κλεῖθρον, *plur.* 258, 4
κλείς, *plur. τῶν ἀπορρήτων εἰσόδων* 156, 18
κλείω: *ἔκλεισε* 146, 20
κλέμμα 10, 37. 127, 2. 166, 16. *κλέμμασι κλαπεῖσαν* 70, 13
κλέπτω: *τὴν ἀλήθειαν* 169, 1. *κεκλοφέναι* 154, 30. 166, 28. *ἔκλεψε* 157, 17. *κλαπεῖσα* 70, 13
κληροδοτῶ 99, 25. -ῆσαι 166, 31
κληρονόμος *ἄνωθεν* 42, 10. *τὴν -ον τοῦ κράτους* 53, 23
κληρονομῶ 100, 17. *aor.* 202, 28. 61, 11. *κλῆρος*: *βασίλειος ἐκ πενταγονίας* 79, 11. *ἐκ κλήρου διαδοχῆς* 151, 3. *κλήρῳ τῆς ἐκκλησίας* 4, 26. *τῶν ἐν — κατειλεγμένων* 21, 2. 12, 3. 46, 24. 53, 21. 82, 7. 92, 32. 112, 7. *τῆς τύχης* 184, 8. *κλήρων πατρῴων* (scr. *κλῆρον πατρῷον*) 2, 3
κληροῦμαι: *τὰς εὐχὰς* 89, 26. *κεκληρωμένη* 112, 8. *ἐκεκλήρωτο* 198, 26. *ἐκληρώσατο* 2, 8. 180, 13. 95, 2
κλῆσις 10, 31. 25, 18. 61, 20
κλίμαξ 201, 14
κλίνη 43, 29. 68, 3. 149, 15. 246, 17. *κλίνης προηγουμένων* 43, 31
κλινήρης 148, 8
κλινοπετής 148, 25. 225, 29
κλίνω: -ούσης ἡμέρας 89, 25
κλίσις 212, 30
κλονῶ 245, 9. *ἐκεκλόνητο* 162, 6
κλύδων 107, 1. 121, 12. 152, 32. 158, 4. 242, 26. 254, 3
κλυδώνιον 104, 18

κλώθομαι: *ἀμφὶ ταῖς γλώσσαις* 245, 12
κλῶνος 246, 6
κνημίς 26, 35. 222, 14
κνίσσα 187, 11
κοιλέμβολον εἶδος 266, 30
κοῖλος: *τὰ -α τῶν ἄρθρων* 148, 2
κοιμίζω 187, 2
κοιμῶμαι 150, 6
κοινῇ 7, 2. 63, 35. 196, 26. 205, 14. 207, 6. 246, 12
κοινολογία 14, 32
κοινολογοῦμαι, cum *dat.* 252, 8
κοινοπαθής: *γράμματα -ῆ* 255, 36
κοινοπραξία 252, 16
κοινὸς 3, 9. 4, 8. 10, 2, 3. 32, 15. 34, 3. 41, 6. 52, 13. 68, 16. 71, 21. 75, 5. 109, 9. 124, 6. 136, 14, 16. 175, 32. 182, 32. 200, 32. 209, 7. 217, 21. 220, 5. 262, 20. 268, 24
κοινότης: *Λυσιακὴ τῶν ὀνομάτων* 200, 27
κοινοῦμαι 77, 21
κοινωνία 35, 25. 72, 22. 112, 24. 196, 25
κοινωνός 2, 20. 39, 20. 40, 33. 72, 20. 92, 34. 105, 21. 152, 25. 205, 4. 208, 17, 25. 235, 33. 246, 5, 25
κοινωνῶ haud raro (*praes., imperf., perf., fut., aor.*) e.g. *ἐκοινώνουν ἀπορρήτων ἀλλήλοις* 72, 7. *κοινωνήσει μοι ἐξουσίας βασιλικῆς* 203, 30. -ας *ἡμῖν κρατῆρος* 197, 33
κοιτωνίσκος 78, 33. *τῶν περὶ τὸν -ον* 38, 12. -ων *βασιλικῶν* 246, 14
κολάζω 100, 15. 220, 16. 225, 5. 48, 4
κολακεία: *ἅλις τὰ τῆς* -ας 69, 30. 116, 35
κολακικὸς 101, 14
κόλαξ 96, 18. 156, 15
κολλητὸς 248, 10
κολλῶ: *ἐκεκόλλητο ἐν ταινίαις* 16, 20
κολποῦμαι: -ωσάμενοι 82, 22
κολυμβήθρα 41, 15. 178, 30. 179, 1
κόμη 95, 25. 237, 20. 240, 27
κομίζω 35, 10. -ίσας *ἡμῖν σκῦλα* 248, 23. -ίξεσθαι 84, 27. *τὰ δευτερεῖα τῆς ἀρχῆς* 10, 12. 160, 18. -οῦμαι 154, 23
κόμπος 249, 29
κομψεύομαι 109, 34
κομψὸς 111, 10
κομψότης 235, 21
κομψῶς 15, 33
κομῶ, *part.* 99, 8. 134, 17
κονιῶμαι: *κεκονιαμένω τὼ πόδε* 59, 3
κοντός: *διατιτρᾶν* 131, 18
κοπὶς 9, 29
κόπος 111, 34
κόπρος Αὐγέου 218, 34
κόπτομαι 82, 2. *ἐκέκοπτο* 89, 1
κορέννυμαι: *κεκόρεστο* 77, 14

INDEX GRAECITATIS. 345

κόρη: κόρας ἐκείνου περιήγασε 38, 3
κόρος 173, 5. 175, 21
κορυφαῖος 124, 29. 125, 11. 153, 25.
156, 17. 173, 18. 177, 11. 187, 34.
189, 20. 191, 9. 196, 29. 206, 32.
-οτάτην γνώμην 193, 7
κορυφὴ 122, 27. 123, 26. 187, 31
κορυφοῦμαι 51, 28. κορυφωθὲν 112, 16
κοσμικός: -ῆς ζωῆς 25, 4
κόσμος 11, 21. 34, 19. 35, 12. 40, 16.
58, 31, 32. 109, 14. 157, 30. 159,
17. 162, 2, 8. 212, 9. 219, 6, 7.
230, 14, 16. 243, 16. 263, 4. 265, 5
κοσμῶ 109, 9, 221, 7. 240, 10. 147, 30.
11, 22. aor. 79, 16. 235, 26. 196, 32.
257, 35. τοῖς βασιλικοῖς συμβόλοις 237,
4. 136, 33. 220, 30. κεκοσμημένος 127,
29. 221, 19. κεκόσμητο 48, 25. 159,
7. ἐκεκόσμητο 161, 11. 248, 8. κο-
σμήσασθαι 263, 7. κοσμηθεὶς 139, 18
κουφίζω 132, 25. -ίσαν 41, 25
κοῦφος 67, 25. 115, 33. 139, 7. 147,
3. 177, 11. -ωτάτη (scr. -οτάτη)
βάσανος 20, 32
κούφως 43, 15
κραδαίνω 82, 19. 94, 6
κράζω: κεκραγότες 201, 11
κράνος 150, 21
κραταιός: -οτέρα ἀρχὴ 121, 18
κρατὴρ 13, 7. 14, 20. 72, 21. 197, 33.
φιλίας 115, 31. -ήρων ἐπιγαμίων 246, 32
κράτιστος, vid. sub κρείττων
κράτος 4, 17. 14, 16, 24. 22, 6, 27 et
passim
κρατύνω 12, 21. -ύναι 193, 11. 190, 29.
-ύνεσθαι 251, 29
κρατῶ saepe (praes., imperf., perf., fut.,
aor., passiv. semel -ούμενον 74, 32)
κραυγὴ 46, 3
κρείττων 5, 10. 18, 9. 22, 22, 27, 30 et
passim. κράτιστος 6, 11. 103, 21, 25.
170, 13. 190, 31. 204, 11
κρεΰλλιον, plur. 199, 32
κρημνὸς 143, 21. 223, 10. 247, 6
κρημνώδης: -εις αἰγιαλοὺς 182, 2
κρηπὶς 57, 20. 83, 16. 172, 2
κρίνω 68, 15. 80, 26. 42, 26. κρίναντες
4, 19. ἐκρίνετο 97, 19. κεκριμένος
ἄνωθεν εἰς τοῦτο 232, 1. κριθησόμενον
157, 8. κριθεὶς 27, 12. 191, 31. 230,
29. 231, 29. 232, 8
κρίσις 5, 24. 8, 12. 26, 26. 58, 14. 78,
22. 99, 31. 133, 12. 144, 11. 221,
14. 226, 27. 230, 30. 238, 21. 247,
13. 269, 5
κριτήριον: θεῖον 18, 15. 58, 10
κρόταφος 267, 7
κρότος 232, 6. 249, 28
κροτῶ: τὼ χεῖρε 92, 9
κρουνός: -οὺς δακρύων 241, 22

κρούω 70, 29. ἐκρούσαντο πρύμνας 131,
31
κρύβδην 84, 22. 212, 12
κρύπτω 66, 26. ὑπὸ σποδιᾷ 18, 4. 267,
18. 230, 17. ἔκρυψε 134, 30. 135,
30. 157, 6. 179, 11. ἐν καρδίας βάθεσι
146, 27. κρυπτόμενον 247, 10. τοῖς
νέφεσι 224, 35. κεκρύφθαι 230, 11.
κεκρυμμένον μοιχὸν 38, 14. 32, 31.
κεκρυμμένον ἐνθύμημα 175, 35. ὁ
χρόνος ἀνεκάλυψε 115, 22. 26, 24.
36, 25. 56, 29. 238, 22. κρυβήσονται
219, 27
κρύσταλλος 147, 22
κρύφιος 52, 28. 65, 12. 100, 7. -ωτέρων
τι 104, 25
κρυφίως 52, 3. 66, 20. 75, 18. 195, 7.
204, 14
κτείνω 6, 31
κτῆμα 14, 29. 201, 31. 217, 17
κτῆσις 13, 27
κτυπῶ: -ήσαντες τὰς ἀσπίδας 253, 20
κτῶμαι: κεκτημένον τὸ σεβάσμιον ἐξ
ἀρχαίας εὐτυχίας 86, 27. ἐκέκτητο 21,
22. 79, 29. 100, 1. 147, 29. κτησό-
μενοι 69, 13. κτησάμενος 107, 9. 243,
29. τοῖς -ένοις ἀφῃρέθη ἡ σεμνότης 105,
32. 193, 21
κυβεία 261, 31
κυβερνήτης 150, 15
κυβεύω 24, 13
κύβος: -ον περὶ ψυχῆς ἀνερρίψαντο 210,
32. γεωμετρικὸν 261, 33. κύβων
παιδιαῖς 174, 21. 187, 30. περὶ κύβους
ἐσπούδαζε 24, 8
κυδοιμὸς 30, 20
κυκεών: -ῶνα τὴν Πόλιν πεποιηκότες 206,
27
κυκλίς: -ίδι ἑστὼς 88, 21
κυκλόθεν 50, 36
κύκλος 148, 9. 172, 16. 199, 1. ἐνιαύσιος
12, 32. 169, 4. 174, 5. 200, 4.
ζωηφόρου 78, 7. 52, 6. 175, 29. 182,
26. 251, 11. 198, 9. τῶν ὑπηκόων
173, 32. 18, 25. 19, 12. 192, 5. τῆς
ἀσπίδος 199, 28. κύκλοι περὶ αὐτὸν
πλεῖστοι περιεστήκεσαν 199, 14. (Lu-
nae) 183, 33. τοῖς ἐντεῦθεν κύκλοις τὰ
ὑπὸ τὴν σελήνην περιάγεσθαι πράγματα
184, 9. κατὰ κύκλους ἑστηκότες 198,
18
κυκλῶ: ἐκύκλου τὸ τέμενος περίβολος 172,
1. τὴν κεφαλὴν 159, 17. κυκλωσά-
μενοι 50, 36. 131, 18. κυκλωθεὶς 31,
14
κύκλωσε 87, 6, 30. 88, 8
κύλιξ 14, 20
κῦμα 72, 23. 252, 18. 127, 23. 79, 28.
131, 35. 107, 1. 179, 14. 221, 3, 28.
94, 30. 104, 17

κυμαίνω, *metaphor.* 241, 1. 232, 18. -όμενος 148, 26. πολλοῖς λογισμοῖς 10, 12
κυνηγέσιον, *plur.* 224, 26. 24, 2. 11, 34. 266, 23. 261, 34
κυνηγῶμαι 266, 20
κυπάριττος: -ίττῳ ὑψικόμῳ ἐοικὼς 227, 31
κυρά: κυρᾶς Ζωῆς 1, 8. Θεοδώρας 1, 8, 10
κύριος ἄθραυστος 267, 26. 33, 33. Κυρίῳ (Deo) εὐπρόσδεκτος 34, 15. ἐξηλωκότων 33, 36. κύριον οὐσίας 267, 12
κυροῦμαι 254, 9
κύω: τῷ κύεω αἰτίῳ 27, 21. τὸν τοῦ— χρόνον ὑπεραναβεβήκει 27, 16
κύων 34, 5. κύνα ἑπτέρου 224, 29. 226, 21
κωλύω: ἄδειαν 254, 26. 150, 9. τὸ κωλῦον 30, 27. κεκωλυκότι 21, 22
κωμάζω 3, 22. 260, 17
κωμῳδία: -ίας αὐτοσχεδίους 140, 6
κωπίς 131, 19

λαβή: κακονοίας 249, 13. τοῦ ξίφους 8, 32. λαβαῖς πάσαις ἀνάλωτον 13, 13. ἐπὶ τὰς αὐτὰς λαβὰς 174, 6
λαγχάνω: εἰλήχασι 108, 7. 104, 8. 169, 28. εἰλήχει 201, 23. ἔλαχε 105, 8. 117, 32. 164, 22. 25, 18. 29, 2. 51, 17. 112, 10. 162, 20. 180, 8. 188, 17. 94, 11. λαχοῦσα τῆς προνοίας μερὶς 76, 4. λαχὸν αὐτῷ τοῦ αἰῶνος μέρος 129, 17
λαγών 126, 24. 127, 13
λαγὼς 265, 7. 224, 29
λάθρα ὑπετονθόρυζον 186, 8
λαῖλαψ 131, 34
λαιὸς 68, 23
λακωνικός: -ὰ ἀποφθέγματα 260, 25
λαλιὰ 116, 26
λαλῶ 70, 27. 242, 6. 25, 30
λαμβάνω *saepe.* ἀρχὴν τῆς καταλύσεως 255, 13. τέλος 114, 34. εἴληφα κατάληψιν 41, 1. πεῖραν 2, 22. τὸ κράτος 88, 27. τὸ πιστὸν τῆς ὄψεως 41, 34. ἐλελήφει 86, 8. εἰλήφει 61, 26. 250, 2. λάβοι τὸ δύνασθαι 264, 10. οὐκ ἔλαβε κρίσιν τοῦ καιροῦ 144, 11. εἰλημμένους 48, 16. λήψεται 43, 13. 252, 33. λαβμένος λήθην 67, 35
λαμπὰς 208, 6, 30
λαμπηδών: τῆς φύσεως 146, 17
λαμπρὸς 66, 7, 11. τὴν γνώμην 64, 2. τὸ εἶδος 98, 14. τὸ ὄμμα 36, 10. πάνυ 128, 15. θρίαμβος 66, 19. ναὸς 57, 20. -ῷ κύκλῳ 198, 9. -ὰ ἀγορὰ 223, 20. ἀποστασία 83, 29. βασιλεία 129, 21. γλῶττα 23, 8. δορυφορία 114, 9. 204, 28. ἐσθὴς 199, 9. τράπεζα 258, 18. πομπὴ 101, 8. -ὰς ἀφορμὰς τοῦ ἄνω

γένους 136, 20. cf. 229, 5. -ὸν γένος 61, 27. μέρος 128, 24. ὄμμα 18, 19. χρῶμα 36, 27. -ὰ εἰσιτήρια 29, 9. 34, 10. πάντα καὶ αἰθέρια 172, 18. τοῖς -οῖς τούτοις ἐπαρθεὶς 209, 20. ἐγκωμίοις 128, 20. -ότερος 97, 20. 27, 35. τοῖς πράγμασι 192, 7. 11, 29. -ᾳ ὕλῃ 119, 7. λαμπροτέρων στολῶν 87, 4. λαμπροτέρας οἰκοδομίας 114, 25. λαμπρότερον 31, 2. συμπόσιον 158, 17. λαμπροτέρου οἰκήματος 118, 21. σχήματος 235, 15. -τάτη τὸ εἶδος 22, 14. πομπὴ 92, 33. μονὴ 10, 30. -τατον ἀσκητήριον 59, 34. -τάτων χωρίων 13, 31. *adv.* λαμπρὸν ἀμπίσχεται 167, 20. ἀπεδίδου 72, 7. ἠχοῦσα 45, 5. κομῶσα 134, 18. λαμπρότερον 23, 34. 204, 24. 217, 12. 230, 18
λαμπρότης 10, 7. 57, 22. 64, 9. 65, 33. 85, 23. 100, 35. 134, 3. 174, 24. 177, 36. 204, 3, 32. 209, 30. 217, 25
λαμπροφορῶ: ὁ πάλαι λαμπροφορῶν ἄθρον ῥακοδυτῶν 135, 17
λαμπρύνω 267, 11
λαμπρῶς 125, 5. 130, 31. 138, 29. 158, 23. 235, 35. 236, 18. 237, 13
λάμπω: λάμψαντος ἐν αὐτοκράτορσι 61, 7. 211, 12. ὑπὲρ πάντας αὐτοκράτορας 79, 15
λανθανόντως 75, 18. λεληθότως 73, 32. 174, 13
λανθάνω 178, 4. 159, 13. 219, 4. *cet.* -ουσαι ὄψεις 58, 16. 125, 8. ἔλαθον 103, 8. 200, 25. 13, 3. 64, 33. ἔλαθες τὰς ἀκοὰς 58, 27. ἔλαθε διαφθαρεὶς 217, 2. *cet.* λεληθὼς 56, 17. ἐλελήθει 56, 33. λήσηται τοῦτον ἡ βασιλεία 51, 33
λαὸς: ᾧ -οὶ ἐπιτετράφαται 168, 13
λάπτω 223, 1
λασιόκωφος 98, 18. 59, 30
λατρεία 70, 4
λατρεύω 53, 14
λάφυρον 31, 7
λαφύσσω 223, 8
λέαινα: μεθηκυῖα τὸ βλοσυρὸν 50, 1
λέγω 79, 32. 80, 26. 81, 11, 28. 110, 26. 122, 18. 133, 32. 147, 33. 149. 24. 161, 8. *λέγω praes. saepe* (λέγε 157, 15). *imperf.* 244, 1. 82, 12. λέξω 81, 7. 155, 30. *praes. pass.* 61, 7. 58, 24. *cet.* ἐλέγετο 132, 10, 12. λέλεκται 157, 8. λεχθήσεται 111, 28. λελέξεται 106, 5. λεχθέντων 48, 18
λεία 30, 35. 121, 24. 224, 7. λείαν Μυσῶν 61, 7
λεῖμμα: τὰ λείμματα 259, 8
λειμών 57, 35. 118, 34. 167, 33. 168, 2. 172, 26, 34. 178, 6. 217, 16

λειμώνιος: ἡ λειμωνία ἄνθη 173, 15
λειοκυμονῶ 204, 15
λεῖος 16, 2. 258, 20. 95, 30. λεῖα ὁρῶν 238, 17
λειότης 16, 16. 70, 33
λείπω: τὸ λεῖπον 128, 30. 172, 33. 237, 1. λιπεῖν 145, 20. λιπών 75, 12. λειπομένας τάξεις 192, 18. τὸ λειπόμενον 149, 13. 158, 30. 178, 30
λειτουργία 111, 31. 220, 29. πατριαρχικὴ 196, 33
λείψανον 130, 22
λέξις: γλυκεῖα αὐτόματος 116, 19. λέξεως ἁρμονίᾳ 177, 14. λέξιν συνήθη καὶ ἀφελῆ 200, 27. λέξεων ἄνθης 109, 8. καλλιεπείᾳ 177, 20. μεγάλῳ ῥεύματι 109, 6. πλῆθος 23, 15
λεοντῇ: τῇ -ῇ περιβαλεῖν 264, 16. περιτρεπόμενος 55, 35
λεοντοκομῶ: τὸν δυναστεύοντα 247, 20
λεπτολογῶ 120, 21. 122, 4
λεπτὸς 116, 17. 264, 4, 11
λεπτύνω 213, 28
λευκὸς 139, 4. 159, 8. 164, 31. λευκοτάτων ἐλαῶν 117, 17
λευκότης 147, 18
λέων 135, 32. 123, 36
λήγω 92, 19. ἔληξε 35, 16. εἰς βασιλείαν ἡ τυραννὶς 231, 6. 226, 11. 84, 5
λήθη 67, 34. 101, 32
λῄζω: γῆν 250, 6. λῃζόμενοι 222, 4. 243, 30. ἐλῄσατο 181, 9. λῃσάμεναι ἐπιδρομαὶ 121, 23
λήϊον, plur. 44, 9
λῆμμα 98, 9
λῆξις 68, 17. 121, 8. λήξεις ἑῴους καὶ ἑσπερίους 12, 2
ληπτός: -ῶν νῷ μόνον 32, 35
λῆρος 155, 16. plur. 184, 2
λῃστεία 217, 33
λῃστεύω 222, 4. aor. 181, 10. 75, 34
λιβὰς 96, 10. 117, 16
λιθοβόλος 137, 2
λίθος, ὁ, ἡ 11, 2. 31, 1. 33, 14. 57, 30. 59, 7. 143, 24, 28. 140, 14. 149, 5. 172, 5. 12. 217, 13. (de margaritis) 16, 18. ὁπόσας τὰς θεοφανίας ἐνδεικνύνται 119, 27. λίθοις βαλὼν 119, 29
λιμὴν 108, 11. 121, 13. 130, 30. 232, 20. 262, 28. κατ' ἀντιπέραν 130, 28. τῶν ἀνακτόρων 204, 18. λιμένων ἑκατέρων 131, 1. κατέναντι ἡμῶν 130, 34. λιμένας βασιλείους 169, 19. τῆς ἐκκλησίας 178, 11
λιπάρησις, plur. 145, 28
λιτὸς 15, 32
λιτῶς 243, 15
λιχνεία 48, 7
λογὰς, ὁ, ἡ 7, 27. 15, 26. 62, 10. 63, 15. 141, 12

λογίζομαι 212, 31. 219, 10. ἐν καρὸς μοίρᾳ 32, 16. cf. 65, 4. λελόγισται 160, 33. 221, 9. λελογισμένην τόλμαν 191, 28. λογίσεται 163, 16. ἐλογίσατο ὁρᾶν τὴν εὐχὴν 245, 2. 250, 25. 141, 2. ἐλογίσθη 65, 4
λογικὸς 162, 17. ζωὴ 184, 16. κιθάρα 178, 27
λογικώτερον 29, 13. λογικώτατα 169, 29
λόγιον: λογίων ἡμετέρων (Evangelium) 126, 28
λόγιος 15, 8. λογίοις ἀνδράσιν 15, 7. λογίους βραχεῖς 25, 21. λογιωτέρων τις 207, 21. λογιωτέρους ἀνδρῶν 22, 35
λογιότης 107, 9. 169, 21
λογισμὸς 5, 21. 10, 13, 15. 13, 2, 17, cet.
λογιστεύω: πικρῶς 32, 11
λογογραφῶ 165, 16
λογοποιὸς 78, 34. 88, 27. 100, 14. 136, 15. 268, 16
λογοποιῶ 52, 31. τὸ -εῖν τοῖς ἀνθρώποις σύνηθες 58, 22. 127, 11. -ῆσαι 185, 9. τὰ λογοποιούμενα 268, 19
λόγος 4, 31. 9, 15, 21. 15, 14, 21, 28. 16, 8, et passim. λόγος ἀνάγει με εἰς τὰ βασίλεια 235, 11. ἱστορίας 120, 26. 167, 27. ἐν τοῖς τῶν ἱστορησάντων γράμμασι 229, 10. -ου μητρὸς εἰκόνα 9, 1, 21. τὸ τοῦ καθ' ἡμᾶς — μυστήριον 109, 27. φιλοσοφουμένου 109, 25. -οι θῶπες 201, 3. -ων ἀγωνιστικωτέρων 201, 13. -οις ἀριθμητικοῖς 212, 14. ἀστρονομικοῖς 108, 23. ἑλληνικοῖς 26, 4. 112, 23. 184, 25. ἐρωτικοῖς 113, 10. Ἰταλῶν 26, 5. οὐ πάνυ καθωμιληκὼς 107, 8. μυστικοῖς 103, 23. πολιτικοῖς 109, 16. ῥητορικοῖς 107, 14, 16. 169, 32. τυραννικοῖς 43, 27. -ους ποιητικοὺς 43, 27. αἱ περὶ — τέχναι 169, 1. στρατηγικοῖς 63, 19. φυσικοὺς 171, 2. εἰς — πρῶτον αἴτιον τὸ χρηματίζεσθαι ἀναφέρουσι 15, 17
λόγχης βολῇ 225, 12
λογχοφόρος: -οι 131, 13
λαίδρημα 104, 24
λοιδορίας βέλος 100, 6
λοίδορος γλῶττα 103, 23. 116, 14
λοιμικὸς 21, 11
λοιπὸς: βίος 161, 19. λοιπὸν τῆς ἀρχῆς χρόνον 242, 27. χρηματισμὸν 16, 7. λοιποὶ 3, 26. πρὸς λοιποὺς ἀξύμβλητος 48, 35. 122, 9. λοιπὴ φάλαγξ 39, 8. λοιπὰς μερίδας 182. 24. 82, 3. λοιπὸν 142, 38. γένος 46, 20. 52, 11. 71, 22. 73, 25. 236, 19. τῆς νυκτὸς 138, 30. σῶμα 130, 27. 164, 18. 141, 9. σχήματι 207, 18. τῶν λοιπῶν πλέον 230, 6
λόξωσις 183, 7, 32

λούομαι 158, 21. -σόμενος 41, 11
λουτρόν 11, 34. 57, 34. 172, 29. 173, 16
λόφος 31, 11. 131, 5. 222, 14. 248, 20
λοχαγός 13, 24. 31, 34. 150, 16
λόχμη 257, 27, 29
λόχος 5, 6. 31, 10. 17, 10, 15, 13, 20. 41, 15. 83, 30. 139, 9. 141, 8, 13. 193, 12, 21. 194, 3. 199, 20. 224, 5. 266, 28
λοχῶ: λοχήσει 29, 23. λοχήσαντες ἑκατέρωθεν 29, 34. 223, 23
λύθρον 223, 7
λυμαίνομαι: πάντα 218, 16. 34, 2
λυπηρός 75, 2
λυπῶ 262, 6. 47, 15. -ήσας 52, 22
λύρα ῥητορική 177, 14
λύσις 15, 12. 17, 14. 208, 15
λυσιτέλεια 52, 13
λυσιτελής 111, 32. 253, 10
λυσιτελῶ 71, 23. τῷ ἀδελφῷ 28, 15. 45, 9. λυσιτελήσας 78, 13
λύσσα 136, 8
λυττῶ: ἐπὶ τὴν Ῥωμαίων ἡγεμονίαν 129, 13. κατ' ἐκείνου 165, 22. κατὰ τῆς βασιλίδος 56, 20
λύω: τὸ τῆς γνώμης ἀμφίβολον 92, 29. τῶν δεσμῶν οὓς ἐβούλετο 252, 23. τὴν ἐκκλησίαν 238, 5. τὸν συνασπισμὸν 17, 22. λελύκασι 157, 12. λύσατέ μοι τουτονὶ 157, 11. τὰ ἀπόγεια 204, 16. λέλυται 225, 29. λυθείσης τῆς συμφυοῦς ἁρμονίας 81, 12
λωφῶ: -ησάσης τῆς περιόδου 237, 21

μαγειρικῇ: σφαγίδι 65, 26
μαγικὸς 147, 11
μάγιστρος: τὸ ἀξίωμα 73, 21. 268, 15
μάθημα: ὅσοι περὶ τὰ -ατα ἐσπουδάκασι 26, 19. -άτων λόγος 175, 6. τοῖς λεγομένοις -ασι 108, 15. σπουδαιοτέροις 107, 13
μαθηματικὴν πρόγνωσιν 77, 27
μάθησις 78, 2. 108, 23
μαιεύω: λαμπρᾷ τῇ γλώττῃ 23, 8
Μαυδδων δίκην 82, 3
μαίνω: μέμηνεν ἐπὶ τὴν Ῥωμαίων ἡγεμονίαν 129, 13. ἐμεμήνει 39, 19. 76, 35. 134, 33. αὐτῷ 28, 12. περὶ τὴν παιδιὰν 24, 9. 34, 25. ἐμεμήνεσαν τούτῳ 99, 23. μαίνεται περὶ τὰς ἄρκτους 266, 22
μαλακός: τὸ -ώτερον 210, 23. -ώτατος 20, 8
μακρὰν τῆς ἀγοραίου προπετείας 234, 21. οὗ — 158, 19
μακρόβιος: -ώτατος 19, 22
μακρός: χρόνος τῆς ζωῆς 181, 12. μακροῦ καιροῦ 121, 30. λόγου 220, 17. πελάγους 168, 18. μακρὸν χρόνον 80, 22. 187, 10. μακροὶ αἰῶνες τῆς ἐπικήρου ζωῆς 186, 27. μακροὺς λόγους 197, 36. 208, 21. χρόνους 214, 18. μακρᾶς δημηγορίας 200, 22. μακρὰν ὑπερορίαν 75, 30. 228, 31. μακρὸν 61, 1. δόρυ 8, 5. 9, 6. μακρῷ εἰργάσαντο 7, 19. 171, 1. 234, 16. γήρει 171, 5. μακρὰ τὰ διαλείμματα 148, 12. cf. 50, 15. μακρῶν διαστημάτων 115, 18. ἐπὶ μήκιστον ζήσαις 79, 20
μᾶλα: βασιλικῶς 23, 2. ἠρυθρία 50, 20. ἐρῶσαν 39, 14. 242, 14. μᾶλλον 9, 31. 11, 15. 39, 33. 42, 11. 44, 33. 51, 6. μάλιστα 44, 27. ἐπὶ μάλιστα 63, 2, passim
μανθάνω 77, 4. μεμαθήκοι 75, 12. 117, 34. μεμαθηκὼς 26, 3. 60, 30. 74, 20. 80, 31. 161, 4. ἐμεμαθήκει et μεμαθήκει 7, 15. 8, 10. 23, 4. 24, 5. 42, 9. 67, 31. 84, 6. 126, 6. 135, 18. 194, 12. 215, 17. 205, 26. 219, 26. μαθεῖν 141, 19. 198, 1. μαθησόμεθα 207, 3
μανία 38, 35
μανικοὶ καὶ ἐπίχολοι 199, 29. -ώτεροι δρόμοι 83, 5
μαντεία 132, 27
μαντεύομαι: τριταϊκὴν περίοδον 225, 32. 132, 21. ἐμαντεύσαντο τὰ κρείττονα 210, 16. περὶ τοῦ μέλλοντος 221, 26
μαντικὸν ἄνδρα 133, 23
μάντις, plur. 8, 14. 27, 15
μαραίνομαι 162, 22, 25
μαρασμὸς 24, 15
μαργαρίτης 159, 19. 16, 18
μαργαρῖτις: -ίτιδας λίθους 31, 1
μάργαρος: -ων ὁρμαθὸς 159, 21. 16, 22
μαργαρώδης 157, 28
μάρτυς: ὑπὸ μάρτυρι τῷ θεῷ 254, 13. 149, 25. Γεωργίῳ 171, 27
μαστιγῶ: -ώσοντας 124, 28
μάστιξ, plur. 132, 23
μάταιος: τὸ -ον 268, 3, 5
μαχαίρας ἔργον 241, 9. 251, 16
μάχη 39, 21. 47, 9. 61, 5
μάχιμος: -οι ἄνδρες 6, 29. 130, 25. 132, 4. 51, 15. μαχίμοις καιροῖς 18, 1. τὸ διὰ θαλάσσης μάχιμον 130, 20. μαχιμώτατοι 230, 24. 8, 25
μάχομαι: -εσθαι 7, 16. 8, 15. 130, 13. 145, 6. 255, 19, 27. 256, 21. 266, 27. -όμενος 223, 19. 243, 3. 256, 21. -ούμενος 131, 8
μεγαλαυχία Μακεδονικὴ 139, 35
μεγάλαυχον βάρβαρον 151, 8
μεγαλαυχῶ, cum acc. 9, 15
μεγαλειότερον 59, 12
μεγαλειότης ἡρωϊκὴ 199, 17
μεγαληγορῶ: 127, 32. 166, 2. -ήσας τὴν τόλμαν 165, 11
μεγαλοδωρεά, plur. 215, 5

INDEX GRAECITATIS. 349

μεγαλοπαθής 182, 25
μεγαλόπολις 64. 26
μεγαλοπρεπείας τοῦ γένους 99, 15
μεγαλοπρεπεύομαι: -σασθαι 252, 10
μεγαλοπρεπής 114, 23. 183, 13. λαμπρότης 100, 34. 221, 24. 181, 5. 99, 30. μεγαλοπρεπεστάτη τὴν γνώμην 22, 14
μεγαλοπρεπῶς 10, 32. -έστερον 48, 4
μεγαλουργία 167, 15
μεγαλοφροσύνῃ ἐκεκόσμητο 242, 9
μεγαλοφυέστερον 80, 34
μεγαλοφυΐα 45, 12. 122, 22
μεγαλόφωνος: -ότατος κήρυξ 59, 24
μέγας, passim. ἐν βασιλεῦσι 127, 17. ὑετὸς 96, 29. μεγάλοις πατράσιν 109, 32. μεγάλους πολέμους 4, 6. μεγάλη ἡ ἀρχὴ τοῦ γένους 229, 16. μεγάλης πόλεως 145, 1. μέγα ἀγνόημα 239, 9. διήγημα 11, 15. μυστήριον 81, 2. πέλαγος 81, 7. χρῆμα τῇ ναυτιλίᾳ 55, 22. μεγάλου κακοῦ κυμαίνοντος 241, 1. περὶ τῶν μεγάλων τι διαπράξασθαι 42, 18. μείζονος ἀδελφοῦ 69, 14. μειζόνων βαθμῶν 192, 2. τοῖς μείζοσιν ἀπονέμων τοὺς μείζους 192, 2. μείζονας θεμελίους 114, 2. μείζους κίονας 172, 3. μείζονι ἀγκύρᾳ 231, 1. σκηνῇ 198, 12. μείζονα κρηπῖδα 57, 21. τὰς περὶ μειζόνων διοικήσεις 57, 8. μείζους ψυχὰς 184, 24. τὸ μεῖζον 174, 10, 11. φρύαγμα 249, 29. τοῦ μείζονος παρεχώρει 174, 4. μείζονι δεινῷ 152, 32. μείζω βασίλεια 227, 23. μείζονα τὰ δεύτερα τῶν πρώτων 172, 25. μειζόνων ἀξιωθεὶς 6, 8. μέγιστον αὐτοκράτορα 164, 17. 208, 19. μεγίστης εὐδαιμονίας 45, 28. μεγίστας ἀρχὰς παύων καὶ καθιστῶν 267, 19. 255, 18. τὸ μέγιστον 262, 9. ἀξίωμα 2, 25. μέγεθος 57, 33. 59, 34. σύμβολον 244, 30. ἐν τοῖς μεγίστοις ἠπάτησε 26, 16. τὰ μέγιστα ἀνεκοινούμην 267, 17. ὑποσχόμενος 255, 21
μέγεθος 2, 26. 6, 16. 28, 33. 31, 4. 35, 3, 5, 7, 13. 38, 2. 45, 21. 57, 33. 66, 15. 80, 35. 93, 17. 109, 23. 118, 15. 146, 25, 29. 172, 30, 32. 173, 12. 174, 11
μεθαρμόζομαι: πρὸς et acc. 178, 15. 47, 31. 177, 4. 256, 14. τοῖς καιροῖς 49, 34. 210, 34. -σάμενον 154, 2
μέθης ἥττων 48, 13
μεθίημι: μεθῆσι τὴν φάλαγγα 66, 1. μεθηκυῖαν ἐν καιρῷ τὸ βλοσυρὸν 50, 1. μεθέσθαι ἐπισήμου χρώματος 13, 23
μεθιστῶ: μεθιστᾷ 98, 19. 135, 1. εἰς τὸν Ῥωμαϊκὸν ἄξονα 153, 24. μεταστήσειν 76, 11. μετέστησεν ἐπὶ τῆς σεμνοτέρας ὑπολήψεως 181, 29. τῆς ἁρμονίας 148, 19. 89, 27. μεταστᾶσαν τῶν τῇδε 171, 20. μεταστήσασθε 203, 5. 93, 23
μέθοδος 208, 15. plur. ἀριθμῶν 108, 20
μεθύω, particip. 48, 15. 48, 18
μειδίαμα 265, 16. 221, 22
μειδιῶ 221, 22
μειράκιον 36, 7. 45, 25. 140, 22. 169, 5. 76. 18
μειρακιωδῶς 120, 19. 169, 5
μεῖραξ, ὁ 159, 5. μείρακες 83, 20. ἡ μεῖραξ 155, 33, 36. 159, 2. 160, 7
μελαμφορῶ 98, 1
μελανειμονῶ, aor. 258, 11
μέλας 95, 22. μέλαν τριβώνιον 135, 16. χρῶμα 65, 13. μέλανος καὶ καλαμίδος 169, 7. μελάντερον 42, 4
μελέτη ἀκριβεστέρα 77, 26
μελετῶ, cum infin. 90, 32. ῥητορικὴν ὑπόθεσιν 109, 20. μελετήσας 78, 13. μελετωμένας γνώμας 61, 36. τὸ μελετώμενον 74, 9. 76, 28. 80, 9. 124, 22. 266, 26
μελίζομαι 143, 13
μέλιτος χειλέων ἀπογεύομαι 195, 29
μέλλω 60, 33. μέλλει 132, 12. 176, 13. μέλλον 135, 6. μέλλων 68, 9. 93, 26. 108, 13. 120, 4, 8. 129, 30. 143, 3. 196, 10. 240, 11. μέλλον κριτήριον 18, 15. 58, 9. τὸ μέλλον 13, 18. 18, 15. 53, 10, cet.
μέλος 11, 12. 44, 9. 47, 8. 67, 27. 77, 3. 148, 16, 18. 190, 7. 223, 7. τὰ μέλη αὐτόθεν ποιούμενοι 87, 21
μέλω: ᾧ τόσα μέμηλε 167, 13
μέμφομαι 158, 17. τῆς βραδυτῆτος 48, 1. ζῶντι 185, 29. 60, 31. ἐμέμψατο τὸν λόγον 245, 2
μένω 64, 10. 65, 13. 66, 5, 29. 131, 30. μένον ἐφ' ἑαυτοῦ μόνον 177, 11
μερίζω 263, 10. 266, 24. ἀμφοτέροις ἐμαυτὸν 249, 2. 177, 22. τὸ μεμερισμένον 109, 27
μερὶς 46, 8. 87, 7. 109, 3. 112, 21. 114, 21. 132, 14, 17. 134, 6. 137, 33. 141, 12, 21. 160, 32. 163, 14, 30. 167, 15, 27. 170, 28. 182, 21, 24. 184, 15. 212, 34. 256, 3
μέρος 3, 39. 8, 5. 14, 18, et saepe. γενεθλιαλογικὸν 184, 1. κατὰ μέρος 57, 29. 82, 14. 94, 30
μεσεύω: τῶν υἱέων 243, 20
μεσημβρίαν 210, 7
μεσημβρινός: τὸ μεσημβρινὸν ὁ ἥλιος κατὰ κορυφὴν εἰστήκει 187, 31
μέσος 22, 12, 22. 24, 18, et saepe. τὸ μεσαίτατον τῆς φάλαγγος 139, 5
μεσότοιχον (τὸ) ἀφαιρεῖ 238, 12
μεστὸς 264, 5. 106, 22. 213, 34. μεστὰ πάντα θορύβου 208, 6. φρίκης 198, 32

μεταβαίνω: ἐπὶ τὰ βασίλεια 96, 21. μετέβη εἰς ἕτερον ἵππον 8, 19. μεταβήσεσθαι τοῦ ὑψηλοῦ φρονήματος 216, 32
μεταβάλλω 226, 12. 118, 9. 3, 14, 21. 10, 28. τὰ νῶτα 241, 8. μεταβαλεῖν τὸ σχῆμα 84, 32. 98, 4. 86, 16. 88, 24. 89, 34. 177, 27. 183, 19. 219, 33. 257, 9, 18. ὁμοῦ τε σχῆμα καὶ τὸν τρόπον 60, 6. μεταβάλλεται 49, 13. 48, 29. 132, 34. 179, 32. 185, 14. 3, 18. 50, 19. 164, 25. μεταβεβλημένος 88, 12. 98, 6
μετάβασις 69, 2. 178, 16
μεταβιβάζω: -σας τὸν λόγον 202, 14
μεταβολὴ 28, 2. 57, 4. 72, 31. 174, 31. 177, 5. 186, 23. 224, 20. 245, 7. 261, 33. τῆς ἀλληγορίας 260, 29
μεταγινώσκω: μετεγνώκει, cum *gen.* 220, 21
μεταγραφὴ 101, 31
μετάγω: μετῆξαν ἑαυτῷ εἰς συμβίωσιν 113, 10. μετήγαγεν 219, 7
μεταδίδωμι: 159, 29. μετέδωκα 110, 17
μετάθεσις 57, 4. 67, 3, 5. 105, 16. 167, 26. 169, 14. 171, 21. 175, 32. 176, 12. 185, 4. 258, 14. 228, 7
μεταίχμιον 5, 14. 8, 9. 91, 21. 127, 4. 199, 26, 36
μετακαλοῦμαι 20, 5. 75, 6. 100, 31. 192, 23. 236, 17. μετακέκλητο 231, 16. μετακαλεσάμενος 31, 34. 43, 4. 208, 13. μετακληθῆναί με αὐτῷ 208, 12
μετακίνησις 10, 1
μετακινῶ 149, 22. -ῆσαι 137, 4. μετεκινεῖτο 149, 2. 96, 18. μετακινήσασθαι 137, 15
μετάκλητος 98, 21. 246, 22
μετακομίζω 13, 36. -ίσουσιν 228, 30. μετακομίζεται τοῖς ἀχθοφοροῦσι 67, 9. μετεκεκόμιστο 143, 7
μετακοσμοῦμαι: μετακεκοσμημένον 207, 18
μετακυβεύομαι: μετεκυβεύθησαν αἱ ψῆφοι 98, 12
μεταλαγχάνω 112, 18
μεταλαμβάνω: ἱκέτου σχῆμα 87, 16. 238, 31. μεταλαβεῖν 42, 24
μεταλλάττω: τὸν βίον 19, 29. 21, 1. 25, 14. μετήλλαχότι τὴν ζωὴν 43, 28. 113, 8. μετήλλαξε 151, 6. 210, 17. μεταλλάττεται 44, 21. 49, 36. μετήλλακτο 129, 29. ἡ βασιλὶς τὸ σύνηθες σχῆμα 84, 30. μεταλλάξαι στολὴν 210, 23. 202, 25. 183, 28
μεταλλικὴ τέχνη 33, 13
μεταμείβω: μετήμειψε 45, 36. μετήμειπτο 146, 14

μετάμελος 32, 4
μεταμορφῶ: -ώσας 98, 22. -ούμενος 80, 34. 96, 6
μεταμφίασις 89, 19. τοῦ σχήματος 85, 35. 89, 17
μεταμφιέννυμι: -υσι 64, 21. -υσθαι 66, 20. -ασαμένη ἐσθῆτα τὴν μέλαιναν 25, 8
μετανίσταμαι 222, 7
μετάπεμπτος 229, 7
μεταπίπτω 265, 18. μετέπεσε 129, 24
μεταπλάττω: τὸ φρονοῦν 176, 23. μεταπλαττόμενος 186, 33. μεταπλασθεὶς 196, 3
μεταποίησις 55, 32. 105, 7. 174, 26. 176, 8, 22
μεταποικίλλομαι 106, 18
μεταποιῶ: -ῆσαι 213, 31. -ηθήσεσθαι 176, 10. 210, 24. μετεποιήθησαν 106, 32. 153, 35
μεταρριπτοῦμαι 170, 32
μεταρρύθμισις 124, 26
μετασκευάζω: πρὸς τὸ θαρρεῖν 36, 32. -εσθαι πρὸς τὴν πόλιν 208, 7. μετεσκεύαστο 224, 24
μετασκηνῶ 213, 22
μετάστασις 10, 20, 17
μετασχηματίζω 97, 36. μετασχηματίσασθαι 55, 34. μετασχηματισθεῖσαν 93, 8
μετασχηματισμὸς 159, 16. 207, 13. 228, 33
μετατάττομαι: ἐπὶ 153, 20. μεταταξάμενος πρὸς 183, 24
μετατίθημι: -ησι 49, 14. 131, 33. 162, 31. 170, 23, 27. 216, 30. 238, 13. -έασι τοὺς πεπηγότας ὅρους 187, 6. μετετίθει 174, 22. μεταθήσειν 73, 21. 76, 10, 18. μετατίθεται 67, 6. πρὸς θεὸν 67, 6. 96, 26. μεταθήσεσθαι 135, 14. 68, 27. μετέθετο 186, 26. 56, 31. 152, 7. 67, 6, 24. μετατεθείη 69, 1. μεταθεῖναι 106, 16. 177, 32. 254, 17. μετατεθεῖσαν 70, 14
μετατρέπομαι: -ψάμενοι 30, 9
μετάφερνα 67, 21
μεταφέρω: μετήνεγκά σοι τὸν ἀρχιερέα 236, 35. ἐφ' ἕτερα τὴν τοῦ λόγον ὁρμὴν 241, 15. -οι τὸν ἵππον 126, 30. -εῖν εἰς τὰς βασιλείους αὐλὰς 74, 29. -κῶν πρὸς τὰ βασίλεια 59, 2. εἰς τὰς ὑπερηφάνους ἀρχὰς 105, 23. μεταφέρεται εἰς τὸν ἀντίρροπον 269, 19. μετενεχθῆναι 216, 35
μεταχειρίζω: μεταχειριεῖς τὸ κράτος 231, 34. -ίζεται 150, 10. 191, 14. 60, 17. 183, 4. τὴν ῥητορικὴν λύραν 177, 14. μετακεχείρισται 221, 15. μετακεχειρισμένον τὰς βασιλείους φροντίδας 205, 27. μετακεχείριστο τόξον 82, 20. μετε-

INDEX GRAECITATIS. 351

χειρίσατο 124, 21. 232, 19. 234, 19. 168, 34. 167, 7
μεταχείρισις: τοῦ λόγου 184, 33. 52, 19
μέτειμι: μετιέναι 75, 19. οἱ μετιόντες τὴν κρείττω φιλοσοφίαν 209, 5
μετέπειτα: ἐκ τοῦ 107, 21
μετέρχομαι: μετελήλυθα ἐπὶ τὸν θειότερον βίον 179, 29. μετῆλθεν ἡ διαδοχὴ 215, 10
μετέχω 13, 7. φιλοσοφίας 233, 16. 107, 30. μετεῖχε 26, 14. 64, 8. 85, 14. 14, 20. μετεσχηκὼς παιδείας 26, 5. 44, 17. 77, 24. μετέσχε 23, 5. μετασχεῖν 245, 16
μετεωρίζω 174, 20. -ίσας ἐπὶ ξύλου 152, 22. -ιστο ταῖς ἐλπίσι 143, 35. ὁ ἥλιος λαμπρῷ τῷ κύκλῳ 198, 10. τοῦ ὁρίζοντος 131, 32. ἡ πόλις 97, 32. 105, 25. -ισθέντες 130, 35
μετεωρισμὸς 96, 12
μετέωρος 199, 8. τὴν ψυχὴν 162, 2. μετέωρον τὴν τοῦ ξίφους λαβὴν 8, 32. τὴν πόλιν 70, 17. μετέωρον ὄρος 182, 25. 172, 28. ἐς τὸ — ἐπεγερθέντος τοῦ πελάγους 131, 36. μετεώρου τοῦ σκέμματος 252, 14. ἐπὶ — τῶν βασιλείων 75, 25. ἐκ — τὰς βασιλείους φωνὰς ὑπεκρίνετο 170, 1. ἐπὶ — τοῦ μεγάλου θεάτρου 85, 3. — σαλεύομεν 262, 18. ἐν μετεώρῳ 141, 26. τὰ μετέωρα τῶν ὁρῶν 209, 6. ἀπὸ τῶν μετεώρων 29, 35. τὰ ἱππηλάσια ἀλλαξάμενοι 209, 10. σφενδονῶντες 84, 22
μετοικεσία 222, 5
μετοικίζομαι: μετῳκίσθησαν 222, 12
μετονομάζομαι: μετωνομάσθησαν εἰς ὃ λέγονται 221, 33
μετοχετεύω, *fut.* 29, 24. *pass.* 33, 27. 117, 28. 32, 22
μέτοχος 83, 3. 140, 19
μετριάζω: τῇ νίκῃ 252, 22. 30, 27. 268, 18
μέτριος: τὴν δίαιταν 3, 14. -οι θεμέλιοι 171, 32. -α μερὶς 112, 21. -ας αἰδοῦς 75, 33. τὸ -ον 14, 22. 18, 27, 31. 71, 23. 76, 9. 165, 23. 170, 33. 174, 8. μετριωτέραν μερίδα τοῦ κράτους 256, 3
μετριότης 233, 22
μετριοφροσύνη 127, 23
μετρίως 52, 12. 80, 32. 104, 33. μετριώτερον 76, 4. 124, 27
μέτρον 7, 7. 26, 15. 32, 8. 33, 10, 24. 35, 17. 58, 7. 80, 26. 100, 17. 110, 1. 147, 18. 161, 38. 232, 32. 239, 26. μέτροις ἰάμβων 261, 9
μετρῶ, *aor.* 28, 6
μέτωπον 40, 26. κατὰ μέτωπον 138, 21. μετώπου τάξιν 222, 20. μετώπῳ τῆς φάλαγγος 8, 32
μῆκος 139, 10. 146, 25. 226, 36

μῆλον 178, 34
μὴν 101, 19. 114, 27. 210, 5
μηνιῶ: ἐμηνία 117, 12. μηνιώη 170, 36.
μηνίσας 170, 22
μηρὸς 147, 16
μήτηρ 53, 21. 54, 3. 70, 2. 76, 35. 78, 31. 88, 28. 99, 20. 228, 5. 242, 2. 246, 1, 22. 251, 32. 252, 6, 9. 253, 16. 254, 8, 14. 265, 21. 267, 18. τοῦ Λόγου 184, 27
μητρικὴ ῥίζα 133, 33
μητρόθεν γενεαλογεῖν 56, 4. 133, 3
μητρόπολις 28, 28
μητρώα θηλὴ 155, 20
μηχανὴ 38, 18. 69, 25. 70, 13. 71, 2. 77, 20. 85, 14. 131, 23. 136, 22. 146, 30. ἐκ μηχανῆς θεὸς 166, 6
μηχάνημα 138, 2, 23. 143, 28. 249, 19
μηχανῶμαι 10, 29. 255, 1. -ήσασθαι ἐπὶ cum *acc.* 193, 5
μίασμα 151, 20
μίγνυμαι: -ται τὰ στρατόπεδα 255, 4. -μένη 224, 33
μιλτοπάρηος 36, 1
μικρὸς 72, 26. 81, 6. 84, 4. 122, 4. 220. 21. 242, 22. μικροῦ δεῖν 30, 24. 37, 30. 63, 32. 111, 13. 119, 8. 151, 17. 152, 31. 157, 9. 167. 13. 169, 9. 171, 21. 187, 14, 22. 190, 10. 196, 1. 199, 2. 215, 34
μιμνήσκω 267, 5. μέμνησαι 166, 2. 246, 12. μεμνημένοι 177, 31. ἐμεμνήμην 201, 24. ἐμέμνητο 132, 19. 155, 21. 185, 22. 201, 32. 226, 5. 228, 7. ἐμέμνηντο 145, 33. μνησθεῖσα 79, 10
μιμοῦμαι 186, 31. 183, 10. ἐμιμήσατο 234, 18. 122, 9. 164, 13. 212, 2. 215, 16
μίξις 35, 24, 27. 89, 1. χαρίτων 173, 14. ἄρρητος 36, 17. ἔννομος 50, 19
μισθὸς 58, 17. 130, 9. 110, 18
μισθοφόρος 64, 24. 156, 16
μῖσος 35, 25. 71, 18. 73, 2. 77, 4. 99, 23. 100, 18. 129, 19. 136, 25. 219, 14
μισῶ 44, 24. 10, 5. 71, 24. *aor.* 85, 8. μεμίσηται 169, 1
μνῆμα 217, 3
μνήμη 32, 10. 61, 17. 65, 21. 67, 34. 74, 35. 123, 3. 124, 19. 146, 1. 178. 28. 268, 24
μνημονεύω 121, 6. *aor.* 111, 23
μνήμων 164, 20
μνησικακῶ 178, 14. 165, 23. ἐμνησικάκησε 185, 30. 209, 31. 145, 33. 266, 13
μνηστεύω: -εῦσαι 157, 35. -εύεται τῷ θεῷ 240, 2. 76, 16. 46, 31. 49, 9. 72, 4. 174, 1. 40, 29. 100, 22. ἐμνηστεύσω 53, 11. 123, 6

μογισμὸς 89, 14
μοῖρα 6, 14. 29, 33. 32, 16. 46, 8. 65, 5. 78, 3. 99, 28. 130, 29. 163, 28. 181, 33
μοιχὸς 38, 15
μόλυσμα 58, 11
μοναδικός: βίος 228, 13. -ὴν ζωὴν 254, 19. -ὸν σχῆμα 48, 20. 237, 21
μονάζω: -ουσῶν καταγώγια 59, 24
μοναρχία 65, 20. 76, 9
μοναρχῶ 246, 9
μοναστήριον 11, 3. 67. 8
μοναστὴς 60, 17. 34, 36. 59, 23. 35, 5
μοναχὸς 1, 1. 68, 5
μονή: ἱερὰ 87, 16. 44, 16. λαμπροτάτη 10, 30. τοῦ Στουδίου 237, 26
μονογενὴς θυγάτηρ 99, 19. 231, 23
μονοκρατόρισσα 1, 10
μονομερὴς 193, 33. -ὲς πάντη τὸ τέλος 195, 18
μόνον 11, 27. 25, 3. 74, 15. 76, 2. 101, 23. 106, 24. 125, 5. 145, 21. 176, 6
μονονοῦ 87, 30. 159, 15. 213, 5. 241, 2. 246, 31. 253, 28. μονονοὺκ 243, 21
μόνος 2, 8. 17, 29 cet. μόνος ὁ ἀὴρ 77, 17. σοφὸς 182, 1. μόνη πασῶν ἐλευθέρα 82, 6. τὴν ψυχὴν εὐγενὴς 82, 5. μόνην τὴν ἀρχὴν τοῦ Βυζαντίου ἔχων 192, 16. μονώτατος ἔχειν τὸ κράτος 247, 31
μόριον: μορίων λόγου 109, 7. παιδογόνων ἀποτεμών 89, 9
μορφὴ 82. 5. 95, 20. 113, 32. 2, 27
μοῦσα 177, 19
μουσικὸς 261, 19. 108, 22
μουσικῶς 70, 29
μῦθος 229, 17
μύκης 171, 12
μυκτὴρ 264, 8
μυκῶμαι 92, 10
μυοῦμαι 102, 14. μεμνημένος τὰ προεισόδια 82, 24
μυρεψῶ 118, 10
μυρίανδρος 125, 31. -α τείχη 219, 35
μυριὰς 16, 6
μύριοι: μυρίων δαρεικῶν 117, 18. μυρίοις στεφάνοις 124, 15. κατὰ μυρίους πίπτοιμεν 249, 26. μυρίαις ὕβρισι 189, 22
μυσταγωγὸς τῆς ἑαυτοῦ σοφίας 170, 29. v. μύστης
μυσταγωγῶ 245, 7. -ούμενος τὰ θαυμάσια 232, 8
μυστήριον: περὶ τῆς ἀρρήτου οἰκονομίας 241, 19. βασιλείας τελεῖται 70, 19. τὸ δι' ἡμᾶς 241, 21. μέγα καὶ δημοσιώτατον 81, 3. μεταμφιάσεως 89, 19. τοῦ καθ' ἡμᾶς λόγου 109, 27. τῶν εἰς τὰ μυστήρια τοῦ λόγου τελούντων 101, 24

μυστηριωδῶς 65, 8
μύστης τῆς ἑαυτοῦ σοφίας 170, 29. v. μυσταγωγός
μυστικός: γραφὰς τῶν μυστικωτέρων 82, 26
μύω: μῶσας τοὺς ὀφθαλμοὺς 42, 2. 179, 22
μῶμος 102, 15

νάμα, ἐν βάθεσι κείμενον 110, 15. τῶν παρὰ Ῥωμαίοις ποτίμων ναμάτων 151, 26. νάμασι ζῶσιν 110, 14
ναὸς 32, 2. 33, 5. 34, 24, 36. 54, 2. 57, 18, 27. 58, 2, 27. 87, 31. 145, 19. 156, 33. 171, 17. 172, 10, 19. 217, 15. 218, 19. μέγαν ναὸν τῆς τοῦ θεοῦ Σοφίας 87, 14. v. νεώς
ναῦς 12, 24. 53, 26. 75, 21, 27. 130, 25. 131, 25, 35. 159, 36. νηὸς 10, 18. νεὼς 237, 25. νῆες πυρφόροι 130, 20. νεῶν τῶν βασιλικῶν 87, 14. μεγάλων 131, 10. ναυσὶ χορηγήσας τὸ δὶ ὑγρὸν πῦρ 130, 26
ναυτιλία 55, 22
ναυτίλλεσθαι 55, 20
νεανίευμα 106, 8
νεανικώτερον ἐκβοῶν 31, 29
νεκρὸς 40, 24. 44, 18. 127, 15. ἔμψυχος 11, 13. 40, 20. -οὺς προθυμία ἀνίστησι 66, 20
νεκρώδης 44, 5
νέκταρ 241, 31
νέμεσις 116, 36. 262, 32
νέμομαι 179, 7. 221, 32
νεολαία 60, 7
νεόλεκτος 195, 2
νέος 21, 31. 43, 20, 32. 93, 2. 162, 5. νέον καίσαρα 54, 17. νέοις τισὶ θεοῖς 184, 11. νέον πρυτανεῖον 59, 15. νεώτερος 33, 8. 47, 35. 75, 4. 117, 7. 155, 18. 178, 8. 214, 16. 254, 31. νεώτατος 2, 14
νεότης 3, 24. 45, 1
νεωτήσιον ἄνθος 8, 26
νεοφανὴς 173, 7
νεόφυτον 99, 10. 185, 36
νεῦμα 42, 1. 70, 27. 212, 29
νευρὰ 102, 20
νεῦρον: νεῦρα Ῥωμαίων τὸν στρατὸν 51, 26
νεῖσις 149. 22
νεύω: ἐνένευκει 42, 2. 55, 22. 97, 20
νεφέλη 131, 31
νέφος 57, 32. 67, 27. 129, 7. 146, 16. 211, 35. 221, 11. 224, 35. 229, 35. 230, 15. ἀθυμίας 67, 27. ὀφθαλμίας 38, 1. -φους τὴν κεφαλὴν πληρωθεὶς 11, 11
νεὼς 33, 21, 32. 34, 15. 35, 13. 44, 17. 57, 32. 67, 10. 68, 7. 87, 28.

INDEX GRAECITATIS. 353

9!, 1, 21. 92, 26. 172, 27. 244, 33. νεών θείας Σοφίας 206, 13. v. ναός
νεωτερίζω: -ίσωσιν επί σε 52, 32. -ίξεσθαι 46, 1. -ισθείη 66, 27
νηδύς 27, 17
νήπιον 25, 28
νήσος 79, 30. 100, 15. 259, 5. νήσων προ τής Πόλεως 79, 5
νήτη 175, 30. 177, 7
νίκη 30, 31. 64, 5. 158, 10. 219, 17. 252, 23
νικητικὸν διάδημα 178, 18
νικηφόρος 123, 15
νικῶ 63, 6. 58, 21. 23, 34. 168, 23. ἐνίκα τὰ χείρω 248, 7. νενικηκὼς 164, 35. 167, 19. 194, 14. νικώμενυς 120, 18. νενικήμεθα 249, 27. 194, 35
νοβελλίσιμος et νωβελλίσιμος 72, 5. 73, 7. 84, 5. 88. 8, 25, 30. 89, 12. 91, 32
νοερὸς 182, 28, 32. -ὰ πορφύρα 34, 12
νόημα 109, 17, 23. 177, 21. 200, 25, 27
νόησις 108, 17, 18. plur. 108, 12. 172, 35
νόθος 60, 21. 64, 15. 65, 3
νομίζω 107, 25. νομίσας 133, 24. 135, 34. 161, 17. 97, 12. νομίσουσι 133, 24. 135, 34. νομίζοιτο 229, 34. 242, 12. νενομισμένην ἐκφορὰν 43, 21. 54, 24. νενόμιστο 129, 21. νομισθήσεσθαι 102, 5. νομισθείη 130, 3
νομικός: -ὰς φωνὰς 212, 36
νόμιμον 61, 30
νομοθετικὴ 212, 32
νομοθετῶ 46, 26. -ούμενος 186, 33
νόμος: ἄντικρυς ἢ νόμου τι δικαιότερον 238, 27. 186, 18. νόμον ἀνεῖλε 45, 35. ἐπιμετρήσαντα τὸν ἀριθμὸν τῆς συζυγίας 159, 24. προκείμενον 169, 27. οἱ νόμοι ἡμᾶς ἀπολωλέκασι 243, 7. ἐκπτώτους τῆς πολιτείας ποιήσαντες 242, 36. νόμων ἀναφορὰς 45, 1. ἐπὶ νόμοις γινόμενος ἔρως 39, 28. κοινοῖς περὶ τὴν συνάφειαν 101, 16. μηδὲ τοῖς —Ῥωμαίων δοκοῦν 113. 6. νόμους ἀγωνίας παρεκβεβηκὼς 5, 17. ἐξακριβούμενον 243, 5. 261, 38. 212, 31. πολιτικοὺς κατα μιγνὺς 169 25. τοὺς — τυραννήσαντος τοῦ βασιλείου σκοποῦ 113, 22
νοσερὸς 25, 24
νόσημα 63, 4. 66, 23. 225, 25. 226, 10. 227, 10. 231, 28. 239, 15. 242, 10. 248, 28. τῶν ἀήθων 39, 31. βασιλέων ἀνίατον 248, 28. 38, 26. συνήματος ἀποτρόπαια 57, 17. λοιμικοῦ 22, 12. νοσήματι κρυφίῳ 52, 29
νοσοκομοῦμαι 63, 25
νοσοποιὸς 122, 19. 215, 11
νόσος 39, 29. 62, 23. 99, 10. 177, 35.

187, 19. 215, 6. 233, 33. νόσῳ φθινάδι 214, 4
νοσῶ: περὶ τὸ θεῖον τοὺς λογισμοὺς 150, 11. νοσοῦντα τὸν βασιλέα 51, 9. νοσοῦν ἅπαν 216, 23. ἐνόσει τὸ ἆσθμα 120, 14. νοσήσας 236, 8
νουθετῶ 244, 11
νοῦς: τῇ γλώττῃ καὶ γλῶττα τῷ νῷ ἀνθάμιλλα 196, 30. οὐ χωρεῖ 80, 25. περιβεβλημένος θεότητα 34, 11. σωφρόνως ἐνθουσιάζων 108, 30. νοῦ προΐστα ὦτα κωφά 170, 24. νῷ μόνῳ ληπτῶν 32, 34. νοῦν ἀπερίεργον 157, 18. ἀπερείδουσι 53, 33. εἰς νοῦν βαλλόμενος 37, 7. 151, 29. 156, 16. τὰ κατὰ — βουλεύματα 250, 3. προσεῖχε 27, 21, 38, 23. συλλέξας 231, 10. πρὸς — στραφείη 32, 30. τρέψας 28, 21. ἐπὶ 55, 29. εἴ τι ὑπὲρ — ἢ ὑπερούσιον 108, 19. φιλοσοφίᾳ καθάραι 107, 15
νοῶ 182, 3. νοήσαι 171, 2
νυμφαγωγῶ 159, 16
νὺξ 54, 15. 63, 25. 136, 2. 143, 4. 154, 15. 192, 6. 207, 26. 208, 2. 210, 29. νυκτὸς ὑπεξαγαγόντες 136, 2. τὴν νύκτα τῆς ὄψεως ἀπελάσας 158, 5. νυκτῶν ἀωρὶ 47, 23
νύττω 192, 21. νύξας 160, 26. νύττεσθαι 226, 27
νωβελλίσιμος, v. νοβελλίσιμος
νῶτον: κατὰ νώτου 7, 6. 141, 29. 144, 6. τὰ περὶ νῶτον ὀστᾶ 148, 4. τὰ νῶτα μετέβαλλον 241, 7. 257, 18. συνεκεκύφει 162, 6

ξανθὸς 95, 25
ξενικός: -ἡ μερὶς 137, 29. -ικαὶ παρ' ἡμῖν δυνάμεις 28, 31. 193, 11. 198, 13. ξενικὸν παρατρεφόμενον ἐν ταῖς αὐλαῖς 84, 1. cf. 81, 27
ξηρὸς 212, 6. 27, 17
ξιφηφόρος 8, 36. 94, 5. 126, 9
ξιφηφορῶ 150, 21
ξίφος 8, 32. 24, 5. 140, 14. 165, 2. 192, 11. 198, 16. 203, 7. 222, 17. 251, 8
ξυγγίνομαι: ξυνεγεγόνεισαν 175, 11
ξυγγραφεὺς 213, 25. 3, 16
ξυγγράφω 149, 10
ξύγκειμαι, partic. 268, 20. 45, 5. 224, 3. 245, 24
ξυγκίνησις 216, 6. 129, 10
ξυγκολλῶ 102, 16
ξυγχωρῶ: οὐ ξυνεχώρει τὸ ἔργον 161, 29. 213, 12. 210, 1
ξυλλέγω: ξυνειλοχότα 109, 16
ξυμβάλλομαι: ξυμβέβληται 111, 21
ξύμπας 48, 31. 52, 10. 54, 20. 57, 13 et cael.
ξυμπονῶ: ξυμπεπονήκει 138, 6

M. P. 23

ξυναρμόζω 102, 15. *pass.* 148, 26
ξυνδεσμῶ 230, 34
ξυνδέω: ξυνδήσαντες 131, 1
ξύνειμι: ξυνιόντες 138, 11
ξυνελαύνω 113, 25
ξυνίημι: ξυνιέναι 243, 24. παρὰ ξυνιέντων 94, 19
ξυνίστημι: ξυνέστη 190, 28
ξυντέλεια 118, 13
ξυντελῶ: ξυντελέσας 126, 20
ξυντίθημι: ξυντιθέναι 95, 4. 102, 13. -τιθεὶς 103, 13. -τέθεικα 103, 19. -έθεσαν 190, 21
ξυρὸς εἰς ἀκόνην 266, 11
ξυροῦμαι: ἐξυρημένους 126, 5
ξυρρέω: ξυνερρυηκότα 148, 5

δαρισταίνων 158, 34
ὄγκος: ἀξιωμάτων 10, 27. ἀρχῆς 2, 35. 97, 26. βασιλείας 37, 7. 172, 32. 2, 26
ὀγκῶ: ὤγκου τὸ σῶμα 63, 4
ὁδὸς 12, 25. 85, 16. 118, 27. 191, 17. 122, 4. 227, 35. 248, 21. 258, 20
ὁδοὺς 77, 3. 227, 4. 247, 22. ὑπ' ὀδόντα γρύξαι 116, 26
ὀδύνομαι 176, 30
οἴαξ, *plur.* 20, 6. 32, 19
οἶδα 25, 25, 31. 40, 33 *et caet.* οἶσθα 53, 20. οἶδε 52, 10, 16. 57, 35. 246, 11. 249, 17. ἴσμεν 29, 25. 126, 19. 206, 26. ἴστην 240, 8. ἴσασι 103, 11. 222, 22. εἰδείην 111, 14. 185, 3. εἰδείης 52, 14. 236, 32. εἰδείη 232, 15. εἰδέναι 38, 19. 85, 6. 108, 33. 181, 26. εἰδὼς 17, 2, 8. 26, 20 *et caet.* ᾔδειν 81, 5. 102, 8. 195, 24. 207, 28. ᾔδει 17, 10. 34, 16. 39, 14 *et caet.* εἶδει με 225, 23. ᾔδεισαν 30, 34. 238, 29
οἰδῶ 219, 15
οἴησις 27, 3
οἰκεῖος 2, 32. 6, 25. 14, 21 *et saepe*
οἰκειότης 235, 7
οἰκειῶ 234, 29. οἰκειοῦται ὁ ἐμὸς τρόπος 231, 24. 77, 11. 262, 15. ᾠκειοῦτο 21, 21. 76, 26. 115, 4. οἰκειωσάμενος μέρος τῆς Ἀρμενίων γῆς 173, 31
οἰκείως 175, 23. 255, 13. οἰκειότερον 80, 3. οἰκειότατα 2, 34. 80, 3. 81, 3. 186, 20
οἰκείωσις 185, 13. 195, 23. 242, 29
οἴκημα 118, 24. 139, 19
οἰκία 235, 15
οἰκίδιον καὶ θεραπευτικὸν 67, 27. 84, 10. 180, 15. καὶ συγγενικὸν 81, 26
οἰκοδομὴ 32, 1, 32. 33, 18. 34, 7. 35, 4. 217, 19
οἰκοδόμημα 34, 30. 57, 25, 30. 85, 14. 150, 19
οἰκοδομία 114, 25
οἰκοδόμος 150, 16
οἰκοδομοῦμαι 34, 15. 172, 33. 33, 21
οἴκοθεν 107, 30. 49, 15
οἶκοι διέτριβε 84, 7
οἰκονομία 55, 4. 164, 26. 221, 15. 241, 18. 252, 1
οἰκονομῶ 95, 6. τὸν πόθον 36, 20. 254, 6. ᾠκονόμησε 60, 35. τὴν παρρησίαν 221, 20. 197, 3. οἰκονομουμένων 114, 27
οἶκος 16, 15. 64, 20. 87, 30. 114, 22. 146, 24. 179, 2. 190, 23. 205, 24. 239, 28. 258, 7. οἴκου Κυρίου 33, 33. οἶκοι πέριξ περίδρομοι καὶ ἀμφίδρομοι 172, 23. οἴκων βασιλείων 85, 3
οἰκουμένη: ἑτέρα διηρευνᾶτο 35, 8. -ης ξυμπάσης πατριάρχῃ 186, 17. 234, 25. 219, 17
οἰκτείρω 228, 15. ᾤκτειρε τοῦ πτώματος 38, 34. ᾠκτείρησε 135, 19. οἰκτείρας 258, 17
οἰκτίζομαι: οἰκτίσαιτ' ἂν 184, 19
ἄκτιστα δακρύει 261, 26
οἰκῶ 133, 35. 123, 16. 43, 9. ᾤκησαν 135, 2. οἰκήσαιτ' ἂν 184, 19. 254, 10. 175, 5
οἶμος, πεπρωμένος 195, 22
οἰμώζω 91, 18
οἰνοχοῶ 9, 20
οἴομαι 195, 10. οἴονται 18, 19. 183, 30. οἴεσθαι 26, 15. 130, 12, 18. 185, 34. οἰόμενος 6, 10. 42, 24 *et caet.* ᾤετο 7, 11 *et caet.* οἶμαι 40, 26. 72, 27. 73, 19 *et caet.* ἐγᾦμαι 193, 34. ᾤμην 102, 2. 160, 16. 207, 27. ᾠήθην 109, 14. 211, 30 *et caet.* οἰηθείη 111, 19. 168, 16. οἰηθεὶς 25, 20. 138, 11. 206, 15. 268, 1
οἰώνισμα 132, 18
οἰωνὸς 194, 27. 240, 14
ὀκνῶ: ὤκνει εἰπεῖν 175, 24
ὄλβος, τῆς βασιλείας 16, 4
ὄλεθρος 140, 1
ὀλιγάκις 23, 13
ὀλίγος 14, 34. 15, 10. 16, 16. 30, 33 *et saepe*
ὀλιγώρως 118, 23. 133, 19
ὀλισθαίνω 149, 5. 251, 12. 174, 18
ὁλκὰς, βασίλειος 210, 8. 179, 14. 130, 24
ὁλοκάρπωμα 80, 4
ὀλολύζω 222, 24
ὅλος 3, 20, 28. 4, 15. 7, 12. 11, 10. 30, 19 *et saepe*
ὀλοφυρμὸς ἐκ συμπαθείας 67, 29
ὀλυμπιὰς 121, 35
ὅλως 45, 24. 17, 3. 156, 29
ὁμαιχμία 9, 26. 240, 35
ὁμαλίζομαι 218, 27
ὁμαλός: ὁμαλωτέρα τὸ ἦθος 22, 9

INDEX GRAECITATIS. 355

ὁμαλῶς 14, 18. 17, 32. 45, 4. 83, 22. 121, 19. 131, 12. 224, 20
ὁμέστιος 181, 23
ὁμευνέτις 112, 28. 115, 12. 160, 9
ὁμηρεύω 155, 33. 159, 3
ὁμηρτὴς 42, 16
ὁμιλία 39, 16. 197, 7, 14. ἐρωτικὴ 115, 21. 104, 1. εἰς — ἑαυτὴν ἀφιεῖσα 94, 26. 134, 26. 91, 24
ὁμιλῶ 100, 13. 138, 14. 182, 8. 147, 25. 153, 10. ἐκείνῳ ὁμιλοῦσα γλῶττα 149, 22. 47, 31. ὡμίλει 50, 24. 213, 11. οὐκ ἐπιτροχάδην 19, 17. ὁμιλήσει 195. 12. ὡμίλησε 13, 16. 98, 22. 200, 21. τῇ βασιλίδι 115, 24
ὄμμα: γοργὸν 45, 2. χαροπὸν 18, 18. ὄμματα ἔρριπτει ἐπὶ τὴν ἐρωμένην 160, 22. ἐξεχύθη πολλοῖς 161, 30. πέπηγε 261, 15. 199, 11. πλησθεὶς τῆς συνήθους αἰδοῦς 231, 18. σβέσαι τούτοις 91, 7. ὀμμάτων ἠφίει δάκρυα 21, 15. ἀφαίρεσιν καταψηφίζεται 146, 3. περὶ τὴν ἀφαίρεσιν ἀφειδέστερον 16, 27. ὄμμασιν αἰσθητοῖς 115, 37. ἄκροις ἐφιζάνων ὕπνος 40, 1. αὐτοῖς εἶδον 38, 4. καλλίστοις ἐξήστραπτε 159, 9. τοῖς ἀπὸ τῆς ψυχῆς 113, 32. πᾶσιν ἐπετηρεῖτο 12, 30. 50, 3
ὄμνυμι (et -ύω): θεὸν 248, 30. ἐμπρῆσαι 178, 7. καθ' ἱερῶν 90, 2. ὅρκους 204, 35. -νύουσιν 70, 9. ὀμωμοκότες πολλὰ 145, 10. ὠμοσμένων παραβάσεως 4, 28. ἐν ὀμωμοσμένοις φρικτοῖς τοῦ θεοῦ 268, 30
ὁμογενής 71, 18
ὁμογνωμονῶ: ὡμογνωμονήκεσαν 230, 33
ὁμοδίαιτος 72, 6
ὁμοδιαιτῶμαι 65, 22
ὅμοιος 122, 7. 133, 3. 173, 27. 175, 15. 176, 21. 207, 18. 224, 23. 261, 14
ὁμοιότης 48, 30. 49, 3. 56, 9. 66, 17
ὁμοιοῦμαι: ὁμοιωθείης 264, 25
ὁμοίωσις 62, 17
ὁμόλεκτρος 231, 22
ὁμολόγημα 41, 2. 204, 1
ὁμολογία 67, 7. 90, 17. 135, 33. 136, 2
ὁμολογῶ 262, 1. χάριτας 21, 11. aor. 7, 8
ὁμόφυλος 145, 3. 61, 18. 143, 11
ὄναρ 154, 35. 191, 7
ὄνειαρ: ἐπ' ὀνείαθ' ἕτοιμα χεῖρας ἴαλλε 183, 15
ὀνειδίζω 84, 30. ὠνείδισε 189, 19. 260, 2
ὄνειδος, plur. 259, 3
ὄνειρος: ὀνείρατος 155, 4. ὀνειράτων 132, 19. ὀνείρασι 48, 21. 55, 10
ὀνίνημι: ὀναίμην 244, 35. 245, 3, 21. ὀναίμεθα 228, 11. ὄνασθαι 37, 6. 244, 8. ὤνητο 36, 2
ὄνησις: εἰς -ιν φερόντων 77, 32

ὄνομα 22, 27. 34, 32 et saepe. τοὔνομα 161, 28. 226, 33. 261, 8. μέχρις -ατος 53, 15
ὀνομάζω 112, 24
ὀνομαστὶ 190, 32. 201, 20
ὀνομαστός: -ότατον 173, 27
ὄνυξ: ὀνύχων ἀκμὰς 135, 34
ὀξυγράφος: ὑπογραμματέας ὀξυγράφους 23, 12
ὀξύρροπος 20, 22
ὀξύς: τὴν σύνεσιν 254, 32. 265, 27. τὴν φύσιν 164, 20. ὀξύτερος τὴν γλῶτταν 265, 14. ὀξύτατος περὶ τὰς δημοσίους συνεισφορὰς 47, 10. τῶν ὀξυτάτων τις 17, 23. ὀξεῖα χεὶρ 23, 10. ὀξείας ῥοπῆς 179, 29. ὀξεῖαν κατακόρως πορφύραν ἐσθῆτα 16, 22. τροπὴν 199, 31. τοῦ ὀξέος πιμπλάμενος 199, 31. adv. ὀξύτατα 94, 29
ὀξύτης 100, 21. 170, 35
ὁπλίζω 6, 27. 255, 26. ὥπλιστο 251, 7
ὁπλίτης 17, 21
ὁπλιτικός 4, 13
ὅπλον 194, 7. 222, 18. 26, 12. μεθ' ὅπλων προΐεναι 127, 34. ὅπλοις ἐφηρμοκότες 194, 23. 94, 9. καταφράκτοις 128, 1. 27, 2
ὀπή, plur. 58, 35
ὀπτανεῖον 151, 35
ὀπτάνομαι 25, 12
ὀπτασία 132, 21
ὀπτικὸς 261, 5
ὀπώρα: ἐαρινὴ τῷ καθ' ἡμᾶς βίῳ 99, 34. ὀπώρας καιρὸν 12, 32
ὄργανον 70, 28. ὀργάνου φωνὴ 153, 1. ὄργανα εὐηχέστατα 80, 16
ὀργὴ 40, 3. 80, 16. 81, 30 et caet. (plur. 18, 3)
ὀργίζομαι 261, 27
ὀρεκτικὸς 187, 20
ὄρεξις 23, 21
ὄρθιος 19, 5
ὀρθοεπῶ 153, 4. ὀρθοεπήσασα 117, 4
ὀρθὸς 97, 31
ὄρθρος 143, 5
ὀρθῶ 213, 30
ὁρίζω 35, 15. οὐχ ὁρίζοντα ὀφθαλμοὺς 174, 24. ὁρίσαι 42, 27. ὥρισται 120, 26. ὡρισμένου 28, 33. ὥριστο ἡμέρα 189, 13
ὁρίζων: προκεκυφὼς ἥλιος 198, 9. — μετεώριστο 131, 32
ὅριον 100, 16. περιγράφον 79, 30. ὅρια πρὸς ἕω τῆς ἡγεμονίας 173, 29. ἡμέτερα 16, 26. σχηματίσων 78, 9. 13. ὁρίοις δυστυχοῦντα 11, 35. 51, 13. Ῥωμαϊκῶν 5, 8. 7, 14. 213, 14. ὁρίοις τῶν Βουλγάρων 63, 20. 222, 8
ὅρκιον 116, 2. 29, 19
ὅρκος: τὰς δι' ὅρκων πίστεις 250, 1. τὸ

23—2

πιστὸν εἰληφότες 145, 24. ὅρκοις ἀρρήτοις 176, 4. ἑαυτὸν ἐδέσμει 165, 28. τοῦ ἄγοντος πιστεύσαντες 90, 18. ἐμμένουσι 223, 13. τὴν ἐπὶ — πίστιν 145, 21. φρικώδεσι 4, 27. ὅρκους ἀρρήτους 72, 17. 155, 18. 197, 8. καθ᾽ ἱερῶν εἰσπράττεται 38, 20. ὀμνύουσι 197, 8. φυλάξαιτο 165, 31
ὁρμέω, ἐπὶ δυοῖν ἀγκύραιν 230, 35
ὁρμὴ 5, 27. 9, 2. 30, 26. 88, 34. 92, 19. 130, 10. 135, 23. 146, 10. 149, 32. 165, 32. ὁρμῆς ἐπετείου 250, 16. πολεμικῆς 5, 27. φορᾷ δυναμώσας τὴν χεῖρα 5, 19. ὁρμὴν ἀνυποστάτους 8, 28. πρὸς ἔφοδον 199, 30. τοῦ λόγου 241, 15. ὀργῆς 146, 10. ὁρμαῖς ἐθελουσίοις 137, 23. ὁρμὰς ἐμπλήκτοι 199, 28. βαρβάρων πεδήσαντα 123, 5. θηρίων 266, 21
ὅρμος 31, 1
ὁρμῶ 230, 35. ὡρμηκὼς ἐπὶ τὸν ἀπολαυστικὸν βίον 214, 28. 127, 11. ὁρμήσειεν 88, 34. ὥρμησαν 190, 10. 257, 28. ὁρμήσας 64, 33. 127, 4. 249, 35. ὡρμημένος 144. 20. ἔκ τινος ἐσχατιᾶς 55, 15. ὁρμηθεὶς 108, 8
ὄρνις 262, 1. 241, 10
ὅρος: ἀναλυτέος 209, 20. 16, 32. τῆς ζωῆς 102, 22. 105, 18. ὅροις ἄκροις τῆς ῥητορικῆς τέχνης 168, 32. περιγραπτοῖς 165, 27. 220, 16. ὅρους περιεστεφανωκότων 217, 16. πεπηγότας μετατιθέασι 187, 6
ὄρος 168, 5. 182, 35. 222, 35. θεῖον τὸν Ὄλυμπον 176, 20. ὀρῶν ἑλιγμοῖς 256, 16
ὀροφὴ 83, 16. 262, 15
ὄροφος 172, 5
ὀρύττομαι: ὀφθαλμοὺς 20, 26. ὀρώρυται 41, 15. 44, 21
ὀρφανία, βαρυτάτη 228, 28
ὀρφανοτρόφος 64, 29. 89, 4
ὄρχημα 153, 4
ὁρῶ 87, 29. 122, 25 et cael. ἑώρων 51, 31. 103, 25. 140, 9. 156, 4. 208, 5. ἑωρακέναι 207, 16. ἑωρακὼς 38, 33. 79, 18. 109, 3. 194, 20. 237, 26. ἑωράκειν 25, 31 et cael. ἑωράκεισαν 78, 22. εἶδον 13, 12. 38, 4 et saepe. 135, 18. ὁρᾶσθαι 138, 15. ὁρώμενος 50, 22. 115, 11. 123, 32. 177, 9, 16. ἑωρῶντο 83, 4. ὦπται 163, 34. 204, 6. ὦπτο 9, 33. 98, 15. 145, 31. 182, 12. ὀψόμενος 114, 28. ὤφθη 9, 27. 109, 6. 144, 29. 164, 14. 241, 33. 257, 9. ὀφθείην 126, 11. 139, 17. 241, 29
ὅσιος 139, 26. 14, 23
ὀσμαῖς καταχρωννὺς 23, 20
οὐρὰ 128, 5

οὐράνιος 77, 29. 78, 21. 15, 31. 261, 32
οὐρανὸς 52, 10. 91, 20. 167, 8. μέχρις -οῦ ὑψηλολογουμένη 109, 13. οὐρανὸν καταμετρεῖν 183, 30
οὖς 38, 6. 91, 9. 159, 19. 170, 24. 198, 33. 202, 30. 267, 15. ὦτα καὶ ὀφθαλμὸς βασιλέως 267, 15. ὤτων τῆς ἐμῆς γλώττης 163, 23
οὐσία 267, 12. τῶν ὄντων 58, 30
οὐσιῶ: τὰ ποιήματα 168, 25
οὗτις: οὗτιδας συλλογισμοὺς 34, 17
ὀφθαλμία 38, 1
ὀφθαλμὸς 47, 7. μέγας 95, 22. καὶ ὦτα βασιλέως 267, 15. εὐνοίας 44, 20. 50, 28. 58, 1. ὀφθαλμοὶ ἐξερρυήκεσαν 92, 18. κατὰ μέρος διεκόπτοντο 92, 6. ὀφθαλμῶν βολαὶ πυρώδεις 83, 7. νεῦσις 149, 22. χάριν 37, 25. 65, 26. 66, 10. 88, 16. 89, 14. ὀφθαλμοῖς ἀλήθειαν εἰληφὼς 69, 22. δημίου χεῖρα ἐπαφῆκε 76, 6. ὀφθαλμοὺς ἀναφθεῖσα 36, 17. ἐκκοπεὶς 92, 11. 259, 4. ὀρυττόμενος 20, 26. σιδήρῳ ἐξελεῖν 96, 35. συνεχύθησαν 131, 20 et cael.
ὄφις: ὄφεις χρυσοῖ ἐπικάρπιοι 159, 8. ὥσπερ — ἐμφωλεύουσι φάραγξι βαθείαις 223, 9
ὄφλημα 167, 16
ὀφρὺς 217, 34. αὐτῷ συναχθεῖσα 192, 12. οὐκ ἐπικειμένη καὶ σκυθρωπάζουσα 18, 19. σοβαρὰ 261, 15. -ύος ἀρχαίας 134, 27. βλοσυρὸν 36, 31. cf. 95, 23. ὀφρὺν βαρὺς 106, 10. 145, 31. ὀφρῦς εὐθεῖαι γραμμαὶ ἀτεχνῶς 264, 6. -ῦς διαλελυμένος 107, 5
ὀχετός: -οὺς ὀχβίους 159, 32
ὄχημα 216, 30
ὄχθη: -ης φύλακας 125, 24
ὄχλος ἀγυρτικὸς 141, 22. 86, 15. 84, 20
ὀχλῶ 104, 14. ὀχλήσαιεν 222, 10
ὄχνη 178, 34
ὀχοῦμαι: ὀχηθεὶς ἐφ᾽ ἵππου 23, 26. 148, 31
ὄψις 149, 1. 162, 30. 172, 35. 173, 6. 188, 22. 219, 33. 262, 2. 263, 3. ὄψεως ἄρρενος 67, 31. ἐπὶ τῆς — ἐξανθῆσαν τὸ αἷμα 164, 24. ὄψιν δριμεῖαν πλαττόμενος 47, 14. ὄψεις τῶν περὶ τὸν ἀέρα πνευμάτων 58, 15. ὄψεως ἀκτῖνες 18, 32. οἱ τὰς ὄψεις παρασκευάσαντες 58, 21

πάγκαλος: πάγκαλον χρῆμα 265, 21
πάθη 179, 17
πάθημα 89, 22. 112, 13
πάθος 38, 34. 39, 6, 15, 17 et cael.
παίγνιον 35. 30. 95, 7. 155, 29
παιδαγωγὸς 261, 14
παιδεία 21, 25. 23, 5. 26, 5. 44, 32.

INDEX GRAECITATIS. 357

181, 32. 184, 20. 262, 34. 264, 26.
ἑλληνική 23, 5
παιδεύομαι: πεπαιδευμένων 15, 29
παίδευσις 15, 16. 22, 4
παιδιά 24, 9. 72, 22. 80, 20. 89, 9. 106, 24, 34. 117, 29. 152, 35. 153, 7, 19. 165, 13. 167, 27. 168, 17, 20. 174, 21. 179, 1. 187, 30. 266, 18
παιδικός: τὰ παιδικά 260, 23. 266, 24
παιδίον 79, 20. 169, 10. 240, 5
παιδογόνος: παιδογόνων μορίων 21, 22. 89, 9
παιδοτριβοῦμαι 37, 3. 3, 1
παιδοτροφῶ: παιδοτροφῆσαι 242, 19
παίζω: τὸν πόλεμον 141, 9. παίξαντες 158, 1. ἐπαίζετο 161, 24
παῖς, ὁ, ἡ 1, 18. 23, 5. 32, 11. 64, 16. 65, 2. 70, 3. 78, 30. 99, 25. 166, 30. 201, 32. 214, 15, 16. 226, 21. 229, 5. 234, 24, 31. 242, 11. 243, 9, 23. 246, 18. 251, 29, 31. 252, 1. 254, 12
παίω 5, 18. 125, 5. 142, 12. παίσας 5, 22
παλαιὸς 129, 19. 130, 23. 187, 9
παλαιστὴς 174, 5
πάλη 140, 30
παλιλλογῶ: -ῆσαι 204, 21
παλινδρομῶ 241, 3. 61, 11. 144, 31. 246, 12
παλινοστῶ 145, 8. -ήσατε 205, 13
παλλακεύομαι 155, 32. παλλακευθησομένης 114, 6
παλλακὴ 115, 12
παμμέγεθες 224, 34
παμμιγὴς 48, 19
παμπληθεὶ 127, 4. 250, 6
παμπόνηρος 59, 17. 160, 27
πάνδημος: πανήγυρις 41, 7
πανέρημος 55, 14
πανήγυρις 41, 7. 47, 20. 103, 3, 5. 105, 24. 240, 16. πανηγύρεσι θεοστέραις 209, 1
πανοπλία 248, 8. 251, 7
πανοπτήρ 37, 27
πανοῦργος: -ότερος 18, 2, 22
πανσέληνος: -ήνων 183, 33
πάνσοφος: μοναχὸς 1, 1
παντάπασι 258, 23, 33
παντελῶς 15, 33
παντοδαπὸς 10, 2. 20, 21. 51, 12. 121, 23. 168, 9. 177, 8. 178, 30. 260, 24. 265, 25. 266, 20
παντοδαπῶς 15, 23. 42, 23. 107, 22. 177, 1
πάντοθεν 19, 13
παντοίως 150, 24
πάντως 34, 6. 83, 27. 84, 2
πάνυ 238, 35. ὁ πάνυ 10, 31. 21, 35. 33, 1. 214, 14

παπαῖ 149, 8
πάππος 229, 17
παραβαίνω: παραβεβηκὼς 5, 17. παραβαίην 204, 35
παραβάλλω: παραβαλεῖν 19, 17
παράβασις 4, 28
παραβλαστάνω 122, 22
παραβλάστημα 61, 34
παραβλέπω 187, 4
παραβολὴ 70, 5. 267, 27
παράβολος: παραβολώτερόν τι 134, 7. 115, 9. 210, 33
παραγγέλλω: παραγγεῖλαι 210, 24. παραγγείλας 43, 36
παραγίγνομαι, παραγίνομαι 47, 19. 153, 16. 211, 22. 227, 20. παρεγενόμην 29, 30. 47, 19. 89, 14. 199, 24. παρεγενέσθην 116, 9. παρεγένοντο 199, 24. παραγενόμενος 91, 30. 136, 16. 187, 28. 207, 21. 209, 2. 226, 26
παραγκωνίζομαι: παρηγκωνίζετο 77, 7
παραγυμνῶ: παραγυμνοῦν 201, 13. παρεγύμνωσε 168, 12
παράγω: παραγαγόντες 140, 29
παραγωγὴ 120, 12
παράγωγος 134, 21
παράδειγμα 104, 7. 110, 28. 170, 13. 176, 21. 178, 28. 180, 10. 224, 21. 234, 15. 244, 21. 262, 7. 264, 24. 266, 17
παραδείκνυμι: -ὺς 14, 23. 69, 17. 89, 32
πάραδεισοι 118, 24. 217, 16
παραδίδωμι: παραδεδώκασι 145, 25. παρέδωκε 146, 21. παρέδωσαν 132, 3. παραδῷ 42, 12
παραδιοικῶ 10, 10. 170, 13. 204, 26
παραδοξολογῶ 132, 21
παραδοξοποιῶ: θεὸς 241, 5. παραδοξοποιήσας 171, 14
παράδοξος 132, 19. 211, 25. -ότατον 219, 30
παραδοχὴ 13, 21. 184, 25
παραδυναστεύω 204, 26. 10, 12
παραθαρρύνω 114, 18
παραθέω 31, 12
παραθέρω: -ήσωμεν 183, 11
παραίνεσις 21, 5. 59, 31. 113, 35
παραινέτης 248, 29. 249, 30
παραινῶ 248, 4
παραιτοῦμαι 163, 3. παραιτήσαιτο 183, 7
παρακαθίζω: παρακαθίσας 210, 12
παρακαλῶ 178, 3. παρακληθείη 142, 8
παράκειμαι 183, 33
παρακελεύομαι 132, 12. 207, 23. 240, 30. 36, 24. παρεκελεύσατο 36, 14. 153, 29. 244, 12. παρεκελεύσαντο 197, 23. παρακελευσάμενος 138, 31. 158, 21. 255, 21. 257, 13
παρακερδαίνω 32, 17

παρακινδυνεύω 251, 5
παρακινῶ 49, 23. 61, 13. παρακεκίνητο 81, 33
παράκλησις 62, 26
παρακμάζω: παρηκμακυῖα 37, 6. 118, 7
παρακμή 117, 21
παράκνημος, ἡ 256, 19
παρακοιμώμενος 3, 2. 10, 1, 4, 16, 23. 11, 7
παρακρύπτομαι 26, 17
παραλαλοῦμαι 268, 17
παραλαμβάνω 61, 29. 102, 33. παρειληφώς 3, 29. 232, 2. 268, 29. παραλαβεῖν 43, 12. 87, 15. 105, 3. 203, 2, 18. 210, 19. 214, 17. 219, 5. παραλαμβάνοιτο 95, 16. παραληφθεὶς 87, 28
παραλείπω: παραλελοιπώς 160, 36. παραλίπω 215, 22. παραλίποι 122, 10
παράλιος 7, 22. 130, 21
παραλλάττω 11, 32. 172, 7. 71, 16. 95, 20. παρήλλαξα 184, 31
παράλληλα 68, 15
παραλλοιοῦμαι: παρηλλοίωτο 244, 20
παράλογος 30, 31. 136, 1. 156, 7
παραλύομαι: παραλυθεὶς 11, 12
παραμένω: -μεμένηκε 145, 17. 171, 6
παραμετρῶ 262, 31
παραμυθία 76, 1. 178, 27
παραμυθοῦμαι 252, 23. 113, 17. 140, 10. 91, 13. 153, 1. παρεμυθήσατο 154, 33
παραναγινώσκω: παραναγνούς 74, 4
παρανατέλλω: παρανέτειλεν ὁ ἥλιος 198, 8. παρανατειλάσης ἡμέρας 204, 17
παρανόημα 240, 23
παράνομος: -ωτάτην συμβίωσιν 113, 9
παρανομῶ 17, 27. 34, 9. 71, 8. 90, 9. 186, 11. παρηνομήκασι 18, 5. παρηνόμησαν 41, 20. παρανομῆσαι 213, 8
παραξέω: -έει 140, 23
παραπελαύνω: παραπέλαυνε (sc. παραπέλαυεν) 3, 24
παραπέμπω 44, 14. 108, 4. 230, 30
παραπετάννυμι: -ύντες 50, 21
παραπέτασμα 50, 31. 237, 30. 180, 20
παραπήγνυμι: παραπεπήγει 54, 32
παραπλήσιον 63, 32. 105, 14. 259, 15
παραποιῶ 10, 26. -πεποίημαι 195, 26
παραπολαύω: παραπέλαυε 3, 24. παραπεπολαύκειν 88, 32. παραπολαῦσαι 235, 3. 44, 12
παραρριπτοῦμαι 33, 35
παράσημα 14, 6. 42, 28. 44, 3. 54, 25
παρασιωπῶ: παρεσιώπησα 158, 25
παρασκευάζω: παρεσκεύασε 5, 23. 58, 21. 140, 30. παρασκευάζεται 29, 19. 194, 18. 138, 24. 81, 27. 91, 8. παρεσκεύασται 207, 15. 206, 7. 97,

26. παρεσκεύαστο 43, 30. 68, 4. παρασκευάσασθαι 195, 2. 29, 21. 30, 14. 129, 28. παρασκευασθέντας 91, 27
παρασκευή 11, 30. 29, 21. 30, 15. 63, 14. 111, 11. 120, 11. 129, 22. 130, 3. 136, 12. 192, 2. 226, 2. 249, 6
παράταξις 5, 1. 8, 11. 12, 9, 18. 39, 22. 62, 22. 130, 26. 131, 7. 139, 14
παρατάττομαι 255, 3. 139, 8. παρατάξασθαι 223, 34. 65, 36. παρετάχθησαν 13, 2
παρατήρησις 51, 23
παρατίθημι: παρέθεσαν 90, 19. παραθέμενος 51, 23
παρατρέπω 194, 24. παρατραπείη 182, 29. παρατραπεὶς 50, 28. 201, 7. 57, 9
παρατρέφω 81, 28. 26, 21. παρατρεφόμενον μῖσος 136, 26. ἐν ταῖς αὐλαῖς ξενικὸν 83, 25. 156, 16
παρατρέχω 267, 9. παρέδραμον 108, 30. 226, 5
παρατυγχάνω: -υχόντες 258, 13
παραφέρω: παρήνεγκαν 178, 22
παραφθέγγομαι: παρεφθέγξατο 242, 32. 265, 10. 105, 16. 80, 13
παράφορος 161, 8
παραχωρῶ 93, 3. 10, 3. 190, 15. 230, 30. 243, 27. 237, 5. ἔθνεσι 213, 10. 174, 4. παρακεχώρηκε 164, 19. 20, 4. 221, 5. παρακεχωρήκει 2, 14. παραχωρῆσω 165, 16. 203, 28. 62, 32. παραχωρήσαντας 255, 31. παρακεχωρήσθω 204, 28
παραψαύω: παραψαῦσαι 216, 30
παραψυχή 267, 29. 268, 8
παρεγκλίνω: παρεγκλῖναι 200, 3
παρειά 199, 11. 260, 17
πάρειμι: παρῆν 225, 20. παρῆσαν 166, 25. 198, 11. παρών 12, 6. 121, 9. 182, 19
παρεισκυκλῶ: παρεισκυκλήσει 183, 21
παρεισρέω: παρεισρυὲν 133, 7
παρεισφέρω: παρεισενεγκεῖν 106, 33
παρεισφθείρομαι: παρεισφθαρεὶς 151, 23. 155, 15. 206, 30
παρεκβαίνω: παρεκβέβηκα 111, 18
παρέκβασις 36, 22. 111, 19. 120, 28
παρεκβατικῶς: -ώτερον 150, 30
παρεκτείνω: παρεξέτεινε 35, 6
παρελαύνω 142, 10. 4, 10. παρεληλακότε 2, 1
παρέλκω 120, 19
παρεμβάλλω 84, 21
παρενείρω: παρενείρας 158, 28
παρεντίθημι 230, 33
παρεντρίβομαι: παρεντετριμμένους 206, 26
παρέπομαι: παρείποντο 114, 30

πάρεργον, τοῦ λόγου 247, 30. παρέργοις 120, 30
παρέρχομαι: παρελήλυθε 97, 3. 208, 2. 123, 9. παρεληλυθεισῶν 205. 4. παρεληλύθεσαν 158, 23
πάρεσις, τοῦ σώματος 139, 25. πάρεσις ἐπὶ παρέσει 149, 12
πάρετος: παρέτῳ ποδὶ 227, 8
παρέχω 117, 11. παρεῖχε 190, 9. παρεσχηκότες 235, 8. παρασχεῖν 255, 34. παρεχόμενος 122, 15. παρείχοντο 130, 14. παρέσχετο 195, 31
παρίεμαι: παρειμένος 149, 3. παρείθησαν 147, 20
παρίημι: παρείκοι 120, 27. 243, 18. 248, 34. παρεικὼς 106, 13. παρῆκα 121, 5. 34
παρίστημι 109, 12. παρειστήκει 225, 19. 232, 9. παρειστήκεσαν 123, 18. παραστησάμενον 146, 23
παροδεύω 150, 8
πάροδος 150, 9. 238, 25. 258, 7
παροιμιάζομαι 104, 26
παρόμοιος 79, 18
παρορμῶ: παρώρμησε 102, 20
παρορῶμαι: παρῶπτο 116, 6
παρουσία 119, 26
παρρησία 158, 24. 165, 7. 220, 14, 28. 221, 10. 237, 4. παρρησίαν τῶν λόγων 200, 14
παρρησιάζομαι 239, 10. παρρησιάσασθαι 245, 17. 220, 12
παρρησιαστικῶς: -ώτερον 180, 19
πᾶς 2, 4. 3, 5. 19, 23. 21, 15. 22, 34. 27, 4, 8. 32, 19. 33, 18. 40, 7. 52, 17. 42, 20. 46, 22, 24. 47, 24. 50, 2, 3. 51, 29. 52, 33. 56, 18. 61, 31. 81, 19
παστὰς 159, 15
πάσχω 92, 7. 144, 1. 182, 19. 50, 32. 165, 35. 174, 19. ἐπεπόνθατε 202, 10. πεπόνθασι 109, 15. πεπονθέναι 202, 22. πεπονθὼς 88, 28. ἐπεπόνθει 8, 20. 32, 5. πεπόνθει 154, 18. 202, 24. ἐπεπόνθεισαν 30, 20. 139, 24. σὺ πείσῃ 52, 29. πείσεται 135, 11. 114, 14. 139, 25. παθεῖν 10, 7. 177, 29. παθὼν 98, 5. 127, 16
πάταγος 133, 9
πατὴρ 19, 25. 32, 10. 42, 7 et cael. τοῦ λόγου 64, 25. μεγάλοις Πατράσι 109, 32
πατριάρχης 101, 10. 186, 17. 196, 33. 206, 31. 220, 11. 221, 1
πατριαρχικὸς 242, 12. 196, 32
πατρικὸς 56, 5. 99, 23
πάτριος 61, 30
πατρὶς 127, 19. 175, 5. 206, 6. 213, 11
πατρόθεν 61, 19
πατρῴζω: πατρῴζοντας 242, 28

πατρῷος 2, 12. 37, 20. 42, 15. 55, 13. 70, 6. 86, 23. 93, 24. 160, 8. 234, 22
πατρῳὸς 246, 19
παύομαι: τῆς ἀρχῆς 101, 19. πεπαυμένων 209, 17. ἐπεπαύμην 160, 13. ἐπέπαυτο 207, 19. ἐπαυσάμην 185, 26. 17, 34
πάχος 66, 15
παχύνομαι: παχυνθεῖσαν κακίαν 213, 28
παχύς: -τέρας ψυχῆς 155, 6
πέδη 7, 1. 177, 10
πεδήτης 157, 7
πεδιὰς 168, 2
πέδιλον: ἐρυθρὸν 14, 12. φοινικοβαφὲς 14, 7. τὸ περὶ πεδίλῳ χρῶμα 31, 14
πεδίον 168, 6, 29. 193, 25
πεδῶ: πεδήσαντα 123, 5. ἐπεπέδηντο τὴν γλῶτταν 39, 27
πεζικὸς: πεζικὴ δύναμις 4, 10
πεζὸς 256, 36. adv. πεζῇ 50, 35. 67, 32
πειθὼ 168, 32. 178, 6, 9. 208, 13, 16.
πειθοῦς 90, 8
πείθω 119, 25. 222, 1. 53, 32. 165, 31. 168, 16. 136, 13. 150, 23. 256, 36. 222, 1. πέπεικε 30, 27. πεπείκασι 188, 7. 194, 25. ἐπεπείκειν 180, 28. 202, 29. πείσας 70, 5. 113, 10. πείθεται 13, 20. 22, 29. 114, 10. 195, 19. 187, 17. 27, 13. 78, 14. 84, 2. πεισθεὶς 24, 16. πείσαιμι 245, 20
πεῖρα 106, 6. 190, 6. 235, 7. 243, 29
πειρατήριον, plur. 51, 34
πειρῶμαι 126, 9. ἐπειρᾶτο 126, 28. πεπείρανται 143, 15. πειραθήσονται 90, 3. ἐπειράθην 239, 14
πέλαγος 81, 17. 121, 14. 130, 36. 131, 21, 27, 34. 169, 18. 170, 5. 210, 24. 218, 30, 32. ἡγεμονίας 98, 29
πέλεκυς 82, 19. οἱ τοὺς πελέκεις ἀπὸ τοῦ ὤμου σείοντες 128, 9
πένθος 41, 33
πένταθλος 147, 3
πεντάς: χρόνων 42, 8
πέμπω 25, 7. 124, 24. πεπόμφασι 29, 14. πεπομφότα 125, 33. ἐπέμπετο 100, 7. 123, 21. πεμφθεὶς 90, 4
πεπρωμένον 195, 32
περαιοῦμαι: περαιώσασθαι 81, 6
περαιτέρω 116, 36. 258, 21. 259, 21
πέρας 209, 17. 218, 15. 68, 21
περιάγω: περιαγαγὼν 54, 11. περιάγεσθαι 184, 10
περιαιροῦμαι: περιελομένη 253, 30
περιαλείφω: ἀργύρῳ περιηλειμμένου 171, 10
περιάρπακτος 221, 4
περιαστράπτω: δακτυλίοις 37, 19
περιαυγάζω: περιηύγασε κόρας 38, 3
περιαυτολογία 111, 19
περιβάλλω 158, 3. 44, 26. 121, 24.

165, 28. περιβαλών 52, 6. 57, 25. περιβαλλόμενος 57, 21. περιβεβλημένος 34, 11
περίβλεπτος 34, 34
περιβλήματα 230, 18
περιβολεύς: -έων διερρηγμένων 267, 5
περιβολή 4, 25. 57, 24. 97, 36. 137, 36. 138, 25. 169, 35. 181, 18
περίβολος 172, 1. 173, 15. 206, 30
περιγραπτός 100, 15. 165, 27. 220, 16
περιγράφω 20, 25. 35, 36. 79, 30. περιγράψειν τὸ κράτος 25, 23
περιδεής 37, 14
περιδέξιος 4, 4
περιδεραίοις κόσμοις 162, 8
περιδέω: ἄμμασι 27, 27
περιδράττομαι 148, 22
περίδρομος 172, 23
περιδύω: τὴν βασίλειον ἐσθῆτα 67, 17. 4, 25
περίειμι, περιών 126, 19
περίειμι: τὸ περιὸν 168, 28. 205, 34. 219, 11. 230, 26. 232, 17. 260, 20
περιελίττω 19, 13. 237, 21. 220, 4. περιειλίττετο 199, 19. περιελίξας 192, 5. περιελιχθεὶς 19, 12. 222, 32
περιέπω 55, 2. 244, 29. περιεῖπε 132, 22. περιεῖπον 50, 31
περιεργάζομαι: περιειργάζοντο 22, 26
περίεργος 19, 36. 102, 22. 158, 35. περιεργότερος 33, 24. 114, 30. 119, 30
περιέχω: περιείχετο 249, 22
περιζώννυμι, περιζωννύω: περιζωννύων 138, 25. περιζώσας 67, 21. 131, 18. περιζώννυται 222, 17. περιεζώννυντο 198, 16. περιζωσάμενος 2, 7, 20. 243, 14
περιθέω 152, 12. 116, 20
περιΐστημι: περιΐστησι 49, 20. περιεστηκότων 231, 20. περιειστήκειν 137, 27. 198, 14. 199, 14. 253, 27. περιστήσας 165, 10. περιστάντες 67, 15. 69, 26. 88, 18. περιΐσταται 1, 17. 100, 34. περιΐστατο 56, 11. 65, 27
περικάθημαι: περιεκάθητο 228, 2
περικαλλής 234, 30
περικαλλύνειν 37, 18
περικαλύπτω 49, 7. 162, 10
περίκειμαι 222, 14. 123, 15. 26, 31
περικείρομαι, v. περικρούομαι
περικεφαλαίαν τοῦ σωτηρίου 67, 19
περικλείων 173, 14
περικνημὶς 139, 1
περικρούομαι: περικρούεται (sc. περικείρεται) 218, 18
περίκυκλος 225, 8
περικυκλῶ: περικυκλοῖ 179, 2. 206, 9. 199, 19. περικυκλώσας 203, 21. 227, 21

περιλαλῶ: περιλαλήσουσι τὸ ἄλσος ἀηδόνες 168, 8
περιλείπομαι 69, 10
περίληψις 102, 23
περιμένω 197, 23
περίμετρος 178, 31
περίνοια 109, 1
περινοστοῦμαι 248, 18
πέριξ: τὸ βαρβαρικὸν 20, 17. τὰ πέριξ ἔθνη 51, 14. 96, 22
περιοδεύω: ἡλίου τὸν ἐνιαύσιον κύκλον περιοδεύσαντος 240, 5
περίοδος 19, 19. 25, 19. 108, 8. 148, 16. 177, 25. 200, 24. 202, 3. 211, 19. 219, 16. 225, 33. 226, 5. 237, 2
περιοικοδομῶ: περιῳκοδομηκότων 217, 14
περίοπτος 170, 7
τὸ περίορθρον 72, 19. 138, 22. 198, 4. 204, 13
περιορίζομαι: περιώριστο 35, 17. 142, 30
περιοροφῶ 199, 36
περιοχὴ 182, 17
περιπέτεια 258, 26
περιπίπτω: περιπεπτώκει 38, 26
περιπλέκω 45, 11
περιποιοῦμαι, fut. 174, 11. aor. 247, 15
περιποππύζω: -ύσαι 216, 31
περιπόρφυρος 67, 17. 11, 23
περιπτύσσω et περιπτυχῶ: -υχήσας 154, 18. -σσόμενος 109, 10. -ξόμενον 140, 21
ἡ περιρραντία 111, 7
περιρρέω 122, 7
περισκέπω 135, 12
περίστασις 231, 28. 258, 25
περιστέλλω, aor. 231, 19
περιστεφανῶ 199, 22. περιεστεφανωκότων 217, 16. περιεστεφάνωτο 218, 4
περιστοιχίζομαι 251, 11
περισφίγγω 96, 25
περιταφρεύω, aor. 141, 10
περιτειχίζω, aor. 167, 31
περιτίθημι: περιθεὶς 215, 31. περιθέμενος 34, 27
περιτρέπω 50, 18. περιτρεπόμενος 55, 35. περιτραπείη 206, 18. 50, 36. περιτραπήσεται 181, 22
περιτροπὴ: τοῦ ἐγκεφάλου 28, 27. 39, 3. 50, 17, 19. 174, 11. τοῦ γένους 54, 14
περιττεύω 214, 10. aor. 215, 5
περιττὸς 102, 22. 213, 2. 242, 15. -ότερος 32, 28. 184, 20
περιττότης, plur. 214, 5
περιτυγχάνω: περιτυχὼν 107, 31. 216, 24
περιφάνεια 129, 22. 134, 17
περιφανὴς 229, 7. 234, 23. -έστερος 30, 34. 235, 15. 240, 22. περιφανέστατος 144, 13

INDEX GRAECITATIS. 361

περιφερής 222, 17
περιφράττω: περιέφραξε 49, 16. περιφραξάμενος 141, 14
περιφύω: περιεπεφύκει 19, 11
περιχαρής 241, 33
περιχαρία 258, 15
περιχειλὴς ναῦς 215, 29
περιχέομαι: -υθεὶς 37, 1
περιψοφῶ 133, 18
περιωδυνία, plur. 149, 11
περιώνυμος 46, 11. 221, 2
περιωπὴ 28, 7. 170, 8. 201, 35. 215, 2, 6. 231, 13. αὐτοκράτωρ 20, 2
πέρυσι 169, 2
περῶμαι: πεπερασμένης 173, 17
πέτρα: γλύμματα -ῶν 209, 7, 9
πεττός, plur. 24, 8
πεῦσις 184, 5
πηγαῖος 223, 1
πηγὴ 16, 35. 33, 21. 95, 1. 96, 5. 172, 9. 192, 13. -ὰς χρυσίτιδας 130, 12
πήγνυμι 127, 25. πέπηγε 261, 14. 149, 34. 185, 36. -ὼς 187, 5. 194, 18. 199, 11. 253, 30. -υῖα 84, 23. ἐπεπήγεισαν 212, 4. -εσαν 197, 35. πήγνυνται 100, 34. 222, 22. πηξάμενος 159, 15. ἐπάγην 226, 29. 246, 4. 140, 24. 145, 12. 189, 27
πηδάλιον 150, 20
πηδῶ: πηδήσασαν καρδίαν 200, 17
πηροῦμαι: πεπηρωμένον 169, 12
πῆχυς 146, 23
πιαίνω 119, 18. ἐπίαινε 212, 23
πιέζω 184, 25
πίειρα 166, 16
πιθανὸς 163, 32. 177, 17. -ώτερος 52, 4. 169, 24
πιθανῶς 53, 17. 195, 24. 202, 24. -ώτατα 167, 25
πίθος 115, 15
πικρὸς 46, 18. -ότερος 228, 14. -ότατος 152, 17, 22
πικρῶς 32, 11. 46, 27. 49, 31. 90, 14. 154, 14
πίμπλαμαι 186, 25. 199, 31
πίνω: πιεῖν 222, 36. πιὼν 14, 21. ποθὲν 9, 17
πίπτω 9, 23. 260, 33. 255, 9. 249, 26. 83, 16. 225, 2. ἐπεπτώκεισαν 40, 24. πέσοι 256, 21. 30, 28. 57, 12. 162, 23. 9, 28. 243, 13
πίσσα 55, 26
πιστεύω 184, 9. 232, 4 et cael. ἐπίστευε 40, 8. 181, 22. 185, 20. 250, 26. 258, 4. πεπίστευκε 259, 31. πιστεύεται 161, 5. 108, 34 et cael. πιστεύεται 221, 5. 151, 8. 92, 6. πεπίστευται 53, 13. πεπιστευμένος 49, 17. 185, 25. πιστευθεὶς 98, 34. 123, 11
πίστις 6, 10. 38, 21. 49, 29. 50, 10.

145, 21. 159, 5. 184, 26. 193, 10. 196, 14. 250, 2. 258, 6
πιστὸς 41, 34. 73, 31. 126, 3. 145, 10, 24. -ότερος 94, 9. -ότατος 38, 23. 94, 24
πιστοῦμαι 58, 24
πλάγιος 189, 5. πλάγια 232, 12
πλαγίως 202, 11
πλαίσιον 266, 30
πλάνη 30, 12. 31, 29. 160, 25
πλανῶμαι 152, 11. ἐπεπλάνητο 179, 16. 248, 17
πλὰξ 149, 6. 217, 14
πλάσις 168, 27. 176, 18
πλάσμα 77, 16. 103, 13. 136, 21, 24. 171, 18
πλάσται ἀκριβεῖς 19, 3
πλάστιγξ 163, 31
πλάττω 153, 22. 60, 13. 118, 20. 127, 32. 56, 22. 80, 35. 102, 2. 187, 17. πλάσας 61, 34. 147, 9. πλάττεται 154, 5. 176, 8. 47, 14. 115, 6. 154, 8. 56, 23. πέπλασται 122, 34. πεπλασμένος 64, 15. 151, 34. πλάσασθαι 107, 15. 212, 32. 78, 27. 100, 13. 136, 33. 140, 16. 155, 17
πλατὺν γέλωτα 78, 25
πλατύτερον γράψω 234, 5. 217, 5
πλειστάκις 264, 18
πλέκω: πλέκει 163, 4
πλεονεξία 233, 11
πλευρὰ 68, 23. 140, 24. 160, 26. 179, 5. 185, 20. 189, 7. 192, 21. 194, 22. 225, 14. 226, 28. 248, 11
πλευρὸν 123, 18
πληγὴ 5, 3. 20. 9, 10. 126, 23, 26. 151, 19. 164, 27. 179, 4. 190, 2. 225, 14. 243, 18
πλῆθος 5, 8, 31. 7, 6. 17, 2 et saepe
πληθὺς 71, 2. 89, 28. 135, 26. 139, 11, 13. 137, 24. 215, 3
πλημμελῶ 219, 6. aor. 161, 28. 256, 2
πλημμυρῶ 104, 16. 213, 5
πλήρης 34, 21. 81, 11. 128, 25. 134, 18. 171, 13. 172, 26. 199, 12. 220, 10. 233, 27
πληρῶ 129, 7. 54, 3. 94, 16. 187, 13. 31, 3. 191, 33. πεπλήρωκε 129, 18. 115, 17. πληρῶσαι 250, 3. 86, 7. 237, 32. πληροῦσθαι 142, 2. 47, 19. 172, 27. πεπλήρωται 152, 11. ἐπληρώθην 160, 29. 11, 12. 58, 7. 126, 31
πλήρωμα θεῖον 109, 33
πλησιάζω 98, 17. πεπλησίακε 64, 28. 60, 29. πλησιάσειε 141, 18. 224, 17. 44, 33. 223, 28
πλησιέστατα 200, 5
πλήττω 227, 1. πεπληγὼς 5, 20. πλήξων 125, 9. πλήξαντα 5, 22. ἐπέπληκτο

176, 12. ἐπλήγησαν 212, 5. πληγεὶς 161, 23. 220, 24. 249, 1
πλοῦς 75, 24. 198, 2. 227, 34
πλούσιος 144, 17
πλοῦτος 4, 5. 99, 8. 212, 20. 217, 23. πλούτους 267, 23
πλουτῶ 109, 17
πνεῦμα 3, 28. 8, 13. 31, 10. 40, 26. 41, 14, 24. 67, 22, 26. 68, 12. 63, 4. 85, 5. 110, 6. 112, 14. 119, 25. 131, 33. 177, 25. 200, 24. 214, 7. 221, 12. 225, 13. 227, 32. πνεύματα περὶ τὸν ἀέρα 58, 16
πνευματικὸς 172, 17. 184, 1. -ῆς διαθέσεως 242, 32. -ωτέρα 67, 3
πνευστιῶ 154, 27. 156, 27. 226, 28
πνέω: πνείοντες 194, 6. πνεύσας 28, 4
πόαι 119, 27
ποδαπὸς 221, 26. 225, 26. 228, 26. 263, 8
πόθος 36, 20. 111, 5. 119, 31. 159, 11, 15
ποθῶ: ποθήσασα 22, 28. τὸ ποθούμενον 228, 21
ποίησις 183, 16. 194, 6
ποιητὴς 80, 27
ποιητικός: ποιητικοὶ λόγοι 43, 37. ποιητικὴ γλῶσσα 147, 7. Καλλιόπη 168, 13. τοῦ λόγου κατασκευὴ 260, 27. ποιητικαὶ θεαὶ 158, 16. τὸ ποιητικὸν 116, 36
ποικίλλω: ἐποίκιλλε 169, 27. ποικίλασα 119, 8. ποικιλλόμενος 33, 25. 159, 22. ἐπεποίκιλτο 172, 19
ποικίλος 10, 33. 11, 25. 15, 27. 34, 7. 35, 4. 47, 30. 61, 17. 176, 17. 261, 12. ποικιλώτερος 12, 19. 46, 29. 109, 14. 115, 24. 172, 4
ποίμνιον: ποιμνίοις ἐπιστατῶν 55, 17
ποιότης 103, 16. 168, 25. 177, 10. 215, 7, 15. 221, 18. 256, 20
ποιῶ 38, 10. 63, 12 et passim (act.: praes., impf., pf., plusquam pf., fut., aor.; pass.: praes., impf., pf., plusquam pf.; med.: fut., aor. (105, 1. 122, 24. 159, 11. 165, 14. 169, 10. 175, 1)
πολεμητέος: -έα 255, 32. 194, 13, 17
πολεμικὸς 5, 22. 121, 14. 140, 24. 192, 2. 248, 8. 255, 7
πολεμικώτατα 193, 20
πολέμιος 17, 24. 29, 12. 30, 36. 125, 21. 129, 3, 15, 20, 30. 130, 19, 34. 138, 19, 34. 139, 29. 141, 1, 6, 9, 11, 17. 143, 17, 25. 144, 29. 150, 26. 194, 13, 17. 195, 12. 222, 26. 248, 11. 250, 15. 251, 13
πόλεμος 4, 2, 6, 9 et saepe. πολέμους ἐθνίους 60, 35
πολεμῶ 17, 13. 20, 15. 29, 15. 30, 17. 62, 22, 28. 223, 17. 248, 5. 17, 33. 124, 7

πολιορκία 139, 20. 143, 4, 30
πολιορκητικός: τὰ -ὰ 266, 7
πολιορκῶ 76, 1. 144, 31. πολιορκήσαντες 140, 31. πολιορκούμενος 83, 32. 139, 16. 144, 32
πολιὸς τὴν σύνεσιν 265, 17. ἐν πολιᾷ ἐσχάτῃ 107, 11
πόλις 29, 10. 51, 13. 64, 21. 110, 10. 125, 22. 150, 31, 33. 167, 9. 220, 10. 254, 34. 255, 1. μεγάλης πόλεως 145, 1. πόλεων βασιλίδος 59, 33. 114, 19. v. Πόλις
ἡ Πόλις (Urbs Byzantinorum) 13, 31. 43, 12, 19. 47, 24. 55, 6. 59, 29. 66, 12, 29. 70, 17. 75, 3. 76, 25. 79, 4. 81, 11. 82, 16. 83, 1. 84, 11. 87, 17. 91, 5. 97, 31. 98, 20. 100, 14, 32. 103, 3. 105, 24, 27. 124, 28. 130, 18. 135, 1, 26. 137, 25. 138, 10, 19, 23. 139, 36. 140, 33. 141, 10. 143, 20. 144, 2, 13, 23. 152, 31. 158, 20. 181, 11. 191, 16. 192, 15. 197, 5. 220, 16. 214, 10, 31. 215, 8, 26. 224, 11. 242, 36. 245, 24. 251, 21, 27. 254, 7, 10. 256, 21. 268, 9, 29
πολισμάτιον 255, 15
πολιτεία 33, 4. 76, 10. 219, 6. 263, 14
πολιτεύομαι, aor. 151, 8
πολίτης 23, 35. 241, 32
Πολίτης (Constantinopolitanus) 23, 35. 140, 13. 148, 28
πολιτικὸς 2, 23. 3, 6. 4, 25. 15, 5 et saepe. -ώτερος 181, 32. 182, 18
πολιτικῶς 183, 4. 215, 34. 240, 13
πολλαπλασιάζω, fut. 28, 35
πολλαπλάσιος 7, 9. 16, 27. 166, 19
πολλοστὸς 110, 1
πολλαχῶς 45, 10
πολυαρχία ἢ μοναρχία 65, 19
πολυβόρος: -ώτατος 24, 12
πολυειδὴς 85, 10, 22
πολυέραστος 251, 12
πολυετὴς 27, 12
πολυήμερος 69, 19
πολυθρύλλητος 33, 2
πολυκέφαλος 215, 35
πολύμορφος 72, 14
πολυπαθὴς 182, 26, 28
πολυπλάσιος 214, 22
πολυπραγμονῶ, fut. 79, 34
πολὺς 1, 14. 6, 24. 9, 25, 29. 10, 12, 14. 12, 33. 18, 9. 23, 14. 27, 14. 54, 24. 60, 4. 82, 21. 87, 32. πλείων 2, 14. 16, 18. 18, 20. 21, 26. 26, 15. 28, 28. 30, 33. 83, 24. 129, 5. πλεῖστος 7, 7. 16, 24. 35, 12. 64, 28
πολύστροφος 72, 14
πολυτάλαν (sc. πολυτάλαντον?) πλοῦτον 16, 4
πολυτελὴς 34, 6. 43, 1, 29. 79, 14.

INDEX GRAECITATIS. 363

114, 31. 183, 12. -έστερος 217, 12.
-εστάτη 206, 1
πολυτελώς 29, 5
πολυτίμητος 254, 2
πολυτράχηλος 213, 35
πολυύμνητος 266, 1
πολύχρυσος 166, 21
πόμα 106, 36
τὸ πομπεῖον 12, 24
πομπὴ 29, 11. 40, 14, 19. 92, 33. 101, 18. 116, 29, 33. 127, 33. 128, 20. 137, 30. 142, 9. 149, 4, 27. ἄτιμος 91, 1. ἐξόδιος 43, 35. λαμπρὰ 117, 2. τροπαιοφόρος 6, 3
πονηρεύομαι: ἐπονηρεύθησαν 155, 31
πονηρία 49, 5
πονηρὸς 44, 22. 47, 16. 56, 10. 79, 31. 84, 29. 215, 13. 268, 18, 27
πονήρως 213, 27. 226, 32
πόνος 44, 16. 117, 25. 162, 13. 213, 24. 223, 26
πονῶ 118, 8. 137, 36. πεπονηκυίας χεῖρας 153, 32. πονηθεῖσα χρονογραφία 1, 1
πορεία 67, 26. 97, 29. 137, 12. 170, 14. 176, 6. 191, 19. 198, 1. 248, 10
πορεύομαι 263, 3. -εύσομαι 195, 32. ἐπεπορεύθη 160, 25
πορίζομαι, aor. 37, 21. 11, 15. 160, 25
πόρνης ἄγαλμα 34, 4
πόρος 96, 17
πόρρω 5, 4. 26, 14. 38, 25. 50, 21. 56, 8. 118, 1. 169, 4. 180, 35. 224, 17. 251, 3. 260, 19. πορρωτέρω 140, 25. 173, 30. 218, 14. πορρωτάτω 17. 23
πόρρωθεν 13, 34. 14, 2, 9. 17, 16. 44, 9. 45, 31. 46, 5. 47, 33. 54, 21. 100, 21. 124, 18. 127, 26. 134, 30. 138, 15. 198, 25. 199, 5. 236, 2. ὑπογραμματεύων 82, 24
πόρρωθι 238, 9
πορφύρᾳ νοερᾷ 34, 12. τῆς ἐν — γέννας 214, 36
πορφυρὰ ἐσθὴς 16, 21
πορφυρὶς 119, 16
πορφυρογέννητος 1, 4, 7
ποσαμηδὸν 162, 28
ποτάμιος 223, 1
ποταμὸς 29, 24. 36, 26. 82, 33. 132, 6. 159, 31. 222, 31. ποταμοὶ χρημάτων 32. 23
πότιμος: τῶν παρὰ Ῥωμαίοις ποτίμων ναμάτων 151, 26
πότος 44, 18
ποὺς 6, 16. 14, 7. 23, 23, 35. 38, 9. 59, 3. 65, 11. 68, 7. 70, 3. 123, 26. 127, 3. 138, 5. 147, 7, 14, 17. 148, 1, 7, 23. 152, 23. 198, 20. 199, 9. 201, 15. 212, 8. 216, 3. 237, 7. 265, 3

πρᾶγμα 3, 19. 6, 6. 9, 33 et passim
πραγματεία 101, 34. 103, 5. 118, 9. 120, 33. 261, 20
πραγματεύομαι 252, 5. 266, 13. 229, 33. 234, 23. 254, 8
πραγματικός: τὸ -ὸν 169, 30
πρακτέος: -έον 31, 25. 77, 27. 251, 27. -έα 238, 34. 255, 30
πρακτικὸς: νοῦν -ώτατον 169, 27
πράκτωρ μᾶλλον ἢ βασιλεὺς 32, 8
πρανής: τὰ πρανῆ 225, 3. κατὰ πρανῶν 19, 15
πρᾶξις 1, 2. 10, 35. 13, 10 et persaepe
πρᾷος 145, 36. πραότερος 106, 12
πραότης 164, 22
πράττω 70, 11. 244, 3. 47, 2. 153, 21. εὖ πράττουσα 150, 30. 46, 31. 118, 2. 154, 4. 174, 19. 233, 36. 244, 14. 249, 12. πράξειν 77, 31. ἔπραξε 236, 23. 242, 20. 264, 1. πρᾶξαι 71, 29. 68, 13. πεπράχασι 201, 32. ἐπεπράχει 98, 31. 99, 30. 169, 5. 185, 25. 218, 2. 234, 1. ἐπεπράγεισαν 49, 7. 82, 3. 120, 20. 127, 12. 244, 12. 255, 34. πεπράχθαι 106, 1. πεπραγμένα 14, 19. 54, 22. 59, 10. 80, 26. 98, 15. 101, 32, 36. 102, 15. 104, 26. 121, 5, 20. 122, 12. 128, 27. 163, 12, 15. 165, 15. 171, 16. 228, 23. 267, 21. ἐπέπρακτο 220, 17. πραχθέντα 48, 17. 80, 32
πρᾷως 49, 32
πρέπω 150, 23. 267, 13. εὖ πρέπουσα 166, 7. 212, 20. 244, 10. πρέπον 237, 9. ἔπρεπε 169, 34
πρεσβεία 13, 13, 21. 29, 21, 28. 196, 8, 12, 16, 26. 213, 3
πρεσβεῖον ἀξιώματος 93, 1
πρεσβευτὴς 125, 13
πρεσβεύω 248, 30. 209, 32. 189, 21. πεπρεσβευκὼς 206, 4
πρεσβυγένεια 92, 26
πρέσβυς 24, 10. 29, 14. 124, 29. 125, 29. 130, 15. 195, 9. πρέσβεων χρηματισμὸς 94, 15. πρέσβεσι χρηματίζων 23, 1
πρεσβύτης 189, 1. 210, 14. πρεσβύτερος τὴν ἡλικίαν 2, 3, 7. 22, 8, 26. 42, 29. 46, 28. 67, 27. 94, 22. 95, 9. 134, 15. 175, 14. 250, 8. 260, 15. πρεσβυτέρῳ 175, 7. πρεσβυτέρα Ῥώμη 122, 5. πρεσβύτεροι ἄνδρες 138, 21
πρεσβυτικός: πρεσβυτικὸν εἶδος 261, 13
πρηστήρ: εἶδος πρηστῆρι ἐοικὸς 123, 28
πρίων 227, 7
προαγγέλλω 180, 24
προάγω 222, 20. 52, 8. 46, 5. 99, 27. προήγαγε 184, 4. προάγομαι 236, 31.

προήκται 53, 21. προαχθήσομαι 243,
25. προήχθη 98, 6
προαίρεσις 154, 1. 229, 26. 255, 17.
265, 6. 268, 21
προαιρούμαι 59, 26. προήρημαι 52, 18.
122, 5. 124, 12. 170, 33. προειλόμην
41, 12. 84, 17
προαναβάλλομαι 133, 21
προαναπαύω 92, 20
προαναρπάζομαι 120, 14
προαπέρχομαι: -ελήλυθει 171, 33
προαρπάζω: -άσας 178, 4. προηρπάζετο
33, 28
προαφαρπάζω, aor. 155, 31
προαφήγησις 86, 13
προαφηγούμαι, aor. 86, 15
προβαίνω 109, 13. 40, 23. 108, 10.
147, 29. προβεβήκει 147, 29. προέβη
21, 1. προβάσα 6, 10. προβήσομαι
264, 27. 89, 21
προβάλλω 82, 26. προβάλλοιτο 243, 4.
38, 15. 255, 24. προεβάλλετο 229, 35.
προύβάλλετο 93, 15. προβέβληται 109,
8. προβεβλημένος 18, 27. 230, 15.
προβέβλητο 8, 35. 199, 10. προβαλού
245, 33
προβιβάζω 229, 24. 244, 10. προβιβάσω
237, 1. προβιβασθείς 236, 24
πρόβλημα 9, 22. 174, 24. 222, 18.
236, 21
προβολαί ζητημάτων 26, 27
προβουλεύω: προβεβούλευκε 152, 20.
προβεβουλεύκει 157, 1
προβούλομαι: προβεβούλησαι 202, 22
προγίγνομαι: προγέγονε 121, 1
προγινώσκω 74, 10. προεγνώκει 178, 33.
προέγνωσαν 78, 5. προειδώς 141, 9.
212, 34
πρόγνωσις μαθηματική 77, 28
προγονικός 267, 24
πρόγονος 198, 25. 234, 17
προγυμνάζω 46, 5. 244, 6
πρόδηλος 52, 28. 72, 1
προδήλως 57, 15. 84, 3. 267, 27
προδιασαφώ: προδιεσάφει 124, 25
προδίδωμι: προδέδωκα 209, 33. 6, 10
προδιοίκησις 55, 4
προδιοικώ: προδιώκει 58, 9. προδιοικησάμενος 54, 20
πρόδρομος χάρις 111, 6
προεγκατοικίζω 184, 15
προεδρία 137, 18
πρόεδρος 195, 3. της συγκλήτου βουλής
210, 5
πρόειμι: προΐοι 76, 32. 84, 9. 85, 16.
προϊών 22, 24. 25, 25. 50, 35. 74,
23. 77, 25. 82, 1. 91, 6. 110, 33.
111, 17. 115, 7, 21. 123, 12. 128,
10. 138, 32. 227, 33. 237, 19. 264,
9. προήει 4, 12. 153, 28. 160, 29.

178, 33. 192, 5. 219, 4. 227, 33.
προήειμεν 208, 16. προήεσαν 63, 18.
116, 30, 33. 131, 8, 12. 153, 28.
195, 5, 8
προεισόδια 82, 25. 101, 7
προέρχομαι: προεληλυθώς 152, 10.
προήλθε 31, 9. προελθείν 85, 25
προέχω: προείχε 190, 17. 193, 28
προηγούμαι: ο -μενος των δυνάμεων 193,
32. των -μένων της κλίνης 43, 32.
υπό προηγουμένω φωτί 142, 9. προηγήσατο 152, 19. 176, 3. 215, 16.
112, 26
προθεωρία 73, 5
προθυμία 27, 8. 60, 22. 66, 20. 67, 23.
232, 17. 245, 1
πρόθυμος 21, 29. 264, 35. -ότατος 251,
1. 258, 3
προθυμούμαι 117, 34. 173, 28. προθυμηθείη 219, 11
πρόθυρα Αριστοτελικά 26, 22. του
Αριστοτέλους 33, 24. του θείου βήματος
54, 4. τυραννικά 231, 11
προΐημι: προΐει 51, 28. προΐοι 85, 16.
προϊέναι 50, 30. 83, 33. 127, 34.
131, 11. 138, 9. 191, 34. 209, 17.
254, 12. προΐεσαν 128, 14
προΐστημι: προϊστά 170, 24. προεστάναι
42, 11. προεστηκώς 201, 1. 244, 29.
προστήσας 86, 24. προέστη 65, 4.
προστάς 186, 19. προΐστασθαι 62, 22.
προΐστατο 212, 35
προΐστορώ, aor. 121, 1
προκαθέζομαι 233, 6
προκάθημαι 43, 23. 77, 31. 205, 16.
προύκάθητο 23, 2. 94, 2. 115, 28.
128, 15
προκαθίστημι: προκαθιστών 111, 25.
προκαθειστήκει 101, 6. προκαταστήσω
188, 13
προκάλυμμα 39, 6
προκαταβάλλομαι 112, 26
προκαταγγέλλω: προκατήγγειλε 119, 22
προκαταλαμβάνω 219, 32. 72, 1. προκαταλαβών 136, 28. 137, 13. 257,
2
προκατασκευάζω: προκατεσκεύακε 96, 34
προκατέχω: προκατεσχηκώς 192, 16.
προκατασχών 86, 31
πρόκειμαι: -μενος 4, 11. 143, 6. 169,
26. 173, 4. 181, 23
προκινδυνεύω 137, 20
προκρίνω: προκεκρίκασι 188, 1. προκρίναντες 65, 7. προκέκριται 246, 3
προκύπτω: προκεκυφώς 198, 9
προλαμβάνω 129, 30. 215, 4. 106, 3.
181, 16. 212, 22. προύλάμβανε 157,
5. προειληφυΐα 97, 5. προειλήφεσαν
78, 5. προύλαβον 108, 15. 224, 6.
προύλαβε 133, 30. 175, 15. προλάβω

INDEX GRAECITATIS. 365

115, 10. προλάβοι 193, 2. προλαβεῖν 73, 5, 7. 133, 25. 190, 34. 227, 35. προλαβών 13, 17. 25, 27. 72, 7. 124, 30. 143, 2, 18. 209, 25. 220, 31. 249, 5. 251, 20. 256, 35. προλαβόντων βασιλέων 57, 27. προλαμβανόμενος 77, 5
προλέγω 35, 31. 185, 35. προλέλεκται 85, 17. προειρηκώς 111, 22. προειρήκειν 72, 7. 111, 22. 133, 22. προειπών 257, 14. προείρηται 100, 20. 111, 24. 152, 9. προείρητο 75, 28. 242, 21
πρόλογος τοῦ λόγου 35, 33
προμαντεύομαι 116, 21. 199, 8. 212, 12
προμήθεια 10, 24
προμηθεύομαι, aor. 10, 17
προμήκης 181, 14
προμνηστεύομαι 239, 32. προεμνηστεύετο 120, 1
πρόνοια 45, 22. 51, 12. 53, 3. 57, 7, 11. 74, 4. 80, 25, 30. 142, 1. 268, 31
προνομεύω, fut. 131, 5
προνομή 137, 5
προνοοῦμαι: προὐνοήσατο 205, 20
πρόοδος 16, 23. 49, 15. 50, 23, 29. 115, 2. 232, 11. 250, 18
προοιμιάζομαι 162, 22. πεπροοιμίασται 123, 1. προοιμιάσαιτο 182, 11. 125, 4
προοίμιον 2, 18. 52, 7. 89, 23. 126, 17. 206, 30, 35. 232, 10
προορῶ: -ιδεῖν 4, 33. 53, 2
πρόπαππος 236, 12
προπέμπω 227, 27. προεπέμπετο 123, 16
προπέτεια 234, 20
προπηδῶ: προπηδᾶν 70, 19
προπομπή 252, 27
προπύλαια 27, 8
προπύργιον 47, 16
πρόρρησις 132, 12. 187, 4. 230, 20
προσαγγέλλω: προσαγγείλοι 47, 35. προσαγγεῖλαι 156, 28. προσαγγεῖλας 157, 4
προσάγω 9, 30. 162, 6. 13, 35. 208, 30. 262, 26. προσῆγε 59, 3. προσαγηόχασι 254, 3. προσαγαγεῖν 248, 4. προσαγαγών 14, 21
προσαγωγή 162, 7
προσανάκειμαι 58, 28
προσανέχω: προσανεῖχον 107, 13
προσάντης 24, 29
προσαράττω, aor. 84, 14
προσαρμόζω 182, 30. 55, 31. προσαρμόσαι 184, 5. 43, 6. προσαρμοζομένη ψηφίδας 27, 25. προσήρμοσται 207, 25
προσάρτημα 27, 26
προσαρτῶ 27, 16. προσήρτηται 102, 24
πρόσαυγος 190, 24
προσβάλλω 223, 32. 83, 13. προσβαλών 65, 29. 144, 26. 145, 2

προσβιβάζω 157, 13
προσγίνομαι 38, 28. προσεγίνετο 50, 17. 137, 25. προσγέγονε 61, 13. προσεγεγόνει 34, 35. 119, 11. 154, 18. προσεγένετο 64, 24. 217, 34
προσδέχομαι 114, 13. προσδέξασθαι 253, 8
προσδιαγγέλλω 125, 1
προσδιατρίβω: -ψω 236, 14
προσδοκία 30, 13. 79, 31. 98, 10. 180, 6. 196, 15. 208, 13
προσδοκῶ 144, 29. 114, 13. προσεδόκησε 154, 35. 191, 7. 189, 28. 268, 2. προσδοκώμενος 245, 25. προσδοκηθείς 126. 10
προσεγγίζω, aor. 187, 19. 247, 17. 222, 9. 45, 32
προσεδρεία 83, 33. 152, 2. 154, 12
πρόσειμι: πρόσεστι 163, 3. προσεῖναι 104, 30. προσῆν 49, 25. 50, 35. 150, 3
πρόσειμι: -εισι 14, 4. 255, 20
προσέλασις, plur. 144, 33
προσελαύνω: προσήλασε 125, 3. 144, 4
προσεπιδίδωμι 110, 18
προσεπιχειρῶ 97, 4
προσερείδω, aor. 61, 9. 198, 27
προσέρπω 64, 24
προσέρχομαι: προσεληλυθώς 7, 17. προσελθόι 91, 19. προσελθών 153, 30. 244, 8. προσελευσομένοις 41, 8
προσερῶ: προσειρήκειν 202, 29. προσεῖπον 95, 28. 111, 4. 257, 32
προσεχής 38, 9. 234, 13. 268, 22
προσέχω 52, 12. 245, 5. 268, 19. 74, 3. προσεῖχε 27, 30. 38, 23. 54, 23. 61, 9. προσεσχηκώς 110, 14
προσηγορία 61, 20. 145, 15
προσηκόντως 103, 31
προσήκω 97, 12. 2, 27. 98, 15. 161, 18. 167, 25. 168, 12. 176, 15. 231, 30. 234, 12. 240, 12. 242, 14. 261, 12, 16. προσῆκε 174, 1. 189, 2
προσηλοῦμαι: προσηλωμένη 244, 34
προσημαίνω: προεσήμαινε 162, 25
πρόσθεσις 213, 14
προσθήκη 12, 22. 34, 35. 71, 14. 162, 23. 164, 34. 213, 15
προσίημι: προσίῃ 221, 20. προσιέναι 32, 24. 175, 19. 182, 12. 205, 24. 207, 5. προσιών 37, 1. 47, 33. 53, 16. 64, 35. 65, 11. 66, 1. 92, 13. 135, 20. 182, 8. 245, 16. 247, 28. προσίεσαν 69, 26. προσῄει 14, 18. 15, 19. 16, 35. 26, 35. 36, 22, 26. 73, 24. 91, 21. 105, 34. 145, 4. 224, 19. προσίοιτο 34, 6. προσίεσθαι 47, 34. 226, 8. προσήσεσθαι 196, 11. προσηκάμην 119, 28
προσκάθημαι: προσεκάθητο 93, 11

προσκαλῶ: -έσας 38, 18. -εῖται 92, 34. 240, 30. -εσάμενος 245, 26
πρόσκειμαι: προσκείμενος 18, 11. 58, 28. 192, 20. 209, 24. 243, 1. 253, 7. προσέκειτο 2, 33. 27, 23. 50, 15. 230, 8
προσκιάζω: προσκιάσας 234, 5
προσκληροῦμαι: προσκεκληρωμένος 13, 29
προσκομίζομαι: προσκεκόμιστο 206, 8
προσκορής 177, 4
προσκρούω: προσκεκρούκασι 62, 7. προσκεκρούκει 112, 27. 236, 7
προσκτῶμαι: προσεκτήθη 116, 24
προσκύνησις 237, 9
προσκυνῶ 43, 9. προσκυνήσων 43, 20
προσλαλιὰ θρηνώδης 79, 9
προσλαμβάνω: προσείληφα 267, 31. 13, 28. 90, 17. 135, 6. 171, 10. 202, 17
προσλιπαρῶ 90, 13. 91, 19. -ήσεσθαι 74, 29
προσμαρτυρῶ: -ροῦσι 212, 19. aor. 64, 33
προσμειδιῶ 239, 30. aor. 147, 25. 72, 32. 160, 24
προσμηχανώμαι 45, 21
προσνέμω 181, 30. 188, 29
προσνεύω: προσνένευκα 184, 1. προσνεύσειαν 92, 25
προσοικειῶ: προσῳκείωσα 175, 18
προσοκέλλω: προσωκείλαμεν 262, 18
προσομιλῶ 72, 17. 90, 2. 134, 32. aor. 26, 1. 50, 11
προσονειδίζω 75, 5. 49, 30. 139, 35. 195, 33. 134, 28. προσωνείδισα 150, 10. 266, 23
προσουδίζω 167, 17. προσούδιξε 38, 30
προσπαίζω 239, 29. προσπαίξαντες 91, 2
προσπελάζω 262, 1. aor. 256, 15. 57, 30. 144, 3. 89, 29. 137, 22
προσπίπτω 65, 11. 192, 9. προσεπεπτώκει 119, 12
προσπλάττομαι 32, 15. προσπλασθέντων τῇ ψυχῇ μολυσμάτων 58, 11
προσποίησις 26, 32. 54, 35. 56, 14, 25, 31. 27, 3. 32, 26
προσποιοῦμαι 124, 21. 48, 2. 114, 26. aor. 38, 20
προσπορίζομαι: προσπορίσασθαι 167, 4
προσπτύσσομαι 43, 26
προσρέω: προσερρύησαν 145, 11. 191, 11
πρόσταγμα 43, 18. 67, 1. 195, 17. 196, 18. 253, 9
πρόσταξις 185, 16. 196, 6
προστασία 42, 12
προστάτης 93, 21
προστάττω 75, 20. 170. 174, 8. 27, 24. 94, 18. προστέταχε 205, 18. προστεταχὼς 158, 21. προστάξας 96, 6. προστατττό-
μενος 82, 28. τὸ προστεταγμένον 49, 31. 64, 9. 144, 30. 224, 18. προσετέτακτο 157, 12. 185, 5
προστίθημι 23, 30. 80, 2. 125, 11. 179, 19. 215, 5. 216, 3. 187, 7. 168, 19. -τιθεὶς 15, 2. 16, 2. 22, 33. 116, 22. 153, 11. προσετίθη 33, 8. προσετίθει 213, 1. προσέθηκα 167, 17. 193, 7. 267, 1. προσθήσω 107, 26. 263, 17. προσθείη 62, 29. 78, 20. προστίθεσθαι 214, 26. προσετίθετο 137, 23. προστέθειται 203, 19. προσθήσεσθαι 137, 16. προσεθέμην 127, 20. 197, 12. 202, 13, 26. 215, 14. 216, 3. προσετέθη 134, 7
προστρέχω: προσδραμεῖν 5, 26
προστρίβω: -ων 202, 32. προστρίβεται 104, 21. προστρίψασθαι 102, 14
προστυγχάνω 152, 1. προστυχὼν 30, 11. 63, 24
προσφέρω: προσήνεγκα 38, 17. 220, 22. προσενέγκαιεν 54, 29. προσενεγκὼν 53, 31. 220, 30. προσφερόμενος 56, 26. 256, 13. προσεφέρετο 42, 23. 239, 29. προσενεχθήσεσθαι 42, 22. -σόμενος 7, 1
προσφεύγω 156, 34. προσπεφευγὼς 6, 21. 90, 14
προσφθέγγομαι: προσφθέγξοιτο 75, 9. προσεφθέγξατο 153, 20
προσφοιτῶ 115, 12. 117, 33
πρόσφορος 24, 25. 182, 15. 238, 4
πρόσφυξ 87, 17. 88, 7. 89, 28
προσφύω: προσεπεφύκει 37, 4. προσφὺς 37, 15. 65, 15. 116, 8
πρόσχημα 39, 1. 56, 11. 85, 33
προσχωρῶ 65, 28. 66, 2. προσκεχωρήκασι 194, 9. προσκεχωρηκὼς 191, 26. προσκεχωρήκει 144, 26. προσεχώρησαν 190, 33
προσωπεῖον 25, 5. 26, 32
πρόσωπον 18, 25. 26, 7. 36, 9. 40, 21. 44, 3, 4. 49, 33. 59, 14. 66, 17. 92, 13. 95, 17, 32. 99, 34. 106, 33. 153, 30. 154, 19. 160, 25. 162, 4. 163, 13. 169, 20. 183, 15. 211, 22. 260, 22. 264, 4
προσωποποιοῦμαι: προσωποιεῖται (sc. προσωποποιεῖται) 80, 7
προσωτέρω 29, 32. 250, 12
πρότασις 107, 34. 208, 14
προτείνω: προὔτεινε 197, 36. προτείνας 41, 27. προτεινόντο 26, 28. προτείνασθαι 193, 5. προτεταμένος 237, 30
προτέλεια: τὰ 111, 7. τῆς κοινῆς ἡμῶν ἀναστάσεως 41, 6
προτέρημα 161, 11
πρότερον 207, 8
πρότερος 15, 24. 35, 1. 83, 4
προτίθημι 259, 24. προθεὶς 143, 3. προ-

τίθεται 31, 34. προτεθειμένος 230, 22.
προθέμενος 229, 10. 238, 7. 247, 8.
προετέθησαν 241, 10
προτιμώμαι: προτετίμητο 230, 28
προτρέπω 142, 25. προέτρεπε 244, 7.
προύτρεπον 245, 17. προέτρεψε 252,
26. 197, 32. 204, 22. προτρεπόμενος
255, 5
προτρέχω 250, 19
πρότριτα 168, 29. 224, 6
προῦπτος 17, 31. 71, 19. 114, 21, 27
προφαίνομαι 230, 14
πρόφασις 28, 27. 38, 16. 129, 15. 134,
10, 35. 135, 23. 169, 14. 176, 5.
205, 1. 235, 19. 248, 25
προφητεία 132, 17
προφήτης 238, 18
προφορά 111, 2. 241, 20
προχαράττω 56, 17
προχειρίζομαι: προκεχείριστο 231, 2
προχείρισις 186, 6. 231, 15
πρόχειρος 14, 30. 107, 6. 116, 14. 265,
8, 12. 266, 12, 15. -ότατος 229,
32
προχείρως 42, 18. 111, 24
προχωρῶ 201, 16. 182, 30. 213, 26.
προκεχωρήκει 144, 26. προχωρήσειν
171, 31
προώλης: προώλεις καὶ ἐξώλεις 52, 2
πρύμνη: -ας ἐκρούσαντο 131, 31
πρυτανεῖον 59, 24. -εῖα καὶ συντάξεις
260, 5
πρυτανεύει 261, 1. aor. 186, 2
πρῴην 45, 33
πρωΐ: ἅμα 43, 19. πρωΐαίτερον 226, 26
πρωταγωνιστής (hodiernis Graecis πρω-
τοπαλλήκαρον) 199, 19
πρωταίτιος 175, 26
πρωτεῖον 2, 31. 7, 17. 185, 27. 221, 7.
234, 35
πρωτεύω 21, 35. 233, 20
πρῶτος 2, 10, 17, 29. 3, 7, 21. 6, 13.
10, 22. 13, 15. 21, 1, 21. 107, 18.
118, 29. 119, 2. 195, 4. 201, 34. 211,
1. πρῶτος τῆς βουλῆς 198, 11. τῶν
ἰατρῶν 226, 31. τῆς συγκλητικῆς τάξεως
202, 15. οἱ πρῶτοι τῆς στρατιᾶς 197,
16. πρώτη βουλή 137, 9, 11. 196, 19.
198, 11. Ῥώμη 110, 9. πρῶται τῶν
βασιλείων αὐλῶν 37, 27. ἀρχαὶ τοῦ γέ-
νους 229, 8. τὰ πρῶτα τῆς βασιλείας
99, 7. τῆς γερουσίας 169, 21. τῶν
δαιτυμόνων 158, 13. τῆς εὐγενείας 227,
15. τῶν καλλίστων γενῶν 199, 16.
τῆς λογιότητος 169, 21. τῶν μισθοφό-
ρων 156, 17. τοῦ στρατοῦ 29, 2. τῆς
συγκλήτου 24, 22. τῶν σωματοφυλά-
κων 153, 26. 198, 22. τῆς τιμῆς 155,
35
πρῶτον et πρῶτα 3, 21. 36, 34. 37, 9.

136, 7. 139, 23. 141, 3, 19. 196, 31.
198, 32. 218, 3. 236, 32
πρωτοστάτης 17, 4
πρωτοστράτηγος 251, 3
πρῶτως 29, 19. 47, 34. 107, 18. 118,
29. 119, 2. 167, 22, 34. 214, 31.
234, 32. 260, 4
πτερὸν 177, 11. 266, 29. τὰ πτερῷ
ἐλεύθερα 225, 6
πτερῷ 224, 29. ἐπτερωμένος 19, 7
πτερωτὸς 255, 6
πτήσσω: ἐπτηχὼς 47, 24
πτοία 30, 5. 143, 30
πτόλισμα 254, 28
πτοῶ: ἐπτόησε 226, 26. πτοῇ 269, 5.
ἐπτόηται 262, 8. ἐπτόητο 224, 26
πτῶμα 38, 34
πτῶσις 225, 1
πυγμαῖος: ὢν Ἡρακλῆς εἶναι βούλοιτο 55,
33
πυκάζω: πυκᾶσαι (scrib. πυκάσαι) 266,
29
πυκνός: πυκνότερος 42, 3
πυκνοῦμαι: ἐπυκνοῦντο 139, 11
πυκνῶς 40, 22. πυκνότερον 50, 18
πύλη 129, 29. 139, 25. 138, 21, 30.
199, 5. -αι καρδίας 111, 16
πυνθάνομαι 208, 17. 198, 6. 38, 19.
208, 22. 220, 4. 228, 15. ἐπύθετο
200, 6. 226, 31
πῦρ 56, 2. 110, 8. 268, 7. δίυγρον 130,
27. ἠκόντιστο 131, 30. πυρὸς ἀκοντι-
σταὶ 131, 14
πυρὰ πολλὴ 118, 8
πυράζω 119, 20
πυρακτοῦμαι: πεπυρακτωμένος 216, 28
πύργος 222, 25. 245, 10. 255, 7
πυρετὸς 162, 23. 225, 15, 27. 226, 9
πυρέττω 226, 9
πυρκαϊὰ 32, 19
πυρπολοῦμαι: ἐπυρπολεῖτο 156, 5
πυρσὸς 118, 22. 160, 34
πυρσός: -ή 147, 16. 227, 18
πυρφόρος 144, 7. 218, 17. -οι νῆες 130,
20
πώγων 44, 8
πωλῶ: τοὺς λόγους 110, 18

ῥαβδοῦχοι 94, 5
ῥᾴδιος 243, 31. ῥᾴων 226, 18. ῥᾷστος 23,
1. 53, 9. 156, 11. ἐκ τοῦ ῥᾴστου 65,
30. 71, 5. 73, 16
ῥᾳδίως 28, 23. 40, 33. 155, 25. 165,
31. ῥᾷστα 13, 10. 39, 8. 53, 31.
106, 18. 132, 16. 141, 28. 149, 32.
150, 8. 223, 16
ῥᾳθυμία 3, 23. 101, 35
ῥᾴθυμος 20, 13. 112, 20. 132, 28. 133,
4. 261, 18
ῥᾳθύμως 2, 4. 133, 4

ρακοδυτῶ 135, 17
ράκος: -εσι 59, 4
ρέκτης 36, 3. 64, 14
ρεῦμα 59, 26, 32. 82, 34. 91, 24. 109, 6. 117, 14. 118, 27. 148, 10, 15, 17. 149, 9, 23. 165, 12. 172, 9, 22. 261, 21. 266, 1
ρέπω 177, 3
ρέω: ρέων 159, 31. 165, 12. 266, 1. 20, 8. 110, 2. ρυείς 172, 21
ρήγνυμαι: ραγῇ 222, 27
ρῆμα 21, 15. 70, 26. 149, 29. 227, 21. 236, 7. 245, 35. 260, 20
ρητορεία 202, 32. 233, 16
ρητορεύω: ρητορεύσειεν 170, 25
ρητορικός 107, 14, 16. 169, 31. ρητορική 109, 4, 20. 168, 32. 169, 24. 177, 14. 221, 16
ρητός: ἐπὶ ·οῖς 6, 10
ρήτωρ 26, 19. 49, 33. 80, 28. 163, 5. 167, 26. 203, 6. 212, 18. 233, 17. 260, 33. 261, 4
ριγῶ: ριγώσαντα 225, 15
ρίζα 86, 9. 93, 13. 98, 26. 133, 34
ρίπτω 156, 33. ἔρριπται 151, 1. ἐρριμμένος 251, 25. ἔρριπτο 9, 2
ριπτῶ: ἐρρίπτει 160, 23. ριφείς 51, 1. ἐρριπτοῦντο 131, 21
ρίς 66, 9. 95, 23. 264, 7, 8
ροὴ 157, 22. 178, 32
ρομφαία 82, 19. 198, 16. 253, 19, 22
ρόπαλον 56, 1. 178, 7
ροπὴ 17, 28. 27, 3. 43, 3. 149, 18. 179, 30. 238, 22. 260, 8. 267, 28
ρύαξ 51, 1
ρυθμίζω 187, 1. ἐρρύθμιζε 63, 28. ἐρρύθμιστο 44, 33. 147, 23
ρυθμὸς 116, 19. 140, 7. 146, 28. 177, 15. 261, 10
ρύμη 194, 9
ρύομαι: ἐρρύσατο 31, 27
ρυπῶ 267, 5
ρυσσοῦμαι: ἐρυσσοῦτο 95, 29
ρυτήρ: ἀπὸ ρυτῆρος 257, 15
ρυτὶς 95, 30. 110, 30. 154, 21. 162, 4
ρωγάς: -άδες πετρῶν 58, 35
ρωμαλέος: -ότερος 23, 17. 83, 7. 92, 17
ρώμη 146, 30. 234, 25
ρώννυμι: ρώννυσι 178, 16. ρώσαντες 136, 2. 194, 15. ρώννυται 236, 22. ἐρρωμένον ζῶον 112, 11. ἐρρώσθων 15, 19. ἔρρωτο 51, 19. ρωσθέντες 222, 23

σαλεύω 66, 13. 262, 18
σάλπιγξ 123, 10
σὰρξ 149, 13. 244, 26
σατραπικός: -ὰς εὐεργεσίας 267, 8
σαφής: σαφὲς 251, 22
σαφῶς 52, 30. 161, 4. -στερον 25, 26. 32, 23

σβεννύω 97, 35. τὴν φύσιν 27, 22. σβεσθείσης 177, 29
σεβάζομαι 223, 14. 54, 6. 243, 22
σέβας 31, 22. 119, 1. 161, 15. 163, 26. 237, 9
σέβασμα 75, 2. 237, 13
σεβάσμιος 86, 26
σεβαστός: σεβαστὴ Ῥώμη (Byzantium) 175, 5. ἡ σεβαστὴ (dignitas) 113, 1. 115, 20. 116, 31. 117, 33. 118, 30. 120, 2, 6. 158, 33
σέβομαι 155, 35. 186, 21. 241, 30. 247, 28
σελήνη: τὰ ὑπὸ τὴν -ην 184, 10
σεμνολόγημα 184, 30
σεμνολογῶ 132, 18. -ήσαιμι 108, 33. -ούμενος 106, 10. 126, 4
σεμνὸς 77, 30. 83, 12. 159, 4. 168, 21. 229, 23. -ότερος 83, 30, 33. 89, 9. 93, 3. 96, 5. 97, 15. 98, 20. 118, 12. 119, 33. 181, 29. -ότατος 21, 34. 66, 8. 124, 2. 267, 10
σεμνότης 105, 31. 167, 29. 221, 22
σεμνύνομαι 110, 10. 230, 3. 122, 33. 229, 13
σεμνῶς 28, 25. 238, 25. σεμνότερον 224, 19
σηκὸς 54, 2. 57, 22. 90, 35
σημεῖον 8, 17. 23, 14. 50, 29
σημειοῦμαι 166, 27. σημειωσάμενος 252, 35
σημείωσις 38, 29
σηρικόν: -οῖς καταστρώμασι 76, 32
σθένος 79, 29
σιγὴ 263, 3
σιγοῦμαι: σεσιγῆσθαι 102, 22
σιδήριον 91, 8. 156, 33
σίδηρος 20, 26. 89, 2. 90, 35. 152, 5. 194, 22. 216, 28. 223, 3. σιδήρων τεμνόντων (v. πρίων) 227, 4
σιδηροῦς: σιδηροῖς δεσμοῖς 161, 25
σιδηροφορῶ 187, 9. ἐσιδηροφόρησαν 138, 36
σισυροφόρος 151, 6
σιτηρέσιον 192, 1
σιτοῦμαι 240, 31. 13, 6
σιωπῶ 267, 20, 27. 244, 2. aor. 52, 21. 198, 24. σιωπηθέντος 212, 24
σκάφη: ἅμας ἐπιζητούντων σκάφας ἐδίδου 190, 8
σκάφος 52, 1. 129, 6, 27. 130, 9, 11, 27. 131, 12, 16, 28
σκεδάννυμι: -ὺς 72, 32
σκέμμα 53, 3. 56, 32. 57, 2. 152, 19. 156, 27. 179, 12. 187, 34. 188, 8. 190, 6. 191, 9, 13. 192, 33. 228, 16. 240, 27. 245, 16. 250, 1. 252, 14. 258, 28
σκεπάζω: σκεπάσαντος 162, 2
σκεπαστήριος: -οις ὅπλοις 141, 11

INDEX GRAECITATIS.

σκέπτομαι 25, 2. 156, 21. ἐσκέψατο 142, 36. σκεψάμενος 228, 13
σκευάζομαι 226, 7. ἐσκεύαστο 197, 29
σκευοφόρος 123, 9
σκέψις 13, 10. 52, 13, 20. 245, 33.
σκηνή 13, 33. 14, 12. 30, 36. 31, 5. 22. 54, 32. 55, 31. 62, 16. 72, 32. 74, 27. 80, 7. 89, 22. 100, 34. 102, 2. 114, 23. 115, 5, 27. 155, 4. 157, 1. 197, 26, 34. 198, 3, 13, 21, 28. 199, 4. 204, 27. 207, 23, 27. 223, 35. 224, 7. σκηνὰς πλάττειν 127, 32
σκηνικὸς 96, 6
σκηνοβατῶ: τὴν ἀφήγησιν 80, 33
σκηνουργὸς 154, 7
σκηνῶ 159, 16. σκηνοῖτο 117, 34. ἐσκηνωμένος 197, 22
σκήνωμα 33, 34
σκήπτομαι 176, 22. 177, 28
σκῆπτρον 34, 28. 37, 23. 58, 14. 86, 4. 98, 25. 169, 17. 180, 21. 188, 21. 202, 27
σκιὰ 265, 4
σκιαγραφῶ 259, 11
σκίμπους 199, 8
σκίρτημα 154, 18. 259, 1
σκληρὸς 161, 20. 211, 22
σκολιῶς 269, 3
σκόπελος 132, 1
σκοπὸς 8, 14. 16, 32. 29, 29. 33, 17. 34, 2, 11. 52, 25. 53, 32. 58, 22. 63, 11. 71, 6. 74, 6. 103, 4. 111, 17. 113, 23. 114, 33. 121, 20. 135, 36. 137, 26. 143, 26. 151, 30. 185, 24. 188, 3. 227, 36. 232, 23. 238, 35. 247, 17, 33. 248, 33. 252, 3. 256, 14
σκοπῶ 106, 2. ἐσκοπεῖτο 97, 19
σκοτοδίνη 152, 11
σκότος 9, 11. 228, 24
σκυθρωπάζω 81, 20. 18, 19. 248, 13. ἐσκυθρώπασε 259, 3
σκῦλα 248, 22
σκῦτος: -η ὑποδημάτων 68, 5
σκώληξ 228, 24
σκῶμμα 102, 3
σμικρολογοῦμαι 120, 21. σμικρολογούμενα 108, 1. 120, 23. σμικρολογήσασθαι 252, 10
σμικροπρεπῶς 4, 24
σμικρός: -τάτων 117, 16
σοβαρεύομαι: -σάμενος 258, 16
σοβαρὸς 6, 17. 180, 21. 261, 15. -ώτερος 15, 1. 224, 15
σοβαρώτερον 93, 11. 174, 7. 196, 12
σοβοῦμαι: σεσοβημένον 261, 17
σουλτὰν, σουλτᾶν 219, 27. 250, 24
σοφία 26, 17. 53, 4. 103, 10. 108, 29, 31. 110, 3. 163, 11. 170, 29. 260, 24. σοφίαν ἐκπνεύσασαν 107, 29

σόφισμα 157, 26
σοφιστεύω: σοφιστευσάντων 110, 2
σοφιστικός: -ἡ ἀρετὴ 116, 8
σοφιστικῶς 163, 7. 195, 13
σοφὸς 32, 35. 182, 1. 220, 32. 260, 25. 262, 30. σοφώτερος 15, 3. 122, 27. 209, 20. σοφῶν σοφώτεροι 122, 27
σπαθῶ: σπαθᾷν 214, 28
σπαράσσομαι: σπαρασσόμενος 51, 5. σπαράττοιτο 92, 17. σπαραχθήσομαι 203, 10
σπάργανον: σπαργάνοις βασιλικοῖς 79, 16
σπαργανοῦμαι: πορφυρὶς ὑφ' ἧς ἐσπαργάνωτο 179, 17
σπείρω 166, 16. 233, 24
σπένδομαι 13, 21. 106, 14. 65, 21. 223, 17. 130, 7. σπείσασθαι 195, 8, 11. 175, 36
σπέρμα 65, 18. 166, 13. σοφίας 107, 31
σπεύδω 197, 18. 213, 33. ἔσπευσα 227, 36
σπήλαιον 253, 31
σπίλος 110, 30
σπινθὴρ 82, 33. -ῆρες σοφίας 26, 17
σπλάγχνον 22, 30. 58, 6. 66, 16. 179, 7. 202, 2. 214, 6. 215, 32. 216, 29
σποδιά: ὑπὸ σποδιᾷ κρύπτειν 18, 4. 26, 7. 56, 10
σπονδὴ 13, 32. 14, 23. 29, 18. 130, 8. 223, 18. 250, 14
σπουδάζω 20, 14. 32, 25. 54, 3. 106, 25. 158, 7. 266, 8. 15, 15. 23, 28. 24, 28. 114, 25. ἐσπουδάκασι 26, 19. 25. 2, 5. 107, 14. ἐσπούδασα 109, 31. 26, 20. τὸ σπουδαζόμενον 48, 26
σπουδαῖος 47, 4. 155, 10. 163, 5. 259, 25. σπουδαιότερος 107, 23, 27. 163, 4. σπουδαιότατος 206, 24
σπούδασμα 95, 8. 106, 33. 153, 7. 167, 29. 233, 10
σπουδὴ 3, 1, 28. 15, 10. 26, 12. 47, 20. 102, 16. 116, 1. 168, 8, 17, 19. 266, 18. 268, 13
σπῶμαι: ἐσπάσαντο 203, 6. 24, 5. σπασάμενος 87, 1. 145, 23. 165, 2
σταθηρὸς 190, 19. 198, 26. -ότερος 201, 8. -οτάτη 134, 19
στάθμη 182, 12. 183, 6. 260, 7
σταθμὸς 219, 29
στασιάζω 20, 18. aor. 85, 4. 86, 17
στάσιμος 148, 24. 191, 28. 248, 8
στάσις 166, 5. -εις ἐμφυλίους 60, 35
στασιώδης 20, 19. 206, 25
στατὴρ 94, 35. 130, 10
σταυρὸς 184, 30
στάχυς 166, 14
στέγη 14, 13
στέλλω 135, 15. 193, 3
στέμμα 157, 28. 204, 24. 224, 11. 262, 4

M. P. 24

στεναγμὸς 88, 17. 92, 5
στενάζω, aor. 41, 35. 176, 32
στενὸς 233, 21. 248, 20. 256, 15, 19
στενοχωρῶ 155, 2
στέργω 228, 17. 2, 31. 22, 25. 98, 3. 134, 21
στερίσκομαι: στερίσκοιτο 109, 25
στέρνον 18, 27. 119, 19. 156, 5. 199, 10. 261, 30. 262, 5
στερρὸς 17, 1. 18, 7. 146, 24. 148, 32. -ότερος 95, 6
στερρότης 133, 12. 134, 6
στερῶ: ἐστέρησε 234, 2. ἐστέρηται 104, 15. ἐστερῆσθαι 13, 27. 113, 15. ἐστερημένος 49, 25. στερήσεσθαι 16, 33. 188, 12
στεφάνη 43, 6
στεφανηφορία 70, 20
στεφανηφορῶ 197, 3. 204, 24. 123, 15. -ήσειν 42, 27
στέφανος 233, 31
στεφανοῦμαι 101, 12. στεφανωθέντας 101, 13
στέφος 13, 22. 239, 20
στῆθος 65, 16. 67, 21. 147, 17. 212, 9
στήλη 11, 14. 107, 35
στηρίζομαι 149, 20
στιβαρὸς 221, 21
στιβάς: βασιλικὴ 59, 6
στίφος 141, 9
στοιχειώδης 147, 34
στολὴ 6, 19. 40, 15. 43, 5. 87, 4. 210, 23. 151, 6. 162, 29
στόλος 129, 29. 130, 23
στόμα 59, 17. 85, 28. 87, 9. 260, 21
στόμιον 253, 32
στοργὴ 64, 16
στοχάζομαι 248, 13
στρατεία 12, 7. 16, 29. τῶν ἐν -αις 14, 27
στράτευμα 6, 14. 63, 16. 83, 32. 123, 18. 124, 7, 34. 125, 30, 34. 126, 5, 35. 127, 21. 136, 11, 14. 137, 8, 28. 138, 18. 145, 6. 195, 1. 230, 35. 241, 4. 250, 25, 30. 251, 4, 14. 252, 11. 254, 4, 35. 255, 22, 27. 256, 21. 257, 12. στρατευμάτων τοὺς λογάδας 63, 16
στρατεύσιμος ἡλικία 125, 17
στρατεύω 214, 26. 16, 25. ἐστράτευσε 248, 24. στρατευθεῖσαι θεῷ 60, 6
στρατήγημα 5, 10. 124, 7. 248, 2
στρατηγία 123, 3. 195, 5. 203, 34. 266, 2, 9. 267, 1. -ίας πόροι 96, 17
στρατηγικὸς 14, 24. 63, 18. 189, 11, 24. 194, 4. 249, 17. 251, 2. 266, 7. 267, 24. -ἡ ἀφέλεια 140, 4. σύνταξις 211, 8. τάξις 123, 14. τέχνη 124, 16. 263, 16. τὸ -ὸν 191, 35. -ἃ ἐμβοήματα 126, 15. -ώτατος 12, 18

στρατηγικῶς 13, 10. -ώτερον 197, 30
στρατηγὸς 31, 17. 62, 10. 63, 17. 130, 30. 250, 22. 255, 6. 257, 25, 34. 258, 5. αὐτοκράτωρ 191, 3. cf. Στρατιώτης
στρατηγῶ 123, 9. 144, 25. 194, 2. στρατηγήσοντι 123, 25. ἐστρατήγησε 249, 27
στρατιὰ 63, 14. 139, 6. 197, 32. 223, 28. 224, 10. εὔζωνος 126, 10
στρατιώτης 138, 21. 140, 33. 144, 24. 146, 6. 180, 27. 218, 11. 236, 28. 239, 2. 255, 20. στρατιωτῶν ἆθλα 96, 16
Στρατιώτης 136, 16. Στρατιώτην αὐτοκράτορα 137, 19. cf. στρατηγός
στρατιωτικὸς 89, 29. 188, 27. 192, 22. 210, 30. 213, 11. 215, 3. 217, 9, 27. 221, 23. 222, 20. 233, 19. 237, 25. 239, 3. 248, 3. 250, 10. 251, 7. 254, 25. -οἱ κατάλογοι 2, 23. 97, 21. -ἡ πληθὺς 137, 24. 191, 1. τάξις 128, 3. -αἱ τόλμαι 123, 4. -ὸν φῦλον 141, 5. τὸ στρατιωτικὸν 3, 7. 4, 7. -ἃ πράγματα 124, 31. χρήματα 34, 22
στρατιωτικῶς 138, 34
στρατοπεδεία 121, 28. 130, 33
στρατοπεδεύω 138, 25. ἐστρατοπεδεύκεισαν 137, 33. στρατοπεδεύεται 63, 21
στρατοπεδία 129, 10
στρατόπεδον 4, 20. 6, 13, 25 et saepe
στρατὸς 12, 21, 27. 29, 2, 34. 63, 13. 137, 30. 138, 21. 139, 17, 22, 23. 193, 11. 232, 27. 250, 11. 255, 24. 256, 35. τὰ νεῦρα Ῥωμαίων 51, 26
στρεπτὸς 11, 22. 16, 20. 31, 1. 157, 29
στρέφω 38, 30. στρέφεται 109, 7. 189, 30. 226, 13. 187, 25. στραφείη 32, 30. 35, 22. 142, 19. 222, 25. 225, 26
στροφοῦμαι 58, 18
στρυφνὸς 3, 13
στρωμνὴ 41, 31. χαμαίζηλος 59, 7
στυγνάζω 119, 20
στύλος 89, 5
στύραξ: δοράτων 199, 36
στωμύλλομαι 221, 17. 183, 17. 23, 24. 94, 26
στωμύλος 111, 9
συγγένεια 72, 21. 73, 27. 85, 24. 135, 24
συγγενὴς 72, 4. 231, 15. 267, 24. τὸ συγγενὲς 89, 6. 224, 16. 231, 21
συγγενικὸς 69, 17. 135, 22. 142, 12. 143, 11. 192, 4. 197, 19. τὸ -ὸν 81, 26
συγγίγνομαι: συνεγίγνετο 115, 9. συγγεγονὼς 205, 22. συνεγενόμην 47, 3. συγγενόμενος 176, 16
συγγινώσκω: σύγγνωθι 104, 34

INDEX GRAECITATIS.

συγγνώμη 205, 6
σύγγραμμα 93, 18. 122, 9. 264, 24, 30. 235, 2
συγγραφεύς 261, 7. 262, 21. ὁ συγγραφεύς (Thucydides) 121, 35. ἀκριβέσι τῶν συγγραφέων 121, 30
συγγραφή 115, 26, 30. 121, 31. 127, 15. 232, 33. συγγραφαὶ ᾄδουσι 234, 9. 238, 26
συγγράφω: συγγεγράφασι 266, 8. συγγράψομαι 264, 28
συγκαθεύδω 37, 13. 38, 6. συνεκάθευδε 154, 14
συγκάθημαι 36, 12
συγκαλύπτω, *fut.* 165, 3. *aor.* 56, 14. -πτεσθαι 159, 13. -υψάμενος 258, 28
συγκάμπτομαι: συγκαμφθέντων 148, 28
συγκαταλαμβάνω: συγκατειλήφει 148, 15
συγκαταλύομαι 242, 4
συγκαταστρέφομαι 33, 22
συγκαταφεύγω: συγκατέφυγε 145, 19
συγκατευνάζω 229, 19
σύγκειμαι 179, 32. 154, 20
συγκεράννυμι: συνεκέρασε 58, 2. 119, 3. συνεκέραστο 47, 5. 58, 2
συγκεχυμένως 86, 23. 191, 21. 198, 15
συγκινδυνεύω 210, 32. 236, 34
συγκίνησις 82, 5. 126, 18
συγκινῶ 63, 14. συγκινήσας 202, 4. συγκινεῖσθαι 81, 13. 40, 28. 87, 6. συγκινηθείς 125, 13. 193, 14
συγκλείομαι: τὰ συγκεκλεισμένα 225, 5
συγκλητικός 188, 27. 202, 6. 211, 28. 212, 3. 238, 12. -οἱ θρόνοι 97, 21. -ἡ βουλὴ 206, 26. τάξις 205, 7. 206, 11. 209, 4
ἡ σύγκλητος 24, 20, 23. 115, 28. 151, 4, 21. 235, 28. βουλὴ 43, 20. 74, 32. 80, 8. 130, 29. 196, 26. 210, 6
συγκλίνω: συγκεκλικὼς τοὺς δακτύλους 265, 19
συγκλονοῦμαι 37, 32. συγκεκλόνητο 241, 23
συγκοινωνῶ 88, 26
συγκολλῶ 55, 31
σύγκρασις 177, 6
συγκρίνω 164, 16. 231, 31. συγκρίνας 13, 17. συγκρινόμενος 49, 2
σύγκρισις 95, 16. 202, 1. 262, 22
συγκροτῶ 125, 31. 193, 6. 28, 31. 51, 27. συγκροτήσας 7, 27
συγκύπτω: συνεκεκύφει 162, 6
συγχέω 203, 3. 177, 21. συνέχεον 112, 16. 104, 2. συγχέας 105, 19. συγχέοιτο 34, 3. συγκεχῦσθαι 191, 33. συγκεχυμένος 214, 7. συνεχύθησαν 131, 21. 248, 32. 143, 32. 148, 1
σύγχυσις 11, 16. 32, 19. 151, 4. 189, 8
συγχυτικὸς 178, 26
συγχωρῶ 67, 37. 101, 11. 107, 26.

191, 19. συγχωρήσειε 197, 10. 221, 6. συγκεχωρημένος 113, 3. 211, 28
συζεύγνυμαι: συζευχθεῖσα 99, 18. συζυγέντας 101, 13
συζυγία 40, 32. 159, 25
συκοφαντία 38, 22
συκοφαντοῦμαι 234, 28
συλλαγχάνω: συνειλήχειν 110, 17
συλλαμβάνω 103, 14. 133, 3. 113, 32. συνείληφε 113, 26. 13, 21. 15, 2. συλλαβὼν 65, 25. 110, 16. 208, 25. συνελαμβάνετο 42, 2. συλληψόμενος 41, 28
συλλέγω 45, 24. 200, 23. 207, 17. συνειλοχὼς 102, 31. συλλέξας 130, 24. 189, 25. συνείλεκται 82, 30. 110, 3. 261, 3. συνειλέχθαι 191, 32. συνειλεγμένος 16, 17, 27. 54, 7. 116, 28. 138, 33. 153, 13. 187, 33. συνείλεκτο 137, 28. συλλεξάμενος 4, 15. 8, 25. 88, 13. 241, 4. συλλεγησόμενος 211, 3. συνελέγη 141, 20. συλλεγῆναι 197, 26. συλλεγεὶς 125, 34. 136, 30. 137, 32
συλλήπτωρ 13, 20. 202, 17. 208, 26
σύλληψις καὶ ἀμιξία 26, 29
συλλογὴ 136, 11
συλλογίζομαι 218, 20. 107, 21. *aor.* 212, 22
συλλογισμὸς 184, 23. 260, 35. συλλογισμοὺς σωρείτας καὶ οὔτιδας 34, 17
σύλλογος 47, 20. 54, 9. 80, 18. 203, 3, 16. 217, 28
συλῶ: ἐσύλησε 157, 17. ἐσυλᾶτο 96, 11
συμβαίνω 108, 18. 88, 14. 130, 10. 97, 11. συμβέβηκε 104, 4. 121, 20. 232, 12. 252, 35. 31, 36. 198, 20. συμβεβήκει 39, 22. συμβησόμενα 211, 18
συμβάλλομαι 44, 2
συμβασιλεύω 93, 3. 113, 19. *aor.* 19, 26
συμβιβάζω 13, 5. 98, 1. 17, 9. 212, 8.
συμβιβάσειε 11, 27. 79, 2
συμβίος 42, 21
συμβίωσις 35, 21. 113, 10. 115, 23
συμβολὴ 5, 15
σύμβολον 95, 26. 170, 16. 236, 19. 237, 4. 252, 27. 263, 26. σύμβολα Πλατωνικὰ 26, 23
συμβουλεύω 83, 10. 42, 18. 77, 25. *aor.* 31, 36
συμβουλὴ 113, 35. 192, 27. 228, 11. 263, 13
σύμβουλος 2, 21. 24, 16. 28, 12. 166, 4. 178, 9. 192, 21. 227, 28. 236, 9. 238, 34. 248, 27, 29. 251, 26. 253, 16
συμβράσσομαι 19, 21
συμμαρτυρῶ, *fut.* 107, 28

24—2

συμμαχία 31, 26. 83, 34. 85, 2. 193, 9.
247, 26. 248, 4. 250, 7. 258, 1
συμμαχικὸς 29, 1. 199, 23. τὸ -ὸν 81, 28
συμμαχίς 193, 20
σύμμαχος 84, 4. 260, 8. 267, 31
συμμαχῶ 122, 32
συμμερῖτις (ἡ) τοῦ κράτους 116, 8
συμμετέχω 183, 20
συμμετρία 148, 30
σύμμετρος 36, 16. 238, 2. 266, 19
συμμέτρως 146, 30
συμμίγδην 127, 34. 138, 33
συμμίγνυμι: συμμίξας 17, 24
σύμμικτος 232, 6
σύμμιξις 12, 9
συμμύστης 268, 1, 8
συμπαθαίνομαι 179, 34
συμπάθεια 18, 11. 67, 29. 256, 1
συμπαθὴς 21, 6. 126, 12. -εστέρα 166, 7. -εστάτη 166, 29
συμπαθῶς 21, 14. -έστερον 171, 22
συμπανηγυρίζω 246, 30. 208, 32
συμπαραγίνομαι 207, 6
συμπαρατάττομαι: συμπαραταξάμενος 69, 35
συμπάρειμι: συμπαρῆν 8, 1. 113, 15. συμπαριοῦσα 116, 34
σύμπας 32, 14. 52, 34. 53, 22. 79, 25. 104, 24. 138, 7. 171, 16. 172, 13. 173, 19. 182, 12. 222, 34. 223, 16. 251, 28. 253, 19
συμπατοῦμαι 141, 32
συμπεραίνω 20, 30. 111, 26
συμπεραιῶ: συμπεραιώσας 161, 2
συμπεριλαμβάνω: συμπεριλάβοι 172, 24
συμπεριτρέπομαι 179, 32
συμπέτομαι: συμπέτεσθαι 265, 8
συμπήγνυμι, aor. 55, 25. passiv. 55, 24, 25, 26
συμπιέζω, aor. 41, 23. passiv. 152, 24. 177, 12
συμπίνω 47, 15
συμπίπτω 34, 7. συνεπεπτώκει 40, 2. συμπεσοῦσα 115, 18
συμπλανῶμαι 31, 10
συμπλάττω 118, 16. 135, 7. 148, 30. συμπλάσας 78, 30. 80, 11. 147, 8. συνεπλάττοντο 127, 9
συμπλέκομαι: συμπεπλεγμένος 173, 2. συμπλακέντες 222, 23
συμπληρῶ 109, 27. 117, 30. συμπληρώσαντες 23, 1
συμπνέω: συμπνείωσι 117, 10
συμπολεμῶ, fut. 211, 4
συμποσιάζω 114, 31. 47, 2
συμποσίαρχος 158, 13
συμπόσιον 47, 19. 158, 11
συμπράττω 251, 35
συμπρέπω: -ει 123, 24. συνέπρεπε 106, 26
συμπρέσβυς 207, 25. 208, 25

συμπροπέμπω: συμπρόπεμψον 196, 19
συμφέρω: τὸ συμφέρον 46, 9. 253, 6. 254, 4. συνενήνοχε 123, 24. συνενηνοχὼς 16, 11. τὰ συνοίσοντα 32, 1. 43, 27. 114, 2. 248, 1. συνήνεγκε 107, 10. συνηνέχθη 255, 16. συμφέρεται 9, 9
συμφεύγω: συμπέφευγε 145, 19
συμφορὰ 10, 29. 21, 6. 51, 6. 57, 5. 76, 3. 77, 14. 81, 23. 84, 30. 90, 5. 91, 14, 17, 25, 35. 100, 16. 113, 18. 114, 7. 132, 31. 133, 1. 149, 30. 170, 5. 176, 8. 202, 7. 252, 31. 268, 8
συμφροντίζω: -ίσαντες 205, 19
συμφυὴς 81, 13. 180, 32. 235, 9
συμφύω: συνεπεφύκειν 236, 32
σύμφωνος 133, 24
συμφωνῶ 201, 4. 93, 9. συμπεφωνηκότες 199, 2
συναγκαλίζομαι 195, 28
συνάγω 223, 25. συναγήοχα 155, 12. συναγηοχὼς 130, 24. συνήγαγον 252, 17. συναγαγεῖν 16, 8. 136, 13. 193, 8. συναγαγὼν 201, 35. 237, 36. συναγομένων 33, 28. συναχθεῖσα 192, 13
συναγωγὴ τῆς ἱστορίας 101, 26
συναθροίζω 136, 23. συνήθροιζε 28, 30. συνηθροικὼς 31, 31. 54, 1. 130, 34. συνηθροίκει 5, 21. συνήθροισται 122, 3. συνηθροισμένον 7, 4
συνάθροισις 237, 8
συναθρῶ: συνήθρει 113, 32
συναινῶ: συνῄνουν 39, 26
συναιρῶ: συνέλωμεν 120, 5. συνελεῖν 217, 36. συνελὼν 261, 11. συναιρεθεῖσαι 193, 21
συναίρω: συνῆρε 155, 20. συναραμένους 56, 20
συνακολουθῶ 237, 8
συναλγῶ 85, 17
συναναγκάζω 253, 7. 254, 14. 135, 8. συνηνάγκασε 231, 29
συναναπαύομαι 118, 31
συναναπλέκω 106, 35
συναντιλαμβάνομαι: συναντιλαμβανομένη 132, 15. συναντελάβετο 38, 24
συναπαίρω 249, 8. 62, 11
συναπογινώσκω: συναπεγνώκεσαν 237, 3
συναπόλλυμι: -ὺς 73, 25. συναπολωλέναι 84, 16. συναπολεῖσθαι 74, 13
συναπορρέω 148, 2
συναπτέον 85, 17
συνάπτω 238, 13. 34, 4. συνῆψε 58, 2. συνάψας 108, 25. συνήφθη 99, 20. συναφθέντες 42, 7
συναρίθμιος 6, 4
συναριθμῶ 152, 22. 141, 9. συνηρίθμει 220, 29. συναριθμήσαντες 70, 4. συνηριθμοῦντο 33, 17. συνηρίθμηται 171, 16

INDEX GRAECITATIS. 373

συναρμόζω 148, 30. 149, 18. συνήρμοσε 13, 4. 19, 4. συναρμόσαι 17, 19. 146, 4. συναρμοζόμενος 154, 8. συνηρμοσμένος 17, 3. 18, 32. 94, 12. συνήρμοστο 17, 9. 18, 27
συναρπάζω: συνηρπάκασι 250, 22
συνάρχω: συνάρξασαι 101, 19
συνασπίζω 30, 3. συνήσπιζον 139, 11. συνησπικώς 131, 9. 141, 26
συνασπισμός 12, 11. 17, 21. 126, 21. 131, 29. 143, 32. 222, 28. 223, 31. 257, 5
συναυξάνομαι: συναυξηθείσα 174, 27
συνάφεια 101, 9
σύνδεσμος 131, 29. 148, 17. 169, 26
συνδέω 63, 29
συνδοκώ: συνδέδοκται 251, 19
συνδιαγωνίζομαι: συνδιηγωνισμένος 204, 28
συνδιαιρώ 92, 32
συνδιασκέπτομαι: συνδιασκεψόμενος 106, 29
συνδιαφθείρω 161, 32
σύνδρομος 123, 31
συνδυστυχώ, ασr. 227, 24
συνειλέω: συνειληθείσα 70, 13
σύνειμι: συνών 106, 30. 250, 24. συνήν 35, 20. 233, 6. συνήσαν 53, 15. συνεσόμενος 114, 29. 246, 28
σύνειμι: συνιών 186, 14. συνήειμεν 198, 4. συνήεσαν κατὰ λόχους ὁ δῆμος 83, 30
συνείρω 15, 34. 119, 17. 200, 23. 41, 21
συνεισβάλλω: συνεισβαλόντες 141, 27
συνεισβολὴ 33, 26
συνεισφέρω 109, 30. συνεισενέγκαιμι 102, 9. συνεισενεγκεῖν 107, 20. 235, 1. 247, 32. συνεισενέγκατο 232, 22
συνεισφορὰ 3, 8. 35, 8. 47, 10. 51, 22. 94, 14. 191, 20. 206, 6. 217, 9, 21
συνεκδίδομαι: συνεκδίδονται 110, 26
συνεκπνέω: συνεκπνεύσαντες 228, 3
συνεκφαίνομαι 110, 34
συνεκφορὰ 32, 21
συνελαύνω 103, 4. 143, 7. 153, 7. συνήλασε 5, 30. συνελάσαντες 5, 14. 157, 16
συνεμπίπτω: συνεμπεπτώκει 255, 16
συνεξαιρῶ: συνεξελὼν 65, 26
συνεξαφανίζω: -ίσῃ 69, 20
συνεπικουρῶ: συνεπικούρουν 232, 16
συνεπικρύπτομαι: συνεπικρύψομαι 104, 35
συνεπισπῶμαι: συνεπισπάσηται 142, 22
συνεπιτίθεμαι: συνεπιθησόμενος 193, 1
συνέπομαι: συνειπόμην 87, 26. 90, 19. 135, 5. 148, 19. 151, 34
συνεργὸς 269, 29
συνερείδω 140, 16

συνέρχομαι: συνεληλυθέτην 13, 30. 88, 24. συνεληλυθότες 136, 31. 175, 34. 196, 27. 206, 20. 236, 32. συνελήλυθειν 88, 3. συνέλθοιεν 74, 18. συνελθεῖν 192, 23. 219, 24. 235, 7
σύνεσις 77, 24. 105, 28. 168, 17, 22. 230, 7, 27. 242, 8. 249, 17. 254, 32. 260, 16. 263, 13. 265, 27
συνετός: -ώτερος 22, 21. 90, 14. 190, 12. 191, 24. 192, 10. 207, 21. 253, 15. -ώτατος 5, 27. 51, 35. 69, 31. 71, 21. 114, 2. 136, 19. 179, 20
συνετώτερον 96, 33
συνέχεια 238, 14
συνεχὴς 9, 26. 96, 5. 109, 6. 121, 6. 174, 18. 218, 16. 226, 36. 254, 18. 260, 3
συνέχω: συνεῖχε 17, 9. συνέσχε 236, 15. 257, 35. συνέχεται 236, 25. συνείχετο 144, 22. 253, 3
συνεχῶς 115, 19. 185, 2. 225, 12
συνηγορῶ 3, 10. 32, 12. 135, 9
συνήθης 38, 32. 40, 13. 46, 2. 49, 15. 50, 28. 68, 2, 5. 76, 16. 104, 5. 105, 5. 149, 1. 164, 28. 175, 25. 226, 19. 232, 33. -έστερος 204, 12
συνήθως 31, 18. 45, 34
συνηχῶ: συνηχήσαντες 253, 15
σύνθεσις 58, 8
συνθετῶ: συνθετῶν 218, 13
συνθέω 222, 36. 87, 33
συνθήκη 29, 17. 50, 11. 90, 19. 176, 1. 177, 16. 223, 12. 236, 9. 248, 33. 256, 26. 260, 26
σύνθημα 6, 34. 9, 19. 43, 22. 75, 11, 27. 82, 29. 100, 28. 101, 7. 131, 11, 24. 137, 31. 175, 34. 176, 11. 198, 35. 199, 6. 200, 2, 19. 240, 23. ἐκ συνθήματος μονομαχῆσαι 5, 13
συνθνήσκω: συντεθναίη 242, 2
συνίημι: συνιεὶς 82, 31. 154, 5. 160, 16
συνίστημι: συνίστησι 110, 6. συνιστῶντες 140, 5. συνίστα 189, 1. συνιστάσαν 87, 20. συνέστηκε 223, 15. συνεστήκει 84, 19. συνεστήκεσαν 82, 4. 84, 25. συνιστάντων 240, 35. συνίσταται 7, 33. συνιστάτο 96, 28
συνίστωρ 246, 9
συννεύω: συννεῦον 4, 7. συννενεύκασι 235, 34. συννενευκὼς 265, 13
συννεφὴς 110, 32
συννήφω: συννενηφὼς 4, 33
σύννοια 199, 12
σύννους 2, 3. 11, 25. 106, 28
συννοῶ: συννενόηκας 195, 25
σύνοδοι 74, 17
συνοίκησις 25, 13
συνοικῶ: συνῴκησε 27, 15
συνομιλῶ: συνωμίλησα 78, 2. 79, 7
συνομολογία 91, 15

συνομολογῶ, aor. 18, 30. 92, 33
συνοπία 144, 4
συνοπτικὸς 241, 12
συνορμῶ, aor. 92, 21
συνορῶ: συνιδεῖν 4, 33
συνουσία 57, 12. 154, 11. 158, 31
σύνταγμα 188, 27. 191, 16. 192, 20. 193, 4
σύνταξις 17, 28. 121, 28. 192, 18. 193, 29, 32. 219, 9. 218, 19. 260, 5. 266, 33
συνταράττω 5, 5. aor. 206, 28. συνεταράχθαι 191, 33
συντάττω 28, 30. συντάξας 130, 28. 141, 14. 151, 34. 173, 32. συντεταγμένος 125, 23. 141, 29. 142, 34. 224, 3. 257, 4. συνετάξατο 261, 4. 192, 14. 204, 13. συνταχθέντες 126. 12
συντείνω: συνέτεινε 110, 9. συντείνας 3, 20. 117, 1. 136, 8
συντειχίζομαι: τὸ συντετειχισμένον 126, 21
συντέλεια 217, 26. 260, 4
συντελῶ 34, 10. 10, 25. συντετελεκότες 58, 20. συντελέσας 17, 12. 162, 33
συντέμνω 249, 11. συντεμὼν 232, 31. συντέτμηται 254, 21. 122, 7
συντήκομαι 162, 24
συντηρῶ 105, 9. aor. 229, 5
συντίθημι: συντιθέναι 10, 28. συντιθεὶς 35, 16. 80, 35. 163, 8. συντιθενται 90, 32. 122, 7. 32, 1. 202, 6. συνετίθεντο 127, 9. συντεθειμένων 77, 13. συνθέμενοι 235, 30. 258, 5
συντόμως 16, 10
συντονία 111, 34. 211, 28
σύντονος 3, 18. 161, 20. 165, 34. 211, 27. -ώτερος 211, 31
συντρέχω 34, 3. συνδεδραμηκότες 190, 26
συντρίβω 218, 9. συνέτριψε 171, 28. 253, 22. συντετριμμένῳ 89, 19
συντυχία 156, 8
συνῳδὰ 123, 31
συνωθοῦμαι 141, 31
συνωμοσία 145, 13
συνωμότης 202, 17. 240, 4
σύριγξ: σύριγγας Αἰγυπτίων 16, 16
συρρέω: τὸ συρρέον 75, 4. συνερρήκεσαν 125, 17. 254, 25. συρρεύσας 4, 14. 190, 29. 210, 30. συνερρύησαν πολύ τι πλῆθος 87, 32
συρρώννυμαι: συνερρωμένος 4, 8
συσκευάζομαι 38, 8. 227, 25. συσκευασάμενος 31, 7. συνεσκευάσθησαν 130, 16
συσπῶμαι: συνεσπασάμην 110, 25
συσσίτια 3, 22. 154, 11
σύστασις 147, 34

συστέλλω 261, 24. 50, 33. συστείλας 200, 18. συστέλλεται 252, 22. 261, 26. 47, 26. 51, 27
σύστημα 82, 15. 140, 25
συστρατεύω 249, 22. -όμενος 203, 28
συστράτηγος 189, 20
συστρατηγῶ: συνεστρατήγουν 82, 16
συστρατιώτης 145, 14
συσφίγγω, aor. 153, 33. pass. 146, 32
συχνὸς 254, 36. 258, 20
σφαγεὺς 202, 34. 208, 1
σφαγὴ 12, 3. 143, 18. 207, 20
σφαγιαστὴς 67, 14
σφαγὶς μαγειρικὴ 65, 26
σφαδάζω 114, 34
σφάζω: σφάξοντες 87, 23
σφαῖρα 78, 3. 154, 13. 182, 17. 183, 31. 260, 34. 261, 31, 32
σφαλερὸς 209, 10
σφενδόνη 140, 14. 143, 28
σφενδονῶ 84, 22
σφίγμα: σφίγμασι τακτικοῖς 17, 18
σφόδρα 50, 1. σφοδρότερον 46, 28. 160, 15
σφοδρὸς 4, 2. 159, 11. σφοδρότερος 237, 1
σφριγῶ 39, 14. 44, 34
σφυγμὸς 225, 23. 227, 7
σχεδία 81, 6
σχεδιάζω 261, 9. 72, 12. 212, 32. 217, 19. σχεδιάσοι 140, 33. 100, 14. 153, 25. 258, 13. ἐσχεδίαστο 101, 4. ἐσχεδιάσθησαν 127, 8
σχεδόν, ἐκ τοῦ 148, 13
σχέσις 12, 30. 67, 5
σχετλιάζω: ἐσχετλίαζε 148, 29
σχῆμα 7, 17. 14, 11. 17, 10, 14 et passim. μοναδικὸν 48, 20. σχήματα βασιλείων αὐλῶν 34, 27
σχηματίζω 159, 21. 176, 25. -ίζεται 192, 26. 47, 15. 39, 16. 167, 8. -ισάμενος 64, 23. ἐσχηματίσθη 43, 18. 149, 15
σχηματισμὸς 260, 26
σχολάζω 266, 25
σχολὴ 199, 3
σώζω 163, 28. 79, 29. 230, 22. 4, 13-48, 28. σέσωκε 247, 14. σώσας 79, 33. σώζεται 65, 30. 163, 30. σώζοιο 79, 20. σέσωστο 157, 3. 6, 26
σῶμα 11, 21. 20, 14 et saepe
σωματικὸς 174, 16. 240, 4
σωμάτιον 149, 17
σωματοφύλαξ 53, 13. 153, 27. 198, 22
σωρείτης 34, 17
σῶστρα 87, 19. 158, 10
σωτηρία 30, 12. 40, 28. 56, 27. 58, 31. 91, 23. 97, 13. 113, 27. 222, 29. 237, 26
σωτήριος: -ίου περικεφαλαίαν 67, 19
σωτηριώδης 50, 12

INDEX GRAECITATIS. 375

σωφρονιστής 261, 13. 265, 13
σωφρονῶ 35, 21
σωφρόνως 109, 30
σώφρων 113, 9

τάγμα 82, 3
ταινία 16, 20. 31, 1. 122, 26. 159, 24.
  162, 8. 197, 19. 263, 31
ταινιῶ 188, 8. 262, 4. -ώσω 158, 2.
  ταινιώσαιτο 29, 5. 37, 23
τακτικός: -ἡ ἐπιστήμη 249, 18. -ἁ βι-
  βλία 266, 6. -οῖς σφίγμασι 17, 18
τάλαντον 16, 6
ταμεῖον 16, 7, 12. 28, 10. 166, 22.
  217, 20. ταμεῖον 71, 36. 162, 28.
  172, 8
ταμιεύω 18, 4. 175, 25. ταμιεύσωμεν
  120, 4. ταμιεύομαι 52, 16. 255, 28.
  56, 33. 72, 35. 247, 32. ἐταμιεύσατο
  16, 17
τάξις 8, 7. 173, 7 et cael. δευτέρα 94,
  9. ἔκκριτος 94, 11. ἡγεμονικὴ 104,
  7. κρείττων 98, 34. μέση 108, 16.
  στρατιωτικὴ 128, 3. τάξιν κήρυκος
  123, 10. τῶν περὶ σφαίραν τάξεων 78,
  3. τάξεις ὁπλιτικὰς 6, 29
ταπεινός: -ότερος 46, 5. 174, 1
ταπεινότης 267, 22
ταπεινοῦμαι: τεταπεινωμένος 268, 11
ταπείνωσις 263, 25
ταράττω 50, 21. 219, 23. ταραττόμενος
  83, 28. ἐταραγμην 246, 16. ἐτε-
  τάρακτο 38, 29
ταραχὴ 9, 12. 32, 19
τάραχος 268, 2. ταραχόνδε 89, 21
ταραχώδης 178, 26. -έστατος 261, 18
ταραχωδῶς 86, 22
ταρσός: ταρσοὺς τῶν βλεφάρων 199, 27
τάττω: τάξας 17, 27. 191, 21. 217, 2.
  τάττεσθαι 7, 18. 33, 11, 14. τετάχαται
  108, 16. τεταγμένος 215, 8. ἐτέτακτο
  247, 25. τάξεται 29, 22. τετάξεται 44,
  31
ταυρηδὸν 142, 26
ταυτολογῶ: -ήσας 258, 23
ταὐτομάτου, ἀπὸ, 233, 35. 266, 6
ταφὴ 40, 22. περιττοτέρα 68, 21
τάφος 120, 34. 171, 9
ταφρία 141, 23, 28
τάφρος 257, 27
τάχα 42, 24
τάχος 23, 11, 13. κατὰ τ. 135, 15
ταχὺ 58, 23. 83, 25. ταχέως 40, 1.
  265, 15. τάχιστα 74, 33. 90, 33.
  187, 17
ταχυναυτῶ: -οῦντα σκάφη 131, 16
ταχὺς 135, 5. 178, 24. τάχιστος 205,
  12, 29
τέγγω: δακρύων ῥοῇ 157, 22
τέγος: τῶν ἐπὶ τοῦ τέγους 60, 5

τείνω 138, 24. ταθήσεσθαι 211, 30
τειχήρης 77, 10
τειχίον 219, 27
τειχομαχία 5, 1. 266, 31
τειχομαχῶ 144, 30
τεῖχος 57, 19. 137, 22. 138, 25, 28, 32.
  139, 13, 22, 23. 140, 13, 19. 142,
  2, 3, 36. 143, 2, 25. 144, 2, 28.
  146, 1. 159, 33. 172, 15. 219, 35.
  223, 10
τέκνον 27, 17
τέλειος 2, 16. 110, 20. 118, 35. -ώ-
  τερος 5, 24. 36, 8. 150, 13. -τέρων
  φιλοσόφων 108, 28. -τέρᾳ 168, 33.
  -τατος 173, 11. 181, 32. 260, 2
τελειότης 110, 28
τελειοῦμαι: τελεώσασθαι 104, 10. τε-
  λειωθεὶς 68, 21
τελείωσις 67, 12
τελετὴ 47, 19. -αἱ ἀπόρρητοι 58, 15
τελευταῖος 21, 2. 98, 27. 173, 10. 199,
  1. 215, 27. 231, 35. 250, 4. 252, 26
τελευτὴ 105, 24. 133, 19. 184, 34.
  220, 19. 242, 10
τελευτῶ 68, 18. 178, 26. 235, 22.
  259, 6. 24, 16. 16, 31. 20, 5. 88,
  16. 150, 16. 224, 25. τετελεύτηκε
  25, 28. τετελευτηκότα 185, 22. τε-
  τελευτηκυίας 113, 3. ἐτετελευτήκει
  233, 33. τελευτήσας 20, 2. 43, 15.
  215, 9. 217, 12
τέλλω: ἐτέταλτο 91, 9
τέλος 15, 14. 16, 24, 33. 18, 10. 53,
  22. 103, 35. 114, 32. 127, 17. 132,
  24, 32. 187, 19. 195, 18. 238, 9.
  241, 4. οἱ ἐν τέλει 76, 12, 15. 81,
  25. 137, 6. 144, 24. 152, 24. 237,
  8. διὰ τέλους 103, 34
τελῶ 75, 18. 99, 12. 101, 24. 229, 24.
  τετελεκὼς 80, 19. ἐτετελέκει 98, 35.
  ἔτελεσε 38, 21. τελέσας 184, 34. τε-
  λεῖται 54, 8. 70, 18. 89, 18. 25, 29.
  27, 15. 39, 27. 84, 27. 111, 24.
  114, 13. 232, 8. 41, 6. τετέλεσται
  254, 18. ἐτετέλεστο 80, 6. τελεσθη-
  σόμενος 69, 3. ἐτελέσθη 117, 2
τεμένισμα 254, 11
τέμενος 33, 3. 172, 1
τέμνω 216, 35. οἱ τέμνοντες σίδηροι 227,
  3. τεμεῖν 77, 2. 258, 13
τὰ τέμπη 255, 24
τένων 148, 3, 17
τέρας 61, 16
τεράστιος 173, 20. 24, 1, 5
τερατεία 213, 24
τερατεύομαι 268, 18
τερετίζω, fut. 168, 7
τέρπω 57, 35. passiv. 226, 5. 224, 32
τεταγμένως 222, 30
τετράμηνον: τοῦ τετραμήνου ἐντὸς 188, 5

τέττιξ 168, 6
τέχνη 5, 10. 17, 17. 55, 27. 56, 28.
80, 29. 101, 5. 103, 3. 107, 19.
109, 16, 18. 120, 12. 125, 20. 168,
35. 169, 24. 177, 26. γραφική 57,
32. ἱππική 148, 29. μεταλλική 33,
13. στρατηγική 25, 27. τέχναι βάναυσοι 76, 26. 118, 13. ἰατρικαί 40, 28
τεχνικὸς 208, 15. 220, 19. 241, 20.
-αἰ χάριτες 109, 23. -ώτερος 169, 27.
172, 4
τεχνικῶς 177, 3. 200, 31. -ώτερον 172,
17
τεχνίτης 70, 28. 226, 6
τηκεδὼν 138, 8
τηλεφανῶς: -έστερον 230, 15
τηλίκος: -η ἀρχὴ 11, 20
τηλικοῦτος 23, 11
τήμερον 95, 9. 107, 28. 142, 30. 231,
27
τηνικαῦτα 43, 9
τηρῶ 93, 24. 77, 10. 54, 25. 132, 29.
-ήσαντες 194, 26. τηρηθείη 14, 25
τιάρα 11, 22
τίθημι 9, 21. τιθέασι 70, 3. 85, 3. 90,
29. τιθέναι 69, 32. τιθεῖς 14, 17.
153, 18. ἐτίθει 114, 32. ἐτίθουν 43,
24. 231, 32. τέθεικε 267, 12. τεθεικὼς 232, 23. θήσω 146, 17. θήσεις
232, 1. θείημεν 216, 20. θεὶς 218, 19.
τίθεμαι 44, 25. 106, 9. 218, 1. τίθεται 26, 63. 67, 11. 113, 20. 233,
13. 256, 14. 263, 15. τίθεσθαι 137,
6. τιθέμενος 3, 5. 168, 9. 238, 27.
ἐτίθετο 17, 7. 33, 22. 36, 26. 40,
14. 67, 11. 113, 20. 136, 26, 29.
162, 16. 165, 33. 169, 11. 252, 3.
τέθειται 41, 2. θήσομαι 214, 13. ἔθετο 263, 23. θέμενος 145, 28. 258, 11
τιθηνοῦμαι 264, 15. 2, 34
τίκτω 21, 36. τεκεῖν 155, 18. τεκοῦσα
251, 35. τίκτεται 240, 5. τετέχθαι
155, 17
τιμή 21, 27. 58, 4. 66, 2. 71, 34. 85,
26. 105, 14, 17. 119, 31. 155, 35.
171, 9. 190, 17. 200, 23. 203, 25.
231, 8. 252, 24. 267, 1
τίμιος: -ώτερος 119, 33. 263, 5. -ώτατος
98, 34. 230, 10
τιμῶ 223, 21. 203, 32. 54, 6. τετίμηκε
76, 22. 220, 30. 102, 25. 201, 34.
203, 16. τετιμήκεσαν 116, 32. ἐτίμησας 79, 17. 211, 2. 197, 10. 217,
15. 221, 29. τιμώμενος 150, 4. τετίμηται 229, 22. ἐτετίμητο 85, 22
τιμωρία 20, 20. 72, 19. 75, 33. 146,
8. 165, 14. 202, 32. 239, 24. 268,
12
τιμωρὸς 92, 15
τιμωρῶ 21, 11. -ήσων 25, 3. -εῖται 79,

1. 73, 34. 20, 19, 24, 33. 91, 31.
92, 17. 17, 27. τετιμωρημένος 21, 14.
τιμωρήσασθαι 136, 27
τινάσσομαι 104, 17
τιτρώσκω: τρώσας 127, 14. τετρωμένος
251, 25
τμῆμα 63, 2. 124, 5. 221, 31
τοιουτότροπος 11, 13
τοῖχος 57, 31. 172, 6, 12
τόκος 155, 22
τόλμα, τόλμη 123, 4. 136, 1. 152, 15,
20. 165, 3, 10. 191, 28
τόλμημα 77, 20. 136, 2. 152, 25. 157,
35
τολμηρός: -ότερος 191, 24. 192, 10
τολμητίας 20, 19. 29, 34. 64, 19. 78,
20. 152, 10. 230, 24
τολμῶ 64, 14. 65, 7. 156, 22. 255, 2.
32, 17. 37, 8. 223, 30. τετολμήκασι 81, 7. τετολμηκὼς 145, 33. ἐτετολμήκει 247, 11. τολμήσωσι, τολμήσαιεν 213, 8. 266, 1. 71, 29. 215,
12. 87, 2. 125, 26. 133, 10. 165,
8. 206, 3. τολμωμένων 78, 32. τετολμημένων 165, 5. τολμηθησόμενα 79,
3. ἐτολμήθη 62, 6. 146, 2. 192, 17
τομεὺς 122, 21
τομή 127, 13. 176, 25. 178, 13. 207,
29. 216, 16, 27. 219, 3. 227, 18.
240, 15
τονθορύζομαι: τὸ -όμενον 116, 27
τόνος 83, 7. 170, 18, 24. 261, 20
τονῶ: τονωσάντων 3. 20
τόξευμα 11, 8
τοξεύω 24, 4. 84, 23. ἐφ' ἵππου 140, 18
τόξον 82, 20. 138, 24. 140, 20. 141, 6
τόπος 43, 33. 51, 9. 54, 31. 141, 10.
254, 25, 26. 257, 2. τόπους τῶν ἐγκωμίων 120, 23
τορεύω: τορεύσασα 147, 16. ἐτορεύοντο
33, 16. 141, 6
τορός 169, 35
τραγῳδία 91, 33. 89, 24
ὁ τραγῳδὸς (Euripides) 263, 4
τράπεζα 54, 30. 114, 30. 204, 10. 233,
7. 252, 24. 258, 18. θεία 89, 16. ἱερὰ
τοῦ Λόγου 88, 8. 89, 35. 156, 34
τράχηλος 65, 15. 157, 30. 228, 20
τραχύνομαι 201, 25. 40, 12
τραχὺς 71, 1. 182, 9
τραχύτης 40, 2
τρέπω 141, 28. 194, 30. ἔτρεψε 5, 8.
6, 32. 28, 20. 55, 19. τρέπεται 66,
5. 86, 22. 85, 18. ἐτέτραπτο 8, 20.
τρέψοιτο 28, 24. ἐτρέψαντο 30, 19.
ἐτράπετο 145, 28. 226, 24. 249, 31.
ἐτράπησαν 30, 35, 32. 194, 16. τραποίμην 253, 33
τρέφω 79, 25. θρέψαντος 167, 2. τρεφόμενος 226, 25. 114, 15

τριβώνιον 178, 18. 207, 17. μέλαν 135, 16
τριγωνία 214, 15
τριήρης 75, 29. 130, 24. 131, 17, 24, 28. 132, 2. 197, 12. 226, 16
τρικυμία 84, 34
τρίμμα, plur. 27, 23
τρίοδος: ἐκ τριόδων 124, 32. 153, 24. 169, 7
τριταϊκὸς 225, 32
τριταῖος 66, 10. τριταίων περὶ τὰς ταφὰς 40, 22
τρίτος: τρίτους γάμους 113, 5. τρίτη μερὶς τῆς ψυχῆς 133, 6
οἱ τριττύες 94, 11
τρόπαιον 28, 20. 29, 5. 39, 33. 63, 7. 125, 20. 127, 31. 139, 29. 144, 13. 249, 5
τροπαιοφόρος 6, 3. 132, 9. 224, 8. 248, 22. 257, 22
τροπὴ 215, 30. τροπὰς 10, 14
τρόπος 32, 36. 44, 28. 46, 10. 53, 19, 25. 64, 24. 85, 21. 99, 33. 104, 3. 113, 1, 17. 115, 4. 135, 23. 220, 2. 228, 17. 231, 24. 238, 23, 25. 247, 6. 254, 36. 257, 9. 263, 19. 268, 31
τροφεὺς 2, 34
τροφὴ 23, 17. 24, 12. 39, 32. 162, 22. 215, 14. 226, 7. 240, 31
τροχὸς 175, 27
τρυφερὸς 123, 27
τρυφὴ 3, 28. 35, 28. 112, 23
τρυφηλὸς 65, 15
τρυφῶ 105, 28. τρυφῴην 240, 33. τρυφῷεν 217, 26. ἐτρύφα 81, 10
τυγχάνω 141, 23. 260, 19. 4, 23. 5, 9. 6, 7 et caet. ἐτύγχανον 3, 6. 12, 25 et caet. τετύχηκε 68, 10. 106, 13. 176, 19. 6, 3. 21, 25. 23, 6. 66, 5. 136, 35. 158, 15. ἐτετυχήκει 6, 3. ἔτυχον 30, 9. 44, 16 et caet. τεύξεται 76, 6. 139, 4. 189, 2
τύμβος 171, 14
τύπος 115, 15. τύπους τῶν ἀγαλμάτων 19, 3. σχημάτων 78, 9
τύπτω 239, 31. 92, 9
τυπῶ 118, 10
τυραννεύω 85, 11. τετυραννευκὼς 193, 3. τυραννεύσειν 7, 11. τυραννεύσας 81, 33. 86, 17. 89, 13. 138, 22. 145, 11, 18, 26. 193, 1. 194, 18
τυραννικὸς 6, 18. 8, 13. 73, 24, 34. 76, 13. 80, 23. 82, 13. 85, 14. 86, 18. 93, 23. 124, 20. 126, 9. 191, 9. 192, 6, 19. 193, 32. 198, 32. 204, 12. 205, 21. 231, 11. 247, 4
τυραννὶς 4, 8, 25. 6, 5. 7, 19. 92, 27. 129, 3. 134, 11. 135, 15. 202, 12. 203, 11. 218, 4. 231, 6. 247, 8
τύραννος 2, 5. 9, 14, 20. 85, 8. 86, 20.

87, 8, 13, 22. 125, 10, 33. 128, 3. 134, 11. 142, 6, 8, 33. 144, 25. 145, 8, 15
τυράννῳ 4, 18. 27, 2. 52, 6. 62, 16. 81, 33. 124, 33. 125, 10, 30. 135, 6. 126, 5. 139, 32. -ήσας 129, 23. τοὺς νόμους 113, 22. -ούμενος 86, 13. 238, 17
τύρβη 76, 26
τυφλοῦμαι 92, 2. τετυφλῶσθαι 178, 3
τυφών: τυφῶνι βληθεὶς 88, 11
τυχαίως 266, 6
τύχη 2, 34. 8, 13. 14, 19. 21, 24, 27. 30, 34. 36, 2. 45, 28. 55, 30. 56, 15. 62, 2. 72, 25. 95, 17. 97, 20. 98, 13. 99, 6, 19. 100, 22. 101, 1. 132, 15. 134, 3. 135, 19. 176, 6. 184, 8. 219, 33. 258, 16. 269, 3. ἀγαθῇ τύχῃ 256, 36. τύχην Ῥωμαίων 95, 13

ὑβρίζω: -ουσα γλῶσσα 210, 3. ὑβρίσας 7, 6. ὕβρισται 259, 27. ὑβρίσθαι 75, 12
ὑβριοπαθῶ: -άθει 255, 36
ὕβρις 134, 29. 141, 1
ὑγιαίνω 261, 10
ὑγιὴς 112, 19
ὑγιῶς 51, 10
ὑδερίω: -ῶν 57, 16. -οῦν 214, 3
ὕδωρ 41, 17, 23, 25. 51, 2. 173, 16. 178, 32. 223, 1, 4. τὸ κατὰ χειρὸς 153, 17. ὑδάτων ἀγωγὴ 172, 27. ἐπίρροιαι 173, 14
ὑετίζω: γλῶττα -ουσα 212, 23
υἱοθεσία 53, 7. 201, 28
υἱοθετῶ 53, 20
υἱὸς 263, 22, 23. υἱοῦ τάξιν 54, 5. υἱέος 246, 12. υἱῷ 251, 31. υἱὸν βασιλίδος 54, 5. υἱεῖς 242, 28. υἱῶν 256, 8. υἱέων 63, 32. 243, 20. 246, 19. 254, 30. υἱῶν 256, 8. υἱέσι 253, 17
ὕλη 32, 18. 110, 12. 112, 10. 119, 7, 26. 171, 11. 222, 32. 223, 6. 260, 16
ὑλομανῶ 122, 23. ὑλομανήσασα 213, 32
ὑλοτομῶ, aor. 129, 26
ὑλώδης 122, 22
ὑμέναιος 246, 31
ὕμνος συνήθης 68, 3
ὑμνοῦμαι: ὑμνουμένους 164, 5
ὑπαγορεύω 82, 26. 207, 6. ὑπηγόρευε 23, 9. 174, 15. ὑπαγορεύσας 122, 2. ὑπηγορευμένα 23, 11
ὑπάγω: ὑπῆγον 101, 33. ὑπαγόμενος 13, 5
ὑπαίθριος 202, 9
ὕπαιθρος 87, 3. 90, 7. 115, 9. 197, 22
ὑπακοὴ 247, 18. 251, 35. 256, 30
ὑπαλείφω 172, 4
ὑπαναγινώσκω: ὑπαναγνῶναι 204, 3

ὑπανάπτομαι: ὑπανήπτετο 118, 14
ὑποναχωρῶ 134, 28
ὑπανίσταμαι: ὑπανίστασθαι 247, 28
ὑπανοίγνυμι: ὑπανοίγνυσι 159, 31. 162, 28. ὑπανοίξαι 139, 26
ὑπαντιάζω 91, 6
ὑπαντῶ 100, 35. ὑπαντήσειν 69, 25
ὑπαργυρίζω: αἱ τῆς κεφαλῆς τρίχες ὑπαργυρίζουσι 188, 6
ὕπαρξις 223, 16
ὑπάρχω: ὑπῆρχε 24, 27. 78, 1. τὰ ὑπάρξαντα 93, 22
ὑπάτη 175, 5
ὕπαυγος 219, 30
ὁ ὑπεζωκὼς 179, 7
ὑπείκω 227, 1. 136, 14. 246, 20. ὑπεῖξε 221, 10
ὕπειμι: ὑπεῖναι 44, 7
ὑπεκδρομή 178, 22
ὑπεκδύω: ὑπεκδὺς 170, 5. 209, 9
ὑπεκκαίω: ὑπεξέκαιον 171, 34. 173, 25
ὑπεκκριτικὴ 187, 20
ὑπεκχέομαι: ὑπεκχεῖται 42, 4
ὑπεμφαίνω 18, 2
ὑπενδύω: ὑπενδύσασα 43, 5
ὑπεξάγω 228, 27. ὑπεξαγαγόντες 136, 14
ὑπεξαιρῶ: ὑπεξεῖλε 211, 6, 29. 247, 12. ὑπεξελεῖν 214, 5. ὑπεξηρήσθω 161, 14
ὑπεξανίστημι: ὑπεξανέστη 197, 30
ὑπεξέρχομαι: ὑπεξεληλύθει 39, 23. ὑπεξῆλθε 53, 11. 186, 34. 254, 10
ὑπεραγαπῶ: ὑπερηγάπα 71, 22. 230, 8. ὑπερηγαπήκει 242, 6
ὑπεραίρω: ὑπεραίρειν 262, 29
ὑπεράλλομαι 109, 2. 218, 8. 7, 23. 80, 21
ὑπεραναβαίνω: ὑπεραναβεβήκει 27, 32. 198, 10. ὑπεραναβηκὼς 151, 11
ὑπερανίστημι: ὑπερανεστήκει 199, 10
ὑπεραπολογοῦμαι: -ήσαιτο 185, 30. 189, 29
ὑπερβάθμιος ποὺς 201, 15
ὑπερβαίνω 103, 1. ὑπερβέβηκα 174, 28. ὑπερβῆναι 180, 28. ὑπερέβην 103, 28. ὑπερβαίη 56, 4. ὑπερβὰς 101, 36. 162, 3. 180, 28. ὑπερβήσομαι 78, 28. 99, 2
ὑπερβαλλόντως 102, 25. 173, 1
ὑπερβάλλω 33, 24. 177, 30. 186, 29. τὸ ὑπερβάλλον 259, 30. ὑπερβαλλόμενος 233, 29. 262, 8. 118, 5. 147, 11. 261, 7. ὑπερβαλεῖται 163, 33. ὑπερεβάλετο 234, 17. 171, 35
ὑπερβολὴ 33, 11. 35, 14. 103, 6. 163, 27. 171, 3, 25. 173, 12. 241, 14. 249, 23
ὑπερείδω: ὑπήρειδον 192, 35. ὑπερείσοντες 41, 18
ὑπερεκπλήττομαι: ὑπερεκπέπληγμαι 149, 11. ὑπερεκπλαγεὶς 216, 8
ὑπερέχω: τὸ ὑπερέχον 231, 3

ὑπερήφανος 16, 1. 36, 5. 99, 22. 105, 23. 134, 23. 230, 12
ὑπερηφάνως 134, 26
ὑπερθεραπεύω 113, 16
ὑπέρθεσις 43, 3
ὑπέρκειμαι 215, 28. 18, 21
ὑπερκόσμιος 58, 33
ὑπερμεγέθης 11, 11
ὑπέρογκος 11, 31. 14, 27. 85, 12. 106, 10
ὑπερόγκως 28, 3
ὑπεροπτικῶς 11, 27
ὑπεροψία 55, 8. 100, 31. 107, 2. 75, 30. 79, 35. 81, 8. 84, 18. 135, 3. 142, 24. 158, 19. 160, 15. 165, 27. 174, 1, 25. 175, 32. 177, 18. 178, 23. 240, 28. 267, 3
ὑπερορίζω 56, 21
ὑπερόριος 10, 19. 105, 14. 240, 33
ὑπερούσιον, τὸ, 108, 19
ὑπεροχὴ 73, 16
ὑπεροψία 14, 35. 75, 6. 151, 13
ὑπερπιαίνω: ὑπερπιάνας 216, 14
ὑπερτελὴς 101, 25. 122, 28
ὑπερτίθεμαι 196, 6. 57, 4. ὑπερέθετο 196, 36
ὑπέρτιμος 99, 9. -ίμῳ Μιχαὴλ 1, 2
ὑπερύψηλος 173, 33
ὑπερφυὴς 234, 17. -έστατος 80, 19
ὑπερφυῶς 58, 29. 153, 6
ὑπερχέομαι: ὑπερχυθεὶς 105, 31
ὑπέχω: ὑποσχὼν 69, 28. ὑποσχέσθαι 73, 38
ὑπήκοος 14, 36. 15, 22. 20, 18. 132, 14. 191, 2. 214, 32. τὸ -οον 66, 6. 76, 14. 160, 17. 111, 12. 137, 4. 215, 28. -οα πάντα 3, 5
ὑπηρεσία 76, 20. 196, 4
ὑπηρετῶ: ὑπηρετηκέναι 196, 18. 98, 33. 151, 22. ὑπηρετήκειν 209, 33. ὑπηρετήσωμαι 195, 16
ὑπισχνοῦμαι: ὑπισχνούμενα 114, 17. 256, 29
ὑπνιάζω 156, 26
ὕπνος 39, 33. 152, 13. 226, 24
ὑπνώττω 152, 5. 154, 15. ὕπνωττε 246, 23
ὑποβάλλομαι 118, 5. ὑποβεβλημένα 163, 13
ὑποβλέπω 247, 21. ὑπεβλέψατο 246, 22
ὑποβολιμαῖος 72, 33
ὑποβρύχιος 134, 10
ὑπόγειος 16, 15
ὑπογενειάζω 123, 19
ὑπογραμματεὺς 23, 12
ὑπογραμματεύω 235, 12. 82, 24. 98, 14. 166, 26. -όμενος 116, 28
ὑπογραφεὺς 263, 20
ὑπογράφω, τοῦτον 26, 2
ὑπόγυιος, ὑπόγυος 41, 10. 156, 31. 195, 35. ἐξ ὑπογυίου 76, 7. 80, 22

INDEX GRAECITATIS. 379

ὑπόδειγμα 199, 17. 268, 24
ὑποδέομαι: ὑποδεδέσθαι τοὺς πόδας 68, 4
ὑποδέχομαι 225, 8. 197, 15. 101, 34.
ὑποδεξόμενος 13, 32. ὑποδέξαιτο 200, 35. 215, 4. 210, 7. 257, 18
ὑπόδημα 237, 7. 68, 5
ὑποδίδωμι: ὑπεδίδου 71, 2. ὑπέδωκε 170, 18
ὑποδοχὴ 10, 21. 35, 33. 36, 22. 39, 6, 11. 45, 15. 48, 3. 114, 24. 213, 16.
ὑποδοχαί 16, 15. τροφῶν 23, 18
ὑποδύω: ὑπέδυ 257, 27. ὑποδύοιντο 235, 26
ὑποζύγια 144, 15
ὑποζωγραφῶ, aor. 247, 10
ὑποθάλπω 113, 17
ὑπόθεσις 10, 21. 35, 33. 36, 22 et saepe
ὑποθράττω: ὑπέθραττε 69, 19
ὑποκάθημαι 9, 34. 134, 1. 56, 24
ὑπόκειμαι 93, 3. 108, 23. 262, 35. τὸ ὑποκείμενον 168, 6. 179, 3. ὑποκείμενα 119, 25. 261, 3. 199, 9
ὑποκινῶ 91, 3. 88, 5. -ούμενος 20, 17. 73, 13
ὑποκλάω: -άσασα 187, 20
ὑποκλίνω: -αντες 189, 15
ὑποκνίζω: ὑπέκνισε τὴν βασιλίδα 28, 8
ὑποκρίνω 48, 21. -εται 44, 20. 221, 17. 183, 5. 153, 22. 186, 31. 170, 1. ὑπεκρίθη 161, 22. ὑποκριθείη 156, 4
ὑπόκρισις 154, 5. 155, 1, 7, 8
ὑποκριτὴς 154, 4. 155, 7, 24, 26. 160, 12
ὑποκρύπτομαι 71, 1
ὑπολαμβάνω 231, 30. ὑπείληφε 20, 19. 199, 8. 80, 17. ὑπειλήφει 10, 18
ὑπολείπομαι: ὑπελείφθη 144, 7
ὑπόληψις 39, 19. 97, 27, 36. 99, 14. 116, 27. 163, 28. 165, 20. 170, 32. 181, 29. 215, 8
ὑπομένω: ὑπομεῖναν 194, 12. ὑπομεμενηκὼς 61, 16
ὑπομιμνήσκω 248, 33
ὑπόμνησις 15, 32
ὑπονοθεύω: τὸ χρῶμα 199, 26
ὑπόνοια 6, 17. 37, 9. 38, 25. 39, 2, 22. 60, 26. 158, 1
ὑπονοῶ 80, 21. ὑπονοούμενος 27, 30. 28, 19
ὑπονωθής: -έστερος 27, 30
ὑποπίπτω: ὑποπεπτωκὼς 73, 11
ὑποπλήθομαι: ὑποπλησθεὶς 31, 28. 157, 10. 231, 18
ὑποποιοῦμαι 155, 16. 254, 27. ὑποποιήσασθαι 191, 2
ὑποπτεύω 49, 13. 133, 14. 132, 35. 47, 26. 196, 6. 20, 24. 37, 9. 40, 4. 62, 31. 65, 23. 71, 3. 80, 4. 83, 33. 100, 10. 125, 7. ὑπώπτευσε 209, 13. 5, 32. 56, 31. 90, 6. 124, 35. 136, 26. 253,

14. ὑποπτεύεται 204, 7. ὑπωπτεύοντο 40, 9. ὑποπτευθεὶς 98, 11
ὑποπτήσσω 126, 8. ὑποπτήξαντες 125, 26
ὕποπτος 8, 27. 72, 29. 75, 3. 163, 34. 239, 11. 261, 15
ὑπορρέω 6, 22. ὑπέρρευσε 217, 32
ὑπόρχημα, plur. 153, 3
ὑποσμύχομαι 138, 8
ὑποσολοικίζω, aor. 117, 3
ὑποσπῶμαι: ὑποσπασθείσης 142, 31
ὑπόστασις 101, 29
ὑποστέλλομαι 37, 15. 252, 13
ὑποστρέφω, aor. 68, 10
ὑποστρώννυμι: ὑποστρώσας 12, 34. ὑπέστρωτο 12, 9
ὑπόσχεσις 73, 30. 166, 31. 236, 5. 252, 28
ὑπόσχομαι: ὑποσχόμενος 255, 21. ὑπεσχημένα 204, 32
ὑποτάττω, aor. 256, 35. passiv. 197, 4
ὑποτείνω 226, 33
ὑποτέμνομαι: ὑπετέμετο 126, 14. 35, 13.
ὑποτμηθῆναι 35, 17
ὑποτίθημι: ὑπετίθουν 32, 18. ὑποθεῖσα 146, 24. ὑποτίθεται 264, 21. ὑποθείμην 264, 23. ὑποθέμενος 242, 20
ὑποτονθορύζω 115, 29. 134, 30. 81, 15. 186, 8
ὑποτρέφω 171, 17
ὑποτύφομαι 71, 1. ὑπετύφετο 73, 3
ὕπουλος 39, 32. 50, 6. 71, 3. 74, 24. 214, 2, 34. 216, 24. 249, 2
ὑπούλως 75, 5
ὑπουργοῦμαι 118, 18
ὑποφαίνω 161, 14. -ομένου τοῦ ἔαρος 250, 5
ὑποφέρω: ὑπήνεγκαν 148, 7. ὑπενεγκεῖν 71, 12
ὑποφρίττω 221, 20
ὑποχωρῶ 237, 26. 149, 32. 200, 12. 224, 22. 235, 35. ὑποκεχωρηκὼς 194, 14. ὑποχωρήσαντες 144, 17
ὑποψία 44, 30. 49, 14. 124, 17. 236, 26. 259, 18. 20, 31
ὑποψιθυρίζομαι: ὑπεψιθύριστο 245, 22
ὑπτιάζω 92, 4
ὕπτιος 225, 3. 265, 19
ὕστατος 133, 32
ὕστερον 57, 6. 99, 19. 152, 14. 196, 32. 232, 34. 266, 16. ὕστατον 95, 13
ὑστερῶ 259, 14
ὕσωπον 184, 29
ὑφαίνω 162, 14. -ομένῳ σώματι 122, 15
ὑφαίρεσις 213, 19
ὑφαιρῶ: ὑφέλει 218, 22. ὑφελεῖν 135, 14
ὑφαρπάζομαι 173, 5
ὕφασμα 76, 31. -άτων αἰῶραι 34, 9
ὕφεσις 28, 6. 74, 12. 174, 5, 10
ὑφηγοῦμαι, fut. 158, 30

ὑφίημι: ὑφῆκε 170, 17. 244, 24. ὑφειμένος 36, 26. 205, 17
ὑφίστημι: ὑφιστάνουσι 184, 11. ὑπέστησαν 30, 17. ὑφίσταμαι 259, 16. ὑφίσταται 146, 8. ὑφιστάμενος 140, 12. ὑφίστατο 39, 3
ὑψηλολογοῦμαι: μέχρις οὐρανοῦ 109, 13
ὑψηλὸς 8, 27. 128, 15. 187, 35. 197, 28. 211, 31. -ότερος 8, 8. 11, 29. 76, 22. 108, 27. 137, 29. 267, 12. -ατος 176, 29. -οτάτης περιωπῆς 28, 7
ὑψίκομος: -ῳ κυπαρίττῳ 227, 31
ὕψος 57, 29. 151, 12. 171, 33. 224, 33. 260, 29. 263, 25. 267, 22
ὑψοῦ ἥλλετο 19, 7
ὑψῶ: ὑψώσας 27, 6. 102, 26. 135, 19

φαιδρύνομαι 34, 30
φαίνομαι 45, 15. 168, 2. 229, 32. 47, 32. 76, 29. 201, 6. τὸ -όμενον 60, 22. 174, 12. 168, 14. 181, 13. ἐφαίνετο 32, 27. ἐφάνησαν 144, 6. φανείην 91, 34. 145, 36. 201, 5. 214, 9. φανῆναι 8, 17. 67, 11. φανεὶς 100, 29. 257, 8. φαινόμενα 146, 27
φαλαγγάρχης 86, 27
φάλαγξ 5, 5. 6, 28. 7, 30. 8, 23, 30. 9, 6, 28. 13, 1. 17, 13, 30. 65, 19. 66, 1. 82, 17. 84, 24. 86, 27. 91, 34. 123, 11. 126, 20. 127, 27, 34. 130, 22. 139, 5, 8. 191, 29, 34. 193, 6, 22. 222, 27. 223, 25. 224, 4. 241, 6. 254, 25. 255, 8. 257, 2, 16, 21. 266, 29. φάλαγγος ἡγεμόνι 127, 7. πολιτικῆς 91, 30. φάλαγγα δημώδη 87, 29
φανερός: ἐν φανερῷ ἐξέφαινε 61, 12
φανός: -τάτῃ αἴγλῃ 119, 20
φαντασία 139, 14. 158, 34
φάντασμα: μέχρι φαντασμάτων ὁ τοῦ ἔρωτος ἀνάπτει πυρσὸς 160, 33
φάραγξ 222, 25
φαρμακὶς 78, 31
φάρμακον 9, 16. 41, 3. 213, 29. φάρμακα 216, 15
φαρμακοποσία 44, 5
φάσις, plur. 183, 3
φάσκω 150, 17. 248, 3
φαῦλος 36, 2. 117, 8. 120, 22. 133, 20. 134, 1. 163, 3, 6, 12, 29. 184, 34. 259, 25. 260, 20. 263, 23. -ότερος 164, 12. -ότατος 151, 25
φείδομαι: φείσεται 257, 31. ἐφείσατο 21, 3
φελλὸς 41, 28. 177, 10
φέρω 56, 7. 150, 21. 266, 10. 259, 18. φέρε εἴπωμεν 242, 31. φέρων 4, 19. 16, 14. 75, 26. 77, 32. 112, 5. 127, 35. 199, 34. 230, 23. 242, 29. φέρεται 25, 1. 239, 5. 260, 5. 44, 24. 19, 6. 99, 7. 116, 25. 174, 33. 232, 16
φερώνυμος 240, 2

φεύγω 7, 2. 30, 32. 31, 13, 29. 142, 15. 144, 20. 194, 19. 222, 29. 238, 20. 257, 26. 262, 1. 141, 32. πεφευγὼς 90, 29. φυγεῖν 5, 23. 142, 25. 65, 30. 145, 18
φήμη 20, 29. 31, 15. 65, 18. 97, 10, 27. 98, 18. 113, 15. 123, 32. 206, 22
φημί 15, 8. 58, 29. 94, 29. 107, 2. 113, 24. 143, 23. 201, 30. 212, 18. 229, 9. 239, 6. 253, 17. φὴς 202, 22. φησὶ 52, 8 et caet. φαμὲν 16, 18. φασὶ 33, 9 et caet. ἔφην 202, 21. 203, 8. 225, 30. ἔφη 210, 2. 241, 34. ἔφασαν 89, 34. ἔφησα 196, 4, 8. 245, 33. ἔφησε 142, 19, 27 et caet. φήσας 43, 3. 226, 27
φθάνω 207, 28. φθάσει 73, 24. ἔφθασα 85, 7. 190, 27. φθάσας 42, 13. 45, 16. 166, 1. 185, 10. 186, 14. 200, 6. 237, 28. 247, 9. 256, 34. φθάσασιν αὐτοκράτορσι 94, 2. τὰ φθάσαντα ὅρκια 29, 17. ἔφθη 161, 27
φθέγγομαι 173, 34. 153, 5. 200, 25. 213, 9. φθέγξομαι 203, 14. ἐφθέγξατο 226, 22. 264, 1. 265, 17. 164, 29. 169, 13. 212, 22. 153, 31
φθέγμα 26, 8. 116, 7. 123, 28. 147, 25
φθινὰς νόσος 214, 4
φθίνω 62, 12. 214, 3
φθόνος 77, 4. 85, 32. 122, 17. 196, 6
φθονῶ, fut. 170, 21
φιάλαι 172, 27
φιλάδελφος: -ότατος 49, 5
φιλαίτιος 162, 4
φιλαλήθης 106, 20. 162, 35
φιλανθρωπία 104, 21. 238, 1
φιλάνθρωπος 142, 20. 166, 6, 11. 228, 30. 238, 3. 230, 17. τὸ -ον 247, 12. -πα 255, 36. -ότερος 179, 30. 238, 30
φιλανθρώπως 139, 28
φιλαρχία 2, 15
φίλαρχον, τὸ, 97, 6
φιλαυτία 109, 36
φίλαυτος: τὸ φίλαυτον 237, 7
φιλεργία 168, 23
φιλήδονος 112, 6. 182, 31. 187, 31
φιλήκοος 101, 21. 166, 18
φίλημα 37, 13. -άτων ἰσχὺς 37, 4
φιλία 49, 29. 30, 10. 56, 13. 63, 9. 75, 16. 175, 3. 195, 23, 34. 223, 12, 19. 235, 6. 236, 28, 36. 256, 28. φιλίας κρατῆρα 115, 31. συγγραφὰς 115, 27
φιλικὸς 235, 10
φιλίστωρ 102, 4
φιλοθεΐα 118, 32
φιλοκίνδυνος 250, 35
φιλολογεῶ 212, 28

INDEX GRAECITATIS. 381

φιλολοίδορος 102, 4
φιλόπατρις 160, 5
φιλόπολις 174, 8
φιλοπονώτατα 47, 8
φιλοπραγμοσύνη 104, 22
φιλορώμαιος 160, 5. 174, 9. 196, 35
φίλος 87, 26. 236, 30. βασιλέως 267, 15. φίλων τὰ πρῶτα 210, 4. φίλην ἑστίαν 108, 35. φίλα 266, 25. φίλτατος 33, 12. 121, 32. 134, 32. 156, 20. 157, 4, 22. 236, 18
φιλοσοφία 33, 14. 107, 15, 21, 24, 33. 109, 4, 10, 26. 209, 6. 233, 15. 248, 30. 260, 28. πρώτη 108, 13
φιλόσοφος 26, 18. 32, 32. 58, 28, 29. 70, 30. 102, 21. 170, 18. 183, 10. 209, 15, 26. 233, 17. 240, 35. -ου βίου ἐραστὴς 216, 22. -οι τελεώτεροι 108, 20. -ων φορὰ 15, 11. -ον 34, 18. θέλημα 109, 22. σχῆμα 26, 31. -ώτατος 26, 10
φιλοσοφῶ 177, 19. -οίην 200, 15. 34, 16. 36, 20. 104, 1. 177, 7, 32. 183, 9. 149, 35. 175, 10. 236, 7. -ήσας τὰ κάτω 32, 32. 44, 33. 110, 2. -ουμένου λόγου 109, 24
φιλοσόφως 177, 2. 221, 16
φιλοσώματος 182, 28
φιλοτιμία 155, 3. 229, 14
φιλότιμος 166, 12. τὸ -ον 118, 7. 161, 13. 189, 8, 18. 218, 7. -οτέρα 166, 9. -ότατος 27, 34. 105, 25. 161, 31. 166, 16. 186, 28
φιλοτιμοῦμαι 35, 17. 23, 10. πεφιλοτίμημαι 203, 29. πεφιλοτίμηται 46, 20. πεφιλοτίμητο 166, 16
φιλοφρόνως 135, 23
φιλοφροσύνη 135, 24. 197, 15. 238, 37
φιλοχωρῶ 135, 20
φιλῶ 45, 26. 254, 16. 210, 2. ἐφίλησε 37, 2. 153, 29. 244, 7. ἐφιλησάτην 14, 15
φλεγμαίνω: -οντα θυμὸν 21, 20. ἐφλέγμαινε τὰ τῆς ἐπιθυμίας 158, 32
φλέψ: φλέβες χρυσίτιδες 110, 11. —ἀργυρίτιδες 110, 12
φλὸξ 159, 14
φλυαρία 153, 18. περὶ τὸ σῶμα 27, 27
φλύαρος 155, 11. 188, 24
φλυαρῶ 153, 5. aor. 80, 12
φοβερὸς 199, 25. -ώτερος 194, 33
φόβος 46, 27. 144, 21. 219, 3. 198, 20. 244, 27. 248, 34. φόβοις τὴν ἀρχὴν διετίθετο 14, 36
φοβῶ: -ήσων 125, 9. -ήσας 259, 32. -εῖσθαι 36, 29. πεφόβηται 219, 32. 132, 32. -ημένος 36, 27. 47, 26. 87, 18. 89, 20. φοβηθεὶς 5, 32
φοινικίας 36, 28
φοινικὶς 34, 28. 38, 8. 50, 25

φοινικοβαφὴς 14, 7
φοινικοῦς: -οῖς ὑποδήμασι 237, 7
φοιτῶ 162, 14. φοιτῴη 55, 26. 114, 22. 235, 10. 59, 13. aor. 7, 27. 156, 27. 176, 27
φόνος 93, 14. 142, 18. 255, 5. φόνου συγγενικοῦ 142, 12
φονῶ: -ώσαις χερσὶ 91, 28
φορὰ 5, 19. 15, 11. 81, 4. 89, 20. 91, 26. 261, 33. 262, 13
φορητὸς 28, 35
φόρος 260, 4. -οι 238, 32. 254, 27. -ων ἄνεσις 137, 4
φορτικὸς 107, 25. 182, 6. 201, 24. 229, 31
φορτικῶς 162, 9. -ώτερον 105, 15
φορτὶς ναῦς 145, 4. 160, 1. 215, 26
φόρτος 148, 34. 215, 27
φράζω, aor. 151, 31
φράττομαι: φραξάμενος 84, 10
φρήν: τὰς φρένας ὑποκαθήμενος 9, 34
φρικτὸς 268, 30
φρικώδης 212, 10. -έστατον 218, 33. τὰ -έστατα ἐπαρασάμενος 145, 34. ἐπαπειλήσων 211, 22
φρίττω 87, 18. πεφρικὼς 47, 15. 165, 12. ἐπεφρίκεσαν 132, 23. 219, 25
φρόνημα 28, 15. 30, 6. 49, 29 et caet.
φρόνησις 69, 14. 122, 19. 168, 22. 170, 25. 206, 6. 239, 18. 243, 29. 260, 2
φροντίζω 232, 5. 23, 29. 109, 11. 138, 28. 239, 27. 3, 8. 35, 20, 29. 54, 21. 66, 31. 238, 33. πεφροντίκασι 132, 31. πεφροντικὼς 11, 25. φροντίσειν 43, 28. -τίσων 160, 29. 42, 12. ἐφρόντισα 22, 6. 23, 30. 253, 34. 246, 1. 227, 5. 246, 29. πεφρόντισται 246, 2. cf. φρονῶ
φροντὶς 11, 4. 22, 7. 30, 8. 42, 13. 45, 23. 47, 18. 48, 10. 52, 35. 112, 17. 160, 22. 162, 11. 192, 6. 205, 26. 208, 17. 210, 29. 220, 23. 241, 26. περὶ τὰ ὅπλα 26, 12
φρόντισμα 2, 26
φροντιστήριον 67, 10. 259, 5. τὸ μοναστήριον δέδρακε 11, 3
φρονῶ 247, 16. 12, 26. εὖ -ῶν 184, 18. -οὖντα τόπον τοῦ ἐγκεφάλου 9, 17. -οῦσα ἡλικία 10, 9. 243, 28. τὸ -οῦν 9, 13. 176, 28. 207, 12. φρονήσας (sc. φροντίσας?) 22, 20
φροῦδος 232, 15
φρουρὰ 5, 33. 6, 27. 8, 6. 49, 17, 20. 76, 18. 142, 4. 150, 7, 13. 152, 31. 191, 17
φρούραρχος 87, 25
φρούριον 29, 24. 97, 33. 144, 27. 145, 2. 258, 4, 14
φρουροὶ 5, 3. περὶ τὸν βασιλέα 30, 20
φρουρῶ 16, 26. aor. 142, 5

φρύαγμα 249, 29
φυγὰς 6, 26. 7, 8. 9, 27. 12, 12. 31, 28. 144, 5. 194, 15
φυγὴ 5, 7. 6, 32, 34. 7, 3, 10. 30, 7, 19, 22. 140, 15. 143, 30. 144, 9, 18. 194, 17. 203, 20. 206, 13. 224, 6. 251, 10
φυλακὴ 50, 35. 85, 30. 152, 30. 188, 26. 255, 24. 257, 35
φύλαξ 152, 13. 259, 31. τοῦ παντὸς στρατοπέδου 31, 18. περὶ τὴν αὐλὴν 253, 18. τῆς ὄχθης 125, 25
φυλάττω 49, 31. 50, 26. 22, 6. 199, 28. 236, 26. 130, 23. 97, 33. 134, 11. *fut.* 205, 12. 69, 12. 150, 13. φυλάττοιτο 150, 13. 181, 11. 28, 14. φυλάξοιτο 165, 31. φυλαξόμενος 74, 1. φυλάξασθαι 38, 14. φυλαχθῆναι 6, 11
φυλοκρινῶ: -εῖ 191, 26
φῦλον βάρβαρον 129, 12. στρατιωτικὸν 141, 4
φύρδην 191, 20. 222, 22
φυσικὸς 27, 30. 68, 20. 153, 21. 161, 6. 171, 12. 187, 8. 216, 34. 261, 1. φυσικοὶ λόγοι 107, 33. φυσικὴ ἐπιστήμη 17, 12. λιβὰς 117, 15. φυσικαὶ ἀρεταὶ 110, 25. ἡδύτητες 111, 3. φυσικοῖς ἕρμασι 133, 11
φυσικῶς 153, 3
φύσις 17, 1, 8. 23, 17, 18, 21 *et saepe.* βασιλείας 111, 30. παρὰ φύσιν 216, 34. φύσιν σβεννύειν καὶ ἐπεγείρειν 27, 22. τὰ ὑπὲρ φύσιν 26, 30. φύσεις ἀρωμάτων 118, 9
φυτεύω 55, 16. φυτευθεὶς 93, 14, 15
φύω: πέφυκα 183, 29. πεφύκασι 192, 10. 229, 21. πεφυκότος 21, 33. φύσας 264, 26. φὺς 2, 27. 82, 9. 168, 5
φωλεὸς 253, 31
φωνὴ 30, 18. 31, 30 *et saepe*
φωνῶ, *aor.* 41, 35
φωρῶ: ἐπεφωράκει 80, 10. ἐφώρασε 250, 26. 259, 30. φωρᾶται 74, 10
φῶς 142, 9. 187, 1. 119, 2. 36, 16
φωστὴρ 208, 8. 211, 35

χαίρω 11, 33. 30, 35. 77, 33. 140, 3. 84, 27. 100, 4
χαλαρὸς 95, 30
χαλεπαίνω 71, 25. 40, 1
χαλεπὸς 39, 31. 132, 25. 267, 2. χαλεπὰ τὰ καλὰ 122, 16. χαλεπωτέρα τυραννὶς 6, 12. τὰ χαλεπώτατα ἐπαπειλεῖται 125, 6
χαλιναγωγῶ 263, 13
χαλινὸς 5, 21. 7, 8. 8, 31. 19, 4. 30, 23. 63, 28. 66, 14. 126, 33. 127, 1. 141, 19. 148, 31. 149, 30. 171, 18. 187, 2. 194, 9. 216, 11, 29. 217, 1

χαλκεῖον 226, 1
χαλκὸς πίθος 115, 15. χαλκὰς θήκας 117, 18
χαλκοῦς: -ᾶς πύλας 123, 29
χαλῶ 30, 32. κεχάλαστο 48, 10. χαλασθείη 165, 34. 211, 30
χαμαίζηλος 59, 7
χαρὰ 167, 17. 54, 12
χαρακτὴρ 103, 29. 190, 20. 232, 22. 242, 29. 72, 13. -ήρων χρυσῶν 260, 9
χαρακτηρίζω 22, 32. 188, 1. 212, 17. ἐχαρακτήρισα 47, 2. 50, 29. χαρακτηρίζεσθαι 188, 1. κεχαρακτήρισται 101, 22. 103, 27
χαρακτηριστικός: -ώτατος 95, 14
χάραξ 6, 32. 7, 23. 126, 29. 130, 34. 138, 28. 140, 29. 141, 11. 142, 35. 143, 5. 193, 23. 222, 21
χαράττω, *aor.* 131, 34
χαρίεις 211, 32. -εν 158, 17. -έστερος 63, 33. -έστατος 110, 31. 149, 1. 182, 8. 238, 19. 264, 32
χαριεντίζομαι, *aor.* 226, 17
χαρίζομαι 45, 20. 143, 18. 186, 27. κεχαρισμένος 107, 4. 200, 34. 205, 18. 208, 31. χάρισαι 157, 29. χαρίσασθαι 247, 29. 56, 19. 105, 22. χαριεῖσθαι 106, 20. χαριούμενος 225, 18
χάρις 21, 11, 17. 38, 35. 44, 22. 46, 2. 47, 18. 56, 12. 100, 1. 106, 22. 110, 24, 34. 147, 26. 157, 3. 158, 24. 159, 8. 163, 15. 172, 29, 33. 173, 4, 13. 178, 29. 179, 2. 183, 18. 188, 29. 200, 33. 217, 10. 221, 21. 233, 7. 235, 10. 237, 16, 32. 255, 19. 262, 29. 265, 9. 267, 23. τῆς γλώττης 111, 7. ψυχῆς 40, 6. βασιλικὴ 86, 3. cf. 100, 5. ὀφθαλμῶν 37, 25. χάριτες ἀδιήγητοι 116, 20. λουτρῶν 57, 34. χάρισι τεχνικαῖς 109, 23. χάριν ἐμοῦ 203, 33
χαριστήριος: -ια 167, 21
χαρμονὴ 241, 22. 259, 2
χαροπὸς: -ὸν ὄμμα 18, 18
χαῦνος: τὸ -ον 3, 20
χεῖλος 178, 3. τὼ χείλη 264, 11. τὰ χείλη 110, 24. 195, 28. χείλεσι 134, 29
χειμὼν 118, 17. 216, 24. 224, 9
χεὶρ 3, 10. 6, 24 *et persaepe.* ὀξεῖα 23, 10. τυραννικὴ 86, 18. τὰς διὰ χειρὸς πράξεις 5, 2. τοῖς διὰ—βεβαιοῖ γράμμασι 74, 4. τὸ κατὰ—ὕδωρ 153, 17. χεῖρα δυναμώσας 5, 19. τὼ χεῖρε κροτῶν 92, 9. ἐν χεροῖν ἔχοντες 82, 22. χειρῶν ἀκμὴ 145, 16. χερσὶ κατέχοντες 84, 12. φονώσαις 91, 29. χεῖρας ἡσχόλησε 118, 4. ἱκέτιδας 91, 20
χειραγωγῶ, *aor.* 61, 23. *passiv.* 14, 1,

INDEX GRAECITATIS. 383

4. 41, 10. 102, 18, 30. 103, 10, 14. 227, 31
χείρησις 71, 7
χειροτονώ 191, 10. aor. 55, 28
χειρούμαι 11, 32. aor. 15, 23. 249, 32
χείρων 78, 10. 102, 18, 30. 103, 10, 14. 108, 4. 178, 25. 227, 31. 239, 13. 245, 16. 248, 8. χειρόνων τραγωδιών 89, 24. τὰ χείριστα 102, 32. v. κακὸς
χέομαι: χεῖσθαι 162, 28. κεχύσθαι 96, 23. χυθέντος 144, 16
χηρία 228, 28
χθὲς καὶ πρώην 45, 33
χθιζός: τὸ -ὸν πεδίον 168, 28
χιτὼν 267, 5
χιών: χιόσι 241, 3
χλαμὺς 11, 23
χλοάζω 172, 5
χλοηφόρος: βῶλοι -οι 168, 5
χορεία παθημάτων 89, 23. χορείας συνιστῶντες 140, 5
χορηγία 10, 34
χορηγῶ, aor. 130, 26
χορὸς 199, 19. 206, 32. 253, 24. χοροὺς συνίστασαν 87, 20
χρέος 167, 6. χρέη 162, 27. 166, 31
χρῆμα 161, 33. 180, 7. 227, 14. 239, 35. 261, 11. 265, 21, 25. μέγα 55, 22. παμμιγὲς 48, 19. ποικίλον 72, 12. χρήματα 21, 28. 33, 28. 28, 9, 11. 71, 35. 105, 12. 115, 17. 125, 22. 136, 12. 137, 3. 147, 15. 166, 19. 183, 14. 189, 25. 191, 15. 194, 22. 204, 31. 213, 15. 214, 17, 23, 33. 217, 17. 233, 22. 242, 33. 254, 27. 255, 25. χρημάτων διανεμήσεις 40, 11. ἔμπλεως 20, 10. ἐξαγωγὰς 16, 4. ποταμοὶ 32, 22. τὴν ἐν χρήμασιν εὐδαιμονίαν 16, 13
χρηματίζω 50, 24. 148, 26. 19, 15. 153, 20. 16, 24. 100, 1. χρηματίσειε 229, 12. πρέσβεσι 22, 36. χρηματίζεσθαι 15, 18. χρηματιούμενος 211, 21
χρηματισμοὶ πρέσβεων 94, 14
χρησμολογῶ 187, 4. 230, 20
χρηστὸς 53, 1. 54, 29. 139, 27. 150, 24. -ότερος 46, 20. 49, 22. 53, 25. 113, 26. 178, 10. -ότατος 49, 12. 74, 21. 244, 13
χρόα 42, 5
χροιὰ 119, 10. 159, 8
χρονικός: -ὰς ἱστορίας 60, 25
χρονογραφία 1, 1. 122, 7. -ίας τὸ καιριώτατον 81, 5
χρόνος 15, 11. 16, 24 et saepe. ὁ καθ' ἡμᾶς χρόνος 93, 7. ὁ τηνικαῦτα 26, 21. χρόνῳ πρεσβεύουσα 95, 20. χρόνον τοῦ κύειν 27, 17. χρόνον μέλλοντα 93, 26. οἱ ἄνω χρόνοι 101, 28. 103, 34. ἐν τοῖς κατ' ἐκεῖνον χρόνοις 60, 27. χρό-

νων πεντάδα 42, 8. περίοδοι 95, 26.
ἐπὶ χρόνοις πολλοῖς 95, 10
χρυσίον 117, 12
χρυσῖτις: τὴν -ιν 260, 8. -ιδες φλέβες 110, 11. 130, 13
χρυσόπαστος 162, 8. 40, 15
χρυσὸς 159, 18, 20, 31. 162, 29. 172, 4, 8, 21. 199, 8. 21, 19
χρυσοῦς 159, 18. 161, 22. 172, 18. -ῶν χαρακτήρων 260, 9. -σῇ ψηφῖδι 57, 31. -οῦν ῥεῦμα 33, 20. 59, 26. 118, 26. -ῶν ψηγμάτων 94, 34. -οῖς ἀστράσι 172, 19
χρυσοϋφὴς 43, 5. 37, 19
χρώ: χρὴ 225, 29. χρᾶν 226, 2. χρῆναι 263, 9. χρᾶσθαι 50, 6. 120, 30. χρῆσθαι 28, 9. 95, 6. 105, 11. χρώμενος 23, 26. 72, 31 et caet. ἐχρᾶτο 50, 23. 124, 7. ἐχρῆτο 20, 33. 28, 12. 91, 22. 162, 8. 207, 7. 248, 29. ἐχρώμεθα 206, 5. ἐχρῶντο 93, 25. κεχρήσθω 204, 30. κεχρῆσθαι 117, 8. 120, 25. χρήσεται 70, 9. 206, 13. 41, 9, 12. 125, 13. 139, 28. 154, 26. ἐχρησάμην 111, 11 et caet. χρώμια 16, 19. 36, 29. 40, 21. 44, 1. 65, 13. 92, 4. 119, 9. 172, 7. 199, 26. ἐπίσημον 6, 18. 13, 23. νεκρώδες 44, 5. περὶ τῷ πεδίλῳ 31, 12
χρώς ἐτέτραπτο 8, 20
χυμὸς 215, 13, 32
χώρα 255, 23
χωρίον 97, 24. 234, 24. χωρία παράλια 7, 12. χωρίων Ῥωμαϊκῶν 62, 4
χῶρος 75, 34
χωρῶ 63, 18. 65, 29. 80, 25. 218, 14. 245, 29. 83, 12. 123, 19. 152, 10. 171, 26. 128, 21. 219, 16. 253, 21. κεχώρηκε 153, 32. 192, 11. 237, 5. κεχώρηκει 142, 34. χωρήσει 123, 20. 142, 34. χωρῆσαι 64, 20

ψαλμῳδὸς (Davidus) 33, 33
ψάμμος 142, 31. 218, 21. ὡς ψάμμον τὸν χρυσὸν ἐθησαύριζε 21, 19
ψέγω 44, 22. 101, 10, 12. 165, 19
ψεκάζω 211, 23
ψελλίζω 239, 30
ψευδής: λόγος 58, 21. ἐπιστήμη 78, 26. 155, 5. 77, 16
ψεύδομαι 225, 30. 226, 1. 35, 11. 43, 13. ἐψεύδετο ἡ ψῆφος 26, 26. ψεύσεται 226, 2. ἐψευσάμην 103, 7, 21. ἐψεύσθης 79, 24
ψεῦδος 177, 17
ψῆγμα 94, 34
ψηφοφορῶ 180, 22
ψηφίζομαι 100, 28. 181, 7. ψηφισθεῖσι 91, 11
ψηφὶς: χρυσῇ 57, 32. 27, 25

ψῆφος, ἡ, 26, 26. 32, 1. 90, 29. 91, 7. 164, 32. 166, 23. 212, 35. 231, 32.
ψῆφοι μετεκυβεύθησαν 98, 12. ψήφοις ὅλαις 42, 25
ψιλός 17, 16. 141, 14. ψιλαὶ τρίχες 40, 25. τὸ ψιλὸν τῆς φάλαγγος 127, 34. 138, 31. 139, 7
ψιλοῦμαι: ἐψίλωτο 19, 9. 44, 8
ψίλωσις 44, 9
ψόφος 207, 35
ψυχαγωγοῦμαι 153, 1
ψυχὴ 5, 4. 6, 34. 11, 14. 14, 10. 15, 6. 18, 4. 20, 8. 23, 8. 25, 25. 26, 15. 30, 18. 32, 5. 42, 2. 45, 3. 48, 25. 56, 22, 29. 62, 17. 63, 9. 70, 1, 32. 72, 13. 76, 12, 33. 77, 17. 80, 28. 81, 20, 22, 31. 83, 5, 31. 88, 10, 11, 13. 90, 22. 91, 15, 18, 24. 94, 25. 98, 3. 104, 11, 13. 107, 6. 109, 24. 110, 16, 31. 111, 33. 115, 26. 116, 5, 15. 119, 31. 122, 20. 131, 3. 132, 23. 134, 11. 135, 9. 142, 28. 143, 18. 149, 34. 152, 4, 35. 154, 2. 155, 6. 157, 12. 158, 4. 162, 3. 163, 18. 165, 25. 166, 7, 12. 167, 8, 19. 168, 34. 171, 15. 174, 6, 12, 15, 30. 176, 12, 24. 177, 9. 178, 2. 179, 17, 24. 182, 20, 21. 184, 24. 186, 13. 187, 1. 190, 19. 195, 13. 203, 5, 23. 204, 4. 205, 29. 208, 20. 209, 27. 210. 31. 211, 35. 212, 2, 6, 11, 17. 218, 27. 219, 15. 220, 13, 14, 27. 224, 14. 228, 26. 230, 9. 231, 4. 233, 36. 236, 31. 240, 15. 241, 7, 22. 242, 29. 245, 8. 246, 16, 24. 249, 1. 256, 10, 28, 30. 257, 3. 262, 7, 16, 28. 264, 32, 33. 265, 18, 25. 266, 1. ψυχὴ βεβαμμένη τῇ νοερᾷ πορφύρᾳ 34, 12. θειοτάτη 104, 33. τυραννικὴ 82, 14. ψυχῇ ἀναψυχὴν 37, 25. ῥᾳθύμου 132, 28. χάρις 40, 6. ψυχῇ ἀνελευθέρᾳ 72, 31. ἐν — ἐγκόλπιον 113, 33. μολυσμάτων 58, 11. ψυχὴν ἀγαθὴ 21, 36. ἀφῆκε τῷ θεῷ 68, 12. δειλὸς 20, 15. ἐγκρατεστέρα 95, 2. ἑτοιμοτέρα 94, 23. εὐγενὴς 82, 5. εὐμενῇ 114, 17. θεόπνουν 80, 27. κούφην 115, 34. πλάττειν 60, 12. σύννουν 106, 28. ὑπερτελεῖς 101, 25. ψυχῶν ἀπολλυμένων 59, 28. ἱερῶν 59, 21
ψυχικός: ψυχικῷ προτερήματι 161, 11
ψυχορραγῶ, aor. 37, 32
ψῦχος 16, 34. 24, 2
ψυχρὸς ἀὴρ 118, 18

ὠδίνω 235, 24. ὠδῖνας τὴν ἀποστασίαν 12, 20. ὤδινε 249, 5
ὠδὶς ἀποστασίας 62, 13. ὠδίνων ἀρχὴ 6, 7. 74, 7. 155, 20
ὠθῶ: ὤθησαν 178, 23. ὦσαι 247, 6. ὤσαντο 194, 19. ὠσάμενος 84, 10
ὠλέκρανον 148, 23
ὦμος 7, 8. 94, 6. 128, 10. 148, 14. 198, 16. 199, 35
ὠμότης 253, 14
ὠνοῦμαι 256, 24. ἐωνησάμεθα 151, 7
ὥρα 146, 15. 147, 8. 168, 2. 173, 22. 230, 14. ὥρας ἐνιαυσίου 188, 10. ἔτους 122, 1. 147, 32. 156, 24. θερείας 118, 12. πρὸ — ἐκτετμημένη 227, 17. ὥραν καλὴ 21, 36. πωλούσαις 59, 35. τὰ τῶν ὡρῶν 181, 7
ὡραῖος: ὡραία 113, 9. 227, 16. ὡραῖα τρωκτὰ 35, 9
ὡραιότης: ἀκριβὴς 36, 10
ὡσανεὶ 39, 12
ὠχριῶ: -ακότα 119, 19. 44, 6

METHUEN'S BYZANTINE TEXTS

EDITED BY

J. B. Bury, M.A., Litt.D., LL.D.

FELLOW OF TRINITY COLLEGE, DUBLIN, REGIUS PROFESSOR OF GREEK IN DUBLIN
UNIVERSITY

MESSRS METHUEN & CO. are issuing a series of texts of Byzantine Historians, edited by English and foreign scholars. It consists mainly of Greek texts, but also includes English translations of some Oriental works which are important sources for Byzantine history. The Greek texts, which are in all cases based on original study of MSS., are accompanied by brief critical notes, and preceded by short introductions, containing the necessary explanations as to the material which has been used for the determination of the text. A special feature of these volumes are very full *indices Graecitatis*, framed with a view to the collection of material for the *Lexicon totius Graecitatis* of the future. Each volume is also provided with an *index rerum et nominum*.

The collaboration of a considerable number of eminent foreign scholars has been secured.

EVAGRIUS	PROFESSOR LÉON PARMENTIER of Liège, and JOSEPH BIDEZ, chargé de cours at the University of Ghent. [*Ready*.
PSELLUS (Historia)	C. SATHAS. [*Ready*.
CHRONICLE OF MOREA	JOHN SCHMITT, Ph.D.
CONSTANTINE PORPHYROGENNETOS	J. B. BURY.
ECTHESIS CHRONICA	PROFESSOR LAMBROS of Athens.
GENESIUS	J. B. BURY.
GEORGE PISIDES	LEO STERNBACH, Ph.D., of Cracow.
JOHN OF NIKIU (translated from the Ethiopic)	R. H. CHARLES, M.A.
PHRANTZES	S. B. SLACK, M.A.
SEBAEOS	F. C. CONYBEARE, M.A.
THEODORE OF CYZICUS	PROFESSOR LAMBROS.
ZACHARIAS OF MYTILENE	F. J. HAMILTON, LL.D., and E. W. BROOKS, M.A.

A CATALOGUE OF BOOKS AND ANNOUNCEMENTS OF METHUEN AND COMPANY PUBLISHERS : LONDON 36 ESSEX STREET W.C.

CONTENTS

	PAGE
FORTHCOMING BOOKS,	2
POETRY,	8
BELLES LETTRES, ANTHOLOGIES, ETC.,	9
ILLUSRTATED BOOKS,	10
HISTORY,	11
BIOGRAPHY,	14
TRAVEL, ADVENTURE AND TOPOGRAPHY,	15
NAVAL AND MILITARY,	17
GENERAL LITERATURE,	18
SCIENCE AND TECHNOLOGY,	20
PHILOSOPHY,	20
THEOLOGY,	21
FICTION,	24
BOOKS FOR BOYS AND GIRLS,	34
THE PEACOCK LIBRARY,	34
UNIVERSITY EXTENSION SERIES,	35
SOCIAL QUESTIONS OF TO-DAY	36
CLASSICAL TRANSLATIONS	37
EDUCATIONAL BOOKS,	37

OCTOBER 1898

OCTOBER 1898.

MESSRS. METHUEN'S
ANNOUNCEMENTS

Travel and Adventure

NORTHWARD: OVER THE GREAT ICE. By R. E. PEARY. With over 800 Illustrations, Maps and Diagrams. *Two Volumes. Royal 8vo. 32s. net.*

In this important work Lieutenant Peary tells the story of his travels and adventures in the Arctic regions. His extraordinary sledge journey and his experiences among the Eskimos are fully described, and this book is a complete record of his Arctic work, for which the Royal Geographical Society has this year awarded him their Gold Medal.

The fact that Lieutenant Peary is about to start on a determined effort to reach the North Pole lends a special interest to this book.

THROUGH ASIA. By SVEN HEDIN. With over 250 Illustrations from Sketches and Photographs by the Author, and 10 Maps. *Two volumes. Royal 8vo. 36s. net.*

In this book Dr. Sven Hedin, the distinguished Swedish explorer, describes his four years' experiences and his extraordinary adventures in Central Asia. Dr. Hedin is an accomplished artist, and his drawings are full of vigour and interest.

In adventurous interest and substantial results in various departments of knowledge, Dr. Hedin's journey will bear comparison with the travels of the great explorers of the past, from Marco Polo downwards.

The Gold Medals of the Royal Geographical Society and of the Russian Geographical Society have been conferred upon him for this journey.

THE HIGHEST ANDES. By E. A. FITZGERALD. With 40 Illustrations, 10 of which are Photogravures, and a Large Map. *Royal 8vo. 30s. net.*

Also, a Small Edition on Handmade Paper, limited to 50 Copies, *4to. £5, 5s.*

A narrative of the highest climb yet accomplished. The illustrations have been reproduced with the greatest care, and the book, in addition to its adventurous interest, contains appendices of great scientific value.

CHITRAL: The Story of a Minor Siege. By SIR G. S. ROBERTSON, K.C.S.I. With Numerous Illustrations and a Map. *Demy 8vo. 21s. net.*

Sir George Robertson, who was at the time British Agent at Gilgit, has written the story of Chitral from the point of view of one actually besieged in the fort. The book is of considerable length, and has an Introductory part explaining the series of events which culminated in the famous siege; also an account of Ross's disaster in the KORAGH defile, the heroic defence of RESHUN, and Kelly's great march. It has numerous illustrations—plans, pictures and portraits—and a map, and will give a connected narrative of the stirring episodes on the Chitral frontier in 1895.

MESSRS. METHUEN'S ANNOUNCEMENTS   3

TWENTY YEARS IN THE NEAR EAST. By A. HULME BEAMAN. With Portrait. *Demy 8vo.* 10s. 6d.

A personal narrative of experiences in Syria, Egypt, Turkey and the Balkan States, including adventures in the Lebanon, during the bombardment of Alexandra, the first Egyptian Campaign, the Donogla Expedition, the Cretan Insurrection, etc. The book also contains several chapters on Turkey, its people and its Sultan.

Theology

DOCTRINE AND DEVELOPMENT. By HASTINGS RASHDALL, M.A., Fellow and Tutor of New College, Oxford. *Crown 8vo.* 6s.

This volume consists of twenty sermons, preached chiefly before the University of Oxford. They are an attempt to translate into the language of modern thought some of the leading ideas of Christian theology and ethics.

CLOVELLY SERMONS. By WILLIAM HARRISON, M.A., late Rector of Clovelly. With a Preface by LUCAS MALET. *Crown 8vo.* 3s. 6d.

A volume of Sermons by a son-in-law of Charles Kingsley.

APOSTOLIC CHRISTIANITY: As Illustrated by the Epistles of S. Paul to the Corinthians. By H. H. HENSON, M.A., Fellow of All Souls', Oxford. *Crown 8vo.* 6s.

Handbooks of Theology.

General Editor, A. ROBERTSON, D.D., Principal of King's College, London.

THE XXXIX. ARTICLES OF THE CHURCH OF ENGLAND. Edited with an Introduction by E. C. S. GIBSON, D.D., Vicar of Leeds, late Principal of Wells Theological College. *Revised and Cheaper Edition in One Volume. Demy 8vo.* 12s. 6d.

AN INTRODUCTION TO THE HISTORY OF THE CREEDS. By A. E. BURN, Examining Chaplain to the Bishop of Lichfield. *Demy 8vo.* 10s. 6d.

The Churchman's Library.

Edited by J. H. BURN, B.D.

A series of books by competent scholars on Church History, Institutions, and Doctrine, for the use of clerical and lay readers.

THE KINGDOM OF HEAVEN HERE AND HEREAFTER. By Canon WINTERBOTHAM, M.A., B.Sc., LL.B. *Crown 8vo.* 3s. 6d.

MESSRS. METHUEN'S ANNOUNCEMENTS

Oxford Commentaries.

General Editor, WALTER LOCK, D.D., Warden of Keble College, Dean Ireland's Professor of Exegesis in the University of Oxford.

Messrs. METHUEN propose to issue a series of Commentaries upon such Books of the Bible as still seem to need further explanation.

The object of each Commentary is primarily exegetical, to interpret the author's meaning to the present generation. The editors will not deal, except very subordinately, with questions of textual criticism or philology; but taking the English text in the Revised Version as their basis, they will try to combine a hearty acceptance of critical principles with loyalty to the Catholic Faith. It is hoped that in this way the series may be of use both to theological students and to the clergy, and also to the growing number of educated laymen and laywomen who wish to read the Bible intelligently and reverently.

THE BOOK OF JOB. Edited, with Introduction and Notes, by E. C. S. GIBSON, D.D., Vicar of Leeds. *Demy 8vo.* 6s.

The Library of Devotion.

Pott 8vo. Cloth 2s.; leather 2s. 6d. net.

NEW VOLUMES.

A SERIOUS CALL TO A DEVOUT AND HOLY LIFE. By WILLIAM LAW. Edited, with an Introduction, Analysis, and Notes, by C. BIGG, D.D. *Pott 8vo.*

A BOOK OF DEVOTIONS. By J. W. STANBRIDGE, M.A., Rector of Bainton, Canon of York, and sometime Fellow of St. John's College, Oxford. *Pott 8vo.*

This book contains devotions, Eucharistic, daily and occasional, for the use of members of the English Church, sufficiently diversified for those who possess other works of the kind. It is intended to be a companion in private and public worship, and is in harmony with the thoughts of the best Devotional writers.

History and Biography

MEMOIRS OF ADMIRAL THE RIGHT HONBLE. SIR ASTLEY COOPER KEY. By Vice-Admiral P. H. COLOMB. With Portrait. *Demy 8vo.* 16s.

This life of a great sailor throws a considerable light on the evolution of the Navy during the last fifty years.

THE DECLINE AND FALL OF THE ROMAN EMPIRE. By EDWARD GIBBON. A New Edition, edited with Notes, Appendices, and Maps by J. B. BURY, LL.D., Fellow of Trinity College, Dublin. *In Seven Volumes. Demy 8vo, gilt top.* 8s. 6d. *each. Crown 8vo.* 6s. *each. Vol. VI.*

MESSRS. METHUEN'S ANNOUNCEMENTS 5

A HISTORY OF EGYPT, FROM THE EARLIEST TIMES TO THE PRESENT DAY. Edited by W. M. FLINDERS PETRIE, D.C.L., LL.D., Professor of Egyptology at University College. *Fully Illustrated. In Six Volumes. Crown 8vo. 6s. each.*
Vol. IV. ROMAN EGYPT. J. G. MILNE.
Vol. V. THE EGYPT OF THE PTOLEMIES. J. P. MAHAFFY.

THE CANON LAW IN ENGLAND. By F. W. MAITLAND, LL.D., Downing Professor of the Laws of England in the University of Cambridge. *Royal 8vo. 7s. 6d.*
A volume of Essays on the History of the Canon Law in England. These Essays deal chiefly with the measure of authority attributed in medieval England to the papal law-books, and one entitled (1) *William Lyndwood*, (2) *Church, State and Decretals*, (3) *William of Drogheda and the Universal Ordinary*, (4) *Henry II. and the Criminous Clerks*, (5) *Execrabilis in the Common Pleas*, and (6) *The Deacon and the Jewess*.

A HISTORY OF SHREWSBURY SCHOOL. By G. W. FISHER, M.A., Assistant Master. With Numerous Illustrations. *Demy 8vo. 7s. 6d.*

A HISTORY OF WESTMINSTER SCHOOL. By J. SERGEANT, M.A., Assistant Master. With Numerous Illustrations. *Demy 8vo. 7s. 6d.*

ANNALS OF ETON COLLEGE. By W. STERRY, M.A. With Numerous Illustrations. *Demy 8vo. 7s. 6d.*

General Literature

THE PILGRIM'S PROGRESS. By JOHN BUNYAN. Edited, with an Introduction, by C. H. FIRTH, M.A. With 39 Illustrations by R. ANNING BELL. *Crown 8vo. 6s.*
This book contains a long Introduction by Mr. Firth, whose knowledge of the period is unrivalled; and it is lavishly illustrated.

AN OLD ENGLISH HOME. By S. BARING GOULD. With Numerous Plans and Illustrations. *Crown 8vo. 6s.*
This book describes the life and environment of an old English family.

CAMBRIDGE AND ITS COLLEGES. By A. HAMILTON THOMPSON. With Illustrations by E. H. NEW. *Pott 8vo. Cloth, 3s. Leather, 4s.*
This book is uniform with Mr. Wells's very successful book, 'Oxford and its Colleges.'

UNIVERSITY AND SOCIAL SETTLEMENTS. By W. REASON, M.A. *Crown 8vo. 2s. 6d.* [*Social Question Series.*

DANTE'S GARDEN. By ROSEMARY COTES. With a frontispiece *Fcap. 8vo. 3s. 6d.*
An account of the flowers mentioned by Dante, with their legends.

READING AND READERS. By CLIFFORD HARRISON. *Fcap. 8vo. 2s. 6d.*
A little book of principles and hints by the most distinguished of living reciters.

VENTURES IN VERSE. By B. J. WILLIAMS. *Cr. 8vo. 3s 6d.*

6   MESSRS. METHUEN'S ANNOUNCEMENTS

Educational

VOLUMETRIC ANALYSIS. By J. B. RUSSELL, Science Master at Burnley Grammar School. *Crown 8vo.* 1s.
A small Manual, containing all the necessary rules, etc., on a subject which has hitherto only been treated in expensive volumes.

A KEY TO STEDMAN'S EASY FRENCH EXERCISES. By G. A. SCHRUMPF. *Crown 8vo.* 3s. *net.*

A SHORTER GREEK PRIMER. By A. M. M. STEDMAN, M.A. *Crown 8vo.* 1s. 6d.
A book which contains the elements of Accidence and Syntax.

CARPENTRY AND JOINERY. By F. C. WEBBER. With many Illustrations. *Crown 8vo.* 3s. 6d.
[*Handbooks of Technology.*
A Manual for technical classes and self-instruction.

PRACTICAL MECHANICS. By SIDNEY H. WELLS. Illustrated. *Crown 8vo.* 3s. 6d. [*Handbooks of Technology.*

A CLASS-BOOK OF DICTATION PASSAGES. By W. WILLIAMSON, M.A. *Crown 8vo.* 1s. 6d.
The passages are culled from recognised authors, and a few newspaper passages are included. The lists of appended words are drawn up mainly on the principle of comparison and contrast, and will form a repertoire of over 2000 words, embracing practically all the difficulties felt by the pupil.

AN ENTRANCE GUIDE TO THE PROFESSIONS AND BUSINESS. By HENRY JONES. *Crown 8vo.* 1s. 6d.
[*Commercial Series.*

Byzantine Texts

Edited by J. B. BURY, LL.D., Professor of Modern History at Trinity College, Dublin.

EVAGRIUS. Edited by PROFESSOR LÉON PARMENTIER of Liége and M. BIDEZ of Gand. *Demy 8vo.*

Cheaper Editions

BRITISH CENTRAL AFRICA. By Sir H. H. JOHNSTON, K.C.B. With nearly Two Hundred Illustrations, and Six Maps. *Revised and Cheaper Edition. Crown 4to.* 21s. *net.*
'The book is crowded with important information, and written in a most attractive style; it is worthy, in short, of the author's established reputation.'—*Standard.*

VAILIMA LETTERS. By ROBERT LOUIS STEVENSON. With an Etched Portrait by WILLIAM STRANG, and other Illustrations. *Cheaper Edition. Crown 8vo. Buckram.* 6s.

A BOOK OF CHRISTMAS VERSE. Edited by H. C. BEECHING, M.A., and Illustrated by WALTER CRANE. *Cheaper Edition. Crown 8vo, gilt top.* 3s. 6d.
A collection of the best verse inspired by the birth of Christ from the Middle Ages to the present day.

MESSRS. METHUEN'S ANNOUNCEMENTS 7

LYRA SACRA : An Anthology of Sacred Verse. Edited by H. C. BEECHING, M.A. *Cheaper Edition. Crown 8vo. Buckram.* 3s. 6d.
'A charming selection, which maintains a lofty standard of excellence.'—*Times.*

Fiction

THE BATTLE OF THE STRONG. By GILBERT PARKER, Author of 'The Seats of the Mighty.' *Crown 8vo.* 6s.
A romance of 1798.
THE TOWN TRAVELLER. By GEORGE GISSING, Author of 'Demos,' 'In the Year of Jubilee,' etc. *Crown 8vo.* 6s.
THE COUNTESS TEKLA. By ROBERT BARR, Author of 'The Mutable Many.' *Crown 8vo.* 6s.
A historical romance.
THINGS THAT HAVE HAPPENED. By DOROTHEA GERARD, Author of 'Lady Baby,' 'Orthodox,' etc. *Crown 8vo.* 6s.
DOMITIA. By S. BARING GOULD, Author of 'The Broom Squire,' etc. *Crown 8vo.* 6s.
A romance of imperial Rome.
FROM THE EAST UNTO THE WEST. By JANE BARLOW, Author of 'Irish Idylls,' 'A Creel of Irish Stories,' etc. *Crown 8vo.* 6s.
TO ARMS ! By ANDREW BALFOUR, Author of 'By Stroke of Sword.' Illustrated. *Crown 8vo.* 6s.
A romance of 1715.
THE JOURNALIST. By C. F. KEARY. *Crown 8vo.* 6s.
A story of modern literary life.
PEGGY OF THE BARTONS. By B. M. CROKER, Author of 'Proper Pride.' *Crown 8vo.* 6s.
A VENDETTA OF THE DESERT. By W. C. SCULLY. *Crown 8vo.* 3s. 6d.
A South African romance.
CORRAGEEN IN '98. By Mrs. ORPEN. *Crown 8vo.* 6s.
A romance of the Irish Rebellion.
AN ENEMY TO THE KING. By R. N. STEPHENS. *Crown 8vo.* 6s.
THE PLUNDERPIT. By J. KEIGHLEY SNOWDEN. *Crown 8vo.* 6s.
A romance of adventure.
DEADMAN'S. By MARY GAUNT, Author of 'Kirkham's Find.' *Crown 8vo.* 6s.
An Australian story.
WILLOWBRAKE. By R. MURRAY GILCHRIST. *Crown 8vo.* 6s.
THE ANGEL OF THE COVENANT. By J. MACLAREN COBBAN. *Crown 8vo.* 6s.
A historical romance, of which Montrose is the hero.
OWD BOB, THE GREY DOG OF KENMUIR. By ALFRED OLLIVANT. *Crown 8vo.* 6s.
A story of the Cumberland dales.
ANANIAS. By the Hon. Mrs. ALAN BRODRICK. *Crown 8vo.* 6s.
ADVENTURES IN WALLYPUG LAND. By G. E. FARROW. With Illustrations by ALAN WRIGHT. *Crown 8vo. Gilt top.* 5s.

A LIST OF

MESSRS. METHUEN'S
PUBLICATIONS

Poetry

Rudyard Kipling. BARRACK-ROOM BALLADS. By RUDYARD KIPLING. *Fourteenth Edition. Crown 8vo. 6s.*
'Mr. Kipling's verse is strong, vivid, full of character. . . . Unmistakable genius rings in every line.'—*Times.*
'The ballads teem with imagination, they palpitate with emotion. We read them with laughter and tears; the metres throb in our pulses, the cunningly ordered words tingle with life; and if this be not poetry, what is?'—*Pall Mall Gazette.*

Rudyard Kipling. THE SEVEN SEAS. By RUDYARD KIPLING. *Fourth Edition. Crown 8vo. Buckram, gilt top. 6s.*
'The new poems of Mr. Rudyard Kipling have all the spirit and swing of their predecessors. Patriotism is the solid concrete foundation on which Mr. Kipling has built the whole of his work.'—*Times.*
'The Empire has found a singer; it is no depreciation of the songs to say that statesmen may have, one way or other, to take account of them.'—*Manchester Guardian.*
'Animated through and through with indubitable genius.'—*Daily Telegraph.*

"Q." POEMS AND BALLADS. By "Q." *Crown 8vo. 3s. 6d.*
'This work has just the faint, ineffable touch and glow that make poetry.'—*Speaker.*

"Q." GREEN BAYS: Verses and Parodies. By "Q.," Author of 'Dead Man's Rock,' etc. *Second Edition. Crown 8vo. 3s. 6d.*

E. Mackay. A SONG OF THE SEA. By ERIC MACKAY. *Second Edition. Fcap. 8vo. 5s.*
'Everywhere Mr. Mackay displays himself the master of a style marked by all the characteristics of the best rhetoric.'—*Globe.*

H. Ibsen. BRAND. A Drama by HENRIK IBSEN. Translated by WILLIAM WILSON. *Second Edition. Crown 8vo. 3s. 6d.*
'The greatest world-poem of the nineteenth century next to "Faust." It is in the same set with "Agamemnon," with "Lear," with the literature that we now instinctively regard as high and holy.'—*Daily Chronicle.*

"A. G." VERSES TO ORDER. By "A. G." *Cr. 8vo. 2s. 6d. net.*
'A capital specimen of light academic poetry.'—*St. James's Gazette.*

J. G. Cordery. THE ODYSSEY OF HOMER. A Translation by J. G. CORDERY. *Crown 8vo. 7s. 6d.*

Belles Lettres, Anthologies, etc.

R. L. Stevenson. VAILIMA LETTERS. By ROBERT LOUIS STEVENSON. With an Etched Portrait by WILLIAM STRANG, and other Illustrations. *Second Edition. Crown 8vo. Buckram. 6s.*
'A fascinating book.'—*Standard.*
'Full of charm and brightness.'—*Spectator.*
'A gift almost priceless.'—*Speaker.*
'Unique in literature.'—*Daily Chronicle.*

George Wyndham. THE POEMS OF WILLIAM SHAKE-SPEARE. Edited with an Introduction and Notes by GEORGE WYNDHAM, M.P. *Demy 8vo. Buckram, gilt top. 10s. 6d.*
This edition contains the 'Venus,' 'Lucrece,' and Sonnets, and is prefaced with an elaborate introduction of over 140 pp.
'One of the most serious contributions to Shakespearian criticism that has been published for some time.'—*Times.*
'One of the best pieces of editing in the language.'—*Outlook.*
'This is a scholarly and interesting contribution to Shakespearian literature.'—*Literature.*
'We have no hesitation in describing Mr. George Wyndham's introduction as a masterly piece of criticism, and all who love our Elizabethan literature will find a very garden of delight in it.'—*Spectator.*
'Mr. Wyndham's notes are admirable, even indispensable.'—*Westminster Gazette.*
'The standard edition of Shakespeare's poems.'—*World.*
'The book is written with critical insight and literary felicity.'—*Standard.*

W. E. Henley. ENGLISH LYRICS. Selected and Edited by W. E. HENLEY. *Crown 8vo. Buckram, gilt top. 6s.*
'It is a body of choice and lovely poetry.'—*Birmingham Gazette.*

Henley and Whibley. A BOOK OF ENGLISH PROSE. Collected by W. E. HENLEY and CHARLES WHIBLEY. *Crown 8vo. Buckram, gilt top. 6s.*
'Quite delightful. A greater treat for those not well acquainted with pre-Restoration prose could not be imagined.'—*Athenæum.*

H. C. Beeching. LYRA SACRA : An Anthology of Sacred Verse. Edited by H. C. BEECHING, M.A. *Crown 8vo. Buckram. 6s.*
'A charming selection, which maintains a lofty standard of excellence.'—*Times.*

"Q." THE GOLDEN POMP: A Procession of English Lyrics. Arranged by A. T. QUILLER COUCH. *Crown 8vo. Buckram. 6s.*
'A delightful volume : a really golden "Pomp."'—*Spectator.*

W. B. Yeats. AN ANTHOLOGY OF IRISH VERSE. Edited by W. B. YEATS. *Crown 8vo. 3s. 6d.*
'An attractive and catholic selection.'—*Times.*

G. W. Steevens. MONOLOGUES OF THE DEAD. By G. W. STEEVENS. *Foolscap 8vo. 3s. 6d.*
'The effect is sometimes splendid, sometimes bizarre, but always amazingly clever.'—*Pall Mall Gazette.*

W. M. Dixon. A PRIMER OF TENNYSON. By W. M. DIXON, M.A., Professor of English Literature at Mason College. *Crown 8vo. 2s. 6d.*
'Much sound and well-expressed criticism. The bibliography is a boon.'—*Speaker.*

MESSRS. METHUEN'S LIST

W. A. Craigie. A PRIMER OF BURNS. By W. A. CRAIGIE. *Crown 8vo.* 2s. 6d.
'A valuable addition to the literature of the poet.'—*Times.*

L. Magnus. A PRIMER OF WORDSWORTH. By LAURIE MAGNUS. *Crown 8vo.* 2s. 6d.
'A valuable contribution to Wordsworthian literature.'—*Literature.*

Sterne. THE LIFE AND OPINIONS OF TRISTRAM SHANDY. By LAWRENCE STERNE. With an Introduction by CHARLES WHIBLEY, and a Portrait. 2 vols. 7s.
'Very dainty volumes are these; the paper, type, and light-green binding are all very agreeable to the eye.'—*Globe.*

Congreve. THE COMEDIES OF WILLIAM CONGREVE. With an Introduction by G. S. STREET, and a Portrait. 2 vols. 7s.

Morier. THE ADVENTURES OF HAJJI BABA OF ISPAHAN. By JAMES MORIER. With an Introduction by E. G. BROWNE, M.A., and a Portrait. 2 vols. 7s.

Walton. THE LIVES OF DONNE, WOTTON, HOOKER, HERBERT, AND SANDERSON. By IZAAK WALTON. With an Introduction by VERNON BLACKBURN, and a Portrait. 3s. 6d.

Johnson. THE LIVES OF THE ENGLISH POETS. By SAMUEL JOHNSON, LL.D. With an Introduction by J. H. MILLAR, and a Portrait. 3 vols. 10s. 6d.

Burns. THE POEMS OF ROBERT BURNS. Edited by ANDREW LANG and W. A. CRAIGIE. With Portrait. *Demy 8vo, gilt top.* 6s.
This edition contains a carefully collated Text, numerous Notes, critical and textual, a critical and biographical Introduction, and a Glossary.
'Among editions in one volume, this will take the place of authority.'—*Times.*

F. Langbridge. BALLADS OF THE BRAVE: Poems of Chivalry, Enterprise, Courage, and Constancy. Edited by Rev. F. LANGBRIDGE. *Second Edition. Crown 8vo.* 3s. 6d. *School Edition.* 2s. 6d.
'A very happy conception happily carried out. These "Ballads of the Brave" are intended to suit the real tastes of boys, and will suit the taste of the great majority.' —*Spectator.* 'The book is full of splendid things.'—*World.*

Illustrated Books

F. D. Bedford. NURSERY RHYMES. With many Coloured Pictures. By F. D. BEDFORD. *Super Royal 8vo.* 5s.
'An excellent selection of the best known rhymes, with beautifully coloured pictures exquisitely printed.'—*Pall Mall Gazette.*

S. Baring Gould. A BOOK OF FAIRY TALES retold by S. BARING GOULD. With numerous illustrations and initial letters by ARTHUR J. GASKIN. *Second Edition. Crown 8vo. Buckram.* 6s.
'Mr. Baring Gould is deserving of gratitude, in re-writing in simple style the old stories that delighted our fathers and grandfathers.'—*Saturday Review.*

MESSRS. METHUEN'S LIST 11

S. Baring Gould. OLD ENGLISH FAIRY TALES. Collected and edited by S. BARING GOULD. With Numerous Illustrations by F. D. BEDFORD. *Second Edition. Crown 8vo. Buckram.* 6s.
'A charming volume. The stories have been selected with great ingenuity from various old ballads and folk-tales, and now stand forth, clothed in Mr. Baring Gould's delightful English, to enchant youthful readers.'—*Guardian.*

S. Baring Gould. A BOOK OF NURSERY SONGS AND RHYMES. Edited by S. BARING GOULD, and Illustrated by the Birmingham Art School. *Buckram, gilt top. Crown 8vo.* 6s.
'The volume is very complete in its way, as it contains nursery songs to the number of 77, game-rhymes, and jingles. To the student we commend the sensible introduction, and the explanatory notes.'—*Birmingham Gazette.*

H. C. Beeching. A BOOK OF CHRISTMAS VERSE. Edited by H. C. BEECHING, M.A., and Illustrated by WALTER CRANE. *Crown 8vo, gilt top.* 5s.
An anthology which, from its unity of aim and high poetic excellence, has a better right to exist than most of its fellows.'—*Guardian.*

History

Gibbon. THE DECLINE AND FALL OF THE ROMAN EMPIRE. By EDWARD GIBBON. A New Edition, Edited with Notes, Appendices, and Maps, by J. B. BURY, LL.D., Fellow of Trinity College, Dublin. *In Seven Volumes. Demy 8vo. Gilt top.* 8s. 6d. each. *Also crown 8vo.* 6s. each. *Vols. I., II., III., IV., and V.*
'The time has certainly arrived for a new edition of Gibbon's great work. . . . Professor Bury is the right man to undertake this task. His learning is amazing, both in extent and accuracy. The book is issued in a handy form, and at a moderate price, and it is admirably printed.'—*Times.*
'This edition, is a marvel of erudition and critical skill, and it is the very minimum of praise to predict that the seven volumes of it will supersede Dean Milman's as the standard edition of our great historical classic.'—*Glasgow Herald.*
'At last there is an adequate modern edition of Gibbon. . . . The best edition the nineteenth century could produce.'—*Manchester Guardian.*

Flinders Petrie. A HISTORY OF EGYPT, FROM THE EARLIEST TIMES TO THE PRESENT DAY. Edited by W. M. FLINDERS PETRIE, D.C.L., LL.D., Professor of Egyptology at University College. *Fully Illustrated. In Six Volumes. Crown 8vo.* 6s. each.
Vol. I. PREHISTORIC TIMES TO XVITH DYNASTY. W. M. F. Petrie. *Third Edition.*
Vol. II. THE XVIITH AND XVIIITH DYNASTIES. W. M. F. Petrie. *Second Edition.*
'A history written in the spirit of scientific precision so worthily represented by Dr. Petrie and his school cannot but promote sound and accurate study, and supply a vacant place in the English literature of Egyptology.'—*Times.*

Flinders Petrie. RELIGION AND CONSCIENCE IN ANCIENT EGYPT. By W. M. FLINDERS PETRIE, D.C.L., LL.D. Fully Illustrated. *Crown 8vo.* 2s. 6d.
'The lectures will afford a fund of valuable information for students of ancient ethics.'—*Manchester Guardian.*

12   MESSRS. METHUEN'S LIST

Flinders Petrie. SYRIA AND EGYPT, FROM THE TELL EL AMARNA TABLETS. By W. M. FLINDERS PETRIE, D.C.L., LL.D. *Crown 8vo.* 2s. 6d.

'A marvellous record. The addition made to our knowledge is nothing short of amazing.'—*Times.*

Flinders Petrie. EGYPTIAN TALES. Edited by W. M. FLINDERS PETRIE. Illustrated by TRISTRAM ELLIS. *In Two Volumes. Crown 8vo.* 3s. 6d. each.

'A valuable addition to the literature of comparative folk-lore. The drawings are really illustrations in the literal sense of the word.'—*Globe.*
'Invaluable as a picture of life in Palestine and Egypt.'—*Daily News.*

Flinders Petrie. EGYPTIAN DECORATIVE ART. By W. M. FLINDERS PETRIE. With 120 Illustrations. *Cr. 8vo.* 3s. 6d.

'In these lectures he displays rare skill in elucidating the development of decorative art in Egypt, and in tracing its influence on the art of other countries.'—*Times.*

C. W. Oman. A HISTORY OF THE ART OF WAR. Vol. II.: The Middle Ages, from the Fourth to the Fourteenth Century. By C. W. OMAN, M.A., Fellow of All Souls', Oxford. Illustrated. *Demy 8vo.* 21s.

'The book is based throughout upon a thorough study of the original sources, and will be an indispensable aid to all students of mediæval history.'—*Athenæum.*
'The whole art of war in its historic evolution has never been treated on such an ample and comprehensive scale, and we question if any recent contribution to the exact history of the world has possessed greater and more enduring value.'—*Daily Chronicle.*

S. Baring Gould. THE TRAGEDY OF THE CÆSARS. With numerous Illustrations from Busts, Gems, Cameos, etc. By S. BARING GOULD. *Fourth Edition. Royal 8vo.* 15s.

'A most splendid and fascinating book on a subject of undying interest. The great feature of the book is the use the author has made of the existing portraits of the Caesars and the admirable critical subtlety he has exhibited in dealing with this line o research. It is brilliantly written, and the illustrations are supplied on a rofuse magnificence.'—*Daily Chronicle.*

H. de B. Gibbins. INDUSTRY IN ENGLAND: HISTORICAL OUTLINES. By H. DE B. GIBBINS, M.A., D.Litt. With 5 Maps. *Second Edition. Demy 8vo.* 10s. 6d.

H. E Egerton. A HISTORY OF BRITISH COLONIAL POLICY. By H. E. EGERTON, M.A. *Demy 8vo.* 12s. 6d.

'It is a good book, distinguished by accuracy in detail, clear arrangement of facts, and a broad grasp of principles.'—*Manchester Guardian.*
'Able, impartial, clear. ... A most valuable volume.'—*Athenæum.*

MESSRS. METHUEN'S LIST 13

Albert Sorel. THE EASTERN QUESTION IN THE EIGHTEENTH CENTURY. By ALBERT SOREL, of the French Academy. Translated by F. C. BRAMWELL, M.A., with an Introduction by R. C. L. FLETCHER, Fellow of Magdalen College, Oxford. With a Map. *Crown 8vo.* 4s. 6d.

'The author's insight into the character and motives of the leading actors in the drama gives the work an interest uncommon in books based on similar material.'—*Scotsman.*

C. H. Grinling. A HISTORY OF THE GREAT NORTHERN RAILWAY, 1845-95. By CHARLES H. GRINLING. With Maps and Illustrations. *Demy 8vo.* 10s. 6d.

'Admirably written, and crammed with interesting facts.'—*Daily Mail.*
'The only adequate history of a great English railway company that has as yet appeared.'—*Times.*
'Mr. Grinling has done for the history of the Great Northern what Macaulay did for English History.'—*The Engineer.*

A. Clark. THE COLLEGES OF OXFORD: Their History and their Traditions. By Members of the University. Edited by A. CLARK, M.A., Fellow and Tutor of Lincoln College. *8vo.* 12s. 6d.

'A work which will certainly be appealed to for many years as the standard book on the Colleges of Oxford.'—*Athenæum.*

Perrens. THE HISTORY OF FLORENCE FROM 1434 TO 1492. By F. T. PERRENS. *8vo.* 12s. 6d.

A history of Florence under the domination of Cosimo, Piero, and Lorenzo de Medicis.

J. Wells. A SHORT HISTORY OF ROME. By J. WELLS, M.A., Fellow and Tutor of Wadham Coll., Oxford. With 4 Maps. *Crown 8vo.* 3s. 6d.

This book is intended for the Middle and Upper Forms of Public Schools and for Pass Students at the Universities. It contains copious Tables, etc.
'An original work written on an original plan, and with uncommon freshness and vigour.'—*Speaker.*

O. Browning. A SHORT HISTORY OF MEDIÆVAL ITALY, A.D. 1250-1530. By OSCAR BROWNING, Fellow and Tutor of King's College, Cambridge. *Second Edition. In Two Volumes. Crown 8vo.* 5s. each.

VOL. I. 1250-1409.—Guelphs and Ghibellines.
VOL. II. 1409-1530.—The Age of the Condottieri.

'Mr. Browning is to be congratulated on the production of a work of immense labour and learning.'—*Westminster Gazette.*

O'Grady. THE STORY OF IRELAND. By STANDISH O'GRADY, Author of 'Finn and his Companions.' *Cr. 8vo.* 2s. 6d.

'Most delightful, most stimulating. Its racy humour, its original imaginings, make it one of the freshest breeziest volumes.'—*Methodist Times.*

Biography

S. Baring Gould. THE LIFE OF NAPOLEON BONAPARTE. By S. BARING GOULD. With over 450 Illustrations in the Text and 12 Photogravure Plates. *Large quarto. Gilt top.* 36s.

'The best biography of Napoleon in our tongue, nor have the French as good a biographer of their hero. A book very nearly as good as Southey's "Life of Nelson."'—*Manchester Guardian.*
'The main feature of this gorgeous volume is its great wealth of beautiful photogravures and finely-executed wood engravings, constituting a complete pictorial chronicle of Napoleon I.'s personal history from the days of his early childhood at Ajaccio to the date of his second interment.'—*Daily Telegraph.*
'Nearly all the illustrations are real contributions to history.'—*Westminster Gazette.*

Morris Fuller. THE LIFE AND WRITINGS OF JOHN DAVENANT, D.D. (1571-1641), Bishop of Salisbury. By MORRIS FULLER, B.D. *Demy 8vo.* 10s. 6d.

J. M. Rigg. ST. ANSELM OF CANTERBURY: A CHAPTER IN THE HISTORY OF RELIGION. By J. M. RIGG. *Demy 8vo.* 7s. 6d.

'Mr. Rigg has told the story of the life with scholarly ability, and has contributed an interesting chapter to the history of the Norman period.'—*Daily Chronicle.*

F. W. Joyce. THE LIFE OF SIR FREDERICK GORE OUSELEY. By F. W. JOYCE, M.A. 7s. 6d.

'This book has been undertaken in quite the right spirit, and written with sympathy, insight, and considerable literary skill.'—*Times.*

W. G. Collingwood. THE LIFE OF JOHN RUSKIN. By W. G. COLLINGWOOD, M.A. With Portraits, and 13 Drawings by Mr. Ruskin. *Second Edition.* 2 vols. 8vo. 32s.

'No more magnificent volumes have been published for a long time.'—*Times.*
'It is long since we had a biography with such delights of substance and of form. Such a book is a pleasure for the day, and a joy for ever.'—*Daily Chronicle.*

C. Waldstein. JOHN RUSKIN. By CHARLES WALDSTEIN, M.A. With a Photogravure Portrait. *Post 8vo.* 5s.

'A thoughtful and well-written criticism of Ruskin's teaching.'—*Daily Chronicle.*

A. M. F. Darmesteter. THE LIFE OF ERNEST RENAN. By MADAME DARMESTETER. With Portrait. *Second Edition. Cr. 8vo.* 6s.

'A polished gem of biography, superior in its kind to any attempt that has been made of recent years in England. Madame Darmesteter has indeed written for English readers "*The Life of Ernest Renan.*"'—*Athenæum.*
'It is a fascinating and biographical and critical study, and an admirably finished work of literary art.'—*Scotsman.*
'It is interpenetrated with the dignity and charm, the mild, bright, classical grace of form and treatment that Renan himself so loved; and it fulfils to the uttermost the delicate and difficult achievement it sets out to accomplish.'—*Academy.*

W. H. Hutton. THE LIFE OF SIR THOMAS MORE. By W. H. HUTTON, M.A. *With Portraits. Crown 8vo.* 5s.

'The book lays good claim to high rank among our biographies. It is excellently, even lovingly, written.'—*Scotsman.*   'An excellent monograph.'—*Times.*

Travel, Adventure and Topography

H. H. Johnston. BRITISH CENTRAL AFRICA. By Sir H. H. JOHNSTON, K.C.B. With nearly Two Hundred Illustrations, and Six Maps. *Second Edition. Crown 4to.* 30s. *net.*

'A fascinating book, written with equal skill and charm—the work at once of a literary artist and of a man of action who is singularly wise, brave, and experienced. It abounds in admirable sketches from pencil.'—*Westminster Gazette.*
'A delightful book . . . collecting within the covers of a single volume all that is known of this part of our African domains. The voluminous appendices are of extreme value.'—*Manchester Guardian.*
'The book takes front rank as a standard work by the one man competent to write it.'—*Daily Chronicle.*

L. Decle. THREE YEARS IN SAVAGE AFRICA. By LIONEL DECLE. With 100 Illustrations and 5 Maps. *Second Edition. Demy 8vo.* 21s.

'A fine, full book.'—*Pall Mall Gazette.*
'Abounding in thrilling adventures.'—*Daily Telegraph.*
'His book is profusely illustrated, and its bright pages give a better general survey of Africa from the Cape to the Equator than any single volume that has yet been published.'—*Times.*
'A delightful book.'—*Academy.*
'Astonishingly frank. Every page deserves close attention.'—*Literature.*
'Unquestionably one of the most interesting books of travel which have recently appeared.'—*Standard.*
'The honest impressions of a keen-eyed and intrepid traveller.'—*Scotsman.*
'Appealing powerfully to the popular imagination.'—*Globe.*

Henri of Orleans. FROM TONKIN TO INDIA. By PRINCE HENRI OF ORLEANS. Translated by HAMLEY BENT, M.A. With 100 Illustrations and a Map. *Crown 4to, gilt top.* 25s.

'A welcome contribution to our knowledge. The narrative is full and interesting, and the appendices give the work a substantial value.'—*Times.*
'The Prince's travels are of real importance . . . his services to geography have been considerable. The volume is beautifully illustrated.'—*Athenæum.*

R. S. S. Baden-Powell. THE DOWNFALL OF PREMPEH. A Diary of Life in Ashanti, 1895. By Colonel BADEN-POWELL. With 21 Illustrations and a Map. *Cheaper Edition. Large Crown 8vo.* 6s.

'A compact, faithful, most readable record of the campaign.'—*Daily News.*

R. S. S. Baden-Powell. THE MATABELE CAMPAIGN, 1896. By Colonel BADEN-POWELL. With nearly 100 Illustrations. *Cheaper Edition. Large Crown 8vo.* 6s.

'As a straightforward account of a great deal of plucky work unpretentiously done, this book is well worth reading.'—*Times.*

S. L. Hinde. THE FALL OF THE CONGO ARABS. By S. L. HINDE. With Plans, etc. *Demy 8vo.* 12s. 6d.

'The book is full of good things, and of sustained interest.'—*St. James's Gazette.*
'A graphic sketch of one of the most exciting and important episodes in the struggle for supremacy in Central Africa between the Arabs and their European rivals.'—*Times.*

MESSRS. METHUEN'S LIST

A. St. H. Gibbons. EXPLORATION AND HUNTING IN CENTRAL AFRICA. By Major A. ST. H. GIBBONS, F.R.G.S. With 8 full-page Illustrations by C. WHYMPER, 25 Photographs and Maps. *Demy 8vo.* 15s.

'His book is a grand record of quiet, unassuming, tactful resolution. His adventures were as various as his sporting exploits were exciting.'—*Times.*

E. H. Alderson. WITH THE MOUNTED INFANTRY AND MASHONALAND FIELD FORCE, 1896. By Lieut.-Colonel ALDERSON. With numerous Illustrations and Plans. *Demy 8vo.* 10s. 6d.

'An interesting contribution to the story of the British Empire's growth.'—*Daily News.*

'A clear, vigorous, and soldier-like narrative.'—*Scotsman.*

Seymour Vandeleur. CAMPAIGNING ON THE UPPER NILE AND NIGER. By Lieut. SEYMOUR VANDELEUR. With an Introduction by Sir G. GOLDIE, K.C.M.G. With 4 Maps, Illustrations, and Plans. *Large Crown 8vo.* 10s. 6d.

'Upon the African question there is no book procurable which contains so much of value as this one.'—*Guardian.*

Lord Fincastle. A FRONTIER CAMPAIGN. By the Viscount FINCASTLE, V.C., and Lieut. P. C. ELLIOTT-LOCKHART. With a Map and 16 Illustrations. *Second Edition. Crown 8vo.* 6s.

'An admirable book, combining in a volume a piece of pleasant reading for the general reader, and a really valuable treatise on frontier war.'—*Athenæum.*

J. K. Trotter. THE NIGER SOURCES. By Colonel J. K. TROTTER, R.A. With a Map and Illustrations. *Crown 8vo.* 5s.

'A most interesting as well as a lucidly and modestly written book.'—*Spectator.*

Michael Davitt. LIFE AND PROGRESS IN AUSTRALASIA. By MICHAEL DAVITT, M.P. With 2 Maps. *Crown 8vo.* 6s. 500 pp.

'An interesting and suggestive work.'—*Daily Chronicle.*
'Contains an astonishing amount of practical information.'—*Daily Mail.*
'One of the most valuable contributions to our store of Imperial literature that has been published for a very long time.'—*Pall Mall Gazette.*

W. Crooke. THE NORTH-WESTERN PROVINCES OF INDIA: THEIR ETHNOLOGY AND ADMINISTRATION. By W. CROOKE. With Maps and Illustrations. *Demy 8vo.* 10s. 6d.

'A carefully and well-written account of one of the most important provinces of the Empire. Mr. Crooke deals with the land in its physical aspect, the province under Hindoo and Mussulman rule, under British rule, its ethnology and sociology, its religious and social life, the land and its settlement, and the native peasant. The illustrations are good, and the map is excellent.'—*Manchester Guardian.*

A. Boisragon. THE BENIN MASSACRE. By CAPTAIN BOISRAGON. *Second Edition. Crown 8vo.* 3s. 6d.

'If the story had been written four hundred years ago it would be read to-day as an English classic.'—*Scotsman.*
'If anything could enhance the horror and the pathos of this remarkable book it is the simple style of the author, who writes as he would talk, unconscious of his own heroism, with an artlessness which is the highest art.'—*Pall Mall Gazette.*

H. S. Cowper. THE HILL OF THE GRACES : OR, THE GREAT STONE TEMPLES OF TRIPOLI. By H. S. COWPER, F.S.A. With Maps, Plans, and 75 Illustrations. *Demy 8vo.* 10s. 6d.
'Forms a valuable chapter of what has now become quite a large and important branch of antiquarian research.'—*Times.*

W. Kinnaird Rose. WITH THE GREEKS IN THESSALY. By W. KINNAIRD ROSE, Reuter's Correspondent. With Plans and 23 Illustrations. *Crown 8vo.* 6s.

W. B. Worsfold. SOUTH AFRICA. By W. B. WORSFOLD, M.A. *With a Map. Second Edition. Crown 8vo.* 6s.
'A monumental work compressed into a very moderate compass.'—*World.*

Naval and Military

G. W. Steevens. NAVAL POLICY : By. G. W. STEEVENS. *Demy 8vo.* 6s.
This book is a description of the British and other more important navies of the world, with a sketch of the lines on which our naval policy might possibly be developed.
'An extremely able and interesting work.'—*Daily Chronicle.*

D. Hannay. A SHORT HISTORY OF THE ROYAL NAVY, FROM EARLY TIMES TO THE PRESENT DAY. By DAVID HANNAY. Illustrated. 2 *Vols. Demy 8vo.* 7s. 6d. each. Vol. I., 1200-1688.
'We read it from cover to cover at a sitting, and those who go to it for a lively and brisk picture of the past, with all its faults and its grandeur, will not be disappointed. The historian is endowed with literary skill and style.'—*Standard.*
'We can warmly recommend Mr. Hannay's volume to any intelligent student of naval history. Great as is the merit of Mr. Hannay's historical narrative, the merit of his strategic exposition is even greater.'—*Times.*

C. Cooper King. THE STORY OF THE BRITISH ARMY. By Colonel COOPER KING, Illustrated. *Demy 8vo.* 7s. 6d.
'An authoritative and accurate story of England's military progress.'—*Daily Mail.*
'This handy volume contains, in a compendious form, a brief but adequate sketch of the story of the British army.'—*Daily News.*

R. Southey. ENGLISH SEAMEN (Howard, Clifford, Hawkins, Drake, Cavendish). By ROBERT SOUTHEY. Edited, with an Introduction, by DAVID HANNAY. *Second Edition. Crown 8vo.* 6s.
'Admirable and well-told stories of our naval history.'—*Army and Navy Gazette.*
'A brave, inspiring book.'—*Black and White.*

W. Clark Russell. THE LIFE OF ADMIRAL LORD COLLINGWOOD. By W. CLARK RUSSELL, With Illustrations by F. BRANGWYN. *Third Edition. Crown 8vo.* 6s.
'A book which we should like to see in the hands of every boy in the country.'—*St. James's Gazette.* 'A really good book.'—*Saturday Review.*

E. L. S. Horsburgh. THE CAMPAIGN OF WATERLOO. By E. L. S. HORSBURGH, B.A. *With Plans. Crown 8vo.* 5s.
'A brilliant essay—simple, sound, and thorough.'—*Daily Chronicle.*

H. B. George. BATTLES OF ENGLISH HISTORY. By H. B. GEORGE, M.A., Fellow of New College, Oxford. With numerous Plans. *Third Edition. Crown 8vo. 6s.*

'Mr. George has undertaken a very useful task—that of making military affairs intelligible and instructive to non-military readers—and has executed it with laudable intelligence and industry, and with a large measure of success.'—*Times.*

General Literature

S. Baring Gould. OLD COUNTRY LIFE. By S. BARING GOULD. With Sixty-seven Illustrations. *Large Crown 8vo. Fifth Edition. 6s.*

'"Old Country Life," as healthy wholesome reading, full of breezy life and movement, full of quaint stories vigorously told, will not be excelled by any book to be published throughout the year. Sound, hearty, and English to the core.'—*World.*

S. Baring Gould. HISTORIC ODDITIES AND STRANGE EVENTS. By S. BARING GOULD. *Fourth Edition. Crown 8vo. 6s.*

'A collection of exciting and entertaining chapters. The whole volume is delightful reading.'—*Times.*

S. Baring Gould. FREAKS OF FANATICISM. By S. BARING GOULD. *Third Edition. Crown 8vo. 6s.*

'A perfectly fascinating book.'—*Scottish Leader.*

S. Baring Gould. A GARLAND OF COUNTRY SONG: English Folk Songs with their Traditional Melodies. Collected and arranged by S. BARING GOULD and H. F. SHEPPARD. *Demy 4to. 6s.*

S. Baring Gould. SONGS OF THE WEST: Traditional Ballads and Songs of the West of England, with their Melodies. Collected by S. BARING GOULD, M.A., and H. F. SHEPPARD, M.A. In 4 Parts. *Parts I., II., III.,* 3s. each. *Part IV.,* 5s. In one Vol., *French morocco,* 15s.

'A rich collection of humour, pathos, grace, and poetic fancy.'—*Saturday Review.*

S. Baring Gould. YORKSHIRE ODDITIES AND STRANGE EVENTS. By S. BARING GOULD. *Fourth Edition. Crown 8vo. 6s.*

S. Baring Gould. STRANGE SURVIVALS AND SUPERSTITIONS. By S. BARING GOULD. *Crown 8vo. Second Edition. 6s.*

S. Baring Gould. THE DESERTS OF SOUTHERN FRANCE. By S. BARING.GOULD. 2 vols. *Demy 8vo.* 32s.

Cotton Minchin. OLD HARROW DAYS. By J. G. COTTON MINCHIN. *Crown 8vo. Second Edition.* 5s.

'This book is an admirable record.'—*Daily Chronicle.*

MESSRS. METHUEN'S LIST 19

W. E. Gladstone. THE SPEECHES OF THE RT. HON.
W. E. GLADSTONE, M.P. Edited by A. W. HUTTON, M.A.,
and H. J. COHEN, M.A. With Portraits. *Demy 8vo. Vols. IX.
and X.* 12s. 6d. *each.*

E. V. Zenker. ANARCHISM. By E. V. ZENKER. *Demy 8vo.*
7s. 6d.
'Well-written, and full of shrewd comments.'—*The Speaker.*
'Herr Zenker has succeeded in producing a careful and critical history of the growth of Anarchist theory. He is to be congratulated upon a really interesting work.'—*Literature.*

H. G. Hutchinson. THE GOLFING PILGRIM. By HORACE
G. HUTCHINSON. *Crown 8vo.* 6s.
'Full of useful information with plenty of good stories.'—*Truth.*
'Without this book the golfer's library will be incomplete.'—*Pall Mall Gazette.*
'We can recommend few books as better company.'—*St. James's Gazette.*
'It will charm all golfers.'—*Times.*
'Decidedly pleasant reading.'—*Athenæum.*

J. Wells. OXFORD AND OXFORD LIFE. By Members of
the University. Edited by J. WELLS, M.A., Fellow and Tutor of
Wadham College. *Second Edition. Crown 8vo.* 3s. 6d.
'We congratulate Mr. Wells on the production of a readable and intelligent account of Oxford as it is at the present time, written by persons who are possessed of a close acquaintance with the system and life of the University.'—*Athenæum.*

J. Wells. OXFORD AND ITS COLLEGES. By J. WELLS, M.A.,
Fellow and Tutor of Wadham College. Illustrated by E. H. NEW.
Second Edition. Fcap. 8vo. 3s. *Leather.* 4s.
'An admirable and accurate little treatise, attractively illustrated.'—*World.*
'A luminous and tasteful little volume.'—*Daily Chronicle.*
'Exactly what the intelligent visitor wants.'—*Glasgow Herald.*

C. G. Robertson. VOCES ACADEMICÆ. By C. GRANT
ROBERTSON, M.A., Fellow of All Souls', Oxford. *With a Frontispiece. Pott. 8vo.* 3s. 6d.
'Decidedly clever and amusing.'—*Athenæum.*
'A clever and entertaining little book.'—*Pall Mall Gazette.*

L. Whibley. GREEK OLIGARCHIES: THEIR ORGANISATION AND CHARACTER. By L. WHIBLEY, M.A., Fellow
of Pembroke College, Cambridge. *Crown 8vo.* 6s.
'An exceedingly useful handbook: a careful and well-arranged study.'—*Times.*

L. L. Price. ECONOMIC SCIENCE AND PRACTICE.
By L. L. PRICE, M.A., Fellow of Oriel College, Oxford. *Crown
8vo.* 6s.

J. S. Shedlock. THE PIANOFORTE SONATA: Its Origin
and Development. By J. S. SHEDLOCK. *Crown 8vo.* 5s.
'This work should be in the possession of every musician and amateur. A concise and lucid history and a very valuable work for reference.'—*Athenæum.*

E. M. Bowden. THE EXAMPLE OF BUDDHA: Being Quotations from Buddhist Literature for each Day in the Year. Compiled
by E. M. BOWDEN. *Third Edition.* 16mo. 2s. 6d.

Science and Technology

Freudenreich. DAIRY BACTERIOLOGY. A Short Manual for the Use of Students. By Dr. ED. VON FREUDENREICH. Translated by J. R. AINSWORTH DAVIS, B.A. *Crown 8vo.* 2s. 6d.

Chalmers Mitchell. OUTLINES OF BIOLOGY. By P. CHALMERS MITCHELL, M.A., *Illustrated. Crown 8vo.* 6s.
A text-book designed to cover the new Schedule issued by the Royal College of Physicians and Surgeons.

G. Massee. A MONOGRAPH OF THE MYXOGASTRES. By GEORGE MASSEE. With 12 Coloured Plates. *Royal 8vo.* 18s. *net.*
'A work much in advance of any book in the language treating of this group of organisms. Indispensable to every student of the Myxogastres.'—*Nature.*

Stephenson and Suddards. ORNAMENTAL DESIGN FOR WOVEN FABRICS. By C. STEPHENSON, of The Technical College, Bradford, and F. SUDDARDS, of The Yorkshire College, Leeds. With 65 full-page plates. *Demy 8vo.* 7s. 6d.
'The book is very ably done, displaying an intimate knowledge of principles, good taste, and the faculty of clear exposition.'—*Yorkshire Post.*

HANDBOOKS OF TECHNOLOGY.
Edited by PROFESSORS GARNETT and WERTHEIMER.
HOW TO MAKE A DRESS. By J. A. E. WOOD. *Illustrated. Crown 8vo.* 1s. 6d.
A text-book for students preparing for the City and Guilds examination, based on the syllabus. The diagrams are numerous.
'Though primarily intended for students, Miss Wood's dainty little manual may be consulted with advantage by any girls who want to make their own frocks. The directions are simple and clear, and the diagrams very helpful.'—*Literature.*
'A splendid little book.'—*Evening News.*

Philosophy

L. T. Hobhouse. THE THEORY OF KNOWLEDGE. By L. T. HOBHOUSE, Fellow of C.C.C, Oxford. *Demy 8vo.* 21s.
'The most important contribution to English philosophy since the publication of Mr. Bradley's "Appearance and Reality."'—*Glasgow Herald.*
'A brilliantly written volume.'—*Times.*

W. H. Fairbrother. THE PHILOSOPHY OF T. H. GREEN. By W. H. FAIRBROTHER, M.A. *Crown 8vo.* 3s. 6d.
'In every way an admirable book.'—*Glasgow Herald.*

F. W. Bussell. THE SCHOOL OF PLATO. By F. W. BUSSELL, D.D., Fellow of Brasenose College, Oxford. *Demy 8vo.* 10s. 6d.
'A highly valuable contribution to the history of ancient thought.'—*Glasgow Herald.*
'A clever and stimulating book,—*Manchester Guardian.*

F. S. Granger. THE WORSHIP OF THE ROMANS. By F. S. GRANGER, M.A., Litt.D., Professor of Philosophy at University College, Nottingham. *Crown 8vo.* 6s.

'A scholarly analysis of the religious ceremonies, beliefs, and superstitions of ancient Rome, conducted in the new light of comparative anthropology.'—*Times.*

Theology

Handbooks of Theology.

General Editor, A. ROBERTSON, D.D., Principal of King's College, London.

THE XXXIX. ARTICLES OF THE CHURCH OF ENGLAND. Edited with an Introduction by E. C. S. GIBSON, D.D., Vicar of Leeds, late Principal of Wells Theological College. *Second and Cheaper Edition in One Volume. Demy 8vo.* 12s. 6d.

'Dr. Gibson is a master of clear and orderly exposition. And he has in a high degree a quality very necessary, but rarely found, in commentators on this topic, that of absolute fairness. His book is pre-eminently honest.'—*Times.*
'After a survey of the whole book, we can bear witness to the transparent honesty of purpose, evident industry, and clearness of style which mark its contents. They maintain throughout a very high level of doctrine and tone.'—*Guardian.*
'The most convenient and most acceptable commentary.'—*Expository Times.*

AN INTRODUCTION TO THE HISTORY OF RELIGION. By F. B. JEVONS, M.A., Litt.D., Principal of Bishop Hatfield's Hall. *Demy 8vo.* 10s. 6d.

'Dr. Jevons has written a notable work, which we can strongly recommend to the serious attention of theologians and anthropologists.'—*Manchester Guardian.*
'The merit of this book lies in the penetration, the singular acuteness and force of the author's judgment. He is at once critical and luminous, at once just and suggestive. A comprehensive and thorough book.'—*Birmingham Post.*

THE DOCTRINE OF THE INCARNATION. By R. L. OTTLEY, M.A., late fellow of Magdalen College, Oxon., and Principal of Pusey House. *In Two Volumes. Demy 8vo.* 15s.

'Learned and reverent: lucid and well arranged.'—*Record.*
'A clear and remarkably full account of the main currents of speculation. Scholarly precision ... genuine tolerance ... intense interest in his subject—are Mr. Ottley's merits.'—*Guardian.*

The Churchman's Library.

Edited by J. H. BURN, B.D.

THE BEGINNINGS OF ENGLISH CHRISTIANITY. By W. E. COLLINS, M.A., Professor of Ecclesiastical History at King's College, London. With Map. *Crown 8vo.* 3s. 6d.

An investigation in detail, based upon original authorities, of the beginnings of the English Church, with a careful account of earlier Celtic Christianity. Some very full appendices treat of a number of special subjects.
'An excellent example of thorough and fresh historical work.'—*Guardian.*

SOME NEW TESTAMENT PROBLEMS. By ARTHUR WRIGHT, Fellow of Queen's College, Cambridge. *Crown 8vo.* 6s.
'Bold and outspoken; earnest and reverent.'—*Glasgow Herald.*

MESSRS. METHUEN'S LIST

S. R. Driver. SERMONS ON SUBJECTS CONNECTED WITH THE OLD TESTAMENT. By S. R. DRIVER, D.D., Canon of Christ Church, Regius Professor of Hebrew in the University of Oxford. *Crown 8vo.* 6s.
'A welcome companion to the author's famous 'Introduction.'—*Guardian.*

T. K. Cheyne. FOUNDERS OF OLD TESTAMENT CRITICISM. By T. K. CHEYNE, D.D., Oriel Professor at Oxford. *Large crown 8vo.* 7s. 6d.
A historical sketch of O. T. Criticism.
'A very learned and instructive work.'—*Times.*

H. H. Henson. DISCIPLINE AND LAW. By H. HENSLEY HENSON, B.D., Fellow of All Souls', Oxford; Incumbent of St. Mary's Hospital, Ilford; Chaplain to the Bishop of St. Albans. *Fcap. 8vo.* 2s. 6d.
'An admirable little volume of Lent addresses. We warmly commend the general drift of Mr. Henson's book.'—*Guardian.*

H. H. Henson. LIGHT AND LEAVEN : HISTORICAL AND SOCIAL SERMONS. By H. HENSLEY HENSON, M.A. *Crown 8vo.* 6s.
'They are always reasonable as well as vigorous.'—*Scotsman.*

W. H. Bennett. A PRIMER OF THE BIBLE. By Prof. W. H. BENNETT. *Second Edition. Crown 8vo.* 2s. 6d.
'The work of an honest, fearless, and sound critic, and an excellent guide in a small compass to the books of the Bible.'—*Manchester Guardian,*
'A unique primer.'—*English Churchman.*

C. H. Prior. CAMBRIDGE SERMONS. Edited by C. H. PRIOR, M.A., Fellow and Tutor of Pembroke College. *Crown 8vo.* 6s.
A volume of sermons preached before the University of Cambridge by various preachers, including the late Archbishop of Canterbury and Bishop Westcott.

Cecilia Robinson. THE MINISTRY OF DEACONESSES. By Deaconess CECILIA ROBINSON. With an Introduction by the Lord Bishop of Winchester and an Appendix by Professor ARMITAGE ROBINSON. *Crown 8vo.* 3s. 6d.
'A learned and interesting book, combining with no ordinary skill the authority of learned research with the practical utility of a descriptive manual of parish work.'—*Scotsman.*

E. B. Layard. RELIGION IN BOYHOOD. Notes on the Religious Training of Boys. By E. B. LAYARD, M.A. *18mo.* 1s.

W. Yorke Fausset. THE *DE CATECHIZANDIS RUDIBUS* OF ST. AUGUSTINE. Edited, with Introduction, Notes, etc., by W. YORKE FAUSSET, M.A. *Crown 8vo.* 3s. 6d.
An edition of a Treatise on the Essentials of Christian Doctrine, and the best methods of impressing them on candidates for baptism.

F. Weston. THE HOLY SACRIFICE. By F. WESTON, M.A., Curate of St. Matthew's, Westminster. *Pott 8vo.* 1s.
A small volume of devotions at the Holy Communion, especially adapted to the needs of servers and those who do not communicate.

MESSRS. METHUEN'S LIST 23

A Kempis. THE IMITATION OF CHRIST. By THOMAS À KEMPIS. With an Introduction by DEAN FARRAR. Illustrated by C. M. GERE, and printed in black and red. *Second Edition. Fcap. 8vo. Buckram. 3s. 6d. Padded morocco, 5s.*
'Amongst all the innumerable English editions of the "Imitation," there can have been few which were prettier than this one, printed in strong and handsome type, with all the glory of red initials.'—*Glasgow Herald.*

J. Keble. THE CHRISTIAN YEAR. By JOHN KEBLE. With an Introduction and Notes by W. LOCK, D.D., Warden of Keble College, Ireland Professor at Oxford. Illustrated by R. ANNING BELL. *Second Edition. Fcap. 8vo. Buckram. 3s. 6d. Padded morocco, 5s.*
'The present edition is annotated with all the care and insight to be expected from Mr. Lock. The progress and circumstances of its composition are detailed in the Introduction. There is an interesting Appendix on the MSS. of the "Christian Year," and another giving the order in which the poems were written. A "Short Analysis of the Thought" is prefixed to each, and any difficulty in the text is explained in a note.'—*Guardian.*

The Library of Devotion.

Pott 8vo. 2s.; leather, 2s. 6d. net.

'This series is excellent.'—THE BISHOP OF LONDON.
'A very delightful edition.'—THE BISHOP OF BATH AND WELLS.
'Well worth the attention of the Clergy.'—THE BISHOP OF LICHFIELD.
'The new "Library of Devotion" is excellent.'—THE BISHOP OF PETERBOROUGH.
'Charming.'—*Record.*
'Delightful.'—*Church Bells.*

THE CONFESSIONS OF ST. AUGUSTINE. Newly Translated, with an Introduction and Notes, by C. BIGG, D.D., late Student of Christ Church.
'The translation is an excellent piece of English, and the introduction is a masterly exposition. We augur well of a series which begins so satisfactorily.'—*Times.*
'No translation has appeared in so convenient a form, and none, we think, evidencing so true, so delicate, so feeling a touch.'—*Birmingham Post.*
'Dr. Bigg has made a new and vigorous translation, and has enriched the text with a luminous introduction and pithy notes.'—*Speaker.*

THE CHRISTIAN YEAR. By JOHN KEBLE. With Introduction and Notes by WALTER LOCK, D.D., Warden of Keble College, Ireland Professor at Oxford.
'No prettier book could be desired.'—*Manchester Guardian.*
'The volume is very prettily bound and printed, and may fairly claim to be an advance on any previous editions.'—*Guardian.*
'The introduction is admirable, and admirers of Keble will be greatly interested in the chronological list of the poems.'—*Bookman.*'

THE IMITATION OF CHRIST. A Revised Translation, with an Introduction, by C. BIGG, D.D., late Student of Christ Church.
Dr. Bigg has made a practically new translation of this book, which the reader will have, almost for the first time, exactly in the shape in which it left the hands of the author.
'The text is at once scholarly in its faithful reproduction in English of the sonorous Church Latin in which the original is composed, and popular in the sense of being simple and intelligible.'—*Scotsman.*

Leaders of Religion

Edited by H. C. BEECHING, M.A. *With Portraits, crown 8vo. 3s. 6d.*

A series of short biographies of the most prominent leaders of religious life and thought of all ages and countries.

The following are ready—
CARDINAL NEWMAN. By R. H. HUTTON.
JOHN WESLEY. By J. H. OVERTON, M.A.
BISHOP WILBERFORCE. By G. W. DANIEL, M.A.
CARDINAL MANNING. By A. W. HUTTON, M.A.
CHARLES SIMEON. By H. C. G. MOULE, D.D.
JOHN KEBLE. By WALTER LOCK, D.D.
THOMAS CHALMERS. By Mrs. OLIPHANT.
LANCELOT ANDREWES. By R. L. OTTLEY, M.A.
AUGUSTINE OF CANTERBURY. By E. L. CUTTS, D.D.
WILLIAM LAUD. By W. H. HUTTON, B.D.
JOHN KNOX. By F. M'CUNN.
JOHN HOWE. By R. F. HORTON, D.D.
BISHOP KEN. By F. A. CLARKE, M.A.
GEORGE FOX, THE QUAKER. By T. HODGKIN, D.C.L.
JOHN DONNE. By AUGUSTUS JESSOPP, D.D.
THOMAS CRANMER. By A. J. MASON.
Other volumes will be announced in due course.

Fiction

SIX SHILLING NOVELS

Marie Corelli's Novels

Crown 8vo. 6s. each.

A ROMANCE OF TWO WORLDS. *Eighteenth Edition.*
VENDETTA. *Fourteenth Edition.*
THELMA. *Nineteenth Edition.*
ARDATH. *Eleventh Edition.*
THE SOUL OF LILITH *Ninth Edition.*
WORMWOOD. *Ninth Edition.*
BARABBAS: A DREAM OF THE WORLD'S TRAGEDY. *Thirty-second Edition.*

'The tender reverence of the treatment and the imaginative beauty of the writing have reconciled us to the daring of the conception, and the conviction is forced on us that even so exalted a subject cannot be made too familiar to us, provided it be presented in the true spirit of Christian faith. The amplifications of the Scripture narrative are often conceived with high poetic insight, and this "Dream of the World's Tragedy" is a lofty and not inadequate paraphrase of the supreme climax of the inspired narrative.'—*Dublin Review.*

THE SORROWS OF SATAN. *Thirty-ninth Edition.*

'A very powerful piece of work.... The conception is magnificent, and is likely to win an abiding place within the memory of man.... The author has immense command of language, and a limitless audacity.... This interesting and remarkable romance will live long after much of the ephemeral literature of the day is forgotten.... A literary phenomenon... novel, and even sublime.'—W. T. STEAD in the *Review of Reviews.*

Anthony Hope's Novels
Crown 8vo. 6s. each.

THE GOD IN THE CAR. *Eighth Edition.*
'A very remarkable book, deserving of critical analysis impossible within our limit; brilliant, but not superficial; well considered, but not elaborated; constructed with the proverbial art that conceals, but yet allows itself to be enjoyed by readers to whom fine literary method is a keen pleasure.'—*The World.*

A CHANGE OF AIR. *Fifth Edition.*
'A graceful, vivacious comedy, true to human nature. The characters are traced with a masterly hand.'—*Times.*

A MAN OF MARK. *Fourth Edition.*
'Of all Mr. Hope's books, "A Man of Mark" is the one which best compares with "The Prisoner of Zenda."'—*National Observer.*

THE CHRONICLES OF COUNT ANTONIO. *Third Edition.*
'It is a perfectly enchanting story of love and chivalry, and pure romance. The Count is the most constant, desperate, and modest and tender of lovers, a peerless gentleman, an intrepid fighter, a faithful friend, and a magnanimous foe.'—*Guardian.*

PHROSO. Illustrated by H. R. MILLAR. *Third Edition.*
'The tale is thoroughly fresh, quick with vitality, stirring the blood, and humorously, dashingly told.'—*St. James's Gazette.*
'A story of adventure, every page of which is palpitating with action.'—*Speaker.*
'From cover to cover "Phroso" not only engages the attention, but carries the reader in little whirls of delight from adventure to adventure.'—*Academy.*

SIMON DALE. By ANTHONY HOPE. Illustrated. *Third Edition. Crown 8vo. 6s.*
'"Simon Dale" is one of the best historical romances that have been written for a long while.'—*St. James's Gazette.*
'A bright and gallant story.'—*Graphic.*
'A brilliant novel. The story is rapid and most excellently told. As for the hero, he is a perfect hero of romance—he is brave, witty, adventurous, and a good lover.'—*Athenæum.*
'There is searching analysis of human nature, with a most ingeniously constructed plot. Mr. Hope has drawn the contrasts of his women with marvellous subtlety and delicacy. This love-story of 200 years ago makes the man and the woman live again.'—*Times.*

S. Baring Gould's Novels
Crown 8vo. 6s. each.

'To say that a book is by the author of "Mehalah" is to imply that it contains a story cast on strong lines, containing dramatic possibilities, vivid and sympathetic descriptions of Nature, and a wealth of ingenious imagery.'—*Speaker.*
'That whatever Mr. Baring Gould writes is well worth reading, is a conclusion that may be very generally accepted. His views of life are fresh and vigorous, his language pointed and characteristic, the incidents of which he makes use are striking and original, his characters are life-like, and though somewhat exceptional people, are drawn and coloured with artistic force. Add to this that his descriptions of scenes and scenery are painted with the loving eyes and skilled hands of a master of his art, that he is always fresh and never dull, and it is no wonder that readers have gained confidence in his power of amusing and satisfying them, and that year by year his popularity widens.'—*Court Circular.*

ARMINELL. *Fourth Edition.*
URITH. *Fifth Edition.*
IN THE ROAR OF THE SEA *Sixth Edition.*
MRS. CURGENVEN OF CURGENVEN. *Fourth Edition.*

MESSRS. METHUEN'S LIST

CHEAP JACK ZITA. *Fourth Edition.*
THE QUEEN OF LOVE. *Fourth Edition.*
MARGERY OF QUETHER. *Third Edition.*
JACQUETTA. *Third Edition.*
KITTY ALONE. *Fifth Edition.*
NOÉMI. Illustrated by R. C. WOODVILLE. *Third Edition.*
THE BROOM-SQUIRE. Illustrated by F. DADD. *Fourth Edition.*
THE PENNYCOMEQUICKS. *Third Edition.*
DARTMOOR IDYLLS.
GUAVAS THE TINNER. Illustrated by F. DADD. *Second Edition.*
BLADYS. Illustrated. *Second Edition.*

Gilbert Parker's Novels
Crown 8vo. 6s. each.

PIERRE AND HIS PEOPLE. *Fourth Edition.*
'Stories happily conceived and finely executed. There is strength and genius in Mr. Parker's style.'—*Daily Telegraph.*

MRS. FALCHION. *Fourth Edition.*
'A splendid study of character.'—*Athenæum.*
'But little behind anything that has been done by any writer of our time.'—*Pall Mall Gazette.* 'A very striking and admirable novel.'—*St. James's Gazette.*

THE TRANSLATION OF A SAVAGE.
'The plot is original and one difficult to work out; but Mr. Parker has done it with great skill and delicacy. The reader who is not interested in this original, fresh, and well-told tale must be a dull person indeed.'—*Daily Chronicle.*

THE TRAIL OF THE SWORD. *Illustrated. Sixth Edition.*
'A rousing and dramatic tale. A book like this, in which swords flash, great surprises are undertaken, and daring deeds done, in which men and women live and love in the old passionate way, is a joy inexpressible.'—*Daily Chronicle.*

WHEN VALMOND CAME TO PONTIAC: The Story of a Lost Napoleon. *Fourth Edition.*
'Here we find romance—real, breathing, living romance. The character of Valmond is drawn unerringly. The book must be read, we may say re-read, for any one thoroughly to appreciate Mr. Parker's delicate touch and innate sympathy with humanity.'—*Pall Mall Gazette.*

AN ADVENTURER OF THE NORTH: The Last Adventures of 'Pretty Pierre.' *Second Edition.*
'The present book is full of fine and moving stories of the great North, and it will add to Mr. Parker's already high reputation.'—*Glasgow Herald.*

THE SEATS OF THE MIGHTY. *Illustrated. Ninth Edition.*
'The best thing he has done; one of the best things that any one has done lately.'—*St. James's Gazette.*
'Mr. Parker seems to become stronger and easier with every serious novel that he attempts. He shows the matured power which his former novels have led us to expect, and has produced a really fine historical novel.'—*Athenæum.*
'A great book.'—*Black and White.*
'One of the strongest stories of historical interest and adventure that we have read for many a day. . . . A notable and successful book.'—*Speaker.*

MESSRS. METHUEN'S LIST 27

THE POMP OF THE LAVILETTES. Second Edition. 3s. 6d.
'Living, breathing romance, genuine and unforced pathos, and a deeper and more subtle knowledge of human nature than Mr. Parker has ever displayed before. It is, in a word, the work of a true artist.'—*Pall Mall Gazette.*

Conan Doyle. ROUND THE RED LAMP. By A. CONAN DOYLE. *Sixth Edition. Crown 8vo. 6s.*
'The book is far and away the best view that has been vouchsafed us behind the scenes of the consulting-room.'—*Illustrated London News.*

Stanley Weyman. UNDER THE RED ROBE. By STANLEY WEYMAN, Author of 'A Gentleman of France.' With Illustrations by R. C. Woodville. *Fourteenth Edition. Crown 8vo. 6s.*
'A book of which we have read every word for the sheer pleasure of reading, and which we put down with a pang that we cannot forget it all and start again.'—*Westminster Gazette.*
'Every one who reads books at all must read this thrilling romance, from the first page of which to the last the breathless reader is haled along. An inspiration of manliness and courage.'—*Daily Chronicle.*

Lucas Malet. THE WAGES OF SIN. By LUCAS MALET. *Thirteenth Edition. Crown 8vo. 6s.*

Lucas Malet. THE CARISSIMA. By LUCAS MALET, Author of 'The Wages of Sin,' etc. *Third Edition. Crown 8vo. 6s.*

S. R. Crockett. LOCHINVAR. By S. R. CROCKETT, Author of 'The Raiders,' etc. Illustrated. *Second Edition. Crown 8vo. 6s.*
'Full of gallantry and pathos, of the clash of arms, and brightened by episodes of humour and love. . . . Mr. Crockett has never written a stronger or better book.'—*Westminster Gazette.*

S. R. Crockett. THE STANDARD BEARER. By S. R. CROCKETT. *Crown 8vo. 6s.*
'A delightful tale in his best style.'—*Speaker.*
'Mr. Crockett at his best.'—*Literature.*
'Enjoyable and of absorbing interest.'—*Scotsman.*

Arthur Morrison. TALES OF MEAN STREETS. By ARTHUR MORRISON. *Fifth Edition. Crown 8vo. 6s.*
'Told with consummate art and extraordinary detail. In the true humanity of the book lies its justification, the permanence of its interest, and its indubitable triumph.'—*Athenæum.*
'A great book. The author's method is amazingly effective, and produces a thrilling sense of reality. The writer lays upon us a master hand. The book is simply appalling and irresistible in its interest. It is humorous also; without humour it would not make the mark it is certain to make.'—*World.*

Arthur Morrison. A CHILD OF THE JAGO. By ARTHUR MORRISON. *Third Edition. Crown 8vo. 6s.*
'The book is a masterpiece.'—*Pall Mall Gazette.*
'Told with great vigour and powerful simplicity.'—*Athenæum.*

28   MESSRS. METHUEN'S LIST

Mrs. Clifford. A FLASH OF SUMMER. By Mrs. W. K. CLIFFORD, Author of 'Aunt Anne,' etc. *Second Edition. Crown 8vo.* 6s.
'The story is a very beautiful one, exquisitely told.'—*Speaker.*

Emily Lawless. HURRISH. By the Honble. EMILY LAWLESS, Author of 'Maelcho,' etc. *Fifth Edition. Crown 8vo.* 6s.

Emily Lawless. MAELCHO: a Sixteenth Century Romance. By the Honble. EMILY LAWLESS. *Second Edition. Crown 8vo.* 6s.
'A really great book.'—*Spectator.*
'There is no keener pleasure in life than the recognition of genius. A piece of work of the first order, which we do not hesitate to describe as one of the most remarkable literary achievements of this generation.'—*Manchester Guardian.*

Emily Lawless. TRAITS AND CONFIDENCES. By The Honble. EMILY LAWLESS. *Crown 8vo.* 6s.
'A very charming little volume. A book which cannot be read without pleasure and profit, written in excellent English, full of delicate spirit, and a keen appreciation of nature, human and inanimate.'—*Pall Mall Gazette.*

Jane Barlow. A CREEL OF IRISH STORIES. By JANE BARLOW, Author of 'Irish Idylls.' *Second Edition. Crown 8vo.* 6s.
'Vivid and singularly real.'—*Scotsman.*

J. H. Findlater. THE GREEN GRAVES OF BALGOWRIE. By JANE H. FINDLATER. *Fourth Edition. Crown 8vo.* 6s.
'A powerful and vivid story.'—*Standard.*
'A beautiful story, sad and strange as truth itself.'—*Vanity Fair.*
'A very charming and pathetic tale.'—*Pall Mall Gazette.*
'A singularly original, clever, and beautiful story.'—*Guardian.*
'Reveals to us a new writer of undoubted faculty and reserve force.'—*Spectator.*
'An exquisite idyll, delicate, affecting, and beautiful.'—*Black and White.*

J. H. Findlater. A DAUGHTER OF STRIFE. By JANE HELEN FINDLATER. *Crown 8vo.* 6s.
'A story of strong human interest.'—*Scotsman.*
'Her thought has solidity and maturity.'—*Daily Mail.*

Mary Findlater. OVER THE HILLS. By MARY FINDLATER. *Second Edition. Crown 8vo.* 6s.
'A strong and fascinating piece of work.'—*Scotsman.*
'A charming romance, and full of incident. The book is fresh and strong.'—*Speaker.*
'Will make the author's name loved in many a household.'—*Literary World.*
'A strong and wise book of deep insight and unflinching truth.'—*Birmingham Post.*

H. G. Wells. THE STOLEN BACILLUS, and other Stories. By H. G. WELLS. *Second Edition. Crown 8vo.* 6s.
'They are the impressions of a very striking imagination, which, it would seem, has a great deal within its reach.'—*Saturday Review.*

MESSRS. METHUEN'S LIST 29

H. G. Wells. THE PLATTNER STORY AND OTHERS. By H. G. WELLS. *Second Edition. Crown 8vo. 6s.*
'Weird and mysterious, they seem to hold the reader as by a magic spell.'—*Scotsman.*
'No volume has appeared for a long time so likely to give equal pleasure to the simplest reader and to the most fastidious critic.'—*Academy.*

Sara Jeanette Duncan. A VOYAGE OF CONSOLATION. By SARA JEANETTE DUNCAN, Author of 'An American Girl in London.' Illustrated. *Third Edition. Crown 8vo. 6s.*
'Humour, pure and spontaneous and irresistible.'—*Daily Mail.*
'A most delightfully bright book.'—*Daily Telegraph.*
'Eminently amusing and entertaining.'—*Outlook.*
'The dialogue is full of wit.'—*Globe.*
'Laughter lurks in every page.'—*Daily News.*

E. F. Benson. DODO: A DETAIL OF THE DAY. By E. F. BENSON. *Sixteenth Edition. Crown 8vo. 6s.*
'A delightfully witty sketch of society.'—*Spectator.*
'A perpetual feast of epigram and paradox.'—*Speaker.*

E. F. Benson. THE RUBICON. By E. F. BENSON, Author of 'Dodo.' *Fifth Edition. Crown 8vo. 6s.*

E. F. Benson. THE VINTAGE. By E. F. BENSON. Author of 'Dodo.' Illustrated by G. P. JACOMB-HOOD. Third Edition. *Crown 8vo. 6s.*
'An excellent piece of romantic literature; a very graceful and moving story. We are struck with the close observation of life in Greece.'—*Saturday Review.*
'Full of fire, earnestness, and beauty.'—*The World.*
'An original and vigorous historical romance.'—*Morning Post.*

Mrs. Oliphant. SIR ROBERT'S FORTUNE. By Mrs. OLIPHANT. *Crown 8vo. 6s.*
'Full of her own peculiar charm of style and character-painting.'—*Pall Mall Gazette.*

Mrs. Oliphant. THE TWO MARYS. By Mrs. OLIPHANT. *Second Edition. Crown 8vo. 6s.*

Mrs. Oliphant. THE LADY'S WALK. By Mrs. OLIPHANT. *Second Edition. Crown 8vo. 6s.*
'A story of exquisite tenderness, of most delicate fancy.'—*Pall Mall Gazette.*

W. E. Norris. MATTHEW AUSTIN. By W. E. NORRIS, Author of 'Mademoiselle de Mersac,' etc. *Fourth Edition. Crown 8vo. 6s.*
'An intellectually satisfactory and morally bracing novel.'—*Daily Telegraph.*

W. E. Norris. HIS GRACE. By W. E. NORRIS. *Third Edition. Crown 8vo. 6s.*
'Mr. Norris has drawn a really fine character in the Duke of Hurstbourne.—*Athenæum.*

W. E. Norris. THE DESPOTIC LADY AND OTHERS. By W. E. NORRIS. *Crown 8vo. 6s.*
'A budget of good fiction of which no one will tire.'—*Scotsman.*

W. E. Norris. CLARISSA FURIOSA. By W. E. NORRIS, *Crown 8vo. 6s.*
'As a story it is admirable, as a *jeu d'esprit* it is capital, as a lay sermon studded with gems of wit and wisdom it is a model.'—*The World.*

W. Clark Russell. MY DANISH SWEETHEART. By W. CLARK RUSSELL. *Illustrated. Fourth Edition. Crown 8vo. 6s.*

Robert Barr. IN THE MIDST OF ALARMS. By ROBERT BARR. *Third Edition. Crown 8vo. 6s.*
'A book which has abundantly satisfied us by its capital humour.'—*Daily Chronicle.*
'Mr. Barr has achieved a triumph.'—*Pall Mall Gazette.*

Robert Barr. THE MUTABLE MANY. By ROBERT BARR, Author of 'In the Midst of Alarms,' 'A Woman Intervenes,' etc. *Second Edition. Crown 8vo. 6s.*
'Very much the best novel that Mr. Barr has yet given us. There is much insight in it, and much excellent humour.'—*Daily Chronicle.*
'An excellent story. It contains several excellently studied characters.'—*Glasgow Herald.*

J. Maclaren Cobban. THE KING OF ANDAMAN: A Saviour of Society. By J. MACLAREN COBBAN. *Crown 8vo. 6s.*
'An unquestionably interesting book. It contains one character, at least, who has in him the root of immortality.'—*Pall Mall Gazette.*

J. Maclaren Cobban. WILT THOU HAVE THIS WOMAN? By J. M. COBBAN, Author of 'The King of Andaman.' *Crown 8vo. 6s.*

M. E. Francis. MISS ERIN. By M. E. FRANCIS, Author of 'In a Northern Village.' *Second Edition. Crown 8vo. 6s.*
'A clever and charming story.'—*Scotsman.*
'Perfectly delightful.'—*Daily Mail.*
'An excellently fancied love tale.'—*Athenæum.*

Robert Hichens. BYEWAYS. By ROBERT HICHENS. Author of 'Flames,' etc. *Second Edition. Crown 8vo. 6s.*
'A very high artistic instinct and striking command of language raise Mr. Hichens' work far above the ruck.'—*Pall Mall Gazette.*
'The work is undeniably that of a man of striking imagination.'—*Daily News.*

Percy White. A PASSIONATE PILGRIM. By PERCY WHITE, Author of 'Mr. Bailey-Martin.' *Crown 8vo. 6s.*
'A work which it is not hyperbole to describe as of rare excellence.'—*Pall Mall Gazette.*
'The clever book of a shrewd and clever author.'—*Athenæum.*

W. Pett Ridge. SECRETARY TO BAYNE, M.P. By W. PETT RIDGE. *Crown 8vo. 6s.*
'Sparkling, vivacious, adventurous.—*St. James's Gazette.*
'Ingenious, amusing, and especially smart.'—*World.*

J. S. Fletcher. THE BUILDERS. By J. S. FLETCHER, Author of 'When Charles I. was King.' *Second Edition. Crown 8vo. 6s.*
'Replete with delightful descriptions.'—*Vanity Fair.*
'The background of country life has never been sketched more realistically.'—*World.*

MESSRS. METHUEN'S LIST 31

Andrew Balfour. BY STROKE OF SWORD. By ANDREW BALFOUR. Illustrated by W. CUBITT COOKE. *Fourth Edition. Crown 8vo.* 6s.
'A banquet of good things.'—*Academy.*
'A recital of thrilling interest, told with unflagging vigour.'—*Globe.*
'An unusually excellent example of a semi-historic romance.'—*World.*
'Manly, healthy, and patriotic.'—*Glasgow Herald.*

J. B. Burton. IN THE DAY OF ADVERSITY. By J. BLOUNDELLE-BURTON.' *Second Edition. Crown 8vo.* 6s.
'Unusually interesting and full of highly dramatic situations. —*Guardian.*

J. B. Burton. DENOUNCED. By J. BLOUNDELLE-BURTON. *Second Edition. Crown 8vo.* 6s.

J. B. Burton. THE CLASH OF ARMS. By J. BLOUNDELLE-BURTON. *Second Edition. Crown 8vo.* 6s.
'A brave story—brave in deed, brave in word, brave in thought.'—*St. James's Gazette.*
'A fine, manly, spirited piece of work.'—*World.*

J. B. Burton. ACROSS THE SALT SEAS. By J. BLOUNDELLE-BURTON. *Crown 8vo.* 6s.
'The very essence of the true romantic spirit.'—*Truth.*
'An ingenious and exciting story.'—*Manchester Guardian.*
'Singularly well written.'—*Athenæum.*

W. C. Scully. THE WHITE HECATOMB By W. C SCULLY, Author of 'Kafir Stories.' *Crown 8vo.* 6s.
'Reveals a marvellously intimate understanding of the Kaffir mind.'—*African Critic.*

W. C. Scully. BETWEEN SUN AND SAND. By W. C. SCULLY, Author of 'The White Hecatomb.' *Crown 8vo.* 6s.
'The reader will find the interest of absolute novelty.'—*The Graphic.*
'The reader passes at once into the very atmosphere of the African desert : the inexpressible space and stillness swallow him up, and there is no world for him but that immeasurable waste.'—*Athenæum.*
Strong, simple, direct.'—*Daily Chronicle.*
One of the most enthralling tales we have read.'—*World.*

Victor Waite. CROSS TRAILS. By VICTOR WAITE. Illustrated. *Crown 8vo.* 6s.
'Every page is enthralling.'—*Academy.*
'Full of strength and reality.'—*Athenæum.*
'The book is exceedingly powerful.'—*Glasgow Herald.*

I. Hooper. THE SINGER OF MARLY. By I. HOOPER. Illustrated by W. CUBITT COOKE. *Crown 8vo.* 6s.
'The characters are all picturesque.'—*Scotsman.*
'A novel as vigorous as it is charming.'—*Literary World.*

M. C. Balfour. THE FALL OF THE SPARROW. By M. C. BALFOUR. *Crown 8vo.* 6s.
'It is unusually powerful, and the characterization is uncommonly good.'—*World.*

H. Morrah. A SERIOUS COMEDY. By HERBERT MORRAH. *Crown 8vo.* 6s.

MESSRS. METHUEN'S LIST

H. Morrah. THE FAITHFUL CITY. By HERBERT MORRAH, Author of 'A Serious Comedy.' *Crown 8vo. 6s.*

L. B. Walford. SUCCESSORS TO THE TITLE. By Mrs. WALFORD, Author of 'Mr. Smith,' etc. *Second Edition. Crown 8vo. 6s.*

Mary Gaunt. KIRKHAM'S FIND. By MARY GAUNT, Author of 'The Moving Finger.' *Crown 8vo. 6s.*
'A really charming novel.'—*Standard.*

M. M. Dowie. GALLIA. By MÉNIE MURIEL DOWIE, Author of 'A Girl in the Karpathians.' *Third Edition. Crown 8vo. 6s.*
'The style is generally admirable, the dialogue not seldom brilliant, the situations surprising in their freshness and originality.'—*Saturday Review.*

M. M. Dowie. THE CROOK OF THE BOUGH. By MENIE MURIEL DOWIE. *Crown 8vo. 6s.*
'An exceptionally clever and well-written book.'—*Daily Telegraph.*
'An excellent story with shrewd humour and bright writing. The author is delightfully witty.'—*Pall Mall Gazette.*
'Strong, suggestive, and witty.'—*Daily News.*

J. A. Barry. IN THE GREAT DEEP. By J. A. BARRY. Author of 'Steve Brown's Bunyip.' *Crown 8vo. 6s.*
'A collection of really admirable short stories of the sea.'—*Westminster Gazette.*

Julian Corbett. A BUSINESS IN GREAT WATERS. By JULIAN CORBETT. *Second Edition. Crown 8vo. 6s.*

J. B. Patton. BIJLI, THE DANCER. By JAMES BLYTHE PATTON. Illustrated. *Crown 8vo. 6s.*
'Powerful and fascinating.'—*Pall Mall Gazette.*
'A true and entrancing book.'—*Country Life Illustrated.*
'A remarkable book.'—*Bookman.*
'A vivid picture of Indian life.'—*Academy.*

Norma Lorimer. JOSIAH'S WIFE. By NORMA LORIMER. *Second Edition. Crown 8vo. 6s.*
Written in a bright and witty style.'—*Pall Mall Gazette.*

Lucy Maynard. THE PHILANTHROPIST. By LUCY MAYNARD. *Crown 8vo. 6s.*
'It contains many graphic sketches of the private life of a charitable institution.'—*Glasgow Herald.*

L. Cope Cornford. CAPTAIN JACOBUS: A ROMANCE OF THE ROAD. By L. COPE CORNFORD. Illustrated. *Crown 8vo. 6s.*
'An exceptionally good story of adventure and character.'—*World.*

L. Cope Cornford. SONS OF ADVERSITY. By L. COPE CORNFORD, Author of 'Captain Jacobus.' *Crown 8vo. 6s.*
'A very stirring and spirited sketch of the spacious times of Queen Elizabeth.'—*Pall Mall Gazette.*
Packed with incident.'—*Outlook.*

MESSRS. METHUEN'S LIST 33

F. Brune. VAUSSORE. By FRANCIS BRUNE. *Crown 8vo.*
6s.
'A subtle, complete achievement.'—*Pall Mall Gazette.*
'This story is strangely interesting.'—*Manchester Guardian.*

OTHER SIX-SHILLING NOVELS
Crown 8vo.

THE KING OF ALBERIA. By LAURA DAINTREY.
THE DAUGHTER OF ALOUETTE. By MARY A. OWEN.
CHILDREN OF THIS WORLD. By ELLEN F. PINSENT.
AN ELECTRIC SPARK. By G. MANVILLE FENN.
UNDER SHADOW OF THE MISSION. By L. S. MCCHESNEY.
THE SPECULATORS. By J. F. BREWER.
THE SPIRIT OF STORM. By RONALD ROSS.
THE QUEENSBERRY CUP. By CLIVE P. WOLLEY.
A HOME IN INVERESK. By T. L. PATON.
MISS ARMSTRONG'S AND OTHER CIRCUMSTANCES. By JOHN DAVIDSON.
DR. CONGALTON'S LEGACY. By HENRY JOHNSTON.
TIME AND THE WOMAN. By RICHARD PRYCE.
THIS MAN'S DOMINION. By the Author of 'A High Little World.'
DIOGENES OF LONDON. By H. B. MARRIOTT WATSON.
THE STONE DRAGON. By MURRAY GILCHRIST.
A VICAR'S WIFE. By EVELYN DICKINSON.
ELSA. By E. M'QUEEN GRAY.

THREE-AND-SIXPENNY NOVELS
Crown 8vo.

DERRICK VAUGHAN, NOVELIST. By EDNA LYALL.
THE KLOOF BRIDE. By ERNEST GLANVILLE.
SUBJECT TO VANITY. By MARGARET BENSON.
THE SIGN OF THE SPIDER. By BERTRAM MITFORD.
THE MOVING FINGER. By MARY GAUNT.
JACO TRELOAR. By J. H. PEARCE.
THE DANCE OF THE HOURS. By 'VERA.'
A WOMAN OF FORTY. By ESMÉ STUART.
A CUMBERER OF THE GROUND. By CONSTANCE SMITH.
THE SIN OF ANGELS. By EVELYN DICKINSON.
AUT DIABOLUS AUT NIHIL. By X. L.
THE COMING OF CUCULAIN. By STANDISH O'GRADY.
THE GODS GIVE MY DONKEY WINGS. By ANGUS EVAN ABBOTT.
THE STAR GAZERS. By G. MANVILLE FENN.
THE POISON OF ASPS. By R. ORTON PROWSE.
THE QUIET MRS. FLEMING. By R. PRYCE.
DISENCHANTMENT. By F. MABEL ROBINSON.

MESSRS. METHUEN'S LIST

THE SQUIRE OF WANDALES. By A. SHIELD.
A REVEREND GENTLEMAN. By J. M. COBBAN.
A DEPLORABLE AFFAIR. By W. E. NORRIS.
A CAVALIER'S LADYE. By Mrs. DICKER.
THE PRODIGALS. By Mrs. OLIPHANT.
THE SUPPLANTER. By P. NEUMANN.
A MAN WITH BLACK EYELASHES. By H. A. KENNEDY.
A HANDFUL OF EXOTICS. By S. GORDON.
AN ODD EXPERIMENT. By HANNAH LYNCH.
SCOTTISH BORDER LIFE. By JAMES C. DIBDIN.

HALF-CROWN NOVELS
Crown 8vo.

HOVENDEN, V.C. By F. MABEL ROBINSON.
THE PLAN OF CAMPAIGN. By F. MABEL ROBINSON.
MR. BUTLER'S WARD. By F. MABEL ROBINSON.
ELI'S CHILDREN. By G. MANVILLE FENN.
A DOUBLE KNOT. By G. MANVILLE FENN.
DISARMED. By M. BETHAM EDWARDS.
A MARRIAGE AT SEA. By W. CLARK RUSSELL.
IN TENT AND BUNGALOW. By the Author of 'Indian Idylls.'
MY STEWARDSHIP. By E. M'QUEEN GRAY.
JACK'S FATHER. By W. E. NORRIS.
A LOST ILLUSION. By LESLIE KEITH.

THE TRUE HISTORY OF JOSHUA DAVIDSON, Christian and Communist. By E. LYNN LYNTON. *Eleventh Edition. Post 8vo.* 1s.

Books for Boys and Girls
A Series of Books by well-known Authors, well illustrated.

THREE-AND-SIXPENCE EACH

THE ICELANDER'S SWORD. By S. BARING GOULD.
TWO LITTLE CHILDREN AND CHING. By EDITH E. CUTHELL.
TODDLEBEN'S HERO. By M. M. BLAKE.
ONLY A GUARD-ROOM DOG. By EDITH E. CUTHELL.
THE DOCTOR OF THE JULIET. By HARRY COLLINGWOOD.
MASTER ROCKAFELLAR'S VOYAGE. By W. CLARK RUSSELL.
SYD BELTON : Or, The Boy who would not go to Sea. By G. MANVILLE FENN.
THE WALLYPUG IN LONDON. By G. E. FARROW.

The Peacock Library
A Series of Books for Girls by well-known Authors, handsomely bound, and well illustrated.

THREE-AND-SIXPENCE EACH

A PINCH OF EXPERIENCE. By L. B. WALFORD.
THE RED GRANGE. By Mrs. MOLESWORTH.
THE SECRET OF MADAME DE MONLUC. By the Author of 'Mdle Mori.

MESSRS. METHUEN'S LIST   35

DUMPS. By Mrs. PARR.
OUT OF THE FASHION. By L. T. MEADE.
A GIRL OF THE PEOPLE. By L. T. MEADE.
HEPSY GIPSY. By L. T. MEADE. 2s. 6d.
THE HONOURABLE MISS. By L. T. MEADE.
MY LAND OF BEULAH. By Mrs. LEITH ADAMS.

University Extension Series

A series of books on historical, literary, and scientific subjects, suitable for extension students and home-reading circles. Each volume is complete in itself, and the subjects are treated by competent writers in a broad and philosophic spirit.

Edited by J. E. SYMES, M.A.,
Principal of University College, Nottingham.
Crown 8vo. Price (with some exceptions) 2s. 6d.
The following volumes are ready :—

THE INDUSTRIAL HISTORY OF ENGLAND. By H. DE B. GIBBINS, D.Litt., M.A., late Scholar of Wadham College, Oxon., Cobden Prizeman. *Fifth Edition, Revised. With Maps and Plans.* 3s.

'A compact and clear story of our industrial development. A study of this concise but luminous book cannot fail to give the reader a clear insight into the principal phenomena of our industrial history. The editor and publishers are to be congratulated on this first volume of their venture, and we shall look with expectant interest for the succeeding volumes of the series.'—*University Extension Journal.*

A HISTORY OF ENGLISH POLITICAL ECONOMY. By L. L. PRICE, M.A., Fellow of Oriel College, Oxon. *Second Edition.*
PROBLEMS OF POVERTY: An Inquiry into the Industrial Conditions of the Poor. By J. A. HOBSON, M.A. *Third Edition.*
VICTORIAN POETS. By A. SHARP.
THE FRENCH REVOLUTION. By J. E. SYMES, M.A.
PSYCHOLOGY. By F. S. GRANGER, M.A. *Second Edition.*
THE EVOLUTION OF PLANT LIFE: Lower Forms. By G. MASSEE. *With Illustrations.*
AIR AND WATER. By V. B. LEWES, M.A. *Illustrated.*
THE CHEMISTRY OF LIFE AND HEALTH. By C. W. KIMMINS, M.A. *Illustrated.*
THE MECHANICS OF DAILY LIFE. By V. P. SELLS, M.A. *Illustrated.*
ENGLISH SOCIAL REFORMERS. By H. DE B. GIBBINS, D.Litt., M.A.
ENGLISH TRADE AND FINANCE IN THE SEVENTEENTH CENTURY. By W. A. S. HEWINS, B.A.
THE CHEMISTRY OF FIRE. The Elementary Principles of Chemistry. By M. M. PATTISON MUIR, M.A. *Illustrated.*
A TEXT-BOOK OF AGRICULTURAL BOTANY. By M. C. POTTER, M.A., F.L.S. *Illustrated.* 3s. 6d.
THE VAULT OF HEAVEN. A Popular Introduction to Astronomy. By R. A. GREGORY. *With numerous Illustrations.*
METEOROLOGY. The Elements of Weather and Climate. By H. N. DICKSON, F.R.S.E., F.R. Met. Soc. *Illustrated.*
A MANUAL OF ELECTRICAL SCIENCE. By GEORGE J. BURCH, M.A. *With numerous Illustrations.* 3s.

MESSRS. METHUEN'S LIST

THE EARTH. An Introduction to Physiography. By EVAN SMALL, M.A. *Illustrated.*
INSECT LIFE. By F. W. THEOBALD, M.A. *Illustrated.*
ENGLISH POETRY FROM BLAKE TO BROWNING. By W. M. DIXON, M.A.
ENGLISH LOCAL GOVERNMENT. By E. JENKS, M.A., Professor of Law at University College, Liverpool.
THE GREEK VIEW OF LIFE. By G. L. DICKINSON, Fellow of King's College, Cambridge. *Second Edition.*

Social Questions of To-day

Edited by H. DE B. GIBBINS, D.Litt., M.A.

Crown 8vo. 2s. 6d.

A series of volumes upon those topics of social, economic, and industrial interest that are at the present moment foremost in the public mind. Each volume of the series is written by an author who is an acknowledged authority upon the subject with which he deals.

The following Volumes of the Series are ready :—

TRADE UNIONISM—NEW AND OLD. By G. HOWELL. *Second Edition.*
THE CO-OPERATIVE MOVEMENT TO-DAY. By G. J. HOLYOAKE, *Second Edition.*
MUTUAL THRIFT. By Rev. J. FROME WILKINSON, M.A.
PROBLEMS OF POVERTY. By J. A. HOBSON, M.A. *Third Edition.*
THE COMMERCE OF NATIONS. By C. F. BASTABLE, M.A., Professor of Economics at Trinity College, Dublin.
THE ALIEN INVASION. By W. H. WILKINS, B.A.
THE RURAL EXODUS. By P. ANDERSON GRAHAM.
LAND NATIONALIZATION. By HAROLD COX, B.A.
A SHORTER WORKING DAY. By H. DE B. GIBBINS, D.Litt., M.A., and R. A. HADFIELD, of the Hecla Works, Sheffield.
BACK TO THE LAND: An Inquiry into the Cure for Rural Depopulation. By H. E. MOORE.
TRUSTS, POOLS AND CORNERS. By J. STEPHEN JEANS.
THE FACTORY SYSTEM. By R. W. COOKE-TAYLOR.
THE STATE AND ITS CHILDREN. By GERTRUDE TUCKWELL.
WOMEN'S WORK. By LADY DILKE, Miss BULLEY, and Miss WHITLEY.
MUNICIPALITIES AT WORK. The Municipal Policy of Six Great Towns, and its Influence on their Social Welfare. By FREDERICK DOLMAN.
SOCIALISM AND MODERN THOUGHT. By M. KAUFMANN.
THE HOUSING OF THE WORKING CLASSES. By E. BOWMAKER.

MODERN CIVILIZATION IN SOME OF ITS ECONOMIC ASPECTS.
By W. CUNNINGHAM, D.D., Fellow of Trinity College, Cambridge.
THE PROBLEM OF THE UNEMPLOYED. By J. A. HOBSON, B.A.,
LIFE IN WEST LONDON. By ARTHUR SHERWELL, M.A. *Second Edition*.
RAILWAY NATIONALIZATION. By CLEMENT EDWARDS.
WORKHOUSES AND PAUPERISM. By LOUISA TWINING.

Classical Translations

Edited by H. F. FOX, M.A., Fellow and Tutor of Brasenose College, Oxford.

ÆSCHYLUS—Agamemnon, Chöephoroe, Eumenides. Translated by LEWIS CAMPBELL, LL.D., late Professor of Greek at St. Andrews. 5s.

CICERO—De Oratore I. Translated by E. N. P. MOOR, M.A. 3s. 6d.

CICERO — Select Orations (Pro Milone, Pro Murena, Philippic II., In Catilinam). Translated by H. E. D. BLAKISTON, M.A., Fellow and Tutor of Trinity College, Oxford. 5s.

CICERO—De Natura Deorum. Translated by F. BROOKS, M.A., late Scholar of Balliol College, Oxford. 3s. 6d.

HORACE : THE ODES AND EPODES. Translated by A. GODLEY, M.A., Fellow of Magdalen College, Oxford. 2s.

LUCIAN—Six Dialogues (Nigrinus, Icaro-Menippus, The Cock, The Ship, The Parasite, The Lover of Falsehood). Translated by S. T. IRWIN, M.A., Assistant Master at Clifton ; late Scholar of Exeter College, Oxford. 3s. 6d.

SOPHOCLES—Electra and Ajax. Translated by E. D. A. MORSHEAD, M.A., Assistant Master at Winchester. 2s. 6d.

TACITUS—Agricola and Germania. Translated by R. B. TOWNSHEND, late Scholar of Trinity College, Cambridge. 2s. 6d.

Educational Books
CLASSICAL

PLAUTI BACCHIDES. Edited with Introduction, Commentary, and Critical Notes by J. M'COSH, M.A. *Fcap.* 4to. 12s. 6d.

'The notes are copious, and contain a great deal of information that is good and useful.'—*Classical Review.*

PASSAGES FOR UNSEEN TRANSLATION. By E. C. MARCHANT, M.A., Fellow of Peterhouse, Cambridge ; and A. M. COOK, M.A., late Scholar of Wadham College, Oxford ; Assistant Masters at St. Paul's School. *Crown 8vo.* 3s. 6d.

'A capital selection, and of more variety and value than such books usually are.'—*Athenæum.*
'A judiciously compiled book which will be found widely convenient.'—*Schoolmaster.*
'We know no book of this class better fitted for use in the higher forms of schools.'—*Guardian.*

TACITI AGRICOLA. With Introduction, Notes, Map, etc. By R. F. DAVIS, M.A., Assistant Master at Weymouth College. *Crown 8vo.* 2s.

TACITI GERMANIA. By the same Editor. *Crown 8vo.* 2s.

HERODOTUS : EASY SELECTIONS. With Vocabulary. By A. C. LIDDELL, M.A. *Fcap. 8vo.* 1s. 6d.

SELECTIONS FROM THE ODYSSEY. By E. D. STONE, M.A., late Assistant Master at Eton. *Fcap. 8vo. 1s. 6d.*

PLAUTUS: THE CAPTIVI. Adapted for Lower Forms by J. H. FREESE, M.A., late Fellow of St. John's, Cambridge. *1s. 6d.*

DEMOSTHENES AGAINST CONON AND CALLICLES. Edited with Notes and Vocabulary, by F. DARWIN SWIFT, M.A., formerly Scholar of Queen's College, Oxford. *Fcap. 8vo. 2s.*

EXERCISES IN LATIN ACCIDENCE. By S. E. WINBOLT, Assistant Master in Christ's Hospital. *Crown 8vo. 1s. 6d.*

An elementary book adapted for Lower Forms to accompany the shorter Latin primer.

'Skilfully arranged.'—*Glasgow Herald.*
'Accurate and well arranged.'—*Athenæum.*

NOTES ON GREEK AND LATIN SYNTAX. By G. BUCKLAND GREEN, M.A., Assistant Master at Edinburgh Academy, late Fellow of St. John's College, Oxon. *Crown 8vo. 3s. 6d.*

Notes and explanations on the chief difficulties of Greek and Latin Syntax, with numerous passages for exercise.

'Supplies a gap in educational literature.'—*Glasgow Herald.*

GERMAN

A COMPANION GERMAN GRAMMAR. By H. DE B. GIBBINS, D.Litt., M.A., Assistant Master at Nottingham High School. *Crown 8vo. 1s. 6d.*

GERMAN PASSAGES FOR UNSEEN TRANSLATION. By E. M'QUEEN GRAY. *Crown 8vo. 2s. 6d.*

SCIENCE

THE WORLD OF SCIENCE. Including Chemistry, Heat, Light, Sound, Magnetism, Electricity, Botany, Zoology, Physiology, Astronomy, and Geology. By R. ELLIOTT STEEL, M.A., F.C.S. 147 Illustrations. *Second Edition. Crown 8vo. 2s. 6d.*

ELEMENTARY LIGHT. By R. E. STEEL. With numerous Illustrations. *Crown 8vo. 4s. 6d.*

ENGLISH

ENGLISH RECORDS. A Companion to the History of England. By H. E. MALDEN, M.A. *Crown 8vo. 3s. 6d.*

A book which aims at concentrating information upon dates, genealogy, officials, constitutional documents, etc., which is usually found scattered in different volumes.

THE ENGLISH CITIZEN: HIS RIGHTS AND DUTIES. By H. E. MALDEN, M.A. *1s. 6d.*

A DIGEST OF DEDUCTIVE LOGIC. By JOHNSON BARKER, B.A. *Crown 8vo. 2s. 6d.*

TEST CARDS IN EUCLID AND ALGEBRA. By D. S. CALDERWOOD, Headmaster of the Normal School, Edinburgh. In three packets of 40, with Answers. *1s.*

A set of cards for advanced pupils in elementary schools.

'They bear all the marks of having been prepared by a teacher of experience who knows the value of careful grading and constant repetition. Sums are specially inserted to meet all likely difficulties. The papers set at the various public examinations have been largely drawn upon in preparing the cards.'—*Glasgow Herald.*

METHUEN'S COMMERCIAL SERIES

Edited by H. DE B. GIBBINS, D.Litt., M.A.

BRITISH COMMERCE AND COLONIES FROM ELIZABETH TO VICTORIA. By H. DE B. GIBBINS, D.Litt., M.A. 2s. *Second Edition.*
COMMERCIAL EXAMINATION PAPERS. By H. DE B. GIBBINS, D.Litt., M.A., 1s. 6d.
THE ECONOMICS OF COMMERCE. By H. DE B. GIBBINS, D.Litt., M.A. 1s. 6d.
FRENCH COMMERCIAL CORRESPONDENCE. By S. E. BALLY, Modern Language Master at the Manchester Grammar School. 2s. *Second Edition.*
GERMAN COMMERCIAL CORRESPONDENCE. By S. E. BALLY, 2s. 6d.
A FRENCH COMMERCIAL READER. By S. E. BALLY. 2s.
COMMERCIAL GEOGRAPHY, with special reference to the British Empire. By L. W. LYDE, M.A., of the Academy, Glasgow. 2s. *Second Edition.*
A PRIMER OF BUSINESS. By S. JACKSON, M.A. 1s. 6d. *Second Edition.*
COMMERCIAL ARITHMETIC. By F. G. TAYLOR, M.A. 1s. 6d.
PRÉCIS WRITING AND OFFICE CORRESPONDENCE. By E. E. WHITFIELD, M.A. 2s.

WORKS BY A. M. M. STEDMAN, M.A.

INITIA LATINA: Easy Lessons on Elementary Accidence. *Second Edition.* Fcap. 8vo. 1s.
FIRST LATIN LESSONS. *Fourth Edition.* Crown 8vo. 2s.
FIRST LATIN READER. With Notes adapted to the Shorter Latin Primer and Vocabulary. *Fourth Edition revised.* 18mo. 1s. 6d.
EASY SELECTIONS FROM CAESAR. Part I. The Helvetian War. *Second Edition.* 18mo. 1s.
EASY SELECTIONS FROM LIVY. Part I. The Kings of Rome. 18mo. 1s. 6d.
EASY LATIN PASSAGES FOR UNSEEN TRANSLATION. *Fifth Edition.* Fcap. 8vo. 1s. 6d.
EXEMPLA LATINA. First Lessons in Latin Accidence. With Vocabulary. Crown 8vo. 1s.
EASY LATIN EXERCISES ON THE SYNTAX OF THE SHORTER AND REVISED LATIN PRIMER. With Vocabulary. *Seventh and cheaper Edition re-written.* Crown 8vo. 1s. 6d. Issued with the consent of Dr. Kennedy.
THE LATIN COMPOUND SENTENCE: Rules and Exercises. Crown 8vo. 1s. 6d. With Vocabulary. 2s.
NOTANDA QUAEDAM: Miscellaneous Latin Exercises on Common Rules and Idioms. *Third Edition.* Fcap. 8vo. 1s. 6d. With Vocabulary. 2s.
LATIN VOCABULARIES FOR REPETITION: Arranged according to Subjects. *Seventh Edition.* Fcap. 8vo. 1s. 6d.

40 MESSRS. METHUEN'S LIST

A VOCABULARY OF LATIN IDIOMS AND PHRASES. 18mo. *Second Edition.* 1s.
STEPS TO GREEK. 18mo. 1s.
A SHORTER GREEK PRIMER. *Crown 8vo.* 1s. 6d.
EASY GREEK PASSAGES FOR UNSEEN TRANSLATION. *Third Edition Revised. Fcap. 8vo.* 1s. 6d.
GREEK VOCABULARIES FOR REPETITION. Arranged according to Subjects. *Second Edition. Fcap. 8vo.* 1s. 6d.
GREEK TESTAMENT SELECTIONS. For the use of Schools. *Third Edition.* With Introduction, Notes, and Vocabulary. *Fcap. 8vo.* 2s. 6d.
STEPS TO FRENCH. *Third Edition.* 18mo. 8d.
FIRST FRENCH LESSONS. *Third Edition Revised. Crown 8vo.* 1s.
EASY FRENCH PASSAGES FOR UNSEEN TRANSLATION. *Third Edition revised. Fcap. 8vo.* 1s. 6d.
EASY FRENCH EXERCISES ON ELEMENTARY SYNTAX. With Vocabulary. *Second Edition. Crown 8vo.* 2s. 6d. KEY 3s. *net.*
FRENCH VOCABULARIES FOR REPETITION : Arranged according to Subjects. *Sixth Edition. Fcap. 8vo.* 1s.

SCHOOL EXAMINATION SERIES

EDITED BY A. M. M. STEDMAN, M.A. *Crown 8vo.* 2s. 6d.

FRENCH EXAMINATION PAPERS IN MISCELLANEOUS GRAMMAR AND IDIOMS. By A. M. M. STEDMAN, M.A. *Ninth Edition.*
A KEY, issued to Tutors and Private Students only, to be had on application to the Publishers. *Fourth Edition. Crown 8vo.* 6s. *net.*
LATIN EXAMINATION PAPERS IN MISCELLANEOUS GRAMMAR AND IDIOMS. By A. M. M. STEDMAN, M.A. *Eighth Edition.*
KEY (*Third Edition*) issued as above. 6s. *net.*
GREEK EXAMINATION PAPERS IN MISCELLANEOUS GRAMMAR AND IDIOMS. By A. M. M. STEDMAN, M.A. *Fifth Edition.*
KEY (*Second Edition*) issued as above. 6s. *net.*
GERMAN EXAMINATION PAPERS IN MISCELLANEOUS GRAMMAR AND IDIOMS. By R. J. MORICH, Manchester. *Fifth Edition.*
KEY (*Second Edition*) issued as above. 6s. *net.*
HISTORY AND GEOGRAPHY EXAMINATION PAPERS. By C. H. SPENCE, M.A., Clifton College. *Second Edition.*
SCIENCE EXAMINATION PAPERS. By R. E. STEEL, M.A., F.C.S., Chief Natural Science Master, Bradford Grammar School. *In two vols.* Part I. Chemistry ; Part II. Physics.
GENERAL KNOWLEDGE EXAMINATION PAPERS. By A. M. M. STEDMAN, M.A. *Third Edition.*
KEY (*Second Edition*) issued as above. 7s. *net.*

Printed by T. and A. CONSTABLE, Printers to Her Majesty
at the Edinburgh University Press

www.ingramcontent.com/pod-product-compliance
Lightning Source LLC
Chambersburg PA
CBHW051734300426
44115CB00007B/556